# CHEQUE
# E CONVENÇÃO DE CHEQUE

PAULO MIGUEL OLAVO DE PITTA E CUNHA
DOUTOR EM DIREITO
PROFESSOR DA FACULDADE DE DIREITO
DA UNIVERSIDADE CATÓLICA PORTUGUESA (LISBOA)
ADVOGADO

# CHEQUE E CONVENÇÃO DE CHEQUE

ACERCA DA PREPONDERÂNCIA
DA SUBSCRIÇÃO CAMBIÁRIA
SOBRE A RELAÇÃO CONTRATUAL EXISTENTE
ENTRE O BANQUEIRO E O SEU CLIENTE

ALMEDINA

# CHEQUE E CONVENÇÃO DE CHEQUE

AUTOR
PAULO MIGUEL OLAVO DE PITTA E CUNHA

EDITOR
EDIÇÕES ALMEDINA, SA
Av. Fernão Magalhães, n.º 584, 5.º Andar
3000-174 Coimbra
Tel.: 239 851 904
Fax: 239 851 901
www.almedina.net
editora@almedina.net

PRÉ-IMPRESSÃO | IMPRESSÃO | ACABAMENTO
G.C. – GRÁFICA DE COIMBRA, LDA.
Palheira – Assafarge
3001-453 Coimbra
producao@graficadecoimbra.pt

Setembro, 2009

DEPÓSITO LEGAL
298779/09

Os dados e as opiniões inseridos na presente publicação
são da exclusiva responsabilidade do(s) seu(s) autor(es).

Toda a reprodução desta obra, por fotocópia ou outro qualquer
processo, sem prévia autorização escrita do Editor, é ilícita
e passível de procedimento judicial contra o infractor.

---

*Biblioteca Nacional de Portugal – Catalogação na Publicação*

CUNHA, Paulo Olavo

Cheque e convenção de cheque : acerca da preponderância
da subscrição cambiária sobre a relação contratual existente
entre o banqueiro e o seu cliente
ISBN 978-972-40-3752-3

CDU 347

*Dissertação de Doutoramento em Ciências Jurídico-Comerciais pela Faculdade de Direito da Universidade Católica Portuguesa*

Agradeço a todos aqueles que, directa e indirectamente, me apoiaram na investigação e redacção final do presente trabalho, nomeadamente aos Professores Doutores Paulo Sendin e José Augusto Engrácia Antunes (orientador), à Gabriela Figueiredo Dias, às Faculdades de Direito das Universidades Católica Portuguesa e de Lisboa, às Bibliotecas das Faculdades de Direito das Universidades de Bolonha (Instituto Antonio Cicu), Harvard e Munique, e Institute of Advanced Legal Studies (Londres), à Fundação Luso-Americana, à Vieira de Almeida & Associados – Sociedade de Advogados, ao meu Pai, à Alexandra Fontes, bem como a todos aqueles que, tendo-me substituído ou comigo colaborado, me libertaram de outras funções para a elaboração desta dissertação.

*Toda a teoria deve ser feita para poder ser posta em prática, e toda a prática deve obedecer a uma teoria. Só os espíritos superficiais desligam a teoria da prática, não olhando a que toda a teoria não é senão uma teoria da prática, e a prática não é senão a prática de uma teoria. (...). Na vida superior, a teoria e a prática completam-se. Fôram feitas uma para a outra.*

*FERNANDO PESSOA*[1]

---

[1] «Palavras iniciais», *Revista de Comércio e Contabilidade*, vol. I, Lisboa, 1926, pp. 5-6.

# NOTA PRÉVIA

Algo paradoxalmente, ou talvez não, estas foram as últimas linhas a ser escritas de todo o texto que se contém neste livro e que, por razões óbvias, não tinham sentido no exemplar original da minha dissertação que laconicamente revelava os agradecimentos académicos e não continha qualquer referência ao modo como a mesma havia sido pensada e elaborada, num caminho longo, só, e repleto de hiatos – explicados por uma vida prática intensa agravada por uma aventura clubística, a que não soube, nem pude, resistir –, de dúvidas, de poucas hesitações, felizmente, mas sobejamente trabalhoso.

Acresce que manda a prudência que a Nota Prévia de uma Dissertação de Doutoramento não seja redigida antes da respectiva discussão (ou arguição)[2], tal como eventual comemoração só deve ser combinada depois das provas. Não vá o Diabo tecê-las.

Quase duas décadas decorreram entre a conclusão do mestrado, sobre Sociedades Anónimas[3], e a data em que fui convocado para

---

[2] A prova pública decorreu, no dia 19 de Janeiro de 2009, na Universidade Católica Portuguesa – onde me licenciei e onde obtive o grau de mestre (em Ciências Jurídico-Comerciais) –, perante um júri presidido pelo (Magnífico) Reitor, Doutor Manuel Braga da Cruz, e que integrava os Doutores João Calvão da Silva, (catedrático) da Faculdade de Direito da Universidade de Coimbra, e Pedro Pais de Vasconcelos, (catedrático) da Faculdade de Direito da Universidade de Lisboa, ambos arguentes, e Jorge Miranda, Germano Marques da Silva, José Augusto Engrácia Antunes (orientador), Júlio Gomes, Rita Lobo Xavier e Damião da Cunha, todos da Universidade Católica Portuguesa (os dois primeiros da Escola de Lisboa e os últimos quatro da Escola do Porto). Faltou, por razões de saúde, o Doutor Luís Carvalho Fernandes.

[3] Com um tema até então por discutir no quadro do Código das Sociedades Comerciais (*Os direitos especiais nas sociedades anónimas: as acções privilegiadas,* que seria publicada em 1993, pela Almedina, Coimbra) que viria a ser revalorizado com o debate sobre a admissibilidade das *golden shares* e que recentemente, por efeito da crise (global) que atravessamos, adquiriu uma actualidade renovada com as acções preferenciais

sustentar a minha dissertação de doutoramento, cuja investigação recordo ter iniciado em 1991.

Após um primeiro fulgor que, na sequência de investigação preliminar em Portugal (nas bibliotecas das Faculdades de Direito das nossas Universidades (de Lisboa e Católica), se traduziu em diversas estadias no estrangeiro, desde Bolonha (*Instituto Giuridico Antonio Cicu*, actual Biblioteca do departamento de Ciências Jurídicas "A. Cicu"), passando por Munique (*Ludwig-Maximilians Universität München*), Londres (*Centre for Commercial Law Studies*, at Queen Mary, e *Institute of Advanced Legal Studies,* University of London) e Harvard (*Law School Library*)[4], a preparação da dissertação conheceria um abrandamento, coincidente com a fundação da minha primeira sociedade de advogados.

Uns anos mais tarde, após um intenso período de trabalho na tese, cheguei a pensar que jamais concluiria a mesma e que o edifício cujos alicerces erguera nunca veria os imprescindíveis acabamentos.

Há cerca de quatro anos, uma divergência de projecto profissional (na advocacia) conduziu-me a um novo escritório, no qual encontrei as condições apropriadas para, de forma séria e persistente, concluir a redacção da minha dissertação e, desse modo, fechar um capítulo fundamental da minha vida que, reconheço, não gostaria de ter deixado incompleto.

Curiosamente, no presente, defendida a tese e no momento de a apresentar publicamente, só me recordo do que de bom me sucedeu ao longo destes anos.

Lembro com saudade:

– O Doutor Paulo Sendin, meu professor de Direito Comercial, meu amigo e conselheiro que, sem me pressionar, teve a paciência de aguardar que me reencontrasse academicamente, e cujas persistência silenciosa e permanente disponibilidade foram fundamentais para retomar o rumo do qual várias vezes me afastara. Com Paulo Sendin tive o privilégio de discutir exaustivamente inúmeros

---

como meio para permitir o financiamento do(s) Estado(s) às empresas em dificuldades, em especial na área financeira.

[4] Por outras bibliotecas de Universidades estrangeiras haveria de passar, embora por períodos substancialmente mais curtos e consequentemente com menores razões para agradecimentos.

problemas jurídicos (e outros) e dele recebi preciosos conselhos, que já não posso agradecer-lhe. Tive felizmente a oportunidade e a felicidade de entregar ao meu mestre de Direito Comercial (e das Sociedades Comerciais) um exemplar da minha dissertação e viver a satisfação académica que a conclusão dessa minha etapa, na qual sempre acreditara, lhe proporcionou. É também à Memória de Paulo Sendin que dedico este livro.

– Os meus avós Paulo (Cunha) e Fernando (Olavo), exemplos de vida e juristas insignes de quem procuro ser condigno[5]; e

– O meu tio Carlos (Olavo) que – com a sua experiência de académico, advogado e jurista da banca – me sugeriu que tratasse da convenção de cheque.

Optei decisivamente pela temática do cheque e da convenção de cheque porque crescera em torno das Sociedades Comerciais e senti necessidade de aprofundar e investigar a área do Direito Comercial que (então) pior conhecia: a dos Títulos de Crédito, cuja teoria geral tem uma elevação dogmática que dificilmente se encontra na matéria das Sociedades.

A ideia inicial era estudar e analisar a figura da convenção de cheque, fixar os seus contornos e regime jurídico e determinar a sua natureza.

Tendo procedido primeiramente a uma investigação sistematizada, rapidamente me dei conta que, mais relevante do que dissecar o negócio entre o banco e o seu cliente, seria tomar por referência o título de crédito que o consubstancia, analisando as ligações e construindo um critério que permitisse solucionar as diversas questões que se colocam sempre que este se cruza com a convenção de cheque, impondo-se atribuir preponderância a um sobre o outro.

Pesquisar, ler, relacionar, reflectir e escrever representam uma caminhada solitária, ainda que percorrida em paralelo com outras tarefas e com o indispensável apoio de todos os que nos são próximos e contribuem para o resultado que se atinge, desde os que nos proporcionaram equilíbrio emocional, nos apoiaram incondicionalmente e se confrontaram com longas ausências, passando pelos colegas de escritório (advogados e administrativos) que assumiram os nossos compromissos e nos substituíram, acabando nos clientes que pontualmente se habituaram a esperar.

---

[5] Cujos centenários de nascimento coincidiram curiosamente com os anos da apresentação (2008) e da discussão pública (2009) desta dissertação.

Concluído o percurso, dificilmente poderia aconselhar e muito menos insistir com os meus filhos para empreenderem tarefa análoga, cuja única recompensa não se sente, sendo essencialmente pessoal.

O grau de Doutor, após a obtenção do grau de Mestre, não se pode perseguir como um fim em si mesmo, mas deve resultar de uma vocação, pois só esta explica os sacrifícios que o trabalho que lhe está subjacente implica. Mas importa também referir que quando o trabalho é reconhecido, como foi aquele que se introduz – pelo menos pelo júri que o apreciou –, a satisfação é grande.

Finalmente, é este o local apropriado para explicar os agradecimentos académicos lacónicos que inseri no verso do frontispício do texto submetido à apreciação do júri, importando salientar que os mesmos não visam excluir a responsabilidade pela investigação empreendida e pelo resultado alcançado, que assumo inteiramente.

Agradeço em particular:

– Às Faculdades de Direito das Universidades Católica – recordando nesta o Doutor António Sousa Franco, Director entre 1990 e 1995 – e de Lisboa, nas quais ensinei, pelas dispensas de serviço docente que me concederam para a realização do meu projecto.

– Aos Directores de todos os Institutos Universitários e Bibliotecas onde investiguei, acima enunciados, e aos responsáveis com quem contactei.

– À Fundação Luso-Americana para o Desenvolvimento, e ao seu presidente de então, Doutor Rui Machete, pelo apoio concedido na minha deslocação aos Estados Unidos.

– À Vieira de Almeida & Associados – Sociedade de Advogados, e a todos os seus sócios, mas em especial ao *Man* (João Vieira de Almeida), seu *managing partner* – que, em menos de um mês, me acolheram (como consultor) na sua prestigiada e excelente *firma* –, pelas condições proporcionadas para, sem prejuízo dos clientes que têm acreditado em mim como advogado, concluir a minha dissertação e reintegrar de pleno direito o meio académico, ao qual então (já) só me encontrava tenuemente ligado. Foi, de facto – na expressão feliz do *Man* –, um bom *deal* para todos.

– Ao José Augusto Engrácia Antunes, que aceitou ser meu orientador tardio – na fase em que eu pensava não vir a concluir a dissertação e ser a sua nomeação um mero pró-forma –, e a cuja aprovação submeti o texto final antes de o entregar, pelos conselhos amigos e incentivo transmitidos e, acima de tudo, pela sua permanente disponibilidade.

– À Gabriela Figueiredo Dias, pela paciência infinita, na revisão do texto e inúmeras discussões de vários dos seus aspectos, e pela pesquisa e obtenção de material nos Estados Unidos que permitiu a actualização final dos elementos bibliográficos, pela constante disponibilidade para discutir as mais variadas dúvidas e os mais pequenos pormenores, e pelo apoio que me concedeu, em especial nas áreas da sua especialidade, na recta final da redacção da dissertação.

– Ao meu Pai, pelas sugestões de carácter formal que seguramente permitiram a melhoria do estilo utilizado e pelas trocas de impressões em particular sobre as questões de carácter económico, também envolvidas nesta dissertação.

– A todos que tiveram a amabilidade de ler os meus borrões (parciais), ainda que os tivessem aprovado apenas tacitamente – casos da Paula (Costa e Silva), no que respeita à parte sobre o cheque como título executivo, do Miguel (Machado), sobre a tutela penal do cheque, e do meu primo Pedro (Nunes de Carvalho), no que toca ao relevo do silêncio como meio de manifestação de vontade –, ou que se disponibilizaram para comigo trocarem impressões na fase da preparação da discussão, como sucedeu com a Zé (Capelo).

– Aos meus professores e a todos quantos, *obrigando-me* a leccionar as mais variadas matérias de Direito Privado, contribuíram para a minha formação como jurista, alargando a minha base de conhecimentos.

– Aos clientes especiais, e também amigos, que tiveram a paciência de respeitar o meu recolhimento, ainda que pontual.

– A todos os meus colegas (advogados) que me acompanharam neste percurso – em especial a Sofia (Barata), a Inês (Gomes Ferreira), o António (Mendes de Almeida) e a Margarida (Sameiro) – e que, complementando-me e substituindo-me numa difícil fase de regresso à investigação, contribuíram decisivamente para me libertar para a elaboração desta dissertação, sempre que eu estava ausente (do escritório).

– À Alexandra (Fontes), minha dedicada secretária, que, só por me aturar, merece o céu, pelo muito que me tem ajudado, na pesquisa de material e na vertente informática.

– A todos quantos, não tendo sido especificamente lembrados, não foram esquecidos e contribuíram para que o meu doutoramento se tornasse realidade, neles incluídos todos os que sempre nele acreditaram e aguardaram pacientemente a sua conclusão.

E naturalmente também:

– À minha Família, na qual fui, de facto, turista acidental no período final da tese, pela compreensão e respeito que (sempre) teve pelo meu trabalho.

É em especial
à Madalena, à Carolina e ao Paulinho
que dedico este livro.

*Punta Maroma, 5 de Fevereiro de 2009*

# APRESENTAÇÃO[6]

## § 1.º – Palavras introdutórias

Magnífico Reitor da Universidade Católica Portuguesa,

Agradeço, na pessoa de V. Exa. – que respeitosamente cumprimento –, à Universidade que me formou, na qual obtive os graus de licenciado e mestre em Direito, e onde ensino há mais de vinte anos, a oportunidade que me concede de prestar provas de doutoramento em Direito, a que me apresento.

A realização da prova de defesa da dissertação de doutoramento representa um marco de um longo e difícil percurso, constituindo não apenas mais um passo na minha vida académica, mas o corolário do que tenho feito e espero continuar a fazer em benefício da nossa comunidade jurídica.

Trata-se de uma longínqua aspiração minha, como é sabido, mas apresentar uma dissertação de doutoramento em Direito não é apenas questão de desejo e vontade, mas, essencialmente, de *consciência*. Foi com esse estado de espírito que elaborei e concluí a dissertação há muito iniciada e que aqui hoje compareço, perante tão distinto júri, para defender as ideias nela desenvolvidas.

Aos Professores que, não integrando os quadros da Universidade Católica, aceitaram ser membros do júri e assumir o encargo da arguição da minha tese – Doutores João Calvão da Silva e Pedro Pais de Vasconcelos –, agradeço a disponibilidade que manifestaram e, através de V. Exas., cumprimento também as respectivas Faculdades (de Direito

---

[6] As páginas que se seguem e que, antecedendo a Introdução, não faziam parte da dissertação de doutoramento tal como ela foi entregue em Fevereiro de 2008, quando foi requerida a prova, reflectem, ainda que porventura com maior desenvolvimento, a apresentação oral efectuada na abertura da prova, realizada no dia 19 de Janeiro de 2009.

XVI *Cheque e Convenção de Cheque*

das Universidades de Coimbra e de Lisboa), que são, por direito próprio, duas prestigiadíssimas instituições de ensino portuguesas.

Aos Professores da minha Faculdade, das Escolas de Lisboa e do Porto, também agradeço terem aceitado integrar o júri, permitindo-me de entre todos recordar os que foram meus mestres e tiveram, consequentemente, um contributo directo e imediato na minha formação académica: os Doutores Jorge Miranda, Germano Marques da Silva e Luís Carvalho Fernandes (infelizmente ausente por razões de saúde).

Finalmente, agradeço ao meu orientador, Doutor José Augusto Engrácia Antunes, a disponibilidade que sempre revelou no acompanhamento do meu trabalho e a análise crítica que fez do mesmo, sobretudo durante a fase final da sua estruturação, a que acresceu, naturalmente, o trabalho de apreciação formal da dissertação no relatório que elaborou para o efeito.

Permitam-me ainda que, à saudação que a todos vós dirijo, acrescente o nome do meu professor de Direito Comercial, Paulo Melero Sendin, infelizmente desaparecido, e cujos incentivos, disponibilidade e conselho foram, senão decisivos, muito relevantes para que este dia se tornasse realidade. Fica aqui expressa a minha sentida homenagem e, naturalmente, a muita pena que tenho por já não o ver entre nós.

É actualmente concedido ao candidato um período prévio para poder proceder à apresentação e fundamentação da sua tese. Aproveito-o também para brevíssima referência a novidades da jurisprudência[7], mormente a um relevante Acórdão de Uniformização (de Jurisprudência) aprovado pouco depois da tese ter sido entregue (e só mais tarde publicado).

Esse Acórdão e toda a rica jurisprudência nacional divulgada depois de fecharmos a nossa investigação – e que corresponde sensivelmente aos arestos proferidos em 2008 –, vêm comprovar a vitalidade do cheque, apesar de estar a decair a sua utilização massificada. As questões, carenciadas de solução, subsistem, pois. E manter-se-ão em aberto até que a jurisprudência acerte o rumo ou o legislador venha a alterar o *status quo* vigente.

## § 2.º – O objecto

O objecto nuclear da dissertação – que consta da respectiva Introdução – centra-se na relevância da análise da articulação existente entre o

---

[7] Sobre a jurisprudência divulgada posteriormente à conclusão da dissertação, cfr., *infra,* Actualização.

*Apresentação*     XVII

cheque e a convenção de cheque, com a finalidade de encontrar nessa relação o fundamento para a solução de algumas questões controvertidas que não têm obtido uma resposta clara da nossa doutrina e jurisprudência.

Apurando que se trata de realidades distintas, elas encontram-se não obstante ligadas, pelo que se procura analisar se a respectiva relação é de equilíbrio ou de sobreposição de uma a outra.

Mas a conclusão a que se chega pressupõe que se proceda previamente a uma apreciação pormenorizada da convenção de cheque e do instituto do cheque.

Caracterizados os regimes que regulam a subscrição cambiária e a relação contratual que a viabiliza, proponho-me averiguar as **relações de força existentes entre a tutela cambiária**, resultante da Lei Uniforme, **e a tutela contratual**, fruto da autonomia privada, para, do resultado a que chegar, poder extrair os critérios que, reforçando e explicando o sentido adequado do quadro legal vigente, permitam uniformizar as soluções mais correctas.

## § 3.º – A sistematização

No que se refere à sistematização[8], entendemos que a estruturação final é a mais adequada e a que melhor explica o fio condutor que perpassa por toda a dissertação.

Na **primeira parte**, procuro efectuar uma *análise transversal e relativamente* pormenorizada da figura jurídica cujo confronto com uma realidade (jurídica) de diferente natureza é foco da minha reflexão, começando por indagar sobre a respectiva **origem e evolução ao longo dos tempos**. Dedico ainda particular atenção à evolução jurídico-legislativa ocorrida na matéria, no plano interno e internacional, e acrescento novos dados em torno da questão (já aflorada na Introdução) do papel e importância do cheque no âmbito da moderna *cashless society.*

---

[8] Recorremos aqui a algumas passagens do Relatório sobre a dissertação apresentada – destinado a habilitar o Conselho Científico a deliberar sobre a admissibilidade da dissertação a provas de doutoramento –, elaborado (e gentilmente cedido) pelo respectivo orientador, Prof. Doutor José Augusto Engrácia Antunes. Tais passagens, que ilustram de forma certeira e porventura mais precisa do que aquela que utilizámos aquando da apresentação pública e oral (mas não lida) da nossa dissertação, são reproduzidas em itálico.

Em seguida, expõe-se os **conceitos estruturantes do cheque**, fixando os seus contornos e conteúdo juspositivos. Começa-se pela *caracterização do cheque, abordando de modo sistemático os aspectos centrais da respectiva regulação jurídica vigente* e que justificam a tutela que é dispensada a este instrumento.

Concluída a análise do regime jurídico do cheque, procuramos estabelecer *as suas coordenadas no contexto geral da teoria dos títulos de crédito*. Perspectivamos o cheque no **quadro da teoria geral dos títulos de crédito**, num plano distinto da sua regulação positiva e, apreciando os *caracteres distintivos comummente apontados na doutrina nacional e estrangeira aos títulos de crédito, bem como a questão da natureza jurídica do cheque enquanto título de crédito*, tomamos posição sobre alguns aspectos relevantes para a "Compreensão Jurídica do Cheque".

A terminar a **primeira parte**, *procedemos a uma explanação das principais* **funções sócio-económicas do cheque**, *dedicando atenção especial ao seu confronto com* **outros meios de pagamento** *alternativos mais recentes, tais como as transferências e os cartões bancários*, e efectuamos um curto balanço sobre a relevância do cheque.

Na **segunda parte** da dissertação começamos por efectuar o estudo do *quadro geral da relação bancária em que a convenção de cheque nasce e se desenvolve*, caracterizando *sumariamente os sujeitos centrais dessa relação jurídica complexa* (banco, ou banqueiro, e cliente), e analisando os diversos tipos de negócio em que essa relação bancária, habitualmente, se consubstancia.

Depois, analisa-se sucessivamente a ***formação e o conteúdo da convenção****, e,* com especial desenvolvimento, os **direitos e deveres** de que os sujeitos são titulares ou se encontram adstritos, concluindo-se com uma referência à **activação da convenção**.

Abandonamos então o tipo de abordagem estrutural que havíamos anteriormente seguido, para adoptar perspectiva correspondente *à* ***dinâmica resultante da própria convenção de cheque***. Abordam-se as **matérias do pagamento e cobrança do cheque**, da sua **falta de provisão e respectiva tutela penal**, da **revogação** da ordem que ele consubstancia, da **falsificação** de que pode ser objecto e da **responsabilidade que o banco sacado** tem *perante terceiros pelo não pagamento do cheque*.

*Aproveitando o caminho atrás percorrido* – e após ter analisado uma causa extintiva específica da convenção (a **rescisão**) – **qualificamos o negócio** celebrado entre o banqueiro e o seu cliente, *tomando posição sobre a* ***natureza jurídica*** *da convenção de cheque*, que consideramos ser um negócio jurídico "sui generis" não enquadrável em qualquer categoria jurídica ou dogmática existente.

## § 4.º – A ideia (a tese)

Efectuado o caminho que descrevemos, fomos ao longo do mesmo retendo os aspectos essenciais que permitem explicar e fundamentar a nossa ideia central:

– Que **a subscrição cambiária inerente ao cheque se sobrepõe ao acordo que a viabiliza:** a convenção estabelecida entre o banqueiro e o seu cliente.

E que é essa diferenciação de planos, entre o acto e o contrato, que justifica os efeitos associados ao incumprimento, designadamente a responsabilidade do banco perante o beneficiário do cheque, em caso de recusa injustificada de pagamento.

## § 5.º – A actualidade (do tema), a relevância prática e a actualização (da investigação)

A relevância técnico-científica do tema objecto desta dissertação é comprovada pela **significativa jurisprudência** publicada já depois da sua conclusão e, consequentemente, pela expressão real que os critérios propostos poderão (ainda) vir a ter.

E são as decisões dos tribunais que melhor espelham a inportância prática de um tema jurídico, deixando antever se o respectivo tratamento e análise pode contribuir para a simplificação de soluções e resolução de casos da vida real. Só em função dessa finalidade é que devemos concluir pela pertinência de um tema, porque, como já referia Fernando Pessoa, *toda a teoria deve ser feita para poder ser posta em prática.*

Durante o ano de 2008, a jurisprudência – diversamente do que muitos poderiam esperar – foi abundante, reforçando a relevância do estudo empreendido, e revelando sinais profundamente contraditórios.

No entanto, caminha-se a passos largos para uma solução de uniformização, pelo que esperamos que o contributo dado por esta dissertação, nomeadamente pelo critério estruturado e proposto, permitirá afirmar

## XX

*Cheque e Convenção de Cheque*

definitivamente a preponderância da subscrição cambiária sobre a relação contratual bancária, viabilizando a melhor interpretação do Direito vigente.

A diminuição da utilização dos cheques, verificada a partir do início da presente década, não infirma esta conclusão.

Se a relevância de um assunto jurídico depender do impacto que o mesmo tem no desenvolvimento da jurisprudência, encontramo-nos perante um tema singularmente rico.

Embora não seja rigorosamente pertinente aludir a elementos surgidos após a conclusão da dissertação, ainda assim gostaríamos de deixar duas notas:

- Uma, a de que durante o ano de **2008** foram publicados dois Acórdãos de Uniformização ou Fixação de Jurisprudência sobre o cheque:

a) O **Acórdão do Supremo Tribunal de Justiça uniformizador de jurisprudência de 28 de Fevereiro de 2008 (n.º 4/2008)** (PAULO ARMÍNIO DE OLIVEIRA E SÁ)[9], sobre a **revogação do cheque, que** fixou a seguinte jurisprudência: «*Uma instituição de crédito sacada que recusa o pagamento de cheque, apresentado dentro do prazo estabelecido no artigo 29.º da LUCH, com fundamento em ordem de revogação do sacador, comete violação do disposto na primeira parte do artigo 32.º do mesmo diploma, respondendo por perdas e danos perante o legítimo portador do cheque, nos termos previstos nos artigos 14.º, segunda parte, do Decreto n.º 13 004 e 483.º, n.º 1 do Código Civil*».

A jurisprudência fixada é correcta quanto ao resultado alcançado, mas menos correcta na sua fundamentação, afigurando-se, assim, salvo o devido respeito, que, com o Acórdão 4/2008 (que foi aprovado por maioria, com oito votos de vencido[10], entre trinta e sete juízes conselheiros, com diferentes motivações), o **STJ está a escrever direito por linhas tortas**.

---

[9] Publicado no *DR, 1ª Série n° 67, de 4 de Abril de* 2008, pp. 2058-2081. Cfr., *infra*, nota 11.

[10] Um deles, o do Conselheiro Salvador da Costa, com um texto quase tão extenso quanto o do próprio Acórdão.

b) O **Acórdão de 25 de Setembro de 2008** (Rodrigues da Costa) / Proc. n.º 07P3394, *www.dgsi.pt*, sobre o alcance do crime de cheque sem provisão nos termos do disposto na *alínea b)* do n.º 1 do art. 11.º do Decreto-Lei n.º 454/91, de 28 de Dezembro, considerando que integra tal ilícito «*a conduta do sacador de um cheque que, após a emissão deste, falsamente comunica ao banco sacado que o cheque se extraviou, assim o determinando a recusar o seu pagamento com esse fundamento*».

E neste momento (Janeiro de 2009) estamos perante uma **curiosa contradição**: por um lado, a orientação do Pleno das Secções Cíveis (expressa no primeiro Acórdão) – apostando na subsistência da 2ª parte do corpo do art. 14.º do Dec. n.º 13004, de 12 de Janeiro de 1927 –; por outro, o Pleno das Secções Criminais, espelhado em Acórdão mais recente, considerando (ainda que apenas nos motivos justificativos e fundamentos), revogada essa disposição legal (pela LUCh).

Embora a uniformização da interpretação não seja essencial para a solução da questão, a verdade é que nenhum dos acórdãos apresenta, a nosso ver, uma fundamentação adequada.

– A segunda, e última, nota para referir que, com importância significativa, foram – ao longo de 2008 – divulgados mais de duas dúzias de Acórdãos (do Supremo e das Relações) sobre a temática do cheque, recaindo mais de um dúzia sobre as matérias centrais que são objecto de estudo nesta dissertação. Dada a limitação temporal que me é concedida para esta intervenção, a análise dessa jurisprudência, já efectuada, terá de ficar para uma outra oportunidade[11].

São estas as considerações que, no momento de apresentação da dissertação se impõe fazer. De análise, justificação e actualização

Lisboa, 19 de Janeiro de 2009

Paulo Olavo Cunha

---

[11] Cfr., *infra*, Actualização.

# ACTUALIZAÇÃO

**I.** Durante o ano de 2008, a jurisprudência – diversamente do que muitos poderiam esperar – tem sido abundante, reforçando a relevância do estudo empreendido, e revelado sinais profundamente contraditórios.

Caminha-se a passos largos para uma solução de uniformização. O contributo dado por esta dissertação, nomeadamente pelo critério estruturado e proposto, permitirá afirmar definitivamente, segundo creio, a preponderância da subscrição cambiária sobre a relação contratual bancária, numa das suas vertentes. A diminuição da utilização dos cheques, verificada a partir do início da presente década, não infirma esta conclusão.

O cheque é um instrumento cuja aceitação pressupõe confiança; precisamente a mesma confiança de que carece qualquer moeda para ser aceite. Se a respectiva solvabilidade for reduzida, as transacções que envolverem o País onde ela circula processar-se-ão necessariamente em divisas estrangeiras consagradas (em especial o euro e o dólar).

Em suma, se a relevância de um tema jurídico assentar no impacto que o mesmo tem na jurisprudência, então estamos perante um tema necessariamente rico.

**II.** De entre as diversas decisões jurisprudenciais proferidas ao longo do último ano[12], salientamos:

---

[12] A actualização abrangeu as decisões divulgadas até ao início do corrente ano (2009), designadamente:

(i) no respeitante à jurisprudência publicada em revistas, a constante da *CJ* (n.º 207), ano XXXIII, t. III, 2008, e da *CJ/AcSTJ* (n.º 208), ano XVI, t. II, 2008; e

(ii) no tocante aos acórdãos divulgados na Internet (*www.dgsi.pt*), os disponíveis em 16 de Janeiro de 2009 (c/Acórdãos relatados até às seguintes datas: STJ – 15 de Janeiro de 2009; Relação de Coimbra – 17 de Dezembro de 2008; Relação de Lisboa – 7 de Janeiro de 2009; Relação do Porto – 12 de Janeiro de 2009, Relação de Évora – 6 de Janeiro de 2009; e Relação de Guimarães – 15 de Dezembro de 2008).

Recorde-se que a dissertação havia tomado em consideração:

XXIV  *Cheque e Convenção de Cheque*

Em primeiro lugar, e antes das demais, o **Acórdão do Supremo Tribunal de Justiça uniformizador de jurisprudência de 28 de Fevereiro de 2008 (n.º 4/2008)** (Paulo Armínio de Oliveira e Sá) – curiosamente emitido no mês em que a dissertação foi fisicamente entregue na Universidade – e que recaiu sobre a **revogação do cheque.**

Esse **Acórdão** (publicado no *DR, 1ª Série n.º 67, de 4 de Abril de* 2008, pp. 2058-2081) fixa a seguinte jurisprudência[13]: «*Uma instituição de crédito sacada que recusa o pagamento de cheque, apresentado dentro do prazo estabelecido no artigo 29.º da LUCH, com fundamento em ordem de revogação do sacador, comete violação do disposto na primeira parte do artigo 32.º do mesmo diploma, respondendo por perdas e danos perante o legítimo portador do cheque, nos termos previstos nos artigos 14.º, segunda parte, do Decreto n.º 13 004 e 483.º, n.º 1 do Código Civil».*

A jurisprudência fixada é, aparentemente, boa, sobretudo pelo resultado. Isto é, e salvo o devido respeito, com o Acórdão 4/2004 (que foi aprovado por maioria, com oito votos de vencido[14], entre trinta e sete juízes conselheiros, com diferentes motivações) – como referimos na defesa pública da dissertação – o Supremo Tribunal de Justiça escreveu direito por linhas tortas[15].

---

a) no respeitante à jurisprudência publicada em revistas, a constante da *CJ* ano XXXII, t. III, 2007, e da *CJ/AcSTJ*, ano XV, t. II, 2007; e

b) relativamente aos acórdãos divulgados na Internet (*www.dgsi.pt*), os disponíveis em 21 de Dezembro de 2007 (c/Acórdãos relatados até às seguintes datas: STJ – 19 de Dezembro de 2007; Relação de Coimbra – 5 de Dezembro de 2007, Relação de Lisboa – 7 de Dezembro de 2007, Relação do Porto – 12 de Dezembro de 2007, Relação de Évora – 16 de Outubro de 2007 e Relação de Guimarães – 19 de Novembro de 2007).

[13] Esta decisão tirada com vários votos de vencido, com motivos diferentes, viria a ser também publicada na íntegra na *Internet,* na base de dados do Ministério da Justiça (*www.dgsi.pt*), e na *CJ/AcSTJ* (n.º 206), ano XVI, t. 1, **2008**, pp. 11-31, e seria posteriormente objecto da nossa anotação na revista *Cadernos de Direito Privado*, n.º 25, 2009 (pp. 3-23), sob o título «A revogabilidade do cheque no respectivo prazo de apresentação a pagamento: escrever Direito por linhas tortas. Anotação ao Acórdão do STJ n.º 4/2008».

[14] Um deles, o do Conselheiro Salvador da Costa, com um texto quase tão extenso quanto o do próprio Acórdão.

[15] A crítica que fazemos ao AcRelPorto de 27 de Março de 2008 é aplicável, na íntegra, a este Acórdão.

*Actualização* XXV

**III.** E neste momento (Janeiro de 2009) estamos perante uma curiosa contradição: por um lado, a orientação do Pleno das Secções Cíveis (expressa nesse Acórdão) – apostando na subsistência da 2ª parte do corpo do art. 14.º do Dec. n.º 13004, de 12 de Janeiro de 1927 –; por outro, o Pleno das Secções Criminais, espelhado no Acórdão mais recente de 25 de Setembro passado[16], considerando, ainda que na fundamentação, revogada (pela LUCh) essa disposição legal.

Embora a uniformização da interpretação não seja essencial para a solução da questão, a verdade é que nenhum deles apresenta uma fundamentação adequada –, em nosso entendimento, claro.

**IV.** Numa outra questão sobre **revogação do cheque**, o **STJ** [**Acórdão de 15 de Janeiro de 2008** (FONSECA RAMOS), *CJ/AcSTJ* (n.º 206), ano XVI, t. 1, pp. 42-45] concluiu não se consubstanciar a mesma em coacção moral, como era pretendido pelos sacadores dos cheques – embargantes de uma execução contra si deduzida – e como chegou a ser considerado pelo Acórdão, entretanto revogado da Relação do Porto de 11 de Junho de 2007[17].

**V.** Por sua vez, em **Acórdão de 27 de Março de 2008** (MÁRIO FERNANDES)[18] / Proc. n.º 0831069, *www.dgsi.pt*, o Tribunal da **Relação do Porto** concluiu – em leitura diferente daquela que fazemos – pela vigência da segunda parte do corpo do art. 14.º do Decreto 13004, de 12 de Janeiro de 1927[19], considerando que a mesma não colide com o que dispõe o art.

---

[16] O **Acórdão do STJ de 25 de Setembro de 2008** (RODRIGUES DA COSTA) / Proc. n.º 07P3394, *www.dgsi.pt*, sobre o alcance do crime de cheque sem provisão nos termos do disposto na *alínea b)* do n.º 1 do art. 11.º do Decreto-Lei n.º 454/91, de 28 de Dezembro, considerando que integra tal ilícito *«a conduta do sacador de um cheque que, após a emissão deste, falsamente comunica ao banco sacado que o cheque se extraviou, assim o determinando a recusar o seu pagamento com esse fundamento».*

[17] Diversamente, considerando haver lugar à revogação por coação moral, o **Acórdão do STJ de 10 de Maio de 2007** (JOÃO BERNARDO) / Proc. n.º 07B939, *www.dgsi.pt*.

[18] O aresto evidencia que a questão *subjudice* (da aceitação da revogação do cheque durante o prazo da sua apresentação a pagamento e consequente recusa de pagamento) *não tem tido resolução pacífica quer na doutrina, quer na jurisprudência.*

[19] Segundo este tribunal de 2ª Instância, esta solução não sendo *imposta pelo regime geral do cheque*, resulta *dos princípios do direito comum, ou seja, do funcionamento das regras subjacentes à responsabilidade civil extracontratual.*

32.º da LUCh, *sendo pois ilícita a recusa do pagamento* do cheque no prazo legalmente estabelecido para o efeito, *com fundamento na* sua *revogação*.

Também este Acórdão escreveu direito por linhas tortas. A segunda parte do corpo do artigo 14.º contém duas previsões: a primeira, porventura a mais relevante, proíbe ao sacado a recusa do pagamento do cheque durante o prazo de apresentação a pagamento (que era então de dez dias) com fundamento na respectiva revogação; a segunda estabelece o efeito da inobservância dessa proibição (que o § único ainda em vigor, aliás, excepciona), cominando a responsabilidade do sacado *«por perdas e danos»*.

Como é sabido, a Lei Uniforme acolheu expressamente a primeira regra e foi omissa sobre os efeitos do respectivo incumprimento que, como se demonstra ao longo da dissertação, são os mesmos. A revogação tácita não opera apenas quando a nova solução legal *colide* com a anterior, ela verifica-se se a previsão legal existente é substituída por nova regra que vise a mesma *facti species*, como sucede com o artigo 32.º da LUCh relativamente a todo o corpo do artigo 14.º referido.

Importa, contudo, sublinhar que esta decisão judicial apresenta propostas de solução inteligentes, considerando que os motivos justificativos de revogação do cheque, constantes do SICOI (Parte II do Anexo) não podem constituir justa causa para fundamentar a revogação, mas apenas par justificar a recusa de pagamento do cheque. Nesta passagem, o Acórdão esquece o § único do artigo 14.º, cujo corpo ressuscita.

Finalmente, o aresto pronuncia-se ainda sobre o *quantum* indemnizatório devido por efeito da responsabilidade do sacado, referindo que não tendo sido provados os danos, os mesmos deverão ser apurados em execução de sentença. O tribunal, a este propósito, considera que o dano não corresponde necessariamente ao montante do cheque, podendo ficar aquém, mas – e citando Menezes Cordeiro (no seu *Manual de Direito Bancário*, 3ª ed., p. 484) – devendo medir-se pelos «incómodos, maiores despesas, lucros cessantes e, no limite, ao acrescido risco que o comportamento ilícito» do sacado «cause ao tomador do cheque». E apoia-se no facto de o portador não ter perdido a acção de regresso contra o sacador que, recorde-se, procurou revogar indevidamente o cheque, não pretendendo honrá-lo.

Também esta conclusão merece a nossa objecção, por uma razão fundamental que está subjacente à compreensão do cheque como título

*Actualização* XXVII

de crédito, alicerçado na aparência e beneficiando da tutela da confiança que lhe é indispensável, no mercado, como meio de pagamento, e por duas razões que resultam desta ideia fundamental:

a) por um lado, porque o sacado, embora não seja um obrigado de regresso, é – como demonstramos – um obrigado cambiário e como tal está vinculado, dentro de certos parâmetros, ao cumprimento;

b) por outro, porque o recurso à acção cambiária irá contar com a natural oposição de quem já havia demonstrado não querer honrar o cheque. Trata-se de uma alternativa de que o portador dispõe, mas a sua tutela só é efectiva se ele puder optar pela via mais fácil, que é a de demandar o sacado, obtendo o pagamento do cheque e, eventualmente, o ressarcimento de outros danos que venha a sofrer, que possam incluir as despesas incorridas, e dos lucros cessantes.

**VI.** No que se refere ao quadro da **relação negocial complexa**, de confiança mútua e estabelecida *intuitus personae* entre o banqueiro e o seu cliente, enfatizando a imposição à instituição financeira de padrões profissionais e éticos exigentes, mas ampliando excessivamente os respectivos deveres legais e contratuais, o **AcSTJ de 18 de Novembro de 2008** (SANTOS BERNARDINO) / Proc. n.º 08B2429, *www.dgsi.pt*, que se reporta ao depósito de cheque "salvo boa cobrança".

**VII.** Sobre **falsificação do cheque** foram publicados os seguintes arestos:

**AcSTJ de 3 de Julho de 2008** (OLIVEIRA ROCHA), *CJ/AcSTJ* (n.º 208), ano XVI, t. II, **2008**, pp. 155-158.

Segundo este – a propósito da falsificação de três cheques (um deles de € 72.000,00) apresentados ao balcão do sacado para levantamento –, tendo ocorrido o desapossamento por efeito da falsificação da assinatura do sacador, deve a culpa do devedor ser apreciada nos termos gerais da responsabilidade civil (n.º 2 do art. 799.º do CC), recaindo sobre o banco sacado (réu no processo) «o ónus de provar que usou de toda a diligência que um qualquer banqueiro usaria nas circunstâncias» *subjudice*.

O Supremo concluiu que o banco «*não logrou afastar a sua presunção de culpa*» e confirmou a decisão da **Relação de Lisboa [Acórdão de 8 de Janeiro de 2008** (ROQUE NOGUEIRA), *CJ* (n.º 204), ano XXXIII, t. 1,

**2008**, pp. 69-73[20]] por não se ter provado a actuação culposa do sacador (autor) desapossado, nomeadamente «*no cumprimento do seu dever de guardar conscienciosamente a caderneta*».

Esta decisão foi proferida na sequência de uma decisão de Primeira Instância que atribuiu *uma participação na culpa de 50% a cada uma das partes*, considerando que o banco não actuou diligentemente uma vez que *a assinatura presente nos cheques* tinha *aspectos de diferença* (relativamente à assinatura do cliente microfilmada) *até a olho nu*, e que o sacador também não tinha andado bem – facilitando a imprevidência do depositário (banco sacado), ao *não* manter *os cheques a bom recato*. A Relação, por sua vez, viria a julgar favoravelmente a apelação do sacador, atribuindo exclusivamente a culpa ao banco, que condenou no pagamento da totalidade da quantia sacada.

Também aqui o Supremo escreveu direito por linhas tortas, uma vez que só não repartiu as culpas – como o havia feito a Primeira Instância – por não ter ficado provado a negligência do autor, e não porque em eventual concurso desta com a negligência do banco, esta prevalecesse dada a responsabilidade profissional desta entidade.

**VIII.** É esta responsabilidade que é especialmente realçada pelo Supremo quando afirma que, por imposição do Regime Geral das Instituições de Crédito e Sociedades Financeiras, o banqueiro tem «o dever de adopção de procedimentos de diligência, neutralidade, lealdade, discrição e respeito consciencioso dos interesses que lhe estão confiados», encontrando-se «assim, vinculado a **deveres de actuação conformes com aquilo que é expectável da parte de um profissional tecnicamente competente**, que conhece e domina as regras da *ars bancaria*: tem

---

[20] Nos termos desta decisão, sobre o banco sacado (depositário) *que paga cheques com a assinatura do* cliente/sacador (depositante) *falsificada recai a presunção de culpa consagrada no artigo 799.º, n.º 1 do Código Civil*, sem prejuízo de o banco poder evitar a responsabilidade decorrente desta presunção *se conseguir provar que agiu sem culpa e que foi a conduta negligente do depositante que contribuiu, decisivamente, para o irregular pagamento.* Não se provando *a culpa de qualquer das partes, o risco fica a cargo do banco depositário.*

Em qualquer circunstância, no caso vertente deveria o sacado ter procurado contactar o cliente (sacador / depositante) para confirmar o saque, consideradas as divergências resultantes da ficha de assinaturas da conta sacada e a assinatura constante do cheque e o elevado montante deste.

Actualização                                    XXIX

um fundamental *dever de prestação de serviços*, que lhe impõe colocar à disposição do cliente a sua estrutura organizativo-funcional, em ordem à execução de tarefas de tipo variado, no âmbito da actividade bancário-financeira, e uma *obrigação de acautelamento de interesses do cliente*, que lhe impõe uma continuada promoção e vigilância dos interesses deste» [**AcSTJ de 18 de Dezembro de 2008** (Santos Bernardino) / Proc. n.º 08B2688, *www.dgsi.pt*].

Neste aresto, proferido a propósito de uma transferência, o Supremo acentua, em especial, o carácter profissional da actividade do banco, «*executada por uma estrutura profissional de elevado grau de especialização*». É nesta característica que – como demonstramos na dissertação (cfr., *infra*, n.º 21.6.4, pp. 680 e segs.) – devemos encontrar o critério para aferir a responsabilidade pelo pagamento de cheques falsos ou falsificados.

**IX.** Segundo o **Acórdão do STJ de 10 de Abril de 2008** (Bettencourt de Faria) / Proc. n.º 08B347, *www.dgsi.pt*, o banco deve demonstrar que agiu sem culpa – elidindo a presunção do art. 799.º, n.º 1 – e tem de provar também a culpa do cliente.

**X.** Num outro caso, o **Tribunal da Relação de Lisboa** concluiu existir incumprimento da convenção de cheque por ter sido pago um cheque com inobservância das condições de movimentação da conta que haviam sido expressamente estipuladas; e que a falta de cuidados mínimos exigíveis na actividade bancária – que «*impunham que os funcionários do banco tivessem verificado na ficha de assinatura respectiva a integralidade das condições de movimentação da conta*» – integra a culpa dos funcionários do banco, ao qual deverá ser imputada a responsabilidade contratual resultante da inobservância da convenção de cheque [**Acórdão de 8 de Novembro de 2007** (Ezaguy Martins), *CJ* (n.º 202), ano XXXII, t. V, **2007**, pp. 78-82].

**XI.** Por sua vez, o **Acórdão da Relação de Guimarães de 15 de Dezembro de 2008 de 2008** (Isabel Rocha) / Proc. n.º 1691/08-1, *www.dgsi.pt*, considerou que o banco, «*para elidir a presunção de culpa do art. 799.º do CC, terá de provar, não só que agiu com a diligência exigível, mas também que o "perecimento da coisa" resultou da culpa do depositante, nos termos do art. 786.º do CC,* isto é, que o pagamento do cheque falsificado se ficou a dever «*a comportamento culposo*» do cliente.

XXX  *Cheque e Convenção de Cheque*

Como resulta do texto (cfr., *infra,* n.º 21.6.2, pp. 669-670), há que encontrar a solução para além do artigo 796.º do Código Civil. O Acórdão em causa encontra apoio nas lições de João CALVÃO DA SILVA (*Direito Bancário,* cit., p. 348), embora sem explicação no que se refere à questão do cheque falsificado.

**XII.** Diversamente, no **Acórdão da Relação do Porto de 22 de Janeiro de 2008** (CÂNDIDO LEMOS) / Proc. n.º 0727079, *www.dgsi.pt,* concluiu – num caso de falsificação de cheques – pela culpa (negligência) do cliente, na guarda dos cheques e pelo afastamento da presunção do artigo 799.º, n.º 1 do CC com a demonstração pelo banco de que usou de toda a diligência para se certificar da semelhança das assinaturas. No entendimento do tribunal o pagamento do cheque falsificado pelo banco só o libera totalmente se este provar em face do disposto na referida disposição legal que não teve culpa e que o pagamento se ficou a dever a comportamento culposo do cliente.

**XIII.** Dois dias mais tarde, o **Acórdão da Relação de Guimarães de 24 de Janeiro de 2008** (AUGUSTO CARVALHO) / Proc. n.º 2321/07-1, *www.dgsi.pt,* concluiu – num caso de falsificação de endosso – pela culpa do sacador e cliente, por este ter enviado o cheque ao beneficiário por correio simples, considerando que o cliente não havia tomado as devidas precauções, contribuindo com o seu acto para o desapossamento ocorrido.

A leitura do Tribunal da Relação de Guimarães afigura-se excessiva e inadequada não por ter considerado negligente a expedição postal do cheque, mas porque resulta dos termos da matéria de facto provada que o endosso (falsificado) não era bom, visto ter sido feito por uma sociedade por quotas (Lda.), e não pela beneficiária do saque, que revestia a forma anónima, evidenciando a negligência (grosseira, em nossa opinião) do sacado no pagamento do cheque, por falta de verificação da cadeia de endossos.

**XIV.** Também o **Acórdão da Relação do Porto de 7 de Fevereiro de 2008** (TELES DE MENEZES) / Proc. n.º 0737037, *www.dgsi.pt,* em caso de falsificação de cheques, após a morte do cliente, concluiu pela culpa dos sucessores "deste" ao não terem comunicado o falecimento, permitindo os actos posteriores à morte do cliente que conduziram ao desapossamento.

**XV.** Versando ainda incidentalmente sobre a falsificação de cheque, o **AcSTJ de 3 de Julho de 2008** (SERRA BAPTISTA) / Proc. n.º 08B956, *www.dgsi.pt*, considera que a responsabilidade pelos danos causados pelo pagamento de cheques falsificados «*deve ser assacada aquele dos contraentes que tiver agido com culpa*».

**XVI.** A concluir, a referência a **outras decisões** dos nossos tribunais superiores que, tendo sido publicadas no ano de 2008, se relacionam com matéria objecto de análise nesta dissertação e que, se tivessem sido oportunamente conhecidas, teriam merecido ter sido objecto de apreciação:

a) No que se refere ainda a situações de **desapossamento:**

Os **Acórdãos da Relação do Porto de 30 de Janeiro de 2008** (JOAQUIM GOMES) / Proc. n.º 0613895, *www.dgsi.pt*, e **de 29 de Outubro de 2008** (MARIA DO CARMO SILVA DIAS) / Proc. n.º 0814711, *www.dgsi.pt*, que punem criminalmente o agente (interveniente num cheque) que falsifica um endosso (cfr. art. 256.º, n.º 3 do CP).

Apreciando uma situação de natureza idêntica, mas concluindo pela absolvição da arguida, o **AcRelCoimbra de 17 de Dezembro de 2008** (ALBERTO MIRA) / Proc. n.º 224/04.IGASPS.C1, *www.dgsi.pt*.

**XVII.** b) No tocante à **qualificação do cheque como título executivo**, mencione-se:

Os **Acórdãos da Relação do Porto de 6 de Outubro de 2008** (PINTO FERREIRA) / Proc. n.º 0854727, *www.dgsi.pt* – segundo o qual «*o cheque prescrito não pode ter a virtualidade de poder constituir título executivo, mas pode valer como documento particular*» – e de **7 de Outubro de 2008** (MÁRIO SERRANO) / Proc. n.º 0825397, *www.dgsi.pt*, que considera constituir a emissão do cheque o reconhecimento de uma obrigação pecuniária em relação a um terceiro, convocando a emissão do cheque como meio de pagamento a aplicação do artigo 458.º do CC. Trata-se de doutrina que rejeitamos, como resulta com clareza do capítulo III (n.ºs 8.4.5.V e 8.5.4, 8.5.5 e 8.5.6, pp. 245 e 260-272). No caso *sub judice* acresce que os (quatro) cheques não estavam sequer datados, não sendo consequentemente válidos como títulos de créditos. Não valendo como cheques, tais títulos não importam o reconhecimento de dívida, como se explicou. Por isso, também por essa razão a decisão se afigura infeliz.

Esta segunda decisão insere-se na linha do **AcRelLisboa de 5 de Junho de 2008** (ANTÓNIO VALENTE) / Proc. n.º 3811/2008-8, *www.dgsi.pt*, que conclui poderem os cheques prescritos consubstanciar o reconhecimento de uma obrigação pecuniária, que se presume nos termos do artigo 458.º do CC.

Anteriormente – e na linha do que defendemos –, o **Acórdão** do mesmo tribunal **de 19 de Fevereiro de 2008** (RUI VOUGA) / Proc. n.º 6283//2007-1, *www.dgsi.pt*, declara que o cheque de que não conste a causa da obrigação subjacente não poderá constituir título executivo, nem como quirógrafo, quando o exequente perdeu o direito de usar da acção cambiária contra o executado.

No mesmo sentido, o **AcRelCoimbra de 28 de Outubro de 2008** (ISAÍAS PÁDUA) / Proc. n.º 39/06.2TBSCG-A.C1, *www.dgsi.pt*, recusa força executiva ao cheque que não é título cambiário, fazendo depender essa qualidade da apresentação do cheque a pagamento no prazo legalmente estabelecido para o efeito, mas reconhece que o cheque possa ser apresentado como quirógrafo, por estar assinado pelo executado, e possa valer como título executivo por não ter saído do domínio das relações imediatas, nunca tendo sido endossado.

O **AcSTJ de 19 de Junho de 2008** (SANTOS BERNARDINO) / Proc. n.º 08B1054, *www.dgsi.pt*, determina que o cheque emitido em garantia tem exequibilidade, como título de crédito, não obstante poder deparar com a oposição fundada na relação subjacente.

Por sua vez, e ainda a propósito do cheque como título executivo, chame-se a atenção para o **AcSTJ de 11 de Dezembro de 2008** (PIRES DA ROSA) / Proc. n.º 08B1452, *www.dgsi.pt*, que considera que a oposição à execução de um cheque garantia não dispensa o executado de demonstrar que «*a relação fundamental que se pretendeu garantir não tem causa ou fundamento ou se extinguiu ou se modificou*», uma vez que «*o cheque é um título cambiário*», que consubstancia uma «*obrigação própria autónoma e abstracta*».

**XVIII.** c) O Tribunal da **Relação do Porto,** em **Acórdão de 28 de Fevereiro de 2008** (NUNO ATAÍDE DAS NEVES) / Proc. n.º 0736748, *www.dgsi.pt*, considerou não ser possível proceder ao desconto de um cheque com base na respectiva fotocópia.

**XIX.** d) Em **Acórdão de 15 de Janeiro de 2009** (BETTENCOURT DE FARIA) / Proc. n.º 08B3339, *www.dgsi.pt*, o **Supremo Tribunal de Justiça** condenou um banco a indemnizar um cliente ao qual ilicitamente não devolveu cheques que lhe haviam sido entregues para depósito, impedindo a sua cobrança judicial. O STJ reconheceu ao cliente o direito à satisfação dos montantes dos valores depositados, considerando que a cobrança só não foi possível por causa da conduta do banco.

**XX.** e) No que respeita ao **segredo bancário** ou **dever de sigilo**, refira-se, entre outros com data anterior[21], os **Acórdãos da Relação de Lisboa de 9 de Janeiro de 2008** (TELO LUCAS) / Proc. n.º 7257/2007-3, *www.dgsi.pt*, e de **6 de Março de 2008** (FERNANDO ESTRELA), *CJ* (n.º 205), ano XXXIII, t. II, **2008**, pp. 137-140, **da Relação do Porto de 26 de Março de 2008** (ÉLIA SÃO PEDRO), *CJ* (n.º 205), ano XXXIII, t. II, **2008**, pp. 226-228, e de **17 de Setembro de 2008** (MARIA LEONOR ESTEVES) / Proc. n.º 0815122, *www.dgsi.pt*, **da Relação de Coimbra de 9 de Abril de 2008** (FERNANDO VENTURA) / Proc. n.º 1434/07.TAAVR, *www.dgsi.pt*, e de **28 de Outubro de 2008** (VASQUES OSÓRIO) / Proc. n.º 302/08.9YRCBR, *www.dgsi.pt*, **da Relação de Guimarães de 16 de Outubro de 2008** (ANTÓNIO CONDESSO) / Proc. n.º 1910/08-2, *www.dgsi.pt*.

**XXI.** Finalmente o **Pleno das Secções Criminais do STJ** emitiu dois acórdãos de fixação de jurisprudência:

a) O **Acórdão de 13 de Fevereiro de 2008** (MAIA COSTA) / Proc. n.º 07P894, *www.dgsi.pt*, em matéria de segredo bancário; e

b) O já referido **Acórdão de 25 de Setembro de 2008** (RODRIGUES DA COSTA) / Proc. n.º 07P3394, *www.dgsi.pt*, sobre o alcance do crime de cheque sem provisão nos termos do disposto na *alínea b)* do n.º 1 do art. 11.º do Decreto-Lei n.º 454/91, de 28 de Dezembro, considerando que integra tal ilícito «*a conduta do sacador de um cheque que, após a emissão deste, falsamente comunica ao banco sacado que o cheque se extraviou, assim o determinando a recusar o seu pagamento com esse fundamento*».

Esta decisão comprova e reforça a responsabilidade do banco, acentuando o carácter de meio de pagamento do cheque, mas não fazendo

---

[21] Mas publicados em 2008. Por exemplo, **AcRelPorto de 26 de Setembro de 2007** (LUÍS GOMINHO), *CJ* (n.º 201), ano XXXII, t. IV, 2007, pp. 218-220, **AcRelÉvora de 8 de Novembro de 2007** (EDUARDO BRANQUINHO), *CJ* (n.º 202), ano XXXII, t. V, 2007, pp. 237-239, **AcRelPorto de 19 de Dezembro de 2007** (ANTÓNIO GAMA), *CJ* (n.º 202), ano XXXII, t. V, 2007, pp. 220-221. As decisões citadas neste número (XX) não estão recenseadas no Índice de Jurisprudência.

uma leitura correcta da Lei Uniforme e da articulação da subscrição cambiária com a convenção de cheque.

Cascais, 19 de Janeiro de 2009
(notas revistas em Maio de 2009)

PAULO OLAVO CUNHA

# SUMÁRIO

**Abreviaturas**
**Modo de citação e indicações úteis**

## INTRODUÇÃO
### Objecto e delimitação da investigação

A) Referências dogmáticas e noções preliminares
B) Relevância e actualidade do tema
C) Sistematização

## PARTE I
## O CHEQUE

## CAPÍTULO I
### Perspectiva histórica

1. Panorâmica histórica: dos primórdios à actualidade

## CAPÍTULO II
### Regime jurídico do cheque

2. Caracterização do cheque
3. Operações sobre o cheque
4. Aspectos específicos em face da letra de câmbio
5. Modalidades e espécies de cheque

XXXVI  *Cheque e Convenção de Cheque*

# CAPÍTULO III
## Compreensão jurídica do cheque

6. Cheque como título de crédito
7. Natureza jurídica do cheque
8. Título de crédito *versus* título executivo

# CAPÍTULO IV
## Dimensão prática do cheque

9. Funções do cheque
10. Relevância do cheque

# PARTE II
# A CONVENÇÃO DE CHEQUE
## Subordinação da relação contratual à subscrição cambiária

11. Problematização e indicação de sequência

# CAPÍTULO V
## Relação entre o banqueiro e o seu cliente

12. O banqueiro
13. O cliente
14. Âmbito e natureza da relação entre o banqueiro e o seu cliente

# CAPÍTULO VI
## Estrutura da convenção de cheque

15. O acordo estabelecido entre o banqueiro e o cliente sobre o uso do cheque
16. A convenção de cheque: constituição e conteúdo
17. Activação da convenção de cheque

# CAPÍTULO VII
## Pagamento, vicissitudes e efeitos do cheque e da convenção de cheque

18. Pagamento e vicissitudes no cumprimento
19. Falta de provisão e tutela penal do cheque
20. A revogação da ordem consubstanciada no cheque
21. Falsificação do cheque
22. Responsabilidade e eficácia perante terceiros

# CAPÍTULO VIII
## Termo da convenção de cheque

23. Extinção da convenção
24. Rescisão da convenção de cheque

# CAPÍTULO IX
## Tutela cambiária e qualificação da convenção de cheque

25. Tutela cambiária e convenção de cheque
26. A qualificação negocial da convenção de cheque

# CAPÍTULO X
## Conclusões

27. A prevalência da subscrição cambiária sobre a relação contratual de cheque

**Bibliografia**
**Índices**
    – **Analítico**
    – **(de) Autores**
    – **(de) Disposições legais**
    – **(de) Jurisprudência**
    – **Geral**

# ABREVIATURAS

## I) Legislação (e Regulamentos) e Jurisprudência

| | |
|---|---|
| **AcRelCoimbra** | – Acórdão do Tribunal da Relação de Coimbra |
| **AcRelÉvora** | – Acórdão do Tribunal da Relação de Évora |
| **AcRelGuimarães** | – Acórdão do Tribunal da Relação de Guimarães |
| **AcRelLisboa** | – Acórdão do Tribunal da Relação de Lisboa |
| **AcRelPorto** | – Acórdão do Tribunal da Relação do Porto |
| **AcSTJ** | – Acórdão do Supremo Tribunal de Justiça |
| **BEA** | – Bills of Exchange Act (inglês, **1882**) |
| **BGB** | – Bürgerlischesgesetzbuch (Código Civil alemão, **1896**) |
| **Cass req** | – Chambre des requêtes de la Cour de cassation (Secção de recursos do Supremo Tribunal francês) |
| **CC** | – Código Civil (português, **1966**) |
| **CCFr** | – Code Civil (Código Civil francês, **1804**) |
| **CCom** | – Código Comercial (português, **1888**) |
| **CCoop** | – Código Cooperativo (português, **1996**) |
| **CIRE** | – Código da Insolvência e da Recuperação da Empresa (português, **2004**) |
| **CIS** | – Código do Imposto do Selo (português, **1999**) |
| **CMF** | – Code Monétaire et Financier (francês, **2000**) |
| **CO** | – Code des Obligations (Código das Obrigações suíço, **1911**) |
| **ConvCh/II** | – Anexo II da Convenção que estabeleceu a Lei Uniforme em matéria de cheques |
| **CP** | – Código Penal (português, **1982**) |
| **CPC** | – Código de Processo Civil (português, **1961**) |
| **CPP** | – Código de Processo Penal (português, **1987**) |
| **CRP** | – Constituição da República Portuguesa (**1976**)[22] |

---

[22] Texto resultante da 7ª revisão constitucional, aprovada pela Lei Constitucional n.º 1/2005, de 12 de Agosto).

| | |
|---|---|
| **CSC** | – Código das Sociedades Comerciais (português, **1986**) |
| **CT** | – Código do Trabalho (português, **2003**) |
| **CVM** | – Código dos Valores Mobiliários (português, **1999**) |
| **EFTA** | – *Electronic Fund Transfer Act* (Lei da Transferência Electrónica de Fundos, E.U.A, **1978**) |
| **EGScheckG** | – *Einführungsgesetz zum Scheckgesetz* [Lei de Introdução à Lei do Cheque (alemã), **1933**] |
| **HGB** | – Handelsgesetzbuch (Código de Comércio alemão, 1897) |
| **L. ass.** | – Legge assegni [Regio Decreto de 21de Dezembro de 1933, n. 1736 (Lei do cheque italiana, **1933**)] |
| **LCCh** | – *Ley Cambiaria e del Cheque* (espanhola, **1985**) |
| **LGT** | – Lei Geral Tributária (portuguesa, **1998**) |
| **LUCh** | – Lei Uniforme sobre o (ou relativa ao) Cheque (**1931**) |
| **LULL** | – Lei Uniforme relativa às Letras e Livranças (**1930**) |
| **NLCh** | – Nova Lei do Cheque (argentina, **1995**) |
| **ÖScheckG** | – *Österreichische Scheckgesetz* (Lei do cheque, austríaca, **1955**) |
| **R.d. n. 1736** | – Regio Decreto de 21 de Dezembro de 1933, n. 1736 (Lei do cheque italiana, **1933**) |
| **RGIC** | – Regime Geral das Instituições de Crédito e Sociedades Financeiras (aprovado pelo Decreto-Lei n.º 298/92, de 31 de Dezembro). |
| **RJCh** | – Regime jurídico-penal do cheque (DL 454/91, 28 Dez.) |
| **SICOI** | – Regulamento do Sistema de Compensação Interbancária [Instrução n.º 25/2003 (BO n.º 10, 15/10/2003)] (**2003**). |
| **STJ** | – Supremo Tribunal de Justiça (português) |
| **ScheckG** | – *Scheckgesetz* (Lei do cheque, alemã, **1933**) |
| **U.C.C.** | – *Uniform Commercial Code* (norte-americano, revs. **1990 / 2002**) |
| **U.S.C.** | – *U.S. Code* collection (norte-americano) |
| **WechselG** | – *Wechselgesetz* |

## II) Documentos, Editoras, Livros, Recolhas de Jurisprudência e Revistas

| | |
|---|---|
| **AAFDL** | – Associação Académica da Faculdade de Direito de Lisboa |
| **AcP** | – Archiv für die civilistische Praxis |
| **AlaLRev** | – Alabama Law Review (E.U.A) |
| **All ER** | – The All England Law Reports (London, Butterworths) |
| **BB** | – Der Betriebsberater |

| | |
|---|---|
| **BBTC** | – Banca Borsa e Titoli di Credito |
| **BFDUC** | – Boletim da Faculdade de Direito de Coimbra |
| **BGBl** | – Bundesgesetzblatt [Jornal Oficial (Alemanha, Aústria)] |
| **BMJ** | – Boletim do Ministério da Justiça |
| **BNBP** | – Boletim de Normas do Banco de Portugal |
| **BO** | – Boletim Oficial (do Banco de Portugal) |
| **Boletim Oficial** | – Boletim Oficial do Ministério da Justiça |
| **CadBdP** | – Cadernos do Banco de Portugal (Lisboa) |
| **CBLJ** | – The Canadian Business Law Journal |
| **CBR** | – Canadian Bar Review |
| **CEDAM** | – Casa Editrice Dott. António Milani |
| **CJ** | – Colectânea de Jurisprudência |
| **CJ/AcSTJ** | – Colectânea de Jurisprudência / Acórdãos do Supremo Tribunal de Justiça |
| **CLJ** | – Commercial Law Journal (E.U.A.) |
| **CadCTF** | – Cadernos de Ciência e Técnica Fiscal |
| **DAR** | – Diário da Assembleia da República |
| **DDP** | – Digesto delle Discipline Privatistiche (sezione commerciale) |
| **DG** | – Diário do Governo (Portugal) |
| **DJ** | – Direito e Justiça (Rev Faculdade de Direito da Universidade Católica) |
| **DR** | – Diário da República |
| **EncBB** | – Enciclopedia della Banca e della Borsa |
| **EncD** | – Enciclopedia del Diritto |
| **FP** | – Il Foro Padano |
| **G.U.** | – Gazetta Ufficiale (Itália) |
| **HILJ** | – Harvard International Law Journal (Cambridge, E.U.A) |
| **JO** | – Journal Officiel (França) |
| **JOCE** | – Jornal Oficial das Comunidades Europeias |
| **JO(EU)** | – Jornal Oficial (da União Europeia) |
| **JWH** | – Journal of World History (Paris, França) |
| **JWT** | – Journal of World Trade Law (Twickenham, Reino Unido) |
| **LGDJ** | – Librairie Générale de Droit et Jurisprudence |
| **LQR** | – The Law Quaterly Review (London, Reino Unido) |
| **MLR** | – The Modern Law Review (London, Reino Unido) |
| **PUF** | – Presses Universitaires de France |
| **RB** | – Revista da Banca |
| **RivDirCiv** | – Rivista di Diritto Civile (Itália) |
| **RivDirComm** | – Rivista di Diritto Commerciale (Itália) |

| | |
|---|---|
| **RDE** | – Revista de Direito e Economia (Coimbra, Portugal) |
| **RDES** | – Revista de Direito e Estudos Sociais |
| **RDM** | – Revista de Derecho Mercantil |
| **RFDC** | – Revista da Faculdade de Direito da Universidade de Coimbra |
| **RFDUL** | – Revista da Faculdade de Direito da Universidade de Lisboa |
| **RFDUP** | – Revista da Faculdade de Direito da Universidade do Porto |
| **RLJ** | – Revista de Legislação e de Jurisprudência (Coimbra, Portugal) |
| **RMP** | – Revista do Ministério Público |
| **ROA** | – Revista da Ordem dos Advogados |
| **RT** | – Revista dos Tribunais |
| **RTDPC** | – Rivista Trimestrale di Diritto e Procedura Civile (Itália) |
| **SI** | – Scientia Iuridica (Braga, Portugal) |
| **Themis** | – Revista da Faculdade de Direito da UNL |
| **UALR Law Journal** | – University of Arkansas at Little Rock Law Journal (E.U.A) |
| **ZHR** | – Zeitschrift für das gesamte Handelsrecht und Wirtschaftsrecht |

### III) Regras, Elementos, Operações e Instituições Bancárias (ou do Sistema Financeiro)

| | |
|---|---|
| **ACH(s)** | – *Automated Clearing House(s)* [Câmara(s) de Compensação Automatizada(s)] |
| **ACTV** | – Acordo Colectivo de Trabalho (do Sector Bancário) |
| **AGB-Banken** | – *Allgemeine Geschäftsbedingungen die Banken* (Cláusulas Contratuais Gerais dos Bancos, alemãs **1993**) |
| **ATM(s)** | – *Automated Teller Machine(s)* (Caixa automática / Multibanco) |
| **BP** ou **BdP** | – Banco de Portugal |
| **EFT(s)** | – *Electronic Fund Transfer(s)* [Tranferência(s) electrónica(s) de fundos] |
| **IBAN** | – Número Internacional de Conta Bancária (*International Bank Account Number*) |
| **LUR** | – Listagem de utilizadores de cheque que oferecem risco |
| **NIB** | – Número de Identificação Bancária |
| **PIN** | – *Personal Identification Number* (número de identificação pessoal) |

| | |
|---|---|
| **PME** | – Porta Moedas Electrónico |
| **POS** | – *Point-of.-sale* (sistema de Pontos de venda) |
| **Reg. SICOI** | – Regulamento do Sistema de Compensação Interbancária (Instr. n.º 25/2003 do BdP, red. da Instr. n.º 4/2007). Cfr. nota 1665 |
| **RUU** | – Regras e Usos Uniformes relativos aos Créditos Documentários |
| **SIBAP** | – Sistema de Instruções do Banco de Portugal |
| **SIBS** | – Sociedade Interbancária de Serviços, SA |
| **SICOI** | – Sistema de Compensação Interbancária ou Regulamento do Sistema de Compensação Interbancária (Instr. n.º 25/ /2003 do BdP, red. da Instr. n.º 4/2007). Cfr. nota 1665 |
| **SWIFT** | – *Society for Worldwide International Financial Telecommunications* |

## IV) Instituições e Entidades (Diversas)

| | |
|---|---|
| **ACE** | – Agrupamento Complementar de Empresas |
| **CCI** | – Câmara de Comércio Internacional |
| **CMVM** | – Comissão do Mercado de Valores Mobiliários |
| **EIRL** | – Estabelecimento (Mercantil) Individual de Responsabilidade Limitada |
| **E.U.A.** | – Estados Unidos da América |
| **FDUC** | – Faculdade de Direito da Universidade de Coimbra |
| **FDUL** | – Faculdade de Direito da Universidade de Lisboa |
| **FDUP** | – Faculdade de Direito da Universidade do Porto |
| **IDB** | – Instituto de Direito Bancário |
| **IDET** | – Instituto de Direito das Empresas e do Trabalho |
| **MP** | – Ministério Público |
| **RNPC** | – Registo Nacional de Pessoas Colectivas |
| **ROC** | – Revisor Oficial de Contas |
| **SA** | – Sociedade(s) Anónima |
| **SGPS** | – Sociedade(s) Gestora(s) de Participações Sociais |
| **SPQ** | – Sociedade(s) por Quotas |
| **UCP ou UC** | – Universidade Católica Portuguesa |
| **EU** | – União Europeia |
| **UNCITRAL** | – Comissão das Nações Unidas para o Direito Comercial Internacional (CNUDCI) |
| **UNL** | – Universidade Nova de Lisboa |

## V) Outras

| | |
|---|---|
| **AA.VV.** | – Autores vários |
| **Ac.** | – Acórdão |
| **actual.** | – actualização (ou actualizado) |
| **AGB** | – Allgemeine Geschäftsbedingungen (Condições negociais gerais ou cláusulas contratuais gerais) |
| **al(s).** | – alínea(s) |
| **alt.** | – alterado(a) |
| **anot.(s)** | – anotação (anotações) |
| **art.(s)** | – artigo(s) |
| **art. cit.** | – artigo citado |
| **Cap.[ou cap.]** | – Capítulo |
| **cfr.** | – confronte(-se), confrontar |
| **cit.** | – citado, citação |
| **col(s).** | – coluna(s) |
| **colab.** | – colaboração |
| **cont.** | – continuação |
| **coord.** | – coordenação, coordenado |
| **DL** | – Decreto-Lei |
| **D.lgs.** | – Decreto legislativo (Itália) |
| **Dec** | – Decreto |
| **dir.** | – dirigido(a) |
| **ed.** | – edição |
| **Edit.** | – Editor(a)(es), Editeur, Editorial |
| **edit.** | – editado(a) |
| **est.** | – estudo |
| *et al.* | – *et alterum* (e outros) |
| **fasc.** | – fascículo |
| *ibid.* | – *ibidem* |
| **imp.** | – impressão |
| **Instr.** | – Instrução |
| **L** | – Lei |
| **LU** | – Lei Uniforme |
| **N.R.** | – Nota de Redacção |
| **Nt. (nt.)** | – Nota (em regra, de rodapé) |
| **n.º(s)** | – número(s) |
| **ob. cit.** | – obra citada |
| **org.** | – organizado(a) |
| **p. (pp.)** | – página(s) |
| **p. ex.** | – por exemplo |

| | |
|---|---|
| **Polic(s).** | – Policopiado(s) (a, as) |
| **Port.** | – Portaria |
| **Proc.** | – Processo (em regra, judicial) |
| **publ.** | – publicado (a) |
| **R.D. (R.d.)** | – *Regio Decreto* (Decreto Real, Itália) |
| **Rdn.** | – *Randnummern* (número de margem) |
| **Rect.** | – Rectificação |
| **rectif.** | – rectificado |
| **red.** | – redacção |
| **Reg.** | – Regulamento |
| **reimp.** | – reimpressão |
| **Rel. cit.** | – Relatório citado |
| **rev. (revs.)** | – revisão (revisões) |
| **s.** | – *section* (artigo ou preceito legal) |
| **s/d** | – sem data |
| **seg.(s)** | – seguinte(s) |
| **Sent.** | – Sentença |
| **sep.** | – separata |
| **Supl.** | – Suplemento |
| **t(s).** | – tomo(s) |
| **tb** | – também |
| **Tit.** [outít.] | – Título |
| **trad.** | – tradução |
| **ult.** | – última(o) |
| **v.** (*v.*) | – *versus* |
| **vd.** | – vide |
| **v.g.** | – *verbi gratia* |
| **vol(s).** | – volume(s) |

# MODO DE CITAÇÃO
# E
# INDICAÇÕES ÚTEIS

1. As referências a diplomas legais sem expressa menção da fonte reportam-se à legislação principal que, para o efeito e a propósito, constituir o enquadramento da matéria, salvo se do contexto da citação resultar claramente solução diversa. Na falta de qualquer referência deve entender-se que se reportam à Lei Uniforme relativa ao Cheque, aprovada em Genebra em 19 de Março de 1931 e transposta para o Direito nacional, sem quaisquer reservas, poucos anos mais tarde.

2. As referências à Lei Uniforme sem mais indicações reportam-se à Lei Uniforme relativa ao Cheque (1931), excepto se do contexto resultar claramente tratar-se da Lei Uniforme relativa às Letras e Livranças (1930).

3. Não há, no Direito português, terminologia única para referenciar a Lei Uniforme relativa ao Cheque, surgindo a mesma, por vezes, como Lei Uniforme sobre o Cheque ou, apenas, como Lei Uniforme do Cheque. Embora utilizemos, com maior frequência, a primeira forma, por ser a que corresponde à tradução oficial, a última parece ter claramente mais vantagens, pela sua simplicidade.

4. No Índice de Jurisprudência, as decisões judiciais são acompanhadas da identificação do respectivo relator (nos casos, que constituem a quase totalidade, em que o tribunal é colectivo) ou autor e da menção sintética da matéria objecto de apreciação.

5. No final, indica-se a Bibliografia citada – sendo os autores enunciados por ordem alfabética do último nome (ou do nome paterno, no caso dos espanhóis) –, em especial em notas de rodapé. Admite-se que, durante os muitos anos em que foi feito este livro, com hiatos significativos, tenham sido, injusta e indevidamente, esquecidas obras consultadas, ainda que pontualmente, e que de algum modo possam ter contribuído para a formação das ideias. Expressa-se, por isso, o agradecimento formal a todos os autores que influenciaram a formação do nosso pensamento.

6. Não constitui preocupação do presente estudo proceder a citações indiscriminadas e repetidas, sobretudo em matérias que – correspondendo a incursões noutros ramos da ciência jurídica, como o Direito Penal, Processo Penal ou Processo Civil (Executivo) – são, no contexto deste livro, considerando a finalidade da investigação empreendida, secundárias. Sendo abordadas incidentalmente, houve a preocupação de referenciar os subsídios mais recentes e os autores e jurisprudência nacionais, de fácil consulta.

7. Os textos legais são normalmente citados em itálico (por vezes dispensando as aspas), tal como a jurisprudência. Os termos (palavras e expressões) que sejam objecto de adaptação são introduzidos em letra normal. A doutrina, quando reproduzida, é citada entre aspas, em letra normal.

8. A citação de autores em notas de rodapé – sem preocupação de exaustão, e a título essencialmente exemplificativo e informativo – faz-se de acordo com a fórmula prevista para cada um deles (na Bibliografia final), sendo os mesmos indicados por ordem alfabética do último nome (salvo se forem autores espanhóis) ou considerando a data das respectivas publicações, excepto se resultar do próprio texto diferente critério.

9. O presente texto tomou em consideração elementos conhecidos até ao final de Julho de 2007, com excepção da legislação, jurisprudência e doutrina nacionais publicadas e divulgadas até 31 de Dezembro de 2007, *inclusive*. Em termos de publicação escrita, a jurisprudência consultada foi a da *CJ* ano XXXII, t. III, 2007, e *CJ/AcSTJ*, ano XV, t. II, 2007; no que se refere aos acórdãos disponíveis na Internet (*www.dgsi.pt*), considerámos os disponíveis em 21 de Dezembro de 2007 (c/Acórdãos relatados até às seguintes datas: STJ – 19 de Dezembro de 2007; Relação de Coimbra – 5 de Dezembro de 2007, Relação de Lisboa – 7 de Dezembro de 2007, Relação do Porto – 12 de Dezembro de 2007, Relação de Évora – 16 de Outubro de 2007 e Relação de Guimarães – 19 de Novembro de 2007).

10. Finalmente, o texto que se segue está apto a ser lido independentemente das notas de rodapé, nas quais constam observações complementares, mas dispensáveis, cita-se fontes relevantes (jurisprudência e doutrina) ou apenas se remete o desenvolvimento de aspectos acessórios para outras obras. Fez-se, consequentemente, constar do texto o que era essencial à construção jurídica empreendida. Optou-se, contudo, por manter as notas, por constituírem frequentemente uma referência importante do posicionamento adoptado, da vivência do Direito (jurisprudência) e da respectiva fonte inspiradora.

Lisboa, 20 de Fevereiro de 2008

PAULO OLAVO CUNHA

# INTRODUÇÃO
## Objecto e delimitação da investigação

### A) **Referências dogmáticas e noções preliminares**

**I.** A problemática associada ao estudo do regime e natureza jurídica do cheque e da convenção de cheque e da sua articulação é complexa e reconduz-se sistematicamente a mais do que um subsector da Ciência Jurídica, tal como a perspectivamos tradicionalmente.

A questão coloca-se e desenvolve-se no domínio do Direito Comercial, mas não tem arrumação possível numa área única das diversas áreas que, classicamente, podemos delimitar no seio deste vastíssimo e dinâmico sector do Direito, qualquer que seja o critério que utilizemos.

No início do século XXI julgamos mesmo que talvez não tenha sentido continuar a falar de Direito Comercial, independentemente da perspectiva ou orientação que configure este ramo do Direito: partindo do estudo dos respectivos sujeitos para a análise do regime das operações comerciais ou centrando imediata e directamente a atenção nestas e qualificando os intervenientes habituais na vida mercantil como entidades comerciais.

O mundo negocial já não se esgota seguramente no Direito Civil e no Direito Comercial, como durante séculos aconteceu. A generalização das transacções comerciais e a multiplicação dos agentes económicos, por um lado, e a prática crescente de actos tradicionalmente comerciais por parte de particulares, por outro, facilitada pelo vertiginoso desenvolvimento das comunicações, a que acresce a intervenção estadual nesse domínio – ainda que indirecta (concretizada através de empresas de natureza privada e sujeitas a regras jurídicas de Direito Privado) – suscita a questão, pertinente, sobre a consideração de um novo grande ramo da ciência jurídica (que poderíamos designar por Direito do Mercado), no

## 2      *Cheque e Convenção de Cheque*

qual entroncariam as matérias classicamente estudadas no Direito Comercial e todas as que resultaram da generalização das suas práticas ou de novos negócios e da necessidade de uma crescente disciplina pública dos mesmos[3].

O enquadramento dogmático do tema que investigámos – e a que procuramos dar resposta – pode fazer-se, assim, pelo recurso a diferentes ópticas.

Se pensarmos nos sujeitos envolvidos – o banco (ou o seu empresário, o banqueiro) e o cliente – seremos tentados a enquadrar o tema no Direito Bancário, disciplina tradicionalmente estudada em Portugal no âmbito, mais dilatado, das cadeiras de Direito Comercial e que, presentemente, corresponde a um curso (autónomo) leccionado em diversas Faculdades de Direito[24]. Se atendermos à concreta relação contratual que

---

[23] No âmbito dos Contratos Comerciais autonomizaríamos, pelo menos, o Direito Bancário, o Direito dos Seguros, o Direito dos Transportes e o Direito das Telecomunicações. O Direito do Mercado estudaria os agentes económicos em geral – entre os quais, naturalmente, as Sociedades Comerciais – e, a par dos Contratos Comerciais, os Valores Mobiliários e os Títulos de Crédito. O seu âmbito seria balizado por normas regulatórias, de carácter geral – integrantes do Direito da Concorrência, em sentido lato (isto é, incluindo regras de Propriedade Industrial, de repressão da concorrência desleal e de defesa da concorrência) – e com diferentes incidências sectoriais.

Equacionando o próprio mercado como objecto de regulação – e não como delimitação espacial de operações jurídicas e referência para as regras que lhes sejam aplicáveis –, e acentuando a sua vertente económica, embora reconhecendo que também os movimentos de capitais o integram, Ulrich IMMENGA, *El Mercado y el Derecho. Estudios de Derecho de la Competencia*, Tirant Lo Blanch, Valência, **2001**, pp. 17-35, em especial, 29-30 e 20-22.

[24] O Direito Bancário, para além de constituir, presentemente (no ano lectivo 2006-07), disciplina do Plano de licenciatura em Direito pela Faculdade de Direito da Universidade Católica Portuguesa (Lisboa), foi já leccionado na Faculdade de Direito de Lisboa, durante alguns anos lectivos, e é objecto de Cursos de Pós-Graduação, na âmbito da Universidade de Coimbra (8.º Curso de Pós-Graduação em Direito Bancário, da Bolsa e dos Seguros, promovido pelo Instituto de Direito Bancário, da Bolsa e dos Seguros, de que é presidente João Calvão da Silva), e na Faculdade de Direito da Universidade de Lisboa (Curso de Pós-Graduação em Direito Bancário, dirigido por Januário da Costa Gomes). No corrente ano lectivo, por consulta aos *sítios* das Faculdades de Direito mais relevantes no nosso país, resulta encontrar-se previsto apenas como curso autónomo na Licenciatura em Direito da Universidade Católica.

A disciplina, que foi objecto dos relatórios apresentados nas respectivas provas de agregação em Direito por António MENEZES CORDEIRO, na Universidade de Lisboa, em meados da década de 90 (*Direito Bancário. Relatório,* Lisboa, **1996**, publ. na Almedina), e por João CALVÃO DA SILVA, na Universidade de Coimbra, no início do século (*Direito*

*Introdução* 3

se constitui e desenvolve entre esses sujeitos – e que se traduz normalmente numa operação bancária[25] – chegaremos, com toda a certeza, a um resultado análogo. No entanto, se isolarmos o instrumento – o cheque – que, em regra, consubstancia tal contrato e o encararmos independentemente deste, então situar-nos-emos no campo, por excelência, dos títulos de crédito[26]. Estes são instrumentos frequentemente utilizados, ainda que sob um prisma diferente, nas operações típicas do Direito Bancário.

Poderemos então formular a questão de saber *se nos encontramos numa intersecção do Direito Bancário com o Direito dos Títulos de Crédito*, tendo em consideração que não se pode negar a existência de inúmeros pontos de contacto entre o Direito Bancário – na vertente do seu objecto material (Direito das Operações Bancárias)[27] – e o Direito dos Títulos de Crédito[28], *maxime* do cheque.

---

*Bancário*, Almedina, Coimbra, **2001**), seria pedagogicamente autonomizada no ensino universitário ainda no século XX, tendo sido objecto de tratamento dogmático autónomo, de que constituem paradigma as lições de pós-graduação de CALVÃO DA SILVA, no BBS, parcialmente vertidas no seu livro *Banca, Bolsa e Seguros*. Direito Europeu e Português, Tomo I – Parte Geral, 2ª ed., Almedina, Coimbra, **2007** (1ª ed. de 2005) – no qual reconhece que «o direito da banca (…) constitui direito comercial» (p. 160) –, o *Manual de Direito Bancário* de MENEZES CORDEIRO (actualmente na 3ª edição, Almedina, Coimbra, **2006**) e as lições de ANTÓNIO PEDRO de Azevedo FERREIRA, *Direito Bancário*, Quid Juris, Lisboa, **2005**, Jurista do Banco de Portugal (e Doutor em Direito).

[25] Rejeitando esta terminologia, que considera *radicalmente autonomista*, MENEZES CORDEIRO, *Manual de Direito Bancário*, 3ª ed., Almedina, Coimbra, **2006**, p. 31.

[26] Não importa aqui discutir e apurar se a matéria dos títulos de crédito não deverá ser estudada no âmbito do Direito das Obrigações, com fundamento em não se tratar de matéria comercial. Sobre esta questão, cfr. José de OLIVEIRA ASCENSÃO, *Direito Comercial*, vol. III, *Títulos de Crédito* (Lições policopiadas), Lisboa, **1992**, pp. 10-11.

Considerando esta matéria «uma das mais intrincadas do Direito», embora estudando a abstracção dos títulos de crédito com base nos actos inerentes à letra, Vasco TABORDA FERREIRA, na sua dissertação de doutoramento na Universidade de Lisboa, *Do conceito de causa dos actos jurídicos*, ed. autor, Lisboa, **1946**, p. 219.

[27] O Direito Bancário pode ser também considerado sob uma perspectiva exclusivamente institucional (Sujeitos), que aborda nomeadamente os intervenientes qualificados na actividade que é disciplinada pelas regras especiais do ramo.

[28] Aderimos à terminologia clássica acolhida e seguida em Portugal («Título de crédito»), na sequência da concepção italiana de «*Titolo di credito*», preterindo o conceito, mais vasto, de «Título Valor», de origem germânica («*Wertpapier*») e que foi seguido pela quase totalidade da moderna doutrina espanhola («*Título Valor*»). Fazendo o ponto da situação, e aderindo expressamente à concepção adoptada pelos países de língua alemã, José María de EIZAGUIRRE, *Derecho de los Títulos Valores*, Thomson/Civitas, Madrid, **2003**, pp. 3-20, em especial pp. 3-5.

**II.** O cheque vai muito para além do Direito Bancário. A matéria é, de certa forma, interdisciplinar (ou subinterdisciplinar, se nos inserirmos no extensíssimo campo do Direito Comercial). O **cheque** é, em si, um título de crédito que, pressupondo um acordo entre o sacado (banqueiro[29]) e o sacador (cliente), se constrói e concebe autonomamente, isto é, o respectivo regime é independente do regime próprio das operações bancárias, enquadrando-se – por determinação legal – no regime típico dos títulos de crédito, como uma espécie do género.

Contudo, pese embora a necessidade de estudar e analisar o cheque enquanto título de crédito, o que nos preocupa conceptualmente é a relação que ele consubstancia, e que tem assento no quadro do Direito Bancário, mas não sob uma óptica de estanquicidade absoluta. Com efeito, a base do cheque é, no plano intersubjectivo, toda a matéria dos contratos em geral.

**III.** A lei não regula a **convenção de cheque**[30], nem tem de o fazer, acrescente-se. Ela entrega à autonomia privada a construção da situação jurídica e o cumprimento dos efeitos que resultam da mesma.

Não obstante a situação contratual em causa ser legalmente atípica, a sua expressão social é muito significativa. Ela é, na realidade, familiar à grande maioria das pessoas (físicas e colectivas) que, providas de adequada capacidade negocial, se movimentam no mundo civilizado.

**IV.** Advirta-se que no presente trabalho não se procura abordar a generalidade das situações jurídicas contratuais que caracterizam as relações entre o banqueiro e os seus clientes.

Visa-se fundamentalmente o estudo monográfico da relação contratual estabelecida pelo banqueiro com o seu cliente, pela qual este possa junto daquele dispor de fundos, mediante, nomeadamente, o saque de um cheque, que é, como veremos, um título de crédito *sui generis*.

---

[29] Advirta-se que, ao longo deste trabalho, utilizaremos as expressões *banqueiro*, *banco* e *instituição de crédito* como sinónimas, na perspectiva de que qualquer delas corresponde, no cheque (no ordenamento jurídico português), necessariamente à figura do sacado. Para mais desenvolvimentos, cfr., *infra*, n.º 12.

[30] Adiante se explicarão as razões que nos levaram a optar por esta expressão em detrimento da designação «contrato de cheque», característica do Direito alemão (*Scheckvertrag*).

*Introdução* 5

Como procuraremos deixar bem claro ao longo desta dissertação, cheque e convenção de cheque são realidades total e substancialmente distintas.

O cheque configura-se como um título de crédito[31] [32] [33] que permite a uma pessoa ou entidade proceder ao levantamento de fundos ou

---

[31] O **crédito**, consistindo na troca de uma prestação presente por uma prestação futura, ou seja, traduzindo o diferimento temporal de uma contraprestação ou uma contrapartida, constitui uma operação que permite ao beneficiário dispor no presente de bens (ou serviços) cujo valor apenas terá de satisfazer, a título de contrapartida, no futuro, ainda que o diferimento possa implicar um sacrifício superior ao benefício que se obtém de imediato, o que, sendo contingente e relativo, não tem necessariamente de ocorrer. Essencial é que haja *confiança* do credor no devedor. Esta característica – que CALVÃO DA SILVA [«Mandato de crédito e carta de conforto», *in* AA.VV., *Estudos em Homenagem ao Prof. Doutor Inocêncio Galvão Telles*, vol. II – Direito Bancário, Almedina, Coimbra, **2002** (pp. 245-264), p. 245] considera ser *«a alma do crédito»* – constitui, assim, aspecto fulcral da concessão de crédito. Mesmo que o credor tenha disponibilidades, se ele não tiver confiança no devedor, só muito dificilmente lhe concederá crédito, porque considerará como muito provável o incumprimento.

Sobre a noção de crédito, vd., por todos, José SIMÕES PATRÍCIO, *Direito do crédito. Introdução*, Lex, Lisboa, **1994**, pp. 15-18, e PAULA Ponces CAMANHO, *Do contrato de depósito bancário*, Almedina, Coimbra, **1998**, pp. 20-24.

[32] Quando falamos de título de crédito ocorre-nos a ligação de um documento a um direito, isto é, que a concessão (do crédito) seja documentada, conferindo ao credor, através do documento, uma forma simples e segura de dispor do crédito e, se necessário, em caso de incumprimento, de garantir a sua realização coactiva.

O **título** é uma realidade (jurídica) que justifica a existência de um direito e que, sendo escrita, determina que o título de crédito seja necessariamente um documento escrito.

O conceito de documento é, contudo, mais lato, correspondendo a *«qualquer objecto elaborado pelo homem com o fim de reproduzir ou representar uma pessoa, coisa ou facto»* (art. 362.º do CC) e sendo objecto de diversas afinações consoante a acepção em que é utilizado pelos diversos ramos do saber jurídico.

Este conceito de documento desmaterializa a representação humana, apesar da referência ao *objecto*, e revela-se assim surpreendentemente actual, uma vez que o suporte físico, em regra de papel, que tradicionalmente é subentendido deixa de ser necessário, encontrando-se em revisão, podendo o documento ser agora *objectivado* em suportes magnéticos ou simples impulsos electrónicos. Neste sentido, vd. Antonino VASQUEZ BONOME, *Tratado de Derecho Cambiario. Letra, Pagaré e Cheque*, 3ª ed., Dykinson, Madrid, **1996**, p. 734.

Independentemente do conceito de documento que, presentemente, considerarmos mais adequado, os quadros normativos com que lidamos nesta investigação, nomeadamente a Lei Uniforme do Cheque, impedem que nos afastemos do conceito clássico desta realidade, pelo que sempre que a ela nos referirmos teremos em mente o suporte de papel.

## 6 *Cheque e Convenção de Cheque*

efectuar um pagamento a terceiro a partir de fundos que se encontram disponíveis para o efeito numa instituição de crédito de que é cliente.

A emissão de um cheque traduz-se consequentemente num acto *unilateral* do sacador, cliente da instituição de crédito, a qual, por efeito de acordo anteriormente celebrado com aquele e com base nos fundos (previamente) disponibilizados, será chamada a satisfazer a importância inscrita no cheque. Quando o cheque é emitido em favor de um beneficiário, mesmo considerando a aceitação deste, a subscrição não apresenta carácter contratual pois, como veremos, os respectivos efeitos associados à vontade do sacador produzem-se autonomamente, não dependendo da vontade de terceiro, como acontece, por exemplo, na doação, negócio jurídico cuja conclusão/perfeição depende da aceitação pelo donatário.

Ora, a criação do efeito cambiário de pagamento inerente ao saque pressupõe que o sacador/cliente:

*i*) disponha de instrumentos adequados a essa finalidade – os módulos que, preenchidos, assumem a forma de cheques;

*ii*) tenha fundamento suficiente, na sua relação negocial com uma instituição de crédito, para efectuar pagamentos por meio desses cheques com base em fundos por ela disponibilizados.

Ora, tal título ou fundamento jurídico corresponde à convenção de cheque. Esta configura-se, assim, como o acordo que a instituição de

---

Sobre a função do documento nos títulos de crédito, vd. Adriano VAZ SERRA, «Títulos de Crédito», *BMJ* 60 (pp. 3-353) e 61 (pp. 5-354), **1956**, nota 1-a (pp. 5-7, 12).

Relativamente ao conceito de documento e, em especial, de *documento particular*, vd. também, *infra*, notas 551 e 552 (8.5.1).

[33] Sobre a criação e justificação dos títulos de crédito – que reconduz essencialmente a objectivações de *promessa* de realização do crédito em prestações de conteúdo e natureza diversos (dinheiro, mercadoria e serviços) (cfr. pp. 3, 10-11, 24-26, 39, 214) –, vd. a elementar e lapidar explicação de MÁRIO DE FIGUEIREDO, na dissertação doutoral, *Caracteres Gerais dos Títulos de Crédito e seu Fundamento Jurídico*, F. França Amado, Coimbra, **1919**, pp. 1-34.

Criticando a expressão "título de crédito", por considerar que alguns títulos podem representar direitos de natureza não creditícia – sendo, consequentemente, mais adequada a expressão "títulos-valor" (*Wertpapiere*) e o respectivo enquadramento na categoria intermédia dos "instrumentos de legitimação" e mais ampla dos "valores negociáveis" –, e distinguindo os valores mobiliários (*maxime* acções, obrigações e títulos de dívida pública) dos títulos de crédito negociáveis (casos da letra, livrança e cheque), Jorge PINTO FURTADO, *Títulos de crédito*, Almedina, Coimbra, **2000**, pp. 7-9, 12 e 16.

crédito celebra com o cliente/sacador, pelo qual este, com recurso ao cheque, levanta dinheiro ou efectua pagamentos a terceiro(s) à custa de fundos disponibilizados.

**V.** A problemática do cheque, na sua aplicação concreta, levanta questões importantes, que se suscitam diariamente, mas controvertidas, como sejam a sua revogação, o seu desapossamento, em especial a sua falsificação, e a tutela penal.

Estas questões têm sido vistas pela doutrina da convenção de cheque – e assim pela nossa doutrina e jurisprudência –, de forma isolada, estudadas em si mesmas, cada uma por si, numa perspectiva que não cremos ser a mais acertada, como se fossem indiferentes ao que julgamos corresponder ao verdadeiro núcleo da compreensão do cheque, ou seja, a adequada articulação entre este e a respectiva convenção.

A nossa convicção é a de que o problema de fundo, que não vemos tratado pela doutrina, reside nessa "enigmática" e mesmo surpreendente relação[34].

Veja-se a Lei Uniforme relativa ao Cheque, no artigo 3.º, para onde confluem as matérias do cheque e da sua convenção. O cheque pressupõe um acordo do banqueiro com o seu cliente, como referimos. É um meio de levantamento ou movimentação de fundos (já existentes) junto de um agente económico especializado, o que implica o envolvimento de um sujeito determinado.

Mas, por outro lado, a Lei Uniforme relativa ao Cheque dispõe que o cheque é válido, ainda que a convenção não exista (cfr. art. 3.º *in fine*). Isto é, a convenção – pressuposto necessário do cheque – desaparece e o cheque permanece válido.

A articulação entre o cheque e a convenção de cheque – e a subordinação desta à subscrição cambiária – não tendo sido tratada, pelo menos de forma integrada, constitui o objecto central desta dissertação, porque a sua compreensão fornece os critérios adequados para a resolução da problemática indicada, sobretudo em matéria de vicissitudes na execução das obrigações contratuais inerentes à convenção de cheque.

---

[34] Que muitos autores tendem a desconsiderar, por considerarem que «o contrato de cheque é uma questão estranha ao Direito cambiário do cheque» (Joaquim GARRIGUES, *Curso de Derecho Mercantil*, t. 1, 7ª ed. (rev. com a colab. de Alberto Bercovitz), Madrid, **1976**, p. 951).

**VI.** A dissertação envolve o estudo da relação entre o cheque e a convenção, entre o banqueiro e o seu cliente: para estabelecer essa relação será necessário, antes de mais, que exista essa convenção, com um conteúdo próprio – cujo regime jurídico tentaremos fixar –, e que seja activada. De igual modo, o termo dessa relação é consequência directa da cessação dos efeitos da convenção.

Tendo presente que a ligação entre o cheque e a convenção de cheque se processa entre o cliente e o banqueiro, deverá previamente proceder-se à qualificação destas figuras e da respectiva relação contratual complexa, que abrange também os contratos de abertura de conta bancária e de depósito – e que projecta os seus efeitos na conta-corrente bancária, na qual o uso do cheque provoca uma variação negativa.

Discutiremos, para delimitar o âmbito da convenção, a qualificação da relação contratual entre esses sujeitos quando a mesma não admita, definitiva ou temporariamente, a disponibilização de fundos pelo recurso ao cheque.

Procuraremos, finalmente, apurar a respectiva natureza, de modo a saber a que tipo contratual se reconduz a convenção de cheque, em especial tendo em conta a aplicação de regras legais a título subsidiário e supletivo[35].

**VII.** Se, contudo, percorrermos o sumário desta dissertação, verificaremos que ela não se inicia pelas matérias que acabamos de referir, mas sim por outras de carácter conceptual e de natureza mais ampla.

A razão de ser desta arrumação é clara. As questões enunciadas envolvem conceitos que poderão ser fonte de dúvidas, se não forem delimitados e precisados.

Deste modo, depois de uma panorâmica histórica sobre o cheque, procederemos à apreciação do seu regime jurídico – desde os requisitos até às operações que o envolvem e confrontando-o com a letra nos aspectos diferenciadores –, agregando a descrição analítica das modalidades e espécies de cheques.

---

[35] Não temos a pretensão de, com esta dissertação, esgotar a complexidade da teia de reacções que se desenvolvem desde o momento em que uma pessoa franqueia as portas do estabelecimento bancário ou, mais modernamente, é contactado em sua casa ou no seu local de trabalho, por um agente deste. Tal tarefa quadraria melhor a umas lições de Direito Bancário.

Em seguida, enquadra-se o cheque no conceito mais vasto de título de crédito e procede-se à sua compreensão jurídica, determinando a sua natureza, para concluir com o estudo da sua dimensão prática, desde a sua função de pagamento até à problemática do cheque enquanto título de crédito.

**VIII.** Ao longo da investigação empreendida – com prolongados hiatos – em diversos períodos distintos da nossa vida académica e profissional, procurámos retirar da pesquisa efectuada as ideias que nos conduzissem a uma correcta identificação das principais questões a que deveríamos procurar responder.

Paralelamente, sistematizámos as matérias que considerámos relevante abordar para realizar os objectivos propostos: analisar o acordo específico celebrado entre o banqueiro e o seu cliente, pelo qual o último, por meio de um cheque, movimenta fundos existentes na instituição em que o primeiro se integra, dissecar os respectivos efeitos e apreciar a tutela que o sistema lhe concede, tendo designadamente em conta a eventual colisão entre os interesses emergentes da convenção e os que estão subjacentes à subscrição cambiária unilateral e são regulados pela Lei Uniforme do Cheque.

**IX.** A questão de fundo tem dois vértices: um deles reside na articulação da Lei Uniforme com a relação convencional; o outro prende-se directamente com a tutela cambiária que é dispensada aos cheques que são colocados em circulação, ainda que por prazo reduzido.

## B) **Relevância e actualidade do tema**

**I.** A concluir a delimitação da matéria que nos impusemos, importa responder a uma questão que é mais de ordem prática que de natureza dogmático-conceptual, mas que, no dealbar do século XXI, o leitor seguramente colocará, como tantos o fizeram até aqui, no percurso deste trabalho, ao tomar conhecimento do objecto e finalidade da nossa investigação.

Certa perplexidade não deixará de ter razão de ser, numa época de massificação das transacções e de conversão de uma economia individualizada numa economia profundamente padronizada ou, como é hoje corrente dizer-se, *estandardizada*.

Caminha-se, como tantos já salientaram, para uma anunciada sociedade sem cheques (*checkless*[36] *society*)[37], em que o dinheiro será de plástico, consubstanciado em cartões dessa matéria. A sociedade do futuro procurará inclusivamente suprimir a utilização de numerário e em especial de moedas metálicas. Falar-se-á então apenas, com maior propriedade, em *cashless society*[38].

Não obstante uma clara diminuição da importância relativa do cheque, parcialmente substituído pelo uso de cartões, de débito e de crédito, e pelo recurso às transferências, em especial pré-autorizadas, adequadas a pagamentos repetitivos e programáveis – sobretudo por razões de custo e de processamento automático das transacções –, a verdade é que o cheque ainda ocupa um lugar de apreciável relevo em economias como a portuguesa e a norte-americana. Assim, no nosso País, os cheques cor-

---

[36] Repare-se que a origem da expressão é seguramente norte-americana, e não inglesa, uma vez que cheque, nos países da *Commonwealth*, se escreve – desde o século XIX, por influência de J. W. GILBART (*Practical Treatise on Banking*, 1828, 14), *apud* J. Milnes HOLDEN, *The History of Negotiable Instruments in English Law*, Athlone Press, London, **1955**, p. 209 – como em português (*cheque*), dando origem à palavra *chequeless*, utilizada pelos autores anglo-saxónicos (dos países da *Commonwealth*). Por sua vez, os norte-americanos conservaram a expressão tradicional ("*check*"), na sua versão original (cfr. Alan L. TYREE, *Banking Law in Australia*, Butterworths, Sydney, **1990**, p.114).

[37] Já há quase quatro décadas se antevia, nos países mais distantes e menos desenvolvidos, como era então o caso da Índia, por exemplo (cfr. o prefácio do excelente livro de M. S. PARTHASARATHY, *Cheques in Law and Practice*, Tripathi, Bombay, **1969**, p. vii), mas com natural referência aos Estados Unidos da América, sinónimo de progresso e desenvolvimento, esta (nova) sociedade: «a *chequeless-cashless society*, na qual não haveria lugar para os cheques e todos os pagamentos seriam realizados através de sistemas electrónicos». PARTHASARATHY considerava que ficaria por responder durante muito tempo como é que tal sociedade (que ele, curiosamente, designava à inglesa, utilizando a expressão *chequeless*) se conseguiria afirmar fora do laboratório ou de um círculo muito restrito, sendo difícil equacionar no futuro previsível uma situação em que o cheque tivesse caído em desuso (*ibid.*). Como veremos adiante (cfr., *infra*, n.º 1.3.5), esta nova sociedade ainda se encontra hoje, em pleno século XXI, longe de se tornar realidade, não obstante o importante desenvolvimento e os enormes avanços registados na ciência e tecnologia nos últimos anos.

[38] Com efeito, para além de *checkless society*, é já há muito utilizada, com frequência, a expressão *cashless society*, com o significado de sociedade sem numerário. Qualquer das designações tende a acentuar a era do dinheiro exclusivamente de plástico (cartões de débito e de crédito, sobretudo), no âmbito do chamado sistema electrónico de transferências, que, como veremos adiante, ainda está longe de constituir uma realidade absoluta.

Introdução

respondiam, em 2004[39], a 20,1% do volume de transacções sem utilização de numerário, e a 30,2% do valor global dessas transacções (excluindo as transferências interbancárias), sendo o instrumento mais utilizado depois dos cartões de pagamento. Nos Estados-Unidos[40], no final do século XX, os cheques representavam 73% das transacções que não eram feitas em numerário (*noncash transactions*), verificando-se, após o tornear do milénio, o aumento anual de 2% do número de cheques em circulação[41]. Em França, se é certo que o número de cheques diminuiu, pela primeira vez, em 1987, em especial no segmento dos particulares, não o é menos que, em 2005, o volume dos cheques emitidos continuava a ser elevadíssimo[42]. Enfim, o uso do cheque está muito ligado a factores como a tradição, a eficiência do sistema bancário e o peso das comissões e custos associados à sua utilização. Nos países em que tais comissões e estes são mais significativos, como é o caso da Alemanha (típico país "de giro"), o cheque regista, desde há anos um declínio acentuado e tem hoje, como meio de pagamento, representatividade reduzida; noutros – como é o caso da Itália –, o cheque continua a ter grande aceitação.

Em suma, ainda que tendencialmente diminua a sua utilização[43], atendendo aos custos crescentes que os respectivos processamento e

---

[39] Dados retirados do *Blue Book* ("Payment Systems in the European Union"), capítulo referente a Portugal, com a designação "Sistemas de Pagamento em Portugal – Maio de 2006" (*www.bportugal.pt/bank/payments*).

[40] Como referiam, de forma muito impressiva, James VERGARI e Virginia SHUE, na sua obra, *Checks, Payments and Electronic Banking*, Practising Law Institute, New York City, **1986**, p. 227, «Americans love to write checks» («Os americanos adoram passar cheques», numa tradução livre e crua). Decorridas duas décadas, a afirmação transcrita mantém actualidade, uma vez que os norte-americanos conservam os seus hábitos, em matéria de meios de pagamento, sendo seguramente os Estados Unidos da América um dos países desenvolvidos onde o cheque mantém maior peso na economia.

[41] Cfr. Barkley CLARK / BARBARA CLARK, *The law of bank deposits, collections and credit cards*, 5ª ed., A.S. Pratt & Sons / Thomson Financial, Arlington, **2002**, pp. 1-46 e 1-47.

[42] Foram objecto de pagamento (compensação e apresentação directa) quase 4 mil milhões de cheques (milliards). Cfr. Christian GAVALDA / Jean STOUFFLET, *Instruments de paiement et de crédit*, 6ª ed., Litec, Paris, **2006**, p. 189.

[43] O que não julgamos vir a acontecer apenas por se tratar o cheque – sem prejuízo da sua forma mais recente (cfr. o cheque electrónico, *infra*, n.º 1.5) – de um simples instrumento em papel. Numa época em que surgem os primeiros livros electrónicos, dificilmente a geração em que nos inserimos pode equacionar a curto prazo o desaparecimento do livro de papel.

pagamento por parte do banco envolvem, dado implicarem intervenção humana, cremos que, pelo menos na próxima década, o cheque continuará a assumir um papel essencial nas transacções individualizadas, sendo seguramente a globalização[44] – a continuar a desenvolver-se ao ritmo actual – o seu maior obstáculo, se não for entretanto encontrada uma forma evolutiva que permita a sua subsistência como meio de pagamento generalizado[45].

Contudo, qualquer que seja o local do universo em que nos encontremos, há que reconhecer que a evolução dos sistemas de pagamento e dos respectivos meios e a ampliação do sistema bancário têm retirado ao cheque a circulabilidade que este teve em passado não muito distante, uma vez que o beneficiário tende a depositá-lo na sua conta bancária, raramente o endossando novamente[46]. Se o banco onde o beneficiário procede ao depósito não for o sacado, o banco (depositário) deverá enviar o cheque à compensação e proceder ao crédito do valor nele inscrito na conta do cliente (depositante).

Por isso, com a utilização de uma tecnologia de comunicações progressivamente mais avançada, assistimos já há cerca de um quarto de século a um movimento acelerado em direcção a uma *"less cash and less cheque" society*, a qual foi iniciada há quase seis décadas quando Frank McNamara fundou o *Diners Club*[47].

**II.** Estreitamente dependente da relevância do cheque, a convenção ou contrato que o toma por referência, e que é também objecto da nossa investigação, só tem sentido – pelo menos na configuração actual, e por definição – enquanto o título de crédito subsistir. Ela suscita inúmeros problemas, a que a banca não tem sabido, ou querido, dar resposta e para os quais a própria doutrina e jurisprudência, embora os tenham identificado, não produziram uma solução uniforme, não definindo adequada-

---

[44] Sobre o fenómeno da globalização, cfr. Paulo de PITTA E CUNHA, «A integração europeia no mundo globalizado», *ROA*, ano 67, t. I, **2007** (pp. 37-49), em especial pp. 37-39.

[45] A união monetária pode obviamente facilitar a utilização a nível supranacional deste meio de pagamento.

[46] Reconhecendo esta realidade, Edward RUBIN / Robert COOTER, *The Payment System. Cases, materials and Issues*, 2ª ed., West Publishing Co., St. Paul, Minn., **1994**, p. 7.

[47] Cfr. Harold LASKY, «The cashless society – reality or myth», *Law Institute Journal* (Victoria), vol. 58, n.º 10, **1984** (pp. 1206-1207), p. 1207.

*Introdução* 13

mente os parâmetros do cruzamento do cheque com a convenção e, em especial, da ponderação dos interesses envolvidos na dinâmica dessas realidades.

Procuramos, na presente dissertação, dar um contributo para a solução de diversas questões que se colocam e que não têm merecido uma análise conveniente e uma solução unânime, apreciando a articulação do cheque com a respectiva convenção e extraindo da mesma os critérios que permitirão fundamentar a resolução de tais questões.

**III.** Paralelamente, no campo da aplicação do Direito, e designadamente da intervenção judicial, o cheque e a convenção de cheque têm sido objecto de inúmeras decisões em Portugal. A jurisprudência nacional que, como se poderá verificar pelo número de citações e comentários, é muito rica, não tem logrado o consenso desejável, mostrando-se impregnada e influenciada por divergências doutrinais, que são especialmente relevantes nesta matéria.

Procurará equacionar-se o nosso estudo no âmbito de diferentes ordenamentos jurídicos, examinando o modo como a realidade que constitui objecto desta investigação é perspectivada nesses ordenamentos, com uma importância prática tanto maior quanto mais expressiva for a utilização do instrumento[48].

Quanto às fontes doutrinais estrangeiras, há que fazer uma clara distinção entre os ordenamentos que adoptaram a Lei Uniforme como regime jurídico do cheque e os que têm leis próprias e autónomas. Naqueles, o aproveitamento da análise jurídica é obviamente superior, visto que há uma identidade de objecto.

## C) **Sistematização**

**I.** Identificados os problemas que pretendemos abordar, expliquemos, sucintamente, o percurso que nos propomos efectuar para responder às questões que se encontram na base desta investigação, e que enunciamos

---

[48] Assim, na Alemanha, não obstante a riqueza da doutrina – sobretudo nas cinco décadas que se seguiram à Lei Uniforme –, o tema tem vindo a perder impacto, o que se compreende especialmente se revelarmos que os cheques representam o meio de pagamento de apenas 1% do volume global de transacções.

sinteticamente no início da Parte II (n.º 11), após analisarmos pormenorizadamente o cheque.

Na Parte I abordaremos os conceitos básicos relativos ao cheque fundamentais numa análise prévia no contexto da nossa investigação. Na Parte II debruçar-nos-emos sobre a relação entre o cheque e o contrato de que constitui instrumento essencial, e que tem por finalidade viabilizar a sua utilização regular.

As duas partes em que o estudo se decompõe encontram-se divididas em capítulos (dez, no total), sendo estes, por sua vez, sistematizados em diferentes números.

**II.** Começaremos por fazer uma referência à evolução histórica do cheque, às suas origens e desenvolvimento e ao seu tratamento legislativo, no estrangeiro e em Portugal (Capítulo I, n.º 1).

Em seguida (Capítulo II), procederemos ao enquadramento juspositivo do cheque, tentando definir com precisão as regras que lhe são aplicáveis e às operações que o envolvem (n.ºs 2 e 3). Caracterizaremos o cheque e confrontá-lo-emos com a letra de câmbio, realçando as suas especificidades (n.º 4). Veremos, por último – a encerrar este capítulo –, as diversas modalidades que este instrumento pode revestir e as suas diferentes espécies (n.º 5).

Depois (Capítulo III), tendo presente o domínio da teoria geral dos títulos de crédito, em especial dos que são abstractos (n.º 6), procuraremos proceder à análise do cheque, como título de crédito e à determinação da respectiva natureza jurídica (n.º 7). Para terminar este capítulo abordaremos as circunstâncias em que o cheque pode valer como título executivo (cfr. n.º 8).

Por último, encerraremos a Parte I (Capítulo IV) com a projecção prática do cheque, começando por analisá-lo como meio de pagamento e confrontando-o com outros meios – designadamente com as transferências electrónicas de fundos e os cartões (n.º 9) –, na busca de subsídios para a caracterização do regime jurídico da convenção de cheque. Concluiremos o capítulo IV com uma nota sobre a relevância do cheque, incluindo uma primeira e sucinta confrontação das realidades que estudamos (n.º 10).

**III.** A iniciar a Parte II da dissertação, faremos o ponto da situação, no que se refere à problematização a que nos propomos responder, incluindo brevíssima referência à investigação que lhe esteve subjacente (n.º 11).

Depois (Capítulo V), com a finalidade de preparar o enquadramento da convenção de cheque na relação contratual estabelecida entre o banco e o cliente, começaremos pela caracterização sumária dos sujeitos envolvidos – banco e cliente (n.os 12 e 13) –, para terminar com uma breve análise da respectiva relação (n.º 14). Faremos a apreciação do quadro negocial em que se estabelece e desenvolve esse relacionamento, abordando dois contratos diferentes, mas essenciais, que contribuem decisivamente para o enquadramento da convenção de cheque numa situação jurídica complexa (que inclui diversos contratos ou cujas obrigações correspondem a negócios jurídicos autónomos e diferenciados): a abertura de conta e o depósito.

Concluído o Capítulo V, entraremos numa segunda parte central do nosso estudo, começando, no Capítulo VI, por dissecar a **estrutura fundamental da convenção de cheque**, desde a formação do negócio (n.º 15), passando pelo respectivo conteúdo, nomeadamente os direitos e vinculações que o caracterizam (n.º 16), e acabando na activação da convenção (n.º 17). Apreciaremos, no Capítulo VII, a matéria do pagamento do cheque e analisaremos as vicissitudes e efeitos da convenção de cheque, mencionando o desconto e a cobrança do cheque (n.º 18), passando pela falta de provisão e tutela penal (n.º 19), continuando com a revogação e falsificação do cheque (n.os 20 e 21) e concluindo com a responsabilidade do banco (pelo não pagamento) e eficácia da convenção perante terceiros de boa fé (n.º 22).

No Capítulo VIII equacionaremos o termo da convenção de cheque, distinguindo, primeiro, a sua extinção por facto voluntário e involuntário (n.º 23) e analisando, no mesmo capítulo, mas separadamente, a sua rescisão (n.º 24).

No penúltimo capítulo (IX) relacionaremos a convenção de cheque com a tutela cambiária (n.º 25) e demonstraremos a atipicidade da convenção, procedendo à sua qualificação (n.º 26).

Concluiremos a dissertação (Capítulo X), sintetizando a relação existente entre o cheque e a convenção, de acordo com os resultados da nossa indagação, e a forma como devemos entender a articulação entre ambos, expondo as teses resultantes da investigação (n.º 27).

# PARTE I
## O CHEQUE

# CAPÍTULO I
# Perspectiva histórica


## 1. Panorâmica histórica: dos primórdios à actualidade

Apresentado os parâmetros que nos conduzirão ao longo desta dissertação – e antes de analisarmos o regime do cheque e de procedermos à sua compreensão jurídica, como título de crédito –, começaremos por esboçar a história do cheque, de forma necessariamente resumida, desde o seu aparecimento até ao presente, aproveitando para enquadrá-lo nos ordenamentos jurídicos estrangeiros mais significativos, traçar a evolução legislativa que sofreu em Portugal, fazer referência histórica à convenção de cheque e concluir com uma nota sobre a *cashless society*.


### 1.1. Os primeiros banqueiros e o recurso ao cheque

**I.** Encontramos as primeiras raízes do Direito Bancário, no que respeita a algumas operações, na Alta Antiguidade e, designadamente, na época do Rei Amurabi (Babilónia), havendo autores que identificam, nessa época, a existência de títulos de crédito à ordem na Mesopotâmia[49].

---

[49] Nesse sentido, John GILISSEN, *Introdução histórica ao Direito*, trad. de A. M. Hespanha e L. M. Macaísta Malheiros, Fundação Calouste Gulbenkian, Lisboa, **1986**, p. 63.

Há quem recuasse no tempo para diferentes zonas do globo, como GANELLI (*Sulle Banche*, Torino, 1872) que, *apud* Ludwig KUHLENBECK, *Der Check,* C. L. Hirschfeld, Leipzig, **1890**, p. 22, nota 1, afirmava ser demonstrável a existência de uma forma de cheque, junto dos chineses, no Império dos Hoang-ti, cerca de 2000 anos antes de Cristo.

Vd. também o excelente desenvolvimento da história da banca nas obras de Miguel ACOSTA ROMERO, *Nuevo derecho bancario*, 9ª ed., Edit. Porrúa, Mexico, **2003**, pp. 37-60,

20            *Cheque e Convenção de Cheque*

Contudo, é difícil com esta distância apurar se tais títulos, a terem de facto existido, tinham alguma parecença com o cheque ou desempenhavam as suas funções básicas, ainda que com uma forma rudimentar de vale ou instrumento para levantamento de espécies monetárias.

Assim, é necessário aguardar largos séculos, e deslocarmo-nos para a Europa mediterrânica, para podermos identificar no tráfico mercantil da Baixa Idade Média instrumentos e práticas que se assemelham ao cheque[50] [51]. Com efeito, não obstante, a origem histórica do cheque ser, em

---

e de Jean Rivoire, *História da banca*, trad. do original (Histoire de la banque), Rés Editora, Porto, **s/d** (em especial pp. 5-27) – facilmente acessíveis aos leitores portugueses (a primeira na Biblioteca da UCP – Lisboa, D-58/I ACO) –, e a evolução do cheque, ao longo da história, na dissertação de doutoramento (menos acessível aos leitores nacionais) de Ruth Erika Habicht, *Der Checkvertrag und das Checkrecht* (Diss.), Zürich, Keller, Winterthur, **1956**, pp. 1-9. Curiosamente, Habicht, *ob. cit.*, pp. 7-9, não faz qualquer referência aos Códigos portugueses, embora mencione diplomas de lugares exóticos (pelo menos no século XIX), como o Peru.

Referenciando o Código de Hamourabi como «a primeira legislação bancária conhecida», Rabindranath Capelo de Sousa, «O Segredo Bancário», in AA.VV., *Estudos em Homenagem ao Prof. Doutor Inocêncio Galvão Telles*, vol. II – Direito Bancário, Almedina, Coimbra, **2002** (pp. 157-223), p. 158.

[50] A tese de que terão sido usados pelos gregos e pelos romanos títulos análogos aos cheques é maioritariamente rejeitada. Nesse sentido, Micheli/De Marchi, «Assegno bancario – Diritto Privato», AA.VV., *Enciclopedia del Diritto*, vol. III, Giuffrè, **1959** (pp. 299-348), p. 300, Giorgio De Semo, *Trattato di Diritto Cambiario*, 3ª ed., CEDAM, Padova, **1963**, p. 71 [citando Macleod, *A dictionary of political economy,* London, 1863 (entrada: "cheque"), como apoiante dessa tese, e Cohn, *Zur Geschichte des Schecks,* in *Zeitschrift für vergleichende Rechtswissenschaft*, 1879, I, pp. 123-124, Franchi, *Assegno bancario*, in *Enciclopedia Giuridica italiana,* vol. I, parte IV, Milano, 1881, cols. 19-24, Gallavresi, *Assegno bancario*, Milano, 1883, como autores que a recusam], e Michel Vasseur / Xavier Marin, *Le chèque*, Sirey, Paris, **1969**, pp. 8-9.

De entre os autores nacionais que fazem referência a esta problemática, refira-se Luiz da Cunha Gonçalves, *Comentário ao Código Comercial Português*, vol. II, Editora José Bastos, Lisboa, **1916**, p. 312, admitindo como *natural* que, na Grécia e na Roma antigas, tivessem sido sacados títulos *similhantes* ao cheque, ainda que sem todos *os caracteres do moderno cheque*. Tinha em mente os *síngrafos* e os *mandati*, os quais, não obstante desempenharem funções que, no presente, cabem aos cheques, não eram cheques. Neste sentido também Pontes de Miranda, *Tratado de Direito Privado*, Parte especial, t. XXXVII (*Direito das Obrigações: Negócios jurídicos unilaterais. Direito cambiariforme. Cheque. Direito extracambiariforme. Direito internacional cambiário e cambiariforme*), 3ª ed. (reimp.), Ed. Borsoi, Rio de Janeiro, **1972**, p. 11.

[51] Afirmando, sem reservas, que «já na Itália baixa medieval existia um tipo de documento – *assegno* – cuja finalidade era possibilitar a retirada imediata ou em favor de

Perspectiva histórica

termos temporais, incerta[52], a verdade é que é no século XIV[53] que se desenvolve na Europa o comércio bancário, praticado fundamentalmente pelos cambistas[54]. Ligava-se, essencialmente, às actividades de captação de depósitos em [*de*] dinheiro e da concessão de crédito.

Já em termos geográficos parece haver um relativo consenso acerca do local da criação ou, pelo menos, da divulgação do cheque. Com efeito, a generalidade dos autores parece reconhecer à Itália (ou aos Estados Mediterrânicos que a antecederam) o berço deste instrumento, embora a grande maioria se incline para considerar a Inglaterra como o país em que o cheque se desenvolveu com a forma que hoje apresenta[55].

---

terceiro de fundos previamente depositados nas caixas de um banqueiro», não obstante só se poder considerar o aparecimento do cheque «com configuração e significado similares ao actual na Inglaterra dos finais do século XVIII», Alberto DÍAZ MORENO, «El cheque», in AA.VV., *Derecho Mercantil*, 2.º vol., coord. por Guillermo J. JIMÉNEZ SÁNCHEZ, 11ª ed., Ariel, Barcelona, **2006** (pp. 137-150), p. 137.

No mesmo sentido, LUIS DE ANGULO RODRÍGUEZ, «El cheque y su vigente configuración legal», AA.VV., *Títulos-valores: la letra de cambio, el pagaré y el cheque*, estudos em homenagem a Miguel Motos Guirao, org. por Torrecillas López, Comares, Granada, **1993** (pp. 179-223), p. 180.

[52] Mas a história do cheque é, por alguns autores, considerada mais antiga que a da letra. Nesse sentido, Ulrich MEYER-CORDING / Tim DRYGALA, *Wertpapierrecht*, 3ª ed., Luchterhand, Berlin, **1995**, p. 79.

[53] Como informa Luís BRITO CORREIA, *Direito Bancário* (Sumários: 1ª parte), Policopiado, UCP, Lisboa, **1996/97**, p. 26. VASSEUR/MARIN, *Le chèque*, cit., **1969**, p. 10, dão conta de que terão sido usados cheques verdadeiros, em Pisa, no final do século XIV.

Considerando que a história dos cheques, na sua forma actual, começa no princípio do século XV, Heinz SCHÖNE, *Die Rechte des Scheckinhabers gegen den Bezogenen nach französischem und deutschem Recht und ihre Bedeutung für die Zahlungsmittelfunktion des Schecks* (Dactil.), Mainz, **1975**, p. 5.

[54] Aliás, a palavra "banqueiro" (*"banchieri"*) provém do **banco** que os cambistas utilizavam no seu negócio.

Considerando que, no século XII, o *contado di banco*, praticado pelos bancos venezianos, era um título que se assemelhava muito aos cheques modernos, VASSEUR/ MARIN, *Le chèque*, cit., **1969**, p. 9.

[55] Referindo que a invenção de cheque como meio de pagamento (*cheque mandato*) é reivindicada pela Inglaterra e pela Bélgica e explicando as razões dessa disputa – numa introdução histórica desenvolvida –, mas ignorando a regulação do cheque no Código Ferreira Borges (1833), Arturo MAJADA, *Cheques y talones de cuenta corriente (en sus aspectos bancario, mercantil y penal)*, Bosch, Barcelona, **1983**, pp. 11-16, em especial pp. 12 e 16.

**II.** Não se afigura, pois, adequado, nem correcto, identificar determinadas práticas bancárias da antiguidade – que se reconduziam a documentos de dívida e, eventualmente, de transferência de fundos[56] – com o cheque (numa configuração próxima da actual). Nem reputamos essencial encontrar o *primeiro* cheque.

Considerando a existência da letra, conhecida numa fórmula semelhante à presente, antes do cheque, torna-se mais fácil admitir que este tenha inicialmente revestido a forma de um instrumento de levantamento de fundos e, mais tarde, meio de pagamento a terceiros. Assim, na sua fórmula mais primitiva, o cheque encontra os seus antecedentes nas «*cedula di cartulario*» emitidas pelo Banco Ambrosiano (ou Banco Santo Ambrosio, de Milão), nos finais do séc. XVI, que permitiam aos respectivos clientes proceder à retirada de quantias que tivessem previamente depositado[57], e mais tarde – em Inglaterra –, a partir de meados do século XVII, nas *goldsmith notes* (talões ou recibos de depósito em ourives)[58].

**III.** Grande parte dos autores que se referem à origem do cheque considera não ser possível determinar com exactidão o local e a forma como o mesmo terá surgido. Há, contudo, um relativo consenso em torno da ideia de que o cheque na sua forma e função actuais, como meio de

---

[56] Enquadramos nesta prática a "carta de Cícero", pela qual este político (orador) romano terá instruído (os autores referem-se a ordem de pagamento) um cliente na Grécia para efectuar um pagamento a um seu filho, que seria o portador da carta e se encontrava de viagem nesse local. Sobre este episódio – refutando expressamente a qualificação dessa carta como "*título de câmbio*" –, vd. J. M. OTHON SIDOU, *Do Cheque,* 3ª ed., Forense, Rio de Janeiro, **1986**, p. 24. Na doutrina nacional, seguindo o autor brasileiro, cfr., entre outros, JOSÉ MARIA PIRES, *O cheque*, Rei dos Livros, Lisboa, **1999**, p. 19.

[57] Cfr. Isidro CONDE BOTAS, *El «cheque» y el «traveller cheque»*, Porto y Cia, Santiago de Compostela, **1955**, p. 22, MICHELI/DE MARCHI, «Assegno bancario», *EncD*, **1959**, p. 300, Hernando MONTOYA ALBERTI, «Sanción penal del cheque», *Revista de Derecho y Ciencias Políticas*, vols. 35 (pp. 233-302) e 36, n.º 2 (pp. 331-390), Lima, **1971/1972**, pp. 234-235 [chamando a atenção para o desenvolvimento do cheque, como instrumento de pagamento, em relação íntima com as operações bancárias de depósito (p. 234)], Rodolfo SOTO VÁSQUEZ / Carlos SOTO FERNÁNDEZ, *El cheque y el pagaré*, Comares, Granada, **1997**, pp. 85-86.

[58] Cfr. J. Milnes HOLDEN, *The History of Negotiable Instruments in English Law*, Athlone Press, London, **1955**, pp. 206-208, e – mais recentemente e com menor desenvolvimento – Benjamin GEVA, *Bank collections and payment transactions. A comparative legal analysis*, Oxford University Press, Oxford, **2001**, pp. 13-16 (em especial, p. 15) e 131.

Perspectiva histórica

pagamento (de dinheiro) a um terceiro beneficiário, surgiu em Inglaterra, na segunda metade do século XVII, país em que se expandiu e onde, no final desse século, apesar de manuscrito, se desenvolveria para formas padronizadas «semelhantes ao cheques modernos»[59].

Quanto ao primeiro cheque conhecido, verifica-se uma certa discrepância entre os autores que dedicam atenção à história da criação, expansão e consolidação do sistema do cheque. J. Milnes HOLDEN, na sua História sobre os títulos de crédito (*negotiable instruments*) no Direito inglês[60], refere que os cheques mais antigos que examinou eram datados de 16 de Fevereiro de 1659 (sacado por Nicholas Vanacker sobre Morris & Clayton, à ordem de Delboe), de 13 de Dezembro de 1665 (sacado por Nicholas Vanacker sobre Morris, à ordem de Oliver Chadwell) e de 14 de Agosto de 1675 (sacado por Edmond Warcupp sobre Thomas Fowles, à ordem de Samuell Howard e por este endossado em branco)[61].

---

[59] James Steven ROGERS, *The Early History of the Law of Bills and Notes*, Cambridge University Press, Cambridge, **1995**, p. 119.
HOLDEN (*The History of Negotiable Instruments in English Law*, cit., **1955**, pp. 212--214) refere existir prova suficiente que suporte o ponto de vista de que o sistema do cheque estava firmemente estabelecido na vida económica inglesa antes do fim do século XVII e que os cheques impressos substituiriam os totalmente manuscritos em meados do século XIX, surgindo os livros de cheques vinte anos mais tarde.
[60] *The History of Negotiable Instruments in English Law*, cit., **1955**, pp. 209-210. A referência de HOLDEN é acolhida pela prática bancária britânica. Neste sentido, cfr. Alistair GIBB, «The Earliest Printed Cheques», *The Royal Bank of Scotland Review*, 153, March **1987** (pp. 53-57), p. 54.
[61] Diferentemente, e provavelmente fazendo uma confusão com datas, OTHON SIDOU, *Do Cheque*, cit., **1986**, p. 24, diz haver conhecimento de que o primeiro cheque conservado até à actualidade corresponde a um saque por meio de carta ocorrido em Inglaterra, dirigido no final do século XVII (1670) a uma empresa de ourives (*Hoare & Company*), com a finalidade de que esta assumisse o encargo de pagar ao respectivo portador uma determinada quantia em dinheiro. HOLDEN, *The History of Negotiable Instruments in English Law*, cit., **1955**, pp. 210, também refere este cheque, embora datando-o de 1676.
Mencionando cheques, ainda que sob a forma de carta, datados de 12 de Abril de 1671 e de 14 de Agosto de 1675, com transcrição do respectivo conteúdo, e referindo serem os primeiros cheques impressos (*printed*) os de *Child's*, acreditando-se datarem de 1762, tendo os livros de cheques começado a serem emitidos em 1781, T. Ellis POWELL, *The evolution of the money market (1385-1915)*, The Financial News, London, **1915**, pp. 101-103.
Por sua vez, considerando que os «cheques ou ordens escritas de pagamento foram, pela primeira vez, usados no século XIV, quando um cliente estava impedido, por ausência ou por doença, de se dirigir pessoalmente ao banco» – para transmitir *in loco* e

24 *Cheque e Convenção de Cheque*

No que respeita ao continente europeu, isto é, excluindo as ilhas britânicas, importa sublinhar que, numa primeira fase (que situamos até meados do século XVII), o cheque, como meio de pagamento, se confundiu com a letra, com a qual era frequentemente associado; numa segunda fase, surgiu em França[62] com a "cláusula não à ordem"; e numa terceira fase os dois institutos (cheque e letra de câmbio) seriam separados pela doutrina germânica[63]. Nesta última fase assumem particular relevo as leis da Conferência de Leipzig (1848), segundo as quais a cláusula à ordem passou a ser essencial. A ideia a reter, associada também a este título, passou a ser a da preponderância da circulabilidade.

Entretanto, em Inglaterra, o cheque enquanto ordem de pagamento conhecia um amplo desenvolvimento, não sendo raros os autores continentais[64] que reconhecem nas ilhas britânicas o berço deste instrumento (na sua forma actual)[65], cuja designação terá derivado, aliás, do termo

---

verbalmente as suas ordens de transferência –, e referindo exemplos de cheques que terão então sido sacados, Raymond DE ROOVER, «New interpretations of the History of Banking», *JWT*, vol. II, n.º 1, **1954** (pp. 38-76), p. 54.

[62] Foi neste país que se publicou a primeira lei com carácter especial relativa ao cheque (Lei de 14 de Junho de 1865).

[63] Estas três fases correspondem aos primeiros três períodos da letra de câmbio, assinalados por José GONÇALVES DIAS, *Da letra e da livrança*, vol. I, Minerva, Famalicão, **1939**, pp. 29-33, que identifica ainda um quarto período (o "genebrino").

Considerando – quanto a nós sem fundamento – que «os cheques (...) desde o século XVI eram frequentíssimos na Itália, na França e na Hollanda sob a forma de títulos (*ao portador*) com cláusula alternativa» («*Tibi aut cui hoc scriptum in manu paruerit*»), José ALBERTO DOS REIS, *Dos títulos ao portador*, França Amado, Coimbra, **1899**, p. 74 (cfr. também p. 53).

[64] Entre muitos, Kurt REUTHER, *Der Scheckvertrag*, Böttcher und Neumerkel, Crimmitschau, **1913**, p. 9, Ernst JACOBI, *Wechsel– und Scheckrecht* unter Berücksichigung des ausländischen Rechts (ed. póstuma), Walter de Gruyter, Berlin, **1955** – referindo ser este o país clássico das operações de cheque [na língua original, foneticamente impressiva: «*Das klassische Land des Sch– Verkehrs*» (p. 12)] –, SCHÖNE, *Die Rechte des Scheckinhabers gegen den Bezogenen* cit., **1975**, p. 5, José Manuel CALAVIA MOLINERO / Vicente BALDÓ DEL CASTAÑO, *El cheque*, Praxis, Barcelona, **1987**: «O cheque com a fisionomia que hoje apresenta e lhe é característica nasce e difunde-se na Inglaterra no período do desenvolvimento industrial, para se estender logo de seguida à América do Norte» (p. 12).

[65] Esta origem é quase consensual, sendo reconhecida pelos próprios juristas franceses. Cite-se, a título de exemplo, Françoise PÉROCHON / Régine BONHOMME, *Entreprises en difficulté – Instruments de crédit et de paiement*, 7ª ed., LGDJ, Paris, **2006**, p. 782. Reforça-a o conhecido ditado inglês divulgado no século XIX – e de que autores estrangeiros nos dão conta, como é o caso de SCHÖNE, *Die Rechte des Scheckinhabers gegen*

«*Exchequer bills*» (anteriormente designadas *billae de scaccario* ou *bills of scaccario*)[66]. Estes títulos – que «eram realmente cheques sacados sobre o Ministro do Tesouro» (ou Tesoureiro da Coroa)[67] – correspondiam a instrumentos, designados *debentures*, emitidos pelo Tesouro e representavam créditos dos servidores e oficiais do Estado, ou simplesmente de contrapartes contratuais (incluindo mutuantes), sobre a Coroa. Não tendo disponibilidade para reclamar pessoalmente o seu pagamento, os respectivos titulares (credores da Coroa) instruíam, através deles – naquilo que constituía uma forma de endosso –, o Ministro do Tesouro (*Exchequer*) para pagar a terceiros neles designados, contra apresentação, a quantia que representavam. Não se afigura relevante concluir se este tipo de títulos (*debenture notes*) constitui uma forma originária do cheque ou se este tem como precursor a letra de câmbio[68], até porque outros autores[69] pretendem ver na palavra francesa *échecs* (xadrez) a origem etimológica da palavra cheque.

Há, contudo, uma certa unanimidade no reconhecimento de que a prática bancária inglesa usou este instrumento com regularidade a partir

---

*den Bezogenen* cit., **1975**, p. 5 – «quem com cheque paga é um Senhor (*gentleman*), quem paga com dinheiro, apenas um homem (*man*). E esta ideia de *respeitabilidade* pelo uso do cheque transparece noutros autores continentais do início do século XX (incluindo os portugueses), de que são exemplos MARNOCO E SOUZA, *Das letras, livranças e cheques*, vol. II, França Amado, Coimbra, **1906**, p. 183, e LOBO D' ÁVILA (Lima), *Do cheque*, Livraria Profissional, Lisboa, s/d, pp. 16-18.

[66] Não se regista também, a este propósito, unanimidade.

DE ROOVER, «New interpretations of the History of Banking», *JWT*, vol. II, n.º 1, **1954** (pp. 38-76), p. 69, seguindo de perto Sir John CLAPHAM [*The Bank of England*, I (1694-1797) and II (1797-1914), University Press, Cambridge, 1945, p. 142], diz-nos que, «depois de 1715, aos clientes que quisessem dispor do seu crédito através de "títulos de saque" (*drawn notes*) era dado um papel especial com talão, que serve de contraprova ou "controlo" (*check*), como prevenção contra fraudes. Assim se originando a palavra "check", a qual hoje designa uma ordem escrita de movimentação num banco.»

Michel JEANTIN / Paul LE CANNU / Thierry GRANIER, *Droit commercial. Instruments de paiement et de crédit. Titrisation*, 7ª ed., Dalloz, Paris, **2005**, citando Vincent Monteil, no prefácio ao livro de Ibn Khaldoun, *Discours sur l'histoire universelle*, 1978, admitem que o cheque teve origem na palavra árabe «*shak*» (mandato) (cfr. p. 8).

[67] R. D. RICHARDS, «The Origin of the Cheque», *The Banker,* IX, p. 33, *apud* HOLDEN, *The History of Negotiable Instruments in English Law*, cit., **1955**, p. 207.

[68] Como defende HOLDEN, *The History of Negotiable Instruments in English Law*, cit., **1955**, p. 208.

[69] Cfr. L. M. MITCHELL, *Le Chèque dans les Pays Anglo-Saxons*, Rousseau & Co, Ed., Paris, **1927**, p. 14.

de meados do século XVIII[70] – embora os cheques mais antigos datassem da segunda metade do século XVII –, tendo-o naturalmente aperfeiçoado e contribuído para o seu desenvolvimento, e que a palavra *cheque*, na versão do inglês escrito no Reino Unido, terá derivado do termo *Exchequer*[71].

**IV.** A ideia que importa reter é a de que não se verifica um consenso sobre a origem do cheque e seus primeiros desenvolvimentos, havendo inclusivamente quem considere que o «cheque não descende da letra de câmbio», mas que «terá a sua origem numa ordem de transferência verbal», pelo que «os juristas que o classificaram como uma letra de câmbio cometeram um erro»[72].

## 1.2. Fontes legislativas

**I.** Diversamente do que aconteceu com a letra, o cheque não conheceria um tratamento legislativo tão precoce. Tendo origem consuetudinária[73], alicerçada, como vimos, na prática anglo-saxónica, já se encontrava amplamente divulgado na Grã-Bretanha na época em que surgiram as primeiras codificações mercantis[74]. Talvez por essa razão, o Código

---

[70] Data de 1717, e deve-se ao Banco de Inglaterra, a primeira forma impressa de cheque conhecida. Cfr. GIBB, «The Earliest Printed Cheques», *The Royal Bank of Scotland Review*, 153, March **1987** (pp. 53-57), p. 54.

[71] Cfr. HOLDEN, *The History of Negotiable Instruments in English Law*, cit., **1955**, que afirma (p. 209) ter sido GILBART – no seu *Practical Treatise on Banking* – o primeiro a usar, em 1828, a palavra *cheque* (em vez do termo original *check*), explicando, numa nota de rodapé, que adoptava a nova forma por ser livre de ambiguidade e por ser análoga a *ex-chequer*, o tesoureiro real, para além de ser usada pelo *Cheque Office do Bank of England*. HOLDEN descreve também aquele que terá provavelmente sido o primeiro caso a envolver o uso de cheques (*Vyner v. Clipsham and Castle*).

[72] DE ROOVER, «New interpretations of the History of Banking», cit., **1954**, pp. 54- -55, que considera que a letra não origina, como o cheque, uma ordem de pagamento.
Recusando ao cheque a natureza de título de crédito, OTHON SIDOU, *Do Cheque*, cit., **1986**, pp. 27-28.

[73] Cfr. Benedetto RENDA, «I titoli di credito bancari», in AA.VV, *Trattato di Diritto Privato* (dir. por Pietro RESCIGNO), vol. 13 – *Obbligazioni e contratti*, t. V, UTET, Torino, **1985** (reimp. 1986) (pp. 629-856), p. 635.

[74] Não seria, assim, objecto de regulação no Código Napoleão (Código de Comércio de 1807), nem tão pouco no primeiro Código de Comércio Espanhol (1829).

Ferreira Borges (Código Comercial português de 1833) – por influência do Direito anglo-saxónico, uma vez que o seu autor viveu expatriado em Inglaterra, tendo elaborado em Londres os seus textos mais relevantes, entre os quais precisamente o projecto do primeiro Código Comercial português – seria dos primeiros Códigos continentais a englobar a matéria do cheque, embora lhe dedicasse apenas meia dúzia de regras [arts. CX a CXIV (430 a 434) do Tít. VII («*Das letras de cambio, livranças, ou bilhetes à ordem, cheques e letras de terra*») do Livro II («*Das obrigaçoens commerciaes*») e art. CXCIX (724) do Título XII (Das companhias, sociedades e parcerias), do mesmo Livro][75].

Na sua peugada, seguir-se-iam o Código de Comércio holandês, de 1838[76] – que, embora não se referindo expressamente ao cheque, regulou um recibo ou "papel de caixa" (*kassiersbreifje*) que correspondia ao cheque actual (cfr. arts. 221-229) –, a lei francesa de 1865[77], a belga de 1873[78], a inglesa de 1882[59], o Código de Comércio espanhol de 1865 e o Código Comercial português de 1888, com um desenvolvimento mais substancial do que o precedente, uma vez que remetia para o regime da letra de câmbio. Também em países escandinavos surgiriam diversas leis sobre o cheque, casos da Dinamarca (23 de Abril de 1897), Noruega (3 de Agosto de 1897) e Suécia (23 de Março de 1898).

**II.** Em suma, o cheque conheceria no final do século XIX um amplo acolhimento nos países europeus que, aliado ao facto de ser um instrumento de pagamento internacional, conduziria a um movimento tendente

---

[75] Sobre o respectivo conteúdo e alcance, cfr., *infra*, n.º 1.4.1.

[76] Que muitos autores – casos de Mario Alberto BONFANTI / Jose Alberto GARRONE, *El cheque*, Abeledo-Perrot, Buenos Aires, **1971**, pp. 14, de João EUNÁPIO BORGES, *Títulos de Crédito*, 2ª ed., Forense, Rio de Janeiro, **1971** (/ª reimp., 1977), p. 158, de CONDE BOTAS, *El «cheque» y el «traveller cheque»*, cit., **1955**, p. 23, de VASSEUR/MARIN, *Le chèque*, cit., **1969**, p. 18, e de URÍA/MENÉNDEZ, *Curso de Derecho Mercantil*, *II*, Civitas, Madrid, **2001**, p. 831 (que, no entanto, consideram ser o Código de 1839, e não de 1838), entre outros – consideram ser a mais antiga regulação legal do cheque, ignorando o Código português e confundindo, eventualmente, o Código do século XIX com o *Keure* de 1776, referenciado por JACOBI, *Wechsel– und Scheckrecht*, cit., **1955**, p. 12.

[77] Lei de 14 de Junho de 1865, a qual seria substituída pelo Decreto-Lei de 30 de Outubro de 1935, que acolheu em França a Lei Uniforme do Cheque.

[78] 20 de Junho de 1873.

[79] *Bill of Exchanges Act* (1882), *sections* 73 a 82.

a obter a uniformização do respectivo regime jurídico no maior número possível de Estados, concretizada no primeiro terço do século XX.

**III.** O *Bills of Exchange Act* (Lei dos Títulos Cambiários) inglês, de 1882, influenciaria diversas leis, em países de língua inglesa, como veremos mais à frente, tendo nomeadamente constituído fonte inspiradora da *Negotiable Instruments Law* (Lei dos Títulos de Crédito) norte-americana, publicada em 19 de Maio de 1897 no Estado de Nova Iorque e que seria, posteriormente, adoptada pelos demais Estados, com excepção do Arizona, Illinois, Kansas e Ohio, que tinham leis próprias, as quais não diferiam substancialmente da lei-modelo dos títulos de crédito.

**IV.** Por sua vez, nos países da Europa Central, só no século XX o cheque seria objecto de regulamentação específica. Assim sucedeu na Alemanha (Lei de 11 de Março de 1908), na Áustria (Lei de 3 de Abril de 1906), na Hungria (Lei de 28 de Dezembro de 1908) e na Suiça (Código das Obrigações de 1911, arts. 830 a 837).

## 1.3. **A uniformização do regime jurídico do cheque**

### 1.3.1. *Dos primórdios à Convenção de Genebra*

**I.** Sendo o cheque, à semelhança do que se passava com a letra, um título cuja função primordial inicial era, a par do levantamento de fundos próprios, a de promover – enquanto ordem de pagamento – a transferência de moeda entre diferentes mercados e caracterizando-se, por isso, por envolver com muita frequência um lugar de pagamento diferente do lugar do saque e sujeito a diferentes regras, importava – como sucedeu com a letra, instrumento de câmbio internacional – procurar uniformizar o regime jurídico que o regulasse independentemente dos locais envolvidos pela respectiva circulação, desde a emissão, passando por eventuais endossos e terminando no pagamento.

**II.** A uniformização do regime jurídico do cheque e a respectiva concessão de um estatuto internacional não se processou com a facilidade com que se verificou a de outros instrumentos afins, como a letra e a livrança.

## Perspectiva histórica

A tentativa de uniformização do direito cambiário e, em particular, do cheque remonta ao século XIX, embora nessa época de forma ténue e improfícua[80].

O primeiro ensaio marcante reconhece-se ao Instituto de Direito Internacional, fundado em Gant, em 1873, que, na sua reunião de Oxford, em 1880, «declarou a oportunidade de promover a unificação legislativa, mencionando expressamente a letra de câmbio e o cheque»[81]. Neste encontro considerou-se a possibilidade de regular o cheque separadamente da letra de câmbio, o que só viria a ocorrer três décadas mais tarde, na Conferência da Haia, de 1912.

Entretanto, realizar-se-ia o Congresso Internacional de Antuérpia, em 1885, que constituiria uma primeira tentativa, relativamente falhada, de uniformização do Direito cambiário, visto que apenas subsistiria um único artigo, de cinquenta e sete que constavam do projecto inicial: precisamente aquele que remetia a regulamentação do instituto do cheque para o regime das letras e das livranças.

Três anos volvidos, em 1888, realizou-se uma segunda reunião internacional – desta feita em Bruxelas – da qual também não sairiam resultados a reter, tendo-se chegado a acordo sobre um Projecto com apenas dois artigos.

**III.** No século XX, a uniformização viria a registar importantes e significativos avanços que culminariam, em 1931, com a assinatura em Genebra, por representantes de duas dezenas e meia de Estados, na sua quase totalidade europeus, de uma Convenção Internacional, com a finalidade de regulamentar uniformemente a matéria do cheque.

Os trabalhos então realizados constituíam a continuação e o desfecho natural das sessões da Segunda Conferência da Haia, de 1912[82], a qual havia produzido um projecto de Convenção, que correspondia às bases dessa lei uniforme (internacional)[83], e que representava uma

---

[80] Entre outros, vd. José Maria Pires, *O Cheque*, cit., **1999,** pp. 20 e 21.

[81] Montoya Alberti («Sanción penal del cheque», cit., **1971/1972,** pp. 237-238) que, neste local, seguimos de perto.

[82] Sobre as actas das sessões, e sobre as reuniões internacionais precedentes e as que se lhe seguiriam até à Convenção de Genebra, vd., por todos, Jacques Bouteron, *Le statut international du chèque. Des origines de l'unification aux Conventions de Genève (1880-1931)*, Dalloz, Paris, **1934,** pp. 81-162, 17-81 e 162-211.

[83] Cfr. José Maria Pires, *O cheque*, cit., **1999,** p. 20, Vasseur/Marin, *Le chèque*, cit., **1969,** p. 20.

30         *Cheque e Convenção de Cheque*

abordagem autónoma e independente, mas bastante focada, da problemática do cheque.

O texto aprovado na Conferência da Haia, que seria denominado *«Résolutions de la Conférence sur l'Unification du droit rélatif au cheque»*[84], pretendia acolher as três orientações então mais relevantes acerca deste instrumento – a alemã, a francesa e a inglesa[85] –, tentando harmonizá-las, mas o eclodir da I Grande Guerra (1914-18) prejudicaria a respectiva aceitação (interna)[86], pelo que a uniformização do regime do cheque teria de esperar pelo início dos anos trinta.

**IV.** Em 14 de Março de 1931 concluía-se finalmente, em Genebra, uma Convenção sobre o cheque que seria assinada por Portugal e por mais vinte e quatro países[87]. A unificação do Direito do cheque foi mais

---

[84] Cfr. a versão francesa em LOBO D' ÁVILA (Lima), *Do cheque*, cit., s/d, pp. 155-163.

[85] Nesses ordenamentos encontramos, no virar do século XIX para o XX, três concepções totalmente distintas. A alemã baseia-se na ideia de que o cheque constitui uma ordem de pagamento em numerário (*Geldanweisung*) e assenta sobre um contrato preliminar (*Scheckvertrag*). A francesa, segundo a qual, por efeito da transferência da propriedade da provisão, o portador assume a posição do sacador para obter o montante do cheque ou para exercer os direitos inerentes ao crédito, mas fá-lo – contra o sacado – no exercício de um direito (pessoal) independente relativamente ao do sacador, dada a inoponibilidade das excepções pessoais. Finalmente, a concepção inglesa assimila totalmente o cheque à letra de câmbio, salientando que se o cheque não pode ser aceite pelo sacado, o portador não tem qualquer direito directamente contra o sacado. Cfr. VASSEUR/MARIN, *Le chèque*, cit., **1969**, pp. 31-36.

[86] Cfr. BAUMBACH/HEFERMEHL, *Wechselgestez und Scheckgesetz*, 22ª ed., C.H.Beck, München, **2000**, p. 481.

[87] Enunciando os signatários – Alemanha, Áustria, Bélgica, Dinamarca, Espanha, Finlândia, França, Grécia, Hungria, Itália, Luxemburgo, Mónaco, Noruega, Países Baixos, Polónia, Portugal, Roménia, Suécia, Suiça, Checoslováquia (que, posteriormente, se desdobraria nas República Checa e na Eslováquia), Turquia e Jugoslávia (entretanto fraccionada em diversos países) e, fora da Europa, apenas Equador, Japão e México –, Peter BÜLOW, *Wechselgesetz / Scheckgesetz und zu den Allgemeine Geschäftsbedingungen*, 4ª ed., C.F. Müller, Heidelberg, **2004**, p. 342, *Rdn 12*.

Referindo serem apenas dezoito os signatários das (três) convenções que, em 1969, as aplicavam, VASSEUR/MARIN, *Le chèque*, cit., **1969**, p. 21. Decorre desta informação que, no final da década de sessenta do século passado, de entre os signatários, alguns não haviam ratificado internamente as Convenções: casos da Espanha (que apenas viria a receber as regras da Lei Uniforme, juntamente com outras que a não integram, em 1985), do Luxemburgo, da Roménia, da Checoslováquia, da Jugoslávia, da Turquia, do México e do Equador.

Em contrapartida, o Brasil, que não havia subscrito as convenções inicialmente, ratificara as Convenções em 1964 (Decreto Legislativo n.º 54/64, de 10 de Setembro). As

simples do que a da letra[88], cuja regulamentação constituía modelo, apesar das diferenças fundamentais que adiante assinalaremos e de a Lei do Cheque não fazer qualquer remissão para o regime das letras e livranças. E à maior facilidade verificada nesta matéria não será certamente alheio o facto de a generalização do cheque ter sido originada em Inglaterra, de onde emanou a sua primeira regulamentação, comum a muitos países continentais.

Algo paradoxalmente, os representantes dos Estados reunidos em Genebra não lograriam obter a adesão dos Estados anglo-saxónicos, nomeadamente do Reino Unido (que assinou apenas a convenção respeitante ao imposto do selo), dos Estados Unidos da América e do Canadá[89], ao novo regime uniforme, constituindo essa falha uma das maiores, senão mesmo a mais significativa, debilidade do então (novo) regime unificado[90].

### 1.3.2. *Os ordenamentos jurídicos anglo-americanos*

**I.** Façamos então um breve ponto da situação sobre os quadros normativos vigentes nos países que não subscreveram, nem adoptaram posteriormente, a Lei Uniforme – e entre os quais ocupam natural lugar de destaque os ordenamentos jurídicos de origem anglo-saxónica –, percorrendo-os sem preocupação de exaustão, e não recorrendo, na respectiva enumeração, a qualquer critério específico. Importa salientar, contudo, que a recusa de adesão, diversamente do que sucedeu com muita frequência nas tentativas de uniformização (internacional) do Direito, não se ficou a dever ao tradicional desalinhamento desses ordenamentos relativamente ao Direito continental, mas, essencialmente, à qualidade das respectivas leis sobre a matéria[91]. E a esta não é alheio o contributo que

---

Convenções para adopção de uma lei uniforme em matéria de cheque seriam promulgadas em 1966 (Decreto n.º 57.595, de 7 de Janeiro), mas subsistiriam dúvidas sobre a sua aplicabilidade que só se desfariam em 1985 (cfr., *infra*, n.º 1.3.4.VIII).

A Nicarágua, por sua vez, tinha aderido às Convenções, mas ainda não havia adaptado a legislação interna.

[88] Cfr. Uría/Menéndez, *Curso de Derecho Mercantil*, *II*, cit., **2001**, p. 832.

[89] Os dois primeiros estiveram presentes em Genebra, mas não subscreveram a Lei Uniforme.

[90] A Espanha também não subscreveu a Lei Uniforme.

[91] Alterado muito poucas vezes – em regra, para tornar claro o alcance de algumas regras, em casos em que foram proferidas decisões judiciais inadequadas, e para o

a prática desses povos deu para o desenvolvimento e utilização do cheque e de outros instrumentos de pagamento.

**II.** E, de entre todas as leis seguidas nos países da *Commonwealth*, há que começar por salientar a respectiva lei-modelo: o *Bills of Exchange Act* (inglês), de 1882.

Como se vê, só após mais de um século de prática reconhecida em matéria de cheques, viria a ser criada, em **Inglaterra**, numa lei única aplicável também às letras e livranças – *Bills of Exchange Act (BEA)*, de 1882[92] –, a regulamentação do cheque, que ainda hoje, decorridos que são cento e vinte cinco anos, subsiste, embora complementada pelos *Cheques Act* de 1957 e de 1992[93], e por outras alterações que, entretanto,

---

compatibilizar com modificações como a introduzida pelo *Cheques Act* de 1957 –, o *Bills of Exchange Act*, de 1882, «foi largamente considerado pela magistratura e pela advocacia inglesas como um obra prima de articulado legal (*draftsmanship*)» (RAJANAYAGAM, *The Law of Negotiable Instruments in Australia*, 2ª ed. por Brian Conrick, Butterworths, Sydney/Adelaide/Brisbane/Canberra/ Hobart/Melbourne/Perth, **1989**, p. 5).

Na mesma linha, Benjamin GEVA, «Reflections on the need to revise the Bills of Exchange Act – some Doctrinal Aspects», *CBJL*, vol. 6, **1981-82** (pp. 269-331), pp. 269--270, citando o caso *Bank Polski v. K. J. Mulder & Co.* (MACKINNON, L. J.), 1942, K.B. 497 (C.A.), p. 500, na parte em que se afirma: «It has been said of the United Kingdom Bills of Exchange Act, 1882 that is "the best drafted Act of Parliament ever passed" (*Tem sido dito da Bills of Exchange Act, 1882, que é a melhor lei do Parlamento jamais aprovada*).

[92] Esta lei, cujo projecto foi preparado por Mackenzie Chalmers – a solicitação do *Institute of Bankers (London)* e da *Associated Chambers of Commerce* –, foi aprovada pelo Parlamento Imperial (*Westminster*), em 18 de Agosto de 1882.

Curiosamente, ela é tributária dos esforços de codificação da *common law* feitos na Índia, na segunda metade do século XIX, e, em particular, da respectiva lei sobre títulos negociáveis (*negotiable instruments*), que havia sido minutada sob a forma de código em 1866, pela Comissão de Direito Indiano, e que seria adoptada sob a designação de *Negotiable Instruments Act*, em 1881. Chalmers viveu durante essa época na Índia, como membro do respectivo Serviço Civil (*Indian Civil Service*), pelo que a experiência de que, então, desfrutou não é alheia a ter-se tornado um adepto da codificação, ou mais concretamente do Direito legislado, nem à qualidade da lei que redigiria, após ter regressado a Inglaterra. Cfr. RAJANAYAGAM, *The Law relating to Negotiable Instruments in Australia*, 2ª ed. cit., **1989**, p. 5.

Sobre as diferenças entre o *Negotiable Instruments Act* e o *BEA*, cfr. S. Krishna-murthi AIYAR, *Law relating to The Negotiable Instruments Act*, 9ª ed. (rev. por S.K. Sarvaria), Universal, Delhi, **2005**, pp. 11-12.

[93] O *Cheques Act* 1992 versou sobre cheques não endossáveis e obrigatoriamente depositáveis e dificultou substancialmente a fraude com estes instrumentos. Cfr. PAGET's

foram introduzidas[94]. O tratamento conjunto das letras, livranças e cheques que, no Reino Unido, subsiste, essencialmente por tradição – mas também possivelmente como reconhecimento implícito da qualidade do *BEA* –, e a regulamentação subsidiária a que o cheque tem estado sujeito por esse facto, não obstante as leis autónomas aprovadas a partir da segunda metade do século XX (*Cheques Acts* de 1957 e de 1992), tem sido objecto de severas críticas, as quais radicam não só numa absoluta alteração de circunstâncias, visto que no final do século XIX as contas bancárias eram em número substancialmente reduzido, como também na diferente natureza e função dos títulos de crédito referidos regulados unitariamente[95].

**III.** As regras do *Bills of Exchange Act* inglês, de 1882, vigoram também em todo o **Canadá** – incluindo no Estado do Quebec[96], apesar das diferenças que apresenta o respectivo sistema de Direito comum –, com as adaptações determinadas pelo Parlamento deste Estado Federal e adaptadas aos costumes locais, desde 1 de Setembro de 1890, sob a forma de lei federal e a designação de *Bills of Exchange Act of Canada*[97].

---

*Law of Banking* (13ª ed. por Mark HAPGOOD, Lexis / Butterworths, London/Edinburgh, **2007**), pp. 332-335.

[94] Como foi o caso da *Deregulation (Bills of Exchange) Order* 1996, que previu a retenção (ou truncagem) dos cheques e a transmissão electrónica das informações constantes do respectivo suporte físico (*cheques truncation*) e introduziu as *sections* 74A, 74B e 74C no BEA, aplicáveis unicamente aos cheques. O novo art. 74A permite que um banco pudesse, por anúncio publicado nas London, Edinburgh e Belfast Gazettes, indicar um endereço no qual os cheques sobre si sacados pudessem ser apresentados a pagamento. Cfr. E.P. ELLINGER / Eva LOMNICKA / Richard J. A. HOOLEY, *Ellinger's modern Banking Law*, 4ª ed., Oxford University Press, Oxford, **2006**, pp. 355, 361.

Sobre a tradução correcta e significado da *check truncation*, vd. JOSÉ ANTÓNIO VELOZO, «"Electronic Banking": Uma introdução ao EFTS», *SI*, t. XXXVI, **1987** (pp. 77--155), pp. 116-118, em especial p. 116.

[95] Cfr., por todos, Jennifer JAMES, *Richardson's Guide to Negotiable Instruments*, 8ª ed., Butterworths, London, Dublin & Edinburgh, **1991**, que aponta a necessidade de a matéria do cheque ser removida do *BEA* e regulada em lei autónoma, referindo as razões que justificam a separação (*divorce*) das letras e dos cheques (cfr. p. 159).

[96] Apesar de o Quebec não ser um ordenamento da *common law*, em questões de Direito Comercial e Bancário as decisões judiciais têm sido muito influenciadas pelo Direito inglês. Neste sentido GEVA, *Bank collections and payment transactions,* cit., **2001**, pp. 20-21. Sobre os antecedentes legislativos no Quebec, cfr. Bradley CRAWFORD, *Crawford and Falconbridge Banking and Bills of Exchange*, vol. 2, 8ª ed., Canada Law Book, Toronto, **1986**, pp. 1179-1180.

[97] Sobre a sistematização do *Canadian Bills of Exchange Act*, cfr. Ian F. G. BAXTER, *The Law of Banking*, 4ª ed., Carswell, Toronto, **1992**, p.1.

34       *Cheque e Convenção de Cheque*

**IV.** Noutros países da *Commonwealth*, as leis iniciais – decalcadas na lei-modelo inglesa – cederam já lugar, em matéria de cheques, a novos instrumentos. Assim aconteceu na **Austrália**[98], *Bills of Exchange Act* (1909)[99], que foi parcialmente substituído, em 1 de Julho de 1987, pelo *Cheques and Payments Order Act*, de 1986[100], e na **Nova Zelândia**, em que o *Bills of Exchange Act* de 1908 cederia lugar ao *Cheques Act* de 1960, no que respeita à regulamentação do cheque[101]. Nestes ordena-

---

[98] Que é, reconhecidamente, um dos países onde mais cheques são sacados. No final dos anos oitenta do século passado eram sacados cerca de 900 milhões de cheques por ano. Cfr. Alan L. TYREE, *Australian Law of Cheques and Payment Orders*, Butterworths, Sydney, **1988**, p. 3.

[99] Na Austrália, a matéria do cheque foi inicialmente regulada – conjuntamente com a da letra (*bill of exchange*) e da livrança (*promissory note*) – pelo *Bills of Exchange Act* inglês (1882), adoptado por todas as colónias australianas em 1890, e que seria substituído pelo *Bills of Exchange Act* (No. 27 de 1909). Cfr. M. J. L. RAJANAYAGAM, *The Law of Negotiable Instruments in Australia*, 2ª ed. cit., **1989**, pp. 7-8.

Sobre as diferenças das leis inglesa e australiana (de 1909) e sobre o conteúdo da lei do cheque de 1986, vd. W. S. WEERASOORIA, *Banking law and the financial system in Australia*, 3ª ed., Butterworths, Sydney/Adelaide/Brisbane/ Canberra/Holbart/Melbourne/ Perth, **1993**, pp. 133-142 e 145.

[100] A entrada em vigor do *Cheques and Payments Order Act* n.º 145, de 1986, em 1 de Julho de 1987 – visando adaptar a lei do cheque, instrumento de aplicação essencialmente interna, à Austrália –, revogou parcialmente o *Bills of Exchange Act* de 1909, que continuou a aplicar-se à matéria das letras e das livranças, uma vez que aquelas eram muito utilizadas em transacções internacionais, pelo que se revelava adequado manter a uniformização com os países da *commonwealth*. Cfr. WEERASOORIA, *Banking law and the financial system in Australia*, 3ª ed., cit., **1993**, pp. 133-142 e 212-224.

Sobre as razões que justificaram a nova lei, as modificações que a mesma introduziu e as críticas de que a mesma foi objecto, cfr. Richard J. MORGAN, *Guide to Australian Cheque Law*, CCH Australian Ltd, Sydney, **1987**, pp. 101-102, RAJANAYAGAM, *The Law of Negotiable Instruments in Australia*, 2ª ed. cit., **1989**, p. 162, e TYREE, *Australian Law of Cheques and Payment Orders*, cit., **1988**, pp. vi e 8-9.

Com uma perspectiva positiva da nova lei do cheque (de 1986), cfr. G. A. WEAVER / C. R. CRAIGIE, *The Law relating to Banker and Customer in Australia*, vol. 2, 2ª ed., Law Book Co., North Ryde/ Melbourne/Brisbane/Perth, **1990**, p. 4032.

O *Cheques and Payments Order Act* n.º 145, de 1986 foi, entretanto, alterado em 1998 (*Act* n.º 77).

[101] O *Bills of Exchange Act*, que não pretendia constituir Direito absoluto – à semelhança da sua matriz inglesa –, contemplava um artigo (*section 98*), segundo o qual a *common law* deveria continuar a aplicar-se sempre que não fosse contrária às novas regras. Cfr. Mark RUSSEL, *Introduction to New Zeland Banking Law*, 2ª ed., Law Book Co., Sydney, **1991**, p. 4, e Alan L. TYREE, *New Zealand Banking Law*, Butterworths, Wellington, **1987**, pp. 160-161.

*Perspectiva histórica* 35

mentos jurídicos, o cheque tem uma regulamentação específica, formalmente autónoma da lei que regula as letras e livranças (*Bills of Exchange and Notes*).

**V.** Por seu turno, nos **Estados Unidos da América** – que, apesar das raízes, não seguiram à risca, por razões históricas, como os demais países anglo-saxónicos, o Direito inglês – a matéria do cheque rege-se essencialmente pelo *Uniform Commercial Code*[102], na redacção de 1990 (arts. 3 e 4)[103]. Neste ordenamento, o *Uniform Commercial Code*, de

---

[102] Promulgado em 1951; substituiu o Uniform Negotiable Instruments Law (1896), mas com um âmbito de aplicação alargado. O primeiro Estado a adoptá-lo seria a Pensilvânia, em 1953. Só em 1957, após uma primeira revisão, o UCC viria a entrar em vigor em todos os Estados. Sobre as adesões ao UCC, antes e depois da revisão de 1990, dos artigos 3 e 4, cfr. BAILEY/HAGEDORN, *Brady on Bank Checks, The Law of Bank Checks*, vol. I, 5ª ed. rev., Warren Gorham Lamont, A. S. Pratt & Sons Group, Boston, 1997 (actualizada até **2006**), pp. 1-7 a 1-18.

Outras importantes fontes de direito, na matéria do cheque, nos EUA, são o *Federal Reserve Board's Regulation J* (1987) e o *Expedited Funds Availability Act* (1987).

Sobre a evolução do Direito aplicável ao cheque nos EUA e respectivas fontes, cfr. Edward L. RUBIN / Robert COOTER, *The Payment System. Cases, materials and Issues*, 2ª ed., West Publishing Co., St. Paul, Minn., **1994**, pp.108-114, 404-405 e 488-489, e Lary LAWRENCE, *An Introduction to Payment Systems*, Aspen Law & Business, New York, **1997**, pp. 307-312.

[103] A última revisão destes dois artigos, mas que não afectou directamente a matéria do cheque, data de 2002. Cfr. BAILEY/HAGEDORN, *Brady on Bank Checks, The Law of Bank Checks*, vol. I, 8ª ed. rev., cit., 1997 (actual. até **2006**), pp. 1-18 e 1-18.1.

Sobre a revisão de 1990, que alterou substancialmente os Artigos 3 (*Negotiable Instruments*) e 4 (*Bank Deposits and Collections*), cfr. Henry J. BAILEY, «New 1990 Uniform Commercial Code: article 3, negotiable instruments», *Willamette Law Review*, vol. 29, n.º 3, **1993** (pp. 409-565), em especial pp. 409-431, 491-494, 515-527, 528-531, 551-557 e 564-565, Alvin C. HARRELL / Fred. H. MILLER, «The New UCC Articles 3 and 4: Impact on Banking Operations», *Consumer Finance Law Quarterly Report*, vol. 47 (n.º 3), **1993** (pp. 283-308), em especial pp. 283-291, 297 e 302-308.

Sobre o processo de revisão de 1990, cfr. o artigo dos membros da Comissão encarregada de elaborar o projecto de revisão dos Artigos 3 e 4 e da redacção do novo Artigo 4A, Robert L. JORDAN / William D. WARREN, «Introduction to Symposium: Revised Articles 3 & 4 and New Article 4A», *AlaLRev*, vol.42, **1991** (pp. 373-403), em especial pp. 373-376 (sobre os trabalhos da Comissão), pp. 385-392 (sobre o Artigo 3) e pp. 392--398 (sobre o Artigo 4).

Sobre os antecedentes dos Artigos 3 e 4, cfr. Edward RUBIN, «Efficiency, Equity and the Proposed Revision of Articles 3 and 4», *AlaLRev*, vol. 42 (n.º 2), **1991** (pp. 551-593), pp. 552-560.

âmbito federal, abrange o pagamento e a compensação de cheques. Nas várias jurisdições, correspondentes aos Estados federados que compõem os Estados Unidos da América, os cheques são regulados pelo art. 3 [sobre Títulos de Crédito (*Negotiable Instruments*)] – que foi inicialmente inspirado no *BEA* e tem vindo posteriormente a afastar-se deste[104] – e pelo art. 4, que o completou [sobre Depósitos e Cobranças bancários (*Bank Deposits and Collections*)].

**VI.** Finalmente, e embora das jurisdições da *common law*[105] se deva distinguir a **África do Sul** – cujo Direito comum opera com referências do sistema românico-germânico (mais propriamente românico-holandesas), mas não codificado, numa base casuística que forma um regime jurídico próprio, e cujo Direito Comercial e Bancário regista forte influência inglesa[106] –, há que reconduzir o Direito sul-africano do cheque à família anglo-americana, uma vez que a respectiva lei é modelada na *BEA* de 1882[107]. Com efeito, neste ordenamento jurídico o cheque é

---

[104] GEVA, *Bank collections and payment transactions,* cit., **2001**, p. 21.

[105] Enquadram-se também nos sistemas mistos – com elementos de Direito continental e de Direito anglo-saxónico – a província canadiana do Quebec (dada a influência francesa), a Escócia e Israel, por não obedecerem a uma matriz específica. Neste sentido, vd. GEVA, *Bank collections and payment transactions,* cit., **2001**, pp. 20-21.

[106] A África do Sul (Cidade do Cabo), sendo uma província holandesa, adoptou inicialmente – meados do século XVII – o Direito holandês (que incluía muitas regras da *lex mercatória*, constituindo o chamado *wisselrecht*, que seria adoptado pelos tribunais sul-africanos ao aceitarem o Direito holandês como Direito comum sul-africano), tendo vindo a sofrer uma nítida influência inglesa com o domínio político e económico da Coroa britânica, registado a partir do século XIX, o qual se fez especialmente sentir no âmbito do Direito Comercial e dos Títulos de Crédito (*Negotiable Instruments*). Acresce que não havia instrumentos codificados de Direito românico-holandês na África do Sul, nem tão pouco formação universitária própria, tendo muitos juízes recebido formação académica em Inglaterra. Por esta razão, sempre que se encontrava em conflito com o Direito românico-holandês – numa aplicação que também era casuística –, o Direito inglês sobrepunha-se, passando a aplicar-se o *precedente*, sempre que existisse. Cfr., com maior desenvolvimento, Denis V. COWEN / Leonard GERING, *The law of negotiable instruments in South Africa*, vol. 1 – *General Principles*, 5ª ed., Juta, Cape Town/Wetton/Johannesburg, **1985**, p. 132-136, e Nigel WILLIS, *Banking in South African Law*, Juta, Cape Town/Wetton/Johannesburgh, **1981**, pp. 7-20.

[107] Vd. WILLIS, *Banking in South African Law,* cit., **1981**, p. 115.

Perspectiva histórica    37

regulado, sob forma codificada[108], pelo *Bills of Exchange Act* de 1964[109], juntamente com outros títulos de crédito (*negotiable instruments*)[110].

**VII.** Em suma, o *Bills of Exchange Act* inglês, de 1882, constituiu o modelo usado pelos países da *Commonwealth*, com excepção da Índia[111] – que se antecipara –, e ainda pelo Malawi e pela Zâmbia[112]; nos Estados Unidos da América seria fonte inspiradora da *Uniform Negotiable Instruments Law*, de 1896, que seria substituída nos anos cinquenta do séc. XX pelos arts. 3 e 4 do *UCC*.

Por essa razão, a jurisprudência dos tribunais ingleses não é indiferente em todos os ordenamentos que seguem, de perto, o *BEA*.

---

[108] Embora descrito frequentemente como Código, na literatura jurídica sul-africana, o *Bills of Exchange Act* não é cientificamente um «Código completo e exaustivo sobre a matéria que regula». Neste sentido, cfr. Cowen/Gering, *The law of negotiable instruments in South Africa*, 5ª ed. cit., **1985**, p. 2, nota 2.

[109] Sobre a estrutura desta lei – que entrou em vigor em 15 de Maio de 1964 e que foi alterada pelo *Bills of Exchange Amendment Act 2000* (Act n.º 56 de 2000), em vigor desde 1 de Março de 2001 –, vd. Leonard Gering, *Handbook on the law of negotiable instruments*, 2ª ed., Juta, Cape Town/Wetton/Johannesburg, **1998**, pp. 12-13. São especialmente relevantes, em material de cheque, os arts. 71 a 86. Sobre a alteração de 2000, e nomeadamente sobre os efeitos em matéria de falsificação do cheque, vd. Geva, *Bank collections and payment transactions,* cit., **2001**, pp. 374-376.

O *Bills of Exchange Act 34* de 1964 substituiu diversa legislação provincial, tais como a Lei 8 de 1887 do Natal, o *Cape Act 19* de 1893, o *Transvaal Proclamation 11* de 1902, e a Ordenança (*Ordinance*) 28 de 1902 do Orange Free State. Cfr. Cowen/Gering, *The law of negotiable instruments in South Africa*, 5ª ed. cit., **1985**, pp. 135-136, e Robert Sharrock / Michael Kidd, *Understanding Cheque Law*, Juta, Cape Town/Wetton/ Johannesburg, **1993**, pp. 10-11.

[110] Sobre o *Bills of Exchange Act,* N.º 34 de 1964, vd. a citada obra de Cowen/Gering, *The law of negotiable instruments in South Africa*, vol. 1, **1985**, pp. 2, 136-141 e 144-145, e o texto da lei no respectivo Appendix 1 (pp. 319-357), e Gering, *Handbook on the law of negotiable instruments*, 2ª ed., cit., **1998**, pp. 13-16.

[111] A lei que regula o cheque na Índia é o *Negotiable Instruments Act*. Datado de 1871, seria estendido a Goa, Damão e Diu pela *Regulation 12* de 1962. Foi alterado, desde a sua entrada em vigor, em 1 de Março de 1882, vinte e três vezes, a última das quais pelo *Negotiable Instruments Act*, 2002 (55/2002). Cfr. Aiyar, *Law relating to The Negotiable Instruments Act*, 9ª ed. cit., **2005**, pp. 9 e 14-16.

[112] Cfr. Sharrock/Kidd, *Understanding Cheque Law*, cit., **1993**, p. 11.

### 1.3.3. *A Convenção de Genebra: a Lei Uniforme do Cheque*

**I.** Regressando à Convenção de Genebra, esta procurou estabelecer os princípios a serem acolhidos internamente pelas legislações dos países aderentes. Visando uniformizar as soluções aplicáveis em matéria de cheques, ela previa igualmente a adesão (futura) de outros Estados.

A Convenção é composta por dois anexos que contêm as regras sobre o cheque.

O Anexo I corresponde à Lei Uniforme propriamente dita; o Anexo II enuncia as matérias susceptíveis de serem objecto de reserva pelos países aderentes, com a finalidade de estes poderem acolher nas respectivas legislações internas soluções divergentes ou até contrárias das resultantes da Lei Uniforme ou que nesta não se encontram reguladas.

Na mesma altura, foram ainda assinadas outras duas Convenções, sem anexos: uma destinada a regulamentar conflitos de leis em matéria de cheque e outra referente ao imposto do selo em matéria de cheque.

**II.** Constituem textos base da Convenção as versões em francês e inglês (art. 3.º da Convenção), as quais, em caso de dúvida, nomeadamente de tradução, deverão ser tidas em conta[113].

---

[113] O art. 16.º do Anexo II (Reservas à Convenção) – tendo sido mal transcrito em diversas colectâneas de legislação nacionais – seria entendido por alguns como um exemplo de deficiente tradução (oficial), uma vez que apresentaria um lapso manifesto, acriticamente repetido em compilações nacionais, e que de algum modo alicerçaria e reforçaria o entendimento da doutrina e da jurisprudência portuguesas sobre a problemática da revogação do cheque. A título de exemplo, cite-se duas das edições da legislação comercial organizada por ANTÓNIO CAEIRO e NOGUEIRA SERENS (*Código Comercial. Código das Sociedades Comerciais*): as 12ª e 17ª edições, editadas pela Almedina, Coimbra, em **2000** e **2007**). Segundo tais versões (cfr., respectivamente, pp. 1097 e 1345), o texto do art. 16 desse Anexo determina que «*Qualquer das Altas Partes Contratantes, por derrogação do artigo 32.º da Lei Uniforme reserva-se a faculdade de, no que respeita aos cheques pagáveis no seu território:*

*a) Admitir a revogação do cheque mesmo **depois** de expirado o prazo de apresentação*» (p. 1097).

Ora, esta reserva não faz sentido se a conjugarmos com o disposto no art. 32 da própria Lei Uniforme, do qual decorre já ser possível tal medida sem reserva.

Com efeito, o que o Anexo II pretendeu estabelecer foi, precisamente, o contrário, isto é, que «*Qualquer das Altas Partes Contratantes, por derrogação do artigo 32.º da Lei Uniforme* pudesse reservar *a faculdade de, no que respeita aos cheques pagáveis no seu território:*

*a) Admitir a revogação do cheque mesmo **antes** de expirado o prazo de apresentação*», diversamente do que resulta do regime estabelecido no art. 32.º da Lei Uniforme.

*Perspectiva histórica* 39

**III.** Concluída a Convenção e os respectivos anexos, cabia então aos Estados contratantes ratificarem internamente a sua subscrição (cfr., nesse sentido, a primeira alínea[114] do art. 4.º da Convenção), acolhendo o Anexo I, como Lei Uniforme e vigente, e estabelecendo em relação ao mesmo as reservas que se justificassem e que eventualmente haviam acautelado[115].

Cumpre salientar que, ao mesmo tempo que alguns Estados subscreviam a Lei Uniforme acolhendo as respectivas normas no seu Direito interno – mesmo sem terem sido partes contratantes –, outros, não obstante terem sido partes contratantes da Convenção de Genebra e haverem

---

Tal solução, a ser aproveitada, como reserva, corresponde, de certo modo, como veremos (*infra*, 20.4.2.2) ao regime regra do sistema anglo-americano.

Em nossa opinião, os documentos oficiais portugueses não permitem sustentar a tese do lapso de tradução, mas admite-se que numa das primeiras impressões do art. 16.º da ConvCh/II tenha ocorrido um erro de impressão, posterior e repetidamente reproduzido noutras compilações

Assinale-se que existem textos nacionais que, englobando este anexo, apresentam uma redacção correcta dos textos originários, que podemos confirmar pela leitura da versão francesa dessa disposição legal, «*Chacune des Hautes Parties contractantes se réserve, par dérrogation à l'article 32 de la Loi uniforme, la faculté, pour les chèques payables sur son territoire:*

*a) D'admettre la révocation du chèque, **même avant** l'expiration du délai de présentation*» [cfr. texto em Jacques Bouteron, *Le statut international du chèque. Des origines de l'unification aux Conventions de Genéve (1880-1931)*, Dalloz, Paris, **1934**, pp. 1003-1007, em especial p. 1004].

Verifica-se, pois, a troca de um *antes* por um *depois*, que altera totalmente o sentido da (possível) reserva. Revelando percepção do lapso – que terá tido origem numa gralha de impressão –, vd. Abel Delgado, *Lei uniforme sobre cheques anotada*, 5ª ed. (actualizada com a colab. de Filomena Delgado), Petrony, Lisboa, **1990**, p. 317, a compilação feita por Paulo Sendin e Evaristo Mendes, *Colectânea de Legislação Comercial, Tomo VI – Letras e Livranças, Cheque, Extracto de Factura e Crédito Documentário*, 2ª ed., Almedina, Coimbra, **2001**, p. 126, o texto apresentado por José Maria Pires, na III parte do seu livro *O cheque*, cit., **1999**, p. 207, e a compilação organizada por Fernando Gama Lobo, *Legislação sobre o cheque*, Quid Júris, Lisboa, **2003**, p. 73.

[114] A Convenção refere-se aos parágrafos como alíneas (cfr., nesse sentido, art. 6.º, alínea segunda, *in fine*).

[115] A Convenção, no art. 1.º, previa essa faculdade, confinando as possíveis reservas às enunciadas no Anexo II e admitindo que algumas delas pudessem ser feitas posteriormente à ratificação ou adesão.

Sobre a introdução das Leis Uniformes no ordenamento português (*maxime* no nosso Direito interno) e a polémica que então se suscitou – e à qual só o Decreto-Lei n.º 26556, de 30de Abril de 1936 poria cobro –, vd., por todos, José Gonçalves Dias, *Da letra e da livrança*, vol. I, Minerva, Famalicão, **1939**, pp. 193-200.

40     *Cheque e Convenção de Cheque*

participado nos respectivos trabalhos preparatórios, não procederam à necessária ratificação dessas regras, pelo que, na prática, continuaram a observar o regime antigo, e só muito mais tarde viriam a adaptar os seus diplomas ao Direito Cambiário resultante da Convenção de Genebra. Enquadra-se nesta situação a vizinha Espanha[116] que só em 1985 procedeu às alterações do respectivo regime do cheque (e da letra), acolhendo então numa lei única (*Ley Cambiaria y del Cheque*, de 16 de Julho) as regras uniformes, sem que o Estado espanhol tivesse alguma vez procedido à ratificação da Convenção de Genebra[117].

A Lei Uniforme do Cheque (LUCh) viria, como referimos, a registar novas adesões, algumas delas espelhando uma clara aproximação dos Estados que ratificaram ulteriormente a Convenção.

### 1.3.4. *Os países continentais: regimes jurídicos mais relevantes*

**I.** Decorridos mais de setenta e cinco anos sobre a Convenção de Genebra, a Lei Uniforme nela estruturada é aplicada, com reservas ou sem elas (como é o caso de Portugal), na maior parte dos Estados da Europa Continental (Alemanha, Áustria, Bélgica, Dinamarca[118], Espanha, Finlândia, França, Grécia[119], Hungria, Itália, Mónaco, Noruega, Países Baixos[120], Polónia, Portugal, Suécia e Suíça), no Japão[121], no Brasil, e em países que, não tendo aderido à Convenção, reproduzem as regras genebrinas nas suas leis internas. Sem preocupações de exaustão, cite-se

---

[116] Cfr. MAJADA, *Cheques y talones de cuenta corriente*, cit., **1983**, p. 51.

Espanha chegou a traduzir e a publicar oficialmente as Convenções em 1932, como assinala Guillermo J. JIMÉNEZ SÁNCHEZ, «La nueva regulación de los Títulos Valores (Cinco años de vigência de la Ley Cambiaria)», AA.VV., *Perspectivas Actuales del Derecho Mercantil*, Aranzadi, Pamplona, **1995** (pp. 39-75), p. 56 e nota 54.

[117] Cfr. URÍA/MENÉNDEZ, *Curso de Derecho Mercantil*, *II*, cit., **2001**, p. 726, e Francisco VICENT CHULIÁ, *Introducción al Derecho Mercantil*, 19ª ed., Tirant lo Blanch, Valencia, **2006**, p. 1067.

[118] Lei de 23 de Março de 1932, que substituiu a lei de 23 de Abril de 1897.

[119] Lei de 20 de Dezembro de 1933.

[120] Lei de 17 de Novembro de 1933, que alterou os artigos 178 a 229*bis* do Código de Comércio da Holanda.

[121] Sobre este ordenamento, que segue a Lei Uniforme, através da Lei do Cheque n.º 57, de 29 de Julho de 1933, vd. GEVA, *Bank collections and payment transactions*, cit., **2001**, pp. 20, 131-135, 179-185, 355 e 435-440, e autores em língua inglesa citados na p. 179 (n. 246).

os casos da Albânia, Bulgária, República Checa, Islândia, Roménia, Sérvia, Turquia, Argentina, Equador, México, Perú, Coreia do Sul, Arábia Saudita, Iraque, Jordânia, Líbano, Líbia, Síria, Argélia, Marrocos, Tunísia, de alguns Estados africanos de origem francófona e das antigas colónias portuguesas[122].

**II.** Vejamos, em seguida, quais as leis aplicáveis na actualidade em diferentes países seguidores da Lei Uniforme, sem preocupação de observar um critério na exposição dos regimes jurídicos aplicáveis. A escolha dos mesmos foi, aliás, condicionada em algumas circunstâncias pela acessibilidade de fontes.

Comecemos pela Suiça, por corresponder ao berço da Lei Uniforme que viria a ser seguida pela quase totalidade dos ordenamentos de Direito continental.

Na **Suiça** o cheque é, hoje, regulado no Código das Obrigações (*Code des Obligations*), nos arts. 1100 a 1143. Diversamente do que viria a suceder com outros Estados europeus, a integração das regras da Lei Uniforme no Código das Obrigações suíço (de 1911) processou-se quase de imediato, no próprio ano da conclusão da Convenção (1931)[123]. No entanto, impõe-se referir que as regras aplicáveis ao cheque não constituem, contrariamente ao que acontece na maior parte dos ordenamentos que incorporaram as Leis Uniformes, um corpo autónomo, sendo aplicáveis a este instituto, por remissão do art. 1143 do *CO,* diversas disposições da letra de câmbio.

**III.** No que se refere aos ordenamentos puramente germânicos:

Na **Alemanha** o cheque é regulado pela *Scheckgesetz* de 14 de Agosto de 1933 (publ. no RGBl. I. p. 597)[124], a qual, constituindo uma tradução dos textos originais da Convenção de Genebra[125], foi objecto de um reduzido número de alterações[126].

---

[122] Nas quais as Convenções passaram a vigorar por efeito do disposto na Portaria n.º 15017, de 31 de Agosto de 1954.

[123] Cfr. Arthur MEIER-HAYOZ / Hans Caspar VON DER CRONE, *Wertpapierrecht*, Stämpfli, Bern, **1985**, p. 234.

[124] A *Scheckgestz* de 14 de Agosto de 1933 substituiu a lei do cheque de 1908 (*Scheckgestez* de 11 de Março de 1908).

[125] Cfr. BAUMBACH/HEFERMEHL – *Wechselgestez und Scheckgesetz*, cit., **2000**, p. 184.

[126] A última das quais se verificou em 2002.

Na **Áustria** o cheque é objecto de regulação pela *Scheckgesetz* de 1955 (Bundesgesetz de 16 de Fevereiro de 1955[127]) que, tendo substituído a *Scheckgesetz* alemã de 1933[128], entrou em vigor em 1 de Maio (cfr. art. 70 da *ÖScheckG*), e seria, desde então, objecto de algumas pequenas alterações. O conteúdo normativo da lei austríaca corresponde à Lei Uniforme, o que não surpreende dado a Áustria ter sido um dos países signatários da Convenção de Genebra, cuja ratificação (interna) só ocorreria, porém, em 1959[129]. A *ÖSckeckG* regula ainda nos artigos 58 e seguintes, matérias que não correspondem às regras da Lei Uniforme, incluindo aspectos de carácter penal (cfr. art. 67).

**IV.** Percorrendo a Europa mediterrânica, em **Espanha**, como vimos já (*supra*, n.º 1.3.3.III), o regime do cheque só viria a ser alterado em 1985, com a publicação da lei única sobre as letras, livranças e cheques: a *Ley 19/1985, de 16 de Julio, Cambiaria y del Cheque* (LCCh)[130], que revogou, entre outras, as regras constantes do *Código de Comercio* (Títulos X e XII, arts. 443 a 543[131]) e se aplicou a todos os efeitos jurídicos

---

[127] Publicada na BGBl 50, de 16 de Fevereiro de 1955.

[128] Cfr. art. 69 da *ÖScheckG*. Por sua vez, a lei austríaca de 1906 havia sido substituída, em 1938 – após a *Anschluâ* (ocupação alemã) –, pela *ScheckG* [incluindo a respectiva lei de introdução (*Einführungsgesetz zum Scheckgesetz*)], por efeito da *Verordnung über die Einführung des Scheckrechts im Lande Österreich* de 21 de Abril de 1938.

[129] BGBl 1959/47 (rect. pela BGBl 1959/246), em vigor desde 1 de Março. Cfr. Herbert PIMMER, *Wechselgesetz und Scheckgesetz*, 9ª ed., Manzsche, Wien, **1992**, p. 260 (lei comentada a pp. 190-240), Bernd EWALD / Wolf-Georg SCHÄRF, *Einführung in das Wertpapierrecht und in das neue Börsegesetz*, WUV-Universitäts, Wien, 1990, p. 64, e Richard HOLZHAMMER, *Oesterreichisches Handelsrecht I – Allgemeines Handelsrecht und Wertpapierrecht*, 2ª ed., Springer, Wien/New York, **1982,** pp. 251-252.

[130] Considerando a lei desactualizada, com «cheiro a ranso», por adaptar um corpo normativo dos anos 30, e desferindo críticas contundentes à solução do legislador espanhol, apesar de concluir que «mais vale tarde do que nunca», LUIS DE ANGULO RODRÍGUEZ, «El cheque y su vigente configuración legal», cit., **1993**, pp. 184-186.

Criticando a própria designação da lei, que é equívoca, porque parece incluir no seu âmbito a regulação de todos os títulos cambiários, o que não acontece, e excluir dessa categoria o cheque, pela respectiva autonomização em relação aos títulos cambiários, JIMÉNEZ SÁNCHEZ, «La nueva regulación de los Títulos Valores (Cinco años de vigência de la Ley Cambiaria)», cit., **1995**, p. 43.

[131] Para além de duas outras regras. Cfr. a respectiva *Disposicion Derogatoria*. A matéria do cheque era, especificamente, regulada pelos arts. 534 a 543 do Código de Comércio.

resultantes dos cheques sacados desde 1 de Janeiro de 1986[132]. Apesar de a Espanha ter sido parte contratante da Convenção de Genebra[133], a verdade é que a convulsão que atravessaria nos anos seguintes[134], com a Guerra Civil, e a inércia nas quatro décadas subsequentes explicam que só em meados dos anos oitenta, com a pressão natural para actualizar certos aspectos do regime destes títulos de crédito, viesse a ser elaborado um diploma que, para além de integrar as regras das Leis Uniformes de Genebra[135], com algumas reservas (permitidas pelas Convenções), contemplasse a regulação de aspectos fundamentais destes títulos a que as Convenções de Genebra, por falta de acordo, não haviam logrado dar resposta[136].

**V.** Não obstante a prática registada em Inglaterra, seria em **França** que ocorreria a publicação da primeira lei autónoma sobre o cheque: a lei de 14 de Junho de 1865[137], que se manteria em vigor – com algumas

---

[132] Cfr. VICENT CHULIÁ, *Introducción al Derecho Mercantil*, 19ª ed., cit., **2006**, que enuncia as «opções políticas» relevantes desta lei (pp. 1067-1068).
Sobre os antecedentes legislativos da LCCh, vd. MAJADA, *Cheques y talones de cuenta corriente*, cit., **1983**, pp. 47-54.

[133] A respectiva tradução oficial chegou a ser publicada na *Gaceta de Madrid* (de 20 de Outubro de 1932, n.º 294), como assinala CONDE BOTAS, *El «cheque» y el «traveller cheque»*, cit., **1955**, p. 31.

[134] Justamente assinalada por MAJADA, *Cheques y talones de cuenta corriente*, cit., **1983**, p. 51.
Sobre a evolução legislativa espanhola do cheque até meados do século XX, vd. CONDE BOTAS, *El «cheque» y el «traveller cheque»*, cit., **1955**, pp. 23-25.

[135] Sobre as diferenças da LCCh relativamente às Leis Uniformes, cfr. José María de EIZAGUIRRE, *Derecho de los Títulos Valores*, Thomson/Civitas, Madrid, **2003**, pp. 97-98 e 339-341.

[136] Constitui exemplo, na matéria que nos ocupa, o art. 156 da LCCh sobre o cheque falso ou falsificado. Sobre esta disposição legal cfr., *infra*, n.º 21.3.2.2.
Referindo, textualmente, que a lei (LCCh) incorporou a Lei Uniforme de Genebra, ainda que com algumas novidades ou diferenças, Manuel BROSETA PONT / Fernando MARTÍNEZ SANZ, *Manual de Derecho Mercantil*, vol. II, 13ª ed., Tecnos, Madrid, **2006**, p. 480, concluindo que, com a lei de 1985, a Espanha «entrou plenamente na órbita genebrina», DÍAZ MORENO, «El cheque», cit., **2006**, p. 138, e afirmando que «a regulação do cheque contida no Título II da LCCh reproduz, com alguns acrescentos, o regime internacional uniforme do cheque aprovado pela Convenção de Genebra de 19 de Março de 1931», EIZAGUIRRE, *Derecho de los Títulos Valores*, cit., **2003**, p. 337.

[137] Esta, composta por quinze artigos, configurava o cheque como uma ordem de pagamento, sem exigir que o sacado fosse um banqueiro. Cfr. CALAVIA MOLINERO/BALDÓ DEL CASTAÑO, *El cheque*, cit., **1987**, pp. 14-15.

alterações – até à introdução da Lei Uniforme de Genebra e dos respectivos anexos no Direito interno. Não obstante a respectiva ratificação só ter ocorrido em 1936 (pela Lei de 8 de Abril de 1936), o Decreto-Lei de 30 de Outubro de 1935 aceleraria «a entrada em vigor dessa legislação internacional»[138]. Desde então as principais intervenções legislativas foram de carácter penal, visando sobretudo a prevenção dos cheques sem provisão[139].

Actualmente, as disposições legais sobre o cheque estão sistematizadas no Código Monetário e Financeiro (Livro Primeiro, Título III, artigos L. 131-1 a L.131-88, completados pelas normas penais dos artigos L. 163-1 a L. 163-12)[140], correspondendo substancialmente às regras da Lei Uniforme, com excepção das normas penais que não a integravam e que, tendo sido entretanto criadas, foram alteradas por diversas vezes, com a ineficácia que a prática comprova[141].

**VI.** Antes de concluirmos esta breve panorâmica pelos mais significativos ordenamentos aderentes à Lei Uniforme, abra-se um parêntesis,

---

[138] GAVALDA/STOUFFLET, *Instruments de paiement et de crédit*, 6ª ed., Litec, Paris, **2006**, p. 193.

[139] Sobre o cheque sem provisão e sobre as reformas ocorridas nessa matéria, vd. JEANTIN/LE CANNU/ GRANIER, *Droit commercial. Instruments de paiement et de crédit. Titrisation*, 7ª ed., Dalloz, Paris, **2005**, pp. 8-9, e PÉROCHON/BONHOMME, *Entreprises en difficulté – Instruments de crédit et de paiement*, 7ª ed., cit., **2006**, pp. 820-828.

[140] «O Código Monetário e Financeiro (CMF) foi criado pela lei n.º 99-1071 de 16 de Dezembro de 1999, que autorizou o Governo a proceder, por meio de ordenanças (*ordonnance*), à adopção de partes legislativas de certos Códigos» (Thierry BONNEAU, *Droit bancaire*, 6ª ed., Montchrestien, Paris, **2005**, p. 9. n. 12). Sobre as matérias incluídas no Código e a respectiva sistematização, vd. BONNEAU, *ibid.,* pp. 9-11, e Stéphane PIEDELIÈVRE, *Droit bancaire*, PUF, Paris, **2003**, p. 4.

O DL de 30 de Outubro de 1935 foi integrado no *Code monétaire et financier* pela *Ordonnance* n.º 2000-1222, de 14 de Dezembro de 2000 (publ. no JO de 16 de Dezembro), objecto de algumas modificações [leis de 15 de Maio (sobre as novas regulamentações económicas), de 15 de Novembro (sobre a segurança quotidiana) e de 11 de Dezembro (loi «Murcef») de 2001]. Cfr. JEANTIN/LE CANNU/GRANIER, *Droit commercial. Instruments de paiement et de crédit. Titrisation,* 7ª ed., cit., **2005**, pp. 8-9

Por sua vez, a codificação das disposições regulamentares foi efectuada por um Decreto de 2 de Outubro de 2005, correspondendo aos actuais arts. R. 131-1 a R. 131-53 do CMF. Cfr. GAVALDA/STOUFFLET, *Instruments de paiement et de crédit,* cit., **2006**, pp. 194-195.

[141] Cfr. PÉROCHON/BONHOMME, *Entreprises en difficulté – Instruments de crédit et de paiement,* cit., **2006**, pp. 783 e 622.

na Europa mediterrânica, para referir um Estado que confina a norte com a França e que representa um exemplo de inércia legislativa: a **Bélgica**. Este país, apesar de signatário da Convenção, apenas introduziria a Lei Uniforme na respectiva legislação interna trinta anos mais tarde, em 1961 (*Loi du 1er Mars*). A própria ratificação da Convenção de Genebra levaria dez anos a ser publicada, uma vez quem tendo sido objecto de uma lei de 23 de Março de 1951, esta apenas viria à luz em 2 de Fevereiro de 1962. A actual lei constitui um instrumento de direito autónomo, diversamente do que acontecia anteriormente, em que o cheque era regulado pela lei aplicável às letras[142].

**VII. Em Itália**, o cheque é regulado pelo R.d. n.º 1736, de 21 de Dezembro de 1933[143], que introduziu no Direito interno a Lei Uniforme, com as excepções e modificações constantes das reservas feitas na subscrição da Convenção[144], e pela L. n.º 386, de 15 de Dezembro de 1990 (red. do D.lgs. n.º 507, de 30 de Dezembro de 1999), sobre a nova disciplina sancionatória dos cheques[145].

O Decreto Régio de 1933 dispõe não apenas sobre o cheque, mas também sobre a disciplina do cheque circular e de outros títulos especiais (do Instituto de Emissão, do Banco de Nápoles e do Banco da Sicília)[146], «todos exclusivamente italianos»[147].

---

[142] Antes da entrada em vigor da Lei Uniforme, o cheque era regulado pela lei de 20 de Junho de 1873, completada pelas leis de 31 de Março de 1919 e de 25 de Março de 1929. Cfr. Jean VAN RYN / Jacques HEENEN, *Principes de Droit Commercial*, t. 3, 2ª ed., Bruylant, Bruxelles, **1981**, pp. 389-390.

[143] Foi o Decreto-Lei n.º 1077, de 24 de Agosto de 1933, que autorizou o governo a publicar, sob a forma de Decreto Régio, o texto da Lei Uniforme (que substituiria a regulamentação do cheque constante dos arts. 339 a 344 do Código Comercial de 1882). Neste sentido, vd. Antonio SECRETO / Aldo CARRATO, *L'assegno*, 3ª ed., Giuffrè, Milano, **2007**, p. 3.

[144] Cfr. Giacomo MOLLE / Luigi DESIDERIO, *Manuale di Diritto Bancario*, 7ª ed., Giuffrè, Milano, **2005**, p. 91.

[145] Descriminalizou os crimes menores e reformou o sistema sancionatório. Revogou os arts. 116/116bis da Lei do cheque (italiana), entre outros.

[146] A regulamentação dos cheques especiais constituiu matéria de reserva, amplamente aproveitada pela Itália. Cfr. Antonio SECRETO / Aldo CARRATO, *L'assegno*, 3ª ed. cit., **2007**, p. 4.

[147] Giovanni Luigi PELLIZZI / Giulio PARTESOTTI, *Commentari breve alla legislazione sulla cambiale e sugli assegni*, 3ª ed., CEDAM, Padova, **2004**, p. 4.

**VIII.** Finalmente, e dando um salto à América do Sul[148], vejamos os regimes vigentes nos dois países mais representativos que, como já referimos, não foram signatários da Convenção de Genebra, em 1931.

A **Argentina** que, em meados do século XX, tendia a seguir o sistema anglo-americano[149], viria a incorporar algumas regras da Lei Uniforme na lei do cheque de 1963 (aprovada pelo DL 4776/63[150], e alt. pelas leis 16.613 e 23.549)[151]. Esta lei seria substituída em 1995 pela Nova Lei do Cheque (L 24.542), entretanto objecto de modificações[152]. Como alteração substancial, há a registar a introdução da figura do cheque de pagamento diferido (no capítulo XI, arts. 54 a 60 da NLCh), que constitui um instrumento de crédito, cujo vencimento ocorrerá em data posterior à da sua emissão, mas não superior a 360 dias [cfr. art. 54, III, 4) da NLCh, red. da L 24.760][153]. Por contraposição a esta nova categoria de cheque, o cheque à vista, que constitui um meio de pagamento, passa a designar-se *cheque comum*[154].

O **Brasil**, por seu turno, aderiu à Lei Uniforme em 1966, com o Decreto de promulgação n.º 57.595, de 7 de Janeiro[155]. No entanto, só em

---

[148] Na América Central, subscreveu a Convenção o México, país em que o cheque é regulado pela Ley de Títulos y Operaciones de Crédito. Sobre os antecedentes legislativos desta, cfr. Joaquin Rodriguez Rodriguez, *Curso de Derecho Mercantil*, 19ª ed., t. I, Ed. Porrua, Mexico, **1988**, pp. 365-366, e Rafael de Pina Vara, *Teoria y Práctica del cheque*, 2ª ed., Editorial Porrúa, Mexico, **1974**, pp. 63-68.

[149] Cfr. Ignacio A. Escuti, *Títulos de crédito. Letra de cambio, pagaré y cheque*, 8ª ed., Astrea, Buenos Aires, **2005**, p. 210.

[150] Derrogou diversas disposições do Código de Comércio de 1889, que integrou, passando a constituir o Tít. XIII do Livro II. Cfr. Escuti, *Títulos de crédito*, 8ª ed. cit., **2005**, p. 210.

[151] Contudo, a alteração determinada pela L 23.549 iria modificar a configuração do cheque, proibindo, nomeadamente, o seu endosso. Cfr. Carlos Gilberto Villegas, *La cuenta corriente bancaria y el cheque*, 2ª ed., Depalma, Buenos Aires, **1988**, pp. 229-234, em especial 231 e 233.

[152] Nomeadamente pela Ley 24.760, publicada no Boletim Oficial de 13 de Janeiro de 1997.

[153] Trata-se da regulamentação expressa do cheque pós-datado.

[154] Cfr. Osvaldo R. Gómez Leo, *Cheques. Comentario de las leyes 24.452 y 24.760*, 2ª ed., Depalma, Buenos Aires, **1997**, pp 7-8, e também Escuti, *Títulos de crédito*. 8ª ed. cit. **2005**, p. 211, que refere que «a prática aniquilou o cheque como título de crédito».

[155] O Brasil acolheu então o anexo I da Convenção de Genebra, representado por 57 artigos e adoptou 24 reservas, das 31 possíveis. Cfr. Paulo Sérgio Restiffe, na sua Introdução Explicativa à 1ª edição da sua *Lei do cheque*, anotada, Ed. Revista dos Tribunais, São Paulo, 1973, publ. na 4ª ed. elaborada em co-autoria com Paulo Restiffe

*Perspectiva histórica*                47

1985 – depois de duas décadas de alguma incerteza sobre as regras aplicáveis – integraria no regime jurídico interno as regras da Lei Uniforme, com a Lei n.º 7.357, de 2 de Setembro[156], que substituiu, para além de alguma legislação dispersa, a Lei n.º 2.591, de 7 de Agosto de 1912, a qual constituiu – na sequência da Conferência da Haia, desse ano, o primeiro diploma que regulou autonomamente o cheque no Brasil[157].

### 1.3.5. *Tentativas de internacionalização do cheque*

Feito um breve excurso histórico sobre a evolução legislativa do cheque, há que referir que, em matéria de regulamentação e de desenvolvimento deste título depois da Convenção de Genebra, também se verificaram insucessos. Com efeito, no último quartel do século XX, viriam ainda a esboçar-se alguns movimentos, em matéria de cheque, com vista à sua uniformização e internacionalização, mas que não tiveram o êxito esperado. Referimo-nos, nomeadamente, à tentativa de introdução do Eurocheque[158] – que chegou a ter uma razoável aceitação europeia, mas que, entretanto, desapareceu – ou ao projecto não desenvolvido de convenção sobre cheques internacionais preparado pela UNCITRAL (Comissão das Nações Unidas para o Direito Comercial Internacional), em 1982[159].

---

NETO, *Lei do cheque*, Ed. Revista dos Tribunais, São Paulo, **2000**, pp. 9-11. Vd. também *ibid*, pp. 29, 44, 46-47. Cfr., igualmente, SEBASTIÃO José ROQUE, *Títulos de crédito*, Ícone Ed., São Paulo, **1997**, pp. 123-124.

[156] Sem prejuízo de o tribunal superior (*Suprema Corte*) reconhecer, desde 1971, a vigência da Convenção de Genebra «com as reservas acolhidas» (PAULO RESTIFFE/RESTIFFE NETO, *Lei do cheque*, 4ª ed., cit., **2000**, p. 9), nos termos do Acórdão de 4 de Agosto de 1971 (OSWALDO TRIGUEIRO), publicado em PAULO RESTIFFE/ RESTIFFE NETO, *Lei do cheque*, 4ª ed., cit., **2000**, pp. 35-41.

Sobre os trabalhos preparatórios da Lei N.º 7.357, de 2 de Setembro de 1985, e fazendo uma análise breve das suas características, J.M. OTHON SIDOU, *Do Cheque,* 3ª ed., cit., **1986**, pp. 381-390.

[157] Até então «a legislação era parcelaria e confusa», como assinala Waldirio BULGARELLI, *Títulos de crédito*, 18ª ed., Atlas, São Paulo, **2001**, p. 308. Cfr., também, p. 309.

[158] Sobre o surgimento e caracterização do Eurocheque, vd. MAJADA, *Cheques y talones de cuenta corriente*, cit., **1983**, pp. 35-41.

[159] Este texto, publicado em 18 de Fevereiro de 1982, mas concluído em Agosto de 1981, era baseado no texto da Convenção de Letras e Livranças Internacionais, representando, em certos aspectos, «um compromisso ou meio caminho entre o UCC estado-unidense e as convenções de Genebra». Cfr. COWEN/ GERING, *The law of negotiable*

48    *Cheque e Convenção de Cheque*

## 1.3.6. *O cheque no século XXI*

**I.** Enunciados os regimes jurídicos vigentes nas principais praças mundiais[160], fácil se torna concluir que, em matéria de cheque (e de títulos de crédito abstractos, em geral), há a nível mundial dois sistemas diferenciados[161], com origens também distintas e que correspondem às duas maiores famílias do Direito[162]: a continental (romano-germânica) e a anglo-americana (*common law*)[163].

---

*instruments in South Africa*, 5ª ed. cit., **1985**, p. 132, Bradley CRAWFORD, *Crawford and Falconbridge Banking and Bills of Exchange*, vol. 2, 8ª ed. cit., **1986**, p. 1183, e Silvia FERRERI, «Assegno in diritto uniforme», *DDP*, I, **1987** (pp. 318-330), p. 321.

[160] Embora sem referência aos mercados asiáticos.

[161] Enquadrando as legislações estrangeiras – que enuncia exaustivamente – em quatro tipos ou categorias que, em seguida, conclusivamente, reconduz a «dois grandes blocos de legislação e enquadramento jurídico do cheque, o de influência anglo-saxónica e o dos países cuja legislação se baseia nos princípios fundamentais contidos na Lei Uniforme», J. MARQUES BORGES, *Cheques, Traveller's Cheques e Cartões de Crédito*, Rei dos Livros, Lisboa, **s/d**, pp. 11-12.

[162] Sobre os sistemas de Direito e, em especial, sobre os sistemas romano-germânico e anglo-saxónico, consulte-se, entre outras obras, José de OLIVEIRA ASCENSÃO, *O Direito. Introdução e Teoria Geral*, 13ª ed., Almedina, Coimbra, **2005**, pp. 134-136 e 137-155 (em especial, pp. 139-147), Mário BIGOTTE CHORÃO, *Introdução ao Direito*, vol. I – *O Conceito de Direito*, Almedina, Coimbra, **1989**, pp. 188-195 (em especial 189-193), Marcelo REBELO DE SOUSA / SOFIA GALVÃO, *Introdução ao Estudo do Direito,* 5ª ed., Lex, Lisboa, **2000**, pp. 300-312 (e, em especial, pp. 303-305), Inocêncio GALVÃO TELLES, *Introdução ao Estudo do Direito*, vol. II, 10ª ed., Coimbra Editora, **2001** (reimp.), pp. 227-245 (e, em especial, pp. 230-237), preferindo este professor e OLIVEIRA ASCENSÃO a designação de sistema anglo-americano a anglo-saxónico.

[163] Não se enquadrando propriamente nesta família, mas aproximando-se claramente das respectivas soluções, podemos apontar, entre outros ordenamentos de países evoluídos não europeus – para além dos que mencionamos no texto –, o caso de Israel, com regulamentação específica nesta matéria, consistente basicamente em três leis: a Lei Bancária (Serviços ao Cliente) [*Banking (Service to Customer)* Law], de 1981, a Lei cambiária [*Bills of Exchange Ordinance (New Version)*], de 1957, e a Lei do cheque sem cobertura (*NSF Cheques Law* ou *Cheques Without Cover Law*), de 1981 (alterada em 1990 e 1992), correspondente ao nosso regime jurídico-penal do cheque (sem provisão). Enquanto a primeira cobre a relação do banco com o cliente, em geral, a segunda corresponde ao *Bills of Exchange Act*, regulando os títulos cambiários, a terceira é uma lei específica que respeita ao deficiente uso do cheque. Cfr. Ricardo BEN-OLIEL, «New banking business law in Israel – Critical notes», *Israel Law Review*, vol. 17, **1982** (pp. 334-370), em especial pp. 334-335, em artigo com os textos das leis de 1981 (pp. 360-370), e GEVA, *Bank collections and payment transactions,* cit., **2001**, pp. 137-139.

*Perspectiva histórica* 49

Naturalmente, nas regras e práticas de um e outro sistema encontramos muitos pontos em comum e inúmeras soluções coincidentes. Contudo, a estruturação e abordagem da matéria são diferentes e o papel que os dois Sistemas reservam ao cheque no âmbito da relação jurídica entre o banqueiro e o seu cliente é diverso.

No que respeita ao cheque propriamente dito, encontramos diferenças relevantes em matéria de forma, falsificação, direitos e responsabilidades.

**II.** Assim, no sistema anglo-americano o cheque é hoje abordado numa perspectiva instrumental, essencialmente como meio de pagamento, e perdendo gradualmente a sua importância como título de crédito, o que explica a quase ausência de estudos monográficos sobre o tema. Importa assinalar, desde já, que a relação contratual com base na qual o cheque é criado prevalece sobre a relevância deste, como meio de pagamento, sem prejuízo da responsabilidade que resulte para o sacador do não pagamento injustificado do cheque[164].

**III.** Já nos regimes romano-germânicos o cheque continua a ser estudado essencialmente como um título de crédito e, naturalmente, na vertente sancionatória inerente ao seu deficiente uso, sendo diversas as monografias sobre esta matéria. A sua importância dogmática justifica também que o contrato que o toma por referência ocupe um lugar central na caracterização dos contratos bancários e constitua matriz da relação entre o banqueiro e o seu cliente, mas ao mesmo tempo explique que a sua relevância requer uma tutela que se sobrepõe a essa relação contratual.

### 1.4. Evolução do regime legal do cheque no ordenamento jurídico português

Antes de procedermos ao enquadramento normativo do título de crédito em análise, façamos um breve exame da evolução legislativa de que o mesmo foi objecto em Portugal, tendo em consideração que o nosso país foi dos primeiros a regular o cheque, num diploma cuja inspiração britânica é incontestável.

---

[164] Cfr. § 4-403 do UCC.

## 1.4.1. *A regulamentação do cheque em Portugal: o Código de Comércio de 1833*

**I.** Diversamente do que pretende a grande maioria dos autores estrangeiros que se pronunciam sobre o Código europeu que primeiramente terá regulado a matéria do cheque – apontando invariavelmente como tendo sido o Código holandês de 1838 –, o primeiro Código que acolheu este título de crédito, em seis preceitos[165] inseridos em duas matérias completamente distintas, foi o primeiro Código Comercial português (de 1833)[166], conhecido por Código Ferreira Borges. Assim, no Tít. VII (*«Das letras de cambio, livranças, ou bilhetes à ordem, cheques e letras de terra»*) do Livro II (*«Das obrigaçoens commerciaes»*), o cheque é regulado nos arts. CX a CXIV (arts 430 a 434 do CCom), merecendo ainda uma referência no art. CXCIX do Título XII (*Das companhias, sociedades e parcerias*) do mesmo Livro, correspondente ao art. 724 do Código.

**II.** Vejamos, em termos exegéticos, como era o cheque disciplinado, recordando aos leitores a influência que os diversos Códigos e legislações comerciais europeus tiveram no legislador nacional, José FERREIRA BORGES[167] – único autor do projecto de Código[168] –, que, como é sabido,

---

[165] E não apenas em cinco (arts. 430 a 434), como parece resultar do *Comentário ao Código Comercial Português* (vol. II cit., **1916**, p. 313) de CUNHA GONÇALVES.

[166] Neste sentido, também Luiz da CUNHA GONÇALVES, *Comentário ao Código Comercial Português*, vol. II, Editora José Bastos, Lisboa, **1916**, p. 313.

O código foi projectado, em Londres, e proposto por José Ferreira Borges em 8 de Junho de 1833, aprovado por carta régia de 18 de Setembro seguinte e entrou em vigor em 14 de Janeiro de 1834.

[167] E que este reconhece expressamente, na carta que escreve ao rei de Portugal, D. Pedro IV, a entregar o projecto do Código, quando afirma que, na elaboração do Código, teve «à vista não só todos os codigos commerciaes, que *conhecia,* da Prússia, da Flandres, da França, o projecto de código d'Italia, o código d'Hespanha, e as leis commerciaes da Inglaterra, e o direito da Escócia, mas tão-bem as ordenanças da Rússia e quasi todas as muitas parciaes d'Allemanha (…)» (cfr. José FERREIRA BORGES, «Carta enviada a Sua Majestade Imperial o Senhor D. Pedro, Duque de Bragança (Londres, 8 de Junho de 1833)», que capeava o projecto de Código Commercial Portuguez (1833), e que o antecede na publicação da Typographia Commercial Portuense, Porto, **1836**. A influência europeia no Código é também reconhecida na proposta de projecto de Decreto, de 18 de Setembro de 1833, subscrita pelo então Ministro da Justiça, José da Silva Carvalho.

[168] Cfr. LUÍS BIGOTTE CHORÃO, *A comercialística portuguesa e o ensino universitário do direito comercial no século XIX,* Cosmos, Lisboa, **1998**, p. 23, nota 8.

se encontrava então expatriado pela segunda vez, como consequência das lutas liberais.

O cheque era essencialmente regulado no título VII – dedicado aos títulos de crédito (letras de câmbio, livranças ou bilhetes à ordem, cheques e letras da terra) – do livro II (sobre obrigações comerciais) da Parte Primeira («*Do commercio terrestre*»)[169].

O art. CX do Tít. VII (art. 430) do Código apresenta uma definição de cheque (*ou mandato sobre banqueiro*), como sendo *uma ordem, que o mandante, que se chama passador, dá ao seu respectivo banqueiro de pagar ao mandatário (portador) ou á sua ordem uma somma do dinheiro, que lhe tem em guarda, ou que lhe fia a credito.*

A definição[170] transcrita é, em nosso entender, perfeita[171] e revela, seguramente, a influência que o Direito inglês tinha sobre o autor do projecto de Código português.

Importa, por um lado, salientar que o cheque deve ter necessariamente por sacado um banqueiro, deve preferentemente consistir numa ordem de pagamento em favor de um terceiro, isto é, deve ser sacado para tomador – embora possa ser também à ordem do sacador –, e deve ser pago à custa de uma provisão antecipadamente constituída (a *somma de dinheiro do mandante que* o sacado *tem em guarda*) ou de crédito que lhe é disponibilizado pelo banqueiro.

---

[169] A Parte Segunda do Código tinha um extenso livro único, sobre o Comércio Marítimo (arts. 1287 a 1860).

[170] FERREIRA BORGES reconhece que «a novidade da matéria e mesmo da fraze para a generalidade de nossos jurisconsultos *o* obrigou a desviar-*se* na redacção da regra mui geralmente recommendada de não dar definiçoens em leis, e d'evitar doutrinas dispositivas mais proprias d'um compendio ou d'um tractado do que d'uma ordenação: e mais ainda porque devendo andar este código nas mãos de todos os commerciantes, capitaens e mestres de navios e demais pessoas empregados no commercio e trafico deixa-los sem definiçoens seria abandona-los a uma ignorância e confusão sempre damnosa a seus interesses particulares e dahi á somma delles que é o interesse geral que *desejava* promover» («Carta enviada a Sua Majestade Imperial o Senhor D. Pedro, Duque de Bragança», que capeava o projecto de Código Commercial Portuguez e que o antecede na publicação da Typographia Commercial Portuense, Porto, **1836**) (os *itálicos* correspondem à nossa adaptação do original).

[171] No entanto, ela não é exactamente coincidente com o significado que FERREIRA BORGES nos dá de cheque no seu *Diccionario Jurídico-Commercial*, Lisboa, **1839**, p. 92 («chamão-se assim as ordens ou mandados sobre alguém, em regra banqueiros, incumbindo-lhe o pagar a somma expressada no cheque á pessoa nomeada nelle, ou ao portador, sendo pedida»).

Na caracterização de cheque avançada em 1833 já é possível identificar ao lado da provisão, constituída pelos fundos depositados, o crédito que o banqueiro poderia conceder ao seu cliente para o mesmo efeito. E esta ideia, do *crédito do banqueiro*, é retomada noutro preceito (art. CII/432 *in fine*).

No que respeita à estrutura jurídica, a instrução dada ao banqueiro assume a aparência de um mandato, apesar de dependente das condições necessárias para o bom cumprimento.

**III.** O cheque configurava-se, supletivamente, como um título à vista (cfr. art. CXI/431), mas podia ser passado a prazo [«*O cheque pode ter ou não ter epocha marcada para a sua apresentação. (...) havendo dia fixo marcado deve ser apresentado nesse dia*»], e devia ser apresentado a pagamento no *mesmo dia da sua data*.

A não apresentação a pagamento oportuna («*em tempo útil*») pelo tomador implicava a perda da acção cambiária contra o sacador, desde que este provasse que, no prazo de apresentação, dispunha de *somma sufficiente para o* pagamento (art. CXII/432).

No que se refere à transmissão, encontramos apenas uma disposição (art. CXIII/433) que visa legitimar a cessão ordinária de créditos, ao prever que o terceiro a quem seja passado o cheque fique *subrogado nos direitos e obrigaçoens do portador original.*

**IV.** A lei prevê, a propósito da dissolução das companhias (sociedades) que a alteração na forma do cheque disponibilizado por um banco (*casa de banqueiros*) *é noticia sufficiente* da dissolução da sociedade, para os clientes e sacadores de cheques *sobre a nova firma* da sociedade bancária (art. CXCIX do Tít. XII/724). Isto é, da utilização de cheques sob uma nova firma (comercial), a lei extrai publicidade da dissolução de uma *casa de banqueiros*. Desta regra infere-se dever constar necessariamente do impresso de cheque a identificação do sacado.

Uma última disposição sobre o cheque prevê que, em caso de falência do banqueiro (*se o banqueiro cessa pagamentos*), *os portadores dos cheques não tem obrigação de appresenta-los nos prazos mencionados no art. CXI*, ficando *o mandato sem effeito algum* (art. CXIV/434).

Desta regra resulta que, em caso de falência do banqueiro, o portador conserva a acção cambiária contra o sacador, independentemente do prazo previsto para a apresentação do cheque a pagamento.

*Perspectiva histórica*　　　　　　　53

E neste reduzido número de regras se esgotava a disciplina do cheque no nosso primeiro Código Comercial, uma vez que este título de crédito – que, juntamente com as livranças e as letras da terra, integrava a secção IX do tít. XII – não era regulado por remissão para a matéria das letras ou das livranças, diversamente do que sucedia com as últimas [às quais eram aplicáveis as disposições das letras de câmbio (art. CIX/429)].

### 1.4.2. *O Código Comercial de 1888*

I. O Código Comercial de 1888[172], ainda hoje vigente, regulou o cheque nos artigos 341.º a 343.º – integrados num pequeno capítulo (II do Título VI sobre Letras, Livranças e Cheques: artigos 278.º a 343.º) referente às Livranças e Cheques – que viriam a ser revogados pelo Decreto n.º 13004 de 12 de Janeiro de 1927, o qual introduziu no Direito português a tutela penal do cheque (cfr., *infra*, n.º 1.4.3)[173].

Os artigos 341.º[174] e 342.º dispunham sobre as especificidades do regime do cheque, na vigência do Código de Veiga Beirão – até 1927,

---

[172] Também conhecido por Código de Veiga Beirão, responsável pela sua elaboração e aprovação. Tal como explica o então Ministro dos Negócios Eclesiásticos e da Justiça, no «Relatorio que precedeu a proposta de lei para a approvação do código commercial portuguez, apresentada á câmara dos deputados na sessão de 17 de Maio de 1867», *in* AA.VV., *Appendice ao Código Commercial Portuguez* (approvado pela Carta de Lei de 28 de Junho de 1888), 3ª ed., Imprensa da Universidade, Coimbra, **1906**, pp. 9-12, Francisco António VEIGA BEIRÃO assumiu a redacção do projecto de Código, extinguindo as Comissões que, entretanto, se haviam formado para o efeito sem resultados práticos, e, recolhendo diversos contributos («valiosissimos trabalhos») de jurisconsultos insignes, completou a restante parte do Código, concluindo um projecto de Código Comercial, que submeteria a uma comissão de magistrados e advogados por ele presidida e que, em brevíssimos meses, concluiria a revisão do projecto que seria ainda divulgado às associações comerciais de Lisboa e Porto, beneficiando dos respectivos comentários.

Sobre a substituição do Código de Ferreira Borges pelo Código de Veiga Beirão, vd. LUÍS BIGOTTE CHORÃO, *A comercialística portuguesa e o ensino universitário do direito comercial no século XIX*, cit., **1998**, pp. 71-77.

[173] Este diploma revogou «*toda a legislação em contrário, e em especial o disposto nos artigos 341.º e 342.º do Código Comercial*» (art. 33.º), mas seria omisso quanto ao artigo 343.º, que constituía uma norma remissiva geral, com salvaguarda das regras especiais, para «*as disposições respectivas a letras*» (art. 343.º do CCom).

[174] Proémio: «Toda a pessoa que tiver qualquer importância disponível n'um estabelecimento bancário ou em poder de commerciante, póde dispor dela d'ella em seu favor ou de um terceiro por meio de um cheque».

data da entrada em vigor do Decreto n.º 13.004 –, e o artigo 343.º determinava a aplicabilidade ao cheque de todas as disposições relativas a letras, que não fossem contrárias à respectiva natureza[175].

Vejamos então quais eram as particularidades do cheque, confrontando-as com o regime hoje vigente.

Em primeiro lugar, o sacado não tinha de ser necessariamente um banco («*estabelecimento bancário*») – diversamente do que sucedia até então, o que não deixava de constituir um retrocesso relativamente ao Direito anterior, em que, como vimos, o sacado era necessariamente um banqueiro[176] –, mas poderia ser um «*commerciante*» (cfr. art. 341.º do Código Comercial, proémio)[177] [178]. O mesmo preceito, também no proémio, fazia referência expressa à relação de provisão («*Toda a pessoa que tiver qualquer importância disponível*»).

Mas à semelhança do que já sucedia no Código de Ferreira Borges (cfr. art. 431.º), a lei admitia que o cheque fosse um título a prazo[159], e não exclusivamente à vista, como acontece hoje, embora determinasse que, quando a «*praso*», não devesse «*este exceder dez dias contados do da apresentação*» (art. 341.º, § 2.º). Por sua vez, o cheque, a apresentar normalmente a pagamento no prazo de oito dias, quando fosse sacado («passado») em lugar diferente do pagamento, poderia ser apresentado a pagamento no prazo de quinze dias (cfr. art. 341.º, § 3.º).

Finalmente, a falta de apresentação tempestiva a pagamento ou a não solicitação do pagamento (quando fosse o caso) no prazo disponível

---

[175] «**Art. 343.º** *São applicaveis às livranças e cheques todas as disposições respectivas a letras, que não forem contrarias á natureza dos cheques e das livranças*».

[176] Diferentemente, insurgindo-se contra a limitação aos comerciantes da possibilidade de serem estes (e os bancos) depositários de dinheiro e considerando que o sistema do Código (de 1888) estabelecia «um monopólio odioso e representa(va) uma violência desnecessária á liberdade e aos interesses individuaes» (*sic*), José ALBERTO DOS REIS, *Dos títulos ao portador*, França Amado, Coimbra, **1899**, p. 326.

[177] Cfr. ADRIANO ANTHERO, *Comentário ao Código Commercial Portuguez*, 2ª ed., volume II, Companhia Portuguesa Editora, Porto, **s/d** (mas posterior a 1928 e anterior à Lei Uniforme: 1931), cit., pp. 266-267.

[178] Esta regra essencial corresponde ao actual art. 3.º da LUCh, com as devidas adaptações.

[179] Considerando também válido o «cheque com dia certo de vencimento e o cheque a termo de data, desde que o decurso entre a data da criação do cheque e o dia do vencimento não exceda os prazos fixados nos §§ 2.º e 3.º do art. 341.º », José ALBERTO DOS REIS, *Dos títulos ao portador*, França Amado, Coimbra, **1899**, pp. 280-281.

*Perspectiva histórica* 55

para o efeito, fazia precludir o direito de acção do portador «*contra o indossante*», e até o «*passador*», se a importância correspondente à quantia sacada deixasse de estar disponível (art. 342.º do Código Comercial, redacção originária).

II. O sistema do Código de Veiga Beirão – confessadamente inspirado nos Códigos italiano de 31 de Outubro de 1882 e espanhol de 22 de Agosto de 1885[180] e beneficiando já do apoio de um Código Civil organizado (1867) – representava o reconhecimento, felizmente abandonado com a Lei Uniforme, de que o cheque seria um título de crédito absolutamente assimilável à letra[181], o que veremos não corresponder à realidade, havendo indiscutíveis semelhanças de estrutura na respectiva configuração jurídica, mas existindo e sobrepondo-se as diferenças resultantes de o cheque ser um meio de pagamento com poder liberatório pleno e enquadrável no conceito de dinheiro.

### 1.4.3. *O Decreto n.º 13004, de 12 de Janeiro de 1927*

I. As disposições dos artigos 341.º e 342.º do Código Comercial de 1988, acima analisadas, seriam expressamente revogadas pelo Decreto n.º 13.004 de 12 de Janeiro de 1927 (art. 33.º), o qual viria a introduzir na ordem jurídica portuguesa a tutela penal do cheque.

---

[180] Cfr. «Relatorio que precedeu a proposta de lei para a approvação do código commercial portuguez, apresentada á câmara dos deputados pelo ministro dos negócios ecclesiasticos e de justiça na sessão de 17 de Maio de 1867», *in* AA.VV, *Appendice ao Código Commercial Portuguez* (approvado pela Carta de Lei de 28 de Junho de 1888), 3ª ed., Imprensa da Universidade, Coimbra, **1906**, p. 10.

[181] Ou que a completa. Como consta do próprio «Relatorio que precedeu a proposta de lei para a approvação do código commercial portuguez», cit., «finalmente completou-se este importante título (a letra) com as regras especiais (…) ao cheque» (p. 41).

Pela leitura das actas referentes à «Discussão da câmara dos deputados sobre o projecto do código commercial» e à «Discussão da câmara dos pares sobre o projecto do código commercial», ambas *in* AA.VV, *Appendice ao Código Commercial Portuguez* (approvado pela Carta de Lei de 28 de Junho de 1888), 3ª ed., Imprensa da Universidade, Coimbra, **1906**, pp. 76-306 e 551-559 e pp. 324-549, respectivamente, verifica-se que o cheque – apesar de se ter registado uma apreciação do projecto na especialidade – não mereceu qualquer comentário.

O diploma de 1927, fazendo cessar os efeitos de disposições legais que datavam de 1888, veio impor que:

– o devedor do cheque passasse necessariamente a ser um estabelecimento bancário ou uma caixa económica (cfr. art. 1.º), afastando definitivamente a possibilidade de o comerciante ser sacado no cheque;
– o cheque passasse a só poder ser pagável à vista (e já não a prazo) (cfr. art. 2.º, proémio).

Deste modo se reservava aos banqueiros a prática profissional e em série das operações bancárias, por um lado, e se aproximava o cheque – como meio de pagamento – da moeda (numerário), ao determinar-se que fosse pagável à vista.

**II.** O Decreto de 1927 estabelecia a responsabilidade solidária dos endossantes e do sacador *«para com o portador do cheque pelo pagamento da importância deste»* (cfr. corpo do art. 10.º), especificando o regime anteriormente vigente e resultante do artigo 335.º do Código Comercial (redacção originária), aplicável por expressa remissão do art. 343.º[182] do mesmo diploma. Com efeito, segundo o art. 335.º, *«todos aquelles que assignam uma letra são para com o portador solidariamente garantes d' ella»*. Ora, o sacado não assina o cheque, pelo que ele não assumia responsabilidade solidária pelo seu pagamento.

Deste modo, só o sacador e os endossantes do cheque seriam solidariamente responsáveis, pelo seu pagamento – em vias de regresso –, não fazendo sentido obrigar o sacado a pagar o cheque se este não tivesse sido pago por falta de provisão, uma vez que a sua responsabilidade depende da existência de provisão suficiente para satisfação da quantia inscrita no cheque.

Este regime corresponde, aliás, ao regime actual (cfr. art. 40.º da LUCh), que será objecto de análise autónoma.

**III.** A apresentação a pagamento deveria efectuar-se no prazo de dez dias (cfr. corpo do art. 12.º do Decreto n.º 13004)[183] – o qual sofreria uma

---

[182] Cfr., *supra*, nota 155 (1.4.2).

[183] Regra válida para os cheques *«pagáveis no lugar onde foram passados»*. *«Vinte dias em todos os outros casos»* (cfr. art. 12.º, corpo, *in fine*).

redução, para oito dias, com a entrada em vigor da Lei Uniforme (cfr. art. 29.º I) –, equivalendo-lhe «*a apresentação de cheque numa camara de compensação, na qual o sacado* tivesse *conta*» (art. 12.º, § único), isto é, o cheque depositado em conta bancária sediada em instituição diversa do banco sacado teria (ainda) de ser apresentado a pagamento pelo banco depositário na câmara de compensação, o que significava que o depósito deveria ocorrer com oportunidade suficiente para assegurar que a referida apresentação à compensação ocorresse dentro do prazo de dez dias, contado da data da emissão do cheque.

**IV.** A revogação do cheque só obrigava o sacado «*depois de findo o competente prazo de apresentação*» (cfr. art. 14.º), que era em regra, como vimos acima, de dez dias. No decurso desse «*praso o sacado não* podia, *sob pena de responder por perdas e danos, recusar o pagamento do cheque com fundamento na referida revogação*» (cfr. art. 14.º, corpo, *in fine*). Isto é, o sacado *não* podia recusar o pagamento do cheque, dentro do respectivo prazo de apresentação a pagamento, sob pena de incorrer em obrigação de indemnizar por perdas e danos, a menos que a revogação fosse expressamente justificada e fundada em motivo sério.

A vinculação do sacado a uma instrução de revogação estava, assim, condicionada ao decurso do prazo de apresentação a pagamento. Enquanto este estivesse a decorrer, o sacado só poderia acatar a revogação se o portador (ou o sacador) o tivesse informado de que havia ocorrido um desapossamento físico, isto é, se ele o houvesse «*avisado de que o cheque se perdeu, ou se encontra*(va) *na posse de terceiro em consequência de um facto fraudulento* (art. 14, § único). Nesse caso*, o sacado só pode*(ria) *pagar o cheque ao seu detentor se este provar*(sse*) que o adquiriu por meios legítimos*» (cfr. art. 14, § único).

Quer dizer, em caso de desapossamento, o portador do cheque deveria avisar a instituição de crédito sacada da vicissitude ocorrida, devendo esta abster-se de proceder ao pagamento do cheque ao seu detentor, excepto se este fosse um portador de boa fé, isto é, se conseguisse demonstrar que havia adquirido o cheque de forma correcta.

Tratava-se de previsão que conduzia a uma solução equivalente à que decorre do actual art. 40.º III da LULL, evitando que o sacado que paga bem – porque paga ao portador legitimado (na cadeira ininterrupta de endossos que constam do título) – seja obrigado a pagar duas vezes. Esta regra não tem paralelo na LUCh, que não consagra qualquer regra que exonere o devedor da sua obrigação de pagar quando este efectua o pagamento do cheque. Como veremos, na Lei Uniforme vigente apenas o art. 35.º se refere ao pagamento, não o fazendo em termos análogos ou sequer aproximados aos que resultam do art. 40.º III da LULL, uma vez que impõe ao sacado a obrigação de verificação da cadeia de endossos, mas não o dispensa de pagar duas vezes se, apesar de verificada a regularidade da cadeia, surgir posteriormente o titular do cheque a demonstrar direito inquestionável sobre o título.

Antecipe-se já que a própria qualidade e fiabilidade do sacado explica, em nosso entender, a solução legal.

O sacado de uma letra, podendo ser designadamente um particular, não dispõe de meios que lhe permitam com certa eficiência comprovar a ocorrência de um eventual desapossamento. O sacado de um cheque, necessariamente uma instituição de crédito, dispõe de meios técnicos sofisticados que, em circunstâncias normais, lhe permitem detectar vicissitudes inerentes ao saque, sendo por isso menos desculpável que ele efectue um pagamento indevido.

Veremos adiante se é sustentável defender-se que o parágrafo único do artigo 14.º ainda se encontra em vigor, nomeadamente por não ter sido expressamente derrogado por leis posteriores, e por não ter sido, entretanto, criada qualquer regra sobre a sua *facti species*[184].

**V.** No que toca à qualificação da relação eventualmente existente entre o sacado e o portador, no quadro do regime de 1927, a mesma seria de carácter extracontratual, alicerçando-se no simples facto de o portador ter direito de exigir do sacado o pagamento do cheque.

A relação (não) existente entre a instituição de crédito sacada e o portador do cheque no momento da sua apresentação a pagamento – no pressuposto de que o cheque já não se encontra então na disponibilidade do sacador – explica que, cambiariamente, nada possa, nem deva, ser exigido em via de regresso, *parando* toda e qualquer acção (de regresso) no sacador, depois de passar pelos diversos endossantes e avalista(s), se existirem.

Acresce que a própria natureza do sacado – que, em princípio, só não honra pontualmente o cheque se não dispõe de meios do sacador (provisão) para o efeito – justifica que ele não seja novamente chamado a responder pelo cheque se legitimamente recusou anteriormente o respectivo pagamento.

---

[184] Cfr., *infra*, n.º 1.4.4 e nota 192.

Enquanto na letra de câmbio o sacado é um puro devedor, obrigado – pelo aceite – ao respectivo pagamento, no cheque o sacado só é obrigado a pagar se o titular da conta (sacador) dispuser da provisão suficiente para assegurar esse pagamento. Caso tal não aconteça, é este o último responsável pela satisfação da quantia inscrita no cheque. A responsabilidade do sacado esgota-se, pois, na relação de provisão estabelecida e existente com o sacador e na sua obrigação de consentir e colaborar na normal circulação do cheque e pagá-lo se o mesmo tiver provisão.

Não faz, pois, sentido, o portador do cheque exigir regresso ao sacado, uma vez que este quando não paga é por não dispor de fundos para o efeito – não podendo, nessa circunstância, ser obrigado a fazê-lo[185] – e não por mero capricho.

**VI.** O Decreto 13004, de 12 de Janeiro de 1927, à semelhança da legislação posterior específica, era omisso quanto à falsificação do cheque, em geral, e quantos aos seus efeitos, em especial.

Importa salientar que a falsificação do cheque já era objecto de tutela penal, estabelecendo o (então vigente) art. 215.º do Código Penal de 1886[186] – constante da Secção 2ª (*Da falsificação dos escriptos*) do Capítulo VI (*Das falsidades*) do Título VIII (*Dos crimes contra a ordem e tranquilidade pública*) – pesadas sanções para a autoria ou participação nesse ilícito[187].

Na base da modificação do regime jurídico do cheque, pela revogação das disposições do Código Comercial que o regulavam, e sua modernização esteve também a necessidade de ampliar a tutela penal a situações específicas inerentes ao mau ou deficiente uso do cheque, mormente

---

[185] Já no quadro do regime actual, o sacado é responsável pelo pagamento de todos os cheques que não ultrapassem o montante de € 150,00 cada [cfr. art. 8.º, n.º 1 do DL 454/91, de 28 de Dezembro, na red. da L 48/2005, de 29 de Agosto (art. 1.º)].

[186] Aprovado pelo Decreto de 16 de Setembro de 1886, manter-se-ia em vigor até 31 de Dezembro de 1982 (*inclusive*), sendo então substituído pelo actual Código Penal (1982) – aprovado pelo DL 400/82, de 23 de Setembro –, vigente desde 1 de Janeiro de 1983.

[187] «Art. 215.º – *Aquelle que falsificar cheques de bancos ou de estabelecimentos bancários, ou outros títulos de credito não especificados nos artigos precedentes, cuja emissão no reino estiver legalmente auctorisada, ou os introduzir ou pozer em circulação em território portuguez, ou d'elles fizer uso, será condemnado á pena de prisão maior cellular por quatro annos, seguida de degredo por oito, ou, em alternativa, à pena fixa de degredo por quinze annos.*»

quando a emissão desse título de crédito ocorresse sem a disponibilidade de meios que era pressuposto existir e que assegurava a equivalência deste instrumento a numerário, integrando-o, juntamente com as notas e moedas metálicas, na categoria do *dinheiro*.

Na realidade, sendo o cheque um meio de pagamento, com poder liberatório pleno (cfr., *infra*, 9.1), ele deveria ser objecto de protecção semelhante à que a ordem jurídica dispensava à moeda – e, de facto, não o era –, evitando-se as vicissitudes que se pretendem prevenir em qualquer meio de pagamento, designadamente as que se reconduzem à falta de correspondência entre a aparência e a realidade. Por isso, um cheque que não fosse pago por falta de provisão deveria gerar uma reacção desfavorável do ordenamento jurídico, assim como um título que não correspondesse a um cheque, por não ter sido emitido pelo respectivo titular, ou que fosse, entretanto, adulterado, também era desconsiderado pelo sistema vigente, dando lugar à aplicação de pena exemplar ao responsável, responsáveis ou intervenientes (participantes) na vicissitude ocorrida (cfr. art. 215.º do Código Penal de 1886).

A penalização da falsificação do cheque inseria-se na linha da incriminação da contrafacção da moeda (cfr. arts. 206.º e seguintes do Código Penal de 1886). Mas não era suficiente, uma vez que não abrangia as situações em que o cheque, sendo utilizado pelo titular dos módulos e da conta bancária que permitia movimentar, era deficientemente utilizado porque o seu sacador não dispunha, de facto, de fundos correspondentes à quantia sacada.

O legislador de 1927 estendeu a tutela penal a essa situação, sancionando, pela primeira vez, na ordem jurídica nacional a emissão do cheque sem provisão, abstendo-se de se pronunciar sobre o fenómeno da falsificação – situação que (apenas) colhia protecção penal – e os efeitos que o mesmo gera, nomeadamente em termos de responsabilidade. Esta situação manter-se-ia inalterada até aos nossos dias, em termos de legislação específica, como veremos adiante.

**VII.** Simultaneamente com a reformulação do regime jurídico do cheque, o diploma de 1927 viria a introduzir um tipo criminal novo e autónomo: o de *emissão de cheque sem provisão*.

Como já referimos, à época vigorava o Código Penal de 1886 que, para além do crime de falsificação do cheque (art. 215.º), cuja *ratio* analisámos muito sucintamente, não contemplava qualquer outro tipo criminal que se caracterizasse pelo mau ou deficiente uso do cheque. Consequentemente, as vicissitudes que se verificavam com esse instrumento, antes de 1927 – e que não se enquadravam no crime de falsificação –, só poderiam ser resolvidas por recurso a tipos criminais genéricos, como os crimes de burla (cfr. arts. 450.º e 451.º do Código Penal de 1886) e de abuso de confiança (cfr. art. 453.º do Código Penal de 1886).

A criação de um novo tipo criminal específico veio facilitar a incriminação por crimes associados ao mau uso do cheque e conferiu ao meio de pagamento uma protecção própria que, senão é semelhante, é pelo menos aproximada à da moeda (cfr. arts. 206.º e segs. do Código Penal de 1886). Na realidade, com o Decreto de 1927 passou a ser «*considerada criminosa a emissão de um cheque que, apresentado a pagamento no competente prazo*» legalmente estabelecido para o efeito – no artigo 12.º do mesmo diploma –, «*não fôr integralmente pago por falta de provisão*» (cfr. art. 23.º). No âmbito deste diploma, a ilicitude da conduta do agente (sacador) consistia na emissão e entrega do cheque a terceiro sobre uma conta que não tivesse provisão no momento da apresentação a pagamento – isto é, o ilícito verificava-se desde o momento em que, sendo apresentado a pagamento, o cheque não fosse pago por falta de provisão, mesmo que não resultasse para o beneficiário qualquer prejuízo –, constituindo «a verificação da falta de provisão mera condição de punibilidade»[188].

Ao crime de emissão de cheque sem provisão, de que apenas poderia ser autor o sacador, seria aplicável uma «*pena de 6 meses a 2 anos de prisão*» (art. 24.º, corpo).

O crime era particular, porque dependia de participação do lesado («*pedido do portador do cheque*») (art. 24.º, corpo) e a aplicação da pena não afastava a responsabilidade civil (ou outra) *em que o sacador, por disposição especial,* pudesse *incorrer* (cfr. art. 24.º, § único).

**VIII.** Como vimos atrás (cfr., *supra* n.º IV), o Decreto de 1927 criou também regras referentes à justificação do desapossamento, no parágrafo único do artigo 14.º . Esta disposição legal – que, como veremos adiante (*infra*, n.º 1.4.7), se encontra ainda em vigor – enuncia as causa de justificação da revogação do cheque no decurso do prazo de apresentação

---

[188] Germano Marques da Silva, «Do regime penal do cheque sem provisão», *DJ*, vol. V, **1991** (pp. 173-197), p. 177.

a pagamento, impedindo o sacado de pagar o cheque ao seu detentor, salvo se este demonstrar «*que o adquiriu por meios legítimos*» (cfr. § un. do art. 14.º).

Resulta desta norma que o portador do cheque que é objecto de desapossamento deve comunicar essa ocorrência ao sacado com a finalidade de evitar que este proceda ao pagamento a eventual detentor.

Caso o cheque seja apresentado a pagamento, após o desapossamento, e não obstante a vicissitude o detentor consiga provar que o adquiriu de forma adequada (*por meios legítimos*), nomeadamente porque quando o recebeu – como contrapartida de um serviço prestado, da transmissão de um bem ou para saldar um crédito existente de que seria titular – o mesmo aparentava total regularidade[189], fica na disponibilidade do sacado proceder, ou não, ao pagamento. Esta é, em nosso entender, a única interpretação possível, visto que a lei não impõe ao sacado que, sendo feita prova da aquisição legítima do cheque, o mesmo seja pago ao seu detentor, quando o sacado já sabe que ocorreu um desapossamento.

A letra da lei afigura-se ser, a este propósito, inquestionável, uma vez que determina(va) que «*o sacado só pode pagar o cheque ao seu detentor, se este provar que o adquiriu por meios legítimos*» (art. 14.º, § un., *in fine*).

Cabia então ao sacado optar entre pagar o cheque ao seu detentor, desde que este apresentasse o cheque (desapossado) a pagamento dentro do prazo legal para o efeito (estabelecido no art. 12.º), ou não o fazer, aceitando a revogação e a respectiva justificação.

**IX.** Finalmente, recorde-se que, nos termos do diploma em análise (Decreto 13004, de 1927), a falta de apresentação do cheque a pagamento no prazo legalmente estabelecido para o efeito (no art. 12.º) ou de protesto tempestivo em caso de não pagamento faziam precludir a acção

---

[189] Não cremos que seja suficiente a demonstração do título justificativo da aquisição do cheque, designadamente que o mesmo teria sido recebido como contrapartida de uma prestação. Não podemos aceitar ser legítima a aquisição nos casos em que o cheque apresenta uma vicissitude grosseira, facilmente identificável, porque nessas circunstâncias a aquisição deixaria de ser legítima. Consequentemente, no mínimo, o cheque deverá revelar uma cadeia ininterrupta de endossos que reforce a boa fé do adquirente e o modo correcto pelo qual este o adquiriu, desconhecendo, assim, o desapossamento entretanto ocorrido, ou sendo aceitável que não o conhecesse, considerando a aparência resultante do título.

*Perspectiva histórica*                                                    63

cambiária de regresso e confinavam o portador do cheque a obter o reembolso da quantia não paga junto do sacador (cfr. art. 25.º)[190].

### 1.4.4. *A Lei Uniforme do Cheque*

**I.** Por sua vez, o Decreto n.º 13004 viria a ser parcialmente revogado, decorridos alguns anos, pela Lei Uniforme relativa ao Cheque, apenas subsistindo em vigor as disposições penais referentes ao cheque sem provisão – os artigos 23.º e 24.º[191] – e o § único do art. 14.º[192] que, constituindo causa justificativa de revogação do cheque, se manteve em vigor até ao presente, uma vez que não foi, entretanto, objecto de revogação expressa, nem tácita, regulando uma matéria fundamental em sede de desapossamento. A jurisprudência mais recente tem expressamente considerado em vigor esta norma[193].

---

[190] Como veremos, trata-se de solução análoga à prevista no art. 40.º da lei actual, embora este não esclareça que, na falta de acção cambiária de regresso, o sacador permanece obrigado. Tal conclusão decorre do facto de o sacador ser o devedor originário e o portador dispor do título de dívida.

[191] Neste sentido, vd. **AcSTJ** de **14 de Junho de 1983** (MAGALHÃES BAIÃO), *BMJ* 328, pp. 599-602, p. 598.

Os arts, 23.º e 24.º viriam a ser objecto de alterações por efeito do Decreto-Lei n.º 25/81, de 21 de Agosto, vindo a sua subsistência a ser objecto de polémica, como veremos adiante.

[192] «Art. 14.º, § único – *Se, porém, o sacador, ou o portador, tiver avisado o sacado de que o cheque se perdeu, ou se encontra na posse de terceiro em consequência de um facto fraudulento, o sacado só pode pagar o cheque ao seu detentor se este provar que o adquiriu por meios legítimos*».

[193] Cfr. **AcRelLisboa de 17 de Dezembro de 1992** (DAMIÃO PEREIRA), *CJ*, ano XVII, t. V, 1992 (pp. 150-153), p. 152, **AcSTJ de 19 Outubro de 1993** (JAIME CARDONA FERREIRA), *CJ/AcSTJ*, ano I, t. III, 1993 (pp. 69-72), p. 71, **AcRelPorto de 18 de Setembro de 2001** (LEMOS JORGE), *CJ*, ano XXVI, t. IV, 2001 (pp. 189-194), p. 192.

Não se pronunciando sobre o parágrafo único do artigo 14.º do Decreto 13.004 de 12 de Janeiro de 1927, mas considerando o artigo 14.º (sem especificar, mas parecendo aludir apenas ao respectivo corpo) revogado, «*uma vez que o art. 32 da Lei Uniforme sobre Cheques estabelece um regime completamente oposto ao não impor ao sacado a obrigação de pagar o cheque no decurso do prazo de apresentação, sob pena de responder por perdas e danos para com o portador*», **AcSTJ 10 Mai. 1989** (MENÉRES PIMENTEL), *BMJ* 387, 1989, pp. 598-608 (em especial, p. 605); *RDE*, ano XV, 1989, pp. 259-272.

Salientando ser «controvertida a vigência deste preceito», PAULO SENDIN/EVARISTO MENDES, *Colectânea de Legislação Comercial*, Tomo VI – *Letras e Livranças*,

64 *Cheque e Convenção de Cheque*

**II.** Portugal subscreveu a Convenção de Genebra, em 1931, e ratificou-a (por depósito da respectiva carta, com anexos e protocolos, no Secretariado da Sociedade das Nações em Genebra) em 9 de Junho de 1934. A Lei Uniforme seria recebida na ordem jurídica portuguesa pelo Decreto n.º 23721, de 29 de Março de 1934 (que aprovou a Convenção), e confirmada (pela Assembleia Nacional) pela Carta de 10 de Maio de 1934 (publicada em Suplemento ao Diário do Governo de 21 de Junho de 1934)[194].

Não foi pacífica a ratificação efectuada, conforme relatam alguns autores[195]. Na verdade, sobre os efeitos da ratificação da Convenção e sobre a imediata entrada em vigor das respectivas normas suscitaram-se inicialmente dúvidas que só seriam desfeitas em 1936, com a publicação do Decreto n.º 26.556, de 30 de Abril, diploma que esclareceu serem vigentes, desde a data da ratificação[196], todas as regras que integravam a Convenção.

**III.** Depois da entrada em vigor da Lei Uniforme e até à Revolução de 1974, há poucos aspectos a assinalar relativamente ao cheque, no que respeita à sua regulamentação e utilização. Não obstante, impõe-se uma breve menção dos factos mais salientes.

O cheque visado – no qual a instituição de crédito sacada certificava ao beneficiário a existência de provisão para o seu pagamento – foi expressamente admitido na ordem jurídica nacional pelo Decreto-Lei

---

*Cheque, Extracto de Factura e Crédito Documentário*, 2ª ed., Almedina, Coimbra, **2001**, p. 103, nota 1.

[194] No Ultramar apenas seria aplicável a partir da década de cinquenta, com a publicação da Port. n.º 15.017, de 31 de Agosto de 1954 que, levantando a restrição que havia sido estabelecida pelo diploma de ratificação, mandou aplicar o Decreto-Lei n.º 23.721. Cfr. Jorge PINTO FURTADO, *Títulos de Crédito. Letra. Livrança. Cheque*, Almedina, Coimbra, **2000**, p. 230.

[195] Cfr. PINTO FURTADO, *Títulos de Crédito. Letra. Livrança. Cheque*, cit., **2000**, p. 230, e JOSÉ MARIA PIRES, *O Cheque*, cit., **1999**, p. 21.

[196] Também sobre este aspecto não há consenso, considerando alguns autores ser a Lei Uniforme (e, em geral, as Convenções de Genebra e respectivos anexos aprovados pelo DL 23721) direito interno desde 8 de Setembro de 1934, por tal ter sido declarado pelo Decreto-Lei n.º 26556, de 30 de Abril de 1936. Neste sentido – e a título exemplificativo – PINTO FURTADO, *Títulos de Crédito*, cit., **2000**, p. 230, JOSÉ MARIA PIRES, *O Cheque*, cit., **1999**, p. 21, e o **AcSTJ de 6 de Fevereiro de 1991** (MANUEL DA ROSA FERREIRA DIAS), *CJ*, ano XVI, t. I., 1991 (pp. 17-21), p. 18.

Perspectiva histórica     65

n.º 32.677, de 20 de Fevereiro de 1943, como meio idóneo de pagar impostos e outros rendimentos do Estado[197].

Uns anos mais tarde, em 1953, seria constituída, por iniciativa do Ministério das Finanças, uma Comissão presidida por José Gabriel Pinto Coelho, professor da Faculdade de Direito de Lisboa, com a finalidade de proceder a um estudo que contribuísse para a difusão do *cheque como meio de pagamento*, facilitando a sua utilização e aceitação, mormente nos pagamentos ao Estado[198].

A Comissão produziu um Relatório, sob a designação de *Facilidades de liquidação e economia de meios de pagamento pela Difusão do Cheque*, que constituiria a justificação de um anteprojecto de diploma legal que elaborou e que, constituindo anexo do relatório, seria objecto de divulgação em publicação autónoma[199].

Para além de regular o *cheque visado*, merecedor de confiança reforçada, por «beneficiar do próprio crédito do estabelecimento bancário sobre que é emitido», aproximando-o do cheque bancário[200], e reformulando os termos em que ele era então disciplinado, o anteprojecto continha uma norma sobre a *falsificação* do cheque e seus efeitos (art. 6.º)[201] e concluía pelo agravamento da *incriminação* do cheque sem provisão – prevendo a revogação dos artigos 23.º e 24.º do Dec. 13004 –, convertendo, em termos de procedimento criminal, o delito num crime público[202].

**IV.** Como é do conhecimento público, não se registaram outras iniciativas assinaláveis no que respeita ao instituto do cheque. Não obstante, o mesmo granjearia uma aceitação crescente e uma utilização generalizada.

---

[197] «Embora aí se considerassem apenas os cheques visados pela Caixa Geral de Depósitos e pelo Banco de Portugal» (AA.VV., *Facilidades de liquidação e economia de meios de pagamento pela Difusão do Cheque*, Relatório apresentado ao Ministério das Finanças, Imprensa Nacional de Lisboa, **1955**, p. 9).

[198] AA.VV., *Facilidades de liquidação ...*, Relatório cit., **1955**, pp. 5-6.

[199] AA.VV., *Facilidades de liquidação ...*, Rel. cit., **1955**. O anteprojecto consta das páginas 29 a 32.

[200] AA.VV., *Facilidades de liquidação ...*, Rel. cit., **1955**, p. 10.

[201] «Um assunto que reclamava de há muito conveniente disciplina jurídica» (AA.VV., *Facilidades de liquidação ...*, Rel. cit. **1955**, pp. 17-21 e 30-31, em especial, p. 17.).

[202] Cfr. AA.VV., *Facilidades de liquidação ...*, Rel. cit. **1955**, pp. 22-27 e 31-32.

## 1.4.5. *A legislação pós-revolucionária*

**I.** No entanto, com a Revolução de 25 de Abril de 1974, receando que sobreviesse uma crise de confiança na respectiva utilização, o legislador viu-se obrigado a impor a aceitação do cheque como meio de pagamento, o que fez com o Decreto-Lei n.º 182/74, de 2 de Maio (alterado pelos Decreto-Lei n.º 184/74, de 4 de Maio, Decreto-Lei n.º 218/ /74, de 25 de Maio, e, mais tarde pelo Decreto-Lei n.º 519-XI/79, de 29 de Dezembro)[203].

Para evitar que se gerasse tal crise de confiança, passou a ser obrigatória a aceitação de cheques (cfr. Decreto-Lei n.º 182/74, de 2 de Maio[204]), de início sem qualquer limite mínimo, depois a partir de quinhentos escudos (cfr. art. 1.º do Decreto-Lei n.º 184/74, de 4 de Maio)[205].

Ao invés da transitoriedade que parecia resultar da previsão normativa[206], a obrigatoriedade de aceitação do cheque prolongou-se por muitos anos, tendo sido objecto de modificação quase imediata, para mil escudos (cfr. art. 2.º do DL 218/74, de 27 de Maio), e de uma segunda actualização, cinco anos mais tarde, para cinco mil escudos (cfr. art. 2.º do DL 218/74, de 27 de Maio, na red. do art. 1.º do DL 519-XI/79 de 29 de Dezembro).

Existe jurisprudência ilustrativa da aplicação da multa estabelecida pelo Decreto-Lei n.º 182/74, de 2 de Maio[207].

---

[203] Criticando esta legislação, ALBERTO LUÍS, *Direito Bancário. Temas críticos e legislação conexa*, Almedina, Coimbra, **1985**, pp. 130-131.

[204] Art. 1.º: «*Até determinação em contrário a não aceitação de cheques apresentados como meio de pagamento é punida com multa equivalente ao décuplo do respectivo valor com o mínimo de 10.000$00*».

[205] Quantia correspondente, em valores absolutos, a € 2,99 (dois euros e noventa e nove cêntimos).

[206] «*Até determinação em contrário*», claramente reveladora da necessidade de temporariamente impor uma regra que evitasse a descredibilização do sistema financeiro.

Referindo o carácter de emergência que teria estado subjacente à criação da norma – e considerando inconstitucionais os Decretos-Lei n.ºs 184/74 e 519-XI/79, por introduzirem uma diversidade de regime, baseada no valor do cheque, incompatível com a respectiva Lei Uniforme –, Nuno ESPINOSA GOMES DA SILVA, «Recusa de aceitação de cheques», *CJ*, t. IV, **1986** (pp. 41-46), pp. 43-45 (nota 1).

[207] Cfr. ESPINOSA GOMES DA SILVA, «Recusa de aceitação de cheques», cit., **1986**, p. 43, que cita uma decisão do Tribunal de Cascais, critica pelo Autor por ser inconstitucional e por aplicar deficientemente a legislação vigente (cfr. p. 44).

*Perspectiva histórica* 67

**II.** Em 21 de Agosto de 1981 – aproximadamente um ano antes da publicação do novo Código Penal –, o Decreto-Lei n.º 25/81 (cfr. art. 6.º) veio introduzir alterações no então ainda vigente art. 24.º do Decreto n.º 13004, de 12 de Janeiro de 1927, confirmando a sua subsistência[208].

**III.** Com a publicação do Código Penal de 1982[209] seria, uma vez mais, alterada a moldura penal do cheque sem provisão, introduzindo-se uma modificação no artigo 24.º do Decreto n.º 13.004, de 1927. Com efeito, na nova redacção, aprovada pelo art. 5.º do Decreto-Lei n.º 400/82, de 23 de Setembro, a pena geralmente aplicável ao delito era reduzida para um máximo de três anos, admitindo-se que, verificadas certas circunstâncias (agravantes), pudesse variar entre um e dez anos de prisão.

**IV.** No início de 1984, o Decreto-Lei n.º 14/84, de 11 de Janeiro, veio actualizar o processo penal referente ao crime de emissão de cheque sem provisão (cfr. cap. I, arts. 1.º a 9.º) e regular a inibição do uso do cheque (cfr. cap. II, arts. 10.º a 19.º, por determinação de autoridade administrativa (cfr. art. 13.º, n.º 1).

No âmbito deste diploma[210], o pagamento voluntário do cheque extinguia a responsabilidade penal do sacador (cfr. art. 1.º, n.º 1), se o procedimento ainda não se encontrasse instaurado, e o Banco de Portugal

---

[208] Cfr. J. MARQUES BORGES, *Alterações ao Código Penal, Código de Processo Penal, Lei Uniforme sobre Cheques e Legislação Complementar*, Rei dos Livros, Lisboa, **1981**, em especial, pp. 52-56.

[209] Publicado em 23 de Setembro, o Código Penal revogou o então vetusto Código de 1886 (cfr. art. 6.º, n.º 1 do DL 400/82, de 23 de Setembro). De entre as diversas alterações de que seria objecto – embora nenhuma delas com repercussão sobre a matéria do cheque – chame-se a atenção para as introduzidas por efeito do Decreto-Lei n.º 48/95, de 15 de Março [vigentes desde 1 de Outubro de 1995 (art. 13.º)], da Lei n.º 65/98, de 2 de Setembro, e da recente Lei n.º 59/2007, de 4 de Setembro (cfr. arts. 1.º, 2.º e 3.º).

O facto de o DL 48/95 ter revisto na totalidade o Código Penal de 1982 e ter inserido no local próprio as alterações aprovadas, sendo republicado na totalidade, sem menção expressa da revogação das normas substituídas, levou alguns juristas a falar no Código de 1995. Nesse sentido, GERMANO MARQUES DA SILVA, «Novíssimo regime penal dos crimes de emissão de cheque sem provisão emergente do Código Penal de 1995», *in Crimes de Emissão de Cheque sem Provisão* (Quatro Estudos), Universidade Católica Editora, Lisboa, **1995**, pp. 9-36), p. 12.

[210] Cfr. as anotações de ABEL DELGADO, *Cheques sem provisão (Dec. Lei N.º 14/84 de 11 de Janeiro)*, 2ª ed., Livraria Petrony, Lisboa, **1989**, em especial pp. 7-20 e 32-40.

68        *Cheque e Convenção de Cheque*

podia determinar a aplicação da medida de restrição ao uso do cheque (cfr. arts. 13.º a 15.º e 10.º a 12.º)[211].

### 1.4.6. *O regime jurídico-penal do cheque: o Decreto-Lei n.º 454/91, de 28 de Dezembro*

Já na década de noventa, o Decreto-Lei n.º 454/91, de 28 de Dezembro, veio unificar o regime jurídico relativo à tutela penal do cheque, estendendo a sua incidência à rescisão da convenção de cheque.

Este diploma – que revogou expressamente o Decreto-Lei n.º 182/74, de 2 de Maio (e os diplomas que o alteraram), e o Decreto-Lei n.º 14/84, de 11 de Janeiro (cfr. art. 15.º) – seria objecto de uma reformulação significativa, em 1997 (Decreto-Lei n.º 316/97, de 19 de Novembro[212], e Declaração de Rectificação n.º 1-C/98, publicada no Diário da República I Série-A, de 31 de Janeiro de 1998), e de alterações menores, posteriormente [Decreto-Lei n.º 82/2003, de 24 de Abril, Decreto-Lei n.º 323/ /2001, de 17 de Dezembro (art. 11.º), Lei n.º 48/2005, de 29 de Agosto].

No início de 2008, o Decreto-Lei n.º 454/91, de 28 de Dezembro (RJCh), constitui, a par da Lei Uniforme, uma das pedras basilares do Direito do Cheque português constituído. Iremos proceder à sua breve apreciação mais à frente (cfr., *infra*, n.º 19).

### 1.4.7. *A vigência (parcial) do Decreto n.º 13 004, de 12 de Janeiro de 1927*

**I.** Importa ainda resolver uma questão: a respeitante à eventual subsistência dos artigos 23.º e 24.º do Decreto n.º 13004, de 12 de Janeiro de 1927[213], e do § único do respectivo artigo 14.º.

---

[211] Concluindo pela não inconstitucionalidade da aplicação administrativa da medida de restrição ao uso do cheque, **AcSTJ de 5 de Abril de 1989** (JOSÉ ALFREDO MANSO PRETO), *BMJ* 386, pp. 203-207 (e também *CJ*, ano XIV, t. II, **1989**, pp. 8-10).

[212] As alterações aprovadas entraram em vigor em 1 de Janeiro de 1998 e seriam consideradas inconstitucionais pelo **Acórdão do Supremo Tribunal de Justiça de 20 de Janeiro de 1998** (FISHER SÁ NOGUEIRA), *SI*, t. XLVII, n.os 271/273, 1998, pp. 97-102. Publicado também na *RDES*, ano XXXX (XIII da 2ª Série), n.os 2 e 3, **1999**, pp. 157-163.

[213] Constituindo exemplo de aplicação destas disposições legais, cfr. os **Acórdãos do STJ de 21 de Março de 1973** (JACINTO FERNANDES RODRIGUES BASTOS), *BMJ* 225,

## Perspectiva histórica

O último estabelece uma causa de justificação para a revogação do cheque em caso de desapossamento. Nessa circunstância, sendo o sacado avisado, ele só poderá pagar o cheque se *o detentor provar que o adquiriu por meios legítimos*. Mas mesmo que isso aconteça, ele não é obrigado a efectuar o pagamento. Esta regra nunca foi objecto de revogação expressa, nem pensamos que tenha sido afastada por revogação tácita; pelo que deve considerar-se que se mantém em vigor, apesar de este entendimento não colher a unanimidade da jurisprudência portuguesa[214].

Vimos já que o artigo 23.º definia como ilícito criminal específico a emissão de cheque sem provisão (apresentado a pagamento dentro do prazo legalmente estabelecido para o efeito) e que o artigo 24.º estabelecia a moldura penal aplicável[215]. As dúvidas que pudessem existir quanto à respectiva subsistência, até hoje, fazem sentido, porquanto a norma revogatória do Decreto-Lei n.º 454/91, de 28 de Dezembro (art. 15.º), não mencionou pôr termo à vigência de qualquer disposição do Decreto n.º 13004, de 12 de Janeiro de 1927, não tendo nenhuma dessas duas disposições legais sido, entretanto, objecto de revogação expressa. Contudo, antecipe-se já que entendemos que os referidos artigos 23.º e 24.º foram tacitamente revogados pelo Decreto-Lei n.º 454/91, de 28 de Dezembro, por terem uma incidência ou objecto coincidentes com este.

**II.** Antes de apurarmos até que momento é que estas duas regras (os artigos 23.º e 24.º) se mantiveram em vigor, apesar das alterações entretanto sofridas pela segunda[216], há que referir que a respectiva aplicação nunca foi pacífica, mesmo quando inquestionavelmente vigentes, tendo suscitado divergências na jurisprudência, desde a determinação do

---

pp. 165-170, e **de 13 de Fevereiro de 1974** (MANUEL ARELO FERREIRA MANSO), *BMJ* 234, pp. 167-171.

[214] Cfr., *supra*, n.º 1.4.4 e jurisprudência citada na nota 193.

[215] «*Pena de seis meses a dois anos de prisão correccional*», na versão inicial.

[216] A moldura penal estabelecida pelo art. 24.º seria ampliada pelo DL 182/74, de 2 de Maio (art. 2.º), passando a ser de dois a oito anos de prisão maior. Mais tarde, por efeito da L 25/81, de 21 de Agosto (art. 6.º), o art. 24.º seria novamente alterado, passando a admitir a punição com prisão e multa, sempre que o cheque fosse de valor igual ou inferior a 50 contos. Finalmente, o diploma que aprovou o novo CP [DL 400/82, de 23 de Setembro (cfr. art. 5.º)] modificou o art. 24.º do Dec. 13.004, reduzindo a pena geralmente aplicável ao delito, para um máximo de três anos, e admitindo que, em certas circunstâncias (agravantes), a pena pudesse variar entre um e dez anos de prisão.

tribunal territorialmente competente[217], passando pelo momento da verificação da previsão[218] – traduzida na dúvida[219], resultante da redacção conferida pela Lei n.º 25/81, de 21 de Agosto, ao artigo 24.º, acerca da punição dos cheques pós-datados que fossem apresentados a pagamento antes da data neles aposta – e acabando na qualificação do crime de emissão do cheque sem provisão, que a maioria da jurisprudência,

---

[217] No que respeita à determinação do tribunal territorialmente competente para julgar o crime, a resposta da jurisprudência oscilou entre o lugar em que o crime se consumava (que correspondia àquele em que o cheque deixava de estar em poder do sacador) – AcSTJ de 3 de Maio de 1978 (ARTUR MOREIRA DA FONSECA), BMJ 277, pp. 136-139 –, o lugar em que ocorria (o último acto da) a respectiva execução, pela entrega do cheque ao beneficiário e o lugar em que o cheque foi apresentado a pagamento [AcSTJ de 21 de Fevereiro de 2001 (LEONARDO DIAS), CJ/AcSTJ, ano IX, t. I, 2001, pp. 233-234, e AcSTJ de 20 de Abril de 1988 (MANSO PRETO) / Proc. n.º 39438, BMJ 376, 1988, pp. 543-545]. Se o cheque é enviado por correio, o crime considera-se consumado no local em que o beneficiário do mesmo o recebe. Neste sentido, cfr. o AcRel-Lisboa de 5 de Janeiro de 1979 (SEQUEIRA DE CARVALHO), BMJ 285, p. 363.

A apresentação a pagamento e a aposição da menção da falta de provisão constituíam meras condições de procedibilidade ou de punibilidade do crime. Neste sentido, cfr. AcSTJ de 13 de Fevereiro de 1974 (MANUEL ARELO FERREIRA MANSO), BMJ 234, pp. 167-171, p. 170, e AcSTJ de 7 de Junho de 1967 (FERNANDO BERNARDES DE MIRANDA), BMJ 168, pp. 262-267.

A controvérsia seria sanada com o Assento de 16 de Novembro de 1988 (VASCO LACERDA TINOCO), publicado no DR, n.º 278, II Série, de 14 de Dezembro de 1988, que fixou, como competente para conhecer do crime de emissão do cheque sem provisão, o tribunal da comarca onde se situa o banco em que o cheque foi inicialmente entregue para pagamento.

[218] Existindo arestos a condenar na emissão do cheque sem provisão, mesmo quando, sendo pós-datado, o cheque era apresentado a pagamento antes da data nele constante como de emissão. Neste sentido, os Acórdãos do STJ de 19 de Novembro de 1986 (ALMEIDA SIMÕES) / Proc. n.º 38222, BMJ 361, 1986, pp. 269-277), de 1 de Junho de 1988 (BARBOSA DE ALMEIDA) (Proc. n.º 39559, BMJ 378, 1988, pp. 226-230, com voto de vencido do Conselheiro VASCO TINOCO), de 4 de Outubro de 1989 (VILLA-NOVA) (Proc. n.º 40155, BMJ 390, 1989, pp. 110-112), e de 21 de Março de 1990 (LOPES DE MELO) (BMJ 395, 1990, pp. 309-311).

A este propósito, refira-se ainda que, para além da apresentação do cheque a pagamento no prazo legalmente disponível para o efeito, se discutia a exigência de que a verificação da falta de provisão ocorresse nesse prazo, para que o acto fosse considerado um ilícito penal. Cfr. o paradigmático AcSTJ de 27 de Maio de 1981 (JOSÉ LUÍS PEREIRA), BMJ 307, 1981, pp. 127-132, com voto de vencido do Conselheiro ORLANDO DE PAIVA VASCONCELOS DE CARVALHO (p. 131).

[219] Cfr. Grumecindo DINIS BAIRRADAS, O cheque sem provisão. Regime jurídico civil e penal, Almedina, Coimbra, 2003, p. 73.

*Perspectiva histórica* 71

condensada no **Assento de 20 de Novembro de 1980** (Augusto de Azevedo Ferreira)[220] qualificava como de perigo abstracto[221].

Resultava com clareza, da jurisprudência penal que o acto de subscrição do cheque não era suficiente para a consumação do crime[222], sendo essencial que o sacador o colocasse em circulação. Esta é que justifica a tutela civil e criminal do título de crédito e a responsabilização do sacador e, como veremos, na vertente puramente civil, do próprio sacado.

**III.** Incontestável parecia ser a protecção do portador do cheque[223], pela incriminação estabelecida e pena aplicável.

O artigo 23.º continha uma previsão singela, considerando *criminosa a emissão de um cheque que, apresentado a pagamento no* prazo legalmente estabelecido para o efeito (inicialmente, de dez dias), *não for integralmente pago por falta de provisão.*

A norma incriminadora não permitia uma leitura restritiva, e nesse sentido apontou invariavelmente a jurisprudência, que considerava suficiente, para além da verificação do facto, o dolo genérico do agente.

Até à alteração do artigo 24.º do Decreto n.º 13.004 pelo diploma que aprovou o Código Penal de 1982 (DL 400/82, de 23de Setembro), era

---

[220] Publicado sob o n.º **1/81**, no DR. I Série, de 13 de Abril de 1981, pp. 935-936.

[221] Anteriormente ao Assento, cfr., entre outros, o citado **AcSTJ de 7 de Junho de 1967** (Fernando Bernardes de Miranda), *BMJ* 168, pp. 262-267.

Considerando que o bem jurídico tutelado pelo crime era o património da vítima, o **AcSTJ de 16 de Abril de 1992** (Sá Pereira) / Proc. n.º 000009, *www.dgsi.pt.* Na doutrina, cfr. a opinião particularmente crítica do **Assento de 20 de Novembro de 1980** (n.º 1/81) de Jorge de Figueiredo Dias, «Crime de emissão de cheque sem provisão (Sucessão de leis penais no tempo; Dec-Lei 454/91. Parecer)», *CJ,* ano XVII, t. III, **1992** (pp. 65-72), pp. 67-70, que concluía ser a emissão de cheque sem provisão, no âmbito do direito anterior ao Decreto-Lei n.º 454/91, de 28 de Dezembro, «um **crime de dano**, cuja consumação dependia da ocorrência de um prejuízo patrimonial da vítima» (p. 70; negrito no original).

[222] Neste sentido, o citado **AcSTJ de 3 de Maio de 1978** (Artur Moreira da Fonseca), *BMJ* 277, pp. 136-139. Aparentemente, em sentido diferente, afirmando peremptoriamente que o crime se consuma *com a emissão do título de crédito,* **AcSTJ de 13 de Fevereiro de 1974** (Manuel Arelo Ferreira Manso), *BMJ* 234, pp. 167-171, p. 170.

[223] Neste sentido, vd. o **AcSTJ de 13 de Fevereiro de 1974** (Manuel Arelo Ferreira Manso), *BMJ* 234, pp. 167-171, p. 169, que – na linha dos **Acórdãos de 6 de Novembro de 1957** (Júlio M. de Lemos), *BMJ* 71, pp. 388-390, **e de 5 de Dezembro de 1973** (Daniel Ferreira), do mesmo tribunal, no segundo caso sob a forma de Assento tirado pelo Pleno (*BMJ* 232, pp. 31-36) – acrescenta visarem tais disposições legais também a tutela da função que o cheque desempenha como título de crédito.

72     *Cheque e Convenção de Cheque*

pacífico o entendimento de que *a estrutura do tipo legal de emissão de cheque sem provisão* não havia sofrido alteração[224]. Com a introdução das circunstâncias agravantes, ocorreram divisões na interpretação dos efeitos dessa modificação.

**IV.** O Decreto-Lei n.º 454/91, de 28 de Dezembro, viria a introduzir novos elementos no tipo legal do crime, restringindo o alcance da sua *facti species*, uma vez que passou a exigir que, da emissão do cheque passasse a resultar um *prejuízo patrimonial* para o beneficiário do cheque[225].

---

[224] Neste sentido, **AcRelLisboa de 17 de Junho de 1992** (MANUEL LEONARDO DIAS), *CJ* ano XVII, t. III, 1992, pp. 244-254, p. 246.

[225] Este novo elemento – recentemente objecto do **Acórdão de Uniformização de Jurisprudência de 30 de Novembro de 2006** (JOÃO LUÍS MARQUES BERNARDO) (publ. também com o n.º **1/2007** no *DR*, I Série, n.º 32, 14 Fev. 2007), que analisaremos adiante (*infra*, n.º 19.3) –, e a qualificação do crime como de dano, e não já de perigo, levou alguma jurisprudência, de forma menos feliz, a precipitar-se e a considerar que as condutas que se enquadravam na previsão do crime previsto e punido nos termos do Decreto 13.004 haviam sido despenalizadas. Neste sentido, cfr. os **Acórdãos da Relação de Lisboa de 2 de Junho de 1992**, relatados por HUMBERTO CARLOS AMADO GOMES [Rec. N.º 2276 (5ª Secção)], *BMJ* 418, 1992, p. 842, e por JOÃO ANTÓNIO DE ALMEIDA VAZ TOMÉ [Rec. n.º 2415 (5ª Secção)], *BMJ* 418, 1992, pp. 842-843, **de 17 de Junho de 1992** (MANUEL LEONARDO DIAS), *CJ* ano XVII, t. III, 1992, pp. 244-254 – com extenso voto contra do Desembargador NUNES RICARDO, no sentido que viria a afirmar-se na jurisprudência (cfr. pp. 247-254) –, **de 23 de Setembro de 1992** (ANTÓNIO LUÍS GIL ANTUNES GRANCHO) / Rec. n.º 28011 (3ª Secção), *BMJ* 419, 1992, pp. 799-800, e **de 3 de Novembro de 1992** (CELESTINO AUGUSTO NOGUEIRA) / Rec. n.º 3364 (5ª Secção), *BMJ* 421, 1992, p. 483, e o **Acórdão da Relação do Porto de 3 de Junho de 1992** (PEREIRA MADEIRA), *CJ* ano XVII, t. III, 1992, pp. 320-323.

Paralelamente, desenhou-se jurisprudência no sentido oposto, de que o *crime de emissão de cheque sem provisão, previsto e punido pelo DL 454/91, não é um novo tipo de crime* e que o tipo criminal se manteria, desde que o cheque fosse emitido por valor superior a 5.000$00 e se provasse existir *prejuízo patrimonial*.

Constituem exemplos da jurisprudência que se afirmaria, contrariando a via facilitante da despenalização, e que culminaria no **Assento de 27 de Janeiro de 1993** (publ. com o n.º **6/93** no *DR*, I Série-A, n.º 82, de 7 de Abril de 1993): os **Acórdãos da Relação de Lisboa de 24 de Junho de 1992** (AGOSTINHO HENRIQUES EIRAS) / Rec. n.º 27796 (3ª Secção), *BMJ* 418, 1992, p. 843, **de 23 de Setembro de 1992** (DIONÍSIO MANUEL DINIS ALVES) / Rec. n.º 27926 (3ª Secção), *BMJ* 419, 1992, p. 799 – emitido na mesma data e por desembargadores pertencentes à mesma secção do mesmo Tribunal que proferiu Acórdão no sentido da despenalização –, **de 30 de Setembro de 1992** (AGOSTINHO HENRIQUES EIRAS) / Rec. n.º 27922 (3ª Secção), *BMJ* 419, p. 800, **de 4 de Novembro de 1992** (JOSÉ FERNANDES NUNES RICARDO) / Rec. n.º 29008 (3ª Secção), *BMJ* 421, 1992, p. 484, e **de 18 de Novembro de 1992** (DIONÍSIO MANUEL DINIS ALVES) / Rec. n.º 28735 (3ª Secção), *BMJ* 421, 1992, pp. 483-484,

Perspectiva histórica

O novo regime, mesmo não contendo uma norma revogatória expressa dos artigos 23.º e 24.º do Decreto 13.004, regulou todos os aspectos que correspondiam ao crime de cheque sem provisão, embora restringisse as condutas que lhe pudessem corresponder, não havendo por isso razão para, subsequentemente à respectiva entrada em vigor, continuar a admitir a aplicação destas regras do Decreto de 1927.

### 1.4.8. *Avisos e Instruções do Banco de Portugal. As normas técnicas*

**I.** Finalmente – antes de fazermos o balanço das regras vigentes em matéria de cheque –, recorde-se que existem avisos e instruções do Banco de Portugal que desenvolvem ou pormenorizam diversos aspectos referentes aos cheques. É sob a forma desse Direito regulatório que surgem as chamadas normas técnicas.

De entre as regras emanadas do Banco de Portugal para o sistema financeiro em geral e para as instituições de crédito em particular, salientamos os seguintes[226]:

a) Instrução n.º 26/2003[227] – Norma técnica do cheque;

---

da **Relação de Évora de 14 de Julho de 1992**, relatados por Lopes Cardoso (Rec. n.º 21/92, *BMJ* 419, p. 842) e por Manuel Osório (Rec. n.º 78/92, *BMJ* 419, 1992, pp. 842-843), **de 20 de Outubro de 1992** (Políbio Flor) / Rec. n.º 324/92, *BMJ* 420, 1992, p. 660, e **de 17 de Novembro de 1992** (Lopes Cardoso) / Rec. n.º 748/92, *BMJ* 421, 1992, p. 523, **da Relação de Coimbra de 15 de Julho de 1992** (Almeida Ribeiro) / Proc. n.º 351/92, *BMJ* 419, 1992, p. 829, e os **Acórdãos do Supremo Tribunal de Justiça de 7 de Maio de 1992** (Fernando Lopes de Melo), *CJ*, ano XVII, t. III, 1992, pp. 8-12 (tb em *BMJ* 417, pp. 283-296) e **de 3 de Fevereiro de 1993** (Ferreira Dias), *BMJ* 424, 1993, pp. 351-359, este com o decisivo argumento de que se o legislador tivesse querido descriminalizar todos os cheques (emitidos sem provisão, anteriormente à entrada em vigor do DL 454/91, de 28 de Dezembro) tê-lo-ia declarado como fez em relação a todos os cheques de valor não superior a 5.000$00 (p. 358).

[226] Não se esgotam nas Instruções e Aviso enunciados as regras aplicáveis ao cheque. Apenas pretendemos seleccionar as que consideramos mais relevantes. Caberia, igualmente, mencionar por ordem cronológica, mas sem preocupação de exaustão, os seguintes diplomas e instrumentos: DL 279/2000, de 10 de Novembro (que revogou o DL 110/89, de 13 de Abril, e a Port. 974/89, de 13 de Novembro), sobre Microfilmagem dos Cheques, Aviso n.º 11/2005, de 13 de Julho (na red. do Aviso n.º 2/2007, de 2 de Fevereiro de 2007, publ. no *DR*, 1ª Série, n.º 28, de 8 de Fevereiro de 2007), sobre abertura de contas, que revogou a Instrução n.º 48/96, de 17 de Junho (cfr. art. 17.º).

[227] Publicada no Boletim de Normas do Banco de Portugal (*BNBP*) n.º 10/2003, de 15 de Outubro de 2003. Entrou em vigor em 27 de Outubro de 2003, tendo substituído a Instr. n.º 9/98, que revogou (cfr. n.º 16).

b) Aviso n.º 1741-C/98[228] – Fornecimento de módulos de cheques e rescisão da convenção;
c) Instrução n.º 1/98[229] – Restrição ao uso do cheque;
d) Regulamento do Sistema de Compensação Interbancária – SICOI.[230]

**II.** Como veremos, a Lei Uniforme exige, para além de outros requisitos, que do título correspondente ao cheque conste a palavra *"cheque"* correctamente redigida na língua portuguesa. E essa exigência tem acolhimento absoluto na prática bancária, como se pode verificar pela leitura de um módulo disponibilizado por uma Instituição de Crédito para, uma vez preenchido, servir como cheque.

Paralelamente com o regime uniforme do cheque e com a protecção penal dispensada ao respectivo uso, foram criadas normas técnicas que, configurando pontual e especificamente derrogações à própria Lei Uniforme, se destinariam a facilitar a circulação, pagamento e compensação desses instrumentos.

**III.** Em 1981, com a aprovação da *Norma Portuguesa Provisória de Cheque-Cliente*, surgiria em Portugal o chamado *cheque normalizado*.

Os impressos de cheques encontravam-se até então materialmente ligados em cadernetas (ou talonários), dos quais se destacavam, em regra depois de preenchidos, por um picotado. Processando-se a compensação manual, para proceder ao correcto pagamento do cheque, haveria apenas que verificar os elementos dele constantes, nomeadamente a autenticidade e regularidade do saque.

No início da década de oitenta, a *Norma Portuguesa* veio normalizar os cheques, determinando com precisão as especificidades que os impressos deveriam observar, e procurando promover o correcto e adequado

---

[228] Publicado no *DR* II Série, n.º 29, 2.º Supl., de 4 de Fevereiro de 1998, data desde a qual se encontra em vigor.

[229] Publicada no *BNBP* n.º 2/98, de 16 de Fevereiro de 1998. Entrou em vigor em 4 de Fevereiro de 1998.

[230] Instr. n.º 25/2003, publ. no *BO* n.º 10, de 15 de Outubro de 2003 [alterada pelas Instruções n.º 10/2005 (publ. no BO n.º 4, de 15 de Abril de 2005) e n.º 4/2007 (publ. no *BO* n.º 3, de 15 de Março de 2007)]. Entrou em vigor em 27 de Outubro de 2003, tendo revogado e substituído integralmente a Instrução n.º 125/96, de 15 de Outubro (publ. no *BNBP* n.º 5, de 15 de Outubro de 1996) (cfr. n.º 38), e seria revogada pela Instr. do BdP n.º **3/2009**, de 16 de Fevereiro, que aprovou o novo SICOI.

## Perspectiva histórica

preenchimento dos mesmos, com respeito pela (nova) linha óptica destinada a assegurar o tratamento automatizado dos cheques movimentados no sistema bancário e apresentados a pagamento, bem como a instituir a telecompensação desses documentos bancários.

**IV.** O *desenvolvimento das tecnologias de informação* e a introdução da moeda única europeia (o Euro), em Janeiro de 1999, coexistindo inicialmente com o escudo, configurado como subunidade de moeda comum europeia e a partir de 2002 – com o desaparecimento da circulação das moedas nacionais –, como única unidade monetária com curso legal em Portugal[231], viria a impor a substituição da *Norma Provisória* pela *Norma Técnica do Cheque*, determinada pela Instrução n.º 9/98 do Banco de Portugal[232]. As novas regras passaram a abranger todo o tipo de cheques susceptíveis de compensação em Portugal, tendo, durante cerca de três anos, sido possível emitir, sobre as mesmas contas bancárias, cheques em escudos e em euros.

Em 27 de Outubro de 2003, a Instrução n.º 9/98 seria substituída pela **Instrução n.º 26/2003**, de 15 de Outubro de 2003 (publicada no *BNBP* n.º 10/2003), que regula actualmente a **Norma Técnica do Cheque** e que se limitou, fundamentalmente, a suprimir as referências aos modelos de cheques em euros (€), tendo previsto que o *detalhe das especificações técnicas e de segurança obrigatórias* passa a constar *do documento "Especificações Relativas à Norma Técnica do Cheque"*, e não de anexo ao Manual de Funcionamento da Telecompensação de Cheques (cfr. n.º 12). Em conformidade com o próprio texto, a Norma Técnica «*destina-se a uniformizar o documento-cheque, tendo em vista facilitar a sua utilização como meio de pagamento e o seu tratamento em sistemas automatizados, designadamente através da utilização das tecnologias de leitura óptica (OCR-B); Reconhecimento Inteligente de Caracteres; e de tratamento de imagem*» [n.º 2.1 (*Objectivo da Norma*)]. Para realização do objectivo prosseguido, a Norma Técnica define diversos *aspectos* (n.º 2.2), desde a *apresentação* (n.º 3), *formato* (n.º 4), *e*

---

[231] Cfr. Paulo de PITTA E CUNHA, «O Euro», RFDUL, vol. XVI, n.º 2, Coimbra Editora, **2000,** pp. 599-610, e *Direito Europeu*. Instituições e políticas da União, Almedina, Coimbra, **2006**, pp. 157-159.

[232] Publicada no *BNBP* n.º 5, de 15 de Maio de 1998, e que seria, entretanto, substituída pela Instrução n.º 26/2003. Extinto o Escudo, como moeda oficial portuguesa, subsistem hoje apenas módulos de cheques em Euros.

76         *Cheque e Convenção de Cheque*

*respectiva configuração* (n.º 5), passando pela *disposição do texto (obrigatório)* (n.ᵒˢ 6 e 15) e *impressão* (n.ᵒˢ 7 e 8), pelas *características do papel* (n.º 9) e *requisitos das tintas a utilizar* (n.º 10), e acabando na *segurança* (n.ᵒˢ 11 e 12). A Norma conclui com regras sobre *produção e controlo de qualidade* (n.º 13) e com os *modelos* de módulos (n.º 15), os quais não se podem confundir com os cheques que resultam do respectivo preenchimento[233].

**V.** O **Aviso n.º 1741-C/98**, publicado no Diário da República (II Série, n.º 29, de 4 de Fevereiro de 1998), na sequência da alteração do Regime Jurídico do Cheque (DL 454/91, de 28 de Dezembro), ocorrida em 1 de Janeiro de 1998 (por efeito do DL 316/97, de 19 de Novembro), era destinado «*aos bancos, à Caixa Geral de Depósitos, às caixas económicas, à Caixa Central de Crédito Agrícola Mútuo e às caixas de crédito agrícola mútuo*» (n.º 1), e está em vigor desde a data da sua publicação (n.º 35): 4 de Fevereiro de 1998.

O Aviso, que estabelece os casos em que o banco pode justificadamente recusar-se a pagar cheques de montante não superior a 12.500$00 (cfr. n.ᵒˢ 32 e 33) – limite máximo de valor pelo qual as instituições de crédito eram à época obrigadas a pagar cheques, mesmo sem provisão –, disciplina o fornecimento dos módulos de cheques (cfr. n.ᵒˢ 2, 4 a 6), regula os motivos e o processo de rescisão da convenção, incluindo a aplicação da medida a co-titulares (cfr. n.ᵒˢ 7 a 9 e 19 a 23), determina a inclusão de qualquer entidade objecto de rescisão da convenção em listagem de utilizadores de cheque que oferecem risco (n.ᵒˢ 24 e 26), os efeitos dessa inclusão e da rescisão da convenção (cfr. n.ᵒˢ 4, 18, 26, 31 e 34), as formas como a irregularidade pode ser colmatada (cfr. n.ᵒˢ 10 a 15 e 17) e como a inibição pode cessar (cfr. n.ᵒˢ 28 e 29), e a informação que lhes deve estar associada (cfr. n.ᵒˢ 24 e 25, 27 e 30).

**VI.** Alguns dias após a publicação do Aviso, seria divulgada[234] a **Instrução n.º 1/98** – destinada às mesmas entidades (cfr. n.º 1), mas com efeitos retroactivos a 4 de Fevereiro (cfr. n.º 25) – com o objectivo de regulamentar as notificações e comunicações a ocorrer no âmbito do

---

[233] Distinguindo, claramente, os efeitos penais da subtracção ou preenchimento abusivo de cheques e do desvio de módulos (por preencher), cfr. **AcSTJ de 19 de Janeiro de 1999** (FLORES RIBEIRO), *CJ/AcSTJ*, ano VII, t. I, 1999, pp. 189-190.

[234] *BNBP* n.º 2, de 16 de Fevereiro.

Regime Jurídico do Cheque, para a sanação das irregularidades (n.ᵒˢ 2 e 5), para a rescisão da convenção (n.ᵒˢ 3 e 4, 6 e 7), para a celebração de nova convenção (n.ᵒˢ 8 a 10), as condições para a inclusão (n.º 15) ou remoção da *lista negra* (n.ᵒˢ 16 e 17).

**VII.** No que se refere aos aspectos técnicos inerentes ao cheque e às normas emanadas do Banco de Portugal, nada mais há a acrescentar de relevante. Refira-se apenas, a título de curiosidade, que a prática bancária portuguesa tem vindo a adoptar o método de limitar a data de validade do cheque, apondo nos módulos um limite temporal para a sua utilização. Fica por esclarecer se esse limite se aplica em relação à data de apresentação – circunstância em que constitui uma prescrição antecipada do título de crédito – ou à data de emissão, *prescrevendo* o cheque apenas no prazo legalmente estabelecido. Terceira hipótese é considerar ainda que, aplicando-se apenas à data de emissão, o cheque deverá ser apresentado a pagamento no prazo legalmente estabelecido para o efeito, assegurando-se que foi de facto emitido dentro do limite de validade estabelecido no respectivo módulo.

Esta prática hoje generalizada, que visa permitir aos bancos controlarem o número de módulos válidos disponíveis – e que não corresponde a nenhuma obrigação legal ou regulamentar[235] –, levou o Banco de Portugal a esclarecer, aquando do surgimento dos impressos em euros[236], que nenhum cliente é obrigado a aceitar os módulos com data-limite de utilização pré-impressa se não tiver sido previamente informado, pelo Banco, de que a validade dos módulos solicitados estaria sujeita a um termo.

### 1.4.9. *O regime legal vigente*

A concluir a exposição analítica do regime jurídico do cheque, importa sublinhar que este instrumento é, presentemente, regulado pela Lei

---

[235] Diversamente do que a imprensa económica quis inculcar, ao divulgar que a limitação da validade dos módulos de cheque constituía uma imposição do Banco de Portugal, referindo-se coloquialmente à "validade dos cheques" (cfr. *Jornal de Negócios*, de 05/05/2006).

[236] Cfr. Carta-Circular n.º 11/2002/DPG, de 19 de Fevereiro de 2002 (publ. no BO n.º 3/2002, de 15 de Março), que admite expressamente a possibilidade das instituições de crédito fixarem *as condições a que subordinam a celebração dos contratos associados à movimentação por cheque das contas de depósitos dos seus clientes.*

Uniforme, resultante da Convenção Internacional de Genebra, de 19 de Março de 1931, e disciplinado pelo Decreto-Lei n.º 454/91, de 28 de Dezembro [na redacção dos diplomas publicados posteriormente (cfr., *supra*, n.º 1.4.6)], havendo ainda que contar com o § único do artigo 14.º do Decreto n.º 13 004, de 12 de Janeiro de 1927 (cfr., *supra*, n.º 1.4.3 e 1.4.7), e com as respectivas normas técnicas e regulamentos elaborados pelo Banco de Portugal (cfr., *supra,* n.º 1.4.8).

### 1.5. Referência histórica à convenção de cheque

**I.** No que se refere ao acordo para movimentação de dinheiro (*maxime*, levantando dinheiro ou efectuando pagamentos) através de cheques, haverá que distinguir diversas fases e finalidades distintas.

O cheque, como vimos, terá surgido como instrumento de levantamento de fundos. A forma adequada de o titular de uma conta proceder ao levantamento de parte ou da totalidade dos fundos que, previamente, depositara à sua ordem. Inicialmente, a convenção de cheque permitia-lhe proceder ao levantamento dos seus fundos, mediante o saque de um cheque. A convenção de cheque era, nesta fase, meramente instrumental do contrato de depósito, uma vez que se limitava a explicar como é que os fundos que o cliente (depositante) entregava ao banco (depositário), para que este os guardasse de forma segura, poderiam ser posteriormente levantados pelo próprio depositante. Numa fase inicial do comércio bancário, como actividade autónoma, a convenção de cheque não constituía um contrato autónomo, não sendo reconhecida pelos autores coevos, nem pelos juristas que, posteriormente, se debruçaram sobre esta problemática. Recorde-se, aliás, que na Baixa Idade Média o cheque não existia na sua forma actual, consistindo em instruções de saque de fundos dadas pelos clientes aos respectivos banqueiros.

Posteriormente, com a generalização das práticas bancárias, ocorrida primeiramente no Reino Unido, e com o alargamento das funções do cheque, na sequência do reconhecimento genérico deste título de crédito, o cheque adquiriria uma importância fundamental como meio de pagamento e passaria a destinar-se à circulação, ainda que de curto prazo, pelo que os efeitos do acordo celebrado entre o banqueiro e o seu cliente passariam a ter de prever aquela que se viria a tornar na principal função do cheque.

*Perspectiva histórica* 79

**II.** No entanto, numa primeira fase, a convenção de cheque não se distinguia da relação de provisão que é elemento essencial do cheque. Só no início do século passado ela viria a colher autonomia dogmática, passando nomeadamente a ser objecto de diversos estudos de índole académica[237].

---

[237] Entre os escritos que foram então produzidos no âmbito de um vasto e assinalável surto doutrinário na matéria dos títulos de crédito, embora com incidência especial no domínio da letra de câmbio – em que se produziram (sobretudo na segunda metade do século XIX e nos três primeiros quartos do século XX) trabalhos de grande mérito juscientífico* –, importa salientar alguns, por considerarmos especialmente relevantes na temática que nos ocupa:

– *Der Scheckvertrag*, de Martin WERTHER (**1909**) (Dissertação Inaugural para obtenção do grau de doutorado na Faculdade de Direito da reunida Universidade de Frederico Halle-Wittenberg, Herm. Köhler, Halle, **1909**). Tem 49 páginas de texto e encontra-se sistematizada em sete parágrafos (pp. 9-56)].

– *Die Grundsatze von Treu und Glauben im Scheckrecht*, de Josef TRASSL (**1912**), que contém um amplo capítulo sobre o contrato de cheque. [Dissertação Inaugural para obtenção do grau de doutorado na Faculdade de Direito da Universidade de Munique (Kgl. Ludwig-Maximilians Universität in München)] München, **1912** (cfr., em especial, pp. 54-84). Tem 106 páginas (pp. 5-110) e uma bibliografia relativamente reduzida.

– *Der Scheckvertrag*, de Kurt REUTHER (**1913**) (Dissertação Inaugural para obtenção do grau de doutorado na Faculdade de Direito da Universidade de Leipzig), Böttcher und Neumerkel, Crimmitschau, **1913**. A dissertação tem 48 páginas de texto (pp. 9-56), sendo especialmente interessante a parte dedicada ao tema da necessidade do contrato de cheque (cfr. pp. 19-26).

– *Wesen und Inhalt des Scheckvertrages*, de Heinrich MASLING (**1919**), que conclui ser o contrato de cheque um contrato *sui generis*. [Dissertação Inaugural para obtenção do grau de doutorado em Direito na Faculdade estadual de Direito e Ciências Económicas e Financeiras da Universidade de Wilhelm, Münster, Vestefália, **1919** (cfr., em especial pp. 48-50)]. Composta por 74 páginas de texto, a dissertação de MASLING compreende um amplo capítulo sobre as diferentes teorias sobre o contrato de cheque (pp. 13-50).

– *La Convenzione d'Assegno*, de Gianfranco GRAZIADEI (**1970**) – que considera o cheque como uma delegação de pagamento e a convenção como um acordo delegatório –, publicada pela Morano, Napoli, **1970** (cfr., em especial, pp. 9-14, 147-149). Curiosamente, ao longo das 214 páginas (pp. 5-218) do deu livro, GRAZIADEI não faz qualquer referência à evolução deste contrato, nem tão pouco o situa historicamente. Deste autor cfr., também, «Convenzione d'assegno e conto corrente bancario», *BBTC*, anno XXXII, I, **1969** (pp. 149-177).

* Para além de ser eminentemente subjectivo, constituiria arrojo excessivo e extravasaria do objecto da nossa investigação, proceder a uma escolha de autores ou de obras relevantes nessa matéria. As principais – quer sejam nacionais, quer sejam estrangeiras –

# 80 Cheque e Convenção de Cheque

A pujança da doutrina alemã, na qual encontramos diversos trabalhos académicos sobre o contrato de cheque (*der Scheckvertrag*) nos primeiros dois decénios do século vinte[238], não é alheia à publicação de uma lei do cheque em 1908, que levaria diversos autores a abordar esta temática.

Embora seja óbvio, importa salientar que a selecção dos textos enunciados em nota (237) é eminentemente subjectiva, não deixando de reflectir, em nossa opinião, a perda de importância que o cheque e os contratos que o envolvem iriam registar na Alemanha, na segunda metade do século XX. Por sua vez, a abordagem anglo-americana da problemática é diferente, como se sabe, centrando o estudo da matéria em dois pólos: no cheque propriamente dito e na relação entre o banqueiro e o seu cliente, pelo que não são conhecidos estudos que abordem *ex professo* a convenção de cheque, que se enquadra na referida relação complexa de clientela, a que faremos referência adiante.

Nos demais países continentais[239], sobretudo nos latinos, é em Itália[240] que, tradicionalmente e até ao presente, a temática dos títulos de crédito tem assumido maior relevância relativa e, comparativamente à doutrina dos demais ordenamentos continentais, preponderância absoluta.

---

são, aliás, tão conhecidas que dispensam referências meramente informativas. Referenciando a doutrina continental significativa na matéria da letra de câmbio, com excepção de autores espanhóis, Paulo Sendin, *Letra de câmbio. LU de Genebra, I – Circulação cambiária*, Almedina, Coimbra, **1980**, pp. XXIII-XXXII. A profunda investigação do nosso professor evidencia a falta de correspondência entre as leis fundamentais dos países continentais e dos anglo-americanos, respectivamente, Lei Uniforme e *Bills of Exchange Act* ou *Uniform Commercial Code* (então anteriormente à revisão de 1990), patente no esgotamento das doutrinas germânica, austríaca, helvética, italiana, francesa, belga, para além da portuguesa, e, naturalmente, sem referências a autores anglo-saxónicos.

[238] Cfr. as dissertações referidas na nota 237.

[239] Abstemo-nos intencionalmente de abordar o conceito de convenção de cheque nos ordenamentos anglo-americanos, por ele não ter atingido a autonomia dogmática que registou nos países continentais, não obstante a relevância da prática anglo-saxónica para o adequado enquadramento de uma relação contratual global que se estabelece entre o banqueiro e o cliente, à qual não são certamente alheios os usos (locais).

[240] Constituem exemplo paradigmático desta afirmação os livros publicados em 2006 e que abordam, com desenvolvimento, a matéria dos títulos de crédito, em geral, e do cheque, em particular [cfr. AA.VV, *Trattato di Diritto Commerciale* (dir. por Gastone Cottino), vol. 7 – *I titoli di Credito*, CEDAM, Padova, **2006**, e Adolfo Tencati, *Il pagamento attraverso assegni e carte di credito*, 2ª ed., CEDAM, Padova, **2006**].

Porém, verifica-se um certo desinteresse no tratamento dogmático autónomo da matéria que investigámos e que mereceu, no passado, uma atenção especial.

**III.** A problemática da convenção de cheque conheceria em Portugal uma abordagem tardia, sendo objecto de uma primeira referência (pública) expressa, e autónoma, por FILINTO ELÍSIO, em estudo publicado, em 1968, na Revista *O Direito*, sobre «A revogação do cheque»[241].

Mais tarde, é de salientar o parecer proferido por FERRER CORREIA e ANTÓNIO CAEIRO, que seria publicado sob o título, «Recusa do pagamento de cheque pelo Banco sacado; responsabilidade do Banco face ao portador», [*RDE*, IV-2, **1978** (pp. 447-473)][242], e que influenciaria decisivamente a jurisprudência nacional subsequente.

Finalmente cabe referir o relatório de mestrado apresentado por SOFIA GALVÃO, *Contrato de cheque*, LEX, Lisboa, **1992**, que seria publicado também, com diferenças irrelevantes e sob outra designação – «Contributo para o estudo do contrato de cheque» – na *ROA*, ano 52, 1992 (pp. 45-121).

E a estes títulos se resume o estudo da convenção de cheque na doutrina portuguesa. Como procuramos demonstrar neste trabalho académico, havia ainda espaço para a construção que propomos e que esperamos venha a contribuir para uma futura uniformização das decisões dos tribunais portugueses na matéria do cheque e, em especial, dos efeitos da convenção estabelecida entre os respectivos sacador e sacado.

**IV.** Com efeito, no que respeita à jurisprudência – como iremos ver mais pormenorizadamente adiante (cfr. n.os 20.4.3, 24.1 e 24.7) –, encontramos diversos acórdãos sobre a convenção de cheque e os seus efeitos, evidenciando claras divergências, em especial desde 1977 até ao presente, embora com particular incidência no tema da rescisão da convenção por imposição legal como consequência do mau uso do cheque. Contudo, as decisões que reconhecem a convenção de cheque, ainda que para se pronunciar sobre aspectos ligados à rescisão do contrato, constituem uma

---

[241] *O Direito*, ano 100.º, **1968** (pp. 450-505).

[242] Não tivemos acesso ao (texto do) Parecer que FERRER CORREIA terá elaborado a propósito de uma acção que terá corrido os seus termos nos anos sessenta do século passado, e que se encontra referenciado no estudo de FILINTO ELÍSIO, «A revogação do cheque», *O Direito*, ano 100.º, **1968** (pp. 450-505), p. 488, nota 1.

## 82 Cheque e Convenção de Cheque

minoria relativamente à jurisprudência sobre o cheque, muito centrada nos efeitos jurídicos resultantes das vicissitudes inerentes ao deficiente uso deste meio de pagamento, no domínio jurídico-criminal (*maxime*, quando não tem provisão) e no plano da responsabilidade emergente da sua falsificação. Como também veremos adiante (*infra*, n.º 8), a jurisprudência é vasta acerca da qualificação do cheque como título executivo.

Vejamos, em seguida, qual o papel do cheque, como meio de pagamento, no mundo actual.

### 1.6. O cheque no mundo actual; crítica da *cashless society*

**I.** Os cartões de crédito e as transferências manuais, primeiro, e os meios electrónicos de pagamento (por débito ou transferência), depois, vieram pôr em causa o relevo e importância do uso do cheque e retirar--lhe parte do seu protagonismo no mundo contemporâneo[243]. O recurso

---

[243] Trata-se de uma óbvia e tosca simplificação da evolução do sistema de pagamentos a partir da segunda metade do século XX. Com efeito, é possível identificar diversas fases na evolução do sistema de pagamentos no caminho para uma sociedade sem cheques (*checkless society*). Nesse sentido, vd. Donald I. BAKER / Roland E. BRANDEL / James H. PANNABECKER, *The law of electronic fund transfer systems: legal and strategic planning*, 2 vols., 4ª ed., A.S. Pratt & Sons, Arlington, **1999** (actual. **2006**), pp. 1.1-1.36, para quem ocorreram (nos EUA) pelo menos sete marcos (*mileposts*) relevantes: o primeiro, no início dos anos cinquenta, consistiu na expansão da banca de retalho; os segundo e terceiro, quase simultaneamente, corresponderam, nos finais dessa década, ao desenvolvimento do reconhecimento dos caracteres de tinta magnética [*magnetic ink character recognition (MICR)*] e à entrada dos bancos comerciais como emitentes de cartões de crédito; o quarto consistiu no desenvolvimento do pagamento dos serviços e procedimentos, ocorrido em meados dos anos sessenta, que, mais tarde, seria conhecido por EFTS (*Electronic Funds Transfer System*). O quinto marco situou-se ainda no âmbito do EFTS e correspondeu à consolidação do sistema a nível federal, incluindo a constituição de uma cadeia de câmaras de compensação automáticas, a ampliação e modernização dos sistema de ATM's (*automatic teller machine terminals*), um aumento da capacidade dos POS (*point of sales transactions*). Verificaram-se desenvolvimentos tecnológicos no procedimento de autorizações de cheques, no crescimento do sistema de débitos e créditos pré-autorizados, na criação de novos serviços de transferência interbancárias, bem como a introdução de novos tipos e cartões bancários e a criação de produtos de *home banking*. O sexto pilar, contemporâneo do final dos anos oitenta, concretizou-se na expansão e elaboração de novas tendências no domínio do EFTS e, baseando-se numa evolução

# Perspectiva histórica

generalizado à Internet para a concretização de transacções comerciais[244] – permitindo que todos os aspectos da operação, desde o pedido, a compra, a entrega do bem ou serviço e o pagamento se processem através da

técnica prodigiosa a nível informático e de comunicações, procurou reforçar os sistemas de segurança e a rapidez no processamento dos meios de pagamento, com especial incidência nos serviços de *home banking*. Finalmente, o sétimo marco – e que não era identificado na 2ª edição do livro, então apenas de D. BAKER e de BRANDEL [*The law of electronic fund transfer systems*, 2ª ed., Warren, Gorham & Lamont, Boston/New York, **1988** (1994 Cumulative Supplement N.º 1 prep. por James Stanislaw), pp. 1.1-1.29] – consistiu na aprovação, em Outubro de 2003, do *Check Clearing for the 21st Century Act* (também conhecido por *Check 21 Act*), através do qual o Congresso, reconhecendo as severas limitações resultantes da necessidade de transporte dos cheques em papel, legislou com a finalidade de estabelecer um novo paradigma de processamento dos cheques, encorajando o uso de substitutos do cheque, promovendo a inovação nos sistemas de cobrança (*check collection*) dos cheques e procurando incrementar a eficiência global do sistema nacional de pagamentos) (cfr. p.1-2).

Sobre o *Check 21 Act* – que entrou em vigor em 28 de Outubro de 2004 –, vd., por todos, Paul S. TURNER, *Analysis of the Check Clearing for the 21st Century Act ("Check 21")*, Lexis/Nexis, **2004** (cfr., em especial, pp. 3-10).

A conversão do documento (cheque em papel) num registo electrónico, que reproduza a face e o verso do cheque, uma vez apresentado a pagamento, aumenta as dificuldades na detecção de desapossamentos (falsificações), visto que a eliminação do original torna impossível a análise de impressões digitais e dificulta uma correcta análise da letra. Chamando a atenção para estes, e outros aspectos, suscitados pelo *Check 21*, DAVID MITCHELL, «The check is in the data pipeline?», *Chicago DailyLaw Bulletin*, February 13, **2006**, p. 3.

Na doutrina portuguesa, cfr. o resumo da intervenção oral de Paulo PITTA E CUNHA, no Seminário de Direito Bancário da FDL organizado em Novembro de 1997, «O processo de desmaterialização da moeda», in AA.VV., *Estudos de Direito Bancário*, FDUL / Coimbra Editora, **1999** (pp. 209-211) [estudo republicado com o mesmo título, mas com correcções na *ROA*, ano 67, **2007** (pp. 547-549)], onde se considerava estarmos já «no limiar da era da moeda electrónica» (p. 211).

[244] Para uma percepção adequada deste fenómeno, cfr. a tese de doutoramento de Jose Luis MATEO HERNÁNDEZ, *El dinero electrónico en internet. Aspectos técnicos y jurídicos*, Comares, Granada, **2005**, em especial pp. 56-89, 353-360, 394-396.

Importa chamar a atenção para o facto de o pagamento através da Internet não constituir, por si, um novo meio (de pagamento), mas de ter sido criado um novo instrumento destinado, essencialmente, a pagamentos por Internet: o dinheiro electrónico, que consiste «no armazenamento na memória de um computador ou de um cartão específico criado para o efeito de um determinado valor monetário que permita a realização completa de pagamentos em linha (rede)» (MATEO HERNÁNDEZ, *El dinero electrónico en internet*, cit., **2005**, pp. 86-87, e, para mais desenvolvimentos, pp. 105-184, em especial pp. 109-110, 115-126, 145-160). Trata-se, pois, de um novo meio de pagamento, com utilização preferencial na Internet.

rede[245] – acentuou uma clara alteração na utilização dos meios de pagamento e contribuiu para afectar o cheque, na sua função principal, a pagamentos específicos, passando a justificar-se essencialmente em operações individualizadas.

O cheque nunca teve a mesma relevância em todas as jurisdições, tendo o seu uso variado enormemente de Estado para Estado[246], havendo que distinguir os países tradicionalmente *de cheque* – como Portugal, a França, a Bélgica, a Itália, o Reino Unido e os Estados Unidos da América – dos países *de giro*, casos da Alemanha, Áustria, Holanda, Suécia e Suíça[247].

No último quartel do século XX, começou a criar-se a convicção de que o dinheiro de plástico[248] e o substancial aumento das transferências[249]

---

[245] Neste sentido, MATEO HERNÁNDEZ, *El dinero electrónico en internet*, cit., **2005**, p. 56.

[246] Como Ross CRANSTON, *Principles of banking law*, 2ª ed., Oxford University Press, Oxford, **2002**, p. 256, assinala.

[247] Cfr. JOSÉ ANTÓNIO VELOZO, «"Electronic Banking": Uma introdução ao EFTS», cit., **1987** (pp. 77-155), p. 96, que, embora reconhecendo ser a estrutura de pagamentos nos EUA muito diferente da dos diversos países europeus, manifestava já há duas décadas alguma renitência em enquadrar o grande motor da economia mundial nos *países de cheque*, dado o número muito significativo de pagamentos *cashless* efectuados com cartão de crédito, o que na sua óptica aproximaria os EUA de um *país de giro*. Formulamos sérias reservas, uma vez que, subjacente à distinção entre países de cheque e de giro, está, essencialmente em causa o maior ou menor predomínio dos cheques e das transferências nas diversas economias. Os cartões de crédito, embora actuando electronicamente, podem ainda funcionar manualmente e o pagamento do saldo (da conta-cartão) pode ser efectuado por cheque, pelo que não reconduzimos as transacções por eles efectuadas a nenhuma das duas maiores categorias. Isto não invalida que se reconheça, por constituir uma evidência, o peso sempre crescente das transferências a nível mundial.

Do mesmo autor, cfr. «A desinstitucionalização dos pagamentos cashless nas redes electrónicas e os seus efeitos de deslocação e redistribuição do risco: algumas notas para uma análise de regulamentação», AA.VV., *Estudos em homenagem ao Professor Doutor Manuel Gomes da Silva*, Faculdade de Direito da Universidade de Lisboa, **2001** (pp. 1189-1286), pp. 1192-1193.

[248] Esta expressão corresponde à tradução do inglês *plastic money* e é de tal forma apelativa que foi usada no título do livro de Adelino LOPES AGUIAR, publicado em 1990 (*O dinheiro de plástico. Cartões de crédito e de débito. Novos meios de pagamento*, Rei dos Livros, Lisboa, **s/d**, mas depósito legal de **1990**), que, não sendo uma obra profunda, constituía, na época da sua publicação em Portugal, o reconhecimento de uma nova realidade.

[249] Neste sentido, claramente, Douglas WHALEY, *Problems and Materials on Commercial Law*, 7ª ed., Aspen Publishers, New York, **2003**, pp. 641-642, referindo-se a uma próxima *less-check society*.

Mais de vinte anos antes, embora reconhecendo que a prevista substituição dos cheques (e do numerário) pelas transferências electrónicas de fundos (EFT), «como

# Perspectiva histórica

deveriam conduzir-nos à chamada *cashless society* ou sociedade sem numerário, aparentemente mais segura e cómoda[250].

Constitui também exemplo desta (nova) sociedade o chamado porta-moedas electrónico, complemento dos cartões de crédito e de débito utilizados em operações de maior valor, e que, no nosso país, não teve o acolhimento que se aguardava, diversamente do que aconteceu noutros Estados europeus, e dos chamados *smart cards* (cartões inteligentes)[251]. Muito recentemente começou a falar-se da massificação de pagamentos por telemóvel, através de uma nova tecnologia chamada *"nearfield communication* (NFC)"*, a qual permitirá desenvolver o sistema de pagamentos *"contactless"*, em que o instrumento de pagamento não entra em contacto físico com o respectivo beneficiário, como sucede com o numerário, cheques ou cartões. O dispositivo "NFC" é introduzido dentro do

---

principal método para troca de valor nos Estados Unidos», não havia ocorrido, KARLA Harbin Fox, «Another Step Towards the Cashless Society? The 1978 Federal Electronic Fund Transfer Act», *American Business Law Journal*, vol. 18, n.º 2, **1980** (pp. 209-224), p. 209, considerava que o Electronic Fund Transfer Act de 1978 constituía mais um degrau no caminho da *cashless society* (cfr. pp. 223-224).

[250] Esta *sociedade* havia sido perspectivada no final do século XIX por Edouard Bellamy, em obra de ficção – como assinala também LOPES AGUIAR, *O dinheiro de plástico* cit., p. 11 –, na qual constrói um cenário futurista, passado no ano 2000, em que o dinheiro na sua expressão tradicional, representada por notas e moedas, cede o lugar a um cartão de crédito, com características especiais e que permitia efectuar diversos pagamentos.

No entanto, seria nos anos sessenta que a *checkless society* seria prevista para o final do século (Barkley CLARK/BARBARA CLARK, *The law of bank deposits, collections and credit cards*, 6ª ed., A.S. Pratt & Sons / Thomson Finantial, Arlington, **2006**, pp. 1-49 e 1-50), sem que tal previsão se viesse afinal a confirmar.

Optando pela expressão, mais abrangente, *paperless society*, para exprimir a mesma realidade, John F. DOLAN, *Uniform Commercial Code*, Little, Brown and Company, Boston/Toronto/London, **1991**, pp. 383-384.

Esta expressão (*paperless*), mais ampla, começa a colher adeptos na Europa. Nesse sentido, e a título exemplificativo, cfr. Antonino VÁSQUEZ BONOME, *Todo sobre la Letra, el Pagaré y el Cheque*, Difusión Jurídica, Madrid, **2005**, que escreve sobre «hacia una sociedad sin papeles» (pp. 44-47).

Em Portugal, as primeiras referências a esta nova concepção de sociedade encontram-se em Paulo de PITTA E CUNHA, *A moeda e a política monetária nos domínios interno e internacional*. Esquema de um curso de Economia Monetária, sep. da RFDL, vol. XXIII, Lisboa, **1970**, p. 32.

[251] Sobre os sistemas que gerem este tipo de cartão (*smart card systems*), cfr. PAGET's *Law of Banking*, **2007**, pp. 396-397.

telemóvel e permitirá ao seu proprietário efectuar pagamentos de reduzido valor por simples aproximação do aparelho a um leitor que activará
um circuito electrónico no dispositivo "NFC" – sem digitação de qualquer PIN[252], à semelhança do que acontece com o porta-moedas
electrónico –, o qual permitirá uma rápida troca de dados para efectuar
a transacção, que implicam a dedução de um montante no valor pré-
-armazenado nesse dispositivo e o correspondente crédito na conta do
titular do leitor[253]. Já com recurso a um PIN poderão ser efectuados *on-
-line*, por meio de telemóvel, pagamentos de elevado valor.

**II.** Importa referir que a generalização e os avanços da informática,
nomeadamente nos computadores e noutros sistemas de informação, de
que também já fazem parte os telemóveis, vieram introduzir grandes
melhorias e adaptações no processo clássico baseado no papel. Assim, o
sistema do cheque – «desenvolvido numa época em que o modo mais
fiável de demonstrar a criação de uma obrigação de pagamento constituía
em fixar a informação relevante na forma física de um cheque em papel»[254] – veio a ser objecto de óbvios progressos em todas as suas fases,
desde a emissão do cheque, pelo sacador, passando pela sua recepção
pelo beneficiário e terminando no depósito que este faz no seu banco e
no pagamento pelo (banco) sacado através de uma câmara de compensação (se os bancos depositário e sacado não coincidirem).

**III.** Sublinhe-se, no entanto, que na *cashless society* não é apenas o
cheque que é colocado em causa; o uso de notas e moedas é igualmente
questionado e, naturalmente, com maior fundamento.
Não obstante, as previsões dos analistas[255] e de alguns agentes económicos – que divergiram, nesta matéria, de juristas renomados[256] –

---

[252] *Personal Identification Number* (número de identificação pessoal).

[253] Cfr., para maiores desenvolvimentos, «A cashcall», THE ECONOMIST, vol. 382,
number 8516, February17th **2007** (pp. 67-70), p. 68.

[254] Cfr. a 1ª edição de Ronald MANN, *Payment systems and other financial transactions: cases, materials and problems*, Aspen Law & Business, Gaithersburg / New York,
**1999**, p. 59.

[255] Neste sentido, p.ex., cfr. John GAPPER, «Smart money riding on a plastic card»,
*Financial Times*, Weekend, December 11/12, **1993**, p. 11.

[256] De que constitui exemplo, Barkley CLARK/BARBARA CLARK, *The law of bank
deposits, collections and credit cards*, 6ª ed., cit., **2006**, p. 1-49.

*Perspectiva histórica* 87

(ainda) não se concretizaram, nem parece que tal venha a ocorrer nos tempos mais próximos[257].

Na viragem do século, os números relativos à utilização do cheque variavam significativamente nas transacções sem dinheiro (índice do volume de transacções): 4% na Alemanha, passando por 29% no Reino Unido e atingindo 44% em França[258], apenas para referir alguns dos principais países europeus.

É natural, contudo, reconhecer que o progresso nas comunicações e os elevados custos associados ao processamento de um cheque irão, gradualmente, transformá-lo num instrumento reservado aos bons clientes particulares e aos institucionais ou obrigar à sua adaptação e evolução para um diferente meio de pagamento[259].

**IV.** O cheque é, por definição, um instrumento individualizado e personalizado, devendo, em princípio, ser emitido por tantas vezes quantos os beneficiários da ordem de pagamento do cliente. Diversamente uma instrução para transferência, com discriminação dos beneficiários e diferenciação dos montantes a receber permitirá uma muito maior

---

[257] Na 3ª edição, em 1990, Barkley CLARK (*The law of bank deposits, collections and credit cards*, 3ª ed., Warren, Gorham & Lamont, Boston/New York) previa que a *checkless society* estaria a uma distância de, pelo menos, trinta anos. Na edição actualizada, de **2006**, escrita com a colaboração da sua mulher, Barbara (CLARK), vem mesmo reafirmar não se encontrar a *checkless society* à vista [«no checkless society in sight» (p. 1-50)]. Na mesma edição, que é a última, os CLARK reportam um aumento do número absoluto de cheques nos Estados Unidos da América, computado em 2% (cfr. pp. 1-49/1-50).

A própria revista THE ECONOMIST, de 17 de Fevereiro de 2007, sempre na vanguarda da divulgação dos (novos) meios de pagamento, em artigo subordinado ao tema «The end of the cash era» (vol. 382, number 8516, p. 11), afirmava que «ainda vivemos firmemente numa sociedade de numerário» (*cash society*).

[258] Cfr. Ross CRANSTON, *Principles of banking law*, 2ª ed., cit., **2002**, p. 257. Reconhecendo que o volume de cheques continua a diminuir, correspondendo em 2005 a cerca de metade do ano em que, no Reino Unido, atingiu o pico (1990), PAGET's *Law of Banking* (13ª ed., cit., **2007**), p. 319.

[259] Referindo o cheque dito virtual (ou electrónico) que terá surgido nos Estados Unidos – e foi lançado em França, designadamente pela Caixa de Poupança – e que permite pagamentos de compras na net (*online*), mas que «não pode ser considerado como um título de crédito (*un effet de commerce*) e como um cheque no sentido do Código Monetário e Financeiro», Stéphane PIEDELIÈVRE, *Instruments de crédit et de paiement*, 4ª ed. Dalloz, Paris, **2005**, p. 231.

simplificação de processos, embora, por natureza, a quantia transferida não possa ser circulável sem nova instrução.

Compreende-se, assim, que, no plano dos pagamentos massificados, e periódicos, seja muito mais simples fornecer uma indicação global ao banco para este processar as referidas transferências, pressupondo-se que os beneficiários concordam em receber o pagamento domiciliado numa certa instituição de crédito.

Aliás, existe presentemente um instrumento designado *carta cheque* que permite ao cliente (com natureza empresarial) instruir o banco para proceder a pagamentos através de cheques bancários, nomeadamente quando ignora os NIB ou IBAN[260] dos beneficiários ou estes pretendam receber em cheque, e não por transferência. A *carta cheque*[261] consiste numa instrução transmitida ao banco – revestindo a forma de ficheiro em formato específico –, por uma das vias de comunicação que o banco disponibiliza para esse efeito, para que o banco emita cheques em favor de diversos beneficiários. Trata-se de um instrumento análogo a uma instrução de transferência.

**V.** Se ponderarmos, contudo, a segurança inerente à utilização dos diversos meios de pagamento conhecidos, e designadamente se, nesse plano, confrontarmos a utilização do cheque com as transferências de fundos, os meios electrónicos de pagamento (sobretudo transferências[262]),

---

[260] O NIB é o Número de Identificação Bancária correspondente a uma determinada conta aberta em Portugal, ao passo que o IBAN é o Número Internacional de Conta Bancária (*International Bank Account Number*), usado para facilitar as transferências internacionais. Cfr. Gregor C. HEINRICH, *International initiatives towards harmonization in the field of funds transfers, payments, payment systems, and securities settlements*, *http://www.bis.org/forum/ amresearch.htm*, Basel, **2001** (actual. **2006**), p. 30.

Em Portugal, o NIB é formado por 21 dígitos, correspondendo 4 ao código do banco, 4 ao do balcão, 11 ao número de conta e 2 de controlo, ao passo que o IBAN é composto por 25 dígitos e apresenta o seguinte formato: «*PTkk BBBB BBBB CCCC CCCC CCCk k*», correspondendo *PT* às iniciais do país, *B* ao código do banco [os primeiros 4 identificam o banco, e os segundos (5-8) o balcão (agência)], *C* ao número da conta e *k* a dígitos de controlo.

[261] Cfr., a título de exemplo, os sítios do Banco Espírito Santo (*www.bes.pt*) e do Banco Santander (*www.santander.pt*).

Referindo que o verdadeiro cheque electrónico ainda não tem existência, cfr. Ronald MANN, *Payment systems and other financial transactions: cases, materials and problems*, 3ª ed., Aspen Publishers, Gaithersburg / New York, **2006**, p. 177.

[262] Sobre as fraudes a que estão sujeitas as transferências electrónicas de fundos, vd. RITA COELHO SANTOS, *O tratamento jurídico-penal da transferência de fundos monetários*

nomeadamente quando actuados entre instituições de crédito, podem parecer mais seguros do que o cheque.

Com efeito, há autores[263] que, confrontando o cheque com a transferência, concluem não serem os riscos de falsificação do título de crédito inferiores às vicissitudes que possam ocorrer com as transferências, que se processam necessariamente entre bancos. Trata-se de uma conclusão que julgamos falaciosa e não partir de premissas idênticas. A fraude com o preenchimento do cheque por mandatários ou colaboradores do sacador não se pode comparar com eventuais problemas que possam surgir nas transferências interbancárias, mas sim com a transmissão de instruções pelo cliente (ou quem pretensamente o representar), para que as transferências sejam efectuadas. Os riscos inerentes a um deficiente processamento interbancário da transferência *versus* aqueles que são inerentes à compensação a que o cheque depositado está sujeito no sistema bancário, não desfavorece o título de crédito, pelo que não vislumbramos diferenças sensíveis entre um e outro meio de pagamento, em matéria de segurança. Fundamental é que, em qualquer caso, sejam observados pelo cliente escrupulosos deveres de diligência.

**VI.** Há que reconhecer que, não obstante o enorme progresso tecnológico a nível de telemática (comunicações e informática), mesmo nas sociedades mais avançadas, o numerário (notas e moedas metálicas) e os cheques – estes utilizados sobretudo para pagamentos de grandes quantias[264] – continuam a beneficiar dos favores do público. E se, naturalmente, perdem terreno em termos relativos para outros meios de pagamento – mais cómodos e mais baratos –, o aumento geral de riqueza e o fortalecimento das grandes economias tem permitido manter os números absolutos registados nos países em que o cheque tradicionalmente assume maior importância, como é o caso dos Estados Unidos da América, de França e de Portugal.

---

*através da manipulação ilícita dos sistemas informáticos*, BFDUC, Coimbra Editora, **2005**, em especial pp. 59-61, 115-116.

[263] Como é o caso de Nicole L'HEUREUX, *Le droit bancaire*, Revue de Droit Université de Sherbrooke, Sherbrooke, **1988**, p. 348.

[264] Trata-se de um dado que não recolhe consenso. Cfr. CRANSTON, *Principles of banking law*, 2ª ed., cit., **2002**, p. 257, que refere que o volume de transacções pagas por cheque excede o respectivo valor que percentualmente é menos significativo, uma vez que o cheque será principalmente utilizado para transacções de retalho, como alternativa a dinheiro e cartões de crédito.

Ao mesmo tempo, em termos de segurança, os novos meios electrónicos de pagamento apresentam ainda alguma vulnerabilidade[265], a que não é estranho o desenvolvimento, em paralelo com o progresso imparável das novas tecnologias ao serviço da ciência e da economia, de meios infelizmente quase perfeitos de interferência nos processos de pagamento electrónicos, que permitem a agentes criminosos operar fraudulentamente a nível de contas-cartão e de contas bancárias em geral[266], o que pode ocorrer com frequência sem que os titulares dos cartões e das contas afectadas tenham tido uma conduta menos diligente[267]. Esta situação não pode deixar-nos insensíveis e justifica, em alguma medida, nomeadamente quando estão em causa transacções que envolvem montantes significativos, o recurso a meios de pagamento tradicionais, nos quais ocupa lugar de destaque o cheque[268].

---

[265] Referindo a atenção para a maior facilidade das fraudes na utilização de cartões de pagamento: Rémy LIBCHABER, *Recherches sur la monnaie en droit privé*, LGDJ, Paris, **1992**, p. 163, e MANN, *Payment systems and other financial transactions: cases, materials and problems*, 3ª ed. cit., **2006**, p. 177.

Enunciando os diversos riscos inerentes à utilização de dinheiro electrónico – que decompõe em operacionais, de reputação e legais –, e equacionando e classificando os problemas que se podem suscitar em relação à segurança das diversas formas de dinheiro electrónico e abordando as medidas de segurança de carácter preventivo que se revelam adequadas, MATEO HERNÁNDEZ, *El dinero electrónico en internet*, cit., **2005**, pp. 396-398 e 436-461.

Em Portugal, abordando os efeitos do pagamento através de caixas automáticas, nomeadamente os benefícios, os riscos e os prejuízos das operações de pagamento electrónico, AMÁVEL RAPOSO, «Alguns aspectos jurídicos dos pagamentos através das caixas automáticas: responsabilidade civil e prova», *BMJ* n.º 377, **1988** (pp. 5-31), pp. 7-11.

[266] Sobre a criminalidade informática e o crime informático, vd. RITA COELHO SANTOS, *O tratamento jurídico-penal da transferência de fundos monetários através da manipulação ilícita dos sistemas informáticos*, cit., **2005**, em especial pp. 28-35 e 39-42.

[267] Chamando a atenção para este paradoxo, há mais de vinte anos, LASKY, «The cashless society – reality or myth», cit., **1984**, p. 1207. Assinalando estas vicissitudes, embora admitindo que as mesmas pudessem vir a ser reduzidas com a divulgação do chamado «Cartão Memória», cfr. LOPES AGUIAR, *O dinheiro de plástico. Cartões de crédito e de débito. Novos meios de pagamento*, cit., s/d (mas depósito legal de **1990**), pp. 67-69, para quem os delitos criminais se verifica(va)m *a dois níveis:*
*a) pela intercepção da comunicação por terceiros com alteração dos dados transmitidos e desvio dos fundos;* e
*b) pela alteração/falsificação dos dados por intervenientes directos na operação (empregados e operadores)*, para *contas bancárias secretas* por eles controladas.

[268] A utilização de numerário para grandes operações depara na actualidade com a dificuldade resultante das limitações impostas para controlo do branqueamento de capitais.

# CAPÍTULO II
# Regime jurídico do cheque

## 2. Caracterização do cheque

### 2.1. Conceito

**I.** O cheque é uma ordem escrita sobre um banco para que pague ao emitente ou à pessoa inscrita como (último) beneficiário uma certa importância em dinheiro, com base em fundos para o efeito disponíveis[269]. Constitui um meio de pagamento que foi criado com vista a substituir o uso de notas e moedas metálicas (numerário) na execução de pagamentos.

Mas se o cheque é essencialmente uma ordem de pagamento dada a um banqueiro e é, classicamente, um título de crédito, o que significa – seguindo de muito perto, senão mesmo parafraseando, VIVANTE[270] – que é um documento necessário para exercer o direito literal e autónomo nele mencionado; é imprescindível para a constituição do direito, para o seu exercício e transferência[271]. É um documento (*título de crédito*) que uma pessoa (o *sacador*) emite à sua ordem, à ordem de terceiro (caso em que,

---

[269] Cfr. o nosso estudo «O cheque enquanto título de crédito: evolução e perspectivas», *in* AA.VV., *Estudos de Direito Bancário*, FDUL/Coimbra Editora, **1999** (pp. 243--260), p. 243.

[270] *Instituições de Direito Commercial*, tradução do original (1909), Livraria Clássica Editora, Lisboa, **1910**, pp. 136-139.

[271] «Emquanto o titulo existe, é elle o signal imprescindivel do direito», VIVANTE, *Instituições de Direito Commercial*, cit., p. 137.

# 92 *Cheque e Convenção de Cheque*

coloquialmente, se designa impropriamente por cheque nominativo) ou do portador [ou, o que é equivalente, sem indicação do beneficiário (cfr. art. 5.º /6 da LUCh)], sendo a ordem de pagamento (incondicional) (art. 1.º, n.º 2 da LUCh) dada sobre uma instituição de crédito (banco *sacado*)[272], na qual o sacador ou emitente tem constituído um depósito em dinheiro (*provisão*), ou dispõe de crédito (cfr. art. 3.º da LUCh)[273].

**II.** A ordem de pagamento pressupõe a existência de:
– um contrato estabelecido entre o banco (sacado) e o cliente (sacador), designado "convenção de cheque", por força do qual este, sacando cheques, pode proceder a pagamentos, com base em fundos disponíveis;
– uma provisão, correspondente ao crédito que o cliente/ sacador tem sobre o banco ou que este lhe concede, qualquer que seja a natureza que revista (p.ex., depósito de dinheiro e abertura de crédito).

A noção de cheque implica a disponibilidade de fundos à ordem do sacador, os quais serão entregues ao portador do título, no montante nele constante. Mas a falta de provisão (por culpa dos titulares da conta) não provoca a nulidade do título (cfr. art. 3.º, *in fine*, da LUCh), que, como se verá (*infra*, n.º 2.8), pode, na falta de pagamento pontual, ser utilizado em via de regresso, para além de poder ser, excepcionalmente, sacado à margem de uma convenção de cheque, como instrumento avulso.

Sintetizando, diríamos que o cheque é um título (à ordem ou ao portador) que incorpora o direito a uma prestação em dinheiro, a ser satisfeita por um banqueiro.

---

[272] Arts. 2.º a 4.º do Regime Geral das Instituições de Crédito e Sociedades Financeiras, aprovado pelo Decreto-Lei n.º 298/92, de 31 de Dezembro.

[273] Seguimos, quase *ipsis verbis*, a noção («Cheque – DIR.») elaborada para a *Enciclopédia Verbo*, Edição Século XXI, Verbo, Lisboa/São Paulo, vol. 6, **1998** (col. 964).

Particularmente completa afigura-se ser a definição de DE SEMO, *Trattato di Diritto Cambiario*, 3ª ed., CEDAM, Padova, **1963**, que, pela facilidade de tradução, mantemos no original: «un titolo cambiario all'ordine o al portatore, letterale, formale, autonomo, astratto, contenente l'ordine incondizionato, rivolto ad un banchiere, presso il quale l'emittente ha fondi disponibili adeguati, di pagare a vista al legittimo portatore la somma che vi è menzionata, vincolante solidalmente tutti i firmatarî verso il portatore, e munito di forza esecutiva» (p. 646).

Repare-se na coincidência das características dos títulos cambiários evidenciada por DE SEMO e as que adiante acolhemos na compreensão jurídica do cheque.

## 2.2. Formalismo

**I.** O cheque, não obstante não estar sujeito a forma especial como modo de exteriorização da vontade, está sujeito a uma forma natural – o ter de se consubstanciar em documento escrito – e requer, em conformidade com a respectiva lei base (LU), a observância de determinados requisitos, de entre os quais nos permitimos pôr em relevo desde já aquele que lhe confere um certo formalismo.

Apesar de a lei não impor que este instrumento, de necessária representação documental, adopte um modelo único (com dimensões e caracteres impressos predeterminados e idênticos nos diversos ordenamentos jurídicos), ele caracteriza-se por ter de ser identificado pela aposição da palavra *cheque*, adequadamente redigida na língua portuguesa[274].

Nos termos da Lei Uniforme, poderá valer como cheque qualquer documento escrito que, para além dos demais requisitos (cfr., *infra*, n.º 2.3), contenha o termo *cheque*, correctamente redigido na língua portuguesa.

**II.** Uma questão que importa aqui analisar é a que se refere à (des)-necessidade do cheque constar de módulo normalizado pré impresso.

A Lei Uniforme é completamente omissa a este propósito. Contudo, encontra-se generalizada a ideia de que os cheques têm de ter um suporte específico emitido pela instituição de crédito a que respeitam. Tal ideia decorre da obrigatoriedade imposta pelo Banco de Portugal, na Instrução referente à Norma Técnica (cfr., *supra*, n.º 1.4.8) com a finalidade de assegurar a padronização dos módulos ou impressos aptos a servir como cheques.

**III.** A normalização do cheque decorre também de exigências de telecompensação (ou compensação automática), permitindo no limite evitar a troca física de instrumentos, que poderão ficar arquivados no banco depositário.

---

[274] De um modo geral, os diversos ordenamentos jurídicos contemplam regras análogas, o que conduz a soluções interessantes com referência ao mesmo idioma. Assim, por exemplo, o *"cheque"* inglês em contraposição com o *"check"* norte-americano, no aproveitamento da forma arcaica da palavra.

**IV.** Há então que verificar se a falta do referido impresso compromete a existência do cheque, cujo texto, contendo todos os (demais) requisitos, se encontre lavrado de forma atípica, por exemplo com aspecto de carta, datada e assinada pelo cliente, dando instruções ao seu banco para o pagamento ao próprio ou a terceiro de determinada soma.

Tal carta/cheque está de acordo com a Lei Uniforme e é susceptível de transmissão, pela forma típica de transmissão dos títulos ao portador ou à ordem (caso indicasse o beneficiário da ordem de pagamento).

Em matéria de regime jurídico, cremos que nenhuma dificuldade se iria colocar. O mesmo já não se diga em termos de ordem prática e de processamento, visto que um documento com essa forma não é passível de *leitura* em compensação automática. Por essa razão, tal instrução não seria válida para depósito, mas já nada impediria que circulasse e fosse apresentada a pagamento, pelo seu último portador, à instituição sacada dentro do prazo estabelecido na Lei Uniforme para o efeito, valendo consequentemente como um instrumento de saque.

### 2.3. **Requisitos do cheque; generalidades**

**I.** Apesar de ser invariavelmente representado por um impresso normalizado fornecido pelo Banco (*módulo*), a lei (LUCh) não exige que o cheque revista forma especial, embora não prescinda de enumerar os requisitos que reputa essenciais (art. 1.º), tais como:

- A inserção da palavra *cheque* (correctamente redigida na língua portuguesa);
- A menção inequívoca da ordem de pagamento sobre quantia certa (a pagar);
- A clara identificação dos sujeitos intervenientes; obrigatoriamente do
    a) Sacador – que deve assinar o título e cuja capacidade deve poder ser comprovada – e do sacado [que terá de ser necessariamente uma instituição de crédito (banco)] (cfr. também arts. 3.º e 54.º LUCh); e, eventualmente do
    b) Portador (ou beneficiário do cheque);
- A data e o lugar do saque;
- O lugar do pagamento.

No que se refere aos módulos[275], há que chamar a atenção para o facto de, em rigor, embora coloquialmente designados por *cheques*, os mesmos não o serem em sentido técnico até se encontrarem devidamente preenchidos.

O Banco de Portugal regula não apenas as características que deverá revestir um módulo, como estabelece regras que limitam a sua atribuição aos interessados (cfr. Aviso n.º 1741-C/98).

**II.** São diversos os requisitos que o cheque deve cumulativamente reunir. Justificam-nos a segurança e a celeridade no tráfico jurídico-comercial, para além da confiança que tem de estar associada à utilização de tal instrumento.

Como veremos, torna-se essencial, para assegurar a sua rápida circulação, que o cheque seja imediatamente identificado e que o respectivo conteúdo seja facilmente apreendido.

Acresce que a predeterminação imposta pela normalização dos documentos em que contemporaneamente se exprime coloca o cheque entre os títulos mais acessíveis. Por isso, o formalismo é elemento essencial do cheque que, para ser válido e apto a circular sob a tutela da Lei Uniforme, deve reunir determinados elementos e conter certas menções.

### 2.4. *Idem*; inserção da palavra "cheque"; *remissão*

Por já termos apreciado, detalhadamente, o relevo da inserção da palavra *cheque* no documento (impresso) que, uma vez adequadamente preenchido, tem a mesma designação (cfr., *supra*, n.º 2.2), abstemo-nos de considerações adicionais.

### 2.5. *Idem;* ordem de pagamento sobre quantia certa

**I.** O cheque é um meio de pagamento e, como tal, exprime um valor certo. Por isso, deve conter uma ordem inequívoca relativa à disponibilização da quantia exacta que titula.

---

[275] «O simples impresso de um cheque, não preenchido e assinado, não pode ser considerado como um "documento", para efeitos do artigo 259.º, n.º 1, do Código Penal» [**AcSTJ de 19 de Janeiro de 1999** (FLORES RIBEIRO), *CJ/AcSTJ*, ano VII, t. I, 1999, pp. 189-190; *BMJ* 483, 1999, pp.64-67].

Na expressão pouco feliz da tradução portuguesa da Lei Uniforme (atribuída a um funcionário da Embaixada Suiça em Lisboa[276]) – pela qual se pretendeu acentuar o carácter incondicional da ordem (de pagamento) nele consubstanciada –, o cheque contém «*o mandato puro e simples de pagar uma quantia determinada*» (art. 1.º, n.º 2).

A ideia de mandato para pagamento revela que o cheque consiste cambiariamente numa ordem ou instrução de pagamento a realizar imediatamente por um sujeito determinado, contanto que existam fundos disponíveis para o efeito.

Estruturado como um título de crédito abstracto, o cheque é essencialmente um meio de pagamento, como veremos adiante (*infra*, n.º 9.1), que, viabilizando a movimentação de fundos (por transferência ou levantamento), pode ser utilizado em substituição da moeda, constituindo a sua entrega, na maior parte das vezes, um meio de pagamento de bens ou serviços. No entanto, por razões de tradição, a sua configuração normativa foi decalcada no regime aplicável às letras e livranças, que segue de perto, embora com regras autónomas, nos ordenamentos de Direito continental que acolheram a Lei Uniforme.

### 2.6. *Idem*; sujeitos

#### 2.6.1. *Sujeitos; generalidades*

**I.** Confrontando o cheque com outros títulos de crédito, como a letra de câmbio e a livrança, concluiremos que os sujeitos envolvidos no cheque apresentam uma característica específica relativamente ao sacado que não pode ser qualquer pessoa, mas sim uma entidade com determinada qualificação.

Qualquer que seja a função do cheque, o mesmo terá de envolver, pelo menos, dois sujeitos. Com efeito, são essenciais:

– O *sacado*, o agente que há-de proceder ao pagamento da quantia inscrita no cheque, e que, no presente, deve revestir a qualidade de instituição de crédito ou similar[277]; e

---

[276] Cfr., *supra*, nota 113 (1.3.3).
[277] Como vimos, nem sempre foi assim.

– O *sacador*, o emitente do cheque, aquele que o utiliza como meio de pagamento, mero instrumento de levantamento de fundos ou, simplesmente, como garantia[278].

**II.** Eventualmente poderão *participar* no cheque outros sujeitos. Certo é que sacador e sacado são verdadeiramente imprescindíveis em qualquer das funções em que o cheque seja utilizado.

Como meio de levantamento de fundos, o cheque dispensa a intervenção de outros sujeitos, que, a ocorrer, não apresenta especificidades. Os fundos poderão, na realidade, ser levantados através de representante, qualquer que seja a natureza deste – mandatário ou comissário –, ou de simples núncio.

O agente que, materialmente, recolhe os fundos contra a apresentação do cheque não assume relevância se os mesmos se destinam a ser entregues, na sua totalidade, ao sacador.

No entanto, como iremos ver, a tutela cambiária só se justifica com a circulação do cheque. Se este não sair do plano da relação contratual, estabelecida entre o banco (sacado) e o seu cliente (sacador), não beneficia de tutela específica, havendo apenas que atender ao regime convencionado entre os sujeitos cambiários e sendo invocável, entre estes, eventual excepção por incumprimento.

**III.** No que respeita ao sacador, cuja capacidade deve poder ser aferida, pela respectiva identidade e pelo exame literal do título, suscita-se a questão de saber se só têm capacidade os maiores ou emancipados ou se os menores não emancipados também podem sacar cheques.

---

Esta regra foi introduzida, em termos absolutos, na generalidade dos ordenamentos jurídicos continentais que analisámos, correspondendo a uma exigência da Lei Uniforme relativa ao Cheque. A título de exemplo, cfr. arts. 3.º e 54.º da LUCh, arts. 3 e 54 da *ScheckG* e da *ÖScheckG*, arts. 106, 3.º, e 159 da *LCCH*, art. L. 131-4 do *CMF*, e arts. 3/1 e 77 do *R.d. n. 1736*, que admite, contudo, que «*o título emitido ou pagável fora do território do Estado* (italiano) *é válido como cheque* (assegno bancário) *ainda que seja sacado sobre pessoa que não seja banqueiro*» (art. 3/1 *in fine* do *R.d. n. 1736*).

Mas esta regra não é privativa dos ordenamentos romano-germânicos. Assim, vd. *BEA,* s. 73 (cfr. também s. 2), e *UCC,* §§ 3-104 (f) e 4-105.

[278] Não se afigura importante sublinhar aqui que a acção material do sacador tem como pressuposto uma relação anterior constituída com o sacado, que lhe permite precisamente dispor de fundos junto deste.

Os bancos portugueses recusam aos menores a possibilidade de emitirem cheques, mas não os impedem de movimentar, pessoal e directamente, contas bancárias através de cartões de débito, vulgarmente designados cartões "Multibanco".

Contudo, nada impede, no plano dos princípios, que um menor possa, dentro dos limites da sua capacidade restrita, sacar cheques, movimentando, desse modo, uma conta bancária de que seja titular ou co-titular. No entanto, deverá fazê-lo até certo montante máximo que se enquadre nos actos que possa excepcionalmente praticar (cfr. art. 127.º, n.º 1 do CC)[279]. E essa limitação não é fácil de controlar, nem resulta literalmente do próprio cheque, pelo que neste caso um terceiro ignorará licitamente que um cheque acima de determinado valor não deva ser pago pelo sacado, por tal ter sido convencionado[280].

A disponibilização dos módulos, em si, não é ilícita; o seu preenchimento para a prática de certos actos é que pode ser inadmissível, sendo questionável que os terceiros devam suportar os efeitos resultantes de um negócio que celebrem com o menor se este utilizar um cheque para efectuar o pagamento de um bem que estaria impedido de adquirir pessoal e livremente. Com efeito, encontrando-se o menor na posse dos cheques pode legitimamente resultar para o terceiro a convicção de que o sacador tem capacidade de exercício genérica.

---

[279] Sobre as excepções à incapacidade do menor, vd. Luís A. Carvalho Fernandes, *Teoria Geral do Direito Civil*, vol. I, 4ª ed., Universidade Católica Editora, Lisboa, **2007**, pp. 259-263, que considera que a avaliação dos actos de pequena importância se deve poder fazer objectivamente em função das despesas ou dos bens envolvidos e não da disponibilidade do menor ou da sua família.

Adoptando uma interpretação restritiva do alcance das excepções do art. 127.º, n.º 1 do CC, considerando que «poucos actos bancários poderão ser considerados "... próprios da vida corrente do menor..."», António Menezes Cordeiro, *Manual de Direito Bancário*, 3ª ed., Almedina, Coimbra, **2006**, p. 239. Admite, contudo, que «o dispositivo vigente permite que o menor, devidamente autorizado, possa praticar actos bancários correntes, desde que tenha completado16 anos» (*ibid.*).

[280] Trata-se de questão relevante em sede de relação contratual e a que voltaremos adiante. Por ora, adiante-se que não nos repugna que as condições de movimentação de uma conta bancária reflictam limitações de carácter estatutário, no plano das sociedades comerciais, requerendo um diferente número de assinaturas, consoante o valor que esteja em jogo. Embora análoga, esta hipótese não é semelhante à do texto, porquanto nesta circunstância a inobservância da regra contratual não afasta a vinculação da sociedade. Vd., a este propósito, as nossas lições de *Direito das Sociedades Comerciais*, 3ª ed., Almedina, Coimbra, **2007**, pp. 666-667 e 713-717.

Acresce que o uso indevido dos módulos, uma vez concedidos, não é fácil de controlar pelos bancos que, em regra, só *a posteriori* vêm a ter conhecimento do mesmo, pelo que estes optaram por recusar aos menores a possibilidade de movimentarem as respectivas contas através de cheque[281].

**IV.** Já como instrumento de garantia o cheque requer um beneficiário, o tomador, ainda que a garantia possa vir a não ser executada, sendo o cheque consequentemente devolvido ao sacador, para que este o anule. Quando o cheque é sacado a título de garantia, haverá que verificar se o possível endosso ou apresentação a pagamento, em caso de incumprimento pelo sacador, não infringe o acordado. Trata-se de assunto ao qual regressaremos (cfr., *infra*, n.º 9.3).

**V.** Mas o cheque, em qualquer das funções referidas, e em especial como instrumento de levantamento de fundos, tem vindo a perder gradualmente a sua importância, dado o crescente recurso aos cartões de débito e de crédito, quer para a prática de operações com idênticas finalidades – levantamento de numerário –, quer para proceder directamente a pagamentos, mesmo de quantias pequenas, dispensando o prévio levantamento de dinheiro. Explicam esta vicissitude razões de ordem prática e de carácter económico. O clássico utilizador do cheque sofre menos incómodos – visto que não fica adstrito a levantar os fundos junto de estabelecimento onde os mesmos se encontram depositados (isto é, onde eventual conta bancária se encontra domiciliada) ou em agência ou estabelecimento da mesma instituição, por um lado, nem fica obrigado a aguardar o prévio atendimento de outros clientes (menos tempo de espera, consequentemente)[282], por outro – e tem menos custos, uma vez que a operação de levantamento em caixa automática, em princípio, não lhe será debitada[283]/[284]. Também para a instituição sacada, os custos de

---

[281] Assim não aconteceu em França, por exemplo, onde as instituições de crédito disponibilizaram «livros de cheques a menores, não emancipados, mas próximos da maioridade, apoiando-se ardilosamente no argumento de uma "representação" pelo menor do seu próprio representante legal» (Yves CHAPUT / Marie-Danielle SCHÖDERMEIER, *Effets de commerce, chèques et instruments de paiement*, 2ª ed., PUF, Paris, **1998**, p. 123).

[282] Por motivos óbvios, não nos pronunciamos sobre os efeitos da (não) intervenção do elemento humano nesta operação.

[283] Já o *levantamento* de um cheque ou a utilização de cheque para recolher fundos podem revestir custos indirectos, resultantes do preço pago pelos próprios módulos, e

100          *Cheque e Convenção de Cheque*

processamento de um cheque são, naturalmente, superiores à despesa incorrida em virtude de levantamento automático de dinheiro.

O cheque não é, hoje, pois, utilizado fundamentalmente como instrumento de levantamento de dinheiro, mas como meio de pagamento ou de mobilização de fundos.

Nesta acepção, o uso de cheque pressupõe, pelo menos, a intervenção de mais um sujeito: o respectivo beneficiário, o qual será o tomador, se o cheque for, desde logo, emitido à sua ordem, ou assumirá o papel de endossatário, se o cheque for sacado à ordem do próprio sacador e esse proceder ulteriormente ao seu endosso. Daqui resulta que, para além de um terceiro sujeito, poderão – na cadeia de *utilização* dos fundos mobilizados – intervir outros sujeitos, os quais se podem limitar a garantir o pagamento da quantia titulada no cheque, caso a mesma não seja satisfeita oportunamente pelo(a) sacado(a).

Temos assim que sujeitos do cheque podem ser sacador e sacado, o tomador, os endossantes, os endossatários[285] e o avalista (garante).

---

custos directos, caso a prestação do serviço bancário seja facturada, constituindo uma prática corrente em alguns ordenamentos, como o alemão.

[284] Convirá ainda referir que o cheque, diversamente do cartão de débito, é de difícil utilização por parte de pessoas iletradas.

Na realidade, sendo a assinatura elemento ou requisito necessário do cheque, em caso de saque por analfabeto, o mesmo deverá ser feito a rogo ou com aposição de impressão digital, sendo certo que analfabetismo não significa desconhecimento de números e incapacidade para fazer contas, atributos mais do que suficientes para utilização de caixa automática (ATM), na forma simples de levantamento de fundos (digitação de PIN e escolha de montante a levantar).

[285] Preferimos esta expressão à de endossado, uma vez que esta palavra constitui uma fórmula verbal do verbo endossar, não permitindo distinguir a situação de transmissão do título (p. ex., o cheque encontra-se *endossado* à ordem de *y*) do sujeito que é beneficiário da mesma (p. ex., o *endossatário* pode optar entre apresentar o cheque a pagamento ou endossá-lo). Por isso, como refere VAZ SERRA, «Títulos de Crédito», cit., *BMJ* 61, **1956**, nota 927 (pp. 179-180), «endossado é o título e não aquele a quem o título é endossado». A distinção dos termos é clara nas línguas alemã (título *indossiert* e *Indossatar*) e italiana (título *girato e giratario*), como exemplifica VAZ SERRA, *ibid.*.

Optando também claramente pela palavra endossatário, para designar o beneficiário do endosso ou transmisssário do cheque, PAIS DE VASCONCELOS, *Direito Comercial. Títulos de Crédito* (Lições Policopiadas), AAFDL, **1990**, pp. 51 e 118.

Diversamente, utilizando o termo *endossado* para caracterizar aquele a quem o cheque é transmitido (endossado), a doutrina mais significativa: José Gabriel PINTO COELHO, *Lições de Direito Comercial*, 2.º vol., Fasc. IV – *As Letras*, 2ª Parte, 2ª ed., Lisboa, **1955** (cfr., p. ex., pp. 6, nota 1, 14, 16, 64, 121), FERNANDO OLAVO, *Direito Comercial*,

# Regime jurídico do cheque

**VI.** Pode suceder, como já se viu, que uma mesma pessoa assuma, relativamente a um cheque, duas posições.

Para além da situação em que o sacador é simultaneamente o beneficiário do cheque (ou tomador), porque o utiliza para levantamento de fundos, emitindo-o à própria ordem, deparamos com outras situações em que há coincidência pessoal de mais do que uma posição jurídica.

Tal acontece, designadamente:

– Com o cheque bancário, em que sacador e sacado são a mesma pessoa (cfr., *infra*, n.º 5.3.1);
– Com o cheque emitido à ordem do próprio sacado, o qual em termos de personalidade jurídica coincide com o beneficiário. Neste caso o cheque não poderá circular, porque o endosso é nulo, excepto se a instituição sacada tiver várias agências e sucursais e o endosso tiver sido feito em favor de estabelecimento diferente daquele sobre o qual foi sacado. Nesta situação o cheque é utilizado para transferência de fundos.
– Nos casos em que ocorre diversa acumulação de posições, por um mesmo sujeito, por exemplo, endossante e avalista de subscrição anterior.

**VII.** Do maior ou menor número de intervenientes resulta uma consequência imediata: a de que o cheque pode configurar-se com estruturas diferentes, as quais terão necessariamente efeitos distintos.

Na sua forma *simples*, o cheque surge como ordem de pagamento dada pelo titular de uma conta corrente bancária sobre os fundos que tem disponíveis.

Na sua estrutura *complexa*, a ordem de pagamento, garantida pela mesma disponibilidade de fundos, é dada em favor de um terceiro, o qual se pode assumir como último beneficiário da mesma ou, diversamente, transmiti-la, por sua vez, a outro sujeito.

---

vol. II, 2ª parte, fasc. I – *Títulos de Crédito em Geral*, cit., **1978** (cfr., p. ex., p. 59), Paulo Sendin, *Letra de câmbio. LU de Genebra, I – Circulação cambiária*, cit. **1980** (cfr., p. ex., pp. 72, 79, 80, 402), Pereira de Almeida, *Direito Comercial*, 3.º vol., *Títulos de Crédito*, cit., **1988** (cfr., p. ex., p. 214), Oliveira Ascensão, *Direito Comercial,* vol. III, *Títulos de Crédito,* cit., **1992** (cfr., p. ex., p. 157), e até Espinosa Gomes da Silva, «Recusa de aceitação de cheques», cit., **1986** (cfr. p. 45).

Utilizando indistintamente os dois termos, Ferrer Correia, *Lições de Direito Comercial*, vol. III – *Letra de câmbio*, Coimbra, **1975** (p. ex., pp. 29, 184-189, 196 para endossado(s), e p. 186 para endossatário).

Em qualquer circunstância, o cheque é um título de crédito, que tem subjacente a disponibilidade de um sujeito para proceder ao pagamento da quantia nele inscrita.

Contudo, na sua forma simples, as regras que regulam e tutelam a circulação cambiária, característica do título de crédito cartular, como é o cheque, não assumem qualquer relevância, como veremos adiante[286].

**VIII.** Considerando os possíveis intervenientes no cheque, podemos sistematizar as diferentes situações jurídicas, agrupando-as em seis categorias distintas, que passamos a enumerar:

A – Relação entre sacador (cliente) e sacado (banco);

B – Relação entre sacador (pagador ou garante[287]) e tomador (beneficiário);

C – Relação entre endossantes e endossatários;

D – Relação entre avalista e avalizado (em regra, o sacador);

E – Relação entre sacado (banco) e portador na apresentação a pagamento (beneficiário final);

F – Outras situações jurídicas mediatas, designadamente em via de regresso.

Advirta-se, antes de mais, que as categorias enunciadas não se pretendem limitar às situações intersubjectivas em que os sujeitos envolvidos estão necessariamente em contacto uns com os outros. O facto de tal não acontecer não é causa prejudicial da respectiva relevância jurídica.

Assim, por exemplo, a relação sacador-sacado funda-se em convénio prévio, configurando-se as respectivas posições como autónomas e distintas no plano cambiário. As relações mediatas, definindo-se pela negativa – por um lado, por consistirem nas relações entre sujeitos que cartularmente não se encontram, por outro, por não se referirem a situações análogas, mas características (caso de E) – são aquelas que estabe-

---

[286] Para acentuar a diferença entre as duas estruturas, a doutrina francesa faz referência à existência de dois tipos de cheques: *chèque de retrait*, para designar o cheque emitido pelo sacador para levantamento de fundos disponíveis junto da instituição sacada; e *chèque de paiement*, aquele que é emitido em favor de um terceiro. Vd. Henri CABRILLAC, «Chèque», Enciclopedia Jurídica Dalloz, 2ª edição, Paris, **1983**, p. 3.

[287] Da quantia inscrita no cheque. Estamos a fazer referência, obviamente, ao sujeito que suporta o encargo económico do saque do cheque e não ao que procede à disponibilização dos fundos movimentados.

*Regime jurídico do cheque* 103

lecem uma ligação entre intervenientes na cadeia cambiária que apenas se conhecem por razões de ordem formal, nomeadamente por constarem do próprio título; situações em que a protecção de que beneficiam, entre si, tem exclusivo fundamento na tutela da circulação cambiária.

Vejamos cada uma das categorias de situações, caracterizando-as, e chamando a atenção para os principais problemas que se colocam.

**IX.** A relação entre o cliente e o banco define-se no momento em que, expressa e tacitamente, chegam a acordo para a prática de uma série de operações que, frequentemente, englobam a convenção de cheque, contrato que permitirá movimentar os depósitos à ordem constituídos no banco e, à custa dos mesmos, realizar pagamentos. Esta relação – contratual complexa, correspondente à relação de clientela estabelecida entre o banco e o seu cliente – é anterior à relação entre sacador e sacado, que pressupõe, para além da celebração da convenção, a prévia disponibilização de módulos. Um dos objectivos deste trabalho consiste em explorar os efeitos desta relação contratual de carácter bilateral e a sua extrapolação para o plano do saque do cheque em benefício de terceiro e da respectiva circulação (apesar de rara e breve).

Na confluência e ponderação dos interesses subjacentes à relação contratual de cheque (A) e dos que se colocam no momento da apresentação deste título a pagamento (E) encontraremos a resposta para a natureza e efeitos da convenção de cheque. Pressupomos, nessa diversidade, que o beneficiário último não é o sacador, situação que, a verificar-se, se reconduziria à relação entre o cliente (sacador) e o banco (sacado) (situação A).

**X.** A relação entre sacador e tomador (relação B) é uma relação característica que esgota, habitualmente, a circulação do cheque, uma vez que, sendo este sacado para servir de pagamento[288], o tomador – (primeiro) beneficiário desse pagamento – levá-lo-á com grande probabilidade a depósito em conta (apresentando-o desse modo a pagamento), abdicando de o reutilizar posteriormente e não se dando ao incómodo de proceder ao levantamento directo dos fundos que o mesmo representa. Sempre que

---

[288] Caso o cheque tenha sido sacado para constituir garantia do cumprimento de uma obrigação, das duas uma: ele será devolvido ao sacador, se a obrigação garantida tiver sido adequadamente satisfeita, ou será apresentado a pagamento (ou endossado), para satisfação total ou parcial do crédito do tomador em função do incumprimento verificado.

o cheque for depositado em conta ou apresentado a pagamento pelo tomador, estamos no plano da relação entre sacado e portador na apresentação a pagamento (relação E).

**XI.** As relações entre endossantes e endossatários (C) e entre avalista e avalizado (D) são raras, mas não são impossíveis.

O cheque é, normalmente, um título de curtíssimo prazo, pelo que, não sendo utilizado como instrumento de levantamento de fundos, raramente é endossado, sendo apresentado a pagamento pelo seu primeiro (e último) beneficiário: o tomador (cfr. relação B).

No entanto, nada impede que o cheque circule amplamente, por endosso, podendo tal ocorrer dentro do prazo de apresentação a pagamento ou após o mesmo se esgotar, mas antes de prescrever. No decurso da circulação (correspondente à relação C), deverão os adquirentes do título (endossatários) verificar a regularidade formal da cadeia de endossos que consta do título, antes de o receberem como pagamento ou garantia do fornecimento de um bem ou da prestação de um serviço. Na configuração desta relação, o regime jurídico do cheque decalca o da letra (à vista). Registada no passado já distante, em época de (longas) greves bancárias, a circulação do cheque por endosso tem vindo a decair e, em certos ordenamentos, tende a ser limitada, antevendo-se, na prática, o seu desaparecimento.

No que se refere à prestação de aval em favor de um dos intervenientes na cadeia cambiária, mas nunca em favor do sacado – que não é obrigado de regresso (cfr. art. 40.º LUCh), porque em regra só não paga se não dispuser de fundos (do sacador) para o efeito –, o mesmo, na falta de indicação, presume-se dado em benefício do sacador (cfr. art. 26.º, IV), como veremos (cfr., *infra*, n.º 3.3). Porém, atendendo à curta vida deste título de crédito, o aval só muito raramente é concedido.

**XII.** Finalmente, descortinamos ainda, no plano do cheque, outras situações mediatas, que não se reconduzem aquela que, tendo idêntica qualificação, já analisámos, mormente a relação entre sacador e tomador (B). Referimo-nos às que relevam em sede de regresso, isto é, de circulação anómala do cheque, quando este não é pago por qualquer razão, embora vulgarmente por falta de fundos. Nessa circunstância, o portador, que vê recusado o pagamento do cheque, pode accionar cambiariamente qualquer interveniente na cadeia cambiária, com excepção do sacado. Fazendo-o a um sujeito com o qual esteja em relação mediata, não arrisca que lhe seja oponível eventual excepção pessoal (cfr. art. 22.º).

## 2.6.2. *Idem*; **identificação do sacado**

**I.** De entre os sujeitos envolvidos nas relações estabelecidas pelo cheque verifica-se existir uma característica específica relativamente ao sacado, que deverá ser necessariamente uma instituição de crédito, como já vimos (cfr., *supra*, n.º 2.6.1). Com efeito, «*o cheque é sacado sobre um banqueiro que tenha fundos à disposição do sacador (...)*» (art. 3.º da LUCh). Por sua vez, «*a palavra "banqueiro" compreende também as pessoas ou instituições assimiladas por lei aos banqueiros*» (art. 54.º da LUCh).

É requisito do cheque a indicação do nome do sacado [isto é, «*de quem deve pagar*» (art. 1.º, 3)], sob pena do título não valer como tal (art. 2.º, I da LUCh).

A referência ao banqueiro, como sacado, compreende-se na época histórica em que foi aprovada a Lei Uniforme, uma vez que prevalecia então a subjectivação do empresário mercantil, em cuja pessoa se centrava a organização da empresa comercial. Transposta para os nossos dias, essa menção deve ter-se por efectuada relativamente à empresa: o banco. Este, e não já o banqueiro, é personalizado e é ele que é reconhecido como sujeito de direito autónomo e, juridicamente, imputável.

O banco é a espécie mais relevante do género *instituição de crédito*, como veremos adiante (cfr., *infra,* n.º 12) e, embora esta expressão seja frequentemente usada como sinónimo de banco, elas não equivalem.

No que respeita à determinação de quem é banqueiro ou de entidade que mereça esse qualificativo, para efeitos de aplicação da Lei Uniforme, a mesma foi delegada em cada um dos Estados contratantes da Convenção de Genebra (cfr. art. 29.º do Anexo II[289]).

**II.** Por sua vez, considerando a sua natureza e a sua intervenção no pagamento de cheques relativos a contas que neles se encontram sediadas, os bancos são sacados especiais que só não pagam (os cheques sobre eles emitidos que lhes são apresentados) quando não dispuserem de fundos suficientes para o efeito e não quiserem conceder crédito ao sacador. Como sacados vinculados que são, ao cumprimento de obrigações alheias,

---

[289] «*Compete a cada uma das Altas Partes Contratantes, para os efeitos da aplicação da Lei Uniforme, determinar as pessoas que devem ser consideradas banqueiros e as entidades ou instituições que, em virtude da natureza das suas funções, devem ser assimiladas a banqueiros*».

106       *Cheque e Convenção de Cheque*

não tem sentido constitui-los como obrigados cambiários de regresso, sem prejuízo do respectivo dever de pagamento dentro do prazo disponível para o efeito.

### 2.6.3. *Idem; data e lugar do saque*

**I.** São também essenciais, no cheque, as menções da data e do lugar em que o cheque é emitido (cfr. art. 1.º, 5).

A indicação da data e lugar de emissão são, desde logo, fundamentais para se determinar o prazo para apresentação do cheque a pagamento.

Com efeito, o cheque, enquanto meio de pagamento, é concebido e estruturado como um título de curto prazo, pelo que, se for sacado na praça (país) em que se localiza o (estabelecimento) sacado e onde deverá ser pago, ele deve ser apresentado a pagamento até ao oitavo dia posterior ao da respectiva data de emissão (art. 29.º, I da LUCh). E a verificação deste prazo, relativamente curto, é determinante para a normal produção de efeitos a que o título tende, encontrando-se a própria tutela penal do cheque dependente da respectiva observância.

A data constitui, pois, um elemento essencial e insuprível do cheque, não se devendo confundir a sua falta absoluta com o cheque em branco emitido com data por preencher. Por isso, «*o cheque entregue sem indicação de data só é válido se posteriormente vem a ser completado nos termos dos acordos realizados*»[290].

---

[290] **AcRelCoimbra de 28 de Novembro de 1996** (SANTOS CABRAL), *CJ*, XXI, t, V, **1996**, pp. 56-60, na sequência do **Acórdão de 16 de Maio de 1996,** relatado pelo mesmo Desembargador (*CJ*, XXI, t, III, 1996, pp. 44-46). **AcRelCoimbra de 16 de Maio de 1996** (JOSÉ ANTÓNIO HENRIQUES SANTOS CABRAL), *CJ*, XXI, t, III, 1996, pp. 44-46

Em qualquer caso, o cheque deve ser completado até ao pagamento e nos termos do acordo realizado com essa finalidade [**AcRelCoimbra de 16 de Maio de 1996** (JOSÉ ANTÓNIO HENRIQUES SANTOS CABRAL), *CJ*, XXI, t, III, 1996, pp. 44-46, e **AcSTJ de 8 de Abril de 1997** (MACHADO SOARES) / Proc. n.º 96A707, *www.dgsi.pt*].

Os cheques de garantia são frequentemente sacados com a data em branco, como veremos (*infra*, n.º 9.3.1). Como salienta o Conselheiro SANTOS MARTINS, no **AcSTJ de 3 de Outubro de 2000** (*CJ/AcSTJ*, ano VIII, 2000, t. III, pp. 100-101), «*o cheque de garantia destina-se precisamente a ser datado e apresentado a pagamento, após se verificar que o sacador não cumpriu a obrigação a que se encontrava vinculado*». Essencial é que o cheque venha a ser completado até à apresentação a pagamento, podendo sê-lo pelo portador, em conformidade com o respectivo acordo de preenchimento.

Daqui resulta que, existindo acordo de preenchimento, o cheque deverá ser completado em conformidade até à sua apresentação a pagamento, devendo ser-lhe aposta a data[291].

**II.** Se o cheque é apresentado a pagamento sem data, deve ser recusado, por preterição de um requisito fundamental, não havendo presunção legal de que, provada a respectiva entrega ao portador – e consequente colocação em circulação –, fica demonstrada a existência de acordo tendente ao seu preenchimento. Nem tão pouco podemos aceitar a ideia de que os sujeitos cambiários têm diferente legitimidade para preencher o cheque sacado com data em branco e que o primeiro tomador o possa fazer como lhe aprouver – por se presumir *o acordo das partes no sentido de* ele *o poder datar* –, mas que um tomador subsequente já não possa apor a data, salvo se houver convenção de preenchimento expressa que o permita, como pretende o **Acórdão do STJ de 6 de Fevereiro de 1991** (Manuel da Rosa Ferreira Dias)[292].

A nossa posição insere-se na linha do **Assento do STJ de 2 de Dezembro de 1992** (Pinto Bastos)[293], do qual resulta que o artigo 13.º

---

[291] Cabe ao sacador de um cheque em branco promover a *prova da existência de acordo de preenchimento* e do seu incumprimento ou violação. Neste sentido, cfr. o **Assento de 14 de Maio de 1996** (Figueiredo de Sousa), *BMJ* 457, 1996, pp. 59-63 («*Em processo de embargos de executado é sobre o embargante, subscritor do cheque exequendo, emitido com data em branco e posteriormente completado pelo tomador ou a seu mando, que recai o ónus da prova da existência de acordo de preenchimento e da sua inobservância*»).

Com interesse, sobretudo no que respeita ao ónus da prova, vd. o **Parecer do MP** (Proc. n.º 86559) (António Alberto Pereira da Costa), *BMJ* 457, 1996, pp. 43-50, que esteve na base do Assento, e o Acórdão recorrido [**AcSTJ de 5 de Maio de 1994** (Mário Araújo Ribeiro), *BMJ* 437, 1994, pp. 525-530].

[292] *CJ*, ano XVI, t. I., 1991, pp. 17-21. A doutrina deste **Acórdão** (**do STJ de 6 de Fevereiro de 1991**) é criticada pelo **AcRelCoimbra de 16 de Maio de 1996** (José António Henriques Santos Cabral), *CJ*, XXI, t, III, 1996 (pp. 44-46), p. 45, embora em termos que não nos parecem inteiramente correctos, por não corresponderem ao conteúdo integral do Acórdão do Supremo e, sobretudo, ao que ele pretende afirmar: que a entrega de um cheque sacado com data em branco *faz presumir* que exista *acordo das partes no sentido de que o seu portador o possa preencher* (cfr. p. 19).

Antecedendo o **AcSTJ de 6 de Fevereiro de 1991**, o **AcSTJ de 10 de Março de 1944** (Miranda Monteiro), (*Boletim Oficial*, ano IV, n.º 22, 1944, pp. 194-196), que considera que a «*lei autoriza que o portador complete o preenchimento do cheque*» e que «*a entrega de um cheque com a data em branco faz presumir o acordo das partes ao seu preenchimento pelo portador*» (p. 196).

[293] **Assento de 2 de Dezembro de 1992** (Pinto Bastos), *BMJ* 422, 1992, pp. 15-19, segundo o qual «*para efeitos penais, dos arts. 23.º e 24.º do Dec. n.º 13.004, a entrega*

da Lei Uniforme não contém qualquer presunção legal de autorização de preenchimento[294]. Vamos mais longe e consideramos que a Lei Uniforme é clara nesta matéria e que nenhuma das suas disposições legais permite presumir o sentido do acordo que deve ser subjacente ao preenchimento do cheque em branco, de modo que este tenha validade e eficácia de título de crédito[295]. A convenção de preenchimento não precisa de ser escrita, mas deve ser expressa.

Com esta exigência, que subscrevemos na íntegra, não se deve confundir a eventual inoponibilidade da nulidade que resulte da preterição de um requisito essencial do cheque, mormente da sua data de emissão. A este propósito, assinale-se existir jurisprudência que, reconhecendo a essencialidade da menção da data em que o cheque é passado, para que ele possa valer como título de crédito, recusa a invocação da falta deste requisito para declarar o cheque nulo se o sacado, entretanto, o aceitara como bom, no momento do depósito, creditando a conta do respectivo beneficiário[296]. Com efeito, embora seja legítimo ao sacado recusar o pagamento do cheque não datado – ou ao banco depositário recusar o depósito em conta de títulos nessas condições –, uma vez aceite o cheque sem data, constituirá manifesto abuso de direito pretender posteriormente alegar a invalidade do título de crédito[297].

---

*pelo sacador de cheque incompleto quanto à data não faz presumir que foi dada autorização de preenchimento ao tomador, nos termos em que este o fez».*

Embora irrelevante para o sentido do texto, importa revelar que o **Assento de 14 de Maio de 1996** (FIGUEIREDO DE SOUSA) (*BMJ* 457, 1996, pp. 59-63) considerou a uniformização de jurisprudência estabelecida pelo **Assento de 2 de Dezembro de 1992** (PINTO BASTOS), *aplicável* apenas *para efeitos penais* (cfr. p. 61).

[294] Seguindo expressamente o Assento, o **AcRelLisboa de 3 de Março de 1998** (SIMÕES RIBEIRO), *CJ*, ano XXIII, 1998, t. II, pp. 142-144.

O art. 13.º da LUCh pressupõe sempre um acordo de preenchimento sem o qual, aliás, o título não vale como cheque (em branco), mas é incompleto. Sem acordo de preenchimento, nem sequer cabe discutir a inoponibilidade ao terceiro adquirente de boa fé da eventual violação desse acordo.

[295] Cfr. **AcSTJ de 1 de Junho de 1988** (ALMEIDA SIMÕES), *BMJ* 378, 1988 (pp. 214--219), que, julgando um crime de emissão de cheque sem provisão, conclui não se poder *presumir um acordo para a aposição da data* no cheque *sem norma que expressamente autorize tal conjectura* (*sic*) (p. 217).

[296] Neste sentido, cfr. o **AcRelPorto de 18 de Setembro de 2001** (LEMOS JORGE), *CJ*, ano XXVI, t. IV, 2001 (pp. 189-194), p. 193.

Diferentemente, o **AcRelCoimbra de 9 de Março de 1999** (SILVA FREITAS), *CJ*, ano XXIV, 1999, t. II, pp. 19-21, recusa validade ao cheque a que falta o requisito da indicação da data em que é passado e que, por essa razão, não pode ser título executivo.

[297] Cfr. o **AcRelPorto de 18 de Setembro de 2001** (LEMOS JORGE), cit., *ibid*.

**III.** Uma outra questão interessante consiste em saber se a emissão deficiente de um cheque, no que toca à data nele aposta, é suprível. Assim, constando do módulo preenchido a data de 30 de Fevereiro, 31 de Junho ou de 31 de Setembro – dias que não existem nos meses referidos –, haverá que ponderar se estamos perante uma data de emissão do cheque impossível – emitido com data inexistente no calendário – *violadora dum elemento essencial exigível na constituição do cheque*, o que o torna nulo (cfr. arts. 1.º, n.º 5, e 2.º, I da LUCh) ou se resulta da factualidade apurada que se tratava de um simples lapso de escrita, constituindo intenção das partes que o cheque fosse considerado emitido no último dia do mês a que respeita[298].

É curioso que uma certa jurisprudência[299] manda atender à conduta dos interessados (sacador e beneficiário do cheque) para, perante uma vicissitude com a data de emissão, poder extrair da respectiva vontade o significado pretendido, em detrimento da literalidade do título que, formalmente, o conduziria à sua irrelevância, uma vez que seria nulo, por vicissitude na data de emissão[300]. Com respeito pela conclusão do Desembargador JORGE SANTOS (**Acórdão da Relação de Lisboa de 21 de Março de 2000**)[301], não se nos afigura necessário recorrer a uma construção que, na prática, descaracteriza a abstracção e literalidade do título de crédito, quando seria suficiente considerar que estaríamos perante um lapso de escrita grosseiro e, desse modo, declarar a óbvia rectificação do texto do cheque. Aliás, já o **Acórdão da Relação de Coimbra de 4 de Maio de 1994** (JOSÉ MARQUES DE ALMEIDA SANTOS)[302] havia chegado anteriormente a essa conclusão, embora sem a fundamentação que aduzimos.

---

[298] Cfr. **AcRelLisboa de 21 de Março de 2000** (JORGE SANTOS), *CJ*, ano XXV, t. II, 2000 (103-108), que desenvolve esta contraposição (p. 105), e com cuja solução concordamos, embora por caminhos diferentes, como explicamos no texto.

[299] Cfr. **AcRelLisboa de 21 de Março de 2000** (JORGE SANTOS), citado na nota anterior.

[300] Diversamente, o **AcRelCoimbra de 4 de Maio de 1994** (JOSÉ MARQUES DE ALMEIDA SANTOS), *CJ* ano XIX, t. III, 1994, p. 44, considera que um cheque que tem como data de emissão um dia inexistente, correspondente ao dia 30 de Fevereiro, só por evidente lapso é emitido com essa data, devendo ser entendido como reportando-se ao último dia desse mês.

[301] *CJ*, ano XXV, t. II, 2000 (103-108), p. 105. O Acórdão considera, em face de um cheque datado de "31 de Setembro", que o mesmo é aproveitável se os factos provados revelarem que *foi intenção das partes* (sacador e portador) *torná-lo como válido e como data de emissão a do último dia do mês de Setembro*.

[302] *CJ* ano XIX, t. III, 1994, p. 44.

**IV.** O decurso do prazo de apresentação a pagamento não significa, contudo, que o cheque deixe de valer enquanto tal. Por um lado, ele pode, e deve, continuar a ser pago até à data em que vier a prescrever (seis meses contados do prazo de apresentação a pagamento: art. 52.º, I). Por outro, ele constitui uma declaração de dívida relativamente à quantia nele inscrita e a qual subsiste, em nossa opinião, mesmo após a prescrição.

**V.** Caso o cheque seja pagável em país diferente daquele em que é emitido, o prazo de apresentação a pagamento (cfr., *infra*, n.º 20.2) terá de ser necessariamente maior, dependendo concretamente da distância existente entre o local de emissão e o país de pagamento. A regra estabelecida pela Lei Uniforme, e algo desactualizada – em função do progresso e, em especial, do desenvolvimento dos meios de transporte, em geral, e da aviação civil, em particular –, faz depender o prazo de apresentação do cheque a pagamento da integração do país do pagamento no mesmo ou em diferente continente do país onde o cheque foi passado, recorrendo à expressão «*partes do mundo*» (cfr. art. 29.º, II *in fine*) e admitindo uma excepção.

Assim, sendo o cheque emitido ou passado num país de um determinado continente e pagável noutro país do mesmo continente, o prazo será de 20 (vinte) dias; sendo pagável noutro continente, o prazo de apresentação a pagamento alarga-se para 70 (setenta) dias, salvo se, tendo sido emitido na Europa ou em África, se destinar a ser pago num país situado no outro continente, à *beira do Mediterrâneo* (art. 29.º, IV).

O prazo mais longo já se afigura excessivo, no contexto presente, mas compreendia-se na década de trinta do século passado.

**VI.** É precisamente por referência ao «*dia indicado no cheque como data de emissão*» que o prazo de apresentação a pagamento se deve começar a contar (cfr. art. 29.º, IV), não se atendendo ao dia da emissão (cfr. art. 56.º).

O prazo é contínuo, não se suspendendo nos dias feriados e devendo terminar num *dia útil* (cfr. art. 55.º, I). Caso o mesmo se conclua num dia feriado[303] (*feriado legal*, por oposição a *dia útil*), o prazo prorroga-se até ao primeiro dia útil subsequente.

---

[303] Sobre os dias feriados, vd. DL 335/77, de 13 de Agosto; sobre o conceito de dia útil, cfr. DL 18/2007, de 22 de Janeiro [art. 3.º, *alínea f)*]

Devendo a data-limite para apresentação do cheque a pagamento coincidir com um *dia útil* (cfr. art. 55.º, I), haverá que procurar apurar o significado deste conceito. Trata-se de conceito indeterminado que, na falta de disposição legal ou regulamentar que o fixasse – o que não acontece [304] –, deveria ser precisado com recurso aos usos e costumes da praça em que se situa o estabelecimento que deve proceder ao pagamento.

---

[304] Esclareça-se que a legislação comercial é omissa a este respeito, pelo que há que ver se existe regra no Direito Civil. Ora, se recorrermos ao Código Civil, encontramos uma regra sobre contagem de prazos, o art. 279.º, segundo o qual *«o prazo que termine em domingo ou dia feriado transfere-se para o primeiro dia útil» [alínea e)]*.

Aparentemente, retira-se dessa regra que os sábados não são, para os efeitos nela previstos, dias feriados. E isso colocar-nos-ia um problema, uma vez que, na sua quase totalidade, os estabelecimentos bancários estão encerrados ao sábado. Como é possível apresentar um cheque a pagamento num sábado? A resposta terá de ser necessariamente negativa, uma vez que existem instituições de crédito que não têm qualquer agência aberta ao sábado.

Haverá então que procurar um critério uniforme e aplicável a todos os pagamentos a efectuar em Portugal. *O que deveremos então entender por dia útil?*

Entendemos que é *útil* qualquer dia em que a generalidade dos estabelecimentos bancários se encontra em funcionamento, praticando e realizando as operações bancárias que correspondem à sua actividade normal e, assim sendo, o sábado não pode ser considerado dia útil, ainda que, pontualmente alguma(s) agência(s) da instituição de crédito sacada se encontre(m) a funcionar. Dias úteis serão, deste modo, todos os dias, que não sejam feriados, de segunda a sexta-feira.

Mas o próprio sistema financeiro criou regras que conduzem a um mesmo resultado. Assim, em reforço desta conclusão, senão mesmo como seu fundamento, encontramos um relevante apoio no Regulamento do Sistema de Compensação Interbancária (SICOI)[284], designadamente no seu n.º 11.1, segundo o qual *«para efeitos de disponibilização de fundos aos beneficiários de operações liquidadas nos subsistemas do SICOI, deve entender-se por "dia útil" o período do dia em que a instituição se encontra aberta ao público em horário normal de funcionamento»*. O próprio Regulamento esclarece no número seguinte (11.2) corresponder a esse horário *o período do dia entre as 8.30 horas e as 15.00 horas, de segunda-feira a sexta-feira, com excepção dos dias feriados»*. O disposto no n.º 11.2, cuja redacção foi introduzida pela Instrução (do Banco de Portugal) n.º 4/2007, de 15 de Março, fixa o horário de funcionamento ao público *para efeitos de determinação do conceito de dia útil*, o que significa que, para o SICOI, não é *útil* qualquer dia da semana não feriado, de segunda a sexta-feira, mas apenas algumas horas desses dias. Daí que os prazos se concluam às 15 horas do último dia. Por exemplo, sendo de oito dias o prazo de apresentação de um cheque a pagamento e correspondendo o oitavo dia a uma sexta-feira, o cheque, para ser apresentado dentro do prazo legal e beneficiar da protecção que o respeito do mesmo lhe confere, deverá ser presente ao banco sacado até às 15 horas dessa sexta-feira. Sobre o novo SICOI, cfr. nota 1665.

**VII.** Quanto à referência temporal que conta como data de emissão, esta releva ainda, em sede de Lei Uniforme, para se aferir da capacidade do sacador e, no plano da tutela penal do cheque sem provisão, para eventualmente desqualificar a tipificação do cheque sem provisão quando o mesmo tenha sido pós-datado.

Por um lado, a data da emissão permite verificar se o sacador tinha capacidade de exercício para movimentar fundos por recurso a este título de crédito, apesar de a eventual incapacidade daquele não prejudicar a validade e subsistência do cheque relativamente às demais obrigações dele resultantes (cfr. art. 10.º da LUCh).

Isto significa que a falta de capacidade de exercício do sacador é motivo de excepção pessoal.

**VIII.** Por outro lado, se no momento do preenchimento do cheque é indicada uma data posterior à data do preenchimento então, em caso de insuficiência de fundos – preexistente ou subsequente –, o credor (beneficiário) não disporá de tutela penal. Na realidade, se a data constante do cheque for posterior à da entrega ao tomador e o cheque não tiver provisão, a respectiva emissão não é penalmente sancionável (cfr. art. 11.º, n.º 3 do Decreto-Lei n.º 454/91, de 28 de Dezembro).

A despenalização do cheque pós-datado[305], na situação acima descrita, corresponde essencialmente a reconhecer-se que o respectivo beneficiário

---

[305] Impõe-se, a propósito dos cheques emitidos com data posterior, uma **precisão de carácter terminológico**.

É comum que as designações "**pós-datados**" e "**pré-datados**" sejam usadas indiferentemente para designar os cheques com indicação de data de emissão *posterior* à data da sua efectiva criação ou saque (e entrega ao beneficiário).

Alguma jurisprudência portuguesa confunde esses conceitos. Assim, encontramos em acórdãos da Tribunal da Relação o uso da expressão "pré-datado(s)" para significar cheques emitidos com data ulterior ao momento em que são sacados. Cite-se, a título de exemplos, o **AcRelLisboa de 7 de Novembro de 2001** (Carlos Sousa), *CJ*, ano XXVI, t. V, 2001, pp. 129-130, o recente **AcRelPorto de 18 de Abril de 2007** (José Piedade) / Proc. n.º 0643894, *www.dgsi.pt*, que, não obstante apresentar um sumário correcto, qualifica como pré-datado «o cheque emitido com data posterior à sua entrega ao tomador» (p. 6).

O STJ também confunde, por vezes, estas diferentes realidades. Nesse sentido, cfr. **AcSTJ de 13 de Julho de 2006** (Santos Carvalho) / Proc. n.º 06P2690, *www.dgsi.pt*, **AcSTJ de 11 de Dezembro de 2003** (Duarte Soares) / Proc. n.º 0B3B582, *www.dgsi.pt*, e a declaração de vencido do Conselheiro Reis Figueira, no **AcSTJ de 21 de Maio de**

**2002** (Faria Antunes) / Proc. n.º 02A298, *www.dgsi.pt*, e o **AcSTJ de 10 de Maio de 2001** (Pereira Madeira) (*CJ/AcSTJ* ano IX, t. II. **2001**, pp. 193-198), na passagem em que «*se conclui que o cheque assinado (...) foi um cheque pré-datado»* (p. 193). Qualificando devidamente o cheque, como «*pós-datado»*, nesse mesmo aresto, o Conselheiro Abranches Martins, na sua declaração de voto (cfr. p. 198).

Mas o próprio Banco de Portugal, com intervenção significativa nesta matéria, faz coro com a jurisprudência e contribui para induzir em erro o público, porque também considera – nos seus Cadernos de divulgação («Cheques. Restrições ao seu uso», *CadBdP*, n.º 4, p. 7. n.º 28) – ser pré-datado o cheque que tiver sido entregue ao beneficiário em data anterior à que nele consta como data de emissão.

Em estudo publicado há alguns anos [«O cheque enquanto título de crédito: evolução e perspectivas», *in* AA.VV., *Estudos de Direito Bancário*, FDUL / Coimbra Editora, **1999** (pp. 243-260), p. 251, nota 26], havíamos chamado a atenção para esta questão de terminologia. Dissemos então que as designações "pós-datados", "antedatados" e "pré-datados" eram frequentemente usadas de modo indiferente para designar os cheques com data *posterior* à da sua efectiva emissão (e entrega ao beneficiário). Assim havia (já) sucedido, inclusivamente, na jurisprudência dos nossos tribunais superiores, casos, por exemplo, dos **Acórdãos do Tribunal da Relação de Coimbra de 25 de Fevereiro de 1993** (José Couto Mendonça) e de **22 de Fevereiro de 1995** (Hugo Afonso dos Santos Lopes), publicados na *Colectânea de Jurisprudência*, respectivamente anos XVIII, t. I, 1993 (pp. 73-75), e XX, t. I, 1995 (pp. 63-64), num fenómeno que se tornaria recorrente. Defendemos, há uma década, que havia que estabelecer a distinção desses cheques relativamente aqueles que levam aposta data anterior à da sua efectiva emissão, com base num critério uniforme, por estarem em causa realidades diferentes. Isto é, impunha-se distinguir claramente as situações, que têm, aliás, subjacente uma finalidade distinta e tomar como critério de referência a emissão (efectiva) do cheque e, fundamentalmente, a sua colocação em circulação. Tudo o que dissemos se mantém actual.

Na base da utilização da expressão pré-datado, para significar cheque emitido em data anterior à que dele consta como data de emissão/vencimento, esteve a gíria jornalística. Esta designação generalizou-se e é hoje de uso frequente, sendo reproduzida por diversos juristas. Referindo se aos *«chamados "cheques pré-datados"»*, para explicar que *«a falta de provisão detectada em data anterior à data neles* (nos cheques) *aposta»* – e que era naturalmente posterior à data da criação, acrescentamos nós – não preenchia o tipo criminal anterior ao Decreto-Lei n.º 454/91, Jorge de Figueiredo Dias, «Crime de emissão de cheque sem provisão», *CJ*, ano XVII, t. III, **1992** (pp. 65-72), p. 69.

Noutros casos, porém, o que sucede é que o cheque leva aposta data anterior à da sua efectiva emissão (criação).

Sem prejuízo do maior desenvolvimento desta matéria mais à frente [cfr. n.ºs 3.1 e 9.3.1.I (nota 745)], há que distinguir claramente as situações, que têm, aliás, subjacente uma finalidade que, se não é oposta, é diferente, e tomar como critério de referência a emissão do cheque ou a data efectiva do saque e, fundamentalmente, a sua colocação em circulação.

não tinha de contar legitimamente com tutela jurídico-criminal, por conhecer antecipadamente – com o adiamento do pagamento da quantia titulada em cheque – a possibilidade de poder sobrevir uma vicissitude que comprometesse o pagamento do cheque. Consequentemente, tal vicissitude, a ocorrer, não será penalmente relevante, já que não se verifica o desvalor correspondente à violação do bem jurídico protegido pelas normas que conferem relevância jurídico-penal à emissão de cheques sem provisão, e que reside essencialmente num acréscimo patrimonial com que o beneficiário podia legitimamente contar.

Não obstante, o cheque pós-datado é válido no plano jurídico-cambiário, como veremos (cfr., *infra*, n.ᵒˢ 3.1.III, e 9.3).

---

Assim, **cheque pós-datado** significa que a data nele aposta (ou constante) como data de emissão é posterior à data em que o cheque foi (efectivamente) sacado (cfr. art. 28.º, II da LUCH). Por exemplo, no dia 1 de Março é emitido – e entregue a terceiro – um cheque com data de 20 de Março.

**Cheque antedatado** ou **pré-datado** significa que o saque é posterior à data constante no título como data de emissão (e consequentemente de vencimento). Por exemplo, no dia 1 de Março é sacado um cheque com data de 1 de Fevereiro.

Para além dos já mencionados, saliente-se, entre outros acórdãos que focam a questão do cheque sacado em data diferente da que nele é indicada, o **AcSTJ de 15 de Novembro de 1998** (CARLINDO COSTA) (*BMJ* n.º 481, 1998, pp. 140-143), que conclui ter «*o Decreto-Lei n.º 316/97, de 19 de Novembro,* descriminalizado (...) *o conteúdo comportamental dos emitentes dos chamados "cheques pós-datados"*», e o **AcRelCoimbra de 17 de Junho de 1998** (JOÃO TRINDADE) (*CJ*, ano XXIII, 1998, t. III, pp. 57-60) – que retoma o entendimento que FIGUEIREDO DIAS («Crime de emissão de cheque sem provisão» cit.) já perfilhava, mesmo relativamente à lei anterior (arts. 23.º e 24.º do Decreto n.º 13004, na redacção do Decreto-Lei n.º 400/82) –, segundo o qual «*o arguido deve ser absolvido se não se puder apurar com segurança que o cheque foi preenchido com data anterior à sua entrega ao tomador. Por sua vez, ocorrendo dúvidas sobre a data da entrega do cheque, elas têm que funcionar a favor do arguido, por força do in dubio pro reo. No entanto, estando-se no âmbito das relações imediatas, o arguido não pode ser condenado no pedido civil, se não se provar que ele é sujeito da relação fundamental.*»

Aflorando também esta questão e concluindo, coincidentemente – mas sem nos referenciar a este propósito –, no sentido que advogáramos no nosso estudo citado sobre «O cheque enquanto título de crédito: evolução e perspectivas», **1999** (p. 251, nota 26), Grumecindo DINIS BAIRRADAS, *O cheque sem provisão. Regime jurídico civil e penal*, Almedina, Coimbra, **2003**, p. 33. Curiosamente, a obra inicial deste magistrado (*A protecção penal do cheque. Regime actual*, Almedina, Coimbra, 1998) – de que a citada constitui amplo desenvolvimento – não tem qualquer referência a esta questão (cfr. pp.13-15) que o autor considera agora não ter «especial interesse discutir» (*O cheque sem provisão. Regime jurídico civil e penal*, cit., **2003**, p. 33).

**IX.** Mas o cumprimento do prazo de apresentação a pagamento é igualmente necessário para que o portador possa oportunamente obter a declaração do sacado ou de câmara de compensação – com a indicação de que o cheque, tendo sido atempadamente apresentado a pagamento, não foi pago – ou efectuar o protesto e, subsequentemente, accionar, em via de regresso, os sujeitos que o antecederam (cfr. art. 40.º da LUCh).

**X.** Enquanto o requisito da (exigência de) data de emissão não é suprível, já a falta de indicação do local do saque não determina necessariamente a ineficácia do título, porquanto ele se *«considera passado no lugar designado ao lado do nome do sacador»* (art. 2.º, IV da LUCh).

Assim sendo, o cheque apresentado a pagamento sem indicação de data não está completo, pelo que, antes de satisfeita a quantia nele inscrita, deve ser adequadamente preenchido. Se não o for, o banco deve recusar o seu pagamento, porque ele não vale como cheque, por falta de um requisito fundamental, que é insuprível. Não obstante, existe já jurisprudência no sentido de se presumir que o cheque não datado se tem por emitido no dia da sua efectiva apresentação a pagamento.

No entanto, caso o cheque tenha sido sacado sem data (de emissão ou vencimento) – embora pressupondo acordo de preenchimento – só faz sentido proceder ao respectivo pagamento, quando se verificar a condição ou os termos previstos para o adequado preenchimento desse elemento em falta. Isto significa que a data que deve ser aposta no cheque é a que resulta da condição que havia sido acordada pelas partes e de cuja verificação dependia a aposição da menção em falta.

Caso o portador complete o cheque com uma data aleatória, ou que não corresponda aos termos previstos no pacto de preenchimento, então estaremos perante uma situação de preenchimento abusivo.

### 2.7. Requisitos do cheque; lugar do pagamento

**I.** Finalmente, do cheque deve constar o local do respectivo pagamento (art. 1.º, 4), uma vez que o portador do cheque deve saber onde apresentá-lo a pagamento, sempre que não optar por depositá-lo directamente em conta, circunstância em que o cheque será presente à compensação se não tiver sido sacado sobre a própria instituição depositária.

Acresce que o local de pagamento tem também relevância por determinar as regras aplicáveis em caso de recusa de pagamento, nomeadamente o modo como eventualmente se exercerá o protesto e se accionará o inerente direito de regresso do cheque (jurisdição e competência do tribunal para a acção cambiária ou causal a propor), em caso de incumprimento.

**II.** Não sendo o local de pagamento expressamente indicado, entende-se se que o pagamento deverá ocorrer no *lugar designado ao lado do nome do sacado*, e no que for indicado em primeiro lugar se forem vários os lugares indicados (cfr. art. 2.º, II).

Não constando qualquer lugar ao lado do nome do sacado, o cheque será *pagável no* seu *estabelecimento principal* (art. 2.º, III). Este requisito permite determinar sempre o lugar de pagamento desde que o banco sacado exista de facto.

### 2.8. **Validade do cheque independentemente da convenção**

**I.** Referimos já que o cheque pressupunha um acordo celebrado entre o banqueiro e o seu cliente e que esse contrato se designa por convenção de cheque.

Nesse sentido aponta aliás o artigo 3.º da Lei Uniforme, na parte em que estabelece ser o *cheque sacado sobre um banqueiro* em conformidade *com uma convenção expressa ou tácita, segundo a qual o sacador tem o direito de dispor* de *fundos por meio de cheque.* No entanto, a mesma disposição legal, na parte final, prevê que a validade do título não é afectada, mesmo que não haja convenção ou que, existindo, a provisão seja insuficiente para pagar o cheque.

A salvaguarda do valor do cheque, mesmo na falta dos seus pressupostos, só se compreende na óptica da tutela da circulação cambiária, não fazendo sentido no estrito domínio da relação contratual entre o banco e o seu cliente, e constitui a excepção que, no âmbito da circulação cambiária do cheque, confirma a regra.

O cheque é, assim, válido e eficaz como título de crédito, ainda que não exista ou não subsista acordo que autorize e legitime o cliente a dispor regularmente de fundos através de cheques. Esta regra permite explicar que, mesmo na falta de convenção de cheque ou independentemente dela, possam ser sacados cheques avulsos para movimentação de

*Regime jurídico do cheque* 117

fundos existentes numa instituição de crédito[306], e que, em caso de falta de provisão, por culpa dos titulares da conta, o cheque possa ser utilizado em via de regresso.

**II.** *Como se explica então que o cheque possa ser válido, mesmo na falta de convenção ou de provisão?*
A resposta é, porventura, mais simples do que se afigura.
Comece-se por esclarecer que a lei não impõe a validade do cheque nestas situações. A formulação normativa é mais cautelosa. O que resulta da Lei Uniforme é que «*a validade do título como cheque não fica prejudicada no caso de* não verificação de tais *prescrições*» (art. 3.º *in fine*).
Esta cautela decorreria da tutela da normal circulação cambiária, alicerçada na aparência do título e na protecção da confiança nela depositada. Trata-se de um corolário lógico dos valores que sustentam a aceitação geral deste título de crédito, apesar das vicissitudes que ele sofre pela inobservância dos requisitos legalmente estabelecidos, em especial do que se refere à necessidade de existência de provisão.
Nestes termos, pode até suceder que tais requisitos se verifiquem quando o cheque é sacado e que venham a desaparecer até ao momento da sua apresentação a pagamento. A sua circulação depende da sua aparência e esta impõe que o cheque seja um título apto a valer como instrumento de pagamento, ainda que ocorram vicissitudes que, projectadas no plano da relação entre o banqueiro e o cliente, afectem pontualmente a sua função primordial, de meio de pagamento.
Se o cheque fosse nulo, por falta de provisão ou de acordo que regulasse o seu saque, não produziria efeitos e não poderia beneficiar da tutela da aparência e da circulação anómala, em via de regresso. A Lei Uniforme salvaguarda, assim, a responsabilidade dos intervenientes nessa circulação.

**III.** Por isso, a excepção prevista na parte final do artigo 3.º, configurada como tal, tem um sentido útil: o de afirmar que, como regra, não existe cheque que não envolva convenção e tutela da aparência na sua curta vida, a qual não deixa de ser responsabilidade dos sujeitos da convenção, incluindo o sacado, em atenção ao qual – por ser especial – não

---

[306] E veremos ainda (*infra*, n.º 24) como essa possibilidade assume particular importância quando a convenção é objecto de rescisão.

pode haver cheque sem convenção. O cheque pressupõe assim convenção e provisão, mas é válido independentemente da verificação de tais requisitos, isto é, mesmo que não pré-exista ou não subsista a convenção ou que não haja relação de provisão.

Esta regra é a que melhor se harmoniza com a ideia – que iremos desenvolver adiante (*infra*, n.º 9.1) – de que o cheque é um valor de crédito monetário, de realização imediata, que se traduz em dinheiro, e nela encontramos o fundamento da sobreposição da Lei Uniforme e da sua tutela à relação contratual.

Da conjugação do cheque, enquanto título, com a convenção que está na base da sua utilização, resulta a inoponibilidade das excepções pessoais fora do plano das relações imediatas – e a valorização da aparência resultante do cheque –, e da sua compreensão como instrumento de pagamento de moeda fiduciária a necessidade de tutela penal específica e a inadmissibilidade da sua revogação no curto prazo.

## 2.9. Legitimação e aparência

Finalmente, importa ver, muito sucintamente, em que termos é que a legitimação e a aparência, respectivamente, pretensa característica e aspecto merecedor de tutela, se relacionam com o cheque.

Chamadas à colação, num espaço dedicado à caracterização do cheque, a legitimação, que dele resulta para o seu titular, e a aparência – decorrente da respectiva menção como sujeito ou entidade com legitimidade para dispor dele –, são essencialmente funções que o cheque desempenha, proporcionando pela simples leitura a percepção da realidade que traduz ou reflecte. Ele há-de valer – embora por curto prazo – nos exactos termos que resultam do suporte físico em que se consubstancia e que fundamentam o direito de quem for, em cada passo, indicado como seu beneficiário. Sendo apto à circulação, fundamental é que o cheque dispense a averiguação de possíveis vicissitudes que possam estar subjacentes à sua transmissão.

*Regime jurídico do cheque* 119

## 3. Operações sobre o cheque

São diversas as operações que podemos praticar com o cheque. Vamos, nesta sede, cingirmo-nos essencialmente à caracterização das que têm natureza cambiária.

### 3.1. Emissão

**I.** A emissão do cheque traduz-se no seu preenchimento e ulterior entrega ao tomador ou imediata apresentação a pagamento.

O saque é o acto de emissão do título de crédito; consiste na ordem [incondicional (cfr. art. 1.º, 2)] dada pelo emitente (o sacador) a um banco (o sacado) para pagar o cheque. Concretiza-se pelo preenchimento do próprio título; quer dizer, não é preciso indicar-se no título que, por esta ordem, ou que por este título, se dá a seguinte ordem, basta que se indique a quantia no local apropriado e o sacador aponha o seu nome no local adequado, isto é, proceda à sua assinatura. Um outro aspecto de relevo, e que aliás resulta da própria ideia do artigo 1.º n.º 2 (de que o saque é um juzo), reside no carácter incondicionável do saque, tratando-se, pois, de um mandato puro e simples. As modalidades do saque resultam do artigo 6.º.

**II.** Quando se preenche um cheque, entre os diversos requisitos a observar, dever-se-á indicar a data do preenchimento, a qual – por o cheque ser um título pagável à vista – coincide com a data de vencimento. No cheque não faz então sentido distinguir a (data de) emissão do vencimento, ou seja, a criação do título, por um lado, e o momento em que o título deverá ser apresentado a pagamento, por outro. Emitido um cheque, ele deverá ser imediatamente apresentado a pagamento, num prazo máximo relativamente reduzido; e que já vimos não dever ultrapassar oito dias sobre a data de emissão.

O cheque equivale assim à "letra à vista" (cf. arts. 33.º, I e 34.º da LULL): aquela cujo vencimento coincide com a data da respectiva apresentação a pagamento (ao sacado). Essa modalidade de vencimento constitui no plano das letras, como é sabido, uma excepção em termos de vencimento, reconduzindo a tutela da circulação cambiária à confiança no cumprimento por parte do sacado.

Por esta razão, o cheque é pagável independentemente da data que nele consta como data de emissão, a qual pode até ser posterior, o que acontece no cheque pós-datado. Essencial é que no cheque conste uma data (de emissão). Se tal não acontecer estamos perante um título incompleto e o banco sacado deverá recusar o seu pagamento.

Como vimos (*supra*, n.º 2.3.3), a data é um requisito fundamental do cheque, pelo que até ao momento da sua apresentação a pagamento ela pode encontrar-se por preencher. Nesse caso, e pressupondo que o cheque se encontra em circulação, estaremos, em princípio, perante um *cheque em branco*, ao qual subjaz um acordo de preenchimento. Sucede também que, frequentemente, a data não é preenchida por mera distracção ou esquecimento e não porque deva ser aposta em conformidade com uma combinação específica. Nesta situação, se o portador do cheque se apercebe dessa omissão, tendo a mesma ocorrido por mero acaso, ele procederá a aposição da data em que recebeu o título e que, com grande probabilidade, corresponderá à efectiva data da sua criação, apresentando então o cheque completo a pagamento.

Diversamente, se o beneficiário do cheque o apresenta a pagamento com a data (de emissão/vencimento) em branco, o banco sacado irá comunicar-lhe que ele deve proceder ao preenchimento em conformidade com as instruções que terão sido transmitidas ou com o que terá sido oportunamente convencionado ou, em alternativa, solicitar ao sacador que complete o título. Na prática, estamos em crer que o portador do cheque fará exactamente a mesmíssima coisa que faria se se tivesse apercebido da falha: colmatá-la, apondo uma data. Neste caso, poderá sobrevir um problema real caso exista um acordo de preenchimento que seja desrespeitado. E, aqui, é especialmente relevante a boa fé do portador (adquirente) do título que goza de uma protecção diferente, consoante o tenha adquirido com conhecimento da existência desse acordo ou com a obrigação de não ignorar que ele podia existir ou desconhecendo a sua existência.

**III.** A data que consta do cheque, como data de emissão, não tem assim de coincidir necessariamente com a data em que o cheque é efectivamente passado.

Como vimos, diversas são as circunstâncias que poderão explicar a divergência entre tais datas, desde a teoricamente mais razoável, em que se está perante um cheque em branco, a que subjaz um acordo de preenchimento, até situações de fundamentação eminentemente prática, em que o cheque é emitido em certa data e só posteriormente é posto a circular (cheque *pré-datado*) ou, pelo contrário, em que o cheque é lançado em circulação, levando aposta uma data ulterior (cheque *pós-datado*).

A terminologia utilizada para identificar os dois últimos casos – cheque pré-datado ou antedatado e cheque pós-datado – tem dado lugar a diversas confusões, como já salientámos[307], merecendo consequentemente uma palavra de explicação.

Está em causa a designação de diferentes situações, que têm em comum o facto de serem ambas relacionais, tomando por referência um mesmo dado, a data de emissão inscrita no cheque. Ora, conceitos de relação com um mesmo referente têm de tomar por base um mesmo critério, o qual deverá ser, no caso em análise, a determinação do momento em que o cheque é efectivamente emitido, relativamente à data que dele consta como de emissão[308].

Diremos, assim, que um cheque é **pré-datado** ou **antedatado** se é colocado em circulação depois de passado, isto é, se o seu lançamento no giro comercial ocorre em data posterior aquela que nele se encontra inscrita; e que é **pós-datado** se é passado e colocado em circulação em momento anterior à data que dele consta como de emissão. No primeiro caso, ele é datado com data anterior à da sua efectiva emissão; no segundo ele é datado com data posterior ao do seu saque. Tal como especificaremos[309], as finalidades subjacentes às situações descritas são diversas.

Em qualquer dos casos, acima enunciados, não é despicienda a existência de um prazo legal de apresentação a pagamento. Vejamos:

   a) Quando o cheque é sacado **em branco** – incompleto nalguma das suas menções essenciais, mas havendo acordo que balize o

---

[307] Cfr., *supra*, n.º 2.6.3.VIII (nota 305).

[308] Se não funcionássemos na lógica do critério único e procurássemos fixar a terminologia em relação ao momento em que o cheque é emitido, poderíamos usar a expressão "*pré-datado*" para significar que o cheque é datado (sacado) com uma data (em regra, muito) posterior à da sua efectiva emissão; ou seja, é datado (e, eventualmente, totalmente preenchido) antes do dia que nele consta como "data de emissão ou vencimento". No entanto, nesta circunstância teríamos de chamar "*pós-datados*" aqueles que são preenchidos posteriormente à data que neles conta como de emissão/vencimento; e deslocar o critério para a relação entre o momento do saque e a data que é aposta no cheque, ficando perante a dificuldade insanável de recorrer à expressão "*antedatado*", uma vez que o cheque no qual apomos uma data anterior à da emissão seria então antedatado (com data anterior) ou pós-datado.

[309] Cfr., *infra*, n.º 9.3.1.I, nota 765.

respectivo preenchimento –, sendo consequentemente colocado em circulação, há que garantir o prazo de apresentação a pagamento, pelo que a data de emissão deverá ficar (também) por preencher.

b) Se o cheque for **pré-datado**, ou seja, se dele constar como data de emissão um dia anterior àquele em que for passado ou colocado em circulação, tal poderá dever-se fundamentalmente a uma de duas circunstâncias diversas: ter o sacador involuntariamente retido o cheque, entregando-o ao beneficiário apenas alguns dias depois do saque, ou ter pretendido, precisamente, evitar proceder à sua entrega no decurso do prazo de apresentação a pagamento, furtando-se a todas as consequências das possíveis vicissitudes inerentes, porque voluntariamente o conservou ou porque lhe apôs data (muito) anterior à efectiva data de emissão.

c) O cheque **pós-datado**, contrariamente ao anterior, ao ser passado com data ulterior ao dia do saque, caracterizar-se-á por um maior prazo de apresentação a pagamento, o qual poderá ser diferido relativamente ao momento em que se pretende proceder a um pagamento[310] [311].


## 3.2. Transmissão

**I.** O cheque transmite-se por endosso (cfr. art. 14.º, I da LUCh) – inscrito no verso (do documento) – e pela simples entrega, se não for emitido à ordem de um determinado beneficiário (cfr. art. 16.º, II).

O endosso é a forma típica de transmissão dos títulos de crédito à ordem (cfr. art. 483.º do Código Comercial), constituindo o meio adequado de circulação do cheque, que – tal como a letra[312] – também pode ser transmitido extracambiariamente, enquadrando-se no regime da cessão ordinária de créditos (cfr. art. 14.º, II da LUCh). Simplesmente, neste

---

[310] O facto de o cheque poder ser utilizado como forma de pagamento a prestações, se o preço de um bem for rateado por diferentes cheques com diversas datas de pagamento, não evita que, sendo apresentados a pagamento ao sacado antes da própria data que deles consta, eles sejam pagos (cfr. art. 28.º /2 da LUCh).

[311] O cheque pós-datado poderá funcionar também como um *cheque de garantia*, como aliás veremos, a propósito das funções acessórias do cheque (cfr. *infra*, n.º 9.3.1.V, em especial nota 779).

[312] Cfr. art. 11.º, II da LULL.

*Regime jurídico do cheque* 123

caso, deixam de se aplicar as regras próprias da tutela da circulação normal do título de crédito, nomeadamente as normas que tutelam o portador legitimado, por exemplo, ou que consubstanciam a autonomia do direito do portador (cfr. art. 21.º da LUCh).

O endosso é uma declaração unilateral feita, normalmente, no verso ou nas costas do título, embora não tenha de o ser necessariamente; todavia se essa declaração não for feita no verso do título terá de ser expressamente explicitado que a assinatura de um determinado interveniente é feita a título de endosso. De outro modo, qualquer assinatura constante da face anterior do título será entendida como uma garantia, garantia essa prestada em benefício do sacador e à qual chamamos aval.

**II.** O endosso típico, que se designa por **endosso translativo,** é o modo pelo qual o endossante (titular do direito incorporado no título) transmite ao endossatário (também designado endossado, por alguns autores[313]) o cheque, proporcionando o ingresso na esfera jurídica deste de todas as situações activas que caracterizam a sua posição. E nesta medida, ele constitui uma ordem de pagamento da totalidade da quantia inscrita no título; portanto, tal como o saque, o endosso constitui também uma ordem de pagamento; ordem de pagamento essa que é dada para que a quantia inscrita seja paga ao endossatário ou à sua ordem. E, naturalmente, o endosso constitui ainda uma outra garantia, que é a promessa de que se o sacado não proceder ao pagamento do cheque no momento do vencimento, e se nenhum dos demais co-obrigados o fizer em vias de regresso, o endossante vai naturalmente responder perante aquele destinatário da sua declaração de transmissão, portanto perante o endossatário. Ou seja, em via de regresso o endossante irá assumir a responsabilidade pelo pagamento da quantia titulada pelo cheque.

O endosso pode ocorrer até ao momento de expirar o prazo de apresentação a pagamento, data limite para ser efectuado o protesto por falta de pagamento (arts. 41.º e 24.º, I da LUCh).

**III.** Mas, para além da função de transmissão, o endosso pode ter outros efeitos, limitando-se a legitimar o portador a obter o pagamento do cheque. É o que sucede com o chamado **endosso para cobrança ou por procuração** (art. 23.º da LUCh).

---

[313] Cfr., *supra*, nota 285 (n.º 2.6.1.V).

Neste caso, o titular do direito cambiário confere a um terceiro um mandato com a finalidade exclusiva deste conseguir o pagamento da quantia inscrita no cheque. O mandatário poderá *exercer todos os direitos resultantes do cheque*, mas encontra-se limitado a endossá-lo, se o quiser fazer, invocando expressamente a sua *qualidade de procurador* (art. 23.º, I *in fine*).

O endosso por procuração, que corresponde a um mandato para obter a cobrança do cheque, não tem sentido translativo[314], porque *o beneficiário do cheque* não transfere para o procurador *os direitos consubstanciados* no cheque[315]. Os efeitos decorrentes do título de crédito projectam-se, consequentemente, apenas na esfera jurídica do respectivo beneficiário. Constitui exemplo típico deste endosso a assinatura do cheque pelo beneficiário antes de proceder ao respectivo depósito na sua conta bancária. O banco depositário constitui-se apenas como mandatário para obter do sacado o pagamento do cheque (através da compensação).

**IV.** Por sua vez, o endosso pode ser proibido pela inserção, ou pela inscrição, da **cláusula "não à ordem"** prevista no artigo 14.º II, caso em que o endossante não garante o pagamento da quantia inscrita no cheque a quem ele vier a ser ulteriormente endossado nos termos do artigo 18.º, II. Naturalmente o endosso é proibido se se estipular a cláusula "não à ordem", mas efectivamente não vai afectar o endosso que tenha sido associado à inserção dessa mesma cláusula; proíbe é aquela pessoa que recebe por efeito do endosso o cheque de, ulteriormente, o alienar e continuar a beneficiar da tutela característica da Lei Uniforme, uma vez que a partir daí o cheque vai ser transmitido no puro regime da cessão ordinária de créditos.

**V.** Finalmente, importa ainda mencionar o chamado **endosso em branco**, que se distingue claramente do cheque em branco. Não se trata aqui de um elemento ou de uma estipulação do cheque que se encontra

---

[314] E, por isso, é também conhecido por endosso impróprio (para procuração, para efeitos de cobrança). Cfr. **AcRelLisboa de 2 de Dezembro de 1999** (Silva Salazar) (*CJ*, ano XXIV, t. V, pp. 114-115).

[315] Cfr. **AcRelLisboa de 3 de Fevereiro de 2005** / Proc. n.º 278/2005-6 (Olindo Geraldes), *www.dgsi.pt*, do qual se extrai a necessidade de o endosso transmitir os direitos emergentes do título de crédito para ser translativo, tal não acontecendo com o mandato para obter a cobrança do cheque.

por preencher (cfr. art. 13.º); o endosso em branco traduz-se na assinatura do portador do cheque que, neste caso, tem de ser feita necessariamente no verso, ou em anexo do próprio título, portanto numa folha que se agrafe ao cheque, *sem designar o nome do beneficiário* (art. 16.º II)[316].

Por efeito do endosso em branco (art. 17.º e art. 16.º, II), o cheque passará a funcionar como um verdadeiro título ao portador; o que significa que a partir desta ocorrência, quem detiver materialmente o título será o beneficiário desse mesmo endosso. Por isso, não sendo designado o (nome do) beneficiário, o possuidor do cheque pode adoptar uma de três atitudes possíveis:

a) *Preencher o espaço em branco* com o seu nome, ou de outra pessoa. Quem recebe o cheque pode, nesta circunstância, indicar o seu próprio nome, por razões de segurança;

b) *Endossar novamente em branco*, sem preencher o nome como beneficiário e colocando a sua assinatura por debaixo da que o endossante havia feito. Qualquer delas seria válida, até porque, na realidade, se o endosso foi feito em branco seria sempre seu beneficiário quem detivesse materialmente o título; e o detentor do título resolveu também endossá-lo da mesma forma, isto é, outra vez em branco, apondo mais uma assinatura (a sua);

c) Limitar-se a *entregar o título* a um terceiro, nada fazendo, quer dizer, nada escrevendo. Nesse caso, o beneficiário do endosso em branco não quis endossar também em branco, limitando-se a entregar o cheque a um terceiro e com isto obteve exactamente os mesmos efeitos, só que desaparecendo da cadeia cambiária, porque a seguir presume-se que o endosso terá sido feito em benefício daquele que surge ulteriormente a assinar o título. O cheque transmitiu-se, assim, como um verdadeiro título ao portador.

### 3.3. Aval

**I.** O cheque, à semelhança da letra, também pode ser garantido por aval, embora tal suceda com muito menos frequência, sendo o aval do

---

[316] Figure-se um *exemplo*: o tomador – portanto o seu primeiro beneficiário – endossa em branco se escrever no verso do cheque o seu nome, sem indicar a quem é que o cheque deve ser pago.

126        *Cheque e Convenção de Cheque*

cheque uma garantia raríssima[317], uma vez que este é meio de pagamento e título (cambiário) de curtíssimo prazo.

A função do **aval** é garantir o crédito que está consubstanciado no próprio título, ou seja, é, no fundo, poder reforçar a convicção de que quem é titular do direito incorporado no título irá acabar por obter o seu pagamento, ainda que o tenha de fazer em via de regresso. O aval visa garantir o pagamento do cheque, ou seja, o cumprimento da obrigação cambiária (eventualmente em via de regresso)[318].

---

[317] Não obstante constituir, como os demais negócios jurídicos cambiários, um acto abstracto unilateral. Cfr. Pedro PAIS DE VASCONCELOS, «Garantias extracambiárias do cheque e negócios unilaterais: o cheque visado e o eurocheque», in AA.VV., *Estudos de Direito Bancário*, FDUL / Coimbra Editora, **1999** (pp. 277-300), p. 280, que considera que esta garantia caiu em desuso no domínio do cheque. O autor refere-se, depois, às garantias extracambiárias, às quais reconduz o próprio cheque visado. Discordamos dessa qualificação pelas razões que adiante aduzimos (cfr., *infra*, 4.4 e 5.2.3).

[318] Abordando o aval a propósito das garantias de cumprimento, Pedro ROMANO MARTINEZ / Pedro FUZETA DA PONTE, *Garantias de cumprimento*, 5ª ed., Almedina, Coimbra, **2006**, pp. 117-123, que referem os diversos sentidos que a palavra pode ter (cfr. pp. 117-118, nota 279).

O aval é, desde sempre, estudado em Portugal com referência à letra de câmbio, sendo objecto de meras referências pontuais em matéria de cheque. Nesse sentido, vd. PAIS DE VASCONCELOS, «Garantias extracambiárias do cheque e negócios unilaterais», cit., **1999**, pp. 278-280. Para além das obras e comentários genéricos – sobre títulos de crédito, letras ou garantias – que analisam detalhadamente o aval (de entre os posteriores à Lei Uniforme, cfr. PAULO CUNHA, *Da garantia nas obrigações*, vol. Único, t. II, Lisboa, **1938/39**, pp. 85-92 e 93-102, PINTO COELHO, *Lições de Direito Comercial*, 2.º vol., Fasc. V – *As Letras*, 2ª Parte, 3ª ed., Lisboa, **1965,** pp. 5-96, em especial pp. 5-22, FERRER CORREIA, *Lições de Direito Comercial*, vol. III – *Letra de câmbio*, Coimbra, **1975,** pp. 205-219, PAULO SENDIN, *Letra de câmbio. LU de Genebra, I – Circulação cambiária*, Almedina, Coimbra, **1980**, em especial, pp. 27-28, e *Letra de câmbio. LU de Genebra, II – Obrigações e garantias cambiárias*, Almedina, Coimbra, **1982**, pp. 721-875, ABEL DELGADO, *Lei uniforme sobre letras e livranças anotada*, 5ª ed., Petrony, Lisboa, **1984**, pp. 189-215, Pedro PAIS DE VASCONCELOS, *Direito Comercial. Títulos de Crédito* (Lições Policopiadas), AAFDL, **1990**, pp. 125-129, OLIVEIRA ASCENSÃO, *Direito Comercial*, vol. III, *Títulos de Crédito,* Lisboa, **1992**, pp. 165-175, António PEREIRA DE ALMEIDA, *Direito Comercial*, 3.º vol., *Títulos de Crédito*, AAFDL, Lisboa, **1988**, pp. 215-227, Jorge PINTO FURTADO, *Títulos de Crédito. Letra. Livrança. Cheque*, Almedina, Coimbra, **2000**, pp. 152-162, e Luís Manuel Teles de MENEZES LEITÃO, *Garantias das Obrigações*, Almedina, Coimbra, **2005**, pp. 140-147), a literatura jurídica portuguesa específica é muito escassa. Assim, e de entre os posteriores à Lei Uniforme, há que salientar o excelente estudo (parecer) de PAULO SENDIN / EVARISTO MENDES, *A natureza do aval e a questão da necessidade ou não de protesto para accionar o avalista do aceitante*, Almedina, Coimbra,

**II.** Esta garantia pode ser concedida por qualquer subscritor do cheque ou por *um terceiro*, mas não pelo sacado (cfr. art. 25.º, II). A exclusão do sacado – determinada, aliás, por referência aos terceiros e não aos sujeitos cambiários (cfr. redacção do art. 25.º, II) – explica-se por ele ser apenas obrigado a pagar com base na provisão disponível para o efeito e não (poder) ser obrigado cambiário (cfr. art. 4.º)[319]. Se o aval pudesse ser uma garantia do pagamento do cheque, a ser prestada pelo sacado, ele equivaleria a um aceite, ainda que sem expressão de compromisso de pagamento pontual da quantia (avalizada) – no termo da circulação normal do título –, como sucede com a letra de câmbio, mas apenas como obrigação de pagamento no regresso[320], apesar (ou independentemente) da falta de provisão.

**III.** O aval pode ser prestado em favor de qualquer dos intervenientes na cadeia cambiária, ou subscritores. Nestes não se incluindo, porém, o sacado que, embora expressamente indicado no título, não é interveniente no mesmo, nem obrigado de regresso (cfr. art. 40.º), não assumindo responsabilidade financeira autónoma.

O aval, quando é concedido, é dado normalmente em favor do sacador, que constitui o último garante da cadeia cambiária do cheque, em via de regresso.

Mas se o avalista não indicou o beneficiário do aval, haverá que saber se a garantia subsiste ou se se considera não prestada.

O problema não chega verdadeiramente a sê-lo porque a Lei Uniforme, à semelhança do que se passa com a Lei Uniforme relativa às Letras e Livranças (cfr. art. 31.º, IV *in fine*), estabelece uma presunção de que se não for designado o beneficiário, se surgir apenas a inscrição

---

**1991**, pp. 9-15, 27-45, a comunicação apresentada por Evaristo Mendes, *Aval e fiança gerais*, sep. de *DJ*, vol, XIV, t.1, **2000** (pp. 149-169), pp. 153-154 e 156-160, e o opúsculo de Nuno Madeira Rodrigues, *Das Letras: Aval e Protesto*, 2ª ed., Almedina, Coimbra, **2005**, pp. 26-27, 29-33, 44-58 e 71-80.

[319] A lei pretende evitar que o sacado, avalizando, contornasse a proibição de aceite e que o cheque oferecesse, nesse caso, ainda que apenas em sede de regresso, garantias idênticas às da moeda (no pressuposto de que o sacado não entrasse, entretanto, em processo de falência).

[320] Neste sentido, cfr. Gavalda / Stoufflet, *Instruments de paiement et de crédit. Effets de commerce, Chèque, Carte de paiement, Transfert de fonds*, 6ª ed., Litec, Paris, **2006**, p. 222.

"bom para aval", com uma assinatura, não se dizendo em favor de quem é dado o aval, ele se considera dado em favor do sacador (art. 26.º, IV)[321].

Aquilo que há de particular no aval – que funciona como uma garantia pessoal do pagamento da quantia inscrita no título, sendo conveniente considerar, a este propósito, o disposto no artigo 26.º, IV –, a ideia de que se se encontra pendente uma assinatura na face anterior do título, entendendo-se essa assinatura como um aval dado em benefício do sacador, é uma presunção. Haverá também que ponderar o disposto no artigo 27.º, I e II, relativos à responsabilidade pelo aval e, designadamente, à forma como o avalista responde pela obrigação avalizada.

**IV.** O aval é dado nos exactos termos da obrigação cambiária que tinha sido assumida, que constitui assim o limite quantitativo (máximo) pelo qual o avalista irá responder.

Mas no aval verifica-se também uma independência desta garantia relativamente à obrigação garantida. E, por isso, o aval do cheque é considerado um negócio autónomo, que origina «uma vinculação autónoma»[322]. Isso resulta com muita clareza do disposto no art. 27.º, II, onde se diz: «*a [sua] responsabilidade* (do avalista) *subsiste ainda mesmo que a obrigação que ele garantiu fosse nula por qualquer razão*[323] *que não seja um vício de forma*» – pois nesse caso o aval seria inválido –, isto é, as excepções pessoais do avalizado não vão aproveitar ao avalista por efeito do princípio da independência das obrigações cambiárias, que não só resulta, neste caso, do artigo 27.º, II, mas também do artigo 10.º.

---

[321] Quando associado à letra de câmbio, o **aval** pode ser prestado em favor de qualquer dos intervenientes, ou subscritores, incluindo o próprio sacado, que é subscritor do título, quando aceita. A LULL estabelece uma presunção, na qual é decalcada a presunção referida no texto para o aval do cheque, de que se não for designado o beneficiário desse aval (na letra), presume-se dado em favor do sacador (cfr. art. 31.º, IV da LULL), e não, por exemplo, do aceitante que é aquela pessoa que se obriga, uma vez que não faz tanto sentido reforçar a obrigação do aceitante, que é o sacado, como reforçar a obrigação do sacador.

[322] PAIS DE VASCONCELOS, «Garantias extracambiárias do cheque e negócios unilaterais» cit., **1999**, p. 279.

[323] Daí que a doutrina afirme que «o aval, além de garantir o pagamento, cauciona também a validade» (do negócio) (PAIS DE VASCONCELOS, «Garantias extracambiárias do cheque e negócios unilaterais» cit., **1999**, p. 279).

## 3.4. **Revogação do cheque;** *remissão*

A revogação do cheque, como iremos ver (*infra*, n.º 20.1), pode ser o meio utilizado para tentar obstar a um desapossamento, qualquer que seja a fase em que o mesmo tenha ocorrido, ou para impedir o seu pagamento, proibindo-o, depois de emitido e colocado em circulação e descaracterizando desse modo o meio de pagamento em que consiste.

Trata-se de uma matéria que iremos abordar e desenvolver a propósito das vicissitudes no cumprimento das obrigações contratuais decorrentes da convenção de cheque (cfr., *infra*, n.º 18.3, 20.4 e 21), para onde remetemos.

## 3.5. **Pagamento;** *remissão*

Finalmente, a última operação, no plano da circulação cambiária normal, é a do pagamento, com o qual precisamente se conclui essa circulação. O pagamento do cheque pela instituição de crédito sacada, corresponde ao momento em que o sacado, por instruções do seu cliente, satisfaz, directa ou indirectamente, ao portador do cheque a quantia nele inscrita. Abordá-lo-emos também adiante, a propósito do regime jurídico da convenção de cheque (cfr., *infra*, n.º 16.3.1.2) e do pagamento do cheque (cfr., *infra*, n.º 18.2).

Por ora, importa apenas salientar que o pagamento, que implica um débito correspondente na conta do sacado, pode ser efectuado em *numerário* – situação correspondente ao levantamento da quantia inscrita no cheque contra a sua apresentação a pagamento –, por *crédito na conta* do beneficiário (e respectivo depositante), por *transferência* para a conta do apresentante, por troca com outro cheque, eventualmente bancário, e ainda por *compensação*, em conta que se encontrava devedora, circunstância que normalmente implica um crédito em conta.

Antecipe-se, entretanto, que o pagamento pode ser feito parcialmente (cfr. art. 34.º, II), para tutela dos obrigados de regresso que, em caso de incumprimento, são chamados a substituir o sacador.

O portador, por sua vez, se recusar o pagamento parcial perde os seus direitos contra os demais co-obrigados, na extensão do montante que não quis receber (cfr. art. 45.º, 3.º).

## 3.6. **Outras operações;** *remissão*

O cheque envolve operações que não autonomizamos, nomeadamente as que são consequência de situações de incumprimento, como seja o caso da acção cambiária para obter a satisfação da quantia nele inscrita – a que nos referimos incidentalmente a propósito da análise do cheque como título executivo (cfr., *infra*, n.º 8) – e o regresso que lhe está associado[324]. Por não constituir objecto da presente dissertação o estudo exaustivo do instituto do cheque, mas apenas a apreciação dos aspectos que têm relevo para a análise da sua articulação com a convenção de cheque, abstemo-nos de maiores desenvolvimentos.

# 4. **Aspectos específicos em face da letra de câmbio**

A concluir a caracterização do cheque, vamos agora ver quais são as principais diferenças relativamente à letra de câmbio, com cujo regime jurídico existe um óbvio paralelo. Não iremos, por agora, focar as especificidades dos cheques, mas apenas evidenciar as diferenças em aspectos comuns.

### 4.1. **Qualidade do sacado**

**I.** Como vimos, pela análise dos requisitos do cheque, este instrumento apresenta como peculiaridade o facto de o sacado ser necessariamente um banco, o que o afasta da letra e determina que não haja lugar a aceite.

---

[324] A tutela penal do cheque sem provisão (cfr., *infra*, n.º 19.3), o facto de o cheque constituir, em certas condições, título executivo (cfr., *infra*, n.º 8) e de, por ser meio de pagamento, ter escassa circulabilidade contribuem para a reduzida relevância autónoma da chamada acção cambiária em via de regresso e concentram o foco jurisdicional, em caso de vicissitude, imediatamente na pessoa do sacador. Assim, a acção cambiária de regresso, por oposição à acção causal, reduz-se, em termos práticos, à acção executiva proposta contra o sacador.

Sobre a acção cambiária de regresso em matéria de cheque, cfr., na doutrina portuguesa, José Maria Pires, *O cheque*, cit., **1999**, pp. 115-118.

Por sua vez, a obrigatoriedade de o sacado ser um banco tem outras implicações que excedem o plano restrito da Lei Uniforme, embora decorram de uma sua previsão (cfr. art. 3.º), uma vez que, diversamente do que sucede com as letras, o saque (legal e regular) do cheque está dependente do prévio acordo a celebrar entre o banco (sacado) – que faculta os módulos (de cheques) e se dispõe a proceder ao pagamento da quantia neles inscrita a quem se apresentar como respectivo titular – e o seu cliente, pelo qual este, preenchendo devidamente esses módulos, vai poder dispor de fundos que serão previamente creditados na sua conta.

Daqui resulta que o saque do cheque pressupõe a prévia celebração de um contrato que regule a relação constante que se irá estabelecer entre o sacador (ou o cliente) e o (banco) sacado.

**II.** Ora, sendo o sacado um banco e, portanto, uma instituição respeitada e controlada por entidades com poderes especiais de supervisão, é natural que beneficie de uma confiança reforçada por parte da sociedade em que se insere, justificando que o regime jurídico a que fica sujeito – em diversas operações – seja menos rigoroso do que o aplicável à generalidade das entidades em idêntica situação. O sacado, no cheque, apresenta assim uma especial idoneidade assente na sua solvabilidade[325] e no crédito de que beneficia como grande empresa que é, sujeita a supervisão especializada.

Acresce que, considerando a específica relação contratual subjacente à criação do cheque, há que aceitar que, não obstante a identidade da qualificação, o sacado não se constitua obrigado ao pagamento do cheque. Ele só se encontra vinculado a fazê-lo se a conta do sacador estiver suficientemente provisionada. Assim, se ele não paga – o que deve fazer exclusivamente à custa de bens de que o seu cliente possa dispor, sublinhe-se –, não se constitui obrigado em sede de regresso (cfr. art. 40.º), ficando à margem do processo que se segue à recusa de pagamento, salvo se a mesma não foi legítima.

**III.** Com efeito, na Lei Uniforme relativa ao Cheque – tendo por moldura o aproveitamento, por decalque, dos institutos concebidos para

---

[325] Cfr. José Gabriel Pinto Coelho, *Lições de Direito Comercial*, 2.º vol., *As Letras*, 1ª Parte, Fasc. I, 2ª ed., ed. autor, Lisboa, **1955**, p. 31.

Cheque e Convenção de Cheque

as situações de crise da letra de câmbio, em especial o protesto[326] e o regresso (*recuperatório*, por parte de quem suportou o valor patrimonial do cheque)[327], que conduzem o título cambiário à circulação anómala[328]

[326] Por não ser especialmente relevante, não se desenvolve o protesto do cheque ou *declaração equivalente* (cfr. arts. 40.º e 41.º), que se traduz na dispensa desta operação sempre que, apresentado a pagamento, o banco sacado ou uma câmara de compensação tenha recusado o pagamento do cheque e exarado no título declaração nesse sentido, fazendo constar a data da apresentação (cfr. art. 40.º, 2.º e 3.º).

[327] Embora a descaracterização destes institutos, no plano do cheque, seja uma consequência da natureza jurídica deste título, não vemos especial interesse em autonomizar o estudo destes institutos que, como referimos no texto, representam uma reminiscência da transposição de regimes que deveria ter sido mais adequadamente ponderada, considerando as especificidades de cada um deles e que são determinadas pela diferente essência que os caracteriza, pese embora ambos se reconduzirem à categoria genérica dos títulos de crédito cambiários.

Entre outras, cfr., nas bibliografias alemã e italiana da última década, com desenvolvimentos distintos, as seguintes referências (gerais): BAUMBACH/HEFERMEHL, *Wechselg-estez und Scheckgesetz,* 22ª ed. cit., **2000**, pp. 664-671 (e também pp. 337-345, 347-354 e 358-359), BROX, *Handelsrecht und Wertpapierrechte,* 14ª ed. cit., **1999**, pp. 336-337 (Rdn. 658), 338 (Rdn. 662) e 346-347, BÜLOW, *WechselG / ScheckG und AGB,* pp. 475-487 e remissões para a *WG* (pp. 229 e segs., em especial 229-232), Herbert SCHIMANSKY / Hermann-Josef BUNTE / Hans-Jürgen LWOWSKI, *Bankrechts-Handbuch,* vol. I, 2ª ed., org. por Herbert SCHIMANSKY, Hermann-Josef BUNTE e Hans-Jürgen LWOWSKI, C. H. Beck, München, **2001**, pp. 1457-1493, Hans-Peter SCHWINTOWSKI / Frank A. SCHÄFER, *Bankrecht. Commercial Banking – Investment Banking,* 2ª ed., Carl Heymanns, Köln/Berlin/Bonn/ München, **2004**, pp. 284-287 e 336-339, Beatrix WEBER, *Recht des Zahlungsverkehrs,* 4ª ed., Erich Schmidt, Berlin, **2004**, pp. 238-239, Giulio DISEGNI, *Cambiali e assegni. Strumenti di credito e mezzi di pagamento,* G. Giappichelli, Torino, **2005**, pp. 224-232 e 239-242, PELLIZZI / PARTESOTTI, *Commentario breve alla legislazione sulla cambiale e sugli assegni,* 3ª ed. cit., **2004**, p. 412-420 e 429-435, SECRETO / CARRATO, *L'assegno,* 3ª ed. cit., **2007**, pp. 418-431, 455-470, Gaspare SPATAZZA, «L'assegno», in AA.VV, *Trattato di Diritto Commerciale* (dir. por Gastone COTTINO), vol. 7 – *I titoli di credito,* CEDAM, Padova, **2006** (pp. 533-696), pp. 630-638, TENCATI, *Il pagamento attraverso assegni e carte di credito,* 2ª ed. cit., **2006**, pp. 365-373, 375-379 e 389-397.

Com assinalável desenvolvimento, cfr. a obra clássica de JACOBI, *Wechsel– und Scheckrecht,* **1955**, pp. 843-861.

Na doutrina portuguesa encontramos escassíssimas referências específicas a este tema. Entre outros (posteriores à LeiUniforme), vd. ABEL DELGADO, *Lei uniforme sobre cheques anotada,* 5ª ed. cit., **1990**, pp. 220-221, 230-232, 237-242, 244-247 e 271-274, PINTO FURTADO, *Títulos de Crédito,* cit., **2000**, pp. 284-285, JOSÉ MARIA PIRES, *O cheque,* cit., **1999**, pp. 115-118.

[328] Para este efeito, entendemos como circulação normal a que é feita até à apresentação do título a pagamento. A recusa desta despoleta a circulação em via de regresso, que, por contraposição àquela, é anómala.

*Regime jurídico do cheque* 133

– foi expressamente salvaguardada a responsabilidade do sacado em via de regresso (cfr. art. 40.º *a contrario*).

Assim, quando o cheque lhe é apresentado, o banco só não paga se não dispuser – na conta que o cheque pode movimentar – de fundos suficientes para efectuar o pagamento; pelo menos se o mesmo for solicitado no prazo legalmente estabelecido (cfr. art. 29.º).

Por isso, e por ser precisamente essa recusa (comprovada) que despoleta o regresso – por corresponder ao protesto – não faria sentido voltar a exigir do sacado o pagamento, que só não havia sido efectuado por falta de meios disponíveis para o efeito. O portador do cheque poderá então requerer o pagamento a qualquer dos demais sujeitos cambiários que se encontram antes dele na cadeia cambiária (cfr. arts. 40.º e 44.º), sendo responsável, em última análise, aquele que se encontra no princípio da cadeia: o sacador. Se este dispuser de bens noutro banco ou se, entretanto, tiver passado a dispor de fundos junto do sacado, deverá efectuar o pagamento em via de regresso, para evitar ser executado.

O banco, não sendo obrigado a pagar à custa dos seus próprios fundos[329], não deverá voltar a ser interpelado. E tal não resulta do facto de o banco não ser obrigado cambiário, que o é – como demonstraremos neste estudo –, integrando a cadeia cambiária e sendo sujeito fundamental da mesma, mas essencialmente por ser um obrigado especial, profissional e vinculado a uma *provisão* que nele (ou junto dele) é constituída precisamente para lhe permitir pagar os cheques que forem sacados por referência à conta bancária que ela consubstancia. Enquanto a provisão subsistir, o banco tem de proceder ao pagamento, abatendo ao respectivo montante o valor dos cheques pagos – mas não se podendo recusar a pagar, sob pena de responsabilidade civil contratual e extracontratual. Esgotada ou tornando-se insuficiente a provisão – a cujo montante a responsabilidade do banco se encontra limitada –, e sendo o cheque de valor superior a € 150,00, o banco pode recusar o pagamento[330]. Nessa circunstância, entrando em via de regresso, o cheque percorre a cadeia

---

A expressão *circulação anómala* é também utilizada para caracterizar a transmissão do título com vicissitudes.

[329] O que sucede sempre que o cheque não tem um valor superior a € 150,00, caso em que a instituição de crédito sacada não poderá recusar o pagamento quando o cheque lhe for apresentado para o efeito (cfr. art. 8.º, n.º 1 do RJCh).

[330] Nada impede que o banco pague o cheque, aceitando o descoberto e assumindo o risco do pagamento. Nesse caso, ele constitui-se como credor do sacador.

cambiária – se existir – até ao sacador, primeiro e último responsável pelo seu pagamento (cfr. arts. 40.º e 46.º).

A obrigação cambiária de pagamento que o banco cumpre, em função do disposto na Lei Uniforme, é essencial, porque se não o fosse teria de se aceitar que a relação contratual existente com o seu cliente interferisse no cumprimento da obrigação de pagamento decorrente da lei cambiária[331]. Sem essa obrigação legal (e cambiária), o cheque não desempenharia adequadamente a sua função de meio de pagamento.

A diferença de regimes entre o cheque e a letra, neste aspecto particular, é reveladora dos diferentes valores económicos subjacentes à operação de saque dos títulos em causa. Trata-se de aspecto que focaremos adiante, na conclusão deste número (*infra*, n.º 4.7).

## 4.2. Vencimento e prazo de apresentação a pagamento

**I.** No cheque, diversamente do que acontece com a letra, não há uma distinção clara entre o saque e o vencimento, o que se explica pela sua natureza e curta duração. Assim, um e outro confundem-se não havendo lugar, em princípio[332], a mais do que uma única modalidade de vencimento: à vista. Esta é compatível simultaneamente com o tratar-se de um título de curto prazo e meio de pagamento e de não poder estar sujeito a aceite.

Por se tratar de um título sempre pagável à vista (art. 28.º da LUCh), é desnecessária a indicação de prazo ou momento do pagamento do cheque, o qual deverá ocorrer contra a apresentação do cheque, independentemente da data nele aposta[333] que até pode ser posterior (cheque

---

[331] Como, aliás, pretende uma corrente significativa da doutrina e jurisprudência (nacionais). Nesse sentido, cfr., *infra*, n.º 20.4.3.1.

[332] Não se ignora o fenómeno dos *cheques de pagamento diferido*, a que nos referiremos mais à frente (n.º 5.5), mas que não existem, nem são reconhecidos em Portugal.

[333] Salvaguardamos o regime inerente ao pagamento deste título. Assim, se já tiver decorrido o prazo de apresentação a pagamento [oito dias para cheques sacados e pagáveis no território nacional (art. 29.º, I)], o banco já não se encontra obrigado a proceder ao pagamento do cheque, que pode ser revogado pelo sacador (cfr. art. 32.º, II). Decorridos seis meses sobre a data limite para apresentação a pagamento do cheque, este prescreve (cfr. art. 52.º, I), salvo se entretanto foi pago por qualquer dos co-obrigados, o qual disporá, nessa circunstância, de seis meses para accionar os demais em via de regresso (cfr. art. 52.º, II).

*pós-datado*) (cfr. art. 28.º, II). Essencial é que o cheque esteja datado quando for apresentado a pagamento.

**II.** Dada a relevância desta matéria, e para evitar repetições desnecessárias, optamos por desenvolvê-la adiante, a propósito da revogação do cheque (cfr., *infra*, n.º 20.2).

### 4.3. Proibição de aceite

**I.** Com efeito, sendo um título à vista, o cheque não está dependente de aceite, o qual é, aliás, expressamente vedado (art. 4.º da LUCh). Por isso, a lei tem o cuidado, depois de proibir o aceite («*o cheque não pode ser aceito*[334]»), de considerar como *não escrita* eventual *menção de aceite lançada no cheque* (cfr. art. 4.º, *in fine*)[335].

No plano e âmbito da letra de câmbio, o aceite é o acto pelo qual o sacado se vincula ao pagamento de uma letra (perante o portador, e muitas vezes este é o próprio sacador), tornando-se o principal responsável pelo pagamento, uma vez que o aceitante não tem direito de regresso sobre nenhum dos demais co-obrigados cambiários. O aceitante é, assim, a última pessoa que, uma vez verificando-se a vicissitude do não pagamento no momento da apresentação da letra a pagamento, a deverá honrar, por um lado; e, não o fazendo, vai encontrar-se novamente em último lugar na cadeia cambiária, portanto, no fundo, será responsável perante todos os demais subscritores cambiários[336].

A função que o instituto desempenha no domínio da letra de câmbio, assegurando que o sacado designado assuma expressamente o compromisso

---

[334] A utilização desta expressão, em vez de "aceite" deve-se possivelmente à deficiente tradução oficial, que neste particular subsistiu.

[335] Considerando que o aceite faria do cheque uma nota de banco, GAVALDA/STOUFFLET, *Instruments de paiement et de crédit*, cit., **2006**, p. 222.

[336] Sobre o aceite da letra de câmbio, cfr. José Gabriel PINTO COELHO, *Lições de Direito Comercial*, 2.º vol., *As Letras*, Fasc. III, 2ª Parte, 2ª ed., ed. autor, Lisboa, **1954**, pp. 5-111, em especial pp. 5-8, 23-26 e 63, António FERRER CORREIA, *Lições de Direito Comercial*, vol. III – *Letra de câmbio* (Polic.), Coimbra, **1975**, pp. 153-178, em especial pp. 153-155 e 163-164, e PAULO SENDIN, *Letra de câmbio. L.U. de Genebra*, vol. I – *Circulação cambiária*, Almedina, Lisboa, **1980**, pp. 20-24,em especial, p. 22, e vol. II – *Obrigações e garantias cambiárias*, **1982**, pp. 587-717.

de pagar a letra no vencimento (cfr. art. 28.º, I da LULL), não encontra paralelo no cheque, tendo em consideração a específica natureza do sacado. Enquanto o sacado de uma letra é o beneficiário do valor patrimonial criado que, pelo aceite, se compromete a satisfazer em determinada data, habitualmente longínqua – e que, portanto, pode não dispor de meios para o fazer na data do vencimento ou, simplesmente, recusar--se a pagar –, no cheque o sacado não é um qualquer sujeito, mas uma instituição com uma reputação a manter.

**II.** No cheque, o banco não é beneficiário do valor patrimonial criado, ele apenas se dispõe a satisfazer a respectiva importância, se for dotado dos meios necessários para o efeito. Por isso, no plano cambiário o banco assume uma posição de desinteresse na execução do pagamento, que corresponde precisamente, na sua perspectiva, à prestação de um serviço.

Verificando-se a conformidade do cheque com os elementos de que o banco dispõe para aferir a sua autenticidade e não se encontrando esgotado o prazo de apresentação a pagamento, o banco paga o cheque sacado pelo cliente se tiver fundos e não o faz se não dispuser de meios antecipadamente disponibilizados para o efeito. Cumpridos que estejam os respectivos pressupostos, o pagamento do cheque não é, do ponto de vista do banco sacado, um acto discricionário, mas uma obrigação contratualmente assumida perante o sacador, cujo incumprimento é ilícito. Além do mais, o banco porque está sujeito a um controlo muito rigoroso das autoridades de supervisão pode ser objecto de interpelação com a finalidade de evitar o repetido incumprimento das obrigações decorrentes do exercício da actividade bancária, entre as quais se conta seguramente o dever de cumprimento escrupuloso de todas as obrigações que, para o banco, resultam da celebração da convenção de cheque.

Não faz, pois, qualquer sentido enfatizar a obrigação do banco, pela aposição do aceite, uma vez que se na data da apresentação não existirem fundos suficientes o banco não paga[337].

---

[337] A doutrina alemã considera que a falta de uma regra semelhante ao art. 40.º, III da LULL, na Lei Uniforme relativa ao cheque, é uma consequência da proibição de aceite. Cfr. BAUMBACH/HEFERMEHL, *WechselG und ScheckG*, 22ª ed. cit., **2000**, p. 653 (Rdn. 1a), BÜLOW, *WechselG / ScheckG und AGB*, 4ª ed. cit., **2004**, p. 465 (Rdn. 1), e Alfred HUECK/Claus-Wilhelm CANARIS, *Recht der Wertpapiere*, 12ª ed., Franz Vahlen, München, **1986**, p. 183.

Porque não há aceite, podemos concluir estarmos perante um título que representa um direito sem obrigação correspondente, o que caracterizará a respectiva natureza jurídica.

**III.** Finalmente, e sem antecipar o que em seguida e mais à frente se dirá (cfr. n.$^{os}$ 4.4 e 5.2), não se deve confundir o aceite com o visto, que não tem o *efeito dum aceite* e é expressamente salvaguardado no Anexo II à Convenção de Genebra[338].

## 4.4. Visto

**I.** O visto não se confunde com o aceite e é uma característica própria e exclusiva do cheque; é a menção que o banco faz constar no próprio documento e pela qual assegura que, no momento da emissão e durante o prazo de apresentação do cheque a pagamento[339], o sacador tem fundos disponíveis em depósito equivalentes à quantia visada. Não se trata, pois, de um compromisso de pagar um cheque, mesmo quando o titular da conta não tem disponibilidades suficientes, por eventual concessão de crédito, operação que, configurada nesses termos, se poderia reconduzir a um *aceite*[340]. O banco limita-se a atestar que, no momento

---

[338] Do mesmo modo, a proibição do aceite não é incompatível com o garantia do pagamento do cheque pelo sacado, resultante do uso do cartão de garantia, o qual não tem efeitos cambiários. Neste sentido, HUECK/CANARIS, *Recht der Wertpapiere*, 12ª ed. cit., **1986**, p. 183.

[339] Desenvolveremos mais à frente a caracterização do **cheque visado**, como espécie de cheque (*infra*, n.º 5.2). Entretanto, realce-se apenas que a necessidade de manutenção da provisão durante o prazo de apresentação a pagamento não tem fonte legal, embora resulte de disposições especiais e corresponda a um uso formado com base nas mesmas e de aceitação generalizada. A não se entender deste modo o visto, ele seria inócuo e inútil, porque no momento seguinte a ser dado ele já não asseguraria nada. Por essa razão, não entendemos como pode ainda haver lugar a dúvidas, como as que José Maria Pires (*O Cheque*, cit., **1999**, p. 115) manifesta.

No sentido de que a prática generalizada em que se consubstancia o visto «constitui um uso bancário que é fonte de direito nos termos do artigo 407.º do Código Comercial», Pedro Romano Martinez / Pedro Fuzeta da Ponte, *Garantias de cumprimento*, 5ª ed., Almedina, Coimbra, **2006**, pp. 266-267.

[340] A lei italiana enfatiza esta ideia na alínea 2 do art. 4.º do R.d. 21.12.1933, n. 1736, no sentido de que o visto não comporta uma obrigação de pagamento do banco sacado, mas «*tem apenas o efeito de confirmar a existência de fundos e de impedir a*

em que tal lhe é expressamente solicitado pelo sacador ou por um portador legítimo do cheque, o cliente tem disponibilidades suficientes para assegurar o pagamento da quantia correspondente à mencionada no cheque; e como o faz – assumindo a inerente responsabilidade pela sua declaração –, tem o cuidado de bloquear a utilização dessa quantia, deslocando-a, em regra, para uma conta especial de provisão[341] e evitando, desse modo, que ela venha a responder por outros cheques entretanto sacados ou responsabilidades de natureza diversa assumidas pelo cliente com referência à mesma conta.

**II.** O *visto* é também diferente do aval, não apenas porque este não pode ser dado pelo banco sacado (cfr. art. 25.º, II da LUCh), mas porque, ao visar um cheque, o banco sacado não está a garantir o cumprimento de uma obrigação alheia, mas a reforçar a sua obrigação de cumprimento[342].

**III.** O cheque pode ser manuscrito ou preenchido com recurso a meios técnicos mecânicos (máquina de escrever) ou informáticos (computador), desde que a(s) respectiva(s) assinatura(s) seja(m) feita(s) pelo(s) titular(es) ou legítimo(s) representante(s) da conta sobre a qual ele é sacado.

Por sua vez, o *visto* deve ser perceptível e facilmente identificável por todos os sujeitos que contactem ou manuseiem o cheque, consistindo numa menção nele inserida: *visto, cheque visado, visado, bom para pagamento* ou outra fórmula equivalente[343]. O sinal que o identifica no cheque é um símbolo com um conteúdo performativo – no ensinamento da doutrina portuguesa mais recente[344] – que corresponde à forma externa da declaração

---

*respectiva retirada por parte do sacador antes do vencimento do prazo de apresentação».* Cfr., por exemplo, Gian Franco CAMPOBASSO, *Diritto Commerciale, 3. Contratti, Titoli di Credito. Procedure concorsuali*, 3ª ed., UTET, Torino, **2001**, pp. 310-311.

[341] Esta é uma conta não movimentada, excepto pelo cheque visado.

[342] Neste sentido, cfr. ROMANO MARTINEZ/FUZETA DA PONTE, *Garantias de cumprimento*, 5ª ed., cit., **2006**, p. 267, e **AcRelLisboa de 30 de Novembro de 2000** (GONÇALVES RODRIGUES), *CJ*, ano XXV, 2000, t. V (pp. 111-113), p. 111.

[343] Cfr. JOSÉ MARIA PIRES, *O Cheque*, cit., **1999**, p. 114.

[344] Neste sentido, cfr. PAIS DE VASCONCELOS, «Garantias extracambiárias do cheque e negócios unilaterais: o cheque visado e o eurocheque», in AA.VV., *Estudos de Direito Bancário*, FDUL / Coimbra Editora, **1999** (pp. 277-300), p. 289.

Sobre a qualificação das declarações negociais como actos performativos, cfr. Carlos FERREIRA DE ALMEIDA, *Texto e enunciado na teoria do negócio jurídico*, vol. I,

*Regime jurídico do cheque* 139

unilateral que lhe está subjacente e que é emitida pelo banco sacado. Dessa declaração – como já referimos e veremos (cfr., também *infra*, n.º 5.2) – resulta a obrigatoriedade de o banco adoptar uma determinada conduta, que se traduz na salvaguarda da provisão que, pelo *visto*, confirma existir.

No que se refere ao modo de aposição do *visto* no cheque, na falta de disposição normativa de carácter legal que preceitue como ele deve ser dado, devemos observar a regulamentação do Banco de Portugal (cfr. art. 3.º do Aviso n.º 3/2007, de 6 de Fevereiro[345]) e recorrer à prática bancária, a qual integra as recomendações constantes da Carta-Circular do Banco de Portugal n.º 544/D.I.C. de 16 de Abril de 1985[346], para além dos procedimentos comuns aos diversos bancos. Das regras referidas e da prática observada resulta que a declaração do banco deve ser datada e autenticada com a assinatura dos seus legítimos representantes, sendo habitual a utilização do selo branco da instituição de crédito. O banco sacado deve eliminar todos os espaços disponíveis (e não aproveitados), mas existem divergências acerca da obrigatoriedade de re-inutilizar também todos aqueles que aparentemente já o estão por recurso a meios humanos, mecânicos ou informáticos[347].

**IV.** O *visto* não se encontra previsto na Lei Uniforme, que é omissa quanto a ele e se limita a proibir o aceite do cheque (cfr. art. 4.º), tendo essa circunstância conduzido a alguns equívocos na jurisprudência e doutrina nacionais, existindo decisões e opiniões que recusam o *visto* na ordem jurídica portuguesa[348]. Tal acontece, nomeadamente, com o **AcSTJ**

---

Almedina, Coimbra, **1992**, pp. 121-258 (em especial pp. 121-133, 235-236, 244, 250-258), 312-315, e, mais recente e resumidamente, *Contratos I. Conceito. Fontes. Formação*, 3ª ed., Almedina, Coimbra, **2006**, pp. 32-35.

[345] Publ. no DR, I Série, n.º 30, de 12 de Fevereiro de 2007, e vigente desde 15 de Março de 2007. Esta disposição regulamentar reproduz o disposto no n.º 19.4 do SICOI, na red. da Instr. n.º 4/2007 do BdP.

[346] Já revogada. Note-se que as recomendações do Banco de Portugal, constantes da Carta-Circular, não cobrem todos os aspectos da emissão do *visto*.

[347] Esta dúvida tem razão de ser, considerado o teor do **AcRelPorto de 11 de Janeiro de 2001** (Moreira Alves) / Proc. n.º 0031448, *www.dgsi.pt* (cfr., em especial, pp. 4-7). Como resulta do aresto – que desenvolve amplamente a questão da aposição e forma do *visto* –, o preenchimento do cheque pode processar-se manualmente ou com o recurso a meios técnicos (simples máquina de escrever ou computador), devendo os espaços não utilizados serem trancados preferencialmente por recurso ao mesmo meio (cfr. pp. 6-7).

[348] É o caso de Alberto Luís, *Direito Bancário. Temas críticos e legislação conexa*, Almedina, Coimbra, **1985**, pp. 131-133, em especial p. 132.

# 140 Cheque e Convenção de Cheque

**de 24 de Janeiro de 1991**, relatado por António Simões Ventura[349], segundo o qual – «*tal como acontece com o instituto do "aceite", expressamente repudiado pela Convenção de Genebra de 1931*» – não é «*admissível o instituto do "visto" ou da "certificação", os quais se forem apostos no cheque, devem ter-se por não escritos*». Confundindo, aparentemente, *aceite* [que seria proibido por «*contradizer a função económica do cheque*» (p. 446)] com *visto*, e pretendendo ver neste uma forma ou especialidade daquele, este aresto tem, não obstante, em conta o disposto no artigo 6.º do Anexo II à Convenção de Genebra, que menciona (p. 446), mas que aplica de forma deficiente, sufragando – quanto a nós de forma pouco feliz – o entendimento de Alberto Luís[350] de que, ao não ter feito uso de qualquer reserva das constantes no Anexo II à Convenção, o Estado português havia prescindido de regular a matéria constante desse Anexo. E acrescenta o autor (*ibid.*) que, «tal como o instituto do aceite não é admitido no cheque, também o instituto do "visto" ou "certificação" não é admissível em Portugal», devendo o "visto" «haver-se por não escrito». Este é também o entendimento do **AcRelPorto de 11 de Janeiro de 2001** (Moreira Alves)[351], que recusa existência jurídica ao instituto do visto (embora admita ser prática corrente dos bancos visar cheques).

Discordamos em absoluto. Para além do exposto no texto, importa salientar que o aceite é proibido pela Lei Uniforme, não sendo tal proibição derrogável por reserva. E o *visto* – que, como vimos, não carece de derrogação específica para ser regulado ou autorizado, diversamente do que acontece com outras matérias da LU (cfr., por exemplo, arts. 3.º, 7.º, 9.º, 10.º, 14.º, II, 16.º,18.º, 22.º e 24.º do Anexo II) – não se pode, nem deve, confundir com o *aceite* que, a ser possível, implicaria a alteração da natureza jurídica do cheque.

Na realidade, há que distinguir reservas genéricas – que se referem a aspectos de regime que não reuniram consenso para figurar no texto da Lei Uniforme e que, a todo o tempo, podem ser objecto de regulamentação interna, como sucede com o visto – de reservas específicas que, para poderem ser aplicadas, derrogando eventualmente o disposto na Lei Uniforme, tinham de ter sido expressa e precisamente invocadas pelo

---

[349] *BMJ* 403, 1991, pp. 441-448.

[350] *Direito Bancário. Temas críticos e legislação conexa*, Almedina, Coimbra, **1985**, p 132.

[351] Proc. n.º 0031448, *www.dgsi.pt*.

Estado português; e não foram. Constitui exemplo, o hipotético desvio ao artigo 32.º da Lei Uniforme, por aproveitamento da reserva enunciada no artigo 16.º do Anexo II[352].

E o disposto no artigo 6.º do Anexo II à Lei Uniforme não se enquadra neste tipo de reservas. Trata-se de um preceito que esclarece – considerando o carácter imperativo (e inderrogável, acrescente-se) do disposto no artigo 4.º da Lei Uniforme – que qualquer dos Estados contratantes tem a faculdade de admitir que o sacado conceda um *visto*, se o mesmo não tiver o efeito de um aceite. Isto é, o artigo 6.º do Anexo II reconhece a possibilidade de os Estados contratantes regularem – sem derrogação da Convenção internacional em causa – os cheques visados, reconhecendo, implícita ou explicitamente, a respectiva validade e distinguindo os respectivos efeitos daqueles que decorreriam do aceite. Foi o que o Estado português fez, primeiro ao nomear uma Comissão para proceder a um estudo que contribuísse para a difusão do cheque como meio de pagamento, que permitisse reduzir a circulação puramente monetária[353], e ao legislar com a finalidade de regular a obrigatoriedade de aceitação dos pagamentos efectuados ao Estado através de cheque visado, criando para o efeito regimes especiais de pagamento através dessa modalidade de cheque[354]. Entre outros aspectos, imputava-se aos bancos a responsabilidade pela falta de pagamento dos cheques visados, pelo que se lhes impunha o dever de cativarem nas contas sacadas as correspondentes quantias (cfr. art. 3.º, n.º 3 do Decreto 157/80, de 24 de Maio).

Da regulamentação pontual desta modalidade de cheque, que analisaremos autonomamente, surgiria uma prática generalizada que se

---

[352] Para além dos exemplos enunciados na nota anterior, vd. ainda arts. 11.º e 12.º do Anexo II.

[353] A Comissão – presidida por José Gabriel PINTO COELHO – foi nomeada por Portaria do Ministro das Finanças de 21 de Fevereiro de 1953, tendo elaborado um relatório e proposto um anteprojecto de lei, devidamente fundamentado nesse relatório, objecto de publicação em brochura autónoma (AA.VV., *Facilidades de liquidação e economia de meios de pagamento pela Difusão do Cheque*, Relatório apresentado ao Ministério das Finanças pela Comissão presidida pelo Prof. Doutor José Gabriel Pinto Coelho, Imprensa Nacional de Lisboa, **1955**). No entanto, o anteprojecto nunca veria a forma de lei, nem seria retomado como tal.

[354] Constituem exemplos desta prática, o Decreto-Lei n.º 32677, de 20 de Fevereiro de 1943, o Decreto-Lei n.º 46495, de 18 de Agosto de 1965, o Decreto-Lei n.º 157/80, de 24 de Maio, o Decreto-Lei n.º 481/82, de 24 de Dezembro – entretanto revogados –, o Decreto-Lei n.º 14/89, de 10 de Janeiro, e o Decreto-Lei n.º 236/91, de 28 de Junho.

# 142 — Cheque e Convenção de Cheque

encontra hoje socialmente aceite. A jurisprudência confirma-o[355], embora não o faça de forma incontestável e uniforme[356].

No que se refere à obrigatoriedade de visto em cheques destinados a certos pagamentos, nomeadamente ao Tesouro, a mesma cessaria nos anos noventa[357], sendo substituída pelo simples cruzamento do cheque, nos termos e por efeito do disposto no Decreto-Lei n.º 275-A/93, de 9 de Agosto [cfr. art. 14.º, n.º 1, al. c)], entretanto revogado pelo Regime da Tesouraria do Estado, aprovado pelo Decreto-Lei n.º 191/99, de 5 de Junho, que manteria o mesmo regime [cfr. art. 16.º, n.º 1, alínea c)].

**V.** Mas o **AcSTJ de 24 de Janeiro de 1991** não constitui exemplo único de jurisprudência menos feliz nesta matéria[358], propensa a equívocos, saliente-se. Mesmo quando é expressamente reconhecida a diferença

---

[355] Reconhecendo a existência do cheque visado, cfr. **AcRelPorto de 21 de Novembro de 2000** (LEMOS JORGE) / Proc. n.º 0021235, *www.dgsi.pt,* que considera ser a concessão do "visto" (o "visar") uma operação prática bancária não prevista na lei, **AcRelGuimarães de 3 de Julho de 2002** (ROSA TCHING) / Proc. n.º 429/02-1, *www.dgsi.pt,* que distingue visto do aval e recusa a qualificação de título executivo a um cheque visado,

[356] Sobre as três posições distintas – desde a que propugna «a não admissibilidade do instituto do "visto" ou "certificação", pelo facto de Portugal estar vinculado» à Convenção de Genebra sem ter usado da respectiva reserva, passando pela tese que ultrapassa a falta de reserva, considerando que o visto bancário do cheque tem no nosso Direito um carácter extracambiário, e terminando na que corresponde *grosso modo* ao nosso entendimento, de que a faculdade de admitir o cheque visado não constitui o aproveitamento de uma reserva – que se descortinam na jurisprudência, cfr. o **AcRelGuimarães de 3 de Julho de 2002** (ROSA TCHING) / Proc. n.º 429/02-1, *CJ,* ano XXVII, t. IV, 2002, pp. 265-267 e também *www.dgsi.pt.*

[357] Mantendo-se apenas em certos casos de pagamento de determinados impostos (aduaneiros, automóvel, do selo e em fase de cobrança coerciva no âmbito do processo de execução fiscal). Cfr. Port. 796/99, de 15 de Setembro (red. da Port. 891/2001, de 30 de Julho), publicada em conformidade com o disposto no n.º 5 do art. 16.º do Regime da Tesouraria do Estado (aprovado pelo DL 191/99, de 5 de Junho).

[358] Também não merece a nossa concordância, pelo menos que toca à rejeição do instituto do *visto,* o **AcRelPorto de 11 de Janeiro de 2001** (MOREIRA ALVES) / Proc. n.º 0031448, *www.dgsi.pt.* Julgando um caso de falsificação de cheque visado, o aresto, possivelmente influenciado pelo entendimento de ALBERTO LUÍS – que, aliás, não cita –, mormente considerando que o Estado português não fez qualquer reserva no sentido de legislar sobre o cheque visado, afirma que «*o instituto do visto não tem existência jurídica entre nós*» (cfr. p. 6) e, paradoxalmente, aprecia a falsificação de um cheque visado, concluindo que a mesma não é da responsabilidade do sacado, e revoga a sentença de primeira instância (cfr. p. 9).

entre aceite e visto, a fundamentação para a admissibilidade deste nem sempre é a mais feliz. Tal acontece, por exemplo, com o **AcSTJ de 5 de Julho de 2001** (PAIS DE SOUSA)[359], que entende que «*o cheque visado serve para garantir que ele será pago, ainda que não tenha provisão*». Discordamos e passamos a explicar porquê.

O visto não constitui uma garantia autónoma de pagamento. A sê-lo, nesses termos – e nos que resultam do sumário do acórdão –, equivaleria a um aceite[360]. O visto corresponde a uma certificação da existência de fundos durante o prazo de apresentação a pagamento e, mediatamente, de que à custa dos mesmos o cheque será pago. O visto não reforça a obrigação do banco como sacado, ela continua a existir nos mesmos termos, permanecendo o banco obrigado a pagar o cheque à custa dos fundos disponíveis. Simplesmente, ao conceder o visto, o banco assegura ao sacador que irá diligenciar a separação da quantia correspondente à que consta do cheque, salvaguardando-a de qualquer vicissitude que pudesse vir a ocorrer com a conta, incluindo uma eventual penhora. Por isso, e para garantir que os fundos não são entretanto dissipados com a emissão de outros cheques sobre a mesma conta e os mesmos meios, o banco deverá proceder à adequada administração da provisão, deslocando-a para uma conta (ou sub conta) especialmente constituída para o efeito e contribuindo, pela sua actuação, para que o cheque seja pago ao respectivo beneficiário.

Se o cheque visado não for apresentado a pagamento no prazo estabelecido para o efeito, então o banco deverá voltar a creditar a importância na conta do sacador e, posteriormente, pode recusar-se validamente a pagar o cheque.

**VI.** Vale a pena, nesta sede, recorrermos ao Relatório apresentado ao Ministério das Finanças pela Comissão presidida por José Gabriel PINTO

---

[359] *CJ/AcSTJ*, ano IX, t. II, 2001, pp. 149-151. Influenciado pelo facto de o visto não se encontrar directamente regulado na Lei Uniforme, o Acórdão conclui que ele tem no nosso Direito uma natureza extracambiária. Temos sérias dúvidas e algumas reservas, uma vez que a reserva prevista no Anexo II à Convenção se afigura suficiente para lhe assegurar essa natureza, simplesmente as Partes Contratantes não chegaram a acordo sobre a regulação do visto.

[360] «O estabelecimento de crédito não assume propriamente, com a declaração de "Visto", uma obrigação directa que possa assimilar-se à que resulta do aceite pelo sacado na letra» (AA.VV., *Facilidades de liquidação ...*, Relatório cit., **1955**, p. 11).

144             *Cheque e Convenção de Cheque*

COELHO, com um anteprojecto[361] que – não obstante a sua inquestionável qualidade – nunca conheceria a forma de lei[362].

Embora a Portaria que constituiu a Comissão não impusesse que a mesma elaborasse um anteprojecto e, em especial, que regulasse o cheque visado, ela pretendia que o estudo a efectuar viesse a contribuir decisivamente para *permitir a utilização mais vantajosa* do cheque, *quer na cobrança de rendimentos do Estado, quer na realização de pagamentos do Tesouro* (incluindo os *vencimentos* dos funcionários), e para *facilitar a aceitação de cheques nos pagamentos ao Estado.*

O anteprojecto elaborado[363] fazia equivaler o cheque visado ao cheque bancário (art. 9.°) e regulava em pormenor a forma de obter o visto e de o banco assegurar e se responsabilizar por manter intacta a quantia correspondente durante o prazo de apresentação a pagamento. Contudo, o documento produzido pela Comissão nunca chegaria a ser aproveitado, nem como mera referência de regulação geral do instituto, pelo que o *visto* não conheceria até ao presente, em Portugal, uma regulamentação geral, mas seria objecto de regimes especiais que, conjuntamente com o trabalho apresentado em meados dos anos cinquenta, comprovariam que, de facto (e *de jure*), o visto não se pode confundir com o aceite.

**VII.** A concluir a análise desta prerrogativa, a que inicialmente se procurou recorrer para credibilizar o cheque[364], importa referir que voltaremos a analisar o cheque visado a propósito das modalidades do cheque (cfr. *infra*, n.° 5.2, pp. 154-162), visto que nesta forma, enquanto visado, constitui, em nosso entender, uma espécie autónoma de cheque, uma vez que está sujeita apenas à contingência da solvabilidade do (banco) sacado.

---

[361] AA.VV., *Facilidades de liquidação ...*, Rel. cit., **1955**.

[362] Trata-se de assunto que não importa discutir neste trabalho. Aproveita-se inquestionavelmente o contributo que a Comissão presidida pelo Professor Pinto Coelho deu para a construção doutrinal do cheque visado (e para a problematização do cheque falsificado).

[363] E que consta das páginas 29 a 32 do estudo publicado. Cfr nota 353.

[364] Nesse sentido, cfr. AA.VV., *Facilidades de liquidação ...*, Rel. cit., **1955**, em especial pp. 16-17, onde se refere o considerável risco que os simples cheques (por contraposição a visados) envolvem.

## 4.5. **Cruzamento**

**I.** Mas, para além do visto – que é aposto pelo banco, a solicitação do sacador ou de um portador do cheque –, o cheque também pode ser objecto de cruzamento, operação que constitui igualmente uma especificidade do respectivo regime e que pode ser realizada pelo sacador ou pelo portador (cfr. art. 37.º, I)[365].

O cruzamento é efectuado por razões de segurança, visando evitar danos decorrentes de furto, falsificação ou extravio do título e procura impedir o seu pagamento a um portador ilegítimo, com as limitações que introduz[366]. Com o cruzamento pretende assegurar-se que o cheque só seja pago a um cliente do sacado ou – sendo especial –, que só seja pago pelo sacado à instituição que estiver referenciada no cheque entre as linhas paralelas e, eventualmente, ao portador, se o banco, sacado e indicado no cruzamento, for o mesmo e aquele for deste cliente.

**II.** O cruzamento consiste na aposição de duas linhas paralelas, em regra oblíquas (e apostas no canto superior esquerdo), na face anterior do cheque, com a finalidade de condicionar o modo de pagamento deste título, podendo revestir uma de duas modalidades: geral ou especial[367].

Sendo designado um banqueiro, a quem o cheque deverá ser pago, se ele não for o sacado, o cruzamento especial equivale à menção "para levar em conta"[368], porquanto o cheque só podendo ser pago àquele

---

[365] Não obstante a limitação da lei (cfr. art. 37.º, I), o **cruzamento** (geral) é actualmente antecipado por inúmeros bancos, que o fazem imprimir nos próprios módulos (de cheque), designadamente naqueles que são dispensados ou solicitados em ATM sem mais especificações.

[366] Mas o cruzamento não evita um eventual desapossamento, tanto mais que o banco sacado quando paga só está obrigado a verificar a regularidade formal dos endossos (cfr. art. 35.º da LUCh).

[367] O cruzamento é **geral** se consiste apenas nos dois traços paralelos na face do cheque, podendo eventualmente entre os mesmos estar escrita a palavra «banqueiro» ou outra equivalente (cfr. art. 37.º, III). Encontrando-se cruzado, nestes termos, o cheque só poderá ser pago a um banco (mediante prévio depósito) ou a um cliente do sacado (cfr. art. 38.º, I).

O cruzamento é **especial** se, entre as linhas paralelas, se indica o banco ao qual o cheque deverá ser pago (cfr. arts. 37.º, III *in fine* e 38.º, II), se não for pago directamente ao cliente quando o sacado for o designado.

[368] Na Alemanha, como veremos (*infra*, n.º 5.4), o cruzamento vale sempre como menção "para levar em conta", uma vez que os arts. 37 e 38 da *ScheckG* nunca entraram em vigor (cfr. Art. 1 da *EGScheckG*).

146       *Cheque e Convenção de Cheque*

banqueiro, obriga ao prévio depósito em conta aberta nesse banco. Se o banco indicado coincidir com o sacado, e o beneficiário do cheque for cliente deste, então o banco poderá proceder directamente ao pagamento do cheque, não tendo o mesmo de ser previamente depositado em conta. A questão central estará, nesta matéria, em saber como se caracteriza o cliente, designadamente se ele deve ter conta bancária (já) aberta na instituição sacada, se deve ter com ela um qualquer outro tipo de relacionamento comercial ou se basta que potencialmente o possa vir a ter. Cremos que a inclinação dos bancos para aceitarem este último perfil é hoje dominante. O assunto – que retomaremos (*infra*, n.º 13.3), quando abordarmos *ex professo* o cliente – fica, nesta sede, equacionado.

O cruzamento geral pode ser convertido em especial se, em qualquer momento, for escrito entre as linhas paralelas o nome de um banqueiro (art. 37.º, IV), tal como é possível converter um cheque cruzado em cheque "para levar em conta", apondo essa menção entre os traços. Contudo, a inversa já não é verdadeira, não sendo possível transformar em cruzamento geral um cheque que tenha sido objecto de cruzamento especial (cfr. art. 37.º, IV *in fine*) ou de menção "para levar em conta", uma vez que não é possível proceder à *inutilização* do *nome do banqueiro indicado* ou da *menção "para levar em conta"* (cfr. arts. 37.º, V e 39.º, III).

**III.** O cruzamento, qualquer que seja a modalidade que revista, não deve ser confundido com limitação ou condicionamento à circulação do cheque[369], que nessa matéria não sofre qualquer restrição, embora se admita que o cruzamento possa em alguma medida dificultar à aceitação do cheque por tomador ou endossatário.

Mas o cruzamento é amiúde confundido com a inserção da menção "para levar em conta", considerando-se na prática que uma menção equivale à outra, o que não está correcto. Com efeito, entende-se habitualmente ser suficiente o cruzamento para o cheque dever ser obrigatoriamente depositado, o que não é verdade. Sendo o cruzamento geral, o cheque poderá ser pago pelo sacado a qualquer cliente seu (cfr. art. 38.º, II), sem necessidade de ser depositado; sendo o cruzamento especial, tal também poderá suceder se o sacado for o banqueiro designado para receber o pagamento, como vimos acima. Deste modo, e também como

---

[369] Cfr. **AcRelLisboa de 2 de Março de 2004** (PIMENTEL MARCOS) (*CJ* ano XXIX, t. II, 2004, pp. 65-69), segundo o qual «*o cruzamento do cheque não impede o endosso, mas o último endossado deve ser um banco ou um cliente do sacado*».

*Regime jurídico do cheque* 147

explicámos, a menção *para levar em conta* só coincide com o cruzamento especial se o banco designado para receber o pagamento por conta do portador do cheque não coincidir com o sacado.

**IV.** Abordaremos o cheque cruzado como modalidade autónoma de cheque por contraposição ao cheque simples e, presentemente, com razões acrescidas uma vez que o cruzamento surge, agora, impresso nos próprios módulos e consequentemente determinado pelo próprio sacado, extravasando a operação prevista nos artigos 37.º e 38.º da Lei Uniforme.

Antecipamos já que o cruzamento imposto pelo sacado equivale a cruzamento pelo sacador, que não é obrigado a utilizar os módulos com essa limitação. No entanto, independentemente da vontade, expressa ou implícita, do sacador relativamente aos módulos que recebe com as duas barras paralelas oblíquas já impressas[370], a realidade é que são hoje cada vez mais os cheques sacados com cruzamento e, consequentemente, sujeitos a um regime específico.

### 4.6. Menção "para levar em conta"

**I.** A inserção da menção "para levar em conta" – ou referência *equivalente* (por exemplo, "para depositar em conta") – entre as linhas paralelas oblíquas significa que o título deverá ser necessariamente depositado em conta bancária, não podendo ser apresentado a pagamento ao banco sacado para levantamento da quantia nele inscrita. Esta menção pode ser inserida pelo sacador ou por qualquer portador e corresponde a uma proibição para pagamento do cheque em numerário (cfr. art. 39.º, I). Tal como no cruzamento, pretende-se diminuir o risco do desapossamento, vinculando-se o último portador a proceder ao depósito do cheque e, consequentemente, a identificar-se[371].

---

[370] Na prática bancária não raro os bancos cobram menos pelos módulos com esta limitação, para induzirem os clientes a aceitá-los e a utilizá-los.

[371] Mesmo com esta menção o desapossamento é possível, uma vez que o banco sacado apenas está obrigado a verificar a regularidade formal das declarações cambiárias (cfr. art. 35.º da LUCh). Por isso, o cheque é bem pago se o último portador, e seu beneficiário, o recebeu de boa fé, ignorando vicissitude anterior.

Admite-se, naturalmente, que a menção *para levar em conta* desencoraje eventual desapossamento, porque o cheque deixa de poder ser recebido ao balcão pelo seu (último) portador anónimo.

148         *Cheque e Convenção de Cheque*

Neste caso, o cheque é pago por lançamento de escrita feito pelo banco depositário, quer este seja o sacado, circunstância em que a compensação é puramente interna – implicando uma transferência de contas –, quer o cheque tenha sido objecto de compensação, por ter sido sacado um banco diferente daquele cuja conta vai ser creditada (cfr. art. 39.º, II).

**II.** Esta menção é tão relevante que uma vez aposta não pode ser desfeita, perdurando até que o cheque seja depositado em conta. Na realidade, a lei considera como não efectuada a *inutilização da menção «para levar em conta»*, que não pode ser riscada, apagada ou, por qualquer modo, eliminada (cfr. art. 39.º, III).

**III.** A inobservância das regras aplicáveis à menção é tão grave que o sacado que proceder ao pagamento do cheque com essa menção será responsável pelo prejuízo que possa causar até ao limite máximo correspondente ao *valor do cheque* (cfr. art. 39.º, IV).

**IV.** A inserção desta menção não implica qualquer limitação à circulação do cheque. Simplesmente condiciona o seu fim de vida, impedindo o seu pagamento em numerário e antecipando para evitar esgotar o prazo de apresentação a pagamento, o depósito em conta bancária. Embora o cheque possa desempenhar a sua função normal de meio de pagamento, e seja apto a circular, neste caso ele não permitirá imediatamente ao beneficiário receber em numerário a quantia nele inscrita, mas tão só obter igual satisfação económica por crédito em conta dessa importância.

Nesta medida, o cheque *para levar em conta* distingue-se do cheque simples, que circula e é pagável sem restrições, constituindo uma modalidade de cheque (muito) próxima do cheque cruzado. Voltaremos a focá-lo ainda neste capítulo (*infra*, n.º 5.4), não como operação ou acto, mas como modalidade específica de cheque.

### 4.7. Diferenças menores e fundamento da distinção entre o cheque e a letra de câmbio

**I.** Para além das acima autonomizadas, encontramos outras diferenças entre o regime jurídico-cambiário do cheque e da letra de câmbio,

Regime jurídico do cheque 149

embora menos relevantes. Sem preocupação de as esgotarmos, justifica-se fazer-lhes uma referência:

- O cheque pode ser objecto de saque ao portador (cfr. art. 5.º III da LUCh) e a letra não, devendo ser sacada à ordem do sacador ou para tomador (cfr. art. 3.º da LULL);
- O cheque, diferentemente da letra à vista (cfr. art. 5.º da LULL), não pode vencer juros, mesmo que haja disponibilidade para os pagar, porque a respectiva Lei Uniforme não o admite (cfr. art. 7.º)[372];
- O instituto da intervenção (cfr. arts. 55.º a 63.º da LULL)[373] não existe no cheque, porque este se destina a ser pago por um sacado especial – o banqueiro (cfr. arts. 3.º e 54.º da LUCh) –, limitando-se o sacador a dispor dos fundos que lhe pertençam;
- Na letra o protesto é imprescindível para conservação da acção cambiária de regresso (cfr. art. 44.º da LULL), enquanto que no cheque este acto formal pode ser substituído por uma declaração *equivalente* do banco ou de uma câmara de compensação (cfr. art. 40.º, 2.º e 3.º da LUCh); e, finalmente,
- «*A letra pode ser sacada por várias vias*» (art. 64.º I da LULL) – nomeadamente para ser levada a aceite –, e o cheque deve ser sacado num único exemplar, excepto nos casos em que for *emitido (à ordem) num país e pagável noutro país* (cfr. art. 49.º da LUCh).

As diferenças de regime acima enunciadas dispensam maiores explicações, tendo em consideração o carácter e o objecto do presente estudo, justificando-se a sua menção apenas pelo facto de reforçarem a distinta natureza destes instrumentos.

**II.** Com efeito, todas as diferenças assinaladas (neste número e nos anteriores), a que simplificadamente reconduzimos o confronto da letra de câmbio com o cheque, são consequência da sua natureza jurídica.

---

[372] Sendo um meio de pagamento e instrumento de curto prazo, e não um meio de investimento, não tem sentido admitir a alteração do seu valor. Neste sentido, HUECK/CANARIS, *Recht der Wertpapiere*, 12ª ed. cit., **1986**, p. 180.

[373] Apenas se permite o aval em moldes semelhantes aos da letra (cfr. arts. 25.º a 27.º da LUCh e arts. 30.º a 32.º da LULL).

As especificidades reconhecidas e assinaladas ao cheque radicam na sua função essencial de meio de pagamento, que analisaremos em seguida. É essa função decorrente da própria natureza deste instrumento, que explica que ele seja concebido como um título de curto prazo e tenha poder liberatório pleno, justificando todas as características que o contrapõem à letra de câmbio, desde a qualidade obrigatória do sacado (necessariamente uma instituição de crédito), passando por não ser susceptível de aceite e acabando na eventual obrigatoriedade de ter de ser objecto de depósito, caso tenha nele aposta a menção "para levar em conta".

Da análise que efectuámos dos aspectos essenciais do cheque, que é passível de diversas operações análogas às da letra (saque, endosso, aval, entre outras), resulta com clareza que estamos perante um instrumento que é título cambiário por razões fortuitas, a que não é alheia a sua regulamentação por decalque do regime jurídico da letra de câmbio, salvaguardadas as especificidades que o caracterizam. É, aliás, essa circunstância que explica que a sua tutela seja diferenciada da que resulta da letra de câmbio.

Senão vejamos:

– A letra pode ser sacada por qualquer sujeito (sacador), seja ou não empresário mercantil, e sobre qualquer pessoa (sacado) que, para se constituir obrigada ao seu pagamento, deve aceitá-la.

– O cheque pressupõe a prévia constituição de uma relação contratual entre um banco e uma pessoa singular ou colectiva (cliente), no âmbito da qual o banco autoriza o cliente a dispor de fundos mediante o saque de cheques, os quais não podem (nem têm de) ser aceites porquanto, se a conta se encontrar devidamente provisionada, o sacado não pode recusar o pagamento.

O aceite (na letra de câmbio) corresponde, no cheque, a duas operações distintas: o contrato – pelo qual as partes acordam na utilização destes títulos – e a concessão de módulos aptos a serem preenchidos como cheques. Existindo provisão, não pode o banco recusar o pagamento do cheque durante o (curto) prazo de que o beneficiário dispõe para o apresentar com essa finalidade.

Não procedendo ao pagamento por falta de disponibilidades, não faz sentido o sacado ser obrigado em via de regresso visto que a sua obrigação de pagar à custa da provisão se esgotou precisamente por a mesma não ser suficiente e porque ele apenas se encontrava a pagar à custa dos fundos por ela representados.

**III.** Esta diferença é corolário natural do diferente valor económico do saque do cheque e da letra. Nesta a emissão cria valor em benefício do próprio sacador, com base no seu crédito e no do sacado, quando este aceita a letra e se compromete a pagá-la. Ao vincular-se, pelo aceite, ao pagamento da letra, no seu vencimento, o sacado reconhece ao sacador o valor económico (patrimonial) resultante da letra, mesmo no saque para tomador, efectuado a título de contrapartida de um bem ou serviço deste recebido. O valor da letra existe assim em benefício do sacador, sempre que a mesma está aceite, mas o crédito aproveita ao sacado (aceitante), que, sendo o principal obrigado cambiário, desfruta do diferimento do pagamento do título. No momento do vencimento, nada garante ao seu portador que o sacado dispõe de bens suficientes para pagar e, em caso afirmativo, se o pretende fazer.

Diversamente, o sacado do cheque cumpre um serviço. Procedendo ao respectivo pagamento à custa de fundos previamente disponíveis, ele satisfaz um valor económico em benefício de quem o sacador – que sofre o sacrifício correspondente ao valor do cheque – indicar. O beneficiário imediato da utilização deste instrumento não é, pois, o sacador, mas a pessoa em favor da qual ele emitir o cheque – salvo se o sacar à sua própria ordem –, uma vez que o sacador (já) é titular dos fundos que mobiliza pelo saque. O banco é, por isso, um sujeito cambiário neutro[354], no sentido de que não se poderá afirmar que ele possa interferir valorativamente no pagamento do cheque. Não estando em causa uma questão de vontade, mas de falta de disponibilidades, não faz sentido voltar a confrontar o sacado com a obrigação de pagar algo que *não deve*.

**IV.** Assim, não pretendendo desenvolver, neste local, a caracterização da natureza do cheque, devemos antecipar que, embora se reconduzam formalmente à mesma categoria de títulos de crédito (cambiários), a letra e o cheque preenchem funções próprias que acentuam e afastam decisivamente os respectivos regimes e explicam que, no século XXI, este ainda tenha razão de ser (embora com papel declinante), mas que a letra de câmbio esteja em vias de desaparecer, substituída por instrumentos financeiros substancialmente mais eficientes e que realizam,

---

[354] Com alguns desvios legalmente impostos, como o que consta da obrigação de pagamento de cheques de valor não superior a € 150,00, mesmo quando não tenham provisão (cfr. art. 8.º, n.º 1 do RJCh).

igualmente, os fins que ela se propõe prosseguir. À profunda alteração ocorrida não é, certamente, estranho o desenvolvimento da informática e das técnicas de financiamento, bem como a centralização do crédito e garantias em instituições especializadas, em detrimento dos próprios agentes comerciais.

**V.** Vimos, pois, neste capítulo em que termos é que o regime jurídico do cheque, apesar de substancialmente decalcado no da letra, apresenta particularidades que são razão directa da sua peculiar natureza jurídica, em que se afasta decisivamente da letra, apesar de esta, em certa medida, se poder encaixar numa categoria genérica em que ambos têm lugar: a dos títulos de crédito [ou dos títulos-valores (*Wertpapiers*), numa acepção mais lata[375]] ou, na terminologia anglo-americana, dos instrumentos negociáveis (*negotiable instruments*).

## 5. Modalidades e espécies de cheque

Para concluir o estudo do respectivo regime jurídico, refira-se que o cheque pode surgir na sua configuração simples, sem especialidades, ou assumir especificidades de regime e características que permitem reconduzi-lo a uma modalidade autónoma.

### 5.1. *Cheque nominativo* e cheque ao portador

**I.** O cheque pode ser passado ao portador, isto é, sem indicação expressa do beneficiário, ou ser emitido à ordem de uma determinada pessoa, indicando o respectivo nome[376].

---

[375] Preferida pela doutrina alemã. Vd., por exemplo, HUECK/CANARIS, *Recht der Wertpapiere*, 12ª ed., cit., **1986**, pp. 1-7, e 13-14, MEYER-CORDING/DRYGALA, *Wertpapierrecht*, 3ª ed., cit., **1995**, pp.1-2.

[376] Os títulos de crédito classificam-se em títulos ao portador, à ordem e nominativos, quanto ao modo de circulação.

Os **títulos ao portador** são os que se transmitem pela simples tradição ou entrega material, pertencendo a quem seja o seu detentor em certo momento (cfr. art. 483.º do CCom).

Os **títulos à ordem** são aqueles que, indicando o respectivo beneficiário, em nome de quem (ou à ordem de quem) são emitidos, se transmitem pela entrega real acompanhada

**II.** Muitas vezes, quando nos estamos a referir a um cheque sacado à ordem de uma determinada pessoa ou entidade, identificando consequentemente o nome do tomador, falamos em cheque nominativo. E fazemo-lo, coloquialmente, sublinhe-se, porque esse cheque indica o *nome* do seu beneficiário.

Trata-se, porém, de uma qualificação imprópria e tecnicamente desajustada, senão mesmo desastrada, uma vez que reconduz o cheque a uma categoria de títulos de crédito na qual, pelas suas características, nomeadamente quanto à circulação, jamais se pode enquadrar.

Com efeito, quando designa o respectivo beneficiário, o cheque é um título à ordem, já que, para circular, tem de ser endossado.

Há, pois, que fazer esta prevenção, evitando que o facto de ser passado em *nome* do respectivo beneficiário constitua motivo de confusão com os títulos de crédito que se qualifiquem como nominativos, atendendo ao respectivo modo de circulação. Estes, quando materialmente representados, transmitem-se por endosso (ou declaração escrita do transmitente), pela declaração de pertença neles aposta e pelo averbamento em livro próprio[377], sendo a qualificação frequentemente consequência de imposição legal [cfr. arts. 299.º, n.º 2 do CSC e 14.º, n.º 1, alínea d) do RGIC].

---

de uma declaração de endosso subscrita pelo seu (anterior) titular e alienante (cfr. também art. 483.º do CCom).

Finalmente, os **títulos nominativos** são aqueles cujo texto menciona a identidade do titular, pressupondo para a respectiva circulação um formalismo complexo. Nos mesmos deverá, com efeito, ser exarada declaração de transmissão, ser lavrado o pertence (inserção do nome do novo titular) e proceder-se a averbamento em registo próprio.

[377] Sobre estes títulos em especial, e sobre a classificação dos títulos de crédito quanto ao seu modo de transmissão, cfr. GUILHERME MOREIRA, *Instituições de Direito Civil português,* vol. II – Das Obrigações, França Amado, Coimbra, **1911**, pp. 226-231 [a 2ª ed., de 1925, apenas altera a numeração das páginas (212-216), mantendo incólume o texto], MÁRIO DE FIGUEIREDO, *Caracteres Gerais dos Títulos de Crédito e seu Fundamento Jurídico,* cit., **1919**, pp. 14-20, VAZ SERRA, «Títulos de Crédito», *BMJ* 60, cit. **1956**, pp. 32-39, FERRER CORREIA, *Lições de Direito Comercial,* vol. III – *Letra de câmbio,* cit., **1975**, pp. 13-14, FERNANDO OLAVO, *Títulos de Crédito em Geral,* 2ª ed., cit., **1978**, pp. 55-58 e 60-62, PEREIRA DE ALMEIDA, *Direito Comercial,* 3.º volume – *Títulos de Crédito,* cit., **1988**, pp. 49-51, PAIS DE VASCONCELOS, *Direito Comercial. Títulos de Crédito,* cit., **1990**, pp. 42-43, OLIVEIRA ASCENSÃO, *Direito Comercial,* vol. III, *Títulos de Crédito,* cit., **1992**, pp. 40-46, e OSÓRIO DE CASTRO, *Valores mobiliários: conceito e espécies,* cit., **1998**, pp. 18-22.

154  *Cheque e Convenção de Cheque*

Os erroneamente chamados cheques nominativos são, afinal, à ordem. São títulos cujo pagamento deverá ser feito ao respectivo tomador ou a quem ele indicar.

**III.** No entanto, o cheque é, frequentemente, emitido sem designar o beneficiário, limitando-se o sacador a determinar que deve ser pago ao portador ou, pura e simplesmente, prescindindo de designar o respectivo beneficiário.

Neste caso, uma vez transmitida a sua posse, é também transmitida a titularidade; o que é apanágio dos títulos ao portador.

O cheque também é um título ao portador quando for passado «ao portador» ou em nome de um determinado beneficiário e lhe for acrescentada ou aditada a expressão «ou ao portador» (cfr. art. 5, I da LUCh).


## 5.2. Cheque visado e cheque certificado

### 5.2.1. *Caracterização*

**I.** O *visto*, que estudámos a propósito do regime jurídico do cheque e, em particular, no confronto estabelecido com a letra, não origina propriamente uma modalidade de cheque, mas uma subespécie[378], porque impõe um regime próprio a este título.

**II.** O **cheque visado** é aquele em que, a pedido do sacador ou de um portador, o banco sacado insere uma menção de "visto"[379], assegurando assim que o sacador tem fundos disponíveis em depósito equivalentes à quantia visada.

Vimos já (*supra*, n.º 4.4) que o *visto* não equivale a aceite[380] e não é objecto de regulação legal no Direito português, pelo que, para além

---

[378] Contra, considerando que se trata de um «cheque normal», objecto de uma garantia extracambiária, PAIS DE VASCONCELOS, «Garantias extracambiárias do cheque e negócios unilaterais: o cheque visado e o eurocheque», cit., **1999** (pp. 277-300), p. 282.

[379] Sobre o *visto*, cfr., *supra*, n.º 4.4.

[380] Apesar de «ter a mesma consequência legal do aceite de uma letra» (Ronald A. ANDERSON / Ivan FOX / David P. TWOMEY, *Business law*, South-Western, Cincinnati/West Chicago/Dallas/ Livermore, **1987**, p. 591).

das disposições especiais aplicáveis – que foram criadas para imporem a aceitação ou exigência do cheque visado relativamente a determinados pagamentos –, há que atender aos usos bancários[381].

Ora, nos termos das disposições legais específicas que analisámos, incluindo as que já não se encontram em vigor, os bancos, quando visam um cheque, devem imediatamente cativar, na conta do sacado, a quantia correspondente, eventualmente transferindo-a para uma conta especial, uma vez que são responsáveis pelo pagamento desse cheque (visado) durante o prazo legalmente estabelecido para o efeito (na Lei Uniforme)[382].

E esse dever corresponde desde há algumas décadas à prática generalizada dos bancos da nossa praça, que quando acedem a conceder um *visto* procedem ao débito imediato da conta do cliente pelo valor do cheque, transferindo essa importância para uma conta de provisão (que é uma conta não movimentada, excepto pelo cheque visado).

Esta prática reiterada corresponde hoje a um uso arreigado no nosso mercado bancário, havendo a convicção generalizada de que o visto subsiste até ao termo do prazo de apresentação do cheque a pagamento[383].

---

[381] Sobre a relevância destes no Direito português, cfr., *infra*, n.º 15.2.

Invocando a prática negocial (bancária), **AcRelPorto de 21 de Novembro de 2000** (LEMOS JORGE) / Proc. n.º 0021235, *www.dgsi.pt* [«o "visar" o cheque (...) corresponde apenas a uma prática bancária»], **AcSTJ de 5 de Julho de 2001** (PAIS DE SOUSA), *CJ/AcSTJ*, ano IX, t. II, 2001, pp. 149-151 («Entre nós, na prática comercial, o cheque visado serve para garantir que ele será pago, ainda que não tenha provisão») e **AcSTJ de 27 de Setembro de 2001** (QUIRINO SOARES), *CJ/AcSTJ*, ano IX, t. III, 2001, pp. 53-56 («Não obstante a figura do "cheque visado" não ter tratamento jurídico genérico, certo é que o seu uso constitui prática bancária, válida, antiga e generalizada»).

[382] O anteprojecto da Comissão presidida por José Gabriel Pinto Coelho (AA.VV., *Facilidades de liquidação e economia de meios de pagamento pela Difusão do Cheque*, Relatório apresentado ao Ministério das Finanças, Imprensa Nacional de Lisboa, **1955**, p. 29) previa, aliás, que o estabelecimento de crédito que apusesse o visto ficasse «*obrigado a reservar a correspondente provisão para o efeito de pagamento do mesmo cheque*» (artigo 1.º, §1.º) e que «*a importância da provisão (...) não* pudesse *ser aplicada a qualquer outro fim*» (artigo 1.º, § 2.º), «*não* podendo *ser objecto de penhora, apreensão ou qualquer medida preventiva ou conservatória*» (artigo 1.º, § 3.º).

[383] A própria jurisprudência reforça este entendimento. Nesse sentido, cfr. o **AcSTJ de 27 de Setembro de 2001** (QUIRINO SOARES), *CJAcSTJ*, ano IX, t. III, 2001, pp. 53-56.

Por sua vez, nos termos do anteprojecto da Comissão presidida por José Gabriel Pinto Coelho (AA.VV., *Facilidades de liquidação e economia de meios de pagamento pela Difusão do Cheque*, Relatório cit., **1955**, p. 29), a provisão manter-se-ia intangível «*durante o prazo legal para apresentação do cheque a pagamento*» (artigo 1.º, § 2.º), caducando *findo* que fosse esse prazo (cfr. artigo 1.º, § 4.º).

156    *Cheque e Convenção de Cheque*

Na realidade, decorrido esse prazo, o sacador poderá proceder à revogação do cheque, ainda que se encontre visado (cfr. art. 32.º e n.º 19.4 do SICOI[384]).

### 5.2.2. *Cheque visado ao portador e endosso do cheque visado*

**I.** O cheque visado coloca, para além da questão primordial inerente à sua validade e eficácia, outros problemas, como, por exemplo, o de se procurar saber se:

– o *visto* pode ser concedido quando o cheque é ao portador; se
– o cheque, depois de visado, pode ser endossado; e se
– a sua natureza é cambiária ou extracambiária.

Vamos começar por analisar os aspectos de regime para, em número autónomo, focarmos a questão relativa à natureza jurídica do cheque visado.

**II.** Começando pela questão do endosso, há que referir que nada impede que o cheque visado circule normalmente, salvo se lhe tiver sido aposta uma *cláusula não à ordem* (cfr. art. 14.º, II). No entanto, para salvaguarda dos efeitos do *visto* é fundamental que seja apresentado a pagamento dentro do prazo legalmente estabelecido para o efeito (cfr. art. 29.º).

**III.** No que se refere à possibilidade de o cheque visado ser ao portador, não vemos inconveniente em que o sacador solicite que o banco aponha o *visto* num cheque ao portador ou que seja o tomador ou beneficiário de um cheque ao portador a fazê-lo. A única limitação que decorre da regulamentação vigente é a que respeita à obrigatoriedade de os cheques visados deverem «*ser objecto de tratamento especial, designadamente quanto aos aspectos susceptíveis de viciação*» (SICOI, n.º 19.4[385])[386]. Na normal circulação cambiária, no que respeita ao paga-

---

[384] Regulamento do Sistema de Compensação Interbancária, aprovado pela Instrução n.º 25/2003 do BdP (publ. no BO n.º 10, de 15 de Outubro de 2003), na red. da Instrução n.º 4/2007, publ. no BO n.º 3, de 15 de Março de 2007. Substituído em **2 de Março de 2009** pela Instr. n.º 3/2009, de 16 de Fev.. Cfr. Anexo IV e notas 230 e 1665.

[385] Redacção da Instrução n.º 4/2007.

[386] Talvez seja por isso que Miguel J. A. Pupo Correia [*Direito Comercial. Direito da Empresa*, 10ª ed. (com a colab. de António José Tomás e Octávio Castelo Paulo),

*Regime jurídico do cheque* 157

mento do cheque – seja ou não visado –, os efeitos serão iguais: o cheque deverá ser pago a quem o apresente ao sacado dentro do prazo estabelecido na lei e demonstre que a sua situação cambiária se alicerça numa regular cadeia de endossos (cfr. art. 35.°). A solução dos problemas deve, pois, ser feita em abstracto, sendo irrelevante para a construção jurídica o montante envolvido no cheque visado. Deve apenas atender-se à regularidade (aparente) do respectivo saque e da circulação verificada.

### 5.2.3. *Natureza jurídica*

**I.** No que toca à natureza do cheque visado, importa recordar que a lei admite expressamente o *visto* – ao regular o cheque visado para diversos efeitos, como vimos (cfr., *supra*, n.° 4.4) –, admitindo implicitamente, ao mencioná-lo no Anexo II da Convenção, que ele assume natureza cambiária[387], constituindo expressão de uma obrigação do sacado perante o beneficiário até ao final do prazo de apresentação do cheque a pagamento[388]. Não se trata, como já referimos, da assunção do pagamento, mas tão-só da deslocação para uma conta especial da quantia necessária ao pagamento do cheque. Mas a assunção da obrigação, nos termos descritos, não ocorre apenas no estrito âmbito da relação entre o sacador e o sacado, mas extravasa-o, podendo ser solicitada por um portador, pelo que não se limita à relação contratual de cheque. Resulta da lei, implicitamente, e dos usos bancários que, em qualquer circunstância, o beneficiário do *visto* é o titular (portador legitimado) do cheque no momento da apresentação a pagamento, desde que esteja em prazo.

---

Ediforum, Lisboa, **2007**] afirme, sem justificar, que, «na prática bancária portuguesa, só são visados cheques nominativos» (p. 457).

Os cheques ao portador, sem prejuízo de serem mais facilmente desapossáveis, por falta de indicação do respectivo beneficiário – o que implica que pertençam a quem seja o seu detentor –, não correm por esse facto maiores riscos de viciação. Como é lógico, esta ocorre mais frequentemente com cheques de montante elevado.

[387] Diferentemente, considerando que o *visto* tem carácter extracambiário, PAIS DE VASCONCELOS, «Garantias extracambiárias do cheque» cit., **1999** (pp. 277-300), pp. 282 e 284.

[388] Em sentido diferente – e na linha de PAIS DE VASCONCELOS («Garantias extracambiárias do cheque» cit., **1999**, pp. 282-285), cujo estudo analisamos no texto com minúcia –, considerando que o *visto* tem carácter extracambiário, **AcSTJ de 5 de Julho de 2001** (PAIS DE SOUSA), *CJ/AcSTJ*, ano IX, t. II, 2001, pp. 149-151.

Nesta medida, diríamos que, embora não regulado expressamente na Lei Uniforme, o cheque visado não deixa de ter natureza cambiária, quer pelas suas coordenadas, quer pelo regime que lhe é aplicável e que não se contém nos estr(e)itos limites do contrato.

**II.** A nossa posição está longe de ser pacífica e inquestionável.

Assim, Pedro PAIS DE VASCONCELOS[389] é de opinião de que o visto é uma garantia extracambiária, porque o legislador português não utilizou a reserva que lhe era concedida pelo Anexo II da Convenção de Genebra. Este autor – que influencia alguma jurisprudência posterior[390] – considera que o visto é uma prática bancária que torna «o valor do cheque visado indisponível na conta» (p. 283) e, partindo do princípio de que, no caso do cheque simples, só o sacador pode accionar o sacado – o que veremos não ser verdade, no plano e âmbito da Lei Uniforme (cfr., *infra*, n.º 20.6) –, por este não ser obrigado cambiário, considera o visto «uma declaração unilateral do banco sacado, pela qual «ele se compromete a pagar o cheque» (*ibid.*). Esta declaração, baseada num contrato celebrado entre o sacado e o sacador – com «a natureza de convenção extracambiária» (parece estar a referir-se à convenção de cheque) –, gera a obrigação do banco sacado pagar o cheque.

E prossegue, dizendo que «é da *natureza das coisas* que o Banco sacado fique vinculado pelo *visto* que lançou no cheque» e que a (razoável) expectativa e a confiança do terceiro portador, alicerçadas na menção constante do título, de que o cheque será pago, «não podem ser frustradas no comércio» (*ibid.*, p. 284).

Depois – e no que toca à respectiva qualificação –, considerando que o visto gera o reforço do cheque como meio de pagamento, configura o cheque visado como uma promessa em favor de terceiro, em que o banco asseguraria ao cliente que pagaria o cheque ao respectivo beneficiário. Seria essa promessa que permitiria ao portador do cheque exigir ao

---

[389] «Garantias extracambiárias do cheque» cit., **1999**, pp. 282-285. PAIS DE VASCONCELOS considera que «o cheque visado não é um tipo de cheque», mas um cheque normal, «que é extracambiariamente garantido pelo visto» (p. 282). Diversamente, PINTO FURTADO, *Títulos de Crédito. Letra. Livrança. Cheque*, Almedina, Coimbra, **2000**, p. considera ser o cheque visado um tipo de cheque (cfr. pp. 256-259).

[390] Como é o caso do **AcSTJ de 5 de Julho de 2001** (PAIS DE SOUSA) (*CJ/AcSTJ*, ano IX, t. II, 2001, pp. 149-151), já citado.

sacado o cumprimento com base na convenção extracambiária de visto (*ibid.*, pp. 284-285)[391].

A concluir o seu raciocínio – que reputamos correcto do ponto de vista lógico e técnico-jurídico –, PAIS DE VASCONCELOS considera o cheque visado irrevogável no prazo de apresentação a pagamento; mas afirma--o como se o cheque simples não o fosse também. E, explica, essa irrevogabilidade (do visto) deve entender-se como estipulada no âmbito do contrato a favor de terceiro, como decorrendo da *natureza das coisas*. No termo do prazo para apresentação a pagamento, o cheque é «cambiariamente revogável» (*ibid*, pp. 284-285).

**III.** Discordamos em absoluto daquela construção, embora nada tenhamos a opor a algumas das suas premissas. Cremos é que elas conduzem a um resultado diferente do projectado por PAIS DE VASCONCELOS e que as consequências ou conclusões que se extraem da sua articulação devem ser diferentes, fundamentando a natureza cambiária do *visto*. De forma sintética e assertiva – mas considerando a opinião exposta –, passamos a enunciar os nossos argumentos:

1.º – Como já explicámos (*supra*, n.º 4.4), a faculdade prevista no artigo 6.º do Anexo II da Convenção de Genebra não dependia de reserva, mas apenas do reconhecimento legal da espécie de cheque visado. O legislador português, apesar de ter disposto de um anteprojecto que regulava genericamente o *visto* – mas que nunca assumiria a forma de lei –, limitou-se a reconhecer este instituto em disposições especiais, a partir das quais se criou uma prática bancária que corresponde a um verdadeiro uso normativo, porque observado pelos bancos e pelos respectivos clientes. Afasta-nos, pois, de PAIS DE VASCONCELOS a compreensão do alcance do Anexo II da Convenção. Se a falta de reserva devesse ser entendida como o faz aquele professor e alguma jurisprudência, então o *visto* dever-se-ia ter por proibido ou, no mínimo, irrelevante ou ineficaz na ordem jurídica portuguesa,

---

[391] Embora pretendendo, neste aspecto, afastar o cheque visado do simples, cremos que PAIS DE VASCONCELOS não o logra fazer com a ideia de que o sacado fica obrigado perante o terceiro e extracambiariamente. Estaremos de acordo se se quiser afirmar que a responsabilidade é extracontratual, o que não é incompatível com resultar da violação de uma regra da Lei Uniforme, como sucede, aliás, com a normal responsabilidade do sacado perante o beneficiário do cheque.

não sendo admissível. Ora, este instituto, como já se demonstrou, não é sinónimo de *aceite*, configurando-se como um particularismo que pode caracterizar o cheque, originando pelos seus efeitos, no plano cambiário, precisamente uma (sub) espécie deste título. Tornava-se, pois, suficiente, para se reconhecer o aproveitamento da autorização prevista pelo Anexo pela ordem jurídica nacional, que o legislador português reconhecesse o cheque visado, como meio de pagamento válido. A sua eficácia, os seus efeitos, e o seu significado ficariam apenas dependentes da prática bancária.

2.º – O facto de ser previsto num Anexo à Convenção de Genebra, e não na própria Lei Uniforme, e de constituir o resultado da actividade bancária, justificado pela tentativa de imprimir segurança a este meio de pagamento, não afasta a natureza cambiária do instituto do *visto*, que projecta os seus efeitos no pagamento, assegurando que, no prazo de apresentação a pagamento do cheque (visado), este não deixará de ser pago, por ter sido cativa a respectiva provisão.

3.º – O cheque, simples ou visado, é – com excepção do caso específico do cheque avulso para movimentação de conta bancária sem convenção de cheque – sempre sacado com base num acordo preestabelecido entre o banco (sacado) e o cliente (sacador) (a *convenção de cheque*); o *visto* pode ser solicitado por um portador do cheque alheio à convenção de cheque e, eventualmente, estranho ao próprio sacador, com quem pode até não se encontrar em relação imediata; isto é, com quem não tem contacto e a quem não o liga qualquer espécie de relação de natureza contratual (extracambiária). Os efeitos do *visto* só se justificam, no plano geral, cambiariamente e conduzem a uma solução diversa da que ocorre com o cheque simples. Assim:

a) No cheque simples, o sacado só paga se (o sacador) dispuser de provisão para o efeito. No entanto, como veremos, se não paga – mesmo que tenha recebido instrução (não fundamentada) para o efeito – incorre em responsabilidade extracontratual (perante o beneficiário);

b) No cheque visado, a solução é idêntica. O sacado paga porque dispõe da provisão para o efeito, provisão essa que ele subtraiu à disponibilidade do sacador, para evitar ficar a descoberto após ter de pagar ao beneficiário do cheque visado.

4.º – Do que acabamos de afirmar decorre que a natureza da relação do sacado com o portador do cheque simples é idêntica à da sua relação com o portador do cheque visado. Não existindo qualquer relação contratual prévia entre um e outro – recorde-se que, em princípio, a própria apresentação corresponde ao momento do primeiro contacto entre o sacado e o (último) portador –, os efeitos decorrentes de eventual não pagamento do cheque, em qualquer das espécies, colocam-se no plano extracontratual, e geram responsabilidade idêntica para o sacado pelo não pagamento de um cheque que tinha provisão. Essa responsabilidade, como se demonstrará, é cambiária, isto é, decorre da natureza e regime do cheque.

5.º – Daí que a obrigação de pagamento do sacado não seja específica no cheque visado, uma vez que, pelo *visto*, o sacado não se compromete a pagar o cheque, mas apenas a diligenciar que a provisão existente seja salvaguardada para esse efeito.

6.º – Por sua vez, no plano da natureza jurídica dos institutos, o *visto* não introduz nenhuma diferença em relação ao normal saque do cheque, porquanto o sacado também se encontra cambiariamente obrigado a pagar o cheque *simples*, se dispuser de fundos.

7.º – Concordamos, aliás, com a ideia de que o *visto* é uma declaração unilateral do sacado, pela qual ele reconhece e assegura a existência de provisão. Porém, pelo *visto* o sacado não se compromete a pagar o cheque[392], sendo o pagamento um efeito da existência da provisão (no momento da apresentação do cheque), mas que – não obstante o *visto* – não deverá ser efectuado, por exemplo, se o sacado foi, entretanto, informado de que ocorreu um desapossamento (falsificação), sendo o cheque falso.

8.º – A unilateralidade da declaração de *visto* – natureza característica das subscrições cambiárias, como vimos     é, precisamente, consequência de a mesma ser dada no âmbito do regime jurídico-cambiário aplicável ao cheque, e em nada altera os efeitos inerentes à circulação e pagamento do cheque (visado).

9.º – Quanto à (ir)revogabilidade do cheque visado, veremos que o regime reconhecido para esta (sub)espécie de título não é di-

---

[392] Como pretendem alguns autores e, entre os quais, PAIS DE VASCONCELOS, «Garantias extracambiárias do cheque» cit., **1999**, p. 283.

ferente do aplicável ao cheque *simples*. Assim, havendo provisão, em qualquer dos casos o pagamento do cheque não poderá ser evitado, no prazo de apresentação, salvo se houver uma justa causa que o impeça, nomeadamente conhecimento oportuno de falsificação, circunstância que legitima e justifica o não pagamento do cheque, seja *simples*, seja *visado*.

**IV.** Concluindo, podemos afirmar que o regime do cheque visado não decorre da convenção de cheque, uma vez que o *visto* pode ser solicitado por um qualquer beneficiário (portador) do cheque e não apenas pelo sacador; os seus efeitos transcendem, assim, os que podem emergir desse contrato entre banco (sacado) e cliente (sacador).

A declaração em que o *visto* se consubstancia é unilateral porque tem efeitos cambiários.

A responsabilidade pelo pagamento do cheque visado é idêntica à de qualquer cheque e depende da existência de fundos. Eventual responsabilidade do sacado pelo não pagamento de um cheque (simples ou visado) gera responsabilidade extracontratual – porque, relativamente ao cheque, nem sequer existe relacionamento entre o sacado e o terceiro dele portador ou qualquer relação jurídica específica susceptível de fundamentar responsabilidade negocial –, a qual não é sinónimo de responsabilidade extracambiária; pelo contrário: é em função do regime jurídico cambiário que se justifica ou fundamenta a responsabilidade do banco sacado pelo não pagamento injustificado de cheque (simples, cruzado, para levar em conta ou visado) oportunamente apresentado para o efeito.

### 5.2.4. *Cheque certificado e cheque garantido*

**I.** A concluir esta breve referência ao cheque visado, há que salientar que no Direito interno português não há razões para o diferenciar do chamado cheque *certificado*, como acontece em França, por exemplo, onde se distingue o visto (*visa*) da certificação (*certification*) do cheque. Aliás, é esta última operação que corresponde ao *visto* e origina o cheque visado, tal como se configura no Direito português, residindo a pedra de toque precisamente na extensão e efeitos da declaração do banqueiro e respectiva responsabilização.

O visto (*le visa*) – como explicam J~EANTIN~ *et al*[393] –, em sentido estrito, «materializa-se numa assinatura e numa data apostas no cheque pelo banqueiro sacado» (cfr. art. L. 131-5, alínea 2 do CMF) e apenas comprova que existe provisão na data em que é concedido, não se encontrando o banqueiro obrigado a bloquear essa provisão[394]. Por este razão, é hoje muito raro.

**II.** Diversamente, a certificação (*certification*) do cheque – que corresponde ao *visto*, em Portugal – faz incorrer o banqueiro em responsabilidade pela quantia certificada, obrigando-o a bloquear a provisão correspondente durante o prazo de apresentação a pagamento (oito dias) (cfr. art. L. 131-32 do CMF)[395], e está sujeita a um rigoroso regime de segu-

---

[393] J~EANTIN~/L~E~ C~ANNU~/G~RANIER~, *Droit commercial. Instruments de paiement et de crédit. Titrisation,* 7ª ed., Dalloz, Paris, **2005**, pp. 56-57, em especial p. 56.

[394] Através do "visto", o banqueiro certifica uma situação pontual e nada garante, pelo que – utilizando a terminologia jurídica portuguesa – diríamos que ao visto, em Portugal, corresponde a certificação em França (*certification*) e que o visto (*le visa*) é, em França, uma mera certificação, distinguindo-se claramente do visto para pagamento noutro local ("*déplacée*"), que consiste em colocar à disposição de um cliente uma determinada quantia noutra agência do banco ou num correspondente. Nesse caso, a conta do cliente (sacador) é imediatamente debitada por essa quantia – que passa a estar sujeita a uma afectação especial, resultando, indirectamente, no bloqueio da provisão correspondente – que é transferida para a agência ou correspondente que vier a efectuar o pagamento. Cfr. J~EANTIN~ *et al., Droit commercial. Instruments de paiement et de crédit,* cit. **2005**, pp. 56-57, e G~AVALDA~/S~TOUFFLET~, *Instruments de paiement et de crédit. Effets de commerce, Chèque, Carte de paiement, Transfert de fonds,* 6ª ed., Litec, Paris, **2006**, p. 223, que J~EANTIN~ *et al., ibid.,* reconhecem seguir de perto.

[395] Em França discute-se ainda se o bloqueio da provisão correspondente ao cheque visado (certificado) impede o banqueiro de pagar à custa dessa provisão (outros) cheques que foram emitidos antes da certificação.

A questão tem pertinência, uma vez que se entende em França que a emissão de um cheque (*i.e.,* a sua colocação em circulação, pela entrega a um beneficiário) opera, nesse momento, a transferência da propriedade da provisão, que passa a pertencer ao beneficiário e que pode ser por ele transferida ao um terceiro com o endosso do cheque [cfr., por todos, G~AVALDA~/S~TOUFFLET~, *Instruments de paiement et de crédit,* cit., **2006**, pp. 232-233 (n.º 234)].

Considerando que o bloqueio, durante os oito dias, operado pela certificação deve prevalecer, impedindo que a provisão seja utilizada para pagar outros cheques, ainda que anteriores, Henri C~ABRILLAC~, *Le Chèque et le virement,* 5ª ed., Litec, Paris, **1980**, p. 114 (n.º 117), Michel V~ASSEUR~ / Xavier M~ARIN~, *Banques et opèrations de banque,* t. II, *Le chèque,* Sirey, Paris, **1969**, p. 262 (n.º 349), J~EANTIN~ *et al., Droit commercial. Instruments de paiement et de crédit* cit. **2005** (n.º 84, p. 57) – porque de outro modo o cheque visado

rança (cfr. art. 22 do Decreto de 22 de Maio de 1992 e art. R. 131-2 do CMF). O cheque certificado é, assim, um cheque visado, tal como nós o concebemos.

**III.** Finalmente, e antes de passarmos a analisar o chamado *cheque bancário*, impõe-se referir, ainda que muito resumidamente, um tipo de cheque que também equivale, de certo modo, ao cheque visado. Temos em mente o **cheque garantido** (por cartão).

O banco pode emitir um cartão associado a uma conta bancária que garante ao beneficiário do cheque o seu pagamento, em regra até determinado montante. Esse cartão designa-se cartão-garantia e é concedido a certos clientes que o solicitam e que merecem ao banco particular confiança, Reforçando o crédito do sacador, ao assegurar cobertura aos cheques por ele sacados até um certo valor, este cartão deve ser exibido ao tomador no momento do saque e o respectivo número inscrito em local próprio no verso do cheque.

O efeito do cheque garantido é equivalente ao dos cheques visados, uma vez que o banco garante o pagamento. Atesta-o também o facto de a própria lei reconhecer essa equivalência, como acontece com o Decreto--Lei n.º 14/89, de 10 de Janeiro (cfr. art. 2.º, n.º 1), referente ao pagamento de dívidas à segurança social.

---

perderia qualquer interesse –, e Jean Devèze / Philippe Pétel, *Droit commercial. Instruments de paiement et de crédit*, Montechrestien, Paris, **1992**, p. 42 (n.º 66), para quem a certificação corresponde a uma subtracção da provisão (em benefício do portador do cheque certificado).

Diferentemente, admitindo que, se existe provisão suficiente, o sacado não se pode opor à sua utilização, para pagar cheques sacados anteriormente o cheque visado, Gavalda/Stoufflet, *Instruments de paiement et de crédit*, cit., **2006**, pp. 223 e 232-233 (n.ºs 221 e 234) [que fazem uma análise jurisprudencial desenvolvida e actual (n.º 235, pp. 233-234)], Jacques Dupichot / Didier Guevel, *Les effets de commerce. Lettre de change, billet à ordre, chèque ... Traité de Droit Commercial* de Michel de Juglart e Benjamin Ippolito, 3ª ed., Montchrestien, Paris, **1996** – uma vez que a recusa de·pagamento desses cheques anteriores corresponderia à sua rejeição «por insuficiência de provisão» (cfr. p. 354, n.º 656) –, e Stéphane Piedelièvre, *Instruments de crédit et de paiement*, 4ª ed. Dalloz, Paris, **2005,** p. 268 (n.º 323). Considerando também ser a regra que garante o bloqueio da provisão do cheque visado «contestável tendo em conta o princípio da transferência da propriedade da provisão», Chamados Gamdji, *La sécurité du chèque*, L´Harmattan, Paris, **1998**, pp. 189-193, em especial p. 192.

## 5.3. Cheque bancário e instrumentos análogos

Vamos agora analisar, brevemente, realidades que se distinguem claramente do cheque (simples) por razões que se prendem com a natureza dos intervenientes e, ou, com o regime jurídico próprio e exclusivo estabelecido, mas que apresentam um denominador comum: a segurança que resulta para o beneficiário do cheque dada a qualidade do sacador. Começaremos por caracterizar o cheque bancário, isto é, o que é emitido pelo banco sacado sobre si próprio, e mencionaremos instrumentos semelhantes, mas que não existem em Portugal: o cheque circular e o cheque postal.

### 5.3.1. *Cheque bancário*

**I.** O cheque comum ou simples é sacado por uma pessoa (singular ou colectiva) sobre uma instituição de crédito. Caracteriza-o a qualidade do sacado e o facto de o sacador manter com ele uma relação de clientela, dependendo a satisfação da quantia sacada da provisão existente.

**II.** O cheque emitido por um banco sobre si próprio (ou sobre uma das suas sucursais) em benefício de um terceiro designa-se por **cheque bancário** e equivale, em termos de segurança do respectivo pagamento, a um cheque visado, uma vez que o banco é simultaneamente sacador e sacado e, a pedido de um cliente, e por débito da importância nele inscrita na respectiva conta, é entregue a um beneficiário. Trata-se de uma excepção autorizada da Lei Uniforme, porquanto, nos termos do respectivo artigo 6.º III, «*o cheque não pode ser passado sobre o próprio sacador*», logo acrescentando a mesma regra, «*salvo no caso em que se trate dum cheque sacado por um estabelecimento sobre outro estabelecimento, ambos pertencentes ao mesmo sacador*».

A designação "*cheque bancário*" é equívoca porque, num certo sentido, todos os cheques são (títulos) bancários. Deparamos com um problema terminológico que consiste em saber como baptizar esta realidade. Chamar-lhe cheque de banco não parece melhor opção, porque, sendo o sacado necessariamente uma instituição de crédito, todos os cheques – qualquer que seja a natureza do respectivo sacador – são emitidos sobre um banco.

## 166      *Cheque e Convenção de Cheque*

Como esta realidade se contrapõe ao cheque (simples), tendo como características ser sacado pelo banco sobre si mesmo (ou sobre um dos seus estabelecimentos), embora em benefício de terceiro, sempre se afigura mais adequado designá-la por cheque bancário, fórmula habitual no nosso País, embora na língua portuguesa possa ser objecto de designações alternativas, como sejam as de "cheque de caixa" e "cheque de tesouraria"[396] – em tradução literal das expressões norte-americanas *teller's check*[397] *e treasurer's check*[398]. Estas designações são pouco impressivas e parecem-nos, na língua portuguesa, insuficientes para revelar estarmos perante um cheque sacado pelo banco sobre si próprio.

**III.** Considerando que o pagamento deste cheque depende exclusivamente da solvabilidade do banco (sacador e sacado), o que constituirá regra geral, foi discutido na doutrina estrangeira se esta espécie de cheque não deveria ser tratada como numerário (*cash*)[399], representando um meio de pagamento mais seguro do que o próprio papel-moeda.

Em alguns ordenamentos, onde se assistia a tentativas de incumprimento desta espécie de cheques – por iniciativa do próprio banco, baseado em motivações próprias, ou a pedido dos respectivos beneficiários seus clientes, para impedir o pagamento a terceiros –, chegou-se à conclusão que permitir esse tipo de condutas contribuiria para comprometer a credibilidade do cheque, arruinando a sua função de constituir um meio seguro de substituir os pagamentos em numerário[400]. Razão pela qual, a respectiva jurisprudência rejeita a desconsideração destes cheques (bancários) pelos bancos[401].

---

[396] Neste sentido, e avançando com mais exemplos de tradução, embora menos felizes, OTHON SIDOU, *Do Cheque,* 3ª ed. cit., **1986**, p. pp. 95-97.

[397] O Uniform Commercial Code define *cashier's check* como «*o título de crédito (draft) com respeito ao qual o sacador e o sacado são o mesmo banco ou sucursais do mesmo banco*» [U.C.C. § 3-104(g)].

[398] Nos E.U.A. a expressão "*teller's check*" é mais comum do que a expressão "*treasurer's check*". Qualquer delas é, contudo, menos usada que a expressão "*cashier's check*", que corresponde a cheque bancário.

[399] Neste sentido, BRIAN J. DAVIS, «The future of cashier's checks under revised article 3 of the Uniform Commercial Code», *Wake Forest Law Review*, vol. 27, n.º 3, **1992** (pp. 613-656), p. 614, e Michael J. SHAVEL, «Cash equivalents and the stop payment order», *Ohio Northern University Law Review*, vol. XVI (n.º 4), **1989** (pp. 691-716), p. 695.

[400] Cfr. BRIAN DAVIS, «The future of cashier's checks under revised article 3 of the Uniform Commercial Code», cit., **1992**, pp. 616-617.

[401] Vd. a jurisprudência norte-americana citada por SHAVEL, «Cash equivalents and the stop payment order», cit., **1989** (pp. 691-716) p. 695-700, e por BRIAN DAVIS, «The

**IV.** Esta modalidade de cheque – pode ser passado ao portador, uma vez que Portugal não aproveitou a reserva constante do artigo 9.º do Anexo II à Lei Uniforme, como o fizeram outros países[402] – não se encontra sujeita ao prazo de apresentação a pagamento de oito dias e substitui, por essa razão, com vantagem o cheque visado[403] ao qual se equipara.

A relevância desta modalidade de cheque prende-se com o facto de a emissão do cheque não constituir um acto de execução de uma convenção de cheque, ainda que seja sacado sobre uma específica conta bancária, visto que o título é sacado sobre o próprio sacador, não havendo contraparte. Também aqui a subscrição cambiária é possível à margem da convenção de cheque.

### 5.3.2. *Cheque circular ("assegno circolare") e cheque postal*

**I.** O cheque circular[404] é um tipo de cheque existente (com autonomia) apenas em Itália (cfr. arts. 82 a 86 do Régio Decreto de 21 de Dezembro de 1933, n.º 1736)[405], que se caracteriza por ser muito semelhante a um

---

future of cashier's checks under revised article 3 of the Uniform Commercial Code», cit., **1992**, notas 14, 15 e 16 a pp. 616-617, especialmente relevante antes da revisão de 1990 do U.C.C..

[402] Como foi o caso da França, por considerar que, sendo ao portador, o cheque bancário seria uma verdadeira nota de banco emitida pelo banqueiro. Neste sentido, cfr. DUPICHOT/GUEVEL, *Les effets de commerce*, 3ª ed. cit., **1996**, p. 355 (n.º 660).

[403] Assinalando e justificando essa vantagem, GAVALDA/STOUFFLET, *Instruments de paiement et de crédit. Effets de commerce, Chèque, Carte de paiement, Transfert de fonds,* 6ª ed., Litec, Paris, **2006**, p. 224 (n.º 221), mais uma vez seguidos por GAMDJI, *La sécurité d cheque*, cit., **1998**, p. 193.

[404] A que PUPO CORREIA, *Direito Comercial. Direito da Empresa*, 10ª ed. cit., **2007**, p. 457, chama "cheque comprado", possivelmente por ser adquirido (ao banco sacador e sacado) por quem pretenda efectuar um pagamento a terceiro. Preferimos a tradução directa do italiano, que foi, aliás, avalizada por ASCARELLI, na tradução que Nicolau Nazo fez do seu estudo sobre «Concetto e categorie dei titoli di credito», publicado na *RivDirComm* (**1932**, I), e no livro *Teoria Geral dos Títulos de Crédito*, Saraiva, São Paulo, **1943** (cfr., em especial, pp. 155-157 e 415, nota 2).
A expressão "circular" é mais impressiva da realidade visada por este instrumento, que é a de permitir transferências entre diversas filiais de um mesmo instituto.

[405] Os autores italianos são unânimes em reconhecer que se trata de um «título tipicamente italiano» (MICHELI/ DE MARCHI, «Assegno circolare», *EncD*, **1959**. 352].
Em Itália existe ainda um outro título de crédito especial, muito próximo do cheque circular, que é o *vaglia cambiário* (livrança) emitida pelo Banco de Itália à ordem e

cheque bancário[406] – mas com uma estrutura análoga à livrança (*vaglia cambiario*) –, por ser sacado sobre si próprio por um instituto de crédito autorizado, em benefício de uma determinada pessoa[407], sendo pagável em todas as filiais ou sucursais desse instituto de crédito ou num banco que seja seu correspondente. Trata-se de um título de crédito à ordem que contém uma *promessa* incondicional do banco emitente de pagar à vista uma quantia em dinheiro, mediante a prévia constituição de uma provisão pelo beneficiário com essa finalidade[408], servindo consequentemente como instrumento de transferência de fundos, cuja fiabilidade depende do crédito do próprio banco sacador e sacado, garantida por uma caução que este presta ao Banco de Itália[409].

O cheque circular visava simultaneamente conferir credibilidade ao cheque, pela garantia da existência da provisão e consequente pagamento que lhe estava associada. E esta constituía, na realidade, a grande diferença deste tipo específico de cheque relativamente aos cheques normais (de banco), que só têm de ser honrados se, na conta do cliente, existirem

---

pagável à vista em qualquer das suas filiais (cfr. art. 87 do R.d. n. 1736). Na doutrina mais recente, cfr. DISEGNI, *Cambiali e assegni. Strumenti di credito e mezzi di pagamento*, cit., **2005**, p. 297-299, PELLIZZI/PARTESOTTI, *Commentario breve alla legislazione sulla cambiale e sugli assegni*, 3ª ed. cit., **2004**, pp. 492-497 – chamando, precisamente, a atenção para o facto de este título apresentar «características estruturais e funcionais análogas às do cheque circular» –, SECRETO/CARRATO, *L'assegno*, 3ª ed. cit., **2007**, pp. 680-686, e SPATAZZA, «L'assegno», in AA.VV, *Trattato di Diritto Commerciale* (dir. por Gastone COTTINO), vol. 7 – *I titoli di credito*, CEDAM, Padova, **2006** (pp. 533-696), pp. 683-686.

Sobre outros «cheques especiais» em Itália, cfr. Francesco GIORGIANNI/ Carlo-Maria TARDIVO, *Diritto Bancario. Banche, Contratti e Titoli Bancari*, Giuffrè, **2006**, pp. 982-987, SECRETO/CARRATO, *L'assegno*, 3ª ed. cit., **2007**, pp. 686-695, SPATAZZA, «L'assegno», cit., **2006**, pp. 686-696, e TENCATI, *Il pagamento attraverso assegni*, 2ª ed. cit., **2006**, pp. 494-500.

[406] É um título que apenas pode ser emitido por um *instituto de crédito* (cfr. arts. 82 e 83, n.º 5 do R.d. n. 1736).

[407] Trata-se, por isso, de uma "livrança ao contrário" ou "às avessas", no sentido de que o habitual subscritor deste título de crédito, no cheque circular, é o credor e não o devedor.

[408] Cfr. CAMPOBASSO, *Diritto Commerciale, 3. Contratti, Titoli di Credito. Procedure concorsuali*, 3ª ed. cit., **2001**, p. 320, DISEGNI, *Cambiali e assegni. Strumenti di credito e mezzi di pagamento*, cit., **2005**, p. 277, SECRETO/CARRATO, *L'assegno*, 3ª ed. cit., **2007**, pp. 605 e 612-613, Gaspare SPATAZZA, «L'assegno», in AA.VV, *Trattato di Diritto Commerciale* (dir. por Gastone COTTINO), vol. 7 – *I titoli di credito*, CEDAM, Padova, **2006** (pp. 533-696), p. 649.

[409] Cfr. SECRETO/CARRATO, *L'assegno*, 3ª ed. cit., **2007**, pp. 615-616.

*Regime jurídico do cheque* 169

fundos disponíveis suficientes. Trata-se de um instrumento de pagamento qualificado – mais seguro que o cheque de banco (*assegno bancario*) – acessível a todos e, em qualquer caso, facilmente negociável», concluem autorizadamente os autores italianos[410].

**II.** Este instrumento, na era das transferências electrónicas, embora subsista na lei italiana, faz muito pouco sentido, uma vez que visava inicialmente assegurar que um cheque (circular) emitido por um certo banco, com prévia reserva da quantia que lhe corresponde, pudesse operar a transferência de fundos em benefício de qualquer filial do sacador (e sacado), sem ter de movimentar fisicamente o numerário correspondente. Constituía, assim, uma alternativa ao cheque bancário, que, fora de Itália, na primeira metade do séc. XX, era emitido por um banco contra outro para operar transferências monetárias, obrigando à deslocação de moeda fiduciária[411].

**III.** Finalmente, o cheque postal, de origem austríaca[412], mas amplamente divulgado em França[413], constitui uma forma de aproveitamento do

---

[410] Por todos, DISEGNI, *Cambiali e assegni. Strumenti di credito e mezzi di pagamento*, cit., **2005**, p. 278.

[411] Cfr. ASCARELLI, *Teoria Geral dos Títulos de Crédito*, Saraiva, São Paulo, **1943**, pp. 155-157, em especial nota 2 a pp. 155-156.

[412] Cfr. GAVALDA/STOUFFLET, *Instruments de paiement et de crédit* cit., **2006**, p. 355 (n.º 387), e MAJADA, *Cheques y talones de cuenta corriente*, cit., **1983**, p. 472.

Reportando o aparecimento do cheque postal, na Áustria, ao ano de 1883 e referenciando a data em que o mesmo foi introduzido em diversos países europeus, Nicolas SEBBANESCO, «El cheque postal como medida de pago», *Anales de Economía*, vol. XVI, **1956** (pp. 323-333), pp. 324-325.

[413] Onde recentemente foi assimilado ao cheque de banco [pela lei n.º 2005-516 de 20 de Maio de 2005, relativa à regulamentação das actividades postais (cfr. art. 16, V, 9a))], como informam JEANTIN/LE CANNU/GRANIER, *Droit commercial. Instruments de paiement et de crédit*, cit., **2005**, p. 102, e GAVALDA/STOUFFLET, *Instruments de paiement et de crédit* cit., **2006**, pp. 355-356 (n.ºs 388-390), para quem o cheque postal se tornou, por efeito dessa reforma, no «cheque bancário e postal» (p. 356, n.º 389). Sobre este instrumento, para além de GAVALDA/STOUFFLET, *Instruments de paiement et de crédit* cit., **2006**, pp. 355-356 (n.ºs 387-390), vd. PIEDELIÈVRE, *Instruments de crédit et de paiement*, 4ª ed. cit, **2005**, pp. 269-270 (n.ºs 324 a 326).

Esta espécie de título de crédito existe também em Itália, onde, com a entrada em vigor do Regulamento do Banco Postal (em 2001), passaram a ser previstos dois tipos de cheques (postais): o cheque postal *ordinário* – cheque sacado sobre conta-corrente postal, ao qual se aplicam as normas relativas ao cheque bancário, quando compatíveis – e o

# 170 Cheque e Convenção de Cheque

sistema de comunicações que corresponde aos correios, em termos análogos aos do cheque ordinário, sendo os Correios a entidade sacada, o que, em Portugal, não seria possível, dada a exclusividade (legal) das instituições de crédito na captação de depósitos junto do público [cfr. arts. 8.º, n.º 1 e 4.º, n.º 1, *alínea a)* do RGIC]. Existe, pois, à margem do sistema bancário, desempenhando uma função de pagamento e de transferência de fundos que, em Portugal, é característica, no plano dos correios, do chamado vale postal, embora com diferenças assinaláveis, que assentam na possibilidade de o cheque postal poder ser sacado sobre uma conta corrente domiciliada nos correios aberta pelo cliente.

---

cheque postal visado (ou autenticado) (*assegno postale vidimato*), que poderá vir também a ser sacado por quem não tenha conta corrente postal, desde que providencie a necessária provisão. Esta faculdade – segundo DISEGNI (*Cambiali e assegni* cit., **2005**, pp. 304-305) – ainda não foi activada, pelo que o cheque visado tem ainda de ser sacado sobre conta corrente (cfr. p. 305).

Na Alemanha, há que distinguir dois períodos: um, anterior a 1 de Julho de 1991, em que a relação entre o emitente e os correios era de natureza jurídico-pública, encontrando-se o cheque postal, ainda que sujeito à Lei do Cheque, primariamente regulado por regras específicas relativas à relação de utilização dos serviços de correios. Na sequência da reforma estrutural destes – entrada em vigor em meados de 1991 –, o cheque postal transformou-se num cheque ordinário, no sentido jus-privatístico do termo, assumindo a relação jurídica entre o Banco Postal (desde 20 de Dezembro de 1994: *Deutsche Postbank AG*) e os clientes uma natureza jurídico-privada, segundo o § 7 da *Postgesetz*. Por sua vez, desde 1998, a circulação do cheque postal passou a ser regulada pelas condições gerais do Banco Postal (de 21 de Dezembro de 1997, actualmente na redacção vigente desde 1 de Janeiro de 2003) (*Deutsche Postbank AG / Allgemeine Geschäftsbedingungen*). Cfr. a dissertação de doutoramento (dactilografada) de Jürgen K. WILLWATER, *Postscheck und Scheckgesetz*, Köln, **1978**, p. 90, apresentada na Universidade de Tübingen, o tratado de Claus-Wilhelm CANARIS, *Bankvertragsrecht*, 3ª ed., 1. Teil, Walter de Gruyter, Berlin/New York, **1988**, pp. 209-210 (Rdn 323a), os manuais de HUECK/CANARIS, *Recht der Wertpapiere*, 12ª ed. cit., **1986**, p. 178, de Reinhard RICHARDI, *Wertpapierrrecht*, C. F. Müller, Heidelberg, **1987**, p. 217, e de Wolfgang ZÖLLNER, *Wertpapierrecht*, 14ª ed., C. H. Beck, München, **1987**, pp. 167-168 – escritos antes da alteração de 1991 –, e as obras gerais mais recentes de BÜLOW, *WechselG/ScheckG und AGB*, 4ª ed. cit., **2004**, p. 342 (*ScheckG Einführung* Rdn.10), CLAUSSEN, *Bank und Börsenrecht*, 3ª ed.cit., **2003**, pp. 43-44 (Rdn.42), SCHIMANSKY *et al., Bankrechts-Handbuch*, I, 2ª ed. cit., **2001**, pp. 1311 (Rdn. 8) e 1322 (Rdn 48), e SCHWINTOWSKI/SCHÄFER, *Bankrecht,* 2ª ed. cit., **2004**, p. 275 (Rdn. 4). Sobre a história da circulação do cheque postal, cfr. WILLWATER, *ibid.*, pp. 3-5.

Sobre o cheque postal em Espanha, cfr. MAJADA, *Cheques y talones de cuenta corriente* cit., **1983**, pp. 472-475.

*Regime jurídico do cheque* 171

Apenas o referenciamos, pese a sua estranheza em Portugal, pela designação que ostenta e pela semelhança que tem com o cheque de banco, nomeadamente no que às suas características respeita[414].

## 5.4. Cheque cruzado e cheque para depositar em conta

**I.** Tal como o cheque visado, também o cheque cruzado e o cheque para depósito em conta não constituem modalidades autónomas de cheque, mas subespécies do cheque simples, uma vez que determinam particularidades de regime que não se observam nos cheques comuns, nos quais os sujeitos não fazem uso das prerrogativas que conduzem a um regime específico do cheque.

**II.** O **cheque cruzado**[415] é aquele em que figuram apostas, na face anterior do título, duas linhas paralelas, em regra, oblíquas.

---

[414] Cfr. Michel Vasseur / Xavier Marin, *Banques et opérations de banque*, t. II, *Le chèque*, Sirey, Paris, **1969**, pp. 297-315, em especial p. 302.

[415] Cfr. Jacobi, *Wechsel– und Scheckrecht*, **1955**, que, dado o âmbito da sua obra, explica o cruzamento (pp. 200-207), apesar de o cheque cruzado (*gekreuzte Scheck*) não ser reconhecido na Alemanha enquanto tal – porque os arts. 37 e 38 da *ScheckG* nunca entraram em vigor (cfr. Art. 1 da *EGScheckG*) –, mas valer e ser tratado como cheque "para depositar em conta" (*Verrechnungsscheck*), quer seja sacado no exterior (cfr. Art. 3 da *EGScheckG*), quer no país. Embora o Art. 3 da Lei de Introdução à Lei do Cheque (*EGScheckG*) apenas se refira aos cheques sacados no estrangeiro, a jurisprudência (caso da sentença do Tribunal de Düsseldorf de 1969, a que se refere Bülow, *WechselG/ScheckG und AGB*, 4ª ed. cit., **2004**, p. 470) reconheceu que o regime dos cheques para depositar em conta se aplicaria também aos cheques cruzados sacados na Alemanha. Neste sentido, vd. também Jacobi, *Wechsel– und Scheckrecht*, **1955**, p. 184.

Por sua vez, a *Österreichische Scheckgesetz* também não regula o cheque cruzado. No entanto, considerando que a Áustria não ratificou a Convenção de Genebra antes da *Anschluâ* (Anexação), esta lei só surgiria em 1955, cerca de duas décadas mais tarde do que a *SchechG* alemã. O legislador austríaco optou então por excluir a regulação do cheque cruzado, dispondo expressamente que «*os cheques cruzados emitidos no estrangeiro (dois traços paralelo no rosto do cheque) devem ser tratados no país como cheques para levar em conta*» [Art. 39 (1) da *ÖSchechG*]. Cfr. Ewald/Schärf, *Einführung in das Wertpapierrecht und in das neue Börsegesetz*, WUV-Universitäts Verlag, Wien, **1990**, pp. 62 e 64, Holzhammer, *Oesterreichisches Handelsrecht I – Allgemeines Handelsrecht und Wertpapierrecht*, 2ª ed., Springer, Wien/New York, **1982**, p. 254, e Günter H. Roth, *Grundriβ des österreichischen Wertpapierrechts*, Manzsche, Wien, **1988**, p. 65.

Com o cruzamento, como vimos (*supra*, n.º 4.5), o cheque passa a ter de ser pago a um banqueiro ou a um cliente de um banqueiro [se o cruzamento for geral (cfr. art. 38.º, I)] ou, sendo o cruzamento especial, ao banqueiro designado e a um cliente dele apenas se o sacado for o designado (cfr. art. 38.º, II)[416].

O cheque cruzado – também designado cheque traçado ou barrado – é, assim, um cheque cujo pagamento está sujeito a um regime próprio, o qual pode ser mais ou menos limitativo.

Partindo de uma situação, de cruzamento geral, em que o cheque pode ser pago a qualquer banqueiro ou a um cliente[417] do sacado, a lei admite que o cruzamento seja convertido em especial, mas já não o inverso (cfr. art. 37.º, IV *in fine* e V), e não permite que o cruzamento, qualquer que ele seja, possa ser desfeito (cfr. art. 37.º, V).

Para evitar que um banqueiro surja a cobrar um cheque por conta de um terceiro, defraudando o cruzamento feito, a Lei Uniforme apenas permite que um banqueiro adquira «*um cheque cruzado a um dos seus clientes ou a outro banqueiro*» e só em nome dessas pessoas o pode cobrar (cfr. art. 38.º, III).

A inobservância das regras aplicáveis em matéria de cheque cruzado faz incorrer o banqueiro, sacado ou beneficiário do cruzamento, em respon-

---

[416] Exemplificando, se o cliente (**S**) saca um cheque cruzado em favor dum tomador (**T**), este, se pretender obter o respectivo pagamento, ou o deposita em conta ou, se for cliente do banco sacado (**B**), o apresenta a pagamento para receber a quantia nele inscrita. Se tiver indicado um nome de uma instituição de crédito (**IC**) entre as duas linhas paralelas, então ou procede ao depósito do cheque nessa instituição de crédito, à qual o banco sacado procederá ao pagamento, ou se **IC** coincidir com **B** e **T** for cliente de **B**, este poderá proceder ao pagamento do cheque sem prévia necessidade de depósito em conta.

[417] No que respeita ao conceito de **cliente**, e sem prejuízo do que dissermos mais à frente (cfr., *infra*, n.º 13), o mesmo já não é, hoje, unicamente a pessoa que tem conta aberta na instituição sacada, mas qualquer entidade que potencialmente se possa relacionar com o banco sacado.

Diversamente, considerando que deve considerar-se cliente quem abra conta no banco ou quem «mantém relações relativamente contínuas e estáveis com o banco», de modo a proporcionar-lhe informações adequadas, José Maria Pires, *O cheque*, Rei dos Livros, Lisboa, **1999**, p. 113, que considera constituir critério relevante a confiança que essa pessoa ou entidade possa proporcionar ao banco no sentido de que estará «em condições de proceder a eventual reembolso em caso de pagamento indevido».

É importante referir, porém, que alguns bancos perfilham o entendimento de José Maria Pires. Nesse sentido, vd. a situação descrita no **AcRelPorto de 18 de Setembro de 2001** (Lemos Jorge), *CJ*, ano XXVI, t. IV, 2001 (pp. 189-194), p. 191.

sabilidade pelo prejuízo que possa resultar do incumprimento, até ao montante máximo correspondente ao valor do cheque (cfr. art. 38.º, V).

**III.** Vejamos agora quem pode cruzar um cheque.

A lei é aparentemente inequívoca, estatuindo que tanto o sacador como o portador dum cheque o podem cruzar (cfr. art. 37.º, I).

Compreende-se o alcance dessa medida. Qualquer desses sujeitos pode querer controlar o percurso do cheque e limitar os termos em que o mesmo poderá ser pago, procurando dificultar uma eventual situação de desapossamento.

Se o cheque tiver mais do que um cruzamento especial – com indicação de mais do que um banco ao qual deverá ser pago –, ele deixa de valer como cheque, porque o sacado não sabe a quem deve pagar (cfr. art. 38.º, IV *a contrario*). No entanto, a Lei Uniforme admite excepcionalmente que, existindo apenas dois cruzamentos especiais e um indique a liquidação através de câmara de compensação (o outro deverá designar um banco), o cheque se mantenha válido e *possa ser pago pelo sacado* (art. 38.º, IV).

Se o cheque tiver mais do que um cruzamento geral, ou apresentar um cruzamento geral e um especial, não se coloca qualquer dificuldade, uma vez que não haverá qualquer problema em determinar o respectivo regime jurídico, prevalecendo o cruzamento especial. Trata-se de aspecto que resulta da construção jurídica feita com referência ao disposto no artigo 38.º, IV.

**IV.** O cruzamento do cheque encontra-se, hoje, com frequência pré-impresso (nos módulos de cheques), ocorrendo mesmo quando o sacador não pede que os cheques lhe sejam disponibilizados com essa característica.

Consequentemente, o cheque cruzado é imposto pelo próprio sacado, que opta por disponibilizar módulos com essa característica, mesmo quando os mesmos não lhe são expressamente solicitados com o cruzamento impresso. Nalguns casos, disponibiliza esses módulos, por razões de segurança, a um preço inferior aos não condicionados, induzindo desse modo o cliente a optar por impressos que, preenchidos, serão necessariamente cheques cruzados.

Se olharmos para a Lei Uniforme, em especial para o regime aplicável aos cheques cruzados (arts. 37.º e 38.º), colhemos a sensação de que o sacado não se encontra em posição cambiária de proceder à aposição do cruzamento que, aparentemente, é (restritivamente) reservado ao sacador e ao portador (cfr. art. 37.°, I). No entanto, ainda que seja esta – a de que o cruzamento só pode ser feito pelo sacador ou pelo portador – a interpretação adequada, afigura-se não ser de rejeitar a recente prática bancária, uma vez que a generalização da mesma depende, em última análise, da vontade dos clientes que podem recusar os módulos com o cruzamento pré-impresso[418] e, ao aceitá-los nessa forma, e utilizando-os, assumem como próprio esse cruzamento que, afinal, contribui para a segurança da circulação e pagamento do cheque sacado.

Por isso, consideramos que o cruzamento imposto pelo sacado, através da prévia impressão nos módulos (de cheque) disponibilizados aos clientes, equivale a cruzamento pelo sacador e corresponde à concretização da vontade (implícita) deste.

**V.** O cheque cruzado, pela exigência a que está sujeito em termos de pagamento, não está tão exposto ao desapossamento como um cheque simples. O cruzamento tem por finalidade evitar o pagamento do cheque a um portador que o tenha adquirido de forma ilegítima, por ter sido extraviado, furtado ou falsificado.

Mas, presentemente, o cruzamento é também utilizado para tornar claro o destino do cheque, sendo em certas circunstâncias imposto no combate à fraude fiscal e ao branqueamento de capitais[419].

**VI.** Diferentemente do cheque cruzado, o *cheque para* **depositar** ou *levar em conta*[420], a que se refere o artigo 39.° da LUCh, é aquele que tem de ser necessariamente depositado na conta do beneficiário, não sendo susceptível de pagamento em numerário.

Efectuado esse depósito, a quantia correspondente ao cheque deverá ser creditada na conta do depositante, e último beneficiário do cheque,

---

[418] Só assim não será se tal limitação caracterizar a convenção de cheque estabelecida. Nesse caso, também se pode considerar que a limitação inserida pelo banco decorre da vontade do cliente (sacador), sempre que este requisita um conjunto de cheques.

[419] Assim acontece em França – onde, sempre que a lei impõe a forma escritural (por oposição a metálica) para efectuar pagamentos, os cheques devem estar cruzados se forem utilizados –, como assinalam GAVALDA/STOUFFLET, *Instruments de paiement et de crédit*, 6ª ed. cit., **2006**, p. 224.

[420] Para maior desenvolvimento, cfr. JACOBI, *Wechsel– und Scheckrecht*, **1955**, pp. 185-200, em especial pp. 187-197.

logo que for cobrada pela instituição de crédito depositária. O prazo para proceder a esse crédito depende da identidade do sacado. Se este coincidir com o depositário, o cheque deverá ser creditado imediatamente, porque corresponde a uma transferência interna de fundos; se o sacado for outra instituição de crédito nacional, o cheque depositado deverá ser levado à compensação e a correspondente quantia depositada na conta do beneficiário no prazo máximo de cinco dias úteis; se o cheque for sacado sobre um banco estrangeiro, o prazo será naturalmente superior.

Nada impede o banco depositário de proceder ao imediato crédito da conta do seu cliente, sujeitando-o à boa cobrança do cheque.

Se não houver condicionamento, nem qualquer reserva, «*a liquidação por lançamento de escrita vale como pagamento*» (art. 39.º, II *in fine*), o qual – no pressuposto da inexistência de cláusulas contratuais em sentido diverso – não pode ser repetido sem o expresso consentimento do titular da conta.

Tal como acontece com o cheque cruzado, a menção *para levar em conta* também não pode ser desfeita ou riscada (cfr. art. 39.º, III), constituindo-se o sacado que desrespeitar o regime desta subespécie de cheque – procedendo, nomeadamente, ao seu pagamento directo – na obrigação de indemnizar eventuais prejuízos que resultem da sua conduta, até um montante *igual ao valor do cheque* (cfr. art. 39.º, IV).

### 5.5. Cheque de pagamento diferido

**I.** No Direito nacional, como veremos, o cheque não se autonomiza como modalidade quando seja emitido com data posterior à do saque, com a exclusiva finalidade de ser levado a pagamento em data ulterior. Tal cheque, designado pós-datado, não apresenta, no plano jurídico-cambiário, qualquer especificidade já que, uma vez emitido, pode ser imediatamente apresentado a pagamento, apesar da data nele constante, por ser um título à vista.

**II.** Já o Direito argentino reconduz o *"cheque de pagamento diferido"* a uma classe de cheques, por oposição ao cheque ordinário ou comum; este assim designado por mero confronto com aquele.

O cheque de pagamento diferido foi introduzido no ordenamento jurídico argentino pela *Nova Lei do Cheque* (NLCh, arts. 54 a 60), aprovada pela Ley 24.452 (vigente na redacção da ley 24.760). Trata-se

176         *Cheque e Convenção de Cheque*

de uma categoria legal de cheques que, por contraposição às modalidades acima descritas (cheque cruzado, cheque para depositar em conta, cheque visado), se caracteriza por ser «um instrumento de crédito, cujo vencimento será a determinado tempo de data»[421].

Estes cheques, que representam o reconhecimento juspositivo de uma categoria existente na prática e com diferentes regimes em diversos ordenamentos jurídicos implicam que, na data de apresentação a pagamento, posterior à do saque (mas que dele não diste mais de 360 dias), o sacador disponha, à sua ordem, de fundos suficientes em conta corrente (comum) *ou de autorização para sacar a descoberto* (cfr. art. 54, I e III, n.º 4 da NLCh).

Se percorrermos o respectivo regime jurídico, concluímos que a sua natureza jurídica não é distinta de um cheque *simples*, pelo que não se nos oferecem maiores desenvolvimentos, remetendo para a qualificação do cheque.


## 5.6. Cheques com estatuto particular e realidades afins

Há modalidades e espécies de cheques que ou estão a cair em desuso, dadas as novas formas de pagamentos – como sucede com o cheque de viagem, apesar da sua tradição –, ou nem sequer correspondem ao cheque como meio de pagamento, como acontece com os cheques em sentido impróprio.

Vamos fazer-lhes uma breve referência a título meramente informativo, uma vez que o respectivo regime específico não contribui para o objecto do presente estudo.


### 5.6.1. *Cheque de viagem*

**I.** O cheque de viagem é um título emitido por uma instituição de crédito ou entidade autorizada a criar instrumentos de natureza financeira, indicando uma determinada soma em dinheiro, à ordem do respectivo beneficiário e solicitante, o qual poderá obter a quantia nele inscrita

---

[421] GÓMEZ LEO, *Cheques.* Comentario de las leyes 24.452 y 24.760, 2ª ed., Depalma, Buenos Aires, **1997**, p. 8.

Regime jurídico do cheque 177

noutro local do globo, disponibilizada por um correspondente do sacado, que é também o emitente do instrumento[422]. Para tanto, bastará ao seu beneficiário assiná-lo na presença do correspondente do sacado, o qual lhe deve disponibilizar a quantia sacada e previamente determinada. Trata-se de uma segunda assinatura (ou contra-assinatura), porquanto a primeira deve ser feita na presença do sacador. Esta assinatura tem valor de endosso em favor daquele a quem o cheque é entregue, que pode ser um comerciante (*maxime* um estabelecimento hoteleiro) para pagamento de bens ou serviços ou um banco, para levantamento da importância nele inscrita.

Sendo o sacador também um banco[423], o cheque de viagem tem uma cobertura dependente da respectiva solvabilidade[424], devendo ser a provisão pré-constituída[425]. Com efeito, para que o banco emita o cheque é necessário que o seu beneficiário autorize o débito da sua conta bancária em importância equivalente ou, não dispondo de conta junto do banco[426] em que adquire os cheques de viagem, entregue ao banco a quantia correspondente.

---

[422] Esta característica aproxima-o decisivamente do *cheque circular* (cfr., *supra*, n.º 6.3.2) que Isidro Conde Botas, *El «cheque» y el «traveller cheque»*, Porto y Cia, Santiago de Compostela, **1955**, considera «*igual* ao "traveler cheque" americano» (p. 43) (*sic*).

[423] Diferentemente, considerando que este cheque é sacado pelo beneficiário, Paul Didier, *Droit commercial, t. 3. La monnaie, Les valeurs mobilières, Les effets de commerce*, PUF, Paris, **1999**, p. 60.

[424] Sendo o cheque *comprado* pelo seu beneficiário e constituída a provisão com o produto da compra, o seu único risco em termos de pagamento, aliás diminuto, é o da ocorrência de eventual vicissitude (insolvência, *v.g.*) que comprometa a capacidade financeira do sacado. Apesar de poder ser objecto de falsificação – como sucede em relação aos demais meios de pagamento, mas eventualmente com mais intensidade no que se refere aos módulos, cuja contra-assinatura do beneficiário deverá ser cuidadosamente verificada –, o cheque de viagem apresenta(va), em relação às notas de banco, uma enorme vantagem em termos de segurança e com reduzidas hipóteses de roubo ou extravio com perda do respectivo valor económico. Com efeito, ocorrido um desapossamento, o seu titular (beneficiário) pode impedir o pagamento do cheque, solicitando ao emitente que tome providências nesse sentido.

[425] O cheque de viagem tem, «como princípio fundamental, a garantia da sua indispensável provisão de fundos» (Conde Botas, *El «cheque» y el «traveller cheque»*, cit., **1955**, pp. 75-76).

[426] Em teoria, o beneficiário nem sequer necessita de ter conta bancária aberta junto do banco sacador, embora seja normal que tal aconteça; nesse caso a provisão deverá ser constituída *ad hoc* e não deduzida na conta do beneficiário.

Tratando-se de um título com garantia da provisão de fundos, o cheque de viagem é endossável e era de aceitação generalizada, nomeadamente por estabelecimentos hoteleiros, que posteriormente os apresentavam a pagamento junto do sacado.

**II.** Este instrumento, também conhecido por cheque turístico (*assegno turístico*)[427] ou *traveller cheque* – na expressão anglo-saxónica[428] – adquiriu uma expressão significativa em meados do século XX[429] com o incremento dos fluxos turísticos a nível mundial, que se acentuou fortemente alguns anos após a II Grande Guerra. Apresentava, relativamente ao papel-moeda, numa época em que os cartões de crédito ainda não tinham sido criados, vantagens expressivas, dada a segurança inerente à sua utilização no âmbito do câmbio de divisas. Consistia num meio seguro de transportar dinheiro, sem os riscos associados às notas de banco.

No entanto, não podemos escamotear que, como qualquer cheque (de banco), o cheque de viagem pode ser objecto de desapossamento, nomeadamente de falsificação. Tal possibilidade é expressamente reconhecida pela jurisprudência portuguesa[430], apesar da exiguidade de decisões sobre este modelo de cheque.

**III.** A natureza jurídica do cheque de viagem é controversa[431].

---

[427] Cfr. A. L. Sousa Franco, «Cheque – Econ.», AA.VV., *Enciclopédia Verbo, Edição Século XXI*, Verbo, Lisboa/ São Paulo, vol. 6, **1998**, col. 965.

[428] Utilizamos a ortografia inglesa – como se infere do uso da palavra *cheque* –, dada a origem do instrumento, que referimos na nota seguinte. Nos EUA, para além da ortografia própria do termo cheque (*check*), a palavra "*traveler*" não dobra a consoante "*l*", originando a expressão *traveler check*.

[429] Trata-se de um instrumento que encontra o seu mais remoto e primitivo exemplar em Inglaterra, em 1874, criado pela Agência Cook – para facilitar aos seus clientes, com a colaboração da sua rede de sucursais e agências, o pagamento de bilhetes, estadias em hotéis, e câmbios de divisas –, e posteriormente desenvolvido pela Associação de Banqueiros Americanos. Neste sentido, cfr. Conde Botas, *El «cheque» y el «traveller cheque»*, cit., **1955**, p. 36, e, mais tarde, Majada, *Cheques y talones de cuenta corriente (en sus aspectos bancario, mercantil y penal)*, cit., **1983,** p. 459.

Nos EUA, o *traveler's check* foi criado pela American Express Company, em 1891. Cfr. Shavel, «Cash equivalents and the stop payment order», cit., **1989** (pp. 691-716) p. 707.

[430] Nesse sentido, cfr. o **AcSTJ de 28 de Maio de 1986** (Gama Vieira), *BMJ* 357, 1986, pp. 246-253.

[431] Começando por hesitar em qualificá-lo como um cheque (cfr. p. 35) – e explicando que a jurisprudência criminal considera ter as aparências exteriores de um cheque,

Com efeito, há quem considere não estar em causa um verdadeiro cheque[432], visto não conter as características típicas dos títulos de crédito de banco, tais como não estar adstrito a uma conta bancária[433], ser sacado por um banco (e não pelo cliente)[434] e ter por essa razão uma longa duração[435]. Em certo sentido, é uma espécie de carta de crédito emitida por uma instituição de crédito ou sociedade financeira, que permite ao seu portador levantar numerário em qualquer banco emissor. Trata-se de um instrumento que, no nosso País, não teve, nem tem, base legal ou regulamentar[436] – para além de algumas referências pontuais em legislação

---

mas não ser verdadeiramente um cheque (e sim uma promessa de pagamento), por não constituir uma ordem de pagamento, mas apenas um compromisso de pagar contratado pelo banco emitente (p. 59) –, Paul DIDIER, *Droit commercial, t. 3. La monnaie, Les valeurs mobilières, Les effets de commerce*, PUF, Paris, **1999**, conclui que o cheque de viagem «é um cheque sacado pelo cliente», o que explica que a sua assinatura esteja na face anterior (cfr. p. 60).

[432] Neste sentido cfr. GÓMEZ LEO, *Cheques,* cit. **1997**, p. 9, JEANTIN/LE CANNU/ GRANIER, *Droit commercial. Instruments de paiement et de crédit* cit., **2005**, p. 108, KÜMPEL, *Bank– und Kapitalmarktrecht*, 3ª ed. cit., **2004**, pp. 767-768 – referindo ser esta a tendência da nova doutrina (cfr. em especial Rdn. 4.1082) –, e VASSEUR / MARIN, *Le chèque*, cit., **1969**, pp. 270-273, embora explicando que diversos autores contuinuam a considerá-lo um verdadeiro cheque (pp. 272-273).

Contra, considerando, em parte, tratar-se de um verdadeiro cheque, Günter H. ROTH, *Grundrіb des österreichischen Wertpapierrechts*, Manzsche, Wien, **1988**, reconhecendo ser também, em parte, «uma transferência comercial (cfr. § 364.º do ÖHGB), um título de crédito com forma própria e um puro documento de legitimação sem carácter de título de crédito» (p. 66),

[433] Cfr. C.J. ZAVALA RODRÍGUEZ, *Código de Comercio y leyes complementarias. Comentadas y concordatadas*, Depalma, Buenos Aires, **1959/80**, *apud* GÓMEZ LEO, *Cheques,* cit. **1997**, p. 9.

[434] Cfr. MAJADA, *Cheques y talones de cuenta corriente (en sus aspectos bancario, mercantil y penal)*, cit., **1983,** p. 467.

Contra: DIDIER, *Droit commercial, t. 3,* cit., **1999**, p. 60.

[435] Cfr. BONFANTI/GARRONE, *El cheque*, cit., **1971**, p. 325.

[436] Como sucedeu, aliás, noutros países, como é o caso da França (cfr. JEANTIN/ LE CANNU/GRANIER, *Droit commercial. Instruments de paiement et de crédit* cit., **2005**, pp. 105-106).

Entre os ordenamentos jurídicos que acolhem expressamente o cheque de viagem, refira-se o estado-unidense – que cateriza este instrumento [cfr. U.C.C. § 3-104(i)] –, e o italiano, que qualifica o cheque de viagem como título bancário (cfr. L. ass., art. 44).

Curiosamente, a regulação do *assegno turistico*, em Itália, resultou da prática norte- -americana, como releva SPATAZZA, «L'assegno», cit., **2006**, p. 644.

financeira ou penal[437] –, considerando alguns autores[438] que a sua natureza deve procurar-se na *peculiar* função cambiária e circulatória que desempenha na realização do objectivo económico que prossegue, e que consiste essencialmente numa transferência de fundos. Por isso, é, por vezes, qualificado como uma variedade do cheque, não obstante ser *sui generis*, conferindo-lhe a sua finalidade e as situações em que é utilizado um carácter específico.

O facto de que a responsabilidade do banco emitente e sacado se encontrar sujeita à verificação de certas formalidades, nomeadamente que o seu beneficiário, o viajante, o assine na presença da pessoa ou entidade que o receber a título de pagamento de bens ou serviços ou em troca de moeda estrangeira (local), tem sido invocado para afastar a qualificação do cheque de viagem como cheque, ao menos de acordo com a configuração legal deste último[439].

Certo é que o *traveller cheque* (ou cheque de viagem) não foi acolhido na Lei Uniforme, embora seja regulado nalguns diplomas nacionais[440], apesar do seu carácter convencional. Terá, pois, pelo menos formalmente, uma natureza extracambiária. *Será ela suficiente para o afastar do título de crédito que lhe concede o nome?*

Não cremos que seja a sua natureza a apartá-lo do cheque de banco, em que é decalcado, sobretudo nas funções de levantamento e circulação de fundos. É claro que, sendo sacado por um banco – sobre si próprio ou sobre uma filial, sucursal ou, simplesmente, correspondente – configura-se,

---

[437] Nesse sentido, vd. J. Marques Borges, *Cheques, Traveller's Cheques e Cartões de Crédito*, Rei dos Livros, Lisboa, **s/d** (mas posterior a 1980), p. 33, onde se refere a diplomas já revogados que mencionaram este tipo de cheques, sem nunca os regular.

[438] Cfr. Conde Botas, *El «cheque» y el «traveller cheque»*, cit., **1955**, p. 37.

[439] Nesse sentido cfr. Cowen/Gering, *The law of negotiable instruments in South Africa*, vol.1 (General Principles), 5ª ed., Juta, Cape Town/Wetton/Johannesburg, **1985**, p. 295, para quem «os travelers cheques não se reconduzem aos cheques, tal como estão definidos no "Bills of Exchange Act, No. 34 de 1964", visto que a responsabilidade do emitente está sujeita à condição de que o viajante deva contra-assiná-los na presença da pessoa que os recebe como pagamento de bens e serviços ou em troca de moeda estrangeira».

Como instrumento de câmbio de divisas, apresenta inúmeras semelhanças, inclusivamente gráficas, com o papel-moeda. Nesse sentido, Marques Borges, *Cheques, Traveller's Cheques e Cartões de Crédito*, cit., **s/d**, p. 25.

[440] Cfr. NLCh (argentina), arts. 55 a 58. Há países em que é puramente convencional, como sucede com Portugal e França.

na prática, como um cheque garantido, visto que a responsabilidade do seu pagamento impende, em última análise (*i.e.*, em via de regresso), se necessário for, sobre uma instituição de crédito (sacadora).

**IV.** O cheque de viajem foi criado para ser utilizado como um meio seguro de transporte de fundos, permitindo ao respectivo beneficiário proceder ao levantamento de quantias ou ao pagamento de bens ou serviços em local geograficamente distante daquele onde tem sediadas as suas contas bancárias[441], mas tem vindo a perder, gradual e aceleradamente, interesse, porquanto os cartões de plástico se tornaram de uso comum, cómodo e eventualmente (ainda) mais seguro. Assim, com a generalização dos cartões de crédito e de débito e com a facilitação das transferências internacionais, que se concretizam no próprio dia em que são ordenadas, para além dos efeitos da criação da moeda única europeia (o euro)[442], o *traveller cheque* caiu em desuso, cedendo perante meios mais seguros, eficientes e económicos.

**V.** Este instrumento representa, contudo – e esse é o relevo que importa conferir-lhe no âmbito deste estudo, apesar da sua decadência –, uma excepção à regra de que o cheque pressupõe um acordo celebrado com vista à sua emissão. É suficiente, como já vimos, que a provisão seja pré-constituída pelo beneficiário junto do sacador-sacado para garantia do pagamento. É esta excepção à regra que explica ser o cheque um instrumento autónomo que se sobrepõe – quando for necessário e se justificar – à relação contratual consubstanciada na sua utilização.

### 5.6.2. *Cheques em sentido impróprio*

**I.** Finalmente, encontramos uma variedade de instrumentos que, embora apresentem a designação de cheques e desempenhem, de forma limitada, a respectiva função principal, de meio de pagamento, não

---

[441] E, nesse sentido, aproxima-se do papel que a letra de câmbio desempenhava na Idade Média. Cfr. DUPICHOT/GUEVEL, *Les effets de commerce. Lettre de change, billet à ordre, chèque ...*, 3ª ed. cit., **1996**, p, 356 (n.º 666).

[442] Fenómeno para o qual TENCATI, *Il pagamento attraverso assegni e carte di credito*, 2ª ed. cit., **2006** chama expressamente a atenção (cfr. pp. 52-53).

182       *Cheque e Convenção de Cheque*

constituem sequer, em nossa opinião, uma modalidade de cheque[443], tal como este se configura no nosso Direito, designadamente por não serem sacados sobre um banco[444].

Embora sejam utilizados para proceder à aquisição de determinados bens ou serviços, tais documentos constituem essencialmente meios de transferência de créditos sobre devedores predeterminados[445], com uma duração temporalmente limitada. Por essa razão, é-lhes recusada, pela jurisprudência (francesa, *v. g.*), a qualificação de instrumentos de pagamento[446].

Estes títulos, impropriamente designados *cheques* – porque não permitem levantar fundos ou sequer os disponibilizar[447] – correspondem a uma extrapolação do sentido técnico-jurídico e financeiro do cheque que, coloquialmente, se generalizou como sinónimo de um valor pecuniá- rio, com um correspectivo em dinheiro, passando a ser um substantivo polissémico[448].

**II.** Enquadram-se nesta categoria de meios os **títulos-refeição** (ou os cheques-restaurante), os **cheques de gasolina** e os cheques-presente ou *cheques-brinde*, em geral[449].

Os títulos de refeição e os cheques de gasolina fornecidos, em geral, pelas empresas aos seus colaboradores, destinam-se a pagar bens e

---

[443] Qualificando-os como *pseudo-cheques*, Emmanuel PUTMAN, *Droit des affaires,* Tomo 4. *Moyens de paiement et de crédit*, PUF, Paris, **1995**, p. 249 (n.º 212), e como *cheques de fantasia*, Jacques DUPICHOT / Didier GUEVEL, *Les effets de commerce. Lettre de change, billet à ordre, chèque ...* (*Traité de Droit Commercial* de Michel de JUGLART e Benjamin IPPOLITO, 3ª ed.), Montchrestien, Paris, **1996**, p. 363 (n.º 690).

[444] Neste sentido, cfr. DIDIER, *Droit commercial,* t. 3 cit., **1999**, p. 35.

[445] Neste sentido a decisão da **Cour de cassation de 6 de Junho de 2001**, citada por JEANTIN/LE CANNU/GRANIER, *Droit commercial. Instruments de paiement et de crédit* cit., **2005**, p. 102 (e nota 3).

[446] PIEDELIÈVRE, *Instruments de crédit et de paiement*, cit., **2005**, p. 267 (n.º 322).

[447] Embora, por vezes, o estabelecimento que os recebe em pagamento de um bem opte por devolver a diferença entre o preço do bem e o montante do cheque ao respectivo cliente. Trata-se de uma faculdade e acto de mera cortesia.

[448] Neste sentido, DUPICHOT/GUEVEL, *Les effets de commerce*, cit., **1996**, p. 363 (n.º 689).

[449] Emitidos por estabelecimentos comerciais – Fnac, El Corte Inglês, Valentim de Carvalho – e coexistindo presentemente com cartões de plástico com idênticas funções (Zara, e também Fnac e El Corte Inglês, *v.g.*) [referência destituída de qualquer intuito publicitário, como é óbvio…].

*Regime jurídico do cheque*

183

serviços que deveriam ser assumidos pela empresa, tais como refeições e deslocações[450]. Não importa, nesta sede, ponderar se eles são frequentemente utilizados para remunerar, de facto, os colaboradores porque, sendo emitidos ao portador, podem ser facilmente transferíveis. O que importa é que, por um lado, na vertente de uma relação contratual de natureza profissional, eles permitem (sem recurso a numerário ou sequer a dinheiro) que as empresas procedam a pagamentos que seriam da sua responsabilidade, definindo com precisão – e contratualização prévia, acrescente-se – quem serão os devedores, isto é, as empresas junto das quais será possível efectuar o desconto desses títulos e, simultaneamente, representam uma transferência de créditos da empresa que os fornece para os respectivos colaboradores. Se os devedores, junto dos quais tais títulos puderem ser utilizados, constituírem uma rede ampla, então os títulos, que são geralmente ao portador, assumem uma natural liquidez, equivalendo ao preço que documentam.

**III.** Quanto aos chamados ***cheques-presente*** ou cheques-*brinde*[451], também em regra com uma validade limitada, são geralmente adquiridos

---

[450] Também se reconduzem a esta categoria os chamados cheques-férias (*chèques--vancances*) existentes em França, emitidos pela A.N.C.V. (*Agence Nationale pour les Chèques* Vacances) e que sendo distribuídos pelas entidades patronais se destinam a financiar, comparticipando parcialmente, o pagamento das férias de trabalhadores de escassos recursos financeiros, pelo que são emitidos no respectivo nome, e não ao portador. Vd. Putman, *Droit des affaires,* cit., **1995**, p. 249 (n.º 212) e Dupichot/Guevel, *Les effets de commerce*, cit., **1996**, p. 365 (n.º 693).

Em França discute-se também a validade dos chamados *cheques de casino*, destinados a solver dívidas de jogo ou a pagar fichas, e que constituem excepção autorizada à obrigação natural em que, nesse país, se traduz a dívida de jogo (cfr. art. 1965 do CCFr: «*A lei não concede qualquer acção para uma dívida de jogo ou para o pagamento de uma aposta*), desde que não se destinem a pagar adiantamento sou crédito concedido pelo casino para encorajar o jogo. Cfr. Putman, *ibid.* (n.º 213), e Pérochon/Bonhomme, *Entreprises en difficulté – Instruments de crédit et de paiement*, 7ª ed., L.G.D.J., Paris, **2006**, p. 798 (n.º 798).

[451] Para o efeito diferenciador do cheque, não releva a distinção entre cheques--presente e *cheques-brinde*, embora a mesma seja possível, reconduzindo-se à primeira categoria os títulos que haviam sido adquiridos (com dinheiro) pelo valor equivalente ou aproximado ao que representam e reservando-se a menção de *cheques-brinde* para os casos em que, por acréscimo a uma determinada despesa, o estabelecimento comercial oferece ao seu cliente um título que lhe permite, sem custos adicionais aos já incorridos em compra anterior, proceder a uma nova aquisição pelo valor do título recebido. Admitimos que os efeitos da não utilização de um e de outro, num espaço temporal predeter-

directamente ao devedor, que é um estabelecimento comercial, e poderão ser utilizados por quem for o respectivo portador, embora só raramente – quando tal for expressamente convencionado – o respectivo valor possa ser reclamado em dinheiro. Eles representam a antecipação do pagamento de uma compra por concretizar e, portanto, a operação oposta à venda a crédito. Em vez de "leve primeiro e pague depois", o que está em causa é o contrário: "pague primeiro e (alguém) leve depois".

## 5.7. Cheques sem autonomia

Finalmente, e a concluir a apreciação das diferentes modalidades e espécies de cheques, refira-se que o título de crédito surge frequentemente substantivado sem que a sua essência sofra qualquer alteração do ponto de vista lógico-formal, estando apenas em causa a sua afectação específica[452] ou um efeito possível da sua apresentação a pagamento. Nesse caso, estamos perante instrumentos que não desempenham, por si sós, a função normal (de pagamento) do cheque, porque estão dependentes da verificação de certos elementos ou porque, não obstante serem literalmente adequados, não encontram provisão correspondente.

### 5.7.1. *Cheques documentários*

Fala-se, por vezes, em **cheques documentários** para referir títulos de crédito que só podem ser liquidados contra a entrega de certos documentos.

Trata-se, como é evidente, de instrumento diferente do cheque, que de comum com ele apenas tem a designação, porquanto o cheque nunca pode ser condicionado.

---

minado, será diferente em matéria de enriquecimento sem causa. No entanto, por ser alheia ao objecto deste estudo, não desenvolvemos esta questão (do eventual enriquecimento sem causa) associado à limitação temporal do prazo para rebater os cheques-presente e os *cheques-brinde*.

[452] Enquadram-se nesta categoria os *cheques de casino*, a que nos referimos anteriormente.

## 5.7.2. *Cheques sem provisão*; remissão.

O cheque sem provisão, isto é, aquele que apresentado a pagamento não é pago por falta de fundos suficientes disponíveis para o efeito, não constitui uma modalidade ou espécie de cheque, embora esteja sujeito a um regime jurídico específico pelos efeitos que desencadeia.

Enquanto título de crédito não apresenta, contudo, características que permitam autonomizá-lo dos demais cheques, uma vez que a função que tendia a desempenhar era idêntica à dos demais e as suas menções são também análogas. Na realidade, só no momento da recusa de pagamento, por falta de provisão, ele se distingue de qualquer outro cheque.

Pela relevância deste fenómeno, voltaremos a abordar o cheque sem provisão, no enquadramento que consideramos adequado neste livro: o da provisão (do cheque).

# CAPÍTULO III
# Compreensão jurídica do cheque

Concluída que se encontra a análise do regime jurídico do cheque, justifica-se dedicar a nossa atenção à sua compreensão jurídica, fazendo-o sob três diferentes prismas:

– Num primeiro momento, procederemos ao enquadramento do cheque na teoria dos títulos de crédito, expondo o nosso entendimento nessa matéria, com especial relevo para os que são abstractos;
– Em seguida qualificaremos o cheque, procurando determinar a sua natureza jurídica; e
– Finalmente, analisaremos as situações em que o cheque é apto a valer como título executivo, verificando designadamente se a sua eficácia se encontra dependente da sua qualidade de título de crédito.

## 6. O cheque como título de crédito

### 6.1. Conceito de título de crédito

**I.** O cheque pode ser abordado e analisado, na sua qualidade (estática) de instrumento jurídico (ou documento), numa perspectiva pura e estritamente técnico-jurídica, como título de crédito em que se consubstancia; mas também pode ser ponderado, numa perspectiva essencialmente económica, como meio de pagamento de bens ou serviços, com valor liberatório e com equivalência em numerário, podendo enquadrar-se

188      *Cheque e Convenção de Cheque*

juntamente com este (formado pelas notas e moedas metálicas) no conceito mais amplo de dinheiro, com o significado de expressão pecuniária do valor de bens e serviços transaccionáveis.

Antecipamos que esta segunda perspectiva não é despicienda, e que, como veremos adiante, é decisiva na relacionação do cheque com o regime aplicável à convenção que o toma por referência.

Vamos nesta sede proceder ao enquadramento conceptual do cheque, esclarecendo que adoptamos uma perspectiva necessariamente subjectiva e que se admite que se suscitem dúvidas e divergências na compreensão jurídica do cheque.

**II.** Importa-nos, por ora, analisar o cheque na sua vertente de **título de crédito** (individual) – isto é, de documento[453] apto ao exercício do direito literal e autónomo nele contido –, muito embora este instrumento revista outras facetas que, aliás, não se afastam, nem são incompatíveis com aquela.

Toma-se como referência fundamental, no conceito adoptado, a noção de Cesare VIVANTE («*O título de crédito é o documento necessário para exercitar o direito literal e autónomo nele mencionado*»)[454] [455], em

---

[453] Sobre o conceito de documento, vd. Luís CARVALHO FERNANDES, «Documento», *Polis*, 2.º vol., 2ª ed., **1998** (cols. 609-617), em especial cols. 610-611, Jorge PINTO FURTADO, *Títulos de crédito. Letra. Livrança. Cheque*, Almedina, Coimbra, **2000**, pp. 32-36 [que reconduz os títulos de crédito à categoria dos títulos legais, onde também enquadra os títulos executivos (pp. 35-36)], e também ANTUNES VARELA / J. MIGUEL BEZERRA / SAMPAIO E NORA, *Manual de Processo Civil*, 2ª ed., Coimbra Editora, Coimbra, **1985**, pp. 505-510 (com desenvolvimento no que respeita ao conceito de documento para efeitos processuais; pp. 507-510 e 86-89), e HELENA GONÇALVES MONIZ, *Crime de falsificação de documentos. Da falsificação intelectual e da falsidade em documento*, Almedina, Coimbra, **1993**, pp.154-181 [com especial ênfase na distinção entre documento em Direito Civil e em Direito Penal (pp. 154-156) e com desenvolvimento do conceito jurídico-criminal, incluindo o documento enquanto meio de prova (pp. 157-181)].

[454] *Trattato di diritto commerciale*, vol. III, 5ªed., Vallardi, Milano, **1924**, p. 123.

Reconhecendo constituir o conceito de VIVANTE «um passo formidável para a elaboração da teoria jurídica dos títulos circulantes, pondo em relevo a literalidade da obrigação», mas criticando a definição de VIVANTE, «que seria mais correcta se, em vez de *direito literal*, tivesse escripto "*direito correspondente á obrigação literal n'ellle consignada*"», José ALBERTO DOS REIS, na sua dissertação inaugural para o acto de conclusões magnas na Faculdade de Direito da Universidade de Coimbra (doutoramento), *Dos títulos ao portador*, França Amado, Coimbra, **1899**, pp. 196-197. Trata-se de uma mera perspectiva que deixa por explicar, relativamente ao cheque, por exemplo, como é que ele pode deixar de ser pago em certas circunstâncias. A óptica da situação jurídica

# Compreensão jurídica do cheque

função da qual há que questionar se a desmaterialização[456] [457] crescente
de certo tipo de títulos não desvaloriza o clássico universo dos títulos de

---

activa afigura-se-nos mais correcta e adequada à explicação do funcionamento dos títulos
de crédito.

O conceito de VIVANTE é normativo, sendo seguido na doutrina portuguesa por
António FERRER CORREIA, *Lições de Direito Comercial*, vol. III – *Letra de câmbio* (polic.),
Coimbra, **1975**, pp. 3-4, e criticado por FERNANDO OLAVO, *Direito Comercial*, vol. II, 2ª
parte, fasc. I – *Títulos de Crédito em Geral*, 2ª ed., Coimbra Editora, **1978**, pp. 12-15,
que prefere um conceito tipológico (*ibid.*, p. 14), embora recorra ao referido conceito
normativo para estudar os caracteres comuns dos títulos de crédito (cfr. pp. 14 e 15, 15-18,
25-40), e, mais recentemente (embora não expressamente), por Carlos FERREIRA DE
ALMEIDA, *Contratos II – Conteúdo. Contratos de troca*, Almedina, Coimbra, **2007**, p. 69.

Confrontando o conceito de VIVANTE com o de BRUNNER [o título de crédito «é um
documento no qual um direito privado está incorporado de tal modo, que para o exercício
do direito é necessária a posse (*Innehabung*) do documento»] – cuja fonte não indica, mas
que julgamos tratar-se de *Die Wertpapiere* (Endemann's Handbuch des deutschen
Handels–, See und Wechselrechts, vol. II), Leipzig, 1885 (cfr. pp. 5-9 e 25-26) –, chamando a atenção para a subtileza das respectivas diferenças, apesar de reconhecer o maior
interesse para nós da doutrina italiana (referindo as principais obras de CARNELUTTI,
ASCARELLI, FERRI e MARTORANO) na matéria dos títulos de crédito, José de OLIVEIRA AS-
CENSÃO, *Direito Comercial*, vol. III, *Títulos de Crédito*, Lisboa, **1992**, pp. 12-13. Expondo, desenvolvidamente, a ideia de BRUNNER, e nomeadamente, o princípio da fé pública
no teor do título ou na respectiva aparência (*öffentlichen Glauben*), PAULO SENDIN, *Letra
de câmbio. LU de Genebra, II – Obrigações e garantias cambiárias*, Almedina, Coimbra,
**1982**, pp. 1081-1086, e *Letra de câmbio. LU de Genebra, I – Circulação cambiária*,
Almedina, Coimbra, **1980**, pp. 115-118. Como chama a atenção PAULO SENDIN, «o princípio de BRUNNER da fé pública no teor do título, pela função que este tem de instrumento
essencial para o exercício do direito constituído», conjuga-se «e dá significado à sua
construção da legitimação estruturada na posse do documento, que, porém, não se restringe à presunção do direito, uma vez que o decisivo é a boa fé nessa aparência para conferir
o direito como está titulado» (*Letra de câmbio. LU de Genebra, II – Obrigações e
garantias cambiárias*, Almedina, Coimbra, **1982**, pp. 1085-1086).

[455] Este conceito conheceu, durante décadas, naturais desenvolvimentos que preser-
varam as suas características básicas; desde o conceito restritivo de Tullio ASCARELLI
[*Teoria Geral dos Títulos de Crédito* (trad. de Nicolau Nazo), Saraiva, São Paulo, **1943**,
pp. 25, 407-409, e síntese a pp. VIII-IX, que constitui tradução actualizada do artigo
«Concetto e categorie dei titoli di credito», *RivDirComm*, **1932**, I (pp. 237 e segs., 385
e segs., 509 e segs. e 641 e segs.), ao mais amplo de Isidoro LA LUMIA, *Corso di Diritto
Commerciale*, Giuffrè, Milano, **1950**, pp. 209-217, em especial pp. 209-210.

[456] **Desmaterializar** os títulos de crédito significa retirar-lhes o suporte físico (documento) em que se consubstanciam. Elimina-se, pois, o documento, pelo menos tal
como até aqui o concebíamos e substituímo-lo por um simples registo informático. O que
os títulos de crédito sempre tiveram de peculiar é que o papel em que se documentam

corresponde a um certo valor que, por força do regime jurídico aplicável – especificamente criado para tutelar a respectiva circulação –, adquire autonomia relativamente aos direitos ou situações jurídicas que representa (direito de crédito, direitos sociais ou direito a um bem material). A respectiva vantagem, em confronto com outras formas de transmissão de situações jurídicas – como refere FERREIRA DE ALMEIDA, *Desmaterialização dos títulos de crédito: valores mobiliários escriturais*, sep. da RB, n.º 26 (pp. 23-39), **1993**, p. 24 –, residia na economia de espaço, de tempo e de outros custos. A assinatura ou subscrição do documento e o correio, forma adequada para a sua transmissão, asseguravam que a circulação dos títulos se fizesse com rapidez e simplicidade. Uma vez chegados ao seu destino, tais instrumentos que, frequentemente, consubstanciavam valores significativos, podiam ser guardados com segurança no cofre.

A sociedade contemporânea, pelo progresso verificado em especial na segunda metade do século XX, a nível tecnológico e de comunicações, transformou-se. Os mercados perderam carácter local e foram objecto do chamado fenómeno da globalização. Verifica-se uma cada vez maior diversidade de documentos em forma escrita e um aumento significativo de transacções que os envolvem ou por eles são tituladas, conduzindo a um volume de documentos que há cinquenta anos (na época dourada do estudo dos títulos de crédito), era totalmente imprevisível.

A intensificação e a multiplicação dos negócios, para que os diversos autores (modernos) chamam indistintamente a atenção, impulsionada por razões que não importa aqui escalpelizar, determina, na viragem do século, a procura de instrumentos e fórmulas que permitam simultaneamente «encurtar o tempo das transacções, reduzir o espaço ocupado pelos documentos e baixar os custos do seu manuseamento» [FERREIRA DE ALMEIDA, *Desmaterialização* cit., **1993**, p. 24].

Hoje a sociedade do século XXI tem de diminuir o tempo das transacções, reduzir o espaço ocupado por documentos e os custos do respectivo processamento. Regista-se uma prevalência dos suportes magnéticos e da escrita informática, com crescente predomínio dos registos com esta natureza. A melhor capacidade de adaptação aos novos suportes e à nova linguagem verifica-se nos títulos de crédito emitidos em série ou em massa, em especial as acções e as obrigações. O conceito de valor mobiliário – inicialmente reservado para *títulos de investimento em série, admitidos à cotação no mercado* [cfr. Alberto ASQUINI, *Corso di Diritto Commerciale. Titoli di Credito*, CEDAM, Padova, **1966** (reimp. de texto escrito no início dos anos cinquenta), pp. 28-29] – adquire agora uma expressão notável e, apesar de inerente a emissões padronizadas, assume uma autonomia dogmática dificilmente contestável, apesar dos esforços de certa doutrina em tentar reconduzir algumas espécies de valores mobiliários (*maxime* as acções escriturais) ao género "títulos de crédito", mesmo que para tanto tenha de forçar um pouco a natureza clássica dos títulos e alargar o conceito de documento a todo e qualquer registo, ainda que representativo de uma realidade meramente incorpórea ou imaterial.

Cumpre apurar se a crescente desmaterialização dos títulos de crédito (ou, pelo menos, de certo tipo de títulos) vem pôr em causa a utilidade do conceito e respectivo

*Compreensão jurídica do cheque* 191

regime, deslocando o interesse do Direito para diferente figura – a de valor mobiliário –, como pretende a nossa doutrina, ou se, diversamente, ainda tem sentido centrar a problemática em análise na vetusta figura do título de crédito, como sustentam vozes autorizadas que, directa ou indirectamente, se têm pronunciado sobre a questão. Neste sentido, FERREIRA DE ALMEIDA, *Desmaterialização* cit., **1993**, pp. 36-38. Sobre esta questão (da desmaterialização dos valores mobiliários), vd. a nota seguinte.

O problema que subsiste, para além de tentar determinar todo o alcance do progresso tecnológico no âmbito das transacções em geral, é o de saber como se comprova a transmissão de titularidade e a adequação da execução das ordens que estão na sua base. Por outras palavras, um mero registo informático é suficiente para atestar que **A** é titular de 1000 acções da sociedade **S**. Mas como se documenta a vontade de **A** alienar em favor de **B** tais acções? Pela simples inscrição na conta deste (e concomitante cancelamento do registo na conta de **A**)? Ou exigir-se-á ainda um *documento* que certifique ou consubstancie a declaração negocial de **A** (e que possa, eventualmente, vir a servir de meio de prova)?

Quanto à questão de saber se os **valores mobiliários escriturais são títulos de crédito** – e tomando por referência os que são previstos e regulados no Código dos Valores Mobiliários –, há que verificar se as características essenciais destes subsistem nos valores escriturais, tal como refere FERREIRA DE ALMEIDA [*Desmaterialização* cit., **1993**, pp. 37 e 38], que seguimos de perto. Se concluirmos afirmativamente, não vemos razão para afastar os novos instrumentos do conceito e regime aplicáveis aos títulos de crédito. Do confronto, resultando que estamos perante registos (que constituem fonte e meio de legitimação), pode inferir-se uma resposta afirmativa. Assim, sendo óbvio que não pode haver incorporação – a qual, nos valores mobiliários escriturais, corresponde a uma inerência ou imanência [cfr. FERREIRA DE ALMEIDA, *Desmaterialização* cit., **1993**, p. 38] –, porque falta, por natureza, o corpo (papel) do documento, também é verdade que a incorporação não é uma verdadeira característica dos títulos de crédito, mas um meio ou técnica instrumental para assegurar a realização dessas características. A literalidade existe por referência, resultando a definição dos direitos nos termos registados (cfr. arts. 55.º e 74.º, n.º 1 do CVM), e a autonomia do direito do titular reside na presunção inilidível de titularidade conferida ao titular segundo o registo (cfr. art. 74.º, n.º 1), consubstanciada na ideia de que o *registo vale título*, salvo para aquisições de má fé ou por modo gratuito. Finalmente, para aqueles que considerem ser a transmissibilidade uma característica, ela opera-se pelo registo (informático) (cfr. art. 80.º, n.º 1 do CVM). No estudo citado, de 1993, FERREIRA DE ALMEIDA faz a demonstração, recorrendo às disposições legais do então vigente Código do Mercado dos Valores Mobiliários (1991). Esta posição – de que, pelo menos, é «incontroverso que o regime dos valores mobiliários tem sido moldado sobre o regime dos títulos de crédito» – seria reafirmada, por este professor, na sua lição de agregação [*Registo dos valores mobiliários*, sep. de AA.VV., *Direito dos Valores Mobiliários,* vol. VI, Coimbra Editora, **2006** (pp. 51-138), pp. 82-87], e recentemente no seu manual de *Contratos II – Conteúdo. Contratos de troca*, cit. **2007**, p. 122.

Esta análise, puramente marginal no contexto do presente estudo, ganha sentido com a apreciação, ainda que sucinta, das características dos títulos de crédito em geral (cfr., *infra*, 6.2.2).

A **desmaterialização** no domínio dos meios de pagamento não se estende ao **cheque**, pelo menos na sua forma actual. Ela vulgarizou-se sobretudo no domínio dos títulos emitidos em massa ou padronizados, como referimos. O cheque subsiste, assim, como um título individualizado, não homogéneo, no sentido de que, enquanto título de crédito – e não de simples módulo apto a vir a sê-lo –, não é criado em série, com especificidades próprias e com uma finalidade comum a outros meios de pagamento, eventualmente desmaterializados, como as transferências, com os quais concorre no domínio monetário e financeiro.

Questão diferente das acima enunciadas – e que é também totalmente marginal a este estudo – é a que consiste em determinar se **o regime geral dos títulos de crédito é aplicável aos valores mobiliários** que têm uma natureza causal, como os que são documentados. Em sentido favorável, embora aceitando existirem desvios e adaptações impostas pela natureza das coisas, José de OLIVEIRA ASCENSÃO, «Valor mobiliário e título de crédito», sep. da *ROA*, ano 56, III, **1996** (pp. 837-875), pp. 849-853, 861-862.

[457] Sobre o fenómeno da desmaterialização (*dématérialisation, Entmaterialisierung, desincorporación, dematerializzazione*) – com especial reflexo nas acções representativas de capital social e nos valores mobiliários em geral –, aparentemente iniciado em França, vd. as referências de PINTO FURTADO, *Títulos de crédito,* cit., **2000**, pp. 9-10, nota 3. Na doutrina alemã, vd. KÜMPEL, *Bank– und Kapitalmarktrecht*, 3ª ed., Dr. Otto Schmidt, Köln, **2004**, pp. 1280 e 1656; na doutrina espanhola, vd. URÍA e MENÉNDEZ, *Curso de Derecho Mercantil, II*, Civitas, Madrid, **2001**, pp. 686-688 e 851-863 [Cap. 91 (Valores representados mediante anotaciones en cuenta, por António Pérez de la Cruz], em especial pp. 860-862; na doutrina francesa, vd. RIPERT/ROBLOT, *Traité de Droit Commercial, t. 2,* 14ª ed. (por Philippe Delebecque e Michel Germain), LGDJ, Paris, **1994**, pp. 17, 20-21, 32-38, 42-44, na doutrina italiana, vd. Mia CALLEGARI, «I titoli di credito e i processi di dematerializzazione», in AA.VV, *Trattato di Diritto Commerciale* (dir. por Gastone COTTINO), vol. 7 – *I titoli di Credito*, CEDAM, Padova, **2006** (pp. 107-191).

Refira-se que, não perfilhando posições coincidentes, Carlos OSÓRIO DE CASTRO (*Valores mobiliários: conceito e espécies*, 2ª ed., UCP Editora, Porto, **1998**, pp. 14-17) e AMADEU FERREIRA [*Valores mobiliários escriturais. Um novo modo de representação e circulação de direitos*, Almedina, Coimbra, **1997** (cfr. p. 38 e 400 e segs.)] assumem uma postura crítica da posição de FERREIRA DE ALMEIDA [*Desmaterialização dos títulos de crédito: valores mobiliários escriturais*, sep. da *RB*, n.º 26 (pp. 23-39), **1993**, p. 38], considerando essencialmente que o conceito de referência deve ser o de valor mobiliário, e não já o de título de crédito – enquanto valor titulado –, que constituiria uma mera espécie daquele género.

Por sua vez, FERREIRA DE ALMEIDA – no estudo sobre *Registo dos valores mobiliários*, sep. de AA.VV, *Direito dos Valores Mobiliários,* vol. VI, Coimbra Editora, **2006** (pp. 51-138) – retoma a sua posição inicial, considerando «que o regime dos valores mobiliários é, no mínimo, inspirado pelo regime e pela cultura dos títulos de crédito», admitindo a controvérsia sobre «saber se os valores mobiliários escriturais (…) mantiveram ou perderam a natureza de títulos de crédito» (p. 83), mas concluindo «que os valores mobiliários escriturais ou, com mais precisão, os registo de titularidade de valores mobiliários escriturais, considerados como textos ou documentos, pertencem à categoria mais ampla dos títulos de crédito, para a definição dos quais é indiferente o suporte (em papel ou informático)» (pp. 113-114). Ferreira de Almeida considera, contudo, ser a designação «títulos-valor» ou «documentos-valor» mais apropriada que a de títulos de crédito (cfr. p. 114).

Não negando que a construção do conceito de valor mobiliário encontra o seu *ponto de partida* no título de crédito, que apenas representa o direito, *não o coisifica*, Oliveira Ascensão, «O novíssimo conceito de valor mobiliário», AA.VV, *Direito dos Valores Mobiliários,* vol. VI, Coimbra Editora, Coimbra, **2006** (pp. 139-162), na sequência das alterações ao art. 1.º do Código (CVM, reformulado pelo DL 257-A/2007, de 31 de Outubro), determinadas pelo Decreto-Lei n.º 66/2004, define **valores mobiliários** *no sentido restrito de valores negociáveis em mercado de capitais, instrumentos financeiros, representativos de situações jurídicas homogéneas e autónomas* (p. 162). Do mesmo autor, embora no âmbito da legislação anterior, cfr. também «Valor mobiliário e título de crédito», AA.VV, *Direito dos Valores Mobiliários*, Lex, Lisboa, **1997** (pp. 27-55), em especial pp. 27-29.

Separando os títulos de crédito das acções, que reconduz aos valores mobiliários, que podem ser escriturais – na linha da sistematização proposta por Alfred Hueck e Claus-Wilhelm Canaris, *Recht der Wertpapiere*, 12ª ed., Franz Vahlen, München, **1986**, pp. 215 e segs. (§ 25), em especial pp. 215-217 –, Pinto Furtado, *Títulos de crédito,* cit., **2000**, pp. 10-13.

Sem prejuízo de reflexão mais ponderada sobre o assunto, e tal como deixámos anteriormente entrever, não aderimos incondicionalmente às críticas desferidas contra o entendimento de Ferreira de Almeida, cuja posição, claramente menos radical, pretende, talvez forçando um pouco a nota, encontrar sentido útil ao regime dos títulos, no *post* desmaterialização.

Adiante-se apenas que o conceito de valor mobiliário, por demasiado lato e abrangente, se nos afigura inadequado para substituir, em termos de relevo jurídico, a noção e regime de título de crédito, embora, como não pode deixar de ser evidente, existam pontos naturais de contacto, como a tipicidade, facilmente justificada no âmbito dos valores mobiliários em geral, pela respectiva emissão em série.

Sem prejuízo do contributo das obras citadas para a actualização conceptual da matéria dos títulos de crédito e da autonomia dos valores mobiliários relativamente a esta, deveremos situar a questão que nos ocupa no contexto mais vasto do presente estudo, em que o cheque, revestindo uma relevância inquestionável, tem expressão enquanto instrumento do contrato que também analisamos.

crédito, pondo em causa a utilidade do conceito e respectivo regime –, na forma mais completa de Asquini[458], que visa evidenciar o «duplo plano sob o qual opera a circulação do documento – titularidade e legitimação»: *«Título de crédito é o documento de um direito literal destinado à circulação, idóneo para conferir de modo autónomo a titularidade desse direito ao proprietário do documento, e necessário e suficiente para legitimar o possuidor ao exercício desse direito».*

Não pretendendo desenvolver ou discutir o conceito de título de crédito, o que não teria cabimento nesta sede, basta-nos reter a ideia de que o título deve ter um substrato – o documento – e a sua literalidade (os respectivos dizeres) deve, por si só, revelar um direito cujo exercício poderá ser actuado por quem, em função do conteúdo do título, puder demonstrar possuir legitimidade para o efeito. O aproveitamento pleno das suas características só se faz com a respectiva circulação, finalidade para a qual o título de crédito é concebido, sem prejuízo de a validade e eficácia do direito nele documentado não dependerem da sua transmissão.

**III.** Há que tentar apurar em que medida é que as semelhanças entre os documentos escritos e os simples suportes magnéticos superam as diferenças realmente existentes, sobretudo no que respeita à consideração do título como suporte suficiente para a inscrição da transmissão do direito nele incorporado; situação que não se verifica relativamente aos valores simplesmente escriturais que, emitidos geralmente em série, se consubstanciam necessariamente num mero registo informático (sem prejuízo de o conteúdo deste poder ser documentado ou sistematizado em suporte físico).

No que respeita ao conceito de título de crédito adoptado, a respectiva expressão literal ou gramatical corresponde ao direito (cartular) que por ele é representado, de modo que o conteúdo, a natureza e os limites deste têm o âmbito e o valor que resultar do próprio título. Esta característica está estreitamente ligada a reforçadas, mas naturais, exigências de carácter formal, que se justificam pelas funções que os títulos desempenham, designadamente de circulação do direito representado pelo documento, pela simples transferência do mesmo, de forma a conferir à circulação desse direito a máxima simplicidade e segurança[459].

---

[458] *Corso di Diritto Commerciale. Titoli di Credito*, CEDAM, Padova, **1966** (reimp. actual. da edição de 1951), p. 49.

[459] Cfr. Alberto Asquini, *Corso di Diritto Commerciale. Titoli di Credito*, cit., **1966** (reimp.), p. 25.

## 6.2. Características dos títulos de crédito (em geral)

### 6.2.1. *Generalidades*

**I.** Constituem seguramente características dos títulos de crédito a literalidade, a autonomia e, em certos casos, a abstracção.

Outros atributos ou aspectos são indicados por diversos autores[460] como características dos títulos de crédito, como é o caso da incorporação, da legitimação e da transmissibilidade. Veremos adiante que se reconduzimos esta última aptidão à função primordial ou natural do título, ela não constitui mera característica, mas a própria razão de ser do título e da forma como o mesmo se configura, isto é, o porquê de o título de crédito ter as características que tem. Por sua vez, a incorporação[461] é

---

[460] Assim, e exemplificando, a incorporação é, entre nós, integrada nas características gerais dos títulos de crédito por FERRER CORREIA, *Lições de Direito Comercial*, vol. III – *Letra de câmbio*, Coimbra, **1975** (pp. 6-9), FERNANDO OLAVO, *Títulos de Crédito em Geral*, 2ª ed., cit., **1978** (pp. 16-18 e 39), Pedro PAIS DE VASCONCELOS, *Direito Comercial. Títulos de Crédito* (Lições Policopiadas), AAFDL, **1990**, pp. 5 e 22-25, e OLIVEIRA ASCENSÃO, *Direito Comercial*, vol. III, *Títulos de Crédito,* Lisboa, **1992**, embora considerando que se trata de «característica que exprime a função de legitimação passiva que é própria do título de crédito» (pp. 25-26).

Rejeita a incorporação como característica da letra de câmbio – cujo valor de crédito criado pelo sacador se encontra alicerçado na pontual realização do pagamento pelo sacado e, por isso, fundado na confiança –, que assenta o respectivo fundamento (a confiança) na aparência do direito (de crédito) em circulação, criada pelo saque e baseada na legitimação formada pelo endosso, PAULO SENDIN, *Letra de câmbio. LU de Genebra, I – Circulação cambiária*, cit., **1980**, em especial, pp. 88-92, 52-53, 183-184, 86-88, 71-74.

Reconduzindo, sem explicações, a incorporação a um meio instrumental («a incorporação do direito no título permite o funcionamento de um mecanismo técnico novo denominado legitimação»), mas não a enquadrando entre as características dos títulos, António PEREIRA DE ALMEIDA, *Direito Comercial*, 3.º vol., *Títulos de Crédito*, AAFDL, Lisboa, **1988**, p. 11.

Qualificando a incorporação como «uma *metáfora* pela qual se pretende designar a particular relação existente ente um documento e um direito, de modo a determinar que o adquirente do documento adquire automaticamente o direito que nele está indicado, nos termos em que está indicado», Astolfo DI AMATO, «I titoli di credito», in AA.VV, *Trattato di Diritto Privato* (dir. por Pietro RESCIGNO), vol. 13 – *Obbligazioni e contratti*, t. V, UTET, Torino, **1985** (reimp. 1986) (pp. 435-494), p. 441.

[461] Criticando o dogma da incorporação, «na sua expressão directa e na da aparência documental» e enunciando diversas questões do mesmo decorrentes, PAULO SENDIN, *Letra de câmbio. LU de Genebra, I – Circulação cambiária*, cit., **1980**, pp. 88-90.

uma técnica instrumental necessária e a legitimação é um factor de relação que não depende nem se verifica por referência ao próprio titular, mas sim considerando o seu pontual detentor. A legitimação, que deve verificar-se em relação à pessoa que pretende exercer o direito documentado – e que é especialmente patente na construção de Brunner[462] –, não deve confundir-se com a titularidade[463], que pode não ser suficiente para permitir ao sujeito do direito cartular actuá-lo em conformidade com o disposto no título. Tal acontecerá, nomeadamente, se o titular, por alguma vicissitude (desapossamento, extravio ou destruição), tiver perdido a legitimação.

### 6.2.2. *Autonomia e abstracção*

**I.** A autonomia é uma característica dos títulos de crédito que reveste dois sentidos.

Com efeito, tão depressa se diz que o título de crédito (e, em particular, o direito cartular nele consubstanciado) é autónomo em relação ao negócio subjacente, como se utiliza a expressão para se exprimir a independência da posição de cada portador (e consequentemente do respectivo direito) em face dos anteriores subscritores do título.

No primeiro caso fala-se em **autonomia do** (direito sobre o) **título** que decorre da abstracção; na segunda situação caracteriza-se a **autonomia do direito cartular**[464].

---

[462] Die *Wertpapiere* (Endemann's Handbuch des deutschen Handels–, See und Wechselrechts, vol. II), Leipzig, **1885**, pp. 22-26.

[463] Sobre o confronto e distinção entre titularidade e legitimação (activa), vd., por todos, Fernando Olavo, *Títulos de Crédito em Geral*, 2ª ed., cit., **1978**, pp. 23-24.

A titularidade é o nexo de pertença efectiva de um determinado direito a uma certa pessoa, ao passo que a legitimação traduz uma verdade meramente formal ou a verdade a nível do título cambiário e isso pode não corresponder à verdade efectiva, à realidade. Não obstante, portador legítimo é o adquirente por endosso que justifica o seu direito pela verdade formal que resulta do título, designadamente por corresponder a uma série ininterrupta de endossos anteriores.

Como veremos adiante (n.º 6.2.4), a perda do título não implica, necessariamente, a perda da titularidade. Há mecanismos que visam reconstituir o título de crédito.

[464] Referindo-se ao «direito do credor cambiário» como autónomo, mas pretendendo significar a autonomia do direito sobre o título e a abstracção que resulta dessa autonomia (consubstanciada no art. 17.º da LULL), Vasco Taborda Ferreira, *Do conceito de causa dos actos jurídicos*, ed. autor, Lisboa, **1946**, pp. 222 e 244-254, ao afirmar que o «fenómeno

A autonomia do título afere-se em relação ao direito subjacente, sendo acolhida no art. 22.º da LUCh (que corresponde ao art. 17.º da LULL), que consagra o princípio da inoponibilidade das excepções pessoais no plano das relações cartulares, excepto se tais relações forem imediatas ou se o portador do título ao adquiri-lo «*tiver procedido conscientemente em detrimento do devedor*», ou seja, tiver tido consciência da inoponibilidade (que originava com a sua subscrição) – por saber que existia uma excepção (pessoal) que deixava de se aplicar – e do prejuízo que causava ao devedor, por fazer sair o título do domínio das relações imediatas, impedindo o devedor (sacador ou endossante) de opor ao portador as excepções causais referentes ao incumprimento da relação subjacente[465]. É isto, precisamente, que se pretende evitar. A lei quer impedir que aquele que sabe existir uma vicissitude na sua relação subjacente se possa conluiar com terceiros, para que estes, com o endosso, beneficiem da autonomia do título no momento da apresentação a pagamento. Por outras

---

curiosos, típico dos títulos de crédito, que se traduz no facto» do direito do credor cambiário «ser independente do direito do tomador e do direito dos anteriores endossados» significa que ele «passa de património em património livre dos defeitos que sucessivamente o poderiam atingir» (p. 222).

[465] Exemplificando: se a sociedade «*Maradentro – Exploração e Desenvolvimento de Actividades Turísticas, SA*» promete adquirir a *Alfredo* um prédio rústico na costa Vicentina, com determinadas características e licenças, na falta de pagamento pontual do cheque com que foi liquidado o sinal, se *Alfredo* exigir o pagamento do cheque em via de regresso, na qualidade de portador, a *Maradentro, SA* poderá opor-lhe a excepção resultante do respectivo incumprimento contratual. [Não se discute aqui a legitimidade da recusa de pagamento por parte do banco ou a razão de ser da mesma que, para a finalidade prosseguida com o exemplo, é irrelevante]. Para o efeito, a Sociedade invoca uma excepção pessoal de não pagamento – precisamente, o incumprimento no plano da relação subjacente (a promessa contratual de compra e venda) à relação cartular. Ora, se *Alfredo*, conhecedor do Direito Cambiário e da verdadeira situação do imóvel, em vez de apresentar directamente o cheque a pagamento, o endossa ao seu compadre *Basílio*, o qual – após a recusa de pagamento – vem agora exigir à *Maradentro, SA*, em via de regresso, esse pagamento, haverá que ponderar se *Basílio* tinha ou devia ter conhecimento de que existia uma vicissitude na relação que consubstanciou o saque do cheque e de que ao aceitá-lo, como endossatário, estaria a impedir a alegação da excepção pessoal de não pagamento, uma vez que o cheque sairia do estrito âmbito das relações imediatas. Por isso, se *Basílio* aceita o cheque – ainda que, em efectivo pagamento de um bem ou serviço – ele deixa de beneficiar da respectiva autonomia se sabia (*tinha consciência de*) que, ao fazê-lo, actuava em prejuízo (*detrimento*) do devedor (a *Maradentro, SA*), designadamente por este, no domínio da relação cambiária (ou cartular), se encontrar em relação mediata com *Basílio* e o cheque ser um título autónomo.

palavras, com a parte final do art. 22.º limita-se a possibilidade de a excepção (pessoal) – oponível nas relações imedia-tas – ser ludibriada, através da intervenção de terceiros. Por isso, a consciência aqui relevante é a consciência da inoponibilidade e do prejuízo: é preciso que o adquirente saiba que existia uma excepção; não basta o prejuízo; a lei exige que o portador adquirente do título soubesse que havia uma excepção.

**II.** A autonomia do direito cartular ou do direito do portador em face dos que o antecederam, justificada pelo art. 21.º da LUCh (que corresponde ao art. 16.º, II da LULL), significa que cada detentor do título adquire o direito nele incorporado de modo originário relativamente a eventuais vicissitudes que anteriormente tenham ocorrido. A legitimação do portador, e do seu direito, decorre da verificação do cumprimento de aspectos de carácter meramente formal, nomeadamente de que a assinatura de um endossante corresponde ao nome do endossatário anterior e que se verifica existir uma cadeia ininterrupta de endossos[466], ou seja, que a um endosso suceda um novo endosso efectuado pelo endossatário, e assim sucessivamente. Admitir que assim não acontecesse equivaleria a negar ao título a confiança que, sendo-lhe inerente, resulta da simples compatibilização das assinaturas dos seus subscritores e do crédito de que estes dispõem no mercado e que, em suma, fundamenta a sua circulabilidade[467].

**III.** A **abstracção** – que justifica a autonomia do direito cartular[468] – significa que o título não depende da validade e subsistência da relação subjacente que terá estado na sua origem, mas se afirma exclusivamente, no tráfico negocial, com base na respectiva aparência (literalidade)[469]. Por

---

[466] O que ocorre ainda que se verifique um endosso em branco (cfr. art. 17.º, II).

[467] Dando exemplo de uma situação de autonomia do direito do portador (legitimado): se, na curta vida do cheque, ocorrer um desapossamento, mas o seu último portador receber o cheque, em pagamento de um determinado bem, endossado por quem se encontrava designado como endossatário no título, então ele beneficia da legitimação resultante da cadeia ininterrupta de endossos, não lhe podendo ser oponível eventual desapossamento que tenha, entretanto, ocorrido e que, com base na aparência resultante do título (expressa na referida cadeia de endossos), não tenha podido detectar.

[468] Mas que com ele não se confunde. Neste sentido, FERREIRA DE ALMEIDA (*Contratos II – Conteúdo. Contratos de troca*, cit., **2007**, p. 121), para quem a autonomia se pode verificar «também entre actos causais» (p. 121).

[469] Considerando a abstracção da obrigação cambiária em sentido técnico-jurídico – «no sentido de que a obrigação cambiária é independente da sua causa de atribuição,

*Compreensão jurídica do cheque*     199

isso, o formalismo é tão importante no domínio dos títulos de crédito, nomeadamente porque é ele que confere certeza e segurança, factores essenciais da confiança, à circulação para que eles foram criados. E essa circulabilidade implica que a tutela seja diferente, consoante o título saiu já do domínio da relação do(s) seu(s) subscritor(es) originário(s) ou se mantém ainda confinado à posse do sacador, embora completo. Trata-se de aspecto fundamental, com repercussões na construção que propomos neste estudo e a que voltaremos em seguida, em termos gerais, e mais à frente no que se refere ao caso específico do cheque. Na abstracção radica, assim, a independência do direito cartular relativamente às situações jurídicas que estiveram subjacentes à criação do direito e dessa relação.

---

e que por essa razão os vícios desta não influem na validade da obrigação cambiária» (p. 322) – como pretensa, uma vez que a obrigação cambiária no Direito espanhol é causal, e analisando-a no quadro de outros ordenamentos jurídicos (alemão, italiano, francês, suíço e austríaco), Aitor Zurimendi Isla, *Los fundamentos civiles del derecho cambiario*, Comares, Granada, **2004**, pp. 271 a 358, em especial pp. 298-307, 322-329, 335-339, 342-343, 348-349 e 350-351.

Adoptando uma perspectiva diferente – seguindo, de perto, Jesus Rubio (*Derecho Cambiario*, ed. autor, Madrid, **1973**, pp. 44-45) que considera mais pertinente do que qualificar os títulos como causais ou abstractos, diferenciá-los como títulos que «documentam prestações próprias de um negócio típico» e títulos de prestação negocial variável (nos quais se integram os cheques) – e considerando poder estender-se ao campo dos títulos-valor a doutrina da protecção da aparência, José María De La Cuesta Rute, *El dinero y la representación de las posiciones acreedoras y deudoras en el tráfico mercantil*, AA.VV., *Tratado de Derecho Mercantil*, t. XXIV, Marcial Pons, Madrid/Barcelona, **2006**, pp. 108-115, para quem (e citamos em espanhol pela impressividade da expressão utilizada) «*mayor latitud conocerá el juego del principio de protección de la apariencia cuanto menor sea la información que suministra el título acerca de la realidad de la relación fundamental, realidad con la que puede estar en contraste precisamente la apariencia documental*» (p. 114).

Dado o objecto deste trabalho, não nos é possível analisar criticamente a exposição de Zurimendi Isla, profundamente influenciada pelo enfoque e objectivo da sua dissertação de doutoramento.

No entanto, em reforço da ideia que, muito sinteticamente, expressamos no texto, como mera referência do entendimento de aspectos basilares da teoria geral dos títulos de crédito, impõe-se sublinhar que a abstracção dos títulos cambiários se justifica funcionalmente pela tutela dos interesses de terceiros e da confiança que estes devem depositar em documentos cujos autores lhes são desconhecidos; e é nessa medida que deve ser entendida como característica do cheque, impondo-se unicamente no plano da respectiva circulação.

Esta característica não é, contudo, absoluta, uma vez que há títulos que não são abstractos, mas causais. Isto é, há títulos cujo valor e eficácia estão dependentes da subsistência da relação fundamental, a qual, desaparecendo supervenientemente ou encontrando-se afectada originariamente, arrasta o próprio título que também se extingue. Com referência a esses títulos, é perceptível o nexo indissociável existente entre eles e a respectiva fonte (ou causa da sua subscrição e existência). A extinção desta (ou da causa) implica a extinção do direito em que se funda o título, tal como a extinção deste acarreta a extinção do direito (cartular). Constituem exemplos de títulos causais as acções (tituladas) de sociedades anónimas, ainda que a literalidade se estabeleça por referência, as guias de transporte e os títulos representativos de mercadorias.

### 6.2.3. *Literalidade*

**I.** Do título de crédito resulta para o seu beneficiário pontual um direito, o qual deve corresponder exactamente à expressão gramatical (escrita) constante do respectivo texto. Esta ideia de **literalidade,** que também se encontra ligada a um formalismo acentuado no Direito Comercial, traduz uma expressa referência ao direito incorporado no título e varia consoante o tipo de títulos de crédito, podendo revestir diversos graus[470].

Há também que distinguir a relevância da literalidade do título, consoante o plano em que nos situamos: ela assume, naturalmente, menor importância no estrito domínio das relações imediatas – as que se estabelecem entre sacador e aceitante ou tomador ou entre o portador de um título e o portador que o antecedeu, aquele que com ele está em directa relação jurídica –, porquanto há um negócio que justifica a existência da subscrição de um título e que seria, por si, suficiente para documentar a existência de um direito. Só no plano das relações mediatas é que a literalidade teria um verdadeiro sentido. Quando apenas está em causa determinar-se a validade do direito incorporado no título entre duas pessoas que não estabeleceram entre si qualquer relação material, não celebraram entre si qualquer negócio, mas que vêm mencionadas na cadeia

---

[470] Cfr. MARTORANO, *Titoli di credito, titoli non dematerializzatti*, 4ª ed., Giuffrè, Milano, **2002**, pp. 70-79, em especial 70-74.

Compreensão jurídica do cheque 201

de circulação do título[471], então a literalidade assume uma natural relevância por se reconduzir à expressão escrita do documento a caracterização do direito nele consubstanciado[472].

### 6.2.4. *Pretensas características: incorporação, legitimação e transmissibilidade*

Como introdutoriamente referimos, alguns autores descortinam outras características nos títulos de crédito em geral. Referimo-nos à incorporação, à legitimação e à transmissibilidade ou circulabilidade.

**I.** No que se refere à **incorporação**, esta é da essência do próprio título, ou seja, o título documenta o direito que nele encontra o suporte material, que nele se consubstancia e que com ele se confunde, pelo que a incorporação é um meio instrumental para assegurar a realização da

---

[471] Por exemplo, se o título circulou já por duas ou três pessoas e entre o subscritor (inicial) do título e aquele que o detém num certo momento se coloca o problema de saber se o primeiro – o que se obrigou pela subscrição inicial –, chamado a satisfazer a importância relativa do título, pode agora invocar perante o portador uma excepção ao seu cumprimento ou se, pelo contrário, ele está obrigado pelo teor literal desse título, isto é, pelo direito que nele se encontra textualmente representado. Ora, parece resultar inquestionavelmente da conjugação das características dos títulos que, quando o cheque se encontra no domínio das relações mediatas, deverá valer exactamente com os termos constantes da sua expressão gramatical, podendo ser cambiariamente exigido o seu pagamento (se dentro do prazo legalmente estabelecido para o efeito) nos exactos termos nele inscritos.

[472] Note-se que nem todos os títulos são especialmente aptos para documentar a totalidade do direito que neles está representado, suscitando-se, a este propósito, tradicionalmente, o caso das acções e obrigações (tituladas) no plano das sociedades comerciais, porque se a participação social (ou o crédito) era representada através de um título, dificilmente o conteúdo do direito ou posição jurídica complexa em que a mesma se traduz resulta, na íntegra, desse título. A sua caracterização tinha, pois, de se fazer por referência ao contrato de sociedade e às disposições legais em que se encontra desenhado o conteúdo dos direitos e obrigações sociais, ou aos termos da emissão de obrigações resultantes da respectiva deliberação e que, não se encontrando enunciadas no título, caracterizassem o direito de crédito do titular das obrigações. Por isso se considerava existir uma *literalidade por referência* nestas situações, constando dos títulos apenas algumas menções verdadeiramente essenciais.

A literalidade constitui uma norma de protecção dos interesses do devedor. Neste sentido, MARTORANO, *Titoli di credito, titoli non dematerializzatti*, 4ª ed., cit., **2002**, p. 71.

função do título de crédito. Sem incorporação nem sequer existiria título, ainda que incompleto[473].

**II.** A **legitimação** significa que a detenção do título é indispensável para o exercício e transmissão do direito nele mencionado. No entanto, não se trata propriamente de uma característica, mas de uma função. Emanando do título e da respectiva aparência, a legitimação depende do seu possuidor ser em certo momento o titular ou detentor do direito titulado.

A função legitimadora é a de reconhecer, pela aparência resultante do título de crédito, que o seu possuidor, alicerçado na titularidade das menções nele constantes, é o seu legítimo titular[474]. Por isso, consubstanciando-se numa verdade ao nível formal do título cambiário, e que pode não corresponder à verdade efectiva (à realidade), a legitimação não existe se o possuidor do título não justifica, pela respectiva aparência, a posse do mesmo e, por isso, ela não é objectivamente apreciável. O título confere ao seu detentor legitimação para exercer o direito que nele se consubstancia, desde que ele seja o portador legítimo. Desse modo, a legitimação conferida pelo título não é independente de quem o possui, mas depende do modo pelo qual, pelo menos aparentemente, o título foi adquirido[475].

**III.** Finalmente, no que se refere à **transmissibilidade**, trata-se da função primordial dos títulos de crédito[476]. Criados, com os elementos

---

[473] Recusando a natureza de característica à incorporação, que reconduz a um mero critério, embora reconhecendo que pode estar em causa a posição activa creditícia ou realística, MARTORANO, *Titoli di credito*, cit., **2002**, pp. 164-165.

[474] No plano da legitimação passiva, está em causa a exoneração do devedor baseada precisamente na aparência do título e na legitimação que a posse do mesmo confere ao respectivo portador, no momento do vencimento ou apresentação a pagamento.

[475] Cfr. MARTORANO, *Titoli di credito*, cit., **2002**, pp. 167-245, que considera a legitimação activa e a legitimação passiva como (dois) efeitos diversos associados à conexão com o título de crédito, que se reconduzem a uma única situação jurídica e não a situações distintas (cfr. p. 190).

[476] Diferentemente, Maria de ASSUNÇÃO Oliveira CRISTAS, na sua dissertação de doutoramento sobre a *Transmissão contratual do direito de crédito. Do carácter real do direito de crédito*, Almedina, Coimbra, **2005**, pp. 404-413, que considera – na linha de, e parafraseando, OLIVEIRA ASCENSÃO, *Direito Comercial, vol. III – Títulos de Crédito*, Lisboa, **1992**, pp. 12-15, 17-20 e 22-24 (em especial p. 15) – ser a legitimação «uma

caracterizadores que sinteticamente expusemos, para promover a circulação de bens, é essa finalidade – de transmissibilidade ou circulabilidade – que justifica e impõe as respectivas características. O título é transmissível para a realização do seu valor sem que, simultaneamente com a transmissão, se tenha de verificar cumprimento da obrigação correspondente ao direito que nele está expressamente mencionado (no caso das acções tituladas, apenas implicitamente, uma vez que a respectiva literalidade se determina por referência).

## 6.3. A relação entre o negócio cartular e o negócio subjacente

### 6.3.1. *O negócio subjacente*

**I.** Cada negócio cartular tem na sua base um negócio jurídico que o explica, que o fundamenta, que constitui a sua *causa*, o chamado negócio subjacente.

Tal ocorre, por exemplo, com o simples saque de uma letra ou de um cheque (para tomador).

Na realidade, quando um sujeito saca uma letra à ordem do tomador (beneficiário) fá-lo com base num motivo: porque lhe concede crédito, porque lhe deve uma certa quantia, que pretende titular, porque quer efectuar um pagamento ou, apenas, porque quer fazer uma doação.

Por sua vez, o saque de um cheque em benefício de terceiro consubstancia o pagamento de um bem ou serviço, o reembolso de um empréstimo, uma garantia, enfim, pode corresponder a uma pluralidade de situações diversas. As características deste tipo de títulos, abstractos, asseguram-lhes validade e eficácia independentemente da subsistência da relação subjacente, embora o saque não implique a novação da relação subjacente, como veremos adiante (cfr., *infra*, 8.5.2).

---

função mais ampla» (p. 406). Importa referir que a posição de OLIVEIRA ASCENSÃO é confessadamente inspirada na doutrina germânica, em especial em BROX, que reproduz, no que respeita à sistematização dos interesses que o título de crédito tutela (citando-o na 6ª edição do seu *Handelsrecht und Wertpapierrechte*, C. H. Beck, München, **1987**, § 27.2) (*ibid.*, p. 24). Em edição mais recente e posterior às lições de OLIVEIRA ASCENSÃO, Hans BROX (*Handelsrecht und Wertpapierrechte*, 14ª ed., C. H. Beck, München, **1999**, pp. 232-241) mantém a sistematização sugerida.

**II.** Mas, e é isso que há que reter, em síntese, o direito cartular emergente do próprio título é diferente do direito subjacente. O direito cartular é o direito de crédito de que o portador é titular e de que todos os obrigados cambiários são devedores, isto é, de que são devedores os sujeitos que, na cadeia cambiária, se encontram posicionados anteriormente ao portador desse título.

**III.** Do saque resulta uma *atribuição patrimonial*, a criação de um valor, que há-de ser suportado pelo sacado, por conta de um acto que este tenha celebrado com o sacador e que, com referência ao cheque, se traduz na prévia entrega de meios pelo sacador ao sacado ou na abertura de crédito por este efectuada em favor daquele, de modo que, sendo apresentado a pagamento esse título, a quantia nele inscrita possa (e deva) ser satisfeita.

Ora, a função que o negócio cambiário, como atribuição patrimonial, desempenha, relativamente ao negócio subjacente, é estabelecida pela chamada *convenção executiva* que, sendo celebrada entre os intervenientes do acto cambiário, mas não se confundindo com este, integra o negócio subjacente ou é posteriormente acordada[477], determinando a função a desempenhar pelo negócio cartular, designadamente se o saque é efectuado como pagamento (como dação em pagamento ou em função do cumprimento), como crédito ou como garantia[478].

E a convenção executiva entre sacador e sacado do cheque corresponde à própria convenção de cheque, como veremos mais à frente (cfr., *infra*, n.º 15.3.1), definindo-se em termos genéricos e explicando de que modo o sacado permitirá ao sacador a emissão de cheques e se compromete a pagá-los quando os mesmos lhe forem apresentados dentro do prazo legalmente estabelecido para o efeito.

---

[477] Cfr. DI AMATO, *Trattato Rescigno*, **1985**, p. 456.

[478] Como veremos adiante, *infra* n.ᵒˢ 6.3.5 e 8.5.2 (nota 558) o saque de um cheque é geralmente entendido, salvo convenção em contrário, em função do cumprimento (cfr. art. 840.º do CC).

## 6.3.2. *Natureza jurídica do negócio cartular*

O negócio cartular, encontrando, assim, a sua origem num negócio subjacente, constitui ele próprio um negócio autónomo[479] que, como iremos muito sucintamente demonstrar, é unilateral, ainda que tenha uma base contratual.

Com efeito, apesar de inicialmente terem vingado as teorias contratualistas – segundo as quais o negócio cartular se reconduzia a um contrato, pressupondo-se a concordância do tomador ou adquirente do título quando o mesmo era para si sacado ou endossado –, o que se explica com a dificuldade de delimitação e caracterização do negócio unilateral[480], a verdade é que tais teorias deixavam diversas questões por explicar, nomeadamente a que se traduz em reconhecer que o tomador do título pode ser titular do direito cartular quando o sacador não o era. E se este não tinha o direito, como se explica que ele surja na esfera jurídica do tomador?

O acto cambiário é, assim, uma manifestação de vontade unilateral[461] tendente à produção de determinados efeitos e que explica que o subscritor possa validamente obrigar-se não apenas perante o tomador ou endossatário, mas – considerando a autonomia do título – relativamente a sujeitos indeterminados (cfr. arts. 1.º, 12.º, 18.º, 25.º e 44.º da LUCh).

Deste modo, importa sublinhar que – embora com natural, mas não obrigatória, base contratual – o negócio cartular, em si mesmo, não é bilateral.

## 6.3.3. *Formação da obrigação cartular*

**I.** No que toca à constituição da obrigação cartular, a doutrina discutiu durante longo tempo se esta surgiria com a criação do título

---

[479] Como salienta ORLANDO DE CARVALHO [«Negócio Jurídico Indirecto (Teoria Geral)», *in Escritos – Páginas de Direito I*, Almedina, Coimbra, **1998** (pp. 31-164)], quando afirma que «o sistema jurídico abstrai da existência» do negócio causal, tudo se passando materialmente como se este não interviesse, «porque não tem relevo para o Direito» (pp. 113-114). Numa linha (só) aparentemente diferente, afirmando que o negócio causal está sempre subjacente aos negócios abstractos, FERREIRA DE ALMEIDA, *Contratos II – Conteúdo. Contratos de troca*, cit., **2007**, p. 119.

[480] Cfr. MÁRIO DE FIGUEIREDO, *Caracteres Gerais dos Títulos de Crédito e seu Fundamento Jurídico*, F. França Amado, Coimbra, **1919**, pp. 154-181, em especial pp. 157--158, e FERNANDO OLAVO, *Títulos de Crédito em Geral*, 2ª ed., cit., **1978**, pp. 84-88, em especial p. 85.

(Kuntze[482]) ou, para além da emissão, o título deveria ser entregue ao tomador (ou a um endossatário) (Stobbe[483]), isto é, ser posto a circular, só então se encontrando constituída a obrigação e o título perfeito.

Segundo a primeira teoria – que seria conhecida como *teoria da criação* e teria como primeiro adepto, em Portugal, Mário de Figueiredo[484] – a obrigação cartular surge com a subscrição do título, ainda que só adquira plena eficácia quando este chegar à esfera jurídica de terceiro. Eventuais vicissitudes que ocorram posteriormente à criação do título não prejudicam, de acordo com esta perspectiva, a sua validade.

Nos termos da *teoria da emissão*, de que foi primeiro defensor, entre nós, Pinto Coelho[485], a obrigação só estaria formada com a colocação (voluntária) em circulação do título pelo seu subscritor.

Estas teorias foram criticadas, na Alemanha[486], tendo vindo a ceder a sua posição à teoria da aparência jurídica (*Rechtsscheintheorie*), desenvolvida por Ernst Jacobi[487] e Herbert Meyer. Esta teoria «parte da ideia de que o sacador do título cria um "conjunto de factos externos (*"äuâeren Tatbestand"*), pela sua assinatura, na qual o adquirente pode confiar licitamente»[488]; o documento subscrito suscita, pela aparência, a ideia de que o direito (cartular) se encontra livre de vícios e é imputável ao subscritor, que é responsável pela aparência (de contrato subjacente) que resulta da sua declaração cambiária[489].

---

[481] Neste sentido, cfr. Adriano Fiorentino, *Titoli di credito*, 2ª ed., Zanichelli, Il Foro Italiano, Bologna/Roma, **1974**, pp. 25-26.

[482] *Die Lehre von den Inhaberpapieren*, Leipzig, **1857**, pp. 268 e segs e 292 e segs., *apud* Paulo Sendin, *Letra de câmbio,* vol. I, cit., **1980**, pp. 48-52.

[483] *Handbuch des deutschen Privatrechts*, vol. III, 3ª ed., Berlin, **1898**, p. 483, *apud* Paulo Sendin, *Letra de câmbio,* vol. II, **1982**, pp. 1095.

[484] *Caracteres Gerais dos Títulos de Crédito e seu Fundamento Jurídico*, F. França Amado, Coimbra, **1919**, pp. 177-181, em especial p. 181.

Criticando abertamente esta teoria, Pedro Pais de Vasconcelos, «A declaração cambiária como negócio jurídico unilateral e a teoria da emissão», *SI*, t. XXXV, **1986** (pp. 316-332), pp. 316-317, 319, e 326-327.

[485] «Teoria Jurídica da Letra», *BFDUC*, ano IV, **1917-18** (pp. 481-491), pp. 486 e segs.. Cfr. também Pais de Vasconcelos, «A declaração cambiária» cit., **1986**, pp. 328-331.

[486] Cfr. Hueck/Canaris, *Recht der Wertpapiere*, 12ª ed., cit., **1986**, pp. 29-31 e 33.

[487] Cfr. *Recht der Wertpapiere*, in AA.VV., *Ehrenbergs Handbuch*, vol. 4, Leipzig, **1917**, pp. 205-306.

[488] Hueck/Canaris, *Recht der Wertpapiere*, 12ª ed., cit., **1986**, p. 33.

[489] Cfr. Ernst Jacobi, na sua obra póstuma, *Wechsel– und Scheckrecht* unter Berücksichtigung des ausländischen Rechts, Walter de Gruyter, Berlin, **1955**, pp. 41-45 e 60.

**II.** Não pretendemos tomar posição sobre a causa e o momento da formação da obrigação cartular[490], embora, como demonstraremos adiante (n.º 25.1), a tutela cambiária se justifique apenas em caso de circulação do título. Enquanto se mantém na posse do seu subscritor originário, o título encontra-se no domínio das relações imediatas, pelo que não é relevante conferir-lhe a tutela que a confiança baseada na respectiva aparência justifica.

**III.** No que se refere ao cheque – talvez por este instrumento ser um título de crédito por decalque (da letra de câmbio) – e aos outros títulos de crédito cambiários, afigura-se que a obrigação cartular se constitui com a respectiva subscrição. Por isso, regista-se uma inclinação em favor da *teoria da criação*, que é, aliás, a que melhor se compatibiliza com as leis uniformes e com os princípios nelas estabelecidos, nomeadamente da independência recíproca das relações cartulares (arts. 7.º da LULL e 10.º da LUCh) e da legitimação activa do portador de boa fé do título de crédito (arts. 16.º, II da LULL e 21.º da LUCh). O que nos importa reter, para já, é que a tutela da normal circulação cambiária, estabelecida nas Leis Uniformes, só tem sentido para os títulos que saem do estrito âmbito das relações entre o sacador e o sacado, as quais estão inevitavelmente sujeitas às eventuais excepções pessoais que, porventura, existam.

---

A posição inicial de Jacobi – que constava da sua obra de 1917 (*Recht der Wertpapiere, in* AA.VV., *Ehrenbergs Handbuch*, vol. 4, Leipzig, **1917**, pp. 205-306) seria acolhida por Lorenzo Mossa, no *Trattato della Cambiale* (cfr. pp. 168 e segs.), em especial pp. 176, 218-219 (cuja última edição (3ª) data de 1956. Não a desenvolvemos por extravasar o objectivo deste estudo e por ter sido considerada por Jacobi em obra posterior à Lei Uniforme e à obra de Mossa (*La cambiale secondo la nuova legge,* 2 vols., Milano, **1935**).

Na literatura portuguesa, para além da obra de Paulo Sendin (*Letra de câmbio,* vol. I, **1980**, pp. 62-66, 71-78, 84-88) – que, para a construção da sua teoria da compreensão da letra como direito de crédito, se socorre da doutrina da aparência, «embora profundamente alterada» e no que respeita unicamente ao direito de crédito cambiário (cfr. p. 62) –, cfr. o estudo de Rita Amaral Cabral, «A teoria da aparência e a relação jurídica cambiária», *ROA*, ano 44, vol. III, **1984** (pp. 627-654), pp. 640-650. Após efectuar a análise da teoria da aparência (no seu estado inicial), esta autora conclui criticamente – após evidenciar as debilidades das posições escrutinadas (cfr. pp. 650-654) –, afirmando, impressivamente, «que a teoria da aparência é uma aparência de teoria» (p. 654).

[490] Mas temos em consideração as críticas pertinentes de Paulo Sendin à teoria da aparência. Cfr. *Letra de câmbio,* vol. I, cit., **1980**, pp. 65-66.

### 6.3.4. *As relações cartulares imediatas e mediatas*

As relações cartulares respeitam a todos os intervenientes no título e podem ser imediatas ou mediatas, consoante exista ligação entre dois sujeitos estabelecida por uma relação subjacente (e uma convenção executiva[491]), ou não.

São relações cartulares imediatas as que ligam sacador e sacado, sacador e tomador ou tão-somente um portador e o portador antecedente ou subsequente (endossante e endossatário), isto é, aquelas pessoas relativamente às quais se define a relação subjacente e a convenção executiva. A relevância das relações cartulares (imediatas) sente-se, em especial, a propósito da oponibilidade das excepções pessoais no domínio das relações imediatas (cfr. art. 17.º da LULL e art. 22.º da LUCh)[492].

São relações cartulares mediatas as que opõem uma determinada pessoa a todas as outras que são intervenientes na circulação cambiária. Por exemplo, o endossatário está em relação mediata com o sacador ou o sacado.

### 6.3.5. *Relação existente entre o negócio cartular e o negócio causal; remissão*

Sacado um título de crédito, *maxime* um cheque, importa saber o que sucede à relação fundamental ou causal, que se encontra subjacente, e consequentemente na origem da subscrição cambiária. Trata-se sobretudo de saber se ambas as situações jurídicas podem coexistir, com a possibilidade de serem accionados autonomamente os direitos resultantes de qualquer delas ou se, diversamente, se opera a novação da obrigação subjacente. Trata-se de questão que nos ocupará adiante, a propósito do cheque como título executivo (cfr., *infra*, n.º 8.5.2), pelo que apenas importa referir, por agora, que no domínio dos títulos de crédito abstractos,

---

[491] A convenção executiva, recorde-se, é o acordo entre os intervenientes do negócio subjacente que define a função que o negócio cartular desempenha em relação ao negócio subjacente.

[492] Por isso – como afirma o Conselheiro Mário Noronha, no **AcSTJ de 12 de Janeiro de 1994**, seguindo a anot. do Conselheiro Abel Delgado, *Lei uniforme sobre cheques anotada*, 5ª ed. (actual. com a colab. de Filomena Delgado), Petrony, Lisboa, **1990**, p. 166 –, no domínio das relações imediatas «*tudo se passa como se a relação deixasse de ser literal e abstracta, ficando* a obrigação *sujeita às excepções que se fundamentam nessas relações pessoais*» (*CJ/AcSTJ*, ano II, t. I, 1994, pp. 36-37).

a novação, para ocorrer, deverá ser convencionada, não se presumindo. Como resulta do disposto no art. 859.º do Código Civil[493], a novação ocorre se a vontade de substituir a relação subjacente pela obrigação cambiária for expressamente declarada. Se tal não acontecer, presume-se precisamente o contrário[494], isto é, que a novação não se produz[495], uma vez que o credor pretende ver reforçado o seu crédito, passando para o efeito a dispor de um instrumento de fácil circulação e que, classicamente, reveste a qualidade de título executivo, sendo de cobrança também mais facilitada, em caso de incumprimento. Por sua vez, o devedor não incorre em risco com a coexistência de ambas as obrigações, porquanto só lhe poderá ser exigida uma de cada vez. A subscrição do cheque constitui uma dação *pro solvendo* (cfr. art. 840.º do CC[496]), o que significa que o credor, ao recebê-lo, se dispõe a pagar-se primariamente à sua custa. Daqui resulta que se o título tiver, entretanto, sido transmitido, o devedor só terá de responder no âmbito da relação subjacente contra a devolução desse mesmo título, assegurando-se que o crédito nele contido não lhe poderá vir a ser exigido.

### 6.4. A recuperação do valor do título de crédito em caso de extinção ou deterioração do documento

#### 6.4.1. *Enquadramento da questão*

**I.** O título de crédito é um objecto material, geralmente corporizado em papel, e por conseguinte fisicamente delicado; o seu suporte físico é

---

[493] «*A vontade de contrair a nova obrigação em substituição da antiga deve ser expressamente manifestada*».

[494] Neste sentido, vd. FERNANDO OLAVO, *Títulos de Crédito em Geral*, 2ª ed., cit., **1978,** pp. 76-84, em especial p. 81.

[495] Como decorre também do disposto no § único do art. 346.º do CCom, que reproduzimos na parte aplicável: «*O lançamento em conta corrente de (…) títulos de crédito presume-se sempre feito com a cláusula "salva cobrança"*».

[496] «Art. 840.º (Dação "pro solvendo"): 1. *Se o devedor efectuar uma prestação diferente da devida, para que o credor obtenha mais facilmente, pela realização do valor dela, a satisfação do seu crédito, este só se extingue quando for satisfeito, e na medida respectiva.*

2. *Se a dação tiver por objecto a cessão de um crédito ou a assunção de uma dívida, presume-se feita nos termos do número anterior.*

deteriorável. Por isso, pode suceder que, no decurso da sua vida, mais ou menos longa, o título desapareça, seja (total ou parcialmente) destruído ou obliterado – nomeadamente por desgaste (se for excessivamente manuseado, deixando de se perceber as respectivas inscrições) – ou se extinga, importando saber como se recupera o valor de crédito que ele representa, visto que sem título não é possível exercer o direito nele consubstanciado.

Com efeito, a destruição do título de crédito impede a respectiva posse material indispensável ao exercício ou transmissão do respectivo direito, que não pode ser exercido sem o título de crédito que o documentava. Assim, há que ver se, e como, é possível reconstruir o título, para recuperar o valor de crédito (ou *atribuição patrimonial*) que ele representava.

**II.** A questão assume especial relevância nos casos em que a vicissitude ocorre com maior frequência, o que se verifica, naturalmente, com os títulos que circulam durante mais tempo, como é o caso das letras e livranças, ou que têm maior longevidade, como ocorre com as acções e obrigações tituladas, mas suscita particulares dificuldades em relação aos título ao portador – como também pode ser o caso do cheque –, uma vez que a reconstituição da respectiva titularidade se torna mais difícil.

**III.** Embora não implique consequências específicas, relativamente aos demais títulos de crédito com idêntica natureza, o extravio ou destruição do cheque – que é um título de curto prazo – suscita problemas que se prendem, designadamente, com a recuperação do valor de crédito em que o mesmo se traduz, correspondente à quantia nele inscrita, em especial quando o título se encontra(va) a circular ao portador. Esses problemas não são despiciendos, mesmo que tenhamos em conta que o cheque é revogável a curto prazo, uma vez que a vicissitude determina a (imediata) perda de um valor patrimonial significativo.

Vamos ver, em seguida, o que acontece quando o cheque se extravia ou é destruído ou danificado e qual o processo adequado para recuperar o valor em que ele se traduzia.

### 6.4.2. *Extinção do título de crédito*

**I.** O título extingue-se se for obliterado (por efeito de desgaste) – o que dificilmente acontece com o cheque – ou se for, total ou parcialmente, destruído (intencionalmente ou por acidente).

A relevância desta vicissitude reside no facto de o direito incorporado no título de crédito não poder ser exercido sem o mesmo. Assim, a destruição do título de crédito constitui facto impeditivo da posse material necessária e imprescindível ao exercício (ou transmissão) do respectivo direito; e acarreta a perda de legitimação do (até então) seu possuidor. Como o direito não pode ser exercido sem o título, há que apurar se este pode ser reconstruído. É o que veremos adiante. Antes, porém, há que chamar a atenção para factos extintivos de diversa natureza.

**II.** A extinção do título de crédito não está necessariamente associada à sua obliteração ou destruição material; ela pode ocorrer por outras razões, nomeadamente por ineficácia do título de crédito ou por extinção do próprio direito nele incorporado. A extinção do título por ineficácia verifica-se quando sobrevém uma circunstância que obsta à normal produção de efeitos do título. Neste caso, está normalmente em causa a extinção do direito documentado no título. Por exemplo, o decurso do prazo para efectuar o protesto da letra (cfr. art. 53.º, I da LULL), ou o reagrupamento de acções por efeito de uma operação de redução do capital social ou a não apresentação do cheque no prazo de seis meses após o termo da data de apresentação a pagamento, que acarreta a prescrição do crédito cambiário (cfr. art. 52.º, I da LUCh). Em qualquer caso, resulta a inabilidade do título para circular enquanto tal.

**III.** A extinção do próprio direito incorporado acarreta naturalmente a extinção do título, ainda que o mesmo possa subsistir fisicamente. Ocorre com o pagamento (cumprimento) ou prescrição da obrigação cartular (no pressuposto de que esta é alegada pelo devedor).

### 6.4.3. *Reforma dos títulos de crédito*

**I.** A lei geral admite que possam ser reformados judicialmente os documentos escritos que, por qualquer modo, tenham desaparecido (cfr. art. 367.º do Código Civil). Por sua vez, o Código Comercial refere-se à reforma dos títulos de crédito no art. 484.º, mencionando especificamente os títulos transmissíveis por endosso, destruídos ou perdidos. Finalmente, assinale-se que o Código de Processo Civil regula o processo de reforma dos títulos de crédito, nos artigos 1069.º a 1073.º, no capítulo X dos Processos Especiais, dedicado à reforma de documentos, autos e livros.

## 212 Cheque e Convenção de Cheque

**II.** O Código de Processo Civil – que regula o processo de reforma de títulos destruídos (art. 1069.º), como regime-regra, e a reforma dos títulos perdidos ou desaparecidos (art. 1072.º), com especificações relativamente àquele – começa por se referir unicamente aos "títulos de obrigação" (cfr. art. 1069.º, n.º 1), mas acaba por alargar o processo de reforma a todos os outros documentos numa disposição subsidiária (o art. 1073.º).

**III.** Quanto à reforma dos títulos ao portador[497], o facto de o art. 484.º do Código Comercial não lhe fazer referência expressa constitui uma aparente dificuldade relativamente à sua admissibilidade.

No entanto, a verdade é que o art. 484.º também não afasta a possibilidade de reforma, referindo-se às acções sem distinguir as nominativas das acções ao portador (corpo do artigo e § 1.º) ou, pura e simplesmente, especificando o caso das acções (e obrigações) nominativas (§ 2.º).

Certo é que, em termos processuais, tal reforma não é hoje problemática. Por razões facilmente compreensíveis estes títulos, tal como aliás todos os que são enunciados no art. 484.º do Código Comercial, implicam a prestação de uma caução previamente *«à restituição do seu valor, juros ou dividendos»* [cfr. art. 1072.º, *alínea d)* do CPC e art. 484.º, §§ 5.º e 6.º do CCom]. Isto é, o pretenso titular do título destruído, cuja reforma se requer deverá disponibilizar-se para, durante um certo período, relativamente longo, assegurar o pagamento do título reformado se o mesmo vier a surgir nas mãos de um portador legitimado.

### 6.4.4. *Inaplicabilidade (prática) do instituto da reforma ao cheque*

**I.** Temos sérias dúvidas acerca da aplicação deste instituto ao cheque, tendo em conta que este é um título que deve ser apresentado a pagamento num prazo muito curto, normalmente de oito dias.

Se o cheque se extravia ou é destruído nesse curto prazo – ou no prazo subsequente de seis meses –, o que fazer?

Há que distinguir o plano em que o cheque se encontra. Se ele não saiu do domínio das relações imediatas, torna-se mais simples solicitar ao

---

[497] Sobre esta questão, cfr. FERNANDO OLAVO, *Títulos de Crédito em Geral*, 2ª ed., cit., **1978**, pp. 111-121.

sacador que emita um novo título[498] e que promova a revogação do título extraviado ou destruído, que é assim substituído por aquele. Se não o quiser fazer, o sacador poderá revogar o título destruído, decorrido que seja o prazo para apresentação a pagamento, scm quc o portador (desapossado) tenha tempo para obter a respectiva reforma.

Se o cheque saiu do plano das relações imediatas, por ter sido endossado a terceiro, pelo tomador, vemos com mais dificuldade que o sacador aceite emitir um novo cheque, agora à ordem desse terceiro, o qual deverá recorrer então à acção especial de reforma do título extraviado ou destruído e esperar que a mesma se conclua em tempo oportuno, ou seja, antes da prescrição do cheque.

**II.** Concluindo, podemos afirmar que, salvo casos de extravio, só excepcionalmente se suscitará a reforma do cheque, porque dada a sua curta vida só raramente ele será objecto de destruição ou obliteração. No entanto, ocorrendo uma vicissitude que implique a reforma, esta pode já não ser possível em tempo útil do respectivo beneficiário poder obter o pagamento da quantia inscrita no cheque. Nessa medida, e consideradas as dificuldades de ordem prática resultantes da reforma do cheque, o mesmo aproxima-se do meio de pagamento não reformável por natureza e do qual pretende ser sucedâneo: o dinheiro.

# 7. Natureza jurídica do cheque

## 7.1. Enquadramento da questão

**I.** Antes de mais, há que esclarecer que se verifica sistematicamente uma confusão entre a natureza jurídica do cheque e do contrato que lhe está subjacente, aspecto que caracterizaremos na parte final deste trabalho.

O cheque é um meio de pagamento, como vimos, que assume a forma de título de crédito, que é a que melhor e mais adequadamente explica a respectiva circulação e a tutela de que a mesma carece.

---

[498] Saliente-se que o título reformado é juridicamente o mesmo título.

Há nesta sede uma dicotomia clara entre os sistemas anglo-americano e continental. Este encontra-se naturalmente *preso* ao formalismo da regulação legislativa que no passado surgia muito frequentemente *ex ante*, impondo ao tráfico jurídico a adopção de esquemas negociais. Absorvendo o paralelismo implícito no desenvolvimento da letra e do cheque, tornou-se difícil não os regular de forma igualmente paralela, decalcando o regime do segundo instrumento no do primeiro. Configurado como título de crédito abstracto, logo formalmente divorciado da liquidez que o numerário proporciona, a doutrina procurou explicar a essência do cheque por referência à da letra, embora reconhecendo naturalmente que esta é um título, regra geral, de médio prazo.

**II.** Diversamente, o desenvolvimento do cheque nos países anglo--saxónicos seguiu uma via menos presa à da letra, embora, curiosamente, em termos formais, lhe estivesse mais estreitamente associada, dada a respectiva regulação unitária que ainda hoje se mantêm.

Não obstante essa unidade formal que tem vindo, aliás, a ser mitigada, e a regulação do cheque por remissão para uma série de regras específicas da letra, acentuou-se nestes ordenamentos o pendor do cheque como meio de pagamento.

Por isso, ele é estudado *como tal*, crescentemente enquadrado nos demais meios de pagamento, e por vezes como instrumento negociável (título de crédito).

Como meio de pagamento, poder-se-ia tentar descortinar a essência do cheque e, nomeadamente, tentar concluir se ele é liberatório, o que já vimos corresponder à realidade, não obstante a sua transmissão – neste género incluído o saque em favor de tomador – configurar uma *datio pro solvendo*.

O saque ou o endosso não constituindo novação, relativamente à relação fundamental ou causal, são autónomos e valem independentemente desta fora do domínio das relações imediatas, sobrepondo-se à relação contratual que possa ter estado subjacente à sua prática e subordinando os efeitos desta última aos contornos legalmente impostos pela lei (uniforme) que os disciplina. Por isso, os arquétipos aplicáveis a contratos não são transferíveis para o cheque, que consubstancia um acto unilateral, não se afigurando correcto falar em delegação, mandato – associado à execução da convenção – ou outra figura de natureza contratual para caracterizar a essência do cheque. Isto é, sendo a subscrição cambiária um acto unilateral, não há que recorrer aos quadros estruturais das relações jurídicas bilaterais para a explicar, nem procurar na situação jurídica subjacente essa bilateralidade. A unilateralidade fundamenta adequadamente a natureza do cheque como meio de pagamento, isolando o acto de assunção da vinculação cambiária ao pagamento ou de transmissão de um título com essas características em relação ao acto de aceitação do mesmo como pagamento. Daí que não se afigure adequado – no estrito domínio do cheque, ou seja, no plano das relações cartulares – procurar atribuir natureza jurídica a actos que, sendo transmissivos do título, se limitam a viabilizar a circulação dos meios de pagamento documentados no cheque. A natureza jurídica do processo através do qual se opera a transferência desses meios é irrelevante, no estrito plano da relação cambiária, desde que os requisitos formais inerentes à transmissão do título sejam cumpridos, como sucede, aliás, com a transmissão de uma nota de banco. Em qualquer caso, quando muito, haverá que equacionar o efeito que a circulação do cheque tem, em cada caso, em relação à relação subjacente que motiva a respectiva transmissão.

Quando se tenta fixar a natureza jurídica do cheque está-se afinal a qualificar a relação contratual que enquadra a respectiva utilização, ou seja, se falamos, por exemplo, em *delegação (de pagamento)*, *mandato*, *contrato a favor de terceiro*, estamos imediatamente a associarmo-nos à execução da convenção de cheque e a procurar explicar que a mesma envolve eventualmente uma instrução em benefício de terceiro.

Assinala esta confusão, embora sem a esclarecer devidamente, MAJADA, quando aborda a natureza jurídica da convenção de cheque, salientando, precisamente, que «não se trata de explicar a natureza jurídica do cheque (título de crédito), mas a relação jurídica subjacente que se encontra na base da sua emissão (convenção de cheque)»[499].

**III.** Não obstante, os diversos autores assumem, em geral, sem distinguir, o tratamento da natureza jurídica do cheque, confundindo compreensivelmente o acto de subscrição cambiária com a convenção executiva e a relação fundamental que àquela está subjacente.

---

[499] *Cheques y talones de cuenta corriente (en sus aspectos bancario, mercantil y penal)*, Bosch, Barcelona, **1983**, p. 101.

Não obstante abordar as diversas teorias que poderão explicar a naturaza jurídica do cheque ou do contrato que está na base da sua emissão, Arturo MAJADA considera ser o «cheque um título de crédito que se apoia num contrato prévio de conta corrente, de carácter bancário e, desde logo, dotado de plena autonomia» (*ibid.*, p. 102).

Por essa razão – e feita a prevenção que se impunha –, iremos em seguida enunciar e caracterizar brevemente as teorias que pretendem explicar a natureza jurídica deste instrumento, chamando a atenção para o facto de que a qualificação do cheque deve ser entendida na sua vertente de meio de pagamento, e não exclusivamente como título de crédito cambiário que é, por conveniência de regime jurídico.

## 7.2. Teorias sobre a natureza jurídica do acto de subscrição cambiária do cheque

São diversas as teorias a que a doutrina recorre em geral para procurar caracterizar o acto de emissão e de transmissão do cheque, fazendo-o frequentemente por recurso a quadros criados pelo Direito Civil para explicar a transmissão de direitos (e vinculações). Procura-se, também em nossa opinião, determinar a natureza do contrato que está subjacente à subscrição cambiária, e não apenas qualificar o título de crédito.

### 7.2.1. *Mandato*

**I.** A teoria de que o cheque consubstancia um mandato, com origem na Lei francesa de 14 de Junho de 1865, encontra fácil explicação na ordem de pagamento que ele encerra. Assim, o emitente do cheque, ao preenchê-lo, estará a instruir o seu banco para proceder à entrega dos fundos correspondentes à importância inscrita no cheque em favor de quem o apresentar para obter essa quantia. O cheque formalizaria, assim, o mandato em que se consubstancia a ordem de pagamento, inicialmente em favor do próprio sacador. Esta ideia não explica a pretensão que o beneficiário do cheque possa ter perante o sacado.

**II.** No quadro desta teoria, houve ainda quem encontrasse no cheque um mandato duplo[500] que, para além da relação entre o sacador e o sacado, implicasse também um mandato de cobrança, no que respeita à relação entre o sacador e o tomador ou entre endossante e endossatário. Esta construção, que pressupõe a circulação do cheque, coloca algumas

---

[500] Encabeça esta construção, JACOBI, *Wechsel– und Scheckrecht*, **1955**, pp. 390-393 e 396-407.

*Compreensão jurídica do cheque* 217

dificuldades, sintetizadas por M AJADA[501] e que são as seguintes: «enquanto no mandato o mandatário gere um interesse alheio, no cheque o tomador gere um interesse próprio (*procurator in rem suam*)»; em segundo lugar, «o tomador de um cheque, diferentemente do mandatário, não assume nenhuma obrigação de cobrar», porque o pagamento é do seu próprio interesse; finalmente, a possibilidade de endosso, pelo tomador, ou de simples tradição do cheque não se coaduna adequadamente com «a existência de um mandato para o tomador».

**III.** São diversas as críticas que esta qualificação suscita.

A teoria do mandato não é, desde logo, compatível com o cheque quando este assume a função de instrumento de levantamento de fundos pelo próprio sacador, apenas explicando o pagamento a terceiros.

Em segundo lugar, diferentemente do que acontece com o mandato[502], que é livremente revogável (cfr. art. 1170.º do CC)[503], o cheque é irrevogável, durante o prazo de apresentação a pagamento (cfr. art. 32.º I da LUCh), o que significa que o banco, recusando-se a pagá-lo nesse período, irá incorrer em responsabilidade (extracontratual) perante o portador[504].

---

[501] *Cheques y talones de cuenta corriente*, cit. **1983**, p. 103.

[502] Sobre a revogação do mandato (civil), vd. a dissertação de mestrado de Manuel J ANUÁRIO DA C OSTA G OMES, *Em tema de revogação do mandato civil*, Almedina, Coimbra, **1989**, em especial pp. 74, 81, 83-100, 143,145-164, e também as suas lições *Contrato de mandato*, AAFDL, Lisboa, **1990**, pp. 120-127, bem como o manual de Luís M ENEZES L EITÃO, *Direito das Obrigações*, vol. III (*Contratos em especial*), 4ª ed., Almedina, Coimbra, **2006**, pp. 468-471 e 473-475, e a obra monográfica de Pedro R OMANO M ARTINEZ, *Da cessação do contrato*, 2ª ed., Almedina, Coimbra, **2006**, pp. 537-544.

[503] Desde que não tenha sido também conferido no interesse do mandatário ou de terceiro (cfr. art. 1170.º, n.º 2 do CC). Sobre este aspecto, que não é despiciendo no saque para tomador, cfr. J ANUÁRIO DA C OSTA G OMES, *Em tema de revogação do mandato civil*, cit., **1989**, pp. 148-152, 171-173 e 181-186, e também *Contrato de mandato*, cit., **1990,** pp. 122-123. Considerando, de modo diverso, que «o mandato só deve ser revogável *ad nutum*, quando o objecto dos actos jurídicos a praticar contenda com os bens da personalidade do mandante», concluindo pela excepcionalidade da livre revogabilidade do mandato pelo mandante, Paulo Alberto V IDEIRA H ENRIQUES, *A Desvinculação unilateral ad nutum nos contratos civis de sociedade e de mandato*, Coimbra Editora, **2001**, pp. 147-148.

Já no âmbito do Código de Seabra se entendia ser o mandato livremente revogável. Nesse sentido, cfr. Fernando P ESSOA J ORGE, *O mandato sem representação*, Lisboa, **1961** (reimp., **2001**), p. 183, nota 48.

[504] E, por isso, esta teoria – como, aliás, a da cessão – é incapaz de justificar a existência do direito autónomo do beneficiário do cheque e da inoponibilidade das

## 7.2.2. *Contrato a favor de terceiro*

**I.** Uma outra possibilidade é ver no cheque sacado para tomador um contrato em favor de terceiro, por meio do qual o sacado assume perante o sacador a obrigação de, à custa dos fundos que este tiver previamente depositado, proceder ao pagamento do cheque ao respectivo portador no momento da apresentação a pagamento.

O terceiro, o beneficiário do cheque, poderá exigir o respectivo pagamento, o qual no prazo legalmente estabelecido para o efeito não poderá ser evitado, salvo ocorrência excepcional.

No contrato a favor de terceiro – que se encontra regulado na nossa lei civil (cfr. arts. 443.º a 451.º)[505] –, este *adquire direito à prestação* sem ter de a aceitar e pode *exigir do promitente o cumprimento da promessa* (cfr. art. 444.º, n.ᵒˢ 1 e 2). E, neste aspecto, há uma clara semelhança entre o cheque e a estipulação em favor de terceiro, visto que o beneficiário adquire o direito ao pagamento do cheque com a posse do mesmo, que lhe confere o direito de solicitar o pagamento da quantia nele titulada.

**II.** Sempre que o cheque circula, verifica-se uma coincidência entre os sujeitos que ele envolve e os que caracterizam o contrato a favor de terceiro[506].

Tal como no cheque, em que descortinamos sacador, sacado e tomador, sendo que este não toma parte na criação do título, nem tão pouco é necessário à completa subscrição cambiária, no contrato em favor de terceiro este não é parte no contrato celebrado entre o promitente e o promissário.

---

excepções pessoais. Neste sentido, Jeantin/Le Cannu/Granier, *Droit commercial. Instruments de paiement et de crédit* cit., **2005**, p. 10 (n.º 11).

[505] Sobre este contrato, vd. a monografia de Diogo Leite de Campos, *Contrato a favor de terceiro*, Almedina, Coimbra, **1980**, em especial pp. 13-18, 67-74, e os manuais de Carlos Ferreira de Almeida, *Contratos II – Conteúdo. Contratos de troca*, cit., **2007**, pp. 47-57, Mário Júlio de Almeida Costa, *Direito das Obrigações*, 10ª ed., Almedina, Coimbra, **2006**, pp. 350-354, Jorge Leite Areias Ribeiro De Faria, *Direito das Obrigações*, vol. I, Almedina, Coimbra, **1990**, pp. 308-328, Luís Menezes Leitão, *Direito das Obrigações*, vol. I – Introdução. Da constituição das obrigações, 6ª ed., Almedina, Coimbra, **2007**, pp. 264-270, e de João de Matos Antunes Varela, *Das Obrigações em Geral*, vol. I, 10ª ed., Almedina, Coimbra, **2000**, pp. 408-413, 415-426.

[506] Neste sentido, Majada, *Cheques y talones de cuenta corriente*, cit. **1983**, p. 112, que seguimos de perto.

*Compreensão jurídica do cheque* 219

**III.** Esta teoria deve ser afastada porque apenas se aplica ao cheque sacado para tomador, visto que nos casos em que não há circulação não há, por definição, terceiro.

A este obstáculo lógico insuperável acresce a difícil compatibilidade da vontade do banco sacado em assumir o pagamento de todos os cheques correspondentes aos módulos disponibilizados ao seu cliente, quando este já não dispuser de fundos suficientes para o efeito. Assim, mesmo quando o cheque envolve terceiro (s) pode acontecer que a prestação em favor daquele que o apresentar a pagamento não se verifique, se a provisão for insuficiente, já que a obrigação do sacado está condicionada à existência de fundos.

### 7.2.3. *Cessão de crédito*

**I.** Segundo a teoria da cessão de crédito, o saque do cheque em favor de terceiro ou o seu endosso opera uma transferência da propriedade da provisão correspondente à quantia que o título incorpora ou a cedência do correspondente crédito sobre o sacado.

Esta teoria nasceu e desenvolveu-se em França, no quadro do Código Napoleão que permite que a cessão de um direito, um crédito ou uma acção se opere pela entrega do respectivo título[507].

No âmbito estrito do Direito Civil, a cessão de créditos é o contrato pelo qual o cedente, titular do crédito, o transmite ao cessionário ou adquirente, de modo que este tenha o direito de exigir a prestação em que o crédito se traduz da mesma forma que o cedente o poderia fazer[508].

---

[487] Cfr. Henri CABRILLAC, *Le Chèque et le virement*, 5ª ed. (por Michel CABRILLAC), Litec, Paris, **1980**, pp. 5-6, o qual, contudo, se inclina para a «doutrina que assimila o cheque a uma letra de câmbio à vista» (p. 5).

A teoria da cessão de créditos continua a ser seguida em Espanha por SÁNCHEZ CALERO/SÁNCHEZ CALERO GUILARTE, *Instituciones de Derecho Mercantil II*, 29ª ed., Thomson / Aranzadi, Navarra, **2006**. Estes autores consideram (agora, depois da LCCh) que a cessão da provisão ocorre no momento da apresentação do cheque a pagamento, porque o banco sacado está obrigado a esse pagamento (cfr. art. 108.2 da LCCh).

[488] Sobre a cessão da posição contratual, regulada no Código Civil (arts. 424.º a 427.º), e que pressupõe o consentimento do outro contraente, cfr. Carlos Alberto da MOTA PINTO, *Cessão da posição contratual*, Atlântida, Coimbra, **1970**, pp. 106-109, 449-521 (em especial 474-490 e 509-521), e ainda as obras gerais de M. J. ALMEIDA COSTA, *Direito das obrigações*, 10ª ed., cit., **2006**, pp. 833-835 e 837-839, RIBEIRO DE FARIA, *Direito das*

# 220      *Cheque e Convenção de Cheque*

**II.** Na situação jurídica que caracteriza o cheque encontraríamos, num plano, o cedente (sacador ou endossante) e o cessionário (tomador ou endossatário) e, noutro, equidistante, o devedor (sacado). O objecto da cessão seria o crédito criado pelo saque (ou transmitido pelo endosso) e que, por efeito desta operação, é transferido para o tomador (ou endossatário), de modo que este possa exigi-lo ao sacado.

Há inegáveis semelhanças entre os regimes (do saque e) da transmissão do cheque e da cessão de créditos. Assim, por exemplo, o sacado pode opor ao portador e beneficiário do cheque a falta de provisão, para não proceder ao respectivo pagamento, do mesmo modo que «*o devedor pode opor ao cessionário todos os meios de defesa que lhe seria lícito invocar contra o cedente*» (art. 585.º do CC). Por sua vez, tal como a cessão «*importa a transmissão, para o cessionário, das garantias (...) do direito transmitido, que não sejam inseparáveis (...) do cedente*» (art. 582.º do CC), o mesmo sucede com a transmissão (endosso) do cheque avalizado. Isto é, a garantia que (já) constar do cheque aproveita também ao endossatário.

Não obstante, como veremos em seguida, as diferenças que separam o cheque da cessão (de créditos) superam as respectivas semelhanças, justificando-se, a rejeição da teoria da cessão (de créditos) como fundamento do cheque.

---

*Obrigações*, Vol. II (Aponts. policops. das lições proferidas na UC – Porto), Almedina, Coimbra, **1990**, pp. 621-630, 637-669, e Inocêncio GALVÃO TELLES, *Manual dos Contratos em Geral*, 4ª ed., Coimbra Editora, **2002**, pp. 451-452, 454-459.

Sobre o ponto da situação anterior ao Código Civil de 1966, cfr. GALVÃO TELLES, *Manual dos Contratos em Geral*, 3ª ed., Lisboa, **1965**, pp. 363-364, 366-371, e MOTA PINTO, *ibid.*, pp. 76-84 e 153-156.

Sobre a cessão de créditos, cfr. ASSUNÇÃO CRISTAS, *Transmissão contratual do direito de crédito*, cit., **2005**, pp. 31-51 (em especial 38-46, onde expõe a doutrina portuguesa mais relevante na matéria), 203-204 e 209-220, Luís Manuel Teles de MENEZES LEITÃO, *Cessão de créditos*, Almedina, Coimbra, **2005**, em especial pp. 285-293, 313-319, 324-325 e 391-393 – excluindo expressamente o estudo da transmissão dos títulos de crédito, dado que as respectivas características de literalidade e abstracção, provocam o afastamento do regime das excepções oponíveis ao portador do regime da cessão de créditos, não se afigurando dogmaticamente útil a análise conjunta das duas figuras (p. 18) –, e ainda MOTA PINTO, *ibid.*, pp. 161-166 e 221-269 (em especial, 221-226), M. J. ALMEIDA COSTA, *Direito das obrigações, ibid.*, **2006**, pp. 813-820, RIBEIRO DE FARIA, *ibid.*, pp. 501-521, 526-547.

*Compreensão jurídica do cheque* 221

**III.** A cessão é o modo pelo qual se transmite o crédito; é o acto através do qual se concretiza o acordo subjacente ao cheque e não o acto de criação (saque) ou de transmissão (endosso) do próprio cheque.

Acresce que, no estrito plano cambiário, o adquirente do cheque (o cessionário) não tem direito a exigir o cumprimento da prestação pelo sacado (devedor), nomeadamente em acção proposta em via de regresso, uma vez que o sacado não integra a cadeia cambiária (do cheque) (cfr. art. 40.º da LUCh). No entanto, como veremos – a propósito da convenção de cheque –, encontramos na responsabilidade do sacado perante o portador do cheque, um argumento decisivo na rejeição da aplicação da teoria da cessão à circulação do cheque.

Uma outra diferença clara entre a cessão (de créditos) e o cheque tem que ver com o efeito do acto no plano do cumprimento. Assim, enquanto a cessão acarreta uma *datio pro soluto*, o cheque traduz uma *datio pro solvendo*, o que significa que o cheque só produz o pagamento com a entrega efectiva da quantia nele inscrita.

Por último, detectamos um obstáculo inultrapassável na aplicação do regime jurídico da cessão de créditos. Este supõe a notificação do devedor ou a aceitação por este da cessão (cfr. art. 583.º, n.º 1 do CC), o que sabemos não acontecer no cheque. Na transmissão deste o respectivo adquirente não tem qualquer dever de informar o sacado, não o fazendo por regra e limitando-se o último portador a apresentar o cheque a pagamento, de preferência antes de esgotado o respectivo prazo.

### 7.2.4. *Delegação (de pagamento)*

**I.** Há quem considere ser a subscrição cambiária um acto delegatório, pelo qual o delegante (o sacador) autoriza o delegado (o sacado) a efectuar por sua conta um pagamento em dinheiro.

**II.** O cheque é, para os defensores da teoria da delegação, a matriz de uma dupla autorização que é dada ao sacado para pagar e ao tomador (ou portador) do cheque para receber o pagamento.

**III.** Ora, é precisamente este aspecto – relativo à autorização para receber por conta do delegante (sacador) – que fragiliza, desde logo, esta teoria, uma vez que a mesma só se concebe como resultante de um mandato ou relação de representação.

O texto do próprio cheque integra um juzo (uma ordem) e não uma autorização para pagamento.

A concluir, refira-se que esta teoria[509] depara também com óbvias dificuldades, esbarrando naquelas que são comuns às demais e que respeitam à irrevogabilidade do cheque no curto período subsequente ao seu saque. A este propósito sempre se poderia dizer que emitido o cheque, e paralelamente constituída a delegação para o seu pagamento, já nada haveria a fazer no curto período legalmente estabelecido para efectuar o seu pagamento.

### 7.2.5. *Negócio jurídico complexo*

**I.** Uma última teoria – que se ficou a dever a VILLAR PALASI e a MUÑOZ CAMPOS[510] – procura fixar ao cheque a natureza de um acto complexo ou misto.

Esta posição parte da ideia de coexistência de três posições jurídicas distintas: quando o sacador entrega o cheque ao tomador dá-se a criação de «um negócio fiduciário de preparação do cumprimento». Neste negócio – que se caracteriza pela sua natureza complexa – «confluem dois contratos independentes, um real de transmissão plena do domínio com a sua correspondente atribuição patrimonial, eficaz *erga omnes* e outro obrigacional, válido "inter partes", que constrange o adquirente a actuar dentro do acordado e de forma que não impeça o resgate pelo transmitente com o consequente dever de indemnizar prejuízos noutro caso, ou seja, restituição da mesma coisa ou entrega do seu valor económico»[511].

**II.** No cheque, e em qualquer negócio fiduciário, descortinamos, na relação entre o sacador e o tomador, um lado externo, expresso na titularidade do cheque, e um aspecto interno referente à expectativa de pagamento de uma dívida (já) existente.

---

[509] Sobre a delegação de pagamento, a propósito das transferências bancárias, cfr. BEATRIZ SEGORBE («A transferência bancária, a moeda escritural e a figura da delegação», cit., **2001**, pp. 80 e 103-121.

[510] «Ensayo sobre la naturaleza jurídica del cheque», *RDM*, 31, **1951**, pp. 7 e segs..

[511] MAJADA, *Cheques y talones de cuenta corriente*, cit. **1983**, p. 114, expondo resumidamente as ideia de VILLAR PALASI e MUÑOZ CAMPOS, «Ensayo sobre la naturaleza jurídica del cheque», cit., **1951**.

*Compreensão jurídica do cheque* 223

O negócio de transmissão do cheque é sinalagmático e irrevogável, comprometendo-se o sacador a não interferir no pagamento, não prejudicando a provisão destinada a esse efeito, e o tomador a não accionar a acção causal, salvo se o cheque não for pago.

Em conclusão, os juristas espanhóis consideram representar o cheque um mandato qualificado concedido pelo sacador ao sacado para realizar um pagamento a quem fiduciariamente o cheque for entregue[512].

**III.** A teoria enunciada apresenta debilidades, embora recolha subsídios das demais. A procura da natureza jurídica do cheque no plano dos actos do Direito Civil é contra *natura*, ignorando a essência económica deste título de crédito, e compromete decisivamente uma solução única para todas as situações que envolvem o cheque.

Por um lado, não explica adequadamente o cheque que não entra em circulação. Por outro lado, e relativamente aos demais, acentua um aspecto, a fidúcia, que é comum à maior parte dos negócios translativos – e *ex libris* dos títulos de crédito que consubstanciam situações jurídicas abstractas – e que não apresenta autonomia que justifica qualificação específica.

### 7.3. Posição adoptada

**I.** Pelas razões já expostas, não há que aceitar qualquer das teorias acima enunciadas e brevemente caracterizadas para qualificar o acto de subscrição cambiária.

A própria delegação de pagamento, que se aproxima da função primordial do cheque – na medida em que a transmissão do cheque opera a transferência do direito à quantia nele inscrita –, não explica devidamente actos de natureza gratuita, pelo que não é inteiramente satisfatória.

A subscrição cambiária inicial corresponde a uma instrução de pagamento dada ao banco sacado em favor do próprio sacador (se o cheque for sacado à sua própria ordem ou ao portador e ficar na posse do sacador ou for por este apresentado a pagamento) ou de terceiro.

---

[512] Estes autores reconhecem, aliás, que as regras a aplicar devem ser as resultantes da convenção de cheque que, desse modo, se sobrepõe ao próprio cheque.

Quando ocorrer em benefício de terceiro – o que sucede se o cheque for sacado para tomador ou ao portador e entregue a um terceiro –, o acto de emissão do cheque corresponde, na óptica do beneficiário, a um acto de criação de valor, ainda que destinado ao pagamento de bens ou serviços por este produzidos ou prestados. Como iremos ver, os efeitos práticos da articulação entre o cheque e a convenção de cheque encontram-se dependentes da circulação do cheque; porque só quando a mesma se verifica é que a preterição dos deveres inerentes à posição contratual na convenção de cheque assume especial relevância; quando o cheque não circula, o regime da convenção assume preponderância decisiva no relacionamento entre o banco (sacado) e o seu cliente (sacador).

No entanto, ao procurarmos determinar a natureza jurídica do cheque, enquanto título de crédito, devemos abstrair da convenção que o fundamenta e considerar essencialmente a característica de meio de pagamento (ou instrumento de saque) em que ele consiste.

**II.** Como deveremos então caracterizar e qualificar o cheque?

O cheque é um **título de crédito**[513], à ordem ou ao portador, pelo qual uma pessoa (o sacador) instrui o seu banco (o sacado) para – à custa de dinheiro previamente depositado ou de crédito por este concedido – proceder ao pagamento da quantia nele inscrita ao sujeito (o beneficiário e portador) que o apresentar com essa finalidade, dentro do prazo legalmente estabelecido.

Na base dessa instrução, corporizada na subscrição do cheque, ou da respectiva transmissão, por endosso, está a vontade de transferir em favor de terceiros meios financeiros (dinheiro) ou de proceder directamente ao seu levantamento junto da instituição sacada. No plano da circulação cambiária é irrelevante a motivação subjacente a esses actos, apenas havendo que considerar o cumprimento dos requisitos formais legalmente estabelecidos para os validar, sobrepondo-se desse modo a aparência que resulta do título e sendo a confiança nesta depositada credora de tutela jurídica. E nessa medida dispor de um cheque equivale a ser titular da quantia nele inscrita, isto é, credor ao recebimento dos meios de pagamento cuja transferência em benefício do respectivo titular ele permite concretizar.

---

[513] É esta vertente que é expressamente acentuada por Majada, *Cheques y talones de cuenta corriente*, cit. **1983**, p. 115, citando De Pina Vara (*Teoría y práctica del cheque*, 2ª ed., Labor Mexicana, México, 1974), quando este conclui que «a natureza jurídica do cheque se deduz da sua qualidade de título de crédito» e da «forma abstacta em que a ordem de pagamento e a promessa de pagamento estão nele contidas» (p. 115).

*Compreensão jurídica do cheque* 225

Pelo facto de ser necessariamente sacado sobre um banco, o cheque é um título bancário[514], cuja subscrição e circulação, impulsionando a deslocação de meios de pagamento, têm assim a natureza de uma ordem de pagamento em numerário (ou por mera inscrição registral se o cheque for creditado em conta), desempenhando uma função típica do dinheiro, que é a de satisfazer o valor dos bens ou serviços transaccionados ou prestados no mercado.

Paralelamente – e num plano estritamente técnico-jurídico – a subscrição de carácter unilateral e abstracto que cria o cheque e viabiliza a sua circulação é um negócio jurídico cambiário específico (de curto prazo) que, pela sua essência e características próprias, não pode ser explicado pela relação ou relações causais ou subjacentes que estão na sua base; ela vai originar um direito literal e autónomo, consubstanciado no título de crédito que corporiza, e que tem as características típicas dos direitos resultantes de documentos análogos. Nestas sobressai, decisivamente, a vinculação da vontade do sacador sem necessidade da intervenção de outros sujeitos.

**III.** No entanto, importa também salientar que o cheque se afasta da letra de câmbio, traduzindo as diferenças do respectivo regime jurídico--cambiário uma autonomia significativa, que se funda na sua natureza específica de meio de pagamento.

Como os módulos que são necessários para o seu preenchimento e circulação apenas podem ser fornecidos pelos bancos, o cheque afirma--se, na actualidade, como um instrumento ou título bancário característico dos meios de pagamento que apenas podem ser geridos pelas instituições de crédito[515].

É com esta essência – de **meio de pagamento** –, já subjacente à sua criação, e por isso acolhida no regime legal que lhe foi atribuído, pela Convenção de Genebra, sob a forma de Lei Uniforme, e que, pela sua qualidade, se mantém adaptado às novas exigências do sistema financeiro, que o cheque se sobrepõe, no plano da tutela da respectiva circulação à

---

[514] Cfr. Hervé Causse, *Les titres négociables* (Essai sur le contrat négociable), Litec, Paris, **1993**, para quem «a qualidade do sacado faz do cheque um título bancário» (p. 240, n.º 415) negociável, apesar de uma negociabilidade limitada (cfr. p. 243, n.º 420).

[515] Neste sentido, Gavalda/Stoufflet, *Instruments de paiement et de crédit* cit., **2006**, pp. 198-199 (n.ºs 194-195), Jeantin/Le Cannu/Granier, *Droit commercial. Instruments de paiement et de crédit* cit., **2005**, p. 11.

relação contratual estabelecida entre o banqueiro e o seu cliente, como veremos ao longo deste trabalho. Mais do que qualquer outro meio, a aceitação, no mercado, deste instrumento está estreitamente ligada e dependente da confiança que aos respectivos beneficiários merecem o sacador e todos os sujeitos que, entretanto, eventualmente, se vincularam; sendo o sacado do cheque – o banco – especial, tal constitui garantia de pagamento se a conta tiver provisão.

A protecção da confiança que o cheque supõe – assente na sua aparência – projecta-se assim no seu pagamento, momento fulcral da sua vida, e no regime aplicável às vicissitudes que possam vir a ocorrer e que impõe soluções específicas em caso de falta de provisão, revogação e falsificação.

## 8. Título de crédito *versus* título executivo

A compreensão jurídica do cheque não ficaria completa se não verificássemos como o cheque poderá ser objecto de especial tutela judicial sempre que não for pontualmente pago e, se a este propósito, não equacionássemos uma questão essencial que respeita a saber em que medida é que o cheque pode constituir título executivo.

Como se verá, trata-se de questão que está longe de merecer unanimidade na nossa doutrina e jurisprudência.

### 8.1. Enunciado da questão à luz da actual redacção do Código de Processo Civil

**I.** Admitindo que o cheque não é pago pontualmente pelo sacado quando lhe for apresentado com essa finalidade, importa apurar se o cheque constitui título suficiente para o imediato acesso do seu portador à acção executiva, movida contra um dos subscritores (em princípio[516],

---

[516] Mas não necessária ou obrigatoriamente, uma vez que a acção de regresso pode também ser exercida contra qualquer endossante ou avalista (cfr. art. 40.º da LUCh), se existente. No entanto, a acção cambiária (executiva ou declarativa) pressupõe sempre que o cheque tenha sido apresentado no prazo legalmente estabelecido para o efeito («*em tempo útil*») e que a *recusa de pagamento* tenha sido *verificada*, pelo protesto ou por

*Compreensão jurídica do cheque*          227

contra o sacador), com a finalidade de satisfação do seu crédito, pela obtenção coerciva da quantia nele inscrita[517].

Iremos ver, agora, em que circunstâncias o cheque é também um título executivo[518], isto é, consubstancia um documento necessário e suficiente[519] para permitir ao respectivo titular (portador) o acesso directo à acção executiva com a finalidade de obter, mesmo contra a vontade do devedor, a quantia correspondente ao montante nele inscrito e que se encontra por satisfazer[520].

Como título executivo que é, o cheque constitui a base da execução e determina «*o fim e limites da acção executiva*» (cf. art. 45.º, n.º 1 do CPC) nele alicerçada.

Durante largos anos – mais precisamente desde a entrada em vigor do Código de Processo Civil (em 1961) até ao final de 1996 –, o cheque

---

declaração do banco sacado escrita e datada no título – «*com indicação do dia em que este foi apresentado*» – ou, ainda, por «*declaração duma câmara de compensação*», atestando «*que o cheque foi apresentado em tempo útil e não foi pago*» (art. 40.º da LUCh).

[517] Vd., anteriormente à reforma da acção executiva, Eurico LOPES-CARDOSO, *Manual da Acção Executiva*, 3ª ed., IN-CM, Lisboa, **1964** (reimp. 1987), pp. 25-29 e 56-58, ANTUNES VARELA / J. MIGUEL BEZERRA / SAMPAIO E NORA, *Manual de Processo Civil,* 2ª ed., Coimbra Editora, **1985** (existe reimp. de 2004), pp. 77-80 e 86-89, Miguel TEIXEIRA DE SOUSA, *Acção Executiva Singular,* Lex, Lisboa, **1998**, pp. 63-70 (em especial p. 70), e José LEBRE DE FREITAS / João REDINHA / RUI PINTO, *Código de Processo Civil Anotado*, volume 1.º (Arts. 1.º a 380.º), Coimbra Editora, **1999**, p. 87.

[518] «O título executivo é o documento do qual consta a exequibilidade de uma pretensão e, consequentemente, a possibilidade de realização coactiva da correspondente prestação através de uma acção executiva» [**AcSTJ de 12 de Setembro de 2006** (AZEVEDO RAMOS) / Proc. n.º 06A2100, *www.dgsi.pt*, p. 4].

[519] Considerando o título executivo como condição necessária e suficiente da acção executiva, António ABRANTES GERALDES, «Títulos executivos», *Themis*, ano IV, n.º 7, **2003** (pp. 35-66), p. 37, e **AcRelCoimbra de 16 de Abril de 2002** (HÉLDER ROQUE) (*CJ*, ano XXVII, 2002, t. III, pp. 11-14), de que reproduzimos um excerto: «*O título executivo é o instrumento considerado como condição necessária e suficiente da acção executiva, necessária porque os actos executivos em que se desenvolve a acção não podem ser praticados senão na presença dele, suficiente porque, em face da sua presença, segue-se imediatamente, a execução, sem que se torne necessário efectuar qualquer indagação prévia sobre a real existência ou subsistência do direito a que o mesmo se refere*» (pp. 11-12).

[520] No ensino de ANTUNES VARELA, plasmado no *Manual* cit., p. 78-79, «títulos executivos são os *documentos* (escritos) *constitutivos* ou *certificativos de obrigações* que, mercê da *força probatória especial* de que estão munidos, tornam *dispensável* o processo declaratório para certificar a existência do direito do portador».

228 *Cheque e Convenção de Cheque*

era inquestionavelmente um título executivo, por expressa previsão legal [cf. art. 46.º, *alínea c)* do CPC, na redacção originária[521]].

**II.** A reforma do Código de Processo Civil de 1995/1996, operada pelos Decretos-Leis n.ᵒˢ 329-A/95, de 12 de Dezembro, e 180/96, de 25 de Setembro – que na generalidade[522] entrou em vigor em 1 de Janeiro de 1997 –, alargaria substancialmente as espécies de títulos executivos[523], eliminando a referência expressa aos cheques e passando a considerá-los na categoria dos «*documentos particulares, assinados pelo devedor, que importam a constituição de obrigações pecuniárias, de montante determinado*» [art. 46.º, n.º 1, *alínea c)* do CPC, que conheceria entretanto – desde essa reforma – uma redacção actualizada[524], com a reforma da acção executiva de 2003 (red. do DL 38/2003, de 8 de Março)][525].

**III.** Com a alteração do Código de Processo Civil ocorreu um reposicionamento da questão – até então pacífica –, tendo o cheque passado a ser questionado como título executivo.

Considerando a redacção actual do art. 46.º, n.º 1, *alínea c)* deste diploma, é agora título executivo qualquer documento particular, assinado pelo devedor, que importe a *constituição ou reconhecimento de obrigações pecuniárias, cujo montante seja determinado ou determinável por simples cálculo aritmético* (...).

---

[521] «*À execução apenas podem servir de base:*
c) *As letras, livranças,* **cheques** *(...) e quaisquer outros escritos particulares, assinados pelo devedor, dos quais conste a obrigação de pagamento de quantias determinadas ou* (...)».

[522] Cfr. art. 16.º do DL 329-A/95, red. do DL 180/96; vd. também arts. 13.º e 17.º e segs..

[523] Neste sentido, cfr. **AcSTJ de 4 de Maio de 1999** (GARCIA MARQUES) (*CJ/AcSTJ*, ano VII, pp.82-83), que esclarece – quanto a nós desnecessariamente – que «*a ampliação do elenco dos títulos executivos por força da alteração introduzida à alínea c) do artigo 46.º do Código de Processo Civil pelo Decreto-Lei n.º 329-A/95 não tem, nem pode ter, a virtualidade de colidir com a aplicação da legislação específica sobre cheques constante da respectiva Lei Uniforme* (p. 83)».

[524] Mas sem qualquer alteração substancial no que ao cheque respeita. Sobre as alterações introduzidas ao art. 46.º [alínea c) e aditamento de um número 2, relativo a juros moratórios] pela reforma da acção executiva, vd., por todos, Ana PAULA COSTA E SILVA, *A Reforma da Acção Executiva*, Coimbra Editora, Coimbra, **2003**, pp. 19-20.

[525] Sobre os aspectos gerais da reforma da acção executiva, vd. TEIXEIRA DE SOUSA, *A reforma da acção executiva*, Lex, Lisboa, **2004**, pp. 9-45.

*Compreensão jurídica do cheque* 229

Deste modo, sendo o cheque inquestionavelmente um documento particular[526], subscrito pelo emitente e devedor (o respectivo sacador) e consubstanciando-se num montante certo (exacto), tudo estará em saber se ele implica o reconhecimento ou a constituição de uma obrigação pecuniária.

As eventuais dúvidas que se suscitem relacionam-se, essencialmente, com o laconismo do texto do próprio cheque, de que consta uma instrução de pagamento de uma quantia fixa dada a um banco pelo sacador.

*Pode essa ordem de pagamento ser considerada como constituindo uma obrigação do sacador perante o beneficiário do cheque, pelo respectivo montante, em caso de falta de pagamento pelo sacado, ou como um reconhecimento de dívida no montante da quantia inscrita no título?*

**IV.** A resposta à questão enunciada implica deslocar o cheque para a circulação de regresso.

Na sua normal circulação o cheque destina-se a ser pago pelo sacado, embora à custa de fundos do sacador, num prazo relativamente curto após a sua emissão. Ele pode ser apresentado a pagamento pelo próprio sacador, servindo como instrumento de levantamento de fundos, ou por um terceiro, que dele seja beneficiário. Na circulação normal, não está em causa o cheque ser pago pelo sacador. Ele apenas poderá ser pago por este na circulação de regresso ou em acção executiva contra ele movida. Ora, quer na acção cambiária de regresso, quer na acção executiva, não faz sentido a exigência partir do próprio sacador, pelo que a consideração do cheque como título executivo pressupõe que ele tenha circulado e sido apresentado a pagamento por um terceiro, dele beneficiário. Perante a recusa do pagamento solicitado, dentro do prazo previsto para o efeito, é que se abre a questão do regresso, sendo responsável, no último lugar da cadeia cambiária, o próprio sacador[527].

Na acção de regresso, o portador poderá exigir o pagamento a qualquer dos endossantes que o precederam e ao avalista, se existirem, ou ao próprio sacador, apenas com base no título, não lhe sendo oponíveis excepções pessoais invocadas por quem não se encontre com ele em

---

[526] Sobre o conceito de *documento particular*, vd. J.M. GONÇALVES SAMPAIO, *A prova por documentos particulares, na doutrina, na lei e na jurisprudência*, 2ª ed., Almedina, Coimbra, **2004**, pp. 88-96.

[527] O sacado não é parte dessa cadeia de regresso, uma vez que o seu incumprimento se encontra vinculado à falta de provisão.

relação imediata. Importa apurar se, na acção cambiária de regresso, o cheque pode constituir título executivo e, em caso afirmativo, que requisitos se devem verificar para o efeito.

Mas há que averiguar também se o cheque pode igualmente constituir título executivo à margem da acção de regresso, nomeadamente quando, apresentado a pagamento fora de prazo, o banco se tenha recusado a pagar, sem o fazer em conformidade com instruções do sacador.

## 8.2. Cheque apresentado a pagamento dentro do prazo legal

**I.** A jurisprudência dos nossos tribunais superiores tem vindo, gradual e claramente, a inclinar-se para não considerar o cheque, enquanto tal, título executivo sempre que não tenha sido apresentado a pagamento oportunamente – isto é, nos oito dias disponíveis para o efeito (se sacado e apresentado a pagamento em Portugal) (cfr. art. 29.º I da LUCh) – ou sempre que se encontre prescrito como título cambiário (cfr. art. 52.º da LUCh).

O Código de Processo Civil[528] não estabelece expressamente qualquer limite à validade do cheque como título necessário e suficiente para assegurar o acesso directo à acção executiva[529]. No entanto, são diversos os arestos que apontam para uma limitada validade do cheque como título executivo.

Tal é o caso do **AcSTJ de 29 de Fevereiro de 2000** (SILVA PAIXÃO)[530], segundo o qual *«o cheque só é título executivo quando, nomeadamente, o seu pagamento haja sido recusado dentro do prazo de oito dias subsequentes à data da respectiva emissão»*[531], porque só quando é

---

[528] Como vimos, o Código deixa inclusivamente de autonomizar este título de crédito como título executivo, devendo o mesmo reconduzir-se à categoria genérica dos *documentos particulares* que consubstanciam uma dívida do respectivo subscritor.

[529] Nem tinha de o fazer, sublinhe-se. A questão da validade e eficácia do cheque, enquanto título de crédito cambiário, deve ser apreciada à luz da lei substantiva.

[530] *CJ/AcSTJ*, ano VIII, 2000, t. I, pp. 124-126.

[531] Na linha do **AcSTJ de 4 de Maio de 1999** (GARCIA MARQUES) (*CJ/AcSTJ*, ano VII, pp.82-83).

Neste sentido, na parte em que o Acórdão relatado por SILVA PAIXÃO condiciona a exequibilidade do cheque à sua apresentação a pagamento dentro do prazo legal disponível para o efeito, vd. também **AcRelCoimbra de 16 de Abril de 2002** (HÉLDER ROQUE)

## Compreensão jurídica do cheque

apresentado nesse prazo, não sendo pago e verificando-se a recusa por acto formal, pode o portador exercer os seus direitos de acção contra o sacador e o respectivo avalista, se existente.

Não aderimos a esta interpretação, que elimina o valor de título executivo do cheque com o decurso de um prazo relativamente restrito, quando nada o justifica, uma vez que ele ainda pode ser pago pelo sacado, mesmo sem consentimento do sacador[532].

---

(*CJ*, ano XXVII, 2002, t. III, pp. 11-14). Nos termos deste aresto [com voto de vencido do Desembargador Nunes Ribeiro, que considera que o cheque, que não possa valer como título cambiário, se enquadra no art. 46.º, *alínea c)* do CPC como título executivo, mesmo que dele não conste «a razão da ordem de pagamento que ele encerra» (p. 14)], «*o cheque só é título executivo quando, nomeadamente, o seu pagamento haja sido recusado em tempo útil, isto é, dentro do prazo de oito dias subsequentes à data da respectiva emissão, ou seja, se o cheque não for pago e a recusa do pagamento for verificada, antes de expirar o prazo para a apresentação, por um dos meios referidos nos artigos 40.º e 41.º da LUC*».

Pelos motivos expostos adiante (n.º 8.4), não acolhemos esta doutrina, que segue a posição do **AcSTJ de 4 de Maio de 1999** (Garcia Marques) (cfr., em especial, p. 83) confessadamente inspirado no **Acórdão** do mesmo tribunal superior de **14 de Junho de 1983** (Magalhães Baião) (*BMJ* 328, pp. 599-602), que, em certo passo, conclui – e transcrevemos *ipsis verbis* – «*Donde não tendo o cheque sido apresentado a pagamento dentro desse normal tempo útil de 8 dias, em que irrevogavelmente, o sacador estava obrigado a ter constituído provisão, o cheque perca totalmente a sua potencialidade, extinguindo-se o mandato de pagamento, que se consumiu no acto de apresentação e recusa de pagamento por falta de cobertura, não valendo mais como título de crédito e não servindo de base para qualquer acção por falta de pagamento só e em si fundada* (p. 600).»

Considerando também «*que é necessário* os cheques *terem sido apresentados a pagamento no prazo de oito dias, para que valham como títulos executivos, por incorporarem relações jurídicas cambiárias*», o **AcSTJ de 20 de Novembro de 2003** (Salvador da Costa) (*CJ/AcSTJ*, ano XI, t. III, 2003, pp. 154-157, em especial p. 157) recusa valor de título executivo ao cheque, «*dada a sua estrutura de mera ordem de pagamento*», que não contém, como é norma, declaração do respectivo emitente constitutiva ou recognitiva de obrigação pecuniária.

Sujeitando a exequibilidade do cheque a apresentação dentro do prazo legal, cfr. também o **AcRelLisboa de 17 de Fevereiro de 2004** (Maria Rosário Morgado) / Proc. n.º 299/2004-7, *www.dgsi.pt*.

[532] Considerando que o prazo de apresentação a pagamento constitui «um requisito de *exequibilidade* relativamente à *pretensão abstracta*», mas não lhe parecendo «extensível relativamente «à *pretensão causal,* que o cheque porventura documente», J. P. Remédio Marques, *Curso de Processo Executivo Comum à Face do Código Revisto*, Almedina, Coimbra, **2000**, p. 72.

Mas, acrescenta o aresto, expirado o prazo de apresentação, *o cheque passa a valer como simples quirógrafo, caso em que, então, a obrigação exigida não é a cambiária (...), mas sim a causal, subjacente ou fundamental; daí que, como mero quirógrafo, não tenha força bastante para importar, por si só, a constituição ou reconhecimento de obrigação pecuniária dos sacadores e avalista, nem constitua, assim, título executivo, à luz da alínea c) do art. 46.º do CPC/revisto.*

Consideramos este juízo aplicável ao cheque prescrito[533] ou ao cheque oportunamente revogado, pelas razões que expomos adiante, mas não tem sentido retirar força executiva ao cheque, ainda válido, só por já ter decorrido o prazo de apresentação a pagamento, uma vez que bastaria ao sacador ter instruído o banco para não pagar para que o cheque fosse devolvido com a menção de «revogado».

O facto de já não existir acção cambiária (cfr. art. 40.º da LUCh) não retira, por si só, ao cheque força executiva[534]. A acção cambiária pode desenvolver-se também pelo processo declarativo; ela concede ao titular do cheque o direito de, na falta de pagamento pontual, accionar os sujeitos que se encontram antes dele na cadeia cambiária até ao devedor inicial (o sacador), sem ter de demonstrar a validade da relação subjacente e independentemente de excepções de carácter pessoal que os sujeitos que não se encontram em relação imediata com o portador do cheque lhe pudessem opor. Esse é o significado da acção cambiária, que pode seguir a via executiva ou meramente declarativa.

Se o portador do cheque já não tem acção cambiária, ele pode, não obstante, requerer a execução do devedor, eventualmente o sacador. Simplesmente, este poderá opor-se invocando a prescrição, mesmo que não se encontre em relação imediata, demonstrando que há motivos impeditivos do crédito do exequente; e nisto reside a diferença.

**II.** Situação diversa, e que é objecto de referência pela doutrina e jurisprudência nacionais, é a que se reconduz ao arquivamento de processo-

---

[533] Na linha do **AcSTJ de 16 de Outubro de 2001** (RIBEIRO COELHO) (*CJ/AcSTJ*, ano IX, t. III, 2001, pp. 89-90), segundo o qual «não pode reconhecer-se força de título executivo quanto à obrigação subjacente a um cheque que não foi apresentado a pagamento nos termos impostos pela Lei Uniforme».

[534] Confundindo implicitamente a acção cambiária com a acção executiva, **AcSTJ de 11 de Maio de 1999** (LEMOS TRIUNFANTE) (*CJ/AcSTJ*, ano VII, t. II, 1999, pp. 88-92), na passagem em que opõe acção não cambiária a acção executiva (p. 89).

-crime por falta de provisão de cheque que tenha sido oportunamente apresentado a pagamento.

Neste caso, tendo sido deduzido no processo crime o pedido de indemnização cível correspondente, em regra, ao montante do cheque não pago, o arquivamento do processo, nomeadamente por efeito de descriminalização – como ocorreu com a alteração introduzida no Decreto-Lei n.º 454/91, de 28 de Dezembro, pelo Decreto-Lei n.º 316/97, de 19 de Novembro – pode comprometer definitivamente a satisfação do valor inscrito no cheque se se encontrar decorrido o prazo legal de prescrição do cheque, em especial se considerarmos, como é o nosso caso (vd., *infra*, n.º 8.6), que nessa circunstância o cheque já não vale como título executivo, nem sequer como simples documento quirógrafo.

Recorrendo aos termos gerais do nosso Direito, mais concretamente ao Código Civil, verificamos que a prescrição se *«interrompe pela citação ou notificação judicial de qualquer acto que exprima, directa ou indirectamente, a intenção de exercer o direito»* (cfr. art. 323.º).

Interrompendo-se um prazo de prescrição por efeito de notificação judicial conexa com o exercício do direito, *o tempo decorrido anteriormente* fica inutilizado, pelo que deve começar *a correr novo prazo* quando *passar em julgado a decisão que puser termo ao processo* (arts. 326.º, n.º 1 e 327.º, n.º 1 do Código Civil)[535].

Assim sendo, a citação do arguido em processo crime por emissão de cheque sem provisão, no qual seja deduzido pedido cível, interrompe a prescrição do título de crédito, apenas se começando a contar novo prazo prescricional, de seis meses (cfr. art. 52.º, I da LUCh), a partir do trânsito em julgado da decisão que puser termo ao processo. No entanto, e numa solução que pode parecer algo estranha, o Decreto-Lei n.º 316/97, de 19 de Novembro, ao alterar o regime jurídico-penal do cheque sem provisão, descriminalizando os cheques pós-datados (cfr. art. 11.º, n.º 3 do RJCh), estabeleceu no respectivo art. 3.º que, *«nos processos por crime de emissão de cheque sem provisão cujo procedimento criminal se* extinguisse por efeito do que nele havia sido preceituado, *a acção cível por falta de pagamento pode ser instaurada no prazo de um ano, a contar da data da notificação do arquivamento do processo ou da declaração judicial de extinção do procedimento criminal»* (cfr. n.º 1). Esta

---

[535] Ocorrendo a absolvição da instância *por motivo processual não imputável ao titular do direito*, a solução é outra (cfr. art. 327.º, n.º 3 do CC).

234 *Cheque e Convenção de Cheque*

aparente discrepância com o regime regra resultante da aplicação do disposto no Código Civil e na Lei Uniforme explica-se por se ter pretendido que o titular do direito dispusesse de um prazo suficientemente longo (ou, como se refere no preâmbulo do diploma legal, por ser «*necessário acautelar as consequências civis da extinção do procedimento criminal*»).

A solução da lei geral, acima enunciada e sufragada pela doutrina portuguesa[536], é lógica e é aquela que permite salvaguardar o direito de acção do beneficiário do cheque que o tenha oportunamente apresentado a pagamento.

No que respeita à jurisprudência, ela inclina-se maioritariamente para preservar o prazo de prescrição em conformidade com o disposto no artigo 3.º do Decreto-Lei n.º 316/97, de 19 de Novembro[537], ou por aplicar a solução resultante das regras constantes do Código Civil.

**III.** Em conclusão, diremos que:

1.º – O cheque deve ser apresentado a pagamento dentro do prazo legalmente estabelecido para o efeito;

2.º – Sendo apresentado nesse prazo e sendo o pagamento recusado, o cheque é título executivo;

3.º – O cheque não perde esta qualidade, ainda que o portador (já) não disponha da acção cambiária, como referimos e veremos melhor adiante;

4.º – Para tanto, ele deverá continuar a valer como título de crédito;

5.º – O cheque apresentado a pagamento no prazo legalmente estabelecido para o efeito e que tenha sido instrumento de processo--crime por falta de provisão não prescreve se este for arquivado, mesmo que já tenham decorrido seis meses desde o fim desse prazo.

---

[536] Cfr. GERMANO MARQUES DA SILVA, *Regime Jurídico-Penal dos Cheques sem Provisão*, Principia, Lisboa, **1997** (em especial, pp. 148-152), embora reconduzindo a acção cambiária à acção executiva.

[537] Neste sentido, cfr. **AcSTJ de 4 de Fevereiro de 2003** (ARMANDO LOURENÇO) (*CJ/AcSTJ*, ano XI, t. I, 2003, pp. 78-79).

## 8.3. Cheque apresentado a pagamento antes do prazo

**I.** Caso o cheque tenha sido apresentado a pagamento ainda antes da data nele aposta [dado ser um título à vista (cf. art. 28.º I)], e não tenha sido pago – o que nos termos da lei poderia ter acontecido (cf. art. 28.º II)[538] –, poderá então questionar-se se deverá ser apresentado novamente a pagamento, dentro do prazo de oito dias subsequente à data que dele consta como data de emissão, para poder servir como título executivo[539], em caso de nova recusa. Por outras palavras, tendo um cheque pós-datado sido apresentado a pagamento antes da data nele aposta e não tendo sido pago, poderá ele ser imediatamente utilizado como título executivo, ou terá de ser novamente apresentado a pagamento no prazo legalmente estabelecido para o efeito para poder qualificar-se como título executivo, em caso de nova recusa de pagamento?

Uma outra questão – caso se conclua não haver necessidade de apresentar novamente o cheque a pagamento – consistirá em saber se a acção executiva poderá ser proposta logo após a recusa e ainda antes da própria data constante do cheque

**II.** Comecemos por abordar a primeira questão, referindo que consideramos desnecessário voltar a apresentar o cheque a pagamento, tendo em conta a sua natureza – de título à vista – e uma vez que a lei só exige que a apresentação ocorra *«em tempo útil»* (art. 40.º da LUCh), sendo *«o cheque apresentado a pagamento antes do dia indicado como data de emissão pagável no dia da apresentação»* (art. 28.º da LUCh)[540].

---

[538] Nesse caso, «o cheque considera-se pagável no dia da apresentação a pagamento» [**AcSTJ de 12 de Setembro de 2006** (AZEVEDO RAMOS) / Proc. n.º 06A2100, *www.dgsi.pt*]. Cfr. também art. 28.º II da LUCh.

[539] A extinção do procedimento criminal, neste caso (cfr. art. 11.º, n.º 3 do DL 454/91), não descaracteriza o cheque como título executivo.

[540] No sentido do texto, e considerando expressamente que *«o cheque revogado antes do prazo de apresentação a pagamento é título executivo»*, **AcSTJ de 20 de Novembro de 2003** (SALVADOR DA COSTA) (*CJ/AcSTJ*, ano XI, t. III, 2003, pp. 154-157). Este entendimento do Supremo afigura-se lógico e correcto. Sabendo que a revogação do cheque só produz efeitos depois de decorrido o prazo de apresentação a pagamento (cfr. art. 32 I da LUCh) e tendo em conta que o cheque é um título à vista, isto é, pagável contra apresentação, em qualquer momento – e independentemente de a data nele aposta ser posterior –, a revogação, ineficaz até que o prazo de apresentação se esgote, não pode produzir efeitos antes desse prazo se iniciar e, consequentemente, antes da data que consta do cheque como data de emissão. No caso em apreço, o cheque era título executivo,

236 *Cheque e Convenção de Cheque*

E, nesse caso, o cheque poderá imediatamente servir como título executivo, dado que a recusa de pagamento se encontra nele inscrita, não sendo necessário esperar pela data que nele consta como data de emissão/vencimento, até porque não tem de ser novamente apresentado a pagamento. Neste sentido, conclui também o recente **Acórdão do STJ de 12 de Setembro de 2006** (Azevedo Ramos) (Proc. n.º 06A2100, *www.dgsi.pt*), nos termos do qual «a apresentação a pagamento antes da data aposta no cheque não afecta a obrigação cambiária existente». Os factos que consubstanciam o aresto são simples e sintetizam-se no seguinte:

Uma empresa portadora de doze cheques (onze deles pós-datados) vê ser recusado o pagamento do primeiro cheque apresentado no prazo legal para o efeito, por revogação fundamentada em "vício de formação da vontade". Por essa razão, antecipa a apresentação dos demais, os quais são todos recusados com idêntico motivo.

Discute-se, designadamente, se eles podem constituir título executivo por terem sido apresentados a pagamento antes da data neles aposta.

A conclusão do aresto não deixa margem para dúvidas, apoiando-se no art. 28.º da LUCh e na característica do cheque como título à vista.

Apenas um aspecto nos merece uma observação[541]: a passagem em que deixa entender não se ter de aplicar ao caso o regime do artigo 29.º da mesma Lei Uniforme. Esta disposição legal tem, relativamente ao cheque pós-datado, a mesma importância que tem relativamente a qualquer cheque, nomeadamente para efeitos de protesto e exercício da acção cambiária.

**III.** Qualquer que seja a posição que venha a ser perfilhada pela jurisprudência nacional, não cremos que, para o portador do cheque apre-

---

porque era válido e a revogação, sendo extemporânea, não operou efeitos. A revogação só produziria efeitos, retirando a qualidade de título executivo ao cheque, se o cheque tivesse sido apresentado a pagamento fora da data prevista para o efeito [cfr. **AcRelCoimbra de 16 de Março de 2004** (Cardoso Albuquerque), *CJ* ano XXIX, t. II, 2004, pp. 18-20, em especial, pp. 19 e 20]; e tal situação deve poder ser comprovada pela redacção e menções do próprio título.

[541] O Acórdão é também omisso, por ser irrelevante, esclareça-se, quanto à fundamentação do não pagamento, ou revogação – com base em vício na formação da vontade –, não explorando sequer o facto de não ter decorrido ainda o prazo de não apresentação a pagamento para a revogação poder operar e aceitando sem justificação que esta se terá baseado no alegado vício na formação da vontade.

*Compreensão jurídica do cheque*   237

sentado a pagamento antes da própria data nela aposta, resulte qualquer prejuízo de nova apresentação, agora no âmbito do prazo de oito dias contado desde essa data.

### 8.4. Cheque apresentado a pagamento fora de prazo

#### 8.4.1. *As diversas hipóteses*

**I.** O cheque deve ser apto a constituir título executivo, com base na obrigação correspondente à quantia sacada e não paga e inscrita no documento em que se consubstancia.

Importa ver agora se tem sentido conceder ao cheque essa qualificação, mesmo quando ele não foi oportunamente apresentado a pagamento.

Analisámos criticamente o **AcSTJ de 29 de Fevereiro de 2000** (SILVA PAIXÃO) (*supra*, n.º 8.2), que se insere na corrente das decisões judiciais que recusam a validade do cheque como título executivo, se não for apresentado a pagamento dentro do prazo legalmente estabelecido para o efeito.

**II.** Se o credor, e exequente, instrui o requerimento executivo com o cheque, é porque o mesmo não foi pago. Nesse caso, pelo menos, três hipóteses se nos deparam:
- O título evidencia de forma inequívoca a falta de pagamento ocorrida, através de declaração emitida nesse sentido (ou do protesto oportunamente efectuado), e isto, quer o cheque tenha sido apresentado dentro do prazo existente para o efeito, quer decorrido o mesmo, quer ainda depois de se encontrar prescrito;
- Do título resulta a indicação de que ele foi revogado, durante o prazo de apresentação a pagamento ou após o decurso do mesmo; ou
- Nada consta do cheque que, em princípio, pode até não ter sido apresentado a pagamento.

Comecemos pela segunda.

## 8.4.2. *Cheque revogado*

Se do cheque consta a menção de revogação, isto é, a expressa instrução do sacador para que ele não seja pago, haverá que verificar se a mesma foi aceite dentro do prazo de apresentação a pagamento[542] ou após o decurso do mesmo[543]. Uma vez esgotado o prazo de apresentação a pagamento, a revogação do cheque considera-se adequada e o pagamento oportunamente proibido, nos termos constantes da Lei Uniforme (cf. art. 32.º II), pelo que o cheque perderá o seu valor cambiário, de título de crédito. Nessa circunstância, que se comprova literalmente, pela menção nele aposta, o cheque não poderá também servir como título executivo[544], pois enquanto documento que exprimia obrigações cartulares perdeu todos os seus efeitos.

Caso a revogação seja irrelevante, por extemporânea, ou o título revele de qualquer outro modo que, tendo sido apresentado a pagamento no prazo devido, ele não foi pago, então o cheque poderá ser aproveitado

---

[542] Se o cheque foi revogado ainda antes da data que dele consta como data de emissão, e consequentemente ainda não decorreu o prazo de apresentação a pagamento, a solução terá de ser idêntica à da revogação no decurso desse prazo – como explicámos (cfr., *supra*, nota 520) –, dado o cheque ser um título à vista.

[543] A data da transmissão, como se irá demonstrar mais à frente, é totalmente irrelevante. Com efeito, pressupondo logicamente que a revogação foi comunicada antes da apresentação a pagamento – outra coisa não faria sentido, pois nesse caso a recusa de pagamento não se consubstanciaria nesse motivo, inexistente –, o que tem relevo é a data da apresentação do cheque a pagamento. Se esta se enquadra no prazo legalmente estabelecido para o efeito, o cheque deveria ter sido pago, ainda que tivesse sido revogado (cf. art. 32.º I da LUCh), uma vez que a revogação só produziria os seus efeitos esgotado que se encontrasse esse prazo, sendo até esse momento irrelevante. Se o cheque foi apresentado a pagamento depois de decorrido esse prazo e após ter sido revogado, então a instituição de crédito não deverá proceder ao seu pagamento (cf. art. 32.º, II da LUCh).

[544] Neste sentido, vd. o **AcRelCoimbra de 16 de Março de 2004** (Cardoso Albuquerque), *CJ* ano XXIX, t. II, 2004, pp. 18-20, cujo sumário – correspondendo ao respectivo teor, que sintetiza – é explícito («*O cheque revogado não vale como título executivo da obrigação causal invocada no requerimento da execução*»).

Vd. também a excelente decisão relatada pela actual Conselheira Maria Laura Leonardo, quando se encontrava na Relação de Évora, em especial, a este propósito, na parte em que dispõe que um *cheque apresentado fora de tempo* não pode valer como título executivo, *porque a revogação do mandato já produzia efeitos e o cheque não podia valer como tal*, estando vedado ao sacado satisfazer o seu pagamento (2ª parte do citado art. 32.º, a contrario) [**AcRelÉvora de 12 de Fevereiro de 2004** (Maria Laura Leonardo) / Proc. n.º 2750/03-3, *www.dgsi.pt*].

*Compreensão jurídica do cheque*

como título executivo[545], sem prejuízo de o sacador (executado) se poder opor à execução, demonstrando que a obrigação que lhe estava subjacente não subsiste ou (já) não existe[546].

Assim, se o banco acatou a instrução de revogação e não pagou o cheque – não obstante se encontrar obrigado a fazê-lo, por estar dentro do prazo para a respectiva apresentação a pagamento[547] –, nem por isso ele deixará de valer como título executivo[548], não podendo a recusa, se ilegítima, desqualificar a obrigação cambiária que o caracteriza e que subsiste[549].

### 8.4.3. *Falta de menção de apresentação a pagamento*

Se o título não tem qualquer menção à sua eventual apresentação a pagamento[550], não se podendo, consequentemente – na falta de qualquer menção –, concluir que este tenha sido recusado, a solução deverá ser a mesma, podendo o cheque ser título executivo, salvo se se encontrar prescrito, o que, como veremos em seguida (*supra*, n.º 8.4.5), se comprova pela apreciação das referências constantes do próprio documento.

A extinção da acção cambiária, cuja subsistência se encontra sujeita à oportuna apresentação a pagamento e comprovação da sua falta, pelo protesto, não impede o portador do cheque de o utilizar como título executivo.

---

[545] Neste sentido, cfr. **AcSTJ de 20 de Novembro de 2003** (SALVADOR DA COSTA), *CJ/AcSTJ*, ano XI, t. III, 2003, pp. 154-157.

[546] Como salientam ANTUNES VARELA/MIGUEL BEZERRA/SAMPAIO E NORA (*Manual de Processo Civil*, 2ª ed., cit., **1985**, p. 79), em nota de rodapé (1), «provando a *constituição* ou a *existência* da obrigação e do *direito subjectivo* correspondente, o título prova ainda, em princípio, **até prova em contrário**, a *violação* da obrigação, visto ser ao devedor que incumbe alegar e comprovar os factos *modificativos* ou *extintivos* dela, tal como os factos *impeditivos*» (**negrito** nosso).

[547] Fazemos esta assumpção, para facilidade de raciocínio, não obstante a mesma constituir aspecto central deste estudo, com substancial desenvolvimento mais à frente.

[548] Neste sentido, **AcRelPorto de 10 de Outubro de 2007** (JOSÉ FERRAZ) / Proc. n.º 0734254, *www.dgsi.pt*, que considera dever ser a revogação fundamentada para impedir que o cheque oportunamente apresentado a pagamento valha como título executivo.

[549] **AcRelÉvora de 12 de Fevereiro de 2004** (MARIA LAURA LEONARDO) / Proc. n.º 2750/03-3, *www.dgsi.pt*.

[550] Considerando que data da apresentação a pagamento pode ser deduzida da data de emissão e de recusa, **AcRelGuimarães de 9 de Novembro de 2005** (ESPINHEIRA BALTAR) / Proc. n.º 1502/05-2, *www.dgsi.pt*.

240 *Cheque e Convenção de Cheque*

### 8.4.4. *Indicação de falta de pagamento: regime-regra*

**I.** Caso o título evidencie a razão da falta de pagamento, então haverá que, pelo menos, diferenciar três situações:

– se a falta de pagamento ocorreu no decurso do prazo legalmente estabelecido para o efeito, o cheque vale como título executivo, ainda que tenha sido, justificada ou indevidamente, revogado (interpretação que é pacífica[551]);

– se a apresentação foi extemporânea, mas ocorreu enquanto o cheque é título de crédito – isto é, se o cheque foi apresentado a pagamento depois de decorrido o respectivo prazo, mas antes de prescrever –, ele vale como título executivo[552], ainda que o seu portador já não disponha de acção cambiária, salvo se tiver sido entretanto revogado;

– se o cheque foi apresentado a pagamento depois de devidamente revogado ou prescrito ou se, apresentado antes, prescreveu entretanto, a solução será outra, como veremos em seguida.

**II.** A regra deverá, pois, ser a seguinte: excepto quando já não valha como cheque, por ter sido adequadamente revogado ou por se encontrar prescrito, o título de crédito estará apto a servir como documento executivo. Se tal acontecer, poderá o executado deduzir oposição à acção executiva, demonstrando que a quantia em causa não era devida.

Em nenhuma circunstância vislumbramos motivos que afastem o carácter de título executivo, embora se aceite e compreenda que a comprovada recusa de pagamento no prazo de apresentação poderia justificar

---

[551] Repare-se que não se equaciona aqui a bondade e oportunidade da revogação, mas apenas o facto de o cheque revogado no prazo de apresentação a pagamento poder valer como título executivo. No sentido afirmativo, cfr. o recente **AcRelPorto de 21 de Março de 2006** (CÂNDIDO LEMOS), *CJ* ano XXXI, t. II, 2006, pp. 168-170.

[552] Contra, **AcRelCoimbra de 25 de Janeiro de 2005** (ANTÓNIO PIÇARRA) / Proc. n.º 3790/04, *www.dgsi.pt*, que confunde a falta de acção cambiária com a extinção do título executivo. O cheque, diversamente do que se apregoa no Acórdão [«*sem a observância deste requisito (apresentação e recusa de pagamento dentro do prazo de 8 dias), o cheque perde a sua potencialidade cambiária, não valendo mais como título de crédito, mas apenas como mero quirógrafo de uma obrigação*» (p. 2)], subsiste como título de crédito, e título executivo, mesmo depois de extinta a acção cambiária, por falta de apresentação tempestiva a pagamento ou por falta de protesto. Trata-se de questão que retomaremos adiante.

*Compreensão jurídica do cheque* 241

solução mais célere. O que está em causa é a consideração do título de crédito como título executivo. Não resultando da aparência uma razão que inviabilize essa aptidão não haverá justificação para, *a priori,* conceder diferente protecção ao credor.

A solução deverá, pois, ser uniforme e tomar por referência a literalidade do título de crédito e não a regulamentação estabelecida pela Lei Uniforme e que, de um ponto de vista jurídico-cambiário, avantaja claramente os cheques apresentados oportunamente a pagamento em relação aos demais. O cheque ou é um título executivo ou não é; a qualidade de título de crédito, por sua vez, decorre da sua essência e não dos prazos e procedimentos estabelecidos na Lei Uniforme para assegurar ao beneficiário a acção cambiária. Eventuais obstáculos à eficácia do cheque, como título, poderão ser eventualmente deduzidos no próprio processo executivo, em sede de oposição à execução[553].

### 8.4.5. *Cheque prescrito*

**I.** No pólo oposto ao dos cheques apresentados a pagamento no prazo legalmente disponível para o efeito encontram-se os cheques prescritos, isto é, aqueles que, em conformidade com a respectiva lei substantiva (a Lei Uniforme), já não constituem meios de pagamento idóneos, tendo-se extinguido as obrigações cambiárias que titulavam[554].

Nos termos da Lei Uniforme do Cheque, que dedica um capítulo (o IX) à *Prescrição,* uma eventual *acção do portador contra* o sacador, endossantes ou outros co-obrigados – com base no título – prescreve no prazo de *seis meses, contados do termo do prazo de apresentação* (cf. art. 52.º, I)[555]. Trata-se de um prazo inequívoco, uma vez que o cheque só está

---

[553] Podendo o executado, se o pretender, requerer no acto de oposição a *«substituição da penhora por caução idónea»* (cfr. art. 834.º, n.º 5 do CPC).

[554] Sobre a prescrição, vd. a dissertação de doutoramento de José Dias Marques, *Prescrição extintiva,* Coimbra Editora, **1953**. Na opinião deste nosso professor «o efeito característico de todos os casos de prescrição é a extinção duma situação jurídica», sendo a «prescrição extintiva a extinção da obrigação originada pelo facto prescricional» (pp. 5 e 74). Por seu turno, «o facto prescricional é o facto negativo que consiste na não incidência sobre uma obrigação exigível de causas suspensivas ou interruptivas, por todo o tempo e segundo a forma determinada na lei» (p. 74).

[555] Sobre a contagem do prazo prescricional, cfr. art. 279.º, alínea c) do Código Civil e Dias Marques, *Prescrição extintiva,* cit., **1953**, pp. 216-222, não obstante ter sido escrito na vigência do Código de Seabra (1867).

242 *Cheque e Convenção de Cheque*

completo quando estiver totalmente preenchido (cf. art. 2.º I, primeira parte), com data de emissão (cf. art. 1.º, n.º 5), contando-se o prazo de apresentação a pagamento a partir desta data. Assim sendo, a prescrição da acção com base no cheque ocorre se for invocada (cfr. art. 303.º do CC), em regra, no prazo de seis meses e oito dias[556].

**II.** Neste sentido dispõem diversos arestos dos nossos tribunais superiores.

É o caso do **AcSTJ de 29 de Janeiro de 2002** (AZEVEDO RAMOS)[557], segundo o qual *«prescrito um cheque, o portador perdeu o direito de acção cambiária, não podendo utilizá-lo, enquanto título de crédito, como título executivo».*

Este acórdão, enquadrando adequadamente a questão (cfr. p. 65), apoia-se no ensino de LEBRE DE FREITAS[558] e, revelando, aparentemente, a compreensão da natureza do título de crédito – na parte em que determina que *«nos títulos de crédito prescritos dos quais não conste a causa da obrigação, se esta emerge de um negócio jurídico formal,* sendo a respectiva *causa elemento essencial* do negócio jurídico, *o documento não poderá constituir título executivo –*, acaba por procurar, de forma pouco feliz e algo forçada, reconduzir um documento, sem qualquer referência literal quanto à sua causa, sublinhe-se, a um quirógrafo apto a funcionar como título executivo. E fá-lo apoiando-se no artigo 458.º do Código Civil, ao considerar que *a autonomia do título executivo em face da obrigação exequenda e a consideração do regime do reconhecimento unilateral da dívida previsto no art. 458.º, n.º 1, do Cód. Civil leva a admitir o cheque prescrito, enquanto documento particular, como título executivo, ao abrigo do art. 46.º, al. c) do CPC, desde que a causa da obrigação tenha sido invocada no requerimento inicial da execução»*[539].

---

[556] Por seu turno, eventual acção cambiária de qualquer dos *«co-obrigados no pagamento do cheque contra os demais prescreve no prazo de seis meses, contados do dia em que ele tenha pago o cheque ou do dia em que ele próprio foi accionado»* (art. 52.º, II).

[557] *CJ/AcSTJ,* ano X, t. I, 2002, pp. 64-67.

[558] *A Acção Executiva,* 2ª ed., Coimbra Editora, **1997**, pp. 53-54.

[559] Citamos o sumário do Acórdão (n.º 4; p. 64), embora o respectivo conteúdo se extraia do texto (pp. 65 e 66). Com conclusão análoga, cfr. **AcRelCoimbra de 16 de Abril de 2002** (HÉLDER ROQUE) (*CJ,* ano XXVII, 2002, t. III, pp. 11-14).

Não detectámos divergências na jurisprudência conhecida, no que respeita a recusar força de título executivo ao cheque enquanto tal depois de prescrito, embora haja decisões que postulam a perda de efeitos cambiários do cheque pelo (simples) decurso do prazo de apresentação a pagamento, sem necessidade de se verificar a prescrição.

Procurando alicerçar a solução a que o citado autor chega na distinção entre título e causa de pedir – ao afirmar que ela é a que melhor se harmoniza com essa distinção, *«pois o título executivo é o documento donde consta a obrigação cuja prestação se pretende obter por via coactiva, enquanto a causa de pedir é o facto que serve de fonte à pretensão processual»* –, o aresto vem evidenciar a contradição que o enforma.

Com efeito, uma vez prescrita a obrigação cambiária, o documento em que a mesma se consubstanciava deixa de constituir título que incorpora um direito exercitável de modo autónomo (da causa que o tenha originado), isto é, deixa de valer como título de crédito e, consequentemente, como título executivo. Na realidade, a prestação que se pretende agora obter por via coactiva, com base num pretenso título executivo, já não é a obrigação cambiária – entretanto extinta, sublinhe-se –, mas a obrigação subjacente; e esta não está documentada no título.

**III.** A esta fundamentação acresce, em nosso entender, uma razão de natureza processual que se liga ao próprio conceito e natureza de título executivo. Este tem de ser necessário e suficiente, como vimos. Isso significa que deve resultar inequivocamente do respectivo teor a aptidão para ser usado como evidência da prestação que se pretende executar. E não parece fazer sentido que tal qualidade possa simplesmente ser invocada (no requerimento executivo), porque se assim fosse bastaria sempre ao credor (exequente) afirmar no requerimento executivo que, apesar de não resultar inequivocamente do documento junto a respectiva força executiva, ele pode assegurar, por mera declaração, que o documento a tem. A qualidade do título executivo deve, assim, resultar inquestionavelmente do título executivo, não podendo ser colmatada por declaração no requerimento executivo, mas quando muito complementada[560].

Como se depreende do estudo e análise do título executivo, este consiste no documento em que se consubstancia, *«e não no acto documentado,*

---

Pelo seu interesse, nesta matéria, vd. o **AcRelÉvora de 8 de Março de 2001** (Oliveira Pires) (*CJ*, ano XXVI, 2001, t. II, pp. 249-250), e o **AcSTJ de 16 de Outubro de 2001** (Ribeiro Coelho), *CJ/AcSTJ*, ano IX, t. III, 2001, pp. 89-90.

[560] A prevalecer o entendimento que a mais leve aparência de crédito não satisfeito poderia conduzir directamente ao processo executivo, cabendo ao pretenso devedor a demonstração de que o pedido formulado não apresenta substrato material, por que não aceitar que uma factura (não conferida), já vencida, desse também acesso ao processo de

por ser na *força probatória* do escrito», consideradas as eventuais formalidades que possam ser exigidas, «que radica a eficácia executiva do título (quer o acto documentado subsista, quer não)»[561].

Ora, a doutrina que transcrevemos – e que constava já da primeira edição do *Manual de Processo Civil*[562] que estudámos na aprendizagem deste ramo da ciência jurídica –, aplicada aos títulos de crédito em geral, e ao cheque em particular, significa que, antes de mais, na construção e apresentação do requerimento executivo, há que atender à aparência e expressão literal do cheque, da qual resultará a respectiva exequibilidade, sendo irrelevante a validade e subsistência da relação subjacente à sua criação[563].

Assim, se o cheque não tiver validade enquanto título cambiário, não com o significado de já não poder ser proposta acção cambiária, mas no sentido de não dever ser pago – por se encontrar prescrito ou por ter sido revogado –, ele também não poderá ser usado no plano processual como base da acção executiva, embora possa titular situações de enriquecimento sem causa e contribuir para a prova de relações subjacentes à sua criação e transmissão, por ser meio probatório idóneo.

**IV.** Há, pois, que verificar pelo exame do cheque junto à acção executiva se o direito do respectivo portador subsiste. Se decorreu já um prazo superior a seis meses e oito dias, deveremos considerar que prescreveu a obrigação cartular. Nessa circunstância, o cheque deixa de ser título executivo e de estar apto a constituir a base válida da execução.

Nem se diga que a acção executiva deve proceder enquanto o devedor não invocar a prescrição, por esta não ser de conhecimento oficioso pelo tribunal (cfr. art. 303.º do CC)[564]. Em tal caso, a oposição, por excepção, irá com grande probabilidade ser deduzida e porá termo à

---

execução. Afinal de contas, ela permite o acesso ao processo de injunção, e obrigando o emitente a suportar o IVA aplicável, não faz muito sentido que ele o crie, sem que a mesma corresponda a uma prestação efectiva e a um preço devido.

[561] ANTUNES VARELA/MIGUEL BEZERRA/SAMPAIO E NORA, *Manual de Processo Civil*, 2ª ed., cit., **1985**, p. 79.

[562] ANTUNES VARELA/J. MIGUEL BEZERRA/SAMPAIO E NORA, *Manual de Processo Civil*, Coimbra Editora, **1984**, p. 74.

[563] Cuja demonstração veremos (*infra*, n.º 19.3) ser essencial à acção crime (cfr. também o art. 11.º -A, n.º 2 do Decreto-Lei n.º 454/91, de 28 de Dezembro).

[564] Neste sentido, LEBRE DE FREITAS, *A acção executiva (depois da reforma)*, 4ª ed., Coimbra Editora, **2004**, pp. 61-62, nota 55.

*Compreensão jurídica do cheque* 245

acção executiva. A natureza da acção executiva consubstanciada em documento particular requer que a aptidão formal do título executivo seja comprovada pela simples leitura do mesmo. Se ele já não for aparentemente válido e idóneo para sustentar, pelo menos formalmente, a acção, o requerimento executivo deve ser recusado.

**V.** Uma outra questão que se coloca – e a que respondemos adiante (*infra*, n.º 8.5) – consiste em saber se o cheque, uma vez prescrito, pode (continuar a) valer como título executivo, enquanto documento quirógrafo de reconhecimento de dívida[545]. Sem pretendermos adiantar a resposta que, como veremos, não é pacífica, deixamos duas notas, uma em jeito de interrogação:

- Por um lado, quer-nos parecer que a certeza e a segurança do Direito, conjugadas com a tutela da confiança alicerçada na aparência concedida ao beneficiário do cheque, não podem ser indiferentes à solução a que se chegue; e
- Por outro lado, justifica-se equacionar a questão de diferente modo, reconduzindo-a à seguinte formulação, recorrente na jurisprudência nacional: Pode o cheque deixar de ser cambiariamente válido e subsistir como documento de reconhecimento de dívida?

**VI.** Numa óptica puramente substantiva, jurídico-mercantil, o sistema que resulta da Lei Uniforme é seguro e o que melhor se coaduna com a literalidade resultante do cheque, não devendo haver dúvidas, no momento da apresentação do requerimento executivo, que o cheque é válido a produzir os seus efeitos cambiários.

Não obstante, como veremos, a corrente doutrinária e jurisprudencial maioritária nesta matéria, sensibilizada pela obrigação que a

---

[565] Como veremos (*infra*, n.º 8.5), a jurisprudência divide-se profundamente na resposta a esta questão.

Para ilustrarmos as dificuldades com que os nossos tribunais deparam, nesta matéria, chame-se a atenção para a construção do **AcRelCoimbra de 27 de Junho de 2000** (GARCIA CALEJO), *CJ*, ano XXV, 2000, t. III (pp. 37-39) que, admitindo, em teoria e aparente contradição, que um título cambiário prescrito não possa valer enquanto tal como título executivo, mas possa ser título executivo *enquanto documento particular assinado pelo devedor*, conclui que *um cheque não reconhece uma obrigação pecuniária a favor de um terceiro* – em benefício de quem apenas enuncia uma ordem de pagamento sobre um banco – e, por isso, *só por si, não pode ser aceite como título executivo* (pp. 38-39), desse modo escrevendo direito por linhas tortas, acrescente-se.

246 *Cheque e Convenção de Cheque*

subscrição do cheque (não pago) consubstanciou – sob a forma de saque, endosso ou aval –, tende a converter o cheque prescrito em documento quirógrafo, reconhecendo-lhe, desse modo, a força de título executivo, e desprezando as razões que muito provavelmente terão conduzido ao não pagamento e prescrição do cheque.

Se o cheque foi especialmente apto a servir como título executivo, a verdade é que ele, uma vez prescrito, se encontra definitivamente prejudicado e então já nem como quirógrafo poderá ser usado, porque ele nunca constituiu reconhecimento ou assunção da dívida subjacente, mas apenas da resultante da subscrição cambiária, cujos efeitos se extinguiram entretanto.

**VII.** Pelos motivos expostos, e antecipando já a análise e resposta à questão que abordaremos autonomamente em seguida, mas que não se pode dissociar da apreciação dos efeitos processuais do cheque prescrito, não parece de admitir que este possa ser utilizado como título executivo[566].

---

[566] Reconhecemos ter reflectido mais ponderadamente sobre esta questão, representando o actual texto uma inflexão à nossa intervenção no seminário de Direito Bancário organizado pela FDL em Novembro de 1997, e que ficaria documentada nos *Estudos de Direito Bancário*, AA.VV., Coimbra Editora, **1999**, pp. 243-260.

Afirmávamos então, a propósito do aproveitamento dos cheques como títulos executivos – no nosso referido estudo (*ibid.*, pp. 253-254) –, na sequência das alterações introduzidas no regime jurídico-penal do cheque, pelo DL 316/97, não nos repugnar admitir que, não obstante a prescrição prevista na Lei Uniforme, o cheque pudesse ter utilidade como título executivo, por traduzir o reconhecimento de uma obrigação pecuniária. Citávamos – em apoio da nossa posição – o, então recente, **Acórdão da RelLisboa de 18 de Dezembro de 1997** (MARCOS RODRIGUES) (*CJ*, vol. XXII, 1997, t. V, pp. 129-130), cuja doutrina que, tão decisiva como irreflectidamente, nos influenciara, agora criticamos.

O novo diploma (DL 316/97, de 19 de Novembro), nos termos do disposto no respectivo art. 3.º, n.º 1, introduziria uma discrepância de prazos para a acção civil por falta de pagamento relativa aos cheques que deixavam de beneficiar de tutela penal – um ano –, por comparação com os seis meses aplicáveis à prescrição do cheque (cfr. art. 52.º da LU).

Não cremos que se tenha procurado alargar o prazo de validade do cheque como título executivo. Aliás, o DL 316/97 refere-se apenas à acção civil, não distinguindo a acção executiva da acção declarativa de condenação que se viesse a alicerçar ao recorrer ao cheque como meio de prova. Procurou-se apenas assegurar que, perante a extinção de acções penais já em curso, os beneficiários dos cheques dispusessem de um prazo razoável, a contar da «*notificação do arquivamento do processo ou da (...) extinção do procedimento criminal* (art. 3.º, n.º 1), para proporem uma acção cível, eventualmente

Se, por um lado, traduz, em princípio, enquanto meio de pagamento não satisfeito, o reconhecimento de uma dívida pecuniária correspondente ao montante nele inscrito[567]; por outro lado, já não é cambiariamente válido e, por isso, já não é um documento apto a servir como título exe-cutivo[568]. Se a dívida, que ele consubstancia, se mantém, não obstante a sua ineptidão superveniente como título executivo, o credor terá de recorrer previamente à acção declarativa, para demonstrar o seu direito à satisfação da quantia pretendida.

**VIII.** Por sua vez, à acção declarativa de enriquecimento sem causa, sustentada em cheque não pago, e eventualmente prescrito, poderá recor-

---

executiva, que lhes permitisse obter a satisfação do seu crédito. Sem esse prazo especial, seria muito natural que os lesados – que haviam recorrido à acção penal, ao abrigo da lei anterior – já não estivessem, entretanto, em prazo para requerer a acção executiva no momento da entrada em vigor da alteração do DL 454/91 (se não se considerasse a prescrição interrompida), por o cheque se encontrar, nessa altura, emitido há mais de seis meses e oito dias.

Uma outra questão que o art. 3.º do DL 454/91 suscita consiste em saber se a respectiva previsão se aplica apenas aos processos pendentes, revestindo natureza puramente transitória, ou se se deve aplicar aos efeitos dos processos criminais que venham a ser extintos posteriormente à sua entrada em vigor.

Considerando inequívoca a natureza transitória do n.º 4, mas que os n.ᵒˢ 1 e 2 estendem os seus efeitos para o futuro, aplicando-se a processos que não se encontram pendentes – pelo que devem as «autoridades judiciárias, mesmo no que respeita a processos posteriores a 01-01-98, restituir o cheque e ordenar a passagem da respectiva certidão de decisão, sem custas, ao interessado que a requeira», Manuel Ferreira Antunes, *Regime Jurídico do cheque sem provisão. Regime jurídico-penal anotado e comentado*, Petrony, Lisboa, s/d (mas depósito legal de **2005**), pp. 23 e 24.

Embora não nos pareça adequada a leitura do magistrado do Ministério Público, uma vez que o espírito da norma (transitória) era salvaguardar os efeitos civis dos cheques cujos procedimentos em curso se extinguissem por efeito das alterações introduzidas pelo novo diploma, sendo irrelevantes as situações futuras em que, por efeito do novo regime então já previsível, não haveria lugar a procedimento criminal, a questão não assume especial interesse para a nossa investigação, pelo que nos abstemos de a desenvolver. Para que fique claro, apenas referiremos que, para quem aceite a perspectiva de Ferreira Antunes, a acção civil a que se refere o preceito em causa não é necessariamente de natureza executiva.

[567] Neste sentido, cfr. o **Acórdão da RelLisboa de 18 de Dezembro de 1997** (Marcos Rodrigues), *CJ*, vol. XXII, 1997, t. V, pp. 129-130.

[568] Neste sentido, cfr. o **Acórdão do STJ de 29 de Fevereiro de 2000** (Silva Paixão), cujo sumário reproduzimos parcialmente no texto.

248         *Cheque e Convenção de Cheque*

rer o respectivo beneficiário no prazo de três anos, a contar do saque, desde que não disponha de outro meio para ser indemnizado (cfr. arts. 474.º e 482.º do CC)[569].

**IX.** Concluindo, afigura-se constituir doutrina correcta, e a única compatível com a natureza e exequibilidade dos títulos executivos, a de considerar que a prescrição do cheque tem efeitos substantivos sobre a respectiva validade como título da acção executiva. A prescrição não extingue a obrigação subjacente ao cheque, que este constitui e titula, mas – sendo naturalmente invocada – afecta a acção cambiária de regresso e impede que o cheque, que não tenha ainda sido apresentado a pagamento, seja pago pela instituição de crédito sacada. Veremos, em seguida, se o cheque prescrito pode, não obstante, subsistir como título executivo, ainda que enquadrado na categoria, agora genérica, dos documentos particulares (quirógrafos).

---

[569] A esta conclusão e solução chegava já, a propósito da prescrição da letra, José Marques de Sá Carneiro, *Da Letra de Câmbio na Legislação Portuguesa*, Tipografia Sequeira, Porto, **1919**, pp. 227-232, afirmando a acção de locupletamento – e, através dela, atribuindo ao portador «o direito de exigir dos obrigados aquilo com que êles se locupletariam à sua custa» (p. 228) –, «mesmo na falta de um preceito especial que a sancione» (p. 229). Neste caso, o enriquecimento é do sacador que não vê o cheque oportunamente sacado apresentado a pagamento e, por isso, não desembolsa a quantia correspondente. Esta situação não se confunde com a oposta em que o portador do cheque obtém injustificadamente o respectivo pagamento, importando então discutir quem tem legitimidade para propor a acção de restituição. Sobre esta (outra) questão – sem que a presente nota tenha de constituir necessariamente concordância com a solução a que o nosso colega e professor da FDL chega –, vd. Luís Menezes Leitão, *O enriquecimento sem causa no Direito Civil*, Centro de Estudos Fiscais, Lisboa, **1996**, pp. 584-590 (em especial, p. 589), e jurisprudência citada, em especial o **AcRelPorto de 6 de Janeiro de 1994** (Norberto Brandão), *CJ* ano XIX, t. I, 1994, pp. 200-201 (por lapso referenciado como sendo do STJ).

Sobre a subsidiariedade da pretensão de enriquecimento e a interpretação do art. 474.º do CC, vd. Diogo Leite de Campos, *A subsidiariedade da obrigação de restituir o enriquecimento*, Almedina, Coimbra, **1974**, pp. 192-194, 359-369, 376-377, 378-381, 387-388, 431-442, 480-485, Júlio Vieira Gomes, *O conceito de enriquecimento, o enriquecimento forçado e os vários paradigmas do enriquecimento sem causa*, Universidade Católica Portuguesa, Porto, **1998**, pp. 415-467 (com ampla crítica a Leite Campos, pp. 423-428), em especial pp. 433-438, Menezes Leitão, *O enriquecimento sem causa no Direito Civil*, cit., **1996**, pp. 941-951 (em especial, pp. 946-948), e doutrina por este citada, em especial nas notas 1, 11 e 12.

## 8.5. O cheque como documento quirógrafo

### 8.5.1. *Enunciado da questão*

**I.** Antes de traçarmos a conclusão – sobre o valor do cheque como título executivo –, e porque se trata de preocupação recorrente da doutrina e jurisprudência actuais, vamos ver em que termos poderia o cheque valer como documento quirógrafo de uma obrigação.

Nesta matéria, e como salienta MÁRIO DE FIGUEIREDO, na sua dissertação doutoral[570], há que distinguir duas questões substancialmente diferentes, quais sejam – e passamos a citar com ligeiras modificações – as de saber:

– Se «um título a que faltem as formalidades essenciais exigidas por lei» (sendo, por isso, incompleto) «será absolutamente destituído de valor jurídico ou deixa apenas de poder considerar-se título de crédito, para assumir a natureza de simples documento probatório de uma obrigação existente fora dele»; e

– «Se um título de crédito perfeito no seu rigor formal» (mas que não desempenhou a função para a qual foi criado, sublinhe-se) «pode, depois de perder a eficácia jurídica como título de crédito, conservá-lo como documento probatório de uma obrigação existente fora dele».

Repare-se que, na primeira situação, estamos perante um documento que, não valendo com a qualidade com que havia sido pensado e criado, por se encontrar incompleto, pode apesar disso servir para evidenciar a existência da relação de natureza contratual que está na sua génese[571], ao passo que no segundo caso o título constituiu-se como válido e eficaz, documentando uma obrigação cartular, mas deixar de produzir os efeitos

---

[570] *Caracteres Gerais dos Títulos de Crédito e seu Fundamento Jurídico*, Coimbra, F. França Amado, **1919**, pp. 28-30. As citações são extraídas das pp. 28 e 30.

[571] Adaptando ao cheque e à respectiva Lei Uniforme o entendimento de MÁRIO DE FIGUEIREDO – expresso na vigência das disposições legais então aplicáveis, do Código Comercial de 1888 –, diríamos que o facto de se estatuir, no art. 2.º da LUCh, que «*não produz efeito como cheque um título a que faltar qualquer dos requisitos enumerados no artigo 1.º*, «envolve a afirmação de que pode produzi-lo como documento particular» (*Caracteres Gerais dos Títulos de Crédito*, cit., p. 29).

para que tendia, pelo decurso do tempo ou por intervenção autorizada de um dos sujeitos envolvidos. Nestas circunstâncias, importaria apurar se esse título (*maxime* o cheque) poderia manter-se como quirógrafo da obrigação do devedor, constituindo prova da mesma e se, nomeadamente, permite o acesso directo ao processo de execução, em caso de falta de pagamento, como título executivo. É nesta segunda acepção que iremos, neste ponto, analisar o valor do cheque como quirógrafo de uma obrigação (subjacente) e ponderar sobre a respectiva aptidão para constituir título executivo, em caso de incumprimento dessa obrigação.

**II.** Antes de prosseguirmos, esclareça-se que desprezamos o desenvolvimento da questão inerente ao título incompleto, uma vez que a respectiva análise só faz sentido se, primeiramente, concluirmos que um cheque que deixou de produzir efeitos pode continuar a valer como título executivo. Se a conclusão for negativa – para este caso –, então, por maioria de razão, também o será para um título que, por falta de requisitos essenciais, nunca teve valor como cheque, pelo que a resposta à questão relativa ao aproveitamento do título incompleto também ficaria prejudicada.

Previna-se, no entanto, que o facto de aceitarmos que um cheque pode valer como documento probatório da relação subjacente à obrigação cartular não equivale necessariamente a concluir que ele subsista como título executivo, quando tiver perdido os seus efeitos de título de crédito[572], mesmo considerando a diluição do cheque no conceito de documento particular e o alargamento deste, por efeito das reformas de 1995/96 (do Código de Processo Civil) e de 2003 (da acção executiva).

### 8.5.2. *A novação da relação subjacente*

**I.** Mário de Figueiredo[573] considerava já que a resposta a dar à questão da conservação da eficácia do cheque – após este cessar os seus

---

[572] Julgamos encontrar-se nesta equivalência – que veremos não ter sentido – a raiz da opção das correntes doutrinárias e jurisprudenciais maioritárias, que referimos (cfr., *infra*, 8.5.4 e 8.5.5).

Sobre a *força probatória* e distinção entre esta e *força executiva* dos documentos particulares, vd. j.m. Gonçalves Sampaio, *A prova por documentos particulares,* cit., **2004**, pp. 109-116 e 219.

[573] *Caracteres Gerais dos Títulos de Crédito*, cit., p. 30.

*Compreensão jurídica do cheque* 251

efeitos cartulares –, como mero documento probatório de uma obrigação causal (que nele não se encontra expressamente reflectida), está dependente de se apurar se, com a emissão do título de crédito, se produz a novação[574] da relação jurídica que lhe serve de base.

A questão, que se discutiu em Portugal a propósito das letras – e que conheceria um Acórdão do Supremo Tribunal de Justiça, tirado em plenário (o **Assento de 8 de Maio de 1928**[575]), o qual, não obstante ter tido curta vida, caducando com a entrada em vigor da Lei Uniforme relativa às Letras e Livranças, chegou a ser objecto de ampla polémica, tendo-lhe sido, por alguns, recusada a própria natureza de assento[576] –, acabaria por ser resolvida no sentido anteriormente preconizado por MÁRIO DE FIGUEIREDO. Hoje é pacífico que a subscrição de um título de crédito (*maxime* abstracto, como é o caso do cheque e da letra) não provoca a novação da relação subjacente – que constitui causa da relação cartular e com ela coexiste[557] –, excepto se tal for expressamente estipulado[578].

---

[574] A novação consiste na extinção contratual de uma obrigação por efeito da constituição de uma nova obrigação que a substitui. Cfr., entre outros, Mário Júlio de ALMEIDA COSTA, *Direito das obrigações*, 10ª ed., Almedina, Coimbra, **2006**, pp. 1110-1114 (cfr., em especial, pp. 1110-1111), MENEZES LEITÃO, *Direito das Obrigações*, vol. II, 5ª ed., Almedina, Coimbra, **2007**, pp. 211-217, ANTUNES VARELA, *Das Obrigações em geral*, vol. II, 7ª ed., Almedina, Coimbra, **1997** (reimp. 2006), pp. 229-242, em especial pp. 230-231.

[575] «*Entre comerciantes e por dívidas provenientes de actos de comércio, o aceite, pelo devedor, de letras sacadas pelo credor, importa novação das dívidas até ao limite do montante das letra se, portanto, a extinção dos direitos e obrigações acessórios, salvo o caso de reserva expressa*».

[576] Sobre este assento – que critica asperamente (pp. 334, nota 1, 349-357) e cujo texto transcreve [cfr. pp. 344-338 (nota 1)] –, vd. GONÇALVES DIAS, *Da letra e da livrança* segundo a Lei Uniforme e o Código Comercial, vol. I, Minerva, Famalicão, **1939**, pp. 333-360.
Sobre a discussão da questão da novação e a forma como a mesma evoluiu, vd. FERNANDO OLAVO, *Títulos de Crédito em Geral*, 2ª ed., **1978** (reimp. de 1983), pp. 77 79.

[577] Tal como coexistem «o direito e acção cartular e o direito e acção subjacente» (FERNANDO OLAVO, *Títulos de Crédito em Geral*, 2ª ed., cit., **1978**, p. 76).

[578] Na esteira de MÁRIO DE FIGUEIREDO, *Caracteres Gerais dos Títulos de Crédito*, cit., pp. 30-34, vd. J. G. PINTO COELHO, *Lições de Direito Comercial*, 2.º vol., Fasc. II – As Letras, 2ª Parte, 2ª ed., Lisboa, **1964**, pp. 47-53, em especial pp. 50-53, e FERNANDO OLAVO, *Títulos de Crédito em Geral*, 2ª ed., cit., **1978**, pp. 81-84. Cfr. também a doutrina citada *infra*, n.º 9.1.XIII (nota 642).
Sobre os trabalhos preparatórios da Convenção de Genebra nesta matéria, cfr. Adriano VAZ SERRA, «Títulos de Crédito», cit., *BMJ* 60, **1956**, pp. 238-240.
Por sua vez, a jurisprudência, na linha do **Assento de 8 de Maio de 1936** (E. SANTOS), *DG*, I Série, de 22 de Maio de 1936 («*A prescrição, a que se refere o art. 339.º*

252 *Cheque e Convenção de Cheque*

A obrigação cartular emergente da subscrição cambiária não extingue a obrigação subjacente, que a origina, mas sobrepõe-se, podendo servir para evidenciar a existência desta em qualquer momento, e ainda que a relação cartular tenha cessado os seus efeitos.

No entanto, isto não significa que o cheque mantenha a qualidade de título executivo, mas tão-somente que possa ser utilizado como elemento probatório em juízo, nomeadamente em sede de acção declarativa[579]. E esta conclusão é extensível aos cheques incompletos.

Podemos, pois, concluir intercalarmente que o cheque pode ser meio probatório da relação subjacente, ainda que esteja incompleto ou tenha

---

*do Código Comercial, não abrange a da obrigação constante da letra»*, o que significa que a prescrição da acção cambiária não prejudica a acção fundada na relação subjacente e, consequentemente, a obrigação causal não seria objecto de novação pela obrigação cartular) – cuja subsistência também seria controversa, dada a entrada em vigor da Lei Uniforme das Letras e Livranças, entretanto ocorrida –, inclinar-se-ia decisivamente no sentido de considerar que a novação só ocorre quando for expressamente prevista. Na doutrina processualista, e no sentido do Assento que, aliás, invoca – embora para justificar a subsistência do cheque como título executivo, depois de prescrito –, cfr. Fernando Amâncio Ferreira, *Curso de Processo de Execução*, 10ª ed., Almedina, Coimbra, **2007**, p. 40.

Mais recentemente, a subscrição cambiária (da letra) passou a ser (positivamente) qualificada como dação *pro solvendo*. Nesse sentido, cfr. **AcSTJ de 5 de Março de 1976** (João Moura), *BMJ* 255, pp. 168-170.

No que respeita à qualificação da cessão ou entrega de um cheque para pagamento de uma dívida, como dação *pro solvendo*, e por ordem cronológica, cfr. Adriano Vaz Serra, «Dação em função do cumprimento e dação em cumprimento», *BMJ* 39 (pp. 25-57), **1953**, em especial pp. 25-34 – com referência expressa à adequação da expressão dação em função do cumprimento para significar *datio pro solvendo* (cfr. nota 1, a pp. 26-27) –, Pinto Coelho, *Suplemento às Lições de Direito Comercial – As letras, 2ª parte*, 2ª ed., Lisboa, **1962**, pp. 199-200 e nota 1, António Menezes Cordeiro, *Direito das Obrigações*, 2.º volume (Lições Policopiadas), AAFDL, Lisboa, **1980** (reimp. 1986), p. 212 (nota 87), Espinosa Gomes da Silva, «Recusa de aceitação de cheques», *CJ*, t. IV, **1986** (pp. 41-46), pp. 43, 44 e 45 (embora no Sumário se indique, por lapso, o contrário), Jorge Ribeiro de Faria, *Direito das Obrigações*, vol. II, Almedina, Coimbra, **1990**, pp. 217-218 (e nota 3) – na linha de Manuel de Andrade, *Teoria Geral das Obrigações*, 3ª ed., Almedina, Coimbra, **1966**, pp. 245-246, que cita na 2ª edição (1963) –, e Menezes Leitão, *Direito das Obrigações*, vol. II, 5ª ed., cit, **2007**, pp. 189-190. Na jurisprudência, cfr. **AcSTJ de 29 de Novembro de 1990** (Moreira Mateus) / Proc. n.º 079188, *www.dgsi.pt*, e **AcRelCoimbra de 21 de Março de 2006** (Freitas Neto) / Proc. n.º 100/06, *www.dgsi.pt*.

[579] Apontando para esta, ao referir que o portador pode efectivar «a relação subjacente», Mário de Figueiredo, *Caracteres Gerais dos Títulos de Crédito*, cit., p. 36.

*Compreensão jurídica do cheque* 253

cessado, em absoluto, os seus efeitos cambiários. Veremos, em seguida, se o cheque que não produz quaisquer efeitos cartulares pode, não obstante, constituir título executivo válido e eficaz.

### 8.5.3. *Enquadramento da questão no Direito vigente*

**I.** Explicitada e delimitada a questão, vejamos como é que ela se concretiza no plano do domínio processual civil actual.

Recorde-se que a reforma de 1995/96 do Código de Processo Civil, complementada e desenvolvida pela reforma da acção executiva de 2003, no que à matéria dos títulos executivos respeita, alargou consideravelmente o conceito de título executivo, tornando exequíveis documentos particulares[580] que traduzissem a *constituição ou* o *reconhecimento de* determinadas *obrigações*, e confirmando a simplificação que se vinha já a verificar, anteriormente[581].

Assim, passaram a ser títulos executivos quaisquer «*documentos particulares assinados pelo devedor* (executado) – sem necessidade do reconhecimento presencial da assinatura –, *que importem constituição ou reconhecimento de obrigações pecuniárias, cujo montante seja determinado ou determinável por simples cálculo aritmético, ou obrigação de entrega de coisa* (móvel ou imóvel) *ou de prestação de facto*» (positivo ou negativo) [art. 46.º, n.º 1, al. c) do CPC][582].

---

[580] Sobre a caracterização destes documentos e requisitos da respectiva eficácia probatória, cfr. MENEZES CORDEIRO, *Tratado de Direito Civil Português*, I – *Parte Geral*, Tomo IV, Almedina, Coimbra, **2005**, pp. 496-497.

[581] Em 1961, com a publicação do Código de Processo Civil, a *exequibilidade* havia sido «estendida aos documentos particulares constitutivos da obrigação de entrega de coisas fungíveis» (António ABRANTES GERALDES, «*Títulos Executivos*», cit., **2003**, p. 38). Em 1978 (DL 533/77, de 30 de Dezembro), dispensou-se o reconhecimento presencial da assinatura do devedor nas letras, livranças e cheques, de montante inferior à alçada do tribunal da Relação, e, posteriormente, em 1985 (DL 242/85, de 9 de Julho), a dispensa de reconhecimento presencial generalizou-se, estendendo-se a todos os títulos de crédito, qualquer que fosse o respectivo valor.

[582] Simultaneamente, com a reforma de 2003, os juros de mora resultantes do incumprimento da obrigação constante do título passaram a considerar-se abrangidos por este à taxa legal.

II. Os cheques são documentos particulares[583], assinados pelo seu devedor, que exprimem a constituição ou o reconhecimento de uma obrigação pecuniária, de montante determinado, sendo tradicionalmente reconduzidos aos títulos executivos, a par dos demais títulos de crédito cambiários (a letra e a livrança). Vimos (*supra* n.º 8.4) quando é que o cheque, como título de crédito, é título executivo.

Vamos agora verificar se o cheque pode ser título executivo, mesmo quando já não vale como título cambiário, isto é, se pelo facto de corresponder a um documento assinado ele pode ser utilizado para executar o devedor, por traduzir o reconhecimento de uma obrigação exigível, de montante determinado.

Não está em causa saber se o cheque prescrito é quirógrafo de uma obrigação. Já vimos que sim. O que se pretende apurar agora é se o cheque, como tal, pode enquadrar-se nos documentos particulares que são títulos executivos, por traduzirem o reconhecimento de uma obrigação. O problema apenas terá relevo para os cheques que, não tendo sido pagos na sua vida útil, já não valem como títulos de crédito cambiários – que são, por natureza, títulos executivos –, nomeadamente por se encontrarem prescritos ou por terem sido revogados.

Recorde-se que o acesso directo à acção executiva, pelo portador do título – cujo pagamento foi recusado – baseia-se na obrigação cartular que o cheque *documenta*, independentemente da validade da obrigação subjacente, e sem prejuízo da oponibilidade de excepções causais (cfr. art. 22.º da LUCh) pelo devedor executado no âmbito das relações cartulares imediatas, em sede de oposição processual. É a natureza abstracta do cheque que torna suficiente a apresentação do título, justificando a desnecessidade de alegação e demonstração da relação subjacente, a qual compete ao devedor se este quiser opor-se, com êxito, à pretensão do portador do título e exequente, evidenciando que, no caso concreto, existe um motivo impeditivo da satisfação do crédito (invocado). Mas é fundamental que a pretensão cartular ou cambiária subsista se for com base nela que o credor pretender fazer valer o seu direito.

A questão resume-se, então, no seguinte: se resultar inequivocamente do documento que o cheque já não pode valer como título de crédito, pode ele, não obstante, valer como reconhecimento de uma obrigação de quem o subscreve perante o beneficiário (portador) e, como tal, constituir título executivo?

---

[583] Sobre os requisitos do escrito particular assinado pelo devedor, LEBRE DE FREITAS, *A acção executiva (depois da reforma)*, 4ª ed., Coimbra Editora, **2004**, pp. 57-60.

*Compreensão jurídica do cheque* 255

A resposta não é tão linear e evidente como pode parecer à primeira vista[584], mesmo para quem conclui, como é o nosso caso, que o cheque prescrito pode ser meio probatório da obrigação subjacente.

**III.** Há basicamente três soluções diferentes para esta questão[585], embora duas delas conduzam, de facto, a uma resposta comum[586]:

---

[584] Exemplo flagrante desta afirmação é o **AcSTJ de 9 de Março de 2004** (ARAÚJO BARROS), *www.dgsi.pt*, com três votos em favor do decidido [alicerçados em declaração expressa do Conselheiro Salvador da Costa (pp. 8-9)] e um voto de vencido. O Acórdão exige, por um lado, que o cheque seja apresentado a pagamento no prazo legal, mas admite que, teoricamente, possa valer como título executivo como simples quirógrafo quando não é apresentado a pagamento no prazo legal. No entanto, como dele não resulta a obrigação causal e ele documenta um negócio jurídico formal (*maxime*, um mútuo), o documento não pode constituir título executivo. O Acórdão distingue o cheque como título executivo no âmbito de acção cartular, na qual fica prejudicado quando não é oportunamente apresentado a pagamento, do cheque como título executivo em acção causal, como simples quirógrafo, com a limitação resultante de não poder documentar negócio jurídico formal. A posição do Conselheiro Salvador da Costa e da maioria da secção é a de que «*destituído da sua eficácia cambiária, face ao seu próprio teor literal, não pode o cheque ser qualificado como documento consubstanciador do reconhecimento ou da constituição da obrigação pecuniária a que se reporta a alínea c) do artigo 46.º do Código de Processo Civil*» (cfr. p. 8). Trata-se de uma posição bem mais simples e coerente que, por ser maioritária, nos deixa perplexos com os termos de aprovação do Acórdão.

[585] Como assinala ABRANTES GERALDES, «*Títulos Executivos*», cit., **2003**, pp. 60-63. Reconhecendo expressamente a existência da controvérsia no plano jurisprudencial, os **Acórdãos da Relação de Coimbra de 16 de Março de 2004** (CARDOSO ALBUQUERQUE), *CJ* ano XXIX, t. II, 2004, pp. 18-20, em especial, p. 19, e **de 26 de Junho de 2007** (ISAÍAS PÁDUA), *www.dgsi.pt*, pp. 3-4.

[586] Como resulta, com clareza, do **AcRelCoimbra de 26 de Junho de 2007** (ISAÍAS PÁDUA) / Proc. n.º 2432/05.9TBPMS.C1, *www.dgsi.pt*, que sistematiza a divergência em duas grandes correntes, admitindo que uma delas se subdivide. Assim, e de acordo com o aresto citado – que enumera diversos acórdãos –, é possível agrupar a jurisprudência, nesta matéria, em duas correntes diferentes:
– a minoritária, que recusa ao cheque força executiva, como mero quirógrafo, e que é aquela que perfilhamos; e
– a maioritária, que aceita que um cheque que se encontre no âmbito das relações imediatas (*credor / devedor originários*), ou seja, *que não tenha sido endossado*, possa valer, enquanto mero *quirógrafo (assinado pelo executado)* como título executivo. Esta corrente – a que o Desembargador ISAÍAS PÁDUA adere –, por sua vez, *subdivide-se em duas outras correntes de opinião*: uma representada por LEBRE DE FREITAS e a outra por ABRANTES GERALDES, distinguindo-se uma da outra essencialmente por a primeira advogar a necessidade de *indicação ou alegação da causa da obrigação* no requerimento executivo e a segunda o dispensar. Analisá-las-emos adiante separadamente (cfr., *infra*, n.os 8.5.4, 8.5.5 e 8.5.6).

– Uma perspectiva considera inadequado recorrer ao documento para, externamente à sua natureza e à margem da sua validade originária, reconhecer uma obrigação do devedor emergente da relação causal subjacente;
– Uma segunda tese aceita a utilização, como documento de reconhecimento de dívida (título executivo), de um título de crédito prescrito, desde que, no respectivo texto, esteja mencionada a causa da obrigação; e
– Uma terceira corrente reconhece força executiva a qualquer documento que traduza o reconhecimento de uma dívida, sendo desnecessário alegar a respectiva causa.

**IV.** Antes de analisarmos as teorias sinteticamente enunciadas e optarmos pela que consideramos mais correcta – ainda que com diferente motivação –, impõe-se afastar da presente discussão os títulos de crédito (cheques) que tenham sido de tal maneira (legitimamente) alterados, com eventual indicação expressa da causa, que já não tenham qualquer semelhança com o cheque. Não equacionamos, assim, o cheque de que conste referência à relação jurídica causal, designadamente a que se encontra subjacente ao saque, uma vez que, nessa circunstância, se trata essencialmente de um documento quirógrafo como os demais, que se enquadram na alínea c) do n.º 1 do art. 46.º do Código de Processo Civil. Nesse caso vale como documento particular, eventualmente de reconhecimento de dívida, se tal conclusão se puder retirar da respectiva leitura.

Se o cheque tiver aposta uma menção que, pelo menos, indicie a natureza da obrigação subjacente à constituição do título – como acontecia, por vezes, com as letras –, do género de «valor comercial ou transacção comercial», a situação não se altera, como demonstraremos. Tal alusão apenas poderá contribuir para inverter o ónus da prova, relativamente à qualificação, como mercantil, da relação subjacente e da obrigação (dívida) dela emergente.

Aliás, não podemos considerar suficiente, nem válida, nem eficaz – para assegurar ao cheque a qualidade de título executivo –, a mera indicação da natureza jurídica da relação fundamental (por exemplo, "transacção comercial") se a mesma constar de um documento que já não se encontra apto a servir para os fins para que foi criado. Simultaneamente não é essa menção – da natureza comercial da relação subjacente (ou de uma das relações subjacentes se o cheque tiver efectivamente circulado) – que confere ao documento a qualidade de quirógrafo de uma obrigação ou de meio probatório de existência da mesma.

Tal indicação não lhe permite alterar a natureza de modo a ser aproveitável o eventual reconhecimento de dívida que dele poderia emergir. A prescrição, ao extinguir o título executivo, impedirá, como veremos, o respectivo aproveitamento como documento particular indiferenciado (quirógrafo). E isso significa que, uma vez perdida a qualidade de título executivo, pela prescrição cambiária, o documento subsistente não se mantém, nem é requalificável como título executivo, não podendo valer, como tal, como quirógrafo da obrigação que lhe está subjacente.

Passemos a analisar as orientações que se têm desenhado na doutrina e jurisprudência nacionais, iniciando o excurso por aquela que é hoje maioritária e que, sintética e antecipadamente, acabamos de rebater.

### 8.5.4. *Doutrina que defende poder ser o cheque como simples quirógrafo título executivo*

**I.** A tese que admite a utilização de um título de crédito prescrito como documento particular de reconhecimento de dívida (título executivo), desde que no respectivo texto esteja mencionada a causa da obrigação – de que constitui presentemente[587] arauto, no plano doutrinal, Lebre de Freitas[588] e que corresponde a uma corrente jurisprudencial significativa,

---

[587] Anteriormente, embora a propósito da letra de câmbio – mas pronunciando-se sobre a eficácia da letra prescrita como título de crédito –, vd. José Alberto dos Reis, *Código de Processo Civil Anotado*, vol. I, 3ª ed., Coimbra Editora, **1948**, pp. 166-167, Anselmo de Castro, *A Acção Executiva Singular, Comum e Especial*, 3ª ed, Coimbra Editora, **1977**, p. 37, e Adelino da Palma Carlos, *Código de Processo Civil Anotado*, vol. I, (Livros I e II. Arts. 1.º a 137.º), Procural, Lisboa, **1942**, p. 189-190.

[588] Considerando, com base na «admissibilidade geral da figura do reconhecimento de dívida», que um título prescrito (no caso uma letra), «por conter um reconhecimento de dívida» pode «desempenhar a funçao de título executivo da obrigação subjacente» (*A confissão no direito probatório*, Coimbra Editora, Coimbra, **1991**, p. 397). Deste autor, cfr. também *A acção executiva*, cit., **2004**, pp. 59 e 61-63.

Neste sentido, fazendo também depender a exequibilidade do cheque prescrito, como quirógrafo, da menção da causa da relação fundamental, J. P. Remédio Marques, *Curso de Processo Executivo Comum*, cit., **2000**, p. 72, e Carlos Lopes do Rego, *Comentários ao Código de Processo Civil*, vol. I, 2ª ed., Almedina, Coimbra, **2004**, p. 82.

Adere também, inequívoca e entusiasticamente, a esta tese, Amâncio Ferreira, *Curso de Processo de Execução*, 10ª ed., Almedina, Coimbra, **2007**, pp. 40-41, para quem «constitui título executivo o documento particular que titular determinado contrato em conjunto com a ordem de débito em conta dirigida a um Banco, pela qual se ordena que este proceda ao pagamento dos recibos apresentados pelo credor relativos a esse contrato,

258      *Cheque e Convenção de Cheque*

em especial no Supremo Tribunal de Justiça[589] –, o que normalmente não acontece nos títulos abstractos[590], refira-se, aceita que, se não constar do

---

por aquela ordem envolver o reconhecimento de uma dívida preexistente para com o credor (p. 43)».

Um único comentário adicional, relativamente à crítica formulada no texto: qualquer semelhança da "ordem de débito" e dos "recibos", a que se refere o Conselheiro AMÂNCIO FERREIRA, com o saque e apresentação do cheque constitui mera coincidência, uma vez que a abstracção deste título de crédito é incompatível com o reconhecimento, ainda que implícito, de uma obrigação que tenha estado na origem.

[589] De que constituem exemplos os **Acórdãos do STJ de 29 de Janeiro de 2002** (AZEVEDO RAMOS), *CJ/AcSTJ*, ano X, 2002, t. I, pp. 64-67, **de 16 de Dezembro de 2004** (NEVES RIBEIRO) (*CJ/AcSTJ*, ano XII, t. III, 2004, pp. 153-155), **de 31 de Maio de 2005** (MOITINHO DE ALMEIDA), *www.dgsi.pt*, e **de 19 de Dezembro de 2006** (OLIVEIRA BARROS), *www.dgsi.pt*. O segundo aresto, claramente influenciado pela contradição (que assinalámos no texto) em que incorre o primeiro – quando admite que, «*prescrita a obrigação cambiária incorporada no cheque, este* pode *continuar a valer como título executivo* (*como documento particular assinado pelo devedor*), desde que «*no requerimento executivo o exequente* invoque *a obrigação subjacente* (e *esta não constitua objecto de negócio jurídico formal*» –, considera, inclusivamente, que a revogação (oportuna, sublinhe-se) «*não exclui a exequibilidade*» do cheque. Pretendendo apoiar-se na interpretação de FERRER CORREIA e ANTÓNIO CAEIRO, «Recusa do pagamento de cheque pelo Banco sacado; responsabilidade do Banco face ao portador», *RDE*, IV-2, **1978** (pp. 447-473), para concluir pela liberdade de o sacado aceitar, ou não, «*a ordem de revogação, mesmo durante o prazo de apresentação do cheque*», o acórdão conclui – algo paradoxalmente – que os cheques revogados pela sacadora constituem documentos particulares «*que observam os requisitos enunciados na al. c) do art. 46.º do Cód. Proc. Civil*, isto é, que conservam a natureza de título executivo, uma vez que a revogação executada no âmbito do contrato de cheque «*não afecta, só por si, o direito cambiário do respectivo portador e beneficiário*. Esta contradição assinalável – que será objecto de análise autónoma (*infra*, n.º 20.4.4) – é ainda sustentada, tautologicamente, na ideia de que a Lei Uniforme não é aplicável na *exclusão da sua exequibilidade* dos cheques revogados (isto é, na qualificação desses documentos particulares como títulos executivos), *pelo que, quanto* a estes, *a ordem de revogação não beneficia de apoio legal*. Quanto a esta construção, observe-se apenas que, partindo de premissas verdadeiras e óbvias (inaplicabilidade ao portador / beneficiário do cheque dos efeitos e prerrogativas contratuais, ainda que previstos na Lei Uniforme, que caracterizam o relacionamento entre o sacador e o sacado e não aplicabilidade da Lei Uniforme na qualificação dos títulos executivos) –, ela tenta, de forma absolutamente ilógica, chegar a uma conclusão totalmente alheia a essas premissas, quando afirma a exequibilidade do cheque como documento particular.

O último acórdão analisado (**AcSTJ de 19 de Dezembro de 2006,** relatado por OLIVEIRA BARROS), em acção executiva proposta com base num cheque prescrito, conclui que este vale como título de reconhecimento de dívida, porque «*a emissão de um cheque configura o reconhecimento da obrigação de pagamento* (…), *daí que os cheques que*

# Compreensão jurídica do cheque

cheque a causa da obrigação (*maxime* a alusão à natureza comercial da operação), seja suficiente que o exequente a indique no requerimento executivo. Este articulado supriria a deficiência (ou insuficiência) do cheque prescrito como título executivo e colmataria a abstracção que lhe é característica como título de crédito[591].

---

*não possam produzir efeitos cambiários, tendo ficado sem valor enquanto títulos de crédito, possam ser invocados como quirógrafos».* Nessa circunstância, *«à pretensão abstracta ínsita no cheque sucede a pretensão causal»,* passando o cheque *«a valer como título certificativo da relação obrigacional subjacente»,* que desconhecemos se ainda subsiste acrescente-se. Considerando que o requerimento executivo deveria conter uma *«exposição dos factos que fundamentam o pedido, quando não constem do título executivo»* (invocndo o disposto no art. 810.º do CPC, na red. do DL 38/2003, de 8 de Março), o Acórdão – que revela uma argumentação consistente, sublinhe-se, alicerçada numa ampla análise jurisprudencial e doutrinal, e que perfilha o entendimento de LEBRE DE FREITAS – decide, não obstante, favoravelmente ao exequente (e recorrido), com base na falta de invocação da prescrição cambiária (?!).

Por sua vez, constituem exemplo de recente jurisprudência neste sentido dos Tribunais da Relação: os **AcRelÉvora de 28 de Novembro de 2004** (GAITO DAS NEVES), *www.dgsi.pt,* **AcRelLisboa de 17 de Fevereiro de 2004** (MARIA DO ROSÁRIO MORGADO), *www.dgsi.pt,* **AcRelPorto de 6 de Março de 2007** (HENRIQUE ARAÚJO), *CJ,* ano XXXII, t. II, 2007, pp. 155-157, e os **Acórdãos da Relação de Guimarães de 7 de Julho de 2004** (TERESA ALBUQUERQUE) / Proc. n.º 1216/04-2, *www.dgsi.pt* (cfr. p. 6), **de 9 de Novembro de 2005** (ESPINHEIRA BALTAR) / Proc. n.º 1502/05-2, *www.dgsi.pt,* e **de 19 de Outubro de 2006** (ANTÓNIO RIBEIRO), *CJ* ano XXXI, t. IV, 2006, pp. 273-274.

Esta posição é também assumida, maioritariamente, nos **Acórdãos da Relação de Coimbra.** Entre outros, citem-se os seguintes:

a) **AcRelCoimbra de 25 de Janeiro de 2005** (ANTÓNIO PIÇARRA) / Proc. n.º 3790/04, *www.dgsi.pt,* em que se aceita como título executivo o cheque não apresentado a pagamento no prazo legal, desde que no requerimento executivo tenha sido indicada a obrigação causal ou subjacente (cfr. p. 4);

b) **AcRelCoimbra de 29 de Maio de 2007** (TELES PEREIRA) / Proc. n.º 659//05.2TBALB-A.C1, *www.dgsi.pt,* que rejeita o cheque como título executivo, porque no requerimento executivo não se configurou a situação extracartular, não se tendo caracterizado *os elementos relevantes da obrigação subjacente ao título*; e

c) **AcRelCoimbra de 26 de Junho de 2007** (ISAÍAS PÁDUA) / Proc. n.º 2432/05.9TBPMS.C1, *www.dgsi.pt,* em que se admite que o próprio cheque não apresentado a pagamento constitua título executivo quando for alegado o motivo que lhes esteve subjacente.

[590] Nesse sentido, com absoluta clareza, o **AcRelGuimarães de 7 de Julho de 2004** (TERESA ALBUQUERQUE) / Proc. n.º 1216/04-2, *www.dgsi.pt* (cfr. Sumário e pp. 4 e 5).

[591] Como paradigmaticamente refere o **AcRelCoimbra de 9 de Março de 1999** (SILVA FREITAS) (*CJ,* ano XXIV, 1999, t. II, pp. 19-21), a pp. 20-21, *«não é o facto de*

260 *Cheque e Convenção de Cheque*

**II.** O raciocínio que se encontra na base desta construção – e que admitimos ter sido remotamente inspirado num desvirtuamento das *Lições de Direito Comercial* de PINTO COELHO, que escrevia a propósito da letra[592] – não nos parece correcto. Leva a autorizar o credor exequente

---

*terem sido alegadas circunstâncias no requerimento inicial de execução (…) que confere exequibilidade a esse mesmo documento. É que o título executivo, pela sua qualidade de pressuposto específico da acção executiva, representa o meio indispensável que o credor terá de utilizar para assegurar o tribunal da existência do seu direito de crédito, pelo que é o título executivo que autoriza a execução, na medida que atesta ou certifica a existência do direito do exequente».*

No mesmo sentido, e concluindo que, para estarmos perante um título executivo consubstanciado num documento que importe a constituição ou reconhecimento de uma obrigação pecuniária, deve *a razão* da *ordem de pagamento* constar do titulo – o que não acontece no cheque –, não bastando, por isso, enunciar no requerimento executivo as razões determinantes da emissão do cheque, **AcRelCoimbra de 27 de Junho de 2000** (GARCIA CALEJO), *CJ*, ano XXV, 2000, t. III (pp. 37-39), p. 39.

Considerando que a causa de pedir na acção executiva é representada exclusivamente pelo próprio título executivo, ANSELMO DE CASTRO (*A Acção Executiva Singular, Comum e Especial*, 3ª ed., cit., **1977**, p. 90) afasta a possibilidade de acção executiva poder prosseguir com base na obrigação causal, quando a mesma não resultar do próprio título, o que sucede quase sempre com os títulos abstractos.

[592] *Lições de Direito Comercial*, 2.º vol., Fasc. II – *As Letras*, 2ª Parte, 2ª ed., Lisboa, **1964**, pp. 29-30 (repetindo *ipsis verbis* o texto da 1ª edição, editada por Carlos Ernesto Martins Souto, em 1943, pp. 26-27).

De acordo com PINTO COELHO, «se o título não pode produzir efeitos como letra, valerá, possivelmente, como quirógrafo de uma obrigação não cambiária, isto é, como título ou escrito comprovativo de qualquer obrigação, de natureza diferente, existente entre as pessoas que se propunham figurar na letra, e que devia dar origem à obrigação cambiária; isto é, o título pode valer como escrito ou título da relação jurídica subjacente, com base na qual deveria surgir a letra, sabido como é que, em regra, quem assina uma letra, obrigação abstracta, sem causa, assume essa obrigação porque deve já ao beneficiário da ordem de pagamento ou à pessoa que dá essa ordem – sacador – quantia igual àquela que pela letra se obriga a pagar» (p. 30). Mas, dando um exemplo, PINTO COELHO (*ibid.*) esclarece que, nessas circunstâncias, o título só «poderá representar uma declaração de dívida, que vinculará o signatário, se contiver os elementos suficientes para definir a estrutura duma obrigação, indicando» os respectivos sujeitos e objecto, «e se as formalidades do documento forem suficientes» para a demonstração da relação jurídica fundamental. Ora, é nesta evidência que reside o problema da utilização das letras e dos cheques como simples quirógrafos, uma vez esgotadas as características de títulos de crédito (cambiários), e da falta de razão dos processualistas citados. Com efeito, a sua literalidade e abstracção não é compatível com o seu aproveitamento como documentos (quirógrafos) que constituam prova suficientemente segura da existência de uma dívida justificada.

*Compreensão jurídica do cheque* 261

a recorrer à acção executiva em circunstâncias em que já não dispunha, de facto, de título válido, com a mera alegação da causa do pretenso crédito, que estaria subjacente à subscrição cambiária prescrita. Não sendo visível no documento – em que consubstancia a pretensão executiva – a causa que terá originado a obrigação que se pretende executar, não se entende como é que tal documento se enquadra no conceito de título executivo, até porque a prescrição dos efeitos das menções (subscrições) nele constantes arrastará igualmente o valor da assinatura do pretenso devedor.

Como se poderá ver – pela leitura e análise da doutrina e da jurisprudência que sustentam esta posição[593] e mesmo de decisões que a rejeitam[594], e cuja razão de ser não constitui a principal finalidade deste estudo –, são diversos os argumentos aduzidos para justificar que o cheque cartularmente prescrito continue a valer como título executivo.

Assim, a esta conclusão não é estranha a ideia que reconduz o cheque (prescrito) a um reconhecimento unilateral de dívida[595], numa confusão que importa desfazer, e que se encontra apoiada no valor de título executivo dos reconhecimentos de dívida (cfr. art. 458.º do CC)[596], que não são negócios (unilaterais) abstractos[597], mas negócios presuntivos

---

[593] Cfr. as antepenúltima e penúltima notas (570 e 571).

[594] Como é o caso do **Acórdão do Tribunal da Relação de Évora de 22 de Abril de 2004** (Maria Laura Leonardo) / Proc. n.º 70/04-3, *www.dgsi.pt.*

[595] Neste sentido, cfr. **AcSTJ de 11 de Maio de 1999** (Lemos Triunfante) (*CJ/AcSTJ*, ano VII, t. II, 1999, pp. 88-92).

[596] Neste sentido, os **Acórdãos do STJ de 29 de Janeiro de 2002** (Azevedo Ramos), *CJ/AcSTJ*, ano X, t. I, 2002, pp. 64-67) – segundo o qual «*a autonomia do título executivo em face da obrigação exequenda e a consideração do regime do reconhecimento unilateral da dívida previsto no art. 458.º, n.º 1, do Cód. Civil, leva a admitir o cheque prescrito, enquanto documento particular, como título executivo, ao abrigo do art. 46.º, al, c) do CPC, desde que a causa da obrigação tenha sido invocada no requerimento inicial da execução*» –, e **de 20 de Maio de 2004**, Proc. n.º 04B1457 (Luís Fonseca), *www.dgsi.pt*, que considera que «*o cheque enquanto quirógrafo representa o reconhecimento unilateral de dívida*, dispensando *o credor de provar a relação fundamental*», e, perfilhando as alegações de recurso, conclui que, «*na veste de quirógrafo, o cheque faz funcionar uma presunção da existência da dívida e da respectiva causa justificativa que liberta o credor da alegação e prova da relação fundamental subjacente*» (p. 9).

Rejeitando o enquadramento dos cheques prescritos no art. 458.º, n.º 1 do CC, vd. o **AcRelLisboa de 11 de Outubro de 2001** (Fernanda Isabel Pereira) (*CJ*, ano XXVI, 2001, t. IV, pp. 120-121), e o **AcRelLisboa de 20 de Junho de 2002** (Rosa Maria Ribeiro Coelho) (*CJ*, ano XXVII, 2002, t. III, pp. 103-105).

[597] Como refere, autorizadamente, Antunes Varela, no *Código Civil Anotado* (Pires de Lima/Antunes Varela), vol. I, 4ª ed., Coimbra Editora, **1987**, pp. 439-440.

de causa. E sucede que, na situação em análise, estes documentos escritos – a que se refere o art. 458.º do nosso Código Civil – não se encontram prescritos, como aqueles que temos vindo a apreciar. São aparentemente válidos, cabendo ao devedor demonstrar que a dívida reconhecida, afinal, não tem razão de ser; e esse é um problema de oponibilidade causal. Diríamos, pois, que tais documentos – cuja função exclusiva é reconhecerem a existência de uma dívida – valem como títulos executivos, enquanto não se encontrarem prescritos, embora sujeitos a um prazo de prescrição muito superior ao do cheque.

**III.** São invocados outros argumentos em prol da tese que aceita ser um cheque prescrito título executivo, ainda que seja necessário alegar a causa da dívida no requerimento inicial. Enunciemo-los:

a) O cheque enquanto simples quirógrafo deve ser considerado como qualquer documento particular que integre um reconhecimento de dívida;

b) O título executivo, em que se consubstancia esse quirógrafo, não tem de corresponder à prova da existência do direito, mas apenas fundamentar a dispensa da acção declarativa;

c) A subsistência do quirógrafo constitui indício de que (ainda) existe direito ao pagamento;

d) A falta desse direito ou a inexistência de dívida por parte do executado poderão sempre ser demonstradas em sede de oposição à execução;

e) A ordem de pagamento de uma determinada quantia transmitida ao banco implicaria o reconhecimento tácito de que se destina a satisfazer uma obrigação do sacador;

f) O cheque prescrito não poderá valer menos do que qualquer instrução escrita transmitida ao banco para pagar ao respectivo portador uma certa quantia.

**IV.** Vamos rebater, muito sucintamente, os motivos enunciados, os quais são de um modo geral reversíveis, começando por explicar que o cheque prescrito é um documento quirógrafo, designadamente por se

---

Como evidencia MENEZES CORDEIRO (*Tratado de Direito Civil Português, I – Parte Geral*, Tomo I, 3ª ed., cit., **2005**, p. 470) – que identifica a assunção de dívidas (prevista no art. 598.º do CC) como única «hipótese de situação civil abstracta» (cfr. nota 1240) –, «no Direito civil português, os negócios são, em princípio, sempre causais».

encontrar assinado pelo pretenso devedor. No entanto, não pode valer como título executivo porque a sua literalidade só é relevante enquanto título de crédito, deixando de o ser quando prescreve (no sentido de que decorreu o prazo durante o qual poderia ser título válido e eficaz de acção cambiária, passando a estar exposto à invocação da prescrição). Sem a forma de cheque, o documento não tem valor autónomo, embora possa contribuir para a prova da existência da obrigação causal. O facto de ser quirógrafo e constituir aparentemente um título de dívida não é suficiente para lhe permitir conservar as características de um título executivo. Essa aparência não justifica que se dispense o credor da prévia demonstração da subsistência da dívida, podendo o quirógrafo ser utilizado para esse fim.

A ordem de pagamento dirigida ao banco é relevante se o título (ainda) for válido como cheque, mas não depois de prescrito ou devidamente revogado, circunstância em que o banco já não deve proceder ao respectivo pagamento. Por isso, o cheque prescrito equivale a uma carta revogada e não a uma instrução de pagamento escrita. Uma simples carta a solicitar o pagamento em favor do respectivo portador corresponde à apresentação ao banco, por terceiro, de cheque válido e eficaz.

**V.** Em suma, a tese que criticamos confunde exequibilidade com documento quirógrafo de uma obrigação e, simultaneamente, a sua fundamentação ignora a natureza abstracta do título de crédito. Quando este se extingue, o respectivo teor literal deixa de ser aproveitável e não vale com um sentido que nunca teve: o do reconhecimento de uma dívida que poderá ter estado subjacente à sua criação e que, não obstante a cessação dos efeitos do título de crédito, se teria mantido, mesmo sem nunca ter existido. Com efeito, o cheque poderia simplesmente titular o reembolso de um mútuo, por exemplo[598].

### 8.5.5. *Tese que propugna ser sempre título executivo o cheque (simples) quirógrafo*

**I.** Uma segunda teoria, correspondente à terceira posição nesta matéria, acima enunciada, reconduz-se à ideia de que o cheque, como

---

[598] Nesse sentido, cfr. **AcRelPorto de 22 de Novembro de 2005** (CÂNDIDO LEMOS), *CJ*, ano XXX, 2005, t. V (pp. 199-201), p. 200.

264 *Cheque e Convenção de Cheque*

qualquer documento que traduza o reconhecimento de uma dívida, tem força executiva, não havendo sequer necessidade de referenciar a causa da obrigação, cujo cumprimento se pretende executar.

Os defensores desta tese – como é o caso do Desembargador ABRANTES GERALDES[599] – patrocinam o alargamento dos títulos executivos, deslocando para a esfera do executado o ónus de se opor, demonstrando que a obrigação exequenda é inexistente.

*Abstraindo da génese* do cheque, os defensores desta tese entendem que *jorra* do cheque «uma declaração de dívida que, independentemente da sua causa, vincula o respectivo subscritor ao pagamento de uma determinada quantia, sem prejuízo da invocação, no âmbito da defesa, de factos impeditivos dos efeitos pretendidos (*v.g.* nulidade do mútuo, simulação, etc.)»[600], e que «a *força do cheque quirógrafo está no princípio expresso no art. 458.º do CC».[601]

**II.** Esta tese – que pretende afirmar a validade sem condições do cheque prescrito como quirógrafo – confronta-se com a limitação decorrente da necessidade de que do texto do documento (cheque prescrito) «resulte a assunção de uma obrigação de pagamento da quantia nele

---

[599] «*Títulos Executivos»*, cit., **2003**, pp. 61-63.

Alinhando aparentemente com esta tese, e considerando que, *prescrita a obrigação,* deixamos de estar perante um título de crédito, mas permanece o papel que «constitui um *escrito particular* do qual consta a obrigação de prestação de quantia determinada e a assinatura do devedor», PINTO FURTADO, *Títulos de crédito*, cit., **2000**, pp. 82-83 e 285-286.

Na jurisprudência, vd. os **Acórdãos do STJ de 11 de Maio de 1999** (LEMOS TRIUNFANTE) (*CJ/AcSTJ*, ano VII, t. II, 1999, pp. 88-92), e **de 20 de Maio de 2004** (LUÍS FONSECA), *www.dgsi.pt*, e da **Relação de Coimbra de 3 de Dezembro de 1998** (SERRA LEITÃO), *CJ*, ano XXIII, 1998, t. V, pp. 33-34, e **de 12 de Junho de 2007** (Proc. n.º 22/06.8TBSVV-A.C1) (NUNES RIBEIRO), *www.dgsi.pt*.

Declarando esta corrente abandonada, «*em especial»* pelo Supremo Tribunal de Justiça, o **AcSTJ de 4 de Abril de 2006** (JOÃO MOREIRA CAMILO), *CJ/AcSTJ*, ano XIV, t. II, 2006 (pp. 27-29) p. 28.

[600] ABRANTES GERALDES, «*Títulos Executivos»*, cit., **2003**, p. 63. Na citação feita no texto eliminou-se a referência ao aceite de favor, uma vez que o mesmo não existe no domínio do cheque.

[601] **AcRelLisboa de 27 de Junho de 2002** (AMÉRICO MARCELINO) (*CJ*, ano XXVII, 2002, t. III, pp. 121-123, p. 123). Deste acórdão ressalta, com muita nitidez, o pendor jusprocessualista do seu relator, sempre a justificar a posição tomada pela *grande utilidade processual* e constantemente à procura das *virtualidades da acção executiva* (cfr. p. 122).

*Compreensão jurídica do cheque* 265

inscrita de que seja beneficiária a pessoa nele indicada»[602], pelo que, se o cheque saiu das relações imediatas, o documento já não poderá, como simples quirógrafo, servir de título executivo.

Na realidade, nos casos em que podem resultar do cheque, simultânea ou sucessivamente, diversas obrigações – por efeito de aval e endosso[603], designadamente –, esta teoria fica decisivamente prejudicada por existir mais do que um potencial devedor.

Mas é na própria afirmação da teoria, acima transcrita, que encontramos a sua incongruência; precisamente na abstracção da génese do título, a qual só tem sentido enquanto este valer como documento cartular. Qualquer reconhecimento de dívida, que pode não indicar a causa, se deve referir clara e inequivocamente ao credor, podendo existir unicamente com a finalidade de evidenciar essa obrigação.

E a estes aspectos acrescem, naturalmente e por maioria de razão, todos os motivos acima expostos quando criticámos a admissibilidade do cheque como quirógrafo, desde que dele resultasse ou fosse alegada a causa da obrigação exequenda.

Em suma, do ponto de vista da teoria geral dos títulos de crédito não parece fazer qualquer sentido que a obrigação cartular, no momento em que se extingue, se converta num reconhecimento de dívida forçosamente causal, mesmo quando este não é explícito. É aceitável que as obrigações subjacentes subsistam, não obstante a prescrição cartular, se não tiverem sido entretanto cumpridas; mas é essencial que a sua existência seja previamente demonstrada, não se podendo deduzir de um título quando este já perdeu a qualidade que justificava a sua criação.

---

[602] Como aliás reconhece expressamente ABRANTES GERALDES («*Títulos Executivos*», cit., **2003)**, que reproduzimos (p. 64; cfr. também nota 63) é a jurisprudência que perfilha o mesmo entendimento, caso do **AcSTJ de 18 de Janeiro de 2001** (SOUSA DINIS) (*CJ/AcSTJ*, ano IX, t. I, 2001, pp. 71-73) e do **AcSTJ de 30 de Janeiro de 2001** (GARCIA MARQUES) (*CJ/AcSTJ*, ano IX, t. I, 2001, pp. 85-87), embora este último tenha sido proferido a propósito de uma letra de câmbio.

[603] Considerando aliás, em sintonia com LEBRE DE FREITAS, poder o cheque prescrito continuar a valer como título executivo se a sua causa for *invocada no requerimento da execução*», o **AcSTJ de 18 de Janeiro de 2001** (SOUSA DINIS) (*CJ/AcSTJ*, ano IX, t. I, 2001, pp. 71-73) reconhece que o adquirente por endosso de um cheque prescrito não o pode usar como título executivo, uma vez que «*a sua qualidade de credor se afere apenas pela literalidade e abstracção do título*», que entretanto desapareceram. O «*reconhecimento unilateral da dívida só é válido nas relações "credor originário/devedor originário"*».

266     *Cheque e Convenção de Cheque*

O aproveitamento dos documentos quirógrafos como títulos executivos justifica-se no plano dos documentos puramente causais – e até nos que são presuntivos de causa –, mas afigura-se indevido no domínio das relações cartulares, quando as mesmas já tiverem sido extintas[604].

### 8.5.6. *Posição adoptada: a prescrição desqualifica o cheque como título executivo*

**I.** Não se revela, assim, apropriado recorrer ao documento para, desconsiderando a sua natureza, e à margem da sua validade originária, reconhecer uma obrigação do devedor emergente da relação causal subjacente.

Esta teoria, que revelava o conhecimento intrínseco da realidade dos títulos de crédito e da admissibilidade destes como títulos executivos, foi seguida por Eurico LOPES-CARDOSO[605] [606] – que propugnava a ilegitimidade de recorrer aos documentos cambiários sem efeitos para deles retirar uma obrigação resultante da relação subjacente[607] –, e é aquela que,

---

[604] Considerando a conclusão a que chegámos, não fazia sentido completar a tese de ABRANTES GERALDES («*Títulos Executivos*», cit., **2003**, p. 64), quando faz depender «a exequibilidade do documento (título de crédito) como quirógrafo» dos casos «em que do respectivo texto resulte a assunção de uma obrigação de pagamento da quantia nele inscrita de que seja beneficiária a pessoa nele indicada.»

[605] Que se pronuncia a propósito da letra de câmbio (*Manual da Acção Executiva*, 3ª ed., **1964**, reimp. da IN-CM, cit., 1987, pp. 84-94, em especial 88-89), tal como PINTO COELHO, *Lições de Direito Comercial* (Supl.), vol. II – *As Letras*, 2ª Parte, 2ª ed., ed. autor, Lisboa, **1962**, pp. 189-200, em especial p. 199.

[606] Criticando a tese do juiz conselheiro e citando a relevante doutrina que se lhe opunha, PINTO FURTADO, *Títulos de crédito*, cit., **2000**, p. 82 e nota 110. Na data em que escrevia, PINTO FURTADO considerava o seu par voz «justamente» isolada «nas letras jurídicas nacionais» e que, entretanto, teria apenas influenciado um acórdão, no domínio da letra de câmbio [**AcRelLisboa de 7 de Janeiro de 1974** (MOREIRA DA SILVA), *BMJ* 265, pp. 274-275].

Por coincidência, na época em que PINTO FURTADO concluía o seu livro foram proferidos os acórdãos, referenciados no texto, no sentido anteriormente defendido por LOPES-CARDOSO.

[607] Importa salientar que a questão se discutia então com referência à validade e subsistência do **Assento de 8 de Maio de 1936**, na vigência da Lei Uniforme sobre as Letras e Livranças que, recorde-se, declarava que «*a prescrição a que se refere o artigo 339.º do Código Comercial não abrange a da obrigação constante da letra*».

*Compreensão jurídica do cheque* 267

encontrando-se mais próxima do nosso entendimento, recolhe também apoio na jurisprudência. Nesse sentido aponte-se os **Acórdãos do STJ de 4 de Maio de 1999** (Garcia Marques)[608], e **de 29 de Fevereiro de 2000** (Silva Paixão)[609] – este na parte em que conclui que, quando *passa a valer como simples quirógrafo* e *a obrigação exigida* deixa de ser *a cambiária,* para passar a ser *a causal, subjacente ou fundamental, o cheque não tenha força bastante para importar, por si só, a consti- tuição ou reconhecimento de obrigação pecuniária dos sacadores e avalista, nem constitua, assim, título executivo, à luz da alínea c) do art. 46.º do CPC/revisto*[610] –, e o **Acórdão da Relação de Lisboa de**

---

Não nos repugna aceitar, nem contraria o nosso entendimento, expresso no texto, a bondade da doutrina do Assento, porque reconhecemos que, de facto, a obrigação subjacente pode sobreviver à prescrição da obrigação cambiária. De todo o modo, como refere Lopes-Cardoso (*Manual da Acção Executiva*, 3ª ed., cit., **1964**, reimp. 1987, pp. 88-89), a jurisprudência que se seguiu [**AcSTJ de 6 de Março de 1951** (Jaime de Almeida Ribeiro), *BMJ* 24, pp. 277-282, e **AcSTJ de 22 de Março de 1960** (S. Figuei- rinhas), *BMJ* 95, pp. 290-293] viria a acentuar a ideia da subsistência da obrigação fundamental. Como também releva este Conselheiro (*ibid.*, p. 90), «a obrigação exigível mediante acção executiva directa só pode ser a chamada obrigação *cartular*, ou seja, a incorporada no título».

Sobre esta questão, suscitada no domínio da letra de câmbio, vd. também os autores citados na nota 587 (8.5.4).

[608] *BMJ* 487, p. 240-243.

[609] *CJ/AcSTJ*, ano VIII, 2000, t. I, pp. 124-126, e também no *BMJ* 494, p. 333-337.

[610] E essa é também a doutrina do **AcRelÉvora de 8 de Março de 2001** (Oliveira Pires) (*CJ*, ano XXVI, 2001, t. I, pp. 249-250) e do **AcRelLisboa de 20 de Junho de 2002** (Rosa Maria Ribeiro Coelho) (*CJ*, ano XXVII, 2002, t. III, pp. 103-105). O pri- meiro, considerando encontrar-se o cheque prescrito, recusa valor de transmissão ao endosso. Se o cheque, por ter prescrito, perdeu a sua especial força e identidade, os factos que ele documenta, designadamente o efeito translativo que pudesse resultar do endosso em branco, não poderão servir de base à execução, nem sequer como menções de do- cumento particular (cfr. p. 249). O segundo concluindo, singelamente, que «*os cheques enquanto despojados da sua natureza de títulos de crédito e vistos apenas na qualidade de documentos particulares assinados pelo réu, não incorporam qualquer reconheci- mento de dívida, por parte deste, de modo a poderem ser reconduzidos à previsão do art. 458.º, n.º 1*» (do CC) (cfr. p. 104).

Também perfilhando esta orientação, mas seguindo uma construção pouco linear, o **AcRelCoimbra de 27 de Junho de 2000** (Garcia Calejo), *CJ*, ano XXV, 2000, t. III, pp. 37-39. Segundo este aresto, o cheque cambiariamente prescrito não vale como título executivo. Contudo, não se afasta liminarmente a possibilidadede de ele não poder valer como documento particular assinado pelo devedor e, nessa qualidade, ser um título exe- cutivo, para se concluir que só não valerá como quirógrafo de uma obrigação pecuniária,

268  *Cheque e Convenção de Cheque*

**23 de Fevereiro de 2006** (FÁTIMA GALANTE)[611] que, pela sua relevância, analisamos adiante[612].

**II.** Em reforço desta tese – recusando o valor de título executivo, inclusivamente como meros quirógrafos, a todos os cheques que não são apresentados a pagamento no prazo legalmente estatuído para o efeito –, vejam-se também os **Acórdãos do STJ de 20 de Novembro de 2003 e de 18 de Outubro de 2007**, ambos relatados por SALVADOR DA COSTA[613] [614].

Segundo o primeiro aresto, os cheques em apreço (que não haviam sido oportunamente apresentados a pagamento, sublinhe-se), «*dada a sua estrutura de mera ordem de pagamento, não inserem declarações da sua emitente constitutivas ou recognitivas de obrigações pecuniárias*».

Esta asserção fora do contexto carece de breve esclarecimento. Se tomada à letra sem restrições, equivaleria a recusar, em absoluto, valor de

---

nos termos e para os efeitos do disposto no art. 46.º, *al. c)* do CPC, porque dele não flui a constituição ou reconhecimento da obrigação pecuniária, isto é, do mesmo não resulta a razão da ordem de pagamento. E o facto de, na petição inicial, se mencionar a razão que terá estado subjacente à emissão do cheque não altera a ideia de que o *cheque como documento executivo deve valer por si próprio* (cfr. pp. 38 e 39).

Mantendo a ideia de que, *em virtude* do *espírito do legislador* – vertido no DL 329--A/95, de 12 de Dezembro, que alterou a redacção do art. 46.º, *alínea c)* do CPC, alargando o âmbito dos títulos executivos –, nada impedirá que *um título cambiário que não possa possa valer como título executivo* (por a *obrigação cambiária* se revelar como *não constituída*, por exemplo) *possa ter validade como documento particular assinado pelo devedor*, GARCIA CALEJO, no **Acórdão** que relata um pouco mais tarde (**AcRelCoimbra de 6 de Fevereiro de 2001**, *CJ*, ano XXVI, 2001, t. I, pp. 28-30) insiste, com o devido respeito, em escrever direito por linhas tortas –, concluindo mos termos acima transcritos, mormente que um cheque não pode ser utilizado como documento particular por dele não resultar a constituição ou reconhecimento de uma obrigação pecuniária (cfr. p. 29).

[611] *CJ*, ano XXXI, 2006, t. I, pp. 115-117.

[612] Enquadram-se também nesta tese, entre outros, os **Acórdãos da Relação do Porto de 25 de Janeiro de 2001** (SALEIRO DE ABREU), *CJ*, ano XXVI, 2001, t. I, pp. 192--193, **da Relação de Évora de 8 de Março de 2001** (OLIVEIRA PIRES) (*CJ*, ano XXVI, 2001, t. I, pp. 249-250), e **da Relação de Lisboa de 21 de Novembro de 2002** (ILÍDIO SACARRÃO MARTINS) (*www.dgsi.pt*), **de 30 de Setembro de 2003** (SANTOS MARTINS) (*www.dgsi.pt*) e **de 26 de Fevereiro de 2004** (SALAZAR CASANOVA) (*www.dgsi.pt*).

[613] *CJ/AcSTJ*, ano XI, t. III, 2003 (pp. 154-157), p. 157, e Proc. n.º 07B3616, *www.dgsi.pt*.

[614] Integra-se também nesta corrente o **AcSTJ de 4 de Abril de 2006** (JOÃO MOREIRA CAMILO), *CJ/AcSTJ*, ano XIV, t. II, 2006, pp. 27-29.

# 272 *Cheque e Convenção de Cheque*

2ª – A obrigação de pagamento da quantia inscrita no cheque apenas releva, só por si, enquanto é título de crédito[623].

3ª – O cheque, uma vez extinta a obrigação cambiária e enquanto mero documento particular, não traduz presunção da existência de uma dívida, não podendo ser reconduzido à previsão do art. 458.º do Código Civil, que determina ser o documento de reconhecimento de uma dívida presuntivo de causa, com a finalidade de implicar a inversão do *onus probandi* da dívida, cuja inexistência deverá ser demonstrada pelo devedor;

4ª – Como meio de pagamento, e de mobilização de fundos existentes em estabelecimento bancário, o cheque, uma vez privado dos seus efeitos cambiários, não pode ser qualificado como documento que traduza o reconhecimento de uma obrigação de carácter pecuniário;

5ª – O cheque como simples quirógrafo poderá, não obstante, servir de meio de prova de relações jurídicas estabelecidas entre os sujeitos que nele figurem como intervenientes, devendo a existência da relação fundamental que continue a justificar o pagamento de quantia correspondente à que nele está titulada ser objecto de demonstração em acção declarativa;

6ª – Consequentemente, uma vez que a relação subjacente não foi constituída pelo cheque, enquanto título de crédito, também não poderá ser constituída pelo cheque enquanto simples documento quirógrafo;

7ª – Na base da emissão do cheque não existe necessariamente uma causa que justifique constituir este o reconhecimento de uma dívida do sacador, ou a mesma pode não ser demonstrável, e no entanto o cheque será título executivo enquanto tiver valor e efeitos cambiários.

Em suma, a estas conclusões não é estranha a ideia de abstracção do cheque, que justifica dever este, enquanto título de crédito, beneficiar de

---

[623] Para uma certa corrente – que confunde acção cambiária com acção executiva –, para que o pagamento seja judicialmente exigível, o cheque terá de ter sido apresentado a pagamento dentro do respectivo prazo legal (cfr. art. 29.º da LUCh), devendo a recusa encontrar-se devidamente comprovada (cfr. art. 40.º da LUCh).

Compreensão jurídica do cheque

causal, que não resulta da sua literalidade (aparência), tê-lo-ia imposto, à semelhança do que fez a lei penal e processual penal (cfr. Regime Jurídico-Penal do Cheque, aprovado pelo Decreto-Lei n.º 454/91, de 28 de Dezembro), para assegurar a tutela específica deste meio de pagamento, ao exigir a ocorrência de prejuízo patrimonial e a demonstração da relação jurídica subjacente ao saque ou, pelo menos, a indicação dos respectivos factos constitutivos (cfr. arts. 11.º, n.º 1 e 11.º -A, n.º 2 do RJCh e, *supra*, n.º 19.3).

**IV.** As conclusões a que chegamos, encontram, hoje, apoio no **AcRelLisboa de 23 de Fevereiro de 2006** (FÁTIMA GALANTE)[621] – proferido em recurso de sentença dada em acção declarativa de condenação, julgada improcedente, por não provada –, o qual, pela sua qualidade técnica e dogmática, justifica uma especial chamada de atenção.

Do texto resumido do Acórdão apenas constam dois factos provados:

*i)* Um sujeito preencheu, assinou e entregou a outro um cheque no montante de um milhão de escudos;

*ii)* O beneficiário do cheque, e autor na acção, «tal como se comprometeu, nunca depositou, nem levantou o referido cheque, acreditando que» o sacador do cheque e a mulher, os réus, «pagariam a quantia».

O texto do Acórdão esclarece igualmente que o Autor alegou ter mutuado a quantia em causa, mas não terá conseguido fazer a correspondente prova (da entrega dessa quantia). Deduz-se, igualmente, do Acórdão – nomeadamente do facto *ii)* – que o cheque se encontrava prescrito quando foi proposta a acção de condenação. O facto de a quantia nele inscrita ser em escudos contribui para reforçar este entendimento. Aliás, se assim não fosse, o Autor teria recorrido certamente à acção executiva.

Extrai-se da jurisprudência firmada as seguintes conclusões[622]:

1ª – O cheque «*apenas enuncia ou contém uma ordem de pagamento*», não implicando em todas as circunstâncias o reconhecimento de uma dívida;

---

[621] *CJ*, ano XXXI, 2006, t. I, pp. 115-117.

[622] Não nos limitamos a reproduzir passagens ou excertos do Acórdão, mas permitimo-nos elaborar sobre o mesmo. O texto corresponde, assim, à nossa leitura.

dessa obrigação, não é aproveitável como título executivo, porque não traduz inequívoca e formalmente o reconhecimento de uma obrigação (que pode até já não existir). No entanto, é utilizável para constituir meio de prova da relação subjacente, mas em sede de acção declarativa[617].

Dir-se-ia, assim, que o cheque sem efeitos, ao deixar de valer como título de crédito, é insuficiente como título executivo, por não ser possível imputar o incumprimento de uma obrigação a qualquer dos sujeitos intervenientes, tendo em conta a simplicidade da sua literalidade[618].

Adaptando ao cheque o raciocínio de MÁRIO DE FIGUEIREDO[619], poderemos afirmar que, com a cessação dos efeitos cambiários do cheque, falta ao possuidor deste «acção por meio da qual possa tornar efectiva a obrigação resultante da subscrição do título», por isso, como tal obrigação é a única que consta do documento, este deixa de servir como título executivo, apesar de a obrigação resultante da relação fundamental poder subsistir e «efectivar-se por meio de uma acção que, como é óbvio, não é relativa» ao cheque, *i.e.*, não é cambiária. Assim, o que é lícito concluir é que a prescrição do cheque «não extingue a obrigação derivada da subscrição do título e portanto a relação fundamental continua a viver ao lado dela»[620].

O direito do portador do título, que subsiste, pode efectivar-se por meio de acção que se baseie na obrigação subjacente – desde que, relativamente a esta, não tenha havido prescrição –, e esta deve ser evidenciada em sede própria (a qual, processualmente, corresponde a uma acção declarativa).

Finalmente, há um argumento decisivo na desqualificação do cheque como título executivo quando o mesmo já não tiver relevo como título de crédito, que é o seguinte: se a lei processual tivesse querido que o cheque/título de crédito valesse como reconhecimento da obrigação

---

[617] Neste sentido, afirmando que «*o cheque enquanto mero documento particular ou quirógrafo, apenas servirá como meio de prova da relação fundamental que terá de ser demonstrada pelo credor na acção*» (declarativa, esclareça-se), **AcRelLisboa de 23 de Fevereiro de 2006** (FÁTIMA GALANTE), *CJ*, ano XXXI, 2006, t. I (pp. 115-117), p. 116.

[618] Como refere o **AcSTJ de 16 de Outubro de 2001** (RIBEIRO COELHO) (*CJ/AcSTJ*, ano IX, t. III, 2001, pp. 89-90), «*o cheque é completamente inexpressivo nos seus dizeres*», não constituindo, nem reconhecendo qualquer obrigação pecuniária, «*já que não contém qualquer referência identificadora da origem da mesma*» (p. 90).

[619] *Caracteres Gerais dos Títulos de Crédito*, cit., p. 36.

[620] MÁRIO DE FIGUEIREDO, *Caracteres Gerais dos Títulos de Crédito*, cit., p. 38.

Compreensão jurídica do cheque

título executivo ao cheque, com base num fundamento demasiado formalista e desadaptado da realidade em causa. Como meio de pagamento, faz sentido o cheque viabilizar o acesso directo ao processo executivo, cabendo eventualmente ao seu emitente a prova de, não obstante ser aparentemente devedor do exequente, (já) não ser responsável pelo pagamento da quantia inscrita no cheque. Assim, desde que conste do cheque a recusa de pagamento, eventualmente por falta de provisão, ou a *declaração do sacado, datada e escrita, com a indicação do dia em que* o cheque *foi apresentado* (cf. art. 40.º, 2.º da LUCh)[615], estará verificado o incumprimento da satisfação da quantia constante do cheque e o respectivo portador poderá requerer a apreensão imediata de bens do devedor para satisfação do crédito, com base nesse título.

No Acórdão mais recente, o Conselheiro SALVADOR DA COSTA recusa, com clareza, ao cheque prescrito a natureza de título executivo, por o mesmo não conter, por definição, as características essenciais que, *num quadro de autonomia e de suficiência*, devem caracterizar o conceito de título executivo: que ele contenha a declaração negocial de que resulte a *constituição ou o reconhecimento da obrigação exequenda*[616].

**III.** O cheque é um meio de pagamento que substitui o numerário e que, valendo independentemente da prestação de serviço ou do bem, cujo preço visa satisfazer, deve afirmar-se por forma tanto quanto possível análoga ao numerário. E isso justifica dois aspectos importantes: a abstracção e o reduzido prazo de apresentação a pagamento.

Como os demais títulos de crédito abstractos, o cheque tem um valor próprio, autónomo da situação jurídica que lhe está subjacente e, por ser circulável, a sua validade formal deve resultar, de forma inquestionável, da sua leitura, isto é, da sua expressão literal.

É, pois, a validade formal que justifica o enquadramento do cheque na categoria dos títulos executivos.

Se o cheque deixa de valer, porque prescreve a obrigação do sujeito cambiário, que assegura o seu pagamento, então, apesar de quirógrafo

---

[615] O regresso também pode ser actuado, mediante *recusa de pagamento* comprovada por *protesto* (cfr. arts. 40, 1.º e 41.º da LUCh) ou *por declaração datada duma câmara de compensação*, confirmando que *o cheque*, oportunamente apresentado, *não foi pago* (cfr. art. 40.º, 3.º da LUCh), salvo se do cheque constar uma cláusula"sem despesas" ou "sem protesto" (cfr. art. 43.º, I da LUCh).

[616] **AcSTJ de 18 de Outubro de 2007** / Proc. n.º 07B3616, *www.dgsi.pt*, p. 6.

*Compreensão jurídica do cheque* 273

um tratamento e consideração específicos diferente daquele que lhe é dispensado quando (já) só tem efeitos extracartulares.

### 8.6. O cheque visado como título executivo

**I.** Antes de esboçarmos as conclusões a que chegámos, importa equacionar com autonomia um último aspecto, que se reconduz a apurar se o cheque visado apresenta alguma especialidade como título executivo.

Trata-se de uma situação esporádica, porque são muito raros os casos de cheques (devidamente[624]) visados que fiquem por pagar. No entanto, porque a respectiva validade não é eterna, encontrando-se sujeita às mesmas regras de qualquer cheque, nomeadamente apresentação a pagamento dentro de um prazo relativamente curto, é possível que, decorrido esse prazo o cheque fique por satisfazer se, no decurso do mesmo, o próprio sacado não resolver recusar o seu pagamento.

Não há, em nosso entender, qualquer especificidade no valor do cheque como título executivo se estiver visado, aplicando-se tudo o que atrás ficou dito. Assim, se o cheque valer como título de crédito, poderá ser utilizado como título executivo contra os seus subscritores.

**II.** Uma questão que se suscita a este propósito é muito justamente a de saber se o cheque visado pode também valer como título executivo contra o próprio banco sacado.

O cheque normal não encerra um aceite por parte do sacado, pelo que este não é obrigado de regresso, encontrando-se a sua obrigação de satisfação da quantia nele inscrita dependente da prévia disponibilização de fundos nesse sentido pelo sacador. Se a conta sacada não dispuser de provisão, o banco nunca é cambiariamente[625] obrigado a pagar o cheque.

Como vimos, o banco através do *"visto"* não aceita pagar o cheque, mas apenas assegura que, no prazo de apresentação a pagamento, existe provisão para o efeito. O banco, pelo *"visto"*, não se constitui devedor da quantia inscrita no cheque, pelo que o devedor será, em qualquer circunstância, o sacador, se o cheque não for endossado, nem avalizado.

---

[624] Afasta-se, assim, os casos de falsificação do visto.

[625] Mas está legalmente vinculado a fazê-lo até determinado montante (presentemente, de € 150,00) (cfr. art. 8.º, n.º 1 do DL 454/91, de 28 de Dezembro).

274 *Cheque e Convenção de Cheque*

Isto mesmo é reconhecido pelo **Acórdão da Relação de Guimarães de 3 de Julho de 2002** (Rosa Tching)[626], que conclui não se tornar o banco sacado obrigado cambiário pelo visto e não constituir – desde logo por isso, afirmamos nós – o cheque visado título executivo contra o banco sacado, nos termos do art. 46.º do Código de Processo Civil.

Podemos, pois, concluir que o facto de o cheque ser visado não oferece enquanto título executivo especificidade em relação a qualquer cheque, nem sequer no plano da respectiva autenticidade, que também pode ser questionada.

**III.** No entanto, o banco já é responsável, como devedor, pelo cheque bancário que ele próprio emita sobre si mesmo. Nesse caso, a responsabilidade advém-lhe do facto de ser o sacador e não (apenas) o sacado.

### 8.7. Conclusão: o cheque é título executivo enquanto for título de crédito válido e eficaz

**I.** Do exposto resulta claramente que o cheque, tendencialmente, é título executivo, não o sendo se da respectiva literalidade resultar claramente ter sido oportunamente revogado ou já se encontrar prescrito, caso em que o eventual credor deverá recorrer, antes de mais, à acção causal de condenação, para obter título suficiente para executar o devedor.

Quando do título completo resulte inequivocamente não podermos estar perante uma obrigação cambiária do sacador – nomeadamente porque a sua ordem de pagamento terá sido oportunamente desfeita (cf. art. 32.º I) – ou deste e de outros co-obrigados, porque o cheque entretanto prescreveu (cf. art. 52.º I), caberá ao executado, no âmbito do processo executivo, deduzir oposição à pretensão do portador.

No entanto, a falta de fundamento para a oportuna revogação do cheque ou a sua eventual prescrição, como título cambiário, comprometendo decisivamente a qualidade de título executivo do cheque, não descaracteriza a obrigação que lhe está subjacente. Nessa circunstância o cheque deixa de ser título válido na acção cambiária de regresso, ou em eventual acção executiva, mas a obrigação por ele constituída pode subsistir e ser provada em processo declarativo de condenação.

---

[626] Proc. n.º 429/02-1, *www.dgsi.pt.*

*Compreensão jurídica do cheque* 275

**II.** Para ser título executivo, forçoso é que o cheque esteja completo[627]. Se lhe faltar algum requisito essencial, é necessário apurar se o respectivo preenchimento está sujeito a acordo ou se se pode presumir o consentimento tácito para o portador o fazer[628].

**III.** Por sua vez, os efeitos da relação contratual existente entre o sacador (executado) e o banco sacado, cuja recusa de pagamento origina a pretensão do beneficiário, são irrelevantes na consideração do cheque como título executivo à luz da lei processual. Nos termos do Código de Processo Civil, para estarmos perante um título executivo há que proceder à apreciação da literalidade do documento em que o mesmo obrigatoriamente se consubstancia e, confrontando-a com as condições e requisitos de validade estabelecidos pela lei substantiva aplicável – no caso vertente, a Lei Uniforme do Cheque –, verificar se o mesmo é válido para o acesso imediato à acção executiva.

Também na consideração do cheque como título executivo não poderá deixar de prevalecer o relevo da subscrição cambiária e dos seus efeitos directos sobre a relação contratual de cheque estabelecida entre o banco (sacado) e o seu cliente (sacador), o que explica que, mesmo quando esta – que esteve na base do cheque cuja execução, na falta do devido pagamento, é agora pretendida – é nula, se extingue ou sofre de uma vicissitude que a afecta decisivamente, o cheque é válido e tem de ser pago. E a solução a que chega a Lei Uniforme (cfr. art. 32.º, I) representa um corolário natural da tutela da confiança dos intervenientes na relação cartular que, desconhecendo a vicissitude na relação subjacente ao saque, confiaram plenamente na aparência resultante do título, cujo pagamento, em regra, apenas se encontra condicionado à existência da necessária provisão.

**IV.** Qualquer que seja a posição que o intérprete-aplicador da lei – com maior ou menor influência jusprocessual ou jusmercantilista – venha a tomar sobre a questão do cheque como título executivo, também no

---

[627] Cfr. J. P. REMÉDIO MARQUES, *Curso de Processo Executivo Comum*, cit., **2000**, p. 70, nota 177, e **AcRelCoimbra de 9 de Março de 1999** (SILVA FREITAS) (*CJ*, ano XXIV, 1999, t. II, pp. 19-21).

[628] Assim, «*não afecta (...) a exequibilidade do cheque, o facto de ter sido o portador a datá-lo*» [**AcRelLisboa de 3 de Outubro de 2000** (SANTOS MARTINS), *CJ*, ano XXV, 2000, t. IV, pp. 100-101].

cruzamento do Direito Comercial cambiário com o Processo Civil Executivo, deveremos concluir que o entendimento que se pretenda formar no âmbito deste ramo do Direito não pode, nem deve, perverter o significado que o título tem no quadro da sua regulamentação substantiva, nomeadamente na Lei Uniforme aplicável, devendo os respectivos efeitos processuais serem considerados à luz da regras próprias e específicas do cheque, que estabelecem as bases e marcos da sua compreensão.

# CAPÍTULO IV
## Dimensão prática do cheque

## 9. Funções do cheque

### 9.1. Relevo social e económico do cheque como meio de pagamento

**I.** No que respeita à sua **natureza**, o **cheque** não é pagamento, nem instrumento de crédito; **é um meio de pagamento** (uma forma de receber dinheiro por ordem do sacador) que – à semelhança de outros (ordem de transferência, *traveller* cheque ou cheque de viajante e diversos cartões)[629] – se destina a substituir o numerário (notas e moedas metálicas) na execução dos pagamentos (*v.g.*, preço na compra e venda) ou na satisfação de uma obrigação pecuniária (o que ocorre, por exemplo, nas situações de restituição de quantia mutuada, de enriquecimento sem causa ou de invalidação de negócio anterior)[630].

---

[629] Sobre os meios de pagamento, cfr. Rémy LIBCHABER, *Recherches sur la monnaie en droit privé,* LGDJ, Paris, **1992**, em especial pp. 72-82.

Acerca da distinção entre *meios de pagamento* – a que os juristas se referem quando querem mencionar para além do numerário (*cash*), os cheques, cartões de crédito e transferências directas – e *instrumentos de pagamento*, cfr. Maria Chiara MALAGUTI, *The payments system in the European Union Law and Practice*, Sweet & Maxwell, London, **1997**, pp. 25-26.

[630] Ou, na singela caracterização dada por Adelino LOPES AGUIAR, *O dinheiro de plástico. Cartões de crédito e de débito. Novos meios de pagamento*, Rei dos Livros, Lisboa, s/d (mas dep. legal de **1990**), «um meio de pagamento é moeda quando (…) tem poder liberatório, é um meio de entesouramento e serve de unidade de conta e padrão de valor» (p. 13).

É nesta especial característica do cheque, que reflecte a sua função essencial[631], que o cheque se distingue dos demais títulos de crédito e justifica o regime jurídico específico que o anima e que se sobrepõe a qualquer negócio jurídico de carácter bilateral que o tome por referência ou pressuponha a sua utilização, como a convenção de cheque, cuja natureza e efeitos pretendemos determinar ao longo deste trabalho.

Diversamente do que sucede com outros títulos de crédito, o cheque não tem uma obrigação correspectiva ao acto de subscrição cambiária que o cria e que está na base da respectiva circulação. O título é direito sem obrigação correspondente, porque não há aceite. Com efeito, ele não só não está sujeito a aceite, como este é expressamente proibido (cfr. art. 4.º da LUCh).

**II.** Faremos referência ao cheque como *meio de pagamento*, apesar de não ignorarmos que o cheque, como tal, é *instrumento* e não simples meio de pagamento, já que, diversamente do numerário, não efectua o pagamento, mas permite transferir os meios que o realizam[632]. Seguimos esta linha não apenas por uma questão de simplificação, mas por ser a que melhor se adequa à consideração do cheque como dinheiro.

O cheque é meio de pagamento baseado no valor da confiança. O respectivo beneficiário ou portador recebe-o porque acredita que ele será pago. Para o efeito, é preciso que exista provisão suficiente, não tendo de ser confirmável a capacidade económica do sacado para proceder ao pagamento, atendendo à sua qualificação profissional. No entanto, por o banqueiro não ser obrigado a pagar o cheque – pelo menos quando este for de montante superior a certo limite [entre nós, € 150,00 (cfr. art. 8.º do DL 454/91, de 28 de Dezembro)] –, nada obstava, em teoria, a que ele o aceitasse. Tal não foi, contudo, a opção tomada pelos representantes dos diversos países na Convenção de Genebra, porque o banqueiro actua em nome próprio, ainda que no interesse e por conta do cliente, não se encontrando em condições de executar adequadamente as suas instruções se não dispuser de meios para o efeito. Eventual confirmação prévia da existência de fundos disponíveis, como regra, constituiria uma entropia à circulação do título.

---

[631] Considerando ser «a função básica do cheque a de servir de meio de pagamento, evitando a circulação do dinheiro físico», Jaime MAIRATA LAVIÑA / Jorge GUZMÁN COSP, *Operaciones bancarias y su tratamiento legal*, 2ª ed., Hispano Europa, Barcelona, **1990**, p. 311.

[632] Neste sentido, Maria Chiara MALAGUTI, *The payments system in the European Union Law and Practice*, Sweet & Maxwell, London, **1997**, p. 26.

O cheque tem, pois, um valor de crédito de natureza especial, porque é um **valor de crédito monetário**, de realização imediata, que se vai traduzir em dinheiro.

Como observaremos, sendo o cheque um meio de pagamento de bens e serviços adquiridos pelo sacador ou até por um ulterior portador, a sua satisfação – isto é, o pagamento ao (último) beneficiário da quantia nele inscrita – não podia ficar dependente das vicissitudes controláveis[633] de uma relação contratual que com ela pode indevidamente conflituar, pondo em risco a confiança e o crédito que estão associados e são inerentes à sua aceitação como instrumento de pagamento.

**III.** Sendo um valor de crédito monetário, o cheque pressupõe uma convenção (cfr. art. 3.º da LUCh e, *infra*, n.º 15), mas pode excepcionalmente existir sem ela. Paralelamente, é tutelado, mesmo sem haver circulação, dada a sua função primordial (de meio de pagamento) que caracteriza o respectivo regime.

Mas o cheque não se limita a ser um puro meio de pagamento, porque, como veremos, assume outras funções, também relevantes.

Com efeito, diferenciando-se da letra[634], por esta ser à ordem, e da livrança[635], que é promessa, o cheque – para além de meio de pagamento

---

[633] A falta de provisão – provisão essa essencial para assegurar o respectivo pagamento – escapa ao controlo do banco sacado, pelo que se sobrepõe à obrigação de pagar o cheque, salvo nos casos em que *a excepção confirma a regra*, como sucede, por imposição legal, em relação a cheques de valor não superior a € 150,00 (cfr. art. 8.º, n.º 1 do DL 454/91, de 28 de Dezembro, na red. do art. 1.º da L 48/2005, de 29 de Agosto), os quais têm de ser pagos pela instituição que houver fornecido os módulos *«não obstante a falta ou insuficiência de provisão»*.

Com a previsão do art. 8.º do Regime Jurídico Penal do Cheque sem Provisão, pretendeu-se responsabilizar o banco, precisamente, pela celebração de convenções de cheque com os respectivos clientes, em termos de a instituição de crédito ser obrigada a assumir, ainda que com o limite de € 150,00 por cada módulo disponibilizado – e em caso de falta de provisão –, os riscos de uma deficiente utilização dos impressos de cheques entregues ao cliente.

[634] A **letra** é um título de crédito à ordem, que incorpora um direito de crédito pecuniário. Regulada pela Lei Uniforme relativa às Letras e Livranças (LULL), corresponde à primeira das convenções sobre essa matéria aprovadas em Genebra de 7 de Junho de 1930, integrada no Direito nacional pelo Decreto n.º 23721, de 29 de Março de 1934 (que revogou os arts. 278.º e segs. do Código Comercial).

[635] A **livrança** é, ao fim e ao cabo, uma promessa de pagamento; em tudo mais é como se fosse uma letra. Por isso, vem regulada na mesma Lei Uniforme (art. 75.º e art.

como documento circulatório utilizado em substituição da moeda[636] – também pode ser utilizado com outras finalidades, designadamente para levantamento de fundos próprios, ou mesmo como instrumento de garantia do cumprimento de obrigações do respectivo sacador, desempenhando desse modo outras importantes funções económicas.

Assim sendo, o cheque configura-se como **instrumento de**:

- **pagamento**;
- **levantamento de fundos**, isto é, meio de dispor – em condições previamente acordadas –, parcial ou totalmente, das importâncias depositadas ou creditadas na conta do sacador;
- **compensação**, permitindo liquidações recíprocas através de Câmaras de Compensação; e
- **garantia de uma obrigação** ou de meio de obtenção de crédito.

**IV.** Vimos já que o cheque se terá configurado inicialmente como um **instrumento de levantamento de fundos** adequado para permitir ao titular de uma conta bancária a solicitação ao seu banco da restituição, parcial ou total, do dinheiro depositado.

---

78.º). Aliás, se repararmos nos **arts. 75.º e 78.º** vemos que, de acordo com o regime jurídico especificamente previsto para a livrança, as disposições das letras se aplicam com as devidas adaptações. Portanto o regime jurídico aplicável é o das letras. Só que a livrança não nasce com a aptidão à circulação; embora possa circular, não tem essa finalidade. E por isso consubstancia, em regra, uma obrigação pessoal do devedor; e é de facto é que é uma obrigação pessoal do devedor (que é o seu *subscritor* e que reúne simultaneamente as características que na letra cabem ao sacado/aceitante e ao sacador) perante o beneficiário (na letra, o tomador), e esse também é, por norma, um banco. É, por isso, frequente, quando por exemplo se recorre ao crédito à habitação, o devedor, para além de celebrar uma hipoteca (portanto, uma garantia real) sobre o próprio imóvel, constituir-se ainda, em termos gerais, obrigado através de uma livrança. Por sua vez, ainda que seja comum que o *impresso* no qual a livrança é emitida esteja normalizado pelos bancos (na qualidade de sujeitos intervenientes), estes não são os únicos beneficiários das livranças, que podem ser emitidas entre simples particulares.

[636] A própria jurisprudência se pronuncia sobre esta função do cheque. Neste sentido, cfr. o **AcRelCoimbra de 25 de Janeiro de 2005** (Proc. n.º 3790/04) (ANTÓNIO PIÇARRA), *www.dgsi.pt.* Nos termos deste aresto, «o cheque tem (…) uma função económica complementar da moeda, substituindo-a inclusive, vantajosamente, na medida em que evita o risco da transferência de dinheiro efectivo, ou numerário, e proporciona uma maior comodidade na liquidação de débitos, através de ordens de pagamento de quantitativos previamente depositados num banco» (p. 2).

Esta função é também relevante, embora os seus efeitos económicos possam ser assegurados por instruções *ad hoc* transmitidas ao banqueiro. Mesmo na falta da convenção de cheque – nomeadamente como consequência da respectiva rescisão – o cliente pode recorrer a este modo de obtenção de fundos próprios depositados no banco onde tem conta aberta, desde que o cheque seja avulso. A rescisão da convenção não implica o encerramento da conta bancária a que a mesma respeita, mas apenas uma alteração das suas condições de movimentação.

**V.** O cheque é também objecto de **compensação**.

A compensação é o acto pelo qual o banco procede à troca de cheques que, tendo sido sacados sobre outros bancos, nele foram depositados com a finalidade de, por ele, virem a ser cobrados, num encontro de contas com instituições congéneres[637]. O local onde se processa a compensação, hoje automática, designa-se "câmara de compensação" e nesta os bancos procedem a um encontro de contas com base nos valores que neles são depositados e que, até um certo montante, nem sequer chegam a ser apresentados à instituição sacada e objecto de troca, sendo imediatamente truncados. É nesse encontro interbancário de contas que os cheques desempenham uma função de compensação[638].

**VI.** Finalmente, a título acessório, o cheque pode desempenhar funções de **garantia** de uma obrigação ou servir como meio de obtenção de crédito, como veremos adiante (cfr., *infra*, n.º 9.3).

---

[637] Sobre a compensação no Direito Bancário, vd., por todos, o estudo de António Menezes Cordeiro, «Depósito Bancário e Compensação», publ. na *CJ/AcSTJ*, ano X, t. 1, **2002** (pp. 5-10), em especial, pp. 5-7, e em AA.VV., *Estudos em Homenagem ao Prof. Doutor Inocêncio Galvão Telles*, vol. II – Direito Bancário, Almedina, Coimbra, **2002** (pp. 89-102), cm cspccial pp. 89 94, retomado na obra monográfica do catedrático, com enfoque do instituto também no quadro do Direito Civil, *Da Compensação no Direito Civil e no Direito Bancário*, Almedina, Coimbra, **2003** (cfr., em especial, pp. 241-245 e 247-248).

[638] O cheque é, pois, nesta acepção, o instrumento que permite a bancos diferentes (depositário e sacado) procederem a liquidações recíprocas pela troca de valores e encontro de contas. Mas a compensação é também uma operação ou um processo de que o cheque – como subsistema do sistema bancário, à semelhança do que acontece com outros subsistemas [os *efeitos comerciais*, os *débitos directos*, as *transferências electrónicas interbancárias* e *outras operações processadas* pelo *Multibanco* (cfr. Reg. SICOI, n.º 2)] – é objecto.

Entretanto, refira-se que, se for usado exclusivamente como garantia, o cheque deverá ser devolvido ao sacador, uma vez cumprida a obrigação garantida, caso não seja necessário executar a garantia; e é nesse sentido que se diz desempenhar uma função acessória (à do saque de fundos).

Quando é sacado para servir de garantia ao cumprimento de uma obrigação o cheque pode ser totalmente preenchido, com indicação do montante máximo garantido e da data a partir da qual deverá ser apresentado a pagamento[639] – e, nestas circunstâncias, em caso de incumprimento não haverá por parte do beneficiário maleabilidade na sua utilização –, ou pode ser sacado em branco, nomeadamente quanto à data e valor, com acordo de preenchimento indexado ao regime da obrigação contratual que visa garantir. Deste modo, verificando-se o incumprimento da obrigação garantida, o beneficiário e respectivo credor poderá preencher o cheque em conformidade com o previamente acordado, apondo-lhe uma quantia correspondente à indemnização devida e a data em que se verifica o incumprimento e apresentando-o a pagamento.

Apesar de as implicações de carácter penal deverem ser diferentes, em caso de não pagamento do cheque – não havendo protecção na primeira situação, e estando perante uma falta de provisão que deveria ser criminalmente sancionável, na segunda[640] –, do ponto de vista jurídico-cambiário não se vislumbra qualquer óbice à utilização do cheque com esta finalidade.

Uma última nota acerca desta função (acessória) do cheque, no sentido de não a confundirmos com a questão, totalmente distinta, da garantia (extracambiária) do pagamento do cheque[641].

---

[639] Apesar de poder ser imediatamente apresentado a pagamento, por ser um título à vista.

O cheque de garantia é, neste caso, um cheque pós-datado – uma vez que é aposta uma data de emissão/vencimento posterior aquela em que o cheque é preenchido. E como tal não desfruta de tutela penal.

[640] Neste caso o cheque não havia sido pós-datado, pelo que, em nossa opinião, deveria beneficiar de plena protecção penal em caso de não pagamento por falta de provisão, o que não acontece, como veremos (*infra*, n.º 19.4.IV).

[641] Sobre esta, vd. o estudo de Pedro PAIS DE VASCONCELOS, «Garantias extracambiárias do cheque e negócios unilaterais: o cheque visado e o eurocheque», in AA.VV., *Estudos de Direito Bancário*, FDUL / Coimbra Editora, **1999** (pp. 277-300), em especial pp. 281-286, apesar de desactualizado, uma vez que versa sobre uma modalidade de cheque já extinta (o Eurocheque).

*Dimensão prática do cheque* 283

**VII.** Regressemos ao cheque como meio de pagamento.

O cheque tem a função principal de meio de pagamento, constituindo o meio idóneo pelo qual, através de uma ordem dada a um banco, é paga ao respectivo portador a quantia nele inscrita, permitindo assim ao sacador satisfazer um pagamento sem ter de mobilizar numerário.

O cheque é um instrumento de pagamento de *moeda fiduciária*[642] – porque permite que o respectivo beneficiário obtenha numerário contra a sua apresentação – e como meio de pagamento não pode ser revogado (pelo menos dentro de um determinado prazo). O seu momento fulcral é o do pagamento[643].

Como meio de pagamento, importa apurar quais os efeitos que a entrega do cheque ao tomador tem sobre a relação fundamental que o liga ao sacador. Como iremos ver, tem um poder liberatório pleno[644], análogo ao do numerário (notas e moedas metálicas).

Num primeiro momento haverá, então, que discutir se o cheque é, ou não, dinheiro[645].

---

[642] Não obstante ser um meio de pagamento escritural. Cfr. Claude DRAGON / Didier GEIBEN / Daniel KAPLAN / Gilbert NALLARD, *Les Moyens de paiement. Des espèces à la monnaie életronique*, GM Consultants Associés, Banque Editeur, s/d (Depósito legal de Dezembro de **1997**), p. 63.

Sobre a criação da moeda de papel com carácter fiduciário, vd. Paulo de PITTA E CUNHA, *Economia Política* (Sumários desenvolvidos polic.), Lisboa, **1973**, pp. 12-14, em especial p. 12.

[643] Sobre a definição de pagamento, no contexto dos sistemas de pagamento da União Europeia, e percorrendo as leis europeias mais significativas, cfr. Maria Chiara MALAGUTI, *The payments system in the European Union Law and Practice*, Sweet & Maxwell, London, **1997**, pp. 16-18.

[644] Mas não no sentido que, frequentemente, é atribuído a esta expressão, a propósito do numerário, o qual tem eficácia liberatória como «meio legal de extinguir determinadas obrigações, sem possibilidade de recusa de aceitação por parte do credor» (ANTÓNIO PEDRO A. FERREIRA, *Direito Bancário*, Quid Juris, Lisboa, **2005**, pp. 242-243).

[645] O dinheiro é expressão pecuniária do valor dos bens e serviços transaccionáveis no mercado; é «algo que serve como meio de troca e é geralmente aceite com essa finalidade, ou como unidade de valor em função da qual o preço de todas as outras coisas é estabelecido» (Douglas GREENWALD *et al*, *The McGraw-Hill Dictionary of Modern Economics*, 2ª ed., McGraw-Hill Book Company, New York, **1973**, p. 374), ou «pode definir-se» como «aquele produto que, em princípio, todas as pessoas na sociedade desejam aceitar em troca de bens produzidos ou serviços prestados», o «dinheiro é a unidade na qual se expressa o valor dos bens e serviços – como um preço» (Lewis C. SOLMON, *Economics*, 2ª ed., Addison-Wesley, Reading, **1976**, pp. 224 e 225).

O modo mais clássico, e que mais adesões recolhe, de perspectivar o dinheiro é o que o encara como um meio de troca. Segundo HAWTREY, *apud* Dwayne WRIGHTSMAN,

284　　　*Cheque e Convenção de Cheque*

A resposta afirmativa esgotará a questão e permitiria concluir que a entrega do título realizaria um pagamento sem restrições, ou seja, o cheque como meio de pagamento desempenharia uma função em tudo idêntica à das notas de banco, tendo efeito liberatório pleno; e, nessa medida, substituiria a moeda.

A resposta negativa – a de que um cheque não é dinheiro (ou não é sempre), não representando a sua entrega «um pagamento puro e simples»[646] – conduzir-nos-á a um segundo momento, aquele em que importa verificar se a entrega do cheque constitui uma dação em cumprimento *(datio pro soluto)* ou em função do cumprimento *(datio pro solvendo)* ou uma novação, relativamente à relação subjacente, ou se diferente solução deve ser proposta.

Mas regressemos à primeira questão: ***pode o cheque ser considerado dinheiro?***

**VIII.** Em termos relativos, e estritamente jurídicos, não se trata de um problema de fácil e imediata resposta.

Na realidade, para certos efeitos, o cheque, mesmo que não seja dinheiro, é considerado como tal, equivalendo a numerário e desempenhando funções análogas às das notas e moedas[647]. Assim, por exemplo, o cheque é assimilado ao dinheiro para efeitos do disposto no art. 9.º, n.º 1, *alínea h)* do Código das Sociedades Comerciais[648] sobre elementos do contrato de sociedade, visto que as entradas em cheque não são descritas como tais, antes se aceitam como se de dinheiro se tratasse. E a

---

*An introduction to monetary theory and policy*, Free Press, New York, **1971**, "dinheiro é um daqueles conceitos que, como uma colher de chá ou um chapéu-de-chuva, mas diferentemente de tremor de terra ou de uma b**uttercup**, é primariamente definido pelo uso ou objectivo que prossegue" (p. 18). E, conclui WRIGHTSMAN *(ibid.)*, «por isso, o dinheiro é o que o dinheiro unicamente faz: paga coisas».

Sobre o dinheiro, vd. ainda, sob uma perspectiva essencialmente jurídica, José María DE LA CUESTA RUTE, *El dinero y la representación de las posiciones acreedoras y deudoras en el tráfico mercantil*, cit., **2006**, em especial pp. 23-42.

[646] OLIVEIRA ASCENSÃO, *Títulos de Crédito*, cit., p. 259. Sobre esta questão, cfr. também, *ibid.*, pp. 258-261.

[647] Considerando, precisamente, que «o cheque equivale a dinheiro, porque representa a disposição do depósito existente, e porque a obrigação de pagar está a cargo dum banco», José Gabriel PINTO COELHO, *Lições de Direito Comercial*, 2.º vol., *As Letras*, 1ª Parte, Fasc. I, 2ª ed., ed. autor, Lisboa, **1955**,p. 31.

[648] *«Consistindo a entrada em bens diferentes de dinheiro, a descrição destes e a especificação dos respectivos valores»*

*Dimensão prática do cheque* 285

dicotomia "dinheiro-outros bens" – cujo valor deve ser certificado por relatório de revisor oficial de contas[649] –, relevante no momento de realização das entradas sociais, mantém-se ao longo deste Código (por exemplo, art. 25.º, n.º 1, 89.º, 202.º, n.os 2 e 3, 277.º, n.º 3) e é claramente assumida no art. 28.º, n.º 1, onde se estatui que *as entradas em bens*, e passamos a citar, «*diferentes de dinheiro devem ser objecto de um relatório elaborado por um revisor oficial de contas (...)*», o qual nunca é chamado a certificar, na prática da constituição das sociedades comerciais, o valor dos cheques (ou mesmo a existência de provisão correspondente ao respectivo montante)[650].

**IX.** Haverá, pois, que recorrer à ciência económica para caracterizar com rigor o cheque e apurar se este pode ser equiparado a dinheiro[651].

O cheque «como meio de pagamento representa um sucedâneo, com aceitação facultativa, da nota de banco»[652], sendo uma das formas mais comuns de efectuar pagamentos na actualidade[653]. Ele é habitualmente

---

[649] Cfr., por todos, as nossas lições de *Direito das Sociedades Comerciais*, 3ª ed., Almedina, Coimbra, **2007**, pp. 238-240 e 242-243.

[650] Nem tal é posto em causa por nenhum dos autores que se pronunciaram sobre o Código das Sociedades Comerciais, nos quais nos incluímos (cfr. OLAVO CUNHA, *Direito das Sociedades Comerciais*, 3ª ed. cit, **2007**, pp. 237-238).

[651] Sobre o significado (na literatura económica) e as funções do dinheiro, em especial como meio de troca, cfr. Clayton P. GILLETTE / Alan SCHWARTZ / Robert E. SCOTT, *Payment Systems and Credit Instruments*, Foundation Press, Westbury, New York, **1996**, pp. 1-6.

O numerário, sinónimo evidente e imediato de dinheiro, é, como assinalam Fred H. MILLER / Alvin C. HARRELL (*The Law of Modern Payment Systems*, 6ª ed., Thomson/West, St. Paul, Minn., **2003**, p. 3), o método de pagamento mais simples – por não envolver qualquer problema de cobrança – e, simultaneamente, o mais arriscado pelos problemas de segurança que suscita a sua guarda, conservação e transporte. A estas dificuldades seculares e que explicam o surgimento de novos meios (ou instrumentos) de pagamento, como o cheque, vieram na actualidade acrescentar-se todas as que são inerentes à determinação da proveniência e destino de numerário e à prevenção de branqueamento de capitais, que lhes está associada e que favorece claramente o uso de instrumentos de pagamento alternativos.

[652] A.L. SOUSA FRANCO, «Cheque – ECON.», Enciclopédia Verbo, Edição Século XXI, vol. 6, Editorial Verbo, Lisboa / São Paulo, **1998**, col. 965.

[653] Considerando que o cheque ou uma ordem de saque (*draft*) é talvez o método mais comum de realizar pagamentos na actualidade («Giving a check, or in some cases a draft, is perhaps the most common method of accomplishing payment today»), MILLER/ HARRELL, *The Law of Modern Payment Systems*, 6ª ed., cit., **2003**, p. 3.

No Direito norte-americano (EUA) distingue-se o *check* de uma ordem de saque (*draft*). «Esta é uma mensagem escrita dirigida ao sacado para pagar em dinheiro em

utilizado como se de dinheiro se tratasse, embora a sua aceitação dependa da credibilidade do respectivo sacador.

**X.** Por sua vez, a estrutura e regime jurídico do cheque apontam claramente no sentido de ele ser considerado um meio adequado de substituição da moeda na execução de pagamentos, desde que utilizado em prazo relativamente reduzido após a sua emissão.

O cheque é pagável à vista, recorde-se, e raramente é endossado, não passando do tomador, em favor de quem é normalmente sacado, a título de pagamento por um bem ou serviço. E o tomador, pela posição cambiária que ocupa, pode controlar perfeitamente a bondade do cheque, visto estar em relação imediata com o sacador. E a lógica do tomador – na posse de um valor de crédito monetário que, sendo de realização imediata, se vai traduzir em dinheiro – leva-o a fazer prevalecer a sua cobrança imediata sobre a sua eventual transmissão[654].

**XI.** No entanto, o cheque – mesmo quando pago pelo sacado – não realiza o pagamento com a perfeição com que o faz o numerário, que opera num único acto a execução e a extinção da obrigação (de pagamento)[655], permitindo que o devedor extinga a obrigação de pagamento com a sua execução, pela entrega da moeda fiduciária (notas e moedas metálicas).

No cheque – tal como noutros pagamentos em moeda escritural, como nas transferências –, o cumprimento da obrigação de pagamento processa-se em dois momentos temporal e tecnicamente distintos: a fase da execução da obrigação de pagamento, em que o devedor (sacador ou endossante) realiza os actos necessários com vista ao pagamento, sacando ou endossando o cheque e entregando-o ao credor, e a fase de extinção da obrigação de pagamento, em que o credor, recebendo a quantia inscrita no cheque (pessoalmente ou em conta de que seja titular) ou endossando-o a um terceiro, vê satisfeito o seu crédito[656].

---

conformidade com a ordem e, por isso, a sua função primária é facilitar o pagamento (cumprimento) de uma obrigação» (MILLER / HARRELL, *ibid.,* p. 6).

[654] Coloquialmente poderíamos traduzir esta conclusão pela seguinte expressão: "*Se disponho de um valor realizável, porque é que vou endossá-lo? Vou mas é cobrá-lo!*"

[655] Naturalmente que afastamos os casos excepcionais de pagamento com moeda falsa, em que não ocorre extinção da obrigação do pagamento porque a respectiva execução é deficiente.

[656] Neste sentido, Françoise PÉROCHON / Régine BONHOMME, *Entreprises en difficulté. Instruments de crédit et de paiement*, 7ª ed., LGDJ, Paris, **2006**, p. 777-778.

*Dimensão prática do cheque* 287

Destinando-se o cheque, como moeda ou meio de pagamento escritural que é, a poder traduzir-se em moeda fiduciária (numerário) para o respectivo beneficiário – quando a quantia que lhe corresponde for, directa ou indirectamente, levantada da conta do devedor (sacador) e entregue ao último beneficiário ou creditada na sua conta[657] –, há que fazer uma prevenção adicional: quando se afirma que «só o encaixe efectivo (da quantia correspondente ao cheque) exonera o devedor, mesmo que a entrega do cheque constitua já o começo da execução»[658], não se pretende sujeitar o devedor à inércia ou negligência do credor relativamente à guarda, conservação e apresentação do cheque a pagamento, o que significa que a obrigação de pagamento consubstanciada no cheque se tem por (devidamente) extinta se a não apresentação a pagamento e, consequentemente, a não satisfação do crédito titulado pelo cheque se fica a dever a acto do credor[659]. Este, extraviando ou destruindo o cheque, deverá

---

[657] E, por isso, «o cheque depositado em conta bancária só é convertido em dinheiro nessa conta após boa cobrança, ou seja, quando é pago ao depositário» [**AcRelPorto de 18 de Setembro de 2001** (LEMOS JORGE), *CJ*, ano XXVI, t. IV, 2001, pp. 189-194].

[658] PÉROCHON/BONHOMME, *Entreprises en difficulté. Instruments de crédit et de paiement*, 7ª ed., cit., Paris, **2006**, p. 819.

[659] Não cremos que faça sentido exigir culpa do credor, na falta de obtenção do valor do cheque, para que o devedor se possa considerar devidamente exonerado (no plano do cheque). O que se nos afigura ser relevante é que este seja alheio ao não pagamento, isto é, que não tenha de algum modo contribuído para o evitar. Se o extravio ocorre assim por acto do credor ou de terceiro a quem este encarregue de obter a satisfação do crédito, o devedor não tem responsabilidade, o que não quer dizer que não tenha de vir a pagar essa quantia no contexto do instituto do enriquecimento sem causa.

Pelas razões expostas, repugna aceitar a desresponsabilização do banco depositário de cheques pelo extravio dos mesmos quando os envia para a câmara de compensação. Ao aceitar o depósito de tais cheques, o banco assegura ao seu cliente que os apresentará à compensação e que, tendo provisão, os respectivos montantes serão creditados na sua conta. O modo como o faz, que deveria ser particularmente seguro dado os valores envolvidos, é indiferente ao cliente. São, assim, inaceitáveis as conclusões do **AcRelLisboa de 3 de Junho de 2003** (PIMENTEL MARCOS), *CJ*, ano XXVIII, t. III, 2003, pp. 101-105. Diversamente, considerando o banco responsável pelo extravio do cheque enviado à compensação, devendo ser do banco – em quem confiou a cobrança – que o cliente *tem de reclamar a quantia a cobrar* se não ocorreu a cobrança por culpa do banco, o **Acórdão** do mesmo tribunal (da Relação de Lisboa) **de 30 de Janeiro de 2003** (SALAZAR CASANOVA), *CJ*, ano XXVIII, t. I, 2003, pp. 97-99.

Apesar das semelhanças, não se enquadra nas situações acima descritas o extravio de cheques comprovadamente sem provisão, no momento da respectiva devolução. Cfr., a este propósito, **AcRelLisboa de 28 de Junho de 2001** (PROENÇA FOUTO), *CJ*, ano XXVI, t. III, 2001, pp. 126-127.

288 *Cheque e Convenção de Cheque*

recorrer ao instituto da reforma dos títulos de crédito (cfr. arts. 483.º e 484.º do CCom e, *supra*, n.º 6.4) e, caso não consiga reformar o cheque, poderá sempre procurar obter a satisfação do seu direito de crédito (emergente da relação subjacente ou causal) por recurso às regras do enriquecimento sem causa[660].

**XII.** O cheque é um instrumento monetário em si mesmo e não um mero suporte físico de um meio de pagamento escritural. «Ele permite deslocar unidades monetárias de uma conta bancária para outra e mais genericamente de um património para outro»[661]. Trata-se, contudo, de um instrumento, cujo sentido e existência são referenciados a uma conta bancária, pelo que é esta que, na realidade, representa o suporte monetário da moeda escritural. Por isso, se ela não se encontrar suficientemente provisionada, o instrumento, apesar de adequadamente emitido, no plano formal, não vai ser título suficiente para provocar o pagamento.

**XIII.** Na verdade, sucede que, por vezes, o cheque não é pago, por não existirem fundos suficientes na conta do sacador. Nesse caso, importa averiguar qual o efeito da relação cartular ou cambiária sobre a relação subjacente ou, por outras palavras, quais os efeitos que o saque (ou endosso) do cheque tem sobre a relação subjacente. *Qual o tipo de cumprimento que a sua entrega permite com referência à relação entre o sacador e o tomador* (ou entre este e um endossatário)?

A resposta à questão enunciada – que, tendo sido desenvolvida em Portugal no âmbito das letras[662], tem especial pertinência na matéria da

---

[660] Sobre este instituto, cfr., para além dos manuais gerais de Direito das Obrigações, os estudos específicos e especialmente desenvolvidos citados na nota 549 (8.4.5.VIII).

[661] Rémy Libchaber, *Recherches sur la monnaie en droit privé,* LGDJ, Paris, **1992**, p. 78, que seguimos de perto.

[662] Ver, em especial, a propósito da letra de câmbio, para além da doutrina e da jurisprudência citadas na nota 558 (n.º 8.5.2.I), José Marques de Sá Carneiro, *Da Letra de Câmbio na Legislação Portuguesa,* Tipografia Sequeira, Porto, 1919, pp. 220-221, José Gonçalves Dias, *Da letra e da livrança* segundo a Lei Uniforme e o Código Comercial, vol. I, Minerva, Famalicão, **1939**, pp. 321-360, em especial p. 328, Fernando Olavo, *Desconto Bancário,* ed. autor, Lisboa, **1955**, pp. 244-253, Ferrer Correia, *Lições de Direito Comercial,* vol. III – *Letra de câmbio* (Polic.), Coimbra, **1975**, pp. 53-61, Paulo Sendin, *Letra de câmbio. LU de Genebra, II – Obrigações e garantias cambiárias,* Almedina, Coimbra, **1982**, pp. 661, 671-674.

*Dimensão prática do cheque* 289

qualificação do título de crédito como título executivo – foi já dada no número precedente (8.5.2): a subscrição cambiária não acarreta novação da relação fundamental, a menos que esta seja expressamente querida pelas partes[663].

A própria jurisprudência, na esteira do **Assento de 8 de Maio de 1936**[664] – tirado a propósito da prescrição das letras –, pendeu decisivamente no sentido de considerar que a novação só ocorre quando for expressamente prevista pelas partes.

Também no cheque os efeitos cartulares resultantes da respectiva subscrição (saque e, ou, endosso) não extinguem a obrigação (de pagamento) que lhe subjaz e que a origina, mas sobrepõem-se a essa relação fundamental, podendo servir para, em qualquer momento, comprovar a existência desta, sobretudo se o cheque não for pago por falta de provisão. O pagamento do cheque – por crédito em conta do último beneficiário ou por entrega de numerário que lhe seja feita pelo banco – extingue a obrigação cartular emergente da subscrição cambiária e simultaneamente realiza o cumprimento integral da obrigação subjacente à emissão do cheque.

**XIV.** Restam-nos duas hipóteses: o cheque representa uma dação em cumprimento (*datio pro soluto*) ou uma dação em função do cumprimento (*datio pro solvendo*).

---

[663] Neste sentido, cfr. MÁRIO DE FIGUEIREDO, *Caracteres Gerais dos Títulos de Crédito*, cit., pp. 30-34, vd. J. G. PINTO COELHO, *Lições de Direito Comercial*, 2.º vol., Fasc. II – *As Letras*, 2ª Parte, 2ª ed. (do autor), Lisboa, **1964**, pp. 47-53, em especial, pp. 52-53, FERNANDO OLAVO, *Direito Comercial*, vol. II – 2ª parte, fasc. I – *Títulos de Crédito em Geral*, 2ª ed., **1978**, pp. 81-84.

Sobre a novação – como causa de extinção de obrigações para além do cumprimento –, cfr. arts. 857.º a 862.º do CC e, por ordem alfabética (do último apelido), Mário Júlio de ALMEIDA COSTA, *Direito das Obrigações*, 10ª ed., Almedina, Coimbra, **2006**, pp. 1110-1115, Luís MENEZES LEITÃO, *Direito das Obrigações*, vol. II, 5ª ed., cit., **2007**, pp. 211-217, João de Matos ANTUNES VARELA, *Das Obrigações em geral*, vol. II, 7ª ed., Almedina, Coimbra, **1997** (reimp. 2006), pp. 229-242

[664] «*A prescrição, a que se refere o art. 339.º do Código Comercial, não abrange a da obrigação constante da letra*».

A leitura deste Assento não suscitou particulares divergências, apontando no sentido de que a prescrição da acção cambiária ou da acção resultante da obrigação cartular não põe em causa a acção causal baseada na relação subjacente, o que não seria possível se a subscrição cambiária tivesse operado a novação da relação fundamental. Neste sentido, cfr. GONÇALVES DIAS, *Da letra e da livrança*, cit., **1939**, pp. 355-356.

No primeiro caso, a entrega do cheque corresponderia à realização de uma prestação diversa da devida[665], extinguindo-se a dívida subjacente e assumindo, por isso, o tomador o risco da cobrança do título. O tomador ou portador do cheque ficaria a dispor apenas de acção de regresso contra o sacador e outros obrigados cartulares, mas deixaria de poder exercer a acção causal que, pura e simplesmente, se extinguiria.

Na segunda hipótese – a de que a entrega do cheque representa uma dação em função do cumprimento –, a extinção da obrigação subjacente apenas ocorreria quando o último portador obtivesse do banco sacado o pagamento efectivo da quantia representada pelo cheque. A aceitação material do título «entender-se-ia sempre "salvo boa cobrança"»[666], o que significa que, não se verificando o pagamento, o portador poderia sempre recorrer à acção causal com fundamento em incumprimento a nível da relação subjacente.

Não será redundante referir que a opção entre uma e outra solução só é necessária quando as partes não determinam os efeitos da criação do direito cartular, visto estarmos no domínio da autonomia privada.

Vimos já não ter sentido que, com o saque para tomador ou o endosso do cheque, a relação subjacente se extinga: tal relação mantém-se, não obstante a abstracção inerente à criação do cheque.

A entrega do cheque para pagamento de uma dívida representa uma dação em função do cumprimento[667], uma vez que a extinção da relação

---

[665] A prestação devida consiste invariavelmente numa quantia em numerário.

[666] OLIVEIRA ASCENSÃO, *Títulos de Crédito*, cit., p. 260.

[667] Neste sentido, cfr. **AcSTJ de 29 de Novembro de 1990** (MOREIRA MATEUS) / Proc. n.º 079188, *www.dgsi.pt*, e **AcRelCoimbra de 21 de Março de 2006** (FREITAS NETO) / Proc. n.º 100/06, *www.dgsi.pt*, e, por ordem cronológica, Adriano VAZ SERRA, «Dação em função do cumprimento e dação em cumprimento», *BMJ* 39 (pp. 25-57), **1953**, em especial pp. 25-34 – com referência expressa à adequação da expressão dação em função do cumprimento para significar *datio pro solvendo* (cfr. nota 1, a pp. 26-27) –, FERNANDO OLAVO, *Desconto Bancário*, ed. autor, Lisboa, **1955**, pp. 253-256, J. Gabriel PINTO COELHO, *Suplemento às Lições de Direito Comercial – As letras, 2ª parte*, 2ª ed., Lisboa, **1962**, pp. 199-200 e nota 1, MANUEL DE ANDRADE, *Teoria Geral das Obrigações*, 3ª ed., Almedina, Coimbra, **1966**, pp. 245-246, António MENEZES CORDEIRO, *Direito das Obrigações*, 2.º volume (Lições Policopiadas), AAFDL, Lisboa, **1980** (reimp. 1986), p. 212 (nota 87), ESPINOSA GOMES DA SILVA, «Recusa de aceitação de cheques», *CJ*, t. IV, **1986** (pp. 41-46), pp. 43, 44 e 45 (embora no Sumário se indique, por lapso, o contrário), Jorge RIBEIRO DE FARIA, *Direito das Obrigações*, vol. II, Almedina, Coimbra, **1990**, pp. 217-218 (e nota 3), e Luís MENEZES LEITÃO, *Direito das Obrigações*, vol. II, 5ª ed. cit., **2007**, pp. 189-190.

*Dimensão prática do cheque* 291

fundamental fica dependente da sua adequada satisfação. Logo que efectuado o pagamento – *i.e.*, a boa cobrança do cheque –, a relação subjacente extingue-se, salvo se tiver ocorrido, entretanto, um desapossamento de que o devedor pudesse ou devesse ter tido conhecimento.

Saliente-se, contudo, que esta conclusão não pode entender-se em termos absolutos. Na realidade, pode nem sequer haver um débito subjacente à emissão de cheque, isto é, o cheque não consubstancia necessariamente um pagamento e, nessas situações, a sua satisfação só corresponde a uma *datio pro solvendo*, considerando a abstracção que o caracteriza. E, para que isso seja possível, é preciso que o cheque saia do domínio estrito das relações imediatas.

### 9.2. Confronto com outros meios de pagamento: as transferências e os cartões

#### 9.2.1. *Quadro dos meios de pagamento*

**I.** Para além do numerário (papel-moeda e moedas metálicas) e da moeda escritural, movimentada por cheques, existem diversos outros meios de pagamento, alguns a conseguir um espaço crescente no sistema de pagamentos e outros, ao invés, em vias de extinção e em claro abandono ou redução. A essas variações de notoriedade e de utilização, dependentes da eficácia intrínseca do meio de pagamento, não serão certamente estranhos a maior ou menor celeridade e custo dos serviços associados, como de resto em relação ao próprio cheque[668]. E, sendo esse custo variável de país para país, é natural que o peso relativo dos meios de pagamento nos diversos ordenamentos sofra também alterações que não se prendam unicamente com a respectiva eficácia.

**II.** Vamos em seguida caracterizar sucintamente os principais meios de pagamento – para além do numerário e do cheque –, sem preocupação

---

[668] Há outros factores que podem contribuir para a maior ou menor utilização de um meio de pagamento, como o da eventual relevância social que ao mesmo está associada. Assim, a utilização do cheque, nos Estados Unidos da América é sinónimo de *status* e crédito do cliente, tal como sucede em relação aos cartões de crédito mais sofisticados (de ouro e platina).

292 *Cheque e Convenção de Cheque*

de expor o respectivo regime jurídico ou desenvolver aspectos do mesmo, mas procurando sublinhar as principais diferenças que apresentam relativamente ao cheque. Curiosamente, em nenhum deles encontraremos as características do cheque como título de crédito, nenhum deles carecendo da confiança associada à circulação, visto que, de um modo geral, todos são controláveis pelos bancos ou entidades gestoras – intermediários necessários no respectivo processamento –, pelo que o risco da falta de fundos, que ocorre na circulação do cheque, não se verifica com os demais meios de pagamento. Naturalmente que, comuns a todos, se verificam diversos problemas jurídicos, alguns voluntária e intencionalmente criados, como a fraude e o desapossamento, incluindo a falsificação e a utilização abusiva, e outros resultantes de lapsos de funcionamento do próprio sistema.

**III.** Importa fazer uma prevenção: focaremos adiante com autonomia (*infra*, n.º 9.2.3), operações electrónicas inerentes ao cheque e à sua adequada circulação e pagamento, em desenvolvimento do quadro de transferências electrónicas de fundos.

Examinamo-las neste local porque, como veremos, tais operações não apresentam particularismos em matéria de cheques, visando fundamentalmente reforçar ou facilitar a execução do pagamento em que os mesmos se traduzem.

### 9.2.2. *Transferências (simples) e transferência electrónica de fundos*

**I.** As transferências de fundos entre instituições surgiram para permitir a deslocação de espécies monetárias sem que os clientes precisassem de proceder ao prévio levantamento do numerário, constituindo também, por isso, um instrumento seguro adequado a promover pagamentos avultados[669].

---

[669] «O que o emitente de uma ordem de transferência pretende é a transmissão para um terceiro, dos fundos mantidos junto da instituição bancária; o que ele pretende é transmitir moeda» [BEATRIZ SEGORBE, «A transferência bancária, a moeda escritural e a figura da delegação», *RB*, 52, **2001** (pp. 79-125), p. 81].

Sobre este instrumento, vd. também, para além das obras gerais de Direito Bancário, nacionais e estrangeiras citadas, e de outros estudos também citados que, nesta matéria, seguimos de perto, vd. as dissertações de mestrado de CATARINA Martins da Silva GENTIL ANASTÁCIO, *A transferência bancária*, Almedina, Coimbra, **2004** (em especial

Tradicionalmente realizada por meios humanos e baseada em instruções documentadas (em papel), a transferência de fundos implicava a efectiva deslocação das espécies monetárias ou, pelo menos, a sua compensação entre instituições especializadas entre as quais deveria ocorrer. Ordenada manualmente, ela passaria a concretizar-se através de meios mecânicos. Hoje, processa-se por meios electrónicos, sem recurso à utilização de papel[670], permitindo que em espaços temporais extremamente reduzidos se realizem inúmeras operações.

**II.** As transferências são actualmente reguladas no Direito português pelo Decreto-Lei n.º 41/2000, de 17 de Março (na redacção do art. 7.º do Decreto-Lei n.º 18/2007, de 22 de Janeiro), o qual transpôs a Directiva 97/5/CE do Parlamento Europeu e do Conselho, de 27 de Janeiro de 1997[671], sobre as transferências intracomunitárias interna-

---

pp. 27-30, 37-51, 93-94, 143-151, 165-168, 175-176, 179-184 e 413-417), e de doutoramento de Manuel José Vázquez Pena, *La transferencia bancaria de crédito*, Marcial Pons, Madrid/Barcelona, **1998** (em especial pp. 25-28, 63-66, 71, 131-141, 189-210 e 226-237), com razoável desenvolvimento histórico (pp. 32-41), e de Jörg Mucke, *Die Haftung der Bank für zwischengeschaltete Banken* im Überweisungsverkehr und bei weiteren Bankgeschäften, C.H. Beck, München, **2004**, com a perspectiva do Direito alemão após a alteração do BGB [Subtítulo 2 (*Contrato de gestão comercial* – §§ 675-676h) do Título 12 (Contrato de comissão e de gestão comercial) do Livro II (Direito das Obrigações)] resultante da transposição da Directiva comunitária relativa às transferências transfronteiriças (cfr., em especial, pp. 57-92, 94-95 e os resumos a pp. 154-158 e 213-216). A alteração ocorrida na Alemanha – e noutros países europeus – foi prevista e antecipada por José António Velozo, na sua conferência sobre a «Regulamentação dos sistemas de pagamentos: aspectos gerais», *RB*, 36, **1995** (pp. 83-125), p. 121, nota 36, onde refere, de forma muito impressiva, constituir o contrato de gestão comercial (*Geschäftsbesorgungsvertrag*) (antes da alteração do BGB) uma «panaceia farmacêutica».

[670] Não deixa de ser curioso que os primeiros autores que se pronunciaram sobre as transferências electrónicas de fundos as tivessem definido precisamente por serem *paperless*. Assim, neste sentido, Dunfee *et al.* quando afirmam que «uma transferência electrónica de fundos envolve a transferência de fundos de uma conta para outra, não através da utilização de um pedaço de papel, mas através de uma transferência electrónica gerada pela introdução de dados apropriados numa máquina» (Thomas W. Dunfee, Thomas W. / Frank F. Gibson / John D. Blackburn / Douglas Whitman / F. William McCarty / Bartley A. Brennan, *Modern Business Law*, 2ª ed., Random House, New York, **1984**, p. 656).

[671] Esta Directiva foi parcialmente influenciada pela Lei Modelo da UNCITRAL sobre Transferências a Crédito Internacionais, adoptada em Maio de 1992, mas que não foi acolhida por qualquer país como «texto integral nos seus corpos de leis» (Gregor C.

cionais[672], mas regula igualmente as transferências puramente nacionais[673]. O que distingue umas das outras é a localização dos bancos do ordenante e do beneficiário: ambos a operarem em Portugal nas segundas e situados em países diferentes da União Europeia, no caso das transferências transfronteiriças [cfr. art. 2.º, *alíneas c) e b)* do Decreto-Lei n.º 41/2000].

Da análise do diploma – que é objecto da crítica contundente de CATARINA GENTIL ANASTÁCIO[674] e que regula apenas transferências com um montante máximo de € 50.000,00 ordenadas por iniciativa do devedor – extrai-se a ideia de que a transferência é uma deslocação de dinheiro de uma instituição para outra, que deverá ocorrer em prazo mais curto se efectuada no âmbito estritamente nacional (cfr. art. 5.º, n.º 2)[675].

Presentemente, importa também considerar o disposto no Decreto-Lei n.º 18/2007, de 22 de Janeiro[676], que veio limitar os prazos de disponibilização de fundos relativos à movimentação de fundos, em Portugal (cfr. art. 2.º, n.º 2), no âmbito da mesma instituição ou de banco para banco, estabelecendo a «*data valor*» das transferências efectuadas em euros e «*o prazo para disponibilização de fundos ao beneficiário*». Este diploma define uma série de conceitos, caracterizando a transferência – que pode ser intrabancária ou interbancária, consoante ocorre no âmbito da mesma instituição ou se processa entre bancos [cfr. art. 3.º,

---

HEINRICH, *International initiatives towards harmonization in the field of funds transfers, payments, payment systems, and securities settlements*, http://www.bis.org/forum/amresearch.htm, Basel, 2001 (actual. **2006**), p. 13. Sobre a *Model Law on International Credit Transfers*, que enquadra nas «fontes internacionais», mas «sem força obrigatória», vd. João CALVÃO DA SILVA, *Direito Bancário*, Almedina, Coimbra, **2001**, pp. 111-113.

[672] Estamos de acordo com CALVÃO DA SILVA (*Direito Bancário*, cit., **2001**, p. 103, nota 99), quando justifica a maior adequação da palavra "transfronteiras", em vez de "transfronteiriços", para qualificar pagamentos efectuados por transferências internacionais no âmbito da União Europeia. Para evitar uma expressão cacofónica (transferência transfronteira), optámos por simplificar e referir apenas "transferências intracomunitárias internacionais".

[673] E complementarmente, como salienta CALVÃO DA SILVA (*Direito Bancário*, cit., **2001**), pela Directiva 98/26/CE, do Parlamento Europeu e do Conselho, e pelo Decreto-Lei 221/2000, de 9 de Setembro (cfr. pp. 108-109).

[674] *A transferência bancária*, cit., **2004**, p. 303 e 313-315.

[675] Sobre o regime jurídico resultante do DL 41/2000, de 17 de Março, vd. CATARINA GENTIL ANASTÁCIO, *A transferência bancária*, cit., **2004**, p. 304-313. Analisando a proposta de Directiva que está na base do actual regime jurídico, JOSÉ ANTÓNIO VELOZO, «Regulamentação dos sistemas de pagamentos: aspectos gerais», cit., **1995**, pp. 97-112.

[676] E no Aviso do BdP n.º 3/2007, de 12 de Fevereiro (cfr. art. 4.º).

*alínea b) e c)]* – como «*a operação efectuada por iniciativa de um ordenante, operada através de uma instituição e destinada a colocar quantias em dinheiro à disposição de um beneficiário, podendo a mesma pessoa reunir as qualidades de ordenante e beneficiário*» [art. 3.º, *alínea a)*].

**III.** De entre as diversas transferências possíveis, incluindo a ordem de débito permanente, assumiram especial relevo as transferências electrónicas de fundos que constituem, na actualidade, o meio mais rápido de processar pagamentos à distância.

Trata-se de uma categoria muito vasta, designada habitualmente na terminologia anglo-americana por *EFT*, sigla que é formada pelas iniciais das palavras *Electronic Fund Transfer(s)*.

Encontrando a sua origem legal mais remota à escala planetária no *Electronic Fund Transfers Act* norte-americano (E.U.A., 1978)[677], uma transferência electrónica de fundos consiste na movimentação de meios

---

[677] As transferências electrónicas são também objecto de regulamentação nos EUA pelo artigo 4A do *Uniform Commercial Code* – aprovado em 1989 pela National Conference of Commissioners on Uniform State Laws e pelo American Law Institute –, que se aplica apenas às relações entre os agentes das transferências.

Por sua vez, o *Electronic Fund Transfers Act* disciplina as transferências que envolvem consumidores (que só podem ser pessoas singulares) e, por isso, faz hoje parte integrante do *Consumer Credit Protection Act*.

O §4A-108 do UCC exclui expressamente a aplicabilidade deste às transferências que são objecto de regulamentação pelo EFTA de 1978 [«Este artigo não se aplica a uma transferência de fundos que seja de algum modo regulada pelo Electronic Fund Transfer Act de 1978 (Título XX, Direito Público 95-630, 92 Stat. 3728, 15 U.S.C. § 1693 et seq.) tal como alterado eventualmente» (*This Article does not apply to a funds transfer any part of which is governed by the Electronic Fund Transfer Act of 1978 (Título XX, Direito Público 95-630, 92 Stat. 3728, 15 U.S.C. § 1693 et seq.) as amended from time to time)*]. Do respectivo comentário oficial retira-se que o propósito e o efeito desta Secção «é tornar o Artigo 4A e o EFTA reciprocamente exclusivos». A mesma ideia consta da Nota Preambular (*Prefatory Note*) ao Art. 4A, quando se afirma textualmente que «se alguma parte de uma transferência de fundos for coberta pelo EFTA, a totalidade da transferência é excluída do Artigo 4A», cujo principal objecto são as *wire transfers* (transferências por telecomunicações) sempre que realizadas entre instituições ou empresas financeiras.

Sobre o *Uniform Commercial Code* e o valor dos Comentários Oficiais (*Official Comments*), cfr. E. Allan FARNSWORTH, *Cases and materials on Negotiable Instruments*, 4ª ed., The Foundation Press, Westbury, New York, **1993**, pp. 5-12, em especial pp. 7-10.

Sobre a (des) articulação destas duas leis distintas, cfr., na literatura jurídica nacional, JOSÉ ANTÓNIO VELOZO, «Regulamentação dos sistemas de pagamentos: aspectos gerais», cit., **1995**, p. 122 e nota 37.

financeiros entre contas bancárias[678] sem recurso a instruções escritas, baseada exclusivamente em ordem exclusivamente transmitida[679] através de meios electrónicos, qualquer que seja a sua natureza – como por exemplo telefone, vídeo, terminais autónomos, computadores, fita magnética, ou outra –, por forma a debitar uma conta e, sequencial e correspondentemente, creditar a quantia debitada numa ou mais contas bancárias[680].

---

[678] A intervenção do banco, como agente destas transferências é essencial para a sua caracterização, permitindo aproximar o conceito de transferência electrónica de fundos ao de banca electrónica (*electronic banking*), porventura mais vasto por poder incluir operações que não impliquem movimentação de fundos, de conta para conta, mas que se enquadrem na esfera de actuação das instituições de crédito.

Neste sentido, cfr. José António Velozo, «"Electronic Banking": Uma introdução ao EFTS», *SI*, t. XXXVI, **1987** (pp. 77-155), pp.79-80 e, de forma mais sintética, Maria Raquel Guimarães, *As transferências electrónicas de fundos e os cartões de débito*, Almedina, Coimbra, **1999**, p. 21, que revela diversas definições de operações EFT (cfr. p. 19).

[679] E concretizada, poderíamos acrescentar. Embora seja irrelevante, para os fins que prossegue a presente indagação, apurar se a operação – mormente o débito e o crédito em que se consubstancia – deve ser também efectuada por meio electrónico (através de autómato), e não apenas iniciada electronicamente, afigura-se-nos ser hoje inquestionável a realização destas operações sem intervenção humana, para além da programação geral dos autómatos e da transmissão, por via electrónica, das instruções para que eles efectuem a transmissão.

Sobre esta questão, vd. Etore Giannantonio, *Transferimenti elettronici dei fondi e autonomia privata*, Giuffrè, Milano, **1986**, pp. 6-7, e Raquel Guimarães, *As transferências electrónicas* cit., **1999**, p. 20, e nota 28.

Referindo expressamente que uma EFT se inicia através de meio electrónico, Lary Lawrence, *An Introduction to Payment Systems*, Aspen Law & Business, New York, **1997**, p. 472, que caracteriza a operação (pp. 472-476)

[680] À construção desta noção não é alheia a formulação do § 1693a (6) do *Electronic Fund Transfer Act* (Section 15 U.S.C.), que faz parte integrante do *Consumer Credit Protection Act*, segundo o qual uma *EFT* é «*qualquer transferência de fundos, que não seja uma transacção originada por cheque, letra de câmbio ou instrumento semelhante em papel, que seja iniciada através de terminal electrónico, instrumento telefónico, computador ou fita magnética, com a finalidade de ordenar, instruir ou autorizar uma instituição financeira a debitar ou creditar uma conta*» (tradução nossa).

A versão original – extraída do «U.S. Code collection, Title 15 > Chapter 41 > Subchapter VI > § 1693a. Definitions» – é a seguinte:

«*As used in this subchapter –*

*(6) the term "electronic fund transfer" means any transfer of funds, other than a transaction originated by check, draft, or similar paper instrument, which is initiated through an electronic terminal, telephonic instrument, or computer or magnetic tape so as to order, instruct, or authorize a financial institution to debit*

*Dimensão prática do cheque* 297

Repare-se que a noção legal de *EFT* tem a preocupação de afastar este meio de qualquer iniciativa baseada em suporte físico específico consistente em papel, nomeadamente num cheque.

O legislador norte-americano teve, pois, o especial cuidado de distinguir os dois mundos, afastando do âmbito dos pagamentos através de instrumentos financeiros materializados em suporte físico, de papel, e neste alicerçados, os pagamentos ou as transferências electrónicas de fundos[681].

**IV.** No quadro das transferências electrónicas de fundos encontramos diferentes operações, todas elas com um relevo crescente na actual vivência socio-económica. Entre elas, podemos enunciar as seguintes:

– Levantamentos de numerário em "caixas automáticas"[682] [*ATMs* (*Automated Teller Machines*)][683];

---

*or credit an account. Such term includes, but is not limited to, point-of-sale transfers, automated teller machine transactions, direct deposits or withdrawals of funds, and transfers initiated by telephone».*

Vd. também a diferente tradução de RAQUEL GUIMARÃES, *As transferências electrónicas* cit., **1999**, p. 20.

[681] Sobre o sistema nacional de EFT, cfr. JOSÉ ANTÓNIO VELOSO, «A desinstitucionalização dos pagamentos cashless nas redes electrónicas e os seus efeitos de deslocação e redistribuição do risco: algumas notas para uma análise de regulamentação», AA.VV., *Estudos em homenagem ao Professor Doutor Manuel Gomes da Silva*, Faculdade de Direito da Universidade de Lisboa, **2001** (pp. 1189-1286), pp. 1192-1200, em especial pp. 1197-1200.

[682] Optamos por esta expressão por nos parecer a mais adequada na língua portuguesa, não obstante alguns autores preferirem a expressão "caixa automático", como é o caso de LUÍS MIGUEL MONTEIRO [«A operação de levantamento automático de numerário», *ROA*, ano 52, I, **1992** (pp. 123-168), p. 124, nota 2]. Compreendemos as razões subjacentes à escolha de diversos autores, baseadas na ideia de o "automático" se referir ao "caixa do banco", isto é, ao colaborador da instituição de crédito que recebia os depósitos e efectuava os pagamentos e que, até ao século XX, era necessariamente do sexo masculino. No entanto, *caixa* é um substantivo feminino e, portanto, deve ser adjectivada também no feminino. Acresce que se trata de uma "máquina" (substantivo também feminino), o que terá levado alguns autores a designá-la também "máquina automática de pagamento" ou "máquina automática de caixa".

[683] A **caixa automática**, também conhecida por **ATM** (iniciais das palavras de língua inglesa *Automated* ou *Automatic Teller Machine*), é uma máquina informaticamente accionada que permite aos clientes dos bancos, através de um cartão bancário [em regra de débito, conhecido em Portugal por cartão Multibanco, por corresponder à designação da rede ou sistema gerido pela SIBS (Sociedade Interbancária de Serviços, SA),

que é entidade monopolista no sector] executarem, directa e pessoalmente, sem restrições horárias, diversas operações bancárias *online*, como levantamento de dinheiro, depósito de valores, transferências, pagamentos de despesas correntes e periódicas (telecomunicações, electricidade, água), de variadíssimos serviços (seguros), de impostos e taxas, de coimas (por contra-ordenações) e até compras, pela imediata liquidação do serviço ou bem adquirido, como seja o caso dos títulos de transporte ou espectáculos, consulta de saldos e de movimentos, requisição de cheques e obtenção de crédito (dentro de um certo limite ou por utilização de cartão de crédito). As operações realizadas através de caixas automáticas designam-se por *retail banking* ou *self-service banking* e todas são bancárias ou financeiras, uma vez que implicam a movimentação de fundos através do sistema bancário, por transferência ou débito em conta, sendo operadas pelos consumidores na qualidade de clientes bancários, visto que pressupõem a abertura de conta à qual esteja indexada o cartão (ainda) necessário para movimentar a conta e accionar a ATM.

O recurso à caixa automática – também explorada habitualmente como veículo de publicidade –, dispensou a intervenção humana permanente dos funcionários do balcão em relação a muitas operações, permitindo uma redução de custos bancários muito significativa e, paralelamente, tornou mais acessível aos consumidores uma série de actos que até aí deviam ser praticadas nos próprios estabelecimentos bancários ou de agentes económicos a quem devessem efectuar pagamentos. O seu crescimento e divulgação a nível nacional e internacional agilizou significativamente todos os pagamentos que se pudessem efectuar por transferência bancária, mas em contrapartida incentivou enormemente o consumo de dinheiro, uma vez que aumentou a acessibilidade do mesmo.

A utilização destas máquinas concorre com o uso do cheque nos saques de montantes reduzidos e nos pagamentos efectuados em benefício de quem for titular de conta bancária, sendo o cartão bancário (de plástico, com banda magnética) que as acciona um instrumento de pagamento. O funcionamento das ATMs é extremamente simples. A caixa automática é activada pelo cartão e pela digitação do PIN (abreviatura, constituída pelas iniciais, da expressão inglesa *"Personal Identification Number"*) ou número de identificação pessoal, em Portugal composto por quatro dígitos, que deverá coincidir com um número codificado através de um algoritmo gravado na banda magnética do cartão ou no respectivo *micro-chip* (que, entretanto, substituiu a tarja magnética). Verificada pelo sistema essa coincidência, o utilizador poderá realizar a operação pretendida, desde uma simples consulta (de saldo ou movimentos bancários) ou mera requisição de cheques, passando por um levantamento de numerário ou efectuando uma transferência, eventualmente a título de pagamento de bens ou serviços. A máquina, reconhecendo o PIN procede à operação solicitada e disponibiliza um documento relativo à operação efectuada.

Estas máquinas, cuja sofisticação tem vindo a aumentar com o progresso tecnológico, foram antecedidas de máquinas unifuncionais, que se limitavam a permitir o levantamento de numerário – as chamadas *cash dispensers* (CD) ou *cash dispensing machines* –, frequentemente de contas sediadas num único banco, proprietário das máquinas ou ao qual elas estavam ligadas.

*Dimensão prática do cheque* 299

– Pagamento electrónico de bens e serviços, incluindo pagamentos em geral, e compras em particular, através de caixas automáticas ou por telefone e computador (*home banking, office banking* e *Internet banking*)[684];

– Pagamentos através de terminais de pontos de venda [*point of sale terminals* (POS)][685];

---

Para mais desenvolvimentos, cfr., na literatura nacional, José António Velozo, «"Electronic Banking"», cit., **1987** (pp. 77-155), pp. 129-133, Luís Miguel Monteiro, «A operação de levantamento automático de numerário», cit., **1992** (pp. 123-168), pp. 123-126 e 140-158, e Raquel Guimarães, *As transferências electrónicas* cit., **1999**, pp. 45-50 e 15-17, e na doutrina estrangeira mais recente Kümpel, *Bank– und Kapitalmarktrecht*, 3ª ed., Dr. Otto Schmidt, Köln, **2004**, pp. 715-718, Hans-Peter Schwintowski / Frank A. Schäfer, *Bankrecht. Commercial Banking – Investment Banking,* 2ª ed., Carl Heymanns, Köln, Berlin, Bonn, München, **2004**, pp. 385-386 e 393-403, Richard E. Speidel / Robert S. Summers / James J. White, *Commercial Law*, 4ª ed., West Publishing Co., St. Paul, Minn., **1987,** pp. 1294-1303, e Beatrix Weber, *Recht des Zahlungsverkehrs*, 4ª ed., Erich Schmidt, Berlin, **2004**, pp. 256-257.

[684] O **pagamento electrónico** de bens e serviços pode efectuar-se **por** diversos meios: **caixas automáticas** (ATMs), **telefone** e **computador**. Este tipo de transacção permite ao consumidor (individual ou empresa) proceder a uma série de operações à distância, poupando o incómodo de se ter de deslocar ao local onde são habitualmente transaccionados esses bens ou serviços. Distinguem-se dos pagamentos através de pontos de venda (POS), uma vez que estes são efectuados electronicamente, mas no local de consumo.

Nestas operações ocupa papel de crescente relevo o chamado *home banking*, *Bankgeschäfte on-line* ou banco ao domicílio.

Para mais desenvolvimentos, cfr., na literatura nacional, José António Velozo, «"Electronic Banking"», cit., **1987** (pp. 77-155), pp. 137-155, e Raquel Guimarães, *As transferências electrónicas* cit., **1999**, pp. 41-45, e na doutrina estrangeira mais recente Carsten Peter Claussen, *Bank und Börsenrecht*, 3ª ed., C.H. Beck, München, **2003**, pp. 191-193, Dragon/Geiben/Kaplan/Nallard, *Les Moyens de paiement. Des espèces à la monnaie électronique*, cit., s/d (Dep. legal de **1997**), pp. 241-266, Kümpel, *Bank– und Kapitalmarktrecht*, 3ª ed., cit., **2004**, pp. 285-291 e 662-671, Jose Luis Mateo Hernández, *El dinero electrónico en internet. Aspectos técnicos y jurídicos*, Comares, Granada, **2005,** pp. 86-89, Rafael Mateu de Ros, «La contratación bancaria telefónica», AA.VV., *Contratos bancarios*, Colegios Notariales de España, Madrid, s/d (mas dep. legal de 1996) (pp. 25-58), pp. 25-31, Herbert Schimansky / Hermann-Josef Bunte / Hans-Jürgen Lwowski, *Bankrechts-Handbuch*, vol. I, 2ª ed., C. H. Beck, München **2001**, pp. 1118-1132, Schwintowski/Schäfer, *Bankrecht. Commercial Banking – Investment Banking,* 2ª ed., cit., **2004**, pp. 404-411, Weber, *Recht des Zahlungsverkehrs*, 4ª ed., cit., **2004**, pp. 299-310.

[685] O sistema **POS** (ou *Point of sale*) apresenta uma grande afinidade em termos de funcionamento com uma caixa automática, realizando, com base na utilização do mesmo

300 Cheque e Convenção de Cheque

- Transferências (regulares) pré-autorizadas[686];
- Transferências por telecomunicações (*wire transfers*)[687] [688].

---

cartão bancário, uma transferência bancária, para pagamento de um bem ou serviço, por débito na conta bancária do consumidor e crédito na conta do comerciante ou prestador do serviço do correspondente valor. O utilizador confirma o valor a pagar e tal como na ATM, digita o seu PIN, promovendo desse modo a transferência da quantia que deve ser paga e que corresponde ao preço da aquisição que efectua.

Enquanto este sistema pressupõe uma relação, no mínimo triangular, semelhante à do cheque sacado para tomador, envolvendo o cliente, o respectivo banco e o comerciante, e eventualmente o banco deste, se diferente daquele, a utilização da ATM pode passar exclusivamente pela intervenção do utilizador e do seu banco, considerando-se o estabelecimento onde eventualmente estará colocada como auxiliar da operação.

Sobre o nascimento e desenvolvimento deste sistema, nos anos setenta do século XX, nos Estados Unidos da América, e as reacções que o mesmo desencadeou, cfr. José António Velozo, «"Electronic Banking"», cit., **1987** (pp. 77-155), pp. 94-95.

Para mais desenvolvimentos sobre o POS, cfr. Raquel Guimarães, *As transferências electrónicas* cit., **1999**, pp. 50-54, Kümpel, *Bank– und Kapitalmarktrecht*, 3ª ed., cit., **2004**, pp. 706-715, Luís Miguel Monteiro, «A operação de levantamento automático de numerário», cit., **1992** (pp. 123-168), pp. 136-137, Schimansky/Bunte/Lwowski, *Bankrechts-Handbuch*, vol. I, 2ª ed., cit., **2001**, pp. 1715-1721, Schwintowski/Schäfer, *Bankrecht*, 2ª ed., cit., **2004**, pp. 396-397 e 403-404, Speidel/Summers/ White, *Commercial Law*, 4ª ed., cit., **1987**, p. 1294, José António Velozo, ult. *ob. cit.*, pp. 133-135, e Weber, *Recht des Zahlungsverkehrs*, 4ª ed., cit., **2004**, pp. 269-276.

[686] Estas operações são consideradas também com autonomia, relativamente às demais, por corresponderem a pagamentos periódicos regulares, por valores nem sempre previamente estabelecidos, a efectuar pelo banco, em benefício de terceiros, pelo seu cliente, correspondentes a autorizações de débito permanentes em favor de determinados contratantes – e não dependendo de uma instrução pontual e concreta que se esgota na realização de uma única transferência e que pode ocorrer através de uma ATM, de *home banking*, de uma transferência efectuada com recurso a telecomunicações ou de uma simples transferência ordenada manualmente –, ou a créditos regulares relativos a receitas constantes antecipadamente previstas, como as resultantes do pagamento de salários.

No que se refere a débitos pré-autorizados, o cliente sabe que terá de efectuar o pagamento e conhece antecipadamente o respectivo montante, como sucede no pagamento de quotas ou assinaturas (de jornais ou revistas), ou desconhece esse valor, que varia com o consumo dos serviços inerentes, e cuja cobrança autoriza com antecedência, por ser também contratualmente devida (electricidade, água, telefone, renda de casa, *v.g.*).

Para mais desenvolvimentos, cfr. José António Velozo, «"Electronic Banking"», cit., **1987** (pp. 77-155), pp. 136-137, e Raquel Guimarães, *As transferências electrónicas* cit. **1999**, pp. 39-41.

[687] Nas **transferências por telecomunicações** (que actualmente no mundo ocidental são, em geral, telemáticas) englobamos as movimentações de fundos e a transmissão de informações entre bancos ou entre um banco e uma empresa, bem como regularizações

efectuadas por bancos junto de câmaras de compensação. No contexto desta *EFT* desempenha papel de relevo o sistema *SWIFT* (*Society for Worldwide International Financial Telecommunications*) que é uma rede de telecomunicações que opera em tempo real (*real time*) – sem funções de compensação –, realizando operações de transmissões de informações interbancárias, transferências de fundos e abertura de créditos documentários, e que corresponde a uma sociedade que é composta por diversos bancos de muitos países. Armindo Saraiva Matias, *Direito Bancário*, Coimbra Editora, **1998**, refere que a *SWIFT* «criou normas próprias de compensação, com vista a proceder às transferências bancárias, permanentemente, num sistema automático de gestão integrada por teletransmissão das transmissões» (p. 127).

Para mais desenvolvimentos, cfr. Ezra U. Byler / James C. Baker, «SWIFT: A fast method to facilitate International Financial Transactions», *JWT*, vol. 17, **1983** (pp. 458-465), com sucinta referência histórica (pp. 460-461), Ellinger/Lomnicka/Hooley, *Ellinger's modern Banking Law*, 4ª ed., Oxford University Press, Oxford, **2006**, pp. 541-542, Raquel Guimarães, *As transferências electrónicas* cit., **1999**, pp. 31-35, H. F. Lingl, «Risk allocation in International Interbank Electronic Fund Transfers: CHIPS & SWIFT», *HILJ*, vol.22, **1981** (pp. 621-660), pp. 622-626, 630-631, 634-643 e 658-660, Paget's *Law of Banking*, **2007**, pp. 373-376, e José António Velozo, «"Electronic Banking"», cit., **1987** (pp. 77-155), pp. 121-128 [em especial, p. 121, no que se refere à designação original destas transferências (*wire* ou "telegráfica") e à actualização terminológica das mesmas].

Sobre outros sistemas ou redes interbancárias [incluindo o TARGET (*Trans-european Automated Real-time Gross-settlement Express Transfer*), ao qual apenas têm acesso directo os bancos centrais dos Estados membros da UE], cfr. Catarina Gentil Anastácio, *A transferência bancária*, cit., **2004**, pp. 46-47, Paget's *Law of Banking*, **2007**, pp. 376--390, e o artigo de Lingl, «Risk allocation in International Interbank Electronic Fund Transfers: CHIPS & SWIFT», cit., **1981** (pp. 621-660), em especial pp. 626-633.

[688] As transferências por telecomunicações (ou *wire transfers*) são reguladas nos EUA pelo UCC, Art. 4A. Importa salientar que esta regra legal (o Art. 4A) não regula unicamente as transferências electrónicas (ou telemáticas), mas de um modo geral todas as que são realizadas por telecomunicações, ainda que a ordem de pagamento seja transmitida por correio (de primeira classe), pelo que recorreu à designação mais ampla de transferência de fundos (*funds transfer*) em detrimento da noção mais restrita de transferência à distância (*wire transfer*). Neste sentido, cfr. a Nota Preambular do Art. 4A.

Na perspectiva do UCC, e para os efeitos do Artigo 4A, «*"Transferência de fundos" significa a série de transacções, começando na ordem de pagamento do originador, feita com a finalidade de efectuar um pagamento ao beneficiário da ordem. A expressão inclui qualquer ordem de pagamento emitida pelo banco do originador ou por um banco intermediário com a intenção de realizar a ordem de pagamento do originador. A transferência de fundos completa-se pela aceitação do banco do beneficiário de uma ordem de pagamento em benefício do beneficiário da ordem de pagamento do originador*».

O UCC regula assim as designadas "transferências electrónicas de fundos por atacado" [*wholesale EFT* (ou *nonconsummer EFT*)] às quais se encontra confinado.

A estas operações poderemos acrescentar aquelas que recaiam sobre os cheques, mas apenas na vertente do processamento do respectivo pagamento. Reconduzem-se às mesmas[689]:

– A garantia e o reforço do cheque (*check guarantee* e *check authorization*);
– A truncagem de cheques (*check truncation*); e
– A intervenção das câmaras de compensação automatizadas [*automated clearing houses* (ACHs)][690].

### 9.2.3. *Intervenção de meios electrónicos no pagamento com cheque e na cobrança do respectivo valor*

**I.** Dado o relevo que apresentam no contexto da nossa investigação, vamos caracterizar brevemente, com autonomia, as operações electrónicas que envolvem os cheques.

Começando pela garantia e reforço do cheque (*check guarantee* e *check authorization*)[691], importa referir, na esteira do estudo de José António Velozo sobre *Electronic Banking*[692], que estes serviços de EFT são, tal como o truncagem de cheques (*cheque truncation*), «subsidiários

---

Sobre o Artigo 4A do UCC, e em particular sobre a caracterização da transferência de fundos que o mesmo regula, cfr. John F. Dolan, *Fundametals of Commercial Activity*, Little, Brown and Company, Boston/Toronto/London, **1991** (Supl. **1994**), pp. 531-547 e 99-100 (do Supl.), Gillette/Schwartz/ Scott, *Payment Systems and Credit Instruments*, cit., **1996**, pp. 606-609, Miller/Harrell, *The Law of Modern Payment Systems*, 6ª ed., cit., **2003**, pp. 468-474, e James J. White / Robert S. Summers, *Uniform Commercial Code: Payment Systems*, 4ª ed., West Group, St. Paul, Minn., **1995**, pp. 691-696.

[689] Cfr. José António Velozo, «"Electronic Banking"», cit., **1987**, pp. 80, 116-121. Este autor replica a classificação que a literatura especializada faz entre *EFT* de *correspondent banking*, de *corporate banking* e de *retail banking* (pp. 83-84).

[690] Preferimos a expressão "Câmara de Compensação Automatizada" – que constitui tradução do original em língua inglesa "Automated Clearing House", designada abreviadamente pelas respectivas iniciais "ACH" – a outras formas de tradução possíveis, tais como "Câmara de Compensação Automática" ou "Electrónica" [cfr. Luís Miguel Monteiro, «A operação de levantamento automático de numerário», cit., **1992** (pp. 123-168), p. 129], para evitar qualquer confusão com as "caixas automáticas".

[691] Vd., entre outros, José António Velozo, «"Electronic Banking"», cit., **1987**, pp. 128-129, e Raquel Guimarães, *As transferências electrónicas* cit., **1999**, pp. 36-39.

[692] «"Electronic Banking": Uma introdução ao EFTS», *SI*, t. XXXVI, **1987** (pp. 77-155), citando doutrina contemporânea (cfr. p. 128).

*Dimensão prática do cheque* 303

dos sistemas convencionais de cheque», representando uma operação híbrida que combina características de uma transacção puramente electrónica com o pagamento normal de um cheque[693].

A **garantia do cheque** (*check guarantee*) opera através de um cartão emitido com a finalidade de assegurar o pagamento do cheque até um determinado montante. Trata-se de um sistema caído em desuso em Portugal, mas que funcionou nos anos 80 e início dos anos 90 do século passado para dar credibilização ao cheque[694]. O cliente apresenta ao beneficiário do cheque, em regra um comerciante, um cartão plastificado (com banda magnética) emitido pelo seu banco e indexado à conta bancária a que se referem os módulos de cheques – frequentemente também com funções de débito em caixas automáticas –, apondo o número do cartão no verso do cheque e assim assegurando ao beneficiário que o mesmo seria pago até certo montante (em regra 20 contos, correspondendo sensivelmente aos actuais € 100), ainda que a conta sacada não estivesse suficientemente provisionada[695]. Trata-se de aspecto a que, não obstante a sua desactualização, voltaremos adiante (cfr., *infra*, n.º 9.2.5).

O **reforço do cheque**, diversamente do que parece inculcar a expressão anglo-saxónica original (*check authorization*), reconduz-se a uma mera informação transmitida ao beneficiário do cheque por via electrónica, com base em consulta da conta sacada efectuada através de cartão para o efeito emitido, de que o respectivo sacador, no momento da emissão do cheque, disporá de provisão suficiente à sua ordem para que o

---

[693] «*A hybrid that combines features of a purely electronic transaction with normal cheque payment*».

[694] Com interesse – num país onde o cartão de garantia revestiu significativa adesão, pese embora, o cheque não seja o meio de pagamentos privilegiado –, e apesar de escrito muito pouco tempo após a emissão dos primeiros cartões de garantia pelos bancos (em Janeiro de 1968), cfr. o artigo de Jürgen Damrau, «Probleme der Scheckkarte», *BB*, **1969** (pp. 199-206), em especial pp. 201, 204-205. Versando parcialmente sobre o mesmo tema, vd. a dissertação de Gereon Deider, *Mibbrauch von Scheckkarte und Kreditkarte durch den berechtigten Karteninhaber*, diss. (polic.), ed. autor, Berlin, **1989**, pp. 23-29, 173-176, 178-179 e 183-196, apresentada duas décadas mais tarde.

[695] Nos EUA, o *check guarantee* opera de modo diverso, do que acontecia na Europa, e nomeadamente em Portugal, uma vez que o comerciante obtém, através da introdução dos dados da transacção, do cartão do cliente e da digitação do respectivo PIN num terminal electrónico, a decisão da instituição financeira de garantir o cheque. Neste sentido, cfr. Peter A. Alces / Marion W. Benfield, Jr., *Cases, problems and materials on Payment Systems*, West Publishing Co., St. Paul, Minn., **1993**, pp. 8-9.

mesmo seja pago. O banco não assegura, contudo, o pagamento do cheque, pelo que se trata de uma mera informação de saldo *online*; e, por isso, constitui uma garantia muito ténue. É um procedimento que, nunca tendo sido utilizado em Portugal, é típico dos Estados Unidos e, diversamente do que se possa inferir da tradução literal da expressão que o caracteriza, não representa uma autorização (*authorization*) no sentido comum da palavra, mas apenas a divulgação de que não há antecedentes negativos relacionados com o sacador ou a conta sacada ou de que, no momento em que a informação é transmitida, esta dispõe de saldo suficiente para que o cheque seja pago. A informação transmitida, diversamente do que acontece com a operação precedente (*check garantee*), nada assegura ao beneficiário do cheque que, com base na mesma, deverá ponderar o risco inerente ao eventual não pagamento do cheque[696].

Qualquer das operações acima descritas não é, porém, uma pura operação de *EFT*[697], como referimos acima, efectuando-se o saque e o pagamento pelos meios convencionais conhecidos.

**II.** A **truncagem do cheque** (*check trunkation*) é a operação de retenção do cheque no sistema bancário quando o mesmo é apresentado a pagamento (no banco sacado) ou depositado em conta bancária do respectivo beneficiário[698]. Esta operação ganhou especial autonomia porque, nos Estados Unidos, os cheques uma vez pagos eram (fisicamente) devolvidos aos respectivos sacadores, o que deixou de acontecer com a

---

[696] Cfr. José António Velozo [«"Electronic Banking"», cit., **1987** (pp. 77-155)], que – tal como Luís Miguel Monteiro, «A operação de levantamento automático de numerário», cit., **1992** (pp. 123-168), que o segue de perto (cfr. p. 129) – traduz *check authorization* por **reforço de cheque** (cfr. p. 129), opção que aceitamos e também adoptamos, embora preferíssemos a de "informação sobre o cheque", que só não acolhemos no texto por ser algo tautológica.

[697] Aliás, «o EFTA exclui expressamente o sistema de garantia do cheque da sua cobertura, 15 U.s.C. § 1693a(6)(A)» (Alces/Benfield, Jr., *Cases, problems and materials on Payment Systems*, cit., **1993**, p. 9).

[698] Sobre a truncagem ou retenção de cheques, vd., entre outros, na literatura nacional, José António Velozo, «"Electronic Banking"», cit., **1987**, pp. 116-118, e Raquel Guimarães, *As transferências electrónicas* cit., **1999**, pp. 24-29, e, na doutrina estrangeira, Dolan, *Fundametals of Commercial Activity*, cit., **1991**, pp. 556-559 (Supl. **1994**, pp. 106-107), e Miller/Harrell, *The Law of Modern Payment Systems*, 6ª ed., cit., **2003**, pp. 435-438, Paul S. Turner, *Analysis of the Check Clearing for the 21st Century Act ("Check 21")*, LexisNexis, **2004**, pp. 5-10 (com referência específica à truncagem no âmbito do *Check 21*).

*Dimensão prática do cheque* 305

sua retenção. E neste desvio ao regime regra residiu a peculiaridade do novo sistema. O cheque, depois de retido fisicamente na instituição onde é apresentado ou depositado, é microfilmado[699] e, em seguida, destruído, comprometendo-se o banco a conservar o microfilme em boas condições durante um determinado prazo.

A truncagem pode ser feita no banco do sacador (na instituição sacada), que se limita a disponibilizar ao cliente cópia do cheque retido, se tal for solicitado, ou no banco do beneficiário, onde ele seja apresentado a pagamento[700], o qual deverá transmitir ao banco sacado – por via electrónica – o conteúdo do cheque nos encontros de contas a fazer entre ambos na compensação. Esta operação assume relevo significativo nos casos em que evita a devolução física do cheque, poupando ao banco custos com o respectivo transporte e reduzindo o risco do eventual extravio[701].

A truncagem realiza-se, em regra, até um determinado montante, fixado pelo Banco Central[702], devendo os bancos acima desse valor promover a troca dos cheques que lhes foram apresentados para conferência e verificação pelo sacado.

A truncagem dos cheques depositados na instituição de crédito sacada não constitui uma transferência electrónica, uma vez que o banco sacado se limitará a creditar a conta do beneficiário e a debitar a do sacador. Por sua vez, a retenção a realizar no banco do beneficiário (ou noutro onde o cheque seja apresentado para cobrança) só reveste natureza electrónica relativamente ao modo de processamento da comunicação dos dados referentes ao cheque.

**III.** A truncagem de cheques suscita questões interessantes no plano do regime jurídico do cheque, em especial quando o cheque não é depositado ou apresentado directamente a pagamento no banco sacado.

---

[699] Na sua evolução mais recente, na forma de *electronic check*, vimos já (cfr., *supra*, n.º 1.6) que o cheque hoje é imediatamente reproduzido, circulando em qualquer circunstância apenas a reprodução (e não o original).

[700] Ou, eventualmente, noutro banco onde seja apresentado para cobrança. Esta operação corresponde a uma operação de desconto.

[701] Sobre as finalidades desta operação, cfr. Raquel Guimarães, *As transferências* cit., **1999**, p. 25.

[702] O montante de truncagem fixado pelo sistema bancário é «*divulgado pelo Banco de Portugal aos participantes no subsistema de compensação de cheques, através de carta-circular com carácter reservado*» [cfr. Regulamento do Sistema de Compensação Interbancária – SICOI (Instrução n.º 25/2003 do BdP), n.º 14.1, al. a)].

306      *Cheque e Convenção de Cheque*

Assim, ficando o cheque retido em instituição depositária diferente do sacado, este não terá meios para verificar a **assinatura do sacador**. Esta impossibilidade não é tecnicamente contornável, porque é física, uma vez que o cheque não é cedido à única instituição que teria capacidade para aferir a sua autenticidade: o banco sacado[703].

Alguns autores suscitam ainda, a propósito da truncagem, um outro problema jurídico relativo ao **lugar do pagamento** do cheque[704].

Procurando sintetizar, a questão consiste em saber como compatibilizar a exigência da lei cambiária de que o cheque seja pagável no «*lugar designado ao lado do nome do sacado*» (cfr. art. 1.º, n.º 4.º e 2.º, II e III), salvo diferente estipulação expressa, com o facto de os cheques raramente chegarem ao balcão onde o sacador tem a sua conta domiciliada – e onde deveriam ser pagos para a obrigação cambiária se ter como extinta –, por serem apresentados noutro balcão (dependência) do mesmo banco, ou em banco diferente, e neste serem objecto de retenção.

Estamos perante um falso problema, resultante da correspondência dos textos da Lei Uniforme do Cheque (cfr. arts. 1.º, n.º 4 e 2.º, II) com a Lei Uniforme relativa às Letras e Livranças (cfr. arts. 1.º, n.º 5 e 2.º, III). Ora, admitindo o art. 2.º, II da LUCh diferente convenção acerca do lugar do pagamento («*na falta de indicação especial*»), nada impede que o sacado efectue o pagamento no local designado no cheque (a agência onde a conta bancária do sacador se encontra domiciliada), em qualquer outro estabelecimento de que seja titular ou mesmo através da compensação, transferindo em favor do banco do beneficiário a importância correspondente ao cheque.

Assim, cremos ser pacífico, já há muito, que o pagamento efectuado pelo sacado em qualquer das suas instalações (agência ou balcão) tem efeito liberatório pleno. Para superar a eventual dificuldade colocada pela truncagem realizada pelo banco do beneficiário, operação que impede a devolução do título, e aceitar a exoneração do sacado com o pagamento do cheque em qualquer lugar onde possa vira a ocorrer, há que fazer

---

[703] Cfr. Raquel Guimarães, *As transferências electrónicas de fundos e os cartões de débito*, Almedina, Coimbra, **1999**, pp. 26-27, e na literatura jurídica estrangeira, Massimo Donadi, «Problemi giuridici del transferimento elettronico dei fondi», in *Contratto e Impresa, 2*, Quarto anno, CEDAM, Padova, **1988** (pp. 559-572), p. 566.

[704] Cfr. Donadi, «Problemi giuridici del transferimento elettronico dei fondi», cit., **1988**, pp. 567-568, e na literatura nacional Raquel Guimarães, *As transferências electrónicas* cit., **1999**, pp. 28-29.

*Dimensão prática do cheque* 307

corresponder à apresentação física do cheque no banco sacado a disponibilização do respectivo conteúdo por via electrónica, através de câmara de compensação.

**IV.** A particularidade da truncagem ou retenção efectuada por banco diferente do sacado é de a operação ter de ser complementada com a compensação do cheque com outros cheques.

Tradicionalmente, o cheque era enviado para a câmara de compensação, onde um representante do banco sacado o dava como bom e efectuava o seu pagamento em compensação com valores que tivesse a receber do banco apresentante, procedendo a uma troca física dos cheques. Efectuada esta operação, o banco depositário creditava a importância do cheque na conta do respectivo beneficiário e o banco sacado – se não cobrasse qualquer comissão pela operação – debitava a conta do sacador por igual montante.

Esta operação – que começou por ser manual, envolvendo a entrega à instituição sacada dos cheques sacados sobre a mesma, que fossem objecto da compensação –, no último quartel do século XX[705], passou a processar-se sem intervenção humana, automaticamente, sem prejuízo de, em certos casos, os bancos sacados poderem proceder ao exame dos cheques sobre eles emitidos, nomeadamente para confirmar a regularidade do saque[706].

O banco depositário (participante tomador, na terminologia do SICOI) do cheque já não envia o título para a compensação; limita-se a enviar uma mensagem electrónica através de um circuito de uma câmara de compensação automatizada (*automated clearing house*), a qual desem-

---

[705] As primeiras operações com intervenção das Câmaras de Compensação Automatizadas registaram-se nos EUA no início dos anos 70, mais propriamente em 1972. A este propósito, vd. José António Velozo, «"Electronic Banking": Uma introdução ao EFTS», cit., **1987** (pp. 77-155), p. 119. Sobre a organização das ACHs nos EUA, vd. este autor, *ibidem*, pp. 119-120, e também Mann, *Payment systems and other financial transactions: cases, materials and problems*, 3ª ed., Aspen Publishers, Gaithersburg / New York, **2006**, pp. 179-184.

Sobre a conversão do sistema manual e documental em electrónico (*computerized*) no Reino Unido, cfr. Ellinger/Lomnicka/Hooley, *Ellinger's modern Banking Law*, 4ª ed., cit., **2006**, pp. 356-357.

[706] Cfr. SICOI (Instrução n.º 25/2003 do BdP), n.º 20 e Anexo (Parte II), n.º 1, alínea b), red. da Instrução n.º 4/2007 do BdP, publ. no BO n.º 3, de 15 de Março de 2007. **Actualmente**: Instr. n.º 3/2009. Cfr. nota 1665.

308 *Cheque e Convenção de Cheque*

penha assim um papel fundamental no processamento electrónico do pagamento do cheque[707], ou envia directamente ao sacado, na sessão em que se processa a «*apresentação do registo lógico, as imagens dos cheques sempre que o seu valor for superior ao do montante da truncagem, os participantes sacados assim o determinem através de correspondente codificação no campo da linha óptica*», ou esta não exista (cfr. SICOI, n.º 14.1).

**V.** Vejamos então como funcionam as **câmaras de compensação automatizadas** [*automated clearing houses* ou simplesmente ACHs)][708] que são, a par das caixas automáticas, os sistemas electrónicos bancários mais antigos e que primeiro entraram em funcionamento generalizado. Contudo, diversamente das ATMs, que são usadas pela clientela, em geral, as ACHs são sistemas electrónicos de transferências interbancárias, não permitindo utilização directa pelo público. Elas são especialmente úteis em sistemas financeiros complexos, como é o norte-americano, composto por inúmeros bancos, muitos deles de base meramente regional.

Uma câmara de compensação com estas características encontra-se ligada informaticamente a uma série de bancos, constituindo um centro

---

[707] Sobre os sistemas de compensação no Reino Unido (que presentemente são quatro), incluindo as distinções entre compensação de cheques – existente com autonomia até 1996 e hoje efectuada conjuntamente com a de outras transferências e instrumentos documentados no sistema de compensação de créditos dirigido pela *Cheque and Credit Clearing Co., Ltd.* – e de outras transferências (*giro transfers*) e entre compensação documental (*paper clearing*) e electrónica (*electronic clearing*), esta efectuada através do *BACKS* ou do *NewCHAPS* (*New Clearing House Automated Payment System*), a iniciativa do processo, o processo de compensação e os respectivos aspectos técnicos, de carácter eminentemente prático, cfr. ELLINGER *et al.*, *Ellinger's modern Banking Law*, 4ª ed., cit., **2006**, pp. 355-364, 519-520 e 528-537, e PAGET's *Law of Banking*, **2007**, pp. 367-369 e pp. 376-385.

A truncagem de cheques no Reino Unido iniciou-se em 1996, com o *Deregulation (Bills of Exchange) Order*, que introduziu as *Sections 74-A* e *74-B* no *Bills of Exchange Act (1882)*, mas ainda só funciona parcialmente. Cfr. ELLINGER/LOMNICKA/HOOLEY, *ibid.*, pp. 361-362. Cfr. também PAGET's *Law of Banking*, **2007**, pp. 390-391 e 368.

[708] Vd., entre outros, JOSÉ ANTÓNIO VELOZO, «"Electronic Banking"», cit., **1987**, pp. 118-121, e RAQUEL GUIMARÃES, *As transferências electrónicas* cit. **1999**, pp. 29-31, e na doutrina estrangeira ALCES / BENFIELD, JR., *Cases, problems and materials on Payment Systems*, cit., **1993**, pp. 12-13, DOLAN, *Fundametals of Commercial Activity*, cit., **1991**, pp. 559-564 (Supl. **1994**, pp. 107-109), SPEIDEL/ SUMMERS/WHITE, *Commercial Law*, 4ª ed., cit., **1987**, pp. 1303-1306.

*Dimensão prática do cheque* 309

electrónico onde são recebidos dados referentes às operações de um banco, dados que são combinados e ordenados com outros elementos relevantes para estas operações, confrontados com os créditos reclamados por outros bancos, sendo, em função dessas operações, apurado o respectivo saldo, *i.e.* os resultados líquidos, a enviar aos bancos participantes. Quando se efectuam através de ACHs, as transferências de fundos processam-se *on-line*, com mensagens electrónicas directas[709].

Em Portugal, existem fundamentalmente dois sistemas de compensação: o Sistema de Compensação Interbancária, conhecido abreviadamente por SICOI – cujo regulamento foi aprovado pela Instrução n.º 25/ /2003, do Banco de Portugal (publicada no BO n.º 10, de 15 de Outubro de 2003), e alterado pelas Instruções n.os 10/2005 (publ. no BO n.º 14 de 15 de Abril de 2005) e 4/2007 (publ. no BO n.º 3, de 15 de Março de 2007) –, e o sistema gerido pela Caixa de Crédito Agrícola Mútuo (CCCAM), de que fazem parte as Caixas de Crédito Agrícola participantes no Sistema Integrado de Crédito Agrícola Mútuo (SICAM).

O SICOI é composto por diversos subsistemas (cfr. n.º 2.1), entre os quais o relativo à compensação de cheques (cfr., em especial, n.os 13 a 22 e n.º 2.2).

**VI.** No que respeita à regulação das diversas operações que se enquadram na ampla categorias de transferências electrónicas, haverá que distinguir aquelas em que o respectivo regime está normativamente estabelecido daquelas em que as partes intervenientes têm ainda suficiente poder para decidir, no âmbito da respectiva autonomia privada, sobre a prática de actos jurídicos no contexto da utilização do sistema. Neste caso, estamos perante uma transferência electrónica livre ou atípica; na primeira situação a transferência diz-se regulada ou tipificada. Em qualquer das situações o regime da utilização dos instrumentos em causa – no que se refere a condições de acesso e tarifas – é predeterminado pelo respectivo titular[710].

---

[709] No início, nos E.U.A., estas transferências processavam-se sobretudo em *batch*, através do envio periódico de lotes de registos magnéticos. Sobre esta questão, no final dos anos oitenta do século passado, cfr. José António Velozo, «"Electronic Banking"», cit., **1987**, p. 119.

[710] Neste sentido, José António Velozo, «"Electronic Banking": Uma introdução ao EFTS», *SI*, t. XXXVI, **1987** (pp. 77-155), p. 88.

## 9.2.4. *Confronto das transferências com o cheque*

**I.** O breve apontamento que fizemos sobre este meio de pagamento, que permite assegurar a realização simultânea de múltiplos pagamentos padronizados e preestabelecidos, bem como efectuar pagamentos individualizados, de forma segura e rápida, permite-nos concluir que o regime aplicável aos pagamentos electrónicos nada tem que ver com o regime jurídico aplicável ao cheque, com a necessária individualização que está subjacente à criação do mesmo.

Não obstante, e como referimos, há aspectos da circulação do cheque, em especial os que estão associados ao seu pagamento por compensação, que se processam hoje com recurso exclusivo a meios electrónicos. A utilização destes meios na agilização do processamento de cheques no âmbito do sistema bancário não os enquadra nos meios de pagamento com essa natureza, nem lhes altera o regime jurídico e a tutela da sua normal circulação.

**II.** Estamos agora em condições de confrontar as transferências com o cheque, como instrumentos de pagamento. Limitamo-nos a enunciar sinteticamente as diferenças existentes[711] que, aparentemente, justificam a subsistência do cheque. Senão vejamos:

  1.º – O cheque pode ser emitido em qualquer lugar e circunstância, mas a transferência supõe, no mínimo, o acesso a um terminal electrónico ou a presença do ordenante em instituição de crédito.

  2.º – O cheque permite que o direito do beneficiário ao respectivo pagamento seja transferido para qualquer portador e valha inde-

---

[711] Não se ignora existirem também pontos de contacto entre as transferências e os cheques, quer em termos de regime, quer no que respeita à respectiva natureza jurídica. Começando por este último aspecto, ambos têm a natureza de negócio jurídico unilateral abstracto, como sublinha Ferreira de Almeida (*Contratos II – Conteúdo. Contratos de troca*, cit. **2007**), para quem «a ordem de transferência de dinheiro dada a uma instituição bancária é eficaz para, salvo falta de cobertura, criar as funções simétricas de débito e de crédito da quantia transferida nas contas do ordenante edo beneficiário, mesmo que, como é normal, não contenha qualquer indicação acerca da função metajurídica subjacente» (p. 123). No que respeita ao regime jurídico, e a título exemplificativo, ordenada a transferência ou subscrito e apresentado a pagamento o cheque, o banco só está obrigado a executar a ordem se a conta sacada dispuser de saldo disponível suficiente. Neste sentido, cfr. Beatriz Segorbe («A transferência bancária, a moeda escritural e a figura da delegação», cit., **2001**, p. 99.

pendentemente de vicissitudes que possam ter estado subjacentes à sua criação, desde que a conta sacada esteja adequadamente provisionada e contanto que dele não conste uma cláusula não à ordem. A transferência só pode ser efectuada em favor do beneficiário que for indicado como tal, não sendo, por natureza, circulável.

3.º – O cheque, desde que não tenha aposto cruzamento especial, pode ser apresentado a pagamento através de depósito em qualquer banco, enquanto a transferência tem de ser ordenada em favor de uma certa conta aberta num determinado banco.

4.º – O portador do cheque – que não tenha aposta a menção "para levar em conta" ou cruzamento especial em favor de instituição diferente da sacada – pode obter o seu pagamento, em dinheiro, em qualquer dependência do banco sacado, ao passo que o beneficiário de uma transferência tem, necessariamente, de receber o pagamento através de uma conta bancária.

5.º – O cheque pode ser revogado quando não for apresentado a pagamento oportunamente (em regra, nos oito dias subsequentes à sua emissão). Já a revogabilidade da transferência depende do consentimento do beneficiário.

6.º – O cheque pode não ser honrado, se a conta sacada não dispuser de fundos suficientes para o efeito. A transferência só pode ser efectuada se o ordenante dispuser dos meios a transferir, pelo que a sua concretização é sinónimo da efectiva transmissão desses meios em favor do beneficiário ou da realização do pagamento que visa efectuar.

7.º – O cheque, quando objecto de truncagem, enquadra-se numa *transferência de fundos a débito*, porquanto é o banco do credor (ou beneficiário) que apresenta junto da instituição de crédito (do devedor) o documento (ou os dados que lhe correspondem) que consubstanciará a deslocação de fundos em favor da conta do credor. Diferentemente, nas transferências bancárias de crédito (*credit transfers*) – também designadas *comuns* por serem as mais frequentes – é o devedor que emite a ordem de transferência de fundos em favor do beneficiário, fazendo-o pontualmente ou de forma permanente, porque antecipadamente determinável[712].

---

[712] Cfr. Giannantonio, *Transferimenti elettronici dei fondi e autonomia privata*, cit., **1986**, pp. 7-8, Vázquez Pena, *La transferência bancaria de crédito*, cit., **1998**, pp. 27 e

312 *Cheque e Convenção de Cheque*

A estas diferenças, poderíamos acrescentar outros efeitos de natureza económica, que se baseiam nos diferentes custos – directos e indirectos, suportados pelos bancos (sacado e depositário) e clientes (sacador ou ordenante) – associados ao processamento destes instrumentos de pagamento e aos benefícios que os intervenientes nas operações podem retirar em termos de disponibilidades e juros da execução de uma e de outra[713].

### 9.2.5. *Cartões de pagamento*

**I.** O recurso aos cartões como forma de pagamento de bens e serviços é um expediente muito anterior às transferências electrónicas de fundos, embora a compensação e o pagamento das contas que lhes estão associadas se efectue hoje através de operações com essa natureza, por meio de débito automático, com base em instrução permanente, ou pelo pagamento feito por meio de ATM ou de terminal equivalente.

---

28, BEATRIZ SEGORBE, «A transferência bancária, a moeda escritural e a figura da delegação», cit., **2001**, p. 96, e nota 32, e CATARINA GENTIL ANASTÁCIO, *A transferência bancária*, cit., **2004**, p. 31.

Nem todos os autores são tão lineares nesta dicotomia. Chamando a atenção para a ambiguidade que envolve estas designações, Bradley CRAWFORD [«Credit transfers of funds in Canada: the current law», *CBLJ*, vol.3, **1978-79** (pp. 119-145)], evidencia que tanto um documento comprovativo de um crédito como o de um débito podem ser usados para transferir valor e opta por utilizar a expressão "transferência de crédito" (*"credit transfer"*) como sinónimo de transferência executada com base num documento comprovativo de um crédito. E exemplifica, enquadrando nestas transferências os créditos de salários determinados pela entidade patronal em favor dos seus trabalhadores.

Por não ter especial relevo no contexto deste trabalho, prescinde-se de mais desenvolvimentos, embora se considere estar em causa uma questão de perspectiva, que deve tomar por referência a posição do ordenante ou apresentante da instrução, como devedor ou credor da transferência de fundos.

[713] Explicando as vantagens, em termos de *float* e liquidez, custos e receitas, que resultam para os intervenientes das operações de cheque e de EFTS, incluindo os próprios bancos, vd., por todos, JOSÉ ANTÓNIO VELOZO, «"Electronic Banking": Uma introdução ao EFTS», cit., **1987** (pp. 77-155), pp. 103-106.

Sobre o significado de *float*, cfr. Louis F. DEL DUCA / Egon GUTTMAN / Alphonse M. SQUILLANTE, *Problems and materials On Negotiable Instruments Under the Uniform Commercial Code and the United Nations Convention on International Bills of Exchange and International Promissory Notes*, Anderson Publishing Co., Cincinnati, Ohio, **1993**, p. 287.

*Dimensão prática do cheque* 313

A doutrina é unânime em reconhecer terem sido os cartões emitidos por estabelecimentos comerciais no primeiro quartel do século XX – mormente hotéis e armazéns – os precursores dos actuais cartões de pagamento[714]. No entanto, tais meios de pagamento, necessariamente vinculados a determinado estabelecimento, consistiam em chapas metálicas e tinham uma utilização relativamente limitada, servindo fundamentalmente para registar a conta corrente dos clientes que tinham acesso aos mesmos.

**II.** Na sua forma actual, os cartões de pagamento são de plástico[715], incorporando uma banda magnética no seu verso e, nalguns casos, um *microchip*. No modelo mais recente, o cartão de pagamento incorpora tecnologia digital, que visa conceder-lhe segurança reforçada na sua utilização[716].

---

[714] Não se verifica consenso, contudo, no que respeita à origem dos cartões, e nomeadamente do cartão de crédito bilateral que era concedido por determinados estabelecimentos aos seus clientes para estes poderem efectuar compras nos mesmos, sem necessidade de as pagar de imediato.

Recusando a origem do cartão de crédito nos EUA e reportando-a à Europa – onde terá surgido em alguns hotéis dos países mais desenvolvidos (França, Inglaterra e Alemanha), para pagamento exclusivo dos respectivos serviços –, Julio A. SIMÓN, *Tarjetas de credito*, Abeledo-Perrot, Buenos Aires, s/d. (reimp. em **1990**), p. 43.

Afirmando a origem do cartão de crédito nos EUA, no final do século XIX, José Luis PÉREZ-SERRABONA GONZÁLEZ / Luis Miguel FERNÁDEZ FERNÁNDEZ, *La tarjeta de crédito*, Comares, Granada, **1993**, p. 15, SCHIMANSKY /BUNTE/LWOWSKI, *Bankrechts-Handbuch*, vol. I, 2ª ed., cit., **2001**, p. 1673. Entre nós, neste sentido, Carlos FREDERICO GONÇALVES PEREIRA, «Cartões de crédito», *ROA*, ano 52, II, **1992** (pp. 355-416), p. 359 – apoiando-se em Paolo SPADA, «Carte di credito: "terza generazione" dei mezzi di pagamento», *RivDirCiv*, anno XXII, I, **1976** (pp. 483-510), p. 488 –, e MENEZES CORDEIRO, *Manual de Direito Bancário*, 3ª ed., cit., **2006**, p. 512, seguindo de muito perto SCHWINTOWSKI/SCHÄFER, *Bankrecht*, 2ª ed., cit., **2004**, pp. 417-418, que referem «não ser certo que a direcção do Hotel Credit Letter Company (nos EUA), que em 1894 emitiu o primeiro cartão de crédito para clientes, tivesse lido o *bestseller* de Edward Bellamy» (reportando-se ao romance de ficção por este escrito e publicado em 1888 com o título «Looking Backward», no qual antecipava a sociedade do século XXI baseada unicamente em cartões de crédito) (cfr. p. 417).

[715] Sobre a respectiva configuração e aspecto externo, cfr., por todos, MENEZES CORDEIRO, *Manual de Direito Bancário*, 3ª ed., cit., **2006**, p. 511.

[716] A evolução e implementação dos cartões nos diversos ordenamentos não se têm processado de modo uniforme. Alguns cartões – como é o caso do **porta-moedas electrónico**, que se destina a substituir o uso das moedas metálicas em pagamentos de reduzido valor

– não têm registado o êxito esperado. Este cartão – que, no Reino Unido (*digital cash card* ou *electronic purse*), representa a forma mais recente de cartão de pagamento, incorporando tecnologia digital – tem constituído em Portugal um caso de manifesto insucesso comercial, pelo que não será objecto de desenvolvimento no texto, registando em França (*Porte-Monnaie Électronique*), um progresso muito lento, como assinalam GAVALDA/STOUFFLET, *Instruments de paiement et de crédit*, 6ª ed., cit., **2006**, pp. 397-399, em especial p. 398.

Neste cartão o armazenamento de uma determinada quantia é possível independentemente das disponibilidades da conta bancária, uma vez pré-carregado, em geral numa caixa automática, com uma quantia fixa [de montante mínimo relativamente reduzido, aproximadamente € 5,00 (Esc. 1.000$00), aquando da sua introdução em Portugal na última década do século XX]. Trata-se de um cartão com relativa autonomia usado para pagar consumos de reduzido valor, sem PIN, assinatura ou autorização de qualquer espécie.

Não nos alongaremos mais, uma vez que o porta-moedas electrónico não colheu aceitação em Portugal.

Acrescente-se apenas que, como qualquer outro cartão pré-pago, o porta-moedas electrónico, do ponto de vista jurídico, funciona como um cartão de débito, com a diferença de que a quantia afecta ao cartão, ou nele carregada, é debitada ao respectivo titular antes de ser utilizada. Neste sentido, cfr. Carles BARUTEL MANAUT, *Las tarjetas de pago y crédito*, Bosch, Barcelona, **1997**, p. 117 – após expor as vantagens destes cartões ("monederos electrónicos") (pp. 115-116) –, seguido por Amelia SÁNCHEZ GOMEZ, *El sistema de tarjeta de crédito*, Comares, Granada, **2006**, p. 10, nota 44 (*in fine*).

Sobre este cartão, cfr. ainda, entre os autores espanhóis, Maria del Carmen GETE-
-ALONSO Y CALERA, *Las tarjetas de crédito*, Marcial Pons, Madrid, **1997**, pp. 20-21. Na doutrina inglesa, ELLINGER/LOMNICKA/HOOLEY, *Ellinger's modern Banking Law*, 4ª ed., cit., **2006**, pp. 581, 583 e 597-598, PAGET's *Law of Banking*, **2007**, pp. 446-447, Len S. SEALY/ Richard J. A. HOOLEY, *Commercial Law*, 3ª ed., LexisNexis Butterworths, Cambridge, 2003, pp. 780, 795-800 e 806, e Marcus SMITH / Patricia ROBERTSON, «Plastic money» in BRINDLE and COX (edit.) *Law of Bank Payments*, FT Law & Tax, London, **1996** (existe 3ª ed., Sweet & Maxwell, 2004), pp. 496-497. Entre os autores franceses, cfr. DRAGON/ GEIBEN/KAPLAN/NALLARD, *Les Moyens de paiement. Des espèces à la monnaie életronique*, cit., s/d (Dep. legal de **1997**), pp. 196-197 – referindo-se especificamente ao lançamento deste cartão pela SIBS –, e JEANTIN/LE CANNU/GRANIER, *Droit commercial. Instruments de paiement et de crédit. Titrisation*, 7ª ed., cit., **2005**, pp. 128-129 e 124-126. Na Alemanha, de entre os autores alemães mais relevantes, vd., por todos, KÜMPEL, *Bank– und Kapitalmarktrecht*, 3ª ed., cit., **2004**, pp. 672-673, 707-708 e 724-727, com referências bibliográficas específicas sobre a *Elektronische Geldbörse* (p. 724, nota 2). Na doutrina nacional, vd., em especial, Fernando CONCEIÇÃO NUNES, «O porta-moedas electrónico», *in* AA.VV., *Estudos de Direito Bancário*, FDUL / Coimbra Editora, **1999** (pp. 213-240), com uma análise exaustiva das normas especificamente aplicáveis ao PME na ordem jurídica portuguesa (a Instrução 54/96, do Banco de Portugal, publ. no BNBP, n.º 1, de 17 de Junho de 1996, que designa o PME por porta-moedas automático), pp. 216-238.

*Dimensão prática do cheque* 315

O primeiro cartão de plástico com funções de pagamento universais – isto é, vocacionado para efectuar o pagamento numa pluralidade de diferentes estabelecimentos – foi o do *Diners Club*, em 1950[717], sob a forma de cartão de crédito, o qual seria seguido, alguns anos mais tarde (1958), no mercado norte-americano, pelo da *American Express*[718].

Só na década de setenta, mais de vinte anos mais tarde, surgiriam os primeiros cartões de débito, introduzidos no mercado pelo *BankAmericard* (mais tarde *Visa*) e pelo *MasterCharge*[719], os quais, com a generalização das ATMs que accionavam – e através das quais permitiam aos respectivos titulares um acesso directo (*on-line*) aos fundos depositados –, registaram uma significativa adesão, facultando hoje aos seus detentores a generalidade das operações de banca electrónica e representando, desse modo, um avanço significativo na realização das operações bancárias clássicas.

Outros cartões de plástico surgiram, entretanto, tais como os cartões eurocheque e de garantia que, pela relevância que tiveram em Portugal, irão ser objecto de referência autónoma, não obstante terem desaparecido.

---

Outros autores também lhe fazem referência. Cfr., por exemplo, RAQUEL GUIMARÃES, *As transferências electrónicas*, cit. **1999**, pp. 56-57.

[717] Referenciando o ano de 1949, como data do aprecimento do cartão Diner's Club, JOANA VASCONCELOS, «Cartões de crédito», *RDES*, XXXIV, n.º 4, **1992** (pp. 305-347), e XXXV, n.ºs 1-2-3-4, **1993** (pp.71-182), p. 325, seguindo possivelmente RIVES-LANGE/ CONTAMINE-RAYNAUD, *Droit bancaire*, 6ª ed., Dalloz, Paris, **1995**, p. 330, que cita abundantemente na 5ª edição (1990), PÉREZ-SERRABONA GONZÁLEZ/FERNÁNDEZ FERNÁNDEZ, *La tarjeta de crédito*, cit., **1993**, p. 17, com interesante desenvolvimento histórico mundial (pp. 15-20) e español (pp. 23-31).

Diferentemente, BARUTEL MANAUT – na sua citada dissertação de doutoramento sobre as *Las tarjetas de pago y crédito,* **1997**, p. 27, e nota 9 – situa o início da emissão do cartão em 1951 e chama a atenção para a discrepância, que apenas assinalamos a título de curiosidade académica.

No sentido do texto, Tony DRURY / Charles W. FERRIER, *Credit cards*, Butterworths, London, **1984**, em especial p. 19, SIMÓN, *Tarjetas de credito*, cit., reimp., **1990**, p. 43, SCHWINTOWSKI/SCHÄFER, *Bankrecht,* 2ª ed., cit., **2004**, p. 422, e MENEZES CORDEIRO, *Manual de Direito Bancário*, 3ª ed., cit., **2006**, p. 512.

[718] Os cartões adquiriram tal notoriedade que passaram a ser conhecidas pelo nome da respectiva entidade emitente.

[719] Cfr. Dimitris N. CHORAFAS, *Electronic Funds Transfer*, Butterworths, London, **1988**, pp. 339 e 341.

**III.** São três as grandes categorias a que se reconduzem os cartões de plástico, se tomarmos em consideração as funções básicas que desempenham, enquanto instrumentos de pagamento[720]:

– Cartões de crédito;
– Cartões de débito; e
– Cartões multi-funções[721].

Estes últimos, configurando-se como cartões de crédito – mas não admitindo, inicialmente, que o respectivo titular opte por fraccionar o pagamento do crédito usado –, caso estejam associados a uma conta (bancária), podem ter funções de levantamento automático de dinheiro, de pagamentos e de transferências em geral, por débito nessa conta[722].

Iremos abordar os dois primeiros tipos de cartão em seguida, prescindindo de referenciar autonomamente os cartões multi-funções[723], por congregarem características de ambos, e mencionaremos os cartões em

---

[720] São inúmeras as classificações possíveis de cartões. Nesse sentido, e avançando com onze critérios, mas concedendo destaque a três deles, cfr. BARUTEL MANAUT, *Las tarjetas de pago y crédito,* cit., **1997**, pp. 102-130, em especial pp. 102-103.

[721] Também designados "polivalentes". Neste sentido, cfr. LUÍS MIGUEL MONTEIRO, «A operação de levantamento automático de numerário», cit., **1992** (pp. 123-168), p. 134, para quem o importante é a qualificação da operação concreta (de crédito ou de débito) que o cartão realiza e não o próprio cartão.

[722] Nesta situação, correspondem aos cartões dourados e de platina emitidos pelas instituições de crédito em favor dos seus melhores clientes, em regra associados às redes *Visa* ou *Mastercard.* Enquadram-se também nesta categoria alguns cartões da *American Express* ou do *Diners' Club.*

Estes cartões, também designados cartões de despesa, não são considerados cartões de débito, por não terem efeito liberatório pleno, uma vez que este só se verifica quando o credor (fornecedor de um bem ou prestador de um serviço, "pago" pelo cartão) recebe o preço, que lhe é disponibilizado pela entidade emitente do cartão.

Quando os cartões estão associados a uma conta, movimentam-na com PIN. No que respeita aos pagamentos que efectuam, os mesmos são transferidos para a entidade emitente que, no final de um determinado período, correspondendo em regra, a uma vez por mês, debita na conta do titular o saldo correspondente à utilização do cartão a crédito pela respectiva totalidade.

Sobre este tipo de cartões, vd. RAQUEL GUIMARÃES, *As transferências electrónicas* cit., **1999**, pp. 79-84.

[723] Expressão que preferimos à de "cartões universais", designação também utilizada para caracterizar os cartões aptos a adquirir uma grande variedade de bens e serviços, sem limitações que se prendem com o respectivo género, como acontecia inicialmente com os cartões criados para pagamento de serviços de restauração ou de viagens.

*Dimensão prática do cheque*   317

vias de extinção, antes de procedermos ao enquadramento contratual dos cartões de pagamento e ao seu confronto com a convenção de cheque.

### 9.2.6. *Cartão de crédito*

**I.** Vamos começar por fazer uma referência mais detalhada ao cartão de crédito[724] que é o cartão de pagamento (de plástico) mais antigo e que, na forma análoga à actual – enquanto cartão trilateral[725] –, surgiu, como

---

[724] Sobre os cartões de crédito, e para além dos manuais gerais de Direito Bancário consultados e dos estudos monográficos citados neste número e no anterior (2.5.2.5), cfr., na doutrina nacional, Adelino LOPES AGUIAR, *O dinheiro de plástico. Cartões de crédito e de débito. Novos meios de pagamento*, Rei dos Livros, Lisboa, s/d (mas dep. legal de **1990**), RAQUEL GUIMARÃES, *As transferências electrónicas*, cit. **1999**, pp. 65-79, FREDERICO GONÇALVES PEREIRA, «Cartões de crédito», cit., **1992** (pp. 355-416), em especial pp. 356- -358, 372-390 e 400-403, JOANA VASCONCELOS, «Sobre a repartição entre titular e emitente do risco de utilização abusiva do cartão de crédito no Direito português», AA.VV., *Estudos em Homenagem ao Prof. Doutor Inocêncio Galvão Telles*, vol. II – Direito Bancário, Almedina, Coimbra, **2002** (pp. 487-517) – com crítica sobre a posição da jurisprudência relativa às cláusulas de repartição do risco (pp. 511-517) –, e, na literatura jurídica estrangeira, Barkley CLARK / BARBARA CLARK, *The law of bank deposits, collections and credit cards*, vol. 2, 6ª ed., A.S. Pratt & Sons / Thomson Finantial, Arlington, **2005** (actual. **2006**), cap. 15, DOLAN, *Fundametals of Commercial Activity*, cit., **1991** pp. 599- -609 (Supl. **1994**, pp. 117-119), Aldo Angelo DOLMETTA, *La carta di credito*, Giuffrè, Milano, **1982**, em especial pp. 39-47, 57-69 e 80-87, GAVALDA/STOUFFLET, *Instruments de paiement et de crédit,* 6ª ed., cit., **2006**, pp. 371-387, Steve H. NICKLES/John H. MATHESON/ Edward S. ADAMS, *Modern Commercial Paper: the new law of negotiable instruments (and related commercial paper)*, West Publishing Co, St. Paul, Minn., **1994**, pp. 552-565, PAGET'S *Law of Banking*, **2007**, pp. 349-352 e 80-83, PIEDELIÈVRE, *Instruments de crédit et de paiement*, 4ª ed., cit., **2005**, pp. 301-316, PÉREZ-SERRABONA GONZÁLEZ/FERNÁNDEZ FERNÁNDEZ, *La tarjeta de crédito*, cit., **1993**, Giuseppe RESTUCCIA, *La carta di credito nell'ordinamento giuridico italiano e comunitario*, Giuffrè, Milano, **1999**, TENCATI, *Il pagamento attraverso assegni e carte di credito*, 2ª ed., CEDAM, Padova, **2006**, pp. 921-940, WEBER, *Recht des Zahlungsverkehrs*, 4ª ed., cit., **2004**, pp. 285-298 e 307-310.

[725] Cfr. FREDERICO GONÇALVES PEREIRA, «Cartões de crédito», cit., **1992** (pp. 355-416), p. 361, JOANA VASCONCELOS, «Cartões de crédito», *RDES*, XXXIV, n.º 4, **1992** (pp. 305-347), e XXXV, n.ᵒˢ 1-2-3-4, **1993** (pp.71-182), pp. 324-325.

Como vimos, este tipo de cartão, actualmente trilateral e universal, surgiu com uma natureza bilateral, que se desenvolveu à margem do sistema bancária e que ligava um estabelecimento comercial aos respectivos clientes, procurando fidelizá-los pela venda dos respectivos bens a crédito. Comparando este cartão com «o velho livro de mercearia onde se apontava, na "conta" de cada cliente», as compras efectuadas e pagas periodicamente,

referimos, no início da segunda metade do século XX, sendo o *Diner's Club* a primeira instituição emitente desse tipo de cartões, destinados inicialmente a promover o pagamento de serviços de hotelaria e restauração[726].

O *Diners Club* era, tal como o *American Express* – que mais tarde viria a ser também agenciado por instituições de crédito em todo o mundo –, um cartão de crédito universal.

**II.** O cartão de crédito pressupõe uma relação triangular entre o emitente e, ou, gestor, do cartão e do sistema, o cliente (titular do cartão) – a quem é atribuído o cartão a ser utilizado até um determinado *plafond* – e o comerciante ou prestador de serviços que aceita o pagamento do preço dos bens vendidos ou dos serviços prestados através desse instrumento[727]. Neste triângulo, a base é ocupada pela entidade emitente[728], que

---

RAQUEL GUIMARÃES, *As transferências electrónicas*, cit., **1999**, p. 69, citando SOUSI-ROUBI, «Carte de crédit», AA.VV., *Répertoire de Droit Commercial*, t. II, 1986 (actual. 1994) (pp. 1-7), p. 3, § 31.

Estes cartões, emitidos no âmbito de uma relação puramente bilateral, são essencialmente cartões de crédito, e não de pagamento, uma vez que pode haver lugar a incumprimento.

[726] Sobre a fundação dessa instituição por Frank McNamara, cfr. Harold LASKY, «The cashless society – reality or myth», *Law Institute Journal* (Victoria), vol. 58, n.º 10, **1984** (pp. 1206-1207), p. 1207.

Relatando o episódio que terá estado na génese do cartão Diners Club, J. MARQUES BORGES, *Cheques, Traveller's Cheques e Cartões de Crédito*, Rei dos Livros, Lisboa, **s/d** (mas posterior a 1980), pp. 29-30, e BARUTEL MANAUT, *Las tarjetas de pago y crédito*, cit., **1997**, p. 28, nota 10.

Estabelecendo uma interessante ligação com a evolução da economia norte-americana e a sua projecção no aparecimento deste meio de pagamento, LOPES AGUIAR, *O dinheiro de plástico. Cartões de crédito e de débito. Novos meios de pagamento*, cit., s/d (mas dep. legal de **1990**), pp. 11-12 e 15.

Importa salientar que este cartão era, na sua forma inicial, um cartão de pagamento, cujo saldo deveria ser liquidado por inteiro pelo seu titular uma vez por mês, não correspondendo a um verdadeiro cartão de crédito, isto é, aquele cujo saldo – por efeito do *revolving* – pode ser liquidado em prestações, proporcionando ao seu titular verdadeiro crédito ao consumo. Neste sentido, cfr. DRURY/FERRIER, *Credit cards*, cit., **1984**, pp. 19-20.

[727] Para esta configuração apontam a generalidade dos autores que escreveram sobre o tema, falando RESTUCCIA (*La carta di credito*, cit., **1999**) em «configuração trilateral» (p. 16), por oposição aos cartões bilaterais que permite a aquisição de bens na instituição emitente (tipo *El Corte Inglès*).

[728] Entidade emitente e gestora dos cartões e do sistema não têm de coincidir necessariamente, isto é, pode haver uma entidade emitente dos cartões, responsável pela

*Dimensão prática do cheque* 319

é sujeito de dois negócios jurídicos[729] distintos, que existem em estreita dependência e em função um do outro[730]: os contratos de emissão e de associação à rede celebrados, respectivamente, com o titular do cartão e com o fornecedor de bens ou prestador de serviços.

No que se refere ao contrato de emissão ou de utilização do cartão, o mesmo celebra-se com base em cláusulas contratuais gerais, pré-elaboradas e predispostas pela entidade emitente que a contraparte (titular do cartão) se limita a aceitar. Em qualquer das suas vertentes, o contrato configura-se como um contrato de adesão[731] e, consequentemente, para além

---

respectiva criação e pelo crédito concedido, que não procede à gestão dos movimentos que o cartão implica, delegando numa terceira entidade essa função. Tal situação corresponde ao que sucede em Portugal com a intervenção da UNICRE, a qual surge como emitente e gestora dos cartões Unibanco, mas também como gestora do sistema aplicável a diversos cartões de crédito bancários. As entidades emitentes ou gestoras de cartões de crédito regem-se pelo DL 166/95, de 15 de Julho, e pelo Aviso do BdP n.º 11/2001, de 6 de Novembro (publ. no DR, I Série B, n.º 269, de 20 de Novembro de 2001). Sobre os antecedentes desta regulamentação, cfr. JOANA VASCONCELOS, «O contrato de emissão de cartão de crédito», AA.VV., *Estudos dedicados ao Prof. Doutor Mário Júlio de Almeida Costa*, Universidade Católica Editora, Lisboa, **2002** (pp. 723-752), pp. 727-733.

[729] Chamando também à colação o contrato de aquisição de bens ou serviços – pagos por meio do cartão – entre o titular do cartão e o fornecedor, num dos seus estudos mais recentes, JOANA VASCONCELOS, «O contrato de emissão de cartão de crédito», cit., **2002** (pp. 723-752), p. 724.

[730] «Preordenados para um mesmo fim», como refere JOANA VASCONCELOS, «Cartões de crédito», *RDES*, XXXIV, n.º 4, **1992** (pp. 305-347), e XXXV, n.ᵒˢ 1-2-3-4, **1993** (pp.71-182), pp. 133-137, em especial p. 137, e «Emissão de cartões de crédito», AA.VV., *Estudos do Direito do Consumo*, Almedina, Coimbra, **2002** (pp. 165-183), p. 165, nota 2.

[731] Já o Aviso 4/95, do BdP (Condições de Utilização dos Cartões de Crédito) – substituído pelo Aviso 11/2001, de 6 de Novembro, da mesma entidade –, o reconhecia expressamente, no seu art. 3.º («*O contrato pode assumir a forma de contrato de adesão*»). No Aviso vigente esta questão é retomada no n.º 4.º

Cfr. JOANA VASCONCELOS, «Emissão de cartões de crédito», cit., **2002**, pp. 171-176, RIVES-LANGE/ CONTAMINE-RAYNAUD, *Droit bancaire*, 6ª ed., Dalloz, Paris, **1995,** p. 335.

Acentuando a unilateralidade da constução destes contratos, RAQUEL GUIMARÃES, «Algumas considerações sobre o Aviso n.º 11/2001 do Banco de Portugal, de 20 de Novembro, relativo aos cartões de crédito e de débito», *RFDUP*, ano I, **2004** (pp. 247--276), p. 249.

Também o contrato celebrado entre a entidade gestora e os comerciantes ou prestadores de serviços associados à rede é um contrato de adesão, estruturado com cláusulas contratuais gerais, embora possam variar as condições aplicáveis. Sobre as respectivas características e efeitos, cfr. JOANA VASCONCELOS, «Cartões de crédito», cit.,

320      *Cheque e Convenção de Cheque*

de se encontrar sujeito a regras específicas – constantes do Decreto-Lei n.º 166/95, de 15 de Julho, e do Aviso do Banco de Portugal n.º 11/2001, de 6 de Novembro[732] –, a sua regulamentação consta da Lei das Cláusulas Contratuais Gerais[733], para cujo regime o primeiro diploma do governo remete (cfr. art. 3.º n.º 1).

**III.** Este tipo contratual complexo[734] pressupõe também que a entidade gestora do sistema acorde com uma grande diversidade de estabelecimentos comerciais (ou de estabelecimentos prestadores de serviços correspondentes a profissões autónomas) a aceitação dos pagamentos através de cartões uniformemente emitidos dotados de uma banda magnética, responsabilizando-se por esses pagamentos, quando os cartões são devidamente utilizados[735], pela concessão de crédito até determinado montante aos respectivos titulares, e obtendo como contrapartida dessa garantia de pagamento um valor fixo[736] ou uma percentagem calculada sobre o montante da transacção, pago através do cartão.

---

**1992/1993**, pp. 150-160, e Sánchez Gomez, *El sistema de tarjeta de crédito,* cit., **2006**, pp. 14 e 163-196.

[732] Sobre o âmbito e alcance deste Aviso, publicado no DR, I Série B, n.º 269, de 20 de Novembro de 2001, e aplicável também aos cartões de débito, vd. Raquel Guimarães, «Algumas considerações sobre o Aviso n.º 11/2001 do Banco de Portugal» cit., **2004** – pronunciando-se, criticamente, sobre as alterações introduzidas nos regimes dos cartões de crédito e de débito (pp. 248-274) –, e Joana Vasconcelos, «Emissão de cartões de crédito», cit., **2002**, pp. 169-170, notas 12 e 13.

[733] Aprovada pelo DL 446/85, de 25 de Outubro, red. do DL 220/95, de 31 de Agosto, e DL 249/99, de 7de Julho. Cfr., em especial, arts. 20.º a 23.º .

[734] O facto de se tratar de facto de um complexo contratual leva alguns autores a referirem estarmos perante uma forma particular não típica de coligação (funcional) de contratos – caso de Joana Vasconcelos, «Cartões de crédito», cit., **1992/1993**, pp. 133--137, manifestando reservas sobre a recondução do «mecanismo do cartão de crédito, sem mais, à figura da coligação de contratos tal como esta é comummente entendida», uma vez que os sujeitos nos diversos contratos não são os mesmos (nota 284, a pp. 135-136) – e outros, mais recentes, a falarem num verdadeiro "sistema de cartão de crédito". Neste sentido, cfr. Amelia Sánchez Gomez, *El sistema de tarjeta de crédito,* cit., **2006**, pp. 1-2 (e nota 1), 13 e o próprio título da monografia.

[735] É natural que faça parte das obrigações do comerciante a comprovação da identidade do utilizador do cartão, ainda que isso não suceda habitualmente.

[736] Trata-se de uma situação menos habitual, mas que pode surgir por conveniência do pagamento de determinados bens. É o que acontece, no nosso país, com o pagamento de combustíveis através de cartões de crédito, em que é debitada ao utilizador do cartão, para além do valor do abastecimento efectuado, a quantia de € 0,50, não sofrendo o revendedor custos directos com a utilização do cartão.

*Dimensão prática do cheque* 321

Mas o cartão pode ser utilizado também para efectuar levantamentos de numerário a crédito (*cash advance*), nomeadamente em praças diferentes daquela em que foi emitido. Nessa circunstância, o seu titular suportará os juros inerentes ao adiantamento da quantia levantada – que acrescem à cobrança de taxas fixas percentuais predeterminadas –, num esquema em tudo idêntico aos demais pagamentos que faz com o cartão.

**IV.** O cartão de crédito não implica uma relação contratual bancária entre o emitente e o respectivo titular – diversamente do que acontece com o cartão de débito, necessariamente associado a uma conta de depósito à ordem –, uma vez que pode ser emitido e usado à margem do sistema, embora em regra o respectivo pagamento (periódico) se processe por transferência bancária ou por cheque. Isto significa que o cartão pode ser totalmente alheio à relação entre um banco e o seu cliente, ainda que este recorra, normalmente[737], a uma conta para proceder com certa regularidade (normalmente mensal) – por meio de cheque ou de transferência pré-autorizada – ao pagamento dos débitos relativos aos pagamentos feitos com o cartão, ou também referentes à utilização do crédito inerente ao cartão[738].

O contrato de cartão de crédito pode, assim, na óptica do cliente e utilizador, surgir à margem de uma relação comercial bancária, embora envolva instituições autorizadas a emitir e gerir este tipo de instrumentos.

**V.** No entanto, considerando o complexo contratual que caracteriza este meio de pagamento – que se diferencia, claramente, do cheque, por este ser essencialmente um instrumento de pagamento, ao permitir, de modo amplo (sem a necessário vinculação à função de pagamento), a deslocação de fundos ou de moeda escritural, enquanto o cartão se limita a efectuar pagamentos, tendo sido criado com essa única finalidade –, não podemos deixar de nos lembrar do enquadramento da convenção de cheque que, tal como o contrato de cartão de crédito (ou de emissão de cartão de crédito)[739], não existe isoladamente, embora tenha autonomia dogmática.

---

[737] Teoricamente, nada obsta a que o pagamento seja feito em numerário.

[738] No entanto, a sua emissão e concessão terá de pressupor, pela natureza da relação de crédito, um contrato de abertura de crédito. O que não há necessariamente é «uma relação directa entre cartão de crédito e os fundos depositados» (RAQUEL GUIMARÃES, *As transferências electrónicas*, cit., **1999**, pp. 70-71).

[739] Encontramos as duas designações na doutrina especializada. A maior parte dos autores fala em "contrato de emissão de cartão de crédito", embora alguns optem por se

Com efeito, enquanto o cartão de crédito, para a realização plena dos seus efeitos, implica necessariamente a celebração articulada de, pelo menos, três contratos distintos[740], a convenção de cheque, para além do recurso ao título de crédito – que, como veremos, é autónomo e existe independentemente daquela –, pressupõe necessariamente a abertura de uma conta (bancária), por parte do sacador e, em princípio, a celebração de um contrato de depósito, se os saques não forem todos efectuados com base em pura abertura de crédito, caso em que temos mais um negócio bancário envolvido.

**VI.** Também quanto aos efeitos da relação contratual existente entre a entidade emitente e o utilizador do cartão de crédito há uma seme-lhança manifesta com a relação que se estabelece entre o sacado e o sacador do cheque, uma vez que, dentro de certo limite, correspondente ao *plafond* máximo de crédito associado ao cartão, no primeiro caso, e à provisão, no segundo, a entidade emitente e o sacado deverão proceder ao pagamento a terceiros – no caso dos cartões aos comerciantes ou prestadores de serviços – das quantias objecto de utilização do cartão ou constantes do cheque sacado. E ao fazê-lo actuam por conta do titular do cartão ou do sacador. Por isso, também a utilização do cartão de crédito se efectua *pro solvendo*[741], no sentido de que a responsabilidade subsidi-ária do respectivo titular só se extingue com o efectivo pagamento da quantia correspondente a essa utilização pela entidade emitente. Se esta, por qualquer razão, falhar, o titular do cartão e beneficiário da sua utili-zação fica responsável perante o credor.

---

referir abreviadamente a "contrato de cartão". Neste último sentido, Maria del Carmen GETE-ALONSO Y CALERA, *Las tarjetas de crédito,* Marcial Pons, Madrid, **1997**, p. 26.

[740] Referindo que uma transacção com cartão de crédito bancário envolve quatro acordos autónomos – «o contrato de compra e venda entre o comerciante (vendedor) e o titular do cartão (comprador), o contrato de desconto entre o comerciante e o banco comercial, o contrato de utilização de cartão de crédito em si mesmo, estabelecido entre o emitente e o titular do cartão e um acordo de troca (intercâmbio) que regula os prazos de liquidação, os padrões mínimos e as cobranças –, e não apenas três, por reconhecer a autonomia dos contratos de liquidação das operações, Barkley CLARK, *The law of bank deposits, collections and credit cards*, 3ª ed., Warren, Gorham & Lamont, Boston/New York, **1990** (Supl. Cumulativo, n.º 2, **1994**), pp. 11-7 a 11-13.

[741] Neste sentido, JOANA VASCONCELOS, «Cartões de crédito», cit., **1992** (pp. 305--347) / **1993** (pp.71-182), p. 144.

Não obstante esta similitude de características e efeitos jurídicos, não cremos que o estudo e análise dos cartões de crédito concorra especialmente para a determinação dos efeitos da convenção de cheque, nem sequer para a determinação da natureza jurídica do cheque – com o qual apresenta afinidades enquanto instrumento de pagamento –, não contribuindo para explicar a articulação do saque do cheque com a relação contratual bancária que está na sua génese. Na realidade, para além de poder viver à margem de uma relação contratual bancária, a requisição e utilização do cartão de crédito estão sujeitos a um contrato específico, celebrado com recurso a cláusulas contratuais gerais, que disciplinam o seu uso e regulam as situações de desapossamento que possam vir a ocorrer, viabilizando a transferência virtual de meios de pagamento. Diferentemente do que acontece com o cheque o cartão propriamente dito não tem valor específico relativamente ao contrato que fundamenta a sua utilização, sendo um mero instrumento de pagamento daquele e dele não se autonomizando.

### 9.2.7. *Cartão de débito*

**I.** Seremos necessariamente mais sucintos na análise ao cartão de débito, que surgiu muito depois do cartão de crédito, e cuja utilização, alicerçada na confiança que às respectivas entidades emissoras mereciam os seus titulares, estava sujeita a controlo e a autorização pontual (por via telefónica), sempre que o pagamento por ele efectuado fosse superior a determinado montante.

O cartão de débito, permitindo proceder a levantamentos ou efectuar pagamentos, por transferência electrónica, está necessariamente associado a, pelo menos, uma conta bancária, implicando a sua utilização a movimentação do saldo disponível[742], e pode funcionar com referência a

---

[742] E não do saldo existente, porquanto o cartão de débito pode ter associado o crédito automático de um determinado montante que pode ser utilizado pelo respectivo titular para efectuar pagamentos mesmo quando não dispõe de saldo credor, contra o pagamento de uma taxa de juro aplicável sobre a quantia a descoberto. Neste caso, não ser afigura ser correcto considerar que o titular do cartão não dispõe de provisão; pelo contrário, ele dispõe de provisão que, para além das quantias previamente depositadas na conta, é constituída sobre o crédito que lhe é concedido pelo banco. A existência de saldo disponível equivale a reconhecer que o titular da conta e do cartão dispõe de provisão. Na falta desta, o cartão não conseguirá operar movimentação de fundos.

# 324    *Cheque e Convenção de Cheque*

um determinado *plafond* diário ou a qualquer quantia, a ser objecto de débito imediato na conta do respectivo titular. Ele pressupõe, necessariamente, uma utilização em rede (*on-line*) [cfr. n.º 1.º, alínea b) do Aviso n.º 11/2001 do BdP, de 6 de Novembro[743]], perfilando-se, assim, a conta bancária como um elemento essencial do contrato de cartão de débito[744], e variando negativamente na medida da utilização deste[745].

O cartão de débito, cuja utilização pode reverter directa e unicamente em favor do respectivo titular, quando actuado como meio de levantamento de fundos, numa lógica de funcionamento estritamente bilateral, é usado muito frequentemente para efectuar transferências em favor de terceiros ou pagamentos de que estes sejam beneficiários directos, designadamente através de terminais POS ou ATMs, quanto aos terceiros que reúnam essas condições. Nestas circunstâncias, o cartão de débito apresenta uma estrutura muito semelhante à do cartão de crédito, acrescentando-se à relação contratual resultante da (abertura de) conta bancária a relação jurídica que se estabelece entre o seu titular e adquirente de bens ou serviços e os terceiros que o admitem como meio de pagamento idóneo por acordo com a entidade bancária ou com a instituição gestora do sistema[746].

A particularidade deste cartão, cuja emissão – tal como a regulação das relações entre a entidade emitente e o respectivo titular – deve ser necessariamente objecto de um contrato escrito, reside na sua natureza, tendo a entidade emitente de ser necessariamente a instituição de crédito onde está domiciliada a conta à qual o cartão se encontra indexado.

**II.** Em Portugal, o cartão bancário de débito, quando utilizável nos terminais electrónicos de pagamento ou levantamento de numerário

---

[743] Nos termos deste Aviso (n.º 1.º, *alínea b)*), o BdP define o "cartão de débito" como «*qualquer instrumento de pagamento, para uso electrónico, que possibilite ao seu detentor a utilização do saldo de uma conta de depósito junto da instituição de crédito que emite o cartão, nomeadamente para efeitos de levantamento de numerário, aquisição de bens ou serviços e pagamentos, quer através de máquinas automáticas quer em estabelecimentos comerciais*».

[744] Para além da sua normal função de movimentação de fundos, o cartão de débito pode efectuar uma série de funções relativas à conta bancária à qual está associado, tal como a requisição de módulos de cheques que permitam a movimentação da referida conta.

[745] Neste sentido, Raquel Guimarães, *As transferências electrónicas* cit., **1999**, p. 89.

[746] Cfr. Gete-Alonso y Calera, *Las tarjetas de crédito,* cit., **1997**, p. 70.

*Dimensão prática do cheque* 325

geridos pela SIBS[747] – que compreendem as inúmeras máquinas de levantamento automático (ATMs) ou os POS –, designa-se por cartão "Multibanco", e a sua utilização nesses terminais permite realizar operações de transferência ou de levantamento de fundos (numerário), bem como de pagamento de bens e serviços, por débito imediato em conta e inerente crédito na conta do fornecedor dos bens ou prestador de serviços. A sua utilização pressupõe a prévia digitação de um PIN (ou número secreto de identificação) que comprove a legitimidade do seu manuseamento.

**III.** Os cartões bancários surgem com muita frequência com funções simultaneamente de débito e de crédito, permitindo levantamentos e transferências por débito automático da conta a que estão associados, com recurso ao PIN do respectivo titular e funcionando, sempre que for a opção deste, como cartão de crédito em determinados pagamentos efectuados sem débito imediato. Nestas circunstâncias, ainda que o cartão constitua o suporte material para efectuar ambas as operações, a verdade é que estão em causa dois contratos distintos e não apenas um único[748].

### 9.2.8. *Os cartões falhados: eurocheque e cartão de garantia*

**I.** Os cartões eurocheque e de garantia enquadravam-se numa categoria autónoma, embora pudessem desempenhar cumulativamente funções de débito[749]. Qualquer deles tinha por finalidade reforçar a confiança no cheque a que se encontravam necessariamente associados – pelo que não constituíam meios autónomos de pagamento, salvo se também

---

[747] Sobre a SIBS e a rede Multibanco, cfr. José MARQUES FERNANDES, *Tudo o que deve saber sobre Cartões Bancários*, Estar, Lisboa, s/d (mas depósito legal de **1998**), p. 17, e LOPES AGUIAR, *O dinheiro de plástico*, cit., pp. 65-66.
A designação "Multibanco" generalizar-se-ia, acabando por identificar todos os elementos e equipamento utilizados [cfr. LUÍS MIGUEL MONTEIRO, «A operação de levantamento automático de numerário», cit., **1992** (pp. 123-168), p. 139], incluindo os cartões de débito e as próprias ATMs, com expoente na expressão vulgarizada de "vou ali ao Multibanco", para significar para significar o recurso a uma caixa automática.
[748] Cfr. GETE-ALONSO Y CALERA, *Las tarjetas de crédito,* Marcial Pons, Madrid, **1997**, p. 67-68.
[749] Sobre a respectiva origem, no final da década de sessenta do século XX, cfr. PÉREZ-SERRABONA GONZÁLEZ / FERNÁDEZ FERNÁNDEZ, *La tarjeta de crédito*, Comares, Granada, **1993**, pp. 44-45.

tivessem funções de débito –, assegurando o respectivo pagamento até certo montante, «independentemente da existência de provisão»[750], visando o primeiro garantir pagamentos internacionais, em praça diferente daquela em que era sacado, e o segundo pagamentos internos.

O eurocheque era um tipo particular de cheque – emitido em impresso próprio distinto do módulo dos cheques normais – aceite por instituições de crédito de muitos países, que permitia ao respectivo sacador efectuar pagamentos garantidos no estrangeiro até um certo montante, aproximadamente correspondente a € 200 actuais. No verso do eurocheque, e após exibição do correspondente cartão ao beneficiário do cheque, para verificação, deveria inscrever-se o número do cartão, num sistema análogo ao do cartão de garantia.

O beneficiário do cheque, para além de controlar a vigência do cartão, deveria comprovar que o número do mesmo coincidia com o número da conta a que se reportava o módulo (de cheque) e que as assinaturas constantes do cartão e do cheque eram idênticas.

**II.** O cartão de garantia (*checkcard*)[751] funcionava de modo idêntico ao eurocheque e assegurava ao beneficiário de um cheque sacado no país do banco sacado[752] que este procederia ao respectivo pagamento até determinado valor, desde que, nas costas do cheque – em local predefinido para o efeito –, fosse indicado o número do cartão. Para além disso, o beneficiário do cheque deveria exigir que o saque (assinatura do emitente) fosse feito na sua presença, e controlar a correspondência das duas assinaturas (a constante do cartão e a efectuada no cheque).

Qualquer destes cartões desempenhava essencialmente uma função de garantia, responsabilizando-se o banco pela solvabilidade do seu cliente e assumindo o pagamento se este não dispusesse de fundos suficientes para o efeito, mas garantia a existência da provisão, como acontece com

---

[750] FREDERICO GONÇALVES PEREIRA, «Cartões de crédito», cit., **1992** (pp. 355-416), p. 359.

[751] Mais antigo que o Eurocheque e que lhe sobreviveu pelo menos nos países anglo-saxónicos, onde o regime do cheque é compatível com a sua revogação imediata.

Na Alemanha, o cartão de garantia foi criado em 1968. Cfr. DAMRAU, «Probleme der Scheckkarte», cit., **1969**, p. 199.

[752] O Eurocheque também podia ser sacado no país do banco sacado, embora se destinasse a circulação internacional, ou seja, a ser utilizado para saque em países diferentes daquele onde se encontrava domiciliado o banco sacado.

os cheques visados[753]. Pelo cartão, a entidade emitente assegurava o pagamento dos cheques até um determinado *plafond*, mesmo que a conta sacada não se encontrasse suficientemente provisionada.

**III.** No que respeita ao respectivo regime, objecto de regulação contratual em formulários pré-elaborados para o efeito pelas entidades bancárias emitentes[754], importa salientar algumas peculiaridades, apesar do desuso a que foram, entretanto, votados estes cartões.

Assim, a garantia associada ao cheque, pelo uso do cartão, impedia a revogação do título não apenas no prazo de apresentação a pagamento, mas durante a sua vigência[755]. O cartão servia deste modo também como compromisso do próprio sacador, relativamente ao pagamento do cheque. Por sua vez, no que respeitava ao pagamento, o beneficiário do cheque dispunha de um direito extracambiário sobre o próprio sacado, constituído pela garantia que o cartão concedido ao sacador proporcionava ao cheque, até um determinado montante[756].

É a natureza extracambiária do direito do beneficiário do cheque garantido e da responsabilidade do sacado pelo seu pagamento que legitima o recurso a estes cartões, evitando que o regime criado fosse interpretado como um aceite (aliás, proibido)[757].

---

[753] Sobre a qualificação da função e natureza deste cartão, vd., na doutrina italiana, Fabrizio MAIMERI, «Servizi bancari: la cassa continua versamenti e la carta assegni, *BBTC*, ano LIV, I, **1991** (pp. 67-88), p. 85.

Considerando a garantia decorrente do cartão de garantia (*"carte assegni"*) lícita, por ser extra-cartular, Giacomo MOLLE, *I titoli di credito bancari*, Giuffrè, Milano, **1972**, pp. 398 e segs., Paolo SPADA, «Carte di credito: "terza generazione" dei mezzi di pagamento», *RivDirCiv*, anno XXII, I, **1976** (pp. 483-510), p. 487 (nota 4), e Gastone COTTINO, *Diritto Comerciale*, vol. 2, t. 1, Padova, Cedam, **1992**, pp. 351-352. Diferentemente, sendo de opinião que a garantia consubstanciada no cartão contrariava o art. 4.º da LUCh, por corresponder à assunção de uma obrigação do banco de pagamento do cheque e, consequentemente, a um aceite, Giorgio DE MARCHI, Carte di credito e carte bancarie», *BBTC*, anno XXXIII, I, **1970** (pp. 321-354), pp. 349 e segs..

[754] O cartão eurocheque era objecto de regulação por condições gerais próprias.

[755] Não era assim, por exemplo, na Alemanha, onde o cheque garantido deveria ser apresentado a pagamentono prazo de oito ou vinte dias, consoante fosse sacado no país ou no estrangeiro. Cfr. HUECK/CANARIS, *Recht der Wertpapiere*, 12ª ed. cit., **1986**, p. 188.

[756] Neste sentido, cfr. PÉREZ-SERRABONA GONZÁLEZ / FERNÁDEZ FERNÁNDEZ, *La tarjeta de crédito*, cit., **1993**, pp. 45-46.

[757] Referindo-se apenas à natureza puramente civil da responsabilidade do sacado, HUECK/CANARIS, *Recht der Wertpapiere*, 12ª ed. cit., **1986**, p. 188.

**IV.** Estes cartões, de garantia e eurocheque, embora fossem ambos essencialmente cartões de garantia, desempenhavam também, na sua fase final, simultaneamente a função de cartão de débito, sendo utilizados, ainda que dentro de certos limites máximos diários (no caso de levantamentos), também para a movimentação geral de contas bancárias em terminais electrónicos (ATMs, POS, etc).

Foi precisamente esta função, que se viria a tornar prevalecente, que – associada ao enorme desenvolvimento dos cartões de débito – condenou os clássicos cartões de garantia ao desaparecimento, visto que a falta de autonomia resultante da sua finalidade original já não justificava a sua subsistência[758].

No virar do século XX, o sistema eurocheque e os cartões de garantia haviam perdido a sua importância, encontrando-se hoje extintos[759] na prática, pelo menos no nosso país[760].

A nível comunitário, há que recordar a expressa exclusão de que os cartões de garantia de cheque foram objecto na Recomendação da Comissão das Comunidades Europeias de 8 de Dezembro de 1987 (87/598/CEE) sobre um Código Europeu de Boa Conduta em matéria de Pagamento Electrónico (Relações entre instituições financeiras, comerciantes ou prestadores de serviços e consumidores)[761], e na Recomendação da Comissão de 17 de Novembro de 1988 (88/590/CEE) sobre Sistema de Pagamentos e, em particular, as Relações entre o titular e o emissor de cartões[762].

---

[758] Considerando no entanto que os beneficiários dos mesmos os preferiam, claramente, aos cartões de crédito, pelo pagamento integral dos bens e pela dupla tutela de que o pagamento pelo cheque garantido beneficiava – cobertura total, dentro de certos limites, e tutela cambiária específica do cheque – relativamente ao pagamento "parcial" (considerando a comissão retida pelo emitente) proporcionado pelo cartão de crédito, DOLMETTA, *La carta di credito*, cit., **1982**, pp. 34-36, nota 51 (em especial p. 35).

[759] Para se ter uma ideia, basta referir que, em Março de 2007, o domínio da *Internet "www.eurocheque.com"* se encontrava à venda. Referindo ter caído em desuso o cartão de garantia de cheque – e não o analisar, por isso –, SÁNCHEZ GOMEZ, *El sistema de tarjeta de crédito,* Comares, Granada, **2006**, p. 9, nota 44.

[760] Os autores estrangeiros também reconhecem que o cartão de garantia – que, em Itália, originou o *assegno vademecum* ou cheque de cobertura garantida – caiu totalmente em desuso. Neste sentido, CAMPOBASSO, *Diritto Commerciale, 3. Contratti, Titoli di Credito. Procedure concorsuali,* 3ª ed., cit., **2001**, p. 311, nota 1.

[761] Cfr. Título II (*Definições*) art. 1.º (*Pagamento electrónico*), 2ª parte: «*Estão excluídos deste Código: (...) Os pagamentos por cheque garantidos por um cartão bancário*».

[762] Cfr. Anexo, n.º 1: «*O presente anexo aplica-se às seguintes operações: (...) «pagamento não electrónico efectuado por meio de um cartão, (...) mas excluindo os cartões cuja única função é garantir o pagamento efectuado por cheque*».

## 9.2.9. *O enquadramento contratual dos meios de pagamento com recurso a cartões; breve confronto com a convenção de cheque*

**I.** Analisados os cartões como instrumentos de pagamento, que viabilizam a transferência de moeda, e que têm registado um crescimento assinalável em termos de número absoluto de transacções e, em especial, em percentagem relativa no respeitante ao valor total movimentado pelas transacções efectuadas, ao mesmo tempo que agonizaram e se extinguiram os cartões de garantia que, como vimos, não funcionavam com autonomia, importa fixar o enquadramento contratual destes instrumentos.

Todos os cartões que analisámos brevemente correspondem a um contrato autónomo que pode, ou não, surgir associado a uma conta bancária, obedecendo o respectivo regime jurídico a uma matriz estabelecida num conjunto de cláusulas contratuais gerais, cuja uniformidade facilita o conhecimento dos respectivos efeitos e que constituem verdadeiros instrumentos de pagamento (imediato)[763], destinados à circulação da moeda sem deslocação física do numerário que lhe corresponde. Trata-se, por isso, de moeda escritural, embora a transferência de fundos que a sua utilização opera se possa traduzir em numerário, através do levantamento efectuado nas contas creditadas com as importâncias que foram pagas através dos cartões.

**II.** Analisados brevemente os cartões de crédito e de débito como instrumentos de pagamento, podemos concluir que os mesmos se baseiam numa lógica distinta à que subjaz ao cheque enquanto meio de pagamento. Naqueles, com base nos respectivos emissores, o beneficiário tem, em princípio, a garantia do pagamento, porque processa a operação *on-line* ou porque obtém a necessária autorização da entidade gestora para a

---

[763] A evolução tecnológica e a utilização de todos os cartões *em linha* alterou significativamente a respectiva natureza, passando a ser instrumentos de pagamento imediato – na óptica do beneficiário do pagamento –, e não de curto prazo, como sucedia com os cartões de crédito, quando surgiram, de processamento manual e sem que ocorresse a imediata transferência de moeda para a conta bancária do credor.

Na perspectiva do respectivo titular, o cartão de crédito continua a ser um cartão de pagamento diferido, diversamente do que sucede com o cartão de débito.

Sobre o processamento manual e a qualificação do cartão de crédito como instrumento de curto prazo, vd. JOANA VASCONCELOS, «Cartões de crédito», *RDES*, XXXIV, n.º 4, **1992** (pp. 305-347), e XXXV, n.ºs 1-2-3-4, **1993** (pp.71-182), pp. 307, 313-315.

aceitação do pagamento; neste (no cheque) a confiança é elemento essencial à aceitação do instrumento e à realização do pagamento. Embora seja possível obter antecipadamente uma garantia tendencial de que o pagamento se encontra assegurado, pelo recurso ao instituto do *visto*, o cheque nunca se encontra isento de risco para o seu beneficiário. Por esse facto, e pela crescente objecção das instituições de crédito disponibilizarem módulos a quem não é bom cliente, o cheque está gradual, ainda que lentamente, a transformar-se num instrumento de *"status"*.

**III.** No que se refere ao funcionamento, a simplificação do sistema de cartão de crédito contrasta com a complexidade da convenção de cheque, em cuja regulação não pode deixar de fazer sentido o peso específico e a predominância do cheque, enquanto instrumento de pagamento.

Tal como referimos, o contrato de cartão de crédito – expressão que consideramos mais adequada para englobar as diversas operações que viabilizam os pagamentos e a satisfação das correspondentes disponibilidades feitos com recurso a cartão – disciplina um meio de pagamento que pode até ser equacionado à margem da relação contratual bancária, enquanto a convenção de cheque, apenas fazendo sentido no âmbito da relação entre o banqueiro e o seu cliente, está dependente da tutela da confiança que o sistema proporcione aos beneficiários do cheque. Não será, pois, apenas o desenvolvimento dos "meios de pagamento de plástico" a liquidar o uso de meios tradicionais, como o cheque, mas também o gradual enfraquecimento da tutela que o sistema tradicionalmente dispensava a este instrumento e que não deixa de minar a confiança que o mesmo merece aos agentes económicos, em especial aos comerciantes.

**IV.** O facto de o cartão de crédito e o cheque pressuporem ambos, para o seu adequado funcionamento, o enquadramento dos contratos que explicam a respectiva criação e utilização no âmbito de uma relação contratual complexa não corresponde a qualquer paralelismo em termos de regime, representando uma coincidência explicável por desempenharem funções análogas, procurando substituir a moeda metálica na execução de pagamentos, embora o cheque não se limite a essa função, como veremos em seguida.

## 9.3. Funções acessórias do cheque

Para além de ser um meio de pagamento ou um instrumento de levantamento de fundos, o cheque pode desempenhar outras funções que podemos considerar acessórias e, em alguns casos, pode ser emitido com a aptidão para desempenhar mais do que uma função.

### 9.3.1. *Cheque como garantia de uma obrigação*

**I.** Um cheque pode ser sacado para garantir antecipadamente o pagamento de um bem ou serviço, destinando-se a ser depositado ou rebatido (só) em caso de falta de pagamento oportuno desse bem ou serviço. O *cheque de garantia* é aquele que é emitido em favor de uma pessoa para assegurar o cumprimento de uma obrigação.

Nessa medida, ele é sacado em branco, destinando-se a ser preenchido posteriormente – se a obrigação garantida não for (adequadamente) cumprida[764] –, ou é simplesmente pós-datado[765], isto é, sacado completo,

---

[764] «*O cheque de garantia destina-se a ser datado e apresentado a pagamento após se verificar que o sacador não cumpriu a obrigação a que se encontrava vinculado*» [**AcSTJ de 3 de Outubro de 2000** (Santos Martins), *CJ/AcSTJ*, ano VIII, 2000, t. III, pp. 100-101].

[765] Discordamos frontalmente da terminologia utilizada por Oliveira Ascensão (*Títulos de Crédito* cit., p. 251) – de cheque *antedatado* –, que, considerando a situação em apreço, é equívoca, sugerindo, ao invés, que, no título, é primeiramente aposta uma data e só mais tarde é preenchido com os demais elementos ou que, diferentemente, é indicada uma data anterior ao do respectivo preenchimento. Em qualquer dessas situações a data constante do cheque é *ante*rior à data do saque.

No exemplo do texto, ocorre precisamente o contrário, isto é, quando o cheque é preenchido é aposta uma data *pos*terior (ou futura), correspondente ao dia em que, sendo devida a quantia nele inscrita, ele deverá ser apresentado a pagamento.

Para além do que já dissemos a este propósito (cfr., *supra*, n.[os] 2.6.3, nota 285, e 3.1.III), importa tecer algumas considerações adicionais a esta problemática terminológica, porque, não obstante a designação de cheque *pós-datado* não nos parecer ideal, dado que também sugere a ideia de preenchimento da data em momento ulterior ao do saque efectivo (*i.e.*, de que o cheque é emitido sem data e esta só é nele escrita posteriormente), e não apenas de aposição de data posterior, é a que melhor se adequa à situação, permitindo o recurso a um mesmo critério – o do momento do efectivo preenchimento do cheque (e colocação em circulação) – para distinguir os cheques pré-datados (ou antedatados) dos pós-datados. Assim, o cheque é **pós-datado** se, no momento em que é emitido, o sacador apõe uma data posterior e é **antedatado** ou **pré-datado** se ocorre, precisamente o contrário, isto é, se leva aposta uma data anterior àquela em que é efectivamente sacado. Num caso e noutro, a *emissão* do cheque constitui a referência ou denominador comum. Com efeito, assume aqui especial relevância a colocação do cheque em circulação. Saliente-se ainda que as finalidades associadas a um e outro tipo de saque são claramente diferentes. No *cheque pós-datado* o sacador pretende que o cheque só venha a ser apresentado a pagamento na data nele constante como data de emissão, não obstante esta ter ocorrido efectivamente em data anterior; no *cheque pré-datado* o sacador terá, eventualmente, a intenção de esgotar o prazo de apresentação a pagamento, se inserir uma data de tal modo anterior à do saque que venha a impedir que o título seja apresentado no Banco até ao final do prazo de apresentação a pagamento.

A estas considerações acresce um argumento de uniformização de terminologia, nos vários ordenamentos jurídicos. A título de exemplo e de curiosidade, refira-se que na língua inglesa a questão não suscita divergências, designando-se de pós-datados (*post--dated*) os cheques emitidos com data ulterior à do seu saque. Vd., por todos, no Reino Unido, Paget's *Law of Banking* (13ª ed. por Mark Hapgood, Lexis / Butterworths, London/Edinburgh, **2007**), p. 326, e, nos E.U.A., Vincene Verdun, «Postdated Checks: An Old Problem With a New Solution in the Revised U.C.C.», *UALR Law Journal*, vol. XIV, No. 1, **1991** (pp. 37-81), onde avança com o clássico exemplo do pagamento em prestações e da antecipação da cobrança dos cheques relativamente à data deles constante (e da concomitante recusa de pagamento de outros cheques pelo banco por falta de provisão), ocorrido com um professor de Direito (pp. 38-39). Sobre o conceito, cfr., *ibid.*, pp. 43-47 e 64-.

Na literatura anglo-americana citada, aos cheques pós-datados opõem-se os antedatados (*antedated*). Cfr. Verdun, *ibid*, p. 43.

No entanto, diversamente do que acontece no sistema da Lei Uniforme, os cheques, nos E.U.A., só podem ser pagos após a data neles inscrita, uma vez que a indicação da mesma consubstancia uma instrução transmitida ao sacado sobre o modo como pagar adequadamente o cheque, que o banco tem de respeitar. Tudo se passa como se o cliente emitisse um cheque e, subsequentemente, instruísse o banco para não o pagar ou para apenas pagar decorrido um determinado prazo. Por isso, e considerando a definição de cheque constante do U.C.C. [§ 3-104(f)] – segundo o qual trata-se de um título pagável à vista (*on demand*) [cfr. também U.C.C.§ 3-108(a)] – foi durante séculos discutida a natureza do cheque pós-datado. A questão seria resolvida com o § 3-113(a), na redacção resultante da Revisão do U.C.C. de 1990. Com efeito, dispõe esta regra que «*Um instru-mento pode ser antedatado ou pós-datado. A data aposta determina o prazo de paga-mento se o instrumento é pagável num período determinado depois da data. Salvo o estabelecido no § 4-401(c), um instrumento pagável à vista não é pagável antes da data do instrumento.*» Nesta disposição, o Uniform Commercial Code prevê que um instru-mento seja simultaneamente pós-datado e pagável à vista, tal como esta expressão é definida no § 3-108(a). Por sua vez, a excepção contemplada no § 3-113(a) prevê que um cheque seja devidamente pago, mesmo que seja pago antes da data nele aposta, salvo se o cliente solicitar expressamente que o cheque pós-datado não seja pago antes da data nele inscrita [cfr. § 4-401(c) do U.C.C.]. Sobre esta questão, cfr. Verdun, *ibid*, pp. 64-66.

*Dimensão prática do cheque*

mas com indicação de data posterior à da sua efectiva criação. Também neste caso, como veremos, o cheque pode constituir instrumento de garantia de uma obrigação. No entanto, ele não se distingue de um cheque emitido para diferimento de um pagamento, ou seja, o *cheque de garantia* confunde-se com um simples cheque pós-datado, que tenha sido entregue como efectivo meio de pagamento a prazo[766].

**II.** Com efeito, o cheque sacado com indicação de uma data ulterior àquela em que é efectivamente preenchido, designado por cheque pós-datado, é sobretudo utilizado para adiar um pagamento, aceitando, em princípio[767], o respectivo beneficiário só receber (por levantamento directo ou através de conta bancária[768]) a quantia a que tem direito na data nele aposta.

Como já se referiu, sendo o cheque um título (pagável) à vista, não é possível ao respectivo sacador ter a garantia de que ele não é antecipadamente apresentado a pagamento, o que pode ocorrer sem que se possa impedir o levantamento dos fundos correspondentes desde que existentes.

No entanto, nestas circunstâncias, se se verificar falta de provisão, não estamos hoje perante uma situação merecedora de tutela penal, como veremos adiante.

---

[766] «Quem garante algo, deve levar às últimas consequências agarantia que presta – e que consistirá precisamente na possibilidade do desconto do cheque no prazo legal. Doutra forma onde estaria a garantia?» [AMÉRICO MARCELINO, «O cheque pós-datado e outros menos comuns», *RMP*, n.º 37, **1989** (pp. 75-86), p. 77].

[767] Dizemos em princípio, porque, sendo sacados diversos cheques pós-datados para pagamento a prestações de um determinado bem ou serviço, é frequentemente acordado entre as partes, na regulação da respectiva relação fundamental, que a oportuna falta de pagamento de um (ou dois) dos cheques *permita* (contratualmente) ao beneficiário a imediata apresentação dos demais que ainda se encontram em seu poder.

Sendo o cheque pós-datado muitas vezes utilizado para viabilizar vendas a prestações, procurando assegurar à distância a garantia do oportuno cumprimento de cada prestação, admite-se que a compra e venda que lhe está subjacente se encontre sujeita a regras próprias, objecto de acordo entre as partes. Quando tal não acontece aplicam-se as normas legais supletivas (cfr. arts. 934.º a 936.º do CC, em especial arts. 934.º *in fine* e 935.º, n.º 1, *in fine*).

[768] A este propósito, recorde-se a diferença que existe entre **depósito em conta** em banco diferente do sacado – o que implica a compensação – e **apresentação a pagamento** na instituição de crédito sacada, para levantamento imediato dos fundos ou imediata conversão da quantia constante do cheque em disponibilidades na conta do beneficiário, por débito na conta do sacador.

334            *Cheque e Convenção de Cheque*

Por sua vez, no domínio puramente cambiário, não obstante a des-criminalização do cheque pós-datado sem provisão (cfr. art. 11.º, n.º 3 do DL 454/91, na redacção do DL 316/97), nada impede a aceitação de um cheque sacado com data ulterior à da sua entrega e a sua apresentação a pagamento antes dessa data. Sendo o cheque um título sempre pagável à vista (cfr. art. 28.º da LUCh), a data nele aposta como data de emissão não tem relevância para efeitos de pagamento até ao final do prazo legalmente estabelecido para o efeito[769], podendo o cheque ser apresentado a pagamento ainda antes da própria data nele constante, desde que se encontre completo.

**III.** Pelo exposto, facilmente se conclui poder ser o cheque pós-datado um cheque de garantia de uma obrigação a cumprir por outro modo ou uma mera forma de diferir um pagamento. Foi com esta função que seria utilizado na actividade económica para substituir os títulos de crédito adequados a titular créditos a prazo.

O cheque pós-datado foi um fenómeno que se generalizou, em Portugal, no final dos anos oitenta do século passado. Nessa época, e perante as restrições legais ao consumo – na iminência de se descontrolar – foram fortemente limitadas as vendas a prestações, até então habitualmente tituladas por letras de câmbio, pelo que os agentes económicos[770] procuraram reestruturar os negócios a prazo, com recurso a instrumentos disponíveis no mercado que desempenhassem uma função semelhante à da letra[771], com vantagens adicionais de carácter fiscal[772] e de natureza criminal[773], uma vez que, em caso de incumprimento, o cheques eram objecto de tutela penal, reconduzindo-se o respectivo saque nessas condições ao crime de cheque sem provisão[774].

---

[769] Decorrido esse prazo, o cheque poderá ser objecto de revogação.

[770] Os próprios bancos – que não são parte activa no circuito económico da comercialização de bens – criaram a prática de proceder ao desconto de cheques desta natureza, gerindo directamente ou através de sociedades com esse objecto (*factoring*) a sua apresentação a pagamento.

[771] Recorde-se que a letra nunca beneficiou de tutela penal específica, sendo a sua utilização agravada com o imposto do selo de que então estava isento o cheque.

[772] Diversamente do que sucede na actualidade, a utilização do cheque encontrava-se isenta de imposto do selo a que a letra sempre esteve sujeita.

[773] Recorde-se que a letra de câmbio nunca beneficiou de tutela penal específica.

[774] Admitimos que o cheque tenha sido utilizado como instrumento de usura (criminosa) e (de meio de) coacção desproporcionado sobre o devedor, compelindo-o a tudo

*Dimensão prática do cheque*

Para viabilizar as vendas a prestações, o comerciante aceitava ser o tomador de diversos cheques pós-datados, com diversas datas, geralmente correspondendo cada uma com o mesmo dia de um mês diferente e, comprometendo-se, desse modo, o consumidor (comprador) a efectuar um pagamento por mês.

No caso de cheque pós-datado, o portador (tomador ou endossatário) aceita receber um cheque com data posterior ao do seu saque efectivo (e entrega), porque está de acordo, pelo menos, tacitamente, em receber a quantia que o cheque se destina a solver só a partir da data nele aposta. Por essa razão, e ponderando a expectativa do beneficiário do cheque, seremos levados a concluir que a falta de pagamento antes da data não lhe causa qualquer prejuízo, uma vez que o portador do cheque não esperava receber essa quantia antes dessa data.

**IV.** Mas enquanto instrumento que viabiliza o diferimento de um pagamento, o cheque não reveste, do ponto de vista jurídico-cambiário, especificidades que o distingam do cheque apresentado a pagamento no prazo de oito dias após o seu saque efectivo.

Vejamos se o *cheque de garantia* apresenta uma diferente configuração do vulgar cheque pós-datado.

Estamos em crer que sim, embora possa haver uma coincidência entre um e outro, o que ocorre sempre que o cheque sacado como garantia se encontra completo e é pós-datado. Nesse caso, a que já aludimos acima, se o cheque não for pago, nenhum dos seus intervenientes pode ser objecto de processo por crime (de cheque sem provisão), pelo que em caso de incumprimento ele assegura muito pouco ao seu beneficiário[775].

Por isso, o *cheque de garantia* surge com muita frequência como um **cheque em branco**, no que respeita à data e ao valor.

---

fazer para satisfazer o respectivo pagamento, ainda quer em atraso, e evitar desse modo a sanção de natureza criminal que sobre si recaía como emitente de um cheque sem provisão.

Foi também essa uma das razões que, a breve trecho, conduziu à descriminalização dos cheques pós-datados, que correspondem a instrumentos que o credor sabe, desde a respectiva emissão, poderem vir a não ser pagos.

[775] Como referem ROMANO MARTINEZ/FUZETA DA PONTE (*Garantias de cumprimento*, 5ª ed., cit., **2006**), de forma lapidar, «a sua utilidade circunscreve-se à característica de títulos executivos (artigo 46.º, alínea *c*), do Código de Processo Civil), dispensando o tomador [*n.r.*, leia-se *o beneficiário*] de deitar mão de uma sempre morosa acção declarativa para ver o seu crédito ressarcido» (p. 67).

Nesta circunstância existe subjacentemente à sua criação, e preferivelmente referenciado no título – para evitar que terceiros adquirentes venham a invocar desconhecimento sobre os termos do preenchimento –, um acordo de preenchimento.

É a adequada execução desse acordo que o cheque garante, devendo ser totalmente preenchido apenas em caso de incumprimento por parte do devedor, para poder ser apresentado a pagamento e satisfazer desse modo o credor

**V.** A Lei Uniforme não menciona o *cheque de garantia*, nem o prevê, o que se aceita por o cheque ser essencialmente um meio de pagamento e não um instrumento de garantia de cumprimento.

No entanto, quando emitido incompleto (**em branco**), o cheque de garantia é objecto de tutela cambiária, no artigo 13.º da Lei Uniforme, onde se estabelece um regime análogo ao aplicável à letra em branco (cfr. art. 10.º da LULL)[776].

As leis uniformes admitem que a letra e o cheque sejam sacados e colocados em circulação com algumas menções essenciais por preencher, desde que seja acordado o modo de efectuar esse preenchimento e o mesmo ocorra até ao respectivo vencimento ou apresentação a pagamento[777].

Criados nesta forma, os títulos cambiários em branco diferenciam-se dos simplesmente incompletos, os quais não correspondem, na forma em que são postos a circular, a uma vontade criadora do respectivo

---

[776] Sobre a letra em branco, no Direito português, cfr., para além dos autores e obras gerais já citados [PEREIRA DE ALMEIDA, *Direito Comercial*, 3.º vol., *Títulos de Crédito*, AAFDL, Lisboa, **1988**, pp. 144-160, OLIVEIRA ASCENSÃO, *Direito Comercial*, vol. III, *Títulos de Crédito,* Lisboa, **1992**, pp. 112-119, PINTO COELHO, *Lições de Direito Comercial*, 2.º vol., Fasc. II – *As Letras*, 2ª ed., Lisboa, **1964**, pp. 30-46, FERRER CORREIA, *Lições de Direito Comercial*, vol. III – *Letra de câmbio*, Coimbra, **1975,** pp. 131-142, e PAIS DE VASCONCELOS, *Direito Comercial. Títulos de Crédito* (Lições Policopiadas), AAFDL, **1990**, pp. 104-107] e da dissertação de doutoramento (desenvolvida) de PAULO SENDIN, *Letra de câmbio. LU de Genebra, I – Circulação cambiária*, Almedina, Coimbra, **1980**, pp. 158-264, 306-315 (em especial, 162-165, 176-177, 182-190, 200-206, 221-222), José Manuel Vieira CONDE RODRIGUES, *A letra em branco*, AAFDL, Lisboa, **1989**, em especial pp. 17, 21-25, 30-37, 39-50 e 55-66 – chegando este autor à conclusão de que «a letra em branco não é *summo rigore* um título cambiário» (pp. 15 e 71).

[777] Naturalmente que, sendo o cheque um instrumento de muito curto prazo, diversamente do que acontece com a letra, ele só muito raramente é sacado em branco, salvo se a menção por completar respeitar precisamente à data.

sacador, visto que não foram objecto de oportuno acordo de preenchimento; são, por isso, nulos[778].

Para podermos falar de cheque em branco, deverá ser estabelecido um acordo entre sacador e tomador que preveja os parâmetros em que o título de crédito deverá ser preenchido. Previna-se apenas o leitor mais distraído e menos informado sobre esta matéria que, para além do acordo, deverão verificar-se dois requisitos imprescindíveis, sem os quais não podemos falar em cheque, ainda que em branco: o requisito de forma e a assinatura do sacador, que o vincule à criação do cheque. Sem estes elementos, nem sequer há aparência de cheque.

Sempre que o sacador não procede ao preenchimento de todos os requisitos essenciais, deixando um ou mais por preencher, ele não está a criar um simples meio de pagamento, ele está a condicionar a utilização do título, sujeitando a sua forma final a uma configuração que ele (ainda) não prevê no momento do saque[779]. E para que disponha de algum

---

[778] A preterição dos requisitos fundamentais do título constitui a violação de uma regra imperativa, dando lugar à nulidade do título cambiário, enquanto tal (cfr. art. 294.º do CC), admitindo-se que, por conversão, ele tenha algum (diferente) valor. Em teoria, não repugnava, contudo, admitir que a sanção aplicável fosse a ineficácia em sentido estrito, considerando a falta de aptidão do título para valer como letra, e ser teoricamente possível que, até ao vencimento, ela viesse a ser completada, regularizando-se. No entanto, a incerteza para o tráfico jurídico prejudica o acolhimento da ineficácia *stricto senso* por não estar positivamente regulada como figura de inutilização do acto jurídico na teoria geral do Direito.

[779] Só assim não será se o cheque for sacado em branco, pura e simplesmente.

Nesse caso, suscita-se a dúvida sobre se o cheque cuja data se encontre em branco, quando colocado em circulação, beneficia de tutela penal, em caso de falta de provisão, pressupondo que é apresentado a pagamento no respectivo prazo.

A questão consiste em saber se o cheque de garantia tem um regime diferente do cheque pós-datado, nos casos em que é sacado com data em branco, cujo preenchimento fica sujeito a acordo.

Se apenas o cheque pós-datado tiver sido descriminalizado, então o portador do cheque (com a data) em branco poderia beneficiar de tutela penal na falta de pagamento, uma vez devidamente preenchido e apresentado a pagamento, ainda que o cheque se tivesse destinado efectivamente a um pagamento futuro. Nessa circunstância, importante seria que o saque não tivesse sido feito em fraude à lei e, consequentemente, a existência de acordo de preenchimento faria toda a diferença, porquanto permitiria impedir que o cheque fosse descriminalizado e evitaria a sua desqualificação como instrumento de um crime previsto e punido por legislação especial.

Não cremos ser essa a interpretação adequada. No plano criminal, afigura-se-nos não existir diferenças entre o regime do cheque pós-datado (como instrumento de

Cheque e Convenção de Cheque

controlo sobre o preenchimento do elemento ou elementos em falta, o sacador deverá estabelecer com o tomador um acordo que delimite a completação do cheque[780].

O acordo de preenchimento poderá ser verbal, ficando dependente de prova mais difícil, ou poderá ser escrito, podendo constar de instru-

---

pagamento ou de garantia) e o cheque de garantia (emitido com data em branco ou originariamente pós-datado). Qualquer deles foi despenalizado pelo Decreto-Lei n.º 316/97, de 17 de Novembro (cfr. art. 11.º, n.º 3). Com efeito, a incriminação *«não é aplicável quando o cheque seja emitido com data posterior à da sua entrega ao tomador»*. Ora, é precisamente isso que acontece num cheque cuja data se encontra sujeita a preenchimento futuro. O cumprimento do pacto de preenchimento implica que a data a constar do cheque – necessariamente antes da sua apresentação a pagamento – seja posterior à da entrega do título ao tomador, verificando-se consequentemente a previsão da norma que exclui o crime.

Embora o disposto no n.º 3 do art. 11.º não seja inequívoco – uma vez que, aparentemente, essa regra parece referir-se exclusivamente aos cheques pós-datados (*emitidos com data posterior*) e não aos cheques de garantia que sejam passados *sem data*, o que é diferente de serem sacados com data posterior ou de serem apresentados a pagamento com data posterior à da sua emissão –, afigura-se-nos que esta leitura encontra apoio no próprio relatório do diploma e, em última análise, no princípio da legalidade, cuja aplicação implica, em casos de dúvida sobre a incidência da norma incriminadora, a aplicação do princípio *in dubio pro reo*.

Na realidade, do relatório do DL 316/97, de 19 de Novembro, que alterou o DL 454/91, de 28 de Dezembro, retira-se expressamente a descriminalização dos cheques de garantia. Com efeito, lê-se nesse relatório o seguinte: *«O âmbito da incriminação (art. 11.º) é restringido (...), na medida em que deixa de ser tutelado penalmente o cheque que não se destine ao pagamento imediato de quantia superior a 12.500$ (...), ou porque mero instrumento de garantia ou porque emitido com data posterior à da sua entrega ao tomador.* **Pretende-se excluir da tutela penal os denominados cheques de garantia**, *os pós-datados e todos os que não se destinem ao pagamento imediato de uma obrigação subjacente»* (negrito nosso).

A não ser assim, registar-se-ia uma clara desconformidade entre o relatório do diploma legal e o seu texto, eventualmente em prejuízo do sacador, introduzindo-se uma manifesta desigualdade relativamente aos cheques de garantia, uma vez que apenas os pós-datados (os colocados em circulação com data posterior ao da sua criação) seriam despenalizados. Pelas razões expostas, não cremos ser esta a interpretação adequada.

Considerando, anteriormente ao DL 316/97, que o cheque de garantia (já) não gozava de protecção penal, **AcRelCoimbra de 24 de Maio de 1995** (José Couto Mendonça), *CJ*, ano XX, t. III, 1995, pp. 66-67.

[780] Quanto aos requisitos habitualmente em falta, no cheque em branco, eles respeitam essencialmente à data e ao montante do cheque. Nada impede que faltem ambos, como veremos num exemplo que daremos em seguida, ou que falte apenas um deles ou outro, desde que não seja a assinatura do sacador.

mento contratual autónomo ou ser apenso ao próprio documento cambiário, pressupondo que no mesmo não há espaço suficiente para o reproduzir.

Em qualquer circunstância revela-se adequado fazer menção, no cheque, ao acordo de preenchimento – inscrevendo, por exemplo, a expressão «*preenchimento sujeito a acordo*» –, para evitar que eventual endossatário do cheque, encontrando-se na ignorância da existência desse acordo, nomeadamente porque recebe o cheque devidamente completado e não tenha razões para supor que tenha sido oportunamente celebrado um acordo tendente a regular o seu preenchimento, seja tutelado como terceiro adquirente de boa fé (cfr. art. 13.º da LUCh)[781].

Em caso de violação do pacto de preenchimento, poderá o sacador opor ao portador do cheque o preenchimento abusivo do mesmo, recusando o seu pagamento em via de regresso. No entanto, caso o cheque seja apresentado ao sacado dentro do prazo legal e este proceda ao pagamento, o sacador só conseguirá obter o reembolso da quantia titulada demonstrando o desapossamento entretanto ocorrido.

**VI.** O *cheque de garantia* pode destinar-se a assegurar o cumprimento de uma obrigação, servindo como uma *caução* desse cumprimento ou pode constituir uma simples garantia de pagamento, a realizar futuramente por outra forma, funcionando como colateral desse pagamento, como reforço de uma letra de câmbio, por exemplo[782]. Teremos de acolher necessariamente uma destas duas perspectivas ou qualquer delas corresponde à noção de cheque de garantia?

O cheque diz-se *de garantia* se for sacado como mera garantia do cumprimento de uma obrigação[783], ainda que se trate de uma obrigação de pagamento. Emitido com essa finalidade – assegurar o cumprimento de uma obrigação (simples ou complexa) – a validade do cheque depende

---

[781] Não obstante o sentido do texto, reconhece-se não ser pacífica a limitação da boa fé aos casos em que o adquirente recebe o título totalmente preenchido. A este propósito – e no plano da letra de câmbio, onde a questão tem sido estudada –, vd., por todos, PAULO SENDIN, *Letra de câmbio. LU de Genebra, I – Circulação cambiária*, cit., **1980**, e autores citados a 213-217.

[782] Retomamos aqui uma ideia já enunciada no nosso estudo sobre «O cheque enquanto título de crédito: evolução e perspectivas», in AA.VV., *Estudos de Direito Bancário*, FDUL / Coimbra Editora, **1999** (pp. 243-260), pp. 252-253.

[783] Neste sentido, **AcRelCoimbra de 28 de Novembro de 1996** (SANTOS CABRAL), *CJ*, XXI, t, V, 1996, pp. 56-60.

do acordo subjacente que é invocável no plano das relações imediatas (cfr. art. 22.º da LUCh). Isto é, não sendo o cheque criado para pagamento, mas sim com uma mera função de garantia de uma obrigação, cujo cumprimento visa reforçar, a sua subsistência – como título de crédito – estará dependente da ausência de vicissitudes no cumprimento da obrigação garantida, uma vez que as mesmas a ocorrerem poderão ser excepcionadas pelo devedor (sacador), no pressuposto de que o cheque é apresentado a pagamento pelo tomador e respectivo credor, não saindo, consequentemente, do plano das relações cartulares imediatas.

**VII.** Usado como instrumento de garantia do cumprimento de uma obrigação, o cheque não se destina a circular, mas a permanecer no âmbito da relação estabelecida entre o devedor (sacador) e o credor (tomador) dessa obrigação. Nesses termos, assume particular relevância a relação fundamental garantida. Embora válido no plano cambiário, o cheque de garantia corresponde a um instrumento com funções muito diferentes de um normal título de crédito cambiário e estreitamente dependente da sorte da relação subjacente.

A concluir, e antes de exemplificarmos esta função do cheque, diga--se que não tem sentido utilizar como garantia um cheque originariamente sacado como meio de pagamento, visto que esse título quando não apresentado imediatamente a pagamento, se destina a uma rápida circulação. Nesse caso, admitimos que o cheque seja usado como meio de obtenção de crédito, mas implicando o seu desconto (cfr., *infra,* n.º 18.2.4.2).

**VIII.** O cheque pode, pois, ser também utilizado para garantir exclusivamente o cumprimento de uma obrigação ou de um contrato, em substituição de garantias mais onerosas ou mais difíceis de obter.

Figuremos um exemplo tipicamente enquadrável na utilização do cheque como instrumento de garantia:

*A*, dono de um terreno, contrata com *B*, empreiteiro, a construção de uma moradia, acordando sobre as diversas condições da empreitada, designadamente sobre o preço e prazo de execução (prevista para conclusão em *30 de Junho de 2008*), estabelecendo sanções para os atrasos que se venham a verificar e fixando o prazo máximo de incumprimento (no dia *31 de Dezembro de 2008*). Para garantia da boa execução da obra, *B* saca um cheque em favor de *A*, com data e valor em branco, acordando que o mesmo poderá ser preenchido, no dia em que ocorrer o incumprimento final (*1 de Janeiro de 2009*), ou em caso de atraso na execução da

*Dimensão prática do cheque*                                            341

obra, no dia da respectiva entrega (*a partir de 1 de Julho de 2008*), pelas quantias correspondentes às penalizações acordadas.

Verificando-se o incumprimento definitivo, *A* preenche o cheque, pela quantia correspondente à cláusula penal estabelecida, apõe-lhe a data em que o faz (1 de Janeiro de 2009) e apresenta-o a pagamento[784] uns dias depois. Se o cheque não for então pago, ele poderá ser usado como título executivo (cfr., *supra*, n.º 8).

### 9.3.2. *Cheque como meio de obtenção de crédito*

**I.** O cheque pode também ser utilizado como instrumento de crédito, permitindo a antecipação de fundos contra o pagamento da quantia nele inscrita em data posterior ou, simplesmente, como reforço de instrumentos disponibilizados para efectuar determinados pagamentos.

Nesta perspectiva, o cheque pode funcionar como meio de pagamento – antecipando-se a sua entrega relativamente ao momento em que deverá, por acordo das partes (sacador e tomador), ser apresentado a pagamento – ou servir, de facto, como garantia, uma vez que não se destina a ser utilizado como meio de pagamento, sem prejuízo de – em situação de incumprimento da obrigação de reembolso do crédito obtido – poder ser apresentado a pagamento. Nesta segunda situação, não se destinando a ser consumido na sua função principal, mas a desempenhar uma função acessória, a validade do cheque como meio de obtenção de crédito dependerá, tal como quando se constitui como mera garantia do cumprimento de uma obrigação, da regularidade do respectivo saque e eventual preenchimento, quando surge como "título em branco".

**II.** Paralelamente, tendo em conta as crescentes restrições na disponibilização de módulos pelos bancos aos seus clientes, o cheque tem-se vindo a tornar um sinal exterior de riqueza, sendo tal efeito manifesto noutros ordenamentos, como o norte-americano.

Nesta acepção, o acesso aos módulos é sinónimo de confiança da instituição de crédito no seu cliente, balizada pelo risco associado à má ou deficiente utilização dos mesmos. De certo modo, neste sentido ter (ou dispor de) "cheques" começa a ter o significado de privilégio, no plano da normal relação bancária.

---

[784] Cfr. ROMANO MARTINEZ/FUZETA DA PONTE (*Garantias de cumprimento*, 5ª ed., cit., **2006**), p. 67.

342 *Cheque e Convenção de Cheque*

No momento presente, reforça-se a convicção de que a crescente normalização e divulgação dos meios alternativos ao cheque, como os instrumentos de pagamento a débito *on-line*, irá gradualmente reservar a este título de crédito um papel simultaneamente residual e elitista, pela exclusividade inerente à aceitação da movimentação da conta por recurso ao cheque, constituindo futuramente factor de distinção e *status* entre as empresas e, seguramente, entre os particulares. Poder movimentar a conta bancária por cheque – e não estar limitado a fazê-lo por débito – será, então, sinónimo de distinção.

**III.** Em qualquer circunstância, quando constitui meio (ou modo) de obtenção de crédito, o cheque desempenha uma função de garantia. Contudo, não pretende ser a garantia de uma concreta obrigação do sacador, mas da confiança que este pretende merecer dos agentes económicos em geral, para antecipar fundos de que carece.

Configuradas diferentemente, as situações encontram, em caso de incumprimento, uma solução uniforme.

### 9.3.3. *Problemas conexos*

A Lei Uniforme concebe o cheque como um instrumento de pagamento ou de movimentação de fundos, mas não rejeita que ele possa ser utilizado como garantia de uma obrigação, tudo dependendo de a respectiva execução ser conforme ao acordo de preenchimento oportunamente estabelecido.

Em qualquer caso, tratando-se o cheque de um título à vista, nada impede que ele seja apresentado a pagamento antes da data nele prevista como data de emissão, pelo que o sacador fica exposto ao risco da antecipação da apresentação do cheque a pagamento, relativamente à data nele prevista.

Daqui decorre que, quando é sacado como garantia do cumprimento de uma obrigação específica ou de concessão de crédito, o cheque pode ser utilizado na sua qualidade de instrumento de pagamento, ainda que essa afectação implique a violação de um acordo de preenchimento ou subjacente à sua emissão.

*Dimensão prática do cheque* 343

## 10. Relevância do cheque

### 10.1. A importância do cheque na vida económica

O cheque desempenha a importante função de se enquadrar nas operações bancárias, permitindo a um cliente retirar fundos que se encontram ao seu dispor num banco. Mas o cheque representa também um crédito líquido exigível a um banqueiro, pelo que pode constituir um instrumento confortável para regularização de créditos que os agentes económicos têm uns sobre os outros[785].

### 10.2. Efeitos e relevância jurídica

Aqui chegados, tendo analisado o cheque, na sua curta e normal circulação cambiária – e desprezado os efeitos decorrentes do seu não pagamento injustificado pelo sacado, mormente as obrigações decorrentes para todos os obrigados cambiários em via de regresso –, estamos em condições de enunciar intercalarmente algumas conclusões.

1ª – A relevância do cheque encontra-se no facto de ser um meio de pagamento.

2ª – O cheque foi legalmente estruturado como um título de crédito abstracto – frequentemente associado à letra de câmbio e à livrança, embora de curto prazo –, porque a técnica dos títulos cambiários é a que mais o aproxima do dinheiro, meio de pagamento com poder liberatório pleno, cujos principais instrumentos, as notas de banco, não podem ser objecto de reforma.

3ª – Na verdade, no cheque não há uma obrigação correspondente (por parte do sacado), mas apenas suporte material (a provisão), que resulta normalmente da convenção.

4ª – Contudo, o cheque é um título de crédito por uma razão fortuita, isto é, porque considerando a sua finalidade poderia ter sido estruturado como um diferente instrumento jurídico.

---

[785] Neste sentido, Michel VASSEUR / Xavier MARIN, *Le chèque*, Sirey, Paris, **1969**, pp. 2-3.

5ª – Estando o direito ao pagamento documentado no título, o cheque, embora apto a circular, é um instrumento de curto prazo que, na maior parte das vezes, é apresentado a pagamento pelo tomador.

6ª – A forma de título de crédito abstracto é, não obstante o acaso da escolha, historicamente explicada e a que mais adequadamente tutela os interesses da circulação do cheque. Assim:

a) Quando é sacado com a finalidade exclusiva de levantamento de fundos, não se suscitam especiais dificuldades, uma vez que o cheque não sai do plano das relações imediatas estabelecidas entre sacador e sacado. Nesse caso, o regime aplicável confunde-se com o regime convencionado ou acordado pelas partes para o efeito, prevalecendo a sua vontade mútua, sem intervenção de interesses alheios.

b) Quando o cheque, qualquer que tenha sido a sua função imediata, se destine à circulação, sendo sacado para tomador ou sendo endossado, então – como meio de pagamento que é – requer uma tutela absoluta, pelo menos durante um curto espaço temporal, uma vez que a confiança que os intervenientes na circulação irão depositar na aparência dele resultante impõe que, salvo casos excepcionais, só uma circunstância possa, durante o prazo de apresentação a pagamento, impedir a satisfação da quantia nele inscrita: a falta de provisão.

10.3. **Cheque e convenção de cheque: uma mesma realidade ou realidades diferentes**

**I.** A fechar a análise possível que fizemos do cheque, instrumento essencial da convenção cuja estrutura, regime e natureza é objecto da nossa indagação, voltamos ao início e procuramos antecipar a distinção de uma e outra realidade. Veremos, ao longo deste livro, que enquanto o cheque pode validamente existir, como tal, sem convenção – o que sucede, designadamente, sempre que a convenção é objecto de rescisão por imposição legal, gerando a inibição do (normal) uso do cheque, mas não privando o cliente (depositante) de sacar fundos através de cheques avulsos –, o contrário já não é verdade, isto é, por definição e natureza, a convenção de cheque pressupõe o recurso ao título de crédito que estudámos nos capítulos anteriores (II e III).

*Dimensão prática do cheque* 345

**II.** Aqui chegados, após termos caracterizado amplamente o cheque e preliminarmente a convenção de cheque, estamos em condições de antecipar as diferenças que separam estas figuras, sem prejuízo do que irá ser exposto e analisado na Parte II deste livro.

São realidades distintas, embora surjam quase sempre funcionalmente ligadas[786], e até sejam confundidas por algumas entidades[787].

O cheque é um meio de pagamento que adopta a forma de um título de crédito de curto prazo, o que significa que nasce com um horizonte

---

[786] Como iremos demonstrar o cheque é válido, mesmo sem convenção, não obstante o contrário não ter sentido, uma vez que a convenção tem por finalidade permitir ao cliente dispor de fundos através de cheques.

[787] Estabelecendo a distinção com particular clareza, Sofia Galvão, *O contrato de cheque*, Lex, Lisboa, **1992**, pp. 23-24.

Confundindo a subscrição do cheque (saque e endosso) ou, pelo menos, a causa de uso do cheque com a convenção ou contrato de cheque, cfr. **AcSTJ de 19 Outubro de 1993** (Jaime Cardona Ferreira), *CJAcSTJ*, ano I, 1993, t. III, pp. 69-72, de que respigamos as seguintes passagens, sem comentários: «o contrato de cheque, embora tenha um alcance sobre uma entidade sacada, que é o depositário, estabelece-se entre o sacador e o tomador do cheque» (p. 70), ideia que se repete e enfatiza umas linhas mais à frente e na página seguinte, onde se afirma que, no «*contrato de cheque entre o depositante e o tomador do cheque*», «*o depositário é sacado e, portanto, executante, pela via de uma conexa relação de mandato (sem representação) estabelecido entre o depositante e o depositário*» (p. 71).

Chamámos oportunamente – no nosso resumido estudo sobre «O cheque enquanto título de crédito: evolução e perspectivas», in AA.VV., *Estudos de Direito Bancário*, Coimbra Editora, **1999** (pp. 243-260), p. 254, nota 37 (de que existe separata) – a atenção para o mal entendido veiculado no Acórdão, e que seria confirmado por Jorge Pinto Furtado (*Títulos de Crédito. Letra. Livrança. Cheque*, Almedina, Coimbra, **2000**, p. 234, nota 214), que faz um reparo à forma entusiástica como António Menezes Cordeiro (na 1ª edição do seu *Manual de Direito Bancário*, Almedina, Coimbra, **1988**, p. 488) cita o mesmo Acórdão em favor da tese da autonomia da convenção de cheque, quando este não se refere à convenção de cheque, mas a contrato celebrado entre o sacador (cliente do banco) e o tomador do cheque, no qual, como refere Pinto Furtado (*ibid.*), citando e reproduzindo o aresto (na publicação no *BMJ* n.º 430, p. 476), «o depositário é mero executante».

A confusão que é feita entre convenção de cheque e subscrição de cheque, nomeadamente saque, não prejudica, contudo, o acerto da doutrina exposta no Acórdão, que merece a nossa concordância, considerando a situação factual descrita. E por isso se compreende que António Menezes Cordeiro, nas edições posteriores do seu Manual, tenha continuado a considerar o Acórdão «excelente», confirmando, «entre nós e ao mais alto nível jurisdicional, a boa doutrina» (*Manual de Direito Bancário*, 2ª ed., **2001**, p. 539, nota 997, e 3ª ed., **2006**, p. 497, nota 1248).

temporal limitado, determinado pelo prazo de apresentação a pagamento, o qual é reduzido a oito dias, para cheques sacados e apresentados a pagamento em Portugal.

As características deste título de crédito e a sua natureza jurídica – de meio de pagamento – confluem para que o mesmo beneficie da tutela da aparência e da confiança inerente ao crédito do respectivo sacador, justificando que o sacado seja uma instituição de crédito e fazendo depender o pagamento da quantia titulada da existência de provisão.

**III.** Na base do recurso normal e generalizado a este meio de pagamento encontra-se, para além dessa relação de provisão, um acordo específico celebrado entre o banqueiro (sacado necessário no cheque) e o seu cliente (sacador do cheque), pelo qual este irá dispor dessa provisão através da emissão de cheques[788]. E é nesta relação que encontramos o ponto de contacto entre as duas realidades: uma absoluta, que se traduz num acto unilateral de subscrição cambiária (embora com uma finalidade determinada que consiste no pagamento que efectua) ou de simples apresentação a pagamento pelo seu beneficiário; a outra relativa, reconduzindo-se a um mero contrato, o qual é, por sua vez, com frequência, parte de uma relação contratual complexa existente entre o banqueiro e o seu cliente.

---

[788] Neste sentido, vd. o **AcRelLisboa de 28 Abril 2005** (URBANO DIAS) publicado na *CJ*, ano XXX, 2005, t. II, pp. 114-121, do qual reproduzimos (parcialmente) o sumário: «*I – Na base da emissão de um cheque estão uma relação de provisão – através da qual o cliente do banco dispõe de fundos na posse deste – e um contrato de cheque – pelo qual o banco se obriga, perante aquele, a pagar aos eventuais interessados os cheques por ele emitidos até ao limite da provisão*».

# PARTE II
# A CONVENÇÃO DE CHEQUE

**Subordinação da relação contratual à subscrição cambiária**

## 11. Problematização e indicação de sequência

**I.** Delimitados os tema e objecto da investigação, caracterizado o cheque e estabelecido o confronto – necessariamente breve (*supra*, n.º 10) – com a convenção de cheque, importa agora identificar e analisar as diversas questões que estão na base da investigação e reflexão empreendidas e a que a presente dissertação procura dar resposta.

Uma vez equacionados os problemas que vamos enunciar, tentaremos encontrar uma solução que se revele adequada, e que possa ser objecto de síntese nas teses finais.

**II.** Recorde-se que nos encontramos num domínio em que a teoria geral dos títulos de crédito e o cheque, em especial, se cruzam com o Direito das operações bancárias, em particular, e com o Direito contratual em geral. Temos, por um lado, um título de subscrição unilateral, ainda que para aceitação por beneficiário ou funcionando como mero documento de levantamento de fundos; por outro, um contrato – que está precisamente na base da emissão desse título – que se estabelece entre um banqueiro e o seu cliente. Determinar que efeitos devem prevalecer em caso de conflito é tarefa para a interpretação, se a lei não for clara.

No equilíbrio entre a tutela da confiança, subjacente à circulação do cheque, e a observância das instruções do cliente, a que o banco se encontra adstrito, encontrar-se-á o sentido da articulação do regime do título de crédito com o regime jurídico do contrato.

De entre as muitas questões que se poderiam colocar, a mais relevante – e que constituirá critério orientador de solução de diversas interrogações que se colocam nesta matéria – é seguramente a que procura determinar a prevalência de uma ou outra realidade, admitindo-se que a ordem jurídica terá, em caso de conflito, de reconhecer a primazia a uma delas.

350 *Cheque e Convenção de Cheque*

**III.** Caracterizado o cheque pormenorizadamente, ainda que sem preocupação de exaustão de todos os aspectos do seu regime jurídico[769] –, após procedermos ao enquadramento da relação contratual entre o banqueiro e o seu cliente, concentrar-nos-emos no estudo da convenção de cheque, começando por analisar o respectivo regime jurídico, até à cessação dos seus efeitos, e concluindo pela determinação da sua natureza. A propósito desta análise, examinaremos a questão do pagamento do cheque, a qual poderia também ter sido abordada na Parte I, tal como a da revogação do cheque (e não da convenção).

No caminho, procuraremos explicar os problemas mais significativos que envolvem o contrato em análise, cujo futuro está necessariamente ligado à subsistência do próprio título, como sejam os regimes atinentes à revogação e desapossamento do cheque.

Impõe-se aqui demonstrar como é que o cheque é válido sendo a convenção nula e, nomeadamente, se faz sentido pagar o cheque independentemente da validade da convenção.

A convenção de cheque, objecto da nossa análise, entronca em cheio nos planos da falsificação e do pagamento e, relativamente a este aspecto, assume particular importância a revogação do cheque.

A propósito das vicissitudes do cheque, abordaremos a questão da sua falta de provisão e tutela penal.

A estas questões – que nos abstemos de sistematizar por ora – daremos suficiente desenvolvimento no texto que se segue.

**IV.** No nosso percurso – em que não deixaremos de equacionar o pagamento (do cheque) e os principais efeitos decorrentes do respectivo incumprimento, no planos do cheque, designadamente no que respeita à responsabilidade do sacado e à rescisão da convenção –, importa,

---

[789] Nunca é demais recordar que não procurámos elaborar uma monografia sobre o cheque, pelo que alguns dos seus aspectos serão, em função dos objectivos da nossa investigação, seguramente menosprezados, em especial os que respeitam à sua circulação anómala e que são chamados apenas em caso de incumprimento. Nesse particular aspecto, o cheque não se afasta muito da letra de câmbio, sobre cujo regime jurídico foi decalcado, sendo adequado recorrer à matéria das letras com a necessária adaptação resultante de o sacado não ser no cheque obrigado de regresso, por razões que explicamos também adiante (n.º 20.4.4) e que radicam na natureza jurídica deste instrumento, e de o protesto poder ser substituído por declaração bancária, com valor equivalente (cfr. arts. 40.º, n.ºs 2 e 3, e 41.º I da LULL).

igualmente, apurar quando é que começa a tutela cambiária[790] e em que circunstâncias há circulação digna de tutela.

O cheque só circula quando sai da disponibilidade do sacador, o que significa que a circulação pressupõe uma de duas realidades: ou que o cheque seja sacado para tomador – ou ao portador e imediatamente entregue a terceiro –, o que constitui a hipótese mais vulgar, ou que o cheque seja sacado à ordem do próprio sacador e este opte, posteriormente, por endossá-lo a terceiro ou, emitindo-o ao portador, o venha a entregar a terceiro.

Não há certamente circulação no cheque sacado à ordem do próprio sacador ou que fique na sua inteira disponibilidade. Nesse caso a relação cambiária coincide com a relação contratual (bancária)[791].

E tem sentido falar em tutela cambiária com o saque para tomador? Nomeadamente, quando o cheque é sacado para tomador, e não tem circulação (endosso). Terá ele tutela cambiária?[792]

O cheque conhece uma tutela cambiária específica, como se evidenciará. Pergunta-se:

A) *Se essa tutela cambiária específica do cheque é de aplicar?*

B) *E se, havendo tutela cambiária (ou porque se tutela o tomador ou porque há endossos no título), o pagamento do cheque pelo banqueiro é, ou não, uma operação cambiária, e se o banqueiro é tutelado quando paga?*

Esta última questão faz sentido porque o cheque não pode ser sujeito a aceite e porque a Lei Uniforme, quando trata do pagamento, faz só referência à obrigatoriedade que o sacado tem de verificar os endossos, mas não acrescenta que o deve fazer sem falta grave ou má fé.

No que se refere à sua natureza, o cheque é, como vimos, um valor de crédito monetário, de *realização imediata* (que se vai traduzir em dinheiro), que pressupõe uma convenção.

---

[790] Veremos que a tutela se inicia com a circulação (voluntária).

[791] Antecipe-se já que, como é sabido, a grande maioria dos cheques (estima-se que, pelo menos, 90%) não são sacados para tomador.

[792] Como iremos ver, aqui também haverá que introduzir uma distinção, porquanto o tomador pode controlar perfeitamente a bondade do cheque.

A tutela cambiária pressupõe relações mediatas, pelo que é essencial a operação de endosso. Ela justifica-se, como demonstraremos, no endosso do sacador, subsequente ao saque à sua própria ordem.

A tutela cambiária pressupõe uma legitimação (histórica) das operações, pelas quais o direito é criado e é transmitido.

E, sendo pagável à vista, é incompatível com a obrigação de aceite. É, aliás, esta característica quanto ao cheque que, articulada com o seu reduzido prazo de apresentação a pagamento, que nos conduz a uma outra questão pertinente:

– *Se dispomos de um valor realizável, porque é que vamos endossá--lo?* Deveríamos, antes, cobrá-lo.

A resposta carece de uma precisão que consiste em equacionar por que é que endossamos o cheque, já que não somos obrigados a fazê-lo.

Na realidade, o cheque é raramente endossado, sendo normalmente apresentado a pagamento pelo seu primeiro beneficiário, directamente ou por depósito em conta; assumindo-se esta última operação como cada vez mais frequente no contexto das operações com o cheque.

O endosso explica-se pelo complexo normativo que rege o cheque e que constitui uma adaptação do regime jurídico característico dos títulos de médio prazo. Na circulação que resulta da sua transmissão, o cheque vai gozar de uma tutela específica que é, aliás, característica de outros meios de pagamento. É a natureza jurídica do cheque, como meio de pagamento, que legitima o seu endosso. No entanto, reconheça-se que há, presentemente, diversas formas de circulação da riqueza, e algumas mais seguras para as partes, pelo que compreensivelmente o cheque tem vindo a perder uso em desfavor, designadamente, das transferências.

Subsiste, no entanto, como meio de proceder a pagamentos individualizados e específicos em diversas circunstâncias, porque a sua utilização não pressupõe o contacto imediato com um banco ou um seu agente (nestes eventualmente incluídos os terminais electrónicos, *maxime* as caixas automáticas), nem a operacionalidade técnica dos meios de pagamento *on-line*.

**V.** Estas e outras questões, a que não fugiremos, conduzir-nos-ão ao âmago da nossa investigação que consistirá, como referimos inicialmente, na ponderação do valor relativo do título de crédito e do contrato que o mesmo consubstancia. Na relevância e projecção na ordem jurídica de cada um dos instrumentos, alicerçadas em regimes diferentes, no respectivo encaixe e compreensão, iremos encontrar a solução para a questão central desta dissertação: como se articulam o cheque e a convenção de cheque, designadamente em termos de determinar qual o regime jurídico director.

# CAPÍTULO V
## Relação entre o banqueiro e o seu cliente

Sendo a convenção de cheque um negócio jurídico de estrutura contratual, há que caracterizar brevemente os respectivos sujeitos (as partes), sobretudo se a qualidade ou características que eles revestem influírem na construção do regime jurídico aplicável ao contrato em análise.

A convenção de cheque é, como vimos sinteticamente, e em antecipação da substância do trabalho, um acordo que se estabelece entre o banco e o seu cliente, pelo qual aquele, mediante a constituição prévia de uma provisão, procederá ao pagamento dos cheques que, sobre essa provisão (conta), forem sacados pelo cliente para levantamento de fundos ou pagamentos a terceiros.

O sacado no cheque é sempre um banco. Vamos começar por ver como se caracteriza, no século XXI, essa entidade, num passado não muito distante subjectivamente personificada pela figura do respectivo empresário: o banqueiro.


## 12. O banqueiro

Iremos, pois, iniciar o nosso estudo pela caracterização do banqueiro ou da instituição de crédito que, numa perspectiva objectiva da empresa, com ele se confunde[793].

---

[793] Não obstante termos prevenido (*supra*, Introdução A.II) que utilizaríamos ao longo deste trabalho as expressões *banqueiro*, *banco* e *instituição de crédito* como sinónimas do sacado no cheque, vamos agora verificar que há instituições de crédito. Mas sobre

354       *Cheque e Convenção de Cheque*

## 12.1. Bancos e negócio bancário

### 12.1.1. *A actividade bancária*

**I.** Fizemos já (cfr., *supra*, n.º 1.1) uma referência histórica aos bancos, revelando a incerteza que existe sobre a sua origem[794].

Diversamente do que se possa comummente pensar, a actividade da banca não esteve nos seus primórdios ligada à custódia de valores – dados a guardar nos templos e conventos[795] –, mas teve uma raiz fundamentalmente financeira. Era depositado dinheiro e metais preciosos fungíveis, mas os depósitos de bens e valores pessoais, para mera guarda, surgiriam mais tarde, na prática bancária, como um contrato essencialmente acessório e complementar da pura actividade financeira prosseguida pelos bancos ao longo da história[796].

**II.** No século XIX, os banqueiros eram considerados os intermediários em dinheiro, mais propriamente entre o mutuário (*borrower*) e o mutuante ou financiador (*lender*). O banqueiro «toma emprestado de uma parte e empresta a outra»[797]. O resultado da sua actividade será o reflexo da diferença do que paga e do que recebe por esses empréstimos.

Desta consideração, que ainda hoje é válida para explicar a essência da relação contratual bancária, evoluiu-se para a constatação de que o banqueiro dispunha de plena liberdade sobre o dinheiro que junto dele era depositado e que ele emprestava, mas rapidamente se concluiu que a

---

as quais podem ser sacados cheques que não são legalmente qualificadas como bancos (cfr., *infra*, n.º 12.1.2).

[794] Sobre a história dos bancos em Portugal, vd. a dissertação de doutoramento de ANTÓNIO PEDRO de Azevedo FERREIRA, *A Relação Negocial Bancária*, Quid Juris, Lisboa, **2005**, pp.150-172.

[795] Cfr. Eduardo GÁLVEZ DOMÍNGUEZ, *Régimen jurídico del servicio bancário de cajas de seguridad*, Comares, Granada, **1997**, pp. 4 e 7, que aponta o serviço dos cofres-fortes individuais nos bancos como «relativamente moderno» (p. 4). Sobre a caracterização do contrato bancário de cofres-fortes, vd., na dissertação de doutoramento de GÁLVEZ, *ibid.*, pp. 1-3, 81-84 e 131-168.

[796] Esta operação é individualizada de entre as operações permitidas aos bancos (cfr. art. 4.º, n.º 1, *alínea p)* do RGIC).

[797] J.W. GILBART, *Practical Treatise on Banking*, 4ª ed., **1836**, *apud* LORD CHORLEY, *The Law of Contract in relation to the Law of Banking*, Gilbart Lectures on Banking, King's College, London, 1964, p. 2.

sua ligação ao cliente não se cinge a uma mera relação credor-devedor, mas corresponde a uma relação complexa composta por inúmeros deveres e não por diversos contratos colaterais independentes em volta de uma relação de crédito.

**III.** Na actualidade, os bancos – assumindo-se como instituições de crédito de amplo espectro[798] – têm por objecto uma actividade exclusiva que os autonomiza relativamente às demais instituições de crédito (cfr. art. 3.º do RGIC) e sociedades financeiras, que se consubstancia na captação de depósitos e de *«outros fundos reembolsáveis»* [cfr. arts. 4.º, n.º 1, *alínea a)* e 8.º do RGIC].

A sua actividade não se reduz, contudo, a esses actos, nem os bancos deles retirariam proveito especial. Estes vão utilizar os fundos depositados pelos seus clientes para conceder crédito e tornar, desse modo, produtivos os meios recebidos, inicialmente, para custódia e, mais tarde, para rentabilização.

**IV.** No século XXI, cruzam-se a nível mundial sistemas financeiros em que predomina a chamada banca universal, isto é, a existência de bancos com variadas funções, desde os depósitos – envolvendo os contratos inerentes à sua movimentação – aos empréstimos, mas participando igualmente nos projectos e na sua estruturação e na intermediação financeira, e outros modelos em que ainda se regista uma certa autonomia das possíveis vertentes da actividade bancária, concretizada na separação de funções, como os bancos comerciais ou de retalho (*clearing banks*), os bancos de investimento (*merchant* ou *investment banks*[799]), as sociedades corretoras e de corretagem (*stockbroker* e *securities dealer* ou *broker-dealer*), que realizam uma actividade de intermediação no mercado de valores mobiliários, e as instituições de moeda electrónica que não podem, por definição e limitação legal, receber fundos (cfr. art. 8.º, n.º 1 do RGIC).

Em paralelo, e desenvolvendo estas actividades a nível estritamente telemático, encontramos, na *Internet*, a banca cibernética.

---

[798] Chamando já a atenção para esta realidade e assinalando que a qualificação de banco e de banqueiro varia de país para país, Joaquim GARRIGUES, *Curso de Derecho Mercantil*, t. 1, 7ª ed., Madrid, **1976**, pp. 72-73.

[799] Consoante nos situemos no Reino Unido ou nos EUA.

356 *Cheque e Convenção de Cheque*

**V.** Um outro aspecto que também é relevante na consideração do banco como sujeito de negócios tem a ver com a sua organização interna, a qual explica frequentemente as razões do seu êxito comercial.

Trata-se, contudo, de questão que consideramos marginal ao objecto deste trabalho e cuja eventual ponderação não tem reflexos no plano dos efeitos jurídicos decorrentes da relação contratual estabelecida entre o banqueiro e o seu cliente, pelo que não a desenvolveremos. O modo como o banco estrutura os seus serviços é irrelevante na responsabilidade que ele assume pela prática das operações quotidianas. Eventual deficiência ou irregularidade de que estas venham a padecer não é justificável com base na organização interna do banco.

### 12.1.2. *Enquadramento normativo dos bancos*

**I.** Os bancos são instituições de crédito (cfr. art. 3.º, *alínea a)* do Regime Geral das Instituições de Crédito e Sociedades Financeiras), havendo outras pessoas colectivas às quais é permitida a prática de negócios jurídicos bancários característicos de qualquer banco comercial. Mencione-se, exemplificativamente, a Caixa Geral de Depósitos, a Caixa Central de Crédito Agrícola Mútuo, as caixas económicas, como o Montepio Geral, e as caixas de crédito agrícola mútuo (cfr. art. 3.º, alíneas *b), d), c)* e *e)* do RGIC).

As **instituições de crédito** são reguladas pelo Regime Geral das Instituições de Crédito e Sociedades Financeiras[800], que divide as empresas financeiras em duas grandes categorias (cfr. art. 1.º, n.º 1)[801]:

– as **Instituições de Crédito**, que se caracterizam como sendo «*as empresas cuja actividade consiste em receber do público depósitos*

---

[800] Aprovado pelo Decreto-Lei n.º 298/92, de 31 de Dezembro (publicado no 6.º Supl. do DR, I-A Série, dessa data), mas distribuído apenas no dia 13 de Janeiro de 1993, pelo que entrou retroactivamente em vigor no dia 1 de Janeiro de 1993. A sua redacção actual resultou das alterações introduzidas pelo Decreto-Lei n.º 357-A/2007, de 31 de Outubro, e pelo Decreto-Lei n.º 1/2008, de 3 de Janeiro.

[801] É com base nesta divisão das empresas financeiras em dois grandes grupos que se estrutura o Regime Geral, composto por mais de duas centenas de artigos e doze títulos (sendo que um deles é o X-A), divididos em capítulos e, por vezes, em secções. O Título I (Disposições Gerais) estabelece a já referida distinção, assim como outros aspectos fundamentais destas empresas, tais como o princípio da exclusividade da respectiva actividade (cfr. art. 8.º), e outras definições, essenciais para a compreensão do significado

*Relação entre o banqueiro e o seu cliente* 357

*ou outros fundos reembolsáveis, a fim de os aplicarem por conta própria mediante a concessão de crédito»* (art. 2.º, n.º 1)[802], e que enumera (cfr. art. 3.º); e

– as **Sociedades Financeiras**, que se definem por exclusão e por referência (cfr. art. 5.º: *«as empresas que não sejam instituições de crédito e cuja actividade principal consista em exercer uma ou mais das actividades referidas nas alíneas b) a i) do n.º 1 do art. 4.º, excepto locação financeira e* factoring[803]*»*), e que se enumeram no art. 6.º.

**II.** No ordenamento jurídico português vigora o princípio da exclusividade, o que significa que *«só as instituições de crédito – que não transaccionarem exclusivamente moeda electrónica – podem exercer a actividade de recepção, do público, de depósitos ou outros fundos reembolsáveis, para utilização por conta própria»* (art. 8.º, n.º 1 do RGIC). São precisamente os depósitos captados, no exercício da sua actividade exclusiva, que os bancos irão utilizar na concessão de crédito.

O que distingue essencialmente os bancos, que considerámos serem instituições de crédito de largo espectro, das suas congéneres é precisamente o facto de aqueles estarem autorizados a realizar uma série de operações que as demais instituições de crédito não podem praticar [cfr. arts. 4.º, n.º 1, em especial *alínea r)*, 199.º-A, n.º 4.º e 199.º-B do RGIC],

---

e alcance de diversas normas [como, por exemplo, o conceito de *"participação qualificada"* (cfr. art. 13.º, n.º 7.º)]. Os Títulos II a IX regulam matérias relativas às instituições de crédito, aplicando-se algumas dessas regras, por remissão, às sociedades financeiras e as empresas de investimento, reguladas no Título X (cfr. arts 194.º, n.º 2, 195.º a 198.º e 199.º-B). O Título X-A, que resultou de um dos vários aditamentos introduzidos nos quinze anos de vigência deste regime jurídico, trata das *empresas de investimento* e dos serviços e actividades de investimento em geral. Por fim, o Título XI refere-se às sanções aplicáveis à matéria objecto de regulamentação pelo RGIC, criando, antes das muitas regras sobre os ilícitos de mera ordenação social (Cap. II, arts. 201.º a 232.º), uma única norma incriminadora (Cap. I, art. 200.º: actividade ilícita de recepção de depósitos e outros fundos reembolsáveis).

[802] Também se enquadram nesta categoria (de instituições de crédito) *«as empresas que tenham por objecto a emissão de meios de pagamento sob a forma de moeda electrónica»* (art. 2.º, n.º 2 do RGIC).

[803] Actividades que considera próprias de instituições de crédito [art. 3.º, alíneas *g) e h)*].

salvo se as «*normas legais e regulamentares que regem a sua actividade*» o permitirem expressamente (cfr. art. 4.º, n.º 2 do RGIC).

Em Portugal vigora, desde a entrada em vigor (1993) do Regime Geral das Instituições de Crédito e Sociedades Financeiras, o chamado modelo da banca universal – deixando de se distinguir, juridicamente, a banca comercial da banca de investimento: é permitida aos bancos a prática da generalidade das operações financeiras, diversamente do que sucede com as demais instituições de crédito e sociedades financeiras, que apenas podem exercer as actividades para que se encontrem legalmente autorizadas[804].

**III.** Ora, implicando o cheque a movimentação de meios financeiros, por vezes muito avultados, e sendo necessariamente sacado sobre um banco, este – como envolvido directo e imprescindível na satisfação daquele instrumento – constitui obrigatoriamente um dos vértices do cheque e é parte da relação contratual estabelecida com o cliente, pela qual o cliente fica autorizado a movimentar as contas com recurso ao cheque.

Por isso, o lugar do sacado no cheque é necessariamente ocupado pelo banco (cfr. art. 3.º da LUCh) que, através de um contrato específico, mas não raras vezes celebrado de forma tácita, permite ao seu cliente (sacador) movimentar, através de cheques, conta bancária nele aberta e dispor de fundos, previamente depositados ou disponibilizados, podendo nomeadamente, com base nos mesmos, efectuar pagamentos a terceiros.

Verifica-se, pois, que o banco ocupa lugar central no cheque (como sacado) e na convenção de cheque (como contraparte contratual do cliente), mas não se suscitam particulares questões sobre eventuais restrições à assunção de qualquer desses papéis pelo banco em função de determinada qualificação que lhe seja atribuída.

**IV.** A concluir, refira-se que também no estrangeiro não há grandes especificidades a assinalar, para além das que decorram de existirem, em

---

[804] Neste sentido, Carlos Costa Pina, *Instituições e Mercados Financeiros*, Almedina, Coimbra, **2005**, pp. 211-212.

Sobre a evolução das instituições de crédito e a diferenciação das mesmas de outras sociedades que, sendo anteriormente parabancárias, se enquadram hoje na (mesma) categoria das instituições de crédito, e sobre a categoria das instituições auxiliares de crédito, que antecedeu a das sociedades financeiras, mas sem lhe corresponder inteiramente, cfr. Costa Pina, *Ibid.,* pp. 210-211.

*Relação entre o banqueiro e o seu cliente* 359

certos ordenamentos, à margem dos bancos (tradicionais), outras entidades habilitadas a pagar cheques e a desempenharem as funções de sacado.

## 12.2. O banqueiro

### 12.2.1. *Qualificação legal e significado actual*

**I.** A terminar este breve ponto da situação sobre um dos sujeitos do cheque e da respectiva convenção, impõe-se esclarecer que se encontra frequentemente a referência ao banqueiro, em vez de menção ao banco, confundindo-se a figura do empresário/gestor com a da empresa em que, no presente, se objectiva, necessariamente, a actividade bancária.

A Lei Uniforme do Cheque, datando da primeira metade do século XX, é expressão do subjectivismo qualificativo do empresário comercial próprio da época histórica em que surge e se enquadra, alternando algumas vezes com a menção do estabelecimento, no sentido objectivo da empresa[805] que o constitui (cfr. art. 6.º, III).

Encontramos a menção da palavra *"banqueiro"* em algumas normas, designadamente a propósito do cheque. São os casos dos artigos 3.º – que identifica claramente o sacado e parte contratual na convenção de cheque com um banqueiro – e 54.º, que explicita que, na Lei Uniforme, *«a palavra "banqueiro" compreende as pessoas ou instituições assimiladas por lei aos banqueiros»*.

A qualificação da lei fazia todo o sentido. Não se pretendia humanizar a função, mas reconhecer que na base da decisão inerente ao pagamento do cheque estava o empresário que assumia um especial risco profissional, como hoje ainda acontece. Só que há cerca de cem anos o sentido figurado aproximava-se bastante mais da realidade.

No século XXI, os pagamentos decidem-se de modo automático, e daí a truncagem (ou retenção de valores); e a intervenção humana quando

---

[805] Cfr. Pinto Coelho, *Lições de Direito Comercial*, 1.º vol., 3ª ed., Lisboa, **1957**, p. 82, Orlando de Carvalho, *Critério e estrutura do estabelecimento comercial*, Atlântida Editora, Coimbra, **1967**, p. 8, nota 3, e Ferrer Correia, «Reivindicação do estabelecimento comercial como unidade jurídica», *in Estudos Jurídicos II*, Atlântida, Coimbra, **1969** (pp. 225-276), pp. 255 e segs., e *Lições de Direito Comercial*, vol. I (Polic.), Coimbra, **1973**, pp. 201-202.

existe, salvo se for para autorizar um descoberto muito excepcional, não passa certamente pela decisão dos administradores do banco.

**II.** Na viragem do século, o modelo da banca universal prevaleceu na organização do negócio bancário, convertendo-se os bancos em grandes organizações bancárias multi-funcionais. Regista-se, pois, após uma época de autonomização em diversas sociedades de objecto específico constituídas no seio de um grupo bancário – casos dos bancos de investimento e das sociedades de *leasing* (ou locação financeira), *factoring* (ou cobrança de créditos) e financeiras de corretagem –, uma tendência de congregação das diversas actividades em que se exprime o negócio bancário numa única (grande) empresa[806], bem como diversas movimentações tendentes à concentração de activos.

Paralelamente, assiste-se a uma sofisticação crescente dos contratos bancários, deixando os bancos de ser meros depositários de fundos, para passarem a gerir aplicações dos seus clientes, que se traduzem em instrumentos típicos, como fundos de investimento e de pensões e planos de poupança, e em inúmeros novos negócios em constante mutação para dar resposta a um mercado aparentemente abundante em liquidez.

Neste ambiente, o banqueiro ainda encontra tempo e disponibilidade para contratar com os seus clientes a movimentação de contas através de cheques.

### 12.2.2. *O banqueiro virtual*

**I.** Mas, no século actual, o banqueiro surge a contratar através de meios electrónicos e automáticos que lhe permitem contactar com muito menor custo um número muito maior de clientes (ou potenciais clientes). Na verdade, o recurso à técnica negocial de comunicação à distância em todos os passos ou fases do contrato torna desnecessário que o banqueiro e o cliente contactem fisicamente. Perde-se a pessoalidade, em que assentava grande parte da confiança que as partes tinham uma na outra, mas ganha-se celeridade, numa época em que a padronização das operações é cada vez maior.

---

[806] Assinalando esta tendência, Ross CRANSTON, *Principles of banking law*, 2ª ed., Oxford University Press, Oxford, **2002**, pp. 3-4.

**II.** Em matéria de banca à distância, assume particular saliência a Directiva 2002/65/CE do Parlamento Europeu e do Conselho, de 23 de Setembro de 2002[807], e o diploma que operou a respectiva transposição para Direito português (Decreto-Lei n.º 95/2006, de 29 de Maio) sobre serviços financeiros a retalho negociados por qualquer meio útil que não implique a presença física simultânea do banqueiro e do cliente, incluindo a *Internet*.

## 13. O cliente

Contraparte do banco ou do banqueiro na celebração da convenção de cheque é o cliente, sacador ou emitente do cheque.

### 13.1. Natureza e tipo de cliente

**I.** Como em qualquer outra relação comercial, o cliente desempenha um papel fundamental. É ele que justifica o próprio negócio e a actividade desenvolvida pelos bancos, a que recorre essencialmente com a finalidade de obter financiamento para a sua actividade, mas também para rentabilizar a sua poupança.

Como vimos, o "Banco casa-forte" há muito que deixou de ter sentido. Não se trata mais de uma instituição a que as pessoas acorrem para guardar o seu aforro; a função de cofre é hoje completamente secundária. A motivação do cliente reside na facilidade de movimentação das suas contas e na rentabilidade que as mesmas proporcionam, sendo o Banco encarado, sobretudo, como um catalisador potenciador dos fundos

---

[807] Cfr. JOCE L 271/16, de 9 de Outubro de 2002.

Esta Directiva foi, entretanto, alterada pelas Directivas 2005/29/CE e 2007/64/CE, ambas do Parlamento Europeu e do Conselho, de 11 de Maio de 2005 [JO(EU) L 149 de 11/06/2005] e de 13 de Novembro de 2007 [JO(EU) L 319/1, e 5/12/2007].

Sobre a Directiva 2002/65/CE, e com especial enfoque crítico sobre a regulamentação autónoma dos serviços financeiros à distância, João CALVÃO DA SILVA, *Banca, Bolsa e Seguros*. Direito Europeu e Português, Tomo I – Parte Geral, 2 ed., Almedina, Coimbra, **2007**, pp. 88-99 (com crítica a pp. 98-99).

que acolhe[808]. Em suma, afigura-se inquestionável encontrar-se totalmente ultrapassada a ideia de Banco sinónimo de segurança na conservação do aforro. Quando muito perdura o conceito de Banco equivalente a segurança e seriedade na aplicação do aforro.

**II.** Ora, é precisamente com base no pano de fundo acima traçado que as pessoas se dirigem hoje aos bancos e procuram acordar com estes o modo mais adequado de movimentar os fundos que neles depositam ou o crédito que os mesmos lhes concedem, bem como a forma de gestão dos bens que lhes confiam.

As pretensões e as necessidades dos clientes são naturalmente diferentes e variam conforme o seu tipo base. Este não se pode alicerçar, hoje, na natureza, singular ou colectiva, privada ou pública, do cliente; antes toma por referência a actividade exercida e essencialmente os objectivos a atingir pelo cliente quando se dirige ao Banco.

Tendo em consideração a respectiva actividade e os fins prosseguidos com o exercício da mesma, faz todo o sentido segmentar os diversos clientes bancários em conformidade com os respectivos interesses. Contudo, advirta-se desde já que, para além das especificidades próprias associadas às condições de movimentação das suas contas, há que ponderar essencialmente se o cliente corresponde a uma única pessoa física, é composto por uma pluralidade de pessoas físicas (individuais) ou, constituindo uma pessoa colectiva, é representado por duas ou mais pessoas físicas. Em seguida, e apenas em relação aos clientes cuja conta pode ser movimentada por uma pluralidade de pessoas, haverá que apurar o regime aplicável à movimentação e extinção da conta.

**III.** De entre as diversas categorias de clientes que podemos identificar, importa então distinguir as pessoas singulares que apenas utilizam a conta para a sua vida privada daquelas que exercem actividade empresarial, sob forma individual. Por sua vez, e com referência às demais pessoas jurídicas, designadas *pessoas colectivas*, mesmo quando o respectivo substrato é individual, haverá que as distinguir pela natureza dos fins que prosseguem, agrupando-as em duas grandes famílias: as entidades empresariais, em geral, e as pessoas colectivas de base associativa ou fundacional que não prosseguem fins lucrativos.

---

[808] E, nessa medida, os bancos desempenham hoje um papel relevantíssimo no financiamento dos grandes negócios.

Entre as primeiras, vocacionadas para obter lucros, assumem especial relevância as sociedades comerciais, as quais são habitualmente agrupadas pelos bancos em sub-grupos (grandes e pequenas e médias, em geral), com base no respectivo volume de negócios.

**IV.** Sem prejuízo das referências que adiante fazemos a certas categorias de clientes, recorde-se e previna-se que verdadeiramente relevante é o tipo de acordo que dispõe sobre as condições em que as respectivas contas bancárias poderão ser movimentadas – em especial, no que nos interessa neste estudo, através da emissão de cheques.

## 13.2. Tipos de clientes: particulares e empresas, em especial

### 13.2.1. *Particulares; pessoas singulares não comerciantes*

#### 13.2.1.1. *Caracterização e enquadramento contratual (bancário)*

**I.** As pessoas singulares que não prosseguem uma actividade empresarial enquadram-se, enquanto clientes, no segmento que a prática bancária designa como "particulares".

Em geral, as contas bancárias são individuais, sendo movimentadas pelo seu único titular ou por mandatário designado para o efeito. Em certos casos, as contas são colectivas, pertencendo a mais do que uma pessoa de cada vez, sendo então necessário convencionar o regime aplicável à respectiva movimentação, uma vez que os seus titulares podem optar pela solidariedade ou pela conjunção, isto é, a conta poder ser movimentada por qualquer deles ou por dois ou mais em número prefixado.

No caso das contas colectivas, conjuntas ou solidárias, sendo diversos os seus titulares, e não havendo diferente especificação no contrato de abertura de conta, presume-se que o saldo desta pertence em partes iguais aos seus titulares[809]. No que respeita aos débitos, estes presumem-se assumidos em partes iguais pelos diversos titulares quando a conta é

---

[809] Sobre as modalidades das contas bancárias e respectivo regime jurídico, João CALVÃO DA SILVA, *Direito Bancário*, Coimbra, Almedina, **2001**, pp. 344-345; JOSÉ MARIA PIRES, *Direito Bancário*, 2.º vol. cit., pp. 145-151, e *Elucidário Bancário*, cit., pp. 533-536.

conjunta, contanto que os mesmos hajam sido devidamente autorizados. No âmbito da conta solidária, a responsabilidade pelas dívidas da conta segue o regime da solidariedade – ou seja, cada um dos titulares é integralmente responsável perante o banco e perante terceiros pelo montante total da obrigação, sem prejuízo de, em sede de regresso, poder obter dos restantes titulares o reembolso dos montantes na proporção da respectiva responsabilidade individual.

**II.** No que respeita às pessoas singulares em geral, e não apenas aos particulares, há que recordar que todas têm capacidade de gozo desde o nascimento, pelo que podem ser titulares de contas bancárias e sujeitos de negócios jurídicos com esta natureza. Contudo, enquanto não adquirirem capacidade de exercício nos termos gerais de direito ou se encontrarem sujeitas a restrições genéricas, não podem movimentar tais contas, nem celebrar os referidos contratos.

Com a maioridade, a pessoa física adquire, em regra, a capacidade de exercício que lhe permite celebrar negócios bancários e relacionar-se, pessoal e directamente, com o banco.

Quanto à sua legitimidade para, isoladamente, movimentar contas bancárias, ela dependerá, em alguns casos – de contas com pluralidade de titulares –, do regime de movimentação das contas e, noutros, da adequação do instrumento de representação outorgado.

**III.** Um outro aspecto atinente à abertura de conta por particulares e que irá merecer a nossa atenção em seguida (cfr. n.º 14), diz respeito à maior ou menor complexidade que a relação contratual poderá revestir e, nomeadamente, à determinação dos contratos que a mesma poderá, concretamente, abranger. A este propósito, os bancos configuram a relação que têm com o cliente atendendo ao respectivo perfil e, em certos casos até, a eventuais limitações da respectiva capacidade. Assim, e sem prejuízo das situações em que se encontram obrigados a contratar[810], os

---

[810] Referimo-nos aos serviços mínimos bancários, em especial os que se traduzem na obrigatoriedade de abertura de, pelo menos, uma conta bancária (por pessoa) a que os bancos se encontram obrigados e que estão regulados no DL 27-C/2000, de 10 de Março. Cfr. José SIMÕES PATRÍCIO, «Serviços mínimos bancários», AA.VV., *Direito dos Valores Mobiliários*, Instituto dos Valores Mobiliários, Coimbra Editora, **2003** (pp. 219-248) – explicando a *occasio legis* do regime (pp. 220-221), a caracterização do serviço (pp. 222-224)

Relação entre o banqueiro e o seu cliente

bancos têm autonomia para decidir a constituição da relação contratual e o regime que a irá caracterizar, recusando-se, por vezes, quando não reconhecem capacidade ou crédito para o efeito ao cliente, a celebrar a convenção de cheque e limitando-se a aceitar que a conta seja movimentada por recurso a cartão de débito (*on-line*)[811].

### 13.2.1.2. *O cliente individual e a movimentação de conta através de cheque*

**I.** Quando o cliente é uma pessoa física, seja ou não empresário mercantil ou comerciante[812], os actos que pratica repercutem-se imediatamente na sua esfera jurídica e a sua intervenção terá de fazer-se directamente ou através de representante.

É ele que, em regra, se dirige ao banco, discute as condições da abertura de conta, ou toma conhecimento, e, eventualmente[813], celebra o

---

e o regime legal (pp. 224-229) –, João CALVÃO DA SILVA, *Direito Bancário*, cit., **2001**, pp. 336-342, ANTÓNIO PEDRO FERREIRA, *Direito Bancário*, cit., **2005**, pp. 592-595, e António MENEZES CORDEIRO, *Manual de Direito Bancário*, 3ªed., cit., **2006**, pp. 445-447, evidenciando que o banqueiro só é obrigado a abrir conta se aderir ao protocolo previsto pelo diploma legal (cfr. p. 447), tal como JOSÉ MARIA PIRES, *Elucidário de Direito Bancário*, Coimbra Editora, **2002**, p. 499.

[811] É este o funcionamento tipo das contas abertas pelos jovens que não encerram risco (para o banco) e que permitem movimentar quantias que podem ser de valor limitado e que, em qualquer circunstância, estão dependentes da existência de fundos. Só quando se alicerça a confiança que o banco tem no seu cliente, após conhecer mais adequadamente o seu perfil, aquele se dispõe a celebrar a convenção de cheque e disponibilizar ao seu cliente módulos, passando a assumir um risco inerente à falta de provisão destes, até € 150,00.

[812] Entendido o **comerciante** como aquele que faz do exercício do comércio profissão, a pessoa que se dedica habitualmente, como meio de vida, à prática de actos de comércio (absolutos), nomeadamente compra para revenda. Também são comerciantes as pessoas que se propõem exercer uma actividade mercantil (nos termos do art. 230.º) e as empresas colectivas e outras entidades, organizadas sob a forma de sociedades comerciais, só pelo simples facto de existirem (art. 13.º, n.º 2). E também, em certas circunstâncias, as cooperativas e empresas públicas, entidades às quais se aplica subsidiariamente o Código das Sociedades Comerciais. Cfr. o nosso artigo «Comércio / DIR», AA.VV., *Enciclopédia Verbo*, Edição Século XXI, vol. 7, cols. 551-552.

[813] Dizemos eventualmente, porque não é obrigatório que tal aconteça. Quando o cliente não é conhecido do banco (não tem historial), nem lhe proporciona referências positivas – em termos de idoneidade e capacidade económica –, é natural que a instituição

# 366 *Cheque e Convenção de Cheque*

acordo pelo qual poderá passar a movimentar a conta através de cheques. Nesse momento, o cliente opta muitas vezes por englobar na conta outras pessoas (normalmente, familiares próximos, como o cônjuge e os filhos) ou constituir mandatário(s) com poderes para dispor dos valores depositados.

As vicissitudes que ocorram com a movimentação da conta ser--lhe-ão na totalidade imputadas, sem prejuízo da responsabilidade que os contitulares ou o mandatário possam ter – este último por eventual abuso de representação.

O saque de cheques por pessoas singulares não apresenta, pois, especial relevância, aplicando-se o regime da Lei Uniforme e do Decreto--Lei n.º 454/91, de 28 de Dezembro. Faltando a provisão necessária para o pagamento – e sendo o cheque apresentado para esse efeito no prazo legalmente estabelecido –, a pessoa que o sacou é penal e civilmente responsável pelo seu acto.

### 13.2.2. *Empresas*

No universo das empresas vamos ter de distinguir os empresários individuais das empresas colectivas, por apresentarem um posicionamento diferente.

### 13.2.2.1. *Empresários individuais*

As pessoas singulares que organizem a respectiva actividade empresarial sob forma individual, e o façam de modo clássico, intervêm no mercado com responsabilidade pessoal ilimitada pelas dívidas que contraiam no exercício da respectiva actividade.

Embora os bancos enquadrem com frequência estes sujeitos nos segmentos de empresas, dadas as exigências da sua actividade comercial e o recurso constante ao financiamento, o cuidado depositado na obtenção de garantias não é idêntico ao utilizado na concessão de crédito às demais empresas, porquanto eles assumem o risco pelos resultados da actividade que prosseguem, respondendo com a totalidade do seu património pela mesma.

---

de crédito não lhe disponibilize imediatamente módulos de cheque para movimentação da sua conta, sem prejuízo de lhe conceder um cartão de débito, a funcionar em linha, e o acesso directo às disponibilidades que tem no banco.

*Relação entre o banqueiro e o seu cliente* 367

No plano estritamente jurídico, não há especiais diferenças a assinalar em relação a qualquer pessoa singular se não existir uma absoluta separação de patrimónios. Nos casos em que se verifica um certo grau de autonomia financeira e patrimonial, como sucede com os Estabelecimentos mercantis Individuais de Responsabilidade Limitada (EIRL), verificar-se-á uma afectação preferencial da respectiva conta ao pagamento das suas responsabilidades[814]. Por se tratar de uma figura jurídica

---

[814] Cfr. art. 10.º do Decreto-Lei n.º 248/86, de 25 de Agosto, que estabeleceu o regime jurídico do EIRL. Como referíamos, sinteticamente, nos Sumários Desenvolvidos das nossas aulas policopiadas de *Direito Comercial* aos cursos de Administração e Gestão de Empresas e de Economia da Faculdade de Ciências Económicas Empresariais da UCP, de 2004-05 (pp. 28-29), e nos Sumários (também Desenvolvidos) de *Direito Comercial* distribuídos aos nossos alunos da licenciatura em Direito, no ano lectivo de 2007/08 (*www.ucp.pt*), o **Estabelecimento mercantil Individual de Responsabilidade Limitada** (EIRL) pode ser criado por qualquer pessoa singular com capacidade jurídica (cfr. arts. 1.º, n.º 1 e 2.º, n.º 2, alínea *c)* do Decreto-Lei n.º 248/86, de 25 de Agosto), com um capital mínimo de 5.000 euros (art. 3.º, n.º 2) – sujeito a variações que se processam em termos análogos aos previstos para as sociedades (cfr. arts. 17.º a 20.º) –, intangível (art. 14.º) e um fundo de reserva legal (art. 15.º). Cada pessoa só pode ser titular de um EIRL (art. 1.º, n.º 3) – o que não deixa de ser criticável –, o qual, por sua vez, pode ter diversos estabelecimentos (comerciais), mas nada obsta a que uma pessoa exerça o comércio à margem do seu EIRL, isto é, fora do respectivo objecto [cfr. art., 2.º, n.º 2, alínea *a)*]. No que respeita à sua natureza jurídica, o EIRL é um património autónomo, não obstante a designação («individual»), a firma (que, em sentido objectivo, corresponde ao nome do estabelecimento), a sede (domicílio das pessoas colectivas) e a referência aos "credores do estabelecimento", ser transmissível e dever ser objecto de registo comercial (art. 5.º do Decreto-Lei n.º 248/86, de 25 de Agosto, e art. 8.º do Código do Registo Comercial).

Aparentemente – e em desenvolvimento de um princípio de clara separação patrimonial –, o EIRL responde apenas pelas dívidas geradas pelo seu exercício (art. 10.º, n.º 1), só respondendo *subsidiariamente* pelas dívidas anteriores à sua constituição (cfr. art. 10.º, n.º 2). Seria questionável, porque controversa, a isenção de responsabilidade pelas dívidas comuns. E o que é um facto é que o art. 22.º permite aos credores comuns atingirem o EIRL quando provem a insuficiência dos restantes bens. O art. 27.º salvaguarda os credores do EIRL, concedendo-lhe a preferência relativamente aos credores comuns. Não devia existir responsabilidade do património geral pelas dívidas resultantes do EIRL, pois este é criado essencialmente com esse propósito (cfr. art. 11.º, n.º 1). No entanto, se não for observado o princípio da separação patrimonial na gestão do EIRL, o património geral responde pelas dívidas daquele (art. 11.º, n.ºs 2 e 3).

Concebida e aceite a autonomia patrimonial, e inerente limitação de responsabilidade, não se vislumbram as razões que terão motivado o legislador a optar por esta figura em 1986 (em detrimento da sociedade unipessoal), para além das que resultam do natural paradoxo de designar por "sociedade" uma realidade unipessoal. Considerando os custos

368 *Cheque e Convenção de Cheque*

em desuso[815], com extinção legalmente incentivada[816], que não apresenta particularismos na movimentação de contas através de cheques – visto que não constitui centro autónomo de imputação de direitos e vinculações, os quais são, em última analise, sempre assumidos pela pessoa singular sua titular –, prescindimos de considerações adicionais.

### 13.2.2.2. *Empresas colectivas*

**I.** No âmbito das empresas colectivas – às quais associámos as sociedades unipessoais – encontramos na prática bancária uma separação com base nos volumes de negócios envolvidos, sendo usual agregar as grandes empresas e separá-las das pequenas e médias.

Com as primeiras, os bancos criam frequentemente uma relação de dependência que lhes reduz a margem de manobra e de ganho e os limita na obtenção de garantias de carácter pessoal.

No relacionamento com pequenas e médias empresas – a que se reconduzem, na prática, todas as sociedades comerciais que não assumam a forma anónima ou que, revestindo esta forma, sejam de base familiar ou com capitais próprios reduzidos –, e no financiamento das mesmas, o banco já se permite assegurar os seus créditos com garantias de natureza pessoal, prestadas em regra pelos sócios.

---

inerentes teria sido preferível o legislador ter admitido desde logo, em termos genéricos, a sociedade unipessoal (originária), não obstante, no que se refere à sua regulamentação, perderem significado os preceitos respeitantes a órgãos (colegiais), deliberações sociais, relações entre sócios, entre outros.

[815] Apontando precisamente neste sentido, José ENGRÁCIA ANTUNES, «O estabelecimento individual de responsabilidade limitada: crónica de uma morte anunciada», *RFDP*, ano III, **2006**, pp. 401-442.

[816] A este aspecto já fazíamos referência no nosso estudo sobre «O novo regime da redução do capital social e o artigo 35.º do Código das Sociedades Comerciais», AA.VV., *Prof. Inocêncio Galvão Telles: 90 anos. Homenagem da Faculdade de Direito de Lisboa*, Almedina, Coimbra, **2007** (pp. 1023-1078), p. 1026, nota 2.

Com a generalização da sociedade unipessoal, a própria lei (Decreto-Lei n.º 8/2007, de 17 de Janeiro), reconhecendo o falhanço do EIRL – que foi sempre um anacronismo, constituindo exemplo de *organismo* socialmente enjeitado –, veio tentar apressar o fim deste instituto, incentivando reconhecidamente os agentes económicos a transformarem os respectivos EIRL em sociedades unipessoais por quotas, ao isentar as operações de conversão de custos registrais durante um determinado período (cfr. preâmbulo e art. 20.º do Decreto-Lei n.º 8/2007, de 17 de Janeiro), apesar de alterar o respectivo regime jurídico, em matéria de redução do capital social (cfr. art. 16.º do Decreto-Lei n.º 8/2007, de 17 de Janeiro).

A estruturação da relação contratual, quer num caso, quer noutro, não conhece, em regra, obstáculos, nomeadamente no que respeita à celebração da convenção de cheque. Assim, eventuais limitações nesta matéria decorrerão da lei ou de preceito estatutário que, de algum modo, possa condicionar a utilização de cheques pela sociedade, o que não deixaria de ser estranho.

**II.** Refira-se também que os bancos assimilam às sociedades comerciais outras entidades empresariais, que também têm natureza comercial, como as cooperativas[817], que são subsidiariamente regidas pelas normas de Direito Societário, como sucede com as empresas públicas[818], ou que

---

[817] As **cooperativas** são pessoas colectivas de livre constituição e de capital e composição variáveis que, tendo por finalidade a satisfação, sem intuito lucrativo (aspecto determinante), de necessidades económicas, sociais e culturais dos seus membros, através da respectiva cooperação e entreajuda e pela observância de determinados princípios (cooperativos), que a nossa lei estabelece, podem complementarmente a estas actividades realizar operações com terceiros (cfr. art. 2.º do Código Cooperativo). Sendo controladas por uma entidade pública, o INSCOOP – Instituto António Sérgio do Sector Cooperativo, encontram-se sujeitas a uma tutela pública rigorosa, em contrapartida de benefícios que lhes são reconhecidos. O seu órgão executivo é a Direcção, a quem cabe a sua gestão (cfr. arts. 39.º, n.º 1, *alínea b)* e 56.º do CCoop), por vezes delegada num órgão estatutário autónomo, como pode ser o caso do Administrador Delegado. O modo da sua vinculação e representação não diverge da forma de representação das sociedades comerciais – cujas regras lhe são subsidiariamente aplicáveis (cfr. art. 7.º, n.º 3 do CCoop) –, não apresentando especificidades que cumpra salientar.

O Código Cooperativo foi aprovado pela Lei n.º 51/96, de 7 de Setembro, que, revogando o anterior Código Cooperativo (aprovado pelo Decreto-Lei n.º 454/80, de 9 de Outubro, e ratificado pela Lei n.º 1/83, de 10 de Janeiro) –, *bem como toda a legislação vigente que contrarie o disposto* no Código de 1996 –, entrou em vigor em 1 de Janeiro de 1997 (cfr. art. 94.º). O Código de 1996 aplica-se às cooperativas constituídas antes da sua entrada em vigor, determinando a substituição automática das cláusulas estatutárias que, já não sendo permitidas, regiam aquelas, pelas suas disposições correspondentes (*sem prejuízo das alterações que vierem a ser deliberadas pelos membros*) (cfr. art. 91.º).

A relevância da sua personalidade jurídica, na matéria relativa ao cheque e, nomeadamente, à matéria da emissão do cheque sem provisão, está bem patente no **AcRel-Lisboa de 14 de Dezembro de 1994** (NUNES RICARDO), *CJ* ano XIX, t. V, 1994, pp. 174-177.

Em especial sobre o conceito e o regime jurídico aplicável, cfr. RUI NAMORADO, *Introdução ao Direito Cooperativo*. Para uma expressão jurídica da cooperatividade, Almedina, Coimbra, **2000**, pp. 181-186 e 205-209.

[818] As **empresas públicas** são pessoas colectivas de origem pública e funcionamento privado, cuja titularidade é exclusiva ou maioritariamente detida por entidades públicas, que prosseguem actividades de natureza económica ou social – mas não necessariamente

comerciais (caso da Companhia das Lezírias, por exemplo), porque a noção de lucro não é essencial à empresa pública que, quando não constitui uma forma de intervenção do Estado na economia em concorrência com outros agentes económicos, se movimenta num domínio deficitário por excelência e beneficia, por esse facto, de subsídios –, segundo princípios de economicidade. Nos termos do art. 2.º da Directiva 80/723/CEE da Comissão, de 25/06 (JOCE L195, de 29/07/80), relativa à transparência das relações financeiras entre os Estados-Membros e as empresas públicas, alterada pela Directiva 2000/52/CE da Comissão, de 26/07 (JOCE L193, de 29/07), empresa pública é *«qualquer empresa em que os poderes públicos possam exercer, directa ou indirectamente, uma influência dominante em consequência da propriedade, da participação financeira e das regras que a disciplinaram»*. Trata-se de preceito que consagra uma presunção de existência de influência dominante quando o Estado ou os poderes públicos, directa ou indirectamente, detenham a maioria do capital da empresa, ou disponham da maioria dos votos atribuídos às partes sociais emitidas pela empresa ou possam designar mais de metade dos membros do órgão de administração, de direcção ou de fiscalização da empresa.

No que se refere ao regime jurídico que lhes é aplicável, o sector empresarial do Estado e as empresas públicas estaduais são regulados pelo DL 558/99, de 17 de Dezembro (red. do DL 300/2007, de 23 de Agosto), que representou uma clara ruptura com o passado e a modernização da estrutura normativa das empresas públicas. O respectivo art. 7.º é suficientemente elucidativo, determinando a aplicação do direito privado às empresas públicas – *«sem prejuízo do disposto na legislação aplicável às empresas públicas regionais (...) e municipais* (cfr. n.º 1) –, postula a aplicação do Direito Comercial às empresas comerciais e do Direito Civil às restantes empresas públicas (caso não se reconheça como autónomo um Direito próprio do Mercado) e dispõe que *as empresas* públicas *«participadas estão plenamente sujeitas ao regime jurídico comercial»* que for *«aplicável às empresas cujo capital e controlo é exclusivamente privado»* (n.º 3). Isto é, retira-se também do regime jurídico das empresas públicas que nos devemos nortear, na matéria que nos interessa, pelo disposto no Código das Sociedades Comerciais, com excepção das empresas não comerciais.

No que respeita à respectiva estrutura de governação, as empresas públicas, sem prejuízo de manterem um modelo clássico de administração e fiscalização, podem por efeito de determinação do Ministro das Finanças e do Ministro da tutela (cfr. art. 18.º-A do DL 558/99, de 17 de Dezembro, red. do DL 300/2007, de 23 de Agosto) ter de adoptar o modelo anglo-saxónico – aquele que constitui o respectivo paradigma (cfr. art. 18.º-B, n.º 2 do DL 558/99) – ou o modelo germânico (cfr. arts. 18.º-B, n.º 3 e 18.º-E, n.º 2 do DL 558/99), não existindo particularidades a assinalar em matéria de representação e vinculação. Sobre o novo regime das empresas públicas instituído em 1999 (mas anteriormente à revisão de 2007), cfr. Eduardo Paz Ferreira, *Direito da Economia*, AAFDL, **2001**, pp. 253-282, em especial 253-255, e na obra colectiva org. pelo mesmo autor, *Estudos sobre o Novo Regime do Sector Empresarial do Estado*, Almedina, Coimbra, **2000**, cfr., em especial, Paz Ferreira, «Aspectos Gerais do Novo Regime do Sector

Relação entre o banqueiro e o seu cliente

representam a personificação de uma congregação societária, como é o caso dos agrupamentos complementares de empresas[819]. Para além destas, existem outras entidades comerciais personificadas, embora com menor expressividade no mercado. Refira-se, a título de exemplo – e no plano supranacional –, o Agrupamento Europeu de Interesse Económico[820].

---

Empresarial do Estado» (pp. 9-24), p. 20, e ANTÓNIO PINTO DUARTE, «Notas sobre o conceito e regime jurídico das empresas públicas estaduais» (61-88), pp. 73-76., e LUÍS S. CABRAL DE MONCADA, *Direito Económico*, 5ª ed., Coimbra Editora, **2007**.pp. 360-365. No plano das empresas municipais, vd. PEDRO GONÇALVES, *Regime Jurídico das Empresas Municipais*, Almedina, Coimbra, **2007**, pp. 210-214.

[819] O **Agrupamento Complementar de Empresas** (ACE) é uma entidade personificada – introduzida na nossa ordem jurídica pela Lei n.º 4/73, de 9 de Junho, e regulamentada pelo Decreto-Lei n.º 430/73, de 25 de Agosto, que, procurando garantir às (duas ou mais) empresas que o integram – que podem até não ser comerciais – benefícios da conjugação de esforços, sem o sacrifício da personalidade jurídica própria de cada uma delas, adquire personalidade com a inscrição no registo (base IV). O ACE propõe-se uma actividade *complementar* à das empresas que congrega, que não seja directamente lucrativa, embora possa ter por fim acessório a realização e a partilha de lucros, desde que autorizado pelo contrato constitutivo; e tem por função promover a investigação, a formação profissional, a publicidade e o controlo de qualidade. Se apreciarmos o diploma que regula o ACE, estabelecendo o respectivo regime, concluímos pela sua quase integração no Direito Comercial e pela aplicação subsidiária do regime das sociedades comerciais, pelo que também em relação a esta entidade não há a assinalar especialidades de relevo.

Sobre esta figura contratual, embora com desactualizações no que se refere à matéria das sociedades comerciais, cfr. José António PINTO RIBEIRO / RUI PINTO DUARTE, *Dos Agrupamentos Complementares de Empresas*, CCTF (118), Lisboa, **1980**, pp. 60-65 e 89-91.

[820] O **Agrupamento Europeu de Interesse Económico** (AEIE), que foi instituído pelo Regulamento (CEE) n.º 2137/85 do Conselho, de 25 de Julho de 1985, para ser aplicado a partir de 1 de Julho de 1989, é regulado, em Portugal, pelo Decreto-Lei n.º 148/90, de 9 de Maio. Trata-se, para além do consórcio e do agrupamento complementar de empresas, de uma das formas associativas possíveis das empresas (*incorporated joint-venture*), com a particularidade de o agrupamento ser comunitário, tendo de integrar pelo menos dois membros provenientes de diferentes Estados membros, que podem ser sociedades ou outras entidades jurídicas (públicas ou privadas, colectivas ou singulares) (cfr. art. 4.º, n.º 1 do Regulamento). O seu objectivo é acessório do prosseguido pelos seus membros, cuja actividade específica não pode dirigir. Sobre as diversas formas associativas das empresas, designadamente sobre o AEIE, PAULO Alves de Sousa de VASCONCELOS, *O Contrato de Consórcio* no âmbito dos contratos de cooperação entre empresas, Coimbra Editora, Col. Stvdia Ivridica, n.º 36, **1999**, pp. 88-91.

## 372 Cheque e Convenção de Cheque

### 13.2.2.3. A movimentação de contas por sociedades comerciais

**I.** Vamos autonomizar, pela sua relevância no mundo negocial, as sociedades comerciais[821] – tendo, naturalmente, em mente as mais comuns, isto é, as sociedades por quotas e anónimas –, e procurar enunciar as especificidades que estas entidades implicam na movimentação de contas bancárias através de cheques.

Importa começar por esclarecer que, não sendo relevante o substrato pessoal da sociedade, designadamente se elas têm apenas um ou vários sócios, já o mesmo não poderemos concluir em relação à composição do respectivo órgão de gestão, a qual pode ter efeitos significativos no modo de relacionamento bancário da sociedade.

Se a gerência ou administração for desempenhada por uma única pessoa[822], não se suscitam especiais problemas. A sociedade vincula-se pela intervenção do seu gerente ou do administrador único. As vicissitudes que afectam, imediatamente, a sociedade por deficiente uso do cheque projectam-se naturalmente na sua esfera jurídica individual e responsabilizam-no criminalmente.

Contudo, quando a gerência ou a administração, qualquer que seja o modelo de governação adoptado, for plural, obrigando-se a sociedade, em regra, pela intervenção conjunta de mais do que um dos membros do órgão de gestão, a tutela da confiança de terceiros impõe a vinculação da sociedade aos negócios celebrados em geral e à subscrição cambiária do cheque em especial, em detrimento de eventuais restrições estatutárias a que esta se encontre sujeita[823].

Considerando que a sociedade comercial é necessariamente representada por pessoas singulares, não será lícito proceder a substituições de

---

[821] Tendo em consideração o carácter elementar do conceito de sociedade comercial – embora não necessariamente unívoco – e o escopo do presente estudo, abstemo-nos de proceder à caracterização desta entidade, remetendo para a vasta bibliografia sobre o tema e, nomeadamente, para o nosso livro de *Direito das Sociedades Comerciais*, 3ª ed., cit., **2007**, pp. 6-11.

[822] A qual deverá ser necessariamente singular. Cfr., as nossas lições de *Direito das Sociedades Comerciais*, 3ª ed., cit., **2007**, pp. 663, 684-687.

[823] Neste sentido, cfr. o nosso *Direito das Sociedades Comerciais*, 3ª ed., cit., **2007**, pp. 666-667 e 713-717, bem como a doutrina nacional (divergente) citadas nas notas 867, 869 e 870 (pp. 713, 715 e 716). Sobre a jurisprudência, crescentemente no sentido da nossa interpretação, cfr., *ibid*, notas 799, 868 e 870 (pp. 666, 714 e 716).

Relação entre o banqueiro e o seu cliente

membros da administração e, ou, a alterações estatutárias relacionadas com a forma de representação e vinculação da sociedade – e, consequentemente, de movimentação das contas bancárias –, com a finalidade ou a simples possibilidade de prejudicar terceiros que se relacionam com a sociedade e que sejam beneficiários de cheques por ela sacados. Nestes termos, se a sociedade pretender alterar as suas regras contratuais de representação e vinculação (externas) ou apenas modificar os administradores que validamente a obrigam junto de uma determinada instituição de crédito, deverá fazê-lo sem lesar os terceiros que tenham (já) recebido, enquanto beneficiários, cheques por si emitidos. Por esta razão, eventuais alterações de movimentação da conta devem ser acompanhadas da informação adequada, nomeadamente indicação de cheques ainda não apresentados, para que o próprio banco possa salvaguardar as situações pendentes, mas ainda não resolvidas.

**II.** Uma questão específica, que tem fundamentalmente que ver com o saque de cheques, e não com a movimentação das contas bancárias em geral, refere-se ao modo pelo qual a sociedade se vincula adequadamente na subscrição cambiária.

Quando um terceiro depara com um cheque emitido por uma sociedade, não tem modo de saber quantas assinaturas – e quais – é que vinculam a sociedade. Ele não tem de solicitar os estatutos e a certidão do registo comercial da sacadora, nem tão pouco cópia da sua ficha bancária, nem tais exigências favorecerão os seus negócios, criando demoras que se podem vir a revelar fatais. Por isso, diríamos que nos títulos abstractos, mais do que em quaisquer outros, se justifica o princípio geral da vinculação das sociedades comerciais que defendemos e que, concretizados no plano do saque ou subscrição cambiária pelas principais sociedades comerciais, tem o seguinte alcance:

– Nas sociedades por quotas, a assinatura de um gerente é suficiente para as vincular[824];

---

[824] O terceiro beneficiário não é obrigado a saber que a sociedade em causa tem mais de um gerente. No entanto, a sociedade pode opor-lhe a limitação dos poderes dos gerentes se demonstrar que ele conhecia ou não devia ignorar essa mesma limitação (cfr. art. 260.º, n.º 2 do CSC), quer ela resulte da pluralidade de gerentes, quer decorra de previsão estatutária específica.

374         *Cheque e Convenção de Cheque*

– Nas sociedades anónimas, não resultando do módulo (de cheque) o capital social da sacadora, será suficiente a assinatura de um administrador, porque ao terceiro não será exigível o conhecimento de que a sociedade devia ter uma administração plural[825].

O terceiro, que aceita o pagamento efectuado por uma sociedade através de cheque, presume que quem assina é administrador, gerente ou está especialmente mandatado para o efeito, bastando-lhe acreditar na aparência do título que lhe é entregue e, nomeadamente, que os assinantes têm poderes bastantes para vincularem a sociedade.

Se tal não acontecer, por razões que seria impossível ao beneficiário do cheque controlar, a sociedade – sem prejuízo do direito de regresso (interno) que lhe assiste – não deixa de ficar vinculada a honrar os cheques sacados em seu nome.

**III.** À questão acima enunciada acresce uma outra, que se prende com a eventual necessidade de indicar a qualidade em que a assinatura é aposta no título de crédito.

Trata-se de assunto discutido pela nossa jurisprudência, aparentemente de forma desnecessária, no que respeita ao cheque[826]. Desde que os módulos fornecidos indiquem o nome da empresa, cuja conta visam, uma vez preenchidos, movimentar, consideramos dispensável e supérflua a indicação de que as assinaturas neles apostas tenham sido feitas na qualidade de representantes dessa entidade[827], embora nada o impeça.

---

[825] Se do módulo (do cheque) resultar que o capital da sociedade emitente é superior a € 200.000,00, então a sociedade terá de se vincular pela intervenção de, pelo menos, dois administradores. Sobre esta questão, cfr. as nossas lições de *Direito das Sociedades Comerciais*, 3ª ed., **2007**, pp. 713-717.

[826] Dizemos aparentemente, porque, não havendo indicação expressa de que a intervenção se processa em representação, podem sobrevir legítimas dúvidas sobre se o interveniente não ficará pessoalmente vinculado, como aconteceria numa situação de falta ou abuso de poderes de representação.

[827] Considerando que, no caso dos cheques, a exigência constante do art. 260.º, n.º 4 do CSC – de que «*os gerentes vinculam a sociedade, em actos escritos, apondo a sua assinatura com indicação da sua qualidade*» – encontra-se preenchida pela *identificação da sociedade no local destinado à indicação do titular da conta*, sendo desnecessária *a repetição da firma social junto* às assinaturas dos gerentes, designadamente por carimbo, e *a aposição da palavra "gerente" ou "gerência"*», **AcRelPorto de 20 de Maio de 1999** (GONÇALO SILVANO), *CJ*, ano XXIV, t. III, 1999 (pp. 196-197), p. 197.

Contra a nossa posição, vd. **AcSTJ de 27 de Março de 2001** (SILVA PAIXÃO), *CJAcSTJ*, ano IX, t. I, 2001 (pp. 183-184), que considera *indispensável a assinatura*

Seguramente tais cheques não são subscritos a título pessoal, porque os módulos em que são sacados nem sequer são relativos a contas particulares. Manifestando-se indiferente a esse aspecto, e proferindo uma decisão que não pode deixar de surpreender, dadas as premissas em que assenta, o **AcRelPorto de 20 de Maio de 1999** (GONÇALO SILVANO)[828] admite que, na falta de indicação da qualidade em que a assinatura de uma pessoa que é gerente da sociedade cuja firma consta do módulo de cheque é nele aposta, se pode concluir ser o cheque sacado a título pessoal – não obstante a qualidade efectiva do emitente –, por se encontrarem reunidos os requisitos para que o título valha como cheque (pessoal) desse sacador (cfr. p. 197).

Discordamos desta conclusão – com influência decisiva no aresto em causa – que reputamos excessiva, correspondendo a uma abstracção da literalidade do título de crédito que não tem fundamento e é incompatível com a tutela da confiança que a aparência do título justifica.

*Se do módulo consta a firma de uma sociedade, da qual ainda por cima o signatário é gerente, a que título é que se pode pretender vinculá-lo pessoalmente?* Os terceiros sabiam que não se tratava de uma obrigação do signatário, porque o módulo respeitava a uma conta bancária diferente da sua – uma conta da sociedade –, por isso, não podem agora pretender responsabilizar o gerente, salvo se ele actuou indevidamente, caso em que fica vinculado, por falta de poderes de representação (cfr. art. 11.º da LUCh), ou se se justificar a desconsideração da personalidade da sociedade. O facto de não constar expressamente do título que a subscrição foi efectuada no exercício da gerência, não é suficiente para legitimar a conclusão do Acórdão, de que essa falta (ou falha?), aliada à literalidade do cheque, pode ser bastante para responsabilizar o signatário pelo saque do mesmo.

Acresce que, pela referência inscrita nos cheques à titularidade da sociedade a cuja conta bancária respeitam, nem tão pouco será preciso que sejam carimbados, embora nada obste a esse cuidado, eventualmente acompanhado da menção da qualidade de administradores ou gerentes dos signatários[829]. Mas nem sequer será necessário constar do título a

---

*pessoal do administrador e menção dessa qualidade* – em cumprimento (cego, pelas razões aduzidas no texto) do disposto no art. 409.º, n.º 4 do CSC –, sem a qual a sociedade não assume a posição devedora de um cheque (cfr. p. 184).

[828] *CJ*, ano XXIV, t. III, 1999 (pp. 196-197).

[829] No sentido do texto, embora relativamente ao aval de livrança (e não de uma letra, como por lapso resulta do respectivo sumário), **AcRelLisboa de 26 de Abril de**

palavra "gerência" ou "administração" – como acontece frequentemente na prática (por aposição de carimbo) –, porque, pertencendo os módulos à sociedade, não é suposto que eles sejam preenchidos por titular de diferente órgão social ou, melhor, por quem não seja membro do órgão executivo[830].

Em conclusão, consideramos suficiente que no cheque conste uma assinatura por debaixo da firma da entidade sacada. Essa assinatura presume-se efectuada por um membro do órgão de gestão e representação da sociedade e vincula adequadamente a (sociedade) titular dos módulos de cheques em que é exarada[831], sem prejuízo da responsabilidade do signatário por falta de poderes de representação, o qual pode ter de assumir a obrigação cambiária por essa razão, nos termos da Lei Uniforme (cfr. art. 11.º).

Finalmente, e pelos motivos em que alicerçamos a dispensa da alusão à qualidade em que os administradores assinam, por ela ser implícita – dada a expressa referência à firma social (nos módulos de cheque)[832] –, julgamos de exigir que as situações de representação voluntária ou delegação sejam expressamente mencionadas no cheque.

**IV.** Analisada a questão numa perspectiva geral de representação e vinculação das sociedades comerciais, vejamos como se equaciona a matéria no plano da Lei Uniforme.

Verificando-se falta de poderes de representação, o sacador do cheque fica vinculado ao respectivo pagamento, tal como se exceder os seus

---

**2001** (URBANO DIAS), *CJ*, ano XXVI, t. II, 2001, pp. 119-120, transponível para a matéria do saque do cheque.

[830] Como resulta expressivamente do **AcRelCoimbra de 3 de Abril de 2001** (ARAÚJO FERREIRA), *CJ*, ano XXVI, t. II, 2001 (pp. 34-35), «*um livro de cheques imprimido e entregue a uma sociedade, relativamente à sua respectiva conta bancária,* fica na posse *da sua gerência*» (p. 35).

[831] No mesmo sentido, embora concluindo «*que é gerente quem faz a sua assinatura no lugar destinado ao sacador, num cheque da titularidade de sociedade comercial, por debaixo do nome dessa sociedade pré-impresso no cheque no lugar que indica o titular da respectiva conta*», **AcRelCoimbra de 3 de Abril de 2001** (ARAÚJO FERREIRA), *CJ*, ano XXVI, t. II, 2001, pp. 34-35.

[832] Só aparentemente é que há uma contradição do texto com o regime que expomos no *Direito das Sociedades Comerciais*, 3ª ed., **2007**, pp. 713-717, quando afirmamos, parafraseando o disposto no art. 409.º, n.º 4 do CSC, que «os administradores vinculam a sociedade *apondo a sua assinatura com a indicação da* sua *qualidade*» (cfr. p. 714). A assinatura a acompanhar a firma social, sem qualquer outra indicação, só poderá ser feita por quem tenha poderes de representação orgânica da sociedade, por ser administrador.

*Relação entre o banqueiro e o seu cliente* 377

poderes de representação (cfr. art. 11.º da LUCh). A Lei Uniforme procura assegurar que, mesmo na dúvida sobre a vinculação do representado, aquele que se arroga a qualidade de representante fique *obrigado em virtude do cheque*. Deste modo, há um reforço da protecção do beneficiário do cheque, sem prejuízo de a sociedade ser chamada a responder por força das regras de representação e vinculação.

### 13.2.3. *Outras entidades*

Para além dos clientes empresas, outras entidades que dificilmente se enquadram nessas categorias assumem a qualidade de clientes bancários e celebram com os bancos os mais variados negócios, designadamente convenções de cheque. Associações, fundações e outros entes personalizados que, em razão do respectivo objecto ou natureza (mormente pública), não apresentam estrutura empresarial, mas têm personalidade jurídica, também celebram negócios jurídicos bancários, assumindo a qualidade de clientes, ainda que sem especificidades dignas de realce. Por isso, prescindimos de maiores desenvolvimentos relativamente a estas pessoas colectivas[833].

---

[833] As **associações** são pessoas colectivas de direito privado, com substrato eminentemente pessoal, que prosseguem actividades sociais, culturais ou científicas sem escopo lucrativo (cfr. arts. 157.º a 184.º do CC). Regendo-se, essencialmente, pelos respectivos estatutos (cfr. arts. 162.º, 163.º, n.º 1, 164.º, n.º 1 e 167.º, n.º 2 do CC), são representadas por um órgão de administração (cfr. art. 163.º, n.º 1 do CC), em regra denominado Direcção, e que habitualmente se vincula pela intervenção de dois dos seus membros, sendo prática habitual os estatutos exigirem que um deles seja o presidente. A associação vincula-se nos termos estatutariamente estabelecidos (cfr. art. 167.º, n.º 2 do CC).

Considerando a sua natureza altruísta, os poderes do órgão executivo conhecem limitações estatutárias que não encontram paralelo nas escassas restrições aplicáveis às grandes sociedades comerciais. Assim, por exemplo, se legalmente não são estabelecidos entraves à celebração, em geral, de negócios bancários, mormente a abertura e movimentação de conta – actos a deliberar e a executar pela Direcção –, já os financiamentos bancários que impliquem a oneração de bens carecem, em regra e por determinação estatutária, de aprovação prévia pela assembleia geral.

Importa recordar que a vinculação da associação se deve efectuar pelo modo previsto nos estatutos e que, na insuficiência ou falta de poderes, haverá que estabelecer uma distinção, consoante a vicissitude ocorrida: se o número de intervenientes no acto for insuficiente para obrigar a associação, o(s) respectivo(s) autor(es) assume(m) o acto como próprio, embora fique(m) obrigados a transferir os respectivos efeitos para a associação em nome da qual o acto foi praticado (cfr. arts. 164.º, n.º 1 e 1180.º a 1182.º do CC);

## 13.3. Caracterização do cliente

**I.** Vimos as diferentes categorias de clientes – que agrupámos pela sua natureza e objecto (deste resultando os seus fins) – e pressupusemos serem clientes os que celebram uma convenção de cheque com o banco e que, por efeito da mesma, movimentam as respectivas contas, entre outros meios, através de cheques.

Assim sendo, a contraparte do banco na celebração da convenção de cheque é, por definição, cliente, ou assume esse atributo na sequência da celebração do contrato.

---

se o acto foi praticado por quem não tinha quaisquer poderes, então ocorre uma representação sem poderes, sanável por ratificação da associação. Até lá, o acto é ineficaz (cfr. art. 268.º do CC).

Sobre as associações, e em particular a competência da respectiva Direcção, vd. Manuel VILAR DE MACEDO, *As Associações no Direito Civil*, Coimbra Editora, **2007**, pp. 116-122 – com quem não concordamos inteiramente, designadamente no que respeita à extrapolação que faz para o plano da competência orgânica associativa da distinção entre actos de administração e de disposição (*ibid.*, pp. 116-117) –, para além dos manuais de Teoria Geral do Direito Civil que desenvolvem estas matérias. Entre outros, cfr. MENEZES CORDEIRO, *Tratado de Direito Civil Português*, I – *Parte Geral*, Tomo III, 2ª ed., Almedina, Coimbra, **2007**, pp. 745-747, Luís A. CARVALHO FERNANDES, *Teoria Geral do Direito Civil*, vol. I – Introdução. Pressupostos da relação jurídica, 4ª ed., Universidade Católica Editora, Lisboa, **2007**, pp. 611-614, e Pedro PAIS DE VASCONCELOS, *Teoria Geral do Direito Civil*, 4ª ed., Almedina, Coimbra, **2007**, pp. 164-168 e 189.

As **fundações** são pessoa colectivas que correspondem a organizações de bens instituídas com a finalidade de afectar um acervo de bens à realização de um fim de *interesse social*, de solidariedade, de protecção ambiental, cultural, educativo, científico ou artístico (cfr. arts. 157.º a 166.º e 185.º a 194.º do CC), devendo a sua constituição ser objecto de reconhecimento *individual* por um acto externo à vontade do instituidor – da competência de autoridade administrativa (arts. 158.º, n.º 2 e 185.º, n.º 2 do CC) –, que se manifesta por testamento ou em acto próprio (cfr. arts. 185.º, 187.º, n.º 2 e 188.º). Devendo os estatutos das fundações ser objecto de aprovação pela autoridade administrativa competente para o respectivo reconhecimento, se não forem mesmo da sua autoria (cfr. arts. 187.º, n.º 2 do CC), eventuais alterações à competência e forma de vinculação dos respectivos órgãos estão sujeitos a um formalismo significativo (cfr. art. 189.º do CC). No que se refere ao seu funcionamento, não há particularismos a sublinhar relativamente às associações, cujo regime em matéria de estatutos lhes é aplicável (cfr. art. 185.º, n.º 5 *in fine* do CC).

Sobre as fundações, e em especial a competência da respectiva administração, vd. CRISTINA Paula CASAL BAPTISTA, *As Fundações no Direito Português*, Almedina, Coimbra, **2006**, pp. 29 e 50-53, MENEZES CORDEIRO, *Tratado de Direito Civil Português*, I – *Parte Geral*, Tomo III, 2ª ed., Almedina, Coimbra, **2007**, pp. 777-778, e CARVALHO FERNANDES, *Teoria Geral do Direito Civil*, vol. I, 4ª ed., cit., **2007**, pp. 638-639 e 611-614.

II. O conceito de cliente[834] é utilizado pela própria Lei Uniforme quando esta prevê – a propósito do cruzamento do cheque (cfr., *supra*,

---

[814] Na opinião de ANTÓNIO CAEIRO / Manuel Couceiro NOGUEIRA SERENS [«Responsabilidade do Banco apresentante (ou cobrador) e do Banco sacado pelo pagamento de cheques com endosso falsificado», *RDE*, IX, **1983** (pp. 53-120)] a definição do conceito de cliente é uma «autêntica *vexata questio*, tanto para a doutrina como para a jurisprudência» (p. 71). Começando por fazer o ponto da situação do conceito no Direito comparado (com base nos ordenamentos jurídicos inglês, italiano e francês) (pp. 72-84), estes autores, no âmbito e a propósito do regime do cruzamento do cheque, concluem – com base na interpretação que fazem do art. 38.º da LUCh, designadamente do respectivo número III (na parte em que estabelece que a aquisição do cheque cruzado só pode ser feita por um banqueiro «*a um dos seus clientes ou a outro banqueiro*») – que o cliente deve «oferecer ao Banco sacado as mesmas garantias de honorabilidade e de solvabilidade que lhe oferece um outro banqueiro» (p. 115) e qualificando-o, desse modo, pela confiança que ele deve merecer ao banco. Para ANTÓNIO CAEIRO e NOGUEIRA SERENS não basta ter conta aberta no banco, é necessário dispor de crédito (cfr. *ibid.*, pp. 78). Trata-se de uma posição que, reconduzindo a figura do cliente ao (potencial) devedor do banco, é demasiadamente restritiva.

Na doutrina inglesa da primeira metade do século, cfr., por todos, Maurice MEGRAH, *The Banker's Customer*, 2ª ed., Butterworth, London, **1938**, pp. 2-7.

Considerando que «"cliente" é provavelmente impossível de definir com exactidão, mas que o critério decisor deve residir na existência de uma conta bancária», através da qual se realizem transacções, PAGET's *Law of Banking*, **2007**, p. 141. Diversamente, sendo de opinião que o conceito (de cliente) «é fácil de definir», Anu ARORA, *Cases and Materials in Banking Law*, Longman, London, **1993**, p. 38.

Também em sentido de que deve existir conta bancária para definir o *cliente*, Wallace D. MACAULAY, *The liability of a banker on a cheque*, Tese L.L.M. (dactilografada), London, **1953**, pp. 7-11 (em especial pp. 9-10), Andrew LAIDLAW / Graham ROBERTS, *Law relating to Banking Services*, Bankers Books, London, **1990**, pp. 4-5, e Arthur LEWIS, *Banking Law and Practice*, Tudor, Wirral, **1998**, p. 5, sublinhando este autor não depender a qualidade de *cliente* de especial duração da conta.

Por sua vez, Robert BRADGATE, *Commercial Law*, 2ª ed., Butterworths, London/Dublin/Edinburgh, **1995**, admitindo que o cliente seja definido «como qualquer pessoa que tenha uma relação contratual com o banco, pela qual este presta qualquer serviço», refere que a sua maior preocupação reside nas «funções centrais do banco de captar depósitos, bem como de cobrar e de pagar cheques», e nessa perspectiva a abertura de conta desempenha um papel fundamental na definição do cliente (cfr. p. 553).

Aderindo a um conceito amplo de cliente, que engloba qualquer pessoa que estabeleça uma relação com o banco para fruição dos respectivos serviços, Ross CRANSTON, *Principles of banking law*, 2ª ed., Oxford University Press, Oxford, **2002**, p. 129 (cfr. nota seguinte).

Sobre a noção ou o conceito de cliente, cfr. também ANTÓNIO PEDRO de Azevedo FERREIRA, *A Relação Negocial Bancária*. Conceito e estrutura, Quid Juris, Lisboa, **2005**, pp. 40-42.

n.º 4.5) –, que o cheque com cruzamento geral pode ser pago pelo sacado directamente a um cliente seu (cfr. art. 38.º, I), mas se o cruzamento for especial só pode ser pago ao cliente pelo sacado se este for o banco designado (cfr. art. 38.º, II).

Como referimos oportunamente, o cruzamento não equivale a obrigatoriedade de depósito, ficando em aberto a possibilidade de o sacado proceder ao pagamento directo do cheque ao seu beneficiário sempre que este for um seu cliente.

Para este efeito, torna-se crucial determinar *quem é cliente.*

Nenhuma das disposições legais que analisámos, ou qualquer outra constante da Lei Uniforme, nos diz o que é um cliente. Tão pouco estabelecem claramente um critério que possa conduzir a um resultado satisfatório. Haverá então que procurar caracterizar o conceito de cliente para efeitos do disposto no artigo 38.º da LU, ainda que possamos ter de ser mais exigentes na qualificação desse sujeito na normal prática bancária.

**III.** Então, vejamos.

Para ser considerado cliente, *o beneficiário do cheque tem de ter conta aberta na instituição sacada? Ou é suficiente que seja parte contratual em negócio bancário com ela celebrado?*

Não se afigura ser necessário abrir conta bancária; se o portador do cheque for contraparte do banco sacado num qualquer contrato bancário não se suscitam quaisquer dúvidas de que ele é, *para todos os efeitos,* cliente desse banco.

Contudo, se ele se encontrar ainda em contactos preparatórios de um contrato ou, se diversamente, for parte de um contrato não bancário, como poderemos defini-lo?

Em qualquer destas duas situações, trata-se de um sujeito identificável pelo banco, e não simplesmente de um desconhecido que circula por uma agência bancária ou que oportunamente se dirige a um balcão para, em representação de terceiro, praticar actos num âmbito de um contrato bancário, como por exemplo proceder a um depósito.

O *cliente* tem de estar pré-qualificado ou pode qualificar-se pelo conhecimento que o banco adquire da sua identidade? Qual será a razão de ser da permissão contida no art. 38.º, I e II?

Em regra, para se adquirir a qualidade de cliente é preciso estabelecer uma relação de carácter comercial (no sentido coloquial da palavra), ainda que a mesma não tenha começado a ser executada. Dúvidas não existem, pois, quando se comprou um bem ou se contratou um serviço, mesmo que o primeiro ainda não tenha sido disponibilizado e o segundo não tenha sido prestado.

Assim, sempre que se tenha formado um contrato entre o banco e um sujeito que respeita à prática da actividade do primeiro, o segundo adquire a qualidade de cliente.

No entanto, enquanto o sujeito averigua junto de um estabelecimento bancário quais são as condições da prestação de serviços deste, ele é quando muito um potencial cliente. No plano da sua caracterização jurídico-económica não se afigura correcto considerá-lo como um cliente.

E também não é cliente a parte num contrato celebrado com o banco, mas que não respeite (directamente) ao exercício da actividade deste, ainda que contribua acessoriamente para o seu desenvolvimento. Nesse negócio verifica-se o contrário: o banco é que será cliente da contraparte. Tal acontecerá, nomeadamente, com os arrendamentos de instalações tomados de terceiro, com os contratos de água, gás, electricidade e telecomunicações, com os contratos de seguros, com a aquisição de material informático, com a contratação de consultores externos, *maxime* advogados.

Numa conclusão intercalar, poderemos referir que o **cliente bancário** é o sujeito que contratou com o banco a execução de um ou mais negócios jurídicos bancários, ou que actua como contraparte do banco quando este intervém no exercício da respectiva actividade (bancária)[835].

**IV.** E para os estritos efeitos do disposto na Lei Uniforme, será lícito alargar ou restringir o conceito de cliente?

Restringir o conceito significa exigir que o pagamento do cheque só se efectue a quem tenha conta bancária aberta no banco sacado. Alargá-lo corresponde a admitir que possa ser considerado como cliente um sujeito que nem sequer seja parte de um negócio bancário com o sacado.

Não nos parece que, para poder receber directamente o pagamento do cheque do banco sacado, um sujeito tenha de previamente constituir uma conta bancária, nem tão pouco de formalizar um contrato (bancário) com o banco, sendo suficiente que ele seja um potencial cliente do mesmo. O conceito de *cliente* deverá, pois, ser interpretado de forma

---

[835] Cfr., no sentido do texto, CRANSTON, *Principles of banking law*, 2ª ed., cit., **2002**, pp. 129-131, que considera serem clientes do banco todas as pessoas que sejam sua contraparte no exercício da sua actividade económica, incluindo outros bancos.

ampla, acolhendo os casos e situações em que, pelo envolvimento já ocorrido, haverá sempre probabilidade de aquele sujeito vir a celebrar um contrato bancário com aquela instituição. Não basta, contudo, que ele possa ser identificado pela mesma ou dela conhecido. É preciso mais. Com efeito, o identificado pode ser qualquer beneficiário de um cheque, quando da sua apresentação, e o facto de ser conhecido do banco também fica aquém da exigência legal. Tem, assim, de existir já um vínculo contratual entre as partes ou, no mínimo, a probabilidade de ele se vir a constituir[836].

Esse é o critério que deverá estar subjacente ao conceito de *cliente* a que se refere o artigo 38.º da LUCh. O conceito é mais amplo do que o que traçámos de cliente bancário, não dependendo da formalização de um contrato entre as partes ou de serem entabulados, entre um banco e um sujeito, contactos tendentes à celebração de um contrato, desde que o beneficiário do cheque, sendo já conhecido do banco, se enquadre nos seus potenciais clientes.

A doutrina mais moderna reconhece poder revestir a qualidade de cliente qualquer sujeito que seja do conhecimento do banco e que possa vir a concluir com ele um contrato que se enquadre no respectivo objecto.

Aceitamos essa solução, e concordamos com a ampliação que resulta dessa noção de cliente, porquanto o critério que deverá estar-lhe subjacente – com a finalidade de o sacado poder proceder ao pagamento directo do cheque, não obstante o mesmo se encontrar cruzado – é o de que, não existindo ainda qualquer relação jurídica, o portador do cheque seja conhecido do sacado e possa, em qualquer momento, como consequência desse conhecimento, vir a celebrar com o sacado um contrato bancário.

Das disposições legais analisadas e do acima exposto resulta que o banco sacado, quando paga o cheque directamente ao seu portador deve

---

[836] Aproximamo-nos do conceito amplo do Direito inglês, o qual permitirá abranger muitas situações que poderiam ficar sem protecção se a definição de cliente dependesse da existência de conta (bancária) ou da "especial honorabilidade" daquele que se relaciona com o banco, característica que é *exigida* por ANTÓNIO CAEIRO/NOGUEIRA SERENS, «Responsabilidade do Banco apresentante (ou cobrador) ...», cit., **1983**, na definição de cliente (cfr., em especial, p. 78). Assim, exemplificando, é cliente (bancário) quem consulta o banco sobre a estruturação de uma operação (financeira) complexa que, por qualquer razão, não concretiza. Entre outros efeitos, ainda que não disponha de relação habitual com o banco, o contacto estabelecido está coberto pelo segredo bancário (cfr., *infra*, 16.4.4.5).

*Relação entre o banqueiro e o seu cliente* 383

fazê-lo com um certo conhecimento mínimo do beneficiário, o que requer ponderação sobre a respectiva identidade e a ulterior prova de que, de facto, este era enquadrável no conceito em causa (de "cliente").

## 14. Âmbito e natureza da relação entre o banqueiro e o seu cliente

Caracterizadas as partes da relação contratual de cheque, as quais coincidem com os sujeitos necessariamente envolvidos na emissão de cheque, instrumento que, não obstante ser criado por um acto unilateral, pressupõe a existência de um banco para proceder ao respectivo pagamento, iremos agora proceder ao enquadramento contratual da relação entre o banqueiro e o seu cliente.

### 14.1. Relacionamento geral – contratos inicial, base e permanente: abertura de conta, depósito e conta-corrente bancária

**I.** A relação jurídica que se estabelece entre o banqueiro e o seu cliente alicerça-se, essencialmente, em dois contratos autónomos, mas complementares, que podemos designar de contrato inicial e contrato--base: o primeiro por constituir o acordo pelo qual habitualmente[837] começa juridicamente a relação entre o banqueiro e o cliente[838] e o segundo por

---

[837] Mas não necessariamente. Isto é, o acordo (de abertura de conta), apesar de habitual, não é essencial para constituir uma relação jurídica bancária, a qual pode existir antes ou independentemente da abertura de uma conta.

No Direito inglês, cfr. LORD CHORLEY, *The Law of Contract in relation to the Law of Banking*, Gilbart Lectures on Banking, King's College, London, **1964**, p. 11, e o caso *Woods v. Martins Bank Ltd. and another* (1958) (J. SALMON), THE INSTITUTE OF BANKERS, *Legal Decisions affecting Bankers*, vol. 7 (1955-1961), edit. e anot. por Maurice MEGRAH, **1962** (reimp. Professional Books Ltd, Oxon, 1986), pp. 192-208, sucintamente resumido – embora não mencionado, nem citado – por José SIMÕES PATRÍCIO, *Direito Bancário Privado*, Quid Juris, Lisboa, **2004**, p. 140, com base na síntese de ELLINGER *et al.* (*Ellinger's modern Banking Law*, 4ª ed. cit., **2006**), na edição actual na p. 131.

[838] O acto de abertura de conta assume natural relevância na constituição da relação contratual entre o banqueiro e o seu cliente. Embora tal relação possa, pontualmente, constituir-se ou existir à margem da conta bancária – como sucede, reconhecidamente, no

384       *Cheque e Convenção de Cheque*

ser um negócio jurídico nuclear no âmbito das operações de banco. Referimo-nos, claro está, aos contratos de abertura de conta[839] e de depósito, que merecem, pela sua relevância, uma referência autónoma (cfr., *infra*, 14.2 e 14.3).

Antes de, sucintamente – por não ser esse o objecto da nossa investigação –, caracterizarmos a abertura de conta, refira-se que é através desse contrato que se inicia, em regra, a relação entre o banco e o cliente[840], mesmo quando este apenas pretende recorrer ao crédito, devendo, de qualquer modo, abrir uma conta que constitua referência dos débitos a efectuar, quer assumam a forma de prestações regulares, quer sejam pontuais. Nessas circunstâncias, a abertura de conta pode não dar lugar a uma convenção de cheque – nem tão pouco a um contrato de depósito[841] –, mas é natural que o banco pretenda aproveitar o financiamento concedido para desenvolver e estimular uma relação comercial estabelecida.

**II.** A abertura de conta confunde-se frequentemente com o depósito bancário (inicial) – embora o banco não se encontre legalmente obrigado a exigir ao cliente que proceda à entrega de uma quantia pecuniária, no

---

ordenamento jurídico inglês (cfr. nota anterior) –, a abertura desta tem sempre o significado de relação de clientela, mesmo que subsequentemente não haja desenvolvimento negocial entre as partes.

[839] Estamos de acordo com a terminologia utilizada pela prática bancária e a que MENEZES CORDEIRO (*Manual de Direito Bancário*, 3ª ed., cit., **2006**, pp. 411-417, adere (cfr., em especial, pp. 195 e 416).

[840] Por isso, MENEZES CORDEIRO (*Manual de Direito Bancário*, 3ª ed., cit., **2006**) chama-lhe contrato nuclear (cfr. p. 411). Em sentido próximo, referindo-se ao «carácter nuclear da conta», SIMÕES PATRÍCIO, *Direito Bancário Privado*, cit., **2004**, p. 139.

[841] Assim sucede, por exemplo, se a conta se destinar unicamente a lançamentos relativos à utilização de um cartão de crédito, cujo saldo é periodicamente liquidado por cheque ou transferência. Referindo-se a *aquisição de cartão de crédito* como exemplo de *"acordo inicial de serviço"* – a par da *abertura de conta (bancária)* e da *celebração* do *contrato de gestão de carteira* –, que contrapõe às *operações* financeiras (*depósito* e *levantamento de dinheiro*, os *pagamentos efectuados por cartão de crédito* e as *transacções realizadas* em execução do *contrato de gestão de carteira*), a Directiva n.º 2002/ /65/CE do Parlamento Europeu e do Conselho, de 23 de Setembro (publ. no J.O. L 271, de 9 de Outubro), sobre a *comercialização à distância de serviços financeiros* (*prestados a consumidores*).

Esta conta – a que não está associado qualquer depósito – não se confunde com as chamadas *"contas de ordem"*, «de natureza apenas contabilística e até provisória», a que alude SIMÕES PATRÍCIO, *Direito Bancário Privado*, cit., **2004**, p. 136.

momento em que este solicita a abertura de conta ou em que, por sugestão do banco, acede a fazê-lo – ou com a conta-corrente, que resulta da sua contratação. Trata-se do momento constitutivo da relação contratual global e complexa que se vai estabelecer entre banco e cliente, embora nada impeça que uma pessoa ou entidade crie uma relação de clientela com um banco sem ter, no mesmo, conta aberta[842].

É habitual, qualquer que seja a natureza da relação entre banco e cliente, que o primeiro procure tentar fidelizar o segundo, impondo que os movimentos regulares referentes a esse relacionamento sejam processados através dessa conta. Assim sucede, por exemplo, com os contratos de empréstimo para compra de habitação, que implicam a abertura de uma conta, que deve ser regularmente alimentada para suportar os débitos inerentes ao reembolso de capital e aos juros que se vão vencendo.

No entanto, o banco também realiza algumas operações sem que a contraparte tenha necessariamente conta nele aberta. Tal sucede, designadamente, com as operações de câmbios ou troca de divisas e de venda de moedas e metais preciosos, e pode acontecer com o *desconto* (de títulos de crédito)[843], e com o próprio cheque, quando é apresentado para pagamento à vista, ao balcão do banco sacado, por um terceiro não cliente. Neste último caso, o relacionamento entre o banco sacado e o beneficiário do cheque é meramente pontual e pode limitar-se ao contacto inerente ao levantamento do numerário contra a apresentação do cheque. O portador não é parte na relação de cheque – estabelecida entre o banco (sacado) e o seu cliente (sacador) –, mas, como detentor e beneficiário desse instrumento de pagamento, é parte na cadeia cambiária, o que significa – como demonstraremos (*infra*, n.º 25) – que beneficia da tutela

---

[842] Com efeito, é possível recorrer-se a um banco para efectuar o desconto de um título (letra) e que este aceite fazê-lo, pagando ao endossante por caixa, sem impor a prévia abertura de conta para creditar o valor a pagar. Cfr., por todos, FERNANDO OLAVO, *Desconto Bancário*, ed. autor, Lisboa, **1955**, pp. 66-67, salientando, contudo, que «por via de regra o abono ao descontário se *faz* por crédito em conta, geralmente na conta de depósito à ordem, visto os bancos acolherem sobretudo para descontar o papel apresentado por quem lhes confia outras operações e *neles* tem os seus depósitos».

Para efectuar o desconto, o banco tem essencialmente que confiar no crédito do devedor (sacado/aceitante, no caso da letra, e sacador, no caso do cheque), mas ao concretizar a operação, aceitando ser endossatário do título e procedendo ao seu desconto, o banco estabelece uma relação de clientela com o endossante desse título e beneficiário da antecipação de pagamento.

[843] Cfr. nota anterior.

386     *Cheque e Convenção de Cheque*

da circulação cambiária. E é por essa razão que, apesar de não ter qualquer vínculo contratual com o banqueiro sacado, vai dispor de uma pretensão contra ele.

**III.** A entrega do cheque ao banco para pagamento pode coincidir com o primeiro momento de uma relação negocial estável e duradoura. O beneficiário do cheque pode utilizá-lo para, à custa da quantia nele titulada, constituir junto de um banco (sacado ou terceiro) um depósito bancário, agregado a uma conta que abre nesse banco (depositário) e que, na prática, adquire a designação de conta-depósito, por ser adequada a receber fundos e à custa deles[844] o banco proceder a pagamentos.

Por isso, e porque a sua actividade primordial é de captação de depósitos (e outros fundos) – para rentabilizar na concessão de crédito que os toma por referência –, o banco está constantemente à procura de novos clientes e de novas operações, que lhe proporcionem um aumento do seu volume de negócios, procurando aproveitar cada contacto para o início de uma nova relação contratual.

Assim, a abertura de cada (nova) conta, seja induzida por um negócio pontual ou resulte de um acto dirigido a esse fim, por qualquer das partes – de angariação de clientela, pelo banco, ou de procura de um (determinado) banqueiro pelo cliente – representa o corolário da opção de constituição de uma nova relação contratual, que irá originar uma multiplicidade de contratos entre o banco e o cliente, embora nem todos tenham de ser aproveitados, no sentido de que as partes se podem ater a específicas relações obrigacionais, prescindindo voluntária ou involuntariamente de certas vertentes da complexa relação bancária, por não serem adequados aos seus interesses ou por não disporem de técnica e, em certos casos, de capacidade económica para o efeito.

**IV.** No que respeita à sua movimentação, a conta vai configurar-se como uma conta-corrente[845], na qual serão lançados a crédito todas as

---

[844] Isto é, à custa de meios correspondentes aos fundos depositados (que o banco utilizará no seu giro).

[845] E, por isso, alguns autores, ao caracterizarem a conta, reportam-se essencialmente à sua expressão dinâmica integrada pelos actos que se lhe reportam e que, na prática, correspondem à noção de conta-corrente. Tal é o caso de Fernando CONCEIÇÃO NUNES, no seu excelente estudo sobre «Depósito e Conta», AA.VV., *Estudos em Homenagem ao Prof. Doutor Inocêncio Galvão Telles*, vol. II – Direito Bancário, Almedina, Coimbra,

## Relação entre o banqueiro e o seu cliente

quantias depositadas e a débito as importâncias sacadas ou transferidas. Em geral, essa conta deverá apresentar um saldo credor (em favor do cliente), embora nada impeça que, pontual ou permanentemente, o saldo seja devedor, tudo dependendo do que houver sido expressa ou tacitamente[846] estabelecido entre as partes. O efeito de conta corrente como que dilui, numa amálgama, as diversas operações que, regular ou irregularmente, forem sendo praticadas, passando a ser unicamente relevante o produto ou resultado pontual correspondente ao balanço dos créditos e dos débitos referentes a essa conta, num efeito prático e jurídico de novação. Deste modo, banco e cliente – sem prejuízo da previsibilidade de certos movimentos, a crédito (salário, *v.g.*) ou a débito (é o caso dos pagamentos por transferência) – podem convencionar a obrigatoriedade ou, mais suavemente, a conveniência de a conta apresentar um determinado saldo médio credor.

**V.** É assinalável a relevância da abertura de conta, ainda que esse acto não dê lugar a uma relação contratual autónoma e independente de todas as que nela se vão escorar, ocorrendo com muita probabilidade que o depósito que lhe está, normalmente – mas não necessariamente –, associado siga o seu regime próprio, em paralelo com outros contratos que são, frequentemente, instrumentais da sua variação e efeito útil.

Apesar de constituir o *ponto de partida* para a formação da relação jurídica bancária, a abertura de conta só por si não tem efeitos próprios, para além de formalizar o relacionamento contratual entre o banqueiro e o cliente, estabelecendo a respectiva relação de clientela. São os demais contratos que as partes celebram, por referência a esse acto, que a desen-

---

**2002** (pp. 67-88), quando afirma que a conta é o «registo, organizado numa base pessoal, cronológico e sintético, das operações de entrega e reembolso de fundos, constitutivas, modificativas ou extintivas do crédito unitário ao reembolso» (p. 79) e qualifica a conta--corrente como uma «técnica contabilística» (p. 80).

[846] O *overdraft* ou autorização de descoberto em conta é frequentemente acordado em termos puramente tácitos, *v.g.*, quando o banco honra cheques sem provisão e cobra ao cliente juros sobre o montante e pelo período do descoberto sem que este manifeste qualquer discordância, mas sem que antes tenha havido qualquer convenção expressa nesse sentido. Sobre o *overdraft* e as respectivas condições (expressas ou tácitas) de contratação, bem como sobre a respectiva utilização mediante o saque de cheques sem provisão, vd. JOSÉ MARIA PIRES, *Direito Bancário*, 2.º vol., *As operações bancárias*, Rei dos Livros, Lisboa, **s/d**, pp. 242-243.

388       *Cheque e Convenção de Cheque*

volvem, lhe dão sentido e lhe conferem o merecido relevo[847]. E isso explica o facto de não ter ainda sido objecto do estudo autónomo que bem se justificaria. No entanto, presentemente, a doutrina distingue a abertura de conta dos contratos conexos ou sequenciais[848].

---

[847] Daí que, recorrendo a uma imagem do Conselheiro CARDONA FERREIRA (**AcSTJ de 31 de Outubro de 1995**, *CJ/AcSTJ*, ano III, t. III, 1995, pp. 88-90), «*a conta seja, abstractamente, o continente, cujo conteúdo é a dimensão concreta do valor básico do contrato de depósito*» (cfr. p. 90).

[848] Na doutrina nacional, cfr. MENEZES CORDEIRO, *Manual de Direito Bancário*, 3ª ed., cit., **2006**, pp. 411-417, em especial, pp. 411-412, e, anteriormente, em *Da Compensação no Direito Civil e no Direito Bancário*, cit., **2003**, pp. 238-239.

Não diferenciando, claramente, a abertura de conta da conta-corrente, mas reconhecendo que MENEZES CORDEIRO o faz com nitidez, SIMÕES PATRÍCIO, *Direito Bancário Privado*, cit., **2004**, pp. 141-142. Centrando a sua análise no conceito de conta bancária, e não no de abertura de conta, SIMÕES PATRÍCIO, *ibid.*, p. 143, sente a necessidade de distinguir o contrato (de abertura de conta) do seu objecto (a conta propriamente dita), comprovando o acerto da proposta de MENEZES CORDEIRO.

Considerando que a conta-corrente bancária corresponde, «na linguagem corrente, à ”abertura de uma conta num banco”», LUÍS BRANCO, «Conta corrente bancária. Da sua estrutura, natureza e regime jurídico», *RB*, n.º 39, **1996** (pp. 35-85), p. 35. Na mesma linha, cfr. o **AcSTJ de 25 de Outubro de 1990** (MARQUES CORDEIRO), *BMJ* 400, 1990, pp. 583-590, p. 589.

Diferenciando a conta corrente, como registo dos «movimentos gerados por um contrato-quadro entre o banco e o seu cliente», «dos actos que justificam tais movimentos», e entre os quais se contam os contratos de depósito e de prestação de serviço de caixa, entre outros, Carlos FERREIRA DE ALMEIDA, *Contratos II – Conteúdo. Contratos de troca*, Almedina, Coimbra, **2007**, p. 159.

Distinguindo o contrato inicial do contrato-quadro (*convention cadre* ou *contrat-quadre*) que define a relação contratual bancária – e que preferimos reconduzir a uma relação *complexa* formada por diversos contratos autónomos –, a doutrina francesa, em geral, casos de Christian GAVALDA / Jean STOUFFLET, *Droit Bancaire. Institutions – Comptes – Opérations – Services*, 5ª ed., Litec, Paris, **2002**, p. 153, François GRUA, *Les contrats de base de la pratique bancaire*, Litec, Paris, **2000**, pp. 49-53.

A doutrina alemã – seguida, de muito perto, por MENEZES CORDEIRO – prefere o conceito de contrato bancário geral (*Bankvertrag*). Nesse sentido, CANARIS, *Bankvertragsrecht*, 1. Teil, 3ª ed., Walter de Gruyter, Berlin/New York, **1988**, pp. 3-4 (criticando o conceito, pp. 4-7) CLAUSSEN, *Bank und Börsenrecht*, 3ª ed., cit., **2003**, pp. 89-90, Hans-Ulrich FUCHS, *Zur Lehre vom allgemeinen Bankvertrag*, Peter Lang, Franffurt am Main/Bern, **1982**, pp. 4-31, 79-81 e 196-1976, KÜMPEL, *Bank– und Kapitalmarktrecht*, 3ª ed., cit., **2004**, pp. 249-253, SCHIMANSKY *et al.*, *Bankrechts-Handbuch*, vol. I, 2ª ed. cit., **2001**, pp. 74-76, e SCHWINTOWSKI/SCHÄFER, *Bankrecht*, 2ª ed., cit. **2004**, pp. 10-14.

Acentuando a origem contratual da relação do banqueiro com o seu cliente, que considera resultar de contrato geral (*general contract*) essencial a todas as transacções, PAGET'S *Law of Banking*, **2007**, p. 145.

Relação entre o banqueiro e o seu cliente 389

A abertura de conta não é disciplinada por diploma legal, continuando o legislador concentrado nos depósitos e cheques[849], mas é objecto de regulamentação pelo Banco de Portugal, que lhe reconhece, actualmente, no contexto do sistema financeiro português, um *papel central* (cfr. Aviso n.º 11/2005, de 13 de Julho, na redacção do Aviso n.º 2/2007, de 8 de Fevereiro de 2007)[850]. O Aviso do Banco de Portugal impõe aos bancos

---

Na doutrina espanhola, Joaquin GARRIGUES [*Contratos Bancários*, ed. autor, Madrid, **1958**, pp. 116-118, e *Curso de Derecho Mercantil, t. II*, 8ª ed. (rev. com a colab. de Fernando Sanchez Callero), ed. autor, Madrid, **1983**, pp. 166-169] reconduz a abertura de conta, do ponto de vista contabilístico, a uma situação de conta-corrente.

A interpretação de GARRIGUES – que dilui a abertura de conta na conta-corrente e que é dominante em Espanha – não é acolhida por F. SÁNCHEZ CALERO / Juan SÁNCHEZ CALERO GUILARTE, *Instituciones de Derecho Mercantil II*, 29ª ed., Thomson / Aranzadi, Navarra, **2006**, p. 390, que salientam servir a abertura de conta de suporte a diversas operações concretas.

Na linha de GARRIGUES, cfr. também José MOXICA ROMÁN, *La Cuenta Corrente Bancaria. Análisis de Doctrina y Jurisprudencia. Formularios*, Aranzadi, Pamplona, **1997**, reconhecendo carácter autónomo à conta-corrente bancária, que não distingue da abertura de conta, embora reconduza a uma modalidade de depósito de dinheiro (cfr. pp. 37-41).

Na doutrina italiana, a abertura de conta também não tem autonomia relativamente ao contrato de conta-corrente (bancária). Entre outros, cfr. MOLLE, *I contrati bancari* (Trattato di Diritto Civile e Commerciale Cicu-Messineo, vol. XXXV, t. 1), 4ª ed., Giuffrè, Milano, **1981**, pp. 472-475, 509-513 e 537-542, Mario PORZIO, «Il conto corrente bancário, il deposito e la concessione di credito», AA.VV, *Trattato di Diritto Privato* (dir. por Pietro RESCIGNO), vol. 12 – *Obbligazioni e contratti*, t. IV, UTET, Torino, **1985** (pp. 857-940), pp. 859-860, 868-871 e 881-891, e GIORGIANNI/TARDIVO, *Diritto Bancario. Banche, Contratti e Titoli Bancari*, Giuffrè, **2006**, pp. 536-554.

[849] Como resulta, por exemplo, no Decreto-Lei n.º 18/2007, de 22 de Janeiro, que alterou o Decreto-Lei n.º 41/2000, de 17 de Março (regime jurídico em matéria de movimentação de fundos entre contas de depósito, a débito e a crédito, aplicável nas transferências internas e transfronteiras), e estabeleceu um conjunto de regras que favoreessem a realização, *de forma expedita, fiável e pouco onerosa* – pela fixação de datas valor e efeito no prazo (limite) para a *disponibilização de fundos* – das transferências efectuadas por empresas e particulares e dos depósitos em numerário e cheque, e do Aviso do BdP n.º 3/2007, de 12 de Fevereiro de 2007 (DR, 1ª série, n.º 30, de 12 de Fevereiro de 2007), que se lhe seguiu e pretendeu esclarecer o alcance de alguns aspectos daquele e admitir um encurtamento dos prazos, isto é, que as instituições de crédito adoptem um regime mais favorável (cfr. art. 5.º).

[850] O Aviso n.º 11/2005 havia alterado e sistematizado *os requisitos necessários à abertura de contas de depósito bancário* – que anteriormente se encontravam regulados na Instrução n.º 48/96 (publicada no BNBP de 17 de Junho de 1996) –, adaptando-os às novas exigências da prevenção de ilícitos (mormente branqueamento de capitais) no âmbito do sistema financeiro. Volvidos menos de dois anos, para além de introduzir

390        *Cheque e Convenção de Cheque*

normas a observar na abertura de contas bancárias, que respeitam ao adequado conhecimento dos clientes (cfr. art. 2.º), à disponibilização de condições gerais existentes (cfr. art. 3.º)[851] e aos deveres de cuidado a cumprir na identificação dos clientes com os elementos que devem ser exigidos seja a abertura de conta presencial, ou não (cfr. arts. 8.º a 12.º).

**VI.** Faremos, adiante, uma breve apreciação da relação que se estabelece entre o cliente e o seu banqueiro que, reconduzida ou cingida ao estrito plano da convenção de cheque, corresponde ao relacionamento que se estabelece entre sacador e sacado. Esta relação contratual (abertura de conta) nasce à parte de quaisquer efeitos relativamente a terceiros e é, em certa medida, autónoma.

Em traços largos, traduz-se no seguinte: uma pessoa (singular ou colectiva) abre uma conta à ordem num banco, procede ao depósito de determinada quantia e, consoante as circunstâncias – actuando como simples particular, empresário, profissional liberal, sociedade, associação, fundação –, estabelece, com maior ou menor precisão, as bases e as regras do seu relacionamento comercial com o banco.

A formalização da relação contratual encontra expressão na assinatura do contrato de abertura de conta e da ficha de cliente, a qual será objecto de reprodução por microfilmagem (ou digitalização) e servirá de base à verificação futura de todas as ordens que sejam transmitidas ao banco.

A situação jurídica criada, sendo complexa, não deixa de envolver características típicas de qualquer relação, de natureza creditícia, que se estabeleça entre credor e devedor[852], limitada a determinado montante.

---

simplificação e esclarecimentos ao Aviso de 2005, sem diminuir o rigor a que deve estar sujeita a abertura de conta bancária, o Banco de Portugal introduziu modificações de modo a impor a actualização dos dados disponíveis e das operações realizadas.

[851] A abertura de conta é, na actualidade, invariavelmente objecto de contrato de adesão, do qual constam as cláusulas contratuais gerais predispostas pelo banco para enquadrarem o seu relacionamento com o cliente. Por isso, se considera que «*a par da lei, a fonte de direitos e obrigações emergentes da relação banco/cliente reside nas cláusulas contratuais gerais que regem a prática bancária e às quais os clientes aderem no contrato de abertura de conta*» [**AcRelCoimbra de 21 de Fevereiro de 2006** / Proc. n.º 3197/05 (COELHO DE MATOS), *www.dgsi.pt*, p. 8].

[852] Nesse sentido, vd. Bradford STONE, *Uniform Commercial Code in a Nutshell*, 6ª ed., Thomson / West, St. Paul, Minn., **2005**, p. 268.

No espaço anglo-saxónico esta realidade encontra-se há muito definida, desde o famoso caso *Foley v. Hill* (1848), decidido pela Câmara dos Lordes, e que reconheceu

Nesses termos, pelo contrato de depósito, associado em regra à abertura de conta, o banco – que, como sacado, é o devedor – compromete-se a disponibilizar ao seu cliente (sacador e credor) a quantia por ele depositada, em saques parciais ou num único saque, e a pagar a terceiro, até ao montante (máximo) da importância depositada, o cheque por este apresentado que tenha sido emitido pelo sacador[853]. O banco deduzirá o pagamento do cheque no saldo do cliente relativo à conta sobre a qual o mesmo foi sacado, operando um movimento na respectiva conta-corrente.

Os movimentos de crédito e débito na conta bancária, que é, assim, uma verdadeira conta-corrente[854], ir-se-ão suceder, correspondendo aos depósitos efectuados nessa conta, ou ao crédito concedido pelo banco, e aos saques por ordens de transferência ou por levantamentos efectuados pelo cliente ou por terceiros possuidores de ordens de pagamento daquele válidas.

---

que o banqueiro tinha uma discrição absoluta sobre o uso do dinheiro depositado pelo cliente na sua conta. Neste sentido, cfr. LORD CHORLEY, *The Law of Contract in relation to the Law of Banking*, Gilbart Lectures on Banking, King's College, London, **1964**, p. 7.

No entanto, é no caso *Joachimson v. Swiss Bank Corporation* (1921) (LORD ATKIN) [THE INSTITUTE OF BANKERS, *Legal Decisions affecting Bankers*, vol. III (1911-1924), **1924**, reimp. de 1986, pp. 233-237] que, no ordenamento inglês, se reconhece pela primeira vez a complexidade da relação contratual bancária, integrada por uma multiplicidade de direitos e deveres.

[853] «Em troca de dispor da utilização do dinheiro do cliente que se encontra depositado numa conta à ordem e, provavelmente, mediante uma comissão adicional, o banco aceita pagar cheques sacados sobre essa conta com base na assinatura da pessoa ou pessoas indicadas no contrato de depósito» (Steve H. NICKLES / John H. MATHESON / Edward S. ADAMS, *Modern Commercial Paper*, West Publishing Company, St. Paul, Minn., **1994**, p.373).

[854] Sobre a conta-corrente bancária, vd. Luís BRANCO, «Conta corrente bancária», cit., **1996** (pp. 35-85), em especial pp. 36-38, 50-52, 9-68 e 70-76, MENEZES CORDEIRO, *Manual de Direito Bancário*, 3ª ed., cit., **2006**, pp. 418-428, em especial, pp. 426-428, SIMÕES PATRÍCIO, *Direito Bancário Privado*, cit., **2004**, pp. 148-157.

Na doutrina estrangeira, vd. a dissertação de doutoramento de Juan MADRAZO LEAL, *El depósito bancário a la vista*, Civitas, Madrid., **2001**, pp. 93-124, em especial pp. 93-110, Carlos Gilberto VILLEGAS, *La cuenta corriente bancaria y el cheque*, 2ª ed., Depalma, Buenos Aires, **1988**, pp. 17-55 e 81-95.

Distinguindo a conta-corrente bancária do depósito bancário, José Luis GARCIA-PITA Y LASTRES, «Depósitos bancarios y protección del depositante», AA.VV., *Contratos bancarios*, Colegios Notariales de España, Madrid, s/d (mas dep. legal de 1996) (pp. 119-266), pp. 171-179.

**VII.** Não obstante termos isolado os dois vínculos contratuais que consideramos mais relevantes – e que, por isso, designámos como contrato inicial e contrato-base –, a relação bancária, apesar de se fundar nesses dois negócios (adiante, resumidamente, analisados) e, em especial no contrato de abertura de conta, é complexa, compreendendo diversos actos dogmaticamente autonomizáveis, não cabendo ponderar a possibilidade de a reconduzir a um só negócio[855].

O relacionamento negocial típico entre o banco e o cliente envolve, no mínimo, três ou quatro contratos[856]:

– Abertura de conta;
– Depósito;
– Transferência[857]; e eventualmente
– (Utilização de) Cartão de débito[858].

É pela celebração, em regra concomitante, destes contratos que se inicia a relação contratual entre um banco e um particular. Este, após

---

[855] Para além das operações bancárias financeiras, em regra são autonomizáveis operações de crédito (à produção, distribuição e ao consumo) e de prestação de serviços, desde o simples aluguer de cofre-forte e depósito e custódia de títulos e outros valores, passando pela administração de bens, emissão de cartões (bancários) e transferências (pontuais e permanentes) e terminando nas cobranças (de rendimentos de acções e outros valores, letras e cheques).

[856] Os dois primeiros são, como vimos, "quase obrigatórios" e comuns ao relacionamento entre o banqueiro e o seu cliente.

Mas a conjugação de diversos contratos que integram essa relação aflora sistematicamente nas abordagens doutrinárias e jurisprudenciais. Neste sentido, cfr. o **AcRel-Coimbra de 21 de Fevereiro de 2006** / Proc. n.º 3197/05 (COELHO DE MATOS), *www.dgsi.pt*, que identifica como *questões essenciais* à resolução de um caso de emissão de cheque em branco: *a abertura de conta, a natureza do depósito bancário, o cheque em branco, a sua eficácia* post mortem, *a eficácia da solicitação do congelamento da conta e o regime jurídico dos cartões bancários* (cfr. p. 8).

[857] A que MENEZES CORDEIRO, na linha da doutrina alemã (*Girovertrag*) – e, em adaptação da terminologia por esta utilizada [que já havia influenciado parte da doutrina italiana (*bancogiro*)] – chama "giro bancário", procurando autonomizar dogmaticamente (cfr. *Manual de Direito Bancário*, 3ª ed., cit., **2006**, pp. 429-437) e a que reconduz as regras sobre o movimento das contas ["juros, comissões e despesas" (p. 413)], que julgamos serem próprias da conta-corrente bancária e decorrerem da abertura de conta, que deve estabelecer os preços e condições gerais aplicáveis às operações bancárias.

[858] Reconduzindo a emissão deste cartão – *quase obrigatória* nas contas de particulares – a um negócio subsequente, MENEZES CORDEIRO, *Manual de Direito Bancário*, 3ª ed., cit., **2006**, p. 414 (*itálico* nosso).

Relação entre o banqueiro e o seu cliente

escolher o banco, celebra um contrato de abertura de conta, deposita uma determinada quantia em dinheiro (numerário ou cheque) ou ordena uma transferência em favor dessa conta e recebe um cartão de débito para a poder movimentar em linha (*on-line*), podendo proceder a levantamentos ou a pagamentos (por transferência). O risco do banco é, neste caso, muito reduzido e resume-se à eventualidade de o banco, por conta de valores a cobrar, antecipar fundos ao cliente.

A limitação da relação bancária a estes negócios não é satisfatória para os clientes profissionais, isto é, para as empresas e pessoas colectivas em geral, que não se bastarão com as transferências e com levantamentos por cartão de débito, nem com a utilização da respectiva conta exclusivamente a débito (das importâncias que nela forem previamente depositadas). As pessoas colectivas, e os empresários em particular, para além de necessitarem de financiamento para a sua actividade, normalmente precisam também de movimentar as suas contas através de cheques.

**VIII.** Por isso, a esses negócios acrescem ainda:

– A convenção de cheque – que iremos analisar (cfr., *infra*, n.º 16) –, comum no relacionamento do banco com as empresas e possível, e ainda habitual, no âmbito das contas particulares, para a sua movimentação;
– A abertura (ou concessão) de crédito, de que carecem normalmente as empresas para o seu giro comercial, e pela qual o banco se dispõe a financiar o cliente[859]; e
– O (contrato de utilização de) cartão de crédito.

---

[859] Cfr. José Gabriel Pinto Coelho, *Operações de Banco. I. Depósito bancário. II. Abertura de Crédito*, 2ª ed., Petrony, Lisboa, **1962**, pp. 133-253, em especial pp. 137-146.

Este contrato, também designado "abertura de crédito em sentido próprio" – «pelo qual uma instituição de crédito se obriga a colocar dinheiro à disposição de um cliente, que este, mediante o pagamento do capital, de juros e de comissões, pode utilizar, à medida da sua conveniência, até um certo limite e em determinadas circunstâncias» (Ferreira de Almeida, *Contratos II*, cit., **2007**, p. 162) –, não se deve confundir com a abertura de crédito documentário, operação que «consiste *grosso modo* em promover por intermédio de um banco a execução de um contrato de compra e venda» comercial, encarregando o adquirente esse banco de proceder ao pagamento contra a apresentação «dos documentos representativos da mercadoria vendida, que constituem garantia do banco enquanto não é reembolsado pelo comprador» (Fernando Olavo, *Abertura de crédito documentário*, ed. autor, Lisboa, **1952**, pp. 8 e 94-95).

O contrato de abertura de crédito em sentido próprio é geralmente acompanhado de garantias pessoais por parte do cliente ou dos seus representantes legais, que assegurem

Para além destes contratos, outros há que, não surgindo logo no momento da constituição, vêm a integrar a relação estabelecida entre o banqueiro e o seu cliente[860]. Entre eles, cumpre salientar o contrato de conta-corrente bancária que é uma consequência lógica da movimentação da conta aberta e do depósito constituído. A conta-corrente bancária, sobre a qual nos debruçaremos adiante, traduz o funcionamento da conta aberta no banco, operando movimentos – a crédito e a débito – no depósito que lhe está associado e constituindo o reflexo patrimonial da relação contratual estabelecida entre o banqueiro e o seu cliente e existente em cada momento.

**IX.** No entanto, como vimos, o banco pode celebrar outros contratos com o cliente, com referência a essa conta ou independentemente dela.

A pluralidade de negócios que caracterizam o relacionamento entre o banqueiro e o seu cliente tem levado diversos autores a falarem num *contrato bancário geral*[861]. A referência a esta figura encontra a sua origem na Alemanha, onde a relação jurídica bancária assume contornos especialmente nítidos, por força da existência de um regime de cláusulas contratuais gerais específicas dos bancos: as *Allgemeine Geschäftsbedingungen die Banken* (*AGB-Banken*)[862].

---

o cumprimento das obrigações assumidas, enquanto o cliente não tem histórico no banco, por ser jovem ou por se tratar de entidade recém-constituída.

[860] Enunciando uma quinzena de tipos de contratos – que se formam com recurso a cláusulas contratuais gerais (indiferenciadas, porque o Direito nacional não conhece cláusulas bancárias) –, a que podemos acrescentar negócios bancários clássicos como o contrato de cofre-forte (para depósito de objectos e valores), MENEZES CORDEIRO, *Manual de Direito Bancário*, 3ª ed., cit., **2006**, p. 406.

[861] Cfr., por todos, António MENEZES CORDEIRO, «O "contrato bancário geral"», AA.VV., *Estudos de Direito Bancário*, FDUL / Coimbra Editora, **1999** (pp. 11-19), p. 11 (e bibliografia citada), e ANTÓNIO PEDRO FERREIRA, *Direito Bancário*, Quid Juris, Lisboa, **2005**, pp. 390-395, em especial a bibliografia citada, nesta última obra, na nota 633, na p. 391.

[862] As actuais cláusulas contratuais gerais dos bancos datam de 1993 (apresentando uma redacção de 2002) e foram aprovadas pela Associação Federal dos Bancos Alemães (*Bundesverband Deutscher Banken*). Com a mesma data (1993) foram também aprovadas as *AGB-Sparkassen* (cláusulas contratuais gerais das caixas económicas), alteradas em 2002.

Na doutrina que seguimos mais de perto, cfr. BÜLOW, *WechselG / ScheckG und AGB*, pp. 507-600, 624-647 (em especial pp. 535-560), CLAUSSEN, *Bank und Börsenrecht*, 3ª ed., cit., **2003**, pp. 95-96, KÜMPEL, *Bank– und Kapitalmarktrecht*, 3ª ed., cit., **2004**,

Relação entre o banqueiro e o seu cliente 395

As condições gerais bancárias (alemãs) proporcionam, no ordenamento jurídico alemão, uma unidade estrutural aos negócios jurídicos bancários que não encontramos no Direito português. Preferimos, pois, classificar a relação que se desenvolve entre o banqueiro e o seu cliente como *complexa*, por ser o qualificativo que melhor salvaguarda a autonomia formal dos diversos negócios envolvidos e as múltiplas combinações que estes podem proporcionar[863]. No contexto desta relação – e antes

pp. 18-245 (em especial pp. 23, 26-27, 49-140), Schimansky *et al.*, *Bankrechts-Handbuch*, vol. I, 2ª ed. cit., **2001**, pp. 65-83 (em especial, sobre o significado económico e jurídico do *AGB-Banken*, pp. 79-83) – com relevante capítulo (§5.) acerca dos efeitos das *AGB-Banken* e *AGB-Gesetz* (Lei das condições negociais gerais), segundo a Directiva Comunitária, sobre as cláusulas contratuais abusivas (pp. 84-125), análise detalhada das condições gerais negociais bancárias (*AGB-Banken*) (§§ 6 a 25, pp. 126-372) e transcrevendo as *AGB-Banken* (pp. 373-382) e as *AGB-Sparkassen* (pp. 383-393), mas sem a actualização de 2002 –, Schwintowski/Schäfer, *Bankrecht,* 2ª ed., cit. **2004**, pp. 14-19, 21-56 (em especial, pp. 14-15, 21-32).

Na doutrina portuguesa encontramos referências, naturalmente sucintas, a estas cláusulas em Menezes Cordeiro, *Manual de Direito Bancário*, 3ª ed., cit., **2006**, pp. 364--366, Calvão da Silva, *Banca, Bolsa e Seguros*, Tomo I, 2ª ed. cit., **2007**, pp. 161-207, em especial p. 163, e António Pedro Ferreira, *A Relação Negocial Bancária,* cit., **2005**, pp. 381-398, 404-406.

Sobre as anteriores condições gerais bancárias, elaboradas em 1955 e objecto de alterações em 1969, 1976, 1977 e 1984, vd. Hendrik Hefermehl, *Allgemeine Geschäftsbedingungen der Banken (AGB-Banken)*, Fritz Knapp, Frankfurt am Main, **1984**, em especial pp. 13-37 e 119-124.

No Direito espanhol, cfr. Fernando Sánchez Calero, «Condiciones generales en los contratos bancários», AA.VV., *Contratos bancarios*, Colegios Notariales de España, Madrid, s/d (mas dep. legal de 1996) (pp. 307-333), em especial pp. 308-319, 322-323.

[863] Optando presentemente por qualificar esta relação como "relação bancária geral" – cujo relevo entende corresponder «a uma exigência dogmática moderna» (p. 163) –, Menezes Cordeiro, no capítulo V da parte II do seu *Manual de Direito Bancário*, 3ª ed., cit., **2006**, pp. 163-197 (cfr. também p. 416), considerando não ser despropositado o apelo ao contrato bancário geral que se verificou na Alemanha no final do século passado (cfr. *ibid.*, p. 174) e que havia sido objecto da intervenção que efectuou no Seminário de Direito Bancário organizado pela FDL no final de 1997 precisamente sobre esse tema «O "contrato bancário geral"», AA.VV., *Estudos de Direito Bancário*, FDUL / Coimbra Editora, **1999** (pp. 11-19), na qual conclui, afirmando ser a abertura de conta «o actual "contrato bancário geral"» (p. 19).

Em estudo anterior («Concessão de crédito e responsabilidade bancária», *in Banca, Bolsa e Crédito* – Estudos de Direito Comercial e de Direito da Economia, I, Almedina, Coimbra, **1990**, pp. 9-61, publicado originalmente em 1987), Menezes Cordeiro utilizava a expressão que adoptamos – "relação bancária complexa" (cfr. p. 47) –, considerando

# 396     *Cheque e Convenção de Cheque*

de tratarmos da convenção de cheque que, pelas suas múltiplas implicações, não deixa de ser, porventura, a de maior interesse no plano dogmático –, importa fazer o ponto da situação no que respeita aos mais relevantes negócios jurídicos que a caracterizam.

## 14.2. Abertura de conta

### 14.2.1. *Caracterização e motivação*

**I.** Os diversos autores consultados[864] são unânimes em reconhecer que a abertura de conta representa o acto inicial constitutivo de uma relação contratual complexa, com natureza específica, tendencialmente duradoura. Trata-se do momento em que o cliente se deve identificar, dando a conhecer à sua contraparte – a instituição de crédito escolhida – os seus dados essenciais e o seu perfil financeiro e, com essa finalidade, preenchendo uma ficha que constituirá referência necessária do relacionamento encetado. Sendo dogmaticamente um negócio autónomo, porque reúne as características atinentes à sua validade, eficácia jurídica e subsistência sem actos complementares, é habitualmente acompanhada de um depósito em dinheiro ou em valores, o qual será a sustentação dos movimentos a efectuar relativamente à conta aberta.

**II.** Na base da abertura de conta encontra-se o desejo da instituição de crédito de ampliar a sua base de clientes e a vontade de um potencial cliente de iniciar um relacionamento contratual com um banco que reputa adequado aos seus interesses financeiros.

---

embora tratar-se «de um expediente linguístico que visa exprimir sequências de actos e negócios jurídicos celebrados entre o banqueiro e o seu cliente» (p. 50); e que, entretanto abandonou.

    Entre nós, criticando a noção de "contrato bancário geral", por não captar «a essência da relação corrente de negócios» e por falta de determinação do respectivo conteúdo, Manuel A. CARNEIRO DA FRADA, na sua dissertação de doutoramento, *Teoria de confiança e responsabilidade civil*, Almedina, Coimbra, **2004**, pp. 575-577 (nota 614).

    [864] Para além dos citados, *supra*, na nota 820, cfr. QUIRINO SOARES, «Contratos bancários», *SI*, t. LII, n.º 295, **2003** (pp. 109-128), p. 116.

Os potenciais clientes são enquadrados (ou segmentados, na linguagem bancária) em diversas categorias e, em relação a cada categoria – que, normalmente, toma por referência a capacidade financeira e o perfil (designadamente de risco) do cliente, com base na sua natureza jurídica (grande, pequena ou média empresa, outros institucionais e particulares) –, é frequente a instituição de crédito apresentar diversos tipos de contas e de gestão dos fundos que, pelas mesmas, são movimentados.

Por sua vez, o cliente quando escolhe o "seu banco", para além de o fazer com base em relações pessoais que, porventura, tenha com colaboradores da instituição e da simpatia, maior ou menor, que possa nutrir por uma determinada marca ou cultura, opta pela instituição de crédito que melhor satisfará os seus interesses, numa base de confiança, disponibilidade – nomeadamente no que se refere à concessão de crédito –, e preço/qualidade, não desprezando a importância relativa que possa ter na mesma (factor sempre determinante numa relação de clientela).

**III.** Da abertura de conta – acto com relevo muito simbólico na constituição da relação de clientela bancária – resultará, naturalmente, a definição e a referência de um relacionamento que ambas as partes desejam longo e profícuo. Não raro é ver que se trata de uma relação comercial que, por estar intimamente associada ao dinheiro, é geradora de estados de grande satisfação e desagrado.

### 14.2.2. *Regime jurídico*

**I.** Como já se viu, não há regras legais que sejam específica e exclusivamente aplicáveis ao contrato de abertura de conta.

No entanto, no quadro da prevenção do branqueamento de capitais – estabelecido pela Lei n.º 11/2004, de 27 de Março [que revogou o Decreto-Lei n.º 313/93, de 15 de Setembro (cfr. art. 55.º, n.º 1, *alínea b)*)] – encontramos regras que impõem a identificação adequada e completa do cliente no momento da abertura de conta (cfr. art. 3.º). Para além destas regras, apenas deparamos com exigências de carácter regulamentar que visam impor procedimentos comuns aos bancos na abertura de contas (de depósito), destinados também essencialmente a assegurar um adequado conhecimento dos clientes, para prevenção de situações de aproveitamento de contas bancárias para fins ilícitos.

398     *Cheque e Convenção de Cheque*

O Aviso n.º 11/2005 do Banco de Portugal (na sua versão actual constante do 2/2007) regula as condições gerais de abertura de contas de *depósito bancário* nas instituições de crédito que os podem receber e que se encontram sujeitas a supervisão (cfr. arts. 1.º, 2.º e 3.º). Resulta implicitamente do aviso que se as contas não se destinarem a depósitos os bancos não têm de tomar a mesma cautela.

**II.** Não sendo objecto de regulamentação exaustiva, para além da indicação dos procedimentos (de identificação) a observar quando a conta é constituída, é natural que os bancos pré-elaborem condições gerais de contratação[865], para assegurar a uniformização na conclusão destes contratos e que as regras aplicáveis à movimentação da conta – e do depósito que lhe está associado – constem desses formulários, que os clientes subscrevem, assinando-os, e exprimindo, desse modo, a sua adesão e vinculação às regras predispostas. Essas condições gerais – que abrem espaço para o recurso aos usos bancários e que remetem para a legislação aplicável – podem ser alteradas por comum acordo pelas partes, podendo ser configuradas de forma individualizada, por não resultarem de nenhuma imposição legal, e, episodicamente, podem ser objecto de modificação unilateral pelo banco para adaptação das suas condições a novas exigências legais, nomeadamente de segurança. Neste caso, o banco deve dar a conhecer com antecedência ao cliente as novas condições e permitir-lhe que, se ele não estiver de acordo com as mesmas, possa rescindir o contrato sem encargos. Se o cliente não se manifestar contra a alteração divulgada, a aceitação da nova redacção das cláusulas aplicáveis deve ter-se por consumada decorrido um prazo razoável, que não deverá ser inferior ao prazo previsto para o efeito nas condições vigentes.

---

[865] As cláusulas contratuais pré-impressas a que os bancos recorrem, na celebração do contrato inicial, para além de remeterem para as condições gerais de contratação do banco, no que respeita nomeadamente a preços dos seus serviços e taxas aplicáveis às operações a realizar, de aludirem ao sigilo a que o banco se encontra vinculado e de estabelecerem o foro e a lei competentes em caso de litígio, de eventualmente preverem a possibilidade de o banco compensar um eventual crédito dessa conta com um débito noutra conta do mesmo titular, contêm referências a aspectos de outros contratos que possam constituir um desenvolvimento desse acto, em especial no que respeita à eventual emissão de cartões, à possibilidade de concessão de crédito e à faculdade que o banco tem de não permitir a movimentação da conta através de cheques.

**III.** A dependência que a abertura de conta revela relativamente aos outros negócios, de que é sustentáculo e referência, conduz-nos a ter de procurar e encontrar nesses negócios (incluindo a convenção de cheque) aspectos de regime que são indissociáveis dos efeitos jurídicos da conta e que com ela se confundem.

Assim, as modalidades da conta coincidem, em regra, com as dos depósitos que lhes estão associados, sendo certo que uma mesma conta pode abranger diversos depósitos.

No que se refere à interacção da convenção do cheque com a conta a que se reporta é total, uma vez que a movimentação da conta, através de cheques, pressupõe a constituição de uma provisão, em geral através de um depósito efectuado nessa conta. Nessa medida, o regime jurídico da convenção estender-se-á à regulamentação da conta, no que respeita à sua movimentação por cheques.

A este propósito assume particular relevância a assinatura da ficha bancária (que deve ser microfilmada, para verificação em qualquer estabelecimento do banco) – que não devemos confundir com a subscrição das cláusulas contratuais gerais que regulam a abertura de conta –, na qual o cliente apõe o nome escrito por si pela forma que considerar mais adequada para movimentar a conta à distância[866], nomeadamente através do saque de cheques que devem levar aposta a mesma assinatura. Por essa razão, na prática revela-se aconselhável que a assinatura dessa ficha não coincida necessariamente com a assinatura (do cliente) constante do respectivo documento de identificação e facilmente cognoscível por terceiros.

A ficha da conta, que não tem de ser necessariamente preenchida se a conta for exclusivamente movimentada a débito com base num cartão dessa natureza, estabelece a ligação entre a abertura de conta e a convenção de cheque, sendo, a par do fornecimento de módulos, pelo banco, o elemento que exprime a conclusão deste negócio.

**IV.** Por último, refira-se que o fecho da conta arrasta todos os contratos que foram criados no seu âmbito e que a tomaram por referência, como sucede com a convenção de cheque, uma vez que desaparece a conta até aí movimentável por cheque. Caso se verifique apenas o bloqueio da conta, por notificação judicial, por morte do cliente ou a seu

---

[866] A ficha, identificando a assinatura do cliente, serve também para verificar a autenticidade das instruções, nomeadamente de transferência, que ele transmitir ao banco à distância.

400        *Cheque e Convenção de Cheque*

pedido, os efeitos dos contratos associados ficarão suspensos até que a conta seja desbloqueada. O mesmo se passa quanto ao cliente insolvente que, sendo titular de uma conta, deixará de a poder movimentar (cfr. art. 81.º, n.º 1 do CIRE).

As cláusulas contratuais que regulam a abertura de conta e os principais aspectos do respectivo regime devem prever o cancelamento unilateral da conta pelo banqueiro e o prazo de pré-aviso que ele deverá conceder ao cliente, e que variará consoante a dependência que se verifique de pagamentos por débito e de transferências a crédito, que devem assim ser recolocados. Daí que, em certas circunstâncias, poderá ter de ser respeitado um prazo superior ao contratualmente previsto.

Por sua vez – na falta de específica regra contratual –, o cliente poderá pôr termo à conta quando o entender, devendo permitir que sejam liquidadas as responsabilidades (pagamentos) pendentes e suspender previamente os movimentos que à mesma se reportam, comunicando ao banco que pretende encerrar a conta[867].

### 14.2.3. *Abertura de conta forçada; serviços bancários mínimos*

A lei, em certos casos, impõe que os bancos sejam obrigados a abrir contas, sem poderem para o efeito exigir determinados objectivos, frequentemente traduzidos em saldos médios ou no especial conhecimento do cliente.

Pretende assegurar-se que todos os cidadãos tenham acesso a uma conta bancária, que sirva para o relacionamento financeiro com o Estado e a entidade patronal, para efeitos de se proceder a pagamentos.

Nesse sentido, foi aprovado um diploma (Decreto-Lei n.º 27-C/ /2000, de 10 de Março), nos termos do qual os bancos que celebrarem com o Estado um determinado protocolo ficam obrigados a abrir contas a quem não tenha logrado obter a abertura de conta bancária, garantindo com referência às mesmas *serviços bancários mínimos*, os quais deverão ser prestados por débito em linha.

Focámos esta espécie de conta bancária por representar a antítese da conta movimentável pelo recurso ao cheque baseado numa convenção.

---

[867] Neste sentido, e apoiando-se na «aplicação directa ou analógica dos artigos 349.º do Código Comercial e 777.º, n.º 1 do Código Civil», Menezes Cordeiro, *Manual de Direito Bancário*, 3ª ed., cit., **2006**, p. 448.

*Relação entre o banqueiro e o seu cliente* 401

Se o banco não tem, por força da sua adesão ao protocolo, possibilidades de recusar a abertura de conta, ele não se disporá a fornecer módulos a esse cliente, porque não quererá correr o risco de pagamento dos cheques que ele possa sacar sem provisão até € 150,00 (*inclusive*) cada.

### 14.2.4. *Modalidades de contas bancárias*

**I.** Não nos deteremos na sistematização e desenvolvimento das classificações das possíveis modalidades de contas bancárias. Tal caberia a um estudo específico sobre este contrato.

Importa recordar apenas que as contas se podem classificar, quanto à sua titularidade, em singulares e colectivas, sendo as primeiras a que respeitam a uma única pessoa (singular ou colectiva) e as segundas agregando diversos sujeitos, em regra pessoas físicas. No que respeita a estas últimas, as contas serão *conjuntas* se deverem ser movimentadas por todos os titulares, *mistas* se o tiverem de ser por mais de um sujeito (a maioria dos titulares ou, pelo menos, dois deles) ou *solidárias* quando qualquer dos clientes as puder movimentar[868]. Mesmo quando está em causa a titularidade das contas, o respectivo regime projecta-se no modo da sua movimentação e, em especial, dos depósitos que as consubstanciam.

**II.** Quando lhe está associado um depósito, como quase sempre sucede, o acordo entre o banqueiro e os seus clientes deve prever especificamente as condições de movimentação da conta[869]. Por isso, outras

---

[868] Sobre as modalidades das contas bancárias, cfr. CALVÃO DA SILVA, *Direito Bancário*, cit., **2001**, pp. 344-345 – que as distingue das modalidades de depósitos (pp. 346-347) –, e JOSÉ MARIA PIRES, *Direito Bancário*, 2.º vol. cit., pp. 143-151.

[869] A movimentação dos fundos depende essencialmente do regime do depósito bancário e, sendo este a prazo, da possibilidade de antecipação do respectivo vencimento, ainda que sujeita a eventual penalização.

Questão diversa é a que se refere à eventual necessidade de acordo (entre as partes) para viabilizar a movimentação da conta (bancária) por terceiro. Se as condições contratuais forem omissas a este respeito, não estabelecendo restrições à movimentação da conta, deveremos entender ter o cliente a faculdade de constituir eventual mandatário para o efeito, devendo desse facto dar oportuno conhecimento ao banco, para que este registe o terceiro como seu procurador, obtendo a respectiva assinatura se o conhecimento antecipado da mesma for necessário para a movimentação da conta. Neste sentido, cfr. Maria Paula GOUVEIA ANDRADE, *Da autorização para movimentação de contas de depósito à ordem* (Um problema de responsabilidade civil do comitente), Elcla, Porto, **1991** (pp. 9-40), pp.17-18.

modalidades têm por base o critério relativo à forma de levantamento dos fundos. As mais comuns são as contas à ordem, em que os fundos depositados se encontram permanentemente ao dispor do respectivo titular, e as contas a prazo, com diversas subespécies consoante a movimentação antecipada do depósito relativamente ao prazo convencionado seja, ou não, possível e, sendo-o, haverá de ponderar-se a penalização aplicável.

São ainda possíveis muito mais tipos, designadamente contas com pré-aviso, em que os levantamentos a efectuar têm de ser comunicados ao banco com antecedência.

Em qualquer circunstância, quando falamos destas modalidades de contas bancárias temos em mente que elas implicam, em regra, a constituição de um depósito[870], contrato base da prática bancária, que é constituído pelos fundos que o titular da conta irá movimentar através de cheque. Se este pode existir sem o depósito, caso o banco autorize o saque a descoberto, em regra o depósito é pressuposto da convenção de cheque que não tem sentido sem que a conta necessariamente aberta junto de um banco seja provisionada, para poder ser movimentada com recurso ao cheque (entre outros instrumentos de pagamento). Vejamos, então, de modo necessariamente breve, como se caracteriza este contrato.

## 14.3. Depósito

### 14.3.1. *Enquadramento*

**I.** Vimos já em que contexto se forma o contrato de depósito, normalmente associado à abertura de conta (bancária). Como iremos agora verificar, o depósito é o contrato-quadro da relação existente entre o banqueiro e o seu cliente e, em regra, dá origem à chamada provisão, isto é, alberga os fundos que o cliente coloca no banco[871], para que este possa à custa dos mesmos proceder ao cumprimento de instruções (de pagamento) que aquele lhe transmite[872]. E é com a abertura de conta e o

---

[870] Por essa razão são habitualmente referenciadas a propósito dos depósitos bancários. Cfr. MENEZES CORDEIRO, *Manual de Direito Bancário*, 3ª ed., cit., **2006**, p. 478-479, SARAIVA MATIAS, *Direito Bancário*, cit., **1998**,p. 99.

[871] Ou que este assegura que lhe sejam creditados.

[872] Sobre o contrato de depósito bancário, para além da literatura geral, cfr. (por ordem alfabética do último apelido), José IBRAIMO ABUDO, *Do Contrato de Depósito*

depósito – que normalmente lhe está associado – que se inicia a relação contratual bancária e se desenvolve a chamada conta-corrente bancária, formada pelos sucessivos movimentos registados a débito e a crédito, consistindo numa das formas principais, mas não indispensável, da disposição dos fundos através do cheque.

**II.** O depósito bancário não é objecto de regulamentação legal com carácter geral. As normas do Código Comercial sobre o contrato de depósito mercantil remetem para os usos bancários (os *estatutos* dos bancos, a que se refere o art. 407.º do Código Comercial), ou seja, para a prática negocial, onde se tem paulatina e gradualmente formado a matriz contratual que regula este contrato bancário.

Dispersos na legislação encontramos diversos diplomas e disposições legais, nuns casos correspondendo à disciplina de modalidades de depósito que se caracterizam pelo prazo e modo do seu vencimento[873], noutros referindo-se à disponibilização dos saldos dos depósitos em numerário e

---

*Bancário*, Almedina, Coimbra, **2004**, p. 99-101, Carlos LACERDA BARATA, «Contrato de Depósito Bancário», AA.VV., *Estudos em Homenagem ao Prof. Doutor Inocêncio Galvão Telles*, vol. II – Direito Bancário, Almedina, Coimbra, **2002** (pp. 7-66), pp. 9-10 (sintetizando as modalidades de depósito a pp. 15-19), PAULA Ponces CAMANHO, *Do contrato de depósito bancário*, Almedina, Coimbra, **1998**, pp. 69-73 e 93-98, PINTO COELHO, *Operações de Banco*, 2ª ed. cit., **1962**, pp. 11-12, MENEZES CORDEIRO, *Da Compensação no Direito Civil e no Direito Bancário*, cit., **2003**, pp. 213-227, em especial pp. 221-227 (texto retomado no seu *Manual de Direito Bancário*, 3ª ed., cit., **2006**, p. 469- 482, em especial pp. 477-482), CONCEIÇÃO NUNES, «Depósito e Conta», cit., **2002** (pp. 67-88), em especial pp. 70-79, José SIMÕES PATRÍCIO, *A operação bancária de depósito*, Elcla, Porto, **1994**, pp. 14-16, e ANTUNES VARELA, «Depósito bancário. (Depósito a prazo em regime de solidariedade – Levantamento antecipado por um contitular)», *RB*, n.º 21, **1992** (pp. 41-75), pp. 45-58, 61-63 e 65-68.

Na recente doutrina estrangeira, vd., pela sua acessibilidade – com excelente sistematização –, a dissertação de doutoramento de MADRAZO LEAL, *El depósito bancário a la vista*, Civitas, Madrid., **2001**, em especial pp. 25-84, e o estudo de José Luis GARCIA--PITA Y LASTRES, «Depósitos bancarios y protección del depositante», AA.VV., *Contratos bancarios*, Colegios Notariales de España, Madrid, s/d (mas dep. legal de 1996) (pp. 119--266), em especial pp. 120-145 e 179-220, com ampla referência aos ordenamentos estrangeiros (pp. 128-145).

[873] Cfr., por exemplo, Decreto-Lei n.º 430/91, de 2 de Novembro (que estabelece o regime geral das contas de depósito).

Sobre a representação de depósitos por certificados de depósito nominativos – transmissíveis por endosso –, cfr. art. 2.º, n.º 1 do Decreto-Lei n.º 372/91, de 8 de Outubro (red. do DL 387/93, de 20 de Novembro).

em cheque (cfr. arts. 4.º e 5.º do Decreto-Lei n.º 18/2007, de 22 de Janeiro), e noutros ainda resultando de interesses de carácter adjectivo, designadamente de natureza processual [caso, por exemplo, da regra processual sobre *penhora de depósitos bancários* (cfr. art. 861.º-A do CPC)] ou fiscal – depósitos especiais correspondentes às "contas poupança"[874].

A estes preceitos há ainda que acrescentar a referência ao depósito bancário do art. 155.º, n.º 3 do Regime Geral das Instituições de Crédito e Sociedades Financeiras – a propósito do Fundo de Garantia de Depósitos –, que associa inevitavelmente o depósito à ideia do produto resultante da conta-corrente bancária a que respeita, caracterizando-o como «*os saldos credores que, nas condições legais e contratuais aplicáveis, devam ser restituídos pela instituição de crédito e consistam em disponibilidades monetárias*[875] *existentes numa conta ou que resultem de situações transitórias decorrentes de operações bancárias normais*».

O RGIC avança com uma noção de depósito bancário relevante para efeito do Fundo de Garantia de Depósitos, procurando delimitar o direito de crédito do respectivo titular. No cômputo relevante para o efeito, importa considerar o saldo contabilístico da conta que consubstancia, formado pela diferença positiva entre os créditos e os débitos lançados, correspondentes aqueles ao numerário e à moeda escritural (transferências) creditada.

Vamos, sucintamente, neste número proceder à breve caracterização do depósito como contrato que se pode associar ao negócio bancário nuclear e que normalmente o acompanha, assumindo papel de incontestável relevo no âmbito da relação contratual complexa.

### 14.3.2. *Conceito*

**I.** O depósito bancário é, em sentido lato, o contrato pelo qual um indivíduo ou uma entidade, a que chamamos depositante[876], entrega à guarda de um banco, que é o depositário, uma determinada quantia em

---

[874] Os chamados **planos de poupança** que se consubstanciam em contas de depósito especiais – nomeadamente poupança-reforma ou reformado (PPR) ou educação (PPE), poupança-habitação e poupança-condomínio –, cujos benefícios fiscais tendem a extinguir-se.

[875] Este conceito abrange também a moeda escritural, resultante de transferências.

[876] As partes neste contrato são quem solicita a guarda (custódia, no significado tradicional) do bem e quem aceita que o mesmo lhe seja entregue com essa finalidade,

Relação entre o banqueiro e o seu cliente

dinheiro – ou outros bens fungíveis ou infungíveis com valor –, para que este a restitua quando aquele a reclamar[877]/[878], devendo eventualmente remunerar a disponibilidade que teve dos bens depositados.

Nestes termos amplos, o depósito bancário surge como uma forma de segurança do dinheiro e outros valores de diferente natureza – tais como títulos ou bens, envolvendo eventualmente a utilização de cofres-fortes – e mais tarde passa a ser remunerado, constituindo os fundos que os bancos vão poder utilizar no exercício da respectiva actividade creditícia[879].

Em *sentido estrito*, o contrato de depósito resume-se, de acordo com o art. 1185.º do Código Civil, na entrega de dinheiro à guarda do banco, quer o mesmo seja em notas e moedas metálicas, quer seja em cheques ou outros instrumentos com poder liberatório pleno. No entanto, neste sentido estrito, o depósito bancário não constitui um contrato de depósito na acepção técnica da palavra, porque o depositário não fica obrigado a restituir o bem depositado[880].

**II.** Enunciados os conceitos de depósito bancário facilmente podemos antecipar que a fungibilidade dos bens que dele são, normalmente[881],

---

podendo acordar na utilização desse bem, de modo a aproveitar as suas qualidades, antes de proceder à restituição a que se encontra obrigado. O depositante não tem de ser necessariamente o titular do depósito, embora seja, no âmbito do contrato, a pessoa interessada na entrega de fundos em favor da sua conta de depósito. Outras pessoas podem proceder a depósitos de quantias na conta e designam-se também, por essa razão, *depositantes*, motivo pelo qual o termo é «ambíguo» (CONCEIÇÃO NUNES, «Depósito e Conta», cit., **2002**, p. 68, nota 1).

[877] Cfr. PAULA Ponces CAMANHO, *Do contrato de depósito bancário*, cit., **1998**, p. 69, e Michel de JUGLART / Benjamin IPPOLITO, *Traité de Droit Commercial*, T. 7, *Banques et Bourses*, 3ª ed. por Lucien M. MARTIN, Montchrestien, Paris, **1991**, pp. 151-152.

[878] Por isso não devem ser considerados depósitos, não obstante a sua qualificação como tal pelos operadores, certos instrumentos ou produtos bancários estruturados de captação de fundos, cuja rentabilidade é indexada a outros instrumentos financeiros, sem garantia do capital investido, já que este último aspecto retira a característica estrutural do depósito que consiste no reembolso do capital depositado.

[879] Cfr. LACERDA BARATA, «Contrato de Depósito Bancário», cit., **2002** (pp. 7-66), distinguindo depósito em cofre de segurança, depósito de títulos e depósito pecuniário (pp. 10-12).

[880] Mesmo no depósito de títulos, o depósito quando ocorre com referência a grandes sociedades já pressupõe a fungibilidade, pelo que a entidade depositária apenas é obrigada a restituir o mesmo número de títulos referentes à mesma entidade.

[881] Afastamos naturalmente desta ideia o depósito (bancário) em cofre-forte. Sobre este contrato, cfr. GÁLVEZ DOMÍNGUEZ, *Régimen jurídico del servicio bancario de cajas de seguridad*, Comares, Granada, **1997**, em especial pp. 29-35 e 47-53.

objecto obriga a uma re-ponderação do contrato romanístico de depósito, cuja formação está necessariamente dependente da entrega física do bem para guarda (depositado) e que o depositário fica obrigado a devolver ao cliente (depositante).

O depósito bancário moderno, de pura moeda escritural, obriga a repensar o contrato civil que classicamente impunha que os bens depositados – e não um montante equivalente dos mesmos – fossem restituídos ao depositante, limitando-se o depositário a conservá-los. A rentabilização desses bens, através da sua disponibilização, sob a forma de crédito, a terceiros, altera definitivamente a natureza do depósito. Assim, diversamente do que sucedia com o depósito de bens (infungíveis), efectuado com a finalidade de ulterior devolução do objecto depositado, cuja propriedade se conservava na esfera jurídica do depositante, o dinheiro que – na forma de numerário ou de moeda escritural – é depositado pode ser utilizado pelo banqueiro (depositante) no exercício da sua actividade de concessão de crédito, ficando o banqueiro apenas obrigado a devolver ao cliente (depositante), montante equivalente ao recebido eventualmente deduzido de despesas incorridas com a guarda do dinheiro ou acrescido dos juros que entretanto se venceram e forem devidos.

**III.** A importância do depósito bancário mantém-se actual, reconduzindo-se este contrato a uma «modalidade de recepção de fundos reembolsáveis»[882], na conta bancária oportunamente aberta com essa finalidade.

Chamamos a este contrato *base* não apenas por nele assentarem efectivamente os mais importantes contratos e operações bancárias, mas por representar também a concretização do factor decisivo na diferenciação das instituições de crédito (e dos bancos em especial) relativamente a outras entidades – nas quais os clientes poderão também ter contas, mas não depósitos de fundos reembolsáveis –, contribuindo desse modo para a caracterização dos bancos em relação às demais sociedades financeiras. E esse elemento distintivo e único nas instituições de crédito, respeitante à sua aptidão para a captação de fundos ou constituição de depósitos, é determinante na definição dos bancos e dos contratos que, com base no depósito, podem ser com eles celebrados.

Nessa medida, e embora a provisão sobre a qual tem de ser sacado um cheque não tenha de ser necessariamente constituída por um depósito,

---

[882] CONCEIÇÃO NUNES, «Depósito e Conta», cit., **2002** (pp. 67-88), pp. 67 e 69.

mas resultar de uma abertura de crédito, a verdade é que ela é quase sempre alimentada por depósitos de dinheiro que os cheques vão, precisamente, movimentar. E estes, como também já foi evidenciado, só podem ser sacados sobre bancos (e outras instituições de crédito).

### 14.3.3. *Depósito de fundos e conta bancária*

**I.** A conta bancária pode ser aberta ou constituída sem se efectuar qualquer depósito[883], passando a funcionar, neste caso, com base no crédito que o banco disponibilizar ao cliente, podendo fazê-lo basicamente de dois modos diferentes: ou lhe concede um *plafond* dentro de cujos limites se compromete a pagar todos os débitos, suportando o cliente os encargos à medida que for necessitando dos fundos, ou provisiona a conta com uma determinada quantia, ficando o cliente, desde logo, responsável por essa quantia e com a sua disponibilidade total. Trata-se da chamada "abertura de crédito" (ou de "linha de crédito"), forma de concessão de crédito bancário consubstanciada, precisamente, na abertura de uma conta (com características e modos de movimentação específicos) em nome de um titular que, não obstante, não efectua qualquer depósito no acto de abertura da conta[884].

---

[883] Já o contrário não é possível, ou seja, não há depósito bancário sem prévia abertura de conta. «Todo o depósito implica a abertura de uma conta junto da instituição de crédito receptora» (CONCEIÇÃO NUNES, «Depósito e Conta», cit., **2002**, p. 73).

[884] A **abertura de crédito**, gerando para o banco a obrigação de manter à disposição do cliente, por um certo período de tempo, uma determinada quantia em dinheiro, para que este a utilize *se quiser, quando quiser e nas quantidades que quiser* até ao montante do limite do crédito (acordado), apresenta uma específica função económica face ao mútuo tradicional, uma vez que proporciona uma rigorosa adequação do crédito às específicas necessidades do cliente, pela exacta correspondência temporal entre o momento da efectiva atribuição do crédito e da sua utilização, sendo os juros devidos limitados ao período de utilização efectiva do crédito e apenas sobre a quantia efectivamente utilizada, não obstante o montante ou limite da linha de crédito poder ser muito superior ao valor de que o cliente vem realmente a dispor. A possibilidade de reconstituição permanente do montante do crédito através de reembolso parcial (*revolving credit*) – na modalidade de abertura de crédito em conta-corrente – confere-lhe, além do mais, uma flexibilidade que faz da abertura de crédito um instrumento fundamental da vida empresarial, pela segurança que representa e pela rigorosa adequação às necessidades do empresário a quem é disponibilizada. A abertura de crédito é, na maioria dos casos, celebrada em conta-corrente, isto é, com convenção de utilização por *tranches*, de acordo

Mas estas situações correspondem a casos excepcionais. O depósito bancário forma-se, em regra, pela entrega de dinheiro ao banco, vindo a confundir-se com a conta bancária cuja movimentação sustenta e a que se encontra associado. Neste caso, tecnicamente, a conta assume correntemente o resultado do depósito, sob a forma de saldo (normalmente credor) relativo à posição jurídica do cliente, revelando a posição necessariamente coincidente com o valor do depósito (à ordem) que lhe é inerente: Daí que a conta represente o direito de crédito do cliente sobre o banco correspondente ao saldo do depósito[885].

O cliente deverá, pois, no seu interesse – de simples custódia, para rentabilização, como caução, ou para mera sustentação de movimentação de conta e para poder efectuar pagamentos a partir do banco – proceder ao depósito de fundos no banco[886].

**II.** Não importa, neste trabalho, caracterizar desenvolvidamente os depósitos bancários[887] – consoante sejam à ordem, também classicamente[888] chamados "à vista", a prazo, com pré-aviso ou com componentes mistas[889] –, mas apenas evidenciar que este contrato-base, *assistindo*, pelo

---

com as exactas necessidades do cliente (quantidade e momento) e com cláusula *revolving*, configurando-se como um contrato normativo, na leitura de CALVÃO DA SILVA (*Direito Bancário*, cit., **2001**, pp. 365-367), e definitivo e autónomo, «pertencente à categoria dos contratos de troca onerosa de dinheiro», no entendimento de FERREIRA DE ALMEIDA (*Contratos II – Conteúdo. Contratos de troca*, cit., **2007**, p. 163). JOSÉ MARIA PIRES (*Direito Bancário*, 2.º vol. cit., pp. 209-210) atribui-lhe a natureza de contrato *sui generis*, enquanto ORLANDO GOMES (*Contratos,* 7ª ed., Forense, Rio de Janeiro, **1979**, p. 401) considera que se trata de um contrato bancário autónomo e típico, não obstante a ausência de disciplina legal, dispensando-se por conseguinte de tomar parte na discussão sobre a natureza jurídica da abertura de crédito.

[885] Afirmando peremptoriamente – com base num raciocínio que podemos considerar análogo ao sinteticamente exposto no texto – que «a conta representa o depósito», CONCEIÇÃO NUNES, «Depósito e Conta», cit., **2002** (pp. 67-88), pp. 73-75 e 84-88, em especial p. 73.

[886] Sobre os fundos reembolsáveis, vd. CONCEIÇÃO NUNES, «Recepção de Depósitos e/ou Outros Fundos Reembolsáveis», AA.VV, *Direito Bancário*. Actas do Congresso Comemorativo do 150.º aniversário do Banco de Portugal, Supl. da RFDUL, Coimbra Editora, **1997** (pp. 43-65), pp. 60-65, e «Depósito e Conta», cit., **2002** (pp. 67-88), pp. 71-73 e 69.

[887] Sobre as modalidades e tipos de depósito bancário, cfr. MENEZES CORDEIRO, *Da Compensação no Direito Civil e no Direito Bancário*, cit., **2003**, pp. 222-224.

[888] Cfr. PINTO COELHO, *Operações de Banco*, 2ª ed. cit., **1962**, p. 12.

[889] Tão pouco constitui objectivo deste trabalho o desenvolvimento da caracterização das operações de banco em operações de crédito – nestas incluídas as passivas (*maxime*,

Relação entre o banqueiro e o seu cliente

menos na sua forma mais simples de depósito à ordem, ao início da relação entre o banqueiro e o cliente, em regra por iniciativa deste, explica todos os outros contratos que integram a complexa relação contratual entre o banco e o cliente. E, entre eles, ocupa lugar saliente a convenção de cheque, que permitirá precisamente movimentar o depósito, como provisão da conta a que se reporta, e cujo regime resulta da "convenção de depósito", que é objecto de regulamentação nas cláusulas contratuais gerais que regem a abertura de conta ou que dela constituem anexo[890].

### 14.4. A conta-corrente bancária

**I.** Antes de estabelecer a adequada ligação entre os contratos de abertura de conta e de conta-corrente bancária importa introduzir algumas precisões no que se refere a este contrato.

Trata-se de um conjunto de actos que correspondem a um desenvolvimento específico da conta-corrente comercial, embora se discuta se não a terá, de facto, antecedido[891]. Esta conta-corrente, tendo uma origem contabilística – que remonta a mais alta Antiguidade –, assumiu natureza contratual definida no século XIX[892]. Em Portugal, foi objecto de regulamentação no Código Comercial de 1888, com influência do Código Comercial italiano de 1882, preenchendo os sete artigos do título VII do livro II (arts. 344.º a 370.º).

No plano geral, a conta-corrente é o contrato aplicável às relações comerciais entre credor (fornecedor) e devedor (cliente), no âmbito de um contrato de fornecimento [ou de negociação (da transmissão) de

---

o depósito) e as activas (como os empréstimos, a abertura de crédito, o desconto) – e serviços (como as transferências, exercício de mandatos diversos), operações neutras ou (serviços de) de gestão e operações acessórias (como a custódia de valores, locação de cofres-fortes, câmbios).

Sobre o depósito e a abertura de crédito, vd. PINTO COELHO, *Operações de Banco*, 2ª ed. cit., **1962**, pp. 8-10, e PAULA CAMANHO, *Do contrato de depósito bancário*, cit., **1998**, pp. 27-29, 53-58.

[890] O depósito, mais palpável no passado, pela sua componente real, cede a sua primazia à abertura de conta. Reconhecendo esta evidência, SIMÕES PATRÍCIO, *Direito Bancário Privado*, cit., **2004**, pp. 262-263.

[891] Nesse sentido, MENEZES CORDEIRO, *Manual de Direito Bancário*, 3ª ed., cit., **2006**, p. 418.

[892] Cfr. MENEZES CORDEIRO, *Manual de Direito Bancário*, 3ª ed., cit., **2006**, p. 418.

quaisquer valores (cfr. art. 345.º do CCom)], exprimindo o "deve" e o "(há-de) haver" desse contrato (cfr. art. 344.º do CCom), que se prolonga no tempo e corresponde a uma sucessão de actos desfavoráveis e favoráveis ao correntista. A sua finalidade essencial é permitir a compensação entre os diversos movimentos lançados nessa conta (cfr. art. 346.º, n.º 3.º do CCom), que documenta a relação comercial existente entre dois sujeitos, de modo que (só) o respectivo resultado (saldo) seja exigível pelo credor (cfr. art. 346.º, n.º 4.º do CCom)[893], sendo, pela construção jurídica que convoca, muito mais do que uma mera escrituração contabilística de entradas e saídas[894].

A vantagem deste tipo contratual é, consequentemente, evitar que os movimentos que o formam dêem lugar a inúmeras liquidações autónomas.

**II.** A conta-corrente bancária, por sua vez, constitui o reflexo do relacionamento contratual entre o banqueiro e o seu cliente, com referência a uma conta aberta no estabelecimento daquele, sendo uma espécie do género "conta-corrente comum". Representa, por isso, o *balanço* da relação existente entre um banco e o seu cliente (com referência a uma conta individualizada) – balanço que deve espelhar em cada momento os movimentos, a débito e a crédito, dessa conta – correspondente ao saldo pontualmente determinado.

Quando o cliente abre uma conta bancária e efectua um depósito nessa conta, acorda com o banco na respectiva movimentação a débito e a crédito, efectuando pagamentos e levantamentos com base no dinheiro depositado e procedendo a novos depósitos na conta, para reforço dos respectivos fundos e, consequentemente, do saldo (credor)[895].

Nesses termos, os cheques sacados sobre a conta serão na mesma (isto é, na respectiva "conta-corrente") debitados, ficando por satisfazer

---

[893] De onde se deduz o efeito *novatório* da conta-corrente, embora mitigado pelo parágrafo único do art. 346.º do CCom, que, para além do efeito extintivo da obrigação principal que produz, extingue igualmente as obrigações acessórias, como as garantias ligadas à obrigação extinta. Neste sentido, JOSÉ MARIA PIRES, *Direito Bancário*, 2.º vol. cit., p. 153.

[894] ARNALDO RIZZARDO, *Contratos de Crédito Bancário*, 5ª ed., Revista dos Tribunais, São Paulo, **2000**, p. 71.

[895] A conta em movimento exprime em cada momento o valor das disponibilidades do cliente (junto do banco), devendo nela serem lançadas a débito e a crédito as operações realizadas.

*Relação entre o banqueiro e o seu cliente*  411

(sem provisão) se o saldo for insuficiente, salvo se o banco autorizar prévia[896] ou pontualmente um descoberto na conta.

**III.** Autonomizando-se e distinguindo-se da abertura de conta[897] e do depósito bancário[898], a conta-corrente bancária tem uma específica expressão contabilística, não sendo, porém, objecto de regulamentação legal no nosso País[899]. Não obstante, é possível traçar-lhe um regime socialmente típico. Assim:

– É um contrato estabelecido entre dois sujeitos específicos: o banqueiro e o seu cliente;
– Pressupõe a prévia abertura de conta, negócio que dá início à relação contratual bancária, mas de que se autonomiza;
– Envolve o lançamento a crédito e a débito de todos os movimentos que se reportem à conta aberta, qualquer que seja a sua fonte negocial, expressos em unidades monetárias correntes, em conformidade com modelo estruturado pelo banqueiro;
– Em regra, o cliente é o credor do resultado desses lançamentos – que se designa por saldo[900] –, que, devendo ser permanentemente

---

[896] A autorização prévia de saque a descoberto conduz à distinção entre saldo disponível – correspondente aos meios que o cliente pode usar licitamente (incluindo crédito que lhe seja concedido) – e saldo contabilístico, exclusivamente formado pelas disponibilidades efectivas de uma determinada conta.

[897] Integrando-a nesse contrato, depois de um meritório esforço de autonomização dogmática, MENEZES CORDEIRO, *Manual de Direito Bancário*, 3ª ed., cit., **2006**, pp. 426-427 e 428 (nota 1073 *in fine*).

Especialmente relevante, relativamente à sua autonomização da abertura da conta a que respeita, é o resultado da conta correspondente ao saldo das operações inscritas e que se sobrepõem aos créditos que o antecedem.

Fazendo corresponder a conta-corrente bancária à abertura de conta, mas revelando uma percepção adequada da realidade prática da banca, LUÍS BRANCO, «Conta corrente bancária» cit., **1996**, pp. 35 e 37-38.

[898] Sobre a progressiva autonomização da conta-corrente em relação ao depósito e a sua conversão de pacto acessório em contrato principal, vd. GARRIGUES, *Contratos Bancários*, cit., **1958**, p. 123.

[899] Diversamente do que sucede em Itália, por exemplo (cfr. arts. 1852 a 1857 do CCIt).

[900] Este é o resultado do «fluxo contínuo de compensações anómalas» [MENEZES CORDEIRO, *Da Compensação no Direito Civil e no Direito Bancário*, cit., **2003**, p. 244, e anteriormente, mas sem considerar *anómalas* as compensações, no estudo «Depósito Bancário e Compensação», AA.VV., *Estudos em Homenagem ao Prof. Doutor Inocêncio Galvão Telles*, vol. II – Direito Bancário, Almedina, Coimbra, **2002** (pp. 89-102), p. 92].

actualizado, é o produto pontual do encontro dos débitos e créditos processados na conta e deve estar sempre disponível;
– Deve ser verificável pelo cliente através de informação periodicamente distribuída ou disponibilizada, sob a forma de extracto (da conta), que se tem por tacitamente aprovado decorrido um determinado período sobre a sua recepção ou conhecimento.

**IV.** A conta-corrente bancária é, em nossa opinião e concluindo, o produto (somatório) e o espelho contabilístico de todos os contratos activados entre o banco e o cliente com referência a uma determinada conta – e com os quais não se confunde, apesar de espelhar as operações em que se consubstanciam[901] –, reflectindo, em cada momento, a variação dos depósitos feitos e as operações que lhe estão indexadas, e correspondendo, assim, ao resultado do giro bancário[902], entendido no sentido lato de *serviços de caixa*, a que se referem alguns autores[903]. Representando o desenvolvimento da conta bancária, tanto mais significativo quanto maior for o número de contratos por ela documentados, e correspondendo ao funcionamento da conta bancária, ela equivale à faceta dinâmica da abertura de conta. É um elemento necessário da conta, mas não do

---

[901] Autonomizando a conta-corrente bancária dos demais contratos, SÁNCHEZ CALERO/SÁNCHEZ CALERO GUILARTE, *Instituciones de Derecho Mercantil II*, 29ª ed., cit., **2006**, p. 392.

[902] Não utilizamos a expressão com o mesmo sentido de MENEZES CORDEIRO, *Manual de Direito Bancário*, 3ª ed., cit., **2006**, pp. 428 – onde autonomiza giro bancário de serviço de caixa – e 429-437, nas quais aborda as transferências. O giro bancário, a que MENEZES CORDEIRO se refere, afigura-se corresponder ao contrato de transferência. Cfr., *ibid.*, pp. 429-430.

[903] A conta-corrente bancária não consiste, em nossa opinião no *serviço de caixa*, como pretende LUÍS BRANCO, «Conta corrente bancária», cit., **1996**, pp. 48-53 [que considera que o serviço de caixa integra o conteúdo da conta-corrente (pp. 59-60), definindo conta corrente bancária como «o contrato em virtude do qual o banco se obriga perante o cliente a, nos limites da sua organização, proceder a operações de pagamento e recebimento por conta deste» (cfr. p. 53) e nele incluindo a transferência bancária (p. 61)], mas constitui o reflexo (contabilístico) desse serviço, embora com autonomia dogmática, sendo efeito necessário do contrato de abertura de conta. Neste sentido, QUIRINO SOARES, «Contratos bancários», cit., **2003**, p. 111.

No mesmo sentido do autor português, vd. Manuel BROSETA PONT / Fernando MARTÍNEZ SANZ, *Manual de Derecho Mercantil*, vol. II, 13ª ed., Tecnos, Madrid, **2006**, para quem o contrato de conta-corrente «faculta ao cliente o chamado "serviço de caixa"» (p. 232).

Relação entre o banqueiro e o seu cliente 413

contrato de abertura de conta que, como vimos, define a relação bancária complexa existente entre o banco e o cliente, e que está na origem de grande parte dos negócios bancários.

## 14.5. A convenção de cheque como contrato sequencial

### 14.5.1. *Surgimento e forma da convenção de cheque;* remissão

A convenção de cheque é um contrato eventualmente celebrado entre o banqueiro e o seu cliente, quando este procede à abertura de uma conta. Ela permitirá ao cliente movimentar essa conta através de cheques emitidos com base em módulos que lhe serão disponibilizados pelo banco. Trata-se, assim, de um contrato que surge naturalmente com a abertura de conta e não que seja procurado por si mesmo[904]. Nesse sentido é não apenas instrumental da conta que toma por referência, e em função da qual existe, como surge naturalmente na *sequência* da abertura da conta a que fica adstrito, no que respeita à provisão a utilizar[905].

No entanto, dado o risco envolvido na execução deste contrato[906], é usual as condições gerais subjacentes à abertura de conta reservarem ao

---

[904] Embora tal possa acontecer, isto é, nada impede que o cliente, em teoria, pretenda essencialmente aceder ao uso de cheques, circunstância em que não poderá deixar de, previamente, abrir uma conta bancária.

[905] Daí que muitos autores tendam a recusar a autonomia deste contrato. Nesse sentido, Antonino Vásquez Bonome, *Todo sobre la Letra, el Pagaré y el Cheque*, Difusión Jurídica, Madrid, **2005**, reconduzindo o contrato de cheque (*pacto de cheque*) a «um pacto acessório de uma conta-corrente bancária» (p. 296).

Por sua vez, Calavia Molinero/Baldó Del Castaño, *El cheque*, cit., **1987**, referindo que o contrato de cheque «praticamente nunca aparece como um pacto autónomo que se celebra isoladamente» (p. 59), são de opinião que «é precisamente a independência do cheque e da conta corrente bancária o fundamento pelo qual a doutrina maioritária reconhece a existência de um pacto de cheque sobreposto aos contratos bancários de conta corrente» (*ibid.*). Estes autores seguem de perto Luis Carlón Sánchez, «El cheque», *in* AA.VV., *Derecho cambiario. Estudios sobre la ley cambiaria y del cheque*, Madrid, **1986** (pp. 773-839), p. 795, com inspiração confessada na doutrina germânica, designadamente em Jacobi, *Wechsel– und Scheckrecht*, **1955**, p. 406, e em Zöllner, *Wertpapierrecht*, 14ª ed., C. H. Beck, München, **1987**, pp. 168-169 (embora em edição anterior, de 1982, p. 160).

[906] Debruçando-se sobre a "noção de risco" – embora a propósito do (contrato de) desconto bancário em que esta realidade assume proporções mais significativas –, José

banqueiro a faculdade de celebrar, ou não, a convenção, pelo que ele não se constitui obrigado a fazê-lo[907] pela simples abertura de conta ou pelos depósitos que, concomitante ou subsequentemente, sejam efectuados na mesma. Do aproveitamento desta faculdade resulta uma característica essencial da convenção de cheque – que desenvolveremos adiante, a propósito do conceito (*infra*, n.º 15.1) e da formação do negócio (*infra*, n.º 16.1.2) –, que se traduz no carácter *intuitus personae* da respectiva celebração. Ao atribuir a um cliente a capacidade para movimentar a sua conta através de cheques, o banco está a fazer uma escolha pessoal, com base na confiança que detém no cliente e relativamente ao qual assume diversos riscos. O facto de, de regra geral, as convenções assumirem uma estrutura idêntica, com um conteúdo, senão igual, pelo menos semelhante, não altera que se trate de um negócio celebrado em consideração do perfil da contraparte.

Como iremos ver (*infra*, n.º 15), a convenção não está sujeita a forma específica, podendo ser celebrada expressa ou tacitamente. Por agora apenas importa reter que – nos termos habitualmente previstos nas condições de contratação da conta bancária – o cliente formaliza a convenção ao subscrever o pedido de um conjunto de módulos (*livro de cheques*) quando constitui a sua conta, não estando, contudo, o banco obrigado a concedê-lo.

### 14.5.2. *Situação jurídica complexa; direitos e deveres das partes envolvidas*; remissão

Também iremos estudar, em número autónomo (cfr., *infra*, n.º 16), o regime jurídico da convenção de cheque, percorrendo os direitos e vinculações que o caracterizam e que interligam esse contrato aos contratos de que constitui desenvolvimento ou execução e que revelam uma situação jurídica complexa, na qual é possível autonomizar direitos e vinculações relevantes, mas não se podendo desprezar efeitos acessórios, laterais e secundários.

---

Luis GARCIA-PITA Y LASTRES, *El contrato bancario de descuento*, Centro de Documentación Bancaria y Bursátil, Madrid, **1990**, pp. 358-361.

[907] No que respeita à abertura de contas de *particulares*, é hoje habitual na prática bancária não fornecer de imediato módulos de cheque a clientes sem historial e procurar sedimentar a relação contratual bancária, primeiramente no débito *em linha* (*on-line*), que não apresenta risco.

### 14.5.3. *Abertura de conta, depósito, convenção de cheque e conta corrente: interpenetração contratual*

No que toca à relação estabelecida entre o banqueiro e o seu cliente, importa concluir, em jeito de balanço, que, embora nenhum dos contratos focados seja indispensável nessa ligação, a verdade é que a maior parte das relações contratuais que se escoram nos mesmos implica a abertura de conta, para se iniciar, o depósito de dinheiro, para se consubstanciar, e a conta-corrente, como corolário da sua execução. A convenção de cheque, num mundo cada vez mais automatizado que, sempre que possível, funciona *em linha* (*on-line*), ir-se-á lentamente transformar numa convenção reservada a clientes especiais, como já assinalámos, constituindo o expoente da confiança que o banqueiro deve ter no cliente, ao permitir-lhe movimentar a sua conta com base em cheques – por cujo pagamento pode, até determinados montantes e em certas circunstâncias, ser responsabilizado –, e que o respectivo beneficiário deve ter no sacador, que assegura, em última análise, a satisfação dos cheques emitidos.

A celebração e o funcionamento da convenção de cheque pressupõem a abertura de uma conta bancária e o seu provisionamento – através do depósito de fundos suficientes – permitindo, com recurso ao cheque, a sua movimentação, sendo a conta-corrente o reflexo (ou efeito) dos meios depositados (creditados) e sacados, em cada momento expresso no saldo dos movimentos efectuados.

A contratualização da convenção de cheque constitui uma das formas de realização da relação negocial bancária – não obstante esta poder existir sem aquela –, contribuindo decisivamente, pela confiança que é lhe inerente, para a construção de um vínculo duradouro, credível e personalizado, correspondendo à máxima liberdade das partes envolvidas, que têm interesses recíprocos.

Em qualquer caso, e não obstante a interpenetração contratual existente entre os diversos contratos que integram a relação contratual bancária, reconhecemos à convenção de cheque autonomia jurídica dogmática que permita qualificá-la como um negócio jurídico *sui generis*, como veremos (*infra*, n.º 26.3).

# CAPÍTULO VI
# Estrutura da convenção de cheque

## 15. O acordo estabelecido entre o banqueiro e o cliente sobre o uso do cheque

### 15.1. A regulação da relação comercial entre o banco e o cliente

**I.** O banqueiro, como qualquer profissional, procura activamente o negócio que consiste, essencialmente, na concessão de crédito, mas também na captação de depósitos. São esses depósitos que o banqueiro irá utilizar quando conceder crédito. Em qualquer circunstância, o cliente deverá poder dispor dos depósitos que efectua, ou do crédito que lhe é concedido, para proceder a levantamentos ou a pagamentos a terceiros.

A relação comercial estabelecida entre ambos, banco e cliente, é regulada por normas legais, por regras contratuais acordadas e aceites entre as partes e ainda pelos usos bancários. Se as primeiras não suscitam especiais dificuldades, devendo ser aceites, e impondo-se no contexto da relação de clientela, se revestirem natureza imperativa – e se, nomeadamente, vincularem os bancos a determinadas práticas –, ou aplicando-se quando, tendo natureza puramente supletiva, não houverem sido oportunamente afastadas; as segundas nem sempre assumem forma escrita, nem são expressas, reconduzindo-se a acordos tácitos entre as partes, firmados pelos respectivos comportamentos concludentes. Assim, e exemplificando, se o cliente abrir uma conta bancária, proceder a um depósito, solicitar "cheques" e o banco lhe conceder um conjunto de módulos (de cheques) que ele irá utilizar, preenchendo, para movimentar a conta, podemos concluir, em relação à requisição e concessão dos cheques[888], ter sido tacitamente formado um contrato entre as partes.

Noutros casos ainda, são as práticas reiteradas no relacionamento entre o banco e os seus clientes que conduzem a uma solução específica que, não sendo contrária ao princípio da boa fé[909], passa a dever observar--se, constituindo importante apoio para a decisão de casos ulteriores.

**II.** Em síntese, a relação comercial que banco e cliente estabelecem, independentemente de quem toma a iniciativa – o banco, através de campanha publicitária ou abordagem personalizada, directa ou por recurso a promotores, ou o cliente, por contacto efectuado com aquele –, não está sujeita a um conjunto de normas escritas perfeitamente definido. Tal relação enquadra-se nas normas aplicáveis às operações bancárias, constantes do Código Comercial (cfr. artigos 362.º a 365.º e 407.º) e de legislação avulsa (mercantil), e encontra-se subordinada às disposições legais que disciplinam a actividade bancária (constantes do Regime Geral das Instituições de Crédito e Sociedades Financeiras) e às regras emanadas do Banco Central, estabelecidas por Instruções, Avisos e Circulares, em paralelo com as cláusulas a que as partes sujeitam a respectiva relação comercial, as quais são expressas – em formulários pré-elaborados[910] ou em contratos individualizados – ou se reconduzem ao mero acordo tácito, frequentemente resultante da aceitação expressa de determinados efeitos[911].

---

[908] Com referência à formação do contrato, nada se altera pelo facto de ser o banco a propor o uso de cheques.

[909] Cfr. a dissertação de doutoramento de António Menezes Cordeiro, *Da boa fé no Direito Civil*, 2 vols., Almedina, Coimbra, **1984**, que considera manifestar-se a boa fé no art. 3.º, n.º 1 do CC «na sua feição objectiva», «como factor sindicante» e «reserva de ordem pública», postulando uma relação intersubjectiva baseada na «protecção da confiança e na materialidade da regulação jurídica». E são estes factores que, no entendimento deste professor, devem balizar «o uso aplicável», impedindo que o mesmo contrarie «aspectos fundamentais do sistema», seja invocado de forma inesperada ou imprevisível ou possa comprometer o equilíbrio e harmonia da relação negocial alicerçada na prática a que se reconduz (cfr. vol. II, p. 1281).

[910] Reconhecendo, há mais de meio século, prevalecer na contratação bancária o recurso a formulários pré-elaborados e à celebração de contratos por adesão, Joaquim Garrigues, «La operacion bancária y el contrato bancário», *RDM*, vol. XXIV, 65, **1957** (pp. 249-278), pp. 264-266.

[911] Constitui exemplo desta última prática a requisição de um ou mais conjuntos de módulos (de cheques), a qual implica a formalização da convenção de cheque, se não tiver sido precedida da assinatura de um contrato celebrado com essa finalidade.

## Estrutura da convenção de cheque

A estas regras – resultantes da lei, dimandas do Banco de Portugal ou construídas e estabelecidas pelas partes – acrescem os usos bancários.

### 15.2. Liberdade de forma e usos nos negócios bancários

**I.** Os usos bancários – ou seja, as práticas reiteradamente adoptadas na actividade bancária, numa certa região, em especial nas relações contratuais entre os bancos e a sua clientela – constituem fonte relevante dos negócios jurídicos da banca, e o seu valor jurídico, mesmo para aqueles que recusam ao costume o papel de fonte imediata do Direito[912], é inegável, sendo reconhecido pelo artigo 3.º, n.º 1 do Código Civil, segundo o qual «*os usos que não forem contrários aos princípios da boa fé são juridicamente atendíveis quando a lei o determinar*».

Mas os usos são juridicamente relevantes por sua própria autoridade, e não por força da lei ou do contrato[913]. E tal é o que sucede com os chamados "*usos da praça*", que são, em geral, também usos comerciais, se constituírem prática habitual dos comerciantes (na acepção de agentes económicos de uma certa actividade mercantil) no exercício do respectivo comércio, cuja juridicidade radica na convicção de que, na actividade bancária que se desenvolve naquele lugar, o comportamento devido é o que é imposto pelos usos, de que resulta[914]. E esses usos, originados na actividade dos bancos, para responderem às necessidades de regulação suscitadas pelas novas operações, adquirem relevância na caracterização de múltiplos aspectos da relação negocial bancária. Sendo

---

[912] Como é o caso de Augusto de Athayde, *Curso de Direito Bancário*, vol. I (com a colab. de Augusto Albuquerque de Athayde e Duarte de Athayde), Coimbra Editora, **1999**, p. 47, de modo sensivelmente idêntico e sintético ao utilizado anteriormente na obra elaborada com Luís Branco, *Direito Bancário*, vol. I, Lisboa, **1990**, p. 11 – de que o *Curso* constitui um significativo desenvolvimento –, de José Maria Pires, *Direito Bancário*, 2.º vol., *As operações bancárias*, Rei dos Livros, Lisboa, s/d (mas depósito legal de **1995**), pp. 32-34, e mais recentemente em *Elucidário de Direito Bancário*, Coimbra Editora, **2002**, pp. 41-42, e de J. M. Gameiro Lopes, *Introdução ao Direito Bancário*, Vislis, Lisboa, **2000**, pp. 78-80, em especial p. 80.

[913] Sobre a autonomia da relevância jurídica dos usos bancários, independentemente do seu reconhecimento legal ou contratual, cfr. Antonio Pavone La Rosa, «Gli usi bancari», *BBTC*, anno XL, **1977** (pp. 1-30), pp. 12-19.

[914] Seguimos de perto as lições de Diogo Freitas do Amaral, *Manual de Introdução ao Direito*, Almedina, Coimbra, **2004**, pp.521-523, em especial pp. 522-523.

420     *Cheque e Convenção de Cheque*

aceites pelos clientes, formam-se com base em costumes supletivos e permissivos, alicerçados na convicção de que são juridicamente vigentes[915], e podem ser pontualmente afastados pelas partes.

**II.** Nos meios de pagamento em geral, de que o cheque constitui exemplo, a liberdade de forma, acolhida no art. 219.º do Código Civil e expoente da autonomia privada[916], deve constituir regra. Não obstante,

---

[915] Cfr. FERREIRA DE ALMEIDA, *Contratos I. Conceito. Fontes. Formação*, 3ª ed., cit., **2006**, p. 66.

[916] Salientando, precisamente, que «os actos bancários assentam na autonomia privada», que considera dominar totalmente o Direito bancário material, MENEZES CORDEIRO, *Manual de Direito Bancário*, 3ª ed., Almedina, Coimbra, **2006**, pp. 127, 233 e 325. Sobre a autonomia privada – faculdade de os sujeitos de direito auto regularem os seus interesses ou «permissão genérica de produção de efeitos jurídicos» (MENEZES CORDEIRO, *Tratado de Direito Civil Português*, I – *Parte Geral*, Tomo I, 3ª ed., Almedina, Coimbra, **2005**, p. 392) – no plano da relação entre o banqueiro e o cliente, vd. ainda ANTÓNIO PEDRO de Azevedo FERREIRA, *Direito Bancário*, Quid Juris, Lisboa, **2005**, pp. 310-318. Em geral, para além de MENEZES CORDEIRO [*ibid*, pp. pp. 391-397 (e bibliografia citada)], vd. também José de OLIVEIRA ASCENSÃO, *Direito Civil. Teoria Geral*, vol. II – Acções e Factos Jurídicos, 2ª ed., Coimbra Editora, **2003**, pp. 77-80, 87-88 e 92-99, Luís A. CARVALHO FERNANDES, *Teoria Geral do Direito Civil*, vol. II, 4ª ed., Universidade Católica Editora, Lisboa, **2007**, pp. 30-34 e 387-392, PIRES DE LIMA/ANTUNES VARELA, *Código Civil Anotado*, vol. I, 4ª ed. (com a colab. de M. Henrique Mesquita), Coimbra Editora, Coimbra, **1987**, pp. 355-356, Carlos Alberto da MOTA PINTO, *Teoria Geral do Direito Civil*, 4ª ed. (por António Pinto Monteiro e Paulo Mota Pinto), Coimbra Editora, **2005**, pp. 102-116, Rabindranath CAPELO DE SOUSA, *Teoria Geral do Direito Civil*, vol. I, Coimbra Editora, **2003**, pp. 57-70, e Pedro PAIS DE VASCONCELOS, *Teoria Geral do Direito Civil*, 4ª ed., Almedina, Coimbra, **2007**, pp. 15-16, 409-410 e 416-425. Sobre o princípio da consensualidade (consensualista) ou da liberdade de forma dos negócios jurídicos e alcance do art. 219.º, vd. OLIVEIRA ASCENSÃO, *Direito Civil. Teoria Geral*, vol. II – Acções e Factos Jurídicos, 2ª ed. cit., **2003**, pp. 58-59, MENEZES CORDEIRO, *Tratado de Direito Civil Português*, I – *Parte Geral*, Tomo I, 3ª ed., cit., **2005**, pp. 464-465 e 565, CARVALHO FERNANDES, *Teoria Geral do Direito Civil*, vol. II, 4ª ed., cit., **2007**, pp. 64-66 e 288-290, C. A. MOTA PINTO, *Teoria Geral do Direito Civil*, 4ª ed., cit., **2005**, pp. 392-393, e PAIS DE VASCONCELOS, *Teoria Geral do Direito Civil*, 4ª ed., cit., **2007**, pp. 441-442 e 716-718. Na jurisprudência, vd. o **AcSTJ de 22 Abril de 1997** (LOPES PINTO), *CJ/AcSTJ*, ano V, t. II, 1997, pp. 60-64 – proferido em acção em que foi junto um parecer que demos em colaboração com o Professor Doutor CARVALHO FERNANDES no sentido que prevaleceu e em total oposição à decisão recorrida [Luís A. CARVALHO FERNANDES / Paulo OLAVO CUNHA, «Assunção de dívida alheia. Capacidade de gozo das sociedades anónimas. Qualificação de negócio jurídico», *ROA*, ano 57, II, **1997** (pp. 693-719), em especial pp. 703-706] – e o **AcRelPorto de 16 de Fevereiro de 1998** (GONÇALVES FERREIRA), *in*

Estrutura da convenção de cheque 421

predomina na prática a formalização por escrito desses meios. Fundamentam-na, algo paradoxalmente, a celeridade[917], que impõe a normalização dos instrumentos utilizados, e razões de certeza e segurança, que se encontram estreitamente ligadas ao conhecimento dos meios padronizados a que os diversos sujeitos podem recorrer para efectuar pagamentos.

Para além de outras – específicas de certos meios de pagamento em concreto –, constituem fonte relevante dos negócios jurídicos da banca os **usos bancários**, ou seja, as práticas (repetidamente) adoptadas na actividade bancária, numa certa região, em especial nas relações contratuais, tendencialmente duradouras, entre os bancos e a sua clientela[918] [919].

---

*CJ*, ano XXIII, 1998, t. I, pp. 214-217 – este também citado por MENEZES CORDEIRO, *ibid.*, p. 465, nota 1225 –, sobre a aplicação do princípio à transmissão singular de dívidas, na modalidade de assunção cumulativa ou co-assunção de dívida.

[917] Neste sentido, também MENEZES CORDEIRO, *Manual de Direito Bancário*, 3ª ed. cit., **2006**, p. 336. A passagem do texto constitui reprodução (parcial) do nosso estudo «O cheque enquanto título de crédito: evolução e perspectivas», *in* AA.VV., *Estudos de Direito Bancário*, FDUL / Coimbra Editora, **1999** (pp. 243-260), p. 244.

[918] Cfr. Vasco SOARES DA VEIGA, *Direito Bancário*, 2ª ed., Almedina, Coimbra, **1997**, p. 35. Este jurista, profundo conhecedor da prática bancária, aparentemente, e de forma algo contraditória com o arrojo do texto, recusa em nota de rodapé (*ibid.* nota 4) a autonomia dos usos bancários, quando refere expressamente que «a função dos usos é a mesma que em direito civil, pois só actuam em matéria de interpretação e integração da vontade das partes nos actos jurídicos e nos casos em que a lei os manda aplicar».

[919] Sobre o significado e valor dos usos sociais, como fonte de direito, deferindo uma crítica pertinente à doutrina que considera ter uma «atitude contrastante quanto ao lugar ocupado pelo costume e pelos usos no conjunto das fontes de direito» que «começa por não ser coerente, porque a lei ora é desconsiderada ora é invocada como fonte legítima para estabelecer o elenco das demais fontes de direito», e concluindo pela admissibilidade de «costumes supletivos e permissivos» – que corresponderão a «usos normativos» –, ao lado de «costumes imperativos», Carlos FERREIRA DE ALMEIDA, *Contratos I. Conceito. Fontes. Formação*, 3ª ed., Almedina, Coimbra, **2006**, pp. 64-66 (em especial pp. 65, de onde é retirada a citação, e 66). Veremos, adiante, que a ideia de convicção de vigência jurídica se adequa especialmente aos usos bancários em geral e àqueles que regem a convenção de cheque em particular.

Criticando também a positivação de um "sistema de fontes formais" do direito [«factos normativos a que o sistema jurídico imputa o efeito de pôr ou positivar normas juridicamente vinculantes» (p. 154)], por considerar não fazer sentido que, pela lei, o sistema se auto atribua «a competência exclusiva para decidir sobre as próprias fontes do direito positivamente válidas» (pp. 154-155), João BAPTISTA MACHADO, *Introdução ao Direito e ao Discurso Legitimador*, Almedina, Coimbra, **1983**, pp. 153-162.

Na doutrina italiana, cfr. PAVONE LA ROSA, «Gli usi bancari», cit., **1977** (pp. 1-30), para quem «as tendências "antivoluntaristas" presentes nas orientações da mais recente

Importa salientar que os usos, para assumirem relevância e eficácia social, devem ser adoptados por todos os sujeitos envolvidos numa certa actividade, e não apenas por aqueles que se encontram numa das suas vertentes. Não são, assim, de ponderar práticas dos bancos que não sejam reconhecidas pelas respectivas contrapartes contratuais – os seus clientes –, mas tão só aquelas que sejam por ambos comummente observadas e reconhecidas como produtoras de efeitos prático-jurídicos.

Como referimos o valor jurídico dos usos é aceite pelo próprio Código Civil. No entanto, sobre os usos que carecem de reconhecimento legal prevalecem aqueles que, por serem plenamente aceites e absorvidos por *todos* quantos os praticam e dos mesmos são destinatários, se impõem (pela sua eficácia social), constituindo fonte autónoma e imediata de direito.

Por isso, antecipamos a recusa da subjugação do costume e dos usos, qualquer que seja a sua natureza, à lei – fonte escrita, geral e abstracta de normas –, admitindo que, se esta tem natural e óbvia preponderância no mundo actual e em especial nos ordenamentos continentais,

---

doutrina, das quais são expressão as posições que assinalam um papel 'criativo' à tarefa do intérprete, trouxeram uma revalorização dos princípios não expressos, mas não obstante presentes, no ordenamento jurídico e dos valores que lhe são imanentes, bem como uma maior consideração dos "factos" não autoritários de formação do direito e, assim, igualmente dos usos e dos costumes» (p 21).

Sobre esta temática, vd., também FREITAS DO AMARAL, *Manual de Introdução ao Direito*, Almedina, Coimbra, **2004**, pp. 137-140 e 520-523 (em especial, pp. 138-140 e 521-523) – para quem alguns usos são relevantes para o Direito; e são-no por sua própria autoridade e não por força da lei ou do contrato (pp. 140 e 522) –, OLIVEIRA ASCENSÃO, *O Direito. Introdução e Teoria Geral*, 13ª ed., Almedina, Coimbra, **2005**, pp. 265-266 e 278-283 [«o uso é uma mera prática social, a que falta a convicção de obrigatoriedade que é essencial ao costume» (p. 279)], PAULO CUNHA, *Introdução ao Estudo do Direito*, vol. I, Lisboa, **1945/46**, pp. 257-279 (em especial, p. 263), com expressa referência ao costume jurisprudencial em matéria de títulos de crédito (p. 279), António PINTO MONTEIRO, *Sumários de Introdução ao Estudo do Direito*, Polic., Universidade de Coimbra, 1978, pp.133-136, em especial p. 136, Marcelo REBELO DE SOUSA/SOFIA GALVÃO, *Introdução ao Estudo do Direito,* 5ª ed., Lex, Lisboa, **2000**, pp. 155-156 («prática reiterada a que falta convicção da respectiva obrigatoriedade»), e Inocêncio GALVÃO TELLES, *Introdução ao Estudo do Direito*, vol. I, 11ª ed., Coimbra Editora, **2001** (reimp.), pp. 128-139, que reconhece expressamente o valor do costume como fonte de direito em Portugal (p. 128), embora admitindo que não tem um valor uniforme nos diferentes ramos do Direito (pp. 134-135). No que respeita aos usos, este juscivilista é peremptório em considerar que eles, confundindo-se amiúde com os costumes, só adquirem valor de regra consuetudinária quando existe convicção da respectiva obrigatoriedade (cfr. pp. 135-136).

*Estrutura da convenção de cheque* 423

as práticas que são reiteradamente adoptadas com a convicção de que devem ser observadas, com maiores desenvolvimentos nalgumas áreas do Direito, também vinculam os sujeitos e entidades que participam na actividade social e económica.

**III.** Antes de abordarmos *ex professo* os usos bancários como fonte de direito no plano do acordo estabelecido entre o banqueiro e o seu cliente, vamos procurar caracterizá-los e fixar os respectivos efeitos na ordem jurídica portuguesa[920].

Deixámos já entender que concordamos com a posição de base seguida, no Direito português, por OLIVEIRA ASCENSÃO[921], que considera ser «*o costume a fonte privilegiada do direito*»[922], rejeitando a sua subordinação a uma fonte normativa de igual valor: a lei.

Valendo o costume pela convicção social de que uma dada norma de conduta deve ser observada, é de admitir que as práticas sociais actuadas e aceites por categorias profissionais, mais ou menos vastas, de

---

[920] Sobre os usos bancários em especial, cfr. Fernando CONCEIÇÃO NUNES, *Direito Bancário*, vol. I (Lições Polic.), AAFDL, Lisboa, **1994**, pp.71-76, SOARES DA VEIGA, *Direito Bancário*, 2ª ed., Almedina, Coimbra, **1997**, pp. 35-36, MENEZES CORDEIRO, *Manual de Direito Bancário*, 3ªed., Almedina, Coimbra, 2006, pp. 127-130, João CALVÃO DA SILVA, *Direito Bancário*, Almedina, Coimbra, **2001**, pp.114-115, e José SIMÕES PATRÍCIO, *Direito Bancário Privado*, Quid Juris, Lisboa, **2004**, pp. 85-90, que os distingue do costume e que considera terem perdido importância relativamente ao passado (em especial, p. 85). Por sua vez, Luís BRITO CORREIA, nas suas lições (policopiadas) de *Direito Bancário* (Sumários: 1ª parte), UCP, Lisboa, **1996/97**, aceita que os *usos de facto*, a que se reconduzem os usos bancários, não são «uma fonte autónoma de direito», porque «se generalizou a consciência de que vinculativo (e judicialmente coercível) é apenas o direito escrito – a lei» (cfr. pp. 66 e 65). Qualificando os *usos bancários* como *fonte especial* por assumirem «um especial destaque», mas sem explicar em que termos, ANTONIO PEDRO A. FERREIRA, *Direito Bancário*, cit., **2005**, pp .277 279.

[921] *O Direito. Introdução e Teoria Geral*, 13ª ed., Almedina, Coimbra, **2005**, pp. 264-283 (cfr., em especial pp. 264, 272-274). Recusando igualmente a submissão do costume à lei, na determinação do valor das diversas fontes de direito, para além dos já citados FREITAS DO AMARAL e FERREIRA DE ALMEIDA, os já desaparecidos João de CASTRO MENDES, *Introdução ao Estudo do Direito*, Danúbio, Lisboa, **1984**, quando contrapunha o valor do costume como fonte de direito «do ponto de vista da lei» a um «ponto de vista imparcial» (pp. 129-130), e BAPTISTA MACHADO, *Introdução ao Direito e ao Discurso Legitimador*, cit., pp. 159 e 161-162.

[922] *Ibid.*, p. 264. No entanto, este professor conclui no sentido de que os usos comerciais «não constituem, em geral, fonte de Direito» [*Direito Comercial*, vol. I, *Institutos Gerais* (Lições Policopiadas), Lisboa, **1998/99**, pp. 30-31].

424      *Cheque e Convenção de Cheque*

determinados agentes sirvam para caracterizar juridicamente uma relação de natureza comercial, pelo menos enquanto a lei não impuser diferente solução, nomeadamente proibindo-as ou cominando certos efeitos quando as mesmas forem seguidas.

Como acima referimos, essencial para que os usos prevaleçam, alinhados a par de regras legais e convencionais, é que os mesmos sejam, habitualmente, respeitados por todos a quantos se apliquem, adquirindo desse modo carácter normativo das condutas (comissivas ou omissivas) dos sujeitos envolvidos. E os usos bancários não fogem à regra. Observados pelos intervenientes na actividade bancária, os usos são uma fonte relevante do Direito aplicável aos negócios bancários, devendo ser ponderados sempre que, no silêncio da lei – e mesmo em derrogação de regras supletivas[923] –, as partes não tiverem acordado diferentemente[924].

Mas, no domínio específico do Direito Bancário, a sua efectividade não pode ser unilateralmente imposta pelos bancos aos seus clientes. A prática, para ser juridicamente relevante, deve ser adoptada por todos os protagonistas dos negócios bancários, ainda que sugerida por uns (os profissionais da actividade), se limite a ser aceite pelos outros (os clientes e consumidores dos serviços prestados pelos profissionais)[925]. Só desse

---

[923] Cfr. François GRUA, *Contrats Bancaires*, t. 1, *Contrats de services*, Economica, Paris, **1990**, p. 6, nota 3, e *Les contrats de base de la pratique bancaire*, Litec, Paris, **2000**, exemplificando com as cláusulas limitativas de garantia ou de responsabilidade que possam constituir usos válidos como «convenção tácita contrária à lei supletiva» (cfr. p. 6, nota 19).

[924] Afastada parece estar a vigência de usos bancários contrários a regras imperativas, que se destinam frequentemente a proteger os interesses da parte fraca do contrato e que, nessa medida, reflectem a consagração legal da rejeição dos usos pelos clientes. Enquadra-se nesta situação a taxa de juro usurário calcular-se por referência ao ano civil e não apenas ao uso bancário de um ano de 360 dias. Neste sentido, cfr. GRUA, *Les contrats de base de la pratique bancaire*, Litec, Paris, **2000**, p. 6, nota 19, e jurisprudência (francesa) citada.

O uso de contabilização dos juros das operações passivas numa base anual de 360 dias, diversamente da prática de contabilização dos juros das operações activas (anteriormente calculados numa base de 365/366 dias por ano), foi também objecto de derrogação por efeito do Aviso do Banco de Portugal n.º 9/2006, de 10 de Novembro (DR, 1ª Série, n.º 217, de 10 de Novembro de 2006), que alterou o Aviso n.º 1/95, de 17 de Fevereiro de 1995 (publicado no DR, 2ª Série, de 17 de Fevereiro de 1995).

[925] É também essa a leitura de SOARES DA VEIGA (*Direito Bancário*, 2ª ed., Almedina, Coimbra, **1997**, p. 36), quando escreve: «Entre os bancos e demais instituições de crédito, os usos aplicam-se sem restrições. Pelo contrário, do ponto de vista do cliente só adquirem

Estrutura da convenção de cheque

modo, verificada a necessária reciprocidade, os usos revestirão a adequada eficácia social – ou «*vigência*», no entendimento de FERREIRA DE ALMEIDA[926] –, perfilando-se como fonte imediata das normas que regulam a actividade bancária em geral e as operações bancárias em particular, a par da lei e da vontade das partes.

**IV.** Dado o âmbito e escopo deste trabalho, e considerando o tempo despendido em matéria de fontes de direito na respectiva preparação, sem esquecer os muitos autores nacionais que – de forma devidamente fundamentada – já lhe dedicaram longa reflexão, pretendemos apenas enunciar as ideias que, em particular na ordem jurídica portuguesa, julgamos aplicáveis no plano das fontes dos negócios jurídicos bancários, no que respeita aos usos:

1ª – O costume não está subjugado à lei, como a interpretação positivista metodológica pode deixar entender, mas existe autonomamente, com a natural limitação de o seu campo de aplicação se encontrar invadido por normas legais.

2ª – A lei manda atender aos usos em determinadas circunstâncias (cfr. art. 3.º do CC), mas não os condiciona; eles existem autonomamente e tornam-se vigentes e relevantes quando observados pelo conjunto dos destinatários das situações jurídicas que os formam e, ulteriormente, regulam, o que só pode acontecer se, existindo lei aplicável, ela caiu em desuso ou se o ordenamento jurídico é omisso e as próprias partes não proveram à regulamentação da situação em causa.

3ª – O comando geral do Código Civil (artigo 3.º) deve ser válido para os casos em que os usos são reconhecidos (pela lei), mesmo

---

força obrigatória para reger uma operação determinada, na medida em que foram aceites tacitamente pelo cliente, o que implica evidentemente que este deles tenha conhecimento».

[926] *Contratos I. Conceito. Fontes. Formação*, 3ª ed., Almedina, Coimbra, **2006**, pp. 64-66. Este professor (*ibid.*, em especial p. 66) – em análise que, como justamente assinala, coincide com a de FREITAS DO AMARAL, *Manual de Introdução ao Direito*, cit., **2004**, pp. 520-523, embora com diferente desenvolvimento – contrapõe os usos ao costume precisamente com base no critério de determinante que lhes está subjacente: o da vigência dos usos *versus* «a convicção da comunidade que pratica» o costume. Desse modo, são também fonte de direito, ao lado dos costumes imperativos, os usos normativos formados pelos costumes dispositivos (de origem supletiva e permissiva). E esclarece que nem todos os usos – ou práticas reiteradas – são costumes. Os usos só têm a natureza de costumes se o conjunto dos destinatários do comando normativo coincidir com a «comunidade das pessoas que a praticam com a convicção de vigência jurídica» (*ibid.*, p. 66).

426    *Cheque e Convenção de Cheque*

que constituam conduta reiterada de apenas parte dos respectivos destinatários. Nessas circunstâncias, sempre que não forem contrários à boa fé e – não obstante não terem carácter normativo próprio, por falta de vigência ou aceitação por todos os destinatários – a lei mande atendê-los, eles aplicam-se. Nesse caso, a sua fonte primária é a própria lei[927].

4ª – Quando os usos adquirem vigência social, porque observados por todos a quantos se aplicam[928], eles constituem-se em fonte autónoma de direito, adquirindo carácter normativo.

5ª – Caso tais usos passem a ser reconhecidos por toda a comunidade, e não apenas pelos respectivos destinatários directos e concretos – a quem primordialmente aproveitam –, como práticas obrigatórias, então passam a revestir a natureza de normas de base consuetudinária, com o valor que às mesmas deve ser reconhecido, a par da própria lei.

6ª – O reconhecimento generalizado dos agentes económicos da aplicação a certos negócios jurídicos bancários de cláusulas contratuais formadas com base em usos de comércio é suficiente para que tais regras constituam o regime jurídico aplicável a esses negócios[929].

---

[927] Nesse sentido SIMÕES PATRÍCIO, *Direito Bancário Privado*, cit., **2004**, p. 86, considerando que os usos só valem como fonte mediata «já que só podem relevar *por força da lei*».

[928] Este aspecto é essencial para caracterizar os usos e conferir-lhes eficácia (social), como já vimos antes. Por isso, as condutas que não forem praticadas pela generalidade dos clientes não podem ser impostas a todos como se fossem usos da actividade. A título de exemplo referencie-se o hábito de os espaços em branco dos cheques, *antes e depois das quantias em numerário e por extenso*, deverem *ser inutilizados por traço contínuo*. Não cremos que tal prática adoptada por muitos constitua, por esse facto, um *uso específico da actividade bancária*. No entanto, estando em causa um cheque visado (normalmente de elevada quantia), que pressupõe a intervenção do banco (sacado), os referidos cuidados já devem constituir, a par de outros – que correspondem frequentemente a instruções do Banco Central –, uma prática com carácter de usos bancários. Neste sentido, cfr. **AcRelPorto de 11 de Janeiro de 2001** (MOREIRA ALVES) / Proc. n.º 0031448, *www.dgsi.pt* (p. 2), com a prevenção de que o leitor não seja induzido em erro pelo respectivo Sumário, em cuja primeira linha falta, certamente por lapso, a palavra "visados", após cheques (cfr. p. 1).

[929] Por isso, as Regras e Usos Uniformes Relativos aos Créditos Documentários (RUU), da autoria da CCI, constituem o regime jurídico que disciplina, em regra, as operações de crédito documentário.

## Estrutura da convenção de cheque

7ª – Os usos bancários que sejam recolhidos em documentos de base convencional não perdem o seu valor de fonte de direito autónoma enquanto não forem objecto de positivação por fonte formal.

8ª – No âmbito dos negócios bancários internacionais – que não se encontrem necessariamente sujeitos a um único ordenamento –, há que respeitar as convenções internacionais, as regras modelo da CNUDCI/UNCITRAL, bem como os instrumentos gerais de

---

Não cremos que releve qualificar as RUU como usos bancários. Elas serão ou não, consoante correspondem a práticas genericamente aceites, e nesse caso valerão mesmo sem qualquer remissão contratual expressa.

As práticas relevam por si mesmas e pelo reconhecimento social que suscitam e não porque sejam codificadas ou, simplesmente, documentadas. No entanto, a forma escrita também não as pode prejudicar, retirando-lhes natureza de uso, que não deixa de valer como tal por constar de instrumento convencional.

A remissão contratual expressa que, aparentemente, passou a ser essencial, para aplicação das RUU integra-as na regulação contratual das partes, se esta não as reproduzir integralmente e, nessa circunstância, passa a constituir regime jurídico, salvo se, pontualmente, infringirem regra imperativa do ordenamento jurídico português, *maxime* da respectiva lei das cláusulas contratuais gerais (DL 446/85, de25 de Outubro, na red. do DL 220/95, de 31 de Agosto, e DL 249/99, de 7 de Julho).

Sobre o valor e natureza jurídica das RUU como fonte de direito, cfr., na literatura jurídica nacional, a dissertação de doutoramento de FERNANDO OLAVO, *Abertura de crédito documentário*, ed. autor, Lisboa, **1952**, pp. 61-67, que considera integrarem-se as RUU «na convenção celebrada pelas partes», assumindo «a força de condições ou cláusulas contratuais», sempre que assim tenha sido estipulado e «enquanto não forem contrárias à lei» (pp. 65-66). Pronunciando-se ainda antes da última versão das RUU, Diogo LEITE DE CAMPOS, «Anatocismo – regras e usos particulares do comércio», *ROA*, ano 48, t. I, **1988** (pp. 37-62), pp. 56-60, e Dário MOURA VICENTE, *Da arbitragem comercial internacional*. Direito aplicável ao mérito da causa, Coimbra Editora, **1990**, pp. 167-170. Mais recentemente, depois da entrada em vigor da sexta versão das RUU (1993), em 1 de Janeiro de 1994, cfr. a dissertação de mestrado de Gonçalo ANDRADE E CASTRO, *O Crédito Documentário Irrevogável*, UCP Editora, Porto, **1999**, pp. 87-116 – com referência à escassa jurisprudência nacional existente até então (pp. 108-110), expondo com pormenor se as RUU devem «ser consideradas meras condições contratuais, apresentadas pela banca», ou se «deverá ser-lhes reconhecido, pelo contrário, o carácter de usos mercantis, ou mesmo a natureza de normas consuetudinárias» (pp. 90-101), e concluindo ser mais razoável a posição «daqueles autores para quem as RUU não têm todas o mesmo valor: algumas serão autênticas normas consuetudinárias, outras usos comerciais e outras ainda meras condições gerais» (p. 100) –, e Carlos COSTA PINA, *Créditos Documentários*, Coimbra Editora, **2000**, pp. 21-25, criticando a expressão "Regras e Usos Uniformes", por não obedecer «a um critério uniforme» (p. 24).

428       *Cheque e Convenção de Cheque*

carácter privado elaborados sob a égide de associações comerciais internacionais que, constituindo paradigma de adesão e eficácia social, só cedem perante normas imperativas de direito interno ou princípios de ordem pública.

9ª – No domínio dos contratos bancários deparam-se-nos diversas práticas que, reconduzindo-se a verdadeiros usos normativos, não se limitam a ser meros meios auxiliares de interpretação e integração dos negócios celebrados, constituindo contributos relevantes na regulação das relações entre os bancos e os seus clientes, e assumindo-se como regras autónomas reguladoras desses contratos[930]: a essas práticas chamamos *usos bancários* e reconhecemos-lhes valor de fonte primacial de direito.

10ª – O Código Comercial português integra – a propósito do contrato de depósito comercial (Título XIII, do Livro II, arts. 403.º a 407.º) – um preceito legal que remete para os usos: o artigo 407.º [931].

---

[930] O Direito Bancário constitui assim um ramo do Direito onde podemos ir mais longe do que FERREIRA DE ALMEIDA, teorizando sobre os contratos em geral (*Contratos I. Conceito. Fontes. Formação*, 3ª ed., Almedina, Coimbra, **2006**, pp. 64-66), deixa entender, quando refere que *as áreas privilegiadas para a aplicação dos usos normativos, como fonte de direito dos contratos, são a determinação do conteúdo do contrato através das operações de interpretação e integração* (cfr. p. 66).

Considerando que os *usos* «relevam como fonte de Direito Bancário, no âmbito do respectivo comércio, porventura *mais que em qualquer outro ramo de Direito*» (itálico nosso), Armindo SARAIVA MATIAS, *Direito Bancário*, Coimbra Editora, Coimbra, **1998**, p. 12. Este autor identificando os usos bancários com «*as práticas* dos agentes económicos que as instituições bancárias adoptam como se fossem contratos e cumprem com rigor, com vista à salvaguarda do bom nome da instituição» (*ibid.*), pode, numa análise apressada, induzir o leitor em erro, parecendo estar a reconhecer os usos como prática unilateral (dos bancos), quando pretende evidenciar o reconhecimento pelos bancos das condutas de todos os agentes envolvidos.

[931] «*Os depósitos feitos em bancos ou sociedades reger-se-ão pelos respectivos* **estatutos** *em tudo quanto não se achar prevenido neste capítulo e mais disposições legais aplicáveis*» (negrito nosso).

A menção aos estatutos deve ser entendida como sendo feita para os usos. Neste sentido, cfr. Luiz da CUNHA GONÇALVES, *Comentário ao Código Comercial Português*, vol. II, Editora José Bastos, Lisboa, **1916**, pp. 383-384, e MENEZES CORDEIRO, *Manual de Direito Bancário*, 3ªed., Almedina, Coimbra, **2006**, p. 128-129.

Na jurisprudência, cfr. **AcRelCoimbra de 29 de Outubro de 1991** (ANTÓNIO DA COSTA MARQUES), *CJ*, XVI, t, IV, 1991 (pp. 122-124), p. 123, e **AcRelLisboa de 3 de Junho de 2003** (PIMENTEL MARCOS), *CJ*, ano XXVIII, t. III, 2003 (pp. 101-105), p. 102.

Estrutura da convenção de cheque

11ª – O reconhecimento dos usos comerciais, em geral, e dos bancários, em particular, e a sua afirmação como fonte de direito autónoma corresponde a uma prática secular em Portugal[932].

**V.** Diversos autores têm dificuldade em aceitar que os usos possam ter juridicidade própria, referindo que, em relação a alguns usos a que é reconhecido valor jurídico, o que afinal se verifica é a existência de uma estipulação ou acordo tácitos[933] e não a extrapolação de um efeito jurídico em função de uma determinada conduta.

Nada impede que um uso, juridicamente relevante, tenha origem, precisamente, num acordo tácito inerente a uma conduta que tem um certo significado. Assim, a requisição do primeiro conjunto de módulos de cheques tem o valor de vontade de celebração da convenção de cheque e aceitação dos respectivos efeitos.

Por isso, se da prática de um acto, não acompanhada de qualquer declaração expressa, resulta um determinado significado negocial que não decorra directamente de preceito legal (supletivo), tal pode corresponder a um uso formado com base na repetição de condutas com idêntica finalidade[934]. Afirmar que a valoração aplicada a essa prática é,

---

[932] Nesse sentido, cfr. o artigo 1011, 4.º (art. II, do Tit. VII, do Livro III, da Parte I) do Código Commercial Portuguez de 1833, onde se determina que «*compete ao supremo magistrado do commercio conhecer de quaesquer usos e abusos commerciaes, e ouvindo sobre elles todos os tribunaes commerciaes ordinarios firmar por assento no tribunal de commercio da segunda instancia a certeza do uso, ou a abolição do abuso, e communicando o assento tomado a todos os tribunaes de commercio da primeira instancia para respectivamente o fazerem notorio. Sendo porem o uso contra lei expressa, e assentando-se ser preferível á lei, deverá levar todas as informaçoens e assento tomado ao conhecimento do governo para que a legislatura decida o que melhor convenha*».

[933] Cfr., por exemplo, Brito Correia, *Direito Bancário*, Sumários cits. **1996/97**, p. 66. Esta ideia era aflorada por Grua, *Contrats Bancaires*, T.1, *Contrats de services*, Economica, Paris, **1990**, p. 6, quando identifica «ao lado dos usos que têm valor de costumes», os que têm «valor convencional e que se impõem como prolongamento dos contratos bancários, porque as partes è suposto terem tacitamente aderido».

[934] Embora, como esclarece Pavone La Rosa, «Gli usi bancari», cit., **1977,** nem toda a repetição generalizada de condutas seja, porém, susceptível de constituir objecto de um uso com força jurídica ou norma consuetudinária: é necessário, para tanto, que «o comportamento envolva matéria susceptível de regulamentação jurídica», dependendo a juridicidade da norma consuetudinária «(...) da valoração que essa mesma regra assuma no contexto do ordenamento jurídico onde deva ser inserida», já que «(...) a idoneidade de uma matéria para constituir objecto de regulamentação jurídica não é problema que possa ser resolvido fora do contexto de um determinado ordenamento jurídico» (p. 16).

essencialmente, consequência de uma declaração tácita não parece totalmente correcto, pois se não houver previsão legal que reconheça esse efeito, este só é admissível porque a repetição dessa prática permite reconhecer a respectiva normatividade. O uso tem, quando muito, o valor e o efeito de um acordo tácito[935], o que não é exactamente a mesma coisa.

**VI.** Não se ignora a particular origem dos usos bancários, que se encontra seguramente nas práticas profissionais dos banqueiros que, na falta de regulamentação legal, eram aceites pelos respectivos clientes[936] e que, com o desenvolvimento do comércio bancário, viriam paulatinamente a integrar as condições gerais de contratação adoptadas pelos bancos e que estes impunham à sua clientela.

Novas operações criavam constantemente novas práticas, sem que a respectiva validade pudesse ser questionada.

Mas para que valham – pelo menos hoje – como usos normativos[937], as práticas bancárias têm de ser comummente aceites[938], não constituindo prerrogativa ou exclusividade dos bancos, em geral, ou de um banco, em concreto[939], nem respeitando unicamente às relações estabelecidas entre bancos[940]. Daqui podemos concluir que os usos profissionais não são

---

[935] Neste sentido, cfr. Jean Louis RIVES-LANGE/Monique CONTAMINE-RAYNAUD, *Droit bancaire*, 6ª ed., Dalloz, Paris, **1995**, p. 8.

[936] Cfr. Joaquin GARRIGUES, *Contratos Bancários*, ed. autor, Madrid, **1958**, p. 17.

[937] Considerando que «no sistema jurídico português, a relevância dos usos não deve depender» do seu carácter normativo, ou seja, da convicção da sua obrigatoriedade, porque então se confundiriam com o costume, SIMÕES PATRÍCIO, *Direito Bancário Privado*, cit., **2004**, pp. 89-90.

[918] Esta expressão é análoga à utilizada no **AcRelPorto de 8 de Outubro de 2002** (MÁRIO CRUZ) / Proc. n.º 0220839, *www.dgsi.pt*, p. 5.

[939] Neste sentido, cfr. CONCEIÇÃO NUNES, *Direito Bancário*, cit., **1994**, p. 74, que, considerando poderem «os usos bancários valer como fonte de direito», desde «que a lei o determine (cfr. art. 3.º do C. Civ.)», eles «deverão, em princípio, corresponder a uma prática reiterada da generalidade do sector bancário, ainda que territorial ou institucionalmente delimitada». E exemplifica com os usos da praça de Lisboa e a banca comercial, respectivamente.

Recusando, expressamente, o carácter de uso ou «prática da praça» à prática individual de uma entidade creditícia, SIMÕES PATRÍCIO, *Direito Bancário Privado*, cit., **2004**, p. 90.

[940] Por exemplo, a prática que permite a um banqueiro obter de outro informações sobre «a posição geral» de um dos seus clientes, e que se podem qualificar como não confidenciais. Cfr. GRUA, *Les contrats de base de la pratique bancaire*, cit., **2000**, p. 20, e jurisprudência (francesa) citada na nota 88.

# Estrutura da convenção de cheque

oponíveis a um não profissional que não conheça a sua existência[941], ou que, conhecendo-a, os tenha recusado[942].

A jurisprudência nacional tem reconhecido o carácter de usos a certas práticas bancárias[943]. Nesse sentido, e exemplificando, os usos bancário relativos:

- ao crédito de valores dependente da sua "boa cobrança"[944];
- a aspecto particular da movimentação de depósitos por analfabetos[945], com origem em prática adoptada pela Caixa Geral de Depósitos, baseada em instruções internas aceites pelos clientes, num caso em que o respectivo regulamento interno era omisso[946]; e

---

[941] Cfr. Joseph HAMEL/Gaston LAGARDE/Alfred JAUFFRET, *Droit Commercial*, t. 1, 1.º vol., 2ª ed. por Alfred Jauffret, Dalloz, Paris, **1980,** p. 91.

[942] Não é o caso das RUU, como já vimos, foram acolhidas pelos bancos e pela sua clientela, nela incluídos os transportadores. Cfr., a este propósito, FERNANDO OLAVO, *Abertura de crédito documentário*, cit., **1952**, p. 66, e ANDRADE E CASTRO, *O Crédito Documentário Irrevogável*, cit., **1999**, p. 94.

[943] Noutros casos identifica como práticas certas actuações sem as qualificar como usos, pelo seu carácter essencialmente fáctico e não valorativo. Enquadra-se neste tipo de prática *«o envio da correspondência para os clientes por correio simples»* (itálico nosso). Cfr. **AcRelLisboa de 28 de Junho de 2001** (PROENÇA FOUTO), *CJ*, ano XXVI, t. III, 2001 (pp. 126-127), p. 127.

[944] Cfr. **AcSTJ de 26 de Junho de 1980** (JACINTO RODRIGUES BASTOS), *BMJ* 298, 1980, pp. 354-357, que considera ser *«uso bancário, aquando da entrega a crédito de uma conta de depósito à ordem de valores negociáveis, designadamente de cheques a cobrar, fazer nessa conta o respectivo crédito, que é provisório e dependente de "boa cobrança". Se esta não se efectiva, o banco leva a débito da conta do depósito o montante do título que ficou por cobrar e põe este à disposição do depositante»* (p. 356).

No mesmo sentido decide o **AcSTJ de 8 de Maio de 1984** (MOREIRA DA SILVA), *BMJ* 337, 1984, pp. 377-385 – que cita expressamente o primeiro acórdão (cfr. p. 382) –, cujo sumário sintetizando a mesma ideia, declara constituir *«uso bancário o lançamento a crédito da conta do cliente, da importância representada pelo cheque de que aquele é beneficiário e que entrega ao Banco para cobrança, sendo tal lançamento provisório e dependente de boa cobrança. Se esta não se efectiva o banco leva a débito da mesma conta a quantia anteriormente creditada e põe o título à disposição do cliente-depositante»* (cfr.p. 377).

[945] Movimentação da conta «mediante impressão digital aposta no documento respectivo e assinatura alógrafa (a rogo) de terceiro» (SIMÕES PATRÍCIO, *Direito Bancário Privado*, cit., **2004**, p. 87).

[946] Cfr. **AcRelCoimbra de 29 de Outubro de 1991** (ANTÓNIO DA COSTA MARQUES), *CJ*, XVI, t. IV, 1991, pp. 122-124, em especial p.123, e **AcTribConstitucional de 22 de Maio de 1996** / Proc. n.º 94-0179 (TAVARES DA COSTA), *www.dgsi.pt*. Vd. também SIMÕES PATRÍCIO, *Direito Bancário Privado*, cit., **2004**, p. 87.

432 *Cheque e Convenção de Cheque*

– à compensação de saldo devedor com o crédito evidenciado no saldo da conta do cliente, considerando que a fonte da compensação, como mecanismo específico e intrínseco da conta bancária, é única (reconduzindo-se ao crédito na conta bancária do valor do cheque e ao posterior débito do mesmo, por falta de provisão)[947].

Constituem também exemplos de verdadeiras regras consuetudinárias as práticas do *visto*[948] e de o banco cobrar juros relativos aos descobertos em conta corrente, sempre que assume o pagamento de saques sobre a conta.

Importa chamar a atenção para o facto de as inovações técnicas poderem constituir factor de modificação dos usos, provocando a sua alteração e actualização, não obstante «dever ser a técnica a adaptar-se ao direito e não o contrário»[949].

**VII.** Mas como salientámos, para além dos vários exemplos de usos aplicáveis aos negócios bancários, alguns viriam, entretanto, a assumir a forma de cláusulas típicas dos contratos que regula(va)m e a confundir-se

---

[947] Cfr. **AcRelPorto de 8 de Outubro de 2002** / Proc. n.º 0220839 (MÁRIO CRUZ), *www.dgsi.pt.*

O recurso aos usos bancários não respeita principalmente ao instituto comum da compensação mas ao modo como, com referência a uma mesma conta bancária, se deverá processar o respectivo débito se a razão de ser do mesmo radicar no instrumento (no caso vertente, o cheque sem provisão) que originou o crédito, injustificadamente, efectuado na conta. Neste sentido, SIMÕES PATRÍCIO, *Direito Bancário Privado*, cit., **2004**, p. 87.

Sobre a compensação no Direito Bancário, em geral, e nos depósitos bancários, em particular, cfr. PAULA Ponces CAMANHO, *Do contrato de depósito bancário*, Almedina, Coimbra, **1998**, pp. 213-248, em especial pp. 228-235, MENEZES CORDEIRO, *Da Compensação no Direito Civil e no Direito Bancário*, Almedina, Coimbra, **2003**, pp. 159-257, em especial pp. 241-245 e 247-257, José IBRAIMO ABUDO, *Do Contrato de Depósito Bancário, Almedina, Coimbra,* **2004,** pp. 181-195, em especial pp. 187-188, embora seguindo de perto a primeira autora citada.

[948] Nesse sentido, Pedro ROMANO MARTINEZ/Pedro FUZETA DA PONTE, *Garantias de cumprimento*, 5ª ed., Almedina, Coimbra, **2006**, pp. 266-267, e **AcSTJ de 27 de Setembro de 2001** (QUIRINO SOARES), *CJ/AcSTJ*, ano IX, t. III, 2001, pp. 53-56.

Referenciando também o *visto* a uma *prática corrente dos bancos*, mas recusando a sua *existência jurídica entre nós*, **AcRelPorto de 11 de Janeiro de 2001** (MOREIRA ALVES) / Proc. n.º 0031448, *www.dgsi.pt*, p. 6.

[949] GRUA, *Contrats Bancaires*, t. 1, *Contrats de services*, Economica, Paris, **1990**, p. 10 (citando jurisprudência francesa diversa).

*Estrutura da convenção de cheque* 433

com a vertente convencional dos contratos bancários[950]. Nesse caso, ainda que passem a valer como «*estipulações* das partes e não por si mesmos»[951] – porque os contratantes assumem expressamente querer o respectivo conteúdo –, tais usos não se descaracterizam. Enquanto não forem objecto de regulamentação legal, mantêm-se e aplicam-se mesmo no silêncio dos contratos bancários e perante o silêncio das partes envolvidas.

Constitui exemplo de usos frequentemente integrados nos contratos bancários e necessariamente vinculativos, com a natureza de obrigações contratuais, a atrás referida cláusula *salvo boa cobrança*, que se traduz em os bancos só considerarem definitivo o depósito das importâncias representadas por cheques ou outros valores que lhes são entregues para cobrança, após terem procedido à mesma[952].

**VIII.** Outras práticas são referenciadas pela doutrina como constituindo verdadeiros usos bancários, como, por exemplo, a capitalização

---

[950] Entre estes, certamente os respeitantes ao Crédito Documentário. Cfr. ANDRADE E CASTRO, *O Crédito Documentário Irrevogável*, cit., **1999**, pp. 96-97.

Reportando-se aos usos em geral e ao carácter contratual dos usos codificados «na medida em que passam a integrar o clausulado dos contratos», LEITE DE CAMPOS, «Anatocismo – regras e usos particulares do comércio», cit., **1988** (pp. 37-62), p. 50.

[951] SIMÕES PATRÍCIO, *Direito Bancário Privado*, cit., **2004**, p. 85. Com um sentido aproximado, BRITO CORREIA, *Direito Bancário* (Sumários), cit., **1996/97**, p. 66.

[952] Neste sentido, **AcRelLisboa de 3 de Junho de 2003** (PIMENTEL MARCOS), *CJ*, ano XXVIII, t. III, 2003 (pp. 101-105), p. 103. Cfr. também o **AcRelCoimbra de 16 de Março de 1999** (NUNO CAMEIRA), *CJ*, ano XXIV, 1999, t. II, pp. 21-24, sobre um caso em que se verificou, não obstante, ter ocorrido a preterição do dever de diligência do banco.

Não podemos estar de acordo com CONCEIÇÃO NUNES, *Direito Bancário*, vol. I (Lições Polic.), AAFDL, Lisboa, **1994**, pp. 72-73, para quem a cláusula salvo boa cobrança «do contrato de depósito, quando não é expressa, considera-se sempre tacitamente estipulada» (cfr. p. 73).

Embora cheguemos a idêntico resultado, por considerarmos que o uso inerente é fonte normativa autónoma na matéria de depósito, consideramos que do uso reconhecido não resulta uma cláusula tácita. Esta diferença de entendimento tem importantes consequências. Assim, na omissão do contrato de depósito – inexistindo consequentemente cláusula expressa em sentido divergentes –, aplica-se o comando resultante do uso, prevalecendo a cláusula *salvo boa cobrança*. Para quem considere que está em causa um acordo tácito – como sucede com o autor citado e com BRITO CORREIA (*Direito Bancário*, Sumários cits. **1996/97**, p. 66), por exemplo –, então se houver algum indício, eventualmente com carácter meramente unilateral, e ainda que não expresso, no sentido de que não era essa a vontade das partes, não poderemos aceitar como implícito o referido comando normativo.

dos juros feita pelas instituições de crédito, mesmo antes de decorrido um ano sobre a data da constituição do depósito bancário[953] (cfr. art. 560.º, n.º 3 do CC, em derrogação da regra geral do n.º 2)[954]; a recusa do desconto de uma letra (aceite pelo cliente) – na falta de uma ordem de pagamento permanente –, sem ser acompanhada de aviso de domiciliação que a identifique, da indicação do montante, da data de vencimento e do nome do sacador ou do beneficiário[955]; creditar-se imediatamente o cheque, sem prejuízo da sua boa cobrança, antes da sua cobrança junto do sacado[956]; a obrigação de comunicação do banco relativamente à gestão das contas dos seus clientes, concretizada nos extractos emitidos enviados por correio ao cliente ou disponibilizados *on-line*[957], e o correspondente dever do cliente de verificar a documentação da conta corrente pela consulta desses extractos bancários.

**IX.** No que respeita a saber se a não contestação de um extracto de conta durante um determinado período traduz a sua aceitação e corresponde a um uso (bancário) – em especial quando se encontra previsto que a falta de reclamação no prazo referenciado no próprio extracto corresponde a aceitação da situação nele descrita –, valendo o silêncio do cliente como ratificação e aceitação do conteúdo do extracto e, nomeadamente, das operações que nele estão inscritas, temos sérias dúvidas.

---

[953] Não se encontrando sujeita aos usos bancários, a capitalização de juros nas operações de concessão de crédito, cujo regime foi instituído pelos arts. 5.º, n.º 6 e 7.º, n.º 3 do DL 344/78, de 17 de Novembro, na redacção do DL n.º 204/87, de 16 de Maio, e do DL n.º 83/86, de 6 de Maio.

[954] Cfr. Pires de Lima/Antunes Varela, *Código Civil Anotado,* vol. I, 4ª ed. (com a colab. de M. Henrique Mesquita), Coimbra Editora, Coimbra, **1987**, p. 575, e Conceição Nunes, *Direito Bancário,* cit., **1994**, p. 76.

[955] Esta prática, vigente em França – e confirmada pela jurisprudência francesa – evita o risco de pagamento de uma letra falsa ou cujo aceite seja falsificado e permite que o cliente impeça o pagamento se tiver uma excepção pessoal a opor. Cfr. Grua, *Contrats Bancaires,* t. 1, *Contrats de services,* cit., **1990**, p. 175, e *Les contrats de base de la pratique bancaire,* cit., **2000**, p. 183.

[956] Cfr. Grua, *Contrats Bancaires,* cit., **1990**, p. 203.

[957] Que não se confunde com as normas de carácter profissional que o banqueiro deve seguir na sua actividade quotidiana, tais como as que se traduzem nas obrigações de exactidão, de pontualidade e de aconselhamento. Cfr. Grua, *Les contrats de base de la pratique bancaire,* cit., **2000**, pp. 54-55.

## Estrutura da convenção de cheque

O **silêncio** – que não implica apenas o não falar, mas «o não fazer coisa alguma»[958], correspondendo à inércia, inacção ou falta de actuação do sujeito[959] – não pode valer como aceitação definitiva e inquestionável da totalidade do conteúdo da informação bancária; ao cliente deverá ser permitido demonstrar que as operações descritas não eram legítimas e ultrapassaram o mandato que havia conferido ao banco (ou que foram mal lançadas).

Com efeito, não se afigura legítimo inferir, em termos absolutos, da falta de manifestação de vontade por parte do cliente num prazo, por regra, muito reduzido, a sua concordância com o conteúdo de todas as operações registadas no extracto (bancário) emitido pelo banco[960]. A jurisprudência portuguesa é omissa, mas no estrangeiro, designadamente em

---

[958] MANUEL A. Domingues DE ANDRADE, *Teoria Geral da Relação Jurídica*, vol. II – Facto jurídico, em especial negócio jurídico, Coimbra, **1960** (6ª reimp., Almedina, 1983), p. 134.

[959] Cfr. Inocêncio GALVÃO TELLES, *Manual dos Contratos em Geral*, 4ª ed., Coimbra Editora, **2002**, p. 129. Em sentido semelhante, Pedro NUNES DE CARVALHO, «O silêncio como declaração de vontade», *Lusíada*, n.º 1, **1991** (pp. 115-130), pp. 121-127, para quem o silêncio é uma modalidade da figura mais vasta do comportamento omissivo, ou omissão, que caracteriza na sua dissertação de mestrado *Omissão e Dever de Agir em Direito Civil* (Almedina, Coimbra, **1999**, pp. 115-130), de forma que merece a nossa total concordância (cfr., em especial, pp. 116-117, 123-124, 126-130).

[960] Fazendo *jus* ao ditado popular «quem cala consente» (*qui tacet consentire videtur*). Recusando a este aforismo qualquer relevo jurídico, OLIVEIRA ASCENSÃO, *Direito Civil. Teoria Geral*, vol. II – Acções e Factos Jurídicos, 2ª ed. cit., **2003**, pp. 38 e 39, e repudiando-o, considerando «inaceitável dar-*lhe* expressão legislativa», C. A. MOTA PINTO, *Teoria Geral do Direito Civil*, 4ª ed. (por António Pinto Monteiro e Paulo Mota Pinto), Coimbra Editora, **2005**, pp. 424-425.

No Direito português deve atribuir-se valor de declaração negocial ao silêncio quando houver *o ónus de* o *quebrar, falando*. Neste sentido, GALVÃO TELLES, *Manual dos Contratos em Geral*, 4ª ed., cit., **2002**, p. 129, considerando que esse ónus resulta da lei, de uso ou de convenção (das partes), pressupondo a relevância jurídica deste meio declarativo a «*liberdade* de falar ou calar», valendo o silêncio como «aceitação quando o sujeito, *podendo ou devendo falar*, se cala» (*ibid.*, pp. 130-131).

Diferentemente, embora pronunciando-se anteriormente ao Código Civil e, consequentemente, não ponderando o disposto no art. 218.º, MANUEL DE ANDRADE, *Teoria Geral da Relação Jurídica*, vol. II, cit., **1960** (6ª reimp., 1983), p. 135, aderindo à ideia de que «quem cala, não nega, nem confessa; não diz que não nem que sim; não rejeita nem aceita». Afastando-se aparentemente de GALVÃO TELLES, na linha de MANUEL DE ANDRADE, afirmando que «o silêncio não tem qualquer declaração como declaração negocial, em princípio – não é eloquente», mas admitindo os casos excepcionais estabelecidos no art. 218.º, C. A. MOTA PINTO, *Teoria Geral do Direito Civil*, 4ª ed., cit., **2005**, p. 425.

436         *Cheque e Convenção de Cheque*

França, temos exemplos de decisões recentes em sentido contrário ao do silêncio, admitindo que o cliente – durante o prazo convencionalmente estabelecido ou, se inexistente, durante o prazo de prescrição aplicável – possa demonstrar não deverem ser-lhe imputadas certas operações realizadas, à margem do mandato de que o banco dispunha[961].

O silêncio do cliente pode, assim, em certas circunstâncias, constituir um meio probatório relevante, mas da sua percepção não decorre um comando absoluto, como se de um uso se tratasse[962]. Tão pouco se pode afirmar existir um uso negocial que reconheça valor declarativo ao silêncio; e o mesmo não se forma, como já vimos, pela vontade dos bancos de imputar à inacção do cliente esse efeito (declarativo).

Com efeito, o silêncio não tem relevo no plano dos negócios jurídicos, salvo se a lei o previr expressamente, ou esse valor resultar de uso ou de convenção das partes (cfr. art. 218.º). Decorrendo da falta de manifestação de vontade[963] do declarante em situação preestabelecida – de rara ocorrência – a que é antecipadamente reconhecido valor negocial, o silêncio, embora, por vezes, coincida com uma declaração tácita se esta não for acompanhada de qualquer exteriorização verbal, é, em regra, totalmente irrelevante[964].

---

[961] Cfr. GRUA, *Les contrats de base de la pratique bancaire*, cit., **2000**, p. 17, e jurisprudência (francesa) citada na nota 73.

[962] Pretendendo extrair dos usos relevo suficiente para permitir «extrair efeitos jurídicos do silêncio» e referindo-se às práticas bancárias, mas sem exemplificar, OLIVEIRA ASCENSÃO, *Direito Civil. Teoria Geral*, vol. II, 2ª ed. cit., **2003**, p. 39.

[963] O que está em causa no silêncio é precisamente a ausência da manifestação da vontade, ou da declaração, e não da vontade em si. Neste sentido, vd., por exemplo, OLIVEIRA ASCENSÃO, *Direito Civil. Teoria Geral*, vol. II, 2ª ed. cit., **2003**, pp. 37-38, Heinrich Ewald HÖRSTER, «Sobre a formação do contrato segundo os arts. 217.º e 218.º, 224.º a 226.º e 228.º a 235.º do Código Civil», *RDE*, ano IX, n.ᵒˢ 1-2, **1983** (pp. 121-157), p. 130, e também em *A Parte Geral do Código Civil português. Teoria Geral do Direito Civil*, Almedina, Coimbra, **1992**, p. 435, e PAIS DE VASCONCELOS, *Teoria Geral do Direito Civil*, 4ª ed., cit., **2007**, p. 464.

[964] Dado o escopo deste estudo, não iremos tomar partido na disputa doutrinária sobre a qualificação (jurídica) do silêncio e, nomeadamente, sobre se se trata de uma declaração negocial ou se o silêncio vale apenas como tal.

Considerando tratar-se de uma verdadeira declaração negocial, PAULO MOTA PINTO, *Declaração tácita e comportamento concludente no negócio jurídico*, Almedina, Coimbra, **1995**, pp. 693-704 (em especial, pp. 693-694). Sendo de opinião «que o art. 218.º não considera o silêncio como uma declaração negocial», limitando-se a estabelecer que, em certos casos, se apliquem aos efeitos do silêncio «regras da declaração negocial», admitindo apenas que o silêncio valha «como declaração negocial quando um uso,

*Estrutura da convenção de cheque* 437

**X.** A **manifestação tácita**[965] de vontade negocial, por seu turno, não se extrai da inacção verbal do declarante – do nada fazer ou dizer –, mas da associação de um efeito jurídico conclusivo a um determinado comportamento, que se configura assim como um comportamento concludente.

Exemplificando, quando o cliente do supermercado apresenta na caixa um carrinho com compras, mesmo sem se manifestar verbalmente, ele está a emitir uma declaração de compra, demonstrando à contraparte, pelos seus actos – retirada dos produtos do expositor e apresentação dos mesmos nas caixas (de pagamento) –, que pretende adquirir tais produtos. Apesar de não se expressar oralmente, podendo inclusivamente não proferir qualquer palavra, o cliente não deixa de manifestar a sua vontade de concluir um contrato de compra e venda. Não se trata de uma questão de silêncio, mas sim de declaração tácita[966].

---

devidamente juspositivado por uma lei, o determine», Menezes Cordeiro, *Tratado de Direito Civil Português*, I – *Parte Geral*, Tomo I, 3ª ed., Almedina, Coimbra, **2005**, pp. 545-547 (em especial, 545 e 547).

Rejeitando também que o silêncio tenha carácter de declaração negocial, Ferreira de Almeida, *Texto e enunciado na teoria do negócio jurídico*, vol. II, Almedina, Coimbra, **1992**, p. 706.

Considerando que, em conformidade com o artigo 218.º do CC, o silêncio vale como declaração de vontade «quando a lei, os usos ou as partes lhe dêem significado de declaração negocial» e que, se «houvesse de qualificar-se» o silêncio como uma declaração expressa ou tácita, ele seria uma declaração expressa, uma vez que à omissão de conduta que lhe corresponde (só) «é atribuído *objectivamente* o sentido decorrente do uso, da lei ou da convenção», Carvalho Fernandes, *Teoria Geral do Direito Civil*, vol. II, 4ª ed., cit., **2007**, pp. 282-284 (em especial, pp. 283 e 284).

[965] Considerando extremamente ambígua esta categoria, Oliveira Ascensão, *Direito Civil. Teoria Geral*, vol. II, 2ª ed. cit., **2003**, p. 51.

[966] Também não tomamos partido na disputa acerca de saber se está em causa uma modalidade de declaração negocial (como o artigo 217.º do CC parece inculcar) ou de manifestação da vontade. Recusando expressamente a terminologia legal (*declaração tácita*), Galvão Telles, *Manual dos Contratos em Geral*, 4ª ed., cit., **2002**, p. 1135; usando indistintamente as expressões manifestação ou declaração tácita, Oliveira Ascensão, *Direito Civil. Teoria Geral*, vol. II, 2ª ed. cit., **2003**, pp. 51-55; falando de *enunciado tácito* e de declaração tácita, Ferreira de Almeida, *Texto e enunciado na teoria do negócio jurídico*, vol. II, cit., **1992**, pp. 704-705, 711 e 717, *v.g.*.

Os demais autores que se pronunciaram, na vigência do Código Civil de 1966, consideram a declaração tácita uma modalidade de declaração negocial, casos, por exemplo, de Menezes Cordeiro, *Tratado de Direito Civil Português*, I – *Parte Geral*, T. I, 3ª ed., cit., **2005**, pp. 543-545, de Hörster, «Sobre a formação do contrato segundo os arts. 217.º e 218.º, 224.º a 226.º e 228.º a 235.º do Código Civil», *RDE*, cit., **1983** (pp. 121-157),

438         *Cheque e Convenção de Cheque*

Mas a própria convenção de cheque, como veremos adiante, corresponde frequentemente a uma acordo tácito entre o banco e o cliente, resultando dos actos de requisição[967] de um conjunto de módulos (*caderneta*) de cheques e da sua entrega ao cliente. Formado deste modo, o acordo entre o banco e o cliente alicerça-se em declarações *silenciosas*, mas em que o silêncio propriamente dito não tem qualquer relevância.

Assim, em regra, ou o acto se enquadra numa declaração tácita ou é totalmente irrelevante, como sucede com as chamadas vendas forçadas[968].

**XI.** No plano da relação contratual bancária, há que sublinhar, a este propósito, que se for legítimo depreender da falta de reacção de um cliente a sua não discordância e aceitação de uma informação que o banco lhe transmita, por ser-lhe exigível comportar-se diferentemente, então teríamos de concluir constituir o silêncio um meio declarativo válido.

Ora, tal valor não lhe é atribuído por lei e não cremos que o seja pelos usos bancários, pelo que será de rejeitar o uso profissional que eventualmente lhe reconheça esse sentido.

**XII.** Constituía também um uso, recentemente afastado por regra imperativa em sentido diverso, mas que não deixava de ser seguido pela generalidade dos clientes e, em especial, por aqueles que não têm capacidade de negociação, a diferença entre o método de cálculo das taxas de juro aplicáveis às operações activas e às operações passivas dos bancos. Assim, na remuneração dos depósitos os juros eram calculados numa base de um ano de 360 dias, enquanto no crédito concedido eles eram cobrados com base nos 365 (ou 366) dias do ano.

O recente Aviso do Banco de Portugal n.º 9/2006, de 10 de Novembro (DR, 1ª Série, n.º 217, de 10 de Novembro de 2006), que alterou o Aviso n.º 1/95, de 17 de Fevereiro de 1995 (publicado no DR, 2ª Série,

---

pp. 128-129, de C. A. Mota Pinto, *Teoria Geral do Direito Civil*, 4ª ed., cit., **2005**, pp. 421-423, e de Paulo Mota Pinto, *Declaração tácita e comportamento concludente no negócio jurídico*, cit., **1995** (entre outras passagens da obra que apresentou como dissertação de mestrado – de que o próprio título é elucidativo nesta questão), pp. 438-439, 454, 515-521 e 631.

[967] O facto de a declaração negocial ser formada, neste caso, a partir da linguagem escrita não obsta à sua admissibilidade como declaração tácita. Neste sentido, Ferreira de Almeida, *Texto e enunciado na teoria do negócio jurídico*, vol. II, cit., **1992**, p. 711.

[968] Neste sentido, cfr. Paulo Mota Pinto, *Declaração tácita e comportamento concludente no negócio jurídico*, Almedina, Coimbra, **1995**, pp. 639-640.

*Estrutura da convenção de cheque* 439

de 17 de Fevereiro de 1995), veio pôr em causa este uso, derrogando-o pela sua imperatividade, estabelecida em protecção dos clientes, ao exigir que as instituições de crédito publicitem o *número de dias do ano (360 ou 365/366) subjacente ao cálculo de juros* (cfr. n.º 4.º -B) e não distinguindo, no n.º 1 – a que se reporta o n.º 4.º -B aditado –, as operações activas (de crédito) das passivas. Doravante, o método de cálculo só pode ser um; o que pode variar são as taxas aplicáveis.

**XIII.** Nos ordenamentos jurídicos estrangeiros – de matriz romano--germânica – a importância dos usos bancários é também significativa. Impõe-se, nesta matéria salientar o ordenamento jurídico francês[969], no qual, como nos países da *common law*, a distinção entre os usos comerciais e o costume não é especialmente acentuada[970].

Em França, são muitos os usos que podem aplicar-se às relações entre os bancos ou entre estes e os seus clientes. Alguns encontram-se confirmados pela jurisprudência – tais como os relativos à conta-corrente bancária e respectiva remuneração, em desrespeito pela regra (imperativa) do anatocismo (cfr. art. 1154 do CC) – e outros são acolhidos pela lei, «como aquele segundo o qual os bancos observam um pré-aviso em caso de redução ou de interrupção de um crédito (*concours*) de duração indeterminada permitido a uma empresa» (cfr. art. L. 313-12 do CMF)[971]. Os usos não devem infringir normas imperativas e, nas relações entre os bancos, aplicam-se restrições, não suscitando dificuldades específicas.

---

[969] Sobre o relevo dos usos comerciais, neste ordenamento, cfr. Antoine KASSIS, *Théorie générale des usages du commerce*, LGDJ, Paris, **1984**, em especial pp. 103-121, para quem «o uso do comércio é uma noção que reveste uma importância capital em Direito Comercial» (p. 103).

[970] Diversamente do que acontece no Direito alemão, onde há uma nítida diferença entre os usos comerciais (*Handelsbräuchen* ou *Verkehrssitten*) e o costume (*Gewohnheit*), aliás legalmente reconhecida (cfr. § 346 do HGB). Neste sentido, cfr. KÜMPEL, *Bank– und Kapitalmarktrecht*, 3ª ed., cit., **2004**, p. 1192 (Rn. 7.117) e KASSIS, *Théorie générale des usages du commerce*, cit., **1984**, pp. 146-150. Sobre os usos comerciais no Direito alemão, vd. também BAUMBACH/HOPT, *HGB* 30ª ed., C. H. Beck, München, **2000**, pp. 927-974 (§ 346), Claus-Wilhelm CANARIS, *Handelsrecht,* 23ª ed., C. H. Beck, München, **2000**, pp. 424-432, em especial p. 427, Carsten Peter CLAUSSEN, *Bank und Börsenrecht*, 3ª ed., C. H. Beck, München, **2003**, pp. 99-100 (§ 4, Rdn. 27-29), KARSTEN SCHMIDT, *Handelsrecht*, 5ª ed., Carl Heymanns, Köln/Berlin/Bonn/München, **1999**, pp. 23-29.

[971] BONNEAU, *Droit bancaire*, 6ª ed., cit. **2005**, p. 12. Referindo o mesmo exemplo, RIVES-LANGE/CONTAMINE-RAYNAUD, *Droit bancaire*, 6ª ed., Dalloz, Paris, **1995**, p. 8, nota 5.

440      *Cheque e Convenção de Cheque*

Nas relações com os clientes[972], o valor dos usos bancários depende do prévio conhecimento e aceitação dos mesmos[973]. Se os clientes forem informados dos usos vigentes na praça – o que se presume quando eles são conhecedores dos procedimentos bancários[974] – e não os rejeitaram, eles aplicam-se[975], constituindo um prolongamento dos contratos celebrados e expressão de acordo tácito das partes[976].

**XIV.** Finalmente, chame-se a atenção para o facto de o relevo dos usos bancários ser expressamente reconhecido e estes terem impacto no que respeita ao sentido e alcance de normas de diferente natureza, como as que tutelam o mercado, em geral, e a concorrência, em especial. Nesses termos, devem ser tidos em conta, na aplicação das regras de defesa da concorrência aos bancos e outras instituições de crédito, incluindo as respectivas *associações empresariais* (nomeadamente a Associação Portuguesa de Bancos), os usos bancários, designadamente os que se referem à matéria do *risco* e *solvabilidade* (cfr. art. 87.º, n.º 3 do RGIC)[977].

**XV.** Da análise feita aos usos bancários resulta, em síntese, que:

1.º – Quando aceites, genericamente, pela sociedade, os usos bancários, como verdadeiros usos normativos que são, valem como fonte primordial de direito, ao lado da lei, com natureza consuetudinária.

2.º – Enquanto se mantiverem no estrito âmbito das relações entre os bancos e os clientes, os usos dos bancos que não forem contrá-

---

[972] Considerando que os usos e práticas profissionais não podem ser oponíveis a um cliente – e invocando vasta jurisprudência em seu apoio –, apesar de constituírem «uma fonte de direito nas relações entre profissionais», Christian GAVALDA / Jean STOUFFLET, *Droit Bancaire*. 5ª ed., Litec, Paris, **2002**, p. 11.

[973] Neste sentido, cfr. RIVES-LANGE /CONTAMINE-RAYNAUD, *Droit bancaire*, 6ª ed., cit., **1995**, p. 8.

[974] Citando jurisprudência que exige que a aceitação seja expressa, não bastando que o conhecimento resulte da «experiência corrente da actividade bancária», GRUA, *Les contrats de base de la pratique bancaire*, Litec, Paris, **2000**, p. 6, nota 18.

[975] Cfr. Michel de JUGLART / Benjamin IPPOLITO, *Traité de Droit Commercial*, T. 7, *Banques et Bourses*, 3ª ed. por Lucien M. Martin, Montchrestien, Paris, **1991**, p. 31, e GRUA, *Les contrats de base de la pratique bancaire*, cit., **2000**, p. 3.

[976] Cfr. GRUA, *Contrats Bancaires*, T. 1, *Contrats de services*, Economica, Paris, **1990**, p. 6.

[977] Sobre a compreensão e alcance desta regra, cfr. SIMÕES PATRÍCIO, *Direito Bancário Privado*, cit., **2004**, p. 88.

rios à boa fé valem contra a vontade dos clientes, se tal resultar da lei; na falta de previsão legal e no silêncio do contrato, o seu reconhecimento só é possível se se provar corresponderem à vontade (tácita) do cliente.

3.º – Os usos que traduzem práticas interbancárias, genericamente aceites pelos bancos, são exclusivamente aplicáveis a estes como verdadeiros usos profissionais.

**XVI.** Aceite o princípio geral de que os usos bancários constituem modo de formação das regras que disciplinam a actividade bancária, resta determinar, no plano da relação estabelecida entre o banqueiro e o seu cliente, como é que eles se concretizam[978], nomeadamente qual a sua intervenção na regulação da convenção de cheque.

Ora, quando não se limitam a práticas interbancárias e não se traduzem em actos cujos efeitos são meramente tolerados pelos clientes, aos quais não assiste, em certas circunstâncias, alternativa negocial, constituem verdadeiros usos normativos, a ter em consideração sempre que as partes não estipularem uma diferente solução. São exemplos de usos com natureza normativa os que intervêm na regulação da relação contratual que se estabelece entre o banco e o cliente e se projectam na conformação do regime aplicável à convenção de cheque.

Não existem, assim, usos relevantes que constituam apenas fonte da relação contratual de cheque, o que não surpreende, por ser extremamente rara a celebração de um contrato com a finalidade exclusiva de regular a disponibilidade de uma conta bancária através do saque de cheques.

## 15.3. Caracterização da convenção de cheque

### 15.3.1. *Conceito de convenção de cheque*

**I.** Caracterizámos já sumariamente a convenção de cheque, designadamente como contrato sequencial do contrato de abertura de conta e normalmente ligado a outros contratos celebrados entre o banco e o cliente.

---

[978] Reconhecendo que as cláusulas que conformam os contratos de abertura de conta e de depósito (à ordem e a prazo) são, «em regra, derivadas de usos bancários», **AcRelPorto de 18 de Setembro de 2001** (LEMOS JORGE), *CJ*, ano XXVI, t. IV, 2001 (pp. 189-194), p. 190.

Recordemos o que então dissemos: a convenção de cheque é o contrato, expresso ou tácito, pelo qual o depositante fica com o direito de dispor de uma provisão por meio de cheque, obrigando-se o banco a pagar cheques até ao limite da quantia disponível, quer a mesma tenha sido formada por depósito antecipadamente efectuado ou por crédito concedido.

Este acordo, que iremos caracterizar em pormenor (cfr., em especial, *infra*, n.º 16), é frequentemente tácito, decorrendo de atitudes simples por parte dos intervenientes, como sejam o cliente preencher uma ficha de requisição de módulos de cheques e o banco aceitá-la, mandar proceder à impressão desses módulos e entregá-los ao cliente. Por outras palavras, embora os actos subjacentes à emissão de um livro de cheques (ou conjunto de módulos) possam ser objecto de expressa previsão contratual, que acolha não apenas o consentimento das partes, mas o regime jurídico e os efeitos da específica relação negocial desse modo estabelecida, a verdade é que os mesmos são desnecessários, sendo suficiente que dos actos das partes decorra a sua vontade de celebrarem uma convenção de cheque, em conformidade com a qual o sacador à custa de fundos que o banqueiro colocou previamente à sua disposição – por corresponderem a depósitos feitos em favor do cliente ou a crédito que lhe foi concedido pelo banqueiro –, procede a pagamentos, reembolsos, empréstimos ou levantamentos em numerário, com recurso a cheques[959]. Isto é, e de forma mais simples, a convenção de cheque é o contrato, expresso ou tácito, pelo qual o cliente passa a poder proceder, por meio de cheques, ao saque de quantias que se encontram disponíveis em conta bancária de que é titular ou para cuja movimentação tem legitimidade (cfr. art. 3.º da LUCh).

**II.** Este contrato pressupõe um acordo entre as mesmas partes sobre a prévia abertura de conta com referência à qual é celebrada a convenção de cheque, que contribuirá para a sua movimentação, através dos cheques, mas a sua execução – como iremos ver adiante (cfr. *infra*, n.º 17) – irá requerer que, paralelamente, se desenvolva uma relação contratual de conta-corrente.

---

[979] Trata-se, por isso, de um contrato concluído «no interesse comum do cliente, e do banqueiro, que tem "a matéria-prima das operações bancárias" no dinheiro dos seus depositantes» (Jules Valery, *Des cheques en droit français*, LGDJ, Paris, **1936**, p. 159).

No que respeita ao contrato de depósito, este poderá ou não existir, uma vez que subjacente à abertura de conta e ao seu provisionamento poderá estar um contrato de diferente natureza, como seja uma abertura de crédito.

A convenção de cheque enquadra-se, deste modo, numa relação contratual complexa estabelecida entre o banqueiro e o seu cliente, não sendo essencial para que a conta bancária entretanto aberta seja movimentada a débito, uma vez que o seu titular pode para o efeito utilizar cartão de débito ou proceder a transferências.

No entanto, a convenção de cheque apresenta, em relação à abertura de conta e ao depósito, uma diferença que se consubstancia numa característica que a individualiza: é celebrada *intuitus personae*, isto é, o banco celebra a convenção em atenção à pessoa do cliente. Na formação da sua decisão está presente a confiança que este lhe deve merecer. Quanto às regras que são aplicáveis à execução do negócio, não há, em geral, especial margem de manobra quanto à sua negociação, até porque a convenção de cheque – como se demonstra ao longo deste trabalho – está externamente condicionada pelo regime jurídico do cheque resultante da Lei Uniforme e do Decreto-Lei n.º 454/91, de 28 de Dezembro[980].

**III.** No que se refere à designação deste contrato, optámos decididamente pela expressão convenção de cheque, em vez de contrato de cheque, tendo em consideração a sua atipicidade legal, por um lado, e a sua origem convencional, por outro. Embora a referência à convenção possa gerar um equívoco com o tratado internacional que recai sobre o cheque, com uma diferente preposição (*de*, em vez *do*, que caracteriza a Lei Uniforme relativa ao cheque, também conhecida por convenção do cheque) a separar as mesmas palavras que compõem a expressão, considerámos mais adequada a designação que se enquadra na tradição

---

[980] Ocorre, assim, um fenómeno algo inverso ao que se verifica com a celebração dos outros dois contratos (abertura de conta e depósito), em que o banco não tem a mesma ponderação, contratualizando com quem se manifeste disponível para concluir o negócio – e se sujeitar às taxas aplicáveis aos serviços prestados e, por vezes, a saldos médios mínimos –, mas em seguida disponha de diversas opções, consoante o perfil do cliente. Existem, por isso, diversas "contas de depósito" – terminologia regulamentarmente consagrada (cfr. Secções II e III e arts. 9.º e 11.º do Aviso n.º 11/2005 do BdP, de 13 de Julho de 2005, na red. do Aviso n.º 2/2007, de 2 de Fevereiro de 2007), com regimes adaptáveis a diversos tipos e perfis de cliente.

444 *Cheque e Convenção de Cheque*

jurídica portuguesa e que tem colhido adesão esmagadora da doutrina nacional[981], para além de ser a legalmente consagrada[982].

Vale a pena recordar que a nomenclatura que adoptamos – em detrimento da designação alemã que, embora aceite por alguns juristas nacionais, não obteve o reconhecimento da generalidade dos autores portugueses e sobretudo da jurisprudência[983] – corresponde à seguida em Itália.

A terminologia é, nos demais ordenamentos, uniforme. Na língua alemã – Alemanha[984], Áustria[985] e Suiça[986] – o termo unanimemente[987]

---

[981] Em sentido favorável ao do texto, MENEZES CORDEIRO, *Manual de Direito Bancário*, 3ª ed. cit., **2006**, pp. 483-497, em especial pp. 489-496, JOSÉ MARIA PIRES, *O cheque*, Rei dos Livros, Lisboa, **1999**, entre outros, cfr. p. 128. Era também a designação que já utilizávamos no nosso estudo «O cheque enquanto título de crédito: evolução e perspectivas», in AA.VV., *Estudos de Direito Bancário*, FDUL / Coimbra Editora, **1999** (pp. 243-260), pp. 254-255.

Pugnando pela adopção da expressão *contrato de cheque*, SOFIA de Sequeira GALVÃO, *Contrato de cheque*, LEX, Lisboa, **1992**, em especial p. 29, nota 51.

Falando indistintamente em contrato ou convenção de cheque, mas utilizando preferentemente a expressão convenção de cheque, FERRER CORREIA/ALMENO DE SÁ, «Emissão de cheque, cessão de créditos e compensação» (Anotação aos Acórdãos do STJ de 10 de Maio de 1989 e de 3 de Outubro de 1989), *RDE*, ano XV, **1989** (pp. 259-325), cfr., em especial, pp. 284 e 285. Utilizando também as duas designações, FILINTO ELÍSIO, «A revogação do cheque», *O Direito*, ano 100.º, **1968,** pp. 450-505 (cfr. pp. 487 e 489, por exemplo), e SIMÕES PATRÍCIO, *Direito Bancário Privado*, Quid Juris, Lisboa, **2004**, pp. 197-198.

[982] Cfr. arts. 1.º, n.os 1, 3, 4, 6 e 7, 2.º, alínea b), 4.º, 6.º e 9.º, n.º 2 do DL 454/91, de 28 de Dezembro.

[983] Referindo-se à convenção de cheque, entre outros, os **Acórdãos do STJ de 9 de Novembro de 2000** (FERREIRA DE ALMEIDA), *CJ/AcSTJ*, ano VIII, 2000, t. III, pp. 108-113, em especial p. 110 [Este acórdão no Sumário (p.108) menciona também o *contrato*], **e de 27 de Outubro de 2007** (SANTOS BERNARDINO) / Proc. n.º 07B2543, *www.dgsi.pt*, e o **AcRelCoimbra de 19 de Dezembro de 2007** (ISAÍAS PÁDUA) / Proc. n.º 5975/04.8TBLRA.C1. Este último designando o negócio entre o banqueiro e o seu cliente por "*contrato de cheque bancário*". Para além destes, cfr. também todos os arestos que se pronunciam, em geral, sobre a rescisão deste contrato (cfr., *infra*, n.º 24).

Alguns arestos mencionam o contrato de cheque, para se referirem à natureza jurídica da convenção, como é o caso do **AcSTJ de 21 de Fevereiro de 2006** (URBANO DIAS), *www.dgsi.pt*. Encontramos, porém, a referência ao "contrato de cheque" noutras decisões, como, por exemplo, os **Acórdãos do STJ de 19 de Outubro de 1993** (JAIME CARDONA FERREIRA), *CJ/AcSTJ*, ano I, t. III, 1993, pp. 69-72, e **de 25 de Outubro de 2007** (PIRES DA ROSA) / Proc. n.º 07B2964, *www.dgsi.pt* (cfr. o respectivo Sumário).

[984] Cfr., entre outros, BAUMBACH/HEFERMEHL, *Wechselgestez und Scheckgesetz*, cit., 22ª ed., **2000**, pp. 510-518, BROX, *Handelsrecht und Wertpapierrechte*, 14ª ed., cit., **1999**, p. 341 (Rdn. 667), BÜLOW, *WechselG / ScheckG und AGB*, 4ª ed. Cit., **2004** (cfr. referência

Estrutura da convenção de cheque

adoptado é *Scheckvertrag* (contrato de cheque); em Itália, em quase todos os trabalhos que consultámos a expressão utilizada é de *convenzione d'assegno* (convenção de cheque)[988].

Em Espanha encontramos referência a *pacto* ou *contrato de cheque*[989], enquanto no Brasil – apesar de alguma influência italiana em

a pp. 353, 362, 454, 460, 462, 465, 535, 560 e 569), CLAUSSEN, *Bank und Börsenrecht*, 3ª ed. cit., **2003**, pp.216-217, KÜMPEL, *Bank– und Kapitalmarktrecht*, 3ª ed., cit., **2004**, pp. 616-619, Ulrich MEYER-CORDING / Tim DRYGALA, *Wertpapierrecht,* 3ª ed., Luchterhand, Neuwied/Kriftel/Berlin, **1995**, p. 85, SCHIMANSKY/BUNTE/ LWOWSKI, *Bankrechts-Handbuch*, vol. I, 2ª ed., C. H. Beck, München **2001**, pp. 1317-1322, Hans-Peter SCHWIN-TOWSKI / Frank A. SCHÄFER, *Bankrecht. Commercial Banking – Investment Banking,* 2ª ed., Carl Heymanns, Köln, Berlin, Bonn, München **2004**, pp. 280-281, Lutz SEDATIS, *Einführung in das Wertpapierrecht*, Walter de Gruyter, Berlin/New York, **1988**, pp. 141--142, Beatrix WEBER, *Recht des Zahlungsverkehrs*, 4ª ed., Erich Schmidt, Berlin, **2004**, pp. 210-212

[985] Cfr. Peter AVANCINI / M. Gert IRO / Helmut KOZIOL, *Osterreichisches Bankvertragsrecht*, Manzsche, Wien, **1987**, pp. 397-398, Günter H. ROTH, *Grundrib des österreichischen Wertpapierrechts*, Manzsche, Wien, **1988**, p. 71, e PIMMER, *Wechselgesetz und Scheckgesetz*, 9ª ed. Cit., **1992**, pp. 193-194.

[986] Na língua suiça-alemã (*schwisser-deutsch*) a palavra escreve-se com „C" (*Checkvertrag*), numa diferença que faz recordar a existente na língua inglesa (*Cheque versus Check*). Cfr. Brigitte Von Der CRONE-SCHMOCKER**,** *Das Checkinkasso und die Checktruncation* (diss.), Schultess, Zürich **1986**, pp. 46 e 47, Ruth Erika HABICHT, *Der Checkvertrag und das Checkrecht* (Diss. Zürich), Keller, Winterthur, **1956**, cfr., em especial, pp. 10-14, e Peter JÄGGI / Jean Nicolas DRUEY / Christoph Von GREYERZ, *Wertpapierrecht*, Helbing und Lichtenhahn, Basel/Frankfurt am Main, **1985**, pp. 270-272.

[987] Trata-se da conclusão possível em função da leitura da bibliografia disponível citada na nota precedente e incluída na Bibliografia Geral.

[988] Cfr. Giulio DISEGNI, *Cambiali e assegni. Strumenti di credito e mezzi di pagamento*, G. Giappichelli, Torino, **2005**, pp. 176-179, Francesco GIORGIANNI / Carlo-Maria TARDIVO, *Diritto Bancario. Banche, Contratti e Titoli Bancari*, Giuffrè, **2006**, pp. 538, 942, Gianfranco GRAZIADEI, *La Convenzione d'Assegno*, Morano, Napoli, **1970**, em especial pp. 7-8, Silvio PIERI, *L'assegno*, Utet, Torino, **1988**, pp. 61-64, SECRETO/CARRATO, *L'assegno*, 3ª ed. cit., **2007**, em especial pp. 224-232, TENCATI, *Il pagamento attraverso assegni e carte di credito*, 2ª ed., CEDAM, Padova, **2006**, em especial pp. 55-58.

Optando por contrato de cheque (*contratto bancario di assegno*), Alberto ASQUINI, *Corso di Diritto Commerciale. Titoli di Credito*, CEDAM, Padova, **1966**, p. 401.

[989] Cfr. CALAVIA MOLINERO/BALDÓ DEL CASTAÑO, *El cheque*, cit., **1987**, pp. 149-150.

Contudo, a autonomia dogmática deste negócio não é pacífica em Espanha. Assim, rejeitando o contrato de cheque, que reconduz ao «depósito ordinário de metálico», Augustin VICENTE Y GELLA, *Los titulos de credito en la doctrina y en el derecho positivo*, Institución Fernando el Católico, Zaragoza, **1986** (reimp.), pp. 347-348.

Por sua vez, como vimos, outros autores, como Antonino VÁSQUEZ BONOME, *Todo sobre la Letra, el Pagaré y el Cheque*, Difusión Jurídica, Madrid, **2005**, p. 296, recusando

matéria de títulos de crédito, devida a Tullio AsCARELLI – é comummente adoptada a expressão contrato de cheque[990].

Por sua vez, em França autonomiza-se a convenção de conta (*convention de compte*) e fala-se ainda em contrato-quadro de serviços bancários. O contrato de fornecimento de instrumentos de pagamento (cheques e cartões) – que corresponde, de certo modo, à convenção de cheque – é considerado um anexo da convenção de conta, da qual se encontra dependente, não lhe sendo reconhecida autonomia[991].

Finalmente, nos ordenamentos anglo-americanos a questão não se coloca, não havendo referência autónoma a este contrato no quadro da relação negocial bancária.

Qualquer que seja a terminologia seguida – convenção de cheque ou contrato de cheque –, a realidade é que o acordo, o seu conteúdo e efeitos são os mesmos e não se altera em razão do nome que lhe é dado, pelo que não consideramos esta questão especialmente relevante.

### 15.3.2. *Referência legal; o artigo 3.º da Lei Uniforme relativa ao Cheque*

Este acordo, embora seja legalmente atípico, encontra uma referência relevante na Lei Uniforme, mais precisamente no seu artigo 3.º, no qual se determina que «*o cheque é sacado sobre um banqueiro que tenha fundos à disposição do sacador e em harmonia com uma convenção expressa ou tácita, segundo a qual o sacador tem o direito de dispor desses fundos por meio de cheque*».

Esta regra – que é complementada com uma norma fundamental que tem um contributo decisivo na determinação da natureza jurídica deste acordo e segundo a qual o cheque é válido, não obstante verificar-se uma vicissitude na convenção (cfr. art. 3.º *in fine* da LUCh) – tem uma enorme importância no que respeita à forma do contrato que estudamos, pelo que lhe iremos dedicar um ponto autónomo.

Decorre do artigo 3.º da Lei Uniforme que o cheque pressupõe duas realidades:

---

a autonomia contratual ao *pacto de cheque*, consideram-no acessório de um outro contrato (conta-corrente bancária).

[990] Neste sentido, cfr. OTHON SIDOU, *Do Cheque,* 3ª ed., cit., **1986**, pp. 118-121.

[991] GRUA, *Les contrats de base de la pratique bancaire*, cit., **2000**, pp. 49-50, 137-140.

*Estrutura da convenção de cheque* 447

– Uma convenção celebrada entre o banqueiro (o sacado) e o seu cliente (o sacador); e
– A existência de uma provisão, a ser movimentada através de cheques.

Mas resulta também desta disposição legal que o cheque é o instrumento central da convenção, sem o qual esta não existiria como tal.

### 15.4. Forma

**I.** No que respeita à forma, a convenção de cheque pode ser reduzida a instrumento escrito, elaborado *ex professo* ou abrangendo outros aspectos da relação contratual bancária que se desenvolve entre o cliente e o banqueiro, ou resultar de um mero acordo tácito estabelecido entre as partes, o qual corresponde, aliás, à liberdade de forma aplicável aos negócios jurídicos bancários em geral.

Daqui resulta claramente estarmos perante um contrato consensual, formado pelo simples acordo de vontades das partes, que se manifesta sem necessidade de observância de um específico modo de exteriorização daquelas vontades: na maior parte das vezes, o consenso resulta dos actos materiais que as partes realizam e não de exteriorizações verbais explícitas.

Por isso, este negócio forma-se frequentemente através de um acordo tácito das partes que resulta dos respectivos actos, e que adquire completo sentido no momento da execução do contrato.

Ao receber e aceitar o conjunto de módulos de cheques, mesmo quando nada fez para ficar com eles, o cliente conclui a convenção de cheque, cuja execução pressupõe o saque de um cheque.

A perfeição e eficácia do acordo não se confunde, assim, com o exercício dos direitos resultantes do contrato e com o cumprimento das respectivas obrigações, uma vez que os efeitos se fazem sentir a partir do momento em que o negócio está concluído. Quando isso acontece, resultam para as partes obrigações contratuais a que ficam vinculadas e que têm de cumprir, como, por exemplo, o dever de diligência na guarda e conservação dos módulos de cheques.

**II.** Recorde-se ainda, a este propósito, a ideia que expusemos no sentido de que, nos meios de pagamento em geral, a liberdade de forma, acolhida no artigo 219.º do Código Civil e expoente da autonomia privada, deve constituir regra. Não obstante, na prática, predomina a formalização por escrito desses meios. Fundamentam-na, algo paradoxalmente, a celeridade, que impõe a normalização dos instrumentos utilizados para um adequado processamento dos respectivos efeitos materiais, e razões de certeza e segurança, estreitamente ligadas ao conhecimento dos meios padronizados a que se deve (pode) recorrer para efectuar pagamentos.

Contudo, recorde-se, não está aqui em causa a formalização do cheque, mas o modo de exteriorização das vontades imanentes à conclusão do acordo entre o banqueiro e o seu cliente, através do qual este pode sacar cheques para movimentar os fundos de que é titular.

E, no que respeita a este aspecto, iremos ver que a tipicidade social subjacente à celebração da convenção de cheque – acto que, sendo legalmente atípico, se enquadra no plano da autonomia privada dos respectivos sujeitos – permite identificar os principais direitos e vinculações que caracterizam o negócio.


### 15.5. Finalidade

**I.** Por último, vejamos qual a finalidade subjacente à celebração deste contrato. Essencialmente estão aqui em causa as funções da convenção de cheque. Por um lado, e em primeira mão, movimentar a conta bancária; em segundo lugar, proceder a pagamentos à custa dos fundos que a integram, através do saque de cheques.

É claro que, em bom rigor, poderíamos atingir finalidades idênticas com o recurso a cheques avulsos ou a meios de pagamento alternativos. Na realidade, a conta bancária pode ser movimentada através de cheque avulso – embora de forma menos eficiente –, o que acontece quando o cliente se encontra inibido de sacar cheques. Existem hoje meios alternativos aos cheques que permitem igualmente satisfazer pagamentos, embora nem sempre sejam tão adequados à satisfação dos interesses em jogo.

Não obstante, e em especial sem prejuízo da notável modernização dos meios disponíveis para a realização de funções sucedâneas, a convenção de cheque permite ao cliente movimentar adequadamente a sua conta bancária e consubstancia a confiança que o banco tem na sua contraparte.

O cheque, seu instrumento essencial, constitui uma forma adequada de circulação da riqueza, uma vez que permite ao respectivo beneficiário ou portador do título que, num prazo relativamente curto sobre a data da emissão, possa reclamar do sacado – com base na aparência e literalidade dele resultante – o pagamento de determinada quantia. Com base nesta diferença, facilmente observamos que o cheque vai para além da convenção que lhe está subjacente, adquirindo clara autonomia relativamente à mesma.

**II.** A convenção, por sua vez, reporta-se a uma conta bancária, em função da qual existe e à qual está associada, embora o desrespeito dos respectivos deveres se possa projectar na subsistência de todas as convenções de que o cliente é parte, implicando, em alguns casos, a rescisão desses acordos.

Daqui resulta que o cliente não celebra apenas uma convenção de cheque com determinado banco; celebra tantas convenções quantas as contas que (sendo titular) pretenda movimentar através de cheque, ainda que o regime jurídico aplicável seja único.

## 16. A convenção de cheque: constituição e conteúdo

Caracterizado genericamente o acordo estabelecido e existente entre o banqueiro e o seu cliente – no que respeita à disposição de fundos por intermédio de cheques –, iremos agora proceder à análise do respectivo regime jurídico que, como veremos, reveste uma certa complexidade.

### 16.1. Formação do negócio

#### 16.1.1. *A autonomia privada como princípio regulador do negócio jurídico*

**I.** A convenção de cheque é um negócio jurídico que, de um modo geral, integra as diversas vertentes que a autonomia privada – de que gozam os sujeitos de Direito na prática de actos juridicamente relevantes – pode revestir.

Como afirmámos nas nossas lições de *Direito das Sociedades Comerciais*[992] – seguindo de perto MENEZES CORDEIRO[993] –, a autonomia privada ou autonomia da vontade corresponde à faculdade de auto-regulamentação de interesses dos sujeitos de Direito ou a à «permissão genérica de produção de efeitos jurídicos» de que estes gozam, consistindo numa «área reservada na qual as pessoas podem desenvolver as actividades jurídicas que entenderem». Na actuação dos meios jurídicos que se encontram ao seu dispor para, da forma que se revelar mais adequada e conveniente aos seus interesses, regerem a sua pessoa e bens, os agentes económicos devem respeitar as regras imperativas e cogentes que delimitam, permanentemente, a sua actuação no mercado.

Ora, o âmbito dos contratos comerciais, em geral, e dos negócios bancários[994], em particular, é um domínio privilegiado da autonomia privada[995], em que sobrelevam essencialmente os interesses dos empresários (os banqueiros) sobre os das respectivas contrapartes contratuais: os clientes. Estes dispõem da liberdade de celebração de negócios bancários, entre os quais a convenção de cheque – no pressuposto de que o banqueiro se encontra disponível para o efeito –, da liberdade de selecção do tipo negocial, escolhendo a convenção de cheque em desfavor de outros contratos com fins semelhantes, e inclusivamente de estipulação do respectivo conteúdo, com observância das pertinentes regras imperativas[996].

---

[992] 3ª ed., Almedina, Coimbra, **2007**, p. 65 (1ª ed.., 2006, p. 36).

[993] *Tratado de Direito Civil Português*, I – *Parte Geral*, Tomo I, 3ª ed., Almedina, Coimbra, **2005**, pp. 391-392, e ainda o *Manual de Direito Bancário*, 3ª ed., Almedina, Coimbra, **2006**, pp. 232-234.

Sobre a autonomia privada, cfr. os autores nacionais citados, *supra*, na nota 896 (n.º 15.2), e ainda – com ampla bibliografia – a dissertação de doutoramento de Joaquim de SOUSA RIBEIRO, *O problema do contrato. As cláusulas contratuais gerais e o princípio da liberdade contratual*, Almedina, Coimbra, **1999**, em especial pp. 21-51 e 63-74 e 243-257.

[994] Já a respectiva vertente institucional se encontra sujeita a regras muito rígidas e a um forte controlo de matiz estadual, que se encontra bem patente na regulação do sector bancário e financeiro e das principais regras aplicáveis, cabendo salientar-se o Regime Geral das Instituições de Crédito e Sociedades Financeiras.

[995] Considerando que «as relações negociais que se estabelecem entre bancos e clientes e que configuram o chamado *direito bancário material* são totalmente enformadas pela autonomia privada», ANTÓNIO PEDRO de Azevedo FERREIRA, *A Relação Negocial Bancária*. Conceito e estrutura, Quid Juris, Lisboa, **2005,** pp. 327-328 (cfr. também pp. 329-335).

[996] No mesmo sentido, embora a propósito da concessão de crédito, MENEZES CORDEIRO, «Concessão de crédito e responsabilidade bancária», cit., **1990**, pp. 50-51.

*Estrutura da convenção de cheque* 451

**II.** O contrato cujo regime estamos a analisar, embora vinculado às regras que disciplinam a subscrição e transmissão do cheque, é expoente da autonomia privada dos respectivos sujeitos, que podem configurar o conteúdo das obrigações contratuais que assumem da forma que melhor lhes aprouver, podendo reservar-se o direito de – no âmbito de uma relação contratual bancária complexa – nem sequer o celebrarem, por desinteresse do cliente ou por falta de confiança do banco, embora muitas vezes se limitem a conclui-lo de forma tácita.

### 16.1.2. *Adesão*

**I.** Pelas razões acima expostas, independentemente da forma genericamente adoptada para a celebração da convenção de cheque, este acordo reveste frequentemente as características de um negócio rígido, como iremos ver, apesar de celebrado *intuitus personae*.

Não recorrendo os bancos a formulários antecipadamente preparados e disponíveis no momento em que o cliente pretende celebrar um contrato com esta natureza, diversamente do que sucede com a abertura de conta ou com os contratos de utilização de cartões bancários – de crédito, de débito ou outros –, a convenção não é regulada por cláusulas contratuais gerais (pré-elaboradas pelos bancos e destinadas a uma pluralidade de destinatários indeterminados: os clientes)[997], embora o banqueiro recorra amiúde às cláusulas contratuais gerais que utiliza na abertura de conta, para acautelar a sua não celebração. Trata-se de um negócio que se configura de forma rígida[998] e que, em regra, apenas supõe aceitação por parte do cliente, que se limita a aderir, ou não, aos termos que correspondem à prática do banco e que, de certo modo, se encontra balizada por regras de carácter imperativo. Estamos perante um

---

[997] Curiosamente, «as primeiras cláusulas gerais utilizadas (...) na actividade dos banqueiros», datam da década de 80 do século XIX e «correspondiam a "condições" impressas nos livros de cheques em letras reduzidas e (...) articulavam deveres e cautelas do cliente» (MENEZES CORDEIRO, *Manual de Direito Bancário*, 3ªed., cit., **2006**, p. 363).

Hoje é frequente encontrarmos com o conjunto de módulos disponibilizado ao cliente um conjunto de proposições que visam sobretudo chamar a atenção para os deveres que (já) se intuem.

[998] Esta característica tem conduzido diversos autores a qualificá-lo como um contrato de adesão. Nesse sentido, entre nós, cfr. SOFIA GALVÃO, *Contrato de cheque*, Lex, Lisboa, **1992**, p. 41.

negócio jurídico que, embora juridicamente formado através de um mecanismo de adesão[999], tem laivos de negócio singular – dada a consideração (individual) que o cliente tem de merecer do banco para este concluir a convenção, não havendo grande margem de manobra das partes na conformação do respectivo conteúdo pelas condicionantes exógenas ao saque e circulação de cheques – não sendo um típico negócio de massas celebrado com recurso a cláusulas contratuais gerais, ao alcance de qualquer cliente que se proponha contratar nos termos pré-elaborados e predispostos pelo banco, como sucede em relação ao contrato de cartão de débito.

Impõe-se aqui referir que o facto de ser um negócio habitualmente rígido não significa que, em regra, não se forme consensualmente, como a maioria dos negócios bancários[1000], sendo muito raramente objecto de forma convencional (escrita), abdicando os bancos de verterem num formulário ou num qualquer documento assinado com o cliente as condições que deverão regular esse contrato.

Por isso, as normas que regulam a convenção de cheque, sempre que a mesma não é reduzida a escrito[1001], integram usos bancários e assumem a configuração que corresponde ao normal uso de cheques por parte dos clientes, encontrando limites imperativos em regras da Lei Uniforme, que lhe são aplicáveis, enquanto complexo normativo regulador do cheque e das subscrições cambiárias que lhe são inerentes.

**II.** Em Portugal, para além das regras imperativas reguladoras do sector bancário e financeiro – que constam do Regime Geral das Instituições de Crédito e Sociedades Financeiras –, e das que, pontualmente, disciplinam um ou outro negócio, os contratos bancários, quando as partes optam por os reduzir a escrito, formam-se muitas vezes por recurso a cláusulas contratuais gerais[1002] – sujeitas ao respectivo regime

---

[999] Os quais também se formam por adesão, embora

[1000] Neste sentido, e recentemente, cfr., por exemplo, Calvão da Silva, *Banca, Bolsa e Seguros*, Tomo I, 2ª ed. cit., **2007**, p. 161.

[1001] Nada impede que a convenção conste de instrumento (escrito) autónomo ou resulte das regras aplicáveis a outros contratos, tais como a abertura de conta ou o depósito que se lhe podem referir incidentalmente, considerando ser a convenção um contrato pelo qual as partes acordam numa das formas possíveis de movimentação da conta e de saque de dinheiro.

[1002] Importa recordar que não existem no Direito português cláusulas contratuais gerais especificamente aplicáveis aos negócios bancários, como sucede, por exemplo, na Alemanha, com as cláusulas contratuais gerais dos bancos (*AGB-Banken*) – aprovadas

Estrutura da convenção de cheque 453

legal[1003], como sucede com o contrato de abertura de conta e de utilização de cartão (de débito[1004]) – ou por acordo específico das partes, se não corresponderem a condutas a que ordem jurídica atribua e reconheça determinados significado e efeitos. Em todos os casos, e como vimos já, os usos assumem, neste domínio da vida social e económica, um especial relevo.

### 16.1.3. *Limitações legais à celebração de convenção de cheque*

**I.** O cliente nem sempre consegue celebrar uma convenção de cheque, mesmo quando o pretende fazer.

Nuns casos, é o banco que não aceita, nem se mostra disponível – nomeadamente porque o cliente (ainda) não lhe merece credibilidade suficiente para o efeito –, apenas permitindo que a conta (recentemente) aberta seja movimentada através de cartão de débito (e, eventualmente, por cartão de crédito) ou instruções directas; noutras situações é a própria lei que veda ao banco essa possibilidade, por falta de capacidade do cliente ou tendo, nomeadamente, em conta a sua anterior conduta.

---

pela Associação Federal dos Bancos Alemães (*Bundesverband Deutscher Banken*), em 1993 (com redacção de 2002) – e das caixas económicas (*AGB-Sparkassen*), datadas também de 1993 e 2002. Cfr., na doutrina nacional, MENEZES CORDEIRO, *Manual de Direito Bancário*, 3ª ed., cit., **2006**, pp. 364-366, CALVÃO DA SILVA, *Banca, Bolsa e Seguros*, Tomo I, cit., **2005**, pp. 161-207, em especial p. 163, e ANTÓNIO PEDRO FERREIRA, *A Relação Negocial Bancária*. Conceito e estrutura, cit., **2005,** pp. 381-398, 404-406. Na doutrina alemã, de entre os autores que seguimos mais de perto, BÜLOW, *WechselG / ScheckG und AGB*, pp. 507-600, 624-647 (em especial pp. 535-560), CLAUSSEN, *Bank und Börsenrecht*, 3ª ed., cit., **2003**, pp. 95-96, KÜMPEL, *Bank– und Kapitalmarktrecht*, 3ª ed., cit., **2004**, pp. 18-245 (em especial pp. 23, 26-27, 49-140), SCHIMANSKY/BUNTE/LWOWSKI, *Bankrechts-Handbuch*, vol. I, 2ª ed., cit., **2001,** pp. 65-83 (em especial, sobre o significado económico e jurídico do *AGB-Banken*, pp. 79 83) com relevante capítulo (§5.) acerca dos efeitos das *AGB-Banken* e *AGB-Gesetz* (Lei das condições negociais gerais), segundo a Directiva Comunitária, sobre as cláusulas contratuais abusivas (pp. 84-125), análise detalhada das condições gerais negociais bancárias (*AGB-Banken*) (§§ 6 a 25, pp. 126-372) e transcrevendo as *AGB-Banken* (pp. 373-382) e as *AGB-Sparkassen* (pp. 383-393), mas sem a actualização de 2002 –, e SCHWINTOWSKI/SCHÄFER, *Bankrecht*, 2ª ed., cit., **2004**, pp. 14-19, 21-56 (em especial, pp. 14-15, 21-32).

[1003] Cfr. a Lei das cláusulas contratuais gerais, aprovada pelo DL 446/85, de 25 de Outubro, na redacção dos DL 220/95, de 31 de Janeiro, e DL 249/99, de 7 de Julho.

[1004] Cfr. **AcRelLisboa de 9 de Outubro de 1997** (PONCE DE LEÃO), *CJ*, vol. XXII, 1997, t. IV, pp. 106-111, e **AcSTJ de 17 de Maio de 2007**, Proc. n.º 07B1295 (OLIVEIRA ROCHA), *www.dgsi.pt*.

454 *Cheque e Convenção de Cheque*

Assim, será admissível que o banco permita que o cliente menor – em regra, maior de dezasseis anos –, no âmbito das excepções à sua incapacidade de exercício (cfr. art. 127.º do CC), movimente conta bancária através de um cartão de débito[1005] com limite máximo diário ou com referência a conta cujo depósito seja constituído à custa dos proventos obtidos com o seu trabalho [cfr. art. 127.º, n.º 1, *alínea a)* do CC][1006], mas não lhe possa disponibilizar módulos de cheques que, como é sabido, não estão sujeitos a um valor máximo, nem podem ser pré-condicionados a um determinado limite (cfr. art. 1.º, n.º 2 da LUCh)[1007]. Conjuntamente com o menor, podem ser co-titulares os seus representantes legais.

Por sua vez, nenhum banco pode celebrar uma convenção de cheque com uma entidade que, por deficiente utilização do cheque, tenha sido objecto de rescisão de convenção de cheque e, consequentemente, incluída na lista "negra" dos clientes bancários *utilizadores de cheque que oferecem risco* (cfr. art. 3.º, n.º 1 do RJCh).

**II.** A não regularização oportuna de um cheque que tenha sido sacado sem cobertura obriga o banco a rescindir a convenção de cheque com o infractor, quer ele actue em nome próprio (*i.e.*, seja o cliente), quer em representação de outrem, como mandatário de um terceiro ou membro de órgãos social de um cliente que seja pessoa colectiva (cfr. art. 1.º, n.ᵒˢ 1 e 2 do RJCh).

Não vamos, nesta sede, analisar todas as consequências e os efeitos da rescisão – o que faremos mais à frente (*infra*, n.º 24.6) –; limitamo-nos,

---

[1005] Não nos referimos a um "cartão pré-carregado", o qual depois de carregado por débito em conta bancária pode ser utilizado por quem for o respectivo portador, como se de dinheiro se tratasse.

[1006] Estão aqui em causa as excepções legais à incapacidade de exercício (genérica) do menor, que abrangem os negócios de reduzida dimensão e cujos sentido e alcance são de fácil apreensão, para além de serem *próprios da* sua *vida corrente* [cfr. art. 127.º, n.º 1, *alínea b)* do CC], bem como os actos (*de administração e disposição*) que o menor que seja maior de dezasseis anos pratica sobre frutos do seu trabalho [cfr. art. 127.º, n.º 1, *alínea a)* do CC]. O controlo permanente (*em linha*) do valor desses actos e também da proveniência dos fundos pelos bancos viabiliza a utilização de meio de pagamento por débito *em linha*.

[1007] Não afastamos a hipótese de o menor poder celebrar convenção de cheque para movimentação dos fundos depositados em conta que seja alimentada exclusivamente pelos proventos do seu trabalho, uma vez que a mesma se enquadra na previsão da *alínea a)* do n.º 1 do art. 127.º do CC.

*Estrutura da convenção de cheque* 455

por ora, a referir que essa ocorrência constitui impedimento para a celebração de (nova) convenção de cheque num prazo relativamente alargado, que é, geralmente, de dois anos.

Com efeito, os bancos estão proibidos de celebrar a convenção de cheque com quem esteja incluído na listagem divulgada pelo Banco de Portugal, durante um prazo de dois anos a contar da decisão da rescisão (cfr. arts. 3.º, n.º 2, e 4.º do RJCh), a menos que, excepcionalmente – e antes de esgotado esse prazo –, a entidade de supervisão decida, mediante *proposta* ou *requerimento* de um banco, remover dessa listagem o nome do interessado na celebração da convenção (cfr. art. 4.º *in fine*).

### 16.1.4. *Forma*; *remissão*

Vimos já (*supra*, n.º 15.4) que a convenção de cheque não está sujeita a forma especial, isto é, que as declarações de vontade inerentes à constituição do negócio jurídico em causa não dependem de um modo de exteriorização da vontade específico, podendo resultar do mútuo consenso das partes e basear-se, inclusivamente, num acordo tácito das mesmas.

### 16.1.5. *Deveres de informação associados*; *remissão*

Tem sentido equacionar se a formação da convenção de cheque está, ou não, sujeita a particulares deveres de informação das partes. Para além dos deveres de informação estabilizados na conclusão de um negócio jurídico com análoga relevância que se destinam a proporcionar aos contratantes envolvidos elementos suficientes acerca da respectiva idoneidade – decorrendo os elementos relativos ao banco da autorização de carácter administrativo para o exercício da respectiva actividade, que lhe é concedida pela autoridade de supervisão (o Banco de Portugal), e baseando-se os elementos inerentes ao cliente nas informações comerciais que o banco entenda obter previamente à formalização da relação contratual –, e dos deveres informativos que a lei impõe, relativamente à execução da convenção de cheque e à eventual ocorrência de vicissitudes, o acto pelo qual banco e cliente acordam na movimentação de fundos através de cheques não depende de particulares deveres de informação.

456  *Cheque e Convenção de Cheque*

O cliente não ignora que o banco só está obrigado a pagar os cheques dentro dos limites da provisão disponível[1008] e o banco sabe que, no âmbito do prazo de apresentação a pagamento, não se pode recusar a satisfazer ao beneficiário dos cheques a respectiva importância, salvo se circunstância excepcional determinar que assim não seja.

No que se refere ao dever do banco de informar o cliente acerca da sua obrigação legal de colaborar com as autoridades judiciárias em caso de falta de pagamento do cheque, a que nos referiremos adiante (n.º 16.4.3.1.II e III), não consideramos constituir um dever específico de informação a cumprir no momento da celebração da convenção, porque resulta de imposição legal, que o cliente não pode licitamente ignorar.

## 16.2. **O conteúdo do negócio jurídico; generalidades**; *remissão*

**I.** No que respeita ao respectivo **regime jurídico**, a convenção é um acto complexo, cujo conteúdo se desdobra em diversos direitos e deveres[1009].

Inclui o direito do cliente (sacador) sacar ou dispor dos fundos por meio de cheque (ou de sacar fundos, emitindo cheques) e os respectivos deveres de diligência – de verificar a conta e de conservar os cheques – e de informação de eventuais vicissitudes ocorridas.

---

[1008] Esta regra conhece uma excepção que consiste no dever legal que o banco tem de pagar os cheques até certo montante (presentemente, € 150,00), mesmo que na conta sacada não exista saldo disponível (cfr. art. 8.º, n.º 1 do RJCh).

[1009] Na jurisprudência, vd. o **AcSTJ de 9 de Novembro de 2000** (FERREIRA DE ALMEIDA), *CJAcSTJ*, ano VIII, t. III, 2000 (pp. 108-113) – que, de forma lapidar, caracteriza a convenção, no que se refere às suas principais situações activas e passivas (cfr., em especial, pp. 110 e 111) –, e o **AcRelCoimbra de 19 de Dezembro de 2007** (ISAÍAS PÁDUA) / Proc. n.º 5975/04.8TBLRA.C1. Sobre este contrato, cfr. **AcSTJ de 17 de Outubro de 2002** (DUARTE SOARES) / Proc. n.º 02B2286, *www.dgsi.pt*

Referindo-se explicitamente às situações jurídicas (direitos e deveres) que caracterizam a convenção de cheque, cfr., a título exemplificativo, **AcRelCoimbra de 16 de Março de 1999** (NUNO CAMEIRA), *CJ*, ano XXIV, 1999, t. II, pp. 21-24 – sobre o dever de diligência do banco (cfr. p. 24) – e **AcRelLisboa de 28 de Abril de 2005** (URBANO DIAS), *CJ*, ano XXX, t. II, 2005, pp. 114-121, sobre o dever do banco de *verificar cuidadosamente os cheques que lhe são apresentados.*

*Estrutura da convenção de cheque* 457

Por sua vez, o banco tem o direito de lançamento (a débito) em conta da quantia paga (e eventual remuneração pelo serviço prestado) e os deveres de:
– pagamento (principal);
– informação, incluindo o dever de informar o cliente sobre o tratamento do cheque (nomeadamente sobre o «*dever de colaboração na investigação*» criminal – art. 13.º-A);
– verificação dos cheques e fiscalização da movimentação da conta;
– competência técnica;
– não pagar em dinheiro o "cheque para levar em conta" (cfr. art. 39.º da LUCh);
– rescisão da convenção (em caso de utilização indevida de cheques);
– observar a revogação, em certos casos; e
– sigilo.

**II.** No Direito português não tem sentido autonomizar deveres pré--contratuais[1010], relativamente às obrigações que decorrem dos negócios bancários concretamente celebrados, essencialmente por duas razões:
– Por um lado, existe uma cláusula geral de responsabilidade civil (cfr. art. 483.º do CC), aplicável a situações de informação e esclarecimento prévios à conclusão de um contrato; e
– Por outro, de entre as várias regras existentes nesta matéria, uma delas é especificamente aplicável aos «*conselhos, recomendações ou informações*» (cfr. art. 485.º do CC) e estende-se à responsabilidade de natureza contratual (obrigacional)[1011].

---

[1010] Recusando a transposição para o Direito nacional das soluções do Direito germânico, e esclarecendo que «o próprio CANARIS, confrontado com o sistema jurídico positivo português, concorda com a desnecessidade da sua teoria (falando em dever legal de protecção ou "relação obrigacional legal" "sem dever de prestação primário"), MENEZES CORDEIRO, «Concessão de crédito e responsabilidade bancária», cit., **1990**, p. 49 (e nota 121), e anteriormente, em termos gerais, na sua dissertação de doutoramento, *Da boa fé no Direito Civil*, vol. I, Almedina, Coimbra, **1984**, pp. 636-639, e na separata dos Estudos em Honra do Prof. Doutor Cavaleiro de Ferreira, *Da pós-eficácia das obrigações*, Lisboa, **1984**, pp. 52-56. No entanto, MENEZES CORDEIRO viria assumidamente a rever a sua posição, no seu *Manual de Direito Bancário*. Cfr. 3ª ed. cit., **2006**, p. 173.
Sobre a relação obrigacional legal "sem dever de prestação primário" (*"ohne primäre Leistungspflicht"*), cfr. CANARIS, *Bankvertragsrecht*, 3ª ed. cit., **1988**, p. 8 (Rdn. 12), e, na doutrina nacional, para além de MENEZES CORDEIRO, Manuel A. CARNEIRO DA FRADA, *Contrato e deveres de protecção*, Coimbra, **1994**, pp. 101-103 (nota 197).
[1011] Cfr. Jorge Ferreira SINDE MONTEIRO, *Responsabilidade por conselhos, recomendações ou informações*, Almedina, Coimbra, **1989**, pp. 9, 441-443.

Nestes termos, dir-se-á que, no momento anterior à celebração do contrato inicial entre o banqueiro e o seu cliente – a abertura de conta –, não recaem sobre o profissional deveres específicos de cuidado ou protecção que o obriguem a assegurar-se de que o cliente tem a percepção do tipo de contrato que vai celebrar. É a propósito de cada negócio que compõe a relação bancária complexa que, consoante o grau de conhecimentos e percepção que o cliente revela ter, o banqueiro deve ser mais ou menos cauteloso sobre os efeitos que podem decorrer para o cliente da conclusão do contrato.

**III.** Nem tão pouco identificamos a existência, com autonomia, de um específico dever de protecção baseado na confiança, que se concretizasse num «dever mútuo de não prejudicar a contraparte»[1012]. Este dever não caracteriza a convenção em relação a qualquer outro contrato; é hoje reconhecido como um dever contratual geral, ainda que de protecção[1013].

No que respeita à convenção, afigura-se que o conteúdo deste dever – que SOFIA GALVÃO[1014] isola –, se reconduz, em parte, à concretização do princípio da boa fé na celebração dos contratos e a um dever geral de conduta e noutra parte encontra acolhimento nos demais direitos e deveres que individualizámos.

**IV.** Por último, e antes de passarmos a analisar o conteúdo deste contrato, impõe-se antecipar que a relevância e projecção de algumas das respectivas situações jurídicas na construção de um critério que permita solucionar as vicissitudes que possam ocorrer com o cheque, enquanto objecto da convenção de cheque, se concretiza na inobservância dos deveres que recaem sobre as partes. Entre estes desempenham especial papel, para além dos principais, os deveres de diligência e informação do cliente – relativamente à guarda, conservação e preenchimento dos cheques, ao controlo do saldo da conta e à oportuna comunicação de eventual vicissitude – e do banco, no que respeita à verificação dos cheques e à fiscalização da movimentação da conta.

---

[1012] Como pretende SOFIA GALVÃO, *Contrato de cheque*, cit., **1992**, p. 44.

[1013] O que não significa que a protecção da confiança se confunda com o negócio jurídico. Ela pode até não existir. Neste sentido, cfr. Manuel A. CARNEIRO DA FRADA, *Teoria de confiança e responsabilidade civil*, Almedina, Coimbra, **2004**, p. 67.

[1014] *Contrato de cheque*, cit., **1992**, p. 44.

## 16.3. O cliente

Caracterizámos já o cliente, no contexto da sua relação profissional com o banco. Analisaremos agora a sua posição jurídica no âmbito da convenção de cheque e verificaremos que no quadro deste contrato se reconhecem diversas situações activas e passivas, algumas delas específicas e particulares deste tipo contratual.

De entre essas várias situações que interligam e constituem o regime aplicável à titularidade, exercício e assunção de direitos e vinculações vamos autonomizar quatro situações, embora outras pudessem ser apreciadas neste âmbito, nomeadamente a que se refere ao direito de revogar o cheque que é correspectivo do dever de observar a revogação, que estudaremos no âmbito da situação inerente ao banco.

Por sua vez, das situações que isolamos, importa justificar a autonomia reconhecida ao direito ao pagamento do cheque, uma vez que o mesmo é consequência necessária do direito de o sacar. A opção seguida fundamenta-se na conveniência de distinguir adequadamente o direito que o beneficiário do cheque tem ao seu pagamento do direito que o sacador tem a que o cheque seja pontualmente pago ao seu portador.

### 16.3.1. *Situações jurídicas activas*

Por uma razão de lógica, vamos começar por analisar os direitos que caracterizam a situação jurídica do cliente no âmbito da convenção de cheque.

### 16.3.1.1. *Direito de emitir cheques*

**I.** O cliente tem, como principal direito decorrente da celebração da convenção de cheque, uma permissão específica para movimentar os fundos disponíveis no banco através de cheques. O direito de sacar cheques constitui uma prerrogativa específica que adquire através deste contrato, embora excepcional[1015] e pontualmente possa emitir cheques avulsos, nomeadamente porque não dispõe de módulos e quer movimentar uma quantia através de cheque, ou porque se encontra inibido do uso do

---

[1015] Trata-se da excepção que confirma a regra.

460           *Cheque e Convenção de Cheque*

cheque e precisa de proceder a um pagamento por cheque à custa de fundos depositados na sua conta, não sendo possível fazê-lo por transferência.

**II.** Instrumental deste direito é o direito que se resume a dispor dos módulos de cheques, o qual é reservado ao cliente bancário que seja parte na convenção de cheque, e que se concretiza na solicitação ao banco, sua contraparte contratual neste negócio, que este lhe entregue, mediante uma contrapartida inerente ao custo – eventualmente agravada por imposto do selo[1016] – tais módulos de cheques.

Os módulos podem hoje ser requisitados pessoalmente nos balcões da instituição de crédito, pela *Internet* ou através de ATMs (máquinas automáticas), constituindo prática generalizada dos bancos – sem correspondência na lei e nos regulamentos aplicáveis – emitirem os impressos de cheques com cruzamento geral, para maior segurança dos seus clientes[1017]. Outra prática que se enraizou, apesar de também não corresponder a medida legal, é a da limitação da validade dos módulos cedidos aos clientes, aposta pelo banco.

Em qualquer circunstância, as medidas referidas, da iniciativa dos bancos, têm contado com o beneplácito da autoridade de supervisão e com a manifesta falta de oposição dos respectivos clientes que são, afinal, os consumidores de serviços bancários.

### 16.3.1.2. *Direito a obter o pagamento do cheque*

Da faculdade que assiste ao cliente de emitir cheques que, anteriormente, caracterizámos decorre o direito que ele tem de que os cheques

---

[1016] «*Nos cheques editados por instituições de crédito domiciliadas em território nacional, a obrigação tributária* [em imposto do selo] *considera-se constituída no momento da recepção de cada impressão* (disponibilização dos módulos) (art. 5.º, *alínea c) do CIS).

Embora o sujeito passivo de imposto do selo seja a entidade *editante* de cheques (cfr. arts. 2.º, n.º 1, *alínea f) do CIS), a verdade é que o imposto constitui encargo do titular da conta (cfr. art. 3.º, n.os 1 e 3, *alínea i) do CIS).

Na data em que concluímos este trabalho (Fevereiro de 2008), o imposto do selo que incide sobre cada módulo disponibilizado é de € 0,05 (cfr. art. 20.º do CIS e verba 4 da Tabela Geral, que curiosamente se refere a *cheques passados* e não a módulos).

[1017] Em alguns casos cobrando importâncias superiores pelos módulos concedidos, se estes não tiverem essa limitação, o que, do ponto de vista comercial, não deixa de ser questionável.

por si sacados sejam pagos a quem quer que seja o seu portador no momento da apresentação a pagamento.

Não se trata de apreciar o direito que o beneficiário do cheque tem ao pagamento da quantia por ele representada, embora este possa coincidir com o direito em análise, se o cheque for apresentado a pagamento pelo seu sacador.

O que está agora em causa é o direito que o cliente e sacador do cheque tem, por efeito e como aspecto do regime da convenção de cheque, a que a quantia representada pelo título de crédito venha a ser pontualmente paga. Este direito pressupõe necessariamente o cumprimento dos seus deveres, designadamente o dever de provisionar suficientemente a conta sacada.

Verificando-se os pressupostos do pagamento do cheque, tem todo o sentido que o seu sacador seja parte interessada no respectivo pagamento. Se o banco não pagar, não é só o portador do cheque que fica prejudicado. A recusa de pagamento, para além de despoletar o regresso, nomeadamente, sobre o sacador (cfr. art. 40.º da LUCh), constitui fonte de descrédito para este, uma vez que é ele o máximo responsável pela satisfação da quantia inerente ao cheque, utilizado muito provavelmente como meio de pagamento.

Nestes termos, e inexistindo justificação para o não pagamento pelo banco, estaremos perante um grave incumprimento contratual, que deverá ser indemnizável nos termos gerais de direito, eventualmente em acumulação com danos a indemnizar ao portador do cheque no momento de pagamento.

### 16.3.2. *Deveres específicos*

São diversos os deveres do cliente. De entre os que respeitam particularmente à convenção de cheque, autonomizaremos, pela sua relevância, o dever que ele tem de assegurar a provisão necessária ao pagamento dos cheques que emite.

### 16.3.2.1. *Dever de saldo*

**I.** Como vimos, a existência de fundos disponíveis à custa dos quais o cheque possa ser pago é essencial para que o cliente possa recorrer a este instrumento. Verificámos também que a provisão se podia constituir por diversas maneiras, embora a mais comum fosse através de fundos depositados.

A convenção de cheque acarreta para o cliente a obrigação de controlar a disponibilidade de meios suficientes para o banco proceder ao pagamento dos cheques que aquele vai emitindo. O adequado cumprimento desta obrigação implica a vigilância permanente sobre o saldo existente em conta, para evitar que o banco possa recusar-se a efectuar o pagamento de cheques emitidos. Este dever é essencial e o seu desrespeito pode conduzir ao termo da própria convenção, como iremos ver adiante (cfr., *infra*, n.º 16).

Diversamente do que à primeira vista se possa pensar, não constitui uma faceta ou perspectiva do dever de diligência. Este é que representa um desenvolvimento do dever de saldo, cuja observância se afigura determinante no cumprimento da própria convenção de cheque, pelo que justifica uma referência autónoma.

**II.** O incumprimento pode materializar-se na recusa de pagamento dos cheques apresentados ao banco para esse efeito[1018], com as consequências legais que resultam quando o cheque não é pago por esse motivo, designadamente em sede de responsabilidade civil – contratual relativamente ao banco e contratual ou extracontratual perante o portador, consoante este se encontre em relação imediata ou mediata com o sacador – e penal. Trata-se de aspectos que desenvolveremos adiante (cfr., *infra*, n.ºs 17.2, 18.3.3, 19 e 24), pelo que nos abstemos de referências adicionais.

**III.** Contudo, importa estabelecer a ligação deste dever com o dever de diligência, que podemos considerar genérico.

Em certa medida, todos os deveres que caracterizam a relação contratual bancária implicam diligência do respectivo sujeito. Com este significado (de "dever de saldo"), a diligência dilui-se no cumprimento de determinadas obrigações. Assim, o cliente, para além de dever dispor de saldo que constitua provisão suficiente para poder emitir cheques e, à custa dos mesmos, efectuar pagamentos, deve controlar o montante do

---

[1018] Não se trata de uma consequência necessária, porque o banco pode, não obstante, assumir o risco e honrar o cheque, tornando-se credor do seu cliente.

saldo e as suas variações, tendo consciência das necessidades pontuais da sua conta em função dos cheques que já emitiu e dos que ainda precisar de sacar. Este dever implica, por definição, o uso de diligência no controlo das disponibilidades que o cliente tem, o qual deverá passar pelo controlo individualizado dos cheques emitidos.

Assim, e concluindo, o correcto cumprimento desta obrigação contratual requer o exame dos extractos bancários que são disponibilizados ao cliente, para confronto dos elementos pessoais com os disponíveis no banco e apresentação de eventual reclamação, em caso de discrepância.

### 16.3.2.2. *Dever de diligência*

**I.** O cliente está também obrigado a deveres de diligência autónomos de outras obrigações, de entre os quais salientamos o dever de adequada guarda e conservação dos módulos de cheques e o dever de cuidado no preenchimento dos cheques e na entrega destes aos tomadores ou beneficiários, para evitar que ocorram desapossamentos que comprometam a normal utilização do título de crédito.

Este dever pressupõe, assim, duas vertentes distintas e que analisaremos separadamente: uma relativa aos módulos de cheques e outra ao respectivo saque e eventual entrega do título de crédito a terceiros.

A diligência, por sua vez, significa que o cliente deve actuar de forma atenta e cuidada, na guarda e manuseamento dos cheques e dos impressos nos quais eles são emitidos.

**II.** O cliente que celebra uma convenção de cheque, e ao qual são disponibilizados módulos, deve evitar que os mesmos venham a ser indevidamente utilizados por terceiras pessoas, devendo, para o efeito, guardá-los cuidadosamente.

A displicência em relação aos módulos de cheques, favorecendo ou, pelo menos, facilitando, eventualmente, uma utilização indevida e ilegal, deve ser imputada ao cliente, que se encontra, assim, obrigado a preservar os módulos por utilizar, evitando que caiam em mãos impróprias e fazendo-se acompanhar apenas do número indispensável para as suas necessidades.

Mas nesta situação jurídica passiva relevante enquadra-se o dever de anotar os módulos utilizados e conseguir identificar os que se encontram por preencher.

464 — *Cheque e Convenção de Cheque*

Os próprios bancos proporcionam aconselhamento, que divulgam com impressos que distribuem com os módulos de cheques e que tem por finalidade consciencializar o utilizador de cheques para estes deveres.

**III.** No respeitante ao preenchimento dos módulos, numa operação que equivale à emissão do cheque, deve o cliente actuar de forma a impedir que um terceiro possa vir, posteriormente, a adulterar a literalidade do cheque.

Com essa finalidade, para além da utilização de um meio indelével, não deverá deixar desnecessariamente espaços em branco, para não facilitar a alteração indevida do texto do cheque e o consequente desvirtuamento da operação bancária que o mesmo visa realizar.

No que respeita à correcção do saque, suscitada acerca do dever de diligência que impende sobre o cliente – e que, numa perspectiva patológica, de incumprimento, será apreciado novamente a propósito da falsificação (cfr., *infra*, n.º 21.2) –, há que sublinhar não existirem normas legais que imponham uma solução unívoca.

As normas regulamentares emanadas do Banco de Portugal (Avisos, Instruções e Cartas-Circulares) também não impõem deveres aos clientes[1019]; dirigem-se essencialmente às instituições de crédito supervisionadas, estabelecendo os parâmetros que estas devem observar, como sucede com a Norma Técnica do Cheque, que não dispõe sobre a forma que o cliente deverá observar quando saca um cheque.

Não existindo regra sobre o adequado preenchimento do cheque – embora haja a prática de o fazer com cuidado, eliminando os espaços em branco e respeitando as áreas do impresso destinadas à telecompensação[1020] –, será discutível o apuramento de responsabilidades em caso de adulteração dos respectivos elementos.

---

[1019] O Banco de Portugal, contudo, nos seus Cadernos sobre "Sistemas de Pagamento", promove o aconselhamento dos consumidores em matéria de cheques, enunciando, nomeadamente, os cuidados a observar no preenchimento dos módulos. Cfr. «Cheques. Regras Gerais», *CadBdP* n.º 3, Lisboa, **2002**, p. 5.

[1020] Para além de se sujeitar às limitações que decorrem da *normalização* do título – que implica evitar rasurar ou emendar elementos pré-impressos, embora tal possa suceder ocasionalmente (por exemplo, com a inserção da cláusula "não à ordem"), não escrever na parte inferior do cheque, nem apor-lhe nesse local qualquer carimbo ou impressão –, o sacador deverá preencher adequadamente o extenso, de preferência qualificando a unidade monetária (euros e cêntimos) a que se reporta a quantia titulada, verificar a sua coincidência com o numerário e eliminar os espaços em branco não utilizados, com um traço horizontal, preenchendo todos os elementos que correspondam ao saque pretendido.

Entendemos que a falta de cuidado no saque, que facilite a alteração por terceiro dos elementos nele inscritos, designadamente por falta de inutilização de espaços em branco (desnecessários), deve responsabilizar o cliente, com fundamento na violação do seu dever de diligência, uma vez que o deficiente preenchimento de um módulo de cheque não é desculpável no século XXI, decorridas décadas de experiência acumulada nesta matéria[1021]. No entanto, o dever de diligência encontra, por isso, natural limitação no dever de adoptar um *cuidado razoável*[1022] no saque de cheques.

**IV.** Integra também este dever de diligência o dever de o cliente verificar os extractos bancários, para aferir a respectiva conformidade com a realidade e, em especial, o débito dos cheques emitidos, pelo seu valor. Do adequado cumprimento deste dever, no que respeita à periódica análise dos movimentos lançados na conta, resulta um dever autónomo de informação de eventuais vicissitudes nos lançamentos constantes dos extractos bancários. Trata-se, naturalmente, de uma exigência de carácter contratual a que o cliente deverá responder, comunicando ao banco discrepâncias por si detectadas, de modo que este possa reagir tão depressa quanto possível. Dir-se-á, porém, que tal informação pressupõe o cumprimento do dever de fiscalização e controlo, pelo cliente, dos movimentos da sua conta, com base nos extractos que lhe são periódica e oportunamente disponibilizados. Veremos, em seguida – a propósito do dever de informação –, como e quando deve o cliente revelar ao banco desconformidades entre os cheques que (efectivamente) sacou e os débitos lançados na sua conta.

### 16.3.2.3. *Dever de informação*

**I.** O dever de informação consiste na obrigação de o cliente transmitir ao banco todas as vicissitudes que tenham ocorrido relativamente à

---

[1021] Em sentido análogo ao do texto, aponta, desde há muito, a jurisprudência inglesa, como nos dá nota J.W. CARTER, «A customer's duty towards his banker», *LQR*, 1982, vol.98, n.º 1 (pp. 19-21), p. 20.

[1022] Utiliza esta expressão (no original: «*duty to take reasonable care in drawing cheques*»), a Câmara dos Lordes, na decisão do caso *London Joint Stock Bank Ltd v. Macmillan and Arthur* (1918), referenciado em D.W. Fox, «The Banker-Customer Relantionship: Maintaining the Legal Status Quo», *Solicitors Journal*, vol. 130, n.º 35, **1986** (pp. 638-641), pp. 638-640.

convenção de cheque, incluindo as inerentes a módulos, a cheques ou a débitos que tenham sido indevidamente lançados em conta, por forma a corrigir e limitar os efeitos de uma anomalia no âmbito da sua relação contratual.

Este dever encontra-se, por vezes, associado ao dever de diligência, como corolário do mesmo, mas podendo dele ser isolado, e noutros casos apresentar-se com autonomia, verificando-se mesmo quando o cliente é diligente.

**II.** Se tiver a percepção da sua falta de diligência e das consequências que a mesma pode originar, deve o cliente comunicar imediatamente ao banco a situação, com a finalidade de evitar agravar a (sua) negligência. Neste caso os deveres de diligência e de informação estão articulados, implicando a inobservância do primeiro o exercício do segundo.

Constitui exemplo desta situação jurídica o extravio do livro de cheques ou do conjunto de módulos, o qual se, em si, configura a violação do dever de diligência, despoleta o cumprimento do dever de informação, de modo que o banco possa cancelar os módulos perdidos.

O mesmo se diga relativamente a cheques que tenham sido perdidos ou furtados, factos que devem imediatamente ser comunicados às autoridades e ao banco sacado, com vista a impedir o seu pagamento indevido.

**III.** Frequentemente, contudo, o dever de informação é autónomo, caracterizando a situação complexa do cliente, ainda que ele tenha conservado adequadamente os módulos ou os tenha preenchido diligentemente. Para tanto, deve o cliente comunicar prontamente ao banco todas as anomalias de que tenha conhecimento, ainda que posteriores à sua intervenção, e que, a persistirem, possam comprometer a sua conta[1023]. Neste caso, enquadra-se a falsificação de que o cheque venha a ser objecto e que, sendo conhecida, deve ser imediatamente revelada[1024].

A falta de informação oportuna, indispensável ao banco, em certos casos, para evitar o pagamento indevido, pode comprometer o direito do

---

[1023] Cfr. D.W. Fox, «The Banker-Customer Relationship: Maintaining the Legal Status Quo», *Solicitors Journal*, vol. 130, n.º 35, **1986** (pp. 638-641), p. 639.

[1024] Este dever é há muito pacífico em Inglaterra. Nesse sentido, vd. *Greenwood v Martins Bank Ltd* (1933), referido em D.W. Fox, «The Banker-Customer Relationship: Maintaining the Legal Status Quo», *Solicitors Journal*, vol. 130, n.º 35, **1986** (pp. 638--641), p. 639-640.

cliente a responsabilizar o banco pelos prejuízos que venha a sofrer[1025]. Veremos, adiante (n.º 21.6.3), a propósito da falsificação do cheque, quais as consequências do incumprimento do dever de informação nestas circunstâncias.

Este dever de informação, que caracteriza a relação contratual bancária complexa estabelecida entre o banco e o seu cliente, está em constante ampliação, correspondendo à crescente consciencialização do cliente da relevância do cheque e das obrigações que, para ele, resultam do acordo que lhe faculta a utilização deste instrumento de pagamento. Nessa medida, já desde o último quartel do século passado, se discute se o cliente não tem o dever de verificação periódica dos extractos bancários, para rápida informação ao banco de aspectos desconformes contidos em tais documentos.

Na falta de regulamentação aplicável aos deveres do cliente e na ausência de acordo escrito que os estabeleça e discipline, há que recorrer à prática contratual para encontrar uma solução razoável, e se possível aos subsídios da jurisprudência conhecida, ainda que estrangeira[1026] e, consequentemente, suscitada em diferente ambiente legal.

---

[1025] Constitui paradigma na justiça inglesa a decisão da *House of Lords* no caso *Greenwood v Martins Bank Ltd* (1933), referido em D.W. Fox, «The Banker-Customer Relationship: Maintaining the Legal Status Quo», *Solicitors Journal*, vol. 130, n.º 35, **1986** (pp. 638-641), p. 639, e que se resume no seguinte: Uma senhora falsificou a assinatura do marido, sacando sem autorização cheques deste. Quando tomou conhecimento do sucedido, o marido absteve-se de participar ao banco, para proteger a mulher com o seu silêncio, só vindo a comunicar a vicissitude – reclamando o reembolso da conta – após o suicídio da mulher, cerca de oito meses depois da percepção da falsificação. A Câmara dos Lordes recusou a pretensão, devido à demora do marido no cumprimento do seu dever de notificar o banco.

[1026] Na *Commonwealth*, discutindo se o cliente tem o dever de comunicar ao banco eventuais incorrecções patentes nos extractos com a finalidade de determinar se o seu direito de reclamar da falsificação de cheques preclude (*estopped*), os tribunais inclinam--se para considerar que o cliente não tem nenhum dever com essa amplitude. Nesse sentido, apontam as decisões dos casos *Wealden Woodlands (Kent) Ltd v. National Westminster Bank Ltd* (1983) e *Tai Hing Cotton Mill Ltd v. Liu Chong Hing Bank Ltd* (1986). No primeiro caso, o cliente alegou que, num período de cerca de oito meses, foram sacados 23 cheques com uma assinatura falsa, reclamando o reembolso das quantias que haviam sido debitadas pelo banco. Este contrapôs que a oportuna falta de objecção do cliente aos extractos – onde tais movimentos estavam documentados – impedia-o, agora, de reclamar tal compensação. No segundo caso – ocorrido em Hong Kong, mas superiormente dirimido pelo *Judicial Committee* de Londres, uma vez que as partes envolvidas aceitaram que o Direito de Hong Kong era, nesta matéria, o mesmo que o

468         *Cheque e Convenção de Cheque*

Admitindo que constitui dever do cliente a verificação periódica dos extractos referentes aos movimentos da sua conta bancária, por corresponder a um uso normativo arreigado no nosso sistema jurídico, e que não se afigura excessivo que, decorrido um determinado período, tais movimentos se consolidem na ausência de reclamação do cliente, não consideramos aceitável que o incumprimento da obrigação de comunicar ao banco as incorrecções que, pela análise de tais documentos, o cliente deveria ter detectado nos lançamentos efectuados e constantes dos extractos se sobreponha ao cumprimento do dever do banco de fiscalizar os cheques que sobre ele são sacados. E isto, por duas ordens de razões: por um lado, o incumprimento do cliente reporta-se a um dever genérico; por outro, o banco infringe um dever específico da convenção, que é de controlar a autenticidade da assinatura do sacador seu cliente.

### 16.4. Situações jurídicas do banco no âmbito da convenção

No que respeita ao banco, dado que está em causa a sua actividade profissional, comparando com o cliente, identificamos um maior número de situações jurídicas características da convenção de cheque, no que respeita às obrigações a que o banco se encontra vinculado. No entanto,

---

Direito inglês – três bancos de Hong Kong pagaram, durante mais de seis anos, cerca de 300 cheques, no montante de 5,5 milhões de dólares de Hong Kong. A *Tai Hing Cotton Mill* não procedeu ao confronto dos extractos bancários periodicamente disponibilizados pelos bancos com os livros da sociedade, e as fraudes só foram descobertas com a designação de um novo elemento para o departamento financeiro. Em qualquer dos casos descritos – cfr. D.W. Fox, «The Banker-Customer Relationship: Maintaining the Legal Status Quo», cit., **1986**, pp. 639 e 640 – a pretensão dos bancos foi rejeitada.

Curiosamente, em Portugal existe jurisprudência em sentido oposto aos dos dois casos enunciados, com expressa referência à violação do dever de diligência. Nesse sentido, cfr. o **AcSTJ de 9 de Novembro de 2000** (Ferreira de Almeida), *CJ/AcSTJ*, ano VIII, t. III, 2000, pp. 108-113, segundo o qual *«tendo-se provado que, ao longo de 5 anos, um empregado de uma sociedade cliente/depositante/sacadora – (...) – emitiu, assinou e recebeu 326 cheques (em que colocou assinatura idêntica à do gerente da sociedade, bem como o carimbo desta) e que, durante tal lapso de 5 anos, nunca os gerentes da sociedade notaram qualquer anomalia e/ou controlaram a conta bancária em causa, impõe-se concluir que a sociedade cliente não cumpriu os deveres de diligência que sobre si impendiam, tendo dado causa exclusiva e adequada ao pagamento dos 326 cheques falsificados pelo seu empregado».*

Estrutura da convenção de cheque 469

importa salientar que algumas dessas situações são comuns aos diversos contratos protagonizados pelo banco no exercício do seu comércio.

### 16.4.1. *Direitos*

#### 16.4.1.1. *Direito de lançamento em conta*

O principal direito do banco emergente do acordo em análise traduz--se na faculdade que tem de lançar em conta (corrente) os cheques que for pagando, debitando a conta no respectivo montante, eventualmente acrescido de despesas de processamento se a elas houver lugar (cfr., *infra*, n.º 16.4.1.2). Ao debitar os cheques pagos, o banco reduz o saldo disponível.

O exercício deste direito é correspectivo da execução da instrução de pagamento que o cheque consubstancia e não suscita especiais questões. Ao entregar ao portador do cheque ou ao banco que o representa na compensação a quantia correspondente ao montante do cheque, o banco sacado deverá, simultaneamente, subtrair essa importância na conta-corrente do sacador.

#### 16.4.1.2. *Direito a cobrar pelos serviços*

**I.** Um outro direito que há que referenciar respeita à eventual cobrança pelo banco de uma comissão pelo pagamento do cheque, a qual pode variar com a forma como este se processa, consoante seja depositado em conta ou apresentado pelo beneficiário a pagamento, para levantamento da correspondente quantia.

O exercício deste direito tem, seguramente, impacto – pelo custo que implica para o cliente – no recurso ao cheque como meio de pagamento, sendo responsável pela escassa utilização do mesmo nalguns ordenamentos europeus.

Indiscutível é reconhecer que o levantamento da quantia constante do cheque, pela sua apresentação a pagamento, acarreta ao banco custos significativos, em termos de serviços envolvidos.

**II.** Admitimos como natural que a diminuição, a prazo, do número de cheques em circulação venha a determinar a imposição de um custo

470  *Cheque e Convenção de Cheque*

associado ao seu pagamento por parte do banco. Tal constituirá, certamente, efeito da menor utilização deste instrumento e do gradual aumento do custo dos serviços que implicam intervenção humana.

Em qualquer caso, o banco deverá previamente informar os seus clientes que passará a cobrar por um serviço que até então era gratuito, disponibilizando o acesso ao respectivo tarifário.

### 16.4.1.3. *Direito a cobrar juros por cheques sem provisão que sejam pagos*

**I.** Questão interessante respeita a saber se o banco, assumindo o pagamento do cheque sem provisão por *motu proprio*, pode inscrever o correspondente débito na conta do cliente e cobrar juros sobre o saldo devedor.

Diversamente do que se possa imediatamente pensar, não estamos perante um aspecto do regime legal da convenção de cheque, mas em face de um problema que, rigorosamente, se suscita à margem deste contrato.

A resposta deverá ser encontrada no regime aplicável aos contratos de depósito ou de conta-corrente.

Se este efeito contratual não constar expressamente de contrato escrito, nem tão pouco tiver sido acordado entre as partes, haverá que recorrer aos usos bancários, dos quais retiramos ser adequado o banco honrar os compromissos do cliente, com direito a ressarcir-se da quantia que tenha disponibilizado sem prévio acordo contratual e a imputar-lhe as despesas que tenha suportado com a sua intervenção.

**II.** Do mesmo modo, afigura-se justificável que o banco cobre juros sobre a quantia que se encontre a descoberto na conta do cliente[1027]. No

---

[1027] Esta é a solução mais razoável, tendo em conta a natureza (onerosa) da relação contratual entre o banqueiro e o seu cliente.

No sentido do texto, cfr. Paula Ponces Camanho, «Contrato de depósito bancário. Descoberto em conta. Direito do banco que paga o cheque não provisionado. Conta solidária», AA.VV., *Estudos em Homenagem ao Prof. Doutor Inocêncio Galvão Telles*, vol. II – Direito Bancário, Almedina, Coimbra, **2002** (pp. 103-130), 112-113, e *Do contrato de depósito bancário* (Natureza Jurídica e Alguns Problemas de Regime), Almedina, Coimbra, **1998**, notas 713 (pp. 228-231) e 724 (pp. 233-234).

O *descoberto em conta* pode ser expressamente acordado entre as partes, obrigando--se o banco a conceder crédito até um certo montante, ou corresponder esse crédito a um

*Estrutura da convenção de cheque* 471

que se refere à taxa de juro aplicável, julgamos que deverá ser a taxa comummente praticada em operações de idêntica natureza sempre que convencionadas, não devendo o banco tirar partido de uma situação a que acorreu sem ser solicitado, se não dispuser de bases adequadas para justificar o montante das taxas praticadas.

### 16.4.2. *Dever principal do banco*

Quanto aos deveres que caracterizam a situação passiva do banco no âmbito da convenção de cheque, os mesmos são numerosos e complexos[1028], podendo ser, subjectivamente, qualificados em principais[1029], acessórios[1030] e laterais[1031].

---

acto pontual (esporádico) por parte do banco, praticado com base na confiança que deposita no cliente. Quando não constituir uma obrigação contratual [ou legal (cfr. art. 8.º, n.º 1 do DL 454/91, de 28 de Dezembro)] do banco, deve considerar-se que o cliente pretenderia que a ordem de pagamento que transmitiu – e para a qual não dispõe de saldo suficiente – seja honrada pelo banco, ficando a concessão de crédito implícita (cfr., *infra*, n.os 20.6.1.I e 24.1.1.I) sujeita ao regime do contrato de mútuo. Tal conclusão colhe apoio numa prática reiterada que, em nossa opinião, corresponde a um verdadeiro uso bancário. Se assim não se entender poderá considerar-se que sujacente ao descoberto se encontra uma «*proposta tácita de ordem de levantamento por parte do cliente e a aceitação tácita dessa ordem por parte do banco*» [**AcSTJ de 3 de Fevereiro de 2000** (MIRANDA GUSMÃO) / Proc. n.º 99B1123, *www.dgsi.pt* (p. 4)].

[1028] Reconhecendo há muito esta realidade, R.S.T. CHORLEY (mais tarde LORD CHORLEY), «Liberal trends in Present-Day Commercial Law», *MLR*, vol. III, **1940** (pp. 272-294), p. 293.

[1029] Considerados os deveres principais como deveres primários ou típicos de prestação, isto é, aqueles que resultam directa e imediatamente do contrato e que definem o módulo da própria relação contratual, em relação aos quais não existem, no que respeita ao critério de classificação, divergências assinaláveis na doutrina.

[1030] Aqui entendidos como deveres acessórios do dever principal, destinados a preparar o cumprimento ou a assegurar a perfeita execução da prestação, que surgem na relação contratual com uma orientação para a satisfação do interesse no cumprimento da prestação principal, e que existem na dependência do dever primário da prestação, nos quais se fundem e em relação aos quais não apresentam existência autónoma (*v.g.*, o dever de embalar a coisa vendida, ou o dever de entrega de certificado de garantia). Tais deveres recebem, na doutrina nacional, para além da designação aqui adoptada – de *deveres acessórios* (RIBEIRO DE FARIA, *Direito das Obrigações*, vol. I, cit., **1990**, p. 125, CARNEIRO DA FRADA, *Contrato e deveres de protecção,* cit., **1994**, pp. 37-38, e GALVÃO TELLES, *Direito das Obrigações*, 7ª ed., Coimbra Editora, **1997**, p. 17) –, ainda a designação de "deveres secundários acessórios da prestação principal" (MOTA PINTO, *Cessão da posição contratual*, Atlântida, Coimbra, **1970**, pp. 336-337; M. J. ALMEIDA COSTA, *Direito das*

# 472  *Cheque e Convenção de Cheque*

O dever principal do banco, em matéria de convenção de cheque, é naturalmente proceder ao pagamento dos cheques que sejam sacados sobre uma determinada conta, nele sediada, à custa dos fundos que nessa conta se encontrem disponíveis.

---

*Obrigações*, cit., **2006**, pp. 74-80; Rui de Alarcão, *Direito das Obrigações*, Lições policopiadas, Coimbra, **1983-1984**, pp. 65-66) ou de "deveres secundários" [Menezes Cordeiro, «A violação positiva do contrato (Anot. ao AcSTJ de 31/1/80)», *ROA*, ano 41, I, **1981** (pp. 128-152), pp. 131-133]. Não obstante a diversidade conceptual, susceptível de gerar grandes dúvidas, existe uma quase total unanimidade no que respeita ao critério acima aludido de classificação deste grupo de deveres que podem surgir no âmbito da relação obrigacional complexa.

[1031] Que serão aqueles que surgem na relação contratual com a vocação de proporcionar ao credor a integral satisfação do seu interesse contratual, designadamente com referência à tutela do direito do credor a não sofrer quaisquer danos na sua esfera jurídica por causa ou por ocasião do cumprimento da obrigação principal; são independentes e autónomos em relação ao dever de prestação principal, não respeitando à respectiva preparação ou execução, mas são essenciais ao correcto processamento da relação contratual em que a prestação se integra, podendo surgir antes da relação obrigacional se ter constituído (deveres pré-contratuais de informação, de lealdade, etc.) ou mesmo após a sua extinção (*v.g.*, dever de manter segredo sobre facto de que se tomou conhecimento no âmbito da execução do contrato ou de não exercer actividade concorrente durante um certo período de tempo). São deveres destinados fundamentalmente à protecção da esfera jurídica do credor, na sua globalidade, em relação aos danos que ele possa sofrer pelo cumprimento (ainda que formalmente correcto e integral) da prestação principal (por exemplo, o dever do técnico informático, contratado para reparar uma avaria do sistema, de não causar um incêndio nas instalações da empresa durante a reparação, por ter deixado um cigarro a arder no cinzeiro). São, além do mais, deveres genericamente radicados na boa fé, que se constitui como sua fonte, uma vez que na maioria dos casos não é possível encontrar na convenção contratual estritamente considerada qualquer elemento convencional de onde os mesmos derivem. Em todo o caso, não é impossível que resultem de disposições contratuais ou até de alguma disposição legal *ad hoc*. Tal como em relação ao grupo de deveres anteriormente mencionados, também aqui se verifica, ao percorrer a doutrina, uma grande imprecisão terminológica, podendo esta categoria de deveres surgir sob a denominação que adoptamos, de "deveres laterais" – de resto, a mais corrente e que corresponde ao vocábulo germânico *Nebenpflichten* [C. A. Mota Pinto (*Cessão da posição contratual*, cit., **1970**, pp. 337-349), M. J. Almeida Costa (*Direito das Obrigações*, cit., **2006**, pp. 74, 76-80) e Rui de Alarcão (*Direito das Obrigações*, cit., **1983-1984**, pp. 65-66)], ou sob a designação de "deveres acessórios" (Menezes Cordeiro, «A violação positiva do contrato», cit., **1981**, pp. 133-135), "deveres acessórios de conduta" (Antunes Varela, *Das Obrigações em Geral*, vol. I, 10ª ed. cit., **2000**, p. 68), deveres de protecção (Carneiro da Frada, *Contrato e deveres de protecção*, cit., **1994**, em especial pp. 40-50) ou ainda simplesmente "deveres de conduta" (Ribeiro de Faria, *Direito das Obrigações*, vol. I, cit., **1990**, pp. 128-135).

### 16.4.2.1. *Dever de pagamento obrigatório*

**I.** Começamos pelo dever de pagamento do banco, pela sua relevância no contexto da convenção de cheque e no âmbito da tutela cambiária de que este instrumento beneficia na sua curta vida.

Há que referir ser a lei cambiária omissa sobre a eventual obrigação de o sacado proceder ao pagamento do cheque, embora a mesma resulte da conjugação de algumas das suas regras. O artigo 35.º da LUCh apenas se refere ao que o sacado deve fazer quando paga um cheque, pressupondo que ele está obrigado a fazê-lo. Por sua vez, artigo 28.º dispõe que o cheque é um título à vista, isto é, pagável mediante apresentação; o artigo 1.º revela que o cheque contém uma ordem incondicional [dada sobre um banco (o sacado)] para pagamento – com base numa provisão previamente constituída e por efeito de um acordo celebrado com essa finalidade (cfr. artigo 3.º) – de uma determinada quantia a quem for beneficiário do cheque. Finalmente, o artigo 32.º impede a revogabilidade dessa ordem antes de decorrido um (curto) prazo de apresentação do cheque a pagamento, desse modo fechando um círculo em que o dever de o banco no mercado em que se posiciona e perante os seus agentes não resulta especificamente de uma disposição legal, mas da articulação das regras da Lei Uniforme de tutela da normal circulação do cheque em atenção à sua especial natureza (de meio de pagamento).

**II.** Mas o dever de pagamento do cheque decorre também, inequivocamente e em primeira linha, da relação contratual estabelecida entre o cliente e o banco e da indicação deste como sacado[1032].

Se o sacador emite um cheque é porque, em princípio, ele deseja e pretende o seu pagamento. Só assim não será se ele actuar com dolo[1033], sabendo de antemão que o cheque sacado não dispõe de cobertura. Deste modo, a sua principal finalidade com a celebração deste acordo é dispor de módulos para, com base nos mesmos uma vez completados sob

---

[1032] Por isso, há quem afirme que «a verdadeira conclusão do contrato de cheque se produz no momento do pagamento do cheque» (Rafael Boix Serrano, *Curso de Derecho Bancario*, EDERSA, Madrid, 1986, p. 241). Em nossa opinião, a convenção de cheque efectiva-se com a emissão do cheque e não com o pagamento (cfr., *infra*, n.º 17.1.III).

[1033] Com efeito, mesmo o sacador negligente – aquele que, com mera culpa, ignora que afinal não dispõe de provisão suficiente – emite os cheques na convicção de que os mesmos serão pagos.

474         *Cheque e Convenção de Cheque*

a forma de cheques, efectuar pagamentos, proceder a levantamentos ou apenas garantir o cumprimento de uma obrigação que assuma. Para o efeito, a sua contraparte, o banco, terá de proceder ao pagamento dos cheques por ele emitidos, com base na provisão que houver sido criada. Por isso, enquanto esta existir, isto é, for suficiente, e os cheques forem apresentados dentro do seu prazo de validade, o sacado terá de proceder ao respectivo pagamento, salvo se tiver conhecimento prévio de alguma vicissitude que o impeça, como eventual desapossamento.

O principal dever do banco – no âmbito da complexa relação de cheque estabelecida com o seu cliente – consiste, pois, no dever de pagar o cheque, no pressuposto de que o mesmo dispõe de provisão.

Recorde-se apenas que o banco não se encontra vinculado a aceitar o cheque, nem o poderia fazer mesmo que se encontrasse disponível para o efeito (cfr. art. 4.º da LUCh). Dada a sua peculiar natureza, e o facto de o cumprimento do dever principal se encontrar dependente da existência de provisão, o sacado não tem de conceder garantias adicionais àquelas que já resultam da disponibilização dos módulos de cheques.

**III.** Na execução e afirmação deste dever de pagamento reside, justamente, uma grande diferença entre o Direito Uniforme e o Direito anglo-americano, que implica diferentes consequências no plano da revogação do cheque (cfr., *infra*, n.º 20.4.2).

Deste modo, o seu incumprimento, no plano cambiário, da Lei Uniforme, por solicitação do cliente, fará incorrer o banco em responsabilidade extracontratual perante o beneficiário, no momento da apresentação a pagamento. Se o cheque não circular, o problema nem sequer se coloca, porque o sacador é livre de não o apresentar a pagamento.

No Direito norte-americano a revogação do cheque é admitida[1034] desde que ocorra antes do seu pagamento, pelo que o dever de pagar o cheque – salvo se se tratar de um cheque especial (bancário ou de viagem, por exemplo) – é puramente contratual, ficando o seu cumprimento dependente da inexistência de indicações do cliente em contrário. Mas como o cliente pode solicitar ao banco que não pague, a inobservância das suas instruções impede o banco de debitar na conta o cheque indevidamente pago, obrigando-o a suportar o respectivo custo económico. Por essa razão, a doutrina norte-americana[1035] enfatiza o

---

[1034] Podendo ser comunicada oralmente [cfr. U.C.C. § 4-403(b)].

[1035] Cfr. William Louis Tabac, «Countermanded checks and fair dealing under the Uniform Commercial Code», *Annual Review of Banking Law*, vol. 10, **1991** (pp. 251-270),

dever de o banco pagar devidamente (*properly*) os cheques sobre si emitidos. Neste ambiente legal, a credibilidade do cheque *simples*, que pode ser imediatamente revogado após a sua emissão, é altamente questionável e contribui decisivamente para a prevalência de meios de pagamento alternativos e mais seguros.

**IV.** No Direito Uniforme, e designadamente no Direito português, o dever de pagar adequadamente está implícito no dever de honrar os cheques, não havendo regra cambiária que imponha ao banco a adopção de especiais cuidados, para além da verificação da legitimação do apresentante do cheque (cfr. art. 35.º da LUCh com o art. 40.º, III da LULL). No plano estritamente contratual o banco apenas está sujeito ao dever de verificar a regularidade do saque, para confirmar a autenticidade da ordem que lhe é transmitida.

Neste âmbito, podem as partes acordar em regular especificamente as condições de movimentação de uma conta ou formalizar a convenção de cheque, na qual regulem o modo de dispor da conta através de cheques. Em qualquer dos casos, há que respeitar as regras imperativas do sistema, designadamente o conteúdo da lei das cláusulas contratuais gerais.

**V.** O banco também se encontra obrigado a pagar os cheques visados – dentro do prazo de apresentação dos mesmos a pagamento –, tal como estava anteriormente vinculado a pagar os cheques garantidos por cartão, até ao montante previamente acordado com o cliente. Trata-se de questões que abordámos já com suficiente desenvolvimento (cfr., *supra*, n.os 4.4, 5.2 e 5.2.4), pelo que nos abstemos de comentários adicionais.

**VI.** O dever de pagar o cheque, dentro do prazo da sua apresentação a pagamento, é – como se demonstrará (*infra*, n.º 20.2) – um dever legal que caracteriza, necessariamente e por essa razão, a convenção de cheque, permitindo às suas partes contratantes consciencializarem-se de que a respectiva autonomia contratual sofre, durante um curto período, correspondente ao prazo de apresentação a pagamento, uma limitação em benefício geral da circulação do cheque e em particular do seu concreto portador.

---

pp. 254-255, e Vincene Verdun, «Postdated Checks: An Old Problem With a New Solution in the Revised U.C.C.», *UALR Law Journal*, vol. XIV, No. 1, **1991** (pp. 37-81), pp. 47-51.

476    *Cheque e Convenção de Cheque*

Na adequada caracterização deste dever resulta um contributo essencial para a tese que nos propomos construir, de que a relação contratual de cheque se encontra subordinada à subscrição cambiária deste instrumento, estando as suas regras limitadas pelas normas da Lei Uniforme que tutelam a circulação e a credibilidade do cheque.

### 16.4.2.2. *Dever de pagamento em caso de falta de cobertura*

Sendo certo que a obrigação do banco, como sacado, se confina ao dever de pagamento de cheques sacados sobre contas com fundos suficientes para o efeito, não se encontrando o banco obrigado a pagar cheques que sejam sacados sobre contas que não disponham de provisão, a verdade é que o banco se encontra legalmente vinculado a pagar todos os cheques que sejam emitidos até um certo valor [actualmente de € 150,00 (cfr. art. 8.º, n.º 1 do RJCh)].

O dever legal que o banco tem de pagar os cheques até um determinado montante, independentemente da existência de saldo disponível (cfr. art. 8.º, n.º 1 do RJCh), não é correspectivo de qualquer direito do cliente, mas decorre de uma previsão destinada à tutela dos interesses de terceiros – beneficiários de cheques –, que vêem assim protegida a confiança que depositam nos cheques emitidos até um certo valor.

A medida legal visa, por um lado, contribuir para a tutela da confiança associada ao uso do cheque e, por outro, sancionar a indiscriminada disponibilização de módulos de cheques pelo banco a quem não merece crédito.

Pressuposto deste dever é que os módulos tenham sido, do ponto de vista formal, correctamente preenchidos pelo titular da conta e sacador dos cheques.

### 16.4.3. *Deveres acessórios do banco*

Além dos deveres principais, que se reconduzem à obrigação de proceder ao pagamento do cheque devidamente sacado – e, inclusivamente, e até certo montante, daquele que não tem provisão –, o banco assume, no âmbito deste contrato, deveres secundários ou acessórios, cujo cumprimento contribui directamente para a correcta execução do contrato, e deveres laterais que, quer sejam prévios, concomitantes ou posteriores à celebração da convenção, sendo dela específicos, revestem uma certa autonomia e não se revelam essenciais para a adequada realização do contrato e dos seus efeitos principais[1036].

### 16.4.3.1. *Dever de informação*

**I.** O banco tem diversos deveres de informação relativamente ao cliente. A maioria desses deveres prende-se directamente com esclarecimentos que deve prestar, no âmbito do exercício da sua actividade, e que contribuem para a adequada execução do contrato a que se reportam.

O dever de informação relacionada com o concreto cumprimento das obrigações contratuais, por parte do banco, autonomiza-se da informação bancária em geral e da «eventual responsabilidade pela sua omissão ou prestação defeituosa», a qual, como salienta MENEZES LEITÃO, «corresponde a uma das mais importantes questões do Direito Bancário»[1037]. Nesta perspectiva, ampla, poderíamos ser levados a considerar que, existindo entre o banco e o cliente uma ligação permanente e duradoura, o banco tem um especial dever de divulgar ao cliente as informações que sejam pertinentes não apenas em relação à execução dos contratos celebrados[1038] – o qual já decorreria do regime jurídico destes contratos –, mas também no que respeita à formação da decisão deste relativamente a opções que possa tomar relativamente à celebração de novos contratos[1039].

---

[1036] Não consideramos relevante, nem decisivo, o enquadramento a que procedemos, não sendo aqui sequer impossível reconduzir os deveres acessórios, secundários e laterais a uma única categoria, não o tendo feito numa tentativa de arrumação das obrigações contratuais do banco.

[1037] «Informação bancária e responsabilidade», AA.VV., *Estudos em Homenagem ao Prof. Doutor Inocêncio Galvão Telles*, vol. II – Direito Bancário, Almedina, Coimbra, **2002** (pp. 225-244), p. 225. Sobre o fundamento deste dever e relevo no sistema bancário, cfr. *ibid.*, pp. 225-226.

[1038] Não estamos a referir-nos aos contratos que têm especificamente por objecto a prestação de informações, como os relativos à consultoria, gestão e administração de *patrimónios* em geral e de *carteiras de valores mobiliários* em especial (cfr. art. 4.º, n.º 1, *alíneas i* e *h)* do RGIC) ou mesmo *a prestação de informações comerciais* (art. 4.º, n.º 1, *alínea o)* do RGIC). O dever de informação surge, na maior parte dos contratos bancários, como um dever específico acessório.

[1039] Neste sentido, e alargando a obrigação de informação a conselhos e informações, que se reconduzem ao dever de lealdade, e que, sendo característicos de uma

478 *Cheque e Convenção de Cheque*

Nas relações existentes entre o banco e o seu cliente, mesmo que não se verifique um específico dever de informação, por não o impor o contrato, o mesmo decorre, com carácter genérico, da relação de confiança existente entre esses sujeitos, a qual impõe que as informações espontaneamente prestadas pelo banco sejam verdadeiras[1040].

---

"ligação corrente de negócios", devem ser prestados com «o cuidado exigível no tráfico», SINDE MONTEIRO, *Responsabilidade por conselhos, recomendações ou informações,* cit., **1989**, pp. 514-515.

Sobre «as informações prestadas espontaneamente pelos bancos aos clientes apenas com base na relação bancária geral, que entre eles se estabelece»: L. MENEZES LEITÃO, «Informação bancária e responsabilidade», cit., **2002** (pp. 225-244), pp. 236-238, considerando que os bancos, tendo em conta a sua especial competência profissional, são responsáveis pela veracidade das informações com carácter geral que prestam, aos seus clientes, ainda que as mesmas não tenham sido solicitadas e mesmo que não se considere que estão sujeitos a um dever genérico de prestação de informação, a «prestação efectiva» desta decorre da relação de confiança existente entre o cliente e o banco.

A posição de MENEZES LEITÃO aproxima-se, ainda que pela positiva, da que SINDE MONTEIRO, embora com argumentação ligeiramente diferente, adopta na sua dissertação de doutoramento (*Responsabilidade por conselhos, recomendações ou informações,* cit., **1989**), quando, considerando ter o artigo 485.º do CC carácter aberto (cfr. pp. 449-454, em especial pp. 451-452), defende que nas informações dadas a uma determinada pessoa, «a título voluntário, por pessoas tidas como competentes, em razão da sua actividade profissional e em relação com a mesma», sem que exista uma específica relação negocial, eventuais inexactidões deverão ser ponderadas «no quadro do abuso do direito», considerando-se contrárias aos bons costumes (cfr. pp. 576– 582, em especial 576 e 578) e insere-se na linha da que havia sido anteriormente defendida por Agostinho CARDOSO GUEDES, «A responsabilidade do banco por informações à luz do art. 485.º do Código Civil», *RDE*, XIV, **1988** (pp. 135-165), na passagem em que propugna o carácter aberto do art. 485.º, n.º 2 do CC, de modo a abranger as situações em que haveria o dever de proceder diligentemente na prestação de informações, o qual seria aplicável aos bancos (pp. 159-160).

Rejeitando a existência de um «dever geral, por parte do banqueiro, de prestar informações», que só considera existir quando o banqueiro especificamente o assume ou quando resulte das regras da boa fé, MENEZES CORDEIRO, *Manual de Direito Bancário,* 3ª ed., cit., **2006**, p. 289, seguindo CANARIS, *Bankvertragsrecht,* 3ª ed., 1. Teil, cit., **1988**, pp. 58-59 (Rdn. 75).

[1040] Cfr. CANARIS, *Bankvertragsrecht,* 3ª ed., 1. Teil, Walter de Gruyter, Berlin/New York, **1988**, p. 60 (Rdn. 77).

Sendo de opinião que a responsabilidade bancária por informações prestadas aos clientes «constitui uma situação de responsabilidade obrigacional ou deverá considerar-se enquadrada nas situações relativas à terceira via da responsabilidade civil», MENEZES LEITÃO, «Informação bancária e responsabilidade», cit., **2002** (pp. 225-244), p. 238. Sobre as questões específicas na responsabilidade por informações bancárias, que não abordaremos por exceder o escopo deste trabalho, cfr. MENEZES LEITÃO, *ibid.*, pp. 241-244.

**II.** No que respeita à convenção de cheque, propriamente dita – e não por referência a outros contratos que, conjuntamente com esta, possam integrar a relação contratual complexa que se estabelece entre um banco e o seu cliente e de que se autonomizam os contratos de abertura de conta, de depósito (bancário), de conta-corrente e de utilização de cartões (de débito e de crédito) –, o exercício do dever de informação concretiza-se, essencialmente, pela divulgação da conta-corrente do cliente, com base na qual este possa ir verificando os cheques que vão sendo pagos e tenha a percepção do saldo disponível.

Na verdade – e porque da existência de provisão suficiente depende o adequado saque do cheque –, se não for periodicamente dado a conhecer ao cliente o saldo da conta-corrente e se não lhe for facultada a possibilidade de controlar a sua variação, ele pode involuntariamente sacar cheques sem provisão. Assim, com a finalidade de poder cumprir o seu dever de diligência de controlar o saldo, o cliente deve poder verificar regularmente os movimentos da sua conta. Nesses termos, não nos parece concebível que essa informação não seja espontaneamente facultada pelo banco, qualquer que seja o meio a que este recorra para o efeito, admitindo-se que o cliente aceite obter essa informação exclusivamente por via Internet (*on-line*)[1041].

**III.** No âmbito desta situação jurídica activa, inerente ao acordo celebrado com o banco para a movimentação de fundos através da emissão de cheques, descortina-se também a faculdade que o cliente tem de solicitar ao banco que lhe sejam prestados esclarecimentos sobre cheques emitidos no passado, incluindo a obtenção de cópias dos mesmos (frente e verso), com base nos microfilmes que o banco arquiva[1042].

Trata-se de um dever genérico, com a especificidade que se reporta à informação a que o banco está legalmente obrigado a prestar no que respeita ao tratamento do cheque.

**IV.** No entanto, à margem do dever de informação inerente à normal execução da convenção de cheque, podemos autonomizar a obrigação

---

[1041] O modo de divulgação pode variar, deste a emissão de extractos periódicos – em regra mensais – até ao acesso permanente *on-line* à conta-corrente de que o cliente é titular.

[1042] A este propósito suscitam-se particulares dificuldades sempre que o cheque é objecto de truncagem, ficando, consequentemente, retido no banco em que foi depositado.

480 *Cheque e Convenção de Cheque*

que o banco tem de informar o cliente sobre o tratamento do cheque, em caso de ocorrerem vicissitudes – tal como o não pagamento por falta de provisão –, designadamente sobre o seu *«dever de colaboração»* em eventual investigação criminal relativa à emissão e transmissão do cheque (cfr. art. 13.º-A do RJCh).

Embora não se insira no cumprimento das obrigações contratuais normais decorrentes da convenção de cheque, este dever é imposto pelo Regime Jurídico do Cheque e reconduz-se, em certa medida – a da efectiva colaboração na investigação criminal –, a uma derrogação do dever genérico de segredo a que o banco se encontra obrigado perante os seus clientes.

Estando em causa interesses de terceiros, lesados com a emissão irregular de um cheque, por via de regra, por falta de cobertura, o banco não apenas não se pode refugiar no dever de sigilo para recusar a prestação de informações que lhe venham a ser solicitadas pelas autoridades encarregadas de investigar a vicissitude ocorrida, como tem a obrigação legal de informar os clientes dessa obrigação *quanto às informações* que lhes *digam respeito* (cfr. art. 13.º-A, n.º 2 do RJCh)[1043].

Antes de analisarmos o âmbito da colaboração dos bancos com as autoridades judiciárias, importa esclarecer que este dever não corresponde a um dever de informação genérico, no sentido de ter de ser transmitido com a celebração da convenção de cheque ao cliente, mas de cumprimento pontual, dependendo da verificação da situação que despolete a investigação e requeira a colaboração. Só nesse momento o banco terá de informar o cliente de que irá disponibilizar às autoridades judiciárias determinadas informações, no âmbito do seu dever legal de colaboração.

Veremos, a propósito dos deveres de esclarecimento relativos à execução das obrigações contratuais e de sigilo, como é que se equaciona a colaboração do banco com as autoridades judiciárias.

**V.** Finalmente, importa esclarecer que não cabe neste dever de informação a obrigação do banco de informar específica e pontualmente o

---

[1043] O disposto no art. 13.º-A do Decreto-Lei n.º 454/91, de 28 de Dezembro (red. do Decreto-Lei n.º 316/97, de 19 de Novembro), constitui manifestação do «juízo do legislador da prevalência absoluta do dever de colaboração das instituições de crédito sobre o sigilo bancário» (Paulo Pinto de Albuquerque, *Comentário do Código de Processo Penal* à luz da Constituição da República e da Convenção Europeia dos Direitos do Homem, Universidade Católica Editora, Lisboa, **2007**, p. 373).

cliente sobre aspectos da sua relação contratual. Assim, antes de proceder ao pagamento do cheque, o banco não tem de contactar o seu cliente para se certificar da autenticidade do saque[1044], por mais elevado que seja o valor do cheque e por menos habitual que seja o cliente sacar cheques de elevado montante.

Contudo, sem prejuízo de o banco não poder ser responsabilizado pelo pagamento do cheque, nada obsta a que o faça, prevenindo, desse modo, eventual vicissitude que venha a ocorrer com o saque e cuja responsabilidade lhe possa ser assacada.

### 16.4.3.2. *Dever de fiscalização*

**I.** Este dever corresponde ao chamado *dever de verificação dos cheques* que, sendo acessório e também, de certo modo, instrumental do dever principal do banco – de pagamento –, consiste na obrigação que o banco sacado tem de verificar cuidadosamente o cheque[1045].

O cumprimento desta obrigação pressupõe o controlo da autenticidade do módulo em que foi preenchido o cheque, a comprovação de que o banco não foi notificado de nenhuma vicissitude e o controlo da assinatura do sacador, confrontando-a com a que o banco recolheu do seu cliente quando abriu a conta movimentada pelos cheques sacados nos módulos disponibilizados, e que consta da ficha de cliente, encontrando-se microfilmada ou digitalizada e, consequentemente, disponível em qualquer estabelecimento do banco.

Entre os diversos aspectos em que se desdobra ou manifesta este dever, importa, pois, salientar o dever que o banco tem de controlar a regularidade do saque, confirmando a autoria da assinatura aposta no cheque por referência aquela que lhe havia sido oportunamente confiada pelo cliente. E essa apreciação deve ser feita tanto mais cuidadosamente quanto maior for o valor do cheque, porque é precisamente na inobservância deste dever, nesta vertente – do controlo do saque – que reside o flagelo dos cheques, que consiste na sua falsificação.

---

[1044] Neste sentido, cfr. **AcRelLisboa de 28 Abril 2005** (URBANO DIAS), *CJ*, ano XXX, 2005, t. II, pp. 114-121.

[1045] Cfr. **AcRelLisboa de 28 Abril 2005** (URBANO DIAS), *CJ*, ano XXX, 2005, t. II, pp. 114-121.

## 482 Cheque e Convenção de Cheque

**II.** Ora, a não verificação do cheque é frequentemente consequência da sua truncagem e do facto de, sendo o cheque objecto de compensação e retido na instituição depositária, a entidade sacada não verificar a assinatura dele constante e que, por sua conta e risco, toma como boa, até certo montante.

Por isso, o cumprimento desta obrigação pelo banco encontra-se no presente seriamente comprometido pela truncagem a que os cheques até certo valor, depositados em conta, estão obrigatoriamente sujeitos, e que inviabiliza a verificação das assinaturas neles apostas.

Trata-se, contudo, de risco a correr por conta do sacado, que é também compensado com a poupança de custos associados a esse controlo.

**III.** Finalmente, este dever tem também um alcance geral que se reconduz à obrigação que o banco tem de controlar permanentemente a movimentação da conta e de verificar, em cada momento, a respectiva provisão, devendo periodicamente extractar os movimentos efectuados, a título de informação do seu cliente.

### 16.4.3.3. *Dever de competência técnica*

**I.** Por fim, importa autonomizar o dever de competência técnica[1046], apesar de notoriamente acessório.

Não sendo um dever específico da convenção de cheque, mas comum aos diversos actos que o banqueiro pratica no exercício da sua actividade, e tendo como corolário a qualidade e a eficiência que devem caracterizar os seus serviços, este dever projecta-se nos cuidados que devem ser observados no pagamento dos cheques e no processo da respectiva compensação, revelando grandes afinidades com o dever de fiscalização.

É no âmbito desta obrigação que o banco deve controlar, tão rigorosamente quanto possível, a assinatura do cliente no cheque e, não o fazendo, assumir a responsabilidade por esse facto, sempre que eventual falsificação for detectável, bem como actuar com especial diligência nos actos subsequentes à recusa de pagamento de um cheque por falta de provisão.

---

[1046] Referindo-se expressamente a este dever, o **AcSTJ de 25 de Outubro de 2007**, Proc. n.º 07B2543 (SANTOS BERNARDINO), *www.dgsi.pt.*

*Estrutura da convenção de cheque* 483

**II.** Este dever tem ainda um importante corolário, que se traduz na exigência específica que da relação bancária complexa decorre para o banqueiro[1047], cuja actuação não pode ser medida pela de um *bonus pater familias*, mas reportar-se à que deve ser esperada de um profissional altamente qualificado e especializado.

Por isso, a bitola aplicável à intervenção do banco no processamento de cheques, na verificação do saque e, em caso de incumprimento pelo cliente, nos actos legalmente necessários e que podem conduzir ao termo da relação contratual é seguramente mais elevada que a aplicável aos negócios jurídicos comuns.

### 16.4.4. *Deveres laterais*

Vejamos, a concluir o estudo do regime da convenção, os deveres laterais deste contrato[1048], procurando reconduzir aos mesmos os que, sendo próprios e inerentes à execução deste contrato, não pressupõem o incumprimento do dever primário da prestação, caso não sejam observados.

#### 16.4.4.1. *Dever de diligência (acrescida) na celebração da convenção*

**I.** À cabeça dos deveres laterais autonomizámos uma obrigação que é, essencialmente, pré-contratual e, de certa forma, comum à celebração de qualquer contrato – a que se reconduz ao cuidado na escolha da contraparte contratual.

Em todos os contratos, com a eventual excepção dos relativos a sectores de actividade em que a parte fornecedora dos bens ou prestadora dos serviços é monopolista – em que não valerá a pena equacionar a identidade dessa parte, se se pretender o bem ou o serviço que ela disponibiliza ou explora –, faz sentido ponderar a idoneidade da contraparte

---

[1047] Referimo-nos, claro está, aos serviços (comerciais) do banco.

[1048] A violação dos deveres laterais conduz seguramente ao dever de indemnizar o lesado com base em responsabilidade civil contratual (art. 762.º, n.º 2 do CC) ou pré-contratual (art. 227.º), podendo igualmente fundamentar a resolução do contrato. Quanto à possibilidade de esta violação poder sustentar uma acção judicial de cumprimento, a doutrina tem sido relativamente unânime na sua recusa, mas verificando-se já alguma permeabilidade por parte de alguns sectores a casos pontuais de resposta do ordenamento jurídico à violação de deveres laterais com soluções desta natureza.

contratual. É o que se passa com o cliente quando escolhe o seu banco, de entre os diversos existentes no mercado. Deve ponderar o preço dos serviços que pretende, mas também a sua solidez e as garantias de cumprimento, fundamentalmente no reembolso do capital, uma vez extinto o contrato.

Por sua vez, os bancos, com a excepção dos serviços mínimos bancários que legalmente podem ser obrigados a prestar[1049], também podem escolher os seus clientes, segmentando-os em categorias e de acordo com a respectiva capacidade económica e potencial.

Na aceitação de um (novo) cliente, o banco deve ter a diligência de comprovar a sua idoneidade, qualquer que seja o contrato que venha a celebrar.

**II.** Quando estiver em causa uma convenção de cheque, o banco deve actuar com diligência acrescida, no sentido de ponderar, em pormenor e mais cuidadosamente, a conveniência de disponibilizar, de imediato, módulos de cheques ao seu cliente, com o risco inerente à obrigatoriedade de ter de pagar os cheques que venham a ser sacados sem provisão, dentro de certos limites.

Um negócio como a convenção de cheque pressupõe, assim, uma averiguação e uma reflexão cuidadas acerca da capacidade do cliente vir a cumprir as suas obrigações contratuais, o que exige ao banco uma peculiar atenção e diligência aquando das negociações preliminares para a celebração deste contrato.

Este dever, sendo genérico, porquanto caracteriza a conduta que o banco deve adoptar na sua actividade comercial, não se projecta sobre o plano da relação negocial concretamente definida, após o banco ter acordado com o cliente na celebração do contrato. Em qualquer circunstância, ele significa que o banco se deve abster de celebrar a convenção com um cliente, relativamente ao qual, dados os respectivos antecedentes, seria com grande probabilidade antecipável o incumprimento da convenção. Ora, sabendo que este incumprimento se pode materializar na emissão de cheques sem provisão e, desse modo, lesar terceiros, a inobservância do dever de diligência (acrescida) na celebração da convenção é potencialmente causadora de prejuízos que teriam sido evitáveis, se o banco, com os meios e qualidade técnica que é própria dos seus serviços, tivesse

---

[1049] Se aderirem a um protocolo adequado para o efeito.

projectado o seu *know how* na indagação do perfil do cliente, antes de concluir a celebração da contrato.

### 16.4.4.2. *Aceitação da revogação*

**I.** O banco tem também a obrigação de acatar a revogação do cheque, uma vez que se encontre expirado o prazo de apresentação a pagamento.

A revogação – que merecerá a nossa atenção em número autónomo (cfr., *infra*, n.º 20) – corresponde à instrução para o não pagamento do cheque ao seu beneficiário, transmitida pelo (cliente) sacador ao (banco) sacado. Trata-se da anulação da ordem anteriormente dada e consubstanciada no cheque.

Importa explicar, sem mais desenvolvimentos por ora, que a revogação não produz efeitos enquanto não se encontrar decorrido o prazo de apresentação a pagamento. Só quando este se encontrar esgotado ficará o banco obrigado a observar a contra-ordem que, entretanto, lhe foi transmitida, salvo se sobrevier um motivo que justifique o imediato acatamento da instrução de não pagamento.

**II.** Assim, o banco encontra-se, em geral, vinculado a satisfazer a ordem consubstanciada no cheque, a menos que tenha ocorrido uma vicissitude que motive a sua inobservância. Não sendo esse o caso, não será suficiente o simples arrependimento do sacador, tendo em conta a natureza do cheque (meio de pagamento).

Com efeito, até ao final do prazo de apresentação a pagamento do cheque o banco deverá cumprir com a instrução cambiária pelo mesmo representada. Uma vez decorrido esse prazo, *deverá* o banco atender à eventual revogação da ordem de pagamento, abstendo-se de pagar o cheque quando tiver sido expressamente instruído para não o fazer. Nessa circunstância, só assume responsabilidade perante o cliente, pelo que o eventual incumprimento resultante do cancelamento do cheque (relativamente ao respectivo beneficiário) não se deverá repercutir no banco.

Diversamente, se não acatar a instrução para não proceder ao pagamento, este correrá por sua conta e risco.

486 *Cheque e Convenção de Cheque*

16.4.4.3. *Não pagamento em dinheiro de cheques para levar em conta*

**I.** Caso o cheque seja cruzado e tenha aposta a menção "para levar em conta", o banco sacado deverá observar essa instrução, encontrando-se impedido de satisfazer, em dinheiro, a importância desse cheque, que deverá ser depositada na conta (bancária) do respectivo beneficiário.

Trata-se, como vimos (*supra*, n.ᵒˢ 4.6 e 5.4), da faculdade que o sacador ou qualquer portador do cheque tem de vincular o sacado a só proceder ao pagamento através da compensação interna, se ele for também o banco depositário, ou inter-bancária, nos demais casos.

**II.** Sempre que o sacado se depara com essa menção, ele fica obrigado a cumprir as instruções que a mesma consubstancia, sob pena de ficar obrigado a indemnizar o seu cliente por eventuais prejuízos que resultem da inobservância desse dever.

A inserção da menção "para levar em conta" – tal como a do simples cruzamento (geral ou especial), quando a mesma tiver o mesmo alcance – constitui, assim, o sacado na obrigação de agir em conformidade, não efectuando o pagamento directamente ao beneficiário.

**III.** De certa forma, este dever resulta de uma imposição da Lei Uniforme (cfr. art. 39.º), satisfazendo simultaneamente os interesses de segurança do sacador e do próprio tráfico, pelo que, no plano da relação contratual, se pode configurar como um dever do banco sacado perante o cliente sacador. Contudo, e com referência aos eventuais portadores do cheque, visa igualmente assegurar a protecção do valor deste, pelo controlo a que fica necessariamente sujeito o respectivo pagamento.

O enquadramento do dever de não pagamento em dinheiro de cheques para levar em conta na categoria dos deveres acessórios não é pacífico, sendo possível reconduzi-lo a um dever legal, por um lado e num certo sentido, e a um dever secundário com prestação autónoma – na classificação adoptada por MOTA PINTO[1050] –, por outro, e no que se refere ao relevo que desempenha no quadro da relação contratual de cheque.

---

[1050] *Cessão da posição contratual*, Atlântida, Coimbra, **1970**, p. 337.

Na perspectiva de MOTA PINTO, para além dos deveres principais e dos deveres (secundários) acessórios, é possível autonomizar ainda os deveres secundários com prestação autónoma (relativamente à prestação principal) que, no caso vertente, se concretiza numa prestação coexistente com a prestação principal (de pagamento do cheque), sem, contudo, a substituir.

## 16.4.4.4. *Deveres de esclarecimento relativos à execução das obrigações contratuais*

**I.** O banco deve informar o cliente de que, em caso de vicissitude do cheque, nomeadamente por falta de provisão, se tem de dispor a colaborar com as autoridades de polícia criminal na investigação do delito.

A cooperação do banco com as autoridades judiciárias suscita-se sempre que estiver a ser averiguada uma irregularidade relativa ao contrato bancário, impondo frequentemente a divulgação de factos e conhecimentos obtidos no exercício da respectiva actividade profissional que, por via de regra, se encontram sujeitos a segredo profissional (cfr., *infra*, n.º 16.4.4.5). Daí que seja legítimo o cliente esperar que os factos de que o banco toma conhecimento, por efeito da relação contratual estabelecida, não sejam revelados sem o seu consentimento.

O dever de colaboração do banco com as autoridades não constitui, por si, um aspecto do regime jurídico do contrato celebrado com o seu cliente, mas interfere com o cumprimento do mesmo, implicando que o banco esclareça o cliente sobre o conteúdo e alcance dessa obrigação, cujo âmbito pode ser genérico ou específico do negócio em causa.

**II.** O banco encontra-se hoje sujeito à obrigação legal de divulgar às autoridades de supervisão determinados factos, ao abrigo de leis gerais como a lei do branqueamento de capitais (Lei n.º 11/2004, de 27 de Março). Este dever derroga o dever de discrição dos bancos – que, constituindo o corolário do segredo a que o cliente tinha direito sobre a sua riqueza, os impedia de se imiscuírem na vida (económica) e na actividade dos clientes, procurando apurar a proveniência dos respectivos fundos[1051]

que, no presente, soçobra perante as medidas preventivas do branqueamento de capitais, com a obrigação que os bancos (e outras entidades) têm de obter informações quando celebram novos contratos[1052].

---

[1051] Sobre o dever de discrição – que, tradicionalmente, se enquadrava nos deveres gerais dos banqueiros – cfr. RIVES-LANGE/CONTAMINE-RAYNAUD, *Droit bancaire*, 6ª ed., cit., **1995**, pp. 155-156.

[1052] Neste sentido, Fernando CONCEIÇÃO NUNES, «Os deveres de segredo profissional no Regime Geral das Instituições de Crédito e Sociedades Financeiras», *RB*, 29, **1994** (pp. 39-63), p. 41, nota 8.

488 *Cheque e Convenção de Cheque*

O dever de colaboração a que se encontram sujeitos os bancos – entre outras entidades – está enunciado no art. 2.º, *alínea g)* e vem previsto art. 9.º da Lei do Branqueamento de Capitais (cit. Lei n.º 11//2004)[1053], segundo o qual este dever consiste na obrigação «*de prestar toda a assistência requerida pela autoridade judiciária responsável pela condução do processo ou pela autoridade competente para a fiscalização dos deveres*»[1054] legalmente estabelecidos nesta lei. Como esclarece VITALINO CANAS[1055], este dever só obriga os bancos a colaborar com a autoridade judiciária, sem terem de o fazer directamente com os órgãos de polícia criminal.

O dever de colaboração – tal como resulta da lei em apreço – consiste assim na disponibilidade de o banco prestar toda a assistência que lhe seja requerida pela autoridade judiciária responsável pela condução do processo.

**III.** Na base do dever de prestar esclarecimento ao cliente com respeito à obrigação específica de o banco se encontrar vinculado a colaborar com as autoridades, na execução das obrigações resultantes do contrato bancário, encontra-se o regime do segredo bancário[1056], tal como resulta da lei portuguesa, e que analisaremos, em seguida. Sendo esse regime particularmente rigoroso, tornou-se necessário criar regras legais que, em certas circunstâncias, o derrogassem (cfr., a título de exemplo, o art. 79.º, n.º 2, *alíneas d)* e *e)* do RGIC).

**IV.** Vejamos qual o âmbito da colaboração com as autoridades judiciárias, no que respeita, em especial, à convenção de cheque[1057].

O banco está obrigado, em certas circunstâncias que correspondem, em regra, a vicissitudes da execução da relação negocial por parte do

---

[1053] Cfr. a Lei n.º 25/2008, de 5 de Junho (art. 18.º). Nota aditada ao original.

[1054] Sobre o alcance e sentido deste dever no âmbito desta lei, cfr. VITALINO CANAS, *O Crime de Branqueamento: Regime de Prevenção e de Repressão*, Almedina, Coimbra, **2004**, pp. 113-116.

[1055] *O Crime de Branqueamento: Regime de Prevenção e de Repressão*, cit., **2004**, p. 113.

[1056] Cfr. GERMANO MARQUES DA SILVA, *Regime Jurídico-Penal dos Cheques sem Provisão*, Principia, Lisboa, **1997**, p. 111.

[1057] Sobre a situação anterior ao RJCh, cfr. CONCEIÇÃO NUNES, «Os deveres de segredo profissional no Regime Geral das Instituições de Crédito e Sociedades Financeiras», cit., **1994** (pp. 39-63), pp. 56-58, nota 23.

*Estrutura da convenção de cheque* 489

cliente, a revelar às autoridades elementos inerentes aos motivos que tenham estado subjacentes ao não pagamento de um cheque, que um beneficiário tenha oportunamente apresentado a pagamento – isto é, dentro do prazo disponível para o efeito – e não tenha sido pago por falta de provisão.

Com efeito, os bancos, verificando-se o não pagamento de um cheque, por falta de provisão suficiente, e não sendo a situação regularizada no prazo de um mês (cfr. art. 1.º, n.º 2 do RJCh)[1058], devem – sempre que tal lhes for exigido[1059] – facultar às autoridades judiciárias os elementos que lhes permitam evidenciar as razões do não pagamento desse cheque, estando, nomeadamente, obrigados a emitir uma *«declaração de insuficiência de saldo com indicação do valor deste»*, bem como fornecer os *«elementos de identificação do sacador e cópia da respectiva ficha bancária de assinaturas»*. (art. 13.º-A, n.º 1 do RJCh).

Consistindo o cumprimento desta obrigação legal dos bancos num desvio ao dever de segredo que devem observar no cumprimento da relação negocial que estabelecem com os clientes, a lei determina que estes sejam expressamente informados de tal obrigação legal no momento em que celebram a convenção de cheque (cfr. art. 13.º-A, n.º 2 do RJCh). O dever de informação do cliente, estabelecido no n.º 2 do art. 13.º-A do Regime Jurídico-penal do Cheque (DL 454/91, 28 Dez.), quanto à obrigação de colaboração com a justiça deve ser renovado no momento em que os bancos notifiquem os clientes para a regularização de situações de insuficiência de saldo, com indicação expressa das informações que se encontram obrigados a prestar, não se esgotando, consequentemente, no momento da celebração da convenção.

Cremos ser esta a leitura mais compatível com o âmbito e alcance do dever de colaboração, verdadeira excepção ao dever geral de segredo bancário, e com a própria redacção do n.º 2 do citado art. 13.º-A. Na realidade, se a obrigação de informação se devesse cingir ao momento da celebração da convenção, seria suficiente a lei cominar que os bancos

---

[1058] Não se encontram, consequentemente, incluídos os cheques que tenham sido sacados sem provisão até ao montante de € 150,00, e que o banco se encontra obrigado a honrar [cfr. art. 8.º, n.º 1 do RJCh, red. da L 48/2005, de 29 de Agosto (art. 1.º)].

[1059] Não obstante a redacção do preceito legal, não se afigura que os bancos devam remeter, espontaneamente – isto é, sem que tal lhes seja expressamente solicitado –, para as autoridades judiciárias a documentação inerente ao não pagamento de um cheque.

devessem informar «*as entidades com quem celebrarem convenção de cheque*» da obrigação de colaboração, não fazendo sentido referenciar (a esse dever de informação) aos clientes as informações que a eles respeitassem (com a menção às «*informações que a essas entidades digam respeito*»), porque obviamente não teria cabimento fornecer às autoridades elementos que não se referissem à sua relação com esses clientes, nem tão pouco informá-los disso. A parte final do número 2 da disposição legal em apreço deve, assim, ser entendida como uma extensão do dever de informação da obrigação de colaboração aplicável em qualquer momento da vigência da convenção de cheque.

**V.** Finalmente, importa também esclarecer que o banco se encontra obrigado a colaborar com as autoridades de supervisão, *maxime* o Banco de Portugal, relativamente à denúncia das situações de irregularidade comprovada.

O banco deve rescindir a convenção de cheque com quem, sendo parte da mesma, revelar, pelo seu comportamento, não merecer utilizar cheques ao abrigo de um acordo com essa natureza, por colocar em causa, com o seu incumprimento, «o espírito de confiança que deve presidir» à circulação dos cheques (cfr. art. 1.º, n.º 1 do RJCh). Mas, para além disso, o banco deve informar o Banco de Portugal sobre os casos de rescisão da convenção de cheque (cfr. art. 2.º, *alínea a)* do RJCh). Os principais efeitos da rescisão e comunicação ao Banco de Portugal são a inclusão do infractor numa "lista negra", a rescisão das demais convenções vigentes, inclusivamente com outras instituições de crédito, e a impossibilidade de, em circunstâncias normais, ele vir a celebrar nova convenção antes de decorridos dois anos sobre a (primeira) rescisão da convenção de cheque (cfr. art. 3.º do RJCh).

Embora não exista um dever legal específico de informação do cliente sobre estes efeitos resultantes do seu incumprimento, entendemos que o banco deverá avisá-lo explicitamente acerca das consequências de falta de regularização do cheque em tempo útil, não apenas no que respeita à sua vinculação legal em fornecer às autoridades judiciárias elementos necessários para a demonstração do ilícito, mas também no tocante aos efeitos que se projectam no plano das suas relações contratuais, em matéria de cheque, com esse cliente e deste com terceiras entidades.

## 16.4.4.5. *Dever de sigilo. O segredo bancário*

**I.** Como nas demais operações bancárias, o banco encontra-se sujeito ao dever de sigilo[1060]. Este implica não apenas a obrigação de se abster

---

[1060] Sobre o segredo bancário (dever de sigilo), vd., na literatura jurídica nacional, para além das obras gerais – Augusto de Athayde, *Curso de Direito Bancário*, vol. I, Coimbra Editora, **1999** (cfr. pp. 496-519), Menezes Cordeiro, *Manual de Direito Bancário*, 3ª ed., cit., **2006** (cfr. pp. 253-274 e 293-295), António Pedro Ferreira, *Direito Bancário*, cit., **2005** (cfr. pp. 437-440), Alberto Luís, *Direito Bancário*, cit., **1985**, pp. 83-120 (retomando e desenvolvendo o est. publ. na *ROA*, ano 41, **1981**, pp. 451-474), recordando a revelação que Jean Montaldo (*Les Secrets de la Banque Soviétique en France*, Paris, 1979) fez dos documentos do Banco Comercial para a Europa do Norte (Eurobank) que, em 1978 e 1979, foram abandonados na via pública (cfr. pp. 83-86), Calvão da Silva, *Direito Bancário*, cit., **2001** (cfr. pp. 287-299), e Vasco Soares da Veiga, *Direito Bancário*, 2ª ed., cit., **1997** (cfr. pp. 225-229, 235-240, 242-265, 268-272) –, a obra colectiva (AA.VV.,) *Sigilo Bancário*, Actas do Colóquio Luso-Brasileiro sobre Sigilo Bancário, IDB/Cosmos, Lisboa, **1997** (em especial pp. 11-17, 35-45, 49-60, 71-100, e 131-137), e os estudos e monografias de Júlio de Castro Caldas, «Sigilo bancário: problemas actuais», AA.VV., *Sigilo Bancário*, IDB/Cosmos, Lisboa, **1997** (pp. 33-45), com interessante nota sobre a origem do dever (pp. 35-37), Noel Gomes, *Segredo Bancário e Direito Fiscal*, Almedina, Coimbra, **2006** (em especial pp. 19-69, 71-73, 88-91, 97-108 e 126), Miguel Pedrosa Machado, «Sigilo bancário e Direito Penal – Dois tópicos: caracterização de tipos legais de crimes e significado da extensão às contra-ordenações», AA.VV., *Sigilo Bancário*, IDB/Cosmos, Lisboa, **1997** (pp. 71-100), distinguindo o "sigilo activo" do "sigilo passivo" (pp. 73-75), Joaquim Malafaia, «O segredo bancário como limite à investigação criminal», *ROA*, ano 59, I, **1999** (pp. 413-445), Conceição Nunes, «Os deveres de segredo profissional no Regime Geral das Instituições de Crédito e Sociedades Financeiras», cit., **1994** (pp. 39-63), em especial pp. 42-48, 51-61, José Maria Pires, *O dever de segredo na actividade bancária*, Rei dos Livros, Lisboa, **1998**, pp. 19-21, 39-42, 43-53 e 66-71, considerando que o direito ao segredo bancário integra a categoria dos direitos fundamentais atípicos (p. 41), e *Elucidário de Direito Bancário*, Coimbra Editora, **2002**, pp. 472-483, Germano Marques da Silva/Isabel C. Mota Marques da Silva, «Sobre a admissibilidade de empresas privadas de centralização de informações sobre riscos de crédito (no âmbito das instituições de crédito e sociedades financeiras)», *RB*, 44 (Outubro / Dezembro) **1997** (pp. 21-50), pp. 32-50, Germano Marques da Silva, «Segredo bancário: da tutela penal na legislação portuguesa», *DJ*, XII, T. 2, **1998** (pp. 31-58), Rodrigo Santiago, «Sobre o segredo bancário – uma perspectiva jurídico-criminal e processual penal», *RB*, 42, **1997** (pp. 23-76), e Capelo de Sousa, «O Segredo Bancário (Em especial, face às alterações fiscais da Lei n.º 30-G/2000, de 29 de Dezembro)», cit., **2002** (pp. 157-223), que apresenta uma interessante «tipologia dos regimes actuais de segredo bancário» (pp. 161-170) (cfr., em especial, pp. 180-223).

Sobre as origens e evolução do sigilo bancário em Portugal (até ao final do século XX, aproximadamente), para além de Capelo de Sousa, «O Segredo Bancário», cit., **2002**

492  *Cheque e Convenção de Cheque*

(pp. 157-223), pp. 172-176, cfr. Maria Célia Ramos, «O sigilo bancário em Portugal – Origens, evolução e fundamentos», AA.VV., *Sigilo Bancário*, Actas do Colóquio Luso--Brasileiro sobre Sigilo Bancário, IDB/Cosmos, Lisboa, **1997** (pp. 115-137), pp. 117-131.

Com interesse, embora muito desactualizado – mormente por ser anterior ao RGIC –, e com vasta informação sobre ordenamentos estrangeiros, vd. o Parecer da Procuradoria-Geral da República de 5 de Abril de 1984 (Proc. n.º 138/83) (António Agostinho Caeiro), DR II Série, n.º 84, de 11/04/1995.

Na doutrina estrangeira mais recente, para além das obras monográficas citadas por Menezes Cordeiro, *ibid.*, pp. 254, nota 623, 256, notas 628 e 633, e António Pedro Ferreira, *ibid.*, p. 437, nota 725, cfr. as seguintes obras, quase todas generalistas:

a) Doutrina alemã: Canaris, *Bankvertragsrecht*, 3ª ed., 1. Teil, cit., **1988**, pp. 25-48 (Rdn. 36-71), Claussen, *Bank und Börsenrecht*, 3ª ed., cit., **2003**, pp. 150-157, Kümpel, *Bank– und Kapitalmarktrecht*, 3ª ed., cit., **2004**, pp. 55, 57-73 (no âmbito das *AGB-Banken*), Schimansky/Bunte/Lwowski, *Bankrechts-Handbuch*, vol. I, 2ª ed., cit., **2001**, pp. 134-144 (no plano das *AGB-Banken*) e 739-786, e Schwintowski/Schäfer, *Bankrecht. Commercial Banking – Investment Banking*, 2ª ed., cit., **2004**, pp. 57-88 (e, com projecção específica no cheque, p. 305).

b) Doutina brasileira: Francisco Amaral Neto, «O sigilo bancário no Direito brasileiro», AA.VV., *Sigilo Bancário*, Actas do Colóquio Luso-Brasileiro sobre Sigilo Bancário, IDB/Cosmos, Lisboa, **1997** (pp. 61-70), pp. 68-70.

c) Doutrina francesa: Bonneau, *Droit bancaire*, 6ª ed., cit., **2005**, pp. 300-306, Gavalda/Stoufflet, *Droit Bancaire*, 5ª ed., cit., **2002**, pp. 124-130 e 531-533, Grua, *Contrats Bancaires*, T.1, *Contrats de services*, cit., **1990**, pp. 21-35, 213-214 e 271-273, e *Les contrats de base de la pratique bancaire*, cit., **2000**, pp. 18-31, 40-41 e 219-223, Piedelièvre, *Droit bancaire*, cit., **2003**, pp. 105-109 e 12-114, Rives-Lange/Contamine-Raynaud, *Droit bancaire*, 6ª ed., cit., **1995**, pp. 159-167, e Richard Routier, *La responsabilité du banquier*, L.G.D.J., Paris, 1997, pp. 89-94, 97-98 e 166, e *Obligations et responsabilités du banquier*, Dalloz, Paris, **2005**, pp. 201-210,

d) Doutrina inglesa: Ross Cranston, *Principles of banking law*, 2ª ed., cit., **2002**, pp. 167-182, Ellinger/ Lomnicka/Hooley, *Ellinger's Modern Banking Law*, 4ª ed., cit., **2006,** pp. 165-195, J. Milnes Holden, *The Law and Practice of Banking*: vol. 1, *Banker and Customer*, 5ª ed., Pitman, London, **1991**, com referência a diversos casos (pp. 86-102), tal como P.E. Smart, P.E., *Chorley & Smart Leading Cases in the Law of Banking*, 6ª ed., Sweet & Maxwell, London, **1990**, pp. 11-18, e Paget's *Law of Banking*, **2007**, pp. 157-161 e 673-686.

e) Doutrina italiana: Giorgianni/Tardivo, *Diritto Bancario. Banche,Contratti e Titoli Bancari*, Giuffrè, **2006**, pp. 502-508, G. Molle, *I contrati bancari*, 4ª ed., Giuffrè, Milano, **1981**, pp. 80-95, e Molle/Desiderio, *Manuale di Diritto Bancario*, 7ª ed., cit., **2005**, pp. 34-38.

f) Doutrina suíça: Daniel Guggenheim, *Les contrats de la pratique bancaire suisse*, 4ª ed., Georg Éditeur, Genève, **2000**, pp. 71-99, chamando a atenção para a

*Estrutura da convenção de cheque* 493

de revelar os factos de que toma conhecimento no âmbito da sua relação contratual com o cliente, como de guardar segredo sobre os mesmos, criando os mecanismos adequados a que tais factos não venham, inadvertidamente, a ficar ao dispor de terceiros, nestes incluído o próprio Estado[1061]. Trata-se de um dever jurídico que realiza a tutela da confiança que o cliente deposita no banco[1062] e que, quanto ao seu âmbito e caracterização, não apresenta, no domínio da convenção de cheque, especificidades que justifiquem particular desenvolvimento[1063], com excepção da relevância que assume no que respeita ao dever de colaboração com a investigação dos crimes de emissão de cheque sem provisão[1064], a que já nos referimos (*supra*, n.º 16.4.4.4.III e IV).

---

originalidade do sistema suíço, em matéria de segredo bancário (pp. 97-98), e também para o aumento das excepções que tem vindo a quebrar a intensidade de um princípio que «incorpora a filosofia do povo suíço quanto à sua relação com o Estado» e que tem aumentado a sua transparência (p. 98).

[1061] Registe-se que se assiste a uma tendência crescente da derrogação do segredo bancário sempre que está em causa a confiança no sistema bancário e a segurança colectiva das populações, fortemente abalada pelos atentados de 11 de Setembro (de 2001), cujos efeitos abriram óbvias brechas no dever de sigilo dos bancos, e nomeadamente sempre que estiver em jogo o branqueamento de capitais e o financiamento de actividades terroristas. Por essa razão, e pela evolução registada nos últimos anos, poderemos considerar razoavelmente desactualizados, no plano deste dever bancário fundamental – decorrente de direito constitucionalmente tutelado (o direito à reserva da vida privada) –, as obras e estudos publicados anteriormente a 2002.

[1062] Sobre os interesses e bens tutelados pelo segredo bancário, cfr. Diogo LEITE DE CAMPOS, «Sigilo bancário», AA.VV., *Sigilo Bancário*, Actas do Colóquio Luso-Brasileiro sobre Sigilo Bancário, IDB/Cosmos, Lisboa, **1997** (pp. 11-17), pp. 14-17, e CÉLIA RAMOS, «O sigilo bancário em Portugal – Origens, evolução e fundamentos», cit., **1997** (pp. 115-137), pp. 131-137.

[1063] Importa, contudo, sublinhar que a relevância deste dever geral não pode ser menosprezada, sobretudo no contexto dos deveres que caracterizam a actuação do banco perante o seu cliente, os quais se devem articular uns com outros, mas sempre com respeito pelo dever geral de segredo bancário que se sobrepõe, designadamente, ao dever de informação. Neste sentido, vd. **AcSTJ de 14 de Novembro de 1991** (ROGER BENNET LOPES), *BMJ* 411, 1991, pp. 527-543.

[1064] Cfr. GERMANO MARQUES DA SILVA, *Regime Jurídico-Penal dos Cheques sem Provisão*, cit., **1997**, p. 113, e PINTO DE ALBUQUERQUE, *Comentário do Código de Processo Penal*, cit., **2007**, pp. 372-374 (anots. 25 a 26), em especial p. 373.

494 *Cheque e Convenção de Cheque*

**II.** O segredo bancário e a sua tutela estão especificamente regulados no Regime Geral das Instituições de Crédito e Sociedades Financeiras, designadamente nos artigos 78.º e 79.º [1065].

Nos termos do artigo 78.º, todos aqueles[1066] que, de forma permanente ou ocasional, prestem serviços a um banco encontram-se impedidos de «*revelar ou utilizar informações sobre factos ou elementos respeitantes às relações do banco com os seus clientes* – nomeadamente o *nome* destes, as *contas de depósito* e respectivos *movimentos* e *outras operações bancárias* –, *cujo conhecimento* resulte *exclusivamente do exercício das suas funções ou da prestação dos seus serviços*» (cfr. art. 78.º, n.ºs 1 e 2 do RGIC).

A lei que regula a actividade bancária contém, assim, uma regra que comina o dever geral de segredo das instituições financeiras e dos seus agentes, como medida de protecção da privacidade dos clientes, em todos os aspectos inerentes ao respectivo relacionamento negocial. Esta obrigação legal, imposta pelo Regime Geral, é garantia do direito (constitu-

---

[1065] Para além de leis gerais que protegem ou derrogam, em certas circunstâncias, este dever – desde a Constituição [arts. 26.º, n.ºs 1 e 2, e 101.º, na red. da 7ª revisão constitucional (aprovada pela Lei Constitucional n.º 1/2005, de 12 de Agosto)] e o Código Civil (arts. 80.º, 70.º e 81.º), passando pelo Código de Processo Civil (arts. 519.º, n.ºs 3, *alínea c)* e 4, 519.º-A, 833.º, n.º 3 e 861.º-A, na red. do DL 38/2003, de 8 de Março), pelo Código de Trabalho (art. 121.º, n.º 1, *alínea e)*), pela Lei Geral Tributária (cfr. art. 63.º-B) e pelos Códigos Penal (arts. 195.º a 197.º, 383.º, 31.º e 36.º) e de Processo Penal (arts. 135.º, 181.º), e terminando na Lei do Branqueamento de Capitais (L 11/2004, de 27 de Março, em especial arts. 2.º, *alínea h)* e 10.º) –, encontra hoje ampla protecção genérica na Lei de Protecção de Dados Pessoais (Lei n.º 67/98, de 26 de Outubro, que transpôs a Directiva Comunitária n.º 95/46/CE do Parlamento Europeu e do Conselho, de 24 de Outubro de 1995, relativa à protecção das pessoas singulares no que diz respeito a tratamento de dados pessoais e à livre circulação desses dados) que, sujeitando a segredo bancário os «*responsáveis do tratamento de dados pessoais, bem como pessoas que, no exercício das suas funções, tenham conhecimento dos dados pessoais tratados*» (cfr. art. 17.º), abrange os bancos onde se encontram informatizados, em ficheiros e bases de dados, os factos garantidos por esse direito. Cfr. ainda, a este propósito, a Lei n.º 41/2004, de 18 de Agosto, que transpõe para a ordem jurídica nacional a Directiva n.º 2002/58/CE, do Parlamento e do Conselho Europeu, de 12 de Julho, relativa ao tratamento de dados pessoais e à protecção da privacidade no sector das comunicações electrónicas, e a Lei n.º 10/91, de 29 de Abril (na red. da L 28/94, de 29 de Agosto).

[1066] Desde «*os membros dos órgãos dos órgãos de administração ou de fiscalização*», passando pelos seus colaboradores e concluindo em todas as pessoas que lhe prestem serviços [mandatários, comissários (que a lei designa por comitidos), consultores, entre outros].

## Estrutura da convenção de cheque

cional) à reserva da intimidade da vida privada (cfr. art. 26.º, n.º 1 da CRP)[1067], o qual conhece desenvolvimentos no plano dos direitos da personalidade (cfr. art. 80.º do CC), onde já se encontrava consagrado desde 1966.

No que respeita à convenção de cheque propriamente dita, o sigilo que lhe está associado é comum ao segredo que recai sobre qualquer aspecto da relação contratual bancária, embora conheça excepções específicas, que se prendem com a natureza da convenção e com as vicissitudes que podem surgir na sua execução. Já as analisámos anteriormente (cfr., *supra*, n.º 16.4.4.4.IV), pelo que, nesta sede (*infra*, VI), apenas as recordaremos.

**III.** Cabe averiguar em que situações de carácter geral pode este dever de sigilo ou segredo profissional ser derrogado, isto é, quais as circunstâncias excepcionais que podem conduzir ao afastamento da (obrigação de) escusa de revelar factos e conhecimentos obtidos no âmbito e

---

[1067] Reconhecem-no expressamente o **AcTribConstitucional n.º 278/95, de 31 de Maio** (FERNANDO ALVES CORREIA), DR II Série, n.º 173, de 28 de Julho de 1995, e o **AcSTJ de 28 de Junho de 2006**, Proc. n.º 06P2178 (SOUSA FONTE), *www.dgsi.pt* – cujo sumário na publicação divulgada na *Internet* se encontra errado (por constituir transcrição do Sumário de decisão da mesma data, relatada pelo mesmo Conselheiro, np proc. 06P1804 sobre contra-ordenação) –, estando adequadamente transcrito no **AcRelCoimbra de 5 de Fevereiro de 2007** (Proc. n.º 118/07.9YRCBR), relatado por GABRIEL CATARINO, *www.dgsi.pt* (cfr. p. 6). Neste sentido, também JOAQUIM MALAFAIA, «O segredo bancário como limite à investigação criminal», cit., **1999** (pp. 413-445), pp. 423 e 439. Sobre os efeitos do Acórdão do Tribunal Constitucional, que transcreve na íntegra, vd. JOSÉ MARIA PIRES, *O dever de segredo na actividade bancária*, cit., **1998**, pp. 24-34 e 213-228.

Criticando este Acórdão, José Luís SALDANHA SANCHES, «A situação actual do sigilo bancário: A singularidade do regime português», AA.VV., *Estudos de Direito Bancário*, FDUL / Coimbra Editora, **1999** (pp. 361-373), pp. 365-366.

Em sentido diferente do texto, J. J. GOMES CANOTILHO / VITAL MOREIRA, *Constituição da República Portuguesa Anotada*, vol. I, 4ª ed., Coimbra Editora, **2007**, pp. 468-469, em comentário ao art. 26.º da CRP, afastam a inclusão do «pretenso "direito ao segredo do ter" no "direito ao segredo do ser", considerando «não haver qualquer princípio ou regra constitucional a dar guarida normativa a um "segredo do ter".

Considerando que o dever de sigilo destinado *a proteger os direitos pessoais ao bom nome e reputação e à reserva da vida privada (art. 26.º da CRP)* cede perante o *interesse público do exercício do direito de punir (arts. 29.º, 32.º e 205.º da CRP) e da administração da justiça*, **AcRelLisboa de 28 de Janeiro de 1997** (SIMÕES RIBEIRO), *CJ*, vol. XXII, 1997, t. I, pp. 154-156 (em especial, p. 154).

496         *Cheque e Convenção de Cheque*

por efeito de uma relação contratual de carácter financeiro. Depois, importa verificar como se processa juridicamente esse desvio, garantindo que a revelação em que o mesmo se consubstancia não é, infundada e ilegitimamente, violadora do sigilo.

A quebra do sigilo, salvo se for expressamente consentida pelo cliente, só pode ocorrer excepcionalmente, considerados os elevados valores que são objecto de tutela, se não estiver exclusivamente em causa o normal exercício da actividade de supervisão pelas autoridades competentes, igualmente sujeitas aos efeitos desse dever (vfr. arts. 80.º a 82.º do RGIC).

Assim, o segredo é, naturalmente, afastado relativamente a *factos ou elementos* cuja revelação foi autorizada pelo cliente (cfr. art. 79.º, n.º 1 do RGIC)[1068]. Com efeito, sendo a confiança do cliente na discrição do seu interlocutor relativamente a factos e conhecimentos de carácter pessoal, familiar e patrimonial, «*o bem jurídico tutelado pela protecção do segredo bancário, como segredo profissional*»[1069], incumbe ao cliente permitir a eventual divulgação das informações de que o banco disponha por efeito da sua relação comercial com ele.

Contudo, o acesso por terceiros – que não as autoridades de supervisão no desempenho das suas funções[1070] – a quaisquer *factos e elementos cobertos pelo dever de segredo* só é possível *nos termos previstos na lei penal e de processo penal* ou *quando exista disposição legal que expressamente limite* esse dever [cfr. art. 79.º, n.º 2, alíneas *d)* e *e)* do RGIC][1071] [1072].

---

[1068] Cfr. **AcTribConstitucional de 31 de Maio de 1995,** cit., e Calvão da Silva, *Direito Bancário*, cit., **2001**, pp. 289-290.

[1069] **AcRelCoimbra de 27 de Janeiro de 2005** (Proc. n.º 04B4700) (Salvador da Costa), *www.dgsi.pt*. No mesmo sentido, embora tirado a propósito da quebra de sigilo profissional de advogado, **AcRelLisboa de 15 de Maio de 2007** (Proc. n.º 8629/2006-1) (Folque de Magalhães).

[1070] As quais, nesta matéria, também estão expressamente sujeitas ao dever de sigilo (cfr. art. 80.º do RGIC).

Sobre as diversas entidades com as quais o Banco de Portugal pode, a título excepcional, trocar informações, uma vez que se encontre suspenso o dever de sigilo, mas sem prejuízo da obrigação legal da sua conservação por essas entidades, vd. Augusto de Athayde, *Curso de Direito Bancário*, cit., **1999**, pp. 502 e 503.

[1071] Constituem, actualmente, paradigma de excepções legais – que justificam a quebra do sigilo bancário – a legislação sobre branqueamento de capitais (cfr., em especial, a Lei n.º 11/2004, de 27 de Março, na redacção da Lei n.º 27/2004, de 16 de Julho)

## Estrutura da convenção de cheque

O dever de colaboração com as autoridades judiciárias constitui um aproveitamento legal desta última regra e, uma vez recordado ao cliente, representa também um aproveitamento da regra geral da derrogação do dever de segredo.

**IV.** No que se refere ao regime de derrogação do dever de segredo, estabelecido no Código de Processo Penal, designadamente no artigo 135.º – que prevê o direito de todos os que se encontram legalmente sujeitos a dever de segredo se poderem escusar a depor sobre factos abrangidos por esse dever (cfr. n.º 1)[1073] –, importa referir que, mesmo contra a vontade do colaborador do banco[1074], e ainda que seja legítima a recusa da prestação de depoimento por beneficiar de cobertura legal,

---

e as normas de fiscalização tributária (cfr., em especial, o art. 63.º-B da Lei Geral Tributária, na redacção da Lei n.º 55-B/2004, de 30 de Dezembro).

Entre as obras nacionais mais recentes sobre esta temática, cfr. MENEZES CORDEIRO, *Manual de Direito Bancário*, 3ª ed., cit., **2006**, pp. 274-282 – pronunciando-se sobre a tutela constitucional do segredo bancário e a cobertura da lei civil no plano dos direitos de personalidade (p. 265) e sobre a inconstitucionalidade do art. 63.º -B da LGT (pp. 280--282) –, NOEL GOMES, *Segredo Bancário e Direito Fiscal*, cit., **2006**, com grande desenvolvimento sobre o segredo bancário no contexto do Direito Fiscal (cfr. pp. 265-331, dedicadas ao regime actual), mas também com referência ao branqueamento de capitais (pp. 53-57), VITALINO CANAS, *O Crime de Branqueamento: Regime de Prevenção e de Repressão*, cit., **2004**, em especial pp. 12-22, 45-47, 57-63, 69-71 e 116-122, e Jorge PATRÍCIO PAÚL, «O sigilo bancário e a sua relevância fiscal», *ROA,* ano 62, II, **2002** (pp. 573-603), pp. 578-581 e 596-603.

[1072] Há determinadas pessoas e entidades às quais este dever não é legalmente oponível. Cfr. AUGUSTO DE ATHAYDE, *Curso de Direito Bancário*, cit., **1999**, p. 505.

[1073] Em algumas circunstâncias, estatutos e regulamentos deontológicos aplicáveis a profissionais sujeitos a segredo – como os advogados, por exemplo – convertem essa faculdade num poder vinculado à obtenção de autorização prévia por órgão próprio [na Ordem dos Advogados, o presidente do conselho distrital respectivo, e apenas se tal for «absolutamente necessário para a *defesa da dignidade, direitos e interesses legítimos do próprio advogado ou do cliente ou seus representantes*» (cfr. art. 87.º, n.º 4 do Estatuto da Ordem dos Advogados, aprovado pela Lei n.º 15/2005, de 26 de Janeiro)]; noutras, o tribunal sobrepõe-se e transforma esse poder vinculado num dever concreto, obrigando à prestação de depoimento para descoberta da verdade (cfr. art. 135.º, n.º 3 do CPP), ainda que admita a prévia audição do «*organismo representativo da profissão relacionada com o segredo profissional em causa*» (art. 135.º, n.º 4 do CPP, red. do art. 1.º da Lei n.º 48/2007, de 29 de Agosto).

[1074] Cuja escusa, se invocada, pode ser objecto de averiguação que permita concluir ser a mesma legítima. Não o sendo, o tribunal obriga ao depoimento (cfr. n.º 2 do art. 135.º do CPP).

498      *Cheque e Convenção de Cheque*

pode o tribunal *superior àquele onde o incidente tiver sido suscitado decidir a prestação de testemunho com* sacrifício do sigilo[1075], *sempre que*, em face dos interesses em jogo, a descoberta da verdade for mais relevante do que a *quebra de segredo profissional* (cfr. n.º 3)[1076].

O critério decisório fundamental, a ser aplicado pelo tribunal, é o do legalmente designado *princípio da prevalência do interesse preponderante*[1077]. É este que permite solucionar a colisão, no caso vertente, de

---

[1075] Nesse sentido, cfr. o **AcRelCoimbra de 5 de Fevereiro de 2007** (Proc. n.º 118/ /07.9YRCBR) (GABRIEL CATARINO), *www.dgsi.pt*, segundo o qual, «*caso se conclua pela legitimidade da escusa, deve ser suscitado perante o tribunal imediatamente\* superior o competente incidente*», *devendo este tribunal*, «*após ponderar os interesses em questão*», determinar, «*ou não, a quebra do segredo bancário*» (p. 2).

A instância não tem competência para decidir a quebra do sigilo profissional, «*apenas lhe cabendo aquilatar e decidir da legitimidade ou ilegitimidade formal da escusa*» [**AcRelGuimarães de 19 de Novembro de 2007** (FILIPE MELO) / Proc. n.º 2069/ 06-1, *www.dgsi.pt* (p. 5)].

(\*) – As decisões judiciais referem-se invariavelmente ao "tribunal *imediatamente* superior", por tal menção corresponder exactamente à anterior redacção do n.º 3 do art. 135.º, também alterado pela Lei n.º 48/2007, de 29 de Agosto. A nova redacção, entre outras modificações, eliminou a referência ao advérbio.

[1076] A judicialização da justiça tem vindo a ganhar terreno, encontrando hoje bastos argumentos para justificar a crescente derrogação de valores fundamentais do sistema jurídico, mesmo quando estes beneficiem de tutela constitucional. A título de exemplo, vd. o Acórdão citado na nota anterior [**AcRelCoimbra de 5 de Fevereiro de 2007** (Proc. n.º 118/07.9YRCBR) (GABRIEL CATARINO), *www.dgsi.pt*], de que respigamos a seguinte passagem: «*O interesse da boa administração da justiça é manifestamente superior ao da manutenção de um clima de confiança na banca. Daí que, visando-se em processo- -crime a averiguação de factos susceptíveis de levar à incriminação de agente do crime, se justifica que a banca preste a informação solicitada para tal efeito*».

Nos antípodas do aresto do Tribunal da Relação de Coimbra, propondo um interessante critério a funcionar «como limite à investigação criminal», quiçá demasiado protector do segredo bancário – que considera elemento do direito fundamental à "reserva da intimidade da vida privada e familiar", constitucionalmente consagrado e protegido (pp. 423 e 439) –, JOAQUIM MALAFAIA, «O segredo bancário como limite à investigação criminal», cit., **1999** (pp. 413-445), pp. 440-442.

[1077] Embora indiferente à caracterização deste dever lateral da convenção de cheque, há que reconhecer deverem ser adequadamente sopesados os interesses em jogo, sempre que estiver em causa a quebra do sigilo bancário, a qual deve ser judicialmente autorizada apenas na medida do necessário para poderem ser apurados os factos que fundamentam a derrogação do segredo e que não seriam demonstráveis sem que esta ocorresse.

O n.º 3 do art. 135.º, na redacção actual, passou a mencionar expressamente "*a descoberta da verdade*", "*a gravidade do crime*" e "*a necessidade de protecção de bens jurídicos*".

Estrutura da convenção de cheque 499

deveres que se contrapõem[1078] – como os deveres de sigilo e de colaboração com a justiça (e realização desta) – resultante da confluência dos diferentes interesses envolvidos na consagração do dever de segredo (profissional) e dos que devem ser ponderados no seu afastamento pontual[1079]. O dever de sigilo soçobrará, devendo ser afastado, sempre que se impuser o apuramento da verdade material dos factos que ele encobre por, ponderados adequadamente todos os interesses em jogo, ser mais relevante para a ordem jurídica, no caso concreto, a descoberta e a revelação da verdade. Esta referência, pela sua importância, passou a constar da própria redacção do n.º 3 do artigo 135.º, nos termos da qual há ainda que atender agora – também por expressa previsão legal – à *gravidade do crime* e à *necessidade de protecção de bens jurídicos.*

**V.** A existência e a legitimidade de invocação do sigilo, a sua eventual dispensa pelo cliente, a aceitação da escusa de depor ou o afastamento do sigilo pelas autoridades judiciárias – sempre que tal estiver legalmente autorizado ou for permitido por ser prevalecente a revelação da verdade relativamente à conservação do segredo –, podem sistematizar-se nos seguintes termos[1080]:

1.º – Os factos de que, no exercício da sua actividade, o banco e os seus membros tomam conhecimento em relação aos seus clientes – nomeadamente os respectivos nomes, contas de depósito e seus movimentos e outras operações bancárias – estão cobertos pelo dever (legal) de segredo (cfr. art. 78.º do RGIC).

---

[1078] Por isso, como afirma o Desembargador FOLQUE DE MAGALHÃES – em aresto proferido a propósito da quebra de segredo profissional do advogado (**AcRelLisboa de 15 de Maio de 2007,** Proc. n.º 8629/2006-1, *www.dgsi.pt*) –, *«o princípio da prevalência do interesse preponderante só faz sentido (de) ser aplicado aos interesses em concreto conflituantes»,* pelo que, na sua aplicação, *«há que ter em consideração os dois particulares interesses concretamente em conflito e, sopesando-os, apura qual deles deve prevalecer»* (pp. 3-4).

[1079] Cfr. CALVÃO DA SILVA, *Direito Bancário,* cit., **2001,** p. 293, e CAPELO DE SOUSA, «O Segredo Bancário», cit., **2002** (pp. 157-223), pp. 204-209.

[1080] Este método está subjacente a algumas decisões da jurisprudência nacional mais representativa e deve, em nossa opinião, aplicar-se também às situações em que, não obstante existir norma derrogatória do segredo, o banco, se recusa a depor com base no mesmo. Cfr., a título de exemplo, **AcSTJ de 6 de Fevereiro de 2003**, Proc. n.º 03P159 (PEREIRA MADEIRA), *www.dgsi.pt,* e **AcSTJ de 12 de Abril de 2007**, Proc. n.º 07P1232 (SIMAS SANTOS), *www.dgsi.pt.,* cujos Sumários seguimos de perto, reproduzindo em itálico algumas das respectivas passagens.

500  *Cheque e Convenção de Cheque*

2.º – Consequentemente, o banco não apenas pode, como deve, escusar-se a revelar tais factos e conhecimentos, devendo alegar o seu dever de segredo, excepto se do mesmo for libertado (cfr. art. 79.º, n.º 1 do RGIC), ou se se encontrar legalmente obrigado a revelar os elementos cobertos pelo sigilo (cfr. art. 79.º, n.º 2 do RGIC)[1081].

3.º – Quando é invocado, por um banco, com base no sigilo profissional, o direito de escusa de depor ou revelar factos ou informações relativas a um seu cliente, ou:

a) Este dispensa a instituição de crédito do segredo a que está vinculada (cfr. arts. 78.º e 79.º, n.º 1 do RGIC)[1082] – podendo a mesma depor – ou, não o fazendo,

b) Deve a autoridade judiciária adoptar uma das seguintes atitudes:

   (i) Aceitar *como legítima a escusa e*, nesse caso:

      (α) manter o dever de segredo, não podendo *o respondente* revelar quaisquer factos sujeitos a sigilo de que tenha *conhecimento, sob pena de incorrer no crime de violação de segredo* bancário (cfr. arts. 84.º do RGIC e 195.º do CP, e *infra,* n.º 16.4.4.5.VIII); ou

      (β) considerar, não obstante, que se justifica a quebra do sigilo em benefício da satisfação de interesse preponderante sobre o segredo, e suscitar o incidente junto do tribunal superior, para que este decida em conformidade[1083];

---

[1081] O banco encontra-se obrigado a revelar às autoridades de supervisão, no âmbito do exercício das respectivas competências, *factos e elementos cobertos pelo dever de segredo* [cfr. arts. 79.º, n.º 2, *alíneas a)* a *c)* do RGIC]. Tais entidades estão igualmente sujeitas a um dever de segredo (cfr. arts. 80.º e 81.º, n.º 3 do RGIC).

[1082] Esta dispensa só tem validade absoluta se não envolver terceiros e não é comum a todas as situações de segredo profissional, cuja derrogação, em certos casos, depende de parecer prévio (de carácter deontológico) emitido por órgão da respectiva Ordem profissional.

[1083] No sentido do texto, considerando que o incidente de quebra do sigilo bancário só se justifica quando «*não for ordenada a diligência com fundamento na legitimidade, formal e substancial, da escusa e não for interposto recurso dessa decisão*», **AcRelLisboa de 24 de Setembro de 2003** (Cotrim Mendes), *CJ*, ano XXVIII, t. 4, 2003, pp. 130-131.

Neste sentido cfr. também o **AcRelGuimarães de 19 de Fevereiro de 2007** (Nazaré Saraiva), *CJ*, ano XXXII, t. I, 2007, pp. 290-291, que considera nulo o despacho

# Estrutura da convenção de cheque

ou

(ii) Considerar ser a *escusa ilegítima* e:

(α) Ordenar – *após as necessárias averiguações* – que o banco *deponha sobre o que lhe é perguntado* (cfr. art. 135.º, n.ᵒˢ 2 e 4 do CPP), sob pena de incorrer no *crime de recusa de depoimento* caso não o faça (cfr. art. 360.º, n.º 2 do CP); ou

(β) (Não sendo um tribunal) Solicitar ao tribunal competente[1084] que este comprove a ilegitimidade da escusa e determine a prestação do depoimento com quebra do segredo bancário (cfr. art. 135.º, n.ᵒˢ 2 e 4 do CPP).

Caso a autoridade judiciária aceite que a escusa de depor é legítima, mas considere que o interesse da investigação é preponderante sobre a quebra do sigilo e que, nesse caso, se justifica que o banco deponha, deve remeter o processo para o tribunal imediatamente superior[1085], para que

---

do juiz de 1ª instância que, não tendo considerado ilegítima a escusa, ordena à instituição de crédito a entrega dos elementos.

Esta interpretação afasta a intervenção imediata dos tribunais superiores, a qual só se justifica:

a) se a autoridade que apreciar o incidente concluir pela legitimidade da escusa, mas considerar que o sigilo deve ser afastado, ou;

b) em sede de recurso de decisão da autoridade que apreciar a escusa, considerando-a ilegítima e ordenando a prestação de depoimento.

Uma outra orientação jurisprudencial aponta no sentido de só ser possível, em primeira instância, considerar ilegítima a escusa se for (legalmente) obrigatória – esclareça-se – a prestação de depoimento ou o fornecimento de informações, devendo o juiz remeter para o tribunal superior a decisão sobre a eventual quebra do sigilo sempre que não aceitar a sua manutenção.

Neste sentido, os recentes **Acórdãos da Relação de Lisboa, de 6 de Fevereiro de 2007** (Vieira Lamim), *CJ*, ano XXXII, t. I, 2007, pp. 136-138 – que refere as duas orientações jurisprudenciais sobre a matéria e, em particular, sobre a intervenção dos tribunais superiores, mas sem na realidade estabelecer uma distinção clara (cfr. p. 137) –, e **de 3 de Outubro de 2006** / Proc. n.º 5029/2006-5 (José Adriano), *www.dgsi.pt*, e o **AcRelPorto de 25 de Outubro de 2006** / Proc. n.º 0615590 (Joaquim Gomes), *www.dgsi.pt*.

[1084] Se o incidente não for despoletado em juízo, caso em que será o tribunal envolvido a apreciá-lo directamente. O juiz só deve submeter imediatamente a questão ao tribunal superior se considerar legítima a escusa e se se justificar, não obstante, considerando os interesses em causa, afastar o segredo.

[1085] Sendo o incidente suscitado perante o STJ, deve ser *o pleno das secções criminais* a apreciá-lo (cfr. art. 135.º, n.º 3 do CPP, red. da L 48/2007).

502  *Cheque e Convenção de Cheque*

este, confrontando os interesses envolvidos (a legitimidade da escusa e a descoberta da verdade material), decida a eventual quebra do segredo bancário, ordenando a prestação do depoimento ou considerando que a mesma não deve ocorrer (cfr. art. 135.º, n.º 3 do CPP)[1086]. A intervenção do tribunal superior é, assim, suscitada apenas quando o juiz considerar ser legítima a escusa, mas admitir, não obstante que, perante os concretos interesses em conflito – da salvaguarda do segredo *versus* a descoberta da verdade material –, a mesma deva ser derrogada[1087]. Apenas neste caso faz sentido remeter o processo ao tribunal superior[1088] /[1089].

**VI.** No domínio específico do cheque, o sigilo é afastado por algumas regras que, procurando preservar a correcção do tráfico negocial, impõem, desde logo, a colaboração dos bancos na investigação inerente ao não pagamento de um cheque (apresentado a pagamento em tempo útil) – com a obrigatoriedade de, a pedido das autoridades judiciárias competentes, revelarem «*todos os elementos necessários para a prova do motivo do não pagamento*», para além de terem de lhes fornecer determinados elementos relativos à situação da conta e à identidade do sacador (cfr. art. 13.º-A, n.º 1 do RJCh) –, bem como a divulgação dos factos que são tidos por relevantes e que conduzem à inclusão do infractor numa lista negra e à rescisão de todas as convenções de cheque que lhe disserem respeito (cfr. arts. 2.º e 3.º do RJCh).

Tendo o primeiro desvio ao dever de segredo sido já anteriormente abordado (n.º 16.4.4.4), a consequência do não pagamento indevido do cheque (oportunamente apresentado para o efeito) que o suscita, será analisada ainda neste capítulo (*infra*, n.º 16.4.4.6) e, autonomamente, a propósito da extinção da convenção (cfr., *infra*, n.º 24).

---

[1086] Cfr. **AcRelGuimarães de 15 de Fevereiro de 2007** (Proc. n.º 66/07-2) (Carvalho Martins), *www.dgsi.pt*.

[1087] Neste sentido, cfr., por todos, **AcRelLisboa de 24 de Setembro de 2003** (Cotrim Mendes), *CJ*, ano XXVIII, t. 4, 2003, pp. 130-131.

[1088] Excepto se for interposto recurso (de agravo) da decisão do tribunal que decidiu sobre a ilegitimidade da escusa.

[1089] Consequentemente, deve o juiz do processo – ou aquele para quem a autoridade judiciária recorreu – ordenar o depoimento sempre que considerar não ser legítima a escusa para depor.

Considerando que o Ministério Público, após a recusa baseada no sigilo, pode requerer ao juiz a imediata intervenção do Tribunal da Relação, para que este derrogue o segredo (bancário) caso se justifique, **AcRelÉvora de 23 de Maio de 1995** (Políbio Flor), *CJ*, ano XX, t. III, 1995, pp. 303-304.

# Estrutura da convenção de cheque

**VII.** Também no domínio do Direito Processual Civil se equaciona o cumprimento deste dever, no que respeita à eventual revelação em juízo de factos por ele cobertos [cfr. art. 519.º, n.ºs 3, *alínea c)*, e 4] e às cedências de que o sigilo bancário pode ser objecto, *maxime* no que respeita à execução dos saldos bancários das diversas contas que se encontrarem em nome do executado, a qual, hoje, já não se encontra sujeita à necessidade de prévio requerimento dirigido ao Banco de Portugal para este informar o número e a domiciliação das contas do executado com vista à penhora dos saldos dessas contas (cfr. art. 861.º-A, em especial n.ºs 3 e 5, do CPC, na red. do DL 38/2003, de 8 de Março)[1090].

**VIII.** A concluir, refira-se que a violação do dever de segredo – que ocorre sempre que, sem fundamento ou permissão legal, são revelados factos conhecidos no exercício de profissão ou actividade sujeita a sigilo – é contra-ordenacional [cfr. art. 210.º, *alínea i)* do RGIC][1091] e penalmente sancionada (cfr. art. 84.º do RGIC e arts. 195.º a 197.º e 383.º do CP, na redacção do DL 48/95, de 15 de Março, e da Lei n.º 59/2007, de 4 de Setembro[1092])[1093] e faz incorrer o banco, relativamente ao qual se venha a verificar, em responsabilidade contratual perante o cliente[1094] e

---

[1090] Cfr., a título exemplificativo, o recente **AcRelPorto de 24 de Abril de 2007** (Proc. n.º 0721514) (ALZIRO CARDOSO), *www.dgsi.pt*.

[1091] Sobre a responsabilidade contra-ordenacional, vd., por todos, PEDROSA MACHADO, «Sigilo bancário e Direito Penal – Dois tópicos: caracterização de tipos legais de crimes e significado da extensão às contra-ordenações», cit., **1997** (pp. 71-100), pp. 94-100.

[1092] Cfr. a «Anotação ao artigo 195.º» do CP, de MANUEL DA COSTA ANDRADE, AA.VV., *Comentário Conimbricense do Código Penal, Parte Especial,* Tomo I *(Artigos 131.º a 201.º)*, Coimbra Editora, **1999** (pp. 771-802), em especial pp. 778-787 e 792-798, e o estudo citado de PEDROSA MACHADO, «Sigilo bancário e Direito Penal», **1997** (pp. 71-100), pp. 82 94, escrito anteriormente.

[1093] Sobre as sanções aplicáveis e a responsabilidade emergente da violação, cfr. Armindo SARAIVA MATIAS, «Regime sancionatório em Direito Bancário», *ROA*, ano 62, II, **2002** (pp. 605-619), pp. 610-612, JOSÉ MARIA PIRES, *O dever de segredo na actividade bancária*, cit., **1998**, pp. 95-124, RODRIGO SANTIAGO, «Sobre o segredo bancário – uma perspectiva jurídico-criminal e processual penal», *RB*, 42, **1997** (pp. 23-76), pp. 35-45, e GERMANO MARQUES DA SILVA, «Segredo bancário: da tutela penal na legislação portuguesa», *DJ*, XII, T. 2, **1998** (pp. 31-58), pp. 36-37 e 51-56.

[1094] Em certos casos, a responsabilidade civil do banco pode ser pré-contratual. Tal acontecerá sempre que a infracção se reporte a factos de que o banco tenha conhecimento, e divulgue anteriormente à conclusão de qualquer contrato com o cliente, ou no âmbito das negociações prévias da contratação.

504  *Cheque e Convenção de Cheque*

extracontratual perante terceiros que sejam prejudicados (cfr. arts. 80.º e 70.º, 483.º do CC)[1095].

### 16.4.5. *Dever legal de rescisão da convenção de cheque;* remissão

**I.** Finalmente, mencione-se o dever do sacado proceder à rescisão da convenção de cheque, sempre que um cheque tenha ficado por pagar e o incumprimento não tenha sido regularizado no prazo de um mês (cfr. arts. 1.º, n.ᵒˢ 1 e 2, e 1.º-A do RJCh). Trata-se de um dever que só ocorre se sobrevier uma vicissitude, encontrando-se até então meramente latente.

Registando-se a falta de pagamento, o banco sacado tem a obrigação de proceder à rescisão da convenção, impedindo o cliente de continuar a usar regularmente cheques, e, em acréscimo, deverá informar a autoridade de supervisão – o Banco de Portugal –, para que esta inclua o infractor numa listagem, que deverá circular no sistema financeiro e determinará a rescisão obrigatória de outras convenções que esse cliente tenha celebrado com outras entidades, inibindo-o do uso do cheque (cfr. arts. 2.º e 3.º do RJCh).

A rescisão pode, pois, ser um efeito da violação de uma convenção de cheque de que o cliente seja parte com um outro banco, mas que projecta os seus efeitos em todos os contratos com o mesmo objecto que o cliente tiver celebrado (cfr. art. 3.º, n.º 2).

**II.** Sem prejuízo de, pela sua importância, estudarmos a rescisão da convenção num capítulo autónomo, a propósito da extinção deste

---

[1095] No que se refere ao agente infractor propriamente dito, para além da responsabilidade penal e contra-ordenacional, a sua responsabilidade poderá ser ainda extracontratual, em relação ao cliente e a terceiros lesados (cfr. art. 483.º do CC), e disciplinar, perante o banco, por inobservância do dever geral de lealdade (cfr. art. 121.º, n.º 1, *alínea e)* do CT) e dos deveres gerais de conduta (cláusula 34ª, n.º 1, *alínea c)* do ACTV do Sector Bancário).

Importa salientar que a infracção pode ser perpetrada por terceiro alheio à execução da concreta relação contratual violada. Neste sentido, CAPELO DE SOUSA, «O Segredo Bancário», cit., **2002** (pp. 157-223), p. 189.

Sobre as consequências da violação deste dever (geral bancário), cfr. NOEL GOMES, *Segredo Bancário e Direito Fiscal*, cit., **2006**, pp. 65-69 – para quem «a violação do segredo bancário configura uma miríade de ilícitos» «passível de o infractor poder incorrer em simultâneo em diferentes tipos de responsabilidade» (p. 65).

*Estrutura da convenção de cheque* 505

contrato[1096], importa esclarecer que o dever de rescisão da convenção não se enquadra no critério classificativo adoptado, porque se destina a proteger terceiros e não a contraparte, isto é, não se destina nem a permitir o exacto cumprimento da prestação principal (pagamento do cheque), nem a evitar a ocorrência de danos na esfera do credor por causa do cumprimento. Diríamos que a violação deste dever situa a responsabilidade do banco na área da responsabilidade delitual, extracontratual, pela violação de norma legal de protecção, abrangida no artigo 483.º, n.º 1 do Código Civil, e não se enquadrando, portanto, em qualquer dos termos da classificação que seguimos para arrumar as situações jurídicas passivas do banco. Não é um dever contratual – uma vez que os interesses tutelados estão fora do âmbito do contrato –, mas resulta *ex lege*, sendo imposto por lei na esfera de protecção de interesses de terceiros (potenciais beneficiários de cheques), em particular, e em atenção à segurança no tráfego, em geral. Por essa razão, a ser incumprido, responsabiliza o banco perante os terceiros a quem venham a ser passados ou endossados cheques sem provisão – por não ter sido oportunamente rescindida a convenção de cheque ou por o sacador não ter sido oportunamente inscrito na lista de utilizadores de risco –, e que com esse desconhecimento sofram danos, e não perante a contraparte contratual, cuja protecção não está em causa.

## 17. Activação da convenção de cheque

Analisámos nos números precedentes as situações jurídicas que caracterizam a convenção de cheque, nomeadamente os direitos e obrigações que da mesma resultam para as partes.

Concluída a convenção de cheque, qualquer que seja a sua forma, o cliente encontra-se em condições de sacar cheques, movimentando a conta e promovendo os pagamentos que considerar adequados.

Como vimos, anteriormente, no âmbito da respectiva relação jurídica, as partes deverão cumprir as obrigações a que se encontram contratualmente adstritas e poderão exercer os direitos que caracterizam a sua

---

[1096] Para onde remetemos o desenvolvimento deste dever (cfr., *infra*, n.º 24, em especial n.º 24.1.3).

situação jurídica. Vejamos, agora, como é que esta se caracteriza e quais os seus efeitos, prevenindo que alguns dos aspectos que nesta sede são abordados foram já objecto de apreciação, na Parte I, a propósito do cheque.

### 17.1. Emissão de cheque e subscrição cambiária

**I.** Uma vez na posse de um conjunto de módulos – que, tradicionalmente, continuamos a designar por "livro de cheques"[1097] –, o cliente está em condições de começar a executar a convenção celebrada, emitindo cheques.

O cheque é criado pelo saque – que já caracterizámos anteriormente, a propósito das operações sobre este título (cfr., *supra*, n.º 3.1) –, podendo ser imediatamente colocado em circulação se for emitido para um tomador. Este poderá apresentá-lo a pagamento ou endossá-lo a um terceiro, o qual deverá apresentá-lo a pagamento, totalmente preenchido, até ao oitavo dia subsequente ao da emissão, desde que o cheque seja sacado sobre conta nacional e apresentado a pagamento em Portugal.

O acto pelo qual o cliente do banco subscreve o cheque é, assim, um acto que se irá autonomizar do motivo que esteve subjacente à sua emissão, afirmando este título de crédito como um meio de pagamento da quantia nele inscrita, a liquidar pelo banco sacado com base em meios disponíveis para o efeito.

Ao mesmo tempo, a criação do valor cartular corresponde à assunção da responsabilidade pelo pagamento do título, em via de regresso, se o mesmo não for pontualmente satisfeito pelo banco, no prazo reduzido legalmente estabelecido para o efeito.

Na sua curta vida, o cheque pode ser transmitido por diversas pessoas, que fazem circular, desse modo, o valor que ele representa e que procedem sucessivamente à sua utilização como meio de pagamento.

---

[1097] No passado algo distante, os módulos encontravam-se agregados num talonário, constituindo uma extensão autónoma e separável – em regra por um picotado – do livro (*carnet*), em geral, e do respectivo canhoto, em concreto, onde se inscrevia o montante sacado e o beneficiário do mesmo, para controlo do sacador. Aos clientes empresariais, que o requeiram, continua a ser disponibilizado um livro de cheques, constituído por 150 módulos, com cópia a químico.

Quem subscreve um título com esta natureza, pelo endosso – ou declaração de transmissão –, acrescenta, pois, a sua responsabilidade à dos anteriores subscritores.

A assunção da obrigação cambiária de pagar o cheque, em via de regresso – uma vez que na circulação normal ele só pode ser pago pelo sacado[1098] –, independentemente da validade das demais subscrições cambiárias, constitui o corolário da autonomia deste título em face das relações causais que tenham estado na base da sua criação e circulação.

**II.** A emissão de cheque corresponde ao principal acto de subscrição cambiária, não obstante os que possam suceder-lhe, mas não se identifica com "a subscrição cambiária". Esse acto pode corresponder a endossos, sejam transmissões do título, ou a concessão de uma garantia de pagamento do mesmo (aval).

Por isso, preenchido de forma incompleta o módulo, este deve ter, para além do requisito formal (inserção da palavra "cheque"), a assinatura do sacador que é, aliás, o titular ou mandatário da conta sacada; e se circular de forma incompleta, o cheque deve ser completado até à apresentação a pagamento.

Trata-se de um acto que é exclusivamente regulado pela Lei Uniforme, sem prejuízo dos efeitos de carácter penal que recaem sobre a deficiente utilização deste título, cuja subscrição inicial não pode deixar de atender à relação contratual entre o banqueiro e o seu cliente.

**III.** Mas a relação contratual aludida, concretizada na convenção de cheque propriamente dita, nada tem que ver com a emissão do cheque, embora esta constitua a sua realização.

Por um lado, o acordo entre o banqueiro e o cliente – que viabiliza a disponibilização de quantias através de cheques por este sacados – está perfeito antes de ser emitido qualquer cheque. Da simples conclusão do negócio nascem imediatamente parte das situações jurídicas que caracterizámos anteriormente. O cliente tem o direito de emitir os cheques que entender sobre a provisão disponível e o dever de diligência e informação, tal como o banqueiro assume imediatamente certos deveres, incluindo o dever de sigilo inerente à relação em que se enquadra a convenção de cheque.

---

[1098] Pela natureza deste sujeito e pelo carácter de instrumento de curto prazo do cheque, a lei não permite o pagamento por intervenção, como sucede no âmbito da letra de câmbio (cfr. arts. 59.º a 63.º da LULL).

508  *Cheque e Convenção de Cheque*

Por outro lado, pode ocorrer a emissão de cheque sem que haja entre as partes convenção; é o que acontece com os cheques sacados avulsamente. Aliás, muitos dos cheques sacados avulso são originados precisamente na falta de convenção, por rescisão (cfr., *infra*, n.º 24).

A subscrição cambiária é independente da convenção, embora esta seja habitualmente instrumental daquela. Isto é, trata-se do contrato que conduz à emissão de cheques por parte do cliente. Este acto, por sua vez, embora autónomo do contrato celebrado entre o banqueiro e o seu cliente, realiza-o, dando-lhe expressão prática, e corresponde, parcialmente, à sua execução, uma vez que esta só se completa – no que respeita ao feixe dos seus direitos e vinculações principais – com o pagamento. No entanto, é inquestionável que a convenção se cumpre com as subscrições dos diversos cheques que forem sendo sacados.

**IV.** Estas operações, embora resultando em regra do acordo contratual, são do mesmo independentes e distintas.

Por isso, não deixa de surpreender a doutrina do **Acórdão do Supremo Tribunal de Justiça de 19 Outubro de 1993**, subscrito pelo Conselheiro Jaime Cardona Ferreira[1099], que, aparentemente, confunde a subscrição do cheque (saque e endosso) – ou, pelo menos, a causa de uso do cheque – com a convenção ou contrato de cheque. Com efeito, e eventualmente pretendendo referir-se à convenção executiva, o Acórdão declara que «*o contrato de cheque, embora tenha um alcance sobre uma entidade sacada, que é o depositário, estabelece-se entre o sacador e o tomador do cheque*» (p. 70), ideia que se repete e enfatiza umas linhas mais à frente e na página seguinte, onde se afirma que, no «*contrato de cheque entre o depositante e o tomador do cheque*», «*o depositário é sacado e, portanto, executante, pela via de uma conexa relação de mandato (sem representação) estabelecido entre o depositante e o depositário*» (p. 71).

A confusão que, salvo o devido respeito, é feita entre convenção de cheque e subscrição de cheque, nomeadamente saque, não prejudica, contudo, o acerto da doutrina exposta no Acórdão, que merece a nossa concordância, considerando a situação factual descrita[1100].

---

[1099] *CJ/AcSTJ*, ano I, t. III, 1993, pp. 69-72.

[1100] Não se trata, sequer, de escrever direito por linhas tortas (…), uma vez que se desprezarmos as considerações técnicas vertidas no texto que, como referimos, julgamos

## 17.2. A provisão

### 17.2.1. *Conceito e espécies*

**I.** Analisada a natureza jurídica do cheque, e retornando ao respectivo conceito, há que recordar que estamos perante um instrumento de pagamento que, com base num acordo entre dois sujeitos – o banqueiro e sacado, por um lado, e o cliente e sacador, por outro –, vai permitir a um deles movimentar fundos que se encontram disponíveis em conta aberta no outro, para efectuar pagamentos ou dar-lhe a utilização que considerar mais adequada.

O cheque pressupõe, assim, duas realidades jurídica e tecnicamente diferentes:

– O acordo entre o banqueiro e o seu cliente, conhecido por **convenção de cheque**, pelo qual o primeiro disponibiliza módulos de cheques ao segundo e este fica autorizado a sacar cheques; e

– A existência de fundos correspondentes aos meios de que o cliente poderá dispor, que vão poder ser objecto dos cheques a emitir, e dentro de cujos limites o banco se obriga a pagar os cheques sobre si sacados. Este segundo pressuposto reconduz-se à chamada **provisão**.

Não surpreende, por isso, que a Lei Uniforme relativa ao Cheque determine, no seu artigo 3.º, que «*o cheque é sacado sobre um banqueiro que tenha **fundos** à disposição do sacador*» (negrito nosso).

---

imputáveis à confusão entre "convenções" (executiva e de cheque), a aplicação do Direito não nos merece qualquer reparo. Muito pelo contrário, justifica o nosso aplauso.

A história conta-se em breves linhas: Maria Silva, titular de uma conta no BT&A, comunicou à dependência onde estava domiciliada a conta, que se haviam extraviado dois cheques, solicitando que nenhum deles fosse pago. Decorridos sete meses, um desses cheques foi apresentado a pagamento – tendo então aposta como data de emissão (que não constava do cheque na data da comunicação da Maria Silva ao banco) correspondente a menos de 8 dias antes do dia da apresentação –, e foi devolvido "por falta de provisão". Maria Silva *foi criminalmente perseguida* e acabou por pagar o cheque em causa, tendo de se endividar para o efeito. O Supremo considerou o pagamento ilícito, porque o banco não provou que o detentor do cheque o havia adquirido por meios lícitos, não podendo por esse facto e decorridos sete meses da revogação lavrar a menção de "falta de provisão".

510      *Cheque e Convenção de Cheque*

**II.** O cheque é um meio de pagamento que substitui o dinheiro, embora não seja de aceitação vinculada, no sentido de que ninguém é obrigado a recebê-lo, tornando-se seu beneficiário. Como instrumento de pagamento, pressupõe que o sacador tenha previamente disponibilizado ou obtido a disponibilização de meios financeiros com os quais concretize as suas ordens. Esses meios financeiros, que materialmente se traduzem em dinheiro, constituem a provisão.

É à custa da provisão que o banco irá proceder ao pagamento dos cheques que, com referência à mesma, sejam sobre si sacados, encontrando-se legalmente obrigado a pagar todos os cheques regularmente sacados que lhe sejam oportunamente apresentados a pagamento, cujas importâncias globais não ultrapassem o montante que ela representa.

A provisão define, assim, a medida da responsabilidade do banco, que pode recusar o pagamento de cheques cujos montantes somados correspondam a uma quantia superior à que nele se encontra inscrito na conta aberta para o efeito, estabelecendo os limites dentro dos quais o banqueiro se obriga a pagar cheques.

**III.** No que respeita à sua constituição, a provisão forma-se essencialmente com base nos fundos depositados na conta do sacador. Assim sendo, corresponde, em regra, ao saldo do depósito subjacente à conta bancária sacada.

Sendo representada pelos fundos que se encontram disponíveis para serem utilizados pelo cliente e que ele previamente afectou com essa finalidade, a provisão pode ser parcial ou exclusivamente formada com meios que o banqueiro se obrigou, contratualmente, a colocar à disposição do cliente e, por isso, nada impede que se encontre associada à conta sacada uma linha de crédito que permita a utilização de fundos em montante superior aos meios efectivamente disponíveis. Nessa circunstância, a questão que se coloca é a de saber se a provisão engloba também o crédito concedido e aproveitado, ou se ela se limita ao montante depositado na conta sacada[1101].

---

[1101] Exemplificando: a conta-corrente do cliente revela existir um saldo de € 10.000,00. São sacados dois cheques, um de € 7.500,00 e outro de € 5.000,00, os quais são pagos pelo banco, porque o cliente dispunha da possibilidade de sacar a descoberto até um montante de € 5.000,00.

Mesmo sem crédito previamente atribuído, o banco poderia proceder ao pagamento do segundo cheque, assumindo o risco do descoberto, evitando que o mesmo viesse a ser devolvido ao beneficiário.

## Estrutura da convenção de cheque

Em nossa opinião, a provisão corresponde a todos os meios que se encontram *disponíveis* para o pagamento do cheque, neles se compreendendo a quantia existente na conta e o crédito que o sacador pode utilizar através da mesma conta[1102]. Só quando este estiver esgotado – e não existam fundos depositados – se poderá dizer, verdadeiramente, que o cheque não dispõe de provisão suficiente para ser pago, ainda que o banco venha a assegurar o respectivo pagamento.

Consequentemente, não integra a provisão a quantia que o banco por iniciativa própria – e sem se encontrar contratualmente obrigado – afecte ao pagamento de um cheque, com a finalidade de evitar que o mesmo, por ser sacado a descoberto, seja devolvido ao beneficiário, desencadeando os efeitos associados ao seu não pagamento, sempre que o mesmo é devido[1103].

**IV.** Mas a provisão não se deve confundir com o saldo contabilístico da conta; ela corresponde ao saldo disponível[1104], sendo representada pelos meios que já se encontram ou que têm de vir a estar à disposição do cliente, porque o banqueiro a tal se obrigou (por exemplo, através de um acordo de saque a descoberto ou de crédito automático até certos montantes). A provisão estabelece os limites dentro dos quais o banqueiro se vincula a pagar os cheques que sejam emitidos sobre uma determinada conta. Nesses termos, não a integram fundos próprios do banco que o banqueiro, a seu alvedrio, pode pontualmente utilizar para permitir um saque a descoberto, nem os valores depositados em conta, mas que se encontram pendentes de "boa cobrança"[1105]. Nada impede, contudo, que o banco aceite creditar na conta um cheque ainda não cobrado – e

---

[1102] A provisão não tem de ser constituída unicamente por fundos existentes na conta no momento do saque. Tais meios podem não vir sequer a ser depositados na conta a que se reporta o cheque sacado, embora devam ser creditados nos respectivos movimentos e utilizados para pagar o cheque por corresponderem a um crédito que o banqueiro concedeu ou se obrigou a conceder ao seu cliente (sacador do cheque em causa). Cfr. Canaris, *Bankvertragsrecht*, 3ª ed., 1. Teil, cit., **1988**, p. 490.

[1103] Não aceitamos, pois, que a «tolerância do banqueiro» em pagar um cheque «na ausência de fundos disponíveis» integre o conceito de provisão, diferentemente da opinião de António Menezes Cordeiro, *Manual de Direito Bancário*, 3ª ed. cit., **2006**, p. 490.

[1104] Cfr. José Simões Patrício, *Direito Bancário Privado*, Quid Juris, Lisboa, **2004**, p. 198.

[1105] Se os valores foram transmitidos ao banco numa operação de *desconto*, então o respectivo produto deve ser imediatamente creditado na conta, reforçando a provisão.

512 *Cheque e Convenção de Cheque*

integrando, assim, o respectivo valor na provisão –, assumindo o risco da sua cobertura. É claro que o fará, em princípio, salvo "boa cobrança", mas a verdade é que os cheques sacados sobre essa quantia podem, e devem, vir a ser pagos. O que virá a suceder, se o cheque depositado não tiver cobertura, é que o respectivo montante será deduzido na conta que pode, assim, ficar com saldo negativo.

O que importa reter é que o crédito de valores pendentes de (boa) cobrança depende, tal como o pagamento (voluntário) de um cheque sem provisão, da confiança que o cliente merecer ao seu banqueiro e da vontade deste em assumir o risco de um possível descoberto.

**V.** A provisão constitui-se, assim, por:

a) Numerário depositado;
b) Desconto de valores;
c) Cheques depositados creditados em conta, pendentes de boa cobrança;
d) Abertura de crédito.

### 17.2.2. *Propriedade*

**I.** Parece ser hoje inquestionável que a provisão pertence ao titular da conta e que da sua existência depende o pagamento do cheque, salvo se, por qualquer razão específica, o banco sacado se encontrar, não obstante, obrigado a proceder ao pagamento mesmo sem fundos disponíveis[1106].

Não tem sentido, no Direito português, ponderar a transferência da provisão – no montante do cheque – para o beneficiário, como efeito do saque (ou do endosso), como acontece no Direito francês. A provisão mantém-se sempre na disponibilidade do sacador, pelo que será afecta à satisfação dos cheques apresentados a pagamento pela ordem em que os mesmos forem presentes ao sacado e não pela ordem em que o saque tenha ocorrido.

---

[1106] É o que acontece com a imposição resultante do disposto no art. 8.º, n.º 1 do RJCh (red. da L 48/2005, de 29 de Agosto), que obriga os bancos a assumir o pagamento dos módulos por eles disponibilizados, que sejam preenchidos e sacados, como cheques, com valor não superior a € 150,00 cada.

*Estrutura da convenção de cheque*   513

É por essa razão que, sempre que visa um cheque, o banco transfere a provisão correspondente para uma conta especial, para evitar que a conta sacada venha a ser consumida por outros cheques (não visados) que, entretanto, sejam apresentados a pagamento. Se não o fizer, e deixar a importância destinada a pagar o cheque na conta do seu cliente, o banco – pelo compromisso resultante do visto – arrisca-se a ter de proceder ao respectivo pagamento a descoberto.

**II.** Importa referir que no **ordenamento jurídico francês** se considera que a provisão se transfere para o beneficiário do cheque, por efeito do saque ou do endosso, passando a integrar o seu património.

Com efeito, o art. L. 131-20 do Code monétaire et financier (correspondente ao antigo art. 17 do Decreto-Lei de 30 de Outubro de 1935) determina, na sua alínea 1ª, que *«o endosso transmite todos os direitos resultantes do cheque e nomeadamente a propriedade da provisão»*, não sendo questionável que a emissão do cheque, em favor de um tomador, também opere esse efeito[1107], transferindo a provisão em favor do primeiro adquirente do cheque.

A transferência da propriedade da provisão – correspondente ao montante do cheque – para a esfera do beneficiário significa que se transmite para este o crédito da quantia em dinheiro de que o sacador dispõe sobre o banco sacado, e não que o portador do cheque se torna o efectivo proprietário dos fundos depositados no banco (sacado).

Se a provisão for constituída após a emissão ou a transmissão do cheque, o respectivo beneficiário só adquire a propriedade da provisão no momento em que ela for constituída.

A transferência da propriedade da provisão não tem quaisquer efeitos para o sacado que a ignore. No entanto, se este se torna conhecedor da mesma, «nomeadamente porque recebeu uma oposição de pagamento por parte do sacador», «coloca-se a questao de saber se ele é obrigado a bloquear a provisão em favor do beneficiário»[1108].

O Tribunal Superior (*Cour de cassation*)[1109] considerou que o banqueiro sacado, sabendo da emissão de um cheque por oposição ao seu

---

[1107] Cfr. JEANTIN/LE CANNU/GRANIER, *Droit commercial. Instruments de paiement et de crédit* cit., **2005**, p. 50, que seguimos de perto.

[1108] JEANTIN/LE CANNU/GRANIER, *Droit commercial. Instruments de paiement et de crédit* cit., **2005**, p. 51.

[1109] Cass. req. 18 de Junho de 1946.

514     *Cheque e Convenção de Cheque*

pagamento pelo sacador, deveria bloquear a provisão em benefício do portador até ao julgamento sobre a validade da oposição ou o decurso do prazo de prescrição. JEANTIN *et al*[1110] são de opinião de que a solução do Supremo, sendo «uma consequência lógica da ideia da transferência da provisão», está «repleta de inconvenientes práticos e não se compreende muito bem como é que uma simples oposição pode ter efeitos mais importantes que o visto ou a certificação»[1111].

### 17.2.3. *Preexistência, suficiência e disponibilidade da provisão*[1112]

**I.** Interessa saber se a provisão deve encontrar-se disponível quando o cheque é sacado ou apenas tem de existir no momento em que ele é apresentado a pagamento.

A lei portuguesa é omissa sobre a necessidade da existência da provisão no momento do saque, pelo que deveremos considerar que fundamental é que a provisão esteja constituída no momento da apresentação do cheque a pagamento. Aliás, mesmo nos ordenamentos jurídicos que impõem a preexistência da provisão à emissão do cheque, como é o caso do francês (cfr. arts. L. 131-4 alínea 1ª e L.163-2 do CMF[1113])[1114], «o

---

[1110] JEANTIN/LE CANNU/GRANIER, *Droit commercial. Instruments de paiement et de crédit* cit., **2005**, p. 51.

[1111] Sobre outras consequências da transferência da propriedade da provisão, no Direito francês, cfr. JEANTIN/LE CANNU/GRANIER, *Droit commercial. Instruments de paiement et de crédit* cit., **2005**, pp. 52-55.

[1112] Segue-se a sistematização proposta por JEANTIN/LE CANNU/GRANIER, *Droit commercial. Instruments de paiement et de crédit* cit., **2005**, pp. 48-49.

[1113] Nos termos da primeira regra, o cheque deve ser sacado sobre um estabelecimento de crédito que, no momento da sua criação, tenha fundos ao dispor do sacador. Por sua vez, o art. L. 163-2 do CMF declara punível com pena de prisão até cinco anos a retirada da totalidade ou de parte da provisão após a emissão do cheque. Esta última regra é tanto mais impressiva quanto o facto de a emissão de cheque sem provisão – que constituía um tipo criminal autónomo desde 1917 (Lei de 12 de Agosto) – ter sido despenalizada, em França, em 1991 (Lei n.º 91-1382 de 30 de Dezembro).

[1114] Cfr. CHAPUT/SCHÖDERMEIER, *Effets de commerce, chèques et instruments de paiement*, 2ª ed. cit., **1998**, p. 121, DUPICHOT/ GUEVEL, *Les effets de commerce. Lettre de change, billet à ordre, chèque ...*, 3ª ed. cit., **1996**, pp, 264 (n.º 450) e 298 (n.º 529), PÉROCHON/ BONHOMME, *Entreprises en difficulté – Instruments de crédit et de paiement*, 7ª ed. cit., **2006**, p. 800 (n.º 801), e PIEDELIÈVRE, *Instruments de crédit et de paiement*, 4ª ed. cit., **2005**, p. 255 (n.º 307).

*Estrutura da convenção de cheque* 515

interesse prático dessa exigência legal é nulo»[1115], porque o infractor dispõe, à semelhança do que acontece em Portugal, de um prazo para regularizar o cheque emitido sem provisão, depois de o apresentar a pagamento. A preexistência não é, assim, característica da provisão.

**II.** No que se reporta ao cheque que é emitido, a provisão existente deve ser suficiente para assegurar o seu pagamento total. A eventual insuficiência corresponde a uma falta absoluta de provisão, apesar de o portador do cheque não poder recusar o pagamento parcial, caso em que deverá dar quitação da quantia recebida, se o sacado o exigir (cfr. art. 34.º, II e III da LUCh).

A este propósito, discute-se a questão de saber se é possível, na falta de provisão na conta a que se reporta o cheque, recorrer por compensação a outras contas de que o sacador seja titular no mesmo banco.

Inclinamo-nos para não admitir a utilização de fundos existentes noutras contas, salvo se o respectivo titular, ponderando essa circunstância, tiver previamente concordado com a compensação[1116].

**III.** Finalmente, a provisão deverá estar disponível no momento da cobrança do cheque, o que significa que o sacador, entre o momento da criação do título e o da sua apresentação a pagamento, não pode diminuir ou bloquear a provisão, isto é, não pode sacar da conta quantias que ponham em risco ou comprometam o pagamento do cheque[1117].

### 17.2.4. *A provisão como pressuposto da emissão do cheque e (da subsistência) da convenção de cheque*

**I.** Correspondendo aos fundos que estão à disposição do sacador, a provisão configura-se, como vimos, como pressuposto da emissão do cheque. Por sua vez, os meios de pagamento que o cheque permite

---

[1115] JEANTIN/LE CANNU/GRANIER, *Droit commercial. Instruments de paiement et de crédit* cit., **2005**, pp. 48-49.

[1116] Neste sentido, vd. DUPICHOT/GUEVEL, *Les effets de commerce.* cit., 3ª ed., **1996**, p. 299 (n.º 530), e PIEDELIÈVRE, *Instruments de crédit et de paiement*, 4ª ed. cit., **2005**, p. 256 (n.º 309).

[1117] A este propósito, e como veremos adiante (n.º 19.3), refira-se a existência de tipo criminal na nossa lei relativo ao levantamento de fundos necessários para pagar um cheque ou encerrar a conta para evitar esse efeito (cfr. art. 11.º, n.º 1, *alínea b)* do RJCh).

516         *Cheque e Convenção de Cheque*

transferir e actuar, no montante nele estabelecido, devem coincidir, parcial ou totalmente, com a provisão constituída, isto é, devem conter-se no montante por esta representado, sob pena de o cheque ser sacado sem provisão.

Destinando-se a convenção de cheque a permitir ao cliente o uso de cheques, ela pressupõe a prévia constituição da provisão, ainda que a mesma seja exclusivamente formada à custa de uma abertura de crédito. Sem provisão – ou sem ter, por referência, a oportuna formação da mesma – não faz sentido celebrar uma convenção de cheque, tal como também não se justifica celebrar um contrato para atribuição de cartão de débito, uma vez que não haverá fundos para usar.

Contudo, nada impede que, aberta uma conta bancária, seja celebrada entre o banco e o cliente a convenção de cheque tendo em vista a ulterior constituição da provisão; o que significa que, diversamente do que se passa com o saque do cheque – cuja eficácia, como instrumento de pagamento, se encontra dependente da existência de provisão –, a perfeição da relação contratual de cheque não implica a imediata formação ou existência da provisão, apesar de a falta desta poder acarretar a sua cessação (cfr., *supra*, n.º 16.4.5 e, *infra*, n.º 24).

**II.** Já no que respeita ao cheque propriamente dito, a provisão é essencial, sendo exigível mesmo quando não exista (ou não subsista) convenção, nos casos em que é sacado avulso (cfr. art. 6.º do RJCh).

Sem provisão, o cheque fica prejudicado na sua função primordial de meio de pagamento. E não porque seja um título apto a promover a transmissão da provisão (ou de parte dela) – embora não necessariamente único, uma vez que as transferências também operam esse efeito –, mas porque ele é o *instrumento* adequado para sacar fundos da conta a que respeita, até ao limite da provisão disponível, e poder, à custa desta, efectuar pagamentos a terceiros.

Por isso, sem provisão disponível no momento da apresentação a pagamento, o cheque não cumprirá a sua função, não sendo possível garantir ao respectivo beneficiário a realização do seu direito à obtenção da quantia que lhe corresponda. Nesta medida, a provisão é indispensável e imprescindível à normal circulação do cheque[1118].

---

[1118] O pagamento deste a descoberto (que não estivesse previamente autorizado), dependendo da exclusiva vontade e risco do sacado, é a excepção que confirma a regra.

*Estrutura da convenção de cheque* 517

No entanto, e apesar de ser um elemento essencial à realização da função primordial do cheque, a provisão não constitui condição da sua validade; isto é, o cheque não é nulo se não tiver provisão. A Lei Uniforme salvaguarda essa situação (cfr. art. 3.º, *in fine*), para justificar – em razão da aparência entretanto criada – a tutela da circulação do título de crédito, com todos os efeitos que um documento nessas circunstâncias pode produzir, nomeadamente em termos de responsabilizar os respectivos subscritores[1119], em via de regresso, quando o cheque não é pago por falta de provisão.

**III.** No que respeita à relação contratual entre o banqueiro e o cliente nos aspectos que extravasam a convenção de cheque, ela não é directamente afectada pela falta de provisão. Desde que este se abstenha de sacar cheques, não haverá consequências negativas. É, pois, a falta de provisão do cheque que se projecta sobre a convenção, no quadro da qual ele foi sacado, conduzindo ao seu termo se, num prazo razoável, o cheque não for regularizado. A provisão assume, assim, no plano da convenção de cheque, uma relevância negativa, no sentido de que o acordo banqueiro-cliente só entra em crise quando, pela insuficiência de fundos, ficarem por pagar um ou mais cheques que tenham sido sacados sob a égide desse acordo.

**IV.** Podemos, pois, concluir que, apesar de a provisão não ser essencial para a constituição da convenção de cheque, que pode ocorrer ainda que não existam fundos, há-de ter-se naturalmente em vista que estes venham a estar disponíveis para que os cheques, cujo uso esse contrato legitima, possam ser adequadamente sacados. Por isso, é que a eventual falta de provisão, não oportunamente regularizada, para além de ter consequências de carácter penal (cfr., *infra*, n.º 19), irá implicar a cessação da convenção de cheque.

---

[1119] Insistindo neste aspecto, a generalidade dos autores franceses que desenvolvem particularmente o tema da provisão. Cfr. Dupichot/Guevel, *Les effets de commerce.* cit., 3ª ed., **1996**, p. 298 (n.º 530), Pérochon/ Bonhomme, *Entreprises en difficulté – Instruments de crédit et de paiement*, 7ª ed. cit., **2006**, p.799 (n.º 800).

## 17.2.5. *A relação de provisão*

**I.** Estamos, pois, em posição de concluir que a emissão do cheque, no quadro de uma convenção, pressupõe a existência de provisão, independentemente da forma que a mesma revista, correspondendo a fundos previamente disponibilizados pelo cliente ao banco ou a uma abertura de crédito por este feita em favor do cliente, qualquer que tenha sido a sua modalidade.

Depois de enquadrada a relação contratual entre o banqueiro e o seu cliente, e referenciados os principais contratos, podemos concluir que a provisão pode ser formada por diversas maneiras, constituindo o depósito a forma mais natural de o fazer, sem prejuízo de para ela concorrer frequentemente, sobretudo no plano da relação jurídica em que o cliente é uma empresa, a abertura de crédito. A conta-corrente, por sua vez, será expressão pontual, pelo saldo (contabilístico e disponível, se diferente) evidenciado da provisão do cliente.

**II.** Não existindo provisão e não sendo concedido crédito *ad hoc*[1099] – ou seja, não sendo permitido o descoberto não autorizado –, então o cheque não será pago, sendo devolvido ao beneficiário com a aposição da correspondente menção de *"falta de provisão"*.

Com efeito, sendo o cheque apresentado a pagamento, directamente ou através de compensação, e verificando o banco não dispor a conta sacada de provisão suficiente para o respectivo pagamento, ele deverá tomar uma de duas atitudes:

– Conceder crédito ao cliente, pagar o cheque e passar a cobrar juros à taxa geral de operações activas praticada[1100], ou a uma taxa mais favorável ao cliente, se o entender ou se houver previamente convencionado essa taxa;

---

[1120] Embora estruturalmente diferentes, é irrecusável a semelhança que existe entre o pagamento a descoberto (não convencionado) e o aceite e pagamento por intervenção de uma letra de câmbio, pelo menos no que respeita à finalidade dos actos: honrar o direito de crédito resultante do título.

[1121] Entende-se que se o banco honrar o cheque o faz no âmbito da sua relação contratual complexa, assumindo o risco de não pagamento, mas prestando inequivocamente um serviço ao cliente e poupando-o a embaraços evidentes. Nessa lógica tem todo o sentido que ele pretenda cobrar as taxas e os juros que seriam devidos em circunstâncias análogas que houvessem sido previstas e contratadas. Só não será assim, se tiver havido expressa exclusão do pagamento a descoberto.

– Devolver o cheque ao beneficiário – com a aposição da menção respeitante à vicissitude ocorrida, no caso *"sem provisão"* – e notificar o cliente para proceder à regularização da situação no prazo máximo de um mês, sob pena de ter de proceder à rescisão da convenção de cheque e informar o Banco de Portugal do sucedido.

Repare-se que, em qualquer circunstância, existindo contrato escrito entre as partes, haverá que respeitar o acordado, não sendo então admissível que o banco adopte uma conduta lesiva dos interesses do cliente.

**III.** Quando o cheque entra no sistema, designadamente por ter sido depositado, o banco (sacado) já não pode desfazer a operação, designadamente a pedido do cliente – embora possa recusar o pagamento com justa causa –, diversamente do que poderia fazer se, tendo o cheque sido apresentado a pagamento para levantamento do numerário correspondente, o banco recusasse ao portador o pagamento do cheque a pedido do cliente, assumindo a responsabilidade por esse facto, ou, independentemente do contacto do cliente, apercebendo-se de que não havia provisão, convencesse o apresentante a retirar o cheque, não forçando a verificação da falta de cobertura.

### 17.3. A intransmissibilidade da posição do cliente na convenção de cheque

**I.** A convenção de cheque conclui-se habitualmente com o contrato de abertura de conta, sendo acordada tacitamente no âmbito da formalização desta. O cliente, sabendo da disponibilidade do banco para lhe conceder o uso do cheque e fornecer módulos, requisita um *livro de cheques* (designação que ainda hoje se atribui comummente a um conjunto de módulos) que irá utilizar sobre a provisão também constituída, em regra, no momento da abertura da conta, com a celebração de um contrato de depósito.

Este acto de requisição corresponde à declaração tácita do cliente, no sentido de que pretende concluir a convenção e assume, consequentemente os seus efeitos. A entrega dos módulos pelo banco, correspondendo à declaração tácita deste, forma a convenção.

520       *Cheque e Convenção de Cheque*

**II.** Importa também recordar que o banco não se encontra obrigado a facultar módulos ao seu cliente, prevenindo expressamente essa possibilidade nas cláusulas contratuais gerais que formam o contrato de abertura de conta, ou seja, o banco reserva-se o direito de não permitir a movimentação da conta aberta através de cheques até que conheça adequadamente o perfil do cliente.

Por isso, é hoje habitual a convenção celebrar-se – de forma igualmente tácita – no decurso da relação contratual bancária, no momento em que o banco consolida a sua confiança no cliente, pela longevidade da respectiva relação ou porque o cliente, entretanto, passou a demonstrar uma capacidade económica de que até então não dispunha[1122].

Recebendo os módulos, o cliente passa a poder movimentar a sua conta através de cheques, devendo fazê-lo com respeito pelo limite da sua provisão.

**III.** Este negócio, como explicámos, activa-se precisamente pela emissão do primeiro cheque, cumprindo-se sempre que o cliente saca cheques sobre a sua conta.

A convenção de cheque justifica a sua autonomia dogmática pela intransmissibilidade das respectivas posições contratuais. Se ela fosse mero efeito do contrato de abertura de conta, ou de uma situação jurídica complexa decorrente desse acto, a cessão da posição contratual na conta e no depósito que lhe está associado – frequentemente designado por conta-depósito – implicaria automaticamente a cessão da posição contratual na convenção de cheque, isto é, a mesma convenção envolveria, com a transmissão contratual da conta bancária, um novo sujeito (sacador). Isso não é possível, porque a convenção é um contrato *intuitus personae*.

Tratando-se de um contrato celebrado em consideração da pessoa do cliente – o que explica que, por vezes, o banco se recuse a concretizá-lo –, a convenção extingue-se com a morte ou dissolução do cliente, diversamente do que acontece com o contrato de depósito ou com a conta bancária a que ele está associada, e em cuja posição activa o cliente (depositante) pode ser substituído ou sucedido. Na morte do cliente particular sucedem-lhe, nos seus direitos e obrigações transmissíveis, os seus

---

[1122] Tal pode acontecer, por exemplo, com o cliente-particular jovem que entretanto entrou no mercado de trabalho e adquiriu meios suficientes para justificar a movimentação da conta através de cheques ou com o cliente-empresa que, após o investimento inicial, adquire notoriedade resultante do êxito da sua actividade.

herdeiros. Isso não acontece com a convenção de cheque, que se extingue, podendo quando muito ser celebrada, com referência à mesma conta (e depósito), uma nova convenção da qual será parte o novo titular da conta bancária.

**IV.** No que se refere à posição do banco, a resposta já não será tão linear.

Em princípio, inclinar-nos-íamos para considerar que uma eventual vicissitude que afecte a sua subsistência compromete igualmente a convenção, uma vez que o sacado, para além de *especial*, é parte essencial da mesma. Se o banco cede a sua posição contratual relativamente a todos os negócios de que é parte, as convenções caducariam, porque o novo titular (entenda-se, o novo sacado) deveria disponibilizar-se, previamente, para assumir o encargo inerente à posição jurídica de sacado, analisando as convenções vigentes e celebrando novas convenções de cheque com as contrapartes contratuais do anterior sacado.

No entanto, admitimos que em caso de transmissão de estabelecimento (bancário) as convenções de cheque inerentes às contas abertas se transmitam com as mesmas, sem prejuízo de o novo titular poder vir a alterar tais convenções ou até resolvê-las, desde que o faça com observância das regras legais e contratuais aplicáveis, tendo especialmente em atenção que a sua actividade profissional é especificamente supervisionada.

Esta consequência lógica, de transmissibilidade da posição contratual de sacado nas convenções de cheque inerentes a contas abertas em estabelecimento bancário, é a que melhor se adequa a uma situação de alienação total ou parcial do "retalho" de uma instituição de crédito, em caso de concentração de empresas bancárias, por efeito de concretização de oferta pública de aquisição ou de operação de fusão.

**V.** Conclui-se, assim, que a posição contratual na convenção de cheque, sendo intransmissível relativamente ao cliente, não o é quanto ao sacado, enquanto titular de um estabelecimento de crédito.

Tal intransmissibilidade, ainda que referente apenas a um dos sujeitos é, por si só, suficiente para fundamentar a autonomia de um negócio que é celebrado *intuitus personae*.

# CAPÍTULO VII

## Pagamento, vicissitudes e efeitos do cheque
## e da convenção de cheque

Sendo a convenção de cheque o acordo que permite a um sujeito (o cliente) efectuar saques através de cheques, a tutela da circulação destes títulos de crédito tem de ser eficaz. Acresce que a própria natureza do cheque impõe que a sua protecção no mercado seja baseada na aparência. Por isso, o cheque é tutelado, mesmo que não disponha de provisão, seja revogado ou falsificado ou a convenção não exista. Esta conclusão vai ser testada nos problemas práticos que se suscitam na conjugação da convenção de cheque com o cheque como seu instrumento e meio de pagamento, bem como na construção de critérios que conduzam a uma solução adequada tendo em consideração os interesses em jogo. Tais critérios permitem, em nosso entender, encontrar o sentido útil da lei vigente.

## 18. Pagamento e vicissitudes no cumprimento

### 18.1. Razão de ordem

**I.** Vimos já que:

A) O cheque é um instrumento de pagamento que se configura como um título de crédito à ordem ou ao portador, caracterizado por um regime jurídico peculiar, moldado no sistema criado para as letras e livranças, com as adaptações impostas pela sua natureza jurídica.

B) Este instrumento pressupõe, como regra (cfr. art. 3.º da LUCh), duas realidades distintas:
   (i) a celebração de um acordo que permita ao cliente bancário utilizar o cheque e que regule a sua utilização (a convenção de cheque);
   (ii) a existência ou disponibilização de fundos que possam ser movimentados pelos cheques (*provisão*).
C) A convenção de cheque não é um negócio legalmente típico, não dispondo de específica regulamentação legal, enquadrando-se na relação bancária complexa estabelecida entre o banco e o seu cliente e tendo essencialmente como fontes as normas que disciplinam o cheque e o seu (deficiente) uso – as regras da Lei Uniforme e do Regime Jurídico do Cheque sem Provisão –, para além dos usos bancários aplicáveis aos negócios jurídicos com esta natureza.
D) A convenção, cuja celebração decorre frequentemente da requisição e entrega dos módulos de cheque, é activada pela subscrição cambiária e caracteriza-se por uma pluralidade de situações jurídicas activas e passivas.
E) O saque e o endosso do cheque constituem uma *datio pro solvendo* e proporcionam ao tomador e endossatário um direito sem obrigação correspondente – na medida em que o sacado só paga se dispuser de provisão suficiente para o efeito –, destinando-se o cheque a ser pago em prazo muito curto, em regra não superior a oito dias.

**II.** Vamos agora sistematizar as circunstâncias que, sendo inerentes ao cumprimento das obrigações contratuais subjacentes à convenção de cheque, obstam à adequada execução do acordo estabelecido entre o banqueiro e o seu cliente, por vicissitudes que possam sobrevir no pagamento do cheque, pela interferência que o sacador pode ter na satisfação da quantia em que se consubstancia o cheque ou pela falta ou inadequação da ordem (de pagamento) dada ao fim pretendido.

Assumem aqui especial relevância os actos inerentes à (não) satisfação da ordem de pagamento em que se traduz o cheque.

São de três diferentes ordens as questões equacionadas e cuja solução deveremos ponderar:

– A primeira respeita às vicissitudes que se colocam no plano do cumprimento, importando analisar as consequências do não cumprimento ou cumprimento defeituoso pelo banco ou da falta imputável ao cliente, para verificarmos que só excepcionalmente é que o beneficiário do cheque pode sair prejudicado com o incumprimento de uma obrigação emergente da relação contratual entre o banqueiro e o seu cliente.

– A segunda questão consiste em procurar apurar-se até que ponto é que um cheque validamente emitido pode ser detido (parado), isto é, se o sacador, tendo procedido a um pagamento por meio de cheque, pode, afinal, tentar impedir o seu pagamento, proibindo-o ou, simplesmente, instruindo o banco para não o fazer.

– Finalmente, podemos agrupar as situações em que, pura e simplesmente, a ordem de pagamento não é legítima ou é, no mínimo, inadequada aos fins para que tende.

**III.** Importa fazer uma prevenção: vamos analisar situações em que o cheque é colocado em circulação, não sendo apresentado a pagamento pelo seu sacador, mas por um terceiro.

Afastamos, por isso, os casos em que o cheque não é utilizado como um meio de pagamento, mas eventualmente apenas como um simples instrumento de levantamento de fundos.

Contudo, para além dessas situações – em que, sendo validamente emitido um cheque à ordem do próprio sacador, o mesmo não é lançado em circulação (e possivelmente nem apresentado a pagamento) –, excluímos também casos que, em termos práticos, correspondem à revogação da ordem de pagamento[1123].

**IV.** A tutela cambiária do cheque só se justifica com a sua circulação. Se o cheque não sai do âmbito das relações do banqueiro com o seu cliente, é tutelado pelo contrato que está subjacente à sua emissão, não carecendo da protecção das regras da lei uniforme. Estamos, aliás, no plano das relações imediatas[1124], pelo que se se suscitar alguma questão causal, ela será impeditiva do bom pagamento do cheque que, literalmente,

---

[1123] Por exemplo, levantamento de fundos, pelo sacador, que inviabilize o pagamento da quantia inscrita no cheque, impedindo assim a normal satisfação da ordem de pagamento.

[1124] As relações que se estabelecem entre sacado (banco) e sacador (o cliente) ou entre este e o tomador do cheque ou entre um portador do cheque e o portador antecedente ou subsequente.

estaria em condições de ser satisfeito por se encontrar adequadamente preenchido. Fora do plano das relações imediatas e, mais propriamente, das que ligam o criador do cheque à entidade que se encontra obrigada a pagá-lo, pode fazer sentido recorrer à tutela da lei uniforme, porque os terceiros, não conhecendo o teor da relação contratual entre sacador e sacado, têm de se basear na aparência do título e neste depositar confiança.

Por isso, se o cheque, sendo emitido, não sai da posse do respectivo sacador, não se suscitam especiais dificuldades, porque ou ele resolve não o apresentar a pagamento, prescindindo de levantar os fundos correspondentes à quantia nele inscrita, ou decide fazer uso do cheque e, não dispondo de provisão suficiente, é-lhe recusado o levantamento pretendido, não tem sentido desenvolver qualquer mecanismo sancionatório, porque a apresentação do cheque não acarreta qualquer prejuízo, nem frustra a confiança de quem quer que seja.

Também afastaremos na nossa análise, por não corresponder ao objectivo deste trabalho, as situações de pura ilicitude criminal, como seja o caso do prévio levantamento de fundos para impedir o pagamento do cheque [cf. art. 11.º, n.º 1, *alínea b)* do Decreto-Lei n.º 454/91, de 28 de Dezembro] – a que faremos referência (*infra,* n.º 19.3) –, caso em que a desconformidade com a ordem jurídica não se coloca no plano do pagamento do cheque, mas em momento temporalmente anterior, correspondente ao expediente utilizado para obstar à satisfação do cheque.

**V.** Estudados o cheque e a estrutura da convenção de cheque, cabe, antes de concluir a nossa indagação – e a propósito dos efeitos e vicissitudes inerentes ao cheque e à execução das obrigações contratuais resultantes da convenção (nelas incluídas a falta de provisão, a revogação e a falsificação do cheque) –, referir o pagamento do cheque, que é o acto que coloca adequado termo à curta vida deste instrumento.

Apreciaremos ainda a responsabilidade do banco (sacado) pelo não pagamento do cheque para depois, no próximo capítulo, ponderarmos a extinção da convenção, salientando o acto específico que põe fim à relação contratual de cheque e termina com a possibilidade da utilização regular deste instrumento: a rescisão.

## 18.2. Pagamento e cobrança do cheque

No que se reporta à sua satisfação, que equivale ao seu pagamento, o cheque é um instrumento de pagamento que tem por finalidade transferir meios de pagamento (moeda escritural) e, por esse efeito e simultaneamente, é um título que confere ao seu detentor (o beneficiário) o direito a receber a quantia nele expressa; e é nessa circunstância que afirmamos que será objecto de pagamento por parte do sacado, a quem é apresentado com esse propósito.

### 18.2.1. *Formas de pagamento do cheque*

**I.** Como título à vista, o cheque pode ser apresentado a pagamento em qualquer momento, pelo seu portador legítimo.

Por sua vez, o sacado deve pagar o cheque:

a) ao sacador, se o cheque tiver sido sacado à sua ordem;
b) a qualquer portador, se o cheque se encontrar emitido ao portador ou endossado em branco;
c) ao tomador do cheque que tenha sido designado, se não tiver sido endossado;
d) ao último endossatário do cheque.

Se o cheque for ao portador (ou equivalente) e for apresentado a pagamento no balcão do banco sacado, a este apenas incumbe verificar a regularidade da cadeia de endossos, para confirmação da legitimação aparente resultante do cheque.

Se o cheque for apresentado por beneficiário nele designado, haverá que comprovar a identidade do apresentante.

Em qualquer caso, cumpre ao sacado controlar a assinatura do sacador, designadamente a sua veracidade.

Para além disso, o banco apenas terá de certificar-se da existência e disponibilidade de fundos.

**II.** O pagamento do cheque – a que já fizemos referência anteriormente (*supra*, n.ᵒˢ 3.5 e 16.4.2.1) e que voltaremos a abordar a propósito das vicissitudes que possam ocorrer (*infra*, n.ᵒˢ 20.5 e 20.6) – pode processar-se de vários modos.

528 *Cheque e Convenção de Cheque*

O mais óbvio e imediato é o que consiste na sua apresentação ao banco sacado com a finalidade de obter a correspondente quantia em numerário[1125].

O Banco apenas tem de comprovar a existência de provisão na conta sacada, de verificar a autenticidade do saque e a regularidade dos endossos, se existirem. Não existindo vicissitudes, o banco procede ao pagamento entregando o dinheiro (numerário) ao cliente e retendo o cheque, diversamente do que acontece no sistema norte-americano, em que o banco devolve o título ao sacador, desde que o mesmo não tenha sido objecto de truncagem[1126].

**III.** Mas a prática mais habitual consiste em o beneficiário do cheque proceder ao seu depósito em conta, para que o banco depositário, não sendo o sacado[1127], realize a sua cobrança através da compensação.

Neste caso, o portador e beneficiário do cheque obtém o pagamento através de moeda escritural, vendo creditada a sua conta[1128] na importância

---

[1125] Exemplificando: na posse de um cheque de € 1 000, o portador pretende que o sacado lhe entregue em numerário essa quantia e para o efeito dirige-se ao banco e solicita que lhe seja efectuado o pagamento da mesma.

[1126] Cfr. Antonino VÁSQUEZ BONOME, *Todo sobre la Letra, el Pagaré y el Cheque*, Difusión Jurídica, Madrid, **2005**, referindo ser «prática habitual no sistema bancario norte-americano», anteriormente ao recurso à truncagem, «devolver os cheques ao sacador uma vez pagos» (p. 333).

[1127] Se o sacado e o depositário coincidirem, o depositário deve promover imediatamente o crédito da importância do cheque na conta do portador, operando o correspondente débito na conta do sacador, e ficando os correspondentes fundos imediatamente disponíveis (cfr. art. 5.º, n.º 1 do Decreto-Lei n.º 18/2007, de 22 de Janeiro).

[1128] O crédito deverá ocorrer até ao final do 2.º dia útil subsequente ao do depósito do cheque (ao balcão ou em terminais automáticos), data em que o respectivo montante tem de ficar disponível no saldo credor da conta do depositante (e beneficiário do cheque) (cfr. art. 5.º, n.ºs 2 e 4 do Decreto-Lei n.º 18/2007, de 22 de Janeiro, e SICOI, n.º 22, na red. da Instr. n.º 4/2007, publ. no BO n.º 3 de 15 de Março de 2007), sem prejuízo de a instituição de crédito depositária «*oferecer aos seus clientes condições mais favoráveis*» [art. 5.º do Aviso do BdP n.º 3/2007, de 6 de Fevereiro de 2007 (publ. no DR, 1ª série, n.º 30, de 12 de Fevereiro de 2007)].

O montante de cheque visado depositado ao balcão deverá ficar imediatamente disponível (cfr. art. 5.º, n.º 3 do cit. DL).

"Dia útil", recorde-se, «*é o período do dia em que a instituição se encontra aberta ao público em horário normal de funcionamento*» (art. 3.º, *alínea f)* do DL n.º 18/2007, de 22 de Janeiro), isto é, «*entre as 8 horas e 30 minutos e as 15 horas, de segunda-feira a sexta-feira, com excepção dos dias feriados*» (art. 2.º do Aviso do BdP n.º 3/2007, de 6 de Fevereiro).

*Pagamento, vicissitudes e efeitos do cheque e da convenção de cheque*　529

que lhe corresponde por via de uma operação de liquidações recíprocas e encontro de contas entre bancos[1129]: a compensação, operada no Banco de Portugal [cfr. n.º 2.1, *alínea a)* do SICOI]. Se o cheque, porventura, não tiver provisão, o banco sacado deverá recusar o seu pagamento e o banco depositário deverá devolvê-lo ao seu cliente (depositante) com essa menção.

O controlo da regularidade do saque dos cheques, com um determinado montante máximo (estabelecido pelo Banco de Portugal e comunicado aos bancos sob supervisão), não é viável, se os cheques estiverem sujeitos a truncagem ou retenção, caso em que o depositário apenas apresenta na compensação uma lista dos cheques nele depositados e que se compromete a conservar, identificando o respectivo sacador e conta e dando a conhecer o montante sacado. A truncagem impede o sacado de efectuar a verificação da assinatura do sacador, relativamente aos cheques depositados em instituições de crédito diferentes da sacada. Trata-se de uma opção do sistema bancário, que se dispõe eventualmente a sacrificar a possibilidade de comprovação da autenticidade do cheque em detrimento da celeridade e de uma redução de custos resultantes da medida adoptada. Nestes casos, se a vicissitude se dever a falsificação e esta não for perfeita, dificilmente o banco evitará ser responsável.

No entanto, o banco depositário – que se encarrega da cobrança – deve actuar com diligência e proceder a uma cuidadosa apreciação formal do cheque, verificando se este está completo e *se encontra devidamente preenchido*[1130], nomeadamente se não há preterição de requisitos essenciais, se as transmissões de que foi objecto se processaram de forma aparentemente regular e se o cheque não foi rasurado. Na sua actividade fiscalizadora sobre a idoneidade formal do portador do cheque, e para evitar eventual responsabilidade por vicissitudes que ocorram, o banco deve, em suma, assegurar-se que do cheque não resultam indícios de que possa ter sido objecto de desapossamento[1131].

---

[1129] São participantes no SICOI todas as instituições de crédito que podem receber depósitos em dinheiro e fundos, com excepção das caixas agrícolas que integram o SICAM (cfr. n.º 3.1 do Reg. SICOI).

Cfr. o novo SICOI (aprovado pela Instr. do BdP n.º 3/2009 de 16 de Fevereiro), n.º 3.

[1130] Cfr. **AcRelLisboa de 2 de Março de 2004** (Pimentel Marcos), *CJ* ano XXIX, t. II, 2004, pp. 65-69, p. 68.

[1131] Trata-se de questão que voltaremos a abordar (*infra*, n.º 21.6.3 e 21.7.VI)

Questão relevante é a de saber se o banco depositário pode deduzir o montante de um cheque sem provisão que tenha creditado por erro na conta-corrente do depositante.

## 530    Cheque e Convenção de Cheque

**IV.** Pelos exemplos avançados, impõe-se distinguir o acto de pagamento do acto de cobrança do cheque – o que os anglo-americanos fazem com os termos *payment* e *collection*, respectivamente –, uma vez que o pagamento é uma operação executada pelo sacado, quer por caixa, quer por compensação, ao passo que a cobrança é a operação praticada pelo banco depositário quando leva o cheque à compensação[1132].

As operações são por natureza diferentes e os sujeitos envolvidos distintos.

No pagamento, o banco age por conta do sacador, entregando a quantia correspondente ao valor do cheque directamente ao portador/ beneficiário ou realizando a transferência (escritural) da mesma em favor do banco (depositário) contra a apresentação da indicação de que este reteve (truncou) o cheque.

A cobrança equivale à apresentação a pagamento. É a operação pela qual o banco depositário (ou *participante apresentante*) "leva o cheque"[1133] –

---

Em sentido afirmativo, e considerando que «*o depósito de um cheque só se torna efectivo após boa cobrança junto do sacado*», **AcRelPorto de 9 de Outubro de 2001** (LEMOS JORGE), *CJ*, ano XXVI, t. IV, 2001, pp. 204-208.

Uma outra questão, com crescente relevância na jurisprudência nacional, diz respeito à responsabilidade do banco depositário (encarregado da cobrança) pelo extravio do cheque e a forma como o mesmo se poderá ressarcir junto do sacado. Entre outros, cfr. **AcRelLisboa de 30 de Janeiro de 2003** (SALAZAR CASANOVA), *CJ*, ano XXVIII, t. I, 2003, pp. 97-99.

Minimamente controversa é a decisão do **STJ** no **Acórdão de 8 de Maio de 1984** (MOREIRA DA SILVA), *BMJ* 337, 1984, pp. 377-385, que, reconhecendo que o banco depositário não avisou oportunamente o cliente sobre a falta de cobrança de cheque por extravio (*na remessa ao sacado*), declara que o banco não é responsável pelo prejuízo do cliente se não se provar que foi por essa razão que o cheque não foi cobrado e que o cliente deixou de poder receber o respectivo valor (pp. 377 e 383-384). Este aresto pressupõe que a cobrança é *uma obrigação de meios*, no sentido de o devedor (o banco depositário) estar apenas obrigado a diligenciar que o sacado efectue o pagamento (p. 383).

[1132] O Sistema de Compensação Interbancária (designado por SICOI) era objecto de regulamentação pela Instrução n.º 25/2003, vigente desde 27 de Outubro de 2003, (na redacção que lhe foi conferida pela Instr. n.º 4/2007). Essa instrução foi substituída, em **2 de Março de 2009**, pela Instr. do BdP n.º 3/2009, de 16 de Fev., que aprovou o no SICOI. Cfr. nota 1665.

[1133] O apresentante deve enviar ao sacado a imagem do cheque sempre que este for de *valor superior ao montante de truncagem* [Reg. SICOI; n.º 14.1, *alínea a)*], bem como deve disponibilizar-lhe imagens de cheques truncados devolvidos e as imagens de cheques que tenham sido compensados e que sejam pontualmente solicitadas pelo sacado (cfr. Reg. SICOI, n.ºs 14.2 e 16.1). Desde **2 de Março de 2009**: Anexo III, n.º 2 da Instr. n.º 3/2009.

*Pagamento, vicissitudes e efeitos do cheque e da convenção de cheque* 531

ou, se sujeito à truncagem[1134], a indicação do respectivo valor e dados (constante do chamado *"registo lógico"*) – à câmara de compensação[1135], por conta do seu cliente, para, em encontro de contas com o banco sacado (*participante receptor*), receber a respectiva importância, que deverá creditar na conta do cliente (depositante e último titular do cheque). Para o efeito, o depositário não tem de estar especificamente mandatado através de um endosso para cobrança. É suficiente ao cliente depositar o cheque na sua conta para que o depositário actue como verdadeiro intermediário, promovendo o seu envio para a câmara de compensação.

### 18.2.2. *Pagamento adequado*

**I.** Retomemos a forma como o banco sacado deverá proceder ao pagamento do cheque, para apurarmos em que termos é que eventualmente paga mal.

O artigo 35.º da LUCh impõe ao sacado que procede ao pagamento de um cheque endossável[1136] a obrigação de verificar apenas «*a regularidade da sucessão dos endossos*», dispensando-o (implicitamente) da comprovação da autenticidade da assinatura dos endossantes[1137]. A Lei

---

[1134] A truncagem, que implica a supressão do serviço de verificação de assinaturas, tem por base o raciocínio simplista de que é mais rápido e menos onerosos para o banco proceder ao pagamento sem verificar a assinatura do cliente, do que proceder à sua comprovação, pelo que o risco que os bancos correm por ter de pagar cheques falsos compensa.

[1135] O que deverá fazer «*na sessão de compensação seguinte à sua aceitação para depósito*» (Reg. SICOI, n.º 13.3).

Cfr. Anexo III, n.º 1.2 da Instr. n.º 3/2009, vigente desde **2 de Março de 2009**.

[1136] O cheque não justifica, nem beneficia de tutela cambiária se leva aposta a cláusula "não à ordem" ou se é apresentado a pagamento pelo próprio sacador (ou seu representante), pelo que o sacado, nesses casos, apenas tem de verificar a regularidade do saque, no âmbito e em cumprimento da sua relação contratual (de cheque).

[1137] Neste sentido, cfr. **AcRelÉvora de 4 de Julho de 2002** (Pereira Baptista), *CJ*, ano XXVII, t. IV, 2002, pp. 229-231 – segundo o qual «*endossado um cheque para ser descontado, o banco conquanto não esteja adstrito à verificação da assinatura do endossante, está obrigado a verificar a regularidade da sucessão de endossos* – e **AcRelLisboa de 2 de Março de 2004** (Pimentel Marcos), *CJ* ano XXIX, t. II, 2004, pp. 65-69. Este, apreciando uma situação em que o último acto translativo consiste num endosso em branco realizado por quem era aparentemente beneficiário do cheque (uma sociedade), após considerar que *o detentor de um cheque com endosso em branco é sempre formalmente o seu legítimo portador* (p. 67) e que *o banco apenas estaria obrigado a verificar a regularidade formal do endosso, não sendo obrigado a conferir a assinatura atribuída*

Uniforme contenta-se com a garantia da legitimidade formal do portador do cheque, no momento da apresentação a pagamento. O banco, para além do controlo da assinatura do sacador – controlo que deve efectuar nos termos e ao abrigo da convenção de cheque que os une –, deve limitar-se a constatar que os endossos do cheque são feitos pelo tomador (no caso do primeiro endosso[1138]) ou pelo endossatário que, na cadeia cambiária, antecede o endossante. O banco não tem a obrigação de comprovar a autenticidade da assinatura que consubstancia o endosso[1139], nem isso seria compatível com a tutela da aparência e da confiança indispensável à circulação do cheque, tal como de outros títulos cambiários abstractos. Se o banco tivesse a obrigação legal (ou o direito) de analisar os endossos constantes do cheque, para além da enorme dificuldade em o fazer, poderia com relativa facilidade recusar o pagamento do cheque, sem razão devidamente fundamentada, contrariando assim a expectativa do respectivo portador.

O risco que resultaria para qualquer portador do cheque, destituído de meios para controlar as assinaturas antecedentes, de uma actuação com essa natureza, poria certamente em causa a aceitação desse instrumento, aniquilando a sua eficácia.

**II.** Da análise do artigo 35.º retira-se que a Lei do Cheque não teve preocupação semelhante à que resulta do artigo 40.º, III da LULL, no qual se pretendeu garantir a exoneração de responsabilidade do sacado

---

*a um gerente da beneficiária»* – nem tendo de o dever de exigir que junto à mesma constasse o carimbo da beneficiária, contanto que ela estivesse devidamente identificada e o gerente assinasse como tal (com a menção de que o fazia nessa qualidade), o que, no caso concreto, se verificou –, antes de o apresentar *a pagamento, conforme mandato do portador, seu cliente, que lho entregou para cobrança (não tendo pois que verificar as assinaturas de anteriores endossantes e por quem foram feitas).*

[1138] E se o cheque não tiver sido sacado à ordem do próprio sacador ou do portador, caso em que o primeiro endosso, a existir, será efectuado pelo sacador ou por um portador, se este não optar por transmitir o cheque sem o endossar.

[1139] Assim, por exemplo, se Dionísio encontrar um cheque que esteja endossado a Bernardo e o transmitir a Carmo, apondo, antes de o fazer, o nome Bernardo – "Pague--se (este cheque) a Carmo; *a)* Bernardo" [na gíria dir-se-á que Dionísio "assina" (como ou por) Bernardo] –, quando Carmo o apresentar a pagamento o banco sacado quando pagar não terá de verificar se a assinatura de Bernardo foi de facto feita por ele. É suficiente comprovar a regular sucessão dos endossos, incluindo o que terá sido feito a Bernardo.

Isto não significa, contudo, que o sacado possa desatender, sem mais, uma informação (séria) de que ocorreu, no decurso da circulação do cheque, um desapossamento.

*Pagamento, vicissitudes e efeitos do cheque e da convenção de cheque*  533

quando paga bem, subordinando a adequação desse pagamento a uma actuação sem fraude e falta grave, isto é, ao desconhecimento de vicissitude nas transmissões ocorridas e à não exigibilidade desse conhecimento.

A diferença de regimes é naturalmente um efeito da natureza dos títulos de crédito em confronto, sendo o cheque necessariamente à vista – e despoletando, por essa razão, um pagamento de muito curto prazo[1140] –, o que não acontece, em regra, com a letra de câmbio. Acresce que a capacidade financeira e técnica do sacado, num e noutro título, é substancialmente diferente, sendo a do cheque manifestamente superior e preexistindo, neste caso uma relação contratual estreita com o sacador que, aliada à curta duração do saque, permite controlar razoavelmente as vicissitudes que possam surgir entre a criação e o pagamento. Por isso, o legislador de Genebra não sentiu necessidade, nem premência, em fixar condições para a adequada exoneração do devedor que, aliás, no cheque é realmente o sacador, por ser à custa da sua provisão que o mesmo é pago. O sacado limita-se a cumprir a instrução que lhe é transmitida, procedendo com a diligência que a uma entidade com a sua capacidade profissional e económica é legal e socialmente exigível.

Concluindo, no que respeita exclusivamente à dimensão circulatória do cheque[1141], podemos afirmar que à instituição de crédito sacada cabe unicamente verificar que os endossos se dispõem de forma ordenada e regular, sendo tal actuação conforme com a tutela da confiança subjacente à (normal) circulação cambiária.

### 18.2.3. *Pagamento indevido (por negligência grosseira)*

**I.** Para terminar a análise do pagamento do cheque, vejamos o que sucede se o banco pagar o cheque a um portador indevido, por ter incumprido o dever legal de controlar a cadeia de endossos, verificando-se uma falta de continuidade nesta cadeia, porque ao nome de um endossatário não corresponde, na realidade, o endossante subsequente[1142].

---

[1140] Por isso, o desapossamento do cheque, não obstante suscitar jurisprudência numerosa e substancial, é mais raro.

[1141] Previne-se com esta referência o dever contratual de verificação da regularidade do saque.

[1142] Não está aqui em causa o cumprimento do dever (de diligência) de verificação da assinatura do sacador. O artigo 35.º da LUCh não dispensa o banco sacado do cumprimento dos deveres que for devido por efeito da celebração da convenção de cheque.

Esta situação é em tudo análoga à que resultaria de a vicissitude no pagamento se referir exclusivamente a uma deficiente identificação do último portador e, consequentemente, ao pagamento do cheque a quem não tinha qualquer direito ao mesmo.

Numa e noutra circunstância ocorre um pagamento indevido e injustificado. O banco incumpre o disposto no artigo 35.º da Lei Uniforme, pelo que deve ser responsável perante o desapossado, a quem deve pagar o cheque e reembolsar o sacador se este for o lesado, o que só sucede se o banco pagar a pessoa diferente do tomador, julgando estar a fazê-lo a este.

Do exposto decorre que, numa situação de deficiente pagamento, o sacador não só nunca terá de pagar duas vezes, como terá direito ao reembolso se o pagamento não era, afinal, devido à pessoa a quem foi feito e só foi concretizado por incúria do sacado.

**II.** A jurisprudência nacional confirma este entendimento. Nesse sentido, veja-se o **Acórdão da Relação de Évora de 4 de Julho de 2002**, relatado por Pereira Baptista[1143], que considera que o banco que creditou *o valor de cheques nominativos a favor de quem não estava legitimado por uma cadeia sucessiva de endossos é responsável perante o lesado.*

No caso em apreço o banco sacado (e réu) pagou, numa das suas agências, dois cheques cruzados à ordem[1144] – sacados sobre duas outras agências suas –, a quem não era o tomador, figurando no título um endosso que também não era manifestamente subscrito pelo tomador. O banco creditou na conta da endossante (também ré nos autos) as importâncias correspondentes aos referidos cheques, *sem se certificar da regularidade da posse do portador*, e sem verificar que, no caso, a cadeia de endossos, que é suposto ser ininterrupta, estava viciada (não existia).

O tribunal considerou, de forma correcta, que a violação do dever de diligência no controlo da cadeia de endossos, como a que ocorreu no caso *sub judice* – em que o banco não examinou cuidadosamente, como lhe competia, *que o constante quanto ao endossante no verso dos títulos não tinha a mínima correspondência possível com a indicação constante do tomador determinado*[1145], que não havia tido qualquer intervenção no

---

[1143] *CJ*, ano XXVII, t. IV, 2002, pp. 229-231.

[1144] O aresto, para exprimir e caracterizar esta realidade, qualifica o cheque como *nominativo* (cfr. *CJ*, ano XXVII, t. IV, 2002, p. 230).

[1145] Estamos, no itálico, a transcrever o Acórdão citado (*ibid*, p. 230).

*Pagamento, vicissitudes e efeitos do cheque e da convenção de cheque* 535

título – correspondia a negligência grosseira e, em função disso, responsabilizou o banco pelo pagamento dos cheques e dos juros (contados desde a data da apresentação a pagamento).

### 18.2.4. *A operação de desconto*

#### 18.2.4.1. *Caracterização*

**I.** O desconto de um título de crédito é a operação pela qual o banco[1146] aceita tornar-se endossatário desse título contra o pagamento do seu valor, deduzido de uma comissão e dos juros relativos ao período que decorreria entre a data da sua realização e a data do respectivo vencimento. Trata-se, assim, de uma antecipação do valor do título relativamente ao momento previsto para o seu pagamento[1147].

A ideia é simples: o portador do título, e seu beneficiário, não tendo a quem o endossar e pretendendo realizar imediatamente o seu valor, dirige-se a um banco e solicita que este realize o desconto do título, aceitando que o banco cobre uma comissão por essa operação (ou serviço) e deduza os juros que seriam aplicáveis a um financiamento de igual valor pelo período que decorre da data do desconto à data de vencimento[1148].

---

[1146] Cfr. art. 362.º do Código Comercial. Assinalando ser o contrato de desconto típico da actividade dos bancos, José Luis Garcia-Pita y Lastres, *El contrato bancario de descuento*, Centro de Documentación Bancaria y Bursátil, Madrid, **1990**, p. 225, sendo, em Espanha, à semelhança do que acontece em Portugal – mas diversamente do que sucede em Itália, onde se encontra regulado no Código Civil (cfr. arts. 1858 a 1860)* –, um contrato socialmente típico. Neste sentido, Carlos Olavo, «O Contrato de Desconto Bancário», AA.VV., *Estudos em Homenagem ao Prof. Doutor Inocêncio Galvão Telles*, vol. II – Direito Bancário, Almedina, Coimbra, **2002** (pp. 427-485), p. 429.

\* Sobre o sentido actual do desconto bancário no ordenamento italiano, vd. Paolo Ferro-Luzzi, «Lo sconto bancario (tra moneta futura e moneta presente)», AA.VV., *Lezioni di Diritto Bancario, vol II: Parte speciale. I contratti*, recolha pelo Prof. Paolo Ferro-Luzzi, Giappichelli, Torino, **2006** (pp. 79-99), cfr., em especial, pp. 79-81 e 90-99.

[1147] Cfr. Vittorio Angeloni, *Lo sconto*. Studio di Diritto Bancario, Francesco Vallardi, Milano, 1919, p. 2, Fernando Olavo, *Desconto Bancário*, ed. autor, Lisboa, **1955**, pp. 12-13.

[1148] Descrevendo lapidarmente a operação e explicando como é que a mesma se processa – num estudo em que, confessadamente, sintetiza e actualiza a obra de seu pai (Fernando Olavo) –, Carlos Olavo, «O Contrato de Desconto Bancário», cit., **2002,** pp. 429-432.

536 *Cheque e Convenção de Cheque*

Naturalmente, o banco *descontador* só se disponibilizará para praticar esta operação se tiver confiança no subscritor do título ou se, eventualmente, receber do endossante e *descontário*[1149] uma garantia para o caso de o título não ser oportunamente pago. De outra forma, o risco a correr pode não justificar a comissão a cobrar pela operação, uma vez que os juros pouco mais serão do que o preço do dinheiro.

No plano da circulação cambiária, a operação de desconto traduz-se num endosso, pelo portador do título, em favor do banco ou por um endosso em branco seguida da entrega do título.

**II.** Esta operação é realizada, habitualmente, com títulos de crédito[1150] de médio e longo prazo – em regra, mas não necessariamente, letras[1151] –, em relação aos quais se justifica uma eventual antecipação do seu valor por parte de uma instituição de crédito através do adiantamento dos fundos correspondentes ao montante do título, mediante uma contrapartida consistente numa comissão pelo serviço ou operação que pratica. Pelo desconto, o banco realiza um financiamento ao portador do título, podendo optar – como endossatário e (novo) portador e beneficiário do

---

[1149] Seguimos a terminologia utilizada por FERNANDO OLAVO, *Desconto Bancário*, cit., **1955**, pp. 10-11, 188 e 198, por exemplo.

[1150] O desconto, para além dos títulos de crédito, pode efectuar-se, embora muito mais raramente, sobre créditos ordinários e não titulados. Cfr. FERNANDO OLAVO, *Desconto Bancário*, cit., **1955**, pp. 13 e 155-162, e CARLOS OLAVO, «O Contrato de Desconto Bancário», cit., **2002,** pp. 453-456.

Sobre o desconto de outros títulos de crédito, que não as letras, vd. FERNANDO OLAVO, *ibid.*, pp. 131-154, e CARLOS OLAVO, *ibid.*, pp. 447-453.

Rejeitando a ampliação do contrato de desconto, de forma a incluir «no seu objecto quaisquer créditos, ainda que não documentados por títulos de crédito transmissíveis por endosso», Carlos FERREIRA DE ALMEIDA, *Contratos II – Conteúdo. Contratos de troca*, Almedina, Coimbra, **2007**, p. 146, nota 252.

Para uma panorâmica no Direito Comparado sobre o objecto do desconto bancário, e para conhecer a maior ou menor amplitude desse objecto – dependente nalguns ordenamentos jurídicos mais restritivos, como o alemão e o austríaco da tutela cambiária da acção de regresso –, consulte-se a dissertação de doutoramento de GARCIA-PITA Y LASTRES, *El contrato bancario de descuento*, cit., **1990**, pp.258-263.

[1151] Cfr. FERNANDO OLAVO, *Desconto Bancário*, cit., **1955**, p. 12.

Na recente doutrina portuguesa, cfr. GABRIELA FIGUEIREDO DIAS, «Desconto bancário e responsabilidade do descontário pelo extravio do título de desconto», *RB*, n.º 57, **2004** (pp. 31-54), em anotação ao **AcSTJ de 12 de Janeiro de 1994** (FARIA DE SOUSA). Na linha do Acórdão que comenta – e que transcreve na íntegra (pp. 31-39) –, a autora propõe a responsabilidade do banco pelo extravio da letra (pp. 53-54), em raciocínio que se afigura aplicável à cobrança de cheques pelo banco depositário.

título – por conservá-lo até à data de vencimento, para então o apresentar a pagamento, pela totalidade do seu valor, ou por recolocar o título em circulação, endossando-o a um terceiro e realizando o respectivo valor.

Tratando-se de um acto de adiantamento de fundos, o desconto só tem sentido quando, entre a data da sua prática e a prevista para o pagamento do título, existir um prazo suficientemente longo que justifique a necessidade de o portador procurar antecipar a realização do valor do título. Se este for "à vista", como sucede no cheque, não há antecipação, pelo que o desconto não tem sentido sequer do ponto de vista cambiário[1152], uma vez que já não o teria como meio de pagamento[1153]. Acresce que não faz sentido proceder ao "desconto" de um meio de pagamento, uma vez que a operação visa antecipar o pagamento. Não obstante, fala-se amiúde no desconto de cheques. Veremos que se trata de uma designação imprópria[1154].

**III.** Entretanto, para concluir esta nota sucinta sobre esta operação, que se traduz no pagamento (do valor) do título, importa chamar a atenção para o facto de ela ocorrer fundamentalmente com a letra de câmbio, tendo no passado, já algo distante, constituído uma fonte primordial de financiamento, assumindo enorme relevo no plano das operações bancárias e das letras[1155], mas entrando em decadência no último quartel do século XX e vendo, hoje, a sua importância significativamente reduzida[1156].

---

[1152] Limitando o desconto de cheques ao cheque de cobrança materialmente diferida – isto é, aquele em que medeia um lapso temporal mínimo entre a emissão e a cobrança, que justifique o desconto se «o sacador tiver imediata necessidade de fundos» (CARLOS OLAVO, «O Contrato de Desconto Bancário», cit., **2002**, p. 453) –, que deve ser pago numa praça diferente, FERNANDO OLAVO, *Desconto Bancário*, cit., **1955**, pp. 13 e 140-141.

Aproxima-se deste título o cheque de pagamento diferido, regulado na Lei argentina dos cheques (cfr. arts. 54 a 60).

[1153] Curiosamente, a estrutura do cheque revela-se moldável à operação de desconto. Neste sentido, FERNANDO OLAVO (*Desconto Bancário*, cit., **1955**), ao afirmar que «o título reveste as condições precisas para ser submetido a desconto» (p. 140).

[1154] Quando se diz "desconte-me este título" pretende-se, pois, obter o seu pagamento. É como solicitar ao banco que pague o título *descontando* o que for necessário para o efeito, designadamente os juros que remunerem o financiamento realizado.

[1155] Comprovam-no os estudos do início do século XX, que se prolongaram até meados do século, nomeadamente, no plano internacional, por ANGELONI (*Lo sconto*, cit., **1919**) – referenciando diversos autores alemães e austríacos do início do século (p. 3, nota 1) – e, em Portugal, por FERNANDO OLAVO (*Desconto Bancário*, cit., **1955**).

[1156] Não obstante, deparamos no final do século XX com estudos de fôlego, como a dissertação de doutoramento de GARCIA-PITA Y LASTRES, *El contrato bancario de descuento*, cit., **1990** (1001 pp).

## 18.2.4.2. *O impropriamente chamado "desconto do cheque"*

**I.** Explicámos que o desconto é uma operação aplicável a títulos de médio ou longo prazo, sendo que tal operação, por natureza, não faz sentido nos títulos à vista.

No entanto, fala-se, por vezes, no chamado *"desconto de cheques"*. Em que é que consiste esta operação?

Trata-se de uma designação imprópria que foi utilizada para significar o endosso de cheques pós-datados e a antecipação do seu pagamento por uma instituição de crédito ou por uma sociedade de *factoring* que lhe esteja associada ou a simples entrega de cheques para cobrança, com a mesma finalidade[1157]. Situando-nos na realidade portuguesa, e nomeadamente no final dos anos 80 do século XX, época em que, para controlo do consumo, foram limitadas as vendas a prestações e, como efeito dessa limitação, foram reduzidas as letras que, habitualmente, titulavam esses negócios a prazo. Para ultrapassar o impasse legalmente imposto, os comerciantes passaram a aceitar cheques pós-datados que, com vantagem adicional relativamente às letras, beneficiavam de tutela penal, entretanto extinta, como referimos (cfr., *infra*, n.º 19.4). Sendo certo que os diversos cheques que, em regra, o consumidor sacava apondo datas posteriores – frequentemente o primeiro dia de cada mês – podiam ser imediatamente apresentados a pagamento, pela sua natureza, a verdade é que o seu beneficiário, por norma, um retalhista, respeitava as datas neles apostas e só os apresentava a pagamento nas datas neles previstas. Esse trabalho, multiplicado por diversas situações, dificultava muito a gestão da tesouraria das empresas que aceitavam pagamentos nessas modalidades, as quais tinham de estar constantemente alerta no acompanhamento da apresentação desses cheques, para não perder o respectivo prazo. Acresce que, enquanto não apresentassem os cheques, o respectivo valor ficava indisponível.

---

No entanto – e com referência à doutrina nacional –, se confrontarmos o estudo de Carlos Olavo sobre «O Contrato de Desconto Bancário», cit., **2002**, com a obra de Fernando Olavo sobre igual tema (*Desconto Bancário*, cit., **1955**), facilmente concluímos que as variações e novidades registadas, em cerca de meio século, são insignificantes.

[1157] Mencionando a entrega de cheques para cobrança, mas distinguindo-a do desconto, Fernando Olavo, *Desconto Bancário*, cit., **1955**, pp. 142.

Distinguindo o desconto do *"factoring* impróprio", Ferreira de Almeida, *Contratos II*, cit., **2007**, p. 147.

## Pagamento, vicissitudes e efeitos do cheque e da convenção de cheque 539

**II.** Atentos a esta realidade, os bancos encontraram nessa situação um nicho de mercado, tendo criado contas específicas que lhes permitissem gerir a tesouraria desses clientes, e aceitaram que os cheques lhes fossem endossados antes da data neles prevista (e indicada como data de emissão/vencimento). Então, em conformidade com o convencionado, creditavam de imediato o valor do cheque na conta dos seus clientes, fazendo-o em regra salvo boa cobrança, e actuando através de uma das suas sociedades de *factoring* (ou cobrança de créditos).

Esta antecipação – não em relação ao vencimento do cheque, uma vez que, por definição, o cheque (completo) é à vista –, relativamente à data convencionada com o sacador (ou endossante, se for este o descontário) para apresentação do cheque a pagamento, ficou conhecida na gíria bancária como *"desconto de cheques"*, quando na realidade a operação, embora com óbvias semelhanças com o desconto (das letras), nada tinha que ver com ela, reconduzindo-se ao pagamento imediato do cheque ou a uma mera entrega de cheques para cobrança[1158]. Em qualquer circunstância, quer o banco adquira a titularidade do cheque, ou apenas proceda à respectiva cobrança, não estamos perante uma verdadeira operação de desconto bancário.

### 18.2.5. *A cobrança do cheque*

#### 18.2.5.1. *Natureza contratual da operação*

A cobrança do cheque corresponde à execução de um acto que integra a relação bancária complexa e tem natureza contratual, envolvendo o cliente, no caso o portador do cheque, e o seu banco (depositário) que, recebendo um cheque sacado sobre diferente banco[1159] para crédito (do respectivo valor) na conta do cliente e respectivo beneficiário, deverá promover a sua cobrança, recorrendo a uma câmara de compensação[1160] –

---

[1158] Cfr. CARLOS OLAVO, «O Contrato de Desconto Bancário», cit., **2002,** p. 453.

[1159] Note-se que se o sacado for o banco depositário o cheque não terá de ser objecto de compensação entre diferentes instituições, mas será pago por transferência entre contas, por débito da conta do sacador e crédito na conta do beneficiário. Nesse caso, ambos (sacador e beneficiário) serão clientes do (banco) sacado.

[1160] Em Portugal será preferível fazermos referência "à" câmara de compensação, por só o Banco de Portugal funcionar como tal, presentemente (cfr. Reg. SICOI, n.ºˢ 2.1

instituto que tem por finalidade executar liquidações recíprocas –, para trocar esse título por outros valores com idêntica natureza e acertar contas com os demais bancos, designadamente com o sacado.

Não sendo o cheque apresentado à compensação objecto de rejeição, o depositário pode proceder ao crédito em conta – se não o havia feito anteriormente, embora sob "boa cobrança" –, recebendo o valor do cheque na operação de compensação. É neste momento que o cheque desempenha uma função de compensação.

A cobrança de cheques é uma operação contratada no âmbito do serviço de caixa que o banco presta ao cliente e que resulta do contrato de abertura de conta.

### 18.2.5.2. *Confronto com a convenção de cheque*

**I.** Há diferenças manifestas entre a cobrança do cheque e a convenção de cheque.

Em primeiro lugar, os sujeitos são diferentes. Se pensarmos apenas no banco e no cliente, devemos concluir que, sendo aquele o mesmo, isto é, sacado e depositário, no âmbito da convenção, e sendo a abertura de conta comum a ambos os contratos, já o cliente não pode coincidir. Se for o sacador, não tem sentido proceder ao depósito na mesma instituição, pelo que o cheque sacado sobre um banco só segue a via da cobrança se for depositado num banco diferente. Se o cliente for o depositante, então, como beneficiário do cheque, não será o respectivo sacador.

É claro que um sacador pode ser beneficiário de cheques sacados por outrem, mas, nesse caso, o depósito para apresentação a cobrança implica que o sacador e o banco sacado sejam diferentes.

Como se vê, os sujeitos da convenção e da cobrança de cheque não coincidem.

**II.** Em segundo lugar, não há relação contratual de cheque no acto de cobrança. O beneficiário pode até não ser parte de uma convenção de cheque. Ao proceder ao depósito do cheque e, implicitamente, contratar

---

e 5). O SICOI admite, porém, que possa ser criada outra entidade com funções de compensação ou que o BdP contrate com outra entidade serviços de compensação (cfr. Reg. SICOI, n.ᵒˢ 4.1, 6.1, 7.1).

**Actualmente**: cfr. Instr. n.º 3/2009, 16 Fev., em especial n.ᵒˢ 1, 3.2 e 9.1.

a sua cobrança, ele está a relacionar-se com o banco onde tem conta aberta, mas nada tem a ver com o banco sacado que é, necessariamente, outro, como já se referiu.

**III.** As duas operações são, pois, independentes. Pela convenção, o cliente fica autorizado a movimentar a sua conta através de cheques; a cobrança permitir-lhe-á receber o valor dos cheques (de terceiros ou de diferente conta de que seja titular) que depositar na sua conta.

### 18.3. **Vicissitudes no cumprimento**

No que se refere às vicissitudes na execução das obrigações contratuais da convenção de cheque – matéria que constitui objecto central desta dissertação –, começaremos por perspectivar as vicissitudes que são inerentes ao cumprimento das obrigações principais que se registam a nível de pagamento, correspondendo ao não pagamento em favor do beneficiário do cheque, o qual pode ocorrer intencional ou involuntariamente. São três as situações mais frequentes nesta matéria:

a) Incumprimento do banco;
b) Cumprimento defeituoso, uma vez que o banco cumpre, mas defeituosamente, efectuando o pagamento a terceiro, diferente de quem está indicado como beneficiário do cheque;
c) Incumprimento e cumprimento defeituoso pelo cliente.

### 18.3.1. *Não cumprimento (exclusivamente) imputável ao banco*

**I.** O não pagamento do cheque apresentado para o efeito corresponde à falta de satisfação do direito do portador ou (último) beneficiário do cheque, o que pode acontecer porque o banco sacado, em cumprimento de instrução do seu cliente, não paga o cheque ou porque o banco sacado resolve recusar o pagamento, com ou sem invocação de motivos que o justifiquem.

No que respeita à primeira razão, o banco acede ao pedido do cliente que, fundada ou infundadamente, pretende impedir o pagamento do cheque sacado e circulado. Adiante veremos qual a responsabilidade que lhe será imputável pelo facto, e como é que a mesma pode depender do momento em que a recusa de pagamento ocorre ou da eventual existência de uma justa causa de não pagamento.

Quanto à iniciativa do banco em não honrar o pagamento, a razão mais frequente prende-se com a falta de provisão da conta sacada que, uma vez comprovada, deve ser comunicada ao beneficiário, pela devolução do cheque, e informada ao cliente (sacador), para este proceder à rectificação da irregularidade registada. Caso o cliente mereça crédito, o banco poderá optar por pagar o cheque e debitar juros relativamente à quantia creditada. Neste caso, não se verifica um não cumprimento perante o portador ou beneficiário do cheque, confinando-se a eventual vicissitude no plano das relações entre o banco e o seu cliente.

Mas o banco poderá não pagar porque teve conhecimento, por terceiro, de que teria ocorrido um desapossamento algures na circulação cambiária. Nesse caso, e estando relativamente seguro de que não estará a pagar devidamente, o sacado poderá recusar o pagamento, alegando o motivo em que se baseia.

Finalmente, o banco sacado poderá escusar-se ao pagamento sem informar o beneficiário das razões por que o faz, não obstante dispor de fundos suficientes para o efeito.

Nas duas últimas situações, não se trata de uma situação de instrução do cliente, nem de falta de fundos disponíveis, mas de opção do próprio sacado ou de interpretação indevida e não fundamentada sobre qual seria a conduta mais adequada e conveniente aos interesses do cliente.

Vamos, nesta sede, desprezar os casos de não pagamento por razões objectivas (falta de provisão) ou por instruções do cliente, centrando a nossa atenção apenas no não cumprimento que seja *exclusivamente* imputado ao banco.

**II.** Se o banco, apesar de dispor de provisão e de não ter recebido qualquer indicação do seu cliente, não paga o cheque, terá responsabilidade perante o beneficiário, se não dispuser de qualquer explicação adequada e juridicamente atendível que justifique a sua atitude.

Não se trata unicamente de concluir que o sacado terá responsabilidade pelo não pagamento, o que poderá suceder, como veremos (*infra*, n.º 18.3.3), mesmo quando ele se limitar a cumprir ordens do seu cliente – eventualmente não devendo fazê-lo –, mas de apurar que o não pagamento se fica a dever unicamente ao banco, por opção livre ou porque foi induzido a não pagar.

*Pagamento, vicissitudes e efeitos do cheque e da convenção de cheque* 543

Há que distinguir as razões ou motivos que fundamentam o não pagamento pelo banco. Se o banco informar o beneficiário de que não paga porque lhe foi comunicado por uma autoridade ou instituição congénere de que terá havido um desapossamento, ao qual o beneficiário até pode ser alheio, o banco alega um motivo justificativo, mas que não é suficiente para o desresponsabilizar se o beneficiário demonstrar que adquiriu o cheque de boa fé (cfr. art. 14.º, § único do Decreto 13004, de 1 de Dezembro de 1927).

Se o não cumprimento for injustificado e imputável ao banco, este é responsável perante o beneficiário, por incumprimento do seu dever enquanto obrigado cambiário[1161], e pode sê-lo também em face do próprio cliente.

Com efeito, caso a conta bancária sobre a qual é sacado o cheque disponha de provisão, o banco deve proceder ao pagamento do cheque àquele que o apresentar, sendo suficiente verificar que a legitimidade do beneficiário se alicerça numa cadeia ininterrupta de endossos (cf. art. 35.º da LUCh).

Não o fazendo, e não apresentando razões justificativas válidas, o sacado incorre em responsabilidade extracontratual[1162] perante o portador,

---

[1161] As obrigações cambiárias não pressupõem necessariamente que os respectivos sujeitos respondam em via de regresso; são situações jurídicas passivas que se traduzem no dever que os intervenientes na circulação cambiária assumem de realizar uma determinada prestação. Não sendo obrigado (cambiário) de regresso (cfr. art. 40.º da LUCh), o banco não deixa de estar cambiariamente vinculado a pagar o cheque num determinado prazo, desde que haja provisão, porque é um sacado especial que assume perante o cliente e o sistema jurídico-cambiário esse dever.

[1162] Que ainda encontra base legal no art. 483.º, n.º 1 do Código Civil, já que o não pagamento sem fundamento se traduz numa violação das disposições legais (designadamente da LUCh) que impõem o seu pagamento pelo banco ao portador sempre que não se verifique uma causa de não pagamento. Tais preceitos configuram-se como uma *norma legal de protecção*, ou seja, uma norma que, não protegendo direitos absolutos, se destina todavia a proteger interesses particulares que possam resultar lesados pela sua violação, desde que o dano se inscreva no círculo de interesses que a norma se destina a proteger. Trata-se aqui da chamada "2ª variante da ilicitude extracontratual", contemplada no próprio artigo 483.º, n.º 1, para além da 1ª variante da ilicitude que integra a protecção dos direitos absolutos. Com esta explicação recusa-se aqui a possibilidade de fundamentação do carácter extracontratual da responsabilidade do banco, nos casos de recusa infundada de pagamento do cheque, através de uma qualquer concepção da responsabilidade civil extracontratual como susceptível de funcionar também para a protecção de direitos de crédito.

devendo indemnizá-lo pelos prejuízos que lhe causar, e irá responder perante o seu cliente pelos danos que este venha a ter de ressarcir à contraparte pelo incumprimento verificado, tendo em conta que, sendo o cheque um meio de pagamento, houve um preço que ficou por satisfazer.

**III.** Concluindo:

- O banco assume, só, as consequências do incumprimento se este lhe for exclusivamente imputável;
- O banco deverá ressarcir os lesados pelo não cumprimento, podendo ser obrigado a fazê-lo no plano estritamente cambiário – relativamente ao portador do cheque – ou também no plano contratual (em relação ao seu cliente), pelo que pode ter de indemnizar não apenas o portador e último beneficiário do cheque, mas o próprio sacador e seu cliente.

### 18.3.2. *Cumprimento defeituoso pelo banco: pagamento a pessoa diferente da indicada no cheque*

**I.** Noutros casos, o banco sacado paga, mas fá-lo, por lapso, à pessoa errada. Deparamos então com uma situação de cumprimento defeituoso, na base do qual se encontra uma conduta negligente.

Afastamos as situações em que, não obstante o sacado ter usado da máxima diligência e cuidado, ocorreu um pagamento a terceiro, diferente do beneficiário, por imprevisível e não detectada coincidência de nomes. Nessa circunstância, e não devolvendo o terceiro a quantia com a qual indevidamente se locupletou, haverá que apurar a quem incumbe a responsabilidade pelo pagamento do cheque a terceiro diferente daquele que seria o seu beneficiário original. Podemos até chegar à conclusão de que nem o sacado, nem o sacador, respondem pelo pagamento indevido, uma vez que ambos procederam com diligência e cuidado e em nada contribuíram para o desapossamento verificado. Com efeito, se o sacador emitiu e entregou o cheque à ordem de determinada pessoa (beneficiário originário) – que sofreu um desapossamento – e o cheque vier a ser, posteriormente, apresentado a pagamento por um indivíduo com o mesmo nome, o banco paga bem, porque o faz àquele que, em conformidade com a expressão literal do cheque, era o respectivo beneficiário. Neste exemplo, será o tomador a assumir a responsabilidade pela vicissitude ocorrida.

*Pagamento, vicissitudes e efeitos do cheque e da convenção de cheque* 545

**II.** Se o banco paga a terceiro e conhece o desapossamento verificado, ou paga a pessoa com nome diferente do real beneficiário, então o banco tem responsabilidade pelo pagamento. Se o pagamento foi efectuado a pessoa que se arrogava a mesma identidade, embora o demonstrasse por meios falsos, então cabe ao lesado demonstrar que o banco não teria pago se tivesse actuado de modo diligente. Trata-se de vicissitude que se reconduzirá à falsificação e, consequentemente, será estudada a propósito dessa matéria.

### 18.3.3. *Incumprimento e cumprimento defeituoso determinados pelo cliente*

**I.** Noutros casos, o incumprimento resulta de instruções deficientemente transmitidas pelo cliente, o qual, após ter validamente emitido o cheque, arrepende-se – não importa aqui por que razão – e pretende obstar ao pagamento do cheque, instruindo o banco para não o fazer ou não o fazer de imediato.

Como iremos ver, embora o cliente possa ter de partilhar a responsabilidade com o banco pelos resultados da sua intervenção, este não deixará de ter de responder perante o portador do cheque, pagando-lhe o respectivo montante e assumindo ainda o ressarcimento dos danos que ele tiver sofrido com o incumprimento.

Sobre esta questão debruçar-nos-emos a propósito da revogação do cheque, pelo que nos abstemos por agora de observações adicionais.

**II.** Com efeitos semelhantes, temos todas as situações em que o cliente impede o pagamento, designadamente por retirar fundos à conta ou promover o cancelamento da conta. Uma conduta com estas características, tal como a que resulta da emissão de um cheque sem provisão, sofre um específico desvalor de natureza penal, para além de conduzir à rescisão da convenção, como veremos (*infra*, n.ᵒˢ 19.3 e 24).

## 19. Falta de provisão e tutela penal do cheque

Estudada que se encontra a provisão (cfr. supra n.º 17.2), vejamos agora o âmbito e alcance da tutela que decorre da sua falta, no plano jurídico-penal[1163].

### 19.1. Razão de ser

O cheque, apresentado a pagamento, não será pago se não existir provisão na conta do sacador, ou seja, se não existirem fundos disponíveis – por não ter sido previamente efectuado depósito nessa conta, em montante suficiente, ou por não ter sido concedido crédito ao sacador relativamente a essa conta –, ficando, assim, por satisfazer a quantia em causa e defraudada a confiança depositada nesse título.

Quando isso acontece, estamos perante uma situação de descrédito do instrumento de pagamento, em tudo semelhante ao que resulta do recurso à contrafacção ou falsificação da moeda. E, tal como esta repugnou à consciência social, sendo objecto de sanção penal, o legislador português iria, no final do primeiro terço do século XX[1164], sancionar o deficiente uso do cheque – por falta de provisão adequada –, tipificando-o, específica e autonomamente, como crime no Decreto n.º 13.004, de 12 de Janeiro de 1927, que já analisámos (cfr., *supra*, n.ºˢ 1.4.3 e 1.4.7).

A **tutela criminal** do cheque manter-se-ia ao longo de todo o século XX e, em Portugal[1165], é hoje objecto de regulação pelo Decreto-Lei

---

[1163] No plano jurídico-cambiário o não pagamento do cheque, por falta de provisão, despoleta o direito de regresso, podendo qualquer dos obrigados cambiários ser chamado a pagá-lo (cfr. art. 40.º da LUCh), sendo o sacador o seu último responsável.

[1164] Recorde-se o que atrás dissemos sobre a penalização da falsificação do cheque, prevista no Código Penal de 1886 (cfr., *supra,* n.º 1.4.3.VI).

[1165] Tal como fizemos a propósito da problemática do cheque enquanto título executivo, abstemo-nos, nesta matéria (penal), de recorrer à análise dos ordenamentos jurídicos estrangeiros e à citação da respectiva doutrina, considerando, para além da marginalidade deste subtema em relação ao objecto da nossa investigação, a especificidade do regime aplicável ao ilícito nos vários ordenamentos que estudámos e, nomeadamente, o facto de a emissão do cheque sem provisão não constituir em todos eles tipo penal autónomo. Assim sucede na Alemanha, Áustria, Estados Unidos da América (em que o cheque sem provisão não constitui crime federal, embora haja que considerar legislações estaduais em que é especialmente punido) e Reino Unido, países em que não recolhe

*Pagamento, vicissitudes e efeitos do cheque e da convenção de cheque*   547

n.º 454/91, de 28 de Dezembro, que conheceu já diversas redacções, sendo perceptível a inclinação para a descriminalização do cheque sem provisão, como delito autónomo.

### 19.2. Enquadramento jurídico-normativo do cheque sem provisão: o Decreto-Lei n.º 454/91, de 28 de Dezembro

**I.** Por constituir assunto marginal em relação àquele que nos ocupa – com especificidades próprias –, não vamos, a este propósito, recordar a evolução do regime sancionatório de natureza penal (desde a lei de 1927, a que fizemos atrás alusão)[1166]. Tão pouco nos importará verificar em que ordenamentos jurídicos o cheque foi, e ainda é, objecto de protecção penal autónoma[1167], e qual a estatística das infracções relacionadas com este meio de pagamento no nosso país[1168]. Passamos, assim, imediatamente, para o regime actual e procuraremos ver em que medida é que o mesmo projecta os seus efeitos na consideração do cheque como título de crédito e instrumento necessário da convenção de cheque.

**II.** O cheque sem provisão, vulgarmente designado cheque sem cobertura, é – desde 29 de Março de 1992[1169] – regulado pelo Decreto-

---

sanção penal específica e em que o ilícito, a ocorrer, se enquadra em regra no crime de burla.

Para o leitor interessado num conhecimento, ainda que superficial, de outros ordenamentos jurídicos, sugere-se a leitura da monografia de Grumecindo Dinis Bairradas, *O cheque sem provisão. Regime jurídico civil e penal*, Almedina, Coimbra, **2003**, pp. 41 e 51-68, que apresenta sobre o tema estatísticas nacionais (cfr. pp. 42-43, 47-48).

[1166] Sobre a evolução do crime do cheque sem provisão em Portugal, vd. Grumecindo Dinis Bairradas, *O cheque sem provisão*, Almedina, Coimbra, **2003**, pp. 69-87, Américo A. Taipa de Carvalho, *Crime de Emissão de Cheque sem Provisão*, Coimbra Editora, Coimbra, **1998** (em especial pp. 11-41), Jorge de Figueiredo Dias, «Crime de emissão de cheque sem provisão», *CJ*, ano XVII, t. III, **1992** (pp. 65-72), pp.67-70, e Germano Marques da Silva, *Regime Jurídico-Penal dos Cheques sem Provisão*, Principia, Lisboa, **1997**, pp. 13-21.

[1167] Com esta informação, e desenvolvendo o regime penal do cheque noutros ordenamentos jurídicos, vd. Dinis Bairradas, *O cheque sem provisão*, cit., **2003**, pp. 41 e 51-68.

[1168] Cfr. Dinis Bairradas, *O cheque sem provisão*, cit., **2003**, pp. 42-43.

[1169] O DL 454/91, de 28 de Dezembro, entrou em vigor «*três meses após a data da sua publicação*» (art. 16.º).

-Lei n.º 454/91, de 28 de Dezembro (cfr. art. 16.º)[1170]. Trata-se de um diploma de vasto alcance que, visando essencialmente a tutela jurídico-penal do cheque quando o mesmo não tem provisão, regula diversos aspectos da relação contratual que consubstancia a emissão de cheques, designadamente no que respeita à sua cessação imperativa (cfr., *infra*, n.º 24). Desde a sua entrada em vigor, o diploma foi alterado por *quatro* vezes (Decreto-Lei n.º 316/97, de 19 de Novembro, Decreto-Lei n.º 323/ /2001, de 17 de Dezembro, Decreto-Lei n.º 83/2003, de 24 de Abril, e Lei n.º 48/2005, de 29 de Agosto), tendo sido a sua primeira alteração a mais relevante, nomeadamente por ter determinado a descriminalização do cheque pós-datado.

Sem a preocupação de analisar detalhadamente o crime de emissão de cheque sem provisão – que é estudado desenvolvidamente por penalistas eminentes[1171] –, iremos recordar os seus aspectos básicos, para concluir que os efeitos penais do regime jurídico do cheque não prejudicam o respectivo entendimento jurídico-comercial, que permanece inalterado; e julgamos que assim continuará a acontecer, ainda que o cheque venha a ser totalmente despenalizado, como crime autónomo.

---

[1170] A que se referem todas as disposições legais citadas neste número (2.8.5), sem referência específica.

[1171] Sobre este tema, que extravasa o âmbito do Direito Comercial, e em obras posteriores à reforma de 1997 do RJCh, vd. DINIS BAIRRADAS, *O cheque sem provisão*, cit., **2003** (em especial, pp. 121-194, 205-220, 235-243, TAIPA DE CARVALHO, *Crime de Emissão de Cheque sem Provisão*, cit., **1998** (em especial pp. 19-66), GERMANO MARQUES DA SILVA, «O novo regime legal do cheque sem provisão», AA.VV., *Novo regime penal do cheque sem provisão*, Instituto de Direito Bancário, Lisboa, **1999** (pp. 61-77), *Regime Jurídico-Penal dos Cheques sem Provisão*, Principia, Lisboa, **1997** (em especial, pp. 41-94). Cfr. ainda os elementos de carácter prático consistentes nas desenvolvidas anotações e na conferência que proferiu na Associação Jurídica de Braga de António Augusto TOLDA PINTO, *Cheques sem provisão. Sua relevância penal. Regime jurídico anotado*, Coimbra Editora, Coimbra, **1998** (em especial pp. 69-189), e «Regime jurídico do cheque sem provisão», *SI*, t. XLVI, **1997** (pp. 265-314), em especial pp. 276-291; e as notas de Fernando GAMA LOBO, *Legislação sobre o cheque*, Quid Juris?, Lisboa, **2003** (em especial pp. 35-47), e de Manuel FERREIRA ANTUNES, *Regime Jurídico do cheque sem provisão. Regime jurídico-penal anotado e comentado*, Petrony, Lisboa, s/d (mas depósito legal de **2005**) (em especial, pp. 65-131).

Para além dos especialistas em Direito Penal, sobre o crime de cheque sem provisão, no regime posterior à reforma de 1997, pronunciou-se também, com inegável interesse, em dois estudos, EVARISTO MENDES, «O actual sistema de tutela da fé pública do cheque», *DJ*, vol. XIII, t. 1, **1999** (pp. 199-254), em especial pp. 231-237, e «Crime. Crime de emissão de cheque sem provisão. Inconstitucionalidade», *RDES*, ano XXXX (XIII da 2ª Série), n.ᵒˢ 2 e 3, **1999** (pp. 157-263), em especial, pp. 215-237 e nota 94.

## 19.3. Crime de emissão de cheque sem provisão

**I.** A emissão de cheque sem provisão é criminalmente tipificada – com autonomia relativamente a outros crimes contra o património, como o crime de burla, por exemplo – no artigo 11.º, n.º 1 do Regime Jurídico do Cheque sem provisão (Decreto-Lei n.º 454/91, de 28 de Dezembro).

Vamos expor, muito sucintamente, o regime jurídico-penal do cheque, para poder verificar se este pode, de algum modo, influir na concepção do cheque como título de crédito.

Haverá que proceder à compreensão do ilícito sob diferentes perspectivas – substantiva e processual[1172] –, para não olvidarmos nenhum aspecto e podermos concluir que o regime jurídico-penal deste meio de pagamento não interfere com as suas características principais, que justificam, nomeadamente, a subsistência e validade do cheque, mesmo que a relação contratual que lhe está subjacente, e que justifica a sua criação, se encontre comprometida ou de algum modo afectada.

**II.** Comecemos pela análise substantiva do ilícito, sem a preocupação de expormos a respectiva evolução histórica[1173], ainda que recente.

O crime não se encontra regulado no Código Penal, mas sim em diploma autónomo, como já referimos – o Decreto-Lei n.º 454/91, de 28 de Dezembro (designado abreviadamente RJCh) –, correspondendo a uma tradição de muitas décadas, iniciada no final dos anos vinte, com o Decreto n.º 13004, de 12 de Janeiro de 1927.

Nos termos do regime jurídico actual, estabelecido no art. 11.º do RJCh – e que, em seguida, transcrevemos[1174] –, incorre no crime de

---

[1172] Esta distinção (separação) encontra acolhimento implícito na sistematização da obra de GERMANO MARQUES DA SILVA sobre o *Regime Jurídico-Penal dos Cheques sem Provisão*, Principia, Lisboa, **1997** [cfr. Capítulos I («O crime de emissão de cheque sem provisão») e II («Questões processuais relativas ao procedimento pelo crime de emissao de cheque sem provisão»), iniciados respectivamente a pp. 41 e 95].

[1173] Abdicamos, intencionalmente, de abordar a evolução histórica da tutela penal do cheque – que foi objecto de referência nos números 1.4.3.VI e VII, 1.4.4 e 1.4.7 –, por a considerarmos marginal, tendo em conta o objecto deste estudo.

No entanto, para desenvolvimentos nessa matéria, vd. GERMANO MARQUES DA SILVA, «O novo regime legal do cheque sem provisão», AA.VV., *Novo regime penal do cheque sem provisão*, Instituto de Direito Bancário, Lisboa, **1999** (pp. 61-77), *Regime Jurídico-Penal dos Cheques sem Provisão*, Principia, Lisboa, **1997**, pp. 13-21, 34-37, e autores citados na nota 1145.

[1174] O itálico, como é regra neste trabalho – enquadrado, ou não, por aspas –, corresponde ao exacto texto da lei.

550 Cheque e Convenção de Cheque

emissão de cheque sem provisão[1175] *quem – sem justificação de facto e com culpa –, causando prejuízo patrimonial ao tomador do cheque ou a terceiro*:

a) *Emitir* **e** *entregar a outrem cheque para pagamento de quantia superior a € 150,00[1176] que não seja integralmente pago por*
   – *falta de provisão ou*
   – *irregularidade do saque*;

b) *Antes ou após a entrega a outrem de cheque* por si sacado (ou por terceiro), impedir o respectivo pagamento, pela prática de um dos seguintes actos:
   – *levantar os fundos necessários*;
   – revogar o cheque (proibindo à instituição sacada o seu pagamento);
   – *encerrar a conta sacada[1177]*; ou

---

[1175] Cuja pena é agravada quando estiver em causa cheque de valor elevado (art. 11.º, n.º 2), isto é, cheque *«que exceder 50 unidades de conta»* [cfr. art. 202.º, *alínea a)* do CódPenal].

[1176] Valor actualizado pelas alterações introduzidas ao regime jurídico do cheque sem provisão pela Lei n.º 48/2005, de 29 de Agosto. O valor anterior era de € 62,45 (por conversão em euros do valor de Esc. 12.500$00, introduzido pelo Decreto-Lei n.º 316/97, de 19 de Novembro) e havia substituído, em 1998, o valor inicial (de 1992), de Esc. 5.000$00, correspondente a escassos € 24,94. O valor mínimo garantido por cheque, pelas instituições de crédito fornecedoras de módulos, sextuplicou, em escassos oito anos, entre 1998 e 2005.

Pronunciando-se sobre a inconstitucionalidade da imposição aos bancos do dever de pagar cheques até determinado montante e confrontando os novos preceitos com o regime da LUCh, nomeadamente o art. 4.º, JORGE MIRANDA, «Emissão de cheques sem provisão – Obrigatoriedade de pagamento pelo sacado – Inconstitucionalidade da Lei n.º 30/91, de 20 de Julho», *RB* n.º 20, **1991** (pp. 73-85), em parecer proferido sobre a lei de autorização legislativa que deu lugar ao Decreto-Lei n.º 454/91, de 28 de Dezembro, e ao então novo dever dos bancos de pagarem os cheques emitidos sem provisão até ao montante de 5 contos (cfr., em especial, pp. 76-79 e 85). Com idêntico sentido crítico, em apreciação ao **AcTribConstitucional n.º 371/91** (ANTÓNIO VITORINO), *RB* n.º 20, pp. 89-157 – que, apesar de diversos votos de vencido, não se pronunciou pela inconstitucionalidade das normas do DL 454/91 –, cfr. ANTÓNIO CAMPOS, «Notas e Comentários», *RB* n.º 20, pp. 159-164.

[1177] A expressa previsão do encerramento da conta sacada foi introduzida pelo Decreto-Lei n.º 316/97, de 19 de Novembro, tornando absolutamente claro que o cancelamento de conta bancária, em certas circunstâncias, tem os mesmos efeitos que a recusa de pagamento por falta de provisão.

A questão da devolução do cheque fundada em "cancelamento de conta" havia sido resolvida meses antes com o **Assento de 8 de Maio de 1997** (AUGUSTO DE AZEVEDO

# Pagamento, vicissitudes e efeitos do cheque e da convenção de cheque 551

– «*alterar as condições da*» movimentação da conta (por exemplo, alteração da administração ou do tipo de conta); *ou*

c) *Endossar cheque que recebeu, conhecendo as causas* (acima indicadas) *de não pagamento integral* do mesmo[1178].

**III.** Enunciado o regime legal do cheque sem provisão, convirá – antes de passarmos à análise das diversas *facti species* – proceder à delimitação do tipo criminal[1179], salientando serem os respectivos ele-

---

FERREIRA) (publ. com o n.º **13/97** no *DR*, I Série, de 18 de Junho de 1997), segundo o qual «*a declaração "devolvido por conta cancelada", aposta no verso do cheque pela entidade bancária, equivale, para efeitos penais, à verificação da recusa de pagamento por falta de provisão*».

[1178] Trata-se de incriminação contrária ao sistema resultante da própria LUCh.

[1179] Não pretendemos envolvermo-nos na controvérsia ocorrida aquando da entrada em vigor do Decreto-Lei n.º 454/91, acerca dos efeitos do novo regime sobre o crime anteriormente previsto e punido ao abrigo do disposto nos arts. 23.º e 24.º do Decreto 13 004 de 12 de Janeiro de 1927 (na red. dos arts. 6.º da Lei n.º 25/81, de 21 de Agosto, e 5.º do DL 400/82, de 23de Setembro) – sobre a qual tomámos já posição (cfr., *supra*, n.º 1.4.7) –, nem tão pouco pronunciarmo-nos sobre a qualificação do crime, como de perigo ou de dano.

Trata-se de matéria muito específica, de natureza exclusivamente penal ou criminal; em todo o caso, a questão ficou definitivamente resolvida na ordem jurídica portuguesa com o **Assento do STJ n.º 6/93, de 27 de Janeiro** (ANTÓNIO DE SOUSA GUEDES), segundo o qual *o artigo 11.º, n.º 1 não criou um novo tipo legal de crime*», nem despenalizou as condutas anteriormente punidas *pelo artigo 24.º do Decreto 13 004, de 12 de Janeiro de 1927,* apenas despenalizou os cheques de valor igual ou inferior a *5.000$00* (actualmente: € 150,00) e *os cheques de valor superior* relativamente aos quais *não se prove que causaram prejuízo patrimonial*.

Mas não podíamos deixar de ser sensíveis aos argumentos de FIGUEIREDO DIAS («Crime de emissão de cheque sem provisão», cit., **1992**) que, a propósito da sucessão de leis no tempo então ocorrida, concluía que – com excepção do «caso de emissão de cheques sem provisão de valor superior a cinco mil escudos» – «todas as emissões de cheques sem provisão realizadas na vigência do direito anterior, que continuem a integrar, em concreto, um ilícito punível à luz do Decreto-Lei n.º 454/91, cabem na órbita do artigo 2.º, n.º 4 do Código Penal, devendo ser resolvidas de acordo com a disciplina aí estabelecida» (p. 72). E considerava o referido professor (*ibid.*) que «a emissão de cheque sem provisão integrava» já – não obstante a jurisprudência anterior [e o **Assento do STJ de 20 de Novembro de 1980** (AUGUSTO DE AZEVEDO FERREIRA), acrescentamos nós] – um **crime** material e **de dano**, cuja consumação dependia da produção de um efectivo prejuízo patrimonial», não podendo o art. 11.º do DL 454/91, que continua(va) a contemplar aquela emissão de cheque sem cobertura como um delito material e de dano, jamais «implicar, para efeito do artigo 2.º, n.º 2 do Código Penal de 1982, uma descriminalização das condutas perpetradas na vigência do direito anterior».

552     *Cheque e Convenção de Cheque*

mentos essenciais genéricos a culpa (dolo) e a inexistência de facto justificativo, constituindo elementos específicos a verificação de prejuízo patrimonial e de que o cheque, tendo sido apresentado a pagamento dentro do prazo estabelecido para o efeito pela Lei Uniforme, não tenha sido pós-datado[1180].

---

No sentido defendido por FIGUEIREDO DIAS, embora com diferente argumentação, vd. José Ferraz de FREITAS NETO, «Algumas considerações sobre o novo regime penal do cheque (Súmula extraída de várias decisões processuais)», *CJ*, ano XVII, t. III, **1992** (pp. 81-83), em especial p. 82.

No sentido da não descriminalização, vd. o interessante **AcSTJ de 7 de Maio de 1992** (FERNANDO LOPES DE MELO) (*CJ*, ano XVII, t. III, **1992**, pp. 8-12), alicerçado no **Acórdão do Tribunal Constitucional n.º 371/91** (ANTÓNIO VITORINO) (*DR* II Série, de 10 de Dezembro de 1991, pp. 12601 e segs., e *RB* n.º 20, pp. 89-157) e na intervenção do deputado (e professor da Faculdade de Direito da Universidade de Coimbra) COSTA ANDRADE na Assembleia da República (*DAR*, I Série, de 7 de Junho de 1991, pp. 2957 e segs.).

Contra, considerando que a entrada em vigor do Decreto-Lei n.º 454/91 descriminalizou os cheques que haviam sido anteriormente emitidos sem provisão, NUNO Miguel Pereira RIBEIRO COELHO, «Crime de emissão de cheque sem provisão. – Sucessão de leis no tempo», *CJ*, ano XVII, t. III, **1992** (pp. 86-92)

[1180] Pressuposto essencial é estar em causa um cheque. Por isso, sendo o título incompleto, designadamente por não ser datado, não vale como cheque e não é apto a ser pago, pelo que a falta de provisão não releva nesse caso. Neste sentido, e considerando que *«um título a que falta a indicação da data em que foi passado não produz (...) efeito como cheque, não podendo por isso relevar no domínio penal»*, **AcSTJ de 1 de Junho de 1988** (ALMEIDA SIMÕES) / Proc. n.º 39525, *BMJ* 378, 1988, pp. 214-219.

Do mesmo modo, se o cheque sacado em branco (ou incompleto) tiver sido abusivamente preenchido no que respeita à data de emissão, a eventual falta de provisão não releva para efeitos penais. Em nosso entender, o cheque que tenha sido completado contra eventual acordo não pode relevar para efeitos criminais, não sendo legítimo presumir-se o acordo das partes, entre o sacador e o tomado, no sentido de o tomador o poder datar como entender. Não estamos, assim, inteiramente de acordo com a jurisprudência do **AcSTJ de 6 de Fevereiro de 1991** (MANUEL DA ROSA FERREIRA DIAS), *CJ*, ano XVI, t. I., 1991, pp. 17-21 – a que já nos referimos anteriormente (*supra*, n.ºs 1.4.4, 2.6.3) –, que, reconhecendo ser *«a indicação da data da emissão do cheque um elemento essencial»*, a ponto de ser *nulo* o cheque que, no *acto de apresentação a pagamento*, não contiver tal data, admite que se possa presumir *«o acordo das partes no sentido de o primeiro tomador o poder datar como lhe convier»*, se o receber com a data em branco. Nos termos do aresto, *para que o cheque possa produzir efeitos jurídico-penais* é necessário que, *ao ser apresentado a pagamento, já nele tenha inserta a data de emissão*.

Recusando a leitura do **AcSTJ de 6 de Fevereiro de 1991** (MANUEL DA ROSA FERREIRA DIAS), o **AcRelCoimbra de 16 de Maio de 1996** (JOSÉ ANTÓNIO HENRIQUES SANTOS CABRAL), *CJ*, XXI, t, III, 1996, pp. 44-46 – na sequência do **Assento de 2 de**

No que se refere aos elementos genéricos do crime, não há especialidades a assinalar em relação à doutrina geral do crime. Assim, no silêncio da lei, a emissão de cheque sem provisão apenas será punível como crime quando for praticada com dolo (nesse sentido, vd. os arts. 13.º e 14.º do Código Penal), e é suposto que o autor desse facto não tenha realizado a sua conduta sem consciência, não censurável, da respectiva ilicitude (cfr. art. 17.º do CP)[1181].

Também não comete o crime quem tenha uma justa causa para impedir o pagamento do cheque, depois de colocado em circulação, nomeadamente por ter ocorrido um extravio dos próprios módulos que tenham, entretanto, sido abusivamente preenchidos com falsificação da assinatura do sacador, dando lugar a um desapossamento.

Os motivos que legitimam o não pagamento do cheque constituem causas de exclusão da ilicitude e reconduzem-se a «*vícios da vontade* na formação da obrigação cambiária»[1182], e a situações de desapossamento por meios ilícitos (furto e roubo) e de extravio justificado do cheque[1183] [1184].

---

**Dezembro de 1992** (PINTO BASTOS), *BMJ* 422, 1992, pp. 15-19 –, concluiu que *nada na lei faz presumir que a simples entrega do cheque contém em si a anuência para o seu preenchimento.*

Com uma opinião curiosa – de que também discordamos –, embora manifestada na vigência do Decreto n.º 13004, de 12 de Janeiro de 1927, JOSÉ Carlos de Carvalho MOITINHO DE ALMEIDA, «Algumas considerações sobre o crime de emissão de cheque sem provisão», *Jurídica*, ano XV, n.º 110, **1970** (pp. 70-94), considerando, a propósito do cheque emitido em branco, que «o legislador não terá pretendido afastar a tutela penal com a verificação da simples falta de quaisquer» dos requisitos do cheque, nomeadamente da data, porque tal «seria um convite a delinquentes com experiência que, para evitarem a criminalidade dos seus actos, deixariam de mencionar um elemento obrigatório» (p. 87).

[1181] Sobre o dolo como requisito deste crime, cfr. GERMANO MARQUES DA SILVA, «O novo regime legal do cheque sem provisão», cit., **1999** (pp. 61-77), p. 72, *Regime Jurídico-Penal dos Cheques sem Provisão*, cit., **1997**, pp. 77-78, e DINIS BAIRRADAS, *O cheque sem provisão*, cit., **2003**, pp. 182-185.

Sobre o dolo em geral, cfr. Manuel CAVALEIRO DE FERREIRA, *Lições de Direito Penal. Parte Geral, I*, 4ª ed., Verbo, Lisboa/São Paulo, **1992**, pp. 282-301, CAVALEIRO DE FERREIRA / Miguel PEDROSA MACHADO, «Dolo – DIR. 2. Direito Penal», *Enciclopédia Verbo*, Edição Século XXI, vol. 9, **1999** (cols. 798-800), J. FIGUEIREDO DIAS, *Direito Penal. Parte Geral, Tomo I*, 2ª ed., Coimbra Editora, **2007**, pp. 349-379 e 529-559, e GERMANO MARQUES DA SILVA, *Direito Penal Português, Parte Geral, II – Teoria do crime*, 2ª ed., Verbo, Lisboa, **2005**, pp. 175-186.

[1182] DINIS BAIRRADAS, *O cheque sem provisão*, cit., **2003**, p. 195.

[1183] Como refere DINIS BAIRRADAS, *O cheque sem provisão*, cit., **2003**, p. 196, a justa causa não se pode alicerçar na simples comunicação ao sacado da vicissitude ocorrida,

**IV.** Quanto aos elementos específicos do tipo legal de crime em análise, que se devem verificar, definem-se de forma positiva – ocorrência de prejuízo patrimonial em esfera jurídica de terceiro, como consequência do não pagamento do cheque, e apresentação a pagamento dentro do prazo estabelecido para o efeito pela Lei Uniforme – e negativa: o cheque não poder ser pós-datado.

Comecemos por apreciar o primeiro dos elementos objectivos do crime: o que diz respeito ao *prejuízo patrimonial*[1185] que deve resultar para o tomador ou para terceiro (portador do cheque). Trata-se de um elemento essencial da qualificação da conduta como crime, já anteriormente exigido[1186], embora não da forma clara e expressa, como passaria a constar com o Decreto-Lei n.º 454/91, de 28 de Dezembro.

---

cabendo discutir se não deveria a instituição sacada cativar provisoriamente a importância em causa até que se apure ser a revogação adequada.

[1184] O Regulamento do Sistema de Compensação Interbancária (SICOI) [aprovado pela Instr. n.º 25/2003, de 15 de Outubro de 2003 (red. da Instr. 4/2007, de 15 de Março)] prevê a possibilidade de, em certas circunstâncias, previstas na Parte II do Anexo, os cheques levados à compensação poderem ser devolvidos (cfr. n.º 20). Enquadram-se nessa situação os cheques que tenham sido adequadamente (*i.e*, «*por declaração escrita ou outro meio de prova idóneo aceite em tribunal*») revogados com justa causa, designadamente por terem *sido objecto de furto, roubo, extravio, coacção moral, incapacidade acidental ou qualquer situação em que se manifeste falta ou vício na formação da vontade*».
Presentemente (**2009**), cfr. Anexo IV da Instr. n.º 3/2009.

[1185] Trata-se de um elemento objectivo *normativo*, de acordo com a classificação dos elementos do tipo objectivo de ilícito proposta por FIGUEIREDO DIAS (*Direito Penal. Parte Geral, Tomo I*, 2ª ed. cit., **2007**, pp. 288-290) como elementos *descritivos* ou *normativos*, consoante sejam apreensíveis através de uma actividade sensorial (elementos objectivos *descritivos*) ou apenas possam ser representados e pensados sob a pressuposição de uma norma ou de um valor (elementos objectivos *normativos*); tal distinção, não obstante ter sido já «considerada impossível por juristas exasperados» ou «impraticável», pela impossibilidade de distinção rigorosa entre as duas categorias, é considerada pelo autor indispensável, em certas circunstâncias (*v.g.*, em matéria de erro e de dolo), para a determinação do regime aplicável.

[1186] Este entendimento não era pacífico.
Aceitamos a opinião de FIGUEIREDO DIAS, «Crime de emissão de cheque sem provisão», cit., **1992**, que considerava já residir o «bem jurídico protegido com a incriminação da emissão de cheque sem provisão» «no património da vítima» (p. 68), no que respeita à consideração do tipo objectivo (no âmbito do Decreto de 1927). Na opinião deste penalista esta óptica seria a única que permitiria compatibilizar «a exigência de "queixa" do ofendido, como pressuposto do desencadeamento do processo (art. 24.º), e a admissibilidade do seu "perdão", como causa do respectivo arquivamento». Recusava, assim, que o objecto de tutela fosse «a entidade abstracta e supra-individual da "confiança" ou "credibilidade do cheque"».

*Pagamento, vicissitudes e efeitos do cheque e da convenção de cheque*   555

Questão interessante na dogmática penal é procurar delimitar este conceito de *prejuízo patrimonial*, que, a não ser preenchido, esvazia o crime, independentemente da verificação dos demais requisitos estabelecidos na lei.

Não tomaremos partido decisivo na qualificação da natureza do crime em causa, mas não procuramos esconder a nossa inclinação sobre a questão, que não foge, aliás, à interpretação da generalidade da doutrina[1187].

*Prejuízo patrimonial* existe, na prática, sempre que – ainda que tendo recebido o cheque a título de liberalidade ou de reembolso de quantia mutuada – o beneficiário do cheque não pago, por falta de provisão, não tenha incumprido a relação contratual subjacente à relação cartular, sofrendo consequentemente uma diminuição patrimonial pela falta de satisfação da quantia documentada no cheque de que era portador, no momento da apresentação a pagamento. Só não existe, consequentemente, se o pagamento viesse a corresponder a um enriquecimento sem causa, porque indevido, visto não corresponder, afinal, a uma prestação válida por parte do seu titular. Se o beneficiário do cheque não suportou

---

Recorde-se que o **Assento do STJ de 20 de Novembro de 1980** (Augusto de Azevedo Ferreira) – anterior ao actual Regime Jurídico-Penal do Cheque sem Provisão – havia qualificado este crime como um crime de perigo, considerando que o bem jurídico tutelado pelos artigos 23.º e 24.º do Decreto-Lei n.º 13004 se reconduzia, precisamente, ao interesse supra-individual da confiança ou credibilidade do cheque, enquanto meio de pagamento, e ao «*interesse público e geral da circulação do cheque, como meio de pagamento para preenchimento dos fins da redução de circulação fiduciária da moeda e saída de fundos do sistema bancário*», pelo que não seria *necessária a existência do propósito ou intenção de prejudicar (dolo específico) por parte do emitente do cheque.*

Adoptando uma posição conciliatória, considerando – como exemplo de crime simples pluriofensivo – que «o crime de emissão de cheque sem provisão» «ofende simultaneamente o património do tomador do cheque e o interesse público na credibilidade do cheque e da sua circulação», Germano Marques da Silva, *Direito Penal Português, Parte Geral, II – Teoria do crime*, 2ª ed. cit., **2005**, p. 34, nota 44. Com uma perspectiva também inegavelmente interessante, sobretudo tendo em conta tratar-se de um comercialista, Evaristo Mendes, «Cheque. Crime de emissão de cheque sem provisão. Inconstitucionalidade», *RDES*, ano XXXX (XIII da 2ª Série), n.os 2 e 3, **1999** (pp. 157-263), em especial pp. 235-236.

Importa sublinhar que não desprezamos o interesse na credibilidade do cheque e na confiança que o mesmo deve merecer e que se encontra também na constituição deste tipo criminal; apenas nos limitamos à determinação do fundamento subjacente ao tipo objectivo.

[1187] Cfr., por todos, Germano Marques da Silva, *Regime Jurídico-Penal dos Cheques sem Provisão*, cit., **1997**, pp. 20-22, e vd., *supra*, nota 1158.

qualquer custo para se tornar titular do cheque, porque a sua prestação não se concretizou ou foi deficientemente executada, então não sofreu qualquer prejuízo; antes pelo contrário, teria obtido um ganho injustificado com a eventual satisfação do cheque.

Por isso, se recebeu o cheque no âmbito de um negócio gratuito, ou a título de reembolso de empréstimo que tenha anteriormente efectuado ao sacador ou ao (seu) endossante, o portador não deixará de sofrer um prejuízo consistente na diminuição ilícita do seu património por falta de pagamento do cheque. Nestes termos, o prejuízo patrimonial existirá quase sempre[1188] se o beneficiário, na apresentação, for portador legítimo e titular do direito de crédito (à quantia documentada)[1189].

**V.** Mas a lei parece ser mais específica, exigindo que o prejuízo patrimonial seja consequência do saque e se projecte na esfera jurídica do terceiro que dele seja beneficiário. *O que é que isto significa?*

Por um lado, que não há prejuízo patrimonial quando o cheque não é sacado para tomador, não saindo do controlo do sacador; por outro, que o prejuízo está dependente da relação subjacente que justifica a aquisição do cheque pelo terceiro e, nomeadamente, de que este – por conta desse cheque – tenha sofrido um sacrifício sem contrapartida, por não ter embolsado o respectivo pagamento.

Esta interpretação é confirmada pelo **Acórdão de Uniformização de Jurisprudência de 30 de Novembro de 2006** (João Luís Marques Bernardo) que se pronuncia sobre a questão de saber em que circunstâncias é que a falta de pagamento de um cheque *preenche o conceito de "prejuízo patrimonial"*.

O Acórdão, dando por assente – na esteira de Jorge Figueiredo Dias[1190] – que o *prejuízo* tem natureza económico-jurídica[1191], adere à

---

[1188] Dizemos "quase sempre", e não sempre, porque se o cheque for utilizado como garantia, haverá que averiguar se a falta de pagamento corresponde a uma efectiva redução de disponibilidades do beneficiário.

[1189] A coincidência da titularidade e legitimação torna irrefutável o prejuízo, desde que o cheque tenha sido transmitido como meio de pagamento.

[1190] «Crime de emissão de cheque sem provisão», *CJ*, ano XVII, t. III, **1992** (pp. 65-72), p. 68.

[1191] Ligando a ideia de *prejuízo*, no crime de emissão de cheque sem provisão, ao não pagamento da quantia inscrita no cheque, na linha do **Assento 6/93, de 27 de Janeiro de 1993** (António de Sousa Guedes), e do **Acórdão do STJ de 4 de Junho de 2003**

*Pagamento, vicissitudes e efeitos do cheque e da convenção de cheque*   557

corrente doutrinal maioritária que descaracteriza a abstracção do cheque em favor dos efeitos penais[1192], considerando que o *prejuízo patrimonial* que se deve verificar tem de se reportar ao não cumprimento da obrigação subjacente à emissão do título[1193], porque da demonstração desta, ou dos factos que dela são constitutivos, depende o próprio direito de queixa (cfr. art. 11.º-A).

Assim, conceptualizando o *"prejuízo patrimonial"* – exigido como elemento do crime pelo disposto no artigo 11.º, n.º 1 do Decreto-Lei n.º 454/91 – na *não satisfação da obrigação subjacente*[1194], o Acórdão afasta a abstracção característica dos cheques no domínio jurídico-penal, determinando que só há prejuízo patrimonial criminalmente relevante[1195] na circulação restrita do cheque, representada pelo saque em favor de tomador. É a posição deste, como primeiro e principal beneficiário do cheque, que titula uma determinada relação jurídica de carácter patrimonial, a qual o Regime Jurídico-Penal deste instrumento visa

---

(HENRIQUES GASPAR) / Proc. n.º 03P1528, *www.dgsi.pt* – para além de outro aresto (AcSTJ de 12 de Maio de 2005), que não está publicado –, o Acórdão enquadra devidamente a questão, considerando que o prejuízo deve resultar *do não pagamento da obrigação subjacente à emissão do cheque*.

Sobre a noção de *prejuízo patrimonial* no crime de burla, cfr. A. M. ALMEIDA COSTA, «Anotação ao artigos 217.º», AA.VV., *Comentário Conimbricense do Código Penal, Parte Especial,* Tomo II *(Artigos 202.º a 307.º)*, dir. por Jorge de Figueiredo Dias, Coimbra Editora, **1999** (pp. 274-310), em especial pp. 275-276 e 279-285.

[1192] Cfr. GERMANO MARQUES DA SILVA, «O novo regime legal do cheque sem provisão», AA.VV., *Novo regime penal do cheque sem provisão*, Instituto de Direito Bancário, Lisboa, **1999** (pp. 61-77), p. 74.

[1193] Cfr. GERMANO MARQUES DA SILVA, *Regime Jurídico-Penal dos Cheques sem Provisão,* Principia, Lisboa, **1997**, pp. 52-59, em especial 55-59,

Com uma posição mais restritiva do conceito de prejuízo, cfr. DINIS BAIRRADAS, *O cheque sem provisão*, cit., **2003**, pp. 154-163, em especial pp. 154 e 157.

[1194] Quanto ao critério da definição de *obrigação subjacente*, cfr. TAIPA DE CARVALHO, *Crime de Emissão de Cheque sem Provisão*, cit., **1998**, pp. 47-49.

[1195] Porque correspondente ao *bem jurídico* tutelado e implicitamente revelado na própria norma, enquanto "... a expressão de um interesse, da pessoa ou da comunidade, na manutenção e integridade de um certo estado, objecto ou bem em si mesmo socialmente relevante e por isso juridicamente reconhecido como valioso" (J. FIGUEIREDO DIAS, *Direito Penal. Parte Geral, Tomo I*, 2ª ed. cit., **2007**, pp. 295 e 308); o *bem jurídico tutelado* não deve, segundo este autor, confundir-se com um outro possível elemento do tipo objectivo de ilícito como é o *objecto da acção*, enquanto «manifestação real desta noção abstracta» ou «realidade que se projecta a partir daquela ideia genérica e que é ameaçada ou lesada com a prática da conduta típica».

proteger[1196]. O tomador recebe o cheque, em vez de dinheiro – a título de pagamento de determinado bem ou serviço –, pelo que é normal que, cumprindo a relação fundamental, ele possa receber o pagamento convencionado pela sua prestação, sob pena de registar uma diminuição patrimonial.

O que o Acórdão de Uniformização de Jurisprudência não diz – e deveria dizer – é que a relevância da tutela jurídico-penal se esgota, depois da reforma de 1997 do Regime Jurídico-Penal do Cheque (Decreto-Lei n.º 316/97, 19 de Dezembro), no plano da relação estabelecida entre o sacador e o tomador e primeiro beneficiário do cheque, porque é esta que está subjacente ao saque.

No mais, o Acórdão merece a nossa concordância, distinguindo claramente a tutela dos cheques colocados em circulação dos cheques que, constituindo mero instrumento de levantamento de fundos ou de transferência inter-contas do respectivo sacador, não suscitam protecção jurídico-penal se não tiverem provisão.

Por sua vez, desde que se encontre em relação imediata com o beneficiário e apresentante do cheque a pagamento, o sacador, sobrevindo uma vicissitude sobre o objecto da sua relação comercial ou relativamente ao seu cumprimento, poderá opor-lhe a excepção pessoal de não cumprimento (cfr. art. 22.º da LUCh). Nesse caso, afigura-se compreensível que, circulando o cheque, ainda que valendo como instrumento jurídico--cambiário, não se confira tutela penal ao respectivo beneficiário, que aceitou ser dele endossatário. E é esta a descaracterização operada pela nossa lei, numa derradeira fase antes da descriminalização total do cheque sem provisão, como incriminação autónoma[1197].

Tornando-se essencial averiguar a ocorrência de um prejuízo patrimonial na esfera jurídica do beneficiário do cheque, há que determinar a situação subjacente à relação cartular, o que corresponde a reconhecer que a tutela penal do cheque descaracteriza a natureza jurídica cambiária deste instrumento, visto só se poder efectivar no plano causal. Sem maiores desenvolvimentos, por ora, não cremos que a exigência de protecção penal seja suficiente para pôr em causa a natureza formal (jurídico-cambiária) do cheque.

---

[1196] «Na actual definição típica» é a ofensa «*ao direito do tomador a receber o valor do crédito para cujo pagamento o cheque foi emitido* que aparece como merecedor de punição» (DINIS BAIRRADAS, *O cheque sem provisão*, cit., **2003**, pp. 150-151 e 161-163, em especial p. 162).

[1197] Muitas das situações reconduzir-se-ão, então, ao crime de burla.

**VI.** No entanto, e como referimos acima, não é suficiente a demonstração de que o portador do cheque sofreu um prejuízo patrimonial. Para existir crime (de emissão) de cheque sem provisão é necessário que a emissão do cheque tenha provocado um *prejuízo efectivo* na esfera jurídica do tomador do cheque ou do seu último beneficiário (cfr. art. 11.º, n.º 1) e que o cheque tenha sido apresentado a pagamento no *prazo estabelecido para o efeito* pela Lei Uniforme, isto é, no prazo de oito dias, no que se refere aos cheques sacados apresentados a pagamento em Portugal (cfr. art. 29.º, I da LUCh). A estes requisitos acresce a necessidade de o cheque não ter sido pós-datado (cfr. art. 11.º, n.º 3).

Assim, em conclusão, o cheque não goza de protecção jurídico-penal se for pós-datado ou se o não pagamento, por falta de provisão:

- Não causar prejuízo patrimonial ao respectivo beneficiário e portador;
- Não ocorrer no prazo de apresentação legalmente estabelecido para o efeito.

Do exposto resulta que se, por acaso, se verificar um prejuízo patrimonial na esfera jurídica do tomador (que não seja portador final) sem projecção no património do portador, este não beneficia da tutela criminal conferida pela ordem jurídica ao cheque sem provisão.

**VII.** No que se refere à necessidade de apresentação a pagamento no prazo estabelecido para o efeito, trata-se da questão que suscita menos dúvidas. A não apresentação do cheque a pagamento no prazo de oito dias previsto para o efeito implica a perda da tutela penal. A única dúvida que, porventura, se poderá colocar prende-se com a apresentação a pagamento através de depósito em conta. Nesta matéria é fundamental que, não coincidindo – na mesma instituição – a conta do beneficiário (depositante do cheque) e a do sacador, se conceda um dia para apresentação do cheque à câmara de compensação.

Enfim, e neste ponto pouca margem para discussão existirá: ou o cheque chega ao banco sacado no prazo de oito dias contado da data nele aposta, ou deixa de recolher tutela penal.

**VIII.** Finalmente, o cheque também não goza de protecção se for pós-datado, isto é, se tiver sido emitido com aposição de data posterior ao dia em que é sacado. Não cabe aqui discutir o que são cheques pós-datados[1198] e qual a sua finalidade, mas tão-só procurar apurar que cheques se enquadram nesse conceito para efeitos de perderem a tutela jurídico-criminal.

Assim, pode legitimamente perguntar-se se *é pós-datado o cheque sacado com a indicação, por lapso, de uma data a ocorrer dois ou três dias mais tarde.*

Julgamos que não.

Quando a lei despenaliza os cheques pós-datados, pretende afastar a tutela penal dos cheques que a não justificam, por terem sido sacados sujeitos a um pagamento adiado, e que o tomador aceita, comprometendo-se contratualmente – que não legalmente, dado estar em causa um título à vista – a não receber o montante do cheque antes da data nele inscrita e, consequentemente, a não o apresentar a pagamento antes desse momento. Acresce que a lei não ignora certamente que subjacente à facilidade na aceitação de um ou mais cheques pós-datados pelo respectivo beneficiário está a dificuldade económica do sacador em proceder ao pagamento imediato das quantias neles representadas; por isso, não pode a falta de provisão surpreender o tomador que se dispôs a receber a crédito e que, por essa razão, conhecia a debilidade económica do sacador, apenas tendo a expectativa de vir a receber na data constante do cheque.

Já com os cheques com indicação de data ligeiramente posterior à do seu efectivo saque o pagamento não é adiado e, desse modo, não representam, de facto, o diferimento do respectivo pagamento, por tal não ter sequer estado presente no espírito do sacador, tendo sido fruto do acaso.

Na pós-datação do cheque, juridicamente relevante – em termos de despenalização –, há que considerar a teleologia da norma (cfr. art. 11.º, n.º 3). Logo, serão cheques pós-datados, para efeitos de descriminalização da conduta subjacente à sua emissão sem provisão, os cheques que forem intencionalmente sacados com data posterior, com a finalidade de apenas mais tarde serem apresentados a pagamento.

**IX.** Verificados os pressupostos da tipificação criminal – isto é, de que o agente agiu com culpa, sem qualquer causa de justificação, tendo suscitado com a sua conduta prejuízo patrimonial em esfera jurídica alheia –, estamos em condições de apreciar cada uma das incriminações feitas pelo art. 11.º.

---

[1198] Trata-se de conceito que já especificámos (cfr., *supra* n.ºˢ 2.6.3 e 9.3.1).

Pagamento, vicissitudes e efeitos do cheque e da convenção de cheque    561

Comecemos pela primeira e mais frequente.

Comete o crime de emissão de cheque sem provisão quem saca e entrega a terceiro cheque de valor superior a € 150,00, que não é pago na totalidade, por falta de provisão ou deficiência no saque [cf. art. 11.º, n.º 1, *al. a)*].

O crime, na forma de cheque sem provisão ou irregularidade de saque, supõe que o cheque tenha um valor mínimo superior a € 150,00. Isto é, *a falta ou insuficiência de provisão* no saque de cheque de valor igual ou inferior a essa quantia não é crime, devendo a quantia em causa ser assegurada pelo banco sacado que emitiu e concedeu os módulos de cheques (cf. art. 8.º, n.º 1)[1199].

Por essa razão, a instituição sacada deverá ponderar adequadamente o fornecimento de módulos de cheques aos seus clientes, em especial àqueles cujo historial desconhece, para evitar correr riscos desnecessários, uma vez que ficará responsável, em primeira linha, por uma quantia correspondente ao número de módulos concedidos multiplicado por € 150,00.

Este é, seguramente, o tipo de crime mais comum que envolve o cheque, concedendo a lei um prazo de 30 dias para a respectiva regularização (cfr. art. 1.º-A, n.º 1), sem prejuízo do ressarcimento dos danos que, entretanto, possam ter ocorrido (cfr. art. 11.º, n.º 5). Isto é, se, advertido da irregularidade praticada, o sacador nada fizer, então os efeitos sancionatórios previstos na lei ir-se-ão fatalmente desencadear. Nesse sentido, o ilícito criminal torna-se imparável, embora a respectiva pena possa *ser especialmente atenuada* se o cheque for pago antes de se iniciar a *audiência de discussão e julgamento* (cfr. art. 11.º, n.º 6).

Pelos relevantes efeitos que decorrem da falta de provisão, o banco sacado deverá verificar cuidadosamente a insuficiência de saldo e a autenticidade da assinatura do sacador e, só em seguida, recusar o pagamento do cheque, devendo ponderar nos efeitos a desencadear o seu relacionamento contratual anterior com o cliente (sacador). Para este efeito, é normal que os bancos não actuem cegamente e que, em certas situações

---

[1199] A obrigatoriedade de pagamento do cheque não se verifica quando o banco recusar fundamentadamente o pagamento do cheque por razões que nada tenham a ver com vicissitude relativa à provisão, enquadrando-se nas mesmas *«a existência de sérios indícios de falsificação, furto, abuso de confiança ou apropriação ilegítima do cheque»* (cf. art. 8.º, n.ᵒˢ 2 e 3).

562          *Cheque e Convenção de Cheque*

de falta de provisão, decidam honrar o cheque sacado a descoberto[1200], evitando o processo-crime e a rescisão da convenção.

**X.** Incorre também no crime de emissão de cheque sem provisão quem, causando ao seu beneficiário o prejuízo patrimonial resultante da relação subjacente, antes ou depois da entrega do cheque de valor superior a € 150,00, sacado por si ou por terceiro, promover a frustração do respectivo pagamento:

- Levantando *os fundos necessários* para esse efeito;
- Revogando o cheque, proibindo (ao banco sacado) o seu pagamento;
- Encerrando *a conta sacada* ou alterando *as condições da sua movimentação* [cfr. art. 11.º, n.º 1, *alínea b)*];

Da tipificação criminal resulta que todos os actos tendentes a impedir o pagamento de um cheque, ainda que não se projectem directamente sobre ele, são puníveis nos termos da lei. Não nos importa, neste estudo – dado o seu objecto –, proceder a uma análise desenvolvida das incriminações, pelo que apenas apontaremos um ou outro aspecto acerca da ampliação do tipo penal.

**XI.** Nos termos da *alínea b)* do n.º 1 do art. 11.º do RJCh incorre no crime de emissão de cheque sem provisão o sacador que, depois de emitido o cheque[1201], proceder ao levantamento dos fundos que eram necessários ao seu pagamento, ainda que mantenha a conta aberta. Na previsão legal está pressuposta a consciência da retirada dos fundos, pelo que o ilícito será enquadrável na *alínea a)* se a falta de provisão ocorrer por efeito do pagamento a terceiro de um cheque previamente apresentado ao

---

[1200] No plano da relação contratual bancária que enquadra a convenção de cheque, a menos que exista proibição expressa de o banco pagar quando não existir provisão, deverá deduzir-se que o descoberto autorizado se enquadra no plano da normal relação de crédito entre o banqueiro e o cliente, podendo aquele cobrar as taxas e os juros inerentes às operações creditícias de natureza similar.

Reconhece-se, contudo, ser controvertida a qualificação do *descoberto*, que podendo reconduzir-se a uma concessão de crédito de curto prazo. Em qualquer caso, as respectivas condições devem ser objecto de informação imediata ao cliente. Neste sentido, cfr. Fernando SÁNCHEZ CALERO / Juan SÁNCHEZ CALERO GUILARTE – *Instituciones de Derecho Mercantil II*, 29ª ed., Thomson / Aranzadi, Navarra, **2006**, p. 394.

[1201] Se a provisão já não existia no momento do saque, estamos na *alínea a)*.

*Pagamento, vicissitudes e efeitos do cheque e da convenção de cheque* 563

banco. O levantamento dos fundos deverá, deste modo, ser efectuado pelo sacador ou por terceiro sob sua instrução.

**XII.** No decurso do prazo para apresentação a pagamento, o sacador só poderá proceder à revogação do cheque se dispuser de justa causa, o que acontece se tiver ocorrido um desapossamento. É nesta situação que se justifica o recurso à regra subsistente do Decreto n.º 13 004, de 12 de Janeiro de 1927: o § único do artigo 14.º . Nos termos desta norma, se o sacador ou o portador avisar o banco de que o cheque se extraviou («*ou se encontra na posse de terceiro em consequência de um facto fraudulento*»), solicitando que o mesmo não seja pago, «*o sacado só pode pagar o cheque ao seu detentor, se este provar que o adquiriu por meios legítimos*», o que significa que a revogação, ainda que não impeça, nesse caso, o pagamento, é legítima.

Para comprovação da instrução de não pagamento do cheque, o sacador (ou o portador) deve apresentar junto das autoridades competentes queixa do desapossamento sofrido, ainda que contra desconhecidos. Em seguida, deverá enviar cópia dessa participação ao banco (sacado) que, recebendo-a, ficará exonerado de responsabilidades pelo não pagamento desse cheque se este lhe vier a ser apresentado por terceiro, que dele seja portador legítimo.

Para além do artigo 14.º, § único do Decreto n.º 13 004, a justa causa para a revogação do cheque encontra-se também tutelada no Direito regulatório do Banco de Portugal, que prevê os casos de revogação do cheque por justa causa e sua devolução aos apresentantes, nos termos do n.º 20.1 do SICOI (Instr. n.º 25/2003)[1201A]. Segundo esta regra – aplicável à compensação interbancária –, os cheques que sejam objecto desta operação podem ser devolvidos se se verificar «*um dos motivos constantes da Parte II do Anexo*». Nos termos deste Anexo, o cheque apresentado em prazo pode ser revogado se «o sacador tiver transmitido instruções concretas ao sacado», por escrito ou por outro meio («*de prova idóneo aceite em tribunal*»), com a finalidade de este não proceder ao pagamento, por uma razão justificativa – *furto, roubo, extravio, coacção moral, incapacidade acidental ou qualquer situação em que se manifeste falta ou vício na formação da vontade* –, a qual, transmitida pelo sacado ao banco *tomador* (depositário), deverá ser, por este, indicada *no verso do cheque*.

---

[1201A] Os motivos de devolução de cheques constam, desde **2 de Março de 2009**, do Anexo IV à Instr. do BdP n.º 3/2009, de 16 de Fevereiro.

## 564 — Cheque e Convenção de Cheque

Além da revogação justificada nos termos transcritos, o Aviso n.º 1741-C/98, de 4 de Fevereiro, do Banco de Portugal (sobre normas referentes à circulação do cheque) – objecto de necessária interpretação actualista[1202] –, preocupa-se unicamente com as excepções à obrigatoriedade de pagamento de cheques de valor não superior a € 150,00. Ao fazê--lo, distingue a *revogação por justa causa* – que deverá ser consubstanciada em «*documento assinado pelo sacador*» (cfr. n.º 33 do Aviso n.º 1741-C/98) – dos factos que considera constituírem motivo de recusa de pagamento de cheque, entre os quais se contam *o furto, o roubo, o extravio e a apropriação ilegítima do cheque* (cfr. n.º 32 do citado Aviso)[1203]. Da análise destas duas regras resulta que a última (n.º 32) se refere ao conhecimento directo e imediato do banco sacado, ao passo que a primeira (n.º 33) pressupõe comunicação do sacador, sem discriminar os casos em que a mesma pode ocorrer. Em qualquer das duas previsões apenas estão abrangidos cheques de montante não superior a € 150,00.

Podemos concluir, assim, que sendo a Lei Uniforme e o Regime Jurídico do Cheque omissos relativamente a factos justificativos da revogação do cheque, a regra especificamente aplicável no ordenamento jurídico português é a do § único do artigo 14.º, dando-se assim razão a que se mantenha a sua vigência.

Extraviando-se os módulos, não estará em causa a revogação do cheque, mas apenas informar o banco que deve cancelar tais módulos, não aceitando proceder a pagamentos com base na apresentação dos mesmos devidamente preenchidos, por não poderem corresponder a cheques autênticos.

**XIII.** Enquanto existirem cheques por pagar, o sacador não pode encerrar a conta, nem alterar as condições da respectiva movimentação, convertendo, por exemplo, uma conta solidária numa conta conjunta, movimentável por mais de uma assinatura, ou substituindo as pessoas

---

[1202] Quando o aviso foi publicado o montante máximo pelo qual os bancos se encontravam obrigados a pagar os cheques sem provisão – e que por essa razão consta do n.º 32 – era de 12.500$00, o que correspondia a € 62,35. Por isso, a leitura do aviso deve ser feita de forma actualizada, visto que a importância em causa é agora de € 150,00.

[1203] Repare-se na coincidência com o número do artigo da LUCh que trata da revogação. Para além desse factos, o Aviso indica ainda, como fundamentos do não pagamento do cheque, «*o abuso de confiança, o endosso irregular, a rasura no extenso (para caber no montante atingido pela obrigatoriedade de pagamento) e a existência de sérios indícios de falsificação.*

Pagamento, vicissitudes e efeitos do cheque e da convenção de cheque 565

que estavam autorizadas a sacar cheques, como representantes legais. Por isso, sempre que há uma alteração de administradores de uma sociedade, o banco deve proceder ao pagamento de todos os cheques sacados anteriormente à modificação dos órgãos sociais. De igual modo, o banco deve procurar assegurar-se que o saldo remanescente de uma conta é suficiente para proceder ao pagamento dos cheques pendentes ou de que, pura e simplesmente, não existem cheques por pagar.

A propósito desta incriminação poderá suscitar-se uma legítima interrogação sobre os efeitos de uma eventual conivência do banco sacado (com o sacador), nomeadamente quando o banco encerra a conta sacada e abre, concomitantemente, uma nova conta ao sacador, seu cliente, ou recusa o pagamento de cheques sacados por quem era, no momento da respectiva emissão, legal mandatário ou representante do cliente.

**XIV.** Também comete este crime quem endossar o cheque de montante superior a € 150,00 que recebeu, sabendo de antemão que ele não irá ser integralmente pago, por qualquer das razões já aduzidas, isto é, por carecer de provisão ou porque o seu pagamento foi, entretanto, comprometido [cfr. art. 11.º, n.º 1, *alínea c)*].

Trata-se de uma incriminação que não recai sobre a pessoa do cliente (sacador), mas sobre o tomador ou um endossatário do cheque. Esta *facti species* visa evitar que o sacador se conluie com um terceiro, transmitindo-lhe o cheque, para que este – conhecedor da insuficiência de provisão ou sabendo que o cheque não virá a ser pago – o endosse para se prevalecer do seu aparente valor patrimonial. Nesta previsão está patente o dolo que deve caracterizar a conduta do endossante (conhecimento antecipado de que o cheque não vai ser pago) e a complementaridade em relação às normas incriminadoras constantes das alíneas precedentes [*a)* e *b)*].

**XV.** Analisados os aspectos essenciais do ilícito penal, a nossa análise não ficaria completa se, e como referimos, não abordássemos os aspectos de carácter processual que são específicos deste crime[1204].

«*O procedimento criminal depende de queixa*» (art. 11.º-A, n.º 1), o que não acontecia anteriormente, tendo então a emissão de cheque sem provisão a qualificação de crime semi-público.

---

[1204] Com desenvolvimento substancial, vd. GERMANO MARQUES DA SILVA, *Regime Jurídico-Penal dos Cheques sem Provisão*, cit., **1997**, pp. 95-110.

O processo crime, nos moldes resultantes da alteração determinada pelo Decreto-Lei n.º 316/97, de 19 de Novembro, veio desvirtuar totalmente o cheque enquanto título de crédito abstracto e autónomo, uma vez que, no novo artigo 11.º-A, passou a fazer depender a queixa – imprescindível para o despoletar do processo – da demonstração da relação subjacente ao saque.

A projecção desta exigência (legal) no plano jurídico-cambiário em que o cheque se enquadra será adiante (cfr. n.º 19.5) objecto de análise autónoma. Por agora limitemo-nos a uma sucinta apreciação dos efeitos da nova regra no plano da tutela penal (específica) do cheque.

O artigo 11.º-A, n.º 2 exige que a queixa indique os «*factos constitutivos da obrigação subjacente à emissão*» do cheque – para além «*da data de entrega do cheque ao tomador e dos elementos de prova*» –, isto é, deve evidenciar a relação jurídica fundamental subjacente ao saque. O beneficiário do cheque sem provisão terá de conhecer a relação fundamental, para a poder identificar na queixa-crime[1205]. E repare-se que não se trata de demonstrar a situação subjacente à relação cartular que funda o direito do portador, mas sim a causa inerente à criação do próprio título, o que poderá obstar a que um portador que se encontre em relação mediata com o sacador, por ter recebido o cheque por endosso, possa beneficiar de protecção penal, por lhe ser extremamente difícil, nuns casos, e impossível, noutros, averiguar a relação que esteve subjacente à emissão do cheque, à qual é inteiramente alheio.

A lei literalmente apenas impõe a «*indicação dos factos constitutivos da obrigação subjacente à emissão*», sem se referir à validade e eficácia desta, o que abre margem para a seguinte dúvida:

> – *Será suficiente proceder a essa enunciação, ou haverá que demonstrar que a relação causal é válida e eficaz?*

Não cremos que a exigência legal da indicação de tais factos abranja a demonstração de que eles correspondem a uma relação jurídica válida e eficaz. O que o legislador pretendeu foi limitar o espectro da tutela penal, subtraindo-a à circulação do cheque, pela dificuldade que os seus eventuais adquirentes têm de mencionar os factos subjacentes à emissão

---

[1205] Se ignorar a data da efectiva entrega do cheque, sempre poderá indicar a que nele está mencionada, uma vez que o cheque não beneficia de protecção penal, se foi reconhecidamente pós-datado.

do cheque sem provisão; e não sujeitar a referida protecção à validade desses factos. Se tivesse pretendido condicionar o processo-crime à validade da obrigação fundamental, o legislador tê-la-ia qualificado, exigindo que fossem indicados os «factos constitutivos da obrigação *válida* subjacente à emissão»; o que não fez (*itálico nosso*).

Por sua vez, da exigência da demonstração (apenas) da relação causal do saque poderia resultar – se o portador e beneficiário do cheque conhecesse tal relação – a possibilidade de existir tutela criminal, mesmo que a relação subjacente à aquisição do título estivesse viciada, não fôra a necessidade de o respectivo portador dever evidenciar o prejuízo patrimonial. Assim, da conjugação da tipificação criminal com as regras estabelecidas para o procedimento, devemos concluir que o apresentante do cheque, para beneficiar da protecção penal, deve, cumulativamente, ter a possibilidade de caracterizar a relação causal inerente à emissão – bastando indicar os factos que a constituíram – e revelar o *prejuízo patrimonial* que sofre com a falta de pagamento, por não existir provisão.

Poderemos, pois, afirmar que, com raríssimas excepções[1206], o cheque que efectivamente circular, saindo do domínio das relações imediatas do sacador, por ser objecto de endosso por tomador, não desfruta de tutela penal, porque um eventual procedimento accionado pelo portador, por falta de pagamento, não poderá prosseguir se o queixoso não lograr caracterizar a relação subjacente inicial.

Deixamos margem à indicação da relação subjacente ao saque à ordem do próprio sacador ou da relação causal a endosso subsequente, pelo sacador, para portador. Neste caso, e sendo o endossatário e portador o primeiro (e único) beneficiário da circulação – e terceiro no plano da relação cartular, apesar de estar em relação imediata com o sacador, na qualidade de endossatário deste –, ele deverá poder indicar unicamente que o sacador criou o cheque à sua própria ordem, sem que a esse acto corresponda qualquer razão efectiva, mas que a relação determinante é, neste caso, a que se encontra subjacente ao endosso. A não ser assim, estaria aberta a porta para evitar definitivamente a protecção penal do cheque que já se encontra, na prática, cingida ao plano das relações imediatas que ligam o sacador ao tomador.

---

[1206] Que, como vimos, corresponderão às situações em que o portador, apesar de não estar em relação imediata com o sacador, consegue demonstrar a relação subjacente ao saque, para além do seu prejuízo patrimonial.

568          *Cheque e Convenção de Cheque*

**XVI.** Questão também interessante é a de saber se o cheque que entrou em circulação por endosso – por ter sido sacado à ordem do próprio sacador e não para tomador – é objecto de tutela penal, uma vez que o n.º 2 do artigo 11.º estabelece a obrigatoriedade de *entrega* do cheque ao *tomador* (*itálico* nosso).

Cremos que a queixa, nesse caso, deve evidenciar a obrigação subjacente ao primeiro acto translativo do cheque – o endosso do sacador –, visto que o saque não terá, em princípio, qualquer motivação causal, sendo meramente instrumental.

A tutela penal pressupõe consequentemente que o cheque saia da disponibilidade do sacador.

**XVII.** Quanto ao tribunal competente para julgar o crime, a lei actual – na linha do **Assento de 16 de Novembro de 1988** (Vasco Lacerda Tinoco) – é esclarecedora ao reservar a competência ao «*tribunal da comarca onde se situa o estabelecimento da instituição de crédito em que o cheque for inicialmente entregue para pagamento*» (art. 13.º do RJCh).

O cheque pode ser apresentado a pagamento numa dependência do banco sacado ou ser depositado em conta no banco de que o portador seja cliente, o que significa que é, de facto, o beneficiário a determinar o tribunal competente para o processo-crime ao escolher o local onde procede à entrega do cheque, porque é este acto que a lei tem em mente.

**XVIII.** A concluir, e porque não o dissemos anteriormente – por não ser decisivo na solução da questão que agora nos ocupa, sublinhe-se, e a que daremos resposta adiante (cfr., *infra*, n.º 19.5) –, chame-se a atenção para o facto de a moldura penal variar consoante o valor do cheque. Com efeito, a sanção normalmente aplicável é a de «*pena de prisão até 3 anos ou pena de multa*», sendo agravada, quando estiver em causa *cheque de valor elevado* (art. 11.º, n.º 2), isto é, cheque que *exceder 50 unidades de conta*[1207] [cfr. art. 202.º, *alínea a)* do CódPenal], podendo nesse caso atingir «*pena de prisão até 5 anos ou pena de multa até 600 dias*».

---

[1207] «*Entende-se por unidade de conta processual (UC) a quantia em dinheiro equivalente a um quarto da remuneração mínima mensal mais elevada, garantida, no momento da condenação, aos trabalhadores por conta de outrem, arredondada, quando necessário, para a unidade de euro mais próxima ou, se a proximidade for igual, para a unidade de euro imediatamente inferior*» (cf. art. 5.º, n.º 2 do DL 212/89, de 30 de Junho, na redacção introduzida pelo DL 323/2001, de 17 de Dezembro)

*Pagamento, vicissitudes e efeitos do cheque e da convenção de cheque*   569

Das diferentes molduras penais estabelecidas nos n.ᵒˢ 1, *in fine*, e 2 do art. 11.º resulta – em termos semelhantes aos de outros crimes contra o património –, um agravamento substancial da pena quando o valor do cheque não honrado for superior a € 4.800,00[1208].

**XIX.** Finalmente, há que reconhecer que a doutrina portuguesa é hoje, no actual quadro normativo, unânime em reconhecer que a emissão do cheque sem provisão representa um crime de dano[1209]; e não de perigo. É a necessidade de verificação do prejuízo patrimonial do tomador que conduz a este tipo de raciocínio, que não pretende desvalorizar a tutela da confiança que deve estar subjacente à circulação cambiária.

E este aspecto – que resulta do **Assento de 27 de Janeiro de 1993** (ANTÓNIO DE SOUSA GUEDES) – de que o *bem jurídico essencialmente protegido* pelo tipo legal de crime de emissão de cheque sem provisão é *a confiança na circulação do cheque*, dada a sua função económico-jurí-

---

Por sua vez, em conformidade com o art.º 6.º do DL 212/89, de 30 de Junho, «*a UC considera-se automaticamente actualizada nos termos previstos no artigo anterior a partir de 1 de Janeiro de 1992, devendo, para o efeito, atender-se sempre à remuneração mínima que, sem arredondamento, tiver vigorado no dia 1 de Outubro do ano anterior*».

Em 2006, a remuneração mínima mensal (salário mínimo nacional) era de € 385,90 (art. 1.º do DL 238/2005, de 30 de Dezembro), tendo sido a unidade de conta automaticamente actualizada para o triénio 2007-2009, para o valor de € 96,00, que vigora no momento em que concluímos este livro (cf. art. 6.º, n.º 1 do DL 212/89, de 30 de Junho, e das disposições conjugadas do art. 5.º do DL 212/89, de 30 de Junho, na redacção introduzida pelo DL 323/2001, de 17 de Dezembro, e art. 1.º do DL 238/2005, de 30 de Dezembro). Consequentemente, será sancionado com pena agravada aquele que emitir cheque sem provisão de valor superior a € 4.800,00.

Anteriormente – período de 2004-2006 – a unidade de conta era de € 89,00, sendo calculada com base na remuneração mínima mensal de 2003 (que era de € 356,60) (cf. art. 6.º, n.º 1 do DL 212/89, de 30 de Junho, e das disposições conjugadas do art. 5.º do DL 212/89, de 30 de Junho, na redacção introduzida pelo DL 323/2001, de 17 de Dezembro, e art. 1.º do DL 320-C/2002, de 30 de Dezembro).

[1208] Montante correspondente a 50 unidades de conta. Vd. última nota.

[1209] Cfr., por todos, GERMANO MARQUES DA SILVA, *Regime Jurídico-Penal dos Cheques sem Provisão*, cit., **1997**, pp. 20-22.

Reconhecendo tratar-se de um crime de dano, mas considerando que a qualificação que resulta do prejuízo patrimonial do tomador ou endossatário não faz «recuar para segundo plano a credibilidade social» do cheque «enquanto meio de pagamento», revelando a análise do respectivo regime jurídico-penal «a subsistência de um crime económico», EVARISTO MENDES, «Crime. Crime de emissão de cheque sem provisão. Inconstitucionalidade», cit., **1999** (pp. 157-263), pp. 216-219 e 236.

570       *Cheque e Convenção de Cheque*

dica *como meio de pagamento*[1210], deve ser valorizado, apesar de se reconhecer que a jurisprudência tem vindo a aperfeiçoar a noção de prejuízo patrimonial, acentuando a necessidade de se determinar a relação subjacente à transmissão do cheque em favor do tomador[1211]. Sem a verificação desse *dano* em concreto não se pode, como vimos, concluir pela verificação ou preenchimento do tipo criminal.

### 19.4. Descriminalização do cheque pós-datado

**I.** Há dez anos, o Decreto-Lei n.º 316/97, de 19 de Novembro, veio alterar o Regime Jurídico do Cheque sem provisão, restringindo os casos em que o cheque sem cobertura deveria continuar a ser qualificado como crime e, desse modo, contribuindo para a crescente despenalização do ilícito.

Entre outras, uma das finalidades do Decreto-Lei n.º 316/97, de 19 de Novembro, foi precisamente a de descriminalizar os **cheques pós--datados** (cfr. Relatório e art. 11.º, n.º 3 do RJCh), que haviam sido concebidos para diferir o pagamento de uma certa quantia (para a data neles aposta) ou para servir de garantia ao cumprimento de uma obrigação. Esta prática generalizou-se na actividade económica portuguesa, no final dos anos oitenta do século XX, com a função de substituir certos títulos de crédito – *maxime* letras – adequados a titular créditos a prazo, os quais foram, à época, objecto de fortes restrições.

Por isso, em acréscimo a razões de tutela penal e fiscal – que o favoreciam claramente em confronto com a letra de câmbio –, o cheque pós-datado encontrou especial justificação em tempo de fortes limitações de vendas a prestações, passando a utilizar-se, em lugar das letras, a que habitualmente os comerciantes recorriam, para diferir os recebimentos e, não obstante e simultaneamente, retirarem uma utilidade económica.

---

[1210] E que foi, posteriormente, reforçado pelos Assentos que, com idêntico objecto, se lhe seguiram.

[1211] Nesse sentido, cfr. o recente **Acórdão de Uniformização de Jurisprudência de 30 de Novembro de 2006** (João Luís Marques Bernardo), publicado também com o n.º **1/2007** no *DR*, I Série, n.º 32, 14 Fev. 2007.

Na realidade, para além de não se encontrarem então sujeitos a imposto do selo[1212], a respectiva falta de provisão, uma vez conhecida do banco, originava sempre um processo crime, com a inerente pressão do mesmo sobre o sacador, que tudo fazia para se opor a esse processo e obter o seu arquivamento. Nesse sentido, a sanção aplicável à falta de pagamento do cheque representava uma (legítima) coacção moral significativa sobre o sacador, que era compelido a pagar o cheque.

**II.** Recebendo cheques com datas de emissão futuras e assegurando aos seus clientes – sem garantia jurídica, naturalmente (tendo em conta ser o cheque um título à vista) – que não cobrariam os cheques antes da data neles aposta, os comerciantes faziam juridicamente vendas a contado (a pronto), com diferimento parcial do preço. O mercado encarregou-se de criar os mecanismos que permitiam gerir esta situação, através do desconto de tais cheques por cobrar por intermédio de instituições financeiras que assumiam a oportuna apresentação dos mesmos a pagamento e os riscos inerentes à eventual falta deste por não terem provisão, mediante o preço do serviço de cobrança e da antecipação do pagamento. Assim, até há alguns anos, os próprios bancos procediam regularmente ao *desconto* de cheques com essa natureza (adiantamentos sobre esses cheques), realizando a sua gestão directa ou promovendo através de sociedades de *factoring* (subsidiárias) a respectiva apresentação a pagamento.

Esta prática viria a ser abandonada a partir de 1998, com a descriminalização dos cheques pós-datados que obrigaria os comerciantes a desenvolver novas formas de vendas a crédito, nomeadamente recorrendo ao financiamento bancário e de sociedades financeiras especializadas em crédito ao consumo, em detrimento da titulação das vendas a prestações por cheques pós-datados.

**III.** No que se refere aos cheques pós-datados emitidos em garantia, o seu não pagamento não punha em causa a sua função primária que era a de essencialmente assegurarem o cumprimento de uma obrigação.

Naturalmente que, nos casos em que os cheques pós-datados serviam para diferir o pagamento de bens ou serviços, o respectivo beneficiário não

---

[1212] Presentemente, os cheques já se encontram sujeitos à incidência do imposto do selo, que é de € 0,05 por cada módulo impresso [cfr. arts. 1.º, n.º 1, 2.º, n.º 1, *alínea f)*, 3.º, n.º 3, *alínea i)*, 5.º, *alínea c)* e 64.º do CIS e art. 4 da TGIS].

572         *Cheque e Convenção de Cheque*

ignorava que, com grande probabilidade, no momento do saque, a conta (bancária) do sacador não dispunha de fundos suficientes para assegurar o pagamento imediato desses cheques e que ele havia precisamente recorrido a esse expediente para ultrapassar a falta de tais meios. Neste cenário, não deveria constituir surpresa, para o tomador, a eventual falta de pagamento de algum desses cheques, no momento previsto para o efeito. Por isso – porque nessas circunstâncias os cheques não se destinavam a efectuar pagamentos imediatos –, se excluiu a respectiva protecção penal.

Na verdade, neste contexto, e sabendo o beneficiário dos cheques que eles eram emitidos em circunstâncias especiais, afigurava-se eticamente duvidoso continuar a sancionar penalmente, em termos autónomos, os casos de cheque sem provisão que tivesse sido emitido em data anteriormente à que nele consta como de emissão, já que a expectativa de aquisição patrimonial correspondente ao ingresso da quantia titulada pelo cheque no património do beneficiário só se consolidaria na data inscrita no cheque, não existindo até lá qualquer direito ou expectativa susceptível de tutela em sede jurídico-penal, não correspondendo o seu não pagamento, quando a apresentação ocorria em momento anterior à data inscrita no cheque – e que se identifica com o momento em que o beneficiário pode legitimamente esperar o seu pagamento –, a um qualquer bem jurídico com relevância penal[1213].

Neste sentido, a alteração da lei viria a descriminalizar os cheques pós-datados (cfr. art. 11.º, n.º 3), passando o legislador a exigir que, na queixa, de que depende o procedimento criminal (cfr. art. 11.º-A, n.º 1), se proceda à «*indicação dos factos constitutivos da obrigação subjacente à emissão*» do cheque, o que, aparentemente, coloca em causa a autonomia da obrigação cartular e a circulabilidade do título.

**IV.** O n.º 3 do artigo 11.º do Decreto-Lei n.º 454/91, de 28 de Dezembro, na redacção do Decreto-Lei n.º 316/97, de 19 de Novembro, determina a inaplicabilidade da incriminação (prevista no n.º 1) «*quando o cheque seja emitido com data posterior à da sua entrega ao tomador*».

Os cheques pós-datados deixam de beneficiar de tutela penal. A lógica subjacente à opção do legislador foi a de retirar protecção penal ao cheque que não constitui meio de pagamento (imediato).

---

[1213] Não obstante termos visto que, anteriormente, a generalidade da jurisprudência apontava para a criminalização do cheque sem provisão (pós-datado) apresentado a pagamento antes da data nele inscrita (cfr., *supra*, n.º 1.4.7).

Sobrevém legitimamente a dúvida sobre a aplicabilidade da norma de exclusão da tipificação criminal aos cheques sacados (com data) em branco, isto é, que, tendo sido intencionalmente criados sem data (*i.e*, com data para completar, em conformidade com acordo de preenchimento), qualquer que seja a sua natureza e função (de pagamento ou de mera garantia), não valem como cheques no momento em que são colocados em circulação.

Com efeito, o cheque só se tem por sacado no momento em que se encontrar completo e só então se tem por validamente emitido, valendo como título de crédito. Aliás, as condições e termos estabelecidos no acordo de preenchimento podem nunca vir a verificar-se, não sendo o título em branco completado e, nessa circunstância, não chegar a valer como cheque.

No entanto, não temos dúvidas de que o legislador pretendeu descriminalizar todo e qualquer cheque que se destinasse a assegurar pagamentos futuros[1214]. Tal resulta expressamente do preâmbulo do Decreto-Lei n.º 316/97, de 19 de Novembro, na parte em que se afirma pretender-se «*excluir da tutela penal os denominados cheques de garantia, os pós--datados e todos os que não se destinem ao pagamento imediato de uma obrigação subjacente*». Teria, porém, sido preferível que o n.º 3 do artigo 11.º do RJCH, na redacção do Decreto-Lei n.º 316/97, tivesse, de forma clara, associado ao cheque pós-datado o cheque (com data) em branco.

Assim, no que respeita ao fenómeno da pós-datação e do seu relevo despenalizador, e embora não haja que confundi-lo com o cheque sacado (com a data) em branco e posteriormente completado em conformidade com pacto de preenchimento, afigura-se difícil contornar a descriminalização de todo e qualquer cheque cuja data seja aposta após a sua entrega ao tomador, incluindo o cheque em branco.

---

[1214] Neste sentido, a generalidade da doutrina portuguesa, considerando ter o legislador pretendido descriminalizar qualquer fenómeno de pós-datação, incluindo o do cheque sacado com data em branco, descriminalizando todos os cheques que não se destinem ao imediato pagamento de uma obrigação, e invocando, em apoio da sua interpretação, o preâmbulo do Decreto-Lei n.º 316/97, de 19 de Novembro. Cfr., entre outros, GERMANO MARQUES DA SILVA, *Regime Jurídico-Penal dos Cheques sem Provisão*, cit., **1997**, pp. 50--51, TOLDA PINTO, *Cheques sem provisão. Sua relevância penal. Regime jurídico anotado*, cit., **1998**, pp. 102-103, Fernando CONDE MONTEIRO, «Concurso entre o Crime de Falsificação e o de Emissão de Cheque sem Cobertura (Anotação)», *SI*, t. XLVII (n.os 271/ /273), **1998** (pp. 97-108), p. 108, e FERREIRA ANTUNES, *Regime Jurídico do cheque sem provisão. Regime jurídico-penal anotado e comentado*, Petrony, Lisboa, s/d (mas depósito legal de **2005**), pp. 70 e 95.

574        *Cheque e Convenção de Cheque*

Esta interpretação, restringindo a tutela penal ao cheque que se destine ao pagamento imediato de uma obrigação, insere-se na linha do **Assento de 2 de Dezembro de 1992** (Pinto Bastos)[1215], evitando que um entendimento puramente literal do disposto no n.º 3 do artigo 11.º permitisse uma fraude à lei pelo recurso ao saque em branco.

Contudo, tal como a tutela penal do cheque só existe com a respectiva circulação, também a descriminalização do cheque está dependente da sua colocação em circulação sem que se encontre aposta data de emissão.

**V.** Outras questões com interesse se poderiam suscitar a propósito dos cheques pós-datados como, por exemplo, a de saber se qualquer cheque pós-datado perde a tutela penal, ainda que se demonstre ter a pós-datação correspondido a um lapso ou ser irrisória.

Se o sacador, por distracção, tiver indicado como data de emissão o dia seguinte ao do saque, o cheque não deve ser considerado pós-datado, para o efeito da exclusão da incriminação. Nesse caso, o cheque destina-se ao pagamento imediato de uma obrigação subjacente, como título à vista que é, não preenchendo assim o requisito necessário a essa exclusão.

Tal como o dolo é relevante na qualificação do crime de emissão de cheque sem provisão, pensamos fazer todo o sentido que a pós-datação do cheque (ou a falta de indicação da respectiva data de emissão) – que afasta o tipo legal desse crime (cfr. art. 11.º, n.º 3 do RJCh) – deva ser intencional para excluir a incriminação, e não resultar de um lapso ou mero acto fortuito. Assim, se o agente (sacador) não tem a percepção de que está a criar um instrumento que, embora seja "à vista", se destina a ser pago mais tarde (porque a data nele aposta ou por preencher será sempre posterior à data em que é efectivamente emitido), isto é, se ele não tem intenção de adiar o pagamento desse cheque – tal como o seu beneficiário não está consciente de que receberá a respectiva quantia ulteriormente –, não se justifica qualificar esse cheque de pós-datado. A pós-datação por simples erro de escrita não é relevante para excluir a tutela penal do cheque sem provisão.

---

[1215] Segundo o qual «*a entrega do cheque incompleto quanto à data não faz presumir que foi dada autorização de preenchimento ao tomador, nos termos em que este o fez*» [*BMJ* 422, 1992, pp. 15-19 (publicado também com o n.º **1/93** no *DR*, I Série-A, n.º 7, de 9 de Janeiro de 1993)].

*Pagamento, vicissitudes e efeitos do cheque e da convenção de cheque* 575

**VI.** Estamos, pois, em condições de concluir que a tutela penal específica se justifica essencialmente pelo facto de o cheque ser um meio de pagamento; e é por essa razão que, quando não se destina a solver imediatamente uma obrigação subjacente à sua emissão, o cheque não beneficia dessa protecção, ainda que, no momento da apresentação a pagamento, seja detido por terceiro de boa fé, cujos interesses são exclusivamente tutelados no plano jurídico-cambiário.

### 19.5. Irrelevância no plano jurídico-comercial das alterações introduzidas ao regime do cheque sem provisão

**I.** Cremos que, não obstante o disposto na redacção do art. 11.º-A (*Queixa*), introduzida pelo Decreto-Lei n.º 316/97, de 19 de Novembro – nomeadamente a mencionada dependência do procedimento criminal de queixa que evidencie a indicação dos factos constitutivos da obrigação subjacente –, o cheque **não** perde autonomia, porque enquanto título de crédito não tem de beneficiar de protecção penal específica[1216]. Ele deve circular unicamente com base na confiança que o respectivo beneficiário tenha no sacador (e, eventualmente, nos demais endossantes do título)[1217]. Isto não significa que a tutela penal que lhe era dispensada no passado, quando não se tornava necessário evidenciar nenhuma das relações subjacentes, não fosse muito mais ampla e eficaz. A protecção penal anteriormente existente conferia ao cheque – enquanto título de crédito destinado a circular, e emitido com referência a uma provisão disponível, com base na confiança que o tomador e cada portador depositavam no sacador – uma tutela mais adequada da sua função económico-jurídica. Foi essa confiança, extensível ao público em geral, que acreditou na

---

[1216] O legislador nem sempre teve esta leitura.

Manifestando uma posição claramente diferente, mas muito anterior ao RJCh (DL 454/91, de 28 de Dezembro), o **AcSTJ de 13 de Fevereiro de 1974** (MANUEL ARELO FERREIRA MANSO), *BMJ* 234, 1974, pp. 167-171, que – na linha do **Assento de 5 de Dezembro de 1973** (DANIEL FERREIRA) – considerava destinar-se *a incriminação do cheque sem cobertura a tutelar penalmente a função económica do cheque como título de crédito, pelo que* seriam *irrelevantes os vícios de quaisquer relações subjacentes*, uma vez que *os artigos 23.º e 24.º do Decreto n.º 13 004* protegiam *o portador do cheque e a função que este, como título de crédito, desempenha.*

[1217] Neste sentido, cfr. art. 1.º, n.º 1, *in fine*, do DL 454/91.

576  *Cheque e Convenção de Cheque*

potencialidade que o título tem para efectuar pagamentos, directamente ou através de mecanismos de compensação, que contribuiu durante largas décadas para reduzir a circulação da moeda fiduciária[1218].

**II.** Note-se que, no domínio puramente cambiário, e não obstante as alterações introduzidas ao Decreto-Lei n.º 454/91 pelo Decreto-Lei n.º 316/97 (cfr. art. 11.º, n.º 3), nada impede a aceitação de um cheque pós-datado e a sua apresentação a pagamento antes da data nele aposta, visto que o cheque é pagável à vista (art. 28 da LUCh)[1219]. Por isso, a data constante de um cheque, como sendo a da sua emissão, *não tem relevância* para efeitos de pagamento (e normal circulação do título). Nessa medida, o que releva é o acordo subjacente à emissão do título. Se as partes acordaram em preencher o cheque com uma data posterior ao do seu saque e efectiva entrega ao sacador, não há do ponto de vista jurídico-cambiário qualquer problema, porquanto o título é pagável à vista, o que significa que pode ser apresentado a pagamento imediatamente e antes da data nele aposta. A indicação de data posterior equivale ao preenchimento ulterior, com base em acordo celebrado com essa finalidade. Cambiariamente, tudo se passa como se o cheque tivesse sido sacado com data em branco, entregue ao tomador, e as partes tivessem convencionado que este o poderia vir a preencher, no futuro, apondo-lhe uma data, logo que estivesse verificada uma determinada condição. Isto significa que a inobservância do acordo – traduzida, por exemplo, no preenchimento do título com uma data diversa da que resultaria da respectiva execução –, embora não seja oponível a terceiro adquirente de boa fé (cfr. art. 13.º da LUCh), desobriga o sacador perante o tomador, a quem pode opor a excepção pessoal (cfr. art. 22.º da LUCh).

Nos termos que acabamos de expor, podemos concluir, paradoxalmente, que a tutela do cheque em branco é mais ampla do que a dispensada, pela Lei Uniforme, ao cheque pós-datado.

---

[1218] Cfr. a motivação do **Assento do STJ de 5 de Dezembro de 1973** (DANIEL FERREIRA), *BMJ* 232 (pp. 31-36), p. 33.

[1219] A jurisprudência é unânime no reconhecimento desta realidade, assumindo expressamente que *o cheque emitido com data posterior pode destinar-se a pagamento, desempenhando*, nesse caso, *a sua função normal de cheque*, em princípio, *na data nele inscrita* [**AcRelCoimbra de 25 de Fevereiro de 1993** (JOSÉ COUTO MENDONÇA), *CJ* ano XVIII, t. I, 1993, pp. 73-75, *v.g.*, embora confundindo a terminologia (chamando "pré datado" ao cheque pós-datado)].

*Pagamento, vicissitudes e efeitos do cheque e da convenção de cheque* 577

**III.** No entanto, o cheque pós-datado tanto pode ser sacado para ser utilizado, como pagamento, na data nele aposta[1220], como servir de garantia do cumprimento de uma obrigação ou de um pagamento futuro a efectuar por outra via.

Em qualquer caso, há que distinguir a sua tutela, sendo no plano jurídico-cambiário irrelevante que o cheque seja pós-datado, contanto que ele tenha sido regularmente sacado e endossado.

### 19.6. Falta de provisão e cessação da convenção de cheque; *remissão*

Depois de termos analisado os efeitos penais do cheque sem provisão e verificado que a *provisão* não é pressuposto da convenção (cfr., *supra*, n.º 17.4), não sendo a sua falta prejudicial à validade do cheque (cfr., *supra*, n.º 2.8), apesar dela ser essencial (ao seu pagamento), veremos adiante (cfr., *infra*, n.º 24) que a falta de provisão tem um efeito destrutivo da convenção de cheque, comprometendo irremediavelmente, quando não seja oportunamente regularizada, a subsistência deste contrato. E, nesse sentido, podemos concluir não poder a convenção subsistir sem provisão; esta é elemento fundamental do acordo entre o banqueiro e o seu cliente e constitui o elemento de ligação entre o cheque, que a movimenta, e a convenção que justifica e regula essa movimentação, de que o título de crédito em estudo é instrumento fundamental.

## 20. A revogação da ordem consubstanciada no cheque

### 20.1. Enunciado da questão

**I.** Revogar a ordem incorporada no cheque equivale a proibir o seu pagamento.

---

[1220] Tal é a situação prevista no citado **AcRelCoimbra de 25 de Fevereiro de 1993** (José Couto Mendonça), *CJ*, ano XVIII, t. I, 1993 (pp. 73-75), segundo o qual «*o cheque emitido com data posterior ou cheque pós-datado pode destinar-se a pagamento, desempenhando a sua função normal de cheque na data nele inscrita*».

578 *Cheque e Convenção de Cheque*

Interessa saber se o cliente pode instruir o banco sacado para não proceder ao pagamento de um cheque por si emitido, apesar de dispor de fundos para o efeito; e, em caso afirmativo, quando e como o pode fazer. Antecipe-se já que o problema da revogação – que é um acto lícito e possível – se coloca relativamente ao momento em que opera (ou pode operar).

São diversas as circunstâncias que podem conduzir a uma situação de revogabilidade[1221]:

Pode ter ocorrido um desapossamento – de módulos de cheques por preencher ou de cheque já emitido – e a revogação visar assegurar que, na perspectiva do sacador, não seja efectuado um pagamento indevido, ainda que o beneficiário fosse ou viesse a ser um terceiro adquirente de boa fé.

Mas a revogação pode dever-se a outros motivos que se prendem, essencialmente, com aspectos do negócio subjacente à relação cartular, e que correspondem à tentativa de evitar o respectivo pagamento e a concretização desse negócio por deficiente cumprimento da contraparte, nomeadamente no fornecimento do bem ou prestação do serviço ou por arrependimento do sacador pela aquisição do bem ou do serviço já pago, pelo cheque.

**II.** Uma questão que, introdutoriamente, se pode colocar prende-se com a admissibilidade de recorrer à figura da *revogação*, para caracterizar uma ruptura negocial unilateral, pelo que importa, a este propósito, tecer algumas considerações sobre a revogação enquanto modo de cessação de efeitos contratuais[1222].

---

[1221] A utilização do termo "revogabilidade", e não da palavra "revogação", não permite depreender que esteja necessariamente em causa uma situação de revogação lícita. Para se concluir pela revogabilidade do cheque é suficiente que o sacador consiga impedir ou evitar o respectivo pagamento, ainda que tal constitua um ilícito.

[1222] Sobre a extinção de relações contratuais, cfr., *infra*, n.º 24.1.3.II, em sede de rescisão da convenção de cheque.

Qualificando, no domínio do cheque, a revogação como a faculdade do sacador alterar livremente o seu critério, dando sem efeito a ordem de pagamento emitida – sem prejuízo da responsabilidade perante o portador legítimo –, e distinguindo este acto da oposição ao pagamento baseada em justa causa, Rodolfo Soto Vásquez / Carlos Soto Fernández, *El cheque y el pagaré*, Comares, Granada, **1997**, p. 168.

Diferenciando também a revogação do cheque da oposição ao seu pagamento, José Manuel Calavia Molinero / Vicente Baldó Del Castaño, *El cheque*, Praxis, Barcelona, **1987**, p. 152.

*Pagamento, vicissitudes e efeitos do cheque e da convenção de cheque*     579

A revogação consiste, em regra, na cessação dos efeitos de um contrato por mútuo acordo, isto é, no acto pelo qual os contratantes manifestam a sua vontade em pôr termo à sua relação contratual, podendo, se quiserem, mas sem prejuízo de interesses e direitos de terceiros, atribuir-lhe efeito retroactivo.

Mas a revogação é uma expressão também utilizada, ainda que em sentido impróprio[1223], para situações que se reconduzem essencialmente a casos de resolução, como acontece com a revogação do mandato (cfr. art. 1170.º, n.º 1 do Código Civil)[1224]. E é precisamente com este significado que o termo *revogação* será utilizado neste capítulo, reconduzindo-se a uma instrução unilateral para não pagamento de um cheque que tenha sido emitido em benefício de (ou endossado a) terceiro. Neste caso, fala-se frequentemente de *revogação* unilateral[1225], embora sem grande rigor[1226], uma vez que os actos jurídicos devem ser revogados, em regra, por actos de idêntica natureza[1227]. E a unilateralidade do acto revogatório do cheque é compatível e consentânea com esta ideia. Assim, sendo a emissão do cheque, objectivamente e numa perspectiva puramente cambiária, um acto unilateral, faz todo o sentido que a revogação, a ser admissível, seja determinada unicamente pelo subscritor do cheque.

---

[1223] Considerando que a revogação pode ser *plurilateral* ou *unilateral*, «conforme tem por sujeitos duas ou mais partes, ou uma só», GALVÃO TELLES, *Manual dos Contratos em Geral*, 3ª ed., Lisboa, **1965**, p. 348. (Vd. também 4ª ed., Coimbra Editora, **2002**, p. 380), ou consoante os respectivos autores «forem mais do que um» ou apenas um, J. DIAS MARQUES, *Noções elementares de Direito Civil*, 7ª ed., do autor, Lisboa, **1992**, p. 110.

[1224] Cfr. JANUÁRIO DA COSTA GOMES, *Em tema de revogação do mandato civil*, cit., **1989**, pp. 17-19, 74 e 255, e José Carlos BRANDÃO PROENÇA**,** *A resolução do contrato no Direito Civil. Do enquadramento e do regime*, Coimbra Editora, **1996**, pp. 47-53, em especial pp. 48-50.

[1225] Neste sentido, cfr. o **AcSTJ de 20 de Novembro de 2003** (SALVADOR DA COSTA), *CJ/AcSTJ* ano XI, t. III, 2003, pp. 154-157, em especial p. 156.

Sobre a revogação unilateral *ad nutum*, cfr. Paulo Alberto VIDEIRA HENRIQUES, *A desvinculação unilateral* ad nutum *nos contratos civis de sociedade e de mandato*, Coimbra Editora, **2001**, em especial pp. 106-107.

[1226] Com efeito, segundo Pedro PAIS DE VASCONCELOS, «a revogação, como acto jurídico, rege-se, em princípio, pelas mesmas regras do negócio revogado», tendo «legitimidade para revogar», no negócio unilateral, «a pessoa vinculada (normalmente, o declarante)» (*Teoria Geral do Direito Civil*, 4ª ed., Almedina, Lisboa, **2007**, p. 771). Vd., também, JANUÁRIO DA COSTA GOMES, *Em tema de revogação do mandato civil*, cit., **1989**, pp. 48-49.

[1227] Neste sentido, cfr. DIAS MARQUES, *Noções elementares de Direito Civil*, cit., **1992**, pp. 110-111.

580 *Cheque e Convenção de Cheque*

**III.** No que se refere à forma que o acto revogatório deve revestir, entendemos que deve consistir numa instrução concreta, clara e inequívoca que identifique o cheque cujo pagamento se pretende evitar.

Nesse sentido, não serão, em princípio, válidas quaisquer comunicações que convidem o banco a não pagar cheques sacados sobre uma determinada conta, ou que se limitem a solicitar ao banco que não proceda a quaisquer pagamentos à custa de certa conta bancária. Se o cliente quiser imobilizar ou cancelar uma conta, poderá fazê-lo, desde que o solicite expressamente, sem prejuízo de responder pelos efeitos não liquidados.

Uma comunicação com solicitação genérica, não se reportando a um acto concreto de movimentação da conta – que deverá, se efectuada antes de terminado o prazo de apresentação a pagamento e pretendendo-se eficácia imediata, indicar o motivo justificativo –, não é aceitável como acto de revogação do cheque[1228].

Pode acontecer que, no momento do desapossamento, o portador do cheque não tenha identificado com precisão o cheque, não dispondo nomeadamente do respectivo número, nem tão pouco o sacador o consiga fazer. Nesse caso, a comunicação dirigida ao banco deve, tanto quanto possível, identificar o cheque que se quer revogar, indicando, por exemplo, o seu valor, o beneficiário, se "nominativo" (à ordem), e eventualmente a data de emissão.

A Lei Uniforme é omissa sobre a forma da comunicação.

Sendo o cheque um documento escrito, poderíamos ser levados a concluir, sem mais, que a respectiva revogação se efectuasse do mesmo modo. No entanto, razões de celeridade, em caso de desapossamento, justificam que a revogação possa ser verbal[1229], desde que gravada – procedimento hoje habitual nas comunicações com os bancos –, e seguida de confirmação por escrito, efectuada no mais curto espaço de tempo possível[1230].

---

[1228] Neste sentido, cfr. o **AcRelCoimbra de 21 de Fevereiro de 2006** (COELHO DE MATOS) / Proc. n.º 3197/05, *www.dgsi.pt* (p. 10).

[1229] Afigura-se relevante que a revogação do cheque seja dirigida a funcionário habilitado a desencadear o procedimento adequado a impedir o respectivo pagamento. Nesses termos, comunicação verbal efectuada a telefonista do banco sacado, enviada ou gravada para local ou aparelho não apropriados será manifestamente insuficiente para responsabilizar o banco pelo pagamento do cheque, enquanto não receber notícia formal com essa finalidade.

[1230] Nos ordenamentos jurídicos estrangeiros não há regra uniforme.

Assim, o Serviço de Reclamações do Banco de Espanha considera que as boas práticas bancárias recomendam que o banco sacado, tendo conhecimento da revogação do

*Pagamento, vicissitudes e efeitos do cheque e da convenção de cheque* 581

Qualquer que seja o modo utilizado para efectuar a comunicação, o sacador deverá obter prova de que o banco recebeu oportunamente a declaração de revogação[1231].

**IV.** Importa ainda esclarecer que a revogabilidade do cheque pode ser regulada pela própria convenção, isto é, ser objecto de cláusula específica que estabeleça o modo como se há-de processar, designadamente a forma que deve ser observada, o momento e antecedência com que deverá ser comunicada.

---

cheque, advirta o cliente de que deve apresentar uma denúncia formal. Cfr. Isabel RAMOS HERRANZ, *El pago de cheques.* Diligencia y responsabilidad del banco, Tecnos, Madrid, **2000**, p. 364.

Considerando que, não exigindo a LCCh forma especial, a revogação poderá fazer--se de qualquer modo, incluindo verbalmente, CALAVIA MOLINERO/ BALDÓ DEL CASTAÑO, *El cheque*, cit., **1987**, p. 154.

No Direito francês – em que só pode ocorrer mediante justa causa – a revogação deve revestir forma escrita, ainda que se admita que, por razões de urgência, seja precedida de comunicação verbal, nomeadamente por telefone. Não havendo confirmação escrita, o banco deverá proceder ao pagamento do cheque.

No Direito inglês a *BEA* é omissa, entendendo-se ser suficiente que o banco sacado tome oportuno conhecimento da revogação. «Pode ser feita oralmente, por telefone ou presencialmente, por carta, telegrama, telex, fax ou outro escrito, desde que o banqueiro» se certifique tratar-se de uma comunicação do cliente (A. G. GUEST, *Chalmers and Guest on Bills of Exchange, Cheques and Promissory Notes*, 14ª ed., Sweet & Maxwell, London, **1991**, p. 617).

Contudo, embora possa aceitar qualquer forma de notícia, o banqueiro não está vinculado a cumprir uma mensagem não autenticada, pelo que o telegrama, por exemplo, pode não ser bastante para revogar um cheque, carecendo de confirmação por escrito assinado. Nesse sentido, cfr. o caso *Curtice v. London City and Midland Bank Ltd* [1908] 1 K.B. 293, que concluiu pela insuficiência de um telegrama para revogar o cheque.

Também no Direito norte-americano, a revogação pode ser efectuada oralmente, ficando a cargo do cliente (sacador) provar que a transmitiu oportunamente. A revogação, que tem a duração de seis meses, cessa no final de 14 dias se, tendo sido transmitida verbalmente, não for, entretanto, confirmada por registo (*record*) disponibilizado ao banco [cfr. § 4-403(b) do UCC, na red. da revisão de 2002]. Neste sentido, cfr. BAILEY/ HAGEDORN, *Brady on Bank Checks. The Law of Bank Checks*, vol. I, 5ª ed. rev., Warren Gorham Lamont, A.S.Pratt & Sons Group, Boston, 1997 (actual. até **2006**), pp. 26-18 e 26-19, e MILLER/ HARRELL, *The Law of Modern Payment Systems*, 6ª ed., Thomson / West, St. Paul, Minn., **2003**, pp. 385-386 e 389.

[1231] Neste sentido, cfr. Isabel RAMOS HERRANZ, *El pago de cheques*, cit., **2000**, pp. 357-364, em especial p. 358.

A validade e eficácia da revogação (contratual) do cheque, plena no âmbito da relação entre o banco e o seu cliente, encontra-se subordinada às regras legais imperativas que tutelam a circulação cambiária, sempre que existam terceiros envolvidos, como adiante se verá.

No entanto, não sendo habitual que a convenção seja objecto de regulação escrita, a revogabilidade do cheque encontrar-se-á dependente do respeito pelas regras imperativas existentes, sob pena de responsabilização das partes pela violação de tais normas.

**V.** Começaremos a análise por indagar se o cheque pode ser objecto de revogação, uma vez emitido e posto em circulação. O problema consiste essencialmente em determinar até que ponto é revogável uma ordem de pagamento dada a um banco em favor de um terceiro por meio de um cheque sacado sobre provisão constituída nesse banco[1232].

Aceitando ser a instrução de não pagamento do cheque, após a emissão, um instituto admissível, a questão da revogação coloca-se relativamente ao momento em que se efectiva, sendo necessário distinguir entre revogação durante o prazo de apresentação a pagamento do cheque e após o decurso desse prazo.

## 20.2. **Prazo de apresentação do cheque a pagamento**

**I.** O cheque é um título à vista, como referimos a propósito do seu regime jurídico, o que significa que pode ser apresentado a pagamento em qualquer momento (cfr. art. 28.º, I da LUCh), e mesmo antes da data que nele se encontra aposta como data de emissão (cfr. art. 28.º, II da LUCh).

Importa apurar agora se o pagamento do cheque está sujeito a um prazo certo e determinado ou se o cheque pode ser apresentado a pagamento enquanto for um título válido e eficaz.

---

[1232] Distinguindo a revogação do cheque, quando determinada pelo respectivo emitente (sacador), da oposição ao seu pagamento, promovida, em caso de desapossamento, por qualquer portador, Isabel RAMOS HERRANZ, *El pago del cheque. Diligencia y responsabilidad del banco*, cit., **2000**, p. 341.

Não cremos que a revogação do cheque, baseada em justa causa – que Isabel RAMOS HERRANZ configura como oposição ao seu pagamento –, assuma especial relevância. Trata-se da excepção, legalmente autorizada – como veremos –, que confirma a regra e que corresponde à solução a que chegaríamos em qualquer circunstância.

*Pagamento, vicissitudes e efeitos do cheque e da convenção de cheque* 583

Como título de crédito – e não necessariamente como documento comprovativo de uma obrigação de natureza pecuniária –, o cheque prescreve no prazo de seis meses, *contados do termo do prazo de apresentação* (art. 52.º, I *in fine* da LUCh). Isto é, a validade do título está dependente do decurso de um *prazo de apresentação* a pagamento.

Desta regra aplicável à prescrição podemos retirar duas ilações: a primeira, que o cheque tem um prazo de apresentação a pagamento; a segunda, que a validade do cheque não coincide com esse prazo, prolongando-se seis meses para além do seu termo. Decorrido este prazo, prescreve *toda a acção do portador* (o beneficiário do cheque) *contra os endossantes* (os portadores que o antecederam), *contra o sacador* (o cliente que emitiu o cheque) *ou contra os demais co-obrigados*[1233] (avalistas que sejam eventuais garantes do respectivo pagamento), como dispõe a Lei Uniforme (art. 52.º, I).

Se o cheque vier, entretanto, a ser pago por um dos obrigados cambiários, então o prazo de validade estende-se por seis meses a partir da data em que ele efectuou o pagamento ou tiver sido accionado para o fazer (cf. art. 52.º, II).

**II.** Vejamos se o prazo de pagamento do cheque é único ou se varia, nomeadamente em razão de factores territoriais, quando os locais de emissão e de pagamento não coincidirem.

A Lei Uniforme mantém uma regra (o artigo 29.º), que podemos considerar datada – e, presentemente, desadaptada da realidade que prevê e que pretende cobrir –, segundo a qual o prazo de apresentação a pagamento de um cheque sacado na mesma praça em que deverá ser pago é relativamente reduzido, sendo tanto maior quanto maior for a distância entre o país em que tenha sido emitido e aquele em que deva ser pago, por ser o local onde se encontra domiciliado o sacado.

O artigo 29.º/1 da LUCh dispõe que «*o cheque pagável no país onde foi passado deve ser apresentado a pagamento no prazo de oito dias*», o que significa que os cheques sacados em Portugal sobre bancos nacionais devem ser apresentados a pagamento nos oito dias subsequentes à sua emissão.

Em sentido técnico, trata-se de uma previsão que aparentemente não encerra problemas de maior, restringindo compreensivelmente o seu alcance aos cheques emitidos no país em que deverão ser pagos[1234].

---

[1233] Como iremos ver adiante (n.º 20.4.5), o sacado não é um destes co-obrigados.

[1234] Se o cheque tiver sido sacado em país diferente daquele em que for pagável,

584 *Cheque e Convenção de Cheque*

A nossa atenção e análise vai centrar-se nos cheques sacados e pagos em Portugal, sabendo-se que o Estado português, relativamente ao actual território nacional, não fez uso da faculdade que, como Parte Contratante da Convenção, lhe havia sido concedida pelo disposto no art. 14.º /1 do Anexo II da Convenção[1235], de dilatar o prazo de apresentação a pagamento do cheque[1236].

O cheque «*deve ser apresentado a pagamento*» nos oito dias subsequentes à data que nele consta como sendo a da sua emissão (art. 29.º /1 e 4 da LUCh), o que não é exactamente o mesmo que tomar por referência o dia da efectiva criação do título. A Lei Uniforme reportou a contagem do prazo de apresentação a pagamento ao «*dia indicado no cheque como data da emissão*» (art. 29.º /4 *in fine*), mesmo que o cheque tenha sido efectivamente sacado noutra data.

**III.** Vejamos como deve contar-se o prazo em causa.

A disposição legal citada diz que o prazo se deve começar a contar «*do dia indicado no cheque*», o qual não se deve ter por compreendido

---

em princípio onde se encontra domiciliada a conta bancária representativa da provisão que é pressuposto da sua emissão (cfr. arts. 1.º, n.º 4.º, e 2.º II e III da LUCh), o prazo de apresentação a pagamento será naturalmente mais extenso, variando consoante a distância que existir entre um ponto e outro, isto é, que mediar entre o local em que o cheque é passado e o país em que deverá ser pago. Assim, nos termos do art. 29.º, II da LUCh, o prazo de apresentação a pagamento será *de vinte dias ou de setenta dias*, consoante os lugares do saque e do pagamento se encontrem situados *na mesma ou em diferentes partes do mundo*.

A Lei Uniforme não esclarece o que se deve entender por "*parte do mundo*", embora não seja difícil fazer equivaler tal expressão à ideia de continente, considerando--se desse modo que haveria cinco ou seis diferentes partes do mundo. O disposto na alínea III do art. 29.º da LUCh confirma esta interpretação – de que uma "*parte do mundo*" corresponde a um continente – ao determinar que, para o efeito de contagem do prazo a que se refere a alínea 2 do mesmo artigo, «*são considerados como passados e pagáveis na mesma parte do mundo*» «*os cheques passados num país europeu e pagáveis à beira do Mediterrâneo, ou vice-versa*».

O art. 14.º da ConvCh/II admite que o prazo previsto na alínea II do art. 29.º da LUCh seja dilatado, incluindo para cheques que, sendo emitidos numa mesma parte do mundo, sejam pagáveis em diferentes países dessa «*parte do mundo que não seja a Europa*» (art. 14.º /2 da ConvCh/II).

[1235] Importa recordar que o Estado português não aproveitou qualquer das reservas constantes do Anexo II, acolhendo a Convenção na íntegra, tal como havia sido aprovada.

[1236] Sobre o prazo de apresentação do cheque a pagamento em Espanha, cfr., *infra*, n.º 20.4.2.1.III, e Soto Vásquez/ Soto Fernández, *El cheque y el pagaré*, cit., **1997**, pp. 154-156.

*Pagamento, vicissitudes e efeitos do cheque e da convenção de cheque*    585

nesses oito dias (cfr. art. 56.º da LUCh), o que significa que o prazo se há-de contar desde o dia subsequente ao dia de emissão. Assim, se a data de emissão aposta for o dia 10, o prazo de apresentação a pagamento conclui-se no dia 18. No entanto, o último dia do prazo pode coincidir com um dia feriado ou, melhor, com um dia *"não útil"* [1237].

Por isso, e no que respeita ao seu *terminus*, sempre que o último dia para apresentação seja um dia feriado[1238], o prazo é prorrogado para o primeiro dia útil subsequente (cfr. art. 55.º, I e II da LUCh).

Quanto aos dias intermédios que contam para a sua duração, os mesmos devem ser contados seguidos, não se devendo proceder a desconto dos feriados e outros dias não úteis que ocorram no seu decurso (art. 55.º, II *in fine* da LUCh).

A Lei Uniforme consagrou, pois, solução idêntica à acolhida pela nossa lei substantiva actual, no artigo 279.º do Código Civil [cfr., em especial, *alíneas b)* e *e)*].

No tocante ao seu início, e dada a forma como, na parte final do art. 55.º, II a Lei Uniforme considerou *«compreendidos na contagem do prazo»* os dias feriados intermédios, não podem subsistir dúvidas de que o mesmo se reporta ao dia subsequente à data de emissão, ainda que aquele ou mesmo esta coincidam com dias feriados ou não úteis.

Com efeito, a preocupação da lei é essencialmente determinar com segurança o momento em que expira o prazo (legal) de apresentação a pagamento do cheque[1239].

O conteúdo literal da Lei Uniforme não contribui para o esclarecimento da questão, limitando-se a referenciar *dias úteis* e *"feriados legais"* e o Código Civil, no já mencionado art. 279.º [*alínea e)*], fala em domingos ou dias feriados.

---

[1237] Apesar de não ser feliz, preferimos esta expressão – que decorre da terminologia anglo-saxónica (*business day* e *non business day*) –, à expressão dia feriado ou *"feriado legal"*, que é a que decorre do art. 55.º, II da LUCh, uma vez que os sábados, que são dias "não úteis", em rigor não são feriados. Sobre o modo de determinação do dia útil, cfr. também, *supra*, n.º 2.6.3.IV.

[1238] Estamos a utilizar a terminologia da Lei Uniforme (cfr. art. 55.º, II).

[1239] Exemplificando, se um cheque é sacado numa sexta-feira, dia 1 (data de emissão nele inscrita), o prazo contar-se-á desde sábado, dia 2, sendo o oitavo dia subsequente ao dia de emissão o dia 9, também sábado. Consequentemente, em princípio, o cheque poderá ainda ser apresentado a pagamento na segunda-feira, dia 11, primeiro dia útil subsequente à data em que o prazo terminava, se a mesma for considerada efectivamente como dia não útil. Isto é, *são os sábados considerados dias úteis ou não úteis, para efeitos da apresentação do cheque a pagamento?*

Há que tomar em conta a especial qualidade do sacado para determinar se a contagem do último dia do prazo se suspende apenas nesses dias ou sempre que não for possível proceder ao pagamento do cheque.

A contraposição substancial deverá, pois, assentar entre os conceitos de *dia útil* e de *dia não útil*, procurando reconduzir a um ou outro os sábados[1240].

Foi precisamente para evitar estas dúvidas que o Banco de Portugal e a lei vieram caracterizar o conceito de *dia útil*.

Com efeito, o Regulamento do SICOI e, mais recentemente, o Decreto-Lei n.º 18/2007, de 22 de Janeiro, caracterizam o conceito de "dia útil", considerando que corresponde ao «*período do dia em que a instituição se encontra aberta ao público em horário normal de funcionamento*»[1241] [n.º 11.1 e art. 3.º, *alínea f)*, respectivamente].

Deste modo, toda e qualquer dúvida que pudesse existir fica ultrapassada, passando a ser considerados dias *não úteis*, para além dos domingos e dos feriados legais, os próprios sábados.

**IV.** Mas o prazo de apresentação a pagamento será diferente se o cheque sacado em Portugal se destinar a ser pago noutro país.

Assim, se o cheque se destinar a ser pago no mesmo continente (*na mesma parte do mundo*), o prazo de apresentação é de 20 (vinte) dias, ao passo que o pagamento deverá ser efectuado no prazo de 70 (setenta dias), se o cheque tiver de ser pago em *diferente parte do mundo* (noutro continente) (cf. art. 29.º, II da LUCh).

A Lei considera que os cheques emitidos num país europeu e pagáveis em país (não-europeu) à *beira do Mediterrâneo, ou vice-versa*, devem

---

[1240] Poderíamos procurar uma solução "uniforme", que não única, que assentasse no facto de o pagamento ser ou não possível num sábado, tudo dependendo assim de o estabelecimento se encontrar em funcionamento ou encerrado nesse dia. Desse modo, se o pagamento do cheque fosse possível ao sábado, porque o estabelecimento se encontra a funcionar nesse dia, então o sábado seria dia útil, para efeitos do disposto na Lei Uniforme; se, diversamente, os serviços do sacado estão encerrados ao sábado, então os dias úteis decorreriam de segunda a sexta-feira.

Contudo, se os bancos pudessem optar livremente por estar, ou não, abertos aos sábados ou manterem abertos apenas alguns dos seus estabelecimentos, seria difícil ir contra os prazos, porque tal obrigaria a um conhecimento profundo do sistema bancário.

[1241] «*Período do dia entre as 8.30 horas e as 15.00 horas de segunda-feira a sexta-feira, com excepção dos dias feriados*» (11.2 do Reg. SICOI). O horário normal de funcionamento é também caracterizado, do mesmo modo, no Aviso do BdP de 6 de Fevereiro de 2007 (art. 2.º). **Actualmente**: cfr. Anexo II da Instr. n.º 3/2009.

*Pagamento, vicissitudes e efeitos do cheque e da convenção de cheque* 587

ser considerados pagáveis *na mesma parte do mundo.* Assim, um cheque sacado em Marrocos e pagável em França é, nos termos e para os efeitos da Lei Uniforme, considerado emitido e pagável na mesma parte do mundo, tal como acontece com um cheque sacado em Espanha e apresentado a pagamento na Tunísia.

**V.** Refira-se que a redacção do artigo 29.º é original, e que os prazos nele estabelecidos foram pensados numa época em que, por um lado, o número de locais de pagamento (*i.e., de agências bancárias*) era infinitamente menor do que o actual[1242] e as vias de comunicações, para além de incipientes, eram em muito menor número – e as existentes revestiam piores condições do que as actuais – e, por outro lado, as viagens transatlânticas e intercontinentais se efectuavam por via terrestre, fluvial ou marítima, com a lentidão característica dos meios de transporte em causa; e não por avião como passou a constituir regra na segunda metade do século passado. A estes factores haverá que acrescentar o enorme progresso técnico na verificação da autenticidade dos documentos, designadamente à distância, através do recurso a telecópias, correio electrónico e meios telemáticos, em geral.

As condições logísticas e técnicas existentes nos países signatários da convenção de Genebra, no segundo quartel do século XX, e que, naturalmente, ditaram e balizaram as regras então aprovadas e o conteúdo da Lei Uniforme, encontram-se absolutamente superadas, impondo-se nesta matéria uma revisão que acompanhe o progresso verificado e diminuindo-se, pelo menos, os prazos de apresentação a pagamento relativamente a cheques passados e a pagar em continentes diferentes. No que se refere ao prazo de apresentação a pagamento nacional, isto é, cheques sacados e a pagar em Portugal, somos de opinião que o prazo (ainda) actual é, claramente, desconforme com a natureza do cheque como meio de pagamento, sendo nessa medida excessivo. No entanto, e dados os múltiplos efeitos que lhe estão associados – como a participação crime por falta de provisão, a irrevogabilidade da ordem de pagamento[1243] e, para alguns, a natureza de título executivo – o prazo de apresentação a pagamento apresenta um enorme relevo, admitindo-se ser difícil proceder a um encurtamento.

---

[1242] Apesar de se estar a assistir a um desinvestimento nesta área, uma vez que o contacto directo entre o cliente e o banco, através dos funcionários deste, está a ceder crescentemente o seu espaço ao chamado *home banking*, por recurso a meios telemáticos.

[1243] Como demonstraremos adiante (cfr. n.º 20.4).

588       *Cheque e Convenção de Cheque*

**VI.** Retomando agora a questão referente à data de emissão, há que recordar o que antes dissemos a este propósito e salientar que a data que consta do cheque não tem de coincidir com a data em que o cheque é efectivamente emitido.

Trata-se de questão que já analisámos (cfr., *supra*, n.ᵒˢ 2.6.3, 9.3.1, 19.3 e 19.4), tendo procedido à distinção entre cheques pré-datados (ou antedatados) e cheques pós-datados.

Veremos em seguida se o cheque, *maxime* a ordem de pagamento nele consubstanciada, pode ser revogado depois de ser colocado em circulação, isto é, após deixar de estar na posse do sacador.

### 20.3. **Revogabilidade decorrido o prazo de apresentação do cheque a pagamento**

**I.** Colocado o cheque em circulação, com a respectiva entrega ao beneficiário ou a terceiro, sem que o mesmo seja apresentado a pagamento no prazo legal, importa apurar se, e em que termos, pode a ordem de pagamento nele consubstanciada ser revogada, dando-se o cheque como não emitido.

Antes, porém, há que salientar poder o cheque ser pago, mesmo depois de decorrido o prazo para apresentação a pagamento.

**II.** O cheque **deve** ser pago se apresentado a pagamento durante o prazo adequado para o efeito e **pode** ser pago depois de decorrido esse prazo, desde que não tenha sido revogado[1244] (cfr. art. 32.º, II da LUCh) (*negrito* nosso).

A lei prevê expressamente a hipótese de o cheque não ser apresentado oportunamente a pagamento, admitindo que nesse caso o banco ("o sacado") possa, não obstante e desde que não receba instruções em contrário, proceder ao seu pagamento[1245].

---

[1244] Na verdade, a jurisprudência qualifica como *indevido* o *pagamento de um cheque, que foi revogado, após o prazo de apresentação*, considerando que desse acto advém *responsabilidade para o banco* [**AcRelPorto de 21 de Dezembro de 1989** (Lopes Furtado), *CJ*, ano XIV, 1989, t. V, pp. 213-217].

[1245] Há que tomar como limite razoável o prazo de prescrição de «*seis meses, contados do termo do prazo de apresentação*», da «*acção do portador contra os endossantes, contra o sacador ou contra os demais co-obrigados*» (art. 52.º, I da LUCh).

*Pagamento, vicissitudes e efeitos do cheque e da convenção de cheque*   589

**III.** Após a emissão do cheque, e em qualquer momento[1246], pode o respectivo sacador solicitar ao Banco que o mesmo não seja pago se não for tempestivamente apresentado a pagamento, sem ter para o efeito de invocar qualquer razão.

A Lei Uniforme prevê, por um lado, que a revogação do cheque só produza efeitos *«depois de findo o prazo de apresentação»* a pagamento e, por outro, que o cheque possa ser pago, *«mesmo depois de findo o prazo»*, se *«não tiver sido revogado»* (art. 32.º, I e II), ou seja, admite que a revogação possa ocorrer em qualquer momento, logicamente após a emissão do cheque, mas que só seja eficaz desde que tenha decorrido já o prazo em que o cheque deveria ter sido apresentado a pagamento. Por isso, sendo o cheque revogado ainda no decurso desse prazo, a revogação só deverá surtir o seu efeito em data ulterior à extinção do prazo de apresentação.

**IV.** Por sua vez, o Anexo II da Convenção prevê a possibilidade de *«qualquer das Altas Partes Contratantes»*, entre as quais figura Portugal como signatário, se reservar *«a faculdade de»*, em *«derrogação do artigo 32.º da Lei Uniforme»* e *«no que respeita aos cheques pagáveis no seu território:*

   *a) Admitir a revogação do cheque mesmo* **antes** *de expirado o prazo de apresentação (negrito nosso)*[1247];

---

[1246] Anterior ao pagamento do cheque.

[1247] Importa chamar a atenção para o facto de o texto de diversas compilações sobre a matéria [vd., entre outros, ANTÓNIO CAEIRO/NOGUEIRA SERENS, *Código Comercial. Código das Sociedades Comerciais*, 12ª e 17ª edições, editadas pela Almedina, Coimbra, em **2000** (p. 1097) e **2007** (p. 1345), respectivamente, e *Comercial*. Colecção Legislação, n.º 3 (coord. de Isabel Rocha e Duarte Filipe Vieira), 6ª ed., Porto Editora, 2003, p. 354] reproduzirem, sistematicamente, um lapso que durante muito tempo julgámos imputável à tradução oficial desta disposição legal, publicada no Diário do Governo.

No entanto, consultada a publicação da Imprensa Nacional de Lisboa, *Convenções sobre Letras, Livranças e Cheques* com *anexos protocolos e actos finais*, promovida pelo Ministério dos Negócios Estrangeiros (1934), verificamos que o texto do Anexo II, publicado em francês, inglês e português (pp. 144-153), está correcto (pp. 146-147).

Não se compreende a origem do referido lapso* que, como veremos, seria muito útil para a sustentação da corrente doutrinária largamente dominante e maioritária em Portugal, inspirada no Parecer de FERRER CORREIA e ANTÓNIO CAEIRO [«Recusa do pagamento de cheque pelo Banco sacado; responsabilidade do Banco face ao portador», *RDE*, IV-2, **1978** (pp. 447-473)] que, durante largos anos, condicionaria a jurisprudência.

Sem pretendermos transformar um simples erro de escrita numa questão (polémica), gostaríamos de deixar bem claro que *qualquer das Altas Partes Contratantes*

*b) Proibir a revogação do cheque mesmo depois de expirado o prazo de apresentação.»*

Do disposto no preceito acima referido resultam, pelo menos, duas questões: uma central e outra sequencial, que nela entronca, que passamos a enunciar:

Questão central:

– *Quando é que é possível revogar um cheque, no que respeita à determinação da proibição de pagamento e à produção de efeitos dela decorrentes?*

Questão sequencial:

– Se um Estado tem a faculdade de vir a proibir a revogação do cheque, mesmo depois de expirado o prazo de apresentação a pagamento, em derrogação ao art. 32.º da LUCh, significará tal, em princípio, que *a revogação poderá ser totalmente inviabilizada ou* – em leitura nitidamente forçada – que, *sendo admissível, só poderá ser determinada no decurso desse prazo* (não sendo permitida depois de o mesmo ter decorrido)*?*

**V.** Passando a apreciar a primeira questão, se conjugarmos o teor literal da alínea I do art. 32.º (*«A revogação do cheque só produz efeito depois de findo o prazo de apresentação»*) com a faculdade que, nos termos da *alínea a)* do art. 16.º do Anexo, podia ser objecto de reserva

---

(*i.e.*, dos Estados signatários) poderia, em conformidade e nos termos do disposto no Anexo II à Convenção, reservar a faculdade de, diversamente do previsto no art. 32.º da Lei Uniforme – mas, como refere o texto legal, *por derrogação* dessa regra –, *admitir a revogação do cheque mesmo* **antes** *de expirado o prazo de apresentação* [cf. art. 16.º, *alínea a)* do Anexo II à Convenção do Cheque]. Sobre o sentido adequado da faculdade reservada, pronunciamo-nos no texto.

Não fazia qualquer sentido que a *alínea a)*, como a reproduzem a quase totalidade dos compiladores nacionais, visasse permitir, por *derrogação* do disposto no art. 32.º da LUCh, reservar a faculdade correspondente ao que dele (já) resultava (*«admitir a revogação do cheque, mesmo depois de expirado o prazo de revogação»*).

\* De que exceptuamos, entre outras – mencionadas, *supra*, nota 93 –, as compilações organizadas e publicadas por Paulo M. Sendin e Evaristo Mendes (*Colectânea de Legislação Comercial*, t. VI, *Letras e Livranças, Cheque, Extracto de Factura e Crédito Documentário*, 2ª ed., Almedina, Coimbra, **2001**, p. 126, e, na 1ª edição (*Colectânea de Legislação Comercial*, t. VI, *Letras e Livranças, Cheque, Extracto de Factura e Crédito Documentário*, Almedina, Coimbra, **1996**), p. 612).

[N.R. *Retomamos parcialmente o teor da nota 113, dada a sua relevância no contexto da matéria que estamos a analisar*].

*Pagamento, vicissitudes e efeitos do cheque e da convenção de cheque* 591

(*a revogação do cheque* ser possível *mesmo **antes** de expirado o prazo de apresentação*), devemos concluir que o Anexo permite alargar o prazo legalmente disponível para revogar o cheque.

Assim, seria possível que o legislador nacional tivesse usado da prerrogativa prevista na *alínea a)* do art. 16.º, permitindo que a revogação do cheque ocorresse também no decurso do próprio prazo de apresentação, quiçá a qualquer momento e com efeitos imediatos, se tivesse efectuado uma reserva nesse sentido.

Esta leitura singela confirma o erro de redacção, reproduzido nalgumas compilações, sobre o disposto na *alínea a)* em apreço – a que nos referimos em nota de rodapé (1226) –, e esclarece a dificuldade que a doutrina encontrava para explicar essa redacção, resultante do infeliz lapso. Com efeito, se admitíssemos que *a revogação do cheque* seria possível *mesmo **depois** de expirado o prazo de apresentação* estaríamos a reafirmar – e não a derrogar –, com a reserva, o conteúdo do artigo 32.º da LUCh.

**VI.** Como poderia então interpretar-se o texto do *art. 16.º, alínea a) do Anexo II, no pressuposto de que abriria caminho para a consagração de reserva que permitisse acolher a revogação depois de expirado o prazo de apresentação?*

Nesse caso, poderíamos afirmar que se um Estado tem a faculdade de vir a permitir a revogação do cheque mesmo *depois* de expirado o prazo de apresentação, em "derrogação" ao artigo 32.º da LUCh, seria porque esta disposição legal apenas admitiria que a revogação se processasse *no* decurso desse prazo (itálico e negrito nossos). E assim, não obstante a expressão literal do art. 32.º, II, deveríamos concluir que, não sendo usada a faculdade a que se refere a *alínea a)* do art. 16.º, na última forma transcrita, o cheque só seria revogável no decurso do prazo de apresentação a pagamento, sendo ineficazes as ordens dadas nesse sentido posteriormente. Isto é, nos ordenamentos que não tivessem feito uso da reserva, a decisão de revogação teria de ser transmitida no decurso do prazo de apresentação a pagamento. Por isso, se a lei estatuía que «*a revogação do cheque **só** produz efeito **depois** de findo o prazo de apresentação*» (negrito nosso), seria porque a revogação, enquanto declaração de vontade, deveria ocorrer – isto é, deveria ser comunicada – antes de decorrido esse prazo.

E o recurso ao expediente previsto na *alínea a)* do art. 16.º da ConvCh/II permitiria precisamente alargar o prazo em que a revogação poderia ser declarada, estendendo-o para além do prazo de pagamento. Reforçaria ainda este entendimento a expressão gramatical da parte II do art. 32.º, que pareceria pressupor que a revogação não se poderia processar depois de decorrido o prazo de apresentação, ao contrapor a possibilidade de pagamento, *mesmo depois de findo o prazo*, à não revogação do cheque. Assim, quando o art. 32.º, na sua II parte, admite que o sacado pudesse pagar o cheque *mesmo depois de findo o prazo*, se o cheque não tivesse sido, entretanto, revogado, poder-se-ia entender que a revogação deveria ocorrer necessariamente durante o prazo de apresentação a pagamento e, por isso, faria sentido que o Estado, assumindo a reserva, pudesse ampliar o prazo durante o qual a revogação pudesse ocorrer.

Não cremos, contudo, ser aceitável essa leitura da articulação do disposto no artigo 32.º da Lei Uniforme com o que, segundo alguns, estaria estabelecido no art. 16.º da ConvCh/II.

Por um lado, o artigo 32.º visa:

*i)* Não permitir que o cheque seja revogado durante o prazo de apresentação a pagamento, limitando o período a partir e durante o qual pode ser revogado;

*ii)* Admitir o pagamento do cheque, uma vez decorrido o prazo de apresentação a pagamento;

*iii)* Impedir o pagamento do cheque fora do prazo de apresentação se o cheque tiver sido entretanto revogado.

Por outro lado, somos de opinião de que a *alínea a)* do referido art. 16.º tem e faz sentido em função da *alínea b)* do mesmo preceito, resultando o respectivo teor literal, nos termos em que o estamos a analisar, de uma transposição deficiente que, a ser correcta, reconduziria ambas as interpretações à hipótese de um Estado Contratante reservar a faculdade de admitir *ou* proibir a revogação do cheque mesmo depois de expirado o prazo de apresentação[1248].

Por sua vez, a alínea I do art. 32.º da LUCh não visaria dispor sobre o momento em que deve (ou pode) ocorrer a revogação, mas preceituar a irrevogabilidade durante um determinado período.

Quanto à parte II do artigo 32.º da Lei Uniforme, o seu alcance não se prende com o momento em que pode (ou deve) ter lugar a revogação,

---

[1248] Não se nos afigura polémico concluir pela inviabilidade da adopção simultânea das duas medidas referidas, porque são contraditórias.

*Pagamento, vicissitudes e efeitos do cheque e da convenção de cheque*   593

mas sim com o esclarecimento de que, decorrido o prazo de apresentação (sem que o cheque tenha sido revogado), o cheque continua, não obstante, a ser pagável.

Visto que a construção assente na deficiente transcrição do texto do Anexo II não colhe aceitação por falta de sentido lógico, importa concluir respondendo à questão central formulada, com apoio na versão autêntica do disposto no art. 16.º, *alínea a)* da ConvCh/II, que passamos a interpretar.

O artigo 16.º da ConvCh/II tem por finalidade permitir que os Estados signatários da Convenção estabeleçam que a revogação possa ocorrer em qualquer momento. Trata-se de solução que poderia ter sido acolhida pela lei nacional, caso tivessem sido formuladas reservas, o que não aconteceu.

**VII.** No que respeita à segunda questão – acerca do alcance do disposto na *alínea b)* do art. 16.º do Anexo II da Convenção, e esclarecido que está o sentido da *alínea a)* do mesmo preceito –, aceitamos que um Estado signatário da Convenção possa cominar a proibição da revogação do cheque em qualquer momento, reconduzindo então tal instrumento a sinónimo de ordem de pagamento irrevogável.

Não havendo que recorrer ao Anexo II da Convenção, no que respeita à revogabilidade do cheque, volvido o prazo de apresentação a pagamento, centremos a nossa atenção na Lei Uniforme.

Ora, o artigo 32.º deste diploma não é explícito acerca da eventual existência de limite temporal para a revogação do cheque. O facto de, na parte I, estabelecer que esta apenas *«produz efeito depois de findo o prazo de apresentação»* não significa que a revogação não possa ser determinada uma vez que esteja esgotado tal prazo. A lei deverá ser interpretada, como se verá adiante, no sentido de que a revogação *não* é possível *durante* esse prazo, pelo que, se os seus efeitos se produzem unicamente após o termo do mesmo, não faria sentido impedir que ela ocorresse em qualquer momento, desde que nesse caso os seus efeitos se façam necessariamente sentir depois de decorrido o prazo legal.

Estamos agora em condições de afirmar que a revogação do cheque pode constituir declaração válida do sacador, desde a sua emissão, mas a respectiva eficácia depende da não apresentação do cheque a pagamento durante o prazo para esse efeito ou, em qualquer momento, antes da revogação ser conhecida do sacado.

594       *Cheque e Convenção de Cheque*

**VIII.** Não obstante a conclusão a que chegámos, há que ter presente não ter o Estado português feito uso da faculdade ou faculdades que lhe foram concedidas pelo art. 16.º da ConvCh/II pelo que, no nosso ordenamento jurídico, a revogação do cheque só tem eficácia após o decurso do prazo de apresentação do cheque a pagamento.

### 20.4. Inadmissibilidade de revogação do cheque antes do decurso do prazo de apresentação a pagamento

#### 20.4.1. *Enunciado da questão*

**I.** Coloca-se agora a questão da admissibilidade da revogação da ordem de pagamento (dada por meio de cheque) antes de findo o prazo para apresentação do cheque a pagamento.

Vimos que esse prazo é, em princípio, quanto a cheque sacado e pago no mesmo espaço jurídico nacional, por exemplo em Portugal, de oito dias[1249]. Detivemo-nos sobre a contagem do prazo. Verificámos, em seguida, que após o decurso do prazo, no óbvio pressuposto de que o cheque não tenha entretanto sido pago, a revogação é sempre possível e eficaz[1250].

Trata-se aqui de determinar se um cheque é, ou não, eficazmente revogável (ainda) antes de decorrido o prazo de apresentação: tudo está em saber se, lançado um cheque em circulação, o portador pode ordenar ao banco sacado que não proceda ao pagamento do cheque, encontrando--se este vinculado às instruções do seu cliente ou se, diversamente, o banco sacado se encontra, durante esse prazo, adstrito ao cumprimento da obrigação inerente à sua posição cambiária; ou ainda, se o banco (sacado) tem a faculdade de optar entre a instrução revogatória do seu cliente e a ordem consubstanciada no título de crédito. Salvaguardado estaria – em caso de incumprimento pelo banco, no decurso do prazo de apresentação, motivado por acto do seu cliente praticado nesse sentido – o direito de indemnização que o terceiro beneficiário terá contra o sacador e, eventual e possivelmente, contra o sacado.

---

[1249] Cfr. art. 29.º, I da LUCh. Em Espanha este prazo é, actualmente, de quinze dias (cfr. art. 135/1 da LCCh).

[1250] Continuamos a depreender não existirem limitações de carácter contratual.

*Pagamento, vicissitudes e efeitos do cheque e da convenção de cheque* 595

**II.** Antes de fazermos o ponto da situação relativamente à doutrina e jurisprudência nacionais, percorreremos sucintamente alguns ordenamentos estrangeiros, não podendo deixar de ter presente que, em alguns deles, a solução se obtém a partir de premissas diferentes daquelas com que lidamos.

### 20.4.2. *A resolução da questão da revogação noutros ordenamentos jurídicos*

Agruparemos os principais ordenamentos jurídicos estrangeiros pelas afinidades que revelam, nomeadamente pela identidade de soluções que apresentam, pelo facto de pertencerem a uma família específica do Direito ou por terem subscrito a Convenção de Genebra.

Começaremos pelos ordenamentos jurídicos continentais.

### 20.4.2.1. *Países que adoptaram a Lei Uniforme*

**I.** Os países que adoptaram a Lei Uniforme puderam fazê-lo com reservas, designadamente aproveitando a faculdade estabelecida no art. 16.º do Anexo II. Tal foi o caso da França (cfr. *Code monétaire et financier*, de 18 de Setembro de 2000, Art. L. 131-35).

Refira-se que o conteúdo das regras legais que acolheram a Lei Uniforme é semelhante nos demais ordenamentos jurídicos continentais que analisámos. Assim acontece na Alemanha, com a *Scheckgesetz* de 14 de Agosto de 1933 (art. 32, I), em Espanha, com a *Ley cambiaria y del cheque* de 16 de Julho de 1985 (art. 138.1), e em Itália, com o *Regio Decreto* de 21 de Dezembro de 1933, n.º 1736 (cfr. art. 35/1).

**II.** Na **Alemanha**, o artigo 32 da *Scheckgesetz* tem uma previsão idêntica à da regra com igual número da Lei Uniforme portuguesa.

Não obstante, a generalidade da doutrina tende a considerar que a norma sobre a irrevogabilidade do cheque tem uma natureza supletiva, não sendo vinculativa[1251], aplicando-se apenas a título excepcional.

---

[1251] Neste sentido, Baumbach/Hefermehl, *WechselG und ScheckG*, 22ª ed. cit., **2000**, pp. 646-647 («*Art 32 I ist nicht zwingend*»), Canaris, *Bankvertragsrecht*, 1. Teil, 3ª ed., cit., **1988**, p. 498, Hueck/ Canaris, *Recht der Wertpapiere*, 12ª ed., Franz Vahlen, München, **1986**, p. 184, Zöllner, *Wertpapierrecht*, 14ª ed., C. H. Beck, München, **1987**, p. 171.

596     *Cheque e Convenção de Cheque*

Por sua vez, o banco fica obrigado, em função do contrato de cheque – e exclusivamente perante a sua contraparte contratual (o cliente)[1252] –, a pagar os cheques que lhe forem apresentados[1253]. Tal obrigação não se estende aos portadores.

**III.** Em **Espanha**[1254], a revogação de um cheque só produz efeitos depois de expirado o prazo de apresentação a pagamento do cheque[1234],

---

[1252] Ideia com a qual estamos inteiramente de acordo. A pedra de toque não está aqui no contrato, mas na prevalência da Lei Uniforme e na sua adequada sobreposição à relação contratual.

[1253] Cfr. Eugen ULMER, *Das Recht der Wertpapiere*, B. Kohlhammer, Stuttgart/ Berlin, **1938**, pp. 308-321, em especial pp. 318-320, ZÖLLNER, *Wertpapierrecht*, 14ª ed., cit., **1987**, pp. 168-169.

[1254] Que, recorde-se, só acolheu o regime da Lei Uniforme em 1985, com a *Ley cambiaria y del cheque* que, aprovada pela Lei 19/85, de 16 de Julho, entraria em vigor em 1 de Janeiro de 1986 (*Disp. Final*, 2ª).

Assinalando precisamente a diferença entre os regimes actual e anterior* – em que o banco sacado não se encontrava vinculado ao pagamento durante o prazo de apresentação a pagamento – e registando a diferença do novo regime espanhol do cheque com o vigente no ordenamento alemão, segundo o qual «pode ser acordado entre o sacador e o banco sacado que este fique vinculado a observar a revogação antes do decurso do prazo para apresentação a pagamento», Burckhardt LÖBER / Witold PEUSTER, *Aktuelles spanisches Handels– und Wirtschaftsrecht*, Carl Heymanns, Frankfurt/Köln/Berlin/Bonn/ München, **1991**, p. 435.

(*) – Sobre o regime anterior, vd., por todos, Joaquim GARRIGUES, *Curso de Derecho Mercantil*, t. 1, 7ª ed. (rev. com a colab. de Alberto Bercovitz), Madrid, **1976**, pp. 957-958. Começando por referir que «a segurança do tráfico através de cheques reclama a irrevogabilidade deste documento», porque o cheque em substituição do pagamento em dinheiro não seria admissível se estivesse sujeito a uma revogação inesperada, «quiçá imediata», devendo a lei «proteger a confiança do tomador», GARRIGUES reconhecia que o Direito positivo espanhol não continha preceito especial sobre a matéria (*ibid*, p. 957). Não proibindo expressamente o Código de Comércio espanhol a revogação do cheque, poderia «deduzir-se do conceito de cheque como mandato a possibilidade da sua livre revogação, ficando o sacado obrigado a observar «a declaração revogatória emitida pelo sacador, não podendo, em consequência, debitar a conta pelo pagamento que *efectuasse*», sem prejuízo de o sacador responder perante o portador do cheque, «por ter impedido, por facto próprio, que o cheque *chegasse* a bom fim» (*ibid.*, pp. 957-958). Do mesmo autor, cfr. também *Contratos Bancários*, Madrid, **1958,** pp. 505-506.

[1255] Sem prejuízo de o sacador se poder opor ao pagamento «*nos casos de extravio ou privação ilegal do cheque*» (art. 138.3 da LCCh), isto é, salvo se existir justa causa de revogação.

Cfr. Isabel RAMOS HERRANZ, *El pago de cheques*, cit., **2000**, pp. 346-349. Na opinião desta autora, não constituem causas autorizadas de revogação: a incapacidade, a morte e a insolvência, entre outras (*ibid.*, pp. 350-353).

Pagamento, vicissitudes e efeitos do cheque e da convenção de cheque     597

que é de quinze dias (cfr. arts. 138.1 e 135.1 da *LCCh*)[1256]. A previsão legal da irrevogabilidade do cheque, no decurso do prazo de apresentação a pagamento, é reforçada pela regra que impõe ao sacado a obrigação de pagar o cheque, desde que exista provisão, de que resulta também não poder este aceitar a respectiva revogação (cfr. art. 108.2 da LCCh)[1257]. Este dever legal contribui para alicerçar a responsabilidade do banco sacado em face do portador em caso de não pagamento indevido do cheque[1258].

**IV.** Em **França**, a irrevogabilidade do cheque explica-se pela cessão da provisão operada com a sua transmissão. Concretizada esta, o portador (tomador ou endossatário) passa a ter direito à provisão, que deixa de estar na disponibilidade do sacador[1259]. O cheque é consequentemente irrevogável[1260].

**V.** Em **Itália**, a revogação da ordem de pagamento, tal como acontece na Alemanha e – como veremos (*infra*, n.[os] 20.4.3.2 e 20.4.5) – em Portugal, só produz efeitos depois de expirado o prazo de apresentação legalmente estabelecido (cfr. art. 35 do R.d. n.º 1736, de 21 de Dezembro de 1933)[1261]. À semelhança do que se passa no nosso País, também a

---

[1256] Sobre a revogação, cfr., entre outros – e para além dos autores citados neste número (20.4.2.1) –, CALAVIA MOLINERO/BALDÓ DEL CASTAÑO, *El cheque*, cit., 1987, pp. 150-154 e 258-261, Luis CARLÓN SÁNCHEZ, «El cheque», *in* AA.VV., *Derecho cambiario. Estudios sobre la ley cambiaria y del cheque*, Madrid, **1986** (pp. 773-839), p. 795, e Antonino VÁSQUEZ BONOME, *Todo sobre la Letra, el Pagaré y el Cheque*, Difusión Jurídica, Madrid, **2005**, pp. 257-258.

[1257] Neste sentido, cfr. Alberto DÍAZ MORENO, «Diez años de aplicación judicial de la disciplina del cheque contenida en la ley cambiaria», AA.VV., *Diez años de Ley Cambiaria y del Cheque*, Dykinson, Madrid, **1997** (pp. 285-331), pp. 305-310, e Isabel RAMOS HERRANZ, *El pago de cheques*, cit., **2000**, pp. 343-344.

[1258] Neste sentido, CALAVIA MOLINERO/BALDÓ DEL CASTAÑO, *El cheque*, cit., **1987**, p. 168.

[1259] Georges RIPERT / René ROBLOT, *Traité de Droit Commercial, t. 2*, 14ª ed. (por Philippe DELEBECQUE e Michel GERMAIN), LGDJ, Paris, **1994**, pp. 284-285 (n.º 2195).

[1260] Excepto em caso de desapossamento (extravio, roubo ou utilização fraudulenta), devendo o sacador, nesta circunstância, comunicar ao banco por escrito o sucedido (cfr. CMF, Art. 131-35, *alínea 2*).

[1261] Cfr. Giovanni Luigi PELLIZZI, *L'assegno bancario*, vol. 1, CEDAM, Padova, **1964**, pp. 325-332, e Benedetto RENDA, «I titoli di credito bancari», AA.VV, *Trattato di Diritto Privato* (dir. por Pietro RESCIGNO), vol. 13 – *Obbligazioni e contratti*, t. V, UTET, Torino, **1985** (pp. 629-856), p. 720.

598  *Cheque e Convenção de Cheque*

doutrina italiana discute se o portador tem, ou não, acção directa contra o banco sacado, por falta de pagamento do cheque no respectivo prazo de apresentação[1262].

### 20.4.2.2. *Ordenamentos anglo-americanos*

**I.** Nos ordenamentos anglo-americanos, com diferentes soluções legais, a questão não tem paralelo, porquanto o sacador pode livremente revogar o cheque a todo o tempo.

Assim, em **Inglaterra**, uma vez que o banco sacado age como agente do sacador, este, revogando o cheque emitido, pode deter o respectivo pagamento, se o cheque ainda não tiver sido apresentado a pagamento (cfr. s. 75 do *BEA* de 1882)[1263]. O sacado, que se encontra contratualmente obrigado a pagar os cheques sacados pelo seu cliente se não tiver qualquer razão para recusar o pagamento[1264], está vinculado a observar a instrução revogatória, não podendo debitar a conta do (saca-dor) seu cliente se tomou conhecimento da revogação atempadamente.

**II.** Nos **Estados Unidos da América**, o regime é semelhante. A relação contratual de cheque configura-se tradicionalmente como uma relação puramente obrigacional (de devedor-credor) entre o cliente e o banco,

---

[1262] Recusando a acção do portador contra o sacado, por falta de pagamento do cheque, RENDA, «I titoli di credito bancari», cit., **1985**, p. 721, e anteriormente PELLIZZI, «Rapporti fra portatore e trattario dell'assegno bancario», *FP*, **1948** (vol. III), cols. 499-506, Adriano FIORENTINO, «Note sull'assegno bancario», *RTDPC*, ano II, **1948** (pp. 350-361), p. 360, e «Sul diritto del portatore di assegno bancario verso il trattario», *BBTC*, **1950** (anno XIII), I, pp. 332-340.

Distinguindo o cheque da letra, que considera instrumentos substancialmente diferentes, e rejeitando a revogação do cheque depois de o mesmo se encontrar em circulação, Giuseppe FERRI, «L'assegno bancario come atto di utilizzazione della provvista», *BBTC*, anno XXIII, Parte Prima, **1960** (pp. 1-13), p. 2.

[1263] Cfr. Roy GOODE, *Commercial Law*, 2ª ed., Penguin, London, **1995**, p. 608, e LAIDLAW/ROBERTS, *Law relating to Banking Services*, cit., **1990**, enunciando diversos problemas que as ordens de não pagamento (*stop orders*) podem originar (cfr. pp. 126-129).

Se a conta for colectiva, a revogação poderá ser efectuada por qualquer titular, se o mesmo estiver contratualmente autorizado a movimentar isoladamente a conta. Cfr. Michael BRINDLE / Raymond COX, *Law of Bank Payments*, FT Law & Tax, London, **1996**, pp. 348-350.

[1264] Cfr. CHALMERS and GUEST *on Bills of Exchange,* 14ª ed., cit., **1991**, p. 614.

*Pagamento, vicissitudes e efeitos do cheque e da convenção de cheque*  599

sendo a respectiva autonomia da vontade muito significativa[1265]. Este contrato impõe ao banco que honre os cheques, à custa dos fundos depositados na conta do cliente, cujas instruções são, contudo, modificáveis até que sejam cumpridas e o pagamento efectuado[1266].

Por isso, o cliente pode revogar livremente o cheque[1267] e o banco, no âmbito da respectiva relação contratual, deve recusar o seu pagamento[1268], devendo devolver o cheque ao beneficiário, caso em que não terá qualquer responsabilidade para com ele, nem para com o sacador[1269]. A responsabilidade que a revogação possa ocasionar será exclusivamente imputada ao sacador.

Os problemas colocam-se sobretudo quando o banco não acata a instrução de revogação e procede ao pagamento do cheque por débito da

---

[1265] Cfr. William D. WARREN / Steven D. WALT, *Commercial Law*, 6ª ed., Foundation Press / Thomson West, New York, **2004**, pp. 918-919, e, *infra*, nota 1386 (21.3.4).

[1266] A necessidade de o cliente actuar rapidamente e comunicar ao banco, em tempo útil (*i. e.,* antes do cheque ser apresentado a pagamento), a alteração da sua vontade representa um obstáculo à revogação do cheque. Neste sentido, cfr. MANN, *Payment systems and other financial transactions: cases, materials and problems*, Aspen Law & Business, Gaithersburg / New York, **1999**, pp. 12-13. Na doutrina norte-americana, cfr. também BAILEY/HAGEDORN, *Brady on Bank Checks. The Law of Bank Checks*, vol. I, 5ª ed. rev., Warren Gorham Lamont, A.S.Pratt & Sons Group, Boston, 1997 (actual. até **2006**), pp. 14-1 e 14-2, 15-56 a 15-59 (sobre a revogação, cfr. ainda pp. 26-1 e segs.), William D. HAWKLAND, *Commercial paper and Banking*, The Foundation Press, Westbury, New York, **1995**, pp. 351 e 355-357.

[1267] «O § 4-403(a) concede ao cliente um direito ilimitado de revogar o pagamento dos cheques (*an unrestricted right to stop payment*) sacados sobre a sua conta ou de encerrar a conta» (WARREN/WALT, *Commercial Law*, 6ª ed., cit., **2004**, p. 886).

São diversas as razões que podem levar o cliente a alterar a sua decisão. Clayton P. GILLETTE / Alan SCHWARTZ / Robert E. SCOTT (*Payment Systems and Credit Instruments*, Foundation Press, Westbury, New York, **1996**, p. 514) enquadram-nas em duas grandes categorias: as benignas e as malignas. Na primeira incluem se «a disputa sobre a quali dade dos bens ou serviços recebidos por conta do cheque» e a «informação do portador do cheque de que este se perdeu ou foi furtado e consequentemente não deverá ser pago ao seu apresentante». Na segunda categoria enquadram-se as situações em que «o sacador se arrepende de ter celebrado a transacção que deu origem ao saque do cheque e pretende evitar o respectivo pagamento» ou, simplesmente, em que pretende evitar o pagamento representado pelo cheque.

[1268] Cfr. Art. 4 do Uniform Commercial Code, em especial §§4-403 e 4-407 (mas também 4-401).

[1269] Cfr. D. Benjamin BEARD, «Effectuating the customer's right to stop payment of a check: the forgotten section 4-401», *Wayne Law Review*, vol. 37, n.º 4, **1991** (pp. 1815-1847), p. 1815.

600    *Cheque e Convenção de Cheque*

conta do cliente (sacador)[1270]. A atribuição de responsabilidade ao banco, neste caso, vai depender essencialmente da culpa que tiver na inobservância da instrução que recebe, a qual, para além de ser transmitida com a antecedência adequada, deve permitir-lhe identificar adequadamente o cheque (revogado)[1271].

### 20.4.3. *O Direito português; interpretações e soluções doutrinárias e jurisprudenciais*

20.4.3.1. *A prevalência da relação contratual entre o banco e o cliente*

**I.** Regressando ao Direito português[1272], comecemos pela corrente (ainda) dominante[1273].

---

[1270] Trata-se de aspecto que não desenvolvemos, pese embora a analogia que possa ter – nos ordenamentos continentais – com o pagamento de cheques oportunamente revogados, isto é, revogados depois de expirado o prazo de apresentação a pagamento.

No Direito norte-americano, vd. BEARD, «Effectuating the customer's right to stop payment of a check: the forgotten section 4-401», cit., **1991**, pp. 1816-1827 e 1841-1847.

[1271] Sue Ganske GRAZIANO, «Computerized stop payment orders under the U.C.C.: reasonable care or customer beware?», *CLJ*, vol. 90, n.º 9, **1985** (pp. 550-562), p. 551.

Sobre a descrição do cheque revogado, cfr. também Paul A. CARRUBBA, *UCC Revised Articles 3 & 4*. The Banker's Guide to Checks, Drafts and other Negotiable Instruments, Bankers Publishing Company / Probus Publishing Company, Chicago, Illionois/Cambridge, England, **1993**, pp. 241-243.

[1272] Seguimos de perto, mas com substancial desenvolvimento e natural actualização, o nosso estudo «O cheque enquanto título de crédito: evolução e perspectivas», AA.VV., *Estudos de Direito Bancário*, Coimbra Editora, **1999** (pp. 243-260), em especial pp. 255-259.

Refira-se que nem todos os autores que se debruçam sobre o cheque e a convenção de cheque se pronunciam sobre o instituto da revogação. Tal é o caso de SOFIA GALVÃO (*Contrato de cheque*, Lex, Lisboa, **1992, pp. 65-66**), que opta por se referir à "revogação do contrato de cheque", que não aprofunda, por ser «um tema de especial complexidade», que obrigaria a uma reflexão específica (p. 65, nota 235). A este propósito, salientando estar «em causa a revogação da situação jurídica que une o Banco/sacado ao Cliente/sacador», defende «que a livre revogabilidade por parte do Cliente/sacador encontra, no interesse do Banco e do Beneficiário do Cheque, o limite da justa causa (art. 1170.º, n.º 2 do CC)» (cfr. p. 66). Cremos existir aqui uma confusão entre a revogação do cheque e da convenção, apesar da autora afastar expressamente o disposto no art. 32.º da LUCh, porque não entendemos a razão pela qual sujeita a revogação da convenção ao interesse

Pagamento, vicissitudes e efeitos do cheque e da convenção de cheque    601

A questão colocou-se, com relevo público, pela primeira vez nos anos quarenta, tendo então sido objecto de uma decisão judicial – o **Acórdão do STJ de 22 de Outubro de 1943** (MIGUEL CRESPO)[1274] – que, admitindo a *revogação do cheque no prazo de apresentação a pagamento* (declarando a *inexistência de direito de acção do portador sobre o sacado*), colheria amplas adesões na jurisprudência dos nossos tribunais superiores, apesar de ter sido imediatamente contestada por Adelino da PALMA CARLOS[1275].

Favoravelmente à revogação do cheque a todo o tempo manifestou--se FILINTO ELÍSIO, no final da década de sessenta[1276], procurando distinguir o contrato de cheque da irrevogabilidade determinada pelo art. 32.º da Lei Uniforme, que considerou dirigir-se «à figura do cheque na sua exterioridade, como título cambiário» (*ob. cit.*, p. 498), com o sentido de que «mau grado a revogação, o cheque continua a ser cheque como título, isto é, a revogação não anula o cheque e o portador pode protestá-lo», continuando «a beneficiar de todas as potencialidades inerentes ao cheque» (*ob. cit.*, p. 500)[1277].

---

do beneficiário, que nada tem a ver com a mesma, mas apenas com um cheque que porventura tenha sido revogado. Sobre a revogação da convenção, vd., *infra*, n.º 23.3.3.

Por sua vez, os autores portugueses que se pronunciaram antes da Lei Uniforme não lograram chegar a um consenso. Assim, rejeitando a revogação, porque a mesma prejudicaria «a circulação dos cheques, que ninguém quereria adquirir com receio duma revogação por parte do passador», MARNOCO E SOUZA, *Das letras, livranças e cheques*, vol. II, França Amado, Coimbra, **1906**, p. 221; diversamente, admitindo a revogabilidade do cheque, ao considerar que o sacado não tem responsabilidade perante o portador, Luiz da CUNHA GONÇALVES, *Comentário ao Código Comercial Português*, vol. II, Ed. José Bastos, Lisboa, **1916**, p. 320. Por sua vez, LOBO D' ÁVILA (Lima), aceita que o emitente revogue o cheque depois de expirado o prazo legal de apresentação, só podendo fazê-lo com base em justa causa («contra ordem para o pagamento por causa justificável ou motivo legal») (*Do cheque*, Livraria Profissional, Lisboa, s/d, pp. 119-120).

[1273] Reconhecendo esta realidade, JOSÉ MARIA PIRES, *O cheque*, Rei dos Livros, Lisboa, **1999**, p. 104.

[1274] *Boletim Oficial*, ano III, n.º 15, 1943, pp. 409-411.

[1275] Relatório apresentado ao Instituto da Conferência da Ordem dos Advogados, em meados dos anos quarenta, sob o título «Pode o banqueiro recusar, dentro do prazo da apresentação, o pagamento de cheque revogado pelo sacador?», *ROA*, ano 6.º (n.os 1 e 2), **1946**, pp. 439-452.

[1276] «A revogação do cheque», *O Direito*, ano 100.º, **1968** (pp. 450-505), pp. 497-503.

[1277] Ressaltamos os aspectos que não retomamos na demonstração do pensamento de outros autores.

602     *Cheque e Convenção de Cheque*

Sem prejuízo da crítica que desenvolveremos adiante (cfr., *infra*, n.º 20.4.3.4), antecipe-se que FILINTO ELÍSIO, encarando o problema sob uma perspectiva redutora – a da convenção de cheque –, que não procura articular com a compreensão do cheque, confunde a revogação do título com os efeitos dela decorrentes. Quando se revoga o cheque, impede-se o pagamento pelo sacado, não se destrói o título que, em via de regresso, constitui base para a acção cambiária até à sua prescrição.

**II.** A questão seria retomada nos anos setenta, com base em disputa judicial que concluiria com um aresto favorável ao banco sacado[1278], claramente influenciado por um parecer, junto aos autos, subscrito por FERRER CORREIA e ANTÓNIO CAEIRO, e que mais tarde seria divulgado, sob a forma de anotação jurisprudencial[1279].

Na esteira da argumentação desenvolvida nesse parecer formar--se-ia uma jurisprudência fértil e relativamente abundante[1280], que não seria questionada pela doutrina durante largos anos[1281].

---

[1278] Na acção proposta por António Pinto Malheiro contra o Banco Nacional Ultramarino, pelo não pagamento de dois cheques com datas de 3 e 10 de Novembro de 1975, e que concluiria com o **Acórdão do STJ de 20 de Dezembro de 1977** [*BMJ* n.º 272 (Jan. 1978), pp. 217-226 (transcrito também na *RDE*, ano IV, n.º 2, 1978, pp. 447-456)], de que foi relator HERNÂNI DE LENCASTRE.

[1279] «Recusa do pagamento do cheque pelo Banco sacado; responsabilidade do Banco face ao portador», *RDE*, vol. IV, t. 2, **1978**, pp. 447-473.

[1280] Cf., entre outros, e para além do já referido **AcSTJ de 20 de Dezembro de 1977** (HERNÂNI DE LENCASTRE), os seguintes arestos (favoráveis à tese da revogabilidade do cheque no decurso do prazo de apresentação a pagamento): **AcSTJ de 10 de Maio de 1989** (MENÉRES PIMENTEL, com declaração de vencido de Soares Tomé), *BMJ* 387, 1989, pp. 598-608 (transcrito também na *RDE*, ano XV, 1989, pp. 259-272), **AcRelPorto de 5 de Abril de 1990** (SAMPAIO DA NÓVOA), *CJ*, ano XV, 1990, t. II, pp. 227-229 (referido também no *BMJ* 396, pp. 436-437), e **AcRelCoimbra de 16 de Fevereiro de 1993** (BARATA FIGUEIRA), *CJ*, ano XVIII, 1993, t. I, pp. 51-54.

A ideia da revogabilidade do cheque antes de decorrido o prazo de apresentação a pagamento é também dominante na Alemanha. Nesse sentido, vd. CANARIS, *Bankvertragsrecht*, 1. Teil, 3ª ed., cit., **1988**, p. 498, CLAUSEN, *Banken– und Börsenrecht*, 3ª ed., cit., **2003**, pp. 216-217, e BAUMBACH/ HEFERMEHL, *Wechselgestez und Scheckgesetz*, 22ª ed., cit., **2000**, pp. 511-513.

[1281] Contamo-nos entre os poucos e os primeiros a divergir dessa posição, não apenas em conferências, colóquios e aulas de pós-graduação, mas em registo escrito de uma dessas intervenções (cf. o nosso estudo citado «O cheque enquanto título de crédito: evolução e perspectivas», pp. 256-259). Evitando tomar posição, SOFIA GALVÃO, *Contrato de cheque*, cit., **1992**, p. 52.

*Pagamento, vicissitudes e efeitos do cheque e da convenção de cheque*     603

A ideia central sustentada por FERRER CORREIA e ANTÓNIO CAEIRO[1282] era a de que o sacado não se obriga perante o portador, visto que este só tem acção contra o sacador, endossante(s) e avalista (cf. art. 40.º). Com efeito, segundo a Lei Uniforme (art. 40.º cit.), *«o portador* (do cheque) *pode exercer os seus direitos de acção contra os endossantes, sacador e outros co-obrigados* (…)*»*, nada referindo quanto à instituição de crédito sacada, como já vimos (cfr. arts. 3.º e 54.º da LUCh e, *supra*, n.ᵒˢ 2.6.2 e 12).

Os autores consideravam, por isso, que *«o portador do cheque não tem direito de acção, nem cambiária, nem de responsabilidade civil por facto ilícito, contra o sacado que, obedecendo a recomendações posteriores do sacador, o não paga no prazo de apresentação»*[1283].

Em reforço do fundamento principal, constituiriam também argumentos favoráveis à revogabilidade do cheque, em qualquer momento:

– A falta de acção do tomador (beneficiário) – quando este não é endossante, nem portador final –, que se justifica pela não participação na convenção de cheque[1284];

– O titular da conta manter plena disponibilidade sobre a provisão, pelo que pode dispor dela, sem prejuízo da sua responsabilidade pela falta de pagamento do cheque em razão desse comportamento.

Esta tese – que tinha como precursor o citado **Acórdão do STJ de 22 de Outubro de 1943** (MIGUEL CRESPO)[1285] – registaria significativas adesões na jurisprudência dos nossos tribunais superiores[1286], começando

---

A jurisprudência manifestara divergências desde o início de 90. Nesse sentido, vd. o **AcRelPorto de 24 de Abril de 1990** (MÁRIO RIBEIRO), *CJ*, ano XV, 1990, t. II, pp. 238--241, publicado escassas páginas após o Acórdão tirado no mesmo mês, na mesma Relação, e de que foi relator SAMPAIO DA NÓVOA (cf. nota anterior).

[1282] A que NOGUEIRA SERENS, «Natureza jurídica e função do cheque», *RB*, n.º 18, **1991** (pp. 99-131), adere, reproduzindo inúmeras passagens do parecer de FERRER CORREIA e ANTÓNIO CAEIRO (cfr., em especial, pp. 103-104 e 107-108).

[1283] Neste sentido, vd. o citado **AcRelCoimbra de 16 de Fevereiro de 1993** (BARATA FIGUEIRA).

[1284] Neste sentido, vd. o citado **AcSTJ de 10 de Maio de 1989** (MENÉRES PIMENTEL).

[1285] *Boletim Oficial*, ano III, n.º 15, 1943, pp. 409-411

[1286] Para além do **Acórdão do STJ de 20 de Dezembro de 1977** (HERNÂNI DE LENCASTRE) *BMJ* 272, 1978, pp. 217-226 (Transcrito também na *RDE*, ano IV, n.º 2, 1978, pp. 447-456), objecto de anotação de FERRER CORREIA e de ANTÓNIO CAEIRO – segundo o qual *«o tomador do cheque, não sendo interveniente na convenção* de cheque, *não tem acção contra o banco sacado que recusa o pagamento, mas sim, e apenas, contra os*

604        *Cheque e Convenção de Cheque*

na década de noventa a ceder o passo à tese da responsabilidade civil extracontratual do sacado[1287].

**III.** A doutrina portuguesa, impressionada com o argumento de que o banco não seria obrigado cambiário e de que o titular da conta – diversamente do que sucederia no Direito francês[1288] – manteria plena disponibilidade sobre a provisão, seguiu maioritariamente a interpretação de FERRER CORREIA e de ANTÓNIO CAEIRO.

Tal foi o caso de GERMANO MARQUES DA SILVA que – seguindo de perto o **Acórdão do STJ de 20 de Dezembro de 1977** – considera que

---

*endossantes, sacador e outros co-obrigados*, considerando que em função dessa *convenção, o banco sacado obriga-se para com o sacador, mas não como obrigado cambiário, respondendo, por isso, pela recusa de pagamento, apenas perante o mesmo sacador, de quem age como mandatário e que conserva o direito de revogar a ordem de pagamento que o cheque traduz»*, cite-se como exemplos da corrente em análise os seguintes arestos:

    *i)*  **Acórdão do STJ de 10 de Maio de 1989** (JOSÉ MENÉRES PIMENTEL), *BMJ* 387, 1989, pp. 598-608. Transcrito também na *RDE*, ano XV, 1989, pp. 259-272, considerando não ter *«o banco sacado obrigação legal de pagar* o cheque ao *tomador*, por este ser *estranho à convenção estabelecida entre* aquele e *o sacador, mediante a qual os fundos disponíveis são utilizados por meio de cheque»*. Este aresto não é inteiramente claro, havendo quem se louve nele para fundamentar a orientação intermédia (corrente que reconhece ao sacado a opção de pagar ou não o cheque que havia sido revogado).

   *ii)*  **Acórdão da Relação do Porto de 5 de Abril de 1990** (SAMPAIO DA NÓVOA), *CJ*, ano XV, t. II, 1990, pp. 227-229, decretando que *«Ao recusar o pagamento de um cheque, mesmo dentro do prazo legal de pagamento, o banco sacado não incorre em qualquer tipo de responsabilidade para com o tomador, o qual apenas sobre o sacador poderá fazer valer os seus direitos»*.

 *iii)*  **AcRelCoimbra de 16 de Fevereiro de 1993** (BARATA FIGUEIRA) CJ, ano XVIII, t. I, 1993, pp. 51-54, determinando que *«se o banqueiro se nega injustificadamente a pagar um cheque sobre ele emitido, só o sacador o pode accionar»*.

[1287] Apesar de não termos tido a pretensão de revelar todas as decisões judiciais sobre a revogação do cheque que analisámos, poucas dúvidas restam de que, presentemente, a jurisprudência portuguesa se inclina significativamente no sentido de que o sacado se encontra (legalmente) obrigado a pagar os cheques que lhe sejam presentes pelo portador no decurso do prazo de apresentação a pagamento.

A corrente jurisprudencial hoje maioritária corresponde à posição que perfilhamos, desde a publicação do nosso estudo sobre «O cheque enquanto título de crédito», cit., **1999** (cfr. pp. 255-259, em especial pp. 256-257).

[1288] Em que a emissão do cheque opera a cessão do direito à provisão em favor do tomador, justificando a irrevogabilidade do cheque pelo respectivo sacador, salvo em circunstâncias excepcionais.

*Pagamento, vicissitudes e efeitos do cheque e da convenção de cheque* 605

«o titular da conta de depósitos à ordem mantém a plena disponibilidade sobre o depósito e, por isso, pode dispor dele livremente», «não competindo ao sacado» – que é inteiramente alheio à responsabilidade cambiária e penal – «indagar das razões do titular da conta para cancelar a ordem de pagamento», e nessa medida «não deve exigir justificação para essa revogação, uma vez que a justificação apresentada não tem qualquer efeito jurídico»[1289].

Mais tarde, tendo em consideração novos contributos doutrinários, GERMANO MARQUES DA SILVA – em estudo de homenagem ao Prof. Doutor Raúl Ventura[1290] – voltaria a insistir na sua tese, centrando a atenção na convenção de cheque[1291] e declarando que da mesma não resulta qualquer direito para o beneficiário do cheque, e acrescentaria o argumento de que «se a revogação não produzisse efeitos relativamente ao sacado não haveria lugar à responsabilidade do sacador», mas apenas do «sacado que, podendo e devendo pagar não paga» (*ob. cit.*, p. 85). No referido estudo, GERMANO MARQUES DA SILVA invoca ainda, em apoio da sua interpretação, o **Acórdão do STJ de 19 de Outubro de 1993** (JAIME CARDONA FERREIRA)[1292] – em que se considera que o contrato de cheque se estabelece entre o sacador e o tomador, referindo-se possivelmente à relação subjacente do saque e não caracterizando a convenção de cheque –, que, no caso concreto, condenava a inobservância da revogação do cheque por justa causa, e retoma os argumentos de FERRER CORREIA, ANTÓNIO CAEIRO e, sobretudo, de FILINTO ELÍSIO[1293]. Concluía, afirmando que se o sacador mantém plena disponibilidade sobre o depósito, podendo «levantar a provisão ou cancelar a conta sacada», «seria muito estranho» que «não

---

[1289] *Regime Jurídico-Penal dos Cheques sem Provisão*, Principia, Lisboa, **1997**, pp. 69 e 71-72.

[1290] «Proibição de pagamento do cheque (Da necessária articulação da Lei Uniforme relativa ao Cheque, do Regime Jurídico do Cheque sem Provisão e do Regulamento do Sistema de Compensação Interbancária)», AA.VV., *Estudos em Homenagem ao Prof. Doutor Raul Ventura*, vol. II, FDUL, Coimbra Editora, **2003** (pp. 81-101).

[1291] «Proibição de pagamento do cheque (Da necessária articulação da Lei Uniforme relativa ao Cheque, do Regime Jurídico do Cheque sem Provisão e do Regulamento do Sistema de Compensação Interbancária)», cit., pp. 88-89.

[1292] *CJ/AcSTJ*, ano I, t. III, 1993, pp. 69-72. Ver também *BMJ* 430, pp. 466-476.

[1293] «Proibição de pagamento do cheque (Da necessária articulação da Lei Uniforme relativa ao Cheque, do Regime Jurídico do Cheque sem Provisão e do Regulamento do Sistema de Compensação Interbancária)», cit., pp. 85-87.

606 *Cheque e Convenção de Cheque*

pudesse mais simplesmente proibir ao banqueiro o pagamento do cheque» (*ob. cit.*, p. 90)[1294].

### 20.4.3.2. *A irrevogabilidade do cheque no decurso do prazo de apresentação a pagamento*

**I.** Importa recordar que mais de três décadas antes, Adelino da PALMA CARLOS[1295] manifestara-se no sentido oposto ao de FERRER CORREIA e ANTÓNIO CAEIRO, considerando que, no decurso do prazo de apresentação do cheque a pagamento, o banqueiro não pode recusar-se a pagar o cheque com fundamento na sua revogação.

A opinião de PALMA CARLOS, em Relatório apresentado ao Instituto da Conferência da Ordem dos Advogados, em meados dos anos quarenta, sob o título «Pode o banqueiro recusar, dentro do prazo da apresentação, o pagamento de cheque revogado pelo sacador?»[1296], na sequência do **Acórdão do STJ de 22 de Outubro de 1943** (MIGUEL CRESPO)[1297], constituiu a primeira abordagem autónoma que a problemática da convenção de cheque conheceu em Portugal.

PALMA CARLOS dá-nos conta que o Instituto da Conferência da Ordem dos Advogados se manifestara criticamente em relação ao referido Acórdão, concluindo que estava «de acôrdo sobre o problema de o banqueiro não poder recusar-se ao pagamento dentro do praso de apresentação do cheque, com base na sua revogação» (p. 452)[1298].

---

[1294] Analisando ainda as alterações ao Regime Jurídico do Cheque sem Provisão – designadamente a previsão constante da *alínea b*) do n.º 1 do art. 11.º –, GERMANO MARQUES DA SILVA considera que «a revogação da ordem de pagamento, consubstanciada na proibição de pagamento do cheque, pode gerar responsabilidade cambiária e penal, mas apenas para o agente da ordem de pagamento» (*ibid.*, p. 92).

[1295] Revelando uma sensibilidade a que, certamente, não seria estranha a sua vida prática, como advogado. Cfr. o Relatório apresentado ao Instituto da Conferência da Ordem dos Advogados, em meados dos anos quarenta (do século XX), sob o título «Pode o banqueiro recusar, dentro do prazo da apresentação, o pagamento de cheque revogado pelo sacador?», publicado na *ROA*, ano 6.º (n.ᵒˢ 1 e 2), **1946** (pp. 439-452), p. 452.

[1296] *ROA*, ano 6.º (n.ᵒˢ 1 e 2), **1946**, pp. 439-452.

[1297] *Boletim Oficial*, ano III, n.º 15,1943, pp. 409-411.

[1298] No entanto, não foi tomada qualquer decisão a propósito da questão de saber se devia ou não considerar-se em vigor o art. 14.º do Decreto 13.004 porque se verificou uma clivagem entre os participantes na assembleia (cfr. pp. 450-452, em especial p. 452).

*Pagamento, vicissitudes e efeitos do cheque e da convenção de cheque* 607

**II.** Como foi dito, o parecer de FERRER CORREIA e de ANTÓNIO CAEIRO, que havia influenciado decisivamente o **Acórdão de 20 de Dezembro de 1978**, seguindo a solução do **Acórdão do STJ de 22 de Outubro de 1943** (MIGUEL CRESPO), não mereceu contestação significativa até aos anos noventa[1299].

Contudo, em 24 de Abril de 1990, escassa vintena de dias após ter tirado mais um Acórdão favorável à relevância da relação contratual estabelecida entre o banqueiro e o cliente [o citado **AcRelPorto de 5 de Abril de 1990** (SAMPAIO DA NÓVOA)], que ignorava eventual obrigação (legal) do sacado perante o portador, o Tribunal da Relação do Porto – embora composto naturalmente por diferentes desembargadores –, em **Acórdão** relatado por MÁRIO RIBEIRO, concluiria que «*incorre em responsabilidade civil para com o portador do cheque o banco que deixa de o pagar com fundamento na sua revogação apesar de a apresentação a pagamento se efectuar dentro do prazo legal*»[1300]/[1301].

---

[1299] Referindo-se a um longo período de estabilidade, GERMANO MARQUES DA SILVA, «Proibição de pagamento do cheque», AA.VV., *Estudos em Homenagem ao Prof. Raul Ventura*, vol. II, FDUL, Coimbra Editora, **2003** (pp. 81-101), p. 82.

[1300] **AcRelPorto de 24 de Abril de 1990** (MÁRIO RIBEIRO), *CJ*, ano XV, 1990, t. II, pp. 238-241.

[1301] A este acórdão seguir-se-iam outras decisões, como são os casos dos seguintes arestos, entre outros:

  *i)* **Acórdão da Relação de Lisboa de 17 de Dezembro de 1992** (DAMIÃO PEREIRA), *CJ*, ano XVII, 1992, t. V, pp. 150-153, que decretou que, «*desde que o sacador de um cheque informe o banco sacado que houve extravio desse cheque, proibindo o seu pagamento, o banco só poderá pagar a quantia referenciada no cheque se o seu detentor provar que o adquiriu legitimamente, independentemente do seu valor*». Por isso, «*se o cheque for apresentado a pagamento e o seu portador não fizer aquela prova, o banco deve recusar o pagamento, caso contrário poderá incorrer em responsabilidade civil, se forem provados todos os elementos de que esta depende*».

  *ii)* **Acórdão da Relação de Coimbra de 28 de Novembro de 2000** (GARCIA CALEJO), *CJ*, ano XXV, t. V, 2000, pp. 24-28, que determina que, «*face ao disposto no art. 32.º da LUC, o Banco sacado não pode recusar, com fundamento na sua revogação pelo sacador, o pagamento de um cheque apresentado no prazo legal (de 8 dias)*, porque *se o fizer torna-se responsável perante o portador do dito cheque dos danos ou prejuízos que lhe cause, à luz da responsabilidade civil extracontratual por factos ilícitos, com base no estatuído na 2ª parte do art. 14.º do DL 13 004, de 12 de Janeiro de 1927 (norma essa do direito comum)*».

  *iii)* **Acórdão do STJ de 5 de Julho de 2001** (REIS FIGUEIRA) / Proc. n.º 1461/01, *CJ/AcSTJ*, ano IX, t. II, 2001, pp. 146-149, dispondo que «*enquanto não*

# 608 Cheque e Convenção de Cheque

**III.** Na doutrina portuguesa, defendendo que a revogabilidade do cheque não é possível durante o prazo de apresentação a pagamento, por força do artigo 32.º da Lei Uniforme, pronuncia-se José Maria Pires[1302], considerando que o cheque, como meio de circulação de moeda escritural, confere «ao seu portador o direito de a exigir do seu emissor (o banco sacado)» (*ob. cit.*, p. 106). Contudo, este autor, admite expressamente que «a posição do sacado perante o tomador não é de natureza cambiária» (*ibid.*).

Por sua vez, António Menezes Cordeiro[1303], entendendo não existir «qualquer relação entre o portador ou beneficiário de um cheque e o

> *findar o prazo de apresentação a pagamento, a revogação de um cheque não tem efeitos,* pelo que *o Banco sacado não pode legitimamente recusar, por* ter sido revogado, *o pagamento de um cheque que lhe seja apresentado dentro do prazo de pagamento.* Fazendo-o, *o portador de um cheque, apresentado a pagamento dentro do respectivo prazo,* pode *demandá-lo, pelos danos resultantes da recusa de pagamento* com base em *revogação do cheque,* através de uma *acção de responsabilidade civil extracontratual.*»
>
> *iv)* **AcRelCoimbra de 16 de Abril de 2002** (Hélder Roque) (*CJ*, ano XXVII, 2002, t. III, pp. 11-14).
>
> *v)* **AcRelPorto de 19 de Fevereiro de 2004** (João Bernardo) / Proc. n.º 0430270, *www.dgsi.pt: Durante o prazo de apresentação a pagamento,* o banco (sacado) *mantém a obrigação de pagamento* do cheque revogado, incorrendo, em caso de recusa, *na obrigação de indemnizar* o portador do cheque. *A indemnização pode consistir no valor do cheque.*
>
> *vi)* **AcSTJ de 15 de Março de 2005** (Azevedo Ramos) / Proc. n.º 05A380, *www.dgsi.pt.*
>
> *vii)* **AcRelCoimbra de 21 de Fevereiro de 2006** (Coelho de Matos) / Proc. n.º 3197/05, *www.dgsi.pt* (cfr. p. 10), que considera que o «*artigo 32.º decreta a ineficácia da revogação do cheque durante o prazo de apresentação a pagamento, permitindo que o sacado satisfaça a importância respectiva, esgotado aquele prazo e desde que não surja a revogação*».
>
> *viii)* **AcRelPorto de 16 de Março de 2006** (Gonçalo Silvano), *CJ* ano XXXI, t. II, 2006, pp. 165-168, segundo o qual *o sacado*, no decurso do prazo de apresentação a pagamento, *não pode recusar o pagamento do cheque,* invocando a respectiva revogação, *sob pena de responder por perdas e danos*».
>
> **AcRelPorto de 18 de Junho de 2007** (Emídio Costa) / Proc. n.º 0722280, *www.dgsi.pt.*
>
> Para além destes acórdãos e no mesmo sentido, embora com diferente fundamentação, identificámos uma decisão que apenas reconhece efeito à revogação depois de findo o prazo legal para apresentação a pagamento: o **Acórdão da Relação de Lisboa de 21 de Março de 2000** (Jorge Santos), *CJ*, ano XXV, t. II, 2000, pp. 103-108.
>
> [1302] *O cheque*, Rei dos Livros, Lisboa, **1999**, p. 104.
>
> [1303] *Manual de Direito Bancário*, 3ª ed., Almedina, Coimbra, **2006**, pp. 486-487 e 492.

*Pagamento, vicissitudes e efeitos do cheque e da convenção de cheque*     609

banqueiro[1304], não sendo o banqueiro «que não pague um cheque responsável perante o tomador do cheque», que não é parte na convenção, admite que o sacado poderá ser responsável «por via aquiliana, por violação de deveres próprios da sua actividade», porque «o cheque representa hoje um bem que transcende a convenção de cheque, donde ele promane» (*ob. cit.*, pp. 486 e 492). E acrescenta que «ao recusar arbitrariamente um pagamento ao portador legítimo, o banqueiro está a defrontar a confiança deste e os seus direitos patrimoniais», sendo responsável pelos danos que cause ao tomador do cheque, e não apenas pelo valor deste (*ob. cit.*, p. 487).

Adoptando uma via algo original, José de OLIVEIRA ASCENSÃO[1305] – começando por extrair do disposto no art. 32.º, II da LUCh a obrigatoriedade de o sacado proceder ao pagamento do cheque, se este lhe for apresentado com essa finalidade antes do fim do prazo[1306] – fundamenta a sua opinião no disposto no Decreto-Lei n.º 454/91, de 28 de Dezembro, designadamente na obrigatoriedade do pagamento de cheques até um determinado montante (cfr. art. 8.º)[1307] e noutras obrigações de pagamento de cheques regularmente emitidos, que recaem sobre o sacador (cfr. art. 6.º, n.º 2).

---

[1304] «A menos que a convenção de cheque tenha sido estipulada como contrato a favor de terceiro, o que, embora possível, não tem sucedido na prática» (António MENEZES CORDEIRO, *Manual de Direito Bancário*, 3ª ed., Almedina, Coimbra, **2006**, p. 486).

[1305] *Direito Comercial*, vol. III, *Títulos de Crédito* (Lições Policopiadas), Lisboa, **1992**, pp. 253-255.

[1306] Porque só assim o art. 32.º faria sentido, evitando-se que o respectivo n.º II fosse ocioso (cfr. *ult. ob. cit.*, p. 253).

[1307] Por ser uma voz isolada na doutrina portuguesa, procedemos de imediato à apreciação da posição de OLIVEIRA ASCENSÃO.

Do argumento invocado pelo autor extrair-se-á, porventura, o sentido oposto ao que é pretendido. Com efeito, aparentemente só faz sentido obrigar o banco a pagar cheques até certo montante se não estiver legalmente vinculado a honrar, no prazo de apresentação a pagamento, todos os cheques emitidos pelo seu cliente. A previsão do regime jurídico-penal do cheque não se confunde com o efeito decorrente da Lei Uniforme. Nesta pretende assegurar-se a tutela do cheque como instrumento de pagamento; naquela visa-se a descriminalização dos cheques de reduzido valor e a imposição ao banco, que facultou os respectivos módulos ao sacador, a obrigatoriedade de suportar o pagamento quando a conta não dispuser de provisão suficiente.

A este argumento acresce o que resulta da tutela penal específica prosseguida com o Decreto-Lei n.º 454/98, de 28 de Dezembro, que já analisámos (cfr., *supra*, n.º 19).

610 *Cheque e Convenção de Cheque*

### 20.4.3.3. *A opção do sacado de pagamento ou não pagamento do cheque revogado no decurso do respectivo prazo legal de apresentação*

**I.** Menos de um ano após o **Acórdão** do Tribunal **da Relação do Porto de 24 de Abril de 1990** surgiria uma terceira tese, intermédia, perfilhada pela Procuradoria-Geral da República, em Parecer emitido pelo respectivo Conselho Consultivo e de que foi relator Eduardo Lucas Coelho[1308].

A ideia central do Parecer da Procuradoria[1309] é a de que o banco sacado não está adstrito ao cumprimento da instrução de revogação, podendo escolher entre seguir as instruções do seu cliente ou não o fazer. Baseia-se esta tese fundamentalmente na ideia de que, por um lado, dispõe o art. 32.º da Lei Uniforme que a revogação do cheque só produz efeitos depois de terminado o prazo de apresentação a pagamento, pelo que o banco sacado não se encontra vinculado à revogação unilateral da

---

[1308] Parecer (n.º 39/88) do Conselho Consultivo da Procuradoria-Geral da República de 7 de Março de 1991 (Eduardo de Melo Lucas Coelho), cujo texto inédito nos foi gentilmente cedido pelo seu relator – presentemente Juiz Conselheiro jubilado –, a quem exprimimos publicamente o nosso agradecimento.

As discordâncias manifestadas no texto – como de resto sucede também relativamente à posição de Ferrer Correia/António Caeiro –, constituindo fruto de divergência académica, não pretendem obviamente pôr em causa a argúcia do referido parecer, no qual nos merecem, entre outras e a propósito deste assunto, especial referência as páginas 20-25, 33-35 e 46-47.

Saliente-se ainda que a interpretação de Lucas Coelho, veiculada no Parecer de que foi relator, é reconhecidamente inspirada na posição de Gian Antonio Micheli/Giorgio de Marchi, «L'assegno bancario», in AA.VV., *Enciclopedia del Diritto*, vol. III, pp. 299-348 (cf., em especial, p. 313).

[1309] Aproveitada e seguida no **AcSTJ de 20 de Novembro de 2003** (Salvador da Costa) (*CJ/AcSTJ*, ano XI, t. III, 2003, pp. 154-157) – quando neste se afirma que, «*por um lado, no decurso do prazo de apresentação do cheque a pagamento, o banco sacado não fica obrigado a observar as instruções do sacador no sentido da revogação do cheque, podendo pagá-lo em oponibilidade ao sacador; e, por outro, que o sacado não está vinculado a pagar o cheque, certo que o respectivo portador não tem algum direito no seu confronto nele fundado, certo que a relação subjacente, a convenção executiva e o contrato de cheque não os vincula em termos de reciprocidade*» (p. 156) –, para chegar, no entanto, a uma conclusão intercalar próxima da nossa [no sentido de que a «*revogação do cheque não afecta, só por si, o direito cambiário do respectivo portador e beneficiário, designadamente a respectiva força executiva*», uma vez que ela só respeita «*às relações entre o sacador e o sacado*» e não «*a quem foi indicado pelo sacador do cheque como beneficiário da sua ordem de pagamento não executada* devido à revogação» (p. 156)].

*Pagamento, vicissitudes e efeitos do cheque e da convenção de cheque* 611

ordem de pagamento que lhe é transmitida pelo cliente/sacador; por outro lado, «tão pouco fica obrigado a pagar o cheque»[1310], uma vez que o portador não pode exigir dele o pagamento com base no título de crédito «de que o sacado não é subscritor nem obrigado cartular»[1311].

A este argumento principal acresce ainda a ideia de que «*o contrato de cheque apenas obriga a entidade bancária* (o sacado) *perante o depositante* (o sacador) *e não perante o portador, daqui* decorrendo *que, mesmo sendo o cheque apresentado em tempo, nada impede que o banco recuse o seu pagamento ao apresentante*»[1312]

**II.** Aderiu a esta posição – que tem vindo a merecer a adesão de alguma jurisprudência (cfr. nota 1291) –, QUIRINO SOARES[1313], para quem «o banco é livre de respeitar ou não a revogação, se dada dentro do prazo de apresentação a pagamento». Na opinião do juiz conselheiro – que invoca duas decisões do Supremo em apoio da sua tese[1314], retomando a argumentação já conhecida –, o portador, por ser «estranho à convenção de cheque», «só poderá exigir a responsabilidade do sacador, e nunca do banco».

---

[1310] Conclusão do *Parecer cit.*, p. 46.

[1311] Conclusão do *Parecer cit.*, p. 47.

[1312] **AcRelÉvora de 12 de Fevereiro de 2004** (MARIA LAURA LEONARDO) / Proc. n.º 2750/03-3, *www.dgsi.pt*. Nos termos desta decisão, a apresentação oportuna (*em tempo*) do cheque ocorre *quando a revogação ainda não produziu efeito e o sacado não está, por isso, obrigado a* acatá-la.

No mesmo sentido, cfr. os **AcSTJ de 3 de Fevereiro de 2005** (FERREIRA DE ALMEIDA) / Proc. n.º 04B4382, *www.dgsi.pt* – que, partindo do princípio de que «*a entidade bancária sacada não* está *obrigada a acatar a ordem de revogação do cheque antes de terminar o prazo da sua apresentação a pagamento*, admite que *a possa observar nos termos do contrato de cheque, por não estar directamente vinculada, perante o respectivo portador, a realizar-lhe o pagamento* (acrescentando a esta motivação uma "justa causa" que fundamenta a recusa de pagamento\*) –, e **AcSTJ de 19 de Junho de 2001** (GARCIA MARQUES) / Proc. n.º 01A1330, *www.dgsi.pt*, este retomando argumentos enunciados pelo **AcSTJ de 10 de Maio de 1989** (JOSÉ MENÉRES PIMENTEL), *BMJ* 387, 1989, pp. 598-608, embora a fundamentação deste nos suscite dúvidas sobre o seu adequado enquadramento doutrinário. Integrámo-lo na corrente que advoga a prevalência da relação contratual de cheque – porque se fundamenta na faculdade de o sacado (poder) recusar o pagamento do cheque –, mas reconhecemos que também pode adequar-se à tese intermédia.

\* Por esta razão a classificação deste aresto também não é isenta de dúvidas.

[1313] «Contratos bancários», *SI*, t. LII, **2003** (pp. 109-128), p. 113.

[1314] Os **Acórdãos de 14 de Janeiro de 1998** (rec. n.º 200/97) e **de 19 de Junho de 2001** (GARCIA MARQUES) / Proc. n.º 01A1330, *www.dgsi.pt*.

## 20.4.4. *Crítica*

**I.** As posições doutrinárias e jurisprudenciais acima enunciadas revelam algumas debilidades, que importa questionar.

A primeira tese referida, de FERRER CORREIA e ANTÓNIO CAEIRO, promovendo uma interpretação essencialmente literal de *alguns* preceitos da Lei Uniforme, ignora a sua compreensão sistemática[1315] e, mais do que isso, a consideração do cheque como meio de pagamento.

Recorde-se que, por um lado, esta interpretação se alicerça no art. 40.º da Lei Uniforme para concluir que o sacado não é obrigado cambiário, por – diversamente do que sucede no regime da letra de câmbio – não ser obrigado em via de regresso; e, por outro lado, ela recusa a leitura óbvia do artigo 32.º da mesma Lei.

Contra os argumentos de FERRER CORREIA e ANTÓNIO CAEIRO pode invocar-se não apenas o próprio texto do artigo 32.º da LUCh – que, não impedindo a revogação durante o prazo de apresentação do cheque, determina a sua ineficácia durante esse período –, mas ainda o disposto no artigo 16.º do Anexo II à Convenção, segundo o qual *«qualquer Estado Contratante»* se podia ter reservado *«a faculdade de, no que respeita aos cheques pagáveis no seu território, admitir a revogação do cheque mesmo* **antes** *de expirado o prazo de apresentação»* [cf. *alínea a)*] (negrito nosso); o que Portugal não fez, aceitando sem reservas o sistema do art. 32.º /I. Isto significa que não importa, sequer, discutir se o sacado tem, ou não, «o dever de desobedecer ao seu mandante para impedir a produção do resultado, o prejuízo do portador do cheque»[1316], sendo suficiente verificar se o cheque é apresentado oportunamente a pagamento[1317].

Acresce que a interpretação proposta por FERRER CORREIA e ANTÓNIO CAEIRO, com base no facto de o sacado não ser obrigado cambiário, por

---

[1315] Note-se, contudo, que o Parecer subscrito por FERRER CORREIA e por ANTÓNIO CAEIRO, torcendo o sentido da própria Lei Uniforme, influenciaria durante muitos anos decisivamente a jurisprudência nacional, escondendo o que, em matéria de revogação, estava bem à vista de todos e que, em condições normais, seria pacífico.

[1316] GERMANO MARQUES DA SILVA, «Regime penal do cheque sem provisão: anotação dos artigos 11.º, 12.º e 13.º do Decreto-Lei n.º 454/91, de 28 de Dezembro», *Crimes de emissão de cheque sem provisão* (Quatro estudos), Universidade Católica Editora, Lisboa, **1995** (pp. 37-76), em especial p. 58.

[1317] A conclusão já não poderá ser a mesma se, sendo o cheque apresentado a pagamento dentro do prazo legalmente estabelecido para o efeito, o sacado vem a tomar conhecimento em tempo útil de que, entretanto, terá ocorrido um desapossamento.

*Pagamento, vicissitudes e efeitos do cheque e da convenção de cheque*    613

não haver contra ele direito de acção cambiária, não é aceitável, tendo em consideração a compreensão sistemática do cheque.

Com efeito, não há acção cambiária (de regresso) contra o sacado porque, tendo em conta a natureza deste – que justifica a proibição do aceite –, tal acção não faz qualquer sentido, não sendo admissível. O sacado só não paga se não houver provisão, até porque, ao pagar, ele actua por conta do sacador, e não em interesse próprio. Por isso, não faz sentido exigir-lhe, agora, em via de regresso, que satisfaça a pretensão dos demais subscritores do cheque porque, não dispondo de provisão, continua desobrigado de pagar o cheque. Se o sacado aceita assegurar o pagamento do cheque, dentro do prazo de apresentação a pagamento, ele deverá tão-somente apor-lhe um "visto", como já vimos.

E é precisamente nestes aspectos que encontramos diferenças significativas entre a letra de câmbio e o cheque. O sacado[1318], na primeira, é qualquer pessoa que (só) através de um acto expresso e específico – o aceite (cf. arts. 21.º e segs. da LULL, em especial arts. 28.º I e 26.º II *in fine*)[1319] – se compromete ao pagamento da letra no vencimento, pelo

---

[1318] O facto de o sacado não se encontrar obrigado a pagar a letra antes do aceite – embora ele não pratique este acto «*para* se obrigar a pagá-la», mas antes se obriga a pagá-la «*porque* a aceitou» (PAULO SENDIN, *Letra de Câmbio. L.U. de Genebra,* vol. I – *Circulação cambiária,* Almedina, Lisboa, **1980**, p. 23) – não é incompatível com a qualificação da letra como «um direito de crédito criado *para ser pago pelo sacado no vencimento*» (PAULO Melero SENDIN, *Letra de Câmbio. L.U. de Genebra,* vol. I – *Circulação cambiária,* cit., p. 21), constituindo o aceite o «reconhecimento antecipado ao crédito cambiário e o seu valor nominal» (PAULO SENDIN, *ibid.*).

Como refere Jorge PINTO FURTADO (*Títulos de Crédito, Letra. Livrança. Cheque,* Almedina, Coimbra, **2000**, p. 148), «pelo facto do *saque,* só por si, o *sacado* não se torna, automaticamente, *obrigado cambiário*». E acrescenta (*ibid.*) que, «para tanto, é mister que a letra lhe seja apresentada e ele a subscreva também, submetendo-se à determinação expressa pelo *sacador.* A isto se chama *aceite*» (os itálicos são do autor).

[1319] Podemos caracterizar o aceite como o acto pelo qual o sacado se vincula ao pagamento de uma letra (perante o portador, sendo este, muitas vezes, o próprio sacador), tornando-se o principal responsável pelo pagamento, uma vez que o aceitante não tem direito de regresso sobre qualquer dos demais co-obrigados cambiários. Isto é, é aquela última pessoa que, uma vez verificando-se a vicissitude do não pagamento no momento da apresentação da letra a pagamento, será, por um lado, aquela que a deve pagar, e se não o fizer vai encontrar-se novamente em último lugar na cadeia cambiária, portanto, no fundo, vai ser responsável perante todos os demais subscritores cambiários.

Pedro PAIS DE VASCONCELOS, nas lições publicadas em **1989** (*Direito Comercial. Títulos de Crédito,* ed. policopiada, AAFDL, Lisboa, p. 113), caracteriza o aceite como «o negócio jurídico cambiário, unilateral e abstracto, pelo qual o sacado aceita a ordem

que, não honrando oportunamente o compromisso entretanto assumido, por não poder ou não o querer fazer, fica obrigado de regresso (cf. arts. 28.º II e 47.º I da LULL), encontrando-se em último lugar na cadeia cambiária no eventual regresso por falta de pagamento, em regra após eventuais avalistas (cf. art. 31.º IV *in fine*). No cheque, diferentemente, o sacado é especial: é uma instituição de crédito que paga, contra a apresentação do título, a quantia nele inscrita com base em fundos do sacador ou que lhe são creditados (cf. art. 3.º da LUCh). A sua intervenção é, pois, no interesse do sacador e à custa dos respectivos bens, pelo que, considerando a sua idoneidade, o banco só não deverá proceder ao pagamento se não dispuser de meios para o efeito ou se houver uma razão legítima para que o mesmo não se faça.

Assim, na letra, o sacado designado não tem obrigação sem aceite; só este constitui a obrigação de pagamento, não havendo sequer regresso contra o sacado, que não aceitou; no cheque não há aceite porque é proibido (cf. art. 4.º LUCh): o sacado paga se houver provisão; se não houver, não paga, não lhe sendo imputável a falta de pagamento por carência de fundos, mas sim ao sacador. Não havendo aceite, porque para além de proibido, não é preciso – e que a ser admissível seria, em qualquer caso, condicionado à existência da provisão, o que o tornaria naturalmente desnecessário e supérfluo –, não faz sentido vincular o sacado (verdadeiro obrigado cambiário condicionado à existência de provisão) a pagar em via de regresso; o que explica o art. 40.º da LUCh[1320].

**II.** A esta análise, baseada na simples confrontação dos regimes jurídicos cambiários, acresce a compreensão do cheque como meio de pagamento, que afasta a possibilidade de que a satisfação da quantia que

---

de pagamento que lhe foi dirigida pelo sacador e promete pagar a letra no vencimento ao tomador ou à sua ordem (art. 28.º LULL)». Preferimos a palavra compromete ou vincula, porque se trata de uma verdadeira obrigação e se evita eventual equívoco que se possa estabelecer com a caracterização da livrança, mas no essencial concordamos com o autor, quando sublinha, de forma singela e lapidar, que «o sacado, antes de aceitar, não tem qualquer responsabilidade na letra», não incorrendo «em qualquer responsabilidade cambiária se recusar o aceite». E, para que não restem dúvidas, acrescenta, exemplificando, nas referidas lições, que «só extracambiariamente pode o sacado estar obrigado a aceitar a letra» (*ibid.*, pp. 113-114).

[1320] Recorde-se, no entanto, que o sacado não é como tal obrigado no plano das letras; eventual obrigação cambiária pelo pagamento só é assumida pelo aceite (cfr. arts. 28.º I, 43.º I e 47.º I da LULL).

*Pagamento, vicissitudes e efeitos do cheque e da convenção de cheque* 615

ele representa possa ficar dependente da mera vontade da instituição de crédito sacada ou do próprio sacador (e respectivo cliente). Se existir provisão, e se a apresentação a pagamento – promovida pelo portador legitimado – ocorrer dentro do prazo legalmente estabelecido para o efeito, o cheque deverá ser pago, sendo irrelevantes a intenção e instruções do sacador e a disponibilidade de a instituição de crédito em aceitar tais instruções.

O facto de o sacado não estar obrigado a obedecer à ordem de revogação dentro do prazo de apresentação a pagamento não significa necessariamente que esteja vinculado ao cumprimento da obrigação inerente à sua posição cambiária.

**III.** *Como explicar então a posição do banco perante uma instrução de não pagamento que lhe seja transmitida pelo cliente, contraparte da convenção de cheque?*

Julgamos irrelevante que a convenção celebrada entre o banco e o seu cliente preveja a obrigatoriedade de aquele cumprir toda e qualquer instrução que, com referência ao contrato, lhe seja transmitida. Eventual cláusula contratual cede perante regra imperativa da Lei Uniforme, cujo critério analisaremos adiante (n.º 20.4.5).

Deste modo, com ou sem acordo expresso, o banco deve, no decurso do prazo de apresentação a pagamento, pagar os cheques que lhe sejam apresentados com esse fim, salvo se não dispuser de provisão suficiente, ou se tiver oportunamente tido conhecimento de uma situação que, excepcionalmente, justifique a sua recusa de pagamento.

Embora não tenha qualquer relação contratual com o terceiro beneficiário e portador do cheque, o banco assumiu um compromisso, no mercado em que actua, de honrar os cheques que forem sacados sobre as suas contas: ao recusar-se ilicitamente a fazê-lo, incorre em responsabilidade pelos danos que causar, sem prejuízo dos efeitos decorrentes da sua relação contratual[1321].

Esta interpretação – que conduz à responsabilidade extracontratual do banco quando este recusa o pagamento do cheque, dentro do respectivo

---

[1321] Mesmo no âmbito desta, temos sérias dúvidas que o banco possa ressarcir-se dos custos incorridos perante o beneficiário do cheque junto do seu cliente, uma vez que ele não devia ter atendido às instruções deste, por não serem legítimas, nem adequadas. Aceitando a revogação, ele actua por sua conta e risco, podendo acontecer que o cliente se recuse a ressarci-lo, dada a sua obrigação legal.

prazo de apresentação – é aquela que revela a compreensão mais adequada da Lei Uniforme.

**IV.** Não podemos deixar de discordar também da posição intermédia[1322] – que não viria, aliás, a colher adeptos –, porquanto, como demonstraremos em seguida, consideramos o sacado um verdadeiro obrigado cartular, ainda que a sua situação jurídica passiva esteja condicionada à disponibilidade de fundos que lhe deve ser assegurada pelo sacador.

Na realidade, cremos que a solução emergente do art. 40.º da Lei Uniforme – a de que o sacado não se obriga perante o tomador (beneficiário) – é consequência da proibição do aceite (art. 4.º), decorrendo da natureza e credibilidade do próprio sacado.

**V.** *Last but not least*, o argumento decisivo decorre da compreensão da convenção de cheque – de que são seguramente únicas partes o sacador e o sacado – e do cheque propriamente dito, enquanto meio de pagamento. A maior parte dos autores diferencia as duas realidades, centrando predominantemente a atenção na relação contratual, ignorando a perspectiva do cheque como um valor monetário.

Os autores que respeitam o alcance do disposto no artigo 32.º da Lei Uniforme tendem a aproximar-se desta leitura, sem contudo alicerçarem o relevo do cheque e da respectiva convenção na forma como se articulam e como, de facto, o cheque prepondera sobre a relação contratual que o viabiliza. É esse passo que nós propomos, com este trabalho, que permite encontrar uma explicação lógica para as diversas vicissitudes que ocorrem no domínio deste instrumento, nomeadamente para a revogação.

### 20.4.5. *Solução proposta*

**I.** Pelas críticas acima formuladas, o leitor é facilmente conduzido à posição que perfilhamos, embora com uma argumentação que poderíamos considerar reforçada.

Antes de concretizarmos a nossa proposta, acrescente-se que outros factores contribuem para a sedimentação do nosso entendimento. Assim, do simples facto de o delegado português à Conferência de Genebra

---

[1322] Não obstante, reconheça-se, a mesma recolher fundado apoio na letra da lei, diversamente do que sucede com a interpretação de FERRER CORREIA e ANTÓNIO CAEIRO.

(Caeiro da Matta) ter apresentado uma proposta no sentido de o artigo 32.º contemplar a responsabilidade extracontratual do sacado em caso de recusa do pagamento do cheque durante o prazo da sua apresentação[1323], retiramos a ilação oposta à que Ferrer Correia e António Caeiro extraíram da mesma situação. No espírito do representante português estava adequadamente enraizada a necessidade de o sacado responder pelo cheque durante um determinado prazo e, por isso, apresentou uma proposta que se destinava a eliminar quaisquer dúvidas sobre a responsabilidade do sacado perante o portador do cheque no decurso do prazo de apresentação do cheque a pagamento. O facto de a proposta de Caeiro da Matta não ter vingado não permite concluir em sentido oposto. O que sucedeu foi que se pretendeu evitar uma tomada de posição, no plano da Lei Uniforme, em matéria de responsabilidade civil.

Um outro argumento pode retirar-se da redacção do art. 14.º do Decreto n.º 13004, de 12 de Janeiro de 1927 – entretanto revogado pela Lei Uniforme –, no sentido de o banqueiro ser responsabilizado pelo não pagamento do cheque invocando a sua revogação. Embora a Lei Uniforme não contenha regra que se sobreponha exactamente à previsão referida, admite-se que a mesma tenha ficado prejudicada com a entrada em vigor daquela lei. Tal facto não viabiliza, porém, a conclusão de que se terá pretendido afastar o espírito do regime legal anterior à Lei Uniforme.

**II.** Consideramos que, até estar concluído o prazo para apresentação, **o sacado não só não está obrigado a obedecer à ordem de revogação como,** estando vinculado ao cumprimento da obrigação inerente à sua posição cambiária, **deve proceder ao pagamento do cheque**, caso disponha de provisão (e não exista uma justa causa comprovada para não efectuar o pagamento)[1324].

---

[1323] «Durante o prazo de apresentação o sacado não pode recusar o pagamento com fundamento na referida revogação, sob pena de responder por perdas e danos» (cfr.

[1324] Esta nossa posição, que colhe apoio no Relatório apresentado, há mais de meio século, ao Instituto da Conferência da Ordem dos Advogados por Palma Carlos, sob o título «Pode o banqueiro recusar, dentro do prazo de apresentação, o pagamento de cheque revogado pelo sacador?», *ROA*, ano 6.º (n.ᵒˢ 1 e 2), **1946**, pp. 439-452, e em alguma jurisprudência [cfr. **AcRelPorto de 24 de Abril de 1990** (Mário Ribeiro), *CJ*, ano XV, 1990, t. II, pp. 238-241, e o **AcRelLisboa de 17 de Dezembro de 1992** (Damião Pereira), *CJ*, ano XVII, 1992, t. V, pp. 150-153], choca com a doutrina e jurisprudência ainda maioritárias (?!) que – com base e na esteira da argumentação desenvolvida por Ferrer Correia e António Caeiro em anotação jurisprudencial ao Acórdão do STJ de 20

Contra os argumentos favoráveis à revogabilidade do cheque, em qualquer momento, dispõe não apenas o próprio texto do art. 32.º da LUCh – o qual, não impedindo a revogação durante o prazo de apresentação do cheque, determina a sua ineficácia durante esse período –, como o disposto no art. 16.º do Anexo II à Convenção, segundo o qual *«qualquer Estado Contratante»* se podia ter reservado *«a faculdade de, no que respeita aos cheques pagáveis no seu território, admitir a revogação do cheque mesmo antes de expirado o prazo de apresentação»* [cfr. *alínea a)*]; o que Portugal não fez, aceitando sem reservas o sistema do art. 32.º, I[1325].

O sacado é um verdadeiro obrigado cartular, ainda que a sua situação jurídica passiva esteja condicionada à disponibilidade de fundos que lhe deve ser assegurada pelo sacador.

Na realidade, cremos que a solução emergente do art. 40.º da Lei Uniforme – de que o sacado não se obriga perante o tomador (beneficiário) – é consequência da proibição do aceite (art. 4.º), decorrendo da natureza e credibilidade do próprio sacado.

**III.** Aos argumentos a que recorreu a jurisprudência – e que acima revimos –, haverá que acrescentar um argumento que se nos afigura decisivo e basilar. O cheque é válido mesmo sem convenção, isto é, apesar e independentemente da convenção ser nula ou não existir (cfr. art. 3.º *in fine* da LUCh), e por isso sobrepõe-se naturalmente ao conteúdo da eventual relação que possa existir entre o banco e o seu cliente.

E o cheque é válido porque a sua natureza e a sua aparência o justificam; aquela fá-lo equivaler a um valor monetário, a um meio de

---

de Dezembro de 1977 («Recusa do pagamento do cheque pelo Banco sacado; responsabilidade do Banco face ao portador», *RDE*, vol. IV, t. 2, **1978**, pp. 447-473), procedendo, naturalmente, parecer junto aos autos –, e ao arrepio do disposto no art. 32.º da LUCh, admitem a revogabilidade do cheque, mesmo durante esse prazo.

[1325] Não importa, pois, discutir sequer se o sacado tem ou não «o dever de desobedecer ao seu mandante para impedir a produção do resultado, o prejuízo do portador do cheque» [cfr. GERMANO MARQUES DA SILVA, «Regime penal do cheque sem provisão: anotação dos artigos 11.º, 12.º e 13.º do Decreto-Lei n.º 454/91, de 28 de Dezembro», in *Crimes de emissão de cheque sem provisão (Quatro estudos)*, Universidade Católica Editora, Lisboa, **1995**, pp. 37-76, em especial p. 58].

Sobre os trabalhos preparatórios da Convenção de Genebra e, em particular, do Anexo II, cfr. Jacques BOUTERON, *Le statut international du chèque. Des origines de l'unification aux Conventions de Genéve (1880-1931)*, Dalloz, Paris, **1934**, pp. 417-445, em especial pp.438-442.

Pagamento, vicissitudes e efeitos do cheque e da convenção de cheque 619

pagamento; esta é legitimadora da posição do portador e, nomeadamente, das obrigações cartulares que tenham sido assumidas.

Ao estabelecer a validade do cheque, independentemente e para além da existência de uma convenção, a Lei Uniforme tornou clara a sobreposição do cheque e a sua preponderância sobre eventual relação contratual de que banco-sacado e cliente-sacador sejam partes, apesar de na mesma disposição prescrever que o uso de cheque pressupõe a celebração de uma convenção. Esta regra (de que a validade do cheque não é posta em causa pela falta dos seus pressupostos), reconhecendo ao cheque a sua preponderância, dentro dos limites legalmente estabelecidos que as partes têm o dever de conhecer, e que se verifica igualmente nos casos em que, existindo convenção (válida e eficaz), falta provisão – que viabilize o pagamento do cheque –, constitui critério para recusar a interferência dos efeitos negociais de contrato a que o banco esteja vinculado.

Assim, para além de argumentos de Direito positivo, já explanados, há que considerar também o contexto jurídico-legal (e factual) em que se enquadra sistematicamente o cheque, no qual está omnipresente a tutela da confiança, associada à ideia geral de circulação do crédito e, mais concretamente, de confiança num meio de pagamento de uso generalizado[1326].

Enquanto título de crédito cambiário, o cheque é irrevogável durante o prazo de apresentação a pagamento. Por isso, o pagamento do cheque, mesmo contra instruções expressas do cliente, constitui obrigação do banco, se o título for apresentado nesse prazo, inexistindo causa que justifique atitude diversa do sacado.

Depois de decorrido o prazo de apresentação a pagamento, o cheque pode ser pago, desde que não tenha sido revogado (cfr. art. 32.º II)[1327].

---

[1326] Responsabilizam o Banco que recuse o pagamento, dentro do prazo legal para o efeito, com fundamento na revogação do cheque, entre outras, as seguintes decisões jurisprudenciais: **AcRelPorto de 24 de Abril de 1990** (MÁRIO RIBEIRO), *CJ*, ano XV, 1990, t. II, pp. 238-241, e **AcRelLisboa de 17 de Dezembro de 1992** (DAMIÃO PEREIRA), CJ, ano XVII, 1992, t. V, pp. 150-153.

[1327] Com o limite razoável resultante do prazo de prescrição de seis meses, previsto no art. 52.º /1 da LUCh.

Condenando o pagamento de um cheque revogado, após o prazo de apresentação, **AcRelPorto de 21 de Dezembro de 1989** (LOPES FURTADO), *CJ*, ano XIV, 1989, t. V, pp. 213-217.

620 *Cheque e Convenção de Cheque*

No entanto, nesta circunstância, o banco sacado deve observar eventual revogação que lhe seja transmitida pelo seu cliente, visto que o portador do cheque já não beneficia da tutela plena da Lei Uniforme[1328].

### 20.5. Pagamento de cheque, cuja ordem havia sido revogada

**I.** Sendo revogada a ordem de pagamento do cheque, por comunicação dirigida pelo sacador à instituição de crédito, coloca-se a questão, como vimos, de saber se esta está ou não vinculada a observar tal instrução ou se, diversamente, ela tem de ignorar tal comunicação ou, ainda, se ela pode optar por proceder ao pagamento.

**II.** Vimos já que o cheque não pode ser eficazmente revogado antes de expirado o prazo de apresentação a pagamento.

Nesse caso, a recusa injustificada do respectivo pagamento fará incorrer a instituição de crédito em responsabilidade extracontratual, perante o beneficiário lesado (*supra*, n.º 20.4.3 e adiante, n.º 20.6.3).

**III.** Sendo a instrução de revogação transmitida antes do decurso do prazo de apresentação a pagamento ou, de qualquer modo, em momento anterior ao pagamento do cheque pelo banco, coloca-se a questão de saber se este pode proceder ao pagamento do cheque, mesmo após o decurso daquele prazo.

Pensamos que não.

Aliás, o próprio texto da lei (art. 32.º, II da LUCh), neste aspecto, aponta explicitamente para isso, ao determinar que «*se o cheque não tiver sido revogado, o sacador pode pagá-lo mesmo depois de findo prazo*»[1329], ou seja, *a contrario*, em caso de revogação, decorrido que esteja o prazo de apresentação a pagamento, o sacado não pode pagar o cheque; fazendo-o, incumprirá as instruções que lhe são dirigidas e será contratualmente responsabilizado por isso.

---

[1328] Cf. **AcRelPorto** cit. na nota anterior.

[1329] E obviamente antes do decurso do prazo de prescrição (seis meses: art. 52 da LU).

## 20.6. Recusa de pagamento, mesmo quando a conta sacada disponha de provisão suficiente

### 20.6.1. *Enunciado da questão*

**I.** Quando a conta não apresenta provisão suficiente, é lícito ao banco recusar o pagamento do cheque; e isto independentemente de qualquer ordem que lhe seja transmitida nesse sentido.

Como vimos (*supra*, n.º 17.1), constitui pressuposto da emissão do cheque a existência de provisão suficiente. Não havendo fundos disponíveis, por não terem sido previamente depositados ou concedida a respectiva utilização, o banco não é obrigado a satisfazer a importância indicada no cheque, embora possa fazê-lo por sua conta e risco, pois poderá não vir a ser ressarcido da importância despendida.

Assim, não havendo provisão, o banco não efectuará o pagamento do cheque relativo à conta bancária do seu cliente; procedendo ao pagamento do cheque, sem que haja fundos em conta ou crédito previamente acordado, o banco está a assumir implicitamente a concessão de crédito ("descoberto"), com o qual constitui, em simultaneidade com o pagamento, a provisão suficiente para assegurar a satisfação do cheque.

Ocupar-nos-emos agora da situação inversa, isto é, da recusa de pagamento, mesmo quando a conta sacada disponha de provisão suficiente[1330].

Naturalmente, as consequências da recusa de pagamento não são uniformes.

### 20.6.2. *Recusa fundamentada*

**I.** Considerando a posição atrás exposta, a recusa de pagamento só seria fundamentada uma vez decorrido o prazo de apresentação do cheque a pagamento; e, mesmo nesse caso, desde que alicerçada em instrução transmitida pelo sacador nesse sentido.

---

[1330] Concretizando, num exemplo: um determinado cliente bancário tem depositada em conta a quantia de € 5.000,00 e saca um cheque de € 2.000,00. Uma vez o mesmo apresentado a pagamento, o banco poderá proceder à respectiva satisfação – o que será o mais plausível – ou, diversamente, recusar o pagamento, com ou sem (a devida) justificação.

622 *Cheque e Convenção de Cheque*

Sendo o cheque um título à vista[1331], decorrido o período em que deveria ser apresentado a pagamento sem que o tenha sido, o banco tem legitimidade para recusar a respectiva satisfação caso tenha recebido uma instrução expressa nesse sentido. Tal, como é óbvio, não prejudicará a eventual responsabilidade que o sacador terá perante terceiro beneficiário do cheque directa e imediatamente prejudicado com a recusa de pagamento.

**II.** Há, contudo, que ponderar outras situações, em que a recusa não constitui aplicação da excepção de não cumprimento, nem consequência de qualquer problema que tenha ocorrido a nível do negócio subjacente, levando o sacador a tentar paralisar a satisfação do cheque, mas se equacione no plano do próprio título de crédito que, por efeito de uma vicissitude na respectiva emissão ou transmissão, conduz o sacador ou outro portador a pretender suster o seu pagamento.

A recusa de pagamento, nesse caso, será fundamentalmente baseada num facto que põe em causa a subsistência do próprio cheque, enquanto meio de pagamento.

É o que acontece com algumas situações de desapossamento, porque o cheque foi furtado ou roubado ou perdido e se pretende evitar o respectivo pagamento. Em tais situações, e independentemente do decurso do prazo de apresentação a pagamento, não tem sentido aceitar que o pagamento se faça a terceiro que não seja beneficiário legítimo do cheque, mas seu portador por efeito de desapossamento ocorrido[1332].

Julgamos que o desapossado terá de adoptar um comportamento diferente, consoante já tenha, ou não, decorrido o prazo de apresentação a pagamento. Assim, na pendência desse prazo, para que o banco possa legitimamente recusar o pagamento é necessário que o sacador lhe forneça, oportunamente, prova suficiente do desapossamento, designada-

---

[1331] E também de muito curto prazo, no sentido de que deverá ser apresentado a pagamento em oito dias (cfr. art. 29.º, I da LUCh).

[1332] *«Não pode admitir-se como justa causa de revogação do cheque qualquer situação que, na perspectiva do sacador, seja fundamento para não pagar o cheque, mas apenas aquelas situações que afectam em regra a validade do saque ou a validade da emissão, como acto de entrega voluntária ao tomador do cheque. (...) Haverá justa causa para a revogação da ordem inscrita no cheque, em situações de furto, roubo ou extravio do cheque, coacção moral, incapacidade acidental ou qualquer situação em que se manifeste falta ou vício na formação da vontade, devendo o motivo concretamente invocado ser indicado no cheque»* [**AcRelPorto de 4 de Outubro de 2007** (JOSÉ FERRAZ) / (Proc. n.º 0734254, *www.dgsi.pt*, p. 4/6].

*Pagamento, vicissitudes e efeitos do cheque e da convenção de cheque*     623

mente entregando-lhe cópia da declaração policial de perda ou furto do cheque[1333]. Decorrido esse prazo, não terá sequer de dar justificação ao banco, pela sua instrução, sem embargo de o desapossamento ser relevante perante terceiros.

No que se refere a fundamentação legal desta interpretação, encontramos claro apoio na única disposição subsistente do Decreto n.º 13004, de 12 de Janeiro de 1927: o § único do artigo 14.º[1334].

Esta regra constitui justa causa de não pagamento, derrogando o disposto no artigo 32.º da LUCh e legitimando a revogação do cheque, logo que houver percepção do desapossamento, e obrigando o sacado, nessa circunstância, a não pagar o cheque revogado, mesmo antes de decorrido o prazo de apresentação a pagamento.

Nestes termos, se um sujeito extraviar um cheque ou for vítima do furto de um cheque, de que seja, ou não, beneficiário, ele deverá comunicar de imediato ao banco a ocorrência para evitar que o banco proceda ao pagamento desse cheque. Tal comunicação, sendo feita pelo sacador, equivalerá a revogação do cheque, oportuna e devidamente emitido, e dirime a responsabilidade do sacado, se for devidamente fundamentada.

A informação do desapossamento também pode ser efectuada por um portador do cheque, que não o sacador[1335], devendo o banco abster-se de proceder ao pagamento do cheque. Neste caso, o banco deverá ser mais cauteloso, para não incorrer em responsabilidade para com o emitente do cheque, que pode manter o interesse no seu pagamento. Consequentemente, a justificação deverá ser fundamentada e plausível, porque apresentada essencialmente no interesse do desapossado. Daí que este deva também solicitar ao sacador que instrua o banco para não pagar o cheque.

---

[1333] Neste sentido, cfr. Noemí Muñoz Martín, «La irrevocabilidad del cheque», AA.VV., *Estudios Jurídicos en Homenaje al Profesor Aurelio Menéndez*, t. I – Introducción y títulos-valor, Cívitas, Madrid, **1996** (pp. 1293-1320), pp. 1317-1318, e Francisco Vicent Chuliá, *Compendio crítico de Derecho Mercantil*, t. II, 3ª ed., Bosch, Barcelona, **1990**, p. 798.

Contra, rejeitando esta exigência, Isabel Ramos Herranz, *El pago de cheques*, cit., **2000**, pp. 361-362.

[1334] Segundo esta regra, «*se o sacador ou o portador tiver avisado o sacado de que o cheque se perdeu, ou se encontra na posse de terceiro em consequência de um facto fraudulento, o sacado só pode pagar o cheque ao seu detentor, se este provar que o adquiriu por meios legítimos*».

[1335] Reconduzindo este caso a uma situação de oposição ao pagamento do cheque, Isabel Ramos Herranz, *El pago de cheques*, cit., **2000**, pp. 341 e 367-370.

624 *Cheque e Convenção de Cheque*

Assim, e como referimos acima, o não pagamento no decurso do prazo de apresentação do cheque pressupõe informação expressa nesse sentido, pelo sacador ou pelo portador, que deve ser, preferentemente, reforçada por documento que comprove a comunicação da vicissitude ocorrida às autoridades policiais.

**III.** No que toca aos motivos que podem consubstanciar o conceito de "justa causa" de não pagamento do cheque, podem ser de diversa ordem, enquadrando situações jurídicas de desapossamento que podem acontecer antes mesmo do cheque ser emitido ou recair sobre cheques já sacados e colocados, ou não, em circulação[1336].

Constituem justa causa de revogação: o desapossamento físico (perda, extravio, furto ou roubo) – seguido ou não de apropriação indevida – e as falsificações, a que dedicaremos o próximo número (21), e que podem recair sobre a assinatura do sacador, sobre o endosso ou qualquer menção do cheque, designadamente a quantia nele inscrita.

Se vier a verificar-se ser falso o desapossamento objecto da comunicação, o sacador[1337] será responsável por todos os prejuízos causados e, se tiver instruído a sua comunicação com uma participação às autoridades que não corresponda à realidade, incorrerá ainda em responsabilidade criminal.

**IV.** Mas à revogação com justa causa do cheque oportunamente emitido pelo sacador deve acrescentar-se o cancelamento dos módulos de cheques por idênticas razões e que, eventualmente, antecipa, num cenário de falsificação do cheque, a revogação do cheque falsificado.

Deste modo, se o sacador for vítima de furto ou roubo ou se os módulos se extraviarem, com ou sem negligência sua, deverá informar o banco desse facto, solicitando que este registe a baixa desses módulos e não proceda ao pagamento dos cheques que lhes correspondem, se os mesmos lhe vierem a ser apresentados, com a falsificação da sua assinatura.

---

[1336] Prescinde-se de discutir se, questionada a validade da subscrição cambiária, tem sentido revogar a ordem de pagamento, solicitando ao sacado que não pague o cheque ou se, diversamente – porque «a ordem de pagamento é nula», deverá o sacador opor-se «ao pagamento, proibindo-o» (JOSÉ MARIA PIRES, *O cheque*, Rei dos Livros, Lisboa, **1999**, p. 107). Trata-se de um raciocínio falacioso, porquanto, recorde-se, a tutela da aparência do cheque e as regras legais que a justificam salvaguardam o valor do cheque.

[1337] Sendo evitado o pagamento por declarações falsas do portador, este incorrerá igualmente em responsabilidade.

*Pagamento, vicissitudes e efeitos do cheque e da convenção de cheque*     625

**V.** Importa referir não ser pacífica a vigência da excepção estabelecida no § único do artigo 14.º. Trata-se de norma anterior à própria Lei Uniforme que, no entender de parte da nossa doutrina[1338], se mantém ainda hoje vigente, fornecendo o critério de justa causa adequado à revogação do cheque com base no respectivo desapossamento[1339].

Este preceito legal «não tem paralelo em qualquer disposição da Lei Uniforme»[1340], não havendo regra que preveja uma justa causa para a revogação do cheque. Tal norma deveria ter sido o artigo 32.º, que havia sido inspirado no artigo 17.º das Resoluções de Haia, de onde constava a justa causa que integrou o § único do art. 14.º do Decreto n.º 13004, de 12 de Janeiro de 1927.

**VI.** Finalmente, ainda que se considerasse não estar em vigor o § único do artigo 14.º do Decreto n.º 13 004, sempre chegaríamos a uma solução análoga, por recurso aos usos bancários.

Com efeito, afigura-se inadmissível aceitar que, ocorrendo o desapossamento de cheques, não possa ser evitado o respectivo pagamento.

A previsão normativa em causa teve, assim, por efeito útil, mesmo se não se considerar em vigor, a criação de um uso, que é o de aceitar, em casos excepcionais e justificados de desapossamento, a imediata revogação do cheque.

### 20.6.3. *Recusa injustificada*

**I.** A recusa de pagamento pelo banco pode causar grave prejuízo ao portador do cheque, pelo que há que considerar as situações em que o banco não paga sem qualquer fundamento válido.

---

[1338] Neste sentido, FILINTO ELÍSIO, «A revogação do cheque», *O Direito*, ano 100.º, **1968** (pp. 450-505), p. 503.

[1339] Recorde-se que Decreto n.º 13004, de 12 de Janeiro de 1927, nunca foi expressamente revogado, mas a quase totalidade das suas normas foram objecto de revogação tácita por diversos diplomas que vieram a ser publicados, e a que já aludimos (*supra*, n.º 1.4.7). Nesse sentido, e por efeito da entrada em vigor da própria Lei Uniforme, é pacífica na doutrina, por exemplo, a revogação do corpo do art. 14.º. Cfr. **AcSTJ de 22 de Outubro de 1943** (MIGUEL CRESPO), *Boletim Oficial*, ano III, n.º 15, 1943, pp. 409-411, e FILINTO ELÍSIO, «A revogação do cheque», cit., pp. 475-476.

[1340] Como assinala FILINTO ELÍSIO, «A revogação do cheque», cit., **1968**, p. 476.

A recusa injustificada de pagamento fará incorrer o banco em responsabilidade civil extracontratual perante o beneficiário do cheque, com o inerente dever de o indemnizar, e, eventualmente, perante o sacador por todos os prejuízos que causar. Em relação ao sacador, a responsabilidade em que se funda o dever de indemnizar terá, contudo, natureza contratual.

**II.** O não pagamento injustificado do cheque pode ficar a dever-se a uma recusa do sacado sem fundamento, designadamente em acto de terceiro, ou ser baseada em solicitação do sacador.

Em qualquer circunstância, o sacado incorre em responsabilidade perante o portador do cheque que não paga, devendo ressarcir os danos que o seu comportamento tiver causado na esfera jurídica do beneficiário. Não o ligando a este qualquer vínculo contratual, a sua responsabilidade é de natureza extracontratual e resulta da violação da regra legal que impede a revogação no prazo de apresentação do cheque a pagamento (cfr. art. 32.º, I da LUCh), conjugada com a norma que estabelece esse prazo (cfr. art. 29.º, I)[1341].

O que se extrai da conjugação destes dois preceitos da Lei Uniforme é que o cheque não pode deixar de ser pago se apresentado a pagamento no prazo de oito dias subsequente à sua emissão, porque a disponibilidade do respectivo pagamento não está no sacado, nem tão pouco no sacador. É nessas duas disposições legais – que limitam que o sacador impeça o pagamento do cheque – que reside o fundamento da responsabilidade do sacado, impondo-lhe o pagamento do cheque apresentado a pagamento nos oito dias seguintes ao da sua emissão, sempre que não se verifique qualquer causa legítima de não pagamento.

O ilícito do sacado resulta assim da inobservância de regras criadas para protecção dos interesses do beneficiário do cheque (incluindo a delimitação do prazo de apresentação a pagamento), que sofre na sua esfera o dano que a ordem jurídica pretendia evitar ou contra o qual pretende protegê-lo.

**III.** Neste caso, ainda que o não pagamento do cheque acarrete prejuízos ao sacador, este não só não tem direito a ser por eles ressarcido,

---

[1341] De modo análogo, CALAVIA MOLINERO/BALDÓ DEL CASTAÑO, *El cheque*, Praxis, Barcelona, **1987**, p. 169, consideram que, não existindo qualquer relação contratual entre sacado e portador, a obrigação de pagamento daquele decorre do n.º 2 do art. 108 da LCCh, sendo consequentemente uma obrigação legal.

Pagamento, vicissitudes e efeitos do cheque e da convenção de cheque    627

como se poderá discutir acerca da sua responsabilidade pelos custos que o banco tem de assumir por efeito da sua acção.

Haverá aqui duas soluções possíveis: uma será repercutir no sacador os encargos que o banco, por efeito da acção deste, teve de suportar; outra, considerar que o banco, por ser um sacado especial – com obrigações legais e contratuais específicas – deveria ter-se abstido de aceitar as instruções do sacador e ter procedido ao pagamento do cheque, evitando incorrer em responsabilidade civil.

**IV.** Mas se a recusa de pagamento não se ficar a dever a uma determinação do sacador este também poderá sofrer danos, até porque é responsável em via de regresso (cfr. art. 40.º da LUCh).

Enquadra-se nesta hipótese o não pagamento do cheque por exclusiva decisão do banco, sem precedência de instrução de revogação.

Para além dos danos que possa ter de ressarcir como emitente do cheque, o sacador pode incorrer em prejuízos resultantes da falta de pagamento do cheque.

Com efeito, o não pagamento do cheque poderá ser suficiente para que o respectivo beneficiário retenha uma mercadoria, por si vendida, cuja entrega já deveria ter feito ao adquirente – o sacador –, resultando também danos para este, pela falta dessa mercadoria.

## 21. **Falsificação do cheque**

Analisadas as vicissitudes no cumprimento, a tutela penal do cheque (sem provisão) e a respectiva revogação, importa apreciar o modo como a articulação do cheque e da convenção de cheque se projectam no plano do desapossamento do cheque, em especial no que respeita ao fenómeno que especificamente caracteriza este instrumento de pagamento: a sua falsificação[1342].

---

[1342] Optamos por caracterizar a vicissitude como "*falsificação*", por ser a expressão que corresponde à terminologia generalizada no nosso ordenamento jurídico.

Temos presente que «a palavra falsidade pode considerar-se, de um ponto de vista gramatical, como falta de verdade ou de autenticidade, enquanto que a falsificação parece aludir a uma mutação dessa verdade, e é um conceito mais amplo que o de falsidade» (Antonino Vásquez Bonome, *Tratado de Derecho Cambiario. Letra, Pagaré e Cheque*, 3ª ed., Dykinson, Madrid, **1996**, pp. 735-736).

628        *Cheque e Convenção de Cheque*

A encerrar este número (*infra*, n.ᵒˢ 21.8 e 21.9), procederemos a uma breve indicação de outros casos de falta ou inadequação da ordem (eficaz) de pagamento do cheque e de vicissitudes que, não sendo privativas deste título de crédito, põem em causa a sua função de instrumento de pagamento, mas cuja resolução implica o reforço dos efeitos resultantes da literalidade do título, tendo em conta a tutela da aparência e da confiança inerentes à circulação do cheque.

## 21.1. O desapossamento do cheque

### 21.1.1. *Caracterização*

**I.** O desapossamento do cheque – como de qualquer outro título de crédito – é uma vicissitude que se projecta no respectivo funcionamento e aptidão, envolvendo uma interferência indevida com a titularidade (efectivada ou legitimada) do direito cartular ou com o conteúdo do cheque.

Não tem sentido falar em desapossamento se o cheque não é colocado em circulação. Quando o cheque não sai do controlo do sacador, todas as vicissitudes de que venha a ser objecto devem resolver-se no plano da relação contratual em que se insere, ainda que com recurso a regras da Lei Uniforme, como sucede com os requisitos do cheque, por exemplo (cfr. art. 1.º).

No que toca à relação entre o banqueiro e o seu cliente, o cheque é um simples instrumento de levantamento de dinheiro.

Enquanto não é preenchido, nem sequer tem valor como cheque; uma vez sacado só tem relevo, no plano das relações internas, se for usado para proceder ao saque de fundos disponíveis e, externamente, se for utilizado como instrumento de pagamento, criado em favor de um tomador ou à ordem do próprio sacador e por este endossado.

No estrito âmbito do relacionamento entre as partes da convenção de cheque, o desapossamento só tem relevo se a vicissitude se traduzir na falsificação do próprio saque, precedida da falsificação[1343] ou furto do

---

[1343] Trata-se da produção ou fabrico de módulos à margem do sistema bancário por pessoa ou entidade não autorizada.

*Pagamento, vicissitudes e efeitos do cheque e da convenção de cheque*    629

módulo utilizado, e posterior tentativa de levantamento do cheque por aquele que se faz passar pelo sacador[1344], ou se, tendo o cheque sido adequadamente emitido à ordem do sacador ou ao portador, saiu do seu controlo – entre o saque e o levantamento da importância correspondente à soma nele inscrita – contra a sua vontade e foi por terceiro apresentado a pagamento.

**II.** A alteração indevida da titularidade do cheque ou do seu conteúdo carece, assim, de tutela efectiva no plano da sua circulação, havendo que ponderar diferentes interesses envolvidos, em especial:

A) Do sacador, que utilizou o cheque como instrumento de pagamento, ou que, por qualquer outra razão, o sacou para tomador ou endossou a terceiro, e que não pretende pagar duas vezes ou pagar a quem tem título para receber;

B) Do adquirente, por endosso – legitimado com base na sua regularidade formal, desconhecendo desculpavelmente o desapossamento anterior –, que se sente com direito a obter o pagamento do cheque, no momento da sua apresentação; e

C) Do banco sacado que, não beneficiando de tutela específica no pagamento, não se quer ver obrigado a suportar o valor do cheque em razão de desapossamento na sua circulação, não detectado até ao efectivo pagamento.

Como temos sublinhado ao longo deste trabalho, a circulação do cheque alicerça-se na sua aparência, fruto do seu conteúdo literal, e reforça-se na confiança que aos seus potenciais adquirentes merecem os sujeitos nele intervenientes, designadamente o sacador, que dispõe dos meios de pagamento, e o sacado, que, em circunstâncias normais, tem capacidade para proceder à transferência ou entrega desses meios.

Na base da tutela dessa confiança, na aparência do cheque e dos sujeitos intervenientes, está a boa fé de todos os participantes nessa circulação. O sacador pensa que efectuou o pagamento que tencionava concretizar através do cheque – disponibilizando os correspondentes fundos que dispunha junto do sacado –; o tomador crê que, com a aceitação do título, recebeu o preço do bem vendido ou do serviço prestado; ao endossá-lo, pretendeu também solver um débito que considera doravante

---

[1344] A ocorrência de um endosso ou o saque em favor de tomador posicionam a tutela do cheque, ainda que falso, no plano da tutela da circulação cambiária, extravasando o domínio da pura relação contratual "banco-cliente".

extinto; o endossatário aceitou o cheque por conta do crédito que detinha sobre o tomador/endossante e concedeu-lhe quitação; e apresenta o cheque ao banco, directamente ou depositando-o em conta sua, para que lhe seja entregue ou creditada a quantia titulada; finalmente, o banco sacado entrega os fundos contra a apresentação do cheque, fazendo-o na pessoa do seu apresentante: o portador, dele beneficiário, ou o banco depositário que o levou à cobrança no local próprio (compensação)[1345].

Esta é a circulação normal do cheque. Nenhum dos intervenientes tem razões para crer que o cheque tenha sido objecto de alguma vicissitude e todos acreditam na sua aparência e, nomeadamente, que ele se encontra apto a desempenhar a sua função normal, de instrumento de pagamento.

Para que tal aconteça, para que seja adequadamente tutelada essa confiança, é suficiente que os sucessivos adquirentes e o banco sacado verifiquem a regularidade formal das assinaturas constantes do título e do respectivo encadeamento, não se encontrando obrigados a proceder à verificação da sua autenticidade. Nestes termos, o que é relevante é que endosso do tomador corresponda à assinatura daquele em favor de quem o cheque foi emitido e que cada novo endosso no cheque coincida com a (presumível[1346]) assinatura do (último) endossatário.

**III.** No entanto, há uma assinatura que deve ser verificada: a do sacador. Tal não acontece por efeito do disposto na Lei Uniforme, que até postula expressamente a validade das obrigações cambiárias – não obstante a irregularidade que possa ocorrer com a assinatura do sacador, no saque (cfr. art. 10.º) –, mas em função da relação contratual existente e da qual decorre não dever o banco pagar um cheque que não tenha sido devidamente emitido pelo seu cliente e, nomeadamente, cuja assinatura possa ter sido falsificada.

Vimos, a propósito da caracterização da convenção de cheque, que constitui dever do banco verificar a assinatura do sacador, e que tal obrigação se desdobra em dois deveres: o de fiscalização – consistente na verificação cuidada do cheque (cfr., *supra*, n.º 16.4.3.2) – e o de compe-

---

[1345] Se o cheque tiver sido depositado em conta junto do próprio sacado, o pagamento efectua-se por débito na conta do sacador e crédito na conta do beneficiário/depositante.

[1346] Porque as assinaturas dos intervenientes na circulação não são, nem têm de ser, objecto de verificação.

*Pagamento, vicissitudes e efeitos do cheque e da convenção de cheque* 631

tência técnica, que, no caso concreto, se traduz em fazê-lo de forma particularmente eficiente (cfr., *supra*, n.º 16.4.3.3). Ao banco é, assim, exigida pelo regime jurídico que caracteriza o seu relacionamento com o cliente uma diligência elevada, superior à que seria exigível a um *bonus pater famílias*.

Caso o banco abdique de proceder à verificação da assinatura do cliente, nomeadamente porque o montante do cheque não justifica que o faça, assumirá a responsabilidade inerente a eventual vicissitude que tenha ocorrido, desde que a mesma fosse detectável.

**IV.** O desapossamento do cheque – fenómeno que se caracteriza por uma interferência com o seu normal funcionamento, como vimos, e que provoca alterações a nível da respectiva titularidade e (ou) conteúdo – tem relevância jurídica, porquanto a perda da posse do cheque não é incompatível com a legitimação de quem venha ulteriormente a adquiri-lo de boa fé e que, por essa razão, venha a ter direito ao seu pagamento.

São diversas as causas de desapossamento, a que faremos em seguida breve referência, procurando sistematizá-las de acordo com a sua natureza.

### 21.1.2. *Desapossamento físico e jurídico*

#### 21.1.2.1. *Distinção e relevância da vicissitude*

**I.** O desapossamento pode ser *físico*, se o portador perde o controlo do próprio título por extravio, por roubo ou por furto, quer a situação ocorra com o título devidamente preenchido, quer resulte do preenchimento indevido de um módulo, sem o conhecimento ou concordância daquele que é, aparentemente, o sacador, ou simplesmente *jurídico*, caso a vicissitude se projecte essencialmente no conteúdo do cheque, o que acontece se o cheque, tendo sido sacado em branco, for indevidamente preenchido, designadamente com violação do que havia sido acordado, ou se se registou uma adulteração do seu conteúdo, a nível do saque ou dos elementos relevantes, nomeadamente da quantia titulada.

**II.** Qualquer fenómeno de desapossamento interfere com a normal circulação do cheque, que não chega ao seu termo pela forma que teria sido a correcta.

632         *Cheque e Convenção de Cheque*

O desapossamento assume uma especial relevância, uma vez que a posse do título adquirido de boa fé, legitimada numa cadeia ininterrupta de endossos – ainda que tenha anteriormente ocorrido um desapossamento –, permite ao detentor exercer os direitos dele emergentes. Impedir o exercício do direito a endossar ou a solicitar o pagamento não é tarefa fácil, visto que as características que o animam dificultam a oposição à legitimação decorrente da aparência. O devedor não pode, assim, no plano das relações mediatas, deduzir uma excepção pessoal para obstar ao pagamento do título.

No entanto, como já vimos (cfr., *supra*, n.º 20.6.2), o desapossamento constitui justa causa de revogação imediata do cheque antes de esgotado o prazo de apresentação a pagamento. Por isso, o extravio, furto ou roubo do cheque deverão ser oportunamente detectados e comunicados ao banco, evitando-se o pagamento do cheque que tenha sofrido uma vicissitude, ainda que a um portador legitimado e de boa fé; caso contrário, o banco pagará, devendo apenas cumprir o disposto no artigo 35.º da LUCh, ou seja, verificar a cadeia ininterrupta de endossos. De qualquer modo, e a menos que tenha tido um conhecimento informal da vicissitude, o banqueiro não tem seguramente a obrigação de contactar o cliente, para comprovar que este desconhece existirem vicissitudes, antes de proceder ao pagamento do cheque[1347].

### 21.1.2.2. *Desapossamento físico;* remissão

**I.** Abordámos as situações de desapossamento físico, quando – no plano da compreensão do cheque – fizemos referência à recuperação do valor do título de crédito em caso de extinção ou deterioração do documento (cfr., *supra*, n.º 6.4).

---

[1347] Neste sentido, cfr., *supra*, n.º 16.4.3.2.V e **AcRelLisboa de 28 de Abril de 2005** (Urbano Dias), *CJ*, ano XXX, t. II, 2005, pp. 114-121.

Existem, contudo, decisões judiciais que entendem constituir deveres do banco sacado, entre outros, ter em consideração o(s) cheque(s) [falsificado(s)] poder(em) apresentar um valor excessivamente elevado, tendo em consideração o saldo da conta e os saques que habitualmente o cliente efectua sobre a conta, o facto de serem requisitados cheques avulso e apresentados em agência diferente daquela em que está domiciliada a conta, para levantamentos de grandes somas em dinheiro, e a ausência de qualquer contacto com o cliente perante saques, no mínimo, extravagantes [cfr. **AcSTJ de 3 de Março de 1998** (Nascimento Costa), *BMJ* 475, 1998, pp. 710-715, pp. 713 e 715].

Pagamento, vicissitudes e efeitos do cheque e da convenção de cheque    633

O desapossamento físico é uma situação mais rara no cheque do que noutros títulos de crédito abstractos, dada a sua natureza de muito curto prazo, uma vez que, em regra, entre o saque e a apresentação a pagamento não podem mediar mais de oito dias. Foi por essa razão – aliada ao curto prazo de prescrição deste instrumento – que concluímos pela inaplicabilidade (prática) do instituto da reforma dos títulos de crédito ao cheque (cfr., *supra*, n.º 6.4.4).

No entanto, há que recordar que o desapossamento pode ocorrer em diferentes planos e projectar-se negativamente no património do sacador. E a existência de uma regra na Lei Uniforme que tutela a aquisição do cheque por terceiro adquirente de boa fé (cfr. art. 21.º) comprova que a situação pode ocorrer e requer tutela.

Verificando-se uma causa de desapossamento, o sacador poderá proceder à revogação do cheque. Nesse caso, se ainda se encontrar dentro do prazo de apresentação a pagamento, deverá indicar o motivo da revogação, uma vez que o mesmo é justificado.

Se o conhecimento do desapossamento for de um terceiro, portador do título, ele poderá solicitar ao sacador que impeça o pagamento do cheque, revogando-o; ou informar o banco sobre o sucedido, demonstrando ter participado às autoridades a ocorrência, e tendo esta em conta, sugerir que o banco não proceda ao pagamento do cheque. Nessa circunstância, e sendo o cheque apresentado a pagamento no prazo legal existente para o efeito, o banco confrontar-se-á com o dilema de cumprir o dever (legal) de o pagar ou de recusar o pagamento, por ter tido conhecimento da vicissitude ocorrida.

Sendo a convenção omissa, só a revogação do cheque com justa causa, pelo respectivo sacador, poderá exonerar o banco da responsabilidade pelo seu não pagamento. Por isso, o banco deverá procurar contactar o sacador para confirmar se ele aceita revogar o cheque com base no motivo invocado pelo portador e, procedendo ao pagamento, deverá identificar adequadamente o respectivo beneficiário.

**II.** Em certos casos, o desapossamento pode ser simultaneamente físico e jurídico. Basta pensar numa situação em que ocorreu o extravio de módulos e o posterior preenchimento abusivo com falsificação da assinatura do sacador[1348], ou o furto ou roubo de um cheque regularmente

---

[1348] Cfr. **AcSTJ de 5 de Julho de 1995** (SILVA REIS), *CJ/AcSTJ*, ano III, t. II, 1995, pp. 257-260 – que condena o arguido no crime de furto (por ter subtraído um impresso

634      *Cheque e Convenção de Cheque*

sacado e a ulterior adulteração de algumas das suas menções (*v.g.*, nome do beneficiário, endosso ou quantia titulada[1349]).

Nessas situações beneficiará de uma tutela dupla, com incidência nas vicissitudes de que tiver sido objecto.

A protecção do desapossamento físico faz-se no plano da Lei Uniforme. A tutela do desapossamento jurídico do cheque realiza-se, nalguns casos, no âmbito da Lei Uniforme, como mencionado (*v.g.*, preenchimento abusivo de cheque em branco), mas noutros, como veremos, extravasa o domínio da disciplina jurídico-cambiária. É o que acontece com a falsificação do cheque.

### 21.1.2.3. *Desapossamento jurídico: diferentes situações*

**I.** De entre os casos de desapossamento jurídico tem particular relevância a falsificação, que analisaremos de forma autónoma.

Diferente situação, em que a vicissitude se projecta directamente na literalidade do cheque, ainda que este não saia da posse do seu portador legitimado, é a que respeita ao preenchimento abusivo do cheque em branco.

Recorde-se que o cheque em branco – a que já nos referimos por mais de uma vez (cfr., *supra*, n.[os] 2.6.3 e 19.4) – é aquele que é intencionalmente sacado sem a totalidade dos seus requisitos essenciais, que deverão ser preenchidos até à apresentação a pagamento, em conformidade com acordo concluído com essa finalidade.

---

de cheque) e de falsificação de documento autêntico, por ter procedido ao respectivo preenchimento –, **AcSTJ de 27 de Janeiro de 1998** (Hugo Lopes), *CJ/AcSTJ*, ano VI, t. I, 1998, pp. 181-185, considerando que o próprio fabrico de módulos e seu ulterior preenchimento se subsumem ao crime de burla se integrarem uma conduta dirigida à prática desse crime; e os **Acórdãos do STJ de 14 de Junho de 2000** (Armando Leandro), *CJ/AcSTJ*, ano VIII, t. II, 2000, pp. 213-218, **de 26 de Fevereiro de 2004** (Pereira Madeira) / Proc. n.º 049254, *www.dgsi.pt*, e de **4 de Janeiro de 2006** (Oliveira Mendes), *CJ/AcSTJ*, ano XIV, t. I, 2006, pp. 157-160, todos sobre a falsificação de cheque(s) para a aquisição de bens de consumo e o penúltimo citando diversos arestos (cfr. pp. 5 a 7).

[1349] Cfr. **AcRelGuimarães de 28 de Junho de 2004** (Francisco Marcolino), *CJ* ano XXIX, t. III, 2004, pp. 298-300 – que considera incorrer no crime de falsificação quem preenche indevidamente cheque (incompleto) assinado pelo sacador –, e **AcSTJ de 15 de Maio de 1997** (Costa Pereira), *CJ/AcSTJ*, ano V, t. II, 1997, pp. 211-214, em que a falsificação de endosso integra o crime de burla.

*Pagamento, vicissitudes e efeitos do cheque e da convenção de cheque* 635

O sacador celebra, assim, com o tomador do cheque um pacto que preveja a forma de preenchimento dos elementos em falta, normalmente a data e (ou) o valor do cheque. Essencial para que se possa falar de cheque em branco é que a subscrição cambiária, que importe a constituição de uma obrigação, conste de um documento (módulo) em que esteja identificado o título de crédito como "cheque".

O cheque sacado em branco, quanto a um ou mais dos seus elementos, deverá assim ser completado para valer como cheque.

Prevê, contudo, a Lei Uniforme relativa ao Cheque que o terceiro adquirente de boa fé (e sem *falta grave*) seja tutelado, mesmo que o preenchimento do cheque em branco seja feito com inobservância do acordo de preenchimento (cfr. art. 13.°). Deste modo, se for abusivamente preenchido, o cheque vai valer – para o portador que não o adquiriu de má fé ou com falta grave[1350] – nos exactos termos do seu conteúdo literal.

**II.** Se o cheque é sacado em branco sem menção de que se encontra sujeito a pacto de preenchimento, sendo recebido devidamente completado pelo endossatário, torna-se difícil opor-lhe a excepção de preenchimento abusivo de que, entretanto, tenha sido objecto.

A completação do cheque de modo diverso do que tenha sido acordado representa um desapossamento jurídico que o sacador pode ter de suportar se o cheque – sem qualquer menção à existência de um pacto de preenchimento – vier a ser adquirido por um terceiro de boa fé.

### 21.1.2.4. *Enunciado e relevância da questão da falsificação do cheque*

**I.** Apreciados os problemas que se colocam relativamente ao desapossamento do cheque, em geral, importa analisar agora as consequências da falsificação do cheque, em todas as suas vertentes, para podermos concluir sobre a eventual especificidade do respectivo regime no âmbito deste instrumento e da sua articulação com a própria convenção de cheque, com eventual extensão de efeitos a instrumentos e contratos análogos.

---

[1350] Está de *má fé* o adquirente do cheque que o recebe já completo, sabendo que desse modo o sacador deixará de estar em relação imediata com o tomador, para lhe poder opor o abuso do preenchimento; e comete *falta grave* o adquirente que não poderia ignorar a existência e conteúdo do pacto de preenchimento e a sua violação.

636         *Cheque e Convenção de Cheque*

Ao mesmo tempo, averiguaremos se tem sentido estabelecer, nesta sede, subdistinções com fundamento no tipo de vicissitude ocorrida. Conclusão positiva pressuporá, naturalmente, efeitos diferenciados.

**II.** Começámos por enquadrar esta vicissitude no quadro do desapossamento, onde se insere, mas antes de passarmos à sua caracterização impõe-se fazer uma referência ao direito positivo português e ao ponto da situação nos principais ordenamentos jurídicos estrangeiros.

A Lei Uniforme – para além de uma referência ao *princípio da independência recíproca das assinaturas* apostas no cheque (cfr. art. 10.º) – não estabelece expressamente um regime aplicável à falsificação do cheque, diversamente do que sucede no Código das Obrigações suíço e na Lei Cambiária e do Cheque (LCCh) espanhola.

Podemos, pois, desde já avançar que os ordenamentos que transpuseram a Lei Uniforme, com mais ou menos reservas, não aprovaram regra específica sobre esta questão, diversamente dos ordenamentos que – por manterem regras legais anteriores à Convenção de Genebra ou por só muito mais tarde terem vindo a incorporar as principais regras uniformizadas do cheque, casos respectivamente da Suíça e de Espanha –, consagraram expressamente normas próprias sobre a falsificação.

Cumpre assinalar que a Lei Uniforme não adoptou regra própria nesta matéria por não ter havido acordo nesse sentido.

**III.** No Direito anglo-americano a falsificação assume particular relevo, sendo abordada por duas diferentes perspectivas: a do relacionamento entre o banco sacado e o beneficiário de um erro de facto – em que se traduz o pagamento de um cheque falso (*forged cheque*) ou falsificado (cheque alterado materialmente[1351], na quantia titulada ou no endosso) – e o da relação entre o banco que paga esse cheque e o seu cliente[1352]. Voltaremos a esta questão (infra, n.º 21.3.3.4).

**IV.** Na apreciação da questão do cheque falso ou falsificado há que ponderar quatro aspectos bem distintos, que passamos a enumerar:
*i)* Determinar em que consiste a vicissitude;

---

[1351] *Cheque which has been materially altered.*

[1352] Cfr. Michael BRINDLE / Raymond COX, *Law of Bank Payments*, FT Law & Tax, London, **1996**, pp. 353, 331, 354-356.

Nos EUA, cfr. UCC, § 4-406 (cfr., *infra*, n.º 21.3.4.IV).

*Pagamento, vicissitudes e efeitos do cheque e da convenção de cheque* 637

*ii)* Apreciar o valor da vicissitude ("falsificação"), designadamente apurar se, na respectiva ocorrência, há ou não cheque[1353];

*iii)* Apurar o modo como se irá operar o ressarcimento dos danos que eventualmente se tenham registado, e quais as obrigação de indemnização que se irão suscitar;

*iv)* Equacionar os respectivos efeitos, nos planos cartular (da Lei Uniforme) e extracambiário (convenção de cheque).

## 21.2. Caracterização da vicissitude

### 21.2.1. *Cheque falso e falsificado*

**I.** A falsificação do cheque pode revestir diferentes aspectos, respeitando ao próprio saque (falsificação da assinatura do sacador) ou, recaindo sobre outros elementos e requisitos do cheque, materializando-se na alteração de uma ou mais das suas menções, provocada por quem não tinha legitimidade para o efeito[1354].

A falsificação traduz-se na inadequação da ordem consubstanciada no cheque à situação que se deveria verificar, podendo corresponder a duas hipóteses completamente distintas.

*i)* Nuns casos, o módulo (impresso), apto a servir como cheque – uma vez que esteja devidamente completo –, é preenchido ou, pelo menos, subscrito com a aposição do nome (imitação da respectiva assinatura) por pessoa diferente daquela que é sua titular e que se encontra referenciada como sacador e cliente do banco;

*ii)* Noutros, o cheque é devidamente emitido, com a assinatura[1355] do cliente/sacador, mas sofre uma alteração posterior indevida e,

---

[1353] Neste particular aspecto, como veremos, assume especial relevo a Lei Uniforme.

[1354] A doutrina norte-americana distingue os casos de falsificação consoante a mesma recaia sobre as menções do cheque, designadamente sobre a respectiva quantia ou identificação do beneficiário (*altered check*), ou sobre as assinaturas do sacador (*forged check*) ou do endossante (*forged indorsement*). Cfr. BAILEY/ HAGEDORN, *Brady on Bank Checks. The Law of Bank Checks*, vol. I, 5ª ed. rev., Warren Gorham Lamont, A.S.Pratt & Sons Group, Boston, 1997 (actual. até **2006**), pp. 27-1 e segs., 28-1 e segs. e 29-1 e segs..

[1355] No primeiro caso [cfr. *i)*] não será apropriado falar em módulo assinado por pessoa diferente do respectivo titular se considerarmos que a assinatura consiste na

em regra, desconforme com a representação que do mesmo fazia o sacador. Estes casos traduzem-se, regra geral, na adulteração das menções constantes do cheque – designadamente do respectivo montante, data de emissão/vencimento ou indicação do beneficiário –, mas podem também verificar-se no estrito âmbito da transmissão do título e desapossamentos que a esse nível possam ocorrer.

**II.** Não importa, nesta sede, apurar se há ou não lugar à qualificação das situações acima descritas de modo diferente, sobretudo se o regime que lhes for aplicável não for diferenciado, não originando consequências diversas[1356].

No entanto, a doutrina[1357] tende a reconduzi-las a situações que designa diferentemente, considerando corresponder a primeira situação à de cheque falso – por a vicissitude respeitar à própria assinatura do sacador, que falta – e a segunda à de cheque falsificado, visto que o cheque se considera devidamente criado, mas teve as suas menções adulteradas, por aditamento ou modificação dos termos em que haviam sido inscritas e consequente alteração do seu sentido inicial.

**III.** O cheque *falso*, em rigor, não corresponde a um título cambiário, embora possa ter essa aparência. Ele não é criado por quem garante o seu pagamento: o sacador (cfr. art. 12.º da LUCh), cuja assinatura[1358] falta.

É requisito essencial do cheque que este contenha a assinatura do sacador (cfr. art.1.º, n.º 6 da LUCh), que – pela celebração de uma *convenção de cheque* – acordou com o sacado (o banco) dispor de fundos

---

aposição por um sujeito do seu próprio nome. Com rigor poderemos afirmar ser possível imitar ou falsificar assinatura alheia, mas não fazer tal assinatura.

[1356] Nem sempre terá sido assim porque se considerava, por um lado, que um cheque que não fosse assinado pelo sacador não deveria, em princípio, vinculá-lo e, por outro, que o sacado não deveria assumir a responsabilidade pelos cheques assinados pelo sacador, mas modificados posteriormente, desde que as alterações não fossem facilmente visíveis. Neste sentido, cfr. J. Percerou / J. Bouteron, *La nouvelle Législation française et international de la Lettre de Change, du Billet a Ordre et du Chèque*, II – *Chèque*, Sirey, Paris, **1951**, p. 89.

[1357] Cfr. Pedro Fuzeta da Ponte, *Da problemática da responsabilidade civil dos bancos decorrente do pagamento de cheques com assinaturas falsificadas*, sep. da *RB*, n.º 31, **1994**, pp. 68-69.

[1358] Referimos já considerar ser a assinatura o nome escrito pelo próprio.

*Pagamento, vicissitudes e efeitos do cheque e da convenção de cheque* 639

(*provisão*) junto deste, através da utilização desse instrumento. Trata-se, assim, de um título idóneo para transferir meios da conta do sacador para conta de terceiro ou para a disponibilidade do respectivo beneficiário. Reconduz-se, por isso, a uma instrução transmitida ao banco, pelo titular da conta (ou seu representante), para que aquele pague ao apresentante do cheque, em seu favor ou do último beneficiário do cheque, a quantia nele titulada. Daí que a Lei Uniforme determine que a falta da assinatura do sacador – *i.e.*, *de quem passa o cheque* – torna o cheque nulo, no sentido de não produzir efeitos enquanto tal (cfr. art. 2.º, I)[1359]. A ideia subjacente a esta regra é a de que a assinatura do sacador é indispensável para a criação do título[1360].

No caso em que o cheque contém, de facto, a assinatura de um terceiro, enquanto tal, ou pretendendo ser a da sacador, a doutrina é pacífica em reconhecer estarmos perante um documento com a aparência de cheque, mas em que «são inexistentes as relações cambiárias entre sacador aparente e o sacado, assim como as relações entre o sacador aparente e o portador, e, por conseguinte, falta a *causa accipiendi*, por omissão de uma ordem de pagamento eficaz»[1361].

Contudo, uma vez colocado em circulação um documento com a aparência de cheque, o mesmo irá beneficiar de tutela cambiária, nomeadamente através do princípio da independência recíproca das assinaturas acolhido no artigo 10.º da Lei Uniforme. Segundo esta regra[1362], «*se o*

---

[1359] A expressão "*assinatura de quem passa o cheque*" não visa cobrir intencionalmente os casos de cheque sacado por quem não tem legitimidade, nomeadamente imitando a assinatura do sacador, mas conjuga-se com a tutela da aparência imposta pela Lei Uniforme, como veremos.

[1360] Sem essa assinatura – ainda que tenha a aparência de ser sua –, o sacador não poderá, em princípio, ser responsabilizado por uma obrigação que não assumiu e que, desconhecendo, não podia garantir (cfr. art. 12.º da LUCh). Cfr. Lobo D' Ávila (Lima), *Do cheque*, Livraria Profissional, Lisboa, s/d, p. 124, e Mário de Figueiredo, *Caracteres gerais dos Títulos de Crédito e seu fundamento jurídico*, França Amado Ed., Coimbra, **1919**, p. 107.

Dizemos em princípio porque a violação dos deveres contratuais por parte do sacador, nomeadamente de guarda e conservação dos cheques, fá-lo-á incorrer em responsabilidade por culpa.

[1361] Fuzeta da Ponte, *Da problemática da responsabilidade civil dos bancos decorrente do pagamento de cheques com assinaturas falsificadas*, cit., **1994**, p. 68.

[1362] Que tutela outras situações como as de incapacidade de exercício ou de falsos representantes e representantes sem ou com excesso de poderes. Sobre as vicissitudes inerentes à representação, cfr. também art. 1.º da LUCh.

*cheque contém assinaturas falsas as obrigações dos outros signatários não deixam por esse facto de ser válidas».*

De acordo com o artigo 10.º, ainda que o cheque não venha a ser pago no momento da sua apresentação ao banco, por falta de instrução adequada com eficácia, as situações cambiárias que se constituíram com base na aparência de cheque são válidas e vinculam os respectivos subscritores, designadamente em via de regresso. Esta norma (uniforme) não visa validar o cheque falso, criado por quem não tinha legitimidade para o efeito, mas apenas salvaguardar o seu valor de título cambiário com base na respectiva aparência, não obstante a vicissitude ocorrida. Trata-se de um corolário da tutela da aparência e da confiança na circulação cambiária.

Importa referir, por fim, que o cheque falso – que tem na sua base o aproveitamento indevido de módulos legítimos (entendendo-se como tais os produzidos pelo banco) ou a respectiva contrafacção – resulta com frequência da inobservância de deveres contratuais de diligência e cuidado na conservação dos cheques (e dos impressos de requisição) por parte do cliente (sacador).

**IV.** Noutras situações, porventura menos graves, e que escapam normalmente ao controlo e diligência do sacador, a vicissitude ocorre posteriormente ao saque e colocação em circulação. Nestas, a falsificação projecta-se no plano da alteração do texto – sobretudo provocando a modificação do valor titulado, mas verificando-se também no plano do endosso ou (na indicação) do nome do beneficiário – sem preterição dos requisitos formais necessários à existência do cheque (cfr. art. 1.º da LUCh). Fala-se, nestes casos, de cheque falsificado. O seu aproveitamento cambiário processa-se não apenas nos termos e por efeito do disposto no artigo 10.º, que não é privativo do saque, mas colhe apoio noutras regras, como as dos artigos 21.º, 51.º e 35.º, a que nos referiremos adiante.

**V.** Para além das situações enunciadas, pode verificar-se ainda uma terceira – que não se reconduz às já afloradas em sede de vicissitudes no cumprimento –, que assimilaríamos à segunda hipótese indicada, e que consiste em admitir a possibilidade de o cheque vir a ser pago a pessoa com um nome idêntico ao do real beneficiário. Assim, por exemplo, tendo sido endossado a uma determinada pessoa, como pagamento de um fornecimento, foi o cheque entregue, por lapso, a outra com o mesmo nome, sem que esta o recusasse – como o deveria ter feito –, uma vez que

*Pagamento, vicissitudes e efeitos do cheque e da convenção de cheque* 641

na coincidência dos nomes residia o único factor comum entre o real e o pretenso beneficiário do cheque (da ordem de pagamento).

**VI.** A concluir, e não obstante o cuidado que procurámos colocar na distinção entre cheque falso e falsificado, refira-se que estes conceitos não produzem efeitos diferenciados no Direito português[1363] – quer no plano da sua tutela penal (cfr. art. 256.º do CP), quer no da responsabilidade civil que originem, que num caso e noutro colhesse solução uniforme, como veremos –, não apresentando relevância prática diferenciada, pelo que reconduzimos, doravante, qualquer das vicissitudes ao fenómeno da falsificação e nos referiremos ao cheque falsificado sem a preocupação de distinção.

### 21.2.2. *Saque irregular*

**I.** Em sentido amplo, é irregular o saque que não corresponde à assinatura do sacador, tal como consta da respectiva ficha de abertura de conta bancária.

Nessa medida, a falsificação do saque – porque efectuado por pessoa não legitimada – torna-o irregular. Mas, considerando a gravidade da situação, a expressão "irregularidade do saque" é demasiadamente suave, devendo ceder perante o substantivo "falsificação".

**II.** Quando se fala de irregularidade do saque (*tout court*) tem-se sobretudo em vista as situações em que o cheque é emitido pelo próprio sacador, embora este lhe aponha uma assinatura que não coincide (exactamente) com aquela de que o banco sacado dispõe, o que pode suceder por falta de rigor, por ter mudado o representante legal (administrador ou gerente da sacadora), por distracção ou lapso, ou mesmo intencionalmente. O banco, nesta situação – saque efectuado pelo sacador, mas desconforme com a assinatura constante da ficha bancária (de abertura de conta) –, embora possa recusar o pagamento do cheque por falta de semelhança das assinaturas, se pagar não paga mal.

---

[1363] Diversamente do que já sucedeu noutros ordenamentos jurídicos, em que se chegou a considerar ser da responsabilidade do banco – que é quem tem o dever de controlar o saque – o cheque falso, sendo o falsificado da responsabilidade do sacador que, deveria ter evitado a adulteração do respectivo texto, se o tivesse preenchido com diligência.

642     *Cheque e Convenção de Cheque*

E isto por duas razões: por um lado, porque não dispõe de justa causa para não o fazer – visto que o cheque é criado pelo seu cliente, titular da conta que vai ser debitada e contraparte na relação contratual de cheque[1364] –; por outro, porque o quadro legal vigente [Regime Jurídico do Cheque (Decreto-Lei n.º 454/91, de 28 de Dezembro)[1365]], tutelando as situações análogas relativas a cheques até determinado valor (presentemente, € *150,00*), impõe o respectivo pagamento, não admitindo que a simples irregularidade do saque constitua justa causa de não pagamento (cfr. art. 8.º do RJCh). A interpretação desta última disposição legal – que se destina a evitar o pagamento de cheques falsificados, qualquer que seja o seu valor[1366] – permite também concluir que os cheques com saque irregular de valor superior a esse limite podem ser pagos pelo banco, se não tiverem sido objecto de falsificação; centrando-se nesse caso a resolução dos efeitos da vicissitude no plano da relação entre o banco e o cliente.

Do exposto resulta não ser a simples irregularidade do saque justa causa de não pagamento de cheque de valor não superior ao montante (de € *150,00*) até ao qual o banco se encontra vinculado a pagar um cheque, *sacado em módulo por ele fornecido*[1367], que não disponha de provisão.

**III.** A questão em apreço tem de se resolver, deste modo, no estrito plano da convenção de cheque. Caso esta preveja expressamente que qualquer desconformidade entre a assinatura constante da ficha e a aposta no cheque deve ser considerada motivo suficiente para o seu não pagamento, o banco deverá abster-se de o efectuar, informando o beneficiário de que o saque foi irregular. Nessa circunstância, vindo a apurar-se que o sacador produziu dolosamente assinatura diferente da disponível pelo banco para conferência, a responsabilidade do sacador, pelo não paga-

---

[1364] Só não seria assim se a desconformidade resultasse de acto intencional do sacador e de ulterior comunicação para o banco para não pagar o cheque. Neste caso, estaremos perante um crime de burla. Sobre jurisprudência aplicável, cfr., *infra*, nota 1347.

[1365] A Lei Uniforme é omissa sobre a situação.

[1366] Esta disposição legal, designadamente o seu n.º 3, legitima o não pagamento de cheques com saque irregular, por constituir «*justificação de recusa de pagamento a existência de sérios indícios de falsificação*», como é a desconformidade da assinatura, desobrigando, desse modo, o banco de qualquer responsabilidade perante o seu cliente.

[1367] Desse modo, se afastando a sua responsabilidade por recusa de pagamento de cheques emitidos em módulos falsos (cfr. art. 8.º, n.º 1 do RJCh).

*Pagamento, vicissitudes e efeitos do cheque e da convenção de cheque*     643

mento do cheque é inequívoca e inquestionável, e poderá ter justa conotação criminal, designadamente em sede de burla[1368].

Se a convenção de cheque for omissa sobre esta questão, o que sucederá frequentemente, o sacado "paga bem" desde que se prove ter sido o cheque efectivamente emitido pelo sacador, ainda que registando--se uma irregularidade do saque, visto que ao sacador incumbe o dever contratual de emitir correctamente o cheque, preenchendo-o de modo adequado. No entanto, também nesta circunstância, o sacado poderá recusar-se a pagar o cheque, por falta de correspondência ou semelhança entre o saque e a assinatura constante da ficha bancária (de abertura de conta), salvo se o respectivo montante não ultrapassar o montante legalmente fixado (€ *150,00*)[1369].

A simples irregularidade do saque, tal como a caracterizámos, deve ser objecto de regulação pela convenção de cheque, se as partes pretenderem evitar dúvidas legítimas quando a mesma se suscitar.


### 21.2.3. *Endosso falsificado*

**I.** A viciação do cheque pode ocorrer no plano do endosso. Neste caso, o cheque é regularmente sacado, mas, colocado em circulação, sofre um desapossamento a nível da sua transmissão.

A questão desloca-se do âmbito da relação do sacador com o banco sacado para o estrito plano do pagamento do cheque com base na regularidade formal da respectiva cadeia de endossos.

Sendo o sacador alheio à viciação do cheque – por a mesma ter ocorrido posteriormente à sua intervenção –, importa saber se é exigível ao banco detectar a desconformidade no cheque, porquanto o banco, quando paga, só está vinculado a verificar se os endossos se sucedem logicamente (cfr. art. 35.º da LUCh); e, em caso afirmativo, se é responsável pelo incumprimento de um dever e qual a respectiva natureza. Está, pois, em causa a eventual responsabilidade do banco por danos emergentes do pagamento de cheques falsificados depois do saque.

---

[1368] Neste sentido, cfr. os **Acórdãos da Relação de Coimbra de 20 de Junho de 1990** (Pereira Guedes) *BMJ* 398, 1990, p. 594, e **de 28 de Junho de 1995** (José Augusto Maio Macário), *CJ*, 1995, ano XX, III, pp. 73-74.

[1369] O banco é obrigado a pagar *qualquer cheque* de montante não superior a € 150,00, mesmo que não disponha de provisão suficiente (cfr. art. 8.º, n.º 1 do DL 454/91, de 28 de Dezembro, na red. do DL 323/2001, de 17 de Dezembro).

**II.** A questão foi tratada com desenvolvimento pela doutrina nacional[1370], a propósito da falsificação de endosso em cheque cruzado simples.

Determinado indivíduo, a quem eram – pelos adquirentes de produtos transportados pela empresa por ele representada – confiados cheques simples cruzados, emitidos em benefício da empresa vendedora, endossou-os em branco, tendo entregue uns para crédito na sua conta bancária e procedido ao levantamento de outros junto do banco sacado[1371].

Pretendia saber-se se o banco sacado poderia ser responsabilizado pela falsificação dos endossos.

**III.** Não vamos deter-nos pormenorizadamente na análise do caso enunciado, porquanto o mesmo não se reconduz a um caso de simples endosso falsificado, em geral indetectável (pelo menos, antes do pagamento do cheque), mas a uma situação em que a falsificação ocorre em cheques cruzados que, nalguns casos, foram directamente pagos ao respectivo portador[1372].

A solução a que pudéssemos ser reconduzidos, por efeito da análise do caso descrito e nomeadamente pela influência que, em tal solução, pode ter a especificidade do *"cruzamento"*, extravasa do modo como a questão deve ser objecto de uma correcta apreciação.

No quadro da Lei Uniforme é suficiente que se verifique uma regular cadeia de endossos, o que acontece quando a assinatura do endossante corresponde ao nome do (anterior) beneficiário ou do (último) endossatário e assim sucessivamente. O banco sacado – bem como o apresentante[1373], se o cheque for levado à compensação – só é obrigado a verificar a validade formal do título para proceder ao seu pagamento.

---

[1370] Cfr. ANTÓNIO CAEIRO/NOGUEIRA SERENS, «Responsabilidade do Banco apresentante (ou cobrador) e do Banco sacado pelo pagamento de cheques com endosso falsificado», *RDE*, IX, **1983** (pp. 53-120).

[1371] Provou-se, no decurso da lide, que a empresa desapossada (a tomadora dos cheques) nunca endossava cheques cruzados e sempre que fazia endossos para cobrança cumpria com os usos bancários, apondo as assinaturas dos administradores sob carimbo da sociedade (o qual não havia sido usado nos cheques objecto de desapossamento).

Para uma melhor compreensão do caso, cfr. ANTÓNIO CAEIRO/NOGUEIRA SERENS, «Responsabilidade do Banco apresentante (ou cobrador) e do Banco sacado pelo pagamento de cheques com endosso falsificado», cit., **1983**, pp. 55-56.

[1372] A este propósito suscita-se, precisamente, a questão da caracterização do "cliente" (cfr., *supra*, n.º 13.3).

[1373] E qualquer adquirente do mesmo, acrescente-se.

*Pagamento, vicissitudes e efeitos do cheque e da convenção de cheque* 645

Se o cheque cujo endosso tiver sido falsificado se encontrar cruzado, a obrigação do banco não se altera: o sacado que paga um cheque endossável só tem de verificar a regularidade formal dos endossos, mesmo que se trate de um cheque com cruzamento geral; não tem de conferir a assinatura do endossante, mesmo que o endosso seja em branco[1374]. O que releva, nesse caso, é que cumpra os deveres legalmente impostos em sede de "cruzamento" (ou de "cheque para levar em conta"), para evitar ser responsabilizado nos termos do disposto no artigo 38.º, V da Lei Uniforme[1375].

A Lei Uniforme tão pouco impõe que os endossantes aponham carimbo que os identifique, se forem pessoas colectivas. Será suficiente, em nosso entender, que a assinatura do endossante seja perceptível, para poder ser comparada com o nome do endossatário, mas não há meio de apurar se ela foi de facto aposta por este ou resultou do punho de um terceiro.

Assim, não sendo exigível ao banco que identificasse o endossante ou detectasse uma anomalia, não aparente, sublinhe-se[1376], não se entende como é que pode vir a ser responsabilizado por um pagamento indevido que tenha efectuado.

---

[1374] **AcRelLisboa de 2 de Março de 2004** (Pimentel Marcos) / Proc. n.º 2969/ /2002-7, *www.dgsi.pt* (tb. em *CJ* ano XXIX, t. II, 2004, pp. 65-69), que recusa que o banco possa responder a título de risco (ou responsabilidade objectiva) (pp. 67-69). Contra – extravasando manifestamente a regra do art. 38.º, V da LUCh e claramente inspirado no estudo de António Caeiro/Nogueira Serens, «Responsabilidade do Banco apresentante (ou cobrador) e do Banco sacado pelo pagamento de cheques com endosso falsificado», cit., **1983** (designadamente a p. 97) –, considerando que «*o banqueiro que cobra um cheque cruzado de um cliente pode incorrer em responsabilidade extra-contratual face a terceiro, aquele a favor de quem foi emitido o cheque cruzado, se não usar da diligência que as circunstâncias concretas do caso justificam* (incluindo a *legibilidade das assinaturas apostas no endosso*, o *montante dos cheques*, o seu beneficiário constante e *a capacidade económica da cliente*), não ficando essa responsabilidade excluída com a demonstração de que o endosso falsificado não revelava adulteração material, não sendo grosseiro, **AcRelLisboa de 8 de Julho de 2004** (Salazar Casanova) / Proc. n.º 4062/2004-8, *www.dgsi.pt*.

[1375] Por isso, o caso enunciado deve ser resolvido à luz do incumprimento do instituto do "cruzamento" e não da falsificação do endosso.

[1376] Afastamos as situações em que o banco sacado possa ter sido alertado para a existência da vicissitude, caso em que deveria ter agido com diligência e atenção acrescidas, ou em que o aspecto literal do título suscita dúvidas legítimas sobre a autenticidade das respectivas menções e assinaturas. No entanto, se o banco não conseguir justificar a recusa legítima de pagamento, até porque a mesma pode não lhe ser solicitada pelo sacador – o que dificulta a prova da irregularidade –, poderá ter de pagar, para não incorrer em responsabilidade perante o portador.

646    *Cheque e Convenção de Cheque*

**IV.** Ficamos por aqui na análise da questão do endosso falsificado, por esta escapar ao plano da relação contratual entre o sacador e o sacado, ainda que resultando da mesma uma leitura útil.

Se considerarmos, como julgamos adequado, que a simples viciação da assinatura na cadeia de endossos, não provocando a irregularidade formal, não é merecedora de tutela, porque o sacado paga bem, devemos concluir pela irrelevância da situação, sem prejuízo das consequências de natureza criminal e civil que o desapossamento possa acarretar e das excepções pessoais que, em via de regresso, possam ser invocadas, se o sacado não pagar.

Diversamente, para quem considere que a vicissitude deve ser objecto de tutela, depara-se uma dificuldade dificilmente superável: *se o banco demonstrar que agiu sem culpa, porque não tinha meios, nem obrigação, de proceder à verificação da autenticidade dos endossos, sendo o sacador alheio à falsificação, a quem é imputável o dano?*[1377]

Trata-se de questão que desenvolveremos a propósito da apreciação dos efeitos do saque falsificado (cfr., *infra*, n.º 21.6.4).

### 21.2.4. *A (falta de) tutela (directa) da Lei Uniforme*

**I.** A Lei Uniforme não estabelece expressamente um regime aplicável à falsificação do cheque, diversamente do que sucede com algumas leis estrangeiras (casos do Código das Obrigações suíço e da Lei Cambiária e do Cheque espanhola), por não ter havido acordo nesse sentido[1378].

---

[1377] Com este obstáculo deparou, aliás, o **AcRelLisboa de 2 de Março de 2004** (PIMENTEL MARCOS) [Proc. n.º 2969/2002-7, *www.dgsi.pt*, e em *CJ*, ano XXIX, t. II, 2004, pp. 65-69], que recusou condenar o banco com base na responsabilidade pelo risco, que considerou inexistente nos quadros actuais da responsabilidade civil (cfr. em especial pp. 67-69). Trata-se de aspecto que, pela sua relevância, merecerá desenvolvida atenção (*infra*, n.º 21.6.4).

[1378] Ou, em versão mais suave, «*em virtude da Conferência de Genebra haver deliberado confiar a solução desse problema à ordem jurídica interna de cada país*» [**AcSTJ de 16 de Maio de 1969** (TORRES PAULO), *BMJ* 187, pp. 145-156, p. 148].

Mesmo os juristas de países que não haviam adoptado a Lei Uniforme reconheciam que esta não continua nenhuma disposição sobre quem deveria suportar o risco da falsificação do cheque. Nesse sentido, cfr. GARRIGUES, *Contratos Bancários*, ed. autor, Madrid, **1958**, p. 529.

Com efeito, se percorrermos o articulado da Lei Uniforme verificamos que apenas o artigo 10.º menciona o cheque com *"assinaturas falsas"*. Em nenhuma outra regra encontramos qualquer alusão à falsificação. Aliás, o artigo 10.º visa precisamente assegurar a subsistência e a tutela do cheque, não obstante ele poder ser objecto de uma vicissitude. Esta regra postula a validade do título, independentemente da eventual falsificação, afirmando o princípio da independência recíproca das subscrições cambiárias, em decalque do disposto no art. 7.º da Lei Uniforme das Letras e Livranças.

Trata-se, como é do domínio geral, de uma regra de tutela cambiária que visa salvaguardar a posição de terceiros adquirentes de boa fé, que voltaremos a abordar pela relevância de que se reveste.

**II.** A questão que se coloca a propósito do cheque falso ou falsificado tem a ver com a determinação da eventual responsabilidade do banco pelo respectivo pagamento[1379].

Na verdade, afigura-se conveniente fixar um critério pelo qual se possa determinar a responsabilidade pelo pagamento do cheque falsificado, que – pressupondo-se que não se evidencia a culpa do sacador – deverá caber ao banco sacado se ele for culpado ou não demonstrar que não o é (cfr. art. 799.º, n.º 1 do CC); ao sacador, se for demonstrada a sua culpa; ou a ambos, se os dois concorreram para a produção do dano.

No primeiro caso o banco sacado assume o prejuízo; no segundo, o levantamento ocorrido não vai ser compensado; e no terceiro, o risco é repartido em função da proporção das culpas respectivas.

De difícil resolução, como veremos, é a questão respeitante à determinação de quem assume o prejuízo na ausência de culpas, provando-se que o banco actuou diligentemente (cfr., *infra*, n.º 21.6.4)

Antes de enunciarmos diversos casos em que se equacionam situações menos claras quanto à responsabilidade pela falsificação (*infra*, n.º 21.4), faremos uma pequena incursão na doutrina e jurisprudência estrangeiras mais significativas.

---

[1379] Uma vez que a Lei Uniforme é omissa, ANTÓNIO CAEIRO/NOGUEIRA SERENS [«Responsabilidade do Banco apresentante (ou cobrador) e do Banco sacado pelo pagamento de cheques com endosso falsificado», cit., **1983** (pp. 53-120), p. 59] consideram que haverá que recorrer «ao direito dos contratos, designadamente aos princípios gerais da responsabilidade civil».

648         *Cheque e Convenção de Cheque*

## 21.3. Ordenamentos jurídicos estrangeiros

### 21.3.1. *Ponto da situação*

**I.** De entre os ordenamentos jurídicos estrangeiros, três assumem especial relevância nesta matéria, uma vez que abordam a questão de forma específica e autónoma, relativamente aos respectivos efeitos em termos de responsabilidade.

O Código das Obrigações helvético, a lei argentina do cheque e, mais recentemente, a Lei Cambiária e do Cheque espanhola consagram, cada qual, (pelo menos) uma disposição com a finalidade de esclarecer o problema.

**II.** No que respeita aos demais ordenamentos, procederemos, por razões de sistematização, à apreciação conjunta dos ordenamentos do Direito continental, por um lado, e dos ordenamentos anglo-saxónicos (neles se incluindo a Austrália) e norte-americano (E.U.A.), por outro.

### 21.3.2. *Regimes de tutela específica: Suiça, Espanha e Argentina*

#### 21.3.2.1. *Suiça*

**I.** O Código das Obrigações suíço (*COs suíço*) determina – numa regra dispositiva (art. 1132[1380]), que traduzimos e transcrevemos em nota[1381] – que o dano resultante (do não pagamento) de um cheque falso ou falsificado recai sobre o sacado, desde que não seja imputável culpa ao sacador. Deste modo, ao estabelecer que o sacador só será responsável

---

[1380] Code des obligations suisse, art. 1132: «*Le dommage résultant d'un cheque faux ou falsifié est à la charge du tiré si aucune faute n'est imputable à la personne désignée comme tireur dans le titre; la faute du tireur consistera notamment dans le fait de n'avoir pas veillé avec assez de soin à la conservation des formulaires de chèque qui lui ont été remis*».

[1381] «*O dano resultante de um cheque falso ou falsificado fica a cargo do sacado se nenhuma falta for imputável à pessoa designada como sacadora no título; a falta do sacador consistirá nomeadamente no facto de não ter assegurado com suficiente cuidado a conservação dos módulos de cheques que lhe foram entregues*» (art. 1132 do *CO*).

*Pagamento, vicissitudes e efeitos do cheque e da convenção de cheque* 649

se lhe for imputável alguma falta, a regra citada do Código das Obrigações suíço acolhe a teoria do risco profissional do empresário (banqueiro), pelo exercício da sua actividade.

Em conformidade com a regra estabelecida, só havendo culpa do sacador é que a responsabilidade do sacado seria excluída ou mitigada; em todas as outras situações, nomeadamente quando não se prove a culpa do sacador, o banco assumiria a responsabilidade exclusiva pelo pagamento do cheque falso ou falsificado.

Assim, se o banqueiro actuar com culpa, porque não verificou a assinatura ou o fez de forma negligente, é responsável por culpa, se a vicissitude for atribuível ao cliente (sacador) – por, nomeadamente, ter sido displicente na guarda do livro ou módulos de cheques – este assume a responsabilidade pela falsificação. No entanto, se não for demonstrada a culpa de qualquer das partes, o banqueiro assume os efeitos da vicissitude, por dever sofrer os riscos inerentes à sua actividade profissional.

**II.** Ora, a regra acima referida foi considerada, pela jurisprudência helvética, como dispositiva, pelo que os bancos resolveram limitar a sua responsabilidade, recorrendo à contratação por cláusulas contratuais gerais, as quais na prática traduziram a adopção de uma solução negocial contrária ao sentido e orientação da lei[1382], em alguns casos de legalidade duvidosa[1383].

---

[1382] Cfr. JÄGGI/DRUEY/VON GREYERZ, *Wertpapierrecht*, cit., **1985**, pp. 274-275, e GUGGENHEIM, *Les contrats de la pratique bancaire suisse*, 4ª ed., cit., **2000**, pp. 124-125.

[1383] Esta questão é objecto de amplo desenvolvimento na dissertação de Sabine KILGUS, *Haftung für Untershriftenfälschung im Bankverkehr und die Zulässigkeit ihrer Wegbedingung durch AGB*, Schultess, Zurich, **1988**.

Pronunciando-se pelo sentido dispositivo da regra, Arthur MEIER-HAYOZ / Hans Caspar VON DER CRONE, *Wertpapierrecht*, Stämpfli, Bern, **1985**, p. 237.

Refira-se que a jurisprudência do Tribunal federal (helvético) restringiu a utilização de tais cláusulas, considerando que «*um devedor não se pode desculpar por culpa leve, sem controlo judiciário a posteriori, se ele exerce uma indústria sujeita a autorização administrativa, como é o caso da actividade bancária*» (Arrêt du Tribunal fédéral 109, II, p. 116, *Journal des Tribunaux*, 1984, I, p. 35). A solução da questão passará, assim, pelo exame da cláusula em questão, «*tendo em vista o conjunto das circunstâncias do caso concreto*» (Arrêt du Tribunal fédéral 112, II, *Journal des Tribunaux*, pp. 450 e segs., cfr. pp. 454-455). Cfr. as citações jurisprudenciais em GUGGENHEIM, *Les contrats de la pratique bancaire suisse*, 4ª ed., cit., **2000**, p. 122, que cita e expõe decisões judiciais que se pronunciam sobre a transferência do risco operada por cláusulas contratuais gerais (pp. 513-515).

650 Cheque e Convenção de Cheque

## 21.3.2.2. Espanha

**I.** Na legislação anterior à actual Lei Cambiária e do Cheque (*LCCh*), de 1986, não existia preceito específico sobre o cheque falso ou acerca da falsificação dos cheques. Os tribunais aplicavam, por isso, a doutrina geral sobre a culpa, contida nos arts. 1101 e 1104 em conjugação com o art. 1093, §4.°, todos do Código Civil Espanhol[1384]. Quando se considerava a existência de culpa ou negligência do sacador e do sacado, o dano distribuía-se por ambos[1385].

**II.** A *Lei Cambiária e do Cheque* (de 1985) consagra uma disposição sobre o cheque falso ou falsificado[1386]: o artigo 156[1387], que estabeleceu um princípio de responsabilidade do banco pelo risco (profissional), excepto se este conseguir demonstrar que a vicissitude se ficou a dever ao cliente.

O artigo 156, «dada a sua redacção, em princípio consagra uma responsabilidade objectiva de carácter extracontratual, já que ainda que a assinatura esteja perfeitamente imitada, o risco do pagamento é assumido em princípio pelo banco sacado»[1388].

Da disposição legal em análise resulta claramente que, na falta de culpa do sacador, o banco é responsável pela falsificação[1389], mesmo que esta seja perfeita e muito difícil de detectar.

---

[1384] Neste sentido, *Sentencia da ATValência de 17 de Abril de 1985*, publicada no *BCA*, n. 43, 1985, p. 42.

[1385] Cfr. José MOXICA ROMÁN, *Lei Cambiaria y del Cheque*. Análisis de Doctrina y Jurisprudência, 5ª ed., Pamplona, Aranzadi, **1997**, pp. 1007 e segs., que neste ponto seguimos perto.

Constituem exemplos a *Sentencia da ATZaragoza de 22 de Julho de 1985* (*RGD*, **1986**, p. 1705) e a *Sentencia* da *ATMadrid de 6 de Novembro de 1986* (*RGJ*, **1987**, p. 1043).

[1386] Para além de uma regra análoga à do nosso artigo 10.°, que estabelece o princípio da autonomia das declarações cambiárias (cfr. art. 116 da LCCh).

[1387] Art. 156 LCCh: «*El daño que resulte del pago de un cheque falso o falsificado será imputado al librado, a no ser que el librador haya sido negligente en la custodia del talonario de cheques, o hubiere procedido con culpa*».

[1388] MOXICA ROMÁN, *Ley Cambiaria y del Cheque*, 5ª ed., cit., **1997**, p. 1012.

[1389] E diferentemente do que acontece no Direito suíço, «o banco não pode exonerar-se desta responsabilidade mediante cláusulas contratuais, que se devem considerar abusivas nos termos do disposto na Lei Geral de Defesa dos Consumidores» (*Ley General*

Diversamente, no caso de o cliente ter tido alguma negligência no manuseamento, guarda e conservação do livro de cheques ou qualquer tipo de culpa, poderíamos concluir – apoiados na expressão literal da regra – que «lhe deve ser imputado o dano do pagamento pelo Banco de um cheque falso ou falsificado, ainda que a falsificação seja grosseira (*burda*)»[1390].

**III.** Ocorrendo a falsificação de um cheque, questão interessante que se coloca é a de saber a quem incumbe o ónus da demonstração de diligência: se ao banco que, não o fazendo, fica sujeito à aplicação da regra legal que lhe é desfavorável; se ao sacador que, para aplicação dessa regra, carece de demonstrar que teve uma conduta diligente (adequada).

Das posições possíveis são especialmente ilustrativas duas decisões judiciais opostas: o Acórdão da *Audiência Provincial de Valência* de 22 de Julho de 1991 (2ª Secção) entende que «existe uma presunção *juris tantum* de culpa daquele que perde um cheque e a quem cabe suportar o dano de pagamento pelo Banco de um cheque falsificado», «*salvo se elidir a dita presunção provando que foi devidamente diligente na sua guarda e custódia*»[1391].

Em sentido contrário, a *Sentencia da AP de Palma de Maiorca* (2ª secção), de 25 de Abril de 1991[1392], impõe ao Banco sacado o ónus da prova da existência de culpa por parte do sacador aparente.

Como refere MOXICA ROMAN[1393], podemos encontrar uma terceira interpretação, eclética, não obstante ser mais próxima da primeira. É o caso da Sentença da *AP de* Valência de 28 de Junho de 1994[1394], no sentido de que «*o titular do talonário tem a obrigação de explicar em que*

---

*de Defensa de los Consumidores*, Disposición Adicional primera, 9ª). Neste sentido, vd. SÁNCHEZ CALERO/SÁNCHEZ CALERO GUILARTE, *Instituciones de Derecho Mercantil*, vol. II, 29ª ed., cit., **2006**, p. 160.

[1390] MOXICA ROMÁN, *Ley Cambiaria y del Cheque*, 5ª ed., cit., **1997**, p. 1012, que continuamos a seguir de perto. Do mesmo autor, cfr. *La Cuenta Corrente Bancaria. Análisis de Doctrina y Jurisprudencia. Formularios*, Aranzadi, Pamplona, **1997**, obra na qual dedica um capítulo ao pagamento do cheque falso ou falsificado (cfr. pp. 95-114).

[1391] Sentença cujas conclusões se encontram reproduzidas em MOXICA ROMÁN, última *ob. cit.*, p. 1013.

[1392] RGD, p. 794/1992.

[1393] *Ibidem*. Com uma síntese de jurisprudência também relevante, vd. E.M. VALPUESTA GASTAMINZA / C. LLORENTE GÓMEZ DE SEGURA / G. A. SÁNCHEZ LERMA, *Práctica cambiaria*, Bosch, Barcelona, **2000**, pp. 526-544.

[1394] RGD, 1994, p. 7315.

## 652    Cheque e Convenção de Cheque

*situação e circunstâncias desapareceu ou foi subtraído o cheque falsifi-cado, com a finalidade de que se possa determinar se existiu ou não culpa na sua actuação e naquele caso em que grau».*

**IV.** No sistema espanhol, a responsabilidade será do banco, que deverá assumir o pagamento do cheque falsificado, se não lograr demonstrar a culpa do sacador[1395], por mais perfeita que seja a falsificação. Podemos, assim, concluir que o artigo 156 da LCCh estabelece que, na falta de culpa, o banco assumirá a responsabilidade pelo risco (inerente à sua actividade profissional)[1396].

---

[1395] Impressionado com a jurisprudência existente, MOXICA ROMÁN, *Ley Cambiaria y del Cheque*, 5ª ed., cit., **1997**, p. 1012, considera que ainda que aparentemente esta disposição legal esteja a penalizar o banco, no fundo ela penaliza o sacador por ser difícil conceber casos de falsificação em que o titular da conta não tenha tido alguma negligência ou culpa.

Importa referir que se o banco actuar negligentemente, não se concluindo ser culposa a intervenção do sacador, ele será responsável por infracção de um dever contratual e assumirá a responsabilidade por esse incumprimento e não por efeito da verificação da previsão do art. 156 da LCCh. Neste sentido, cfr. Georgina BATLLE SALES, *Pago del cheque falso: responsabilidad del banco,* Tecnos, Madrid, **1991**, pp. 19-20.

[1396] Esta leitura está longe de ser pacífica na doutrina espanhola. No sentido do texto, cfr. ANGEL MARINA GARCIA-TUÑON, *La responsabilidad por el pago de cheque falso ou falsificado*, Lex Nova, Valladolid, **1993**, em especial pp. 145-158, e CALAVIA MOLINERO/BALDÓ DEL CASTAÑO, *El cheque*, Praxis, Barcelona, **1987**, pp. 154-158, em especial p. 155.

Por sua vez, Antonino VÁSQUEZ BONOME (*Todo sobre la Letra, el Pagaré y el Cheque*, Difusión Jurídica, Madrid, **2005**, pp. 471-478) é de opinião que o art. 156 da LCCh estabelece, como regra, o princípio da "responsabilidade legal quase-objectiva do banco", o qual será afastável se o sacador incorreu em negligência grave ou indesculpável (cfr. p. 473). VÁSQUEZ BONOME reconhece ser o princípio da objectivação da responsabilidade «uma tendência comum nas legislações modernas, como consequência do desenvolvimento tecnológico das actividades empresariais, com fundamento na doutrina do risco profissional» (*ibid.*, p. 473).

Referindo que a «função básica» desta regra «é de solucionar o problema da distribuição dos danos quando não resulte apreciável culpa de nenhuma das partes», Alberto DÍAZ MORENO, «Diez años de aplicación judicial de la disciplina del cheque contenida en la ley cambiaria», AA.VV., *Diez años de Ley Cambiaria y del Cheque*, Dyinson, Madrid, **1997** (pp. 285-331), p. 295.

Para Isabel RAMOS HERRANZ (*El pago de cheques. Diligencia y responsabilidad del banco*, Tecnos, Madrid, **2000**, pp. 374-375) a responsabilidade disciplinada no art. 156 da LCCh é de carácter contratual – estando em causa o incumprimento dos deveres resultantes do contrato de cheque –, constituindo «o principal problema» suscitado por essa norma determinar o sistema de responsabilidade nela adoptado, designadamente «se a

*Pagamento, vicissitudes e efeitos do cheque e da convenção de cheque*    653

Para terminar, importa referir que esta disposição legal é uma regra de ordem pública[1397] que se sobrepõe a convenções e acordos entre as partes, qualquer que seja a respectiva proveniência e origem. A responsabilidade objectiva do banco – prevalecente se este não conseguir demonstrar a culpa ou negligência do sacador – é um corolário de ser uma entidade especializada no mercado em que se integra.

### 21.3.2.3. *Argentina*

**I.** A lei argentina do cheque contempla também regras específicas sobre a falsificação (os artigos 35 a 37), inclinando-se decisivamente no sentido de imputar ao sacador expressão significativa da responsabilidade pela vicissitude.

Com efeito, enquanto numa primeira regra (o art. 35/1 e 3) se estabelece que o sacado assume «*as consequências do pagamento do cheque quando a assinatura do sacador foi visivelmente falsificada*», ou o cheque não tiver sido sacado num dos módulos entregues ao sacador em conformidade com o disposto no artigo 4.º, uma segunda regra (o art. 36)[1398] determina a responsabilidade do sacador pelos prejuízos resultantes da falsificação do cheque, e uma terceira regra (o art. 37), de carácter com-

---

imputação da responsabilidade (do sacado) é objectiva ou subjectiva (estabelecendo-se uma presunção de culpa do banco sacado)» (p. 374).

Considerando que a responsabilidade pelo risco seria uma solução adequada ao Direito vigente anteriormente à LCCh e que o art. 156 desta lei «estabelece a responsabilidade do sacado em conformidade com o Direito das obrigações, já que ao pagar o cheque com a assinatura do sacado falsificada ou com o seu verdadeiro conteúdo alterado, o sacado não teria cumprido uma delegação válida do sacador, não resultando o pagamento liberatório, segundo o artigo 1162 (*do Código Civil*)», José María de EIZAGUIRRE, *Derecho de los Títulos Valores*, Thomson/Civitas, Madrid, **2003**, p. 340.

[1397] Cfr. Luis CARLÓN SÁNCHEZ, «El cheque», *in* AA.VV., *Derecho cambiario. Estudios sobre la ley cambiaria y del cheque*, Madrid, **1986** (pp. 773-839), p. 820.

[1398] Art. 36: «*El titular de la cuenta corriente responderá de los prejuicios:*
1. *Cuando la firma hubiese sido falsificada en alguna de las fórmulas entregadas de conformidad con lo dispuesto en el articulo 4.º y la falsificación no fuese visiblemente manifiesta.*
2. *Cuando no hubiese cumplido con las obligaciones impuestas por el artículo 5.º.*
*La falsificación se considerará visiblemente manifiesta cuando pueda apreciarse a simple vista, dentro de la rapidez e prudencia impuestas por el normal movimiento de los negocios del girado, en el cotejo de la firma del cheque con la registrada en el girado, en el momento del pago.*»

654 *Cheque e Convenção de Cheque*

plementar, dispõe que não se verificando nenhuma das circunstâncias (previstas nos artigos precedentes) que conduzem à responsabilidade do sacador, o juiz poderá «*distribuir a responsabilidade entre o banco, o sacador e o portador beneficiário*», em cada caso de acordo com as circunstâncias e o grau de culpa em que tivesse incorrido cada um deles.

**II.** A responsabilidade é imputada ao sacador:
1) Se a falsificação não for visivelmente manifesta;
2) se a sua assinatura foi falsificada em alguns dos cheques pertencentes aos livros de cheques (talonários) recebidos nos termos do artigo 4 (entrega de cadernos impressos de cheques devidamente numerados), sem que a falsificação fosse visivelmente manifesta;
3) quando não cumpra alguma das obrigações impostas no art. 5 (extravio ou roubo)[1399].

**III.** Passemos agora a analisar as três situações acima enunciadas que correspondem, *grosso modo*, ao artigo 36, I da lei do cheque argentina[1400].

Como refere a lei, não basta a falsificação da assinatura do sacador para que este seja responsável; é ainda necessário que a irregularidade não fosse *visivelmente manifesta* (cfr. art. 35/1). A própria lei se encarrega de precisar este conceito indeterminado, dispondo que «*a falsificação se considerará visivelmente manifesta quando possa apreciar-se à vista desarmada, dentro da rapidez e prudência impostas pelo movimento bancário normal no confronto da assinatura com a registada no banco, no momento do seu pagamento*» (art. 36 II).

---

[1399] Anteriormente o sacador ainda era responsável por falsificação resultante de cheque assinado por dependente ou pessoa que usasse a assinatura do sacador nos cheques (módulos) verdadeiros.

Não estava em causa, propriamente, um caso de falsificação, mas essencialmente de abuso de poderes. A lei preocupou-se essencialmente em afastar a responsabilidade do banco nesse caso.

Por sua vez, a responsabilidade por cheque aparentemente sacado pelo cliente, mas cujo módulo havia sido negligenciado por este, e por isso preenchido por quem lhe era próximo com imitação da sua assinatura, deveria ser imputada apenas ao sacador, cujo comportamento deu azo à vicissitude.

[1400] Note-se que o cuidado evidenciado pelo legislador argentino relativamente à conservação dos cheques vai a ponto de a lei determinar que sempre que o levantamento do livro de cheques (talonário) não se faça pessoalmente pelo titular da conta, o banco apenas procederá à satisfação dos cheques que lhe apresentarem depois de comprovar «*a conformidade do titular com a recepção do caderno solicitado*» (cfr. art. 4.°, II).

*Pagamento, vicissitudes e efeitos do cheque e da convenção de cheque*    655

A questão não fica resolvida, pois passamos de um conceito indeterminado para outro: haverá agora que determinar o que deve entender-se por *movimento bancário normal*.

Aparentemente, o sacador só não será responsabilizado quando a irregularidade seja detectável à vista desarmada, sem recurso a meios técnicos sofisticados, e em necessariamente breve apreciação do título, compatível com as apresentações a pagamento e outras operações que se realizam quotidianamente, e que requerem a atenção própria deste tipo de comércio. Mas tal atenção não é, certamente, a de uma pessoa comum de normal diligência, uma vez que estão em causa técnicos bancários habituados a proceder a conferências de assinaturas e que, por esse facto, conquanto sem proceder ao exame da assinatura, por recurso a critério técnico-caligráfico, têm uma experiência muito razoável nessas operações, que lhes permite detectar irregularidades que escapariam a pessoas comuns. O exame superficial – legalmente exigido – será, por essa razão, claramente insuficiente[1401].

O que se retira da lei é que esta não dispensa o confronto da assinatura do sacador com a registada no banco. Em princípio, aquele não será responsável se o cheque for pago em agência ou balcão diferente daquele em que está domiciliada a conta ou por câmara de compensação, visto que em tais casos a assinatura do cheque não é confrontável (*i.e.,* verificável por conferência).

**IV.** A responsabilidade por cheque aparentemente sacado pelo cliente, mas cujo módulo havia sido negligenciado por este, e por isso preenchido por quem lhe era próximo, com imitação da sua assinatura, deverá ser imputada apenas ao sacador, cujo comportamento deu azo à vicissitude, desde que a falsificação não seja visivelmente manifesta (cfr. art. 36, I/1).

**V.** Finalmente, o sacador é responsável pela falsificação *«quando não cumpre alguma das obrigações impostas»* pela lei (art. 5), tais como avisar imediatamente o banco, em caso de:
- extravio (perda) ou furto do livro ("caderno") de cheques e do impresso especial para requisitá-los;
- ter conhecimento de que um cheque por si sacado foi adulterado.

---

[1401] Neste sentido, cfr. Carlos Gilberto VILLEGAS, *La cuenta corriente bancária y el cheque*, 2ª ed., Depalma, Buenos Aires, **1988**, p. 256, que refere o critério jurisprudencial dominante.

# 656     *Cheque e Convenção de Cheque*

### 21.3.3. *Outros ordenamentos continentais*

**I.** Nos demais ordenamentos de Direito continental, nos quais se inclui o Direito português, não há consagração de regra específica sobre a falsificação do cheque, sendo a questão resolvida com recurso aos princípios gerais.

Encontram-se nessa situação os Direitos alemão e italiano[1402].

**II.** No **Direito alemão**, não há previsão específica da falsificação do cheque ou do fenómeno do cheque falso no plano do direito cambiário e comercial[1403].

Os autores germânicos, de um modo geral, não atribuem relevância material à distinção entre o cheque falso e o falsificado, reconduzindo as duas situações a uma falta de ordem (de pagamento) do cliente[1404].

A lei do cheque[1405] é omissa quanto à eventual distribuição de efeitos da falsificação ou atribuição de consequências exclusivamente a uma pessoa[1406].

---

[1402] E também o Direito francês que não abordaremos em separado, por não apresentar diferenças significativas, em termos de soluções, apesar de a doutrina ter entendido – com base nos arts. 35 e 65 do Decreto-Lei de 30 de Outubro de 1935 (correspondentes aos arts. L. 131-38 e L. 131.70 do CMF) – que o cheque originariamente falso não é cheque pelo que o art. 131.38 referido não exoneraria de responsabilidade o banco que paga esse cheque. A jurisprudência francesa viria, contudo, a comprometer esta interpretação com decisões sobre casos concretos, não permitindo distinguir o cheque falso do falsificado. Cfr. VASSEUR/MARIN, *Le chèque*, cit., **1969**, pp. 231-233.

[1403] A vicissitude é perspectivada exactamente do mesmo modo que nos demais ordenamentos jurídicos, correspondendo a um acto de subscrição de um cheque por pessoa que, não sendo o seu titular, pretenda que resulte a impressão de o título ter sido emitido pelo seu (pretenso) titular, ou ocorrendo quando se modifica o conteúdo de um cheque já sacado, com a intenção de sugerir ou criar a aparência de que tal conteúdo continua a corresponder ao que constava do título quando este foi sacado. Neste sentido, cfr. JACOBI, *Wechsel– und Scheckrecht*, **1955**, p. 254.

Sobre a repartição do risco da falsificação do cheque segundo o Direito Contratual geral, cfr. Detlev JOOST, «Die Verteilung des Risikos von Scheckfälschungen», *ZHR*, 153 Band, **1989** (pp. 237-269), pp. 244-255.

[1404] Neste sentido, cfr. BAUMBACH/HEFERMEHL, *WechselG und ScheckG*, 22ª ed. cit., **2000**, p. 519, HUECK/CANARIS, *Recht der Wertpapiere*, 12ª ed., Franz Vahlen, München, **1986**, p. 87, e ZÖLLNER, *Wertpapierrecht*, 14ª ed., C. H. Beck, München, **1987**, p. 169.

[1405] *Scheckgesetz* de 1933, aprovada em 14 de Agosto de 1933 e vigente desde 1 de Abril de 1934.

[1406] Na opinião de JACOBI, *Wechsel– und Scheckrecht*, **1955**, p. 29, o preenchimento das lacunas poderá fazer-se por recurso ao Direito dos Títulos Valores, incluindo para as regras aplicáveis à letra de câmbio.

Assim, há que procurar apurar se, subjacente à emissão de um cheque falso ou à falsificação de um cheque devidamente emitido, se encontra um acordo celebrado entre o sacado (banco) e o sacador (cliente), do qual resulte o modo de determinação e imputação da responsabilidade aos sujeitos envolvidos.

Não prevendo a convenção de cheque os efeitos da eventual falsificação do cheque, *maxime* o reconhecimento de graus de culpa em função das condutas possíveis e a consequente atribuição de responsabilidade, haverá que analisar, caso a caso, a imputação das consequências da vicissitude, considerando o concreto comportamento do banco, do cliente (sacador) e do, eventual, beneficiário do cheque.

Contudo, é frequente que o cliente – por acordo celebrado nesse sentido – se responsabilize pela utilização indevida ou abusiva do livro de cheques[1407]. Mas a responsabilidade que os bancos tendem a atribuir ao cliente "pelo risco" tem de ser necessariamente delimitada pelos deveres do próprio banco, cuja actuação negligente não pode deixar de ser sancionada.

Com efeito, ainda que os bancos atribuam o risco da falsificação do cheque ao cliente, eles não podem deixar de responder pela actuação deficiente no controlo da autenticidade dos cheques apresentados a pagamento[1408].

Numa perspectiva mais rigorosa, e considerando unicamente a relação banco-cliente, para os bancos «um cheque com uma assinatura falsificada não representa uma ordem do cliente ao banco, pelo que o risco do pagamento do mesmo cabe em princípio ao banco»[1409].

**III.** Em **Itália** também não há regra legal específica para o pagamento do cheque falso.

Pode equacionar-se a possibilidade de as partes regularem convencionalmente, por meio de cláusulas, as consequências do pagamento do cheque falso, imputando-as exclusivamente a uma delas, nomeadamente ao sacador. Mas tais cláusulas não poderão, na realidade, «exonerar a

---

[1407] Neste sentido, vd. HUECK/CANARIS, *Recht der Wertpapiere*, 12ª ed., cit., **1986**, p. 187. A convenção de cheque é normalmente integrada por condições gerais bancárias (*Bankbedingungen*) que regulam frequentemente a atribuição do risco.

[1408] Neste sentido, cfr. *BGH NJW (Bundsgerichtshof Neue Juristiche Wochenschrift)*, 1969, p. 695.

[1409] Cfr. HUECK/CANARIS, *Recht der Wertpapiere*, 12ª ed., cit., **1986**, p.187, e jurisprudência do *Reichgericht* citada.

# 658     *Cheque e Convenção de Cheque*

banca da sua obrigação de diligência e isentá-la de responsabilidade em caso de culpa – por força do disposto no artigo 1229 do CCivIt»[1410]. Aliás, elas seriam supérfluas no caso de o banco actuar de forma muito diligente.

A questão reconduz-se, essencialmente, a determinar quem deve assumir a responsabilidade pelo pagamento de um cheque falso. E a responsabilidade, neste caso, não se fundamenta no risco, mas sim na culpa dos intervenientes (sacador ou banco), a qual pode ser conjunta ou exclusivamente imputada a um deles.

Havendo culpa do banco e do cliente, a redução da responsabilidade de cada um depende do «*respectivo grau de culpa*» (cfr. art. 1227 CCivIt)[1411].

Haverá culpa para o sacador caso ele não tenha conservado o livro de cheques com as cautelas necessárias, caso o tenha confiado a mandatários ou outras pessoas (familiares) e ainda se não informou o banco da perda ou do furto ou da suspeição de falsificação.

Por sua vez, o banco terá culpa se não forem observadas as obrigações inerentes ao pagamento, se não detectar a falsificação, sendo tal possível, designadamente se não determinar, com a devida diligência (*"dovuta diligenza"*), a legitimação ou identidade do possuidor[1412].

As dificuldades maiores colocam-se quando não há culpa ou, pelo menos, não se prove a culpa de qualquer dos intervenientes.

Nesta situação, duas teses se confrontam[1413]: uma faz recair a responsabilidade sobre o cliente, com fundamento no «princípio regulador dos mandatos (cfr. art. 1720 CCivIt), por força do qual o banco terá direito a ser ressarcido»[1414], a outra baseando-se no risco da empresa (da actividade), faz recair sobre o banco os prejuízos com o (duplo) pagamento[1415].

---

[1410] Cfr. GRAZIADEI, *La Convenzione d'Assegno*, Morano, Napoli, **1970,** pp. 173-174.

[1411] Neste sentido, Enrico COLAGROSSO / Giacomo MOLLE, *Diritto Bancario*, 2ª ed., Casa Editrice Stamperia Nazionale, Roma, **1960**, p. 476.

[1412] Cfr. COLAGROSSO/MOLLE, *Diritto Bancario*, 2ª ed., cit., **1960**, p. 476.

[1413] Cfr. Giuseppe FERRI, *Manuale di Diritto Commerciale*, 12ª ed. (por G. Angelici e G. B. Ferri), UTET, Torino, **2006**, pp. 699-700, que estabelecendo a distinção entre o cheque com assinatura falsa e o cheque falsificado, considera que, neste último caso, o banco deve ser responsável pelo risco profissional.

[1414] COLAGROSSO/MOLLE, *Diritto Bancario*, 2ª ed., cit., **1960**, p. 477. Neste sentido, cfr. também Tullio ASCARELLI, «Pagamento di assegni falsi e diligenza del traente», *BBTC*, anno XVII, II, **1954** (pp. 170-177).

[1415] Cfr. Carlo GIANNATASIO, «Incidenza del rischio per pagamento di assegno con firma falsa del traente», *BBTC*, anno XXI, II, **1958** (pp. 209-213).

*Pagamento, vicissitudes e efeitos do cheque e da convenção de cheque* 659

Na base deste último princípio, centra-se a ideia de que se o banco extrai utilidades e vantagens do serviço de cheques e, em geral, da sua multiforme actividade intermediária nos pagamentos, também deve assumir os respectivos inconvenientes e danos[1416].

### 21.3.4. *Direito inglês e Direito norte-americano*

**I.** Referimos já que, nos ordenamentos anglo-americanos o fenómeno da falsificação (*forgery*) é analisado sob dois diferentes prismas:

(*i*) o da relação contratual entre o banco que paga esse cheque e o seu cliente; e

(*ii*) o do relacionamento do banco sacado com o beneficiário de um erro de facto, em que se traduz o pagamento de um cheque falso (*forged cheque*) ou falsificado (cheque alterado materialmente, na quantia titulada ou no endosso)[1417].

**II.** No **Direito inglês** não existe uma regra legal que estabeleça o regime de responsabilidade pelo pagamento de cheques falsificados (*forged cheques*)[1418].

No que respeita à relação contratual, caracteriza o sistema inglês o dever de o cliente agir diligentemente na execução das ordens escritas, para não induzir o banco em erro com ambiguidades, nem facilitar a fraude e a falsificação (*forgery*)[1419], e o dever de informar o seu banco sobre o pagamento de um cheque falsificado logo que tenha conhecimento do mesmo.

---

[1416] Cfr. VIVANTE, *Trattato di Diritto Commerciale*, vol. III – Le cose (Merci e titoli di credito compresa la cambiale), 5ª ed., Vallardi, Milano, **1924,** n.º 1416.

[1417] Ou de um cheque que tenha sido oportunamente revogado. Cfr. Paul A. CARRUBBA, *UCC Revised Articles 3 & 4*. The Banker's Guide to Checks, Drafts and other Negotiable Instruments, Bankers Publishing Company / Probus Publishing Company, Chicago, Illionois/Cambridge, England, **1993**, pp. 222-224.

[1418] A responsabilidade do banco pelo pagamento do cheque falsificado decorre da inobservância dos seus deveres contratuais, *maxime* de diligência.

O Direito inglês protege, contudo, o banco que paga um cheque com endosso falsificado, que não poderia ter, naturalmente, detectado (cfr. s. 59 e 60 do *BEA*). Cfr. BYLES *on Bills of Exchange*, 26ª ed., cit., **1988**, pp. 305 e 301-302, CHALMERS and GUEST *on Bills of Exchange,* 14ª ed., cit., **1991**, pp. 702-704, e Arthur LEWIS, *Banking Law and Practice*, Tudor, Wirral, **1998**, pp. 164-165.

[1419] Neste sentido, CRESSWELL *et al.*, *Encyclopaedia of Banking Law*, vol. 1, **2000**, p. C 292.

660         *Cheque e Convenção de Cheque*

Por sua vez, o banco, antes de proceder ao pagamento do cheque – com base nos bens (dinheiro) de que é depositário e de que, por ter a custódia, é devedor[1420] –, deverá verificar com adequada diligência o respectivo conteúdo, para detectar eventuais adulterações. Caso pague um cheque com assinatura falsificada, o banco não poderá debitar a conta do cliente, «por mais habilidosa (*skilful*) que seja a falsificação»[1421]. Sobre o banco, na qualidade de entidade vinculada ao pagamento do cheque, recai o ónus de provar que actuou diligentemente.

**III.** No que toca à relação entre o banco sacado e o apresentante do cheque, beneficiário do pagamento indevido, a maior preocupação consiste em assegurar que o pagamento do cheque falsificado não constitua um reconhecimento do banco de que era justificado[1422].

Nos sistemas jurídicos anglo-americanos constitui importante princípio o de que ninguém possa adquirir um direito (título) a uma letra (*bill*) com base num endosso falso[1423].

**IV.** No ordenamento norte-americano, o banco que paga um cheque sacado sobre a conta do seu cliente só pode debitar essa conta se o cheque for "pagável adequadamente" ("*properly payable*")[1424], ou seja, se o banco pagar com observância da sua relação contratual com o

---

[1420] Cfr. o caso *Foley v. Hill* (Lord Cottenham, L.C.) [1848].

[1421] GOODE, *Commercial Law*, 2ª ed., cit., **1995**, p. 609.

[1422] Nessa circunstância, o pagamento não corresponde a um reconhecimento implícito do banco perante o beneficiário do cheque, de que a assinatura seria genuína. Nesse sentido, cfr. o caso *National Westminster Bank Ltd v. Barclays Bank International Ltd* (KERR J), [1974] *All 3 ER 834*, referido por CRESSWELL *et al.*, *Encyclopaedia of Banking Law*, vol. 1, Butterworths, London, **2000**, p. D1 122.

[1423]Cfr. COWEN/GERING, *The law of negotiable instruments in South Africa*, vol.1 (General Principles), 5ª ed., Juta, Cape Town /Wetton/ /Johannesburg, **1985** pp. 126-127.

[1424] Sobre este conceito ("*properly payable*"), cfr. HARRELL/MILLER, «The New UCC Articles 3 and 4: Impact on Banking Operations», cit., **1993** (pp. 283-308), p. 297.

Sobre o dever principal do banco honrar os "*properly payable items*", cfr. Barkley CLARK / BARBARA Brewer CLARK, *The law of bank deposits, collections and credit cards*, 2 vols., 6ª ed., revista e actualizada, A.S. Pratt & Sons / Thomson Finantial, Arlington, **2005** (actual. **2006**), pp. 3-2 e segs.,em especial pp. 3-3 e 3-4.

Os clientes devem ajudar os bancos a não efectuarem pagamentos indevidos. Neste sentido, cfr. William Louis TABAC, «Countermanded checks and fair dealing under the Uniform Commercial Code», *Annual Review of Banking Law*, vol. 10, **1991** (pp. 251-270), p. 255.

Pagamento, vicissitudes e efeitos do cheque e da convenção de cheque    661

cliente[1425] e «se este tiver autorizado o pagamento»[1426]. Por esta razão, embora o banco deva pagar um cheque a descoberto – se tiver acordado fazê-lo –, debitando a conta pelo montante do cheque, não pode proceder ao débito na conta do cliente se a assinatura deste for ou tiver sido falsificada.

Acresce que o **Direito norte-americano,** diversamente do inglês, contém uma regra especificamente aplicável ao pagamento dos cheques falsos e falsificados: o § 4-406 do Uniform Commercial Code. Segundo esta regra – que não é exclusiva dos cheques, mas cobre todas as operações de pagamento realizadas pelo banco depositário –, o cliente deve reportar ao banco com celeridade os pagamentos que, tendo sido efectuados, não foram por si autorizados, mas que ele deveria ter detectado, pelo exame dos extractos da conta e dos cheques pagos que o banco lhe tenha devolvido [cfr. *alínea (c)*]. Caso o cliente não cumpra com os seus deveres de cuidado, não poderá invocar perante o banco a falsificação do cheque [cfr. *alínea (d)*], não podendo ressarcir-se dos danos sofridos pelo pagamento não autorizado se o banco sacado tiver sofrido prejuízos com o pagamento indevido ou se pagou de boa fé o(s) cheque(s) falsificado(s) antes de tomar conhecimento do desapossamento e depois de o cliente ter podido examinar durante um período de tempo razoável, não superior a trinta dias, o estado da sua conta.

Se o cliente provar que o banco não foi diligente na verificação da assinatura, no momento do pagamento, e que tal actuação contribuiu

---

[1425] Assinale-se que a autonomia privada de que dispõem ao abrigo do *Uniform Commercial Code* [§ 1-302 (b)] é muito ampla, podendo as partes fixar livremente o conteúdo da sua relação contratual, com respeito pelos princípios fundamentais do UCC. O § 4-103(1) do UCC reitera a aplicação desta faculdade no Art. 4, a qual é mitigada por legislação posterior, tal como o *Truth-in-Savings Act*\* (1992), o *Expedited Funds Availability Act* (1987)\*\*, a *Regulation CC*\*\*\* e a *Regulation J*. Cfr. Warren/Walt, *Commercial Law*, 6ª ed., cit., **2004**, pp. 918-919 e 885.

\* Cfr. Warren/Walt, *ibid.,* pp. 915-918.

\*\* Cfr. Edward L. Rubin / Robert Cooter, *The Payment System. Cases, materials and Issues*, 2ª ed., West Publishing Co., St. Paul, Minn., **1994**, p. 112, e Douglas J. Whaley, «The check has been received but it hasn't cleared: effect of the Expedited Funds Availability Act on check collection under Article 4 of the UCC», *CLJ*, vol.94, n.º 1, **1989** (pp. 1-12), pp. 3-9.

\*\*\* Cfr. Robert L. Jordan / William D. Warren, «Introduction to Symposium: Revised Articles 3 & 4 and New Article 4A», *AlaLRev*, vol.42, **1991** (pp. 373-403), pp. 399-402.

[1426] Cfr. Warren/Walt, *Commercial Law*, 6ª ed., cit., **2004**, p. 885.

# 662 Cheque e Convenção de Cheque

substancialmente para o dano, os prejuízos deverão ser repartidos entre ambos, consoante a respectiva culpa [cfr. *alínea e)*].

O sistema norte-americano é, assim, responsabilizante para o cliente.

**V.** A falsificação é, nestes ordenamentos, perspectivada como um acto muito grave, de clara conotação criminal.

## 21.4. Casos paradigmáticos de falsificação

**I.** Antes de procurarmos construir um critério para apreciação dos efeitos da falsificação e, em particular, imputar a responsabilidade por cumprimento defeituoso, vamos procurar enunciar e sistematizar as situações mais típicas a que se reconduz esta vicissitude.

São diversos os casos de falsificação, desde os que ocorrem no plano do próprio saque, por imitação da assinatura do sacador ou preenchimento abusivo de alguns dos requisitos do cheque, até aos que se verificam já na circulação do cheque e se traduzem na adulteração dos seus elementos, projectando-se sobre a identidade dos intervenientes (endossantes), a indicação do beneficiário e outras menções, como a quantia sacada. Seria longa a possível lista de situações de desapossamento por falsificação, pelo que apenas vamos fazer referência às mais habituais.

**II.** Entre os primeiros casos de falsificação, temos os que se seguem a um desapossamento físico dos módulos, e se traduzem no preenchimento abusivo desses módulos, com indicação de quantia e beneficiário e aposição de assinatura por quem não é o titular ou não se encontra legitimado para o efeito[1427]. Assimilada a esta situação encontra-se a do preenchimento abusivo do cheque incompleto[1428].

---

[1427] Exemplificando: *A* vai à praia e deixa os módulos (de cheque) no automóvel. Este é assaltado, por *B*, que rouba os módulos. Independentemente de os módulos serem preenchidos e assinados por *B* ou *C*, há uma falsificação, que inclui a tentativa de imitação da assinatura de *A*. O falsificador sabe sempre que está a apropriar-se de um bem alheio. *A* é responsável pela negligência na conservação dos módulos.

Noutro exemplo – aliás inspirado na jurisprudência (já citada) –, se um elemento de uma empresa que tem a seu cargo a respectiva contabilidade e tesouraria, preenche um módulo apondo, por imitação, o nome de um ou mais (dos) gerentes, como se da respectiva assinatura se tratasse, ele falsifica o cheque, dando-lhe a aparência, pela proveniência, de ter sido legitimamente sacado. Neste caso, porque a situação se repetiu exaustivamente,

*Pagamento, vicissitudes e efeitos do cheque e da convenção de cheque* 663

Na falsificação haverá que distinguir se a vicissitude ocorre independentemente da vontade do sacador – que ignorava legitimamente o desapossamento (porque os módulos lhe foram subtraídos sem que tivesse tido, ou devesse ter, a percepção, e posteriormente preenchidos, ou até mesmo fabricados) –, ou com o contributo do sacador, porque negligenciou a conservação e guarda dos módulos, facilitando a sua utilização abusiva, ou foi negligente no preenchimento, contribuindo para conferir ao cheque, pela assinatura nele aposta[1429], a aparência de título de crédito adequadamente emitido.

Qualquer das situações se resolve no âmbito do relacionamento entre o banco e o cliente e no quadro da respectiva convenção de cheque, pela ponderação dos deveres que tenham sido violados.

**III.** Durante a sua curta vida, o cheque – ainda que tenha sido devida e regularmente sacado – pode ser objecto de falsificação, a nível de transmissão (endosso) ou no plano da sua literalidade, por adulteração das suas menções, nomeadamente as que se referem à quantia nele (originariamente) inscrita ou à identificação do beneficiário.

Nos casos em que o desapossamento escapa ao controlo do sacador, por ocorrer posteriormente ao saque efectuado de modo adequado, o problema não pode resolver-se no domínio da relação contratual referida, se o sacador não contribuiu (negligentemente) para a produção do dano.

Nessas situações – de alteração do conteúdo do cheque posterior ao saque (regular) –, de que a falsificação do endosso constitui exemplo[1430],

---

ao longo de vários anos, sem que a própria (sociedade comercial) sacadora se tivesse apercebido, nomeadamente pela respectiva contabilidade, do desapossamento ocorrido, a sacadora é responsável por negligência no controlo dos movimentos bancários e pela confiança depositada no seu representante (ou auxiliar).

[1428] O sacador começa por assinar o cheque e, por uma qualquer razão, não acaba de preenchê-lo. O cheque incompleto é apropriado por um terceiro que o preenche, apondo-lhe as menções em falta, incluindo a quantia a pagar, e o nome de quem há-de recebê-lo.

O sacador é responsável pela negligência no preenchimento do cheque. A sua assinatura deve ser o último elemento a preencher.

[1429] Esta situação não se deve confundir com do cheque sacado em branco e indevidamente preenchido, caso em que não estamos perante uma falsificação, mas sim perante um mero desapossamento ou preenchimento abusivo, ainda que os efeitos possam ser próximos.

[1430] São diversas as situações que podem ser imaginadas na falsificação do cheque em circulação, sendo as mais vulgares as que se projectam no aumento da quantia titulada.

o banco, em princípio, só terá de assumir a responsabilidade pelo pagamento, indevido, do cheque falsificado se não cumpriu os seus deveres contratuais e legais, sendo a sua responsabilidade, a existir, puramente extracontratual (perante o terceiro beneficiário do cheque que requer o respectivo pagamento sem que o mesmo lhe seja satisfeito). Isto não significa que o banco possa proceder ao pagamento de um cheque grosseiramente rasurado pelo facto de o portador alicerçar o seu direito numa cadeia regular de endossos.

Por isso, os efeitos decorrentes da falsificação do cheque neste caso serão diferentes consoante o objecto da vicissitude. Assim, se a falsificação recair sobre o endosso e, ou, a pessoa do beneficiário, o banco não terá responsabilidade perante o sacador, que realizou oportunamente o respectivo valor patrimonial com o saque do cheque – cujo montante idêntico vê agora ser debitado –, nem tão pouco terá responsabilidade (extracontratual) relativamente ao terceiro (desapossado do cheque) se actuou diligentemente na verificação da regularidade formal da cadeia de endossos[1431], não desrespeitando normas (imperativas) da Lei Uniforme, cujo cumprimento escrupuloso teria evitado o resultado danoso.

Se a falsificação não recair sobre a identificação do beneficiário ou sobre o endosso do cheque, mas sobre outra menção, como por exemplo a quantia titulada, o banco já poderá ter de assumir o pagamento do cheque falsificado ou, pelo menos, a diferença referente ao excesso debitado na conta do sacador em relação à quantia que havia sido por este sacada[1432].

Esta situação – que deverá ser solucionada por recurso às regras aplicáveis à responsabilidade por pagamento de cheque falsificado (cfr., *infra*, n.º 21.6) – terá de ser apreciada à luz do cumprimento dos deveres contratuais do sacador e banqueiro, devendo apurar-se o contributo de cada um para a vicissitude e para o pagamento do cheque falsificado.

**IV**. A falsificação constitui, assim, uma vicissitude que requer uma especial atenção na conservação e guarda dos módulos (de cheques) pelo respectivo titular, no tratamento a dar aos cheques (emitidos), nomeadamente no eventual envio dos mesmos por correio, na verificação cons-

---

[1431] Isto não significa que o banco possa proceder ao pagamento de um cheque grosseiramente rasurado, pelo facto de o portador alicerçar o seu direito numa cadeia regular de endossos.

[1432] Se considerarmos, nomeadamente, que o sacador com a entrega do cheque terá realizado o valor patrimonial que então correspondia ao valor do cheque por ele sacado.

*Pagamento, vicissitudes e efeitos do cheque e da convenção de cheque* 665

tante dos saldos das suas contas bancárias e na comunicação imediata ao banco de alguma anomalia com esses módulos; e num cuidado razoável por parte do banco sacado, na verificação da assinatura do sacador e na detecção de imitações grosseiras.

## 21.5. Relevância e efeitos da vicissitude

### 21.5.1. *A relevância da falsificação*

**I.** A falsificação suscita duas questões: uma coloca-se no plano cartular e a outra é extracambiária.

**Extracambiariamente**, importa determinar quem é que suporta o custo da falsificação[1433], isto é, quem assume a responsabilidade final pelos efeitos decorrentes de um pagamento indevido, porque efectuado com base num cheque falsificado.

O problema da responsabilidade pelo pagamento indevido só se coloca entre o banqueiro e o cliente, porque o banqueiro paga bem ao portador se este é o tomador ou o último endossatário de uma cadeia ininterrupta de endossos, ou simplesmente o detentor de um cheque ao portador.

O banqueiro não pode, pois, invocar um argumento que legitime o não pagamento. O banqueiro que não pague a terceiro de boa fé incorre em responsabilidade perante o portador, mesmo sabendo que houve desapossamento[1434]. Em princípio, poderemos concluir que a tutela da

---

[1433] Está em causa apurar quem paga a *factura* da falsificação, visto que o banco pagou um cheque que exprimia uma ordem de pagamento inadequada ou ineficaz, e não as consequências para quem recebe indevidamente, tenha, ou não, participado na adulteração do cheque. Do mesmo modo, se o banco for entretanto reembolsado da quantia paga, a relevância da questão também se esbate, embora possam subsistir efeitos decorrentes da indisponibilidade da quantia correspondente ao valor do cheque pago.

[1434] Para este aspecto chamava já a atenção F. A. A. RUSSEL, *The law relating to Banker and Customer in Australia*, 3ª ed., The Law Book Co. of Australasia, Sydney/Melbourne/Brisbane, **1935**, p. 192, a propósito do não pagamento de cheques cuja assinatura não coincidia com a disponível na ficha, ao escrever que o banqueiro se confronta, nesta situação, com o menor de dois males (*the less of two evils*): ser responsabilizado por não pagamento do cheque, se o mesmo fosse devido, ou pelo pagamento, se este fosse inadequado e injustificado.

circulação se sobrepõe ao desapossamento, ou seja, que a tutela da aparência resultante do cheque imponha a protecção do seu valor patrimonial, não obstante a vicissitude ocorrida, prevalecendo sobre a relação contratual existente (entre banco sacado e cliente-sacador) e cujo cumprimento escrupuloso justificaria a recusa de pagamento do cheque falsificado. Admite-se, por isso, que nos casos de informação comprovada, o banco tenha dificuldades em proceder, não obstante, ao pagamento do cheque e que a sua responsabilidade seja atenuada pela comunicação formal que tenha, entretanto, recebido.

**II. Cambiariamente**, não há justa causa para o não pagamento do cheque falsificado desde que a vicissitude não resulte da aparência do título, qualquer que seja a causa.

O próprio artigo 35.º da Lei Uniforme – que, na versão portuguesa, não admitiu reservas, diversamente da francesa – não prevê causas de não pagamento, porque não quis admitir que elas fossem invocadas para impedir o pagamento devido. Equacionada a questão, procuraremos dar-lhe resposta adiante.

Entretanto, acrescente-se apenas que o fenómeno da falsificação do cheque recolhe apoio cambiário na tutela da *"independência recíproca das assinaturas"* ou da adulteração dos dados, que de outra forma não faria sentido.

### 21.5.2. *Projecção legal da falsificação*

**I.** Recorde-se que o art. 10.º da Lei Uniforme determina a validade do título independentemente da eventual falsificação, afirmando o princípio da independência recíproca das subscrições cambiárias, reproduzindo o disposto no art. 7.º da Lei Uniforme das Letras e Livranças. Trata-se de uma regra de tutela cambiária, que visa salvaguardar a posição de terceiros de boa fé.

Por sua vez, no plano extracambiário não há, no ordenamento jurídico português, tutela normativa específica da falsificação, como se referiu. Os efeitos da falsificação deverão, assim, ser apurados com recurso às regras gerais de Direito Civil, *maxime* de Direito das Obrigações, em termos de responsabilidade contratual e extracontratual, por inobservância dos deveres que caracterizam a relação contratual de cheque, ou pela falta de demonstração da culpa de qualquer dos sujeitos envolvidos.

*Pagamento, vicissitudes e efeitos do cheque e da convenção de cheque*   667

Contudo, a falsificação do cheque beneficia da tutela penal genérica dispensada aos documentos em geral, reconduzindo-se a um crime previsto e punido no nosso Código Penal (cfr. art. 256.º)[1435].

### 21.6. Responsabilidade pela falsificação e repartição do risco; o risco profissional do banqueiro

#### 21.6.1. *Enquadramento da questão*

**I.** A solução do problema, no que respeita aos efeitos da falsificação, designadamente apurando-se qual o sujeito que deve suportar os prejuízos dela decorrentes, terá de se encontrar no apuramento da relevância do incumprimento das obrigações de diligência pelo sacado e pelo sacador, relativamente à emissão do cheque (e sua adulteração). Mas importa referir que se a falsificação é frequentemente consequência da violação de deveres de diligência e fiscalização referentes à guarda e conservação dos módulos de cheques e ao preenchimento destes, por um lado, e à verificação da veracidade do saque, por outro, tais deveres, que resultam da convenção de cheque, devem ser ponderados pelo valor monetário que o cheque representa, como instrumento de pagamento; e que explica que a exigência no cumprimento das obrigações seja superior à que normalmente seria requerida para um contrato análogo que não envolvesse um instrumento com a natureza do cheque.

A falsificação do cheque assume especial relevância se o cheque falso ou falsificado for pago. Nesse caso, importa saber quem deve suportar o prejuízo resultante do desapossamento.

Importa, a este propósito, apurar:

*i)* Se o banco sacado deve assumir o prejuízo;

---

[1435] Vd., por todos, Helena Moniz, *Crime de falsificação de documentos. Da falsificação intelectual e da falsidade em documento*, Almedina, Coimbra, **1993**, pp. 27-45 e 225-234, e «Dos crimes de falsificação», AA.VV., *Comentário Conimbricense do Código Penal*, dirigido por Jorge de Figueiredo Dias, t. II, Coimbra Editora, **1999** (pp. 662-736), em especial pp. 666-668, 683-684 e 687, A. M. Almeida Costa, «Falsificação de moeda, título de crédito e valor selado. Nótula antes do art. 262.º » (e arts. 262.º a 267.º), AA.VV., *Comentário Conimbricense do Código Penal*, dirigido por Jorge de Figueiredo Dias, t. II, Coimbra Editora, **1999** (pp. 737-815), em especial pp. 808-810.

*ii)* Se o levantamento ocorrido não vai ser compensado (porque se considera ser o sacador responsável por tal situação); ou

*iii)* Se o risco deve ser repartido, designadamente por se verificar existir concorrência de culpas ou por não ser possível a respectiva determinação e imputação.

Uma outra possibilidade se desenha ainda: a de, na falta de apuramento de culpa de qualquer dos sujeitos, concluindo-se não se ter registado preterição dos respectivos deveres contratuais, se considerar, não obstante, que um deles, pela específica posição que ocupa e pelo papel que desempenha na relação contratual de cheque, deve assumir a responsabilidade pelo dano ocorrido.

**II.** Vimos que, no plano da Lei Uniforme, não há tutela directa do fenómeno em apreço, mas apenas a preocupação de salvaguardar a validade de declarações cambiárias produzidas em título viciado, mas cuja aparência justifica protecção (cfr. art. 10.º).

Acrescente-se que, no âmbito da Lei Uniforme, não há justa causa para o não pagamento de um cheque endossável. Nesse sentido aponta o artigo 35.º que, não prevendo (diversamente da LULL[1436]) causas de não pagamento (fraude e má fé, designadamente), afastou a possibilidade de as mesmas serem invocadas para impedir o pagamento indevido. A lógica da Lei Uniforme – que na versão portuguesa não admitiu reservas, diferentemente do que aconteceu com outras leis – é fundamentalmente formal. Ao banco cabe apenas verificar a regularidade dos endossos.

Não houve a preocupação de afastar a responsabilidade do banco por um pagamento desastrado, sendo suficiente que o mesmo se faça a um portador legítimo, porque o banco é um sacado especial, que actua profissionalmente e apresenta uma capacidade financeira em regra elevada.

O Direito positivo português, contudo, admitiu – à margem da Lei Uniforme e especialmente preocupado com situações de desapossamento de que o sacador ou o portador do cheque possam ser vítimas – que, conhecida a vicissitude pelo banco, o pagamento do cheque possa ser impedido.

---

[1436] Cfr. art. 40.º, III.

*Pagamento, vicissitudes e efeitos do cheque e da convenção de cheque* 669

### 21.6.2. *Orientações jurisprudenciais e doutrinais*

**I.** Podem ser identificadas, na doutrina e jurisprudência portugue-sas[1437], quatro orientações distintas:

A) A mais tradicional, e porventura a mais antiga, liga a solução da questão da falsificação à (da) natureza jurídica do depósito bancário que resulta afectado pelo pagamento indevido do cheque, e considerando ser tal natureza a de um depósito irregular, conclui que a responsabilidade pelas vicissitudes que os bens depositados possam sofrer (o dinheiro, no presente caso) corre por conta do depositário – por aplicação do princípio *res suo domino perit*[1438] –, pelo que é irrelevante a culpa deste[1439]. Logo, o sacado

---

[1437] Tomamos por referência a divulgação feita das diversas peças de um processo judicial ocorrido no início do último quartel do século XX pelo advogado ganhador da causa L. P. Moitinho de Almeida, *Responsabilidade civil dos bancos pelo pagamento de cheques falsificados* – Nulidade da cláusula inserta nas requisições de livros de cheques exonerando o Banco da responsabilidade. Peças de um processo, Coimbra Editora, **1982**, cfr., em especial, sobre este pp. 75-83. Seguindo, de perto, a sistematização de L. P. Moitinho de Almeida, José Maria Pires, *Direito Bancário*, 2.º vol., *As operações bancárias*, Rei dos Livros, Lisboa, s/d, pp. 334-336 (cfr., em especial, p. 335).

[1438] Literalmente: "a coisa perece para o seu dono", significando que o risco da perda do direito ou da deterioração do bem que dele é objecto é da responsabilidade do respectivo titular.

[1439] Indevidamente associada por Adolfo Bravo («A responsabilidade do banqueiro pelo pagamento de cheques falsos, na doutrina e na jurisprudência», *RT*, ano 62.º, **1944** (pp. 306-310), p. 308) a esta posição, embora com reservas (cfr. nota 2, a p. 308) é a interpretação de Lobo D' Ávila (Lima), *Do cheque*, Livraria Profissional, Lisboa, s/d, pp. 124-125, que entendemos mais próxima da terceira orientação.

Embora a propósito do "cheque originariamente falso", Lobo D' Ávila (Lima) afirme que «o passador (...) jamais poderá ser tornado responsável por uma obrigação que não assumiu, ou por uma ordem que não deu» (*ibid.*, p. 124), imputando, nesse caso, a responsabilidade ao banco [«quem houver pago ou descontado um cheque assim falsamente creado, que suporte o prejuízo: quem paga mal, paga duas vezes – soém dizêr os homens da praça...» (*ibid.*, p. 124)], a verdade é que refere, depois, que o cliente «deve fiscalisar diligentemente o seu livro ou caderneta de cheques, comunicando de prompto ao banqueiro qualquer anormalidade» (*ibid.*, p. 124), para concluir que se a culpa não for «imputável, na hypothese da falsificação da firma do sacador, nem ao cliente nem ao banqueiro, sobre este impendem os riscos da obrigação» (*ibid.*, p. 125), inculcando que se houver culpa do sacador, ele deverá assumir a responsabilidade.

670      *Cheque e Convenção de Cheque*

seria responsável pelo pagamento de cheques falsificados, independentemente de culpa (de qualquer das partes)[1440].

B) Uma segunda posição entende que o banco (sacado) tem de ter culpa para ser responsabilizado, mesmo que o cliente (sacador) não a tenha, uma vez que a responsabilidade pelos danos provocados por um cheque falsificado se deve determinar segundo os princípios gerais da responsabilidade civil[1441].

---

[1440] Cfr. **AcSTJ de 21 de Maio de 1996** (MIGUEL MONTENEGRO), *BMJ* 457, 1996, pp. 343-349.

[1441] Esta solução corresponde à proposta de assento formulada por MÁRIO DE BRITO, no quadro do Código Civil de 1867 (Código de Seabra) – em que a responsabilidade era estritamente aquiliana –, em **Parecer** proferido no Proc. n.º 62900 (*BMJ* 205, 1971, pp. 94-104), na linha do parecer que FERRER CORREIA havia dado no âmbito do litígio dirimido pelo **AcSTJ de 19 de Março de 1968** (ALBUQUERQUE ROCHA), *RT*, ano 87.º, n.º 1838, 1969, pp. 56-60, e por este desenvolvidamente citado (cfr., em especial, p. 58).

Nos termos do referido Parecer de MÁRIO DE BRITO – e não obstante considerar-se não haver, no caso, contradição de julgados que legitimasse que o assento fosse tirado e, por isso, se sugeria a rejeição do recurso para o tribunal pleno* – formulava-se a seguinte proposta: «*A responsabilidade pelos danos resultantes do pagamento, pelo sacado, de um cheque em que foi falsificada a assinatura do sacador determina-se segundo os princípios gerais da responsabilidade civil, sendo, assim, responsáveis por esse pagamento o sacador, o sacado ou mesmo os dois, consoante a culpa tenha sido daquele, deste ou de ambos*».

(*) – O Pleno, com diversos votos de vencido, concluiria pela inexistência de oposição entre os dois acórdãos envolvidos, dando por findo o recurso [**AcSTJ de 2 de Março de 1971** (JOSÉ ANTÓNIO FERNANDES), *BMJ* 205, pp. 190-194, cfr., em especial, p. 194].

No sentido da parte final da proposta de assento, defendendo a repartição do dano pelo pagamento do cheque falso, se a culpa for de ambos os contraentes, GARRIGUES, *Contratos Bancários*, ed. autor, Madrid, **1958**, p. 521.

Procurando conjugar esta corrente – no que respeita a aferir pela culpa a responsabilidade civil resultante de cheques falsificados – com a teoria do risco profissional, segundo a qual o banco deverá suportar os prejuízos resultantes do pagamento do cheque falsificado se não se provar a culpa de qualquer dos sujeitos, MANUEL GONÇALVES, «Responsabilidade civil resultante do pagamento de cheques falsificados», *RMP*, ano 10.º, n.º 39, Lisboa, **1989** (pp. 63-71), em especial p. 71.

Aderindo expressamente a esta posição, FUZETA DA PONTE, *Da problemática da responsabilidade civil dos bancos decorrente do pagamento de cheques com assinaturas falsificadas*, cit., **1994**, p. 81, e Fernando J. CORREIA GOMES, *A responsabilidade civil dos bancos pelo pagamento de cheques falsos ou falsificados*, Vislis, Lisboa, **2004**, pp. 37-40, em especial p. 40.

Na jurisprudência mais recente, cfr. **AcSTJ de 3 de Outubro de 1995** (HERCULANO LIMA), *BMJ* 450, 1995, pp. 416-423, segundo o qual, concluindo-se que o banco agiu sem

*Pagamento, vicissitudes e efeitos do cheque e da convenção de cheque*  671

C) Uma terceira corrente considera que, sendo o banco sacado, em princípio, responsável pelo pagamento dos cheques falsificados – como se tivesse a responsabilidade objectiva pelo dano[1442] –, exonera-se se provar que houve culpa do sacador[1443]. Esta orientação, conciliando o entendimento do contrato de depósito bancário (irregular) e o princípio de que o banco assume o respectivo risco com o princípio da responsabilidade contratual e a presunção da culpa do banco, na sua qualidade de depositário e devedor (cfr. art. 799.º, n.º 1), é a que actualmente colhe mais adesões[1444].

---

culpa, não se verifica «*o nexo subjectivo de imputação do facto ao agente*, faltando «*um requisito fundamental da obrigação de indemnizar*» (p. 422), e **AcSTJ de 2 de Março de 1999** (Ferreira Ramos), *BMJ* 485, 1999, pp. 117-120.

[1442] «Não é uma responsabilidade objectiva», mas «é como se o fosse» (L. P. Moitinho de Almeida, *Responsabilidade civil dos bancos pelo pagamento de cheques falsificados,* cit., **1982**, p. 75).

Em sentido análogo, Adolfo Bravo, «A responsabilidade do banqueiro pelo pagamento de cheques falsos, na doutrina e na jurisprudência», *RT*, ano 62.º, **1944** (pp. 306--310), p. 310.

[1443] Esta foi a posição inicial de José Maria Pires, *Direito Bancário*, 2.º vol., cit., p. 335, considerando ser a doutrina **AcRelLisboa de 24 de Julho de 1968** [que refere, por lapso de escrita, ser de 1978] (Miguel Caeiro), *BMJ 179*, pp. 205-228, a melhor: «*O prejuízo decorrente do pagamento de cheques com a assinatura falsa do sacador deve ser suportado pelos bancos. Mas estes podem ser exonerados se provarem que agiram sem culpa e que a conduta negligente do depositante contribuiu para o pagamento irregular.*

O autor viria a rever a sua posição, deslocando a solução da questão do «âmbito da responsabilidade contratual» para o plano da «*legitimidade* do destinatário da prestação» (*O cheque*, Rei dos Livros, Lisboa, **1999**, p. 109) – o portador do cheque –, partindo do princípio de que este não se encontra tutelado, devido à vicissitude, e que é um mero credor aparente. Desse modo – e criticando Fuzeta da Ponte (*Da problemática da responsabilidade civil dos bancos decorrente do pagamento de cheques com assinaturas falsificadas*, cit., **1994**, p. 81) –, José Maria Pires, *ibid*, p. 110, rejeita que a solução do problema se construa a partir da convenção de cheque, por considerar que o pagamento feito a terceiro é nulo. Não se afigura satisfatória esta interpretação, porquanto o pagamento é cambiariamente válido se for efectuado a portador legítimo.

[1444] Cfr. L. P. Moitinho de Almeida, *Responsabilidade civil dos bancos pelo pagamento de cheques falsificados,* cit., **1982**, p. 76.

Na jurisprudência, vd. **Sentenças** dos juízes da **7ª vara cível de Lisboa de 3 de Janeiro de 1936** (Jerónimo Rodrigues de Sousa), *RT*, ano 62.º, 1944, pp. 314-317, considerando então que a tendência moderna era «*para a objectivação da culpa*» (p. 317), e da **6ª vara cível de Lisboa de 7 de Junho de 1978** (Jaime Octávio Cardona Ferreira), *CJ*, ano IV, 1979, pp. 703-707, referindo-se ao "risco" próprio do negócio bancário, bem

672 Cheque e Convenção de Cheque

D) A mais recente, considerando que a questão se coloca no plano do pagamento a um credor aparente – pagamento esse que seria nulo –, atribui ao sacador (depositante) a prova de que o incumprimento ou cumprimento defeituoso dos seus deveres contratuais não lhe é imputável, «*não procede de culpa sua*» (art. 799.º, n.º 1 do CC). Se ele não a fizer, «o banco terá direito a ser ressarcido pelo prejuízo decorrente da prestação feita a terceiro»[1445].

**II.** Antecipe-se já que, sem perder de vista a natureza contratual dos deveres cuja violação se questiona, nem tão pouco a tutela da aparência e da confiança na circulação cambiária, se impõe ir mais longe, rom-

---

como o **AcSTJ de 16 de Maio de 1969** (TORRES PAULO), *BMJ* 187, pp. 145-156 – com voto de vencido de LUDOVICO DA COSTA (pp. 154-156), que considera ter havido «*concorrência de culpa dos Bancos*», uma vez que as assinaturas das próprias fichas tinham sido falsificadas (p. 155) –, que confirmou o **AcRelLisboa de 24 de Julho de 1968** (MIGUEL CAEIRO), *BMJ 179*, pp. 205-228, tendo ambos condenado o sacador por negligência.

Neste sentido apontava também o artigo 6.º do anteprojecto de lei elaborado pela Comissão presidida por José Gabriel PINTO COELHO, e nomeada por Portaria do Ministro das Finanças de 21 de Fevereiro de 1953 (AA.VV., *Facilidades de liquidação e economia de meios de pagamento pela Difusão do Cheque*, Relatório apresentado ao Ministério das Finanças pela Comissão presidida pelo Prof. Doutor José Gabriel Pinto Coelho, Imprensa Nacional de Lisboa, **1955**, p. 30) – que nunca chegaria a entrar em vigor –, segundo o qual «*se o sacado pagar um cheque falsificado, o prejuízo daí resultante será de sua responsabilidade, a não ser que prove que o pagamento foi devido unicamente a culpa do sacador*». O § 2.º desse artigo enunciava exemplificativamente factos que determinavam a culpa do sacador. Sobre este anteprojecto, vd. *supra*, n.º 4.4. Sobre a finalidade desse preceito (art. 6.º) – que acolheu de «certo modo a teoria do risco», ao impor que o banco prove «que a situação resulta exclusivamente de culpa do sacador», mas que acolhia igualmente «o princípio da concorrência de culpas», dividindo «equitativamente entre ambos a responsabilidade, na proporção da gravidade das respectivas culpas», quando a culpa na falsificação e no pagamento fosse de ambos –, vd. o Relatório (n.º 8, pp. 17-21, em especial p. 20). Aplaudindo a solução da Comissão PINTO COELHO, que considerou orientada pela melhor doutrina, «fazendo funcionar a presunção de culpa contra o sacado», a quem seria imposto «o ónus da prova de culpa por parte do sacador», António FURTADO DOS SANTOS, «O Cheque – Sua difusão e protecção penal», *BMJ* 54, **1956** (335-347), pp. 336-337, em especial p. 337.

Criticando «os arautos da responsabilização objectiva dos bancos» por esquecerem a existência do contrato de cheque, FUZETA DA PONTE (*Da problemática da responsabilidade civil dos bancos decorrente do pagamento de cheques com assinaturas falsificadas*, cit., **1994**, p. 73.

[1445] JOSÉ MARIA PIRES, *O cheque*, cit., **1999**, p. 111.

*Pagamento, vicissitudes e efeitos do cheque e da convenção de cheque*   673

pendo, se necessário, com os quadros clássicos da responsabilidade civil quando não for possível determinar a culpa e estabelecer, desse modo, a responsabilidade pelo dano, mas se justifique limitar a respectiva dimensão (da culpa) e o âmbito da responsabilidade a quem deverá, nesse caso, ser imputada.

Na ponderação da atribuição de responsabilidade teremos de perspectivar a preterição dos deveres contratuais à luz da relevância do cheque na sua articulação com a convenção. O cheque, pela sua relevância, subordina os efeitos negociais da convenção à sua natureza de meio de pagamento.

### 21.6.3. *Responsabilidade por culpa*

**I.** No domínio das relações imediatas, isto é, nos casos de cheque apresentado a pagamento pelo sacador, não há tutela cambiária, pelo que o artigo 35.º não é aplicável. Não há endosso a verificar, tal como não existe se o cheque for apresentado por portador não designado.

Neste caso, o banco deve limitar-se a verificar a autenticidade do saque e, se tiver motivos para considerar que o mesmo não coincide, por não ser semelhante, com a assinatura do sacador, de que dispõe, deverá recusar o pagamento do cheque com base nessa irregularidade.

Do mesmo modo, sempre que o banco tiver conhecimento, ou deva ter, de que o cheque é falso ou falsificado, não o deve pagar. Se o fizer – demonstrando-se que o pagamento do cheque falsificado causou prejuízo ao sacador, designadamente por lhe ter sido deduzida na sua conta--corrente a importância correspondente –, o banco é responsável pelos danos ocasionados, que deve indemnizar nos termos e para os efeitos do disposto no artigo 563.º do Código Civil.

Pagando com culpa, o banco deverá assumir e reparar todos os danos causados, desde o montante do cheque abatido à provisão, passando pelo valor suportado com o designado "negócio de cobertura", que o sacador pode ver-se obrigado a celebrar para evitar os efeitos negativos do pagamento indevido do cheque falsificado – caso de empréstimo contraído para cobrir o eventual défice na provisão[1446] –, até aos próprios

---

[1446] Cfr. ANGEL MARINA GARCIA-TUÑON, *La responsabilidade por el pago de cheque falso ou falsificado*, Lex Nova, Valladolid, **1993**, pp. 152-153, seguido de muito perto,

674      *Cheque e Convenção de Cheque*

lucros cessantes representados pelos juros devidos à taxa legal, contados a partir da data do pagamento (indevido) do cheque falsificado.

Por sua vez, aos danos patrimoniais poderão ainda acrescer danos morais, que o sacador possa sofrer.

**II.** A eventual "culpa do banco" assume, assim, especial relevo no contexto da determinação da sua responsabilidade pelo pagamento de cheque objecto de falsificação.

Para a sua determinação contribui decisivamente o modo como os seus representantes, agentes ou auxiliares agem[1447]. A respectiva diligência não tem de ser apenas a de um *bonus pater familias* – critério a que, nos termos do art. 487.º, n.º 2 do Código Civil, aplicável por efeito do disposto no artigo 799.º, n.º 2 do mesmo diploma, deveremos recorrer para apreciar a culpa, na falta de outro critério legal –, mas a de um profissional habilitado e dotado de meios técnicos e humanos especialmente adequados ao exercício da actividade bancária[1448], proporcionados por recursos financeiros consideráveis[1449].

---

entre nós, por FUZETA DA PONTE, *Da problemática da responsabilidade civil dos bancos decorrente do pagamento de cheques com assinaturas falsificadas*, cit., **1994**, p. 71.

Trata-se de assumir o custo de substituição suportado pelo sacador para obter quantia de montante idêntico à do cheque indevidamente pago e que lhe havia sido retirada da conta.

[1447] Refira-se apenas que a intervenção destes é identificada com a do próprio banco que representam ou servem (cfr. art. 800.º, n.º 1do CC).

Sobre este tema, cfr. o estudo precursor de VAZ SERRA, «Responsabilidade do devedor pelos factos dos auxiliares dos representantes legais ou dos substitutos», *BMJ* 72, **1958** (pp. 259-303), com desenvolvida referência aos ordenamentos continentais (pp. 259-264). Cfr., entre outras, pp. 269-271, 277-279 e, em especial, pp. 280-282.

[1448] Os bancos deverão recorrer a meios humanos e técnicos especialmente adequados à detecção de irregularidades nos cheques, nomeadamente de falsificações através do exame comparativo de letras.

Neste sentido, cfr. **AcRelLisboa de 9 de Janeiro de 1981** (JOÃO ALCIDES DE ALMEIDA), *CJ*, ano VI, t. 1, 1981, pp. 199-201.

Na doutrina, entre outros, cfr. WALDEMAR FERREIRA, «A responsabilidade pelo pagamento dos cheques falsos», *RFDUL*, vol. XVII, **1964** (pp. 57-78), p. 70, e GARRIGUES, *Contratos Bancários*, ed. cit., **1958**, pp. 520-521.

[1449] Distinguindo o banqueiro sacado do apresentante ou que se encarrega da cobrança, e considerando que este, «porque não está vinculado à legitimação», deve, «sob pena de comportamento culposo, valorar todas as circunstâncias dele conhecidas ou cognoscíveis para atribuir carácter de univocidade à aparência e, desse jeito, afastar toda a dúvida de não correspondência entre ambas as situações (titularidade e legitimação)»,

Ao banco não pode ser, hoje, em pleno século XXI[1450], exigível que actue apenas como um *"bom pai de família"*, isto é, como uma pessoa de diligência média, comum à de outras que se encontrem em circunstâncias análogas de tempo e lugar, a menos que se considere que essas são os outros bancos.

O banco, confrontado com uma situação de falsificação, deverá demonstrar que utilizou todos os meios adequados à sua determinação, mas que, não obstante as condições e que dispunha, não lhe foi possível, nem lhe seria exigível, detectar a desconformidade existente. Por isso, abdicando intencionalmente, ou por efeito do funcionamento do próprio sistema bancário (truncagem), de proceder à conferência da assinatura do sacador, a que se encontra contratualmente obrigado, o banco não procede diligentemente, e deverá assumir os resultados dessa omissão[1451], ainda que, em concreto, não lhe fosse exigível que detectasse essa vicissitude, por a mesma corresponder a uma falsificação *perfeita*[1452].

---

ANTÓNIO CAEIRO/NOGUEIRA SERENS, «Responsabilidade do Banco apresentante (ou cobrador) e do Banco sacado pelo pagamento de cheques com endosso falsificado», *RDE*, IX, **1983** (pp. 53-120), p. 97.

Não se afigura relevante, para a construção do critério que nos propomos fazer estabelecer esta distinção que, em nosso entender, cede perante a tutela da aparência na circulação normal do cheque.

Não há, por isso, que exigir mais, nem menos ao apresentante (banco depositante) do que se exigiria ao sacado, sobretudo se este, por efeito da compensação delegar naquele a verificação da regularidade formal do título, como já vimos que acontece.

[1450] Não era esta antigamente a leitura que era feita pela generalidade dos autores, mesmo por aqueles – como era caso de L. P. MOITINHO DE ALMEIDA, *Responsabilidade civil dos bancos pelo pagamento de cheques falsificados*, cit., **1982**, p. 117 – que tendiam a responsabilizar o banco na "falta de culpa" de ambas as partes.

[1451] Em sentido análogo: MANUEL GONÇALVES, «Responsabilidade civil resultante do pagamento de cheques falsificados», *RMP*, ano 10.º, n.º 39, Lisboa, **1989** (pp. 63-71), p. 69.

Debruçando-se sobre a telecompensação como prática potenciadora do risco, CORREIA GOMES, *A responsabilidade civil dos bancos pelo pagamento de cheques falsos ou falsificados*, cit., **2004**, pp. 26-30.

[1452] Os bancos têm vindo assim, com o consentimento e sob instruções da autoridade de supervisão (o Banco de Portugal), a adoptar gradualmente maior flexibilidade no controlo da autenticidade do cheque, encontrando-se dispensados de apresentar, na compensação, imagens dos cheques de valor igual ou inferior ao montante de truncagem acordado pelo sistema bancário, desde que tais cheques não sejam visados (cfr. Reg. do SICOI, n.ºˢ 14.1, *alínea a)*, e 19.4) [cfr. o novo SICOI, aprovado pela **Instr. n.º 3/2009**]. O SICOI faz ainda uma interpretação generosa do alcance do art. 35.º da LUCh, considerando que, com a adesão ao sistema, nos cheques levados à compensação «*o sacado*

Concluindo-se que o banco actuou sem culpa, haverá que verificar se o mesmo sucedeu com o sacador ou se, diversamente, foi a actuação censurável deste que contribuiu para a falsificação e consequentemente para o resultado danoso.

Saliente-se apenas que a diligência do cliente deverá, essa sim, ser apreciada de acordo com o critério do *"bom pai de família»*, isto é, cotejada com a conduta que um indivíduo médio normalmente adoptaria em idêntica situação (de tempo e lugar).

**III.** Se a responsabilidade for essencialmente do sacador, por violação dos respectivos deveres de guarda e conservação dos cheques ou de diligência no respectivo preenchimento – ou por falta de oportuna informação sobre a vicissitude ocorrida –, deverá ser o sacador a assumir o prejuízo resultante da falsificação, considerando-se adequadamente deduzido na respectiva conta-corrente bancária o montante do cheque falsificado que tenha sido pago pelo sacado. Neste caso, sendo-lhe imputável a acção causadora do dano, o sacador deverá assumir o prejuízo na íntegra.

Ainda assim, pode suscitar-se a dúvida de saber se, existindo culpa do sacador, o banco será desresponsabilizado, mesmo que também actue negligentemente.

Julgamos que não, o que significa que a culpa do sacador só será relevante quando não se fizer a prova da culpa do sacado. Se o cliente lograr demonstrar que, não obstante a sua negligência, o banco teria, sem dificuldade, evitado a produção do resultado danoso, então o tribunal deverá fixar a contribuição da culpa de cada um dos sujeitos para o dano produzido.

**IV.** A responsabilidade do banco e do cliente será apreciada em função da culpa, caso esta se demonstre, por referência ao conteúdo dos respectivos deveres contratuais (cfr., *supra*, n.º 16) e à sua violação[1453].

---

*delega automaticamente no tomador* (banco depositário do cheque, esclareça-se), *e este aceita, a responsabilidade enunciada no artigo 35.º da Lei Uniforme Relativa ao Cheque, relativamente à verificação da regularidade dos endossos».* Trata-se de norma de regulação que, responsabilizando o banco depositário perante o sacado não tem eficácia perante o depositante (último portador do cheque e seu beneficiário), perante o qual o sacado responde pela eventual inobservância do disposto no referido art. 35.º.

[1453] Cfr. **AcSTJ de 10 de Novembro de 1993** (AUGUSTO FOLQUE GOUVEIA), *CJ/AcSTJ*, ano I, t. III, 1993, pp. 130-132.

*Pagamento, vicissitudes e efeitos do cheque e da convenção de cheque* 677

Neste caso, a imputação dos danos far-se-á em conformidade com os princípios da responsabilidade civil aplicáveis aos contratos.

Assim, caberá ao banco suportar o prejuízo, repondo na conta do cliente[1454] a quantia nela deduzida correspondente ao cheque falsificado indevidamente pago, se for declarado culpado[1455]. Caso se apure que a culpa é do cliente, por inobservância dos respectivos deveres contratuais, então o débito efectuado na sua conta deverá manter-se, permanecendo o correspondente lançamento inalterado. Demonstrando-se que ambos contribuíram para a produção do resultado danoso, a responsabilidade deverá ser repartida proporcionalmente à respectiva culpa (cfr. art. 570.º, n.º 1 do CC)[1456].

O recurso à responsabilidade contratual constitui, para a jurisprudência nacional, uma das vias mais comuns em sede de falsificação do cheque[1457].

**V.** Importa também ponderar se o banco pode unilateralmente incluir na convenção – se reduzida a escrito ou acolhida (ainda que parcialmente) em cláusulas do contrato de abertura de conta, ou constantes de documentos inerentes à sua execução (como o sejam os impressos de requisição de cheques ou que acompanham os respectivos módulos) – cláusulas de exoneração da sua responsabilidade, designadamente por extravio dos módulos de cheques.

---

[1454] A reposição do valor pago corresponde de forma mais adequada à operação praticada, uma vez que a vicissitude só é suscitada depois de ocorrida. Por isso, preferimos evitar a ideia – referida, por exemplo, por CORREIA GOMES, *A responsabilidade civil dos bancos pelo pagamento de cheques falsos ou falsificados*, cit., **2004**, p. 7 – de que o banco fica «impedido de lançar o pagamento a débito do cliente»; quando muito ele deverá eliminar esse débito, o que equivale a uma reposição.

[1455] Os actos dos seus representantes e auxiliares são-lhe imputáveis e confundem-se com a sua própria actuação. Neste sentido, VAZ SERRA, «Responsabilidade do devedor pelos factos dos auxiliares dos representantes legais ou dos substitutos», *BMJ* 72, **1958** (pp. 259-303), pp. 280-282.

[1456] Neste sentido, considerando haver concorrência de culpas, **AcSTJ de 17 de Outubro de 2002** (DUARTE SOARES) / Proc. n.º 02B2286, *www.dgsi.pt*.

[1457] Neste sentido, cfr., entre outros, os seguintes arestos: **Acórdãos do STJ de 16 de Maio de 1969** (TORRES PAULO), *BMJ* 187, pp. 145-156, **de 18 de Março de 1975** (JOSÉ ANTÓNIO FERNANDES), *BMJ* 245, pp. 505-508, **de 22 de Maio de 1980** (ALVES PINTO), *BMJ* 297, pp. 368-375, **de 16 Jun. 1981** (JOAQUIM FIGUEIREDO), *BMJ* n.º 308, 1981, pp. 255--259, e **de 10 de Novembro de 1993** (AUGUSTO FOLQUE GOUVEIA), *CJ/AcSTJ*, ano I, t. III, 1993, pp. 130-132.

678 *Cheque e Convenção de Cheque*

À luz das regras aplicáveis à contratação com recurso a cláusulas contratuais gerais, devemos considerar que se o banco tiver inserido, na convenção de cheque, uma cláusula de exclusão da sua responsabilidade, a mesma claudica perante os princípios de ordem pública[1458] que são aplicáveis ao caso em apreço. Assim, mesmo que a culpa do banco seja leve[1459], são nulas as cláusulas que pretendem afastar a sua responsabilidade[1460]; e portanto devem ter-se por não escritas. Nesse caso, haverá que

---

[1458] Neste sentido, cfr. **AcSTJ de 22 de Maio de 1980** (ALVES PINTO), *BMJ* 297, pp. 368-375 – segundo o qual «*a peculiar natureza do depósito bancário e (...) a confiança que o banco inspira ao depositante na defesa do dinheiro cuja guarda lhe confia, o dever imposto àquele na verificação da veracidade da assinatura do sacador em cheque apresentado a pagamento é comandado por princípios de ordem pública*» (p. 374) – e, anteriormente, **AcSTJ de 25 de Outubro de 1979** (JOÃO MOURA), *BMJ* 290, pp. 429-433: «*a necessidade de cuidadosa verificação da veracidade da assinatura do sacador num cheque bancário, constitui dever imposto pelas regras de ordem pública que proíbem o pagamento dum cheque com assinatura do sacador nas sobreditas condições, quando, mesmo por mera culpa, se ignora tal falsidade*» (p. 432).

Também o § 1.º do artigo 6.º do anteprojecto de lei elaborado pela Comissão PINTO COELHO (AA.VV., *Facilidades de liquidação e economia de meios de pagamento pela Difusão do Cheque*, cit., **1955**, pp. 30-31) previa a nulidade das cláusulas de exoneração de responsabilidade unilateralmente formuladas.

«*A jurisprudência tem entendido que o dever imposto ao banqueiro* de controlar *a veracidade da assinatura do sacador nos cheques apresentados a pagamento é comandado por princípios de ordem pública*» [**AcRelÉvora de 13 de Dezembro de 1990** (SAMPAIO DA SILVA), *CJ*, 1990, ano XV, t. V, pp. 265-268, p. 267, referindo-se a diversas decisões judiciais].

[1459] Cfr. o **AcRelÉvora de 13 de Dezembro de 1990** (SAMPAIO DA SILVA), *CJ*, 1990, ano XV, t. 5 (pp. 265-268).

[1460] Considerando que a cláusula de irresponsabilidade do banco por extravio de cheques é nula, por ofensiva dos bons costumes (cfr. art. 280.º, n.º 2 do CC), por ser "leonina" e aposta em aproveitamento "da necessidade que os depositantes têm de livro de cheques", L. P. MOITINHO DE ALMEIDA, *Responsabilidade civil dos bancos pelo pagamento de cheques falsificados*, cit., **1982**, p. 77.

Também o § 1.º do artigo 6.º do anteprojecto de lei elaborado pela Comissão PINTO COELHO (AA.VV., *Facilidades de liquidação e economia de meios de pagamento pela Difusão do Cheque*, cit., **1955**, pp. 30-31) considerava «*nulas quaisquer cláusulas unilateralmente formuladas*» pelo banco com a finalidade de excluir a sua responsabilidade.

Tal cláusula é, à luz do Direito actual (LCCG, aprovada pelo Decreto-Lei n.º 446/85, de 25 de Outubro, na red. do Decreto-Lei n.º 249/99, de 7 de Julho), proibida em sede de responsabilidade civil contratual [cfr. art. 18.º, *alínea c*)], assim como o são as cláusulas que, nos casos de culpa (grave), pretendam afastar a responsabilidade extracontratual [cfr. art. 18.º, *alínea b*) da LCCG]. A própria inversão do ónus da prova – que os

Pagamento, vicissitudes e efeitos do cheque e da convenção de cheque   679

apreciar a culpa do banco e, se a mesma não se provar, admitindo que também não se demonstra a culpa do cliente, encontrar um critério que permita estabelecer a responsabilidade pelo pagamento do cheque falso ou falsificado.

**VI.** Ainda que no âmbito da relação contratual do banco com o sacador e da responsabilidade que da mesma resulta não se prove a culpa do banco, sobre este recai a presunção de culpa estabelecida no artigo 799.º, n.º 1 do Código Civil, pelo que lhe caberá demonstrar que o cumprimento defeituoso não se ficou a dever a *culpa sua.*

Para afastar a sua responsabilidade (por culpa), o banco pode seguir uma das seguintes duas vias (ou ambas), provando que:

*(i)* A culpa da falsificação é do cliente;
*(ii)* Actuou de forma diligente e não censurável, não lhe sendo exigível, na situação concreta, que agisse de outro modo.

No primeiro caso, a presunção que impende sobre o banco desvanece-se, por efeito do disposto no artigo 570.º, n.º 2 do Código Civil, e o cliente deverá assumir o prejuízo.

Se optar por centrar a sua defesa na diligência da sua intervenção, o banco deverá demonstrar que cumpriu adequadamente as obrigações a que estava sujeito, e que não lhe seria exigível, mesmo considerando as suas capacidades técnicas, ter atingido um diferente resultado.

Neste caso, suscita-se uma dúvida legítima, que é a seguinte:

– Não se provando a culpa de nenhuma das partes da convenção de cheque, *a quem será imputado o dano e qual o critério para o efeito?*

---

nossos tribunais admitiram durante muito tempo – se encontra, hoje, excluída [cfr. art. 21.º, *alínea g)* da LCCG]. Neste sentido, JOSÉ MARIA PIRES (*Direito Bancário*, 2.º vol. cit., p. 336) antes de rever a sua posição no seu livro sobre *O cheque* (cit., **1999**, p. 111). Nesta obra, o autor considera que a cláusula de exoneração de responsabilidade por uso ilícito dos módulos de cheque «não tem qualquer significado», não valendo a pena discutir o respectivo valor, porque «ela não tem cabimento relativamente ao problema do pagamento feito a credor aparente ou *não legitimado pelo verdadeiro credor*» (p. 111) (itálico nosso).

Tal como afirmámos anteriormente, na circulação cambiária a legitimação não é conferida pelo credor, mas resulta da verdade formal do título, pelo que a posição de JOSÉ MARIA PIRES não se afigura aceitável, apresentando pontos de fragilidade.

**VII.** Perdura, pois, uma questão importante por resolver.

Recorde-se que, até aqui, nos mantivemos dentro do perímetro dos quadros da responsabilidade civil, tal como os conhecemos.

Funcionalmente, com o pagamento, o banco deduziu na conta do sacador a importância do cheque indevidamente pago. Contudo, sendo o depósito em dinheiro um depósito irregular, o reverso da disponibilização e aproveitamento do dinheiro depositado, pelo banco, traduz-se neste ser devedor do respectivo montante.

Por isso, o sacador sente-se com direito à reposição da quantia deduzida na sua conta-corrente, ao mesmo tempo que o sacado pretende evitar pagar duas vezes e assumir, desse modo, o custo pelo pagamento do cheque falsificado.

Cabe perguntar, pois, o que sucede nessa situação, em que não só não se demonstra a culpa de qualquer das partes, como o banco logra provar que agiu diligentemente, não lhe sendo exigível diferente conduta.

### 21.6.4. *A responsabilidade baseada no risco profissional do banqueiro, na ausência de culpa*

**I.** Nem sempre é possível apurar a eventual culpa dos envolvidos. Pode acontecer não ser demonstrável se a culpa é do banco ou do cliente, ou em que medida a respectiva intervenção terá contribuído para a produção da vicissitude e, não obstante, seja necessário imputar o dano decorrente do pagamento de um cheque falsificado.

Mais: pode produzir-se o dano, consubstanciado no efeito da falsificação, e não obstante ficar demonstrado que nem o banco sacado, nem o sacador, preteriram os deveres decorrentes do respectivo contrato e da lei.

Importa, por isso, resolver a questão de saber em que medida deve (ou não) ser o sacado responsabilizado pelo pagamento do cheque falsificado, quando não tenha conhecimento, nem devesse ter, da falsificação. Ou seja, até que ponto, e com que fundamentos, poderá o risco da falsificação do cheque ser atribuído ao sacado, impondo-lhe, a título de reintegração da situação patrimonial do sacador (lesado por força do pagamento, pelo banco, de um cheque falsificado à custa da provisão constituída junto deste por aquele), a restituição integral ou parcial das quantias indevidamente pagas e a reparação do prejuízo sofrido, sendo aqui contabilizados outros danos para além do dano patrimonial directo e imediato.

*Pagamento, vicissitudes e efeitos do cheque e da convenção de cheque* 681

Não havendo lugar, no domínio das relações imediatas, a tutela cambiária, a questão da repartição do risco de falsificação do cheque e das respectivas consequências tem de ser resolvida pelo recurso aos princípios gerais aplicáveis à actividade bancária, salvo se a convenção de cheque determinar efeitos específicos. A este propósito, sublinhe-se que a convenção não pode afastar a responsabilidade do sacado em caso de falsificação do cheque[1461].

Em qualquer circunstância, o banco, na qualidade de entidade especializada, deve, em princípio, ser responsável pelos prejuízos decorrentes da falsificação do cheque, excepto se demonstrar que o sacador actuou com culpa ou foi negligente no cumprimento dos respectivos deveres (designadamente, conservação do livro de cheques). Isto significa que a culpa leve do sacador não afasta a culpa leve do banco.

Deste modo, o banco é responsável sempre que não consiga provar que o sacador agiu com *culpa*, recaindo sobre ele (banco) o ónus dessa prova.

Esta teoria e solução têm a sua pedra de toque no risco profissional da actividade bancária[1462] – corolário do risco profissional do empresário

---

[1461] Neste sentido, cfr. **AcSTJ de 17 de Dezembro de 1981** (ANTÓNIO FURTADO DOS SANTOS) (transcrito na íntegra em L. P. MOITINHO DE ALMEIDA, *Responsabilidade civil dos bancos pelo pagamento de cheques falsificados*, cit., **1982**, pp. 174-176) que – confirmando o **AcRelLisboa de 9 de Janeiro de 1981** (JOÃO ALCIDES DE ALMEIDA), com voto de vencido de Pinto Furtado, *CJ*, ano VI, t. 1, 1981, pp. 199-201 (transcrito na íntegra por L. P. MOITINHO DE ALMEIDA, *ibid.,* pp. 155-166) – considera *irrelevante a cláusula da convenção de cheque que exonera o Banco de responsabilidade por pagamento de cheque falso.*

Diversamente, e no âmbito do mesmo processo, o **AcRelLisboa de 29 de Maio de 1979** (FRANCISCO DUARTE CUNHA) (transcrito na íntegra em L. P. MOITINHO DE ALMEIDA, *ibid.,* pp. 121-136), que seria anulado pelo **AcSTJ de 22 de Maio de 1980** (ALVES PINTO), *BMJ 297*, pp. 368-375.

[1462] Qualificando a responsabilidade dos bancos pelo pagamento de cheques falsificados como se fosse uma responsabilidade objectiva (na réplica apresentada no âmbito de um processo de condenação por pagamento de cheques falsificados), L. P. MOITINHO DE ALMEIDA, *Responsabilidade civil dos bancos pelo pagamento de cheques falsificados*, Coimbra Editora, **1982**, pp. 37-38.

Condenando o banco com base no risco profissional da respectiva actividade, «*considerando que a tendência moderna é para a objectivação da culpa*», a **Sentença da 7ª Vara Cível de Lisboa de 31 de Janeiro de 1936** (JERÓNIMO RODRIGUES DE SOUSA), *RT*, ano 62.º, 1944, pp. 314-318.

Rejeitando a teoria do risco profissional do banqueiro, considerando não existir entre nós «responsabilidade civil sem haver culpa ou negligência», ADOLFO BRAVO, «A

682      *Cheque e Convenção de Cheque*

– e, colhendo apoio na presunção de culpa estabelecida no art. 799.º, n.º 1 do Código Civil[1463], pode ir mais longe, extravasando da ténue fronteira entre a responsabilidade subjectiva e objectiva e responsabilizando o banqueiro pelo risco da sua actividade, quando não se provar a culpa de nenhum dos envolvidos.

Reconhece-se que a dificuldade em superar os rígidos quadros legais disponíveis – cuja adaptação, no caso concreto, se pode justificar pela especificidade da situação – não deve constituir dogma, devendo a jurisprudência, à semelhança do que já aconteceu ou esteve na iminência de acontecer[1464], por várias vezes, estar predisposta a romper com as limitações clássicas próprias dos quadros rígidos e formais característicos do Direito Civil de inspiração romanística que, no século XXI, não pode deixar de ceder aos princípios reguladores do mercado, designadamente pela via de um afastamento progressivo em relação à culpa como pressuposto individual incontornável da responsabilidade civil, de acordo com a perspectiva clássica, e em direcção a uma ampliação crescente do domínio da responsabilidade fundada no risco, com referência dominante à necessidade ou relevância social da reparação do dano sofrido pelo lesado[1465].

Por razões de ordem prática – e porque não se destina esta dissertação a inovar no domínio da responsabilidade civil –, vamos procurar aproveitar o enquadramento da responsabilidade contratual e justificar que, pontualmente, sempre que a mesma seja insuficiente para dar resposta aos danos que se venham a produzir por efeito da falsificação do cheque, se deve concluir pela responsabilidade objectiva do banco.

**II.** Não se vê que outra possa ser a solução: em circunstâncias que não permitem imputar (ou provar) a culpa a qualquer dos sujeitos envolvidos (sacador e sacado), a responsabilidade deverá ser distribuída de acordo com o critério da protecção do contraente mais fraco, por um lado, sendo ainda preferencialmente atribuída ao sujeito que se encontre melhor

---

responsabilidade do banqueiro pelo pagamento de cheques falsos, na doutrina e na jurisprudência», *RT*, ano 62.º, **1944** (pp. 306-310), p. 309.

[1463] «*Incumbe ao devedor provar que a falta de cumprimento ou cumprimento defeituoso da obrigação não procede de culpa sua*».

[1464] Neste sentido, cfr. o **Acórdão do STJ de 3 de Março de 1998** (NASCIMENTO COSTA), *BMJ* 475, 1998, pp. 710-715.

[1465] Cfr. ANTUNES VARELA, *Das Obrigações em Geral*, I, 10ª ed., cit., **2000**, p. 523.

## Pagamento, vicissitudes e efeitos do cheque e da convenção de cheque 683

posicionado para controlar as fontes do risco – e que será, em função do seu profissionalismo, experiência e deveres que lhe incumbem relacionados com o pagamento e verificação do cheque, o banqueiro. É este, efectivamente, que, ao ser-lhe apresentado o cheque a pagamento e ao aplicar a esse pagamento as rotinas e a diligência profissionais que lhe são exigíveis – e que excedem, claramente, as de um "bom pai de família"[1466] –, se encontra melhor posicionado para detectar eventuais falsidades ou falsificações do título, por mais subtis que se apresentem. É, pois, o banco quem melhor controla a fonte dos riscos, situando-se perante o cheque em posição de poder recusar *legitimamente* o respectivo pagamento com base na falsificação detectada.

Note-se que a falsificação, seja qual for a modalidade sob a qual ocorra, corresponde a uma vicissitude sistematicamente produzida quando o sacador (ou aquele que aparenta sê-lo) já perdeu qualquer domínio sobre o cheque. Nuns casos, porque o sacador foi dele desapossado antes da respectiva emissão, seguindo-se o preenchimento e assinatura falsos e abusivos pelo falsificador; noutros, pela alteração abusiva dos dados após a sua emissão e entrega. Percebe-se, assim, que, desde que não se mostre ter existido, da parte do sacador, qualquer culpa pela guarda e uso deficientes dos cheques (*v.g.*, pela guarda deficiente dos módulos, ou pela entrega de cheque em branco a sujeito que sabe haver já procedido a falsificações), este não tem qualquer possibilidade de controlar o risco de falsificação e de evitar o seu pagamento pelo banco à custa da sua provisão. A partir do momento em que a falsificação ocorre – necessariamente posterior à saída do cheque da esfera material de acção do sacador –, só o banco, no momento da sua apresentação a pagamento, fica em condições de detectar a falsificação e de evitar o prejuízo do sacador, recusando o seu pagamento[1467].

O risco de falsificação deverá ser suportado pelo banco, com a consequência de correrem por conta deste os prejuízos decorrentes do pagamento (indevido, ou melhor, *não devido*, pois que, como vimos, o banco não pode recusar o pagamento *a não ser em caso de detecção*

---

[1466] Critério que consideramos, assim, ceder perante o critério de exigência que o desempenho profissional do empresário suscita, em função dos meios de que, em cada ramo de actividade, dispõe.

[1467] Pressupõe-se que o sacador não foi desapossado dos módulos – ou, tendo-o sido, não se apercebeu desse facto – e que consequentemente não informou o banco de qualquer vicissitude inerente aos módulos.

*atempada da falsificação).* Afigura-se muito difícil aceitar que o dano deva, nestas circunstâncias, ser suportado, ou sequer partilhado, por quem, de facto, não controla a fonte do risco, e que o sacado seja liberado quando, afinal, só ele podia (e devia, se pensarmos no dever de diligência que sobre ele recai no que respeita à averiguação da veracidade do cheque e ainda na larga experiência profissional que detém na matéria) aperceber-se da falsificação e evitar o prejuízo do sacador mediante a recusa de pagamento do cheque.

Justifica-se referir, a este propósito, que a situação jurídica do sacado, nomeadamente no que respeito à sua vertente passiva, e os efeitos que dela decorrem, não se estrutura unicamente com base na convenção de cheque, embora esta constitua um quadro imprescindível para regular o relacionamento entre as partes. Aos deveres contratuais, há que acrescentar os que resultam dos usos bancários e ainda atender aos princípios que enformam a tutela da circulação cambiária baseada na aparência do título, não obstante a vicissitude só ter relevo inter-partes depois de pago o cheque falsificado.

A solução proposta, extravasando eventualmente do quadro clássico da responsabilidade civil, não dispensa um adequado suporte jurídico. Há, por isso, que reconhecer algumas dificuldades no que respeita ao desejável enquadramento técnico-jurídico da solução que defendemos.

**III.** Uma possibilidade de solução seria, no contexto da responsabilidade extracontratual, perspectivar, na posição jurídica do sacador, um direito à reintegração do seu património, correspectivo de um dever de indemnização do sacado. É sabido que entre nós se tem, por unanimidade, sistematicamente recusado a ressarcibilidade em termos gerais dos puros danos patrimoniais (*pure economic loss*), enquanto lesões no património do sujeito, que não correspondam à violação de qualquer direito subjectivo[1468], ou a relevância jurídica de um *direito ao património* susceptível de fundamentar em si mesmo um dever de indemnização dos danos sofridos na esfera patrimonial do lesado[1469].

---

[1468] Sobre a noção de *pura perda patrimonial*, cf. MAURO BUSSANI / VERNON Valentine PALMER, «The notion of pure economic loss and its setting», AA.VV., *Pure Economic Loss in Europe*, The Trento Project, Cambridge University Press, **2003** (pp. 3-16), pp. 3-5.

[1469] É a pura perda ou prejuízo económico que estão em causa, sem que, em paralelo ou *ex ante*, se possa falar do desrespeito por um direito (pessoal ou patrimonial) do sujeito do qual tenha resultado essa perda, correspondendo a todas aquelas situações em

*Pagamento, vicissitudes e efeitos do cheque e da convenção de cheque* 685

A responsabilidade pelas puras perdas patrimoniais só existe quando estas já sejam alvo de uma específica protecção delitual[1470] – isto é, quando exista *norma* dirigida à protecção específica dos bens lesados.

**IV.** Recorde-se a situação em apreço: o sacado pagou o cheque que não deveria ter pago porque havia sido falsificado. Simplesmente, ele desconhecia essa vicissitude, que não detectou apesar de ter actuado com especial cuidado. Não se prova igualmente que o sacador actuou negligentemente. *Como resolver?*

– Não havendo culpa e afastando-se a presunção que apontaria para a responsabilidade do sacado, *será legítimo aceitar que os danos sejam imputáveis na esfera jurídica do sacador, que é o titular da conta debitada?*

Cremos que não, pelas razões que acima já expusemos.

– *Como sustentar então a responsabilidade do sacado nessa situação?*

Afigura-se que a situação é enquadrável, do ponto de vista da sua teleologia e fundamentação, na figura da *responsabilidade (extracontratual) objectiva*, que seria imputável ao sacado independentemente de culpa (e até, eventualmente, independentemente de ilicitude). E não temos nenhuma dúvida de que por aqui se alcançaria uma moldura adequada à solução preconizada, com a verificação de todos os elementos habitualmente referidos a esta modalidade da responsabilidade civil: deslocação da responsabilidade para o sujeito que surge na relação jurídica como o titular mais forte, menos carecido de protecção – o banco –, que domina as fontes do risco (de verificação da falsificação), e que retira vantagens da utilização do cheque pelo seu cliente[1471].

---

que, da conduta de um sujeito, resulta uma *perda económica* para outro, sem que, todavia, se possa identificar uma *lesão jurídica*, a violação de um qualquer direito absoluto. O dano patrimonial puro é, assim, em geral, insusceptível de reparação pela via indemnizatória, não reconhecendo a ordem jurídica aos sujeitos um direito genérico ao património ou à sua integridade. O conceito de *pure economic loss* é, de resto, definido, na Europa e sobretudo na Alemanha, por recurso a uma delimitação ou regra "negativa" de não responsabilização.

[1470] Manuel CARNEIRO DA FRADA, *Uma "Terceira Via" no Direito da Responsabilidade Civil?*, Almedina, Coimbra, **1997**, p. 25.

[1471] Defendendo que, não se provando a culpa de qualquer das partes, elas terão de assumir proporcionalmente o risco pelo pagamento do cheque falsificado, **AcRelÉvora de 13 de Dezembro de 1990** (SAMPAIO DA SILVA), *CJ*, 1990, ano XV, t. V, pp. 265-268 [«*na falta de convenção ou disposição em contrário, o equilíbrio entre as respectivas posições de interesses, no âmbito da convenção de cheque justificará a integração das*

Este enquadramento depara-se, no entanto, com uma dificuldade técnico-jurídica, que é a do exclusivo reconhecimento pelo artigo 483.º, n.º 2, do Código Civil dos casos de responsabilidade objectiva «*previstos na lei*»[1472].

Esta *imposição* não será, eventualmente, e nos quadros das mais evoluídas e recentes propostas doutrinais em matéria de responsabilidade civil, uma objecção definitiva. Não pretendemos sequer concluir – na linha do que tem sido a convicção, repetidamente manifestada pela doutrina mais significativa[1473] – que os quadros clássicos da responsabilidade civil se acham hoje seriamente comprometidos, sendo conveniente reformular o instituto da imputação de danos e admitir outras formas de responsabilidade, como já sucede para a responsabilidade pré-contratual, bem como admitir a diluição progressiva das fronteiras entre a responsabilidade civil contratual e a extracontratual. E sublinha-se, aqui e a este propósito, a ideia, já defendida por CARNEIRO DA FRADA, segundo a qual o texto do Código Civil «não aponta para a consagração de um *numerus clausus* dos fundamentos e das modalidades da responsabilidade civil»[1474],

---

correspondentes declarações negociais no sentido da assunção proporcional do risco pelas duas partes» (p. 266)], sem, contudo, adiantar um critério para tal repartição. Trata-se de decisão salomónica que, reconduzindo a repartição do risco a uma responsabilidade objectiva, carece de fundamentação análoga à da solução que propomos.

[1472] Sobre a projecção da regra da excepcionalidade da responsabilidade sem culpa no Direito português e em diversos ordenamentos jurídicos estrangeiros, CALVÃO DA SILVA, *Responsabilidade Civil do Produtor*, Almedina, Coimbra, **1990**, pp. 366-377

[1473] Vd., de entre as obras nacionais mais recentes, e por toda a doutrina clássica, Mário Júlio de ALMEIDA COSTA, *Direito das Obrigações*, 10ª ed., cit., **2006**, pp. 527-539, especialmente p. 530, nota 1. SINDE MONTEIRO (*Responsabilidade por Conselhos, Recomendações e Informações*, cit., **1989**, p. 43) revela igualmente uma aceitação tranquila de «espécies de responsabilidade não perfeitamente definidas que se situam 'entre o contrato e o delito'». Para um balanço actual, e representando a moderna doutrina obrigacionista, Manuel CARNEIRO DA FRADA, «Vinho novo em odres velhos? A responsabilidade civil das "operadoras de *Internet*" e a doutrina comum da imputação de danos», *ROA*, ano 59, II, **1999** (pp. 665-692), em particular p. 673, onde expressamente admite que o universo da responsabilidade não se esgota na dicotomia entre responsabilidade contratual e extracontratual, configurando-se hoje como possíveis outras «formas de responsabilidade intermédias, situadas entre os pólos do contrato e do delito», que, no entender do autor, permitem superar aquela dicotomia.

[1474] Manuel CARNEIRO DA FRADA, «A responsabilidade pela confiança nos 35 anos do Código Civil – Balanço e Perspectivas», AA.VV., *Comemorações dos 35 anos do Código Civil e dos 25 Anos da Reforma de 1977*, vol. III, Coimbra Editora, **2007** (pp. 285-307), p. 306.

Pagamento, vicissitudes e efeitos do cheque e da convenção de cheque   687

pelo que sempre poderíamos (se fosse este o lugar adequado, que não é) ensaiar uma construção provável e útil que permitisse configurar a responsabilidade do sacado pela indemnização ao sacador pelo pagamento do cheque falsificado como uma manifestação de responsabilidade objectiva fundada, ainda que de modo indirecto, nas normas que impõem ao banco o pagamento do cheque sempre que não se verifique ou seja invocada uma causa legítima de não pagamento. Com isto, é inequívoco o objectivo do legislador de centrar no sacado a responsabilidade pelas diversas vicissitudes que o cheque pode sofrer, independentemente da culpa efectiva que ele possa ter (ou não) na verificação do facto.

Esta via afigura-se sedutora e coerente com os princípios e a teleologia do critério de solução aqui avançado, de responsabilização do banco pelo dano resultante da falsificação. E a sua aceitação – obviamente, assente em elementos definidores adicionais que teriam de ser desenvolvidos[1475] – permitiria o recurso a um expediente técnico-jurídico sólido e rigorosamente adequado às circunstâncias, do ponto de vista da sua fundamentação.

Não temos, pois, qualquer dúvida de que, apesar da dificuldade aludida, a responsabilidade do banco deveria ser categorizada nos quadros da responsabilidade (extracontratual, em princípio[1476]) objectiva[1477].

---

[1475] Como salienta MENEZES CORDEIRO (*Tratado de Direito Civil Português*, I – *Parte Geral*, Tomo I, 3ª ed., Almedina, Coimbra, **2005**), na imputação pelo risco «reside uma área importante de evolução juscientífica da responsabilidade civil nos próximos tempos» (p. 424).

[1476] Embora hoje se aceite já igualmente como possível a responsabilidade objectiva contratual. Cfr. M. J. ALMEIDA COSTA, *Direito das Obrigações*, 10ª ed., Almedina, Coimbra, **2006**, pp. 1038-1040, e MARIA VITÓRIA ROCHA, «A imputação objectiva na responsabilidade contratual», *RDE*, ano XV, **1989** (pp. 31-103), pp. 31-33.

[1477] Mesmo em ordenamentos em que o Direito positivo fornece uma solução mais clara, para esta problemática, como é o caso do Direito espanhol, a doutrina tem dificuldade, como vimos (*supra*, n.º 21.3.3.3), em assumir a qualificação da responsabilidade do banco como objectiva. Assim, VÁSQUEZ BONOME (*Todo sobre la Letra, el Pagaré y el Cheque*, Difusión Jurídica, Madrid, **2005**) qualifica a responsabilidade do banco sacado, pelo pagamento de cheques falsos ou falsificados, como "quase-objectiva" (pp. 471-473), esclarecendo que «o princípio (da objectivação da responsabilidade com fundamento na doutrina do risco profissional) consiste em responsabilizar quem obtém uma utilidade da actividade que causa o dano, exigindo-se-lhe a sua reparação, com base na ideia de que quem obtém um benefício à custa de criar um risco para os demais, deverá suportar as consequências desse risco» (p. 473). Já CALAVIA MOLINERO/BALDÓ DEL CASTAÑO (*El cheque*, cit., **1987**) consideram existir «responsabilidade objectiva de carácter extracontratual,

688 *Cheque e Convenção de Cheque*

Caberá à jurisprudência, como tem acontecido até aqui – em relevantes institutos jurídicos – desbravar o caminho e admitir que, nas situações limite como a descrita, o ressarcimento dos danos só se poderá efectuar de forma justa com recurso à responsabilidade objectiva do banco (com limitação da indemnização pelo valor do cheque pago).

Os tribunais portugueses têm vindo a referir-se à responsabilidade objectiva dos bancos, para imputarem ao sacado a responsabilidade pelo pagamento do cheque falso sempre que não se prove a culpa de qualquer dos sujeitos.

Nesta linha, cite-se o **Acórdão do STJ de 3 de Março de 1998** (Nascimento Costa)[1478] que, dirimindo um caso de falsificação de dois cheques de valor elevado – que resolve, aliás, com base na preterição dos deveres contratuais do banco –, afirma que «*a jurisprudência* (do STJ) *tem hesitado, parecendo tender para a responsabilidade objectiva dos bancos (caso se não prove culpa do titular da conta)*» (p. 714)[1479].

**V.** No entanto, e por não caber, no contexto deste trabalho, o desenvolvimento *a latere* de propostas no campo específico e complexo da responsabilidade civil, recomenda-se que a solução proposta seja testada à luz de critérios dogmáticos mais consensuais, nomeadamente desenvolvendo a categoria (já) tradicional da responsabilidade civil pelo risco.

Com algum esforço conseguir-se-á, entretanto, reconduzir a situação em análise aos quadros da responsabilidade civil contratual, se concluirmos pelo cumprimento defeituoso (comprovado ou presumido) da obrigação de diligência a cargo do banco na verificação da veracidade e conformidade do cheque. Na verdade, e visto que a hipótese contemplada é a do pagamento do cheque pelo banco por desconhecimento da falsificação, pode presumir-se, neste caso, a não afectação de todos os seus recursos e experiência à averiguação da veracidade do cheque. E logo aqui, a não

---

no sentido de que a responsabilidade do banco deriva do risco empresarial, uma vez que quando um banco sacado celebra um contrato tão "sui generis" como o pacto ou contrato de cheque, está a assumir um risco profissional por imperativo legal» (p. 155).

[1478] *BMJ* 475, 1998, pp. 710-715.

[1479] Diversamente, deixando sem solução uma situação de desapossamento por falsificação, em que se demonstrou o banco não ter tido culpa, sem se demonstrar a culpa do sacador, o **AcSTJ de 3 de Outubro de 1995** (Herculano Lima), *BMJ* 450, 1995, pp. 416-423, que – não superando o quadro tradicional da responsabilidade civil – concluiu pela falta de um requisito essencial da obrigação de indemnizar: a culpa ou «*nexo subjectivo de imputação do facto ao agente*» (422).

*Pagamento, vicissitudes e efeitos do cheque e da convenção de cheque* 689

ser que (se) prove a culpa do sacador, fica explicada e fundamentada a responsabilidade contratual por culpa presumida do sacado perante o sacador[1480].

Mas podemos ir mais longe: o banco, de acordo com o regime vertido na LUCh, com o modo de funcionamento do cheque e com a sua função económica, é titular de uma *obrigação de resultado* perante o seu cliente – a de pagar o cheque e assumir as condições desse pagamento, quaisquer que tenham sido as vicissitudes entretanto ocorridas, desde que não tenha sido para elas alertado e não careça de fundos para o efeito. E este tipo de obrigação, onde o devedor fica vinculado a proporcionar ao credor um certo efeito útil[1481], funda uma responsabilidade que, embora contratual, implica (ou admite) uma *imputação objectiva*, na medida em que só é excluída nos casos de impossibilidade objectiva, de acordo com o art. 790.º do Código Civil.

### 21.7. Falsificação e tutela cambiária; solução proposta

**I.** A Lei Uniforme é omissa sobre os efeitos da falsificação, tendo sido recebida em Portugal sem quaisquer reservas ou especificações, embora o Estado português o pudesse ter feito. Acresce que os próprios textos da Convenção de Genebra (de 19 de Março de 1931) e do respectivo Anexo II (sobre Reservas à Convenção)[1482] são totalmente omissos acerca da questão da falsificação do cheque.

**II.** Não obstante, a resposta à questão, para além dos diversos parâmetros já equacionados, designadamente a propósito da caracterização da falsificação (art. 10.º da LUCh) e da responsabilidade pelo pagamento de cheques falsos ou falsificados, passa pela compreensão sistemática da Lei Uniforme, em particular dos preceitos relativos à tutela cambiária na circulação do cheque, cuja aplicação se estende e abrange o cheque falso ou falsificado no seu conteúdo, por forma que o banqueiro paga bem – e é obrigado a fazê-lo – quando paga um cheque falsificado.

---

[1480] Julgamos que o disposto no art. 799.º, n.º 1 do CC não constitui fundamento técnico suficiente porque o sacado pode provar que o dano não provém de culpa sua e não provar que o sacador agiu com culpa.

[1481] M. J. ALMEIDA COSTA, *Direito das Obrigações*, 10ª ed., cit., **2006**, p. 1040.

[1482] O Anexo I é a Lei Uniforme propriamente dita, como já explicámos.

É necessário ter em consideração um conjunto de preceitos, que assumem especial significado relativamente à tutela cambiária do cheque falsificado, nomeadamente os artigos 10.º, 13.º, 21.º, 51.º e 35.º da Lei Uniforme, respectivamente quanto à independência recíproca das assinaturas, ao preenchimento abusivo (do cheque em branco), ao desapossamento, à alteração de texto e ao pagamento do cheque.

Analisaremos em seguida, de modo autónomo, tais preceitos.

**III.** A falsificação do cheque e os respectivos efeitos pressupõem, desde logo, a consideração dos artigos 10.º e 13.º da LUCh.

O artigo 10.º dispõe sobre a independência recíproca das assinaturas constantes do cheque, estabelecendo a autonomia dos diversos direitos consubstanciados no título, e reconhecendo a validade e subsistência das obrigações cambiárias, ainda que as mesmas coexistam com assinaturas falsas. A ideia base é a seguinte: a eventual falsificação de uma assinatura, não detectada pela aparência, não prejudica o valor e eficácia das demais assinaturas, não obstante as mesmas poderem ter pressuposto a constituição de uma obrigação que, afinal, não se verifica relativamente ao pretenso signatário e sujeito cambiário.

Por sua vez, o artigo 13.º refere-se ao preenchimento abusivo do cheque em branco. Tal como sucede relativamente à letra (em branco), nas situações em que tenha sido sacado com alguma das menções essenciais por preencher, o cheque em branco pressupõe, concomitantemente, com a sua criação, a conclusão de um acordo que estabeleça os termos em que deverá ser completado. A admissibilidade do cheque em branco, no que respeita designadamente à sua data de emissão/vencimento ou ao respectivo montante, justifica-se na previsão de que o pacto extracartular celebrado integra os elementos necessários e suficientes ao adequado preenchimento do título. O que a Lei Uniforme faz, na disposição em apreciação, é salvaguardar a posição jurídica do terceiro adquirente de boa fé; isto é, a violação ou inobservância do acordado sobre o preenchimento do título não é oponível ao portador que não tenha adquirido o cheque de má fé, nomeadamente conhecendo a referida inadequação, ou que o adquiriu, aceitando a respectiva transmissão, cometendo uma falta grave, porque, designadamente, não actuou com a diligência que lhe seria exigível, ignorando ou preferindo ignorar a existência do referido acordo, que foi desrespeitado e cujo conteúdo (poderia e) deveria ter conhecido.

Os dois preceitos acima comentados enquadram, como veremos, as disposições legais que permitem inferir uma solução para a questão da falsificação.

*Pagamento, vicissitudes e efeitos do cheque e da convenção de cheque* 691

**IV.** O artigo 21.º dispõe sobre a inoponibilidade ao portador legítimo do desapossamento de um cheque, isto é, determina que o portador de um cheque relativamente ao qual ocorreu um desapossamento «*não é obrigado a restitui-lo, a não ser que o tenha adquirido de má fé* (conhecendo a vicissitude), *ou que, adquirindo-o, tenha adquirido uma falta grave*».

Deste artigo 21.º – que acolhe a doutrina subjacente ao artigo 13.º, embora numa outra fase – decorre que, num cheque (endossável) desapossado na circulação cambiária, há uma legitimação que se fundamenta no artigo 19.º (sobre endosso em branco e endossos riscados), que dá lugar a uma aparência criadora do próprio direito que o cheque integra.

Esta solução é aplicável, ainda que o desapossamento se verifique relativamente ao próprio emitente, como já vimos, porque a criação do próprio cheque pode ocorrer pela aparência.

Mas no sentido da tutela cambiária da aparência concorrem ainda os artigos 51.º e 35.º.

**V.** Assim, nos termos do artigo 51.º, verificando-se a «alteração do texto dum cheque, os signatários posteriores a essa alteração ficam obrigados nos termos do texto *alterado*».

Por sua vez, e como também já vimos, o banqueiro, ao pagar um cheque endossável, só «*é obrigado a verificar a regularidade da sucessão dos endossos*» – nomeadamente a coincidência entre os nomes apostos no cheque, como assinaturas dos endossantes e a precedente indicação destes como endossatários –, mas não «*a assinatura dos endossantes*», cujo controlo não seria, aliás, possível.

O artigo 35.º impõe ao sacado (instituição de crédito) que procede ao pagamento de um cheque *endossável* (sublinhado nosso) a obrigação de verificar apenas «*a regularidade da sucessão dos endossos*», dispensando-o da comprovação da autenticidade da assinatura dos endossantes.

A primeira conclusão a tirar é a de que o artigo 35.º não regula o pagamento do cheque ao sacador ou ao tomador, porque nesse caso não estamos perante um cheque endossável.

Compreende-se tal previsão, uma vez que o legislador pretende assegurar a legitimidade formal do portador do cheque, no momento em que este o apresenta a pagamento, garantindo que a sua posição (na cadeia cambiária) se alicerça numa sequência ordenada de nomes e assinaturas do(s) transmissário(s) e do(s) transmitente(s) subsequente(s) do título – a assinatura do(s) segundo(s) correspondendo ao(s) nome(s) daquele(s), como beneficiário(s) da ordem de pagamento. À instituição de crédito sacada não cabe apreciar a veracidade (autenticidade) das assinaturas constantes do cheque, mas unicamente verificar que os endossos se dispõem de forma ordenada e regular. Tal procedimento satisfaz inteiramente a tutela da confiança dos sujeitos que decidem com base na aparência do documento que emitem, aceitam, subscrevem, e com referência ao qual estão dispostos a proceder a um pagamento, independentemente de vicissitudes que, materialmente, tenham ocorrido.

**VI.** Do disposto no artigo 35.º retira-se que a Lei reguladora do cheque não teve preocupação semelhante à que resulta do disposto no artigo 40.º, III da LULL – no qual se pretende garantir a exoneração de responsabilidade do sacado quando paga bem –, o que se explica pela diferente natureza dos títulos de crédito (o cheque é necessariamente à vista e é um instrumento de pagamento, recorde-se)[1483].

O sacado na letra de câmbio é um devedor que – em contrapartida de uma vantagem de carácter patrimonial[1484] – se comprometeu a pagar

---

[1483] Reconduzindo a diferença entre estes dois preceitos a uma emenda de última hora que teria visado essencialmente «afastar a possibilidade de, ainda que por via indirecta, se disciplinar no texto da Convenção o problema de saber a quem incumbia o risco do pagamento do cheque falso ou viciado» e «muito menos em termos que permitissem entender que tal risco pertencia sempre ao sacador», ANTÓNIO CAEIRO/NOGUEIRA SERENS, «Responsabilidade do Banco apresentante (ou cobrador) e do Banco sacado pelo pagamento de cheques com endosso falsificado», cit., p. 94, apoiando-se nos trabalhos preparatórios da Convenção de Genebra relatados por Jacques BOUTERON, *Le statut international du chèque. Des origines de l'unification aux Conventions de Genéve (1880--1931)*, Dalloz, Paris, **1934**, pp. 455-465.

Não estamos de acordo com a leitura que ANTÓNIO CAEIRO/NOGUEIRA SERENS, *ibid.*, fazem do relato de BOUTERON, *ibid.*, porquanto este é claro em referir, por um lado, que o projecto dos peritos «não continha qualquer disposição a este propósito», como, por outro, que teria tido origem numa proposta apresentada por uma delegação que havia pretendido aplicar ao cheque a solução da letra de câmbio, não tendo a Conferência submetido este artigo «a uma discussão especial» (p. 455). A tudo isto acresce o facto de as resoluções da Haia (art. 17, al.2) conterem uma solução em sentido divergente do que ANTÓNIO CAEIRO/NOGUEIRA SERENS, *ibid.*, pretendem extrair do relato de BOUTERON, *ibid.*, e que vem de encontro à especificidade do cheque: «*Se o sacador ou o portador avisou o sacado de que o cheque se perdeu ou foi adquirido por terceiro, na sequência de um acto fraudulento, o sacado que paga o cheque só fica validamente liberado se o detentor do cheque provar que o adquiriu de modo legítimo*» (cfr. BOUTERON, *ibid.*, p. 455, nota 1).

[1484] Salvo na letra de favor.

*Pagamento, vicissitudes e efeitos do cheque e da convenção de cheque*    693

a letra através de um aceite e que, no momento do vencimento, quer poder determinar que, pagando, se exonerou da responsabilidade inerente à posição devedora que ocupava.

O sacado no cheque é uma entidade especial (um banco), cuja actividade se encontra sujeita a um apertado controlo (externo), que se dispõe a pagar, à vista, ao portador/beneficiário do cheque a quantia que nele está inscrita, à custa de fundos que o sacador previamente disponibilizou. O sacado no cheque tem, assim, uma capacidade financeira fora do vulgar e incomparável com a do habitual sacado da letra, gozando de uma reputação de seriedade e diligência acima da média.

E não se trata aqui de reconhecer que o devedor cambiário na letra pode não beneficiar dos meios de que dispõe o devedor do cheque, pela sua própria natureza.

O facto de a letra de câmbio ser um título circulável por definição, diversamente do que acontece com o cheque, que é um meio de pagamento de muito curto prazo, confere-lhe uma exposição significativa a eventuais desapossamentos, o que não sucede com o cheque. E isto, sabendo que o artigo 35.º da LUCh tutela, precisamente, o pagamento do cheque circulável («endossável», na terminologia legal). Daqui resulta que esta disposição legal não regula o pagamento do cheque ao sacador ou ao tomador, uma vez que nesse caso não estamos perante um cheque endossável.

**VII.** Nos termos da Lei Uniforme, o banco, sabendo que o cheque é falsificado, pode pagar, mas não é obrigado a fazê-lo[1485]. Pela Lei Uniforme, o banco não pode ser obrigado, por ser um profissional[1486].

A tutela cambiária resultante do artigo 35.º não dispensa o banco de actuar diligentemente, nem o exime da responsabilidade no plano contratual, caso cometa um erro grosseiro. No entanto, a Lei Uniforme não regulou o relacionamento entre o banqueiro e o cliente e, em especial, os problemas que o mesmo coloca, porque também não o tinha de fazer especificamente, dado que os mesmos não constituem matéria

---

[1485] Recorde-se que o banco só beneficia de tutela no pagamento relativamente ao cheque endossável, mas não aquele que não tenha circulado efectivamente e que, consequentemente, não necessita dessa tutela.

[1486] Mas já o Regime Jurídico do Cheque (DL 454/91, de 28 de Dezembro) estabelece a obrigatoriedade de o banco pagar cheques até um determinado montante (cfr. art. 8.º).

cambiária, mas respeitam a relações subjacentes. A responsabilidade pelo pagamento indevido de um cheque falsificado coloca-se num plano extracambiário.

O artigo 35.º contribui, assim, para diferenciar duas questões – uma cambiária e outra extracambiária – que a temática da falsificação do cheque permite também distinguir com clareza.

A determinação de quem suporta os custos da tutela cambiária e respectivos efeitos é matéria extracambiária. O problema da responsabilidade pelo pagamento indevido só se coloca entre o banqueiro e o cliente. O banqueiro não pode invocar argumentos para legitimar o não pagamento.

O banqueiro que não paga a terceiro de boa fé, (mesmo) sabendo que houve desapossamento (o saque não foi feito pelo sacador, *v.g.*), incorre em responsabilidade perante o beneficiário do cheque. Esta conclusão pressupõe, contudo, que tenha havido circulação (endossos).

Resumindo, constitui matéria extracambiária saber quem é que suporta o custo ("a factura") da tutela.

Mas o cheque falso (ou falsificado) é também tutelado cambiariamente, senão não faria sentido a independência recíproca das assinaturas ou o regime da adulteração de dados (falsificação).

Cambiariamente, o banco só beneficia de protecção no pagamento relativamente ao cheque endossável, mas não daquele que não tenha circulado efectivamente e que, consequentemente, não necessita dessa protecção, não havendo justa causa, qualquer que ela seja, para o não pagamento do cheque endossável.

**VIII.** Veja-se o disposto no próprio artigo 35.º, que não previu causas de não pagamento – fraude e má fé – porque não quis admitir que elas fossem invocadas para impedir o pagamento devido. Reforça este entendimento o facto de, como se referiu atrás, a lei portuguesa não ter admitido reservas, como o fez, por exemplo, a lei francesa.

Já no domínio das relações imediatas nos casos de cheque apresentado a pagamento pelo sacador ou por (diferente) tomador, não há tutela cambiária, pelo que o artigo 35.º não lhes é aplicável, justificando-se o não pagamento sempre que o banco tiver conhecimento, ou deva ter, de que o cheque é falso ou falsificado, isto é, sempre que o banco – no exercício das respectivas funções profissionais – disponha de meios para detectar a falsificação e, não obstante, não o faça, procedendo ao pagamento indevido do cheque, em prejuízo imediato do seu cliente, e violando assim um dever objectivo de cuidado.

Não havendo lugar a tutela cambiária, a questão da falsificação do cheque tem de ser resolvida extracambiariamente, por recurso aos princípios gerais aplicáveis à actividade bancária, se a convenção não apresentar especificidades, determinando o regime aplicável[1487].

Em qualquer circunstância – e por razões de ordem pública –, não repugna aceitar que o banco, na qualidade de entidade especializada, seja responsável, salvo se (se) demonstrar que o sacador actuou com culpa ou foi negligente no cumprimento dos respectivos deveres (designadamente, conservação do livro de cheques)[1488].

A culpa leve do sacador não dirime, porém, a culpa do banco.

Podemos, pois, concluir que a falsificação do cheque não beneficia da tutela cambiária, o que não significa que as respectivas consequências – risco dela emergente – tenham de ser exclusivamente avaliadas extracartularmente.

### 21.8. Outros casos de falta ou inadequação da ordem (eficaz) de pagamento do cheque

Apreciados os problemas que se colocam relativamente à falsificação e revogação do cheque (ou da ordem nele consubstanciada) e às vicissitudes no cumprimento das obrigações contratuais, outras circunstâncias podem pôr em causa o cheque como meio de pagamento. Tais situações – em que falta a ordem de pagamento ou em que ela é inadequada – correspondem a vicissitudes que afectam a generalidade dos negócios jurídicos e que não apresentam especificidades em matéria de cheque, para além das que resultam da tutela da aparência inerente à qualidade de título de crédito, caso em que a tutela da confiança requer um reforço da protecção da literalidade do título. Limitar-nos-emos a mencioná-las.

---

[1487] Como sublinha o **AcSTJ de 10 de Novembro de 1993** (Augusto Folque Gouveia), *CJ/AcSTJ*, ano I, t. III, 1993, pp. 130-132, é a partir da convenção de cheque *«que deve resolver-se a responsabilidade pelo pagamento dos cheques falsificados»* (p. 131).

[1488] A culpa leve do sacador não dirime a culpa do banco.

## 21.8.1. *Incapacidade negocial ou capacidade insuficiente*

**I.** A capacidade do sacador, seja pessoa singular ou entidade com diversa natureza, é uma condição de validade substancial do cheque.

A capacidade de gozo das pessoas físicas é genérica. Os menores – bem como os interditos e inabilitados – podem, assim, ser titulares de contas bancárias. No entanto, não podem movimentá-las livremente, salvo em casos excepcionais ou específicos e, no que respeita aos menores, apenas a partir de determinada idade [cfr. art. 127.º, n.º 1, *alínea a)* e *c)* do CC].

No plano das pessoas físicas, pode suceder que se verifique incapacidade de exercício do titular da conta bancária. Nesse caso, ele não poderá ser autorizado a movimentar a sua conta através de cheques, embora em certas circunstâncias, e relativamente a quantias limitadas, o possa fazer através de cartões de débito *em linha* [ao abrigo do disposto no art. 127.º, n.º 1, *alínea b)* do CC].

Se o banco disponibilizar módulos de cheques, tendo conhecimento – ou devendo ter – de que o sacador é incapaz, celebra com o sacador um negócio anulável[1489], a que o representante legal deste poderá pôr termo em qualquer momento. Os pagamentos efectuados por cheque sacado por sacador sem capacidade de exercício serão também anuláveis.

No entanto, a falta de capacidade do sacador, ou de qualquer outro interveniente na circulação cambiária não prejudica a validade das «*obrigações dos outros signatários*» (cfr. art. 10.º da LUCh). Trata-se de um princípio – da independência recíproca das assinaturas – que é corolário da tutela da aparência, e que justifica a validade do título, mesmo que exista uma vicissitude na sua criação ou transmissão. Fundamental é que ela não resulte do teor literal do cheque.

**II.** No que respeita às pessoas colectivas, elas têm uma capacidade de exercício funcional, mas padecem de restrições à capacidade de gozo, não sofrendo limitações para abrir contas bancárias e concluírem convenções de cheque, mas não dispondo da possibilidade de celebrar determinados negócios jurídicos e de usarem cheques para concretizarem pagamentos no âmbito desses negócios.

---

[1489] E deverá assumir a responsabilidade decorrente do seu acto, designadamente no que se refere ao pagamento de todos cheques emitidos pelo menor com valor igual ou inferior a um determinado montante (actualmente, de € 150,00) (cfr. art. 8.º do RJCh).

Pagamento, vicissitudes e efeitos do cheque e da convenção de cheque    697

Não há, assim, um princípio geral aplicável em matéria de capacidade de gozo, devendo a utilização do cheque ser apreciada na perspectiva do acto que, como instrumento de pagamento, consubstancia.

### 21.8.2. *Representação sem poderes*

Nos casos em que uma determinada pessoa, arrogando-se a representação de outra – indicada nos módulos como titular da conta sacada –, mas não tendo para o efeito poderes (suficientes), emite cheques em benefício de um terceiro, tais saques serão assimiláveis à emissão de cheque falso, porquanto o cheque não é criado pelo titular ou seu legítimo representante, mas por terceiro (cfr. art. 10.º da LUCh)[1490].

A representação sem poderes pode ocorrer em diversas circunstâncias, quer em relação a pessoas singulares – com ou sem capacidade jurídica de exercício –, quer envolvendo pessoas colectivas, e pode respeitar a diferentes situações, correspondendo a situações de falta ou excesso de poderes (de representação).

Importa assinalar que, impondo a lei que as obrigações cambiárias inscritas no cheque sejam válidas, mesmo que o sacador ou um endossante não tenha poderes para vincular um alegado representado (cfr. art. 10.º da LUCh), devem os efeitos da deficiente representação ser imputados ao pretenso representante, que fica pessoalmente obrigado pela subscrição cambiária e, se pagar o cheque, assume os *direitos* que caberiam ao *pretendido representado* (art. 11.º da LUCh).

### 21.8.3. *Vícios da vontade*

O sacador ou o endossante do cheque podem emiti-lo e endossá-lo, respectivamente, com a vontade viciada, por erro (simples ou por dolo), medo (coação moral ou estado de necessidade) ou usura. Trata-se de um fenómeno que deve ser equacionado no plano da Teoria Geral do Direito Civil, para onde se remete, chamando a atenção para o facto de, dada a abstracção da relação cartular e a relevância da aparência do título, na qual não ressalta seguramente qualquer vício da vontade, tais vícios não terem relevância no domínio cambiário.

---

[1490] No mesmo sentido, também muito resumidamente, SOFIA GALVÃO, *Contrato de cheque*, Lex, Lisboa, **1992**, p. 71.

698        *Cheque e Convenção de Cheque*

Desse modo, e no que respeita ao cheque, os vícios da vontade do subscritor cambiário só podem, em regra, ser considerados em sede de excepção pessoal, a invocar no plano das relações imediatas, com base nos negócios subjacentes (causais).

Contudo, admite-se a título excepcional que, se o saque ou o endosso tiverem sido dolosamente induzidos, o sacador possa revogar o cheque, solicitando ao banco que não o pague, ao abrigo da excepção prevista no § único do art. 14.º.

## 21.9. Outras vicissitudes

### 21.9.1. *Morte e dissolução do sacador*

**I.** A morte do sacador põe termo à convenção de cheque.

Por definição, é impossível o saque de cheques depois da morte[1491], mas frequentemente acontece que, no momento da morte, existem ainda cheques em circulação e que serão apresentados a pagamento posteriormente.

A Lei Uniforme acautela estas situações, determinando que «*a morte do sacador não* invalida *os efeitos* do cheque» (art. 33.º). Deste preceito resulta claramente que o cheque é válido ainda que apresentado a pagamento depois da morte do sacador, devendo consequentemente ser pago.

Mas o artigo 33.º não trata apenas da morte, refere-se também à incapacidade *posterior à emissão do cheque*.

Na sua versão portuguesa, a redacção completa é a seguinte: «*A morte do sacador ou a sua incapacidade posterior à emissão do cheque não invalidam os efeitos deste*».

Abordaremos a incapacidade superveniente adiante, para onde remetemos a solução do problema (*infra*, n.º 21.9.3).

No que respeita à morte, deparamos com uma dúvida pertinente, que é a de saber se o cheque sacado em branco pode ser completado posteriormente à morte do sacador.

---

[1491] Mas não a sua falsificação, esclareça-se. Tal como é possível completar, depois da morte, cheques que tenham sido oportunamente sacados em branco. Esta questão é objecto de análise no texto.

*Pagamento, vicissitudes e efeitos do cheque e da convenção de cheque*   699

Do teor literal da regra legal em apreço não resulta a solução. O artigo 33.º não se refere à morte ulterior à emissão do cheque, mas simplesmente à *morte*; o termo *posterior* não se reporta à morte, mas sim à incapacidade. Caso assim não se entendesse, então deveria ser utilizado na fórmula plural, para além de ser desnecessário, porquanto a morte do sacador, por natureza, não pode ser anterior à emissão do cheque.

Quanto à criação de um cheque em branco, com data por preencher, haverá que atender ao pacto de preenchimento. Se resultar do mesmo restrição ao preenchimento da data, devemos considerar que a completação do cheque não é possível. Porém, se não for legítimo concluir dos termos do pacto de preenchimento a impossibilidade de aposição de data, não nos repugna aceitar que o cheque seja completado com a data em que o sacador morreu, e em que ainda poderia ter completado o cheque. Para isso, é necessário que os termos do negócio subjacente, reflectidos no acordo de preenchimento, fossem compatíveis com tal acto.

Do exposto resulta que entendemos ser a palavra *cheque* utilizada no artigo 33.º no seu sentido próprio e não abrangendo, consequentemente, os cheques em branco. Para que o cheque seja válido e eficaz é preciso que tenha sido completado em vida do sacador.

**II.** Quanto à dissolução da pessoa colectiva, estando em causa uma sociedade, ela não extingue a respectiva personalidade jurídica (cfr. art. 146.º, n.º 2 do CSC), pelo que os cheques por ela emitidos deverão continuar a ser honrados, revelando-se conveniente adaptar a respectiva convenção e os módulos com a menção da nova situação (cfr. art. 146.º, n.º 3 do CSC).

### 21.9.2. *Insolvência*

A declaração de insolvência priva o insolvente de legitimidade para dispor válida e eficazmente dos seus bens, introduzindo limitações à sua capacidade, para dispor e administrar os bens que integram a massa insolvente.

No regime comum da insolvência (estabelecido no art. 81.º do CIRE)[1492], o devedor é privado da disposição e administração dos bens da

---

[1492] Que pode ser agravado em caso de insolvência culposa (cfr. arts. 189.º e 190.º do CIRE) ou atenuado pela atribuição da administração da massa insolvente ao devedor que seja uma empresa (cfr. arts. 223.º e segs. do CIRE).

massa insolvente, devendo passar a ser representado pelo administrador da insolvência (cfr. art. 81.º, n.º 4), pelo que deixa de poder dispor dos depósitos bancários que integrarem a massa insolvente, não lhe sendo permitido passar cheques sobre as contas a que respeitam.

Caso sejam emitidos pelo devedor cheques sobre as contas que integram a massa insolvente, o banco recusará o seu pagamento, uma vez que as ordens que os mesmos consubstanciam são ineficazes em relação à massa insolvente (cfr. art. 81.º, n.º 6 do CIRE).

O encerramento da insolvência porá termo à incapacidade do devedor [cfr. art. 233.º, n.º 1, *alínea a)* do CIRE], recuperando este a disponibilidade de movimentar as suas contas através de cheques.

### 21.9.3. *Incapacidade superveniente*

A Lei Uniforme parte do princípio de que o cheque só pode ser sacado por pessoas capazes (cfr. arts. 10.º, 11.º e 33.º), embora admita – como vimos (*supra*, n.º 21.2.4) –, e por efeito do princípio da independência recíproca das assinaturas constantes do cheque, que a incapacidade de um dos sujeitos não prejudique a validade das demais obrigações constantes do título (cfr. art. 10.º). Trata-se de um efeito da tutela da aparência e da circulação cambiária.

O artigo 33.º da LUCh torna claro que a incapacidade superveniente ao saque não prejudica os efeitos do cheque, mesmo que tal incapacidade venha a ser conhecida. Fundamental é que, no momento da criação, não se verifique a vicissitude. Se tal suceder, somos irremediavelmente remetidos para o regime do artigo 10.º.

## 22. Responsabilidade do banco sacado e eficácia da convenção perante terceiros

### 22.1. Responsabilidade do banco sacado pelo não pagamento do cheque

#### 22.1.1. *Os efeitos decorrentes da relação contratual estabelecida com o sacador*

**I.** Pela convenção de cheque, banco e cliente acordam na movimentação por meio de cheques de uma conta bancária que o segundo abre junto do primeiro e que deve encontrar-se devidamente provisionada.

Para o efeito, o banco fornece ao cliente módulos de cheques e compromete-se a pagar ao balcão ou por compensação todos os módulos devidamente preenchidos pelo cliente – com o valor e forma de cheques – no limite do saldo que a conta bancária tiver disponível[1493] em cada momento.

A expectativa mútua e recíproca das partes da convenção disseca-se facilmente.

O banco espera que o cliente provisione adequadamente a sua conta e que se assegure, sempre que emitir um cheque, que a mesma tem saldo suficiente para o respectivo pagamento, predispondo-se a pagar todos os cheques regularmente emitidos sobre essa conta e satisfazendo desse modo as ordens que lhe são transmitidas com essa finalidade.

O cliente, por sua vez, espera que os cheques por si sacados, para levantamento ou transferência de fundos por qualquer razão[1494] (pagamentos de bens ou serviços, reembolsos, doações ou outra), venham a ser honrados pelo banco, dispondo-se a provisionar suficientemente a sua conta, porque sabe que o pagamento dos cheques depende da disponibilidade de meios para o efeito.

---

[1493] Repare-se que o saque não é balizado pelo saldo contabilístico, mas pela provisão que, como referimos oportunamente (cfr., supra, n.º 17.2.1), engloba o crédito previamente acordado e concedido.

[1494] E também para garantia do cumprimento de uma obrigação, sempre que for convencionado com o beneficiário que ele poderá proceder à apresentação.

702        *Cheque e Convenção de Cheque*

Na relação que estabelecem entre si, estes sujeitos reservam-se ainda o direito de, com referência aos cheques que o cliente vai sacando, poderem, em certas condições, intervir e interferir e sujeitam-se, noutros casos, a terem de adoptar determinadas condutas legal e imperativamente fixadas. Nesses termos, impõe-se antes de mais apurar se celebraram um acordo que regule o funcionamento da convenção. Na falta de acordo expresso, a mesma é exclusivamente enquadrada pelas regras resultantes da Lei Uniforme, do Regime Jurídico-Penal do Cheque e dos usos bancários que, se forem de natureza injuntiva, se impõem, mesmo contra a vontade das partes.

Na verdade, vimos já que, em qualquer circunstância, as partes deparam com limites extrínsecos à sua vontade, pelo que existem situações em que, apesar de estarem de acordo em adoptar uma determinada postura, não o podem fazer, porque a lei não o permite.

Os interesses de terceiros e a tutela da circulação cambiária sobrepõem-se assim aos interesses das partes e limitam o âmbito de actuação e os poderes do banco sacado e do cliente.

**II.** O banco compromete-se contratualmente a pagar os cheques que sobre uma conta "sua" são sacados e que, directamente ou através da compensação, lhe são apresentados. É isso que o cliente/sacador e qualquer beneficiário do cheque esperam que aconteça.

Se o cheque for apresentado a pagamento pelo próprio sacador, a eventual recusa de pagamento deve ser dirimida entre os contratantes, traduzindo naturalmente um incumprimento contratual se a conta dispuser de provisão e o cheque tiver sido devidamente sacado. Neste caso, consideramos irrelevante que o cheque seja apresentado a pagamento fora de prazo, desde que não esteja prescrito (e a prescrição não tenha sido invocada), porquanto a responsabilidade contratual prevalece sobre eventual violação de uma regra da Lei Uniforme, cuja tutela se justifica – como procurámos demonstrar ao longo do resultado da nossa investigação e da nossa reflexão – quando o cheque circula, o que não é o caso.

**III.** Se o cheque for apresentado a pagamento por um terceiro, dentro do prazo legalmente estabelecido para o efeito, mas não for pago, haverá que ponderar diversas situações diferentes.

Comecemos pelas hipóteses em que a falta de pagamento se justifica.

*Pagamento, vicissitudes e efeitos do cheque e da convenção de cheque*     703

Se tiver ocorrido um desapossamento e o mesmo for evidente – por exemplo, não ser ininterrupta a cadeia de endossos –, o sacado deve recusar o pagamento e essa recusa não deve surpreender o portador e muito menos desagradar ao sacador.

Outra situação subsumível ao não pagamento fundamentado é aquela em que há justa causa para o cheque não ser pago, por ocorrência de uma vicissitude oportunamente comunicada ao banco sacado. Neste caso, mesmo que o desapossamento não seja visível, o sacado dispõe de um motivo para não pagar o cheque[1495] – e tem certamente a concordância do sacador, que é o principal interessado e que, por isso, não se irá naturalmente opor à recusa de pagamento que ele próprio terá solicitado – quando receber a informação da ocorrência.

Considerando que o interesse no não pagamento do cheque objecto de desapossamento é essencialmente do sacador[1496], o não pagamento satisfaz, em regra, o seu interesse, pelo que não se suscita qualquer problema a nível da responsabilidade do banco no plano contratual.

Só assim não será se a informação sobre o desapossamento for transmitida por um endossante e não corresponder à realidade. Nesse caso, o sacador poderá legitimamente sentir-se prejudicado pela recusa injustificada do pagamento do cheque, nomeadamente porque à mesma pode ficar associada a sua reputação. Desta ordem de considerações resulta que o banco deverá ter redobrado cuidado quando a notícia do desapossamento lhe for transmitida por um terceiro.

**IV.** Para além das situações descritas, o cheque também não é pago noutras circunstâncias.

Pressupondo que a conta disponha de provisão suficiente[1497], que não exista justa causa que obste ao pagamento do cheque e que este é apresentado no prazo estabelecido para o efeito, o sacado deve proceder ao pagamento do cheque, sob pena de incorrer em responsabilidade extracontratual para com o beneficiário.

---

[1495] Pressupomos que a justa causa se confirma, de facto.

[1496] Pode não ser sempre do sacador. Basta pensar no desapossamento que ocorra no decurso da circulação do cheque e que é comunicado ao banco sacado por um endossante.

[1497] Se assim não fosse, a recusa seria justificada e basear-se-ia na "falta de provisão".

704          *Cheque e Convenção de Cheque*

Se o sacado recusa o pagamento do cheque sem que o sacador lhe dê qualquer instrução nesse sentido incorre em responsabilidade contratual, devendo ressarcir o cliente pelos danos que lhe causou com a sua atitude.

No entanto, se a falta de pagamento decorre de um pedido do sacador, então o sacado não é responsável pelos prejuízos que o cliente venha a ter de assumir pela sua postura, sem prejuízo de ter de responder perante terceiros, pelo seu acto ilícito. Esta situação é oposta à que resulta do pagamento do cheque contra, e não obstante, a instrução do sacador no sentido de o sacado se abster de pagar. Nesse caso, haverá que ver se o sacado tem ou não liberdade de escolha. Se tiver, como acontece sempre que o cheque é apresentado a pagamento decorridos que sejam oito dias – para os cheques sacados e apresentados a pagamento em Portugal –, o sacado deve atender a revogação determinada pelo sacador, sob pena de responder pelos prejuízos. No decurso do prazo para apresentação a pagamento, e como vimos, o sacado nada pode fazer, encontrando-se legalmente vinculado a pagar o cheque.

### 22.1.2. *Responsabilidade perante o portador*

Antes de apreciarmos os expedientes processuais de que pode dispor o beneficiário do cheque cujo pagamento seja recusado, vamos analisar a responsabilidade do banco sacado pelo não pagamento do cheque perante o respectivo portador na apresentação a pagamento. Para o efeito, vamos distinguir duas situações que abordámos já anteriormente.

#### 22.1.2.1. *No âmbito da Lei Uniforme*

**I.** Mesmo admitindo que não existe justa causa de não pagamento, importa distinguir duas situações relativas à responsabilidade que resulta do não pagamento do cheque.

No plano da responsabilidade perante o portador, beneficiário do cheque, e não havendo motivo justificativo de não pagamento, a razão subjacente à recusa de pagamento é indiferente, mesmo que ela corresponda a uma instrução ou pedido do cliente.

A solução resultante da lei cambiária é simples. Se o cheque não for pago no decurso do prazo existente para o efeito, ainda que tenha sido "revogado" pelo sacador, o sacado é responsável pelos danos que causar ao beneficiário e não apenas e necessariamente pelo valor do cheque.

*Pagamento, vicissitudes e efeitos do cheque e da convenção de cheque*     705

Trata-se de uma situação que apreciámos já (cfr., *supra*, n.º 20.4), pelo que nos limitamos a remeter para solução a que chegámos e colhe apoio parcial da jurisprudência portuguesa[1498].

**II.** Se o não pagamento ocorrer após o decurso do prazo disponível para o efeito, então a recusa é lícita, uma vez que o banco não está obrigado a pagar o cheque. Porém, entendemos que, mesmo na falta de instruções do sacador, a recusa espontânea e por *motu proprio* pelo banco, podendo constituir um incumprimento contratual para com o cliente, encontra-se legalmente coberta pela previsão do art. 32.º, II da Lei Uniforme, pelo que o sacado não tem, nesse caso, qualquer responsabilidade perante o portador.

### 22.1.2.2. *A cessão ao portador do cheque do crédito que o sacador tem sobre o banco*

Uma situação diferente – que apreciámos a propósito da provisão (cfr., *supra*, n.º 17.2.1) – é a que resulta da lei francesa, segundo a qual o sacador, ao emitir um cheque em favor de terceiro, ceder-lhe-ia a propriedade da provisão inerente à quantia sacada, pelo que o portador do cheque arrogar-se-ia um direito de natureza contratual, por cessão da posição, ao respectivo pagamento. Nesta circunstância, reconhecendo-se a validade desta transmissão, o sacado, conhecendo a transmissão, deverá abster-se de colidir com os interesses do portador – que tem um direito contratual ao pagamento enquanto titular da provisão (cedida) –, sendo responsável pelo pagamento do cheque. Desconhecendo a transmissão, não deixará de responder perante o novo titular do direito de crédito à

---

[1498] A própria doutrina estrangeira, não obstante recusar a existência de relação cambiária entre o sacado e o portador do cheque – o que é diferente de reconhecer que, pela posição jurídica que ocupa, o sacado assume obrigações no plano da circulação cambiária que extravasam a sua relação contratual com o sacador –, tem vindo a admitir a responsabilidade do banco sacado perante o portador do cheque pelos prejuízos que a recusa indevida de pagamento a este possa provocar, com base «na função que os bancos desempenham na sociedade actual e na legítima e indiscutível expectativa de pagamento de que goza o portador» (CALAVIA MOLINERO/BALDÓ DEL CASTAÑO, *El cheque*, Praxis, Barcelona, **1987**, p. 167).

Em acréscimo, impõe-se lembrar que só com essa solução o cheque colhe adequada protecção à sua natureza de meio de pagamento.

706        *Cheque e Convenção de Cheque*

provisão, mas sem que o tenha de fazer para além do montante disponível na conta. Estamos perante uma situação específica e *sui generis*, que não encontra paralelo no Direito cambiário português.

### 22.1.3. *A acção contra o sacado*

#### 22.1.3.1. *Razão de ser*

O sacado não é obrigado em sede de regresso, porque só pode não pagar se não dispuser de provisão para o efeito, e pagando fá-lo por conta do sacador. Consequentemente, no plano da Lei Uniforme ele não é obrigado cambiário em sede de regresso (cfr. art. 40.º).

No entanto, a sua responsabilidade pelo não pagamento do cheque pode dar azo a que lhe seja movida uma acção de indemnização, para ressarcimento dos danos sofridos. A natureza e a causa da acção serão diferentes e dependerão, como veremos em seguida, do respectivo autor.

#### 22.1.3.2. *Acção movida pelo sacador*

A acção proposta pelo sacador contra o sacado basear-se-á na responsabilidade contratual deste, no âmbito da convenção de cheque, consistindo numa acção declarativa de condenação para ressarcimento dos prejuízos sofridos com o incumprimento da convenção.

A natureza desta acção é, pois, comum, e não cambiária. O sacado não tem, aliás, responsabilidade cambiária (cfr. art. 40.º da LUCh).

#### 22.1.3.3. *Acção proposta por outros intervenientes no cheque (endossantes) e pelo próprio portador; acerca da sua admissibilidade*

**I.** Por fim, vejamos se os demais intervenientes no cheque (endossantes e o próprio portador) poderão accionar o banco sacado[1499]. O raciocínio

---

[1499] Esta acção não se confunde com a acção de regresso que expressamente afastámos, em que o portador, verificando o incumprimento e encontrando-se dentro do prazo de apresentação a pagamento ou em tempo para efectuar o protesto, demanda cambiariamente todos os subscritores que o antecederam no cheque, podendo fazê-lo em sede de acção declarativa ou executiva.

*Pagamento, vicissitudes e efeitos do cheque e da convenção de cheque*  707

será aqui elementar: se esses sujeitos, ou algum deles, tiverem direitos sobre o sacado, ao respectivo direito caberá uma acção judicial, para reacção contra a sua violação.

Ora, vimos já que o portador do cheque tem direito a ser ressarcido pelos danos que resultarem do seu não pagamento injustificado. Será uma acção comum de responsabilidade civil, pelos danos sofridos, e fundada na violação da Lei Uniforme.

No que se refere aos demais intervenientes no cheque, nomeadamente aos diversos endossantes que possam ter participado na cadeia cambiária, eles não têm qualquer direito enquanto tais e por efeito do cheque endossado contra o sacado, que não é obrigado em sede de regresso (cfr. art. 40.º da LUCh).

## 22.2. (In)Eficácia da convenção perante terceiros (de boa fé)

### 22.2.1. *Efeitos da convenção*

**I.** A convenção de cheque é um acordo, expresso ou tácito, celebrado entre o banco e um ou mais clientes, que regula as relações estabelecidas entre ambos com referência a uma ou mais contas bancárias, e que dispõe sobre a forma como o cliente movimenta a sua conta ou as suas contas através de cheques.

Como qualquer contrato, reveste efeitos obrigacionais, não sendo os aspectos particulares do respectivo regime oponíveis a terceiros. As cláusulas que disciplinam os efeitos da convenção, *maxime* os direitos e obrigações dela emergentes, não são invocáveis nas relações das partes com terceiros, conquanto possam justificar o incumprimento de obrigações legais cujos efeitos se projectam externamente, resultante da inobservância de regras imperativas aplicáveis, e fundamentar situações internas de incumprimento.

Verificámos anteriormente que a relevância da convenção é por larga corrente da doutrina e jurisprudência considerada suficiente para justificar que uma das partes, a pedido da outra, se recuse a cumprir as obrigações que resultam da Lei Uniforme do Cheque.

**II.** Os efeitos que decorrem, para terceiros, das vicissitudes que se registam no plano contratual constituem uma decorrência da tutela do cheque e da sua circulação normal. Assim, o sacado só tem de pagar se dispuser de provisão suficiente, pelo que ele não incumpre se, não existindo provisão, não paga; o banco só é responsável quando não paga e devia pagar.

No que respeita ao cliente, ele não pode usar a convenção para afastar os efeitos cambiários que (já) não deseja, salvo se dispuser de justa causa.

Do exposto resulta que a convenção de cheque e as cláusulas que a caracterizam – "autorizando" as partes a interferir com a normal circulação do cheque –, são inoponíveis a terceiros, cuja confiança no pagamento seja baseada na aparência do cheque. Essa aparência sobrepõe-se, assim, aos interesses das partes, só cedendo em casos excepcionais. Contudo, ela não se verifica enquanto o cheque não entra em circulação porque, nesse caso, não se justifica a sua tutela, prevalecendo a regulação contratual do acordo que banqueiro e cliente celebraram, devendo aquele observar as instruções deste, salvo se forem contrárias a princípios de ordem pública.

### 22.2.2. *Os terceiros e a irrelevância do seu eventual conhecimento da convenção*

**I.** A convenção é um acto com natureza contratual celebrado por entidades que são sujeitos de outros contratos com natureza afim, assumindo uma das partes a qualidade específica de cliente por efeito da celebração desses contratos.

A representação do âmbito e alcance da convenção de cheque é, assim, indiferente a quem não a celebrou, porque a convenção, regulando a relação contratual bilateral que permite ao cliente sacar cheques, não projecta efeitos não pretendidos sobre terceiros. Estes definem-se, nesta matéria, positivamente, mas por exclusão de partes, sendo todos aqueles que não são partes na convenção, mas que de algum modo com ela se relacionam, nomeadamente por serem portadores ou beneficiários, ou avalistas, do cheque emitido com base na convenção.

**II.** Admitindo que a convenção possa conter restrições à liberdade contratual das partes, sujeitando a sua intervenção a autorizações recíprocas, importa apurar se o eventual conhecimento pelo terceiro dessas restrições debilita a sua posição jurídica, limitando os seus direitos. Cremos que não.

O concreto conteúdo da convenção de cheque é totalmente indiferente à protecção dos interesses do terceiro portador do cheque, os quais são tutelados pela Lei Uniforme. Só desse modo o cheque, como meio de pagamento, pode desfrutar da necessária confiança para fundamentar a sua circulação. Acresce que, ainda que a Lei Uniforme não tutelasse a posição do terceiro, os efeitos contratuais não lhe seriam oponíveis, se não lhe fossem previamente comunicados – antes de aceitar receber o cheque –, prejudicando a função do cheque.

**III.** Assim, a postura do terceiro apenas tem de ser legitimada nos termos das regras que tutelam a normal circulação cambiária. Se ele justifica a sua titularidade de forma irrepreensível com base na cadeia de endossos que formalmente se verifica, sem que a legitimação que resulta do título mereça objecções, então ele deve ter direito ao pagamento do cheque.

A irrelevância do seu estado de espírito está bem patente no disposto no artigo 35.º da Lei Uniforme, onde não se exige sequer que o banco pague sem fraude ou falta grave, diversamente do que acontece em relação ao sacado/aceitante de uma letra (cfr. art. 40.º, III da LUCh).

Daqui resulta que o beneficiário tem direito a receber o valor do cheque com base na aparência resultante do título. Se ele não ignora que, no decurso da circulação do cheque, ocorreu uma vicissitude que compromete a verdade substancial de alguma das transmissões registadas, mas não a revela, ele recebe o valor do cheque. Por isso, podemos afirmar que é irrelevante o portador estar de boa ou má fé.

No entanto, isso não significa que, sabendo da vicissitude que compromete a verdade substancial do título, o beneficiário não actue indevidamente contra o princípio da boa fé (no seu sentido objectivo) ao tentar cobrar o cheque que foi objecto de vicissitude, eventualmente desconhecida do sacado, ou ao endossar o cheque a um terceiro, podendo antecipar o seu não pagamento. E ainda que não se conclua pela possibilidade de aplicação de uma sanção civil, na falta de relação contratual ou pré-contratual do beneficiário com o sacado, não nos repugna que essa situação seja penalmente tutelada, à semelhança do que se passa com a norma incriminadora que pune o endossante que transmite o cheque, conhecendo antecipadamente que ele não será pago, por falta de fundos [cfr. art. 11.º, n.º 1, *alínea c)* do RJCh].

**IV.** Concluindo, podemos afirmar que os efeitos da convenção de cheque são indiferentes às relações que se estabelecem por efeito da circulação do cheque e que beneficiam de uma tutela que se sobrepõe aos interesses das partes da convenção de cheque, sem prejuízo de os intervenientes na circulação cambiária poderem, em circunstâncias excepcionais, vir a assumir responsabilidade de carácter penal pelo conhecimento que tenham da vicissitude relacionada com o cheque ou da sua falta de provisão e, não obstante, procurem aproveitá-lo, endossando-o ou apresentando-o a pagamento. Tais circunstâncias raras constituem a excepção que confirma a regra de que a aparência resultante do cheque se sobrepõe a instruções que sejam transmitidas ao sacado, pelo cliente, no âmbito e em execução de uma relação de carácter puramente bilateral.

# CAPÍTULO VIII
## Termo da convenção de cheque

## 23. Extinção da convenção

### 23.1. Razão de ser

**I.** Analisada a estrutura fundamental da convenção de cheque e os seus principais efeitos, *maxime* no que respeita aos respectivos direitos e obrigações, e dissecadas as vicissitudes que se podem registar no cumprimento das obrigações contratuais dela resultantes, bem como as circunstâncias em que deve ocorrer o pagamento do cheque, importa assinalar, agora, resumidamente, como termina ou se extingue a convenção de cheque.

Como qualquer negócio jurídico[1500], a convenção cessa os seus efeitos por diversas causas, sendo algumas voluntárias, outras involuntárias; outras ainda, não se enquadrando exactamente nas causas voluntárias ou

---

[1500] Não equacionamos nesta sede, por desnecessária, a extinção por cumprimento, uma vez que estamos perante um contrato de execução continuada sem termo.

Sobre os modos de extinção do vínculo obrigacional, na doutrina civilística actual (por ordem alfabética do último apelido), vd. Pedro ROMANO MARTINEZ, *Da cessação do contrato*, 2ª ed., Almedina, Coimbra, **2006**, em especial pp. 21-25, 41-43, 50-51, 58-60, 66-71, 80-81 e 87, Fernando Augusto CUNHA DE SÁ, «Modos de extinção das obrigações», in AA.VV., *Estudos em Homenagem a Professor Doutor Inocêncio Galvão Teles*, vol. I, Almedina, Coimbra, **2002** (pp. 171-262), pp. 172-174, e Pedro PAIS DE VASCONCELOS, *Teoria Geral do Direito Civil*, 4ª ed., Almedina, Coimbra, **2007**, pp. 771-776.

Na doutrina clássica portuguesa é incontornável a obra de Inocêncio GALVÃO TELLES, *Manual dos Contratos em Geral*, 4ª ed., Coimbra Editora, **2002**, pp. 379-383.

712  *Cheque e Convenção de Cheque*

involuntárias, decorrem de expressa determinação legal, ainda que pressuponham a intervenção de um sujeito de Direito, designadamente do impulso do sacado que vê defraudada a confiança depositada no sacador.

Começaremos por enunciar e apreciar, sucintamente, as causas de extinção da convenção comuns aos demais negócios jurídicos, para concluir (no n.º 24) com a forma específica de extinção da convenção: a rescisão.

**II.** Uma última nota introdutória – dirigida ao leitor comum, porque despicienda para jurista especializado – para fazer uma precisão: a de que a extinção da convenção não acarreta obviamente a destruição retroactiva dos seus efeitos, equivalendo a uma cessação do contrato, com meros efeitos *ex nunc*[1501] e a natural salvaguarda de todos os que foram anteriormente produzidos.

### 23.2. **Morte ou dissolução do cliente**

A convenção de cheque tem como contraparte do banco uma pessoa singular ou outra entidade personificada, em regra qualificável como pessoa colectiva. Consoante a natureza do cliente, a convenção pode extinguir-se involuntariamente, acompanhando a própria extinção da personalidade jurídica de uma das partes do contrato, ou decorrer de um facto que, não a visando directamente, poderia acarretar, com grande probabilidade, a sua cessação, uma vez que – ainda que voluntariamente – põe termo à personalidade da entidade que da mesma é parte e, consequentemente, extingue a convenção.

### 23.2.1. *Morte*

**I.** Com a morte do cliente extingue-se a convenção de cheque, não obstante subsistir aberta a conta a que a mesma se reporta.

No contrato de depósito ocorre a substituição do cliente pelos seus sucessores devidamente habilitados e com direitos sucessórios comprovados,

---

[1501] De forma esclarecedora, OLIVEIRA ASCENSÃO, *Direito Civil. Teoria Geral*, vol. II – Acções e Factos Jurídicos, 2ª ed., Coimbra Editora, **2003**, p. 490, quando acentua que não é o negócio a ser atingido, mas os seus efeitos (ou as *situações* que nele estão *fundadas*), que «deixam de se produzir».

num primeiro momento de forma indivisa e representados pelo cabeça de casal e, posteriormente, após a partilha e atribuição de bens do *de cujus*, pelo(s) novo(s) titular(es) devidamente legitimado(s).

**II.** A morte é um facto extintivo de inúmeras situações jurídicas, nomeadamente das que não são transmissíveis, como é o caso da convenção de cheque, relativamente ao cliente/sacador, tendo em consideração a confiança que tem de estar subjacente à relação banco-cliente, em que se enquadra a convenção, e à personalização subjacente à sua formação, como contrato necessariamente celebrado *intuitus personae*. Com efeito, ainda que o depósito associado à conta movimentada ao abrigo da convenção não sofra variação, a alteração da respectiva titularidade pode provocar uma quebra da confiança por parte do banco e uma ponderação sobre as condições que este reputa adequadas à movimentação dessa conta. Daí que não só não seja possível transmitir a posição contratual na convenção, por vontade do cliente, como ela também não se transmite forçadamente por morte deste.

Por isso, no que respeita à movimentação da conta por cheque, a mesma deixa de ser possível, ao abrigo da convenção estabelecida, a partir do conhecimento da morte do cliente, salvo no que respeita ao pagamento dos cheque anteriormente emitidos.

Contudo, não repugna aceitar que a movimentação da conta se efectue – fora do âmbito de uma convenção de cheque – por cheque avulso sacado pelo cabeça-de-casal, na qualidade de administrador da herança, enquanto não for definitivamente fixada a sucessão na titularidade do depósito a que a mesma respeita.

**III.** Nas *contas com mais do que um titular* a subsistência da convenção depende do regime que tenha sido convencionado entre as partes.

Na falta de acordo específico, como sucederá na maior parte dos casos:

– Se a conta for conjunta, e a respectiva movimentação pressupuser a intervenção do *de cujus*, a convenção cessa os seus efeitos sem prejuízo dos efeitos inerentes aos cheques em circulação.

– Se a conta for solidária, podendo ser movimentada por qualquer dos seus titulares, então a convenção subsiste em relação aos titulares sobrevivos, extinguindo-se naturalmente os seus efeitos relativamente ao contitular falecido. Por essa razão, e presumindo--se pertencer a conta em partes iguais aos diversos co-titulares, os

714      *Cheque e Convenção de Cheque*

bancos devem prevenir movimentações indevidas, promovendo com essa finalidade a reformulação da convenção de cheque relativa a essa conta, se a mesma não for, entretanto, encerrada.

### 23.2.2. *Dissolução e liquidação de entidade empresarial*

**I.** As pessoas colectivas cessam a respectiva actividade por dissolução, havendo, simultânea ou posteriormente, que proceder à liquidação do respectivo património – cobrando os créditos, pagando as dívidas, reembolsando os sócios relativamente às entradas de capital a que tenham direito e partilhando o remanescente, se existir –, para completar a sua extinção.

Por uma razão de simplificação, reconduzimos à categoria de pessoas colectivas todas as entidades personificadas que não sejam pessoas físicas, independentemente da sua respectiva natureza e fins, altruístas ou egoísticos, estrutura (empresarial, meramente associativa ou outra) e substrato pessoal, isto é, ainda que sejam constituídas apenas por uma pessoa jurídica (singular ou colectiva), como é o caso das sociedades unipessoais.

**II.** Vamos centrar as nossas atenções numa sociedade comercial típica, que constituirá paradigma em matéria de efeitos da dissolução e liquidação em relação aos contratos de que seja parte, *maxime* como subscritora de uma convenção de cheque.

A sociedade cessa a sua actividade normal com a dissolução – qualquer que seja a causa que esteja na sua base – e, se não se extinguir imediatamente, entra em liquidação, mantendo, não obstante, a sua personalidade jurídica (cfr. art. 146.º, n.º 2 do CSC)[1502].

---

[1502] Neste sentido, cfr. o **AcSTJ de 13 de Setembro de 2007** (PEREIRA DA SILVA) / Proc. n.º 07B1942, *www.dgsi.pt*.

Sobre a dissolução e liquidação de sociedades comerciais, após a reforma de 2006, cfr. Filipe CASSIANO DOS SANTOS, «Dissolução e liquidação administrativa de sociedades», AA.VV., *Reformas do Código das Sociedades*, IDET, Colóquios n.º 3, Almedina, Coimbra, **2007** (pp. 139-162), em especial pp. 142-153, e especificamente sobre a manutenção da personalidade jurídica até ao encerramento da liquidação, ROMANO MARTINEZ, *Cessação do contrato*, 2ª ed., Almedina, Coimbra, **2006**, pp. 311-313, em especial p. 312, e Paulo OLAVO CUNHA, *Direito das Sociedades Comerciais*, 3ª ed., Almedina, Coimbra, **2007,** pp. 767-777, em especial p. 774. Anteriores à reforma societária de 2006 (aprovada

Termo da convenção de cheque          715

**III.** Os membros do órgão de gestão são substituídos pelos liquidatários (cfr. art. 151.º, n.º 1 do CSC), a quem cabe apurar o saldo remanescente da actividade social, pelo que a convenção, nos termos em que existia, cessa, com o conhecimento pelo banco da dissolução, sendo eventualmente substituída por nova convenção de que é parte a sociedade, mas que surge agora reformulada, permitindo aos liquidatários sacarem cheques, em nome da sociedade, para honrarem os respectivos compromissos.

### 23.2.3. *Insolvência*

**I.** A insolvência[1503] é uma situação que afecta tanto as pessoas singulares como as pessoas colectivas, *maxime* as sociedades comerciais. Verificando-se relativamente a estas, é causa da sua dissolução imediata [cfr. art. 141.º, n.º 1, *alínea e)* do Código das Sociedades Comerciais]. Contudo, pela autonomia que reveste e pelas soluções legalmente estabelecidas, justifica-se analisar a insolvência separadamente da dissolução.

**II.** A declaração de insolvência tem por efeito privar o insolvente da administração e do poder de disposição de bens (presentes ou futuros) *integrantes da massa insolvente* (cfr. art. 81.º, n.º 1 do Código da Insolvência e da Recuperação de Empresas[1504])[1505], pelo que o insolvente ou os

---

pelo DL 76-A/2006, de 29 de Março), que alterou substancialmente a matéria da dissolução, cfr. o comentário de RAÚL VENTURA ao Código das Sociedades Comerciais, *Dissolução e Liquidação de Sociedades*, Almedina, Coimbra, **1987**, pp. 238-243, e o estudo de Rosário PALMA RAMALHO, *Sobre a dissolução das sociedades anónimas*, AAFDL, Lisboa, **1989**, em especial pp. 74-76.

[1503] O actual Código da Insolvência (CIRE) climina a designação "falência" e adopta o termo uniforme *insolvência*, sem distinção dos sujeitos a que se aplica e das situações que caracteriza.

[1504] A que se reportam todas as disposições legais que, neste número (23.2.3), não forem especialmente referenciadas.

[1505] Sobre os efeitos da insolvência, cfr. OLIVEIRA ASCENSÃO, «Insolvência: efeitos sobre os negócios em curso», AA.VV., *Novo Direito da Insolvência, Themis – RFDUNL* (Edição Especial), **2005**, pp. 105-130, em especial pp. 110, 120-122, 125-130 (publicado também na revista *DJ*, vol. XIX, T. II, **2005**, pp. 233-261), RUI PINTO DUARTE, «Efeitos da declaração de insolvência quanto à pessoa do devedor», AA.VV., *Novo Direito da Insolvência, Themis – RFDUNL* (Edição Especial), **2005**, pp. 131-150 – embora sem focar o aspecto específico da subsistência de contratos que nada têm que ver com a

716        *Cheque e Convenção de Cheque*

respectivos administradores – no caso das sociedades – deixam de poder movimentar as contas bancárias[1506], faculdade que passa a pertencer em exclusivo ao administrador da insolvência (cfr. art. art. 81.º, n.º 1 *in fine* do CIRE), salvo se a sociedade insolvente ficar judicialmente autorizada a assegurar a administração da massa insolvente (cfr. arts. 223.º e 224.º, n.º 1 do CIRE).

Se o devedor, sendo pessoa singular, não estiver organizado empresarialmente, ele ficará privado da administração e disposição dos seus bens, decorrendo da lei a cessação das convenções de cheque que houver oportunamente celebrado, uma vez que cessam todos os contratos de conta-corrente de que seja parte (cfr. art. 116.º).

Ainda que os movimentos bancários respeitantes ao insolvente sejam por este excepcionalmente assegurados – num plano em que a regra é a de que a(s) sua(s) conta(s) bancária(s) passam a ser movimentada(s) pelo administrador da insolvência, que é quem o representa (cfr. art. 81.º, n.º 4) –, a alteração da própria conta e as regras inerentes à movimentação da conta onde são depositados os valores da massa insolvente implica a celebração de nova convenção.

**III.** Tratando-se de uma empresa (cfr. art. 223.º), haverá que verificar se o devedor conserva, ou não, a faculdade de movimentar bens da massa

---

insolvência da pessoa colectiva administrada –, Maria do Rosário Epifânio, «Efeitos da Declaração de Insolvência sobre o Insolvente no novo Código da Insolvência e da Recuperação de Empresas», *DJ*, vol. XIX, T. II, **2005**, pp. 191-203, em especial pp. 195-197, Luís Carvalho Fernandes / João Labareda, *Código da Insolvência e da Recuperação de Empresas Anotado*, Quid Juris, Lisboa, **2005**, em especial, vol. I, pp. 337-343 e 426-427 (anot. aos arts. 81.º e 116.º), e vol. II, em especial pp. 149-152, 154-158 (anot. aos arts. 223.º, 224.º e 226.º), e Catarina Serra, «As novas tendências do Direito Português da Insolvência – Comentário ao regime dos efeitos da insolvência sobre o devedor no projecto de Código da Insolvência», AA.VV., *Estudos em comemoração do 10.º aniversário da licenciatura em direito da Universidade do Minho*, org. por António Cândido de Oliveira, Coimbra, Almedina, **2004** (pp. 203-228), e *O novo regime português da insolvência. Uma introdução*, Almedina, Coimbra, **2004**, pp. 23-49.

Nenhum dos trabalhos acima referidos analisa *ex professo* a situação da [(in)subsistência da] convenção de cheque ou sequer da conta corrente (bancária), que se reconduz a um contrato duradouro, com efeitos patrimoniais. Por isso, sugere-se a leitura da dissertação de mestrado de Rosário Epifânio, *Os efeitos substantivos da falência*, Publicações Universidade Católica, Porto, **2000**, em especial pp. 111-126, 134-141, 189-191, com a prevenção de que foi elaborada anteriormente ao CIRE (2004).

[1506] Não obstante os *órgãos sociais do devedor* se manterem *em funcionamento*, sem qualquer remuneração (cfr. art. 82.º, n.º 1 do CIRE).

Termo da convenção de cheque 717

insolvente. Caso ele mantenha a administração dos bens integrantes da massa insolvente – sob a supervisão do administrador da insolvência (cfr. art. 226.º, n.º 7) – e não fique privado de efectuar pagamentos [porque estes não foram reservados pelo administrador para serem por si executados (cfr. art. 226.º, n.º 3 do CIRE)], poderá continuar a movimentar contas bancárias. Fá-lo-á, contudo, com as restrições decorrentes da limitação da sua legitimidade, devendo para o efeito concluir nova convenção.

No que respeita à conta-corrente, a mesma mantém-se, não fazendo qualquer sentido cessá-la. No entanto, os contratos de que ela é reflexo e cujo resultado exprime contabilisticamente sofrem naturais adaptações, nomeadamente no que respeita à disponibilidade dos bens depositados.

### 23.3. Acto dirigido à cessação da convenção; a rescisão (*remissão*)

#### 23.3.1. *Enquadramento*

Apreciámos, sucintamente, os casos em que a convenção cessa os seus efeitos por facto involuntário – ou que não lhe é directamente dirigido –, sendo consequência da extinção da personalidade jurídica do contraente ou de restrições à sua legitimidade.

Vamos ver agora que a convenção de cheque se pode extinguir, como os demais contratos, por acto especificamente dirigido a esse efeito.

Assim, a convenção pode cessar por mútuo acordo, como consequência, ou não, do encerramento de uma conta bancária, relativamente à qual ela havia sido acordada, ou pode extinguir-se como efeito do encerramento dessa conta, ainda que as partes não tenham perspectivado especificamente esse resultado, ou ainda ser objecto de resolução por qualquer das partes, seja esse acto legalmente vinculado ou corresponda à mera vontade da parte em pôr termo ao acordo em que se traduz.

#### 23.3.2. *Extinção por mútuo acordo*

**I.** A extinção da convenção por acordo das respectivas partes não suscita especiais dificuldades e corresponde à revogação da convenção de cheque[1507]. No entanto, e embora a cessação, tal como a constituição, não

---

[1507] Sobre a revogação, vd., para além dos autores citados *supra* (n.º 20.1) OLIVEIRA ASCENSÃO, *Direito Civil. Teoria Geral*, vol. III – Relações e Situações Jurídicas, Coimbra

# 718 Cheque e Convenção de Cheque

careça de forma específica, é habitual documentar a extinção da convenção, encontrando-se a mesma normalmente associada ao encerramento de conta bancária, no qual se prevê que o cliente devolva ao banco os módulos de cheques não utilizados ou assegure que os mesmos não mais serão utilizados[1508].

**II.** Embora corresponda geralmente à iniciativa de uma das partes, a cessação do contrato por mútuo acordo representa o consenso possível, se não mesmo adequado, para lhe pôr termo.

Quando sugerida pelo banco, baseia-se num de dois motivos claramente distintos:

a) Ou o banco tem a percepção de que o perfil do cliente deixou de corresponder minimamente à convenção em execução, e que este representa agora um risco que deve ser evitado;

b) Ou na base da cessação da convenção está uma alteração do modelo de depósito ou da conta bancária subjacente a esta.

Quando é proposta pelo cliente, a cessação da convenção antecipa frequentemente o encerramento da conta em que se baseia – se não se confundir com esta –, aceitando o banco pôr-lhe termo por comum acordo.

A iniciativa do cliente manifesta-se, contudo, neste domínio, essencialmente como uma forma unilateral de extinção da convenção, geralmente acompanhada da devolução espontânea dos módulos.

**III.** A terminar, refira-se que os motivos que podem originar uma solução consensual são também pertinentes para fundamentar uma cessação unilateral, isto é, não havendo consenso sobre a cessação da convenção, nem por isso as partes ficam impedidas de, pelas mesmas razões, porem unilateralmente termo à convenção.

---

Editora, **2002**, pp. 336-337, Romano Martinez, *Da cessação do contrato*, 2ª ed. cit., **2006**, pp. 50-58, 111-115, Paulo Otero, *Lições de Introdução ao Estudo do Direito*, I vol., 2.º tomo, Lisboa, **1999** – qualificando-a como o «processo normal de termo de vigência da grande maioria dos actos jurídicos» (p. 215) –, Galvão Telles, *Manual dos Contratos em Geral*, 4ª ed. cit., **2002**, pp. 379-380 (vd. também 3ª ed., Lisboa, 1965, pp. 348-350, onde a matéria se encontra mais desenvolvida), e Pais de Vasconcelos, *Teoria Geral do Direito Civil*, 4ª ed. cit., **2007**, pp. 771-772.

[1508] A generalizada aposição de data limite à validade dos módulos de cheques esbate a premência desta necessidade, uma vez que, a curto prazo, tais impressos deixarão de poder ser utilizados.

## 23.3.3. *Cessação unilateral; denúncia*

**I.** A cessação dos contratos pode ser unilateralmente determinada por rescisão, resolução ou por denúncia[1509].

A convenção pode extinguir-se por efeito de encerramento de conta determinado pelo respectivo titular ou por comunicação deste ao banco de que não pretende continuar a movimentar a conta através de cheques, pelo que prescinde da respectiva utilização. A cessação da convenção configura-se aqui como uma verdadeira denúncia[1510].

---

[1509] Os diversos autores, na sua maioria juscivilistas, que se têm ocupado especificamente destas matérias, não convergem na terminologia mais adequada para a cessação unilateral dos efeitos do contrato. Convencem-nos os argumentos de GALVÃO TELLES, que opta pelo termo *rescisão* (*ibid.*, p. 381), precisamente e por coincidência o que é utilizado para pôr termo à convenção de cheque. Refere este professor que *resolução* é precisamente «a denominação *genérica* ou *global* compreensiva das demais modalidades descritas», uma vez que o contrato se resolve sempre que se extinguem os seus efeitos qualquer que seja o modo de cessação que lhe esteja subjacente.

Diferentemente, condena «*o emprego do vocábulo* rescisão», optando por resolução, que considera ser o instituto que está em causa, PINTO FURTADO, *Títulos de Crédito. Letra. Livrança. Cheque*, cit., **2000**, p. 269. Seguindo o Conselheiro PINTO FURTADO, o **AcSTJ de 16 de Outubro de 2002** (REIS FIGUEIRA) / Proc. n.º 01A2215, *www.dgsi.pt*, p. 3.

Considerando ser também de evitar a utilização do termo "rescisão", como modalidade de resolução, OLIVEIRA ASCENSÃO, *Direito Civil. Teoria Geral*, vol. III, cit., **2002**, p. 339.

[1510] Cfr. ROMANO MARTINEZ, *Da cessação do contrato*, 2ª ed. cit., **2006**, pp. 58-66 e 116-125, para quem, em sentido técnico, «a denúncia é uma forma de cessação de relações contratuais estabelecidas por tempo indeterminado» (p. 60). Curiosamente, este autor reconduz a rescisão da convenção de cheque a uma resolução vinculada (*ibid*, p. 81), embora a refira também a propósito da figura da rescisão (*ibid.*, p. 87), considerando, contudo, que esta «não tem um sentido unívoco», devendo «na dúvida» entender-se «que corresponde a uma resolução (legal ou convencional)» (*ibid.*, p. 90). Trata-se de questão que abordaremos autonomamente no próximo número (24). Cfr. também GALVÃO TELLES, *Manual dos Contratos em Geral*, 4ª ed. cit., **2002**, p. 383, nota 356, PAIS DE VASCONCELOS, *Teoria Geral do Direito Civil*, 4ª ed. cit., **2007**, pp. 773-775, e BRANDÃO PROENÇA, *A reso-lução do contrato no Direito Civil. Do enquadramento e do regime*, cit., **1996**, pp. 40-43.

Sobre a resolução, para além da incontornável dissertação de mestrado de José Carlos BRANDÃO PROENÇA (*A resolução do contrato no Direito Civil. Do enquadramento e do regime*, Coimbra Editora, **1996**, em especial pp. 63-70, 76-77, 88-89, 95-107) – apesar de elaborada antes do diploma que aprovou o regime jurídico do cheque (Decreto-Lei n.º 454/91, de 28 de Dezembro) –, cfr. OLIVEIRA ASCENSÃO, *Direito Civil. Teoria Geral*, vol. III, cit., **2002**, pp. 337-340, ROMANO MARTINEZ, *Da cessação do contrato*, 2ª

No que respeita ao cliente, tratando-se de um acordo normalmente sem prazo, que se destina a subsistir enquanto se mantiver a relação entre o banqueiro (sacado) e o cliente (sacador), não se vê inconveniente em que este ponha termo a esse acordo, desde que, ao mesmo tempo em que comunica ao banco pretender fazê-lo, tome as medidas adequadas para assegurar que os módulos (de cheques) por si não utilizados não poderão ser fraudulentamente aproveitados. Admite-se, pois, a cessação da convenção *ad nutum*.

**II.** Questão interessante consiste em saber se o banco poderá unilateralmente, e sem justificação – ou seja, de forma totalmente livre e não vinculada –, pôr termo à convenção de cheque. Isto é, *pode o banco arbitrariamente colocar um fim, quiçá abrupto, a uma convenção de cheque, sem dar qualquer explicação ao cliente, ou só nos casos enunciados na lei, como causa de rescisão, poderá o banco extinguir a convenção?*

Pressupondo que a convenção não é reduzida a escrito ou que, constando de instrumento escrito, não prevê o modo da sua extinção, cremos ser admissível que o banco lhe ponha termo se tiver um motivo justificado para o efeito – sendo suficiente a quebra de confiança relativamente ao cliente, motivada pelo conhecimento de alguns aspectos menos positivos da sua vida ou actividade –, não se encontrando limitado a fazê-lo apenas nos casos e situações previstos na lei e que correspondem a uma cessação vinculada.

**III.** Em certas circunstâncias o banco nem terá de alegar qualquer razão para pôr termo à convenção, desde que avise o cliente com uma antecedência razoável, para lhe permitir encontrar uma alternativa. Na falta de previsão legal, cabe à jurisprudência definir a razoabilidade do pré-aviso de cessação da convenção. Pelo conhecimento que temos do mercado – e sem prejuízo dos direitos a que cada cliente nessa situação se arrogue – julgamos que não será adequado pôr fim a uma convenção de cheque, sem justa causa, com uma antecedência inferior a um mês.

---

ed. cit., **2006**, pp. 66-85 e 125-227, Galvão Telles, *Manual dos Contratos em Geral*, 4ª ed. cit., **2002**, p. 381; e Pais de Vasconcelos, *Teoria Geral do Direito Civil*, 4ª ed. cit., **2007**, pp. 772-773.

**IV.** Haverá, pois, que concluir, intercalarmente, não impender sobre as instituições de crédito um dever legal de celebrar e manter convenções de cheque, ainda que, em certos casos e condições estritas, possam encontrar-se legalmente obrigadas a assegurar a abertura e a manutenção de contas bancárias, de modo que todos os cidadãos – todas as *pessoas singulares* – possam dispor de uma conta junto de um banco. Da leitura e análise do regime legal de acesso aos serviços mínimos bancários – estabelecido pelo Decreto-Lei n.º 27-C/2000, de 10 de Março[1511] –, que impôs aos bancos aderentes que forneçam cartão de débito às pessoas que se encontrem nessas circunstâncias, não resulta qualquer referência à eventual celebração da convenção de cheque, sendo o regime totalmente omisso sobre o eventual fornecimento de módulos de cheques, o que reforça a ideia de que os bancos têm plena disponibilidade de celebrar a convenção de cheque com quem entenderem[1512].

**V.** Noutros casos, é a conduta do cliente relativamente a um dos seus banqueiros que, por irresponsável, põe em causa a convenção de cheque. Como veremos, a lei determina que, sendo sacado um cheque sem provisão e não sendo o respectivo pagamento assegurado em prazo necessariamente curto (de um mês) – legalmente estabelecido para a regularização da situação –, deve a convenção ao abrigo da qual o cheque fora sacado ser rescindida, bem como todas as outras de que seja parte o sacador.

Esta forma específica e própria de extinção da convenção de cheque – a rescisão – não deixa de constituir uma causa de cessação unilateral, com efeitos meramente futuros. Pela sua particularidade, no âmbito deste contrato, abordamo-la em separado (cfr., *infra*, n.º 24).

---

[1511] Sobre o *direito à conta*, cfr. João CALVÃO DA SILVA, *Direito Bancário*, Almedina, Coimbra, **2001**, pp. 336-340, e ANTÓNIO PEDRO FERREIRA, *Direito Bancário*, cit., **2005**, pp. 592-595.

[1512] Este argumento, ainda que em formulação mais simples, encontra-se também no documento do BANCO DE PORTUGAL, «Cheques. Regras Gerais», *CadBdP* n.º 3, Lisboa, **2002**, p. 4.

## 23.4. Caducidade da convenção

**I.** A convenção de cheque pode também cessar por caducidade[1513], o que acontece se, apesar de não lhe ser dirigido qualquer acto das partes com essa finalidade, sobrevêm circunstâncias que acarretam automaticamente a extinção dos seus efeitos[1514], como é o caso do encerramento de conta bancária a que a mesma dissesse respeito. Neste caso, a caducidade é um mero efeito jurídico da cessação do contrato de depósito em conta bancária, o qual se verifica de forma automática, independentemente da razão ou acto subjacente ao encerramento da conta[1515].

**II.** No que se refere à caducidade em sentido restrito, isto é, por mero decurso do tempo[1516], cremos que a mesma não se verifica relativamente à própria convenção, mas apenas quanto à eventual validade dos módulos ou dos próprios cheques, sujeitos a um prazo de prescrição reduzido, de seis meses contados do fim da data de apresentação a pagamento (cfr. art. 52.º I da LUCh).

A este propósito importa referir que os bancos nacionais adoptaram recentemente a prática de limitarem a validade dos módulos que disponibilizam aos seus clientes, estabelecendo uma data limite para a respectiva utilização, a qual é, em regra, não superior a um ano sobre o momento da sua emissão. Trata-se de uma medida que visa controlar o uso dos módulos, eliminando automaticamente do sistema todos aqueles que não forem utilizados num determinado prazo.

---

[1513] Inclinando-se para reconhecer este facto extintivo apenas nos casos em que se verifica o decurso de um prazo ou de uma cláusula acessória resolutiva, ROMANO MARTINEZ, *Da cessação do contrato*, 2ª ed. cit., **2006**, pp. 41-50.

Sobre a caducidade, e acentuando o desaparecimento dos efeitos contratuais em razão de *facto não* voluntário, vd. GALVÃO TELLES, *Manual dos Contratos em Geral*, 4ª ed. cit., **2002**, p. 381.

[1514] Estamos de acordo com OLIVEIRA ASCENSÃO, *Direito Civil. Teoria Geral*, vol. II, 2ª ed. cit., **2003**, p. 490, quando acentua que não é o negócio a ser atingido, mas os seus efeitos (ou as *situações* que nele estão *fundadas*), que «deixam de se produzir».

[1515] Neste sentido, ainda que em termos genéricos, PAIS DE VASCONCELOS, *Teoria Geral do Direito Civil*, 4ª ed. cit., **2007**, pp. 775-776.

[1516] Sobre esta forma de extinção de situações jurídicas, pelo decurso de um prazo, cfr. ainda MENEZES CORDEIRO, *Tratado de Direito Civil Português*, I – *Parte Geral*, Tomo IV, Almedina, Coimbra, **2005**, pp. 207-227. Distinguindo esta forma de caducidade de outras situações em que o modo de extinção é tecnicamente o mesmo, BRANDÃO PROENÇA, *A resolução do contrato no Direito Civil*, cit., **1996**, pp. 53-56, em especial p. 55.

*Termo da convenção de cheque*    723

Para além das circunstância descritas, o facto de não ser sacado um cheque durante um determinado prazo não põe em causa a convenção que exista e que se mantém, podendo ser afectada por efeito reflexo de actos que se projectem sobre a conta bancária para cuja movimentação ela terá sido acordada.

## 24. Rescisão da convenção de cheque

Vimos, no número precedente, os modos de extinção da convenção de cheque – isto é, como cessam os seus efeitos – e, entre as diversas causas que identificámos, isolámos uma causa, que se configura como autónoma em relação às demais causas de extinção das obrigações: a rescisão da convenção, por imposição legal.

Vejamos como se caracteriza essa situação e quais os seus efeitos.

### 24.1. Verificação da falta de provisão e actos subsequentes

#### 24.1.1. *Apresentação do cheque a pagamento*

**I.** Quando o banco sacado[1517] tem conhecimento de que foi apresentado a pagamento, directamente ao balcão ou para liquidação por compensação, um cheque sem provisão – cujo saque a descoberto não fora previamente autorizado –, ele tem a opção de proceder ao pagamento do cheque ou recusar esse pagamento. Assegurando o pagamento do cheque, não obstante a falta de provisão, o banco concede crédito ao seu cliente[1518],

---

[1517] A lei (RJCh) e as Instruções e Avisos do Banco de Portugal referem-se sempre a *instituição* (de crédito) *sacada* e não a banco sacado, uma vez que certas instituições de crédito que não são legalmente qualificadas como bancos (cfr. art. 3.º do RGIC) podem também conceder aos seus clientes módulos de cheque e permitir o levantamento de fundos das suas contas através de cheques.

Feita esta prevenção, refira-se que, por razões de simplicidade e comodidade, utilizamos a expressão *banco sacado* como sinónimo de *instituição de crédito sacada*.

[1518] O banco aplica a essa concessão de crédito, não negociada especificamente, as condições estabelecidas para esse tipo de operações, sendo conveniente que o cliente, no

## 724 Cheque e Convenção de Cheque

no montante a descoberto, mas corre o risco de, mais tarde, não vir a ser reembolsado, por falta de disponibilidades do sacador. Por isso, salvo no reduzido número de casos em que o cliente lhe merece crédito ou o banco considere ter sido o cheque sacado a descoberto, sem pré-aviso, por mera distracção ou imperiosa necessidade, a consequência típica é a da recusa, pela instituição de crédito, do pagamento desse cheque.

Desnecessário se torna referir que a recusa do pagamento do cheque pelo sacado põe em crise a confiança inerente à criação e colocação em *circulação* deste título de crédito. Ocorrendo frequentemente, contribuirá para o descrédito do título e para generalizar a recusa da sua aceitação, como meio de pagamento, e inerente diminuição de importância no contexto dos meios de pagamento em geral.

**II.** No entanto, a relevância da recusa de pagamento apenas se faz sentir nos casos e situações em que o beneficiário do cheque *não* coincide com o sacador e em que, tendo o cheque circulado, se impõe uma tutela dessa circulação, no momento da apresentação a pagamento[1519]. Nesse caso, verificando-se a falta de provisão, quer na apresentação pessoal a pagamento, quer em depósito do cheque, o banco sacado deve devolver o cheque ao beneficiário, e seu último portador, com a menção de "cheque sem provisão"; acto esse que tem consequências no plano contratual e nos meios de que o beneficiário, desapossado do valor económico do cheque, disporá para reagir e que poderão ser de diversa natureza, incluindo o recurso à participação criminal.

Se a recusa afectar o próprio sacador, que pretendia proceder ao levantamento de fundos da sua conta, a vicissitude não tem relevância externa. O banco deve, simplesmente, informar o cliente de que este não dispõe de fundos suficientes para o pagamento do cheque e que, por isso, é preferível retirá-lo da apresentação a pagamento. Neste caso o espírito

---

momento da celebração da convenção, seja informado sobre os termos aplicáveis ao seu relacionamento com o banco, de modo que os possa recusar ou afastar, se os mesmos não lhe agradarem. A prática, contudo, revela que as instituições de crédito se bastam com uma simples remissão para as condições gerais praticadas pelo banco. Cabe à jurisprudência sopesar a relevância deste uso comercial e a admissibilidade da prática bancária.

[1519] Por isso, o Aviso n.º 1741-C/98 do BdP (publ. no DR, II Série, n.º 29/98, 2.º Supl., de 4 de Fevereiro) determina que «*o sacador que emita cheque a favor de si próprio não põe em causa o espírito de confiança que deve presidir à circulação de cheque*», salvo se o cheque «*tiver sido endossado*» (n.º 16), isto é, tiver entrado em circulação.

Termo da convenção de cheque

de confiança que *deve presidir à circulação do cheque* não é posto em causa, não havendo que rescindir a convenção de cheque. Por isso, mesmo que o sacador proceda ao depósito de um cheque seu numa conta sua noutro banco e se venha a revelar que o mesmo não tem provisão, não haverá lugar à rescisão da convenção[1520]. O banco depositário devolve o cheque ao seu próprio cliente, sem que tenha havido circulação. A falta de pagamento do cheque, baseada na insuficiência de provisão, apenas afecta o próprio cliente, sacador desse cheque.

A pedra de toque, também em sede de rescisão da convenção, está na circulação do cheque. É esta que despoleta a tutela da confiança[1521] e a aplicação de regras criadas para proteger todos os que crêem na aparência do cheque e no crédito do respectivo sacador. O cheque só justifica tutela específica quando entra em circulação – o que sucede com o saque em benefício de tomador diferente do sacado ou do sacador ou com o endosso a terceiro –, para se evitar que, enquanto meio de pagamento, seja desacreditado. Tal motivação é, como já vimos, comum a todas as vicissitudes que ocorrem com este instrumento de pagamento, sempre que ele é posto em crise, por acto voluntário do sacador (revogação) ou pelo desapossamento ocorrido (falsificação).

**III.** Se o cheque tiver sido depositado por um terceiro beneficiário e o depositário, após a tentativa de compensação, o devolver ao depositante com o carimbo (aposto) de "falta de provisão", fica aberto o processo conducente à rescisão da convenção de cheque e à consequente

---

[1520] Neste sentido, o **AcRelLisboa de 3 de Fevereiro de 2005** (OLINDO GERALDES) / Proc. n.º 278/2005-6, *www.dgsi.pt*, na parte em que considera «*ilícita a rescisão da convenção de cheque e a sua comunicação ao Banco de Portugal, baseada na emissão de cheque, para depósito numa* **conta do emitente**, *aberta noutra instituição de crédito, que, apresentado a pagamento, é devolvido por falta de provisão*» (negrito nosso).

[1521] O Banco de Portugal reconhece-o expressamente, no seu Aviso n.º 1741-C/98 quando dispõe que «*o sacador que emita cheque a favor de si próprio não põe em causa o espírito de confiança que deve presidir à circulação do cheque, excepto se este tiver sido endossado*» (n.º 16). O cheque sacado pelo sacador à sua própria ordem só entra em circulação se for endossado, de outro modo terá de ser o próprio sacador a reclamar o respectivo pagamento.

No que se refere à parte final do n.º 16 do Aviso do BdP, a excepção que ele abre quanto ao endosso «*não abrange a modalidade do endosso por procuração*» [**AcRelLisboa de 3 de Fevereiro de 2005** (OLINDO GERALDES), cit.], o qual não transfere a titularidade dos direitos do portador do cheque; apenas mandata um terceiro (eventualmente o banco depositário) para os exercer em nome do respectivo beneficiário.

726     *Cheque e Convenção de Cheque*

inibição do uso de cheque. O mesmo acontece se o beneficiário tiver optado por proceder ao levantamento dos fundos correspondentes à quantia inscrita no cheque e o pagamento lhe for recusado, por falta de provisão.

Na realidade, nos termos da lei que tutela estas situações (RJCh, aprovado pelo Decreto-Lei n.º 454/91, de 28 de Dezembro[1522]), os bancos encontram-se obrigados a rescindir a convenção de cheque com quem, pela respectiva conduta, ponha *em causa o espírito de confiança que* está subjacente *à sua circulação* (art. 1.º, n.º 1 *in fine*), presumindo-se que *põe em causa o espírito de confiança* o emitente do cheque, *em nome próprio ou em representação de outrem*, que não proceda à *regularização da situação* nos 30 dias (corridos) seguintes à notificação da vicissitude (cfr. arts. 1.º, n.º 2 e 1.º-A, n.º 1 do RJCh).

**IV.** Contudo, importa recordar que a relevância da recusa de pagamento e a subsequente regularização do cheque só se justificam se o cheque tiver sido oportunamente apresentado a pagamento, isto é, se o cheque tiver sido apresentado a pagamento dentro do prazo legalmente estabelecido para o efeito que, como referido (*supra*, n.º 4.2), é em regra de oito dias (cfr. art. 29.º da LUCh)[1523].

Se o cheque não tiver sido apresentado a pagamento dentro dos *prazos a que se refere a Lei Uniforme relativa ao Cheque*, o seu não pagamento já não tem de ser objecto de regularização, uma vez que, nessas circunstâncias, a instituição sacada já não se encontra legalmente obrigada a proceder ao respectivo pagamento.

### 24.1.2. *Notificação da vicissitude e regularização da situação*

**I.** Se o banco sacado não procedeu ao pagamento do cheque por falta de provisão, deve notificar imediatamente o cliente (sacador) para que este regularize a situação no prazo máximo de trinta dias (cfr. arts. 1.º-A e 5.º do Decreto-Lei n.º 454/91, de 28 de Dezembro). Isto é, admite-se que, apesar da vicissitude ocorrida, a situação possa ainda ser reparada, evitando-se um procedimento que acarretará seguramente efeitos negativos para o cliente e óbvios custos para o banco sacado.

---

[1522] A que se reportam todos os preceitos legais citados neste número (24), salvo se expressa e diversamente referenciados.

[1523] Neste sentido, **AcRelÉvora de 19 de Abril de 2007** (FERNANDO BENTO), *CJ*, ano XXXII, t. II, 2007, pp. 244-247, em especial pp. 246.

## Termo da convenção de cheque

**II.** A lei não estabelece qualquer prazo para o banco sacado proceder à notificação, a qual deverá ocorrer logo que o banco sacado tenha conhecimento da situação. Na jurisprudência mais recente encontramos a alusão ao prazo de 10 dias[1524] para o efeito, o que cremos corresponder à aplicação por analogia do prazo – de dez dias úteis – de que o sacador dispõe para proceder à devolução dos módulos de cheques (por utilizar), quando lhe é comunicada a rescisão da convenção de cheque e expressamente solicitada (*"ordenada"*, nos termos da lei) essa devolução (cfr. art. 1.º, n.º 4 do RJCh e Instr. 1/98 do BdP, n.º 6).

No entanto, a Instrução n.º 1/98 do Banco de Portugal (sobre a restrição ao uso do cheque) impõe que *a notificação para a regularização* seja *feita* pelo banco sacado *até ao fim do 5.º dia útil após a devolução do cheque não truncado ou a recepção da fotocópia de cheque truncado remetida pela instituição tomadora* (n.º 2). Fica, assim, esclarecido qual o prazo máximo para o banco efectuar a comunicação para a regularização.

A notificação para a regularização da falta de pagamento do cheque – para além de identificar o *respectivo número e montante,* bem como o *balcão* e *o número de conta sacada –*, deve ser instruída com a informação sobre *o termo do prazo e o local* adequado para sanar a irregularidade, acompanhada da *advertência* de que a não regularização acarreta necessariamente a rescisão da convenção de cheque e os efeitos desta advenientes, nomeadamente a proibição de sacar cheques sobre o banco sacado, de *celebrar ou manter convenções com outras instituições de crédito e a inclusão* na lista negra dos utilizadores de cheque com risco (art. 1.º-A, n.º 2 do RJCh e Instr. 1/98 do BdP, n.º 5).

Estas comunicações, pelos efeitos que acarretam, constituem obrigações legais que devem ser escrupulosamente observadas, de modo a permitir que o sacador possa desfazer algum mal entendido que tenha ocorrido, repondo a provisão em falta, ou simplesmente reparar a situação que, consciente ou inadvertidamente, provocou. Por isso, o banco tem de prestar particular atenção ao seu cumprimento[1525].

---

[1524] **AcSTJ de 8 de Fevereiro de 2001** (SILVA SALAZAR), *CJAcSTJ*, ano IX, t. I, 2001, pp. 107-110, e **AcSTJ de 16 de Outubro de 2002** (REIS FIGUEIRA) / Proc. n.º 01A2215, *www.dgsi.pt.*

[1525] A falta de notificação para a regularização não constitui, no entanto, condição de procedibilidade da acção penal, porque se o fosse beneficiaria o sacador infractor, em detrimento da tutela de que carece o lesado (beneficiário do cheque sem provisão). Neste

**728**  *Cheque e Convenção de Cheque*

**III.** A omissão destas notificações faz incorrer o (banco) sacado em responsabilidade extracontratual[1526] pelos danos que o sacador venha a provocar, por eventual comportamento lesivo, com a utilização dos módulos de cheques que conserve em seu poder.

Se o banco sacado não proceder à notificação de forma adequada, poderá ser responsabilizado pelas vicissitudes que a conduta do seu cliente vier a provocar. Embora a lei não o determine expressamente, a responsabilidade do banco sacado – por omissão ou inacção – em prevenir que venham a ser emitidos novos cheques parece-nos inquestionável. No entanto, a jurisprudência, para além da verificação do dano (do portador do cheque), tem exigido que haja culpa do banco, ainda que leve[1527].

Entendemos que tal responsabilidade não se prende unicamente com a não rescisão (oportuna) da convenção, como veremos adiante; ela existe, desde logo, com a falta de notificação para a regularização da situação. Assim, o banco sacado será responsável não apenas pela não rescisão da convenção, mas pela omissão dos actos que devessem ter conduzido a esse efeito ou que pudessem ter contribuído para regularizar a situação, evitando a rescisão.

A jurisprudência disponível confirma este entendimento, como sucede com o **Acórdão do STJ de 8 de Fevereiro de 2001** (SILVA

---

sentido, e para mais desenvolvimentos, cfr. os **Acórdãos da RelGuimarães de 24 de Fevereiro de 2003** (HEITOR GONÇALVES), *CJ*, ano XXVIII, t. I, 2003, pp. 298-300, e **de 12 de Janeiro de 2004** (MIGUEL GARCIA), *CJ*, ano XXIX, t. I, 2004, pp. 295-296, e o **AcRelLisboa de 7 de Abril de 2005** (FRANCISCO CARAMELO) *CJ*, ano XXX, 2005, t. II, p. 138.

[1526] Para além da responsabilidade contra-ordenacional legalmente cominada. Com efeito, o banco sacado, não efectuando a notificação a que está legalmente obrigado, incorre na prática de uma contra-ordenação, punível com coima que oscila entre € 1.496,39 e € 24.939,89 [cfr. art. 14.º, n.º 2, *alínea b)* do RJCh].

[1527] Neste sentido, cfr. **AcRelPorto de 7 de Outubro de 1996** (LÁZARO FARIA) (*CJ*, ano XXI, 1996, t. IV, pp. 216-218) – segundo o qual constituem pressupostos da responsabilidade do banco a verificação de dano *para o beneficiário da emissão do cheque* e *que haja nexo de causalidade entre a dita emissão (do cheque ou cheques de módulo fornecido com violação daquele dever ...) e o dano* – e **AcRelLisboa de 22 de Abril de 2004** (FERNANDA ISABEL PEREIRA) (CJ, ano XXIX, t. II, 2004, pp. 103-106), que determina que *a responsabilidade do banco sacado pelo pagamento de cheque, entregue em violação do dever de rescisão da respectiva convenção, não dispensa a existência de culpa (sendo insuficiente o facto de o sacado integrar a listagem elaborada pelo Banco de Portugal e comunicada às entidades bancárias)* **e acrescenta ser suficiente** *a prova da culpa leve para fundar a responsabilidade, tendo em conta a natureza da actividade bancária.*

SALAZAR)[1528], que considera ser a falta de notificação para regularizar a situação um ilícito, ou com o recente **Acórdão da Relação de Évora de 19 de Abril de 2007** (FERNANDO BENTO)[1529], quando conclui que *a validade da rescisão da convenção de cheque pressupõe* não apenas a recusa comprovada do pagamento do cheque – apresentado no prazo legalmente disponível para o efeito –, mas que, subsequentemente, tenha sido efectuada pelo banco sacado a *notificação do sacador para regularizar a situação no prazo de 30 dias*.

**IV.** Quando o sacador é notificado de que o pagamento não foi efectuado, por falta de provisão – que, aliás, não deve desconhecer –, poderá ainda proceder ao pagamento em falta, regularizando a situação e evitando, assim, os efeitos negativos dessa vicissitude. Por isso, se a respectiva ocorrência foi involuntária, e quiçá surpreendente, por inesperada, o sacador pode reconstituir a situação e impedir colocar-se numa situação definitiva de incumprimento.

No entanto, ao fazê-lo deverá assumir uma penalização que é legalmente cominada, e que corresponde à aplicação de juros moratórios, calculados com base na *taxa legal fixada nos termos do Código Civil* (cfr. art. 559.º, n.º 1 e Portaria n.º 291/2003, de 8 de Abril[1530]), *acrescida de 10 pontos percentuais* (art. 1.º-A, n.º 3 *in fine* do DL 454/91, de 28 de Dezembro)[1531]. A lei estabelece a taxa máxima aplicável a título de juros

---

[1528] Cfr. **AcSTJ de 8 de Fevereiro de 2001** (SILVA SALAZAR), *CJ/AcSTJ*, ano IX, t. I, 2001, pp. 107-110, segundo o qual, «*tendo um cliente sacado sobre a sua conta bancária cheque sem provisão suficiente e não tendo o banco procedido à sua notificação para a sua regularização em dez dias, nem rescindido a convenção de cheque (cfr. art. 1.º, n.ºs 1 e 2 do DL 454/91), procedeu o banco ilicitamente, estando obrigado a pagar, não obstante a falta de provisão, qualquer cheque emitido através de módulos que haja fornecido após violação do dever de rescisão da convenção de cheque (art. 9.º do DL 454/91)*».

[1529] *CJ*, ano XXXII, t. II, 2007 (pp. 244-247), p. 247.

[1530] Estabelece a taxa de juros de mora em 4% ao ano.

[1531] O DL 454/91, na redacção actual do art. 1.º-A, n.º 3 (resultante do DL 316/97), reconhece implicitamente serem os cheques actos formalmente comerciais, constituindo hoje instrumentos de utilização massificada por todos os sujeitos no mercado, incluindo os consumidores, e não representarem necessariamente créditos de empresas comerciais, cuja taxa supletiva de juros (moratórios) é calculada nos termos do critério estabelecido pelo art. 102.º do CCom (§§ 3.º e 4.º) na red. do DL 32/2003, de 17 de Fevereiro (cfr. art. 6.º). No momento em que concluímos esta dissertação, a taxa em vigor (no 2.º semestre de 2007) determinada pelo Aviso n.º 13665/2007 da Direcção-Geral do Tesouro e Finanças é de *11,07%*.

# 730 — Cheque e Convenção de Cheque

moratórios que recaem sobre o cheque que não foi oportunamente pago, não fazendo sentido distinguir juros comerciais de juros civis, porquanto não é possível determinar a natureza da relação subjacente à relação cartular[1532]. Tratando-se essencialmente de uma sanção (civil[1533]), nem faria sentido que houvesse que distinguir o seu montante, consoante o credor fosse uma empresa comercial ou não. Assim, ao valor em dívida (*valor do cheque*) irá acrescer uma penalização, correspondente a 14% ao ano da quantia em dívida, calculada diariamente, a qual reverte em favor do portador do cheque, salvo se este prescindir, total ou parcialmente, da mesma[1534].

A *regularização* pode efectuar-se pelo pagamento directo ao beneficiário do cheque, com conhecimento directo da instituição sacada[1535] – de modo que esta reconheça estar o problema sanado e não haver necessidade de concretizar a rescisão da convenção e praticar os actos que constituem um efeito da mesma, procedendo às comunicações legalmente impostas –, ou pode ocorrer através de *consignação em depósito* (art. 1.º-A, n.º 3 do RJCh). Na consignação em depósito[1536] – que deve ser efectuada no banco sacado, embora a lei não o explicite, de modo que a instituição de crédito possa ter conhecimento da regularização – o sacador repara a

---

[1532] A lei parece-nos ser inequívoca, referindo apenas a taxa de juro legal – *fixada nos termos do Código Civil* (cfr. art. 559.º) – aplicável a uma situação em que se ignora a natureza do beneficiário do cheque não pago e da própria relação subjacente à sua emissão. Por isso, não entendemos a posição de GERMANO MARQUES DA SILVA, *Regime Jurídico-Penal dos Cheques sem Provisão*, cit., **1997**, p. 88, que, aparentemente, admite poderem ser aplicadas duas diferentes taxas de juro.

No sentido do texto, cfr. Grumecindo DINIS BAIRRADAS, *O cheque sem provisão, Regime Jurídico Civil e Penal*, Almedina, Coimbra, **2003**, p. 113.

[1533] Qualificando a aplicação desta taxa (juro legal acrescido de dez pontos percentuais) como uma sanção de natureza civil, que «visa evitar o autofinanciamento pela via da emissão do cheque sem provisão», GERMANO MARQUES DA SILVA, *Regime Jurídico-Penal dos Cheques sem Provisão*, cit., **1997**, p. 88, nota 79.

[1534] O portador pode abdicar de receber (na íntegra) os juros a que teria direito, para facilitar a regularização e evitar a rescisão da convenção de cheque.

[1535] A lei recorre a uma expressão que não reputamos muito feliz – «*pagamento (…) comprovado perante a instituição sacada*» – para significar que a instituição sacada deve ter conhecimento directo e imediato da regularização, o que equivale a impor que esta ocorra nas suas instalações ou que o sacador apresente ao sacado recibo do pagamento efectuado. O legislador pretendeu seguramente referir-se a «*pagamento (…) comprovado* **pela** *instituição sacada*» (negrito nosso).

[1536] Trata-se de uma causa extintiva de obrigações, regulada na lei civil (cfr. arts. 841.º a 846.º do CC).

Termo da convenção de cheque

situação de incumprimento, depositando à ordem do portador do cheque o respectivo valor, acrescido dos juros devidos. Nesse caso, o portador do cheque deverá exigir, contra a disponibilidade da quantia consignada, que lhe seja devolvido o cheque e poderá solicitar que seja emitida quitação, dando dela conhecimento ao banco sacado.

O sacador poderá, em alternativa, proceder ao pagamento directo ao beneficiário do cheque, comprovando subsequentemente a regularização da situação junto do banco sacado, e devendo para o efeito solicitar quitação da quantia paga, incluindo os juros devidos.

**V.** Poder-se-á discutir, ainda, a propósito da regularização, se as condições legalmente estabelecidas são imperativas, isto é, se a penalização tem de ser aplicada na íntegra ou se sacador e beneficiário do cheque podem acordar na redução do montante compensatório representado pelos juros moratórios.

A redacção do número 3 do artigo 1.º -A do Decreto-Lei n.º 454/91, de 28 de Dezembro, relativo às formas de regularização do cheque, cujo pagamento foi recusado, configura aparentemente uma previsão com natureza imperativa [«*A regularização (...) faz-se (...)*]. No entanto, o Aviso do Banco de Portugal (n.º 1741-C/98) prevê expressamente que o *portador do cheque não pago* possa *desonerar* o sacador não apenas *do pagamento dos juros* moratórios, como do próprio *capital ou de ambos* (cfr. n.º 14). Por isso, há que admitir que o beneficiário possa transigir no montante da compensação, como no próprio valor do cheque. Fundamental é que ele declare a situação sanada, por forma que o banco sacado possa dar o processo por encerrado, abstendo-se de promover os actos subsequentes que conduziriam à rescisão da convenção.

**VI.** Se a situação não for, entretanto, regularizada, haverá que proceder em conformidade com o previsto na lei, concretizando-se todos os efeitos nela previstos e que veremos em seguida quais são.

Antes, porém, justifica-se chamar a atenção para o facto de a falta de provisão, não regularizada – quando o cheque tenha sido apresentado a pagamento do prazo legal disponível para o efeito –, corresponder a um ilícito criminal, previsto e punido nos termos do disposto no art. 11.º do RJCh, que tem como possível sanção acessória a *interdição do uso do cheque* por um período máximo de *seis anos* [cfr. art. 12.º, n.os 1, *alínea a)*, e 2 do RJCh]. Com efeitos materialmente equivalentes à rescisão e com um procedimento também análogo, dedicar-lhe-emos um breve apontamento (cfr., *infra*, n.º 24.4).

732 *Cheque e Convenção de Cheque*

### 24.1.3. *Obrigatoriedade de rescisão*

**I.** Não sendo oportunamente reparada a falta de provisão[1537], a instituição de crédito encontra-se obrigada a proceder à rescisão da convenção e a informar o Banco de Portugal do sucedido. Trata-se, pois, de um verdadeiro dever de rescindir a convenção.

Na realidade, em conformidade com o regime estabelecido pelo Decreto-Lei n.º 454/91, de 28 de Dezembro, as instituições de crédito *devem rescindir* a convenção de cheque que tenham celebrado com quem ponha «*em causa o **espírito de confiança** que deve presidir à sua circulação*» (art. 1.º, n.º 1, *in fine*). E enquadra-se nesta situação, de quebra do espírito de confiança, quem, agindo em nome próprio ou como representante – simples mandatário ou titular de órgão social –, não procede à regularização da situação decorrente de falta de pagamento de cheque por si emitido (cfr. art. 1.º, n.º 2 do RJCh e Aviso n.º 1741-C/98 do BdP, n.º 7).

Os valores de ordem pública que justificam a tutela específica do uso do cheque não obstam a que a confiança inerente à circulação deste título de crédito, uma vez posta em causa, possa ser reparada. Por isso, a lei prevê a possibilidade de recuperação da confiança, admitindo que a falta de provisão possa ser suprida no prazo de um mês, subsequente ao conhecimento *oficial* da vicissitude (cfr., *supra*, n.º 24.1.2).

Não o sendo, o dano de confiança é irreparável e o direito dos terceiros lesados à sua reparação irrefutável.

**II.** Constituindo a convenção de cheque expressão contratual de uma relação jurídica complexa duradoura, mas habitualmente não sujeita a prazo ou termo certos, prolongando-se temporalmente enquanto nenhuma das partes resolver pôr-lhe termo, é normal que ela possa terminar por acto unilateral de uma delas, quer o mesmo seja voluntário, quer seja vinculado, como sucede nos termos do Decreto-Lei n.º 454/91, de 28 de Dezembro, verificadas determinadas circunstâncias.

A qualificação jurídica deste acto não é certamente pacífica.

---

[1537] E pressupomos que, nesse período, o banco e o cliente não acordam numa concessão de crédito que permita regularizar a situação, evitando por termo à convenção e todos os efeitos que decorrem da rescisão.

Pela nossa parte, e seguindo o ensino de Inocêncio GALVÃO TELLES[1538], não vemos problema em considerar tratar-se de uma rescisão, no sentido de ruptura do contrato, sem efeitos retroactivos.

Afastamos, consequentemente, as qualificações de *resolução* – designação que consideramos mais apropriada para acto unilateral extintivo com carácter retroactivo – ou de *denúncia*, termo genericamente aplicável à cessação unilateral de contratos de execução continuada, com a finalidade de evitar que ocorra a respectiva renovação automática.

A doutrina civilística divide-se nesta matéria e adopta diferente terminologia, para situações idênticas, como já vimos (*supra*, n.º 23).

Não nos devemos deixar impressionar pela terminologia legal, nomeadamente na aplicável ao presente caso concreto («**rescisão** da convenção»), mas também não lhe devemos ser totalmente indiferentes. Entendemos que a qualificação legal é adequada[1539], visto que a cessação de efeitos da convenção ocorre por acto unilateral vinculado e em contrapartida do incumprimento do cliente (contraparte contratual).

O termo *revogação*, embora impropriamente utilizado para situações que se configuram essencialmente como de resolução – como sucede com a revogação do mandato (cfr. art. 1170.º, n.º 1 do Código Civil[1540]) –, corresponde à extinção do vínculo contratual por acordo dos contraentes[1541], o que pode ocorrer relativamente à própria convenção, continuando a conta bancária a ser movimentada por outros meios.

A eventual *resolução* da convenção de cheque por mera opção de uma das partes, embora rara, é possível, mormente se o banqueiro pretende deixar de prestar o serviço relativo ao pagamento de cheques e decidir deixar de fornecer módulos ou, no que respeita ao cliente, se este deixar de utilizar cheques ou, pura e simplesmente, de requisitar os respectivos módulos. Em regra, não constitui motivo autónomo de cessação da convenção que, com muita frequência, decorre automaticamente da resolução do contrato de depósito ou de conta-corrente bancária, por

---

[1538] Inocêncio GALVÃO TELLES, *Manual dos Contratos em Geral*, 4ª ed., Coimbra Editora, **2002**, p. 381. Cfr. também a 3ª ed., Lisboa, **1965**, pp. 350-351, onde a matéria se encontra mais desenvolvida.

[1539] Em sentido contrário, PINTO FURTADO, *Títulos de Crédito. Letra. Livrança. Cheque*, cit., **2000**, p. 269, e o **AcSTJ de 16 de Outubro de 2002** (REIS FIGUEIRA), *www.dgsi.pt*, p. 3.

[1540] «*O mandato é livremente revogável por qualquer das partes* (…)».

[1541] Sem prejuízo do se diz, *supra*, em 11.3.1, II.

incumprimento de condições contratuais preestabelecidas (por exemplo, observância de determinados saldos médios). A cessação do contrato de depósito implica, naturalmente, a extinção da convenção, mas por caducidade.

A *denúncia*, com ou sem pré-aviso, como forma de cessação, por interrupção da relação contratual duradoura, é aplicável directamente à convenção de cheque, nomeadamente se o cliente pretender deixar de movimentar a conta através deste instrumento.

A *rescisão* ocorre quando se verificam os requisitos da sua aplicação, isto é, quando se configura uma situação legal típica de incumprimento, por falta de pagamento. É um modo de extinção do contrato sem alternativa, que pela sua relevância, legal e prática, apreciaremos em separado.

Finalmente a *caducidade* só tem sentido quando a convenção cessa por efeito da cessação de outro contrato que está na sua base, como seja o encerramento da conta bancária, cujos fundos eram sacados em conformidade com a convenção estabelecida. Deixando de haver conta, na qual possam encontrar-se os fundos disponíveis, a convenção caduca, porque não há nada para sacar. A denúncia do contrato de depósito pode acarretar, assim, a extinção, por caducidade, da convenção de cheque.

**III.** Vejamos então em que consiste a rescisão da convenção de cheque.

Se o cheque, apresentado a pagamento, não tiver provisão (a vulgarmente chamada *cobertura*), e tal pagamento não for efectuado no prazo de trinta dias, regularizando a situação, a instituição de crédito emitente do módulo que, preenchido, deu lugar a um cheque sem provisão, deverá rescindir a convenção de cheque e praticar concomitantemente outros actos, para além de passar a ter de observar um dever de *non facere*, que se traduz na impossibilidade de celebrar uma nova convenção com a mesma entidade durante um prazo de dois anos, *salvo autorização do Banco de Portugal* (art. 1.º, n.º 6 *in fine* do RJCh).

No que se refere à rescisão da convenção de cheque propriamente dita, a instituição de crédito não tem opção, sendo a rescisão um acto vinculado – um verdadeiro dever jurídico –, praticado independentemente da sua vontade. A inobservância desse dever importa responsabilidade civil extracontratual do sacado, relativamente aos eventuais lesados com o seu incumprimento (cfr., *infra*, n.º 24.2). A decisão de rescisão, não correspondendo a um puro automatismo legal, uma vez que deve ser tomada pelo banco – após a realização de diligências tendentes à reparação da confiança –, é, no contexto actual, *imposta pelo legislador de forma "cega e automática"*[1542]. Não cabe ao banco, ponderando as circunstâncias em que ocorreu a vicissitude, decidir se a mesma põe ou não em causa o espírito de confiança na emissão de cheques por aquele cliente e na respectiva circulação. O banco, hoje, só pode intervir à margem do funcionamento do regime jurídico da rescisão, prevenindo os seus efeitos pela concessão de crédito ao cliente, por exemplo, para que ele possa regularizar a situação e evitar, desse modo, a consumação da rescisão. Compreende-se o espírito e alcance da lei. O legislador não deixa mais na discricionariedade do banco a avaliação da situação que conduz à cessação da convenção. Se o cheque não for oportunamente regularizado, nada deve impedir a rescisão e os actos subsequentes da mesma decorrentes.

É claro que, não obstante ter conhecimento da existência de fundamento para rescindir a convenção – acto a que se encontra legalmente vinculado –, o banco pode não o fazer, assumindo as consequências da sua decisão. Sempre que isso suceder, o banco, para além de incorrer na contra-ordenação prevista no artigo 14.º, tem responsabilidade pelas vicissitudes futuras que ocorram com cheques emitidos pelo cliente incumpridor – e que era contraparte da convenção que deveria ter rescindido –, ainda que ● sejam sobre diferente instituição de crédito.

Verificando que, não obstante a notificação para regularizar a situação, o incumprimento persiste, o banco deve declarar a rescisão da convenção, informando, desse facto, o sacador e procedendo às demais comunicações que se mostrarem devidas. No entanto, antes de consumar o dever de rescisão – e de comunicar ao Banco de Portugal tê-lo feito –, deve

---

[1542] Diversamente do que sucedia antes da reforma do RJCh operada pelo DL 316//97, de 19 de Novembro, como evidencia o **AcRelLisboa de 21 de Março de 2000** (Jorge Santos) [*CJ*, ano XXV, t. II, 2000 (pp. 103-108)] – do qual extraímos as passagens assinaladas no texto a itálico (p. 106) –, que conclui, à luz do Direito então vigente, precisamente o oposto, isto é, que «*a decisão de rescisão não é imposta pelo legislador de "forma cega e automática", devendo o banco sacado ponderar as circunstâncias concretas em que ocorreu a devolução do cheque por falta de provisão e avaliar se daí é posto em causa o espírito de confiança na emissão e circulação de cheques ou se daí não se verifica qualquer perigo real. A decisão* (de rescisão da convenção de cheque) *supõe avaliação de situações concretas, ponderação de razões justificativas, subsunção dos factos aos requisitos legais e juízos de valor*» (**AcRelLisboa de 21 de Março de 2000**, cit., p. 106).

736      *Cheque e Convenção de Cheque*

assegurar-se que não há qualquer equívoco sobre a pessoa do sacador, procedendo *ao confronto da(s) assinatura(s) inscrita(s) nos cheques com a(s) que constava(m) da ficha de assinaturas* que possui, para se certificar quem procedeu efectivamente ao saque do cheque[1543], evitando, assim, rescisões indevidas, sobretudo em casos de contas com diversos co-titulares ou com procuradores constituídos.

**IV.** Veremos adiante como se processa a rescisão (*infra*, n.º 24.3).

Antes, porém, refira-se que estas regras são retomadas e desenvolvidas em diversos documentos dimanados do Banco de Portugal, como sejam o Aviso n.º 1741-C/98, de 4 de Fevereiro de 1998[1544], que «*Regula o fornecimento de cheques e rescisão da convenção do cheque e obrigatoriedade do pagamento por parte dos Bancos*» (cfr., em especial, n.ºs 7 e seguintes), e a Instrução do mesmo Banco n.º 1/98[1545], de 21 de Janeiro, publicada em 16 de Fevereiro de1998, mas também vigente desde 4 desse mês.


### 24.2. **Incumprimento da obrigação de rescisão**

Vejamos o que sucede se o banco não suscitar a rescisão da convenção, por não participar, como se encontra obrigado, a•vicissitude inerente ao não pagamento do cheque, apurando as consequências que podem resultar, para o banco, da falta de rescisão da convenção, sempre que a mesma for devida.


### 24.2.1. *A responsabilidade do banco pela falta de rescisão*

**I.** Da emissão de um cheque sem provisão decorre para o seu beneficiário um prejuízo patrimonial que corresponde, em regra, ao montante do cheque, como vimos (*supra*, n.º 19.3.IV).

---

[1543] Neste sentido, **AcSTJ de 3 de Abril de 2003** (AZEVEDO RAMOS) / Proc. n.º 03A684, *www.dgsi.pt* (p. 4).

[1544] Cfr. Sistema de Instruções do Banco de Portugal (SIBAP), *in www.bportugal.pt*.

[1545] Também publicada no Sistema de Instruções do Banco de Portugal (SIBAP), *in www.bportugal.pt*, e que, juntamente com o Aviso 1741-C/98, foi objecto do esclarecimento referente aos pedidos de remoção da LUR e da celebração de nova convenção constante da Carta-Circular n.º 12/98/DOC, de 6 de Abril.

O beneficiário do cheque é, pois, o principal prejudicado pela falta de pagamento.

Não sendo o cheque pontualmente pago, por falta de provisão, o seu portador deve procurar obter do respectivo sacador o pagamento em falta. Sucede, porém, que a falta de provisão corresponde habitualmente a uma situação de insolvência, pelo que o sacador não estará em condições de satisfazer o valor do cheque. Nessa circunstância, importa averiguar se o banco pode ser responsabilizado pela emissão desse cheque – e pelo respectivo pagamento –, uma vez que ao não ter rescindido a convenção, permitiu que o cliente continuasse a sacar cheques. A resposta deverá ser afirmativa.

Ocorrendo o saque de um cheque sem provisão e a sua não regularização no prazo legalmente estabelecido para o efeito («*trinta dias consecutivos*»), a instituição de crédito deverá proceder à rescisão da convenção e à comunicação do facto ao Banco de Portugal [cfr. arts. 1.º, n.ºs 1 e 2, 1.º -A e 2.º, *alínea a)* do RJCh], como referimos. Caso não o faça, vai ser responsável pela deficiente utilização que o infractor venha, entretanto, a fazer dos módulos (de cheque) de que ainda disponha. Com efeito, a inobservância do dever legal de rescisão, e de comunicação da mesma, importa responsabilidade para a instituição de crédito que viole esse dever. É essa também a conclusão a que chega a nossa jurisprudência.

Mas, se o banco não chegar sequer a notificar o cliente para regularizar o descoberto, violando o dever de rescisão por não cumprir as formalidades prévias necessárias à formalização desse acto, deverá também assumir a responsabilidade pelo pagamento dos cheques que forem emitidos[1546].

Do mesmo modo, é também responsável pelos cheques que venham a ser sacados sem provisão o banco que, não obstante a inclusão do seu cliente na *listagem dos utilizadores de cheque que oferecem risco* (LUR), nada fez, permitindo que o infractor continuasse a usar (e abusar de) cheques e a causar prejuízos aos respectivos beneficiários, por falta de provisão.

**II.** Podemos, pois, concluir que a inobservância do dever de rescisão é fonte de responsabilidade do banco para com todos aqueles que venham a ser lesados pelo uso deficiente do cheque[1547].

---

[1546] Neste sentido, **AcSTJ de 8 de Fevereiro de 2001** (Silva Salazar), *CJ/AcSTJ*, ano IX, t. I, 2001, pp. 107-110.

[1547] Neste sentido, António Menezes Cordeiro, *Manual de Direito Bancário*, 3ª ed., Almedina, Coimbra, **2006**, p. 496.

Como se explica, porém, tecnicamente, a responsabilidade do banco que assume o dever de indemnizar os danos que venham a ser causados a terceiros pelo cliente com quem, indevidamente, não rescindiu a convenção de cheque?

O banco não tem, com esses terceiros, qualquer relação contratual. Não obstante, vai ser chamado a cobrir os eventuais prejuízos por não ter feito o que devia, e estava ao seu alcance, para evitá-los. Encontrando--se legalmente cominada tal responsabilidade no artigo 9.º, n.º 1 do Decreto--Lei n.º 454/91, de 28 de Dezembro, que instituiu o Regime Jurídico--Penal do Cheque, a mesma não deixa de constituir uma manifestação *sui generis* da eficácia do contrato, em regra meramente relativa de acordo com o disposto no artigo 406.º, n.º 2 do Código Civil[1548], resultando a responsabilidade do banco da finalidade da regra jurídica desrespeitada, a qual é corolário da tutela da confiança necessariamente associada à circulação do cheque.

Aquilo a que aqui se chama "manifestação *sui generis* da eficácia do contrato" tem a ver, na verdade, com uma (aparente?) excepção à regra da relatividade das obrigações, que estabelece o que o âmbito dos efeitos (direitos e obrigações) produzidos pelo contrato se restringe aos respectivos sujeitos. Mas não deve confundir-se com o tipo de eficácia atribuída ao contrato no contexto da *doutrina do efeito externo das obrigações* ou da protecção delitual do crédito. Esta, para além de merecer, na doutrina e jurisprudência nacionais, uma aceitação muitíssimo restrita[1549], vem referida às situações em que, a título de hipótese, os terceiros, alheios ao contrato, possam ser responsabilizados pelo incumprimento, em situações de indução à quebra do contrato, de cumplicidade com o devedor

---

[1548] Note-se, todavia, que a própria norma que consagra a regra da eficácia *inter partes* das obrigações contratuais ressalva de modo expresso as excepções consignadas na lei – o que parece ser o caso.

[1549] Desta doutrina se constituiu como uma das primeiras defensoras RITA AMARAL CABRAL, no estudo *A eficácia externa das obrigações e o n.º 2 do art. 406.º do Código Civil,* Livraria Cruz, Braga, s/d, em especial pp. 36-48; na vigência do Código de Seabra chegou a ser seguida pelo Supremo Tribunal de Justiça, no **Acórdão de 16 de Junho de 1964** (JOSÉ MENESES), *RLJ,* ano 98.º, 1965-66, pp. 19-32, com anotação favorável de FERRER CORREIA («A responsabilidade do terceiro que coopera com o devedor na violação de um pacto de preferência», *RLJ,* ano 98.º, **1965-66,** pp. 355-360 e 369-374. Foi, todavia, expressamente afastada pelo Código Civil de 1966 e é, de um modo geral, recusada pela doutrina dominante. Sobre a "pretensa eficácia externa das obrigações", ANTUNES VARELA, *Das Obrigações em Geral,* 10ª ed. cit., **2000,** pp. 175-182.

Termo da convenção de cheque

para o incumprimento ou de destruição ou sonegação do objecto da prestação tendo em vista o incumprimento por parte do devedor. Trata-se, pois, de situações em que, a ser admitida a doutrina do efeito externo das obrigações, se aceita a projecção do efeito *obrigacional do contrato* para além do âmbito dos sujeitos, responsabilizando terceiros pelo incumprimento.

A situação em análise é rigorosamente simétrica à hipótese a que alude a doutrina do efeito externo das obrigações: trata-se agora de equacionar a possibilidade de estender a terceiros o efeito de protecção do contrato, isto é, reconhecer a sujeitos alheios ao contrato (convenção de cheque) – no caso, os beneficiários dos cheques sem provisão sacados pelo cliente relapso em relação ao qual a instituição de crédito omitiu o dever de rescisão da convenção – alguns direitos (*v.g.*, de indemnização) decorrentes do incumprimento de uma obrigação contratual (rescisão da convenção) por parte da instituição de crédito.

Essa responsabilidade está, como vimos, estabelecida na própria lei, pelo que, se se pretender qualificá-la como uma manifestação de responsabilidade contratual, se encontrará desde logo justificada, do ponto de vista jurídico, nos termos do art. 406.º, n.º 2, *in fine*[1550]. Temos, todavia,

---

[1550] Não sendo, pois, necessário recorrer a figuras alternativas da responsabilidade civil, adiantadas por alguma doutrina mais recente e flexível, como seria o caso – apropriado, de resto, não fora o cabimento da situação em análise na previsão legal do art. 406.º, n.º 2 *in fine* do Código Civil – do *contrato com eficácia de protecção para terceiros*. A ideia fundamental subjacente à figura do *contrato com eficácia de protecção para terceiros* é a de que certos negócios estendem a sua protecção a terceiros, alheios ao contrato, permito-lhe exigir do devedor que não cumpre uma indemnização pelos danos que esse incumprimento lhe possam reflexamente causar. Embora estes sujeitos não sejam partes no contrato, onde vale o princípio da relatividade (art. 406.º, n.º 2), o contrato pode projectar neles os seus efeitos, atribuindo-lhes um direito a verem ressarcidos os prejuízos que sofrerem, não como consequência do incumprimento de um dever de prestação – que só existe em relação ao credor –, mas em resultado da violação de outros deveres, abrangidos na relação contratual no seu todo. Tal só se verifica, todavia, quando em simultâneo se achem cumpridos um conjunto de pressupostos (*v.g.*, que o devedor, tenha, à partida, a consciência de que o seu incumprimento perante o credor é susceptível de causar danos a determinados terceiros). Trata-se de uma concepção ancorada na relação obrigacional complexa, onde se distinguem, além dos deveres primários de prestação, outros deveres ou comportamentos que, existindo para além das prestações convencionadas, são também exigidos pelo credor da relação contratual, visando ainda a protecção de terceiros alheios ao contrato, e suportada por um novo fundamento dogmático da responsabilidade civil, comprometido não só com a construção da relação

740     *Cheque e Convenção de Cheque*

dúvidas acerca dessa qualificação. E bem assim, não é de aceitar que os terceiros beneficiem de uma protecção que lhes permita receber, para além do valor (nominal) do cheque, indemnização por todos os danos inerentes ao seu não pagamento oportuno[1551].

**III.** Quanto à não rescisão da convenção, haverá que distinguir duas situações:

- A do banco sacado que, sendo parte directamente envolvida num saldo a descoberto que não foi oportunamente regularizado – porque o banco nem mesmo notificou o cliente para o efeito ou porque este nada fez –, não promove a rescisão da convenção e, consequentemente, nada comunica ao Banco de Portugal; e
- A de uma instituição de crédito com a qual a entidade infractora tinha uma convenção vigente, mas que é alheia à rescisão decretada por outro banco e que, por falta de diligência na verificação da LUR, ou por mera inércia, se abstém de declarar rescindida a respectiva convenção.

Num caso e noutro, a acção do banco – ainda que omissiva – favoreceu e contribuiu para a repetição do ilícito praticado pela mesma pessoa e que teria sido evitado se, na respectiva actuação, a instituição de crédito tivesse procedido, diligentemente, de acordo com o que está prescrito na lei e nas instruções do Banco de Portugal. Assim, embora revelando graus de responsabilidade diferentes, qualquer das situações é geradora de responsabilidade do banco pelos prejuízos que o ilícito tenha causado a terceiro.

---

obrigacional complexa como, sobretudo, com a boa-fé, enquanto matriz dos deveres de protecção. Mas trata-se, sobretudo, de uma figura que, gravitando no universo dos deveres de conduta e da respectiva eficácia, se situa, enquanto *figura de responsabilidade*, numa zona intermédia ou alternativa entre as duas modalidades clássicas da responsabilidade. Sobre o contrato com eficácia a favor de terceiros, MENEZES CORDEIRO, *Da boa fé no Direito Civil*, vol. I cit., **1984**, pp. 619-625, CARNEIRO DA FRADA, *Uma "Terceira Via" no Direito da Responsabilidade Civil?*, Almedina, Coimbra, **1997**, pp. 88-93, SINDE MONTEIRO, *Responsabilidade por conselhos, recomendações ou informações,* cit., **1989**, pp. 518-535, e MOTA PINTO, *Cessão da Posição Contratual*, cit., **1970**, pp. 419-426.

[1551] Não estamos, neste ponto, de acordo com MENEZES CORDEIRO, *Manual de Direito Bancário*, 3ª ed., cit., **2006**, p. 496, quando considera que «o dever de rescindir funciona como uma norma de protecção, para efeitos do artigo 483.º /1, 2ª parte, do Código Civil» e que o particular, que seja lesado pela devolução de um cheque que foi emitido por não ter sido rescindida a convenção, tem direito a receber do banco sacado «o *plus* de despesas que suportou por o pagamento não ter sido feito por cheque».

*Termo da convenção de cheque* 741

**IV.** Analisada a situação atinente à responsabilidade que advém para o banqueiro da não rescisão da convenção de cheque, sempre que a mesma for devida, veremos ainda – depois de verificada a obrigatoriedade do pagamento do cheque, em certas circunstâncias (cfr., *infra*, n.º 24.2.2) –, neste número, qual o âmbito de tal responsabilidade (*infra*, n.º 24.2.3), nesta circunstância.

Mais à frente deter-nos-emos desenvolvidamente sobre o reverso do caso em apreço, ou seja, a situação que consiste numa rescisão indevidamente declarada ou processada (*infra*, n.os 24.5 e 24.6.2), que implica o dever de indemnização ao lesado (*infra*, n.º 24.6.3).

### 24.2.2. *Obrigatoriedade de pagamento (do cheque)*

**I.** A própria lei se encarrega de estatuir a *obrigatoriedade de pagamento pelo sacado* – em caso de violação do dever de rescisão da convenção ou quando, não obstante esta ter sido declarada, haja fornecimento de módulos de cheques que permitam ao cliente continuar a praticar ilícitos –, dispensando a averiguação da culpa deste[1552].

Com efeito, o Regime Jurídico-Penal do Cheque (aprovado pelo Decreto-Lei n.º 454/91, de 28 de Dezembro, na red. da Lei n.º 48/2005, de 29 de Agosto) comina a responsabilidade (objectiva, no nosso entender) do banco sacado, obrigando-o a pagar os cheques – com valor superior a € 150,00 – que tiverem sido sacados, em módulos por ele fornecidos:

- *em violação do dever de rescisão*[1553], isto é, após a ocorrência da vicissitude que devesse ter conduzido à rescisão sem que esta tenha sido declarada [cfr. art. 9.º, n.º 1, *alínea a)*],
- depois da *rescisão da convenção de cheque*[1554],

---

[1552] Por esta razão, nem sequer há que demonstrar ter tido o banco *culpa leve*, pelo que não podemos estar de acordo com o **AcRelLisboa de 22 de Abril de 2004** (FERNANDA ISABEL PEREIRA) (*CJ*, ano XXIX, t. II, 2004, pp. 103-106), que, admitindo que a *responsabilidade do banco sacado não dispensa a existência de culpa*, considera suficiente, *para fundar a responsabilidade, a prova da culpa leve, tendo em conta a natureza da actividade bancária.*

Trata-se de decisão que, pelo seu relevo, merece apreciação no próprio texto.

[1553] Neste sentido, o **AcSTJ de 8 de Fevereiro de 2001** (SILVA SALAZAR), *CJ/AcSTJ*, ano IX, t. I, 2001 (pp. 107-110), p. 110.

[1554] Trata-se de hipótese quase académica – e não prevista expressamente no art. 9.º, por ser absurda –, em que o banco fornece novos módulos após rescindir a convenção,

742     *Cheque e Convenção de Cheque*

– com base em nova convenção indevidamente celebrada, *após a rescisão da convenção* [cfr. art. 9.º, n.º 1, *alínea b)*][1555],
– a uma pessoa que faça parte da LUR[1556] ou que esteja interditada a usar do cheque [cfr. art. 9.º, n.º 1, *alínea c)*].

Em todos os casos acima enunciados a obrigação legalmente esta-tuída tem razão de ser. Começando pelos últimos, diríamos que os bancos têm responsabilidade pelo pagamento dos cheques que sejam apresenta-dos após a divulgação da informação de que o seu cliente não pode sacar cheques por constar da LUR, na sequência da rescisão de uma convenção de cheque ou de decisão de interdição do respectivo uso [cfr. art. 9.º, n.º 1, *alíneas c)* e *d)*]. O que os bancos devem fazer nessa circunstância é declarar igualmente rescindida a convenção de cheque e solicitar a devolução dos módulos por utilizar. Mas ficam também obrigados ao pagamento, e com razões acrescidas, os bancos que não rescindiram oportunamente as respectivas convenções (nas situações previstas nos n.ᵒˢ 1 a 4 do art. 1.º) – e que devessem tê-lo feito[1557] – ou que celebraram uma nova convenção com entidade que se encontrava legalmente impe-dida de o fazer, por já ter sido objecto de anterior rescisão de convenção de cheque [cfr. *alíneas a)* e *b)* do n.º 1 do art. 9.º ].

Impõe-se explicar que em parte alguma a lei exige – para a impu-tação da responsabilidade ao banco – a demonstração da sua culpa, ainda que leve, diversamente do que pretende alguma jurisprudência, quando conclui que a *responsabilidade do banco sacado pelo pagamento de cheque, entregue em violação do dever de rescisão da respectiva conven-ção, não dispensa a existência de culpa, sendo insuficiente o facto de o sacado integrar a listagem elaborada pelo Banco de Portugal e comu-nicada às entidades bancárias*, acrescentando que, *tendo em conta a natureza da actividade bancária, para fundar a responsabilidade basta a prova da culpa leve* [**AcRelLisboa de 22 de Abril de 2004** (FERNANDA ISABEL PEREIRA) (*CJ*, ano XXIX, t. II, 2004, pp. 103-106)].

---

contribuindo desse modo directamente (senão dolosamente) para a ilegalidade consubs-tanciada no saque de cheques sem base legal ou contratual.

[1555] Esta situação, na prática, reconduz-se à inobservância do dever de rescisão.

[1556] Cfr. **AcSTJ de 7 de Julho de 1999** (MARTINS DA COSTA), *CJ/AcSTJ*, ano VII, 1999, t. III, pp. 21-22 (e também no *BMJ*, 489, pp. 366-369, com texto completo).

[1557] Cfr. **AcSTJ de 24 de Fevereiro de 2005** (NEVES RIBEIRO), *www.dgsi.pt*, apesar de decidir uma questão anterior à actual redacção do art. 9.º do RJCh.

Na obrigatoriedade de pagamento que é estabelecida pelo disposto no artigo 9.º é evidenciada a responsabilidade – extracontratual e objectiva, porque independente de culpa[1558] – pela celebração da convenção de cheque e pela concessão dos módulos de cheques[1559]. Essa responsabilidade social só cessa quando a instituição de crédito declara a rescisão da convenção. Até lá, mesmo que a violação do dever de rescisão ocorra por negligência inconsciente da instituição de crédito, por nem sequer se ter apercebido que o seu cliente constava já da LUR, nem por isso deixa de ter de assumir o pagamento dos cheques emitidos com base em módulos por ela fornecidos.

Por um lado, a articulação do referido artigo 9.º com as regras gerais da responsabilidade não permite outra conclusão: se o legislador não tivesse querido consagrar, nessa disposição legal (art. 9.º), um caso de responsabilidade objectiva, a norma revelar-se-ia inútil, na medida em que o resultado da responsabilização (subjectiva) do banco resultaria (ou não, consoante o preenchimento dos respectivos pressupostos se verificasse ou não) das regras gerais do artigo 483.º, n.º 1, do Código Civil. Por outro lado, essa qualificação conduzir-nos-ia à conclusão de que o banco teria de suportar todos os danos decorrentes do facto, e não apenas o pagamento do valor do cheque, como aqui se conclui.

---

[1558] E que nenhum desvio traz ao ordenamento jurídico da responsabilidade, atenta a possibilidade de estabelecimento de casos de responsabilidade independente de culpa prevista de forma expressa no n.º 2 do art. 483.º do Código Civil, desde que expressamente previstos na lei.

[1559] Num sentido paralelo, MENEZES CORDEIRO (*Manual de Direito Bancário*, 3ªed., cit., **2006**), na passagem em que afirma que o dever de pagamento do banqueiro de cheques emitidos em violação do dever de rescisão constitui um «regime objectivo à margem dos requisitos da responsabilidade civil» (p. 496).

Considerando estar em causa «a doutrina da responsabilidade de confiança do banco pelos seus clientes, face a terceiros» nos países em que o uso do cheque, por implicar uma especial relação de confiança entre o banco e o seu cliente, acarreta a responsabilidade daquele «perante terceiros pela negligência na atribuição de uma conta-cheque a um cliente inidóneo», JOSÉ ANTÓNIO VELOSO, «A desinstitucionalização dos pagamentos cashless nas redes electrónicas e os seus efeitos de deslocação e redistribuição do risco: algumas notas para uma análise de regulamentação», AA.VV., *Estudos em homenagem ao Professor Doutor Manuel Gomes da Silva*, Faculdade de Direito da Universidade de Lisboa, **2001** (pp. 1189-1286), pp. 1205-1206 (e nota 12).

Afigura-se que a previsão imperativa do art. 9.º do RJCh visa sancionar o banco pela falta de critério na celebração da convenção de cheque e na atribuição indiscriminada de módulos de cheques aos seus clientes, contrariando a "trivialização do cheque" a que se refere JOSÉ ANTÓNIO VELOSO (*ibid.*, p. 1206, nota 12).

Por outro lado, assim se esclarece o carácter extracontratual (ou delitual) da responsabilidade do banco perante os terceiros lesados pela falta de provisão de cheques sacados a seu favor quando a rescisão já deveria ter ocorrido por iniciativa do banco, mas não ocorreu. A norma do art. 9.º do RJCh não consubstancia um caso de responsabilidade civil contratual (que não teria nenhum sentido disciplinar por esta via), mas uma situação de responsabilidade civil delitual; a única, de resto, em relação à qual se admite a possibilidade de responsabilização sem culpa, *ex vi* artigo 483.º, n.º 2, do Código Civil.

**II.** De todas as situações que podem conduzir à reincidência do saque de um cheque sem provisão não está legalmente coberta aquela em que, ocorrendo a rescisão (e não a inobservância do respectivo dever), o cliente, não obstante, saca novo cheque sem provisão com base nos módulos que ainda dispõe e que não devolve(u).

Deste modo, se a rescisão foi declarada e foram emitidos cheques com base em módulos já disponíveis, mas não devolvidos – e a entidade infractora ainda não consta da LUR –, importa indagar de quem é a responsabilidade pelo pagamento desses cheques, e nomeadamente se o banco sacado está, ou não, obrigado a efectuar o seu pagamento.

A partir do momento em que o infractor é listado, dificilmente a instituição de crédito sacada poderá deixar de pagar os cheques emitidos com base em módulos fornecidos após a inclusão na lista negra, em face do disposto na *alínea c)* do n.º 1 do art. 9.º do RJCh.

Quantos aos módulos fornecidos anteriormente à rescisão, a lei é omissa sobre a responsabilidade relativa aos cheques apresentados a pagamento entre a data da rescisão e a da difusão da LUR pelo Banco de Portugal, com o nome do infractor nela constante, quer os mesmos sejam sacados sobre a conta do banco sacado com base na qual foi sacado o primeiro cheque, quer sobre uma diferente conta e banco.

Na situação que estamos a equacionar, a actuação da instituição de crédito sacada ter-se-á pautado pelos critérios normais de diligência e corresponde a um primeiro saque a descoberto. Não cremos que o banco, neste caso, esteja obrigado a pagar o cheque, que é totalmente inesperado e que é apresentado numa situação em tudo semelhante à do primeiro cheque sem provisão. Por isso, a lei teve o cuidado de evitar cominar a obrigação do seu pagamento. Esta leitura é, aliás, confirmada com a hipótese de recusa de pagamento que a própria lei suscita.

*Termo da convenção de cheque* 745

**III.** Nos casos em que o banco está legalmente vinculado a pagar o cheque – e que acima descrevemos e caracterizámos sucintamente –, para recusar licitamente o respectivo pagamento, deve demonstrar que procedeu de forma diligente, tendo declarado a rescisão da convenção de cheque vigente e praticado os actos acessórios necessários à adequada divulgação desse facto, bem como tendo-se abstido de fornecer (novos) módulos de cheques (cfr. art. 9.º, n.º 2)[1560].

A lei não se limita, pois, a determinar a obrigatoriedade de o banco pagar os cheques em diversas circunstâncias; ela inverte o ónus da prova em todos os casos que a instituição de crédito pretende evitar esse pagamento, impondo-lhe que ela faça a prova de que actuou diligentemente e de que, por isso, não tem de assumir os danos ocorridos. Nestes termos, cabe ao banco evidenciar que:

- Rescindiu a convenção de cheque, como se encontrava obrigado, praticou os actos acessórios convenientes e não celebrou nova convenção; ou
- No momento em que o cheque lhe foi apresentado para pagamento ainda não havia sido difundida a LUR, da qual constava a menção do seu cliente como inibido para o uso do cheque.

**IV.** A obrigatoriedade legal de pagamento do cheque sacado em violação da rescisão da convenção é consequência da inobservância de um dever contratual legalmente imposto. No entanto, o beneficiário do cheque que não é pago mantém-se dependente do prazo de prescrição de três anos aplicável à responsabilidade extracontratual (cfr. art. 498.º, n.º 1 do CC).

A responsabilidade civil do banco perante o beneficiário do cheque que tenha sido sacado em infracção do dever (legal) de rescisão da convenção, pelo seu não pagamento, sendo de natureza extracontratual, é análoga aquela que o banco sacado tem de assumir pela aceitação extemporânea da revogação do cheque, sendo nesta matéria aplicáveis as conclusões a que chegámos anteriormente (cfr., *supra*, n.º 20.6.3).

Veremos em seguida, qual a medida da responsabilidade do banco sacado, designadamente se a mesma se atém ao montante de cheque ou se pode ultrapassá-lo.

---

[1560] Por isso, se recusar o pagamento do cheque em violação do disposto no n.º 1 do artigo 9.º, está a instituição de crédito obrigada a revelar tal facto ao Banco de Portugal [cfr. art. 2.º, *alínea e)*].

### 24.2.3. *Âmbito da responsabilidade do banqueiro: indemnização por prejuízos causados ou (simples) pagamento do cheque?*

**I.** Vimos que, não sendo oportunamente regularizado o descoberto e não procedendo o banco sacado à rescisão da convenção – a que se encontrava obrigado –, ele será responsável pelo pagamento dos cheques que vierem a ser indevidamente emitidos, posteriormente à verificação da situação de rescisão da convenção. Assim, existindo motivo de rescisão – por não ter ocorrido oportuna regularização (no prazo de trinta dias) de saldo que viabilize o pagamento em falta ou porque, devendo conhecer a inclusão do seu cliente na lista negra (LUR), o banco nada fez, consentindo que ele continuasse a sacar cheques –, e não sendo a mesma declarada e difundida, como é suposto que aconteça, está criado o ambiente para a entidade infractora poder continuar a emitir cheques e, fazendo-o, sacar novamente de forma deficiente. Nesse caso, o banco, a quem competia ter rescindido a convenção e cuja omissão não pode ser desligada, em termos causais, da repetição da irregularidade, deverá assumir a responsabilidade pelos danos resultantes da nova vicissitude e que, com grande probabilidade, teriam sido evitados se tivesse actuado diligentemente.

**II.** A responsabilidade do banco pelos cheques sacados por quem deveria estar inibido do respectivo uso abrange necessariamente, de acordo com o disposto no n.º 1 do art. 9.º do Regime Jurídico-Penal do Cheque, o valor dos cheques que o seu cliente (sacador) venha, entretanto, a emitir sem provisão, defraudando terceiros. Isto é, o banco que, ao não rescindir a convenção, permite a utilização indevida de módulos de cheque deve ser responsabilizado pelo pagamento dos cheques que forem posteriormente emitidos à data em que a convenção deveria ter sido rescindida.

**III.** Independentemente de considerarmos ser, ou não, necessário que o banco (sacado) actue com culpa, fundada na lei a respectiva responsabilidade, devemos, todavia, apurar o seu alcance, isto é, saber se o banco é sempre obrigado a pagar o cheque ou se apenas tem de ressarcir os prejuízos que resultem da sua falta de cobertura e, em caso afirmativo, se pode ter de indemnizar o terceiro lesado por um valor superior à quantia inscrita no cheque.

*Termo da convenção de cheque* 747

Estamos perante uma alternativa que implica optar entre uma solução simples – que se traduz no pagamento, sem mais, do cheque – ou complexa, que consiste em averiguar se do não pagamento do cheque resulta um dano e só nessa circunstância obrigar o sacado a indemnizar. Admitimos, pois, como válida a hipótese de o cheque emitido corresponder circunstancialmente a um enriquecimento sem causa, justificando-se, por isso, o seu não pagamento.

**IV.** Aceitámos que o banco fosse sempre responsável pela falta de pagamento, por contribuir para a mesma com a sua inércia.

No entanto, por um lado, essa responsabilidade não deve levá-lo a suportar mais do que é devido; o que significa que se o terceiro não sofreu um prejuízo, não há reparação a fazer. Por outro lado, não tem sentido que o terceiro, demonstrando ter tido um prejuízo superior ao próprio montante do cheque – designadamente por não ter podido canalizar a importância titulada para um negócio que deixou de realizar[1561] – , possa exigir receber do banco (sacado) mais do que receberia do próprio sacador, o que significa que o montante do cheque será sempre limite à indemnização a que houver lugar.

Assim, devemos concluir que a obrigatoriedade de pagar o cheque encontra natural limite máximo no respectivo montante.

Importa, contudo, sublinhar que a responsabilidade do banco só se efectiva se da emissão desse cheque resultar prejuízo para um terceiro. Só nessa circunstância é que o banco incorrerá na obrigação de indemnizar pela justa medida do dano, que, num cenário de boa fé do beneficiário do cheque, naturalmente corresponderá à quantia nele inscrita[1562]. Este pressuposto (da responsabilidade do banco) acresce ao que resulta das regras gerais da responsabilidade civil e que é de se verificar existir um *nexo de causalidade entre a emissão do cheque e o dano*[1563].

**V.** O que se afigura suficiente é que o banco tenha violado o seu dever de rescisão da convenção e com a sua conduta tenha dado azo a que

---

[1561] Ou seja, pelo dano indirecto e lucro cessante.

[1562] Neste sentido, o **AcRelPorto de 7 de Outubro de 1996** (LÁZARO FARIA) (*CJ*, ano XXI, t. IV, 1996, pp. 216-218), quando exige «*que para o beneficiário da emissão do cheque resulte dano*».

[1563] Exigindo a verificação de ambos os pressupostos, **AcRelPorto de 7 de Outubro de 1996** (LÁZARO FARIA), *CJ*, ano XXI, t. IV, 1996, pp. 216-218.

748       *Cheque e Convenção de Cheque*

posterior emissão de um cheque pelo mesmo sacador tivesse prejudicado o respectivo beneficiário, por falta de provisão.

O banco é, nesta sede, responsável pela omissão, não sendo exigível que se verifique um nexo ou ligação directa entre a falta de rescisão e o saque de um (novo) cheque sem provisão, para lhe imputar o dano.

Por isso, uma vez divulgada às instituições de crédito, em geral – através da inclusão na LUR –, a necessidade de procederem à rescisão da convenção que haviam celebrado com determinado cliente, essa comunicação gera a obrigação da instituição de crédito de rescindir a convenção existente. Caso não o faça, a mesma instituição será responsável pelo pagamento dos cheques (sem provisão) sacados posteriormente à recepção dessa informação.

Nesse sentido aponta a jurisprudência hoje dominante, designadamente o **Acórdão da Relação de Lisboa de 25 de Fevereiro de 1999** (PAIXÃO PIRES)[1564] e o **Acórdão do Supremo Tribunal de Justiça de 7 de Julho de 1999** (MARTINS DA COSTA)[1565], que confirmou aquele, em sede de recurso. Com efeito, em conformidade com a jurisprudência firmada, o banco sacado é responsável pelo pagamento de cheques que tenham sido emitidos com base em módulos cedidos após a inibição do sacador do uso de cheque, «*sem que para tal o portador tenha de demonstrar que sofreu qualquer outro prejuízo para além do resultante da frustração do recebimento do crédito incorporado naquele(s) título(s)*».

**VI.** A situação descrita ainda é agravada se o banco, não tendo procedido à rescisão a que se encontrava obrigado, ainda disponibilizou módulos de cheque ao seu cliente após ter conhecimento da irregularidade ocorrida. Nesse sentido, sancionando a conduta do banco, aponta a jurisprudência recente, de que são exemplos os **Acórdãos do STJ de 8 de Fevereiro de 2001** (SILVA SALAZAR)[1566] – segundo o qual *o banco age ilicitamente, estando obrigado a pagar, não obstante a falta de provisão, qualquer cheque emitido através de módulos que haja fornecido após violação do dever de rescisão da convenção de cheque* – e **de 7 de Julho de 1999** (MARTINS DA COSTA)[1567].

---

[1564] *CJ*, ano XXIV, t. I, pp. 126-129.
[1565] *CJAcSTJ*, ano VII, 1999, t. III, pp. 21-22, e também no *BMJ*, 489, pp. 366-369.
[1566] *CJAcSTJ*, ano IX, t. I, 2001, pp. 107-110.
[1567] *CJAcSTJ*, ano VII, 1999, t. III, pp. 21-22, e também no *BMJ*, 489, pp. 366-369.

**VII.** Situação diferente é aquela que se reconduz à utilização indevida de cheques – com base em módulos não devolvidos –, não obstante ter sido efectuada a rescisão. Neste caso, desde que o banco tenha oportunamente solicitado a devolução dos módulos, apenas é responsável pelo saque de cheques que não ultrapassem determinada quantia (presentemente de € 150,00). Com efeito, mesmo que o banco soubesse ou simplesmente suspeitasse de que subsistiam módulos por devolver, nada poderia fazer para evitar a sua utilização indevida, responsabilizando-se unicamente pelo risco inerente à concessão dos módulos, e que está limitado (por cheque) ao máximo legalmente estabelecido.

**VIII.** Uma questão interessante, que não foi ainda objecto de apreciação pela jurisprudência, diz respeito a saber se o banco onde se verificou a primeira irregularidade – e que deveria ter procedido à rescisão da convenção e à comunicação ao Banco de Portugal, para que este difundisse a identidade do infractor, prevenindo novos problemas – pode vir a ser responsabilizado pelas irregularidades ocorridas posteriormente noutros bancos, por não ter oportunamente rescindido a convenção e feito a devida comunicação ao Banco de Portugal. Com a sua conduta displicente e omissiva, não contribuiu para evitar que o infractor viesse a reincidir, embora relativamente a saques sobre outras instituições de crédito.

Não repugna aceitar, em especial quando a vicissitude se baseou em contas bancárias abertas posteriormente à primeira infracção – o que não teria sido possível com a sua denúncia oportuna –, que o banco onde se verificou o primeiro descoberto seja responsável, pela sua inacção, para com os que vieram a ser posteriormente lesados.

**IX.** Aqui chegados, importa recordar que, na análise feita, se pressupõe a insolvência do sacador, imediata e directamente responsável pela falta de pagamento do cheque. A responsabilidade e o dever de indemnização da instituição de crédito, nos termos expostos, é concorrente com a do sacador, o qual, dispondo de bens, responde naturalmente em primeira linha.

Não há, contudo, qualquer obrigação do terceiro prejudicado de optar por ter de accionar, em primeiro lugar, o sacador, e só subsidiariamente demandar a instituição de crédito. Confirma-o a previsão legal de sub-rogação do banco nos direitos do portador sempre que aquele for legalmente obrigado a pagar um cheque sem provisão. Com efeito, o art. 10.º prevê que se o banco procede ao pagamento de um cheque sem

750       *Cheque e Convenção de Cheque*

provisão – não por mero arbítrio, em defesa do seu cliente, mas porque a lei o obriga –, *fica* subrogado *nos direitos do portador até ao limite da quantia paga*. Isto significa que, se o sacador recuperar a solvência ou dispuser de bens suficientes para efectuar esse pagamento, o sacado pode exigir-lho.

**X.** Diversamente, a instituição de crédito também é responsável pela **rescisão indevida** da convenção, devendo assumir os danos patrimoniais – incluindo os referentes à reputação e bom nome do cliente – e não patrimoniais que causar com a rescisão, pressupondo que a mesma foi consequência de um lapso e que, nas circunstâncias em causa, não se revelava adequada, acarretando danos para o sacador.

### 24.2.4. *Contra-ordenação*

Do Regime Jurídico-Penal do Cheque resulta que, para além da responsabilidade civil inerente à não rescisão da convenção, o banco incorre ainda em responsabilidade contra-ordenacional. Com efeito, a violação do dever de rescisão constitui uma contra-ordenação, que é punível com coima mínima de € 1.496,39 e máxima de € 24.939,89 [cfr. art. 14.º, n.º 2, *alínea a)*, do RJCh, nos termos do DL 323/2001, de 17 de Dezembro][1568].

A sanção aplicável ao banco sacado visa essencialmente reforçar o seu dever de rescisão e aplica-se também à omissão da notificação do sacador para a regularização da situação [cfr. *alínea b)* da mesma norma][1569], a qual tem por finalidade, precisamente, evitar a rescisão.

### 24.3. **O processo de rescisão**

A rescisão da convenção de cheque é o acto que põe termo ao contrato, impedindo o cliente de movimentar *livremente* os fundos de que

---

[1568] Valores resultantes da conversão de 300.000$00 e 5.000.000$00 para euros, por efeito do disposto no art. 11.º do Decreto-Lei n.º 323/2001, de 17 de Dezembro).

[1569] Sobre esta sanção, cfr. os **Acórdãos da RelGuimarães de 24 de Fevereiro de 2003** (HEITOR GONÇALVES), *CJ*, ano XXVIII, t. I, 2003, pp. 298-300, e **de 12 de Janeiro de 2004** (MIGUEL GARCIA), *CJ*, ano XXIX, t. I, 2004, pp. 295-296.

dispõe junto de um banco através de cheques que lhe sejam previamente disponibilizados.

### 24.3.1. *Causas*

Ponderado o incumprimento da obrigação de rescisão e das respectivas consequências, antes de analisarmos os efeitos que decorrem deste acto extintivo devemos identificar as situações que provocam a rescisão da convenção de cheque, e que são essencialmente duas:

– A falta de comprovação da regularização de um cheque sem provisão junto da instituição de crédito sacada;

– A rescisão das demais convenções de cheque celebradas pelo infractor, baseada na sua inclusão na *listagem de utilizadores de cheque que oferecem risco* (LUR) [cfr. art. 3.º, n.º 1 do RJCh e Instr. n.º 1/98 do BdP, n.º 6, *alínea a)*].

Na realidade, quando pensamos em rescisão associamo-la imediatamente ao incumprimento junto do banco sacado e à falta de provisão de um cheque emitido sobre esse banco (cfr. arts. 1.º-A e 1.º n.ºs 1e 2 do RJCh).

Mas a lei – desde a revisão de 1997 (determinada pelo DL 316/97, de 19 de Novembro), entrada em vigor em 1 de Janeiro de 1998 – impõe também a rescisão de todas as convenções de cheque que tenham sido celebradas pelo infractor com qualquer instituição de crédito, fundamentando o dever legal de os bancos porem termo a essas convenções, de que são parte, no conhecimento da *lista negra* (LUR) onde o prevaricador foi incluído por determinação do Banco de Portugal (cfr. art. 3.º, n.º 2 do RJCh).

Contudo, para que a rescisão seja válida é necessário que a apresentação e recusa do pagamento do cheque emitido tenham ocorrido dentro dos *termos e prazo prescritos pela Lei Uniforme Relativa ao Cheque*, mas que se tenha promovido igualmente a notificação do sacador pelo banco para regularizar a situação criada, sem que no prazo de 30 dias o tenha feito[1570].

---

[1570] Neste sentido, de forma lapidar, o **AcRelÉvora de 19 de Abril de 2007** (FERNANDO BENTO) (*CJ*, ano XXXII, t. II, 2007 (pp. 244-247), p. 247.

# 752     *Cheque e Convenção de Cheque*

### 24.3.2. *Comunicação e actos acessórios*

**I.** Como vimos (cfr., *supra*, n.º 24.1.2), verificada a falta de regularização da situação, deverá o Banco comunicar imediatamente ao cliente[1571], *por meio de carta registada expedida para o último domicílio declarado*, a rescisão da convenção, indicando as razões que a fundamentam – nomeadamente «*a não regularização do cheque no prazo indicado*» [Instr. n.º 1/98 do BdP, n.º 6, *alínea a)*][1572] –, solicitando-lhe que, *no prazo de dez dias úteis*, devolva os módulos de cheques que não tenham sido utilizados [cfr. arts. 5.º e 1.º, n.º 4 do RJCh e Instr. n.º 1/98 do BdP, n.º 6, *alínea b)*], e informando-o de que fica obrigado a abster-se de sacar cheques sobre qualquer banco [cfr. Instr. n.º 1/98 do BdP, n.º 6, *alínea c)*].

Na notificação da rescisão da convenção de cheque que o banco envia ao cliente deve constar ainda uma referência ao modo como poderá o cliente movimentar a conta aberta junto do banco e de que ele dispunha, até então, por meio de cheques [cfr. Instr.n.º 1/98 do BdP, n.º 6, *alínea d)*].

**II.** Se o cheque por regularizar é sacado sobre uma conta em co-titularidade, a rescisão opera em relação a todos os co-titulares – e não apenas em relação ao sacador (do cheque) –, pelo que a todos deve ser notificada (cfr. art. 1.º, n.º 3 do RJCh), devendo acrescer aos elementos acima mencionados a expressa referência à *possibilidade* de os co-titulares demonstrarem serem alheios aos actos que fundamentaram a rescisão, provando que nada tiveram a ver com a mesma [cfr. Instr. n.º 1/98 do BdP, n.º 7, *alínea a)*], e de o banco anular a rescisão, uma vez feita essa prova que, a processar-se no prazo de dez dias úteis[1573], evitará a comunicação ao Banco de Portugal [cfr. Instr. n.º 1/98 do BdP, n.º 7, *alínea b)*].

**III.** Pela sua importância, apreciar-se-á em separado (cfr., *infra*, n.º 24.3.4) a obrigação de notificação ao Banco de Portugal (cfr. art. 2.º do RJCh).

---

[1571] Esta notificação deverá *ser feita até ao fim do 5.º dia útil do termo do prazo* para a regularização do cheque (cfr. Instr. 1/98 do BdP, n.º 3).

[1572] Se a rescisão for baseada na inclusão do cliente na LUR – na sequência da rescisão de convenção fundada em cheque sem provisão não regularizado – deve o banco indicar expressamente, na respectiva notificação, que o nome ou denominação da entidade notificada consta dessa listagem [cfr. Instr. 1/98 do BdP, n.º 6, *alínea a)*].

[1573] Como veremos adiante (*infra*, n.º 24.3.3.IV), esta obrigação amplia o prazo de comunicação ao Banco de Portugal, sempre que existirem diversos co-titulares da conta.

### 24.3.3. *Rescisão da convenção extensível a co-titulares da conta*

**I.** Tratando-se de uma conta bancária movimentável por mais de um sujeito, por ser uma conta colectiva (conjunta ou solidária) ou por ser da titularidade de uma sociedade, haverá que admitir que a rescisão opere não apenas em relação àquele ou àqueles que subscreveram o cheque ou cheques que, por falta de posterior e oportuna regularização, deram azo à rescisão, mas também aos demais co-titulares da conta ou representantes legais.

Nessa circunstância, a rescisão deverá também ser notificada a esses sujeitos, para eles, querendo, se poderem opor.

A rescisão não é extensiva a co-titulares de outras contas (colectivas) de que fazem parte aquele que subscreveu o cheque ou os co-titulares da conta a que o mesmo instrumento respeita (cfr. n.º 19, *in fine*, do Aviso n.º 1741-C/98 do Banco de Portugal).

**II.** Haverá que estabelecer uma distinção entre as contas de entidades colectivas (nomeadamente de sociedades comerciais) e as contas colectivas de pessoas singulares.

Nas primeiras, por efeito da forma de representação e modo de vinculação societários, é habitual que as contas devam ser movimentadas a débito com a intervenção de dois administradores, gerentes ou mandatários entre três ou mais pessoas cuja assinatura vincule a sociedade. A falha de regularização de um cheque sacado por uma pessoa colectiva, para além de se repercutir directamente na entidade titular da conta, deve afectar a capacidade dos seus representantes que subscreveram o cheque, em condições deficientes. Os demais representantes legais junto do banco não podem, nem devem, ser afectados pela vicissitude ocorrida[1574].

**III.** No que se refere às contas colectivas de pessoas singulares e que se presumem da titularidade de todos os respectivos subscritores, a vicissitude deve, em princípio, estender-se inclusivamente àqueles que não subscreveram o cheque sem cobertura (cfr. art. 1.º, n.º 3 do RJCh e n.º 19 do Aviso 1741-C/98), afectando a sua capacidade, mas aos quais deve ser dada a oportunidade de contestar a extensão da aplicação da

---

[1574] Não são, assim, afectados os «*sócios gerentes que não tenham subscrito os cheques sem provisão*» [**AcSTJ de 16 de Outubro de 2002** (Reis Figueira) / 01A2215, *www.dgsi.pt*].

medida de inibição. Trata-se de um corolário de responsabilização pela partilha da titularidade. Isto é, toda e qualquer pessoa deve assumir a responsabilidade inerente à co-titularidade de uma conta bancária movimentável por cheques que possam ser subscritos por um ou mais titulares dessa conta – consoante o regime convencionado –, ao abrigo da convenção de cheque[1575] que a mesma implique.

---

[1575] Coloca-se, a este propósito, a interessante questão de saber se a pluralidade de sujeitos numa conta bancária, como clientes (depositantes), origina uma única ou diversas convenções de cheque, isto é, se cada conta corresponde a uma só convenção de cheque, qualquer que seja o número de pessoas envolvido na mesma, ou se deveremos admitir a celebração de tantas convenções, como as pessoas que possam subscrever cheques.

Como deixamos antever no texto, somos de opinião de que a convenção de cheque – como contrato autonomizável da conta a cuja movimentação se reporta – deve ser celebrada pelas pessoas que, com base na mesma, irão, em nome próprio ou em representação de outrem, sacar cheques e movimentar a conta ou contas bancárias (as provisões) em razão das quais os cheques são emitidos. Mas entendemos que, ainda que sejam diversas as condições de movimentação de uma conta, a mesma pressuporá uma única convenção, a qual pode – por razões que se prendem com o incumprimento por parte de alguns titulares – ser objecto de modificações, vendo o seus âmbito pessoal restringido a apenas parte dos seus titulares, enquanto sacadores.

Assim, não se levantam quaisquer dúvidas se a titularidade da conta for de uma pessoa singular, admitindo-se que a convenção de cheque se deva estender a um eventual mandatário autorizado a movimentar a conta com base em cheques.

Se a conta – não deixando de ser individual – for aberta por uma pessoa colectiva, a convenção de cheque será celebrada com referência à movimentação dessa conta e às condições em que tal possa ocorrer, devendo resultar do acordo celebrado ou do contrato de abertura de conta qual o número de intervenientes necessário em cada acto e a possibilidade de representação por mandatário (que não seja titular de órgão social). Eventuais vicissitudes na execução da convenção e, em particular, no saque de cheques virão a repercutir-se imediatamente nos seus subscritores e, subsidiariamente, na entidade titular da conta que eles representam (cfr. art. 11.º, n.º 4 do RJCh).

Se a conta for colectiva, isto é, se tiver simultaneamente mais do que um titular – em regra, mas não necessariamente, pessoas singulares –, então a convenção de cheque deverá a todos abranger dispondo sobre o modo como os cheques inerentes à conta deverão ser sacados. As vicissitudes geradas pela deficiente execução da convenção projectam-se directamente sobre a entidade titular da conta – embora criminalmente apenas de forma subsidiária (cfr. art. 11.º, n.º 4 do RJCh) – e sobre os respectivos representantes, penalmente responsáveis pelos ilícitos que ocasionarem.

Do exposto, resulta que pode acontecer que nem todos os titulares de uma conta possam participar na respectiva movimentação, através de cheque, admitindo-se que a autonomia privada subjacente à celebração do negócio regule a forma de funcionamento da convenção e a disponibilidade dos titulares da conta sobre a provisão, nela incluindo o modo de sacar fundos.

A regra nesta matéria é, pois, a da rescisão da convenção relativamente a todos os co-titulares da conta bancária a que a mesma respeita (cfr. art. 1.º, n.º 3, I parte, do RJCh e Aviso 1741-C/98 do BdP, n.º 19), com as consequências inerentes, ou seja, com a inclusão de todos os co-titulares na "lista de utilizadores de cheque que oferecem risco" (LUR) – por determinação do Banco de Portugal, logo que esta instituição for notificada pelo banco sacado – e consequente inibição do uso do cheque.

São assim dois os efeitos da irregularidade representada pelo cheque sem provisão: num primeiro momento a rescisão da convenção relativa à conta onde se verificou o descoberto e, num segundo momento, após a divulgação desse facto, a rescisão de todas as outras convenções de cheque de que os co-titulares sejam parte e a impossibilidade de movimentarem por cheque as respectivas contas, ainda que individuais.

É, pois, natural que os co-titulares que sejam estranhos à vicissitude ocorrida queiram, e possam, evitar os efeitos nefastos da rescisão da convenção baseada em circunstância pela qual não (se sintam ou) sejam responsáveis.

A lei admite, por essa razão, que a rescisão da convenção, extensível a todos os co-titulares, deva ser anulada «*relativamente aos que demonstrarem ser alheios aos actos que a motivaram*» (art. 1.º, n.º 3 *in fine*, do RJCh e n.º 20 do Aviso n.º 1741-C/98 do BdP).

**IV.** Nesses termos – e para permitir aos diversos co-titulares que evidenciem o seu *alheamento* –, a Instrução n.º 1/98 do Banco de Portugal exige que a notificação da rescisão da convenção de cheque, para além dos elementos mínimos que deve *obrigatoriamente mencionar* (cfr. n.º 6 da mesma Instrução), deve referir, específica e expressamente, a «*a possibilidade de demonstração de alheamento aos actos que motivaram a rescisão*», mediante a apresentação dos meios de prova adequados, e o dever que recai sobre o banco sacado de anular a rescisão, se os co-titulares demonstrarem serem alheios à causa que a fundamentou (cfr. n.º 7).

A Instrução do Banco de Portugal não explicita o que se deve entender por meios de prova convenientes, deixando ao critério do banco sacado a avaliação da irresponsabilidade pontual dos co-titulares da conta a descoberto, nem estabelece prazo peremptório para eles demonstrarem o respectivo *alheamento*. Prevê, contudo, que se a justificação for

---

Reconhecemos que a questão é importante, mas relegamo-la para nota de rodapé, por considerarmos que qualquer que seja a solução que se adopte não há variação no regime do negócio em causa.

756 — *Cheque e Convenção de Cheque*

apresentada no prazo de dez dias úteis[1576] (e for aceite), a rescisão não deverá ser comunicada ao Banco de Portugal [cfr. n.º 7, *alínea b)*]. Desta regra retira-se que sempre que estiver em causa a extensão da rescisão a diversas entidades, a instituição sacada deverá apurar a respectiva responsabilidade antes de comunicar ao Banco de Portugal a rescisão, mesmo que num primeiro momento decida aplicar a rescisão a todos os co-titulares. Em qualquer caso, cumpre aos co-titulares evidenciarem que são estranhos ao facto ocorrido e que, consequentemente a eles não deverá estender-se a rescisão. Na falta da respectiva oposição, a rescisão abrange todos os titulares da conta que sejam parte na convenção.

**V.** A concluir esta análise, vejamos como é que os co-titulares não envolvidos na irregularidade poderão demonstrar o seu *alheamento*.

Não serão alheios à irregularidade ocorrida todos os que subscreveram o título ou títulos cuja falta de pagamento originou a rescisão.

Quanto aos co-titulares que não intervieram directamente, apondo a sua assinatura no título, eles deverão demonstrar que não tiveram conhecimento de que havia sido sacado um cheque sem provisão, sendo suficiente que provem que tudo teriam feito para impedir que o referido cheque entrasse em circulação se tivessem tido oportuno conhecimento da sua emissão. A prova do alheamento deverá, pois, passar pela demonstração de que não teria sido razoável exigir aos co-titulares não envolvidos que tivessem conseguido evitar o saque a descoberto. O Aviso n.º 1741-C/98 do Banco de Portugal enumera aquilo que designa serem *circunstâncias indiciadoras de que os co-titulares são alheios aos actos que motivaram a rescisão* (n.º 21), e que são as seguintes:

– *O titular emitente declarar assumir a responsabilidade exclusiva pela emissão do cheque não regularizado*, e desse modo exonerar da responsabilidade os demais co-titulares;

---

[1576] Sobre o conceito de *dia útil*, cfr. o n.º 11 do Regulamento do Sistema de Compensação Interbancária (SICOI), aprovado pela Instrução n.º 25/2003 (publ. no BO n.º 10, de 15 de Outubro de 2003), na red. da Instrução n.º 4/2007, publ. no BO n.º 3, de 15 de Março de 2007. Nos termos do SICOI, *para efeitos de disponibilização de fundos aos beneficiários de operações liquidadas nos subsistemas do SICOI, deve entender-se por dia útil o período do dia em que a instituição se encontra aberta ao público em horário normal de funcionamento* (n.º 11.1). Por sua vez, *considera-se* ser *horário normal de funcionamento ao público, para efeitos de determinação do conceito de dia útil, o período do dia entre as 8.30 e as 15.00 horas, de segunda-feira a sexta-feira, com excepção dos dias feriados* (n.º 11.2). Desde **2 de Março de 2009**: Instr. n.º 3/2009, de 16 de Fev., n.º 11.1 e Anexo II. Cfr. nota 1665.

## Termo da convenção de cheque

– *Os titulares estarem divorciados ou separados judicialmente* ou *terem dissolvido sociedade civil* e, consequentemente, em princípio o não emitente não ter tido participação no cheque ou sequer possibilidade de evitar que o mesmo fosse sacado;
– *O titular não emitente ter* anteriormente *cedido a sua quota ou renunciado à gerência da sociedade* titular da conta – o que significa que já não lhe seria exigível o controlo da utilização dos cheques – ou *à titularidade ou representação na conta em causa*, e consequentemente não poder ser responsável pelos cheques emitidos sobre a mesma;
– *O cheque não regularizado ser de montante anormal relativamente aos demais movimentos a débito na sua conta*.

Na demonstração do não envolvimento do co-titular não emitente é indiferente saber quem seria o eventual beneficiário, directo ou indirecto, do cheque sacado a descoberto, pressupondo-se obviamente que não seria nenhum dos co-titulares.

### 24.3.4. *Dever de comunicação ao Banco de Portugal*

**I.** Finalmente, autonomizamos, pela sua importância e também porque extravasa da cessação da convenção, o dever das instituições de crédito efectuarem determinadas comunicações ao Banco de Portugal – em *prazo e pela forma* que esta instituição determinar –, nomeadamente se sobre elas tiver sido sacado um cheque sem provisão ou se estiverem, de algum modo, envolvidas em ilícito criminal (previsto e punido nos termos do art. 11.º do RJCh) consubstanciado em cheque sacado sobre uma das suas contas.

**II.** Os bancos encontram-se obrigados a comunicar ao Banco de Portugal *os casos de rescisão da convenção de cheque* [art. 2.º, *alínea a)* do RJCh], devendo fazê-lo *até ao fim do 3.º dia útil seguinte à sua verificação* (Instr. 1/98 do BdP, n.º 8)[1577].

---

[1577] Este prazo é ampliado, se existirem diversos co-titulares abrangidos pela rescisão, uma vez que, nessa circunstância, eles dispõem de um prazo específico para demonstrarem que são alheios aos factos que conduziram à rescisão (cfr. Instr. n.º 1/98 do BdP, n.º 7).

Não basta às instituições de crédito sacadas pôr termo à convenção de cheque, quando é apresentado a pagamento cheque sem provisão, sem regularização subsequente; é necessário, logo em seguida, informar o Banco de Portugal dessa vicissitude com a finalidade de a poder divulgar no mercado – pela inclusão da entidade infractora na LUR –, conduzindo as demais instituições de crédito a adoptar idêntica postura, isto é, a rescindirem as convenções vigentes com a mesma entidade, e inibindo, desse modo, o infractor de sacar cheques de forma regular e não controlada.

Esta comunicação assume especial relevância, porque vai desencadear um processo de inibição (geral) do uso do cheque e de rescisão das demais convenções de que o cliente seja parte, com base na sua inclusão na LUR. Por isso, no momento prévio – em que declara a rescisão que, em seguida, deve comunicar –, deve o banco sacado *verificar, com o necessário cuidado, a assinatura dos respectivos clientes*[1578]. Não chega uma verificação da regularidade formal das assinaturas constantes do título. É essencial que comprove, tanto quanto possível, a autenticidade e regularidade do saque e que, se os cheques forem truncados, exija cópias para poder verificar a situação ocorrida, sem se basear na simples informação da falta de provisão.

**III.** Mas as instituições de crédito também têm de revelar ao Banco de Portugal todos os casos de uso indevido de cheque por quem esteja inibido de o fazer[1579]. Com efeito, é também obrigatória a comunicação

---

[1578] **AcSTJ de 3 de Abril de 2003** (AZEVEDO RAMOS), *www.dgsi.pt.*

[1579] Para além destas informações, as instituições de crédito são ainda obrigadas a comunicar ao Banco de Portugal o não pagamento de qualquer cheque de valor igual ou inferior a € 150,00, emitido em módulo por elas fornecido [art. 2.º, *alínea d)* do RJCh, na red. do art. 1.º da L 48/2005, de 29 de Agosto], bem como os casos de *recusa de pagamento de cheques* em circunstâncias em que se encontravam obrigadas a proceder a esse pagamento [art. 2.º, *alínea e)* do RJCh].

Estes deveres de informação suscitam as seguintes considerações.

Antes de mais, a lei faz recair sobre todos os bancos o ónus do pagamento de todos os cheques que, tendo sido emitidos em módulos por si disponibilizados, não apresentem valor superior a € 150,00 euros. Desta regra resulta que os bancos devem ponderar adequadamente a idoneidade dos clientes com os quais celebram a convenção de cheque e, consequentemente, aos quais permitem a utilização de cheques sobre fundos que tenham disponíveis. Em caso de recusa de pagamento de um ou mais cheques com valor não superior a € 150,00, as instituições de crédito deverão explicar ao Banco de Portugal quais as razões que sustentam o não pagamento desse cheque.

Por fim, refira-se que, em certos casos, não obstante a convenção de cheque ter sido rescindida, o pagamento dos cheques posteriormente emitidos é obrigatório se os módulos

*Termo da convenção de cheque* 759

ao Banco de Portugal da emissão de cheque sacado por entidade com quem a instituição de crédito haja *rescindido a convenção de cheque*, após a mesma ter sido notificada para devolução dos módulos de cheques [art. 2.º, *alínea c)* do RJCh], mesmo que a conta seja, entretanto, provisionada. Com esta medida, a lei pretende acautelar o registo das situações de infracção à inibição do uso do cheque.

**IV.** As instituições de crédito são, igualmente, obrigadas a informar o Banco de Portugal de todas as situações de não pagamento de cheques por falta de provisão ou pela verificação de qualquer dos ilícitos criminais tipificados no art. 11.º do RJCh, ainda quando não rescindam a convenção [cfr. art. 2.º, *alínea b)* do RJCh][1580].

### 24.3.5. *Obrigações do cliente e seu relacionamento posterior com o banco*

**I.** O cliente – para quem o conhecimento da rescisão da convenção não constitui certamente surpresa se tiver sido, entretanto, adequadamente notificado para regularizar a situação e que, desde o momento em que cometeu a infracção não regularizada, se deveria ter abstido de sacar cheques[1581] – deverá devolver os módulos que ainda tiver em seu poder, deixando, consequentemente, de poder emitir cheques ao abrigo de qualquer convenção celebrada com essa finalidade[1582].

---

tiverem sido fornecidos em infracção do *dever de rescisão* ou após esta ter ocorrido, a entidades constantes da lista negra ou sem observância do dever de comunicação da sentença que decretou a interdição do uso do cheque (cfr. art. 9.º, n.º 1 do RJCh).

[1580] Uma vez condenado o arguido na prática de um crime de emissão de cheque sem provisão, poderá o mesmo ser também sancionado com a interdição do uso do cheque por um certo período.

[1581] Em boa verdade, o cliente só fica obrigado a não sacar, nem endossar cheques no momento em que é efectuada a notificação da rescisão (cfr. art. 1.º, n.º 5 do RJCh). Até lá, embora ele se deva abster de o fazer, não existe qualquer proibição.

A lei não impede expressamente o cliente de endossar um cheque, mas comina a proibição de emissão ou de subscrição de cheque, devendo corresponder este acto essencialmente ao endosso, apesar de impedir igualmente o aval.

O cliente sabe – se conhecer a lei – que a rescisão da convenção arrastará consigo, por efeito da divulgação aos demais bancos, a rescisão das demais convenções e que, por isso, irá ficar inibido do uso do cheque.

[1582] Mantendo a conta aberta e subsistindo o contrato de depósito, este passa a ter de ser movimentado por transferência, levantamentos directos ou cheques avulsos.

760        *Cheque e Convenção de Cheque*

**II.** Rescindida a convenção de cheque, o Banco tem de assegurar ao cliente a possibilidade de movimentar as suas contas, permitindo-lhe que ele o faça por instruções directas e assegurando-lhe o recurso aos cheques avulsos, como veremos adiante (cfr. n.º 24.6.2).

### 24.4. A interdição do uso de cheque

**I.** Acessoriamente à aplicação de uma pena (cfr. art. 11.º do RJCh), pode o tribunal que julgar o crime de emissão de cheque sem provisão sancionar o arguido com a interdição do uso do cheque [cfr. art. 12.º, n.ºs 1, *alínea a)*, e 2 do RJCh].

Aparentemente, verifica-se uma desconformidade entre a inibição do uso do cheque decorrente da rescisão da convenção, em regra por um período de dois anos (cfr. art. 3.º), e a interdição do uso do cheque que pode ser decretada por um período mínimo de seis meses (cfr. art 12.º, n.º 2), o que constitui aparentemente uma contradição com o disposto em matéria de rescisão e suas consequências.

A discrepância ficou a dever-se ao facto de ter-se registado na vigência do Regime Jurídico-Penal do Cheque um agravamento dos efeitos civis da emissão de um cheque sem provisão não regularizado que, com a reforma de 1997 (DL 316/97, de 19 de Novembro), passou a implicar necessariamente a rescisão e, consequentemente, a inibição por dois anos, quando anteriormente só a repetição da conduta ilícita conduzia no plano dos efeitos civis a tal consequência. Nestes termos, ainda que o tribunal decrete agora uma interdição por período inferior a dois anos – o que pode fazer sentido, uma vez que a inibição pode excepcionalmente cessar antes de decorrido esse período –, o agente do crime ficará inibido de usar o cheque por um período mínimo de dois anos, excepto se, entretanto, conseguir a remoção do seu nome da LUR.

**II.** Mas a interdição do uso do cheque terá uma duração máxima de seis anos (cfr. art. 12.º, n.º 2 *in fine*), o que significa que poderá representar um sério agravamento à restrição civil de uso do cheque, à qual se sobreporá e, nessa circunstância, não poderá sequer sofrer uma redução para prazo inferior a dois anos.

A sanção penal acessória de interdição de uso do cheque – que pode eventualmente ser aplicada cumulativamente com a *publicidade da decisão condenatória* (cfr. art. 12.º, n.º 1) com um objectivo de prevenção e, simultaneamente, penalizante para o agente do crime – tem também de ser comunicada ao Banco de Portugal, o qual deve difundir o respectivo conteúdo a todas as instituições de crédito, à semelhança do que faz com a rescisão da convenção, devendo o condenado, por seu lado – e em conformidade com expressa previsão da sentença – proceder à devolução dos módulos de cheques que ainda tiver na sua posse (cfr, art. 12.º, n.ºs 5 e 6), sob pena de, não o fazendo, incorrer na pena do crime de desobediência (cfr. art. 12.º, n.º 7)[1583].

**III.** Finalmente, realce-se que a lei admite a reabilitação judicial do condenado em interdição do uso de cheque[1584], mas apenas se a sua conduta nos dois anos subsequentes ao cumprimento da pena principal demonstrar ser «*razoável supor que não cometerá novos crimes da mesma natureza*» (art. 12.º, n.º 8).

## 24.5. Rescisão indevida

**I.** Vejamos o que sucede se a rescisão não for fundamentada, tiver sido injustificada ou, ainda que fosse devida, não tiver sido precedida da notificação do cliente para a regularização do saldo e pagamento do cheque.

São diversos os motivos que podem conduzir a uma rescisão indevida, fazendo incorrer o banco na inerente responsabilidade pelos danos causados.

Começando pelo fim, e pela preterição de uma formalidade procedimental, a rescisão pode ser consequência de uma falta de regularização

---

[1583] Se no período de interdição de uso de cheque for emitido um cheque, o sacador incorre num crime de desobediência qualificada, mesmo que o cheque seja pago, o que sucederá se ele entretanto tiver depositado fundos na sua conta bancária. Se o cheque – emitido em módulo que deveria ter sido devolvido – não tiver provisão, então acresce, em concurso real, um crime de emissão de cheque sem provisão. Neste sentido, cfr. o **AcRelGuimarães de 24 de Fevereiro de 2003** (HEITOR GONÇALVES), *CJ*, ano XXVIII, t. I, 2003, pp. 298-300, na parte em que transcreve a decisão recorrida (p. 299), apesar de a mesma ter sido revogada.

[1584] A reabilitação tem de ser objecto de sentença, que deve ser comunicada ao Banco de Portugal, para informação a todos os bancos (cfr. art. 12.º, n.º 9).

da situação de incumprimento do cliente por falta ou deficiência da notificação legalmente obrigatória[1585]. Assim sucede se o banco não cumpriu o disposto em matéria de notificações (cfr. art. 5.º do RJCh) ou, julgando tê-lo feito, notificou pessoa diferente do cliente infractor.

A rescisão também é injustificada se o cheque, em cuja recusa de pagamento se fundamenta, não chegou a circular, porque foi apresentado pelo próprio sacador, pessoalmente, junto do sacado ou através de depósito em conta sua domiciliada em diferente banco. Neste caso, sendo o pagamento do cheque recusado na compensação, por falta de provisão, o banco sacado não pode declarar a rescisão[1586], com as consequências que a mesma acarreta.

Mas a vicissitude também pode assentar na própria identificação do cliente ou na errada apreciação da situação em apreço, em que diversamente do que era percepção do banco, não existia falta de provisão, e não já na inobservância de uma formalidade legal obrigatória.

Em todas as situações que acabamos de descrever verifica-se um elemento comum: a rescisão terá sido inadequada. Este caso constitui o reverso de uma situação que já analisámos (cfr., *supra*, n.ºs 24.2.1 e 24.2.3), e que consiste em determinar quais as consequências do incumprimento da obrigação de rescisão, isto é, que efeitos decorrem da não rescisão quando ela é necessária.

Tornou-se importante suscitar o reverso da questão, pelo melindre que pode envolver a análise das situações, dado o banco poder ser prejudicado por uma errada apreciação da vicissitude que obste ao despoletar da rescisão a que, legalmente, se encontra obrigado.

A lei, o aviso e a instrução do Banco de Portugal não contemplam esta situação. Mas se é possível, nas situações em que se procedeu, entretanto, à regularização do cheque, solicitar à instituição de supervisão a exclusão do nome da LUR – invocando motivos justificativo (cfr.

---

[1585] Cfr. **AcRelÉvora de 19 de Abril de 2007** (Fernando Bento), *CJ*, ano XXXII, t. II, 2007, pp. 244-247.

Corresponde substancialmente a esta situação de falta de diligência do banco o caso que foi objecto de apreciação pelo **AcSTJ de 25 de Outubro de 2007** (Santos Bernardino) / Proc. n.º 07B2543, *www.dgsi.pt*, em que o banco, não se tendo apercebido de que a irregularidade havia sido oportunamente sanada – por falha na análise dos elementos de que dispunha –, rescindiu a convenção e efectuou a comunicação ao Banco de Portugal para inclusão do emitente do cheque na LUR.

[1586] Neste sentido, cfr. o já citado **AcRelLisboa de 3 de Fevereiro de 2005** / Proc. n.º 278/2005-6 (Olindo Geraldes), *www.dgsi.pt*.

art. 4.º do RJCh e Aviso n.º 1741-C/98 do BdP, n.os 28 e segs., e *infra*, n.º 24.7.3) –, por maioria de razão, e sem prejuízo da eventual reparação a que o cliente terá direito (cfr., *infra*, n.º 24.6.3), será possível requerer a remoção do nome da LUR, se a respectiva inclusão tiver ocorrido por erro[1587]. Caberá ao banco, nessa circunstância, praticar todas as formalidades que permitam repor a convenção se o cliente ainda estiver interessado nela e, independentemente da vontade do cliente, promover os actos necessários e adequados à reabilitação do seu bom-nome e reputação.

**II.** Verificando-se que o banco rescindiu indevidamente a convenção de cheque, ele incorre em responsabilidade perante o cliente, devendo indemnizá-lo pelos danos causados.

Nesta sede, será legítimo fixar a responsabilidade do banco em função da gravidade da sua actuação e da eventual inexistência de motivo para rescisão.

Se o banco declara a rescisão da convenção a um cliente que não cometeu qualquer infracção – designadamente por ter feito uma confusão de identidades –, a sua responsabilidade contratual é absoluta, devendo ressarcir todos os prejuízos causados, incluindo os inerentes à reputação, bom nome, honra e consideração do cliente e disponibilizar-se para reatar a convenção se o cliente a isso estiver disposto.

•

**III.** Se a rescisão é justificada – porque baseada na verificação de uma falta de provisão –, mas não foi precedida das formalidades legalmente necessárias, não tendo sido, nomeadamente, efectuada a notificação para a regularização, o banco incorre em responsabilidade extracontratual[1588], mas não necessariamente em responsabilidade contratual, uma

---

[1587] Nesse sentido, considerando que, não obstante não haver previsão legal, *«parece dever aceitar-se (há interesse e há legitimidade) que»* o sacador possa requerer *«ele próprio a remoção logo após ter tido conhecimento da indevida inclusão do seu nome na listagem dos utilizadores de risco,* **AcSTJ de 16 de Outubro de 2002** (Reis Figueira) / Proc. n.º 01A2215, *www.dgsi.pt*.

[1588] Neste sentido, cfr. a **Sent.Juiz Círculo Ponta Delgada de 20 de Julho de 2001** (Moreira das Neves) (*CJ*, ano XXVI, t. IV, 2001, pp. 299-303) – segundo a qual *«incorre em responsabilidade extracontratual e não contratual o banco que, por deficiência no carregamento do sistema informático, rescinde a convenção de emissão de cheques com a empresa cliente e faz a comunicação ao Banco de Portugal, por força da qual este a inclui na "listagem de utilizadores de cheques que oferecem risco, conduta esta que afectou a imagem da empresa e levou à frustração de negócios em curso"»* – e também

vez que dispõe de uma causa para legitimar a cessação de efeitos unilateralmente declarada.

Há, pois, nesta circunstância, que distinguir o plano contratual dos efeitos extracontratuais.

A nível da convenção propriamente dita, verifica-se uma vicissitude, uma violação, pela falta pontual de provisão na conta do sacador. O incumprimento do dever de provisão e do controlo do saldo da conta é, em princípio, suficiente para justificar a resolução do negócio.

No entanto, resultam da rescisão declarada e notificada efeitos secundários que teriam sido evitados se o cliente tivesse sido, oportuna e devidamente, notificado da irregularidade ocorrida para poder supri-la, o que não aconteceu. Não se apercebendo de que tinha emitido um cheque sem provisão ou, tendo consciência disso, desconhecendo que podia reparar a falta cometida, o cliente vê-se confrontado não apenas com a rescisão da convenção, mas também com os efeitos decorrentes da mesma, desde a rescisão das demais convenções até à inclusão na lista negra dos utilizadores de cheque e, em suma, à inibição do uso do cheque e à inerente perda de crédito, associada à má reputação de quem emite cheques sem provisão. Neste caso, o cliente sofre danos que uma actuação diligente do banco poderia ter evitado, devendo este ser responsabilizado pela mera culpa, na medida dos prejuízos originados e que não se teriam produzido, não fora a sua negligência[1589].　　　•

---

o **AcRelLisboa de 21 de Março de 2000** (JORGE SANTOS), *CJ*, ano XXV, t. II, 2000, 103-108 («*Rescindida pelo banco a convenção, sem o circunstancialismo legal, deve o Banco indemnizar pelos danos não patrimoniais causados*»).

**SentJuiz Círculo Ponta Delgada de 20 de Julho de 2001** (*CJ*, ano XXVI, t.IV, 2001, pp. 299-303):

*«Incorre em responsabilidade extracontratual e não contratual o banco que, por deficiência no carregamento do sistema informático, rescinde a convenção de emissão de cheques com a empresa cliente e faz a comunicação ao Banco de Portugal, por força da qual este a inclui na "listagem de utilizadores de cheques que oferecem risco, conduta esta que afectou a imagem da empresa e levou à frustração de negócios em curso"».*

[1589] Considerando haver culpa, se houver «*omissão da diligência exigível ao agente*» e que a diligência postula um *dever objectivo de cuidado*, quer na vertente objectiva (*grau de diligência necessária*), quer *sob o ponto de vista subjectivo e concreto*, que se exprime no *grau de diligência possível em face das circunstâncias reais* da situação em apreço e da *capacidade* do sacado, **AcSTJ de 11 de Dezembro de 2002**, Proc. 02A2402 (PINTO MONTEIRO), *CJ/AcSTJ*, ano X, 2002, t. III (pp. 110-113), p. 112 (e também em *www.dgsi.pt*).

*Termo da convenção de cheque* 765

Voltaremos a abordar este assunto, a propósito dos efeitos da rescisão (cfr. *infra*, n.º 24.6.3).

**IV.** Do exposto resulta que o banco tem de ter um cuidado especial sempre que conduz um cliente à lista negra. Se o fizer sem fundamento, incorre na obrigação de o indemnizar pelos danos patrimoniais gerados – *maxime* pelos empréstimos que, em função da sua situação, deixaram de lhe ser concedidos[1590] – e pelos danos não patrimoniais sofridos (cfr. art. 496.º, n.º 1 do CC).

Como resulta da jurisprudência nacional[1591], para além da impossibilidade de movimentar contas bancárias por meio de cheque, o sacador, cujo nome é incluído na LUR e que fica indevidamente inibido de usar cheques, sofre danos não patrimoniais – relativos à ofensa de bens da personalidade, como o (bom) nome, a honra, a reputação (prestígio)[1592] e a consideração – que se projectam com maior ou menor intensidade na sua actividade quotidiana e são susceptíveis de se reflectir na sua idoneidade, dificultando os negócios que ele se propõe prosseguir.

Na graduação da responsabilidade do banco que conduz, impropriamente, o cliente à lista negra e o inibe de usar cheques não será despicienda a sua actuação em todo o processo e a demonstração de que perante os factos ocorridos, a sua conduta nada teve de surpreendente, sendo plausível, apesar de ilícita.

Como se verá (*infra*, n.º 24.6.3), o contributo que o sacador tenha dado para a inibição é relevante na graduação do montante indemnizatório a que ele terá direito.

## 24.6. **Efeitos da rescisão da convenção de cheque**

Da rescisão da convenção de cheque resultam efeitos que se projectam directamente na limitação ao uso de cheques ou na movimentação de contas bancárias e ainda outros, que decorrem destes efeitos, como sejam

---

[1590] **AcRelÉvora de 19 de Abril de 2007** (Fernando Bento), citado, *CJ*, ano XXXII, t. II, 2007 (pp. 244-247), p. 247.

[1591] Cfr. **AcSTJ de 22 de Junho de 2004** (Lopes Pinto), *www.dgsi.pt*.

[1592] A ofensa da reputação pode, inclusivamente, originar danos patrimoniais, se as qualidades técnicas do sujeito forem postas em causa.

766        *Cheque e Convenção de Cheque*

os inerentes a uma rescisão indevida – e consequente inibição do uso do cheque – ou ao aproveitamento da LUR como meio de divulgação de entidades com dificuldades de credito.

### 24.6.1. *Inibição do uso de cheque*

**I.** A rescisão da convenção a que se encontra vinculado o banco sacado, como vimos, tem como consequências a inclusão do infractor em *listagem* – *de utilizadores de cheque que oferecem risco* (LUR) – a ser divulgada às diversas instituições de crédito (art. 3.º, n.º 1 do RJCh) e a rescisão de todas as outras convenções que, porventura, aquele tenha celebrado com o mesmo ou com outros bancos, bem como a proibição de celebração de nova convenção (art. 3.º, n.ºs 2 e 3).

A lei pretende, nomeadamente, que o infractor fique inibido de sacar cheques, com base numa convenção de cheque[1593], limitação que terá, em regra[1594], a duração de dois anos.

**II.** No que se refere à *lista negra,* da qual o infractor passará a constar, a mesma destina-se essencialmente a revelar às instituições de crédito as entidades que foram objecto de rescisão da convenção de cheque.

Criada inicialmente com a finalidade exclusiva de *informar as instituições de crédito* sobre as entidades (pessoas singulares ou colectivas) que tinham visto as respectivas convenções de cheque rescindidas por um banco, na sequência do saque de um ou mais cheques sem provisão – e que não tivesse sido posteriormente pago –, essa *difusão* promovida pelo Banco de Portugal listava os utilizadores de cheque que oferecem risco e constituía referência para que qualquer instituição de crédito, que fosse parte de convenção com entidade dela constante, se abstivesse de disponibilizar a essa entidade novos módulos de cheque e de imediato rescindisse essa convenção (cfr. n.º 15 da Instr. n.º 1/98, do BdP).

---

[1593] Sem prejuízo de lhe assegurar o acesso ao saldo da(s) sua(s) conta(s) bancária(s).

[1594] Dizemos *em regra*, porque o termo da restrição da inibição de uso de cheque pode ser antecipado, como veremos (*infra*, n.º 24.7.3), e porque o ilícito subjacente à emissão do cheque sem provisão pode ser acessoriamente sancionado com a interdição do uso do cheque por prazo superior que pode atingir um máximo de seis anos (cfr. art. 12.º, n.º 2 do RJCh).

A inclusão do nome do infractor na LUR deve ser temporária, não devendo, em circunstâncias normais, exceder dois anos.

Considerando ser o perfil de risco revelado pelos sacadores de cheque sem provisão um elemento a considerar na concessão de crédito, o Banco de Portugal veio, no início de 2004, a admitir que a LUR pudesse ser consultada pelas instituições de crédito quando estivesse em causa a avaliação do risco de crédito de pessoas singulares e colectivas, desde que tais entidades tivessem apresentado uma proposta para concessão de crédito (cfr. Instr. n.º 1/2004,de 16 de Fevereiro de 2004, designadamente n.º 5).

**III.** A inserção do sacador de um cheque na LUR pode, só por si, causar-lhe graves danos morais, comprometendo seriamente o seu (bom) nome, a sua honra e a sua reputação, gerando o natural descrédito no meio social em que vive e conduzindo a uma desconsideração da sua pessoa. Por isso, o **Acórdão da Relação de Lisboa de 21 de Março de 2000** (JORGE SANTOS) não hesita em afirmar ser *da experiência comum que o facto de uma concreta pessoa constar da lista de utilizadores de risco* afecta *negativamente a sua imagem, o seu bom nome, a sua honra, o seu crédito pessoal, a sua vida comercial e profissional*[1595].

Ora, como vimos (*supra*, n.º 24.5.II) e veremos (*infra*, n.º 24.6.3.II e III), se a inclusão for injustificada o respectivo responsável deverá indemnizar os danos provocados, admitindo-se que a medida dos mesmos possa ser atenuada, pelo concurso da culpa do sacador.

Diversamente, sendo fundamentada a colocação do infractor na LUR, este não terá de se queixar, sem prejuízo de pugnar pela remoção do seu nome.

**IV.** Finalmente, e embora não constitua propriamente um efeito da rescisão da convenção, mas do saque do cheque sem provisão – e da condenação penal subsequente –, é pertinente recordar as sanções acessórias em matéria de ilícito criminal, previstas no art. 12.º do RJCh, que se podem materializar na interdição do uso do cheque por um período (máximo) de seis anos (cfr. n.º 2 do art. 12.º citado).

---

[1595] *CJ*, ano XXV, t. II, 2000 (pp. 103-108), p. 107.

## 24.6.2. Consequências no plano da movimentação de contas bancárias

**I.** Vimos (*supra*, n.º 14.5) que, embora dogmaticamente autonomizável da conta bancária cujo movimento favorece, a convenção de cheque não é essencial para sacar fundos. Muitas contas são, aliás, movimentadas com base em cartões de débito, limitando a disponibilidade do cliente sobre o seu depósito sempre que pretende efectuar pagamentos em benefício de terceiros[1596]. Por esta razão, não é legítimo concluir que da inibição do uso de cheque resulte a impossibilidade de o cliente movimentar os saldos existentes nas suas contas bancárias.

A lei – pretendendo evitar que a movimentação das contas fique demasiadamente limitada – tem, aliás, a preocupação de assegurar que as contas bancárias do inibido possam continuar a ser movimentadas por cheque e em benefício de terceiros, admitindo que o *inibido* recorra a cheques avulsos. Para esse efeito, vai mais longe, impondo que o banco permita ao cliente o recurso ao cheque avulso[1597], para além de admitir que o cliente possa sacar fundos directamente das suas contas.

Esses cheques, se forem emitidos em benefício de terceiros, deverão ser visados, dissipando-se assim quaisquer dúvidas sobre a respectiva provisão; se sacados para levantamento de fundos não carecem de *visto* (cfr. art. 6.º, n.º 1).

Por isso, o contrato de depósito é possível sem a convenção de cheque, subsistindo mesmo quando esta é objecto de rescisão, passando as contas bancárias a ser movimentados por cheque avulso (art. 6.º do RJCh), desde que o banco em tal consinta, caso a caso.

**II.** Constitui, contudo, relevante consequência da rescisão da convenção a impossibilidade de a mesma entidade celebrar nova convenção de cheque no prazo de dois anos.

Esta limitação é absoluta – aplicando-se à celebração de convenções de cheque com qualquer instituição de crédito – e só com a intervenção do Banco de Portugal poderá ser reduzida.

---

[1596] Se estiver em causa o levantamento directo de fundos, ele poderá sempre fazê-lo com base numa instrução com esse sentido dirigida ao banco.

[1597] Quando determina que o banco deve facultar *os impressos necessários para o efeito* (art. 6.º, n.º 1, *in fine*).

A lei cinge-se à impossibilidade de celebração de nova convenção com o banco que a rescindiu (cfr. art. 1.º, n.º 6 do RJCh) – aparentemente limitando-a subjectivamente –, uma vez que as entidades que foram objecto de rescisão de uma convenção com essa natureza não podem celebrar convenção com instituição de crédito diferente daquela que a rescindiu, enquanto constarem da LUR, o que acontecerá em regra nos dois anos seguintes à rescisão da convenção (cfr. Aviso n.º 1741-C/98 do BdP, n.º 31), se não for excepcionalmente antecipada a remoção do nome da *lista negra*.

**III.** Em qualquer circunstância, mesmo que uma determinada entidade conste da LUR ou tenha sido objecto de rescisão da convenção de cheque, não poderá o banco recusar o pagamento de um cheque – com fundamento nesse facto – se a conta nele constituída dispuser de *provisão* suficiente (cfr. art. 6.º, n.º 2).

A provisão destina-se a assegurar o pagamento do cheque; é esse o seu principal *efeito*. Daí que, existindo fundos no banco, ele deverá pagar os cheques regularmente emitidos pelo seu cliente que integre a *lista negra* ou que, por essa razão, tenha visto rescindida a sua convenção.

### 24.6.3. *Efeitos secundários: indemnização por danos sofridos e inclusão na* lista negra

**I.** Para além dos efeitos que decorrem imediatamente da rescisão da convenção de cheque, este acto desencadeia, por sua vez, efeitos específicos que importa tratar separadamente, neles autonomizando os que respeitam à eventual indemnização a que o lesado pela rescisão indevida da convenção tenha direito, em relação àqueles que se prendem com a integração do sacador numa *lista negra*.

Se a rescisão for justificada, e se o respectivo procedimento for adequadamente observado, não se suscita qualquer problema, constituindo o exercício de um poder vinculado.

Diversamente, concluindo-se ser a rescisão indevida, haverá que averiguar se o cliente sofreu danos com a mesma, e que espécie de danos há a registar no caso concreto. Num segundo momento, interessará saber se tais danos são integralmente ressarcíveis.

Vimos já (cfr., *supra*, n.º 24.5) que a rescisão pode ser indevida por diversas razões, que podemos agrupar, agora, em duas grandes categorias:

770      *Cheque e Convenção de Cheque*

– Rescisão irregular, por preterição de formalidades legalmente obrigatórias, resultando numa vicissitude de ordem formal. A rescisão, embora devida, não foi antecedida da notificação do cliente para a regularização do saldo e pagamento do cheque ou, simplesmente, não foi fundamentada.

– Rescisão injustificada, por não haver motivos – referentes ao sacador ou à conta sacada – que a sustentem.

Esta sistematização parece-nos particularmente relevante, porquanto a indemnização pelos danos sofridos pode variar em função da motivação subjacente à rescisão ocorrida.

**II.** Recordadas as razões que podem conduzir a uma rescisão indevida da convenção, teremos de analisar agora o tipo de danos que podem resultar para o cliente bancário que se vê privado do uso do cheque.

Os danos prendem-se com a impossibilidade de livre movimentação de contas bancárias, pelas limitações de acesso ao crédito, com a dificultação da *realização de eventuais negócios que o inibido poderia efectuar*[1598], com a afectação da honra, (bom) nome, consideração, crédito e reputação do sacador e com outros danos de ordem moral que a simples inclusão na LUR e a inibição de uso do cheque podem provocar, sejam a tristeza, o desgosto e os incómodos[1599] resultantes desse acto, quando o mesmo se vem a revelar ser injustificado. Os danos emergentes da rescisão indevida da convenção de cheque podem ser, assim, patrimoniais e não patrimoniais e, para todos os efeitos, devem ser demonstrados pelo lesado.

Sendo certo que o lesado pode sofrer danos patrimoniais – pelos quais será responsável o banco, pela inobservância dos deveres de cuidado a que estava obrigado, legal e contratualmente, e pela falta de diligência na sua conduta –, nomeadamente pelos negócios em curso que sejam

---

[1598] Neste sentido, **AcSTJ de 22 de Junho de 2004** (Lopes Pinto) / Proc. n.º 04B4656, *www.dgsi.pt*.

[1599] Cfr. **AcSTJ de 11 de Dezembro de 2002** (Pinto Monteiro) / Proc. 02A2402, *CJ/AcSTJ*, ano X, 2002, t. III, pp. 110-113 (e também em *www.dgsi.pt*), que, atribuindo uma indemnização ao cliente por danos não patrimoniais, decorrentes de desgosto e incómodos provocados pela rescisão indevida da convenção, reconduz a esta espécie de danos a perda de prestígio do cliente.

Termo da convenção de cheque 771

prejudicados pelo descrédito resultante da inibição do cheque e pela afectação da sua reputação, com eventual projecção à escala profissional e comercial, é a nível da sua personalidade que se regista o maior impacto da medida inibitória. A sua imagem[1600], pessoal e profissional, e o seu nome ficam comprometidos, a sua reputação prejudicada, a sua honra é posta em causa; diríamos, em síntese, que o inibido é a imagem do descrédito e que a recuperação da sua consideração pessoal é tarefa difícil.

O ressarcimento dos danos não patrimoniais não sofre contestação nesta sede, sendo muito os arestos a condenarem os bancos por lesão dos bens da personalidade. Com efeito, na base de diversos processos de indemnização consubstanciada em rescisão indevida da convenção de cheque encontramos a pretensão, frequentemente deferida, de reparação de danos morais[1601].

No plano do Direito positivo – e à margem da própria responsabilidade contratual, por violação dos deveres de cuidado e diligência –, recorde-se o disposto em matéria de responsabilidade civil. Assim, *«quem afirmar ou difundir um facto capaz de prejudicar o crédito ou o bom nome de qualquer pessoa responde pelos danos causados»* (artigo 484.º do Código Civil); e está seguramente nessa situação o banco que rescinde a convenção de cheque ou que contribui para a inclusão indevida do sacador na lista negra.

Como salienta o Tribunal da Relação de Lisboa – no **Acórdão de 21 de Março de 2000**, relatado por Jorge Santos –, *«verificam-se todos os pressupostos da responsabilidade civil por factos ilícitos: facto voluntário do lesante, ilicitude de tal facto, nexo de imputação do facto ao lesante a título de culpa, dano e nexo de causalidade entre o facto e o dano»*[1602].

Na fixação da indemnização, há que atender aos danos não patrimoniais que sejam juridicamente tutelados, devendo a respectiva avaliação ser feita equitativamente (cfr. artigos 496.º, n.º 1 e 494.º do Código Civil).

---

[1600] Não nos estamos a referir obviamente ao plano estético, mas no sentido de perfil e de capacidade da pessoa, em sentido análogo ao utilizado pelo **AcRelLisboa de 21 de Março de 2000** (Jorge Santos), *CJ*, ano XXV, t. II, 2000 (pp. 103-108), p. 107.

[1601] Neste sentido, e a título exemplificativo, cfr. os **Acórdãos da Relação de Lisboa de 15 de Março de 2000** (Marcolino de Jesus) (*CJ*, ano XXV, t. II, 2000, 90-92) e **de 21 de Março de 2000** (Jorge Santos) (*CJ*, ano XXV, t. II, 2000, 103-108), e **do Supremo Tribunal de Justiça de 11 de Dezembro de 2002** (Pinto Monteiro) (*CJ/AcSTJ*, ano X, 2002, t. III, pp. 110-113), e **de 3 de Abril de 2003** (Azevedo Ramos) / Proc. n.º 03A684, *www.dgsi.pt*.

[1602] *CJ*, ano XXV, t. II, 2000 (pp. 103-108), p. 107.

772         *Cheque e Convenção de Cheque*

**III.** Apurados e demonstrados os danos sofridos, impõe-se ponderar se, em face do circunstancialismo verificado, eles deverão ser reparados na íntegra ou se, em face das razões subjacentes ao direito à indemnização, não haverá que limitá-los.

Propomo-nos definir um **critério** para a fixação da indemnização – em que o banco há-de ser condenado a pagar – pelos danos efectivamente sofridos pelo cliente em razão da rescisão injustificada da convenção de cheque e da sua inclusão na *lista negra* dos maus utilizadores de cheque.

Havendo razões substanciais para justificar a rescisão que a preterição de formalidades legais tornou indevida, repugna que o sacador, não obstante ter dado azo ao processo de rescisão, com uma conduta indevida, venha agora a prevalecer-se dessa conduta para reclamar uma (ampla) indemnização. E esta conclusão é igualmente válida para os casos em que o sacador de algum modo, pela sua atitude, compeliu o banco sacado a rescindir, indevidamente, a convenção e a ter de o indemnizar[1603]. Neste caso, a sua atitude – como realça o Conselheiro Lopes Pinto (**AcSTJ de 22 de Junho de 2004,** Proc. n.º 04B4656, *www.dgsi.pt*) – não pode ser ignorada *na fixação do quantum indemnizatório*. Trata-se, naturalmente, de uma aplicação do princípio consignado no artigo 494.º do Código Civil, que prevê a *limitação da indemnização no caso de mera culpa*.

Já na situação em que a rescisão é substancialmente indevida, nomeadamente por constituir um lapso – sobre o envolvimento do sacador ou sobre a insuficiência de provisão –, qualquer que seja a sua fonte[1604], ou por o cheque não ter chegado a entrar em circulação, não haverá razões para limitar a indemnização, devendo a mesma corresponder ao montante dos prejuízos apurados, salvo se o cliente tiver tido *culpa* no procedimento do banco[1605]. Neste caso, é possível concluir que a sua culpa é concorrente com a do banco que rescinde a convenção e reconhecer «*concausalidade para a produção de danos*»[1606].

---

[1603] Trata-se da situação que é, precisamente, objecto de análise e decisão pelo citado **AcSTJ de 22 de Junho de 2004** (Lopes Pinto), *www.dgsi.pt*.

[1604] Pode tratar-se de um lapso informático do banco sacado que este, com uma actuação minimamente diligente, teria superado. Neste sentido, cfr. **AcSTJ de 11 de Dezembro de 2002** (Pinto Monteiro), *CJ/AcSTJ*, ano X, 2002, t. III, pp. 110-113 (e também em *www.dgsi.pt*).

[1605] Imputando a culpa exclusivamente ao banco, **AcSTJ de 11 de Dezembro de 2002** (Pinto Monteiro), *CJ/AcSTJ*, ano X, 2002, t. III, pp. 110-113.

[1606] **AcSTJ de 3 de Abril de 2003** (Azevedo Ramos) / Proc. n.º 03A684, *www.dgsi.pt*, avançando com um neologismo injustificável e dispensável. A preposição

Termo da convenção de cheque                                        773

No respeitante aos danos morais, o montante da indemnização deverá ser fixado equitativamente pelo tribunal em montante que deve atender à situação económica do banco e do cliente (lesado) e a outras circunstâncias que se justifiquem (cfr. artigos 496.º, n.º 3 e 494.º do Código Civil).

**IV.** O cliente bancário que sofra restrições ao uso do cheque, e que esteja inibido de sacar cheques ao abrigo de uma convenção constará então da listagem dos utilizadores de cheque com risco (LUR) e a divulgação desse facto estará acessível a todas as instituições de crédito, com a finalidade de avaliarem o risco de crédito dos seus clientes e potenciais clientes (cfr. art. 3.º, n.º 4 do RJCh, red. do DL n.º 83/2003, de 24 de Abril).

A *forma e termos de acesso às informações* foi objecto de regulamentação pelo Banco de Portugal, procedendo parecer da Comissão Nacional da Protecção de Dados (cfr. Instr. n.º 1/2004 do BdP[1607] e art. 3.º, n.º 5 do RJCh, red. DL 83/2003).

Em princípio, todas as informações fornecidas pelo Banco de Portugal deverão ser eliminadas, juntamente com *quaisquer referências ou indicadores de efeito equivalente*, decorridos dois anos sobre a sua divulgação, se a identidade do cliente bancário não for entretanto retirada da LUR, por efeito de *decisão* administrativa ou judicial *de remoção* dessa listagem (art. 3.º, n.º 6 do RJCh, red. DL n.º 83/2003 e n.º 10 da Instr. n.º 1/2004 do BdP).

## 24.7. **Termo da restrição do uso de cheque**

### 24.7.1. *O problema*

**I.** Uma vez decretada a rescisão, há que apurar qual é a duração da inibição do uso de cheque e, designadamente, de que modo poderá o cliente recuperar o poder de movimentar contas bancárias através do saque de cheques.

---

(*para*) também se afigura excessiva. Seria preferível referir simplesmente a causalidade (das acções) de ambos na produção dos danos.

[1607] Publicada em 16 de Fevereiro de 2004, no BO n.º 2/2004, entrou em vigor em 21 desse mês. Encontra-se disponível em *www.bportugal.pt* (Legislação / SIBAP).

774  *Cheque e Convenção de Cheque*

Recorde-se que a convenção de cheque não é uma característica essencial da conta bancária, pelo que a abertura de conta e constituição de depósito não são necessariamente acompanhados da celebração de uma convenção de cheque. Banco e cliente podem acordar na movimentação da conta apenas através de cartão de débito.

Por isso, a restrição ao uso do cheque não impede a titularidade da conta (nem a manutenção do depósito), embora dificulte a respectiva movimentação. Natural será que um cliente que exerça uma actividade económica pretenda recuperar, tão depressa quanto possível, o poder de dispor da conta através da subscrição de cheques.

Não vamos, nesta sede, preocuparmo-nos com os casos em que a rescisão tenha ocorrido de forma infundada, correspondendo a um lapso do banco, eventualmente gerador de indemnização do cliente pelos prejuízos causados, dedicando-lhes breve referência introdutória.

**II.** O Banco de Portugal poderá, em *circunstâncias ponderosas*, reduzir o prazo legal de inibição, antecipando o fim da limitação que da mesma decorre (cfr. art. 1.º, n.º 7 do RJCh) e permitindo que a entidade infractora possa, em certas condições, voltar a celebrar nova convenção (cfr., *infra*, n.º 24.7.5) e recuperar assim a faculdade de movimentar as suas contas de depósitos por recurso ao cheque. •

### 24.7.2. *Rescisão indevida e reposição da convenção*

A rescisão da convenção pode ter sido decidida com base num lapso – que respeite a uma deficiente apreciação da falta de provisão relativamente a um certo cliente ou à própria identidade do cliente, como já vimos (cfr., *supra*, n.º 24.5), ou que se baseie num descoberto, mas sem que tenha sido devidamente notificado o infractor para regularizar a situação –, importando, qualquer que seja a dimensão do erro, inicialmente limitado a uma rescisão e, posteriormente, eventualmente ampliado pela comunicação ao Banco de Portugal e inclusão na LUR, desfazer-se o equívoco e repor-se a vigência de um acordo indevidamente resolvido.

Neste caso, demonstrado que fique não ser justificada a rescisão decretada, deverá ser a instituição de crédito responsável pela rescisão indevida a promover os necessários actos conducentes a reactivar de imediato a convenção e a reabilitar o bom nome, a reputação e o crédito, entretanto comprometidos, do seu cliente.

Estes actos são todos autónomos, não prejudicando o resultado de uns a realização dos demais. Assim, mesmo que o banco logre reabilitar o bom-nome do cliente, este terá direito a ser devidamente compensado. Por sua vez, mesmo que o cliente aceite a reactivação da convenção, nem por isso deixa de ter direito a ser ressarcido dos danos sofridos.

### 24.7.3. *Antecipação do termo da inibição*

**I.** Mesmo nos casos e circunstâncias em que se justificou a rescisão da convenção de cheque – que determinou, em princípio, a inibição de uso de cheque por um prazo de dois anos – é possível antecipar o termo da restrição, solicitando ao Banco de Portugal que promova a retirada do nome do interessado da *lista negra* (LUR) em que se encontrava. Para o efeito, e invocando as razões *ponderosas* que considera justificar a antecipação da restrição a que se encontra sujeito, na sequência da rescisão, o interessado deverá requerer ao Banco de Portugal – ou solicitar que uma instituição de crédito o faça por si – a *remoção* do seu nome da LUR (cfr. art. 4.º do RJCh e Aviso n.º 1741-C/98 do BdP, n.ºs 28 e 29).

A lei não refere o que se deve entender por "*circunstâncias ponderosas*", deixando à entidade de supervisão uma óbvia margem de manobra para apreciar, discricionariamente, os pedidos que lhe sejam dirigidos. No entanto, o Aviso n.º 1741-C/98 do Banco de Portugal dispõe que, para além da justificação da *necessidade* de movimentação de *contas de depósitos através de cheque*, se devem encontrar pagos, junto das instituições sacadas, todos os cheques emitidos sem provisão pela entidade interessada na remoção do seu nome da LUR, e devolvidos todos os módulos de cheque por utilizar (cfr. n.º 28; e também n.º 16 da Instr. n.º 1/98 do BdP).

A lei abre assim a porta para admitir o arrependimento e a regeneração da entidade infractora, viabilizando a sua reinserção no sistema, sob patrocínio do banco que assume esse processo de antecipação do fim da inibição.

**II.** A decisão do Banco de Portugal de remoção do cliente bancário da LUR deverá ser «*difundida por todas as instituições de crédito*» (cfr. Aviso n.º 1741-C/98 do BdP, n.º 30) e tal deverá acontecer sempre que o Banco Central tenha despachado favoravelmente o pedido dirigido nesse sentido (cfr. art. 1.º, n.º 7 do RJCh).

776         *Cheque e Convenção de Cheque*

A lei e o direito circulatório não mencionam os casos em que a retirada do nome da LUR se fundamenta na inclusão desse nome com base num erro da instituição de crédito; e, por isso, não existe um regime especial para essas situações excepcionais. Nas certamente raras situações em que tal acontece deverá, em nossa opinião, o Banco de Portugal não apenas difundir a sua decisão, mas explicar o lapso ocorrido, por forma a tanto quanto possível poder contribuir para a reabilitação no mercado financeiro do nome da entidade envolvida.

### 24.7.4. *Fim da inibição (de uso de cheque)*

O fim da inibição (de uso de cheque) ocorre em regra com o decurso do prazo durante o qual o nome do infractor deverá constar da LUR. Esgotado o mesmo, contado a partir da data da rescisão da (primeira) convenção de cheque[1608], o cliente recupera a sua capacidade, podendo celebrar novas convenções de cheque.

Simultaneamente, o nome da entidade inibida de sacar cheques dever ser eliminado da listagem dos utilizadores de cheque que oferecem risco (LUR) logo que decorra o prazo da inibição, deixando esta de poder constituir referência (negativa) no sistema financeiro (cfr. art. 3.º, n.º 6 do RJCh, red. do DL 83/2003, de 24 de Abril, e n.º 26 do Aviso n.º 1741-C//98 do BdP).

### 24.7.5. *Celebração de nova convenção (de cheque)*

**I.** A pessoa singular ou colectiva que era parte de uma convenção de cheque que foi, entretanto, rescindida, com fundamento no saque de um cheque sem provisão, só poderá celebrar nova convenção de cheque, com a mesma ou diferente entidade bancária, quando tiver decorrido o período de inibição de uso do cheque.

No entanto, podendo esse período ser reduzido, a pedido da entidade interessada ou da respectiva instituição de crédito, invocados e demonstrados motivos ponderosos – e regularizada a situação que conduziu à rescisão da convenção –, é possível que o Banco de Portugal autorize a

---

[1608] Pressupõe-se que não foi decretada sentença de interdição do uso do cheque por prazo superior.

celebração de uma nova convenção de cheque antes de decorrido o prazo de dois anos (cfr. art. 1.º, n.ᵒˢ 6 e 7), devendo, para o efeito, decidir previamente a eliminação do nome do interessado da LUR. Nesse caso, o pedido de autorização para subscrever nova convenção só poderá ser apresentado junto da entidade de supervisão por uma das instituições de crédito que tenha rescindido a convenção e não por uma instituição de crédito com a qual o interessado anteriormente não tivesse celebrado convenção de cheque (cfr. Instr. n.º 1/98 do BdP, n.º 18, e Aviso n.º 1741--C/98, n.º 31). A autorização para celebração de nova convenção, a quem anteriormente esteve inibido de usar o cheque, é eficaz em relação *a todas as instituições de crédito*, devendo ser *divulgada pelo mesmo meio de comunicação utilizado para informar* sobre a inclusão na LUR (cfr. Instr. n.º 1/98, n.º 19). Desse modo, o sistema financeiro fica ciente da reabilitação da entidade infractora.

**II.** Finalmente, embora a lei não seja muito clara, refira-se que, decorrido o prazo da inibição – e eliminado o nome do infractor da LUR –, pode qualquer instituição de crédito celebrar nova convenção com essa entidade, ainda que ela não tenha regularizado as situações ilícitas a que tenha dado azo (cfr. arts. 1.º, n.º 6, 3.º, n.ᵒˢ 2 *in fine* e 6, e 4.º I parte do RJCh e Aviso n.º 1741-C/98 do BdP, n.º 26). Trata-se de uma situação sem dúvida estranha, em que se permite a reentrada no sistema a quem o pôs anteriormente em crise e não demonstrou entretanto – por não ter regularizado as situações pendentes – merecer a reabilitação.

Apesar da eliminação da lista, nenhuma instituição de crédito se encontra obrigada a celebrar com a entidade infractora uma (nova) convenção de cheque, pelo que se a memória dos bancos for longa será em muitos casos difícil recuperar o crédito suficiente para voltar a movimentar contas bancárias com base numa convenção de cheque.

●

# CAPÍTULO IX
# Tutela cambiária e qualificação da convenção de cheque

## 25. Tutela cambiária e convenção de cheque

### 25.1. A tutela jurídica da letra de câmbio

**I.** No domínio da letra de câmbio, a tutela cambiária só releva quando a letra entra em *circulação*, isto é, quando aparecem terceiros. É a circulação que se tutela, pois sem transmissão da letra a favor de pessoas em função e em benefício das quais o título não havia sido criado, mas que por efeito da sua transmissão adquirem o estatuto de sujeitos jurídico-cambiários, as regras da Lei Uniforme não teriam sentido.

Não há, assim, tutela cambiária no estrito plano das relações entre sacador e sacado, nem em geral no plano das relações imediatas que ligam um portador da letra ao seu endossante (ou sacador) ou ao seu endossatário[1609]. Nesse âmbito, a relação directa estabelecida entre os

---

[1609] As relações cartulares respeitam a todos os intervenientes no título e podem ser imediatas ou mediatas, consoante exista ligação entre dois sujeitos por uma relação subjacente (e uma convenção executiva) ou não. São relações cartulares imediatas as que ligam sacador e sacado, sacador e tomador ou tão-somente um portador e o portador antecedente ou subsequente (endossante e endossatário). Sobre as relações cartulares (imediatas e mediatas), cfr., *supra*, n.º 6.3.4.

A relevância das relações cartulares (imediatas) sente-se em especial a propósito da oponibilidade das excepções pessoais no domínio das relações imediatas (cfr. art. 17.º da LULL e art. 22.º da LUCh). Recorde-se que cada negócio cartular tem na sua base um

780         *Cheque e Convenção de Cheque*

sujeitos será regulada pelas regras que lhe forem aplicáveis – independentemente da respectiva titularidade –, não fazendo sentido que as características do título aproveitem a qualquer dos seus subscritores. E, desse modo, explica-se que a tutela do terceiro adquirente de boa fé seja afastada pela existência de uma excepção causal (cfr. art. 17.º da LULL[1610]).

**II.** Por sua vez, a tutela justifica-se em função da normal circulação do título, pelo que em via de regresso não faz sentido falar na tutela da "normal circulação da letra", a qual passa a ser anómala.

Deste modo, a circulação cambiária colhe protecção e alicerça-se no disposto em diversas regras, tais como os artigos 10.º, 16.º, II e 40.º, III da Lei Uniforme relativa às Letras e Livranças, que passamos a recordar sucintamente.

O artigo 10.º da LULL refere-se à letra em branco, isto é, àquela que, sendo criada e colocada em circulação sem estar completamente preenchida, apresenta algumas estipulações cambiárias (essenciais, como o saque e a própria palavra letra), destinando-se a ser completada até ao seu vencimento[1611]. O preenchimento da letra sacada incompleta deverá ser feito em conformidade com o respectivo pacto, o qual é para todos os efeitos uma convenção obrigacional informal[1612], que não vincula terceiros.

●

---

negócio que o explica, que o fundamenta, que constitui a sua *causa*, o chamado negócio subjacente. Tal ocorre, por exemplo, com o simples saque de uma letra. Na realidade, o sacador, quando emite uma letra à ordem do tomador (beneficiário), fá-lo com base num motivo: porque lhe concede crédito, porque lhe deve uma certa quantia, que pretende titular, porque pretende pagar-lhe uma quantia ou, apenas, porque quer fazer uma doação. Sobre a relação entre o negócio cartular e o subjacente,cfr., *supra*, n.os 6.3.5 e 8.5.2.

[1610] Esta regra – consagrando o princípio da inoponibilidade das excepções pessoais no plano das relações cartulares, excepto se tais relações forem imediatas ou, não o sendo, caso o portador do título, ao adquiri-lo, «*tenha procedido conscientemente em detrimento do devedor*», ou seja, tenha tido consciência da inoponibilidade (que originava com a sua subscrição), por saber que existia uma excepção (pessoal) e do prejuízo que, com ela, causava ao devedor – acolhe, de modo análogo ao que sucede com o artigo 22.º da LUCh, a autonomia da letra, que se afere em relação ao direito subjacente.

[1611] É esta característica que a distingue da letra incompleta, cuja criação não é voluntária, e que, por essa razão e diversamente da letra em branco, não tem subjacente qualquer acordo tendente ao seu preenchimento.

[1612] O acordo pode ser meramente verbal, embora frequentemente corresponda a excertos de um contrato celebrado entre sacador e sacado (aceitante), de que a letra constitui forma de pagamento ou garantia de cumprimento.

Esta disposição legal tem por finalidade tutelar o adquirente de boa fé da letra sacada em branco, isto é, aquele que adquire por endosso uma letra ignorando que, tendo a mesma sido intencionalmente sacada incompleta, foi entretanto abusivamente preenchida. A tutela da aparência na circulação cambiária impõe que o terceiro adquirente de boa fé se possa prevalecer da letra, na sua literalidade, no plano das relações mediatas. Note-se que a eventual menção à existência de pacto de preenchimento coloca em crise a conduta do respectivo adquirente, que deverá, nessa circunstância, pelo menos indagar sobre o acordo de preenchimento, para verificar se o mesmo não terá sido inobservado.

Podemos, pois, concluir que os desapossamentos de índole económica, que possam surgir por efeito da violação do pacto de preenchimento, beneficiam da tutela do artigo 10.º da LULL.

**III.** O artigo 16.º, II da mesma lei tutela o portador legitimado e justifica a autonomia do direito cartular ou do direito do portador em face dos que o antecederam na circulação cambiária.

Esta regra – estabelecendo que se o portador de uma letra, que tenha sido objecto de desapossamento, justificar o seu direito *por uma série ininterrupta de endossos* (*mesmo que o último* seja *em branco*), *não é obrigado a restituí-la, salvo se a adquiriu de má fé ou se cometeu uma falta grave* ao adquiri-la – significa que cada detentor do título adquire o direito nele incorporado *de modo originário* relativamente a eventuais vicissitudes que anteriormente tenham ocorrido. A legitimação do portador da letra[1613], e do seu direito, decorre da verificação do cumprimento de aspectos de carácter meramente formal. Admitir que assim não sucedesse equivaleria a negar ao título a confiança que, sendo-lhe inerente, resulta da simples compatibilização das assinaturas dos seus subscritores e do crédito de que estes dispõem no mercado e que fundamenta a sua circulabilidade.

**IV.** Finalmente, o artigo 40.º, III da LULL tutela o devedor da quantia inscrita na letra, exonerando-o, se ele pagar no vencimento *sem fraude ou falta grave*. Esta regra legal reconhece ao sacado legitimação passiva quando ele efectua o pagamento em conformidade com a sua previsão.

---

[1613] De modo análogo ao que sucede com o portador do cheque (cfr. art. 21.º da LUCh).

782  *Cheque e Convenção de Cheque*

O sacado (aceitante), quando paga, só *é obrigado a verificar a regularidade dos endossos* (e não a veracidade das assinaturas que os consubstanciam), pelo que age bem se não pagar a quem souber não ter direito a receber, nem ignorar indevidamente que o portador da letra não tem esse direito.

A Lei Uniforme – em preceito que não encontra paralelo na congénere relativa ao cheque, como já vimos (*supra*, n.º 21.7) – pretende evitar que o devedor seja obrigado a pagar duas vezes se, porventura, pagar a quem tenha sido beneficiário do endosso de uma letra objecto de desapossamento. Desse modo, se a aparência do título não indiciar tal desapossamento e se o devedor não tiver conhecimento efectivo do mesmo, nem ignorar indevidamente que ele ocorreu – porque se tivesse actuado diligentemente tinha obrigação de o conhecer –, *paga bem* e não é obrigado a pagar novamente.

Da análise que acabamos de efectuar podemos concluir que a tutela na circulação da letra se concretiza na exoneração da responsabilidade do devedor (sacado) quando paga (*bem*). E o devedor *paga bem*, não sendo obrigado a repetir o pagamento, se o efectuar *sem fraude e sem falta grave* (art. 40.º, III da LULL).

É esta exoneração de responsabilidade pelo pagamento que a Lei Uniforme do Cheque não concede ao banco sacado, como já vimos (*supra*, n.ᵒˢ 18.2.2, 21.6.3 e 21.7).

Factor comum a todas as situações de tutela cambiária que acabamos de analisar – e que importa reter – é o sistemático envolvimento de terceiros na relação cartular, em acréscimo aos sujeitos iniciais (sacador e sacado).

### 25.2. Relevo da circulação cambiária nos efeitos da convenção de cheque

**I.** Tendo em conta as considerações que fizemos em matéria de circulação e tutela cambiária da letra, cujo regime, nomeadamente em termos de desresponsabilização do sacado, é diferente do regime aplicável ao cheque, importa agora averiguar se a convenção de cheque projecta os seus efeitos sobre a circulação cambiária do título de crédito que dela é seu objecto e verificar, nomeadamente, a admissibilidade da preponderância das obrigações ou efeitos contratuais (da convenção de cheque) sobre os efeitos cambiários do cheque. É, pois, chegado o momento de fazer o balanço entre o relevo da circulação do cheque e os efeitos da convenção de cheque que nela se projectam.

**II.** Cremos que a pedra de toque não reside no facto de a tutela cambiária depender da existência de terceiros. A protecção da Lei Uniforme existe e tem relevo mesmo nos títulos (letras e cheques) sacados à ordem do próprio cliente e também nos que, sendo sacados para tomador, não sejam seguidos de qualquer endosso. Isto é, há tutela mesmo sem terceiros, sem prejuízo de as regras que tutelam especificamente a circulação cambiária não terem de se aplicar aos sujeitos que estão em relação imediata entre si[1614].

**III.** A explicação terá, pois, de ser outra.

Antes de mais, recorde-se que o cheque é um instrumento de pagamento de moeda fiduciária; é um meio de pagamento[1615], pelo que não pode ser revogado. O cheque é, pois, um meio de pagamento que completa e substitui as outras formas monetárias. Daí que na tutela do cheque esteja implícita a protecção do meio de pagamento representado por este instrumento.

Por isso, o cheque é um título de muito curto prazo, enquanto a letra de câmbio tem um horizonte temporal mais alargado. O seu prazo de pagamento (obrigatório) é reduzido, pelo que o seu desapossamento apenas releva nos oito dias subsequentes à sua emissão. Nesse lapso temporal o banqueiro não é tutelado, porque o seu interesse pessoal soçobra perante a forma adequada como se deve processar a circulação cambiária, que importa salvaguardar, considerando o significativo número de cheques em circulação.

Como iremos ver, no número seguinte (25.3), haverá que reconhecer primazia a uma das duas situações jurídicas que identificámos – a subscrição do cheque e a convenção que lhe está subjacente – e fundamentar a solução adoptada, tendo em consideração não apenas os interesses envolvidos, mas também o relevo dos actos jurídicos em causa.

---

[1614] Embora desnecessário, esclareça-se que o banco e o tomador não estão em relação imediata.

[1615] O momento fulcral da sua existência é o do pagamento, em função do qual é criado.

784          *Cheque e Convenção de Cheque*

**IV.** A interacção entre a relação contratual, de carácter bilateral, e o efeito unilateral do saque e endosso (subjacente à transmissão do cheque) tem consequências que dependem da tutela jurídica que recai sobre essas situações. Por isso, se em termos absolutos a convenção cede perante o título de crédito, apenas relevando nos oito dias subsequentes à emissão do cheque, posteriormente condiciona o próprio cheque.

### 25.3. A prevalência da tutela da circulação do cheque

**I.** Analisemos a interacção da convenção de cheque com a tutela da circulação do cheque.

Salvo nos casos em que o cheque é utilizado para levantamento de fundos próprios, o seu saque e endosso têm a finalidade de constituir o pagamento, total ou parcial, de um bem ou serviço fornecido ou prestado pelo respectivo beneficiário (tomador ou endossatário), o reembolso de um empréstimo ou a satisfação de uma dívida de diferente natureza[1616].

Na sua curta vida, o cheque só tem relevo absoluto como título de crédito e meio de pagamento nos oito dias subsequentes à data (que nele consta como sendo) da sua emissão. Depois deixa de ter tutela, embora possa ser honrado (cfr. art. 32.º, II da LUCh).   •

**II.** Na relação do cheque com o acordo que está na base da sua utilização, haverá que verificar se ocorre uma articulação perfeita, ou se diversamente uma das situações prevalece sobre a outra, condicionando-a de algum modo.

Como vimos, a convenção do cheque supõe duas vertentes distintas:

– O acordo entre o banco (sacado) e o seu cliente (sacador), que pode regulamentar aspectos muito variados da respectiva relação comercial, incluindo a forma da movimentação da conta (*maxime*

---

[1616] Quando o cheque constitui mera garantia, o problema da tutela da respectiva circulação não se coloca, uma vez que ele não deixa o âmbito da relação entre o sacador e o tomador (beneficiário), só beneficiando da tutela da Lei Uniforme se tiver sido sacado em branco, com pacto de preenchimento, e se as eventuais vicissitudes inerentes à sua (in)satisfação se suscitarem dentro dos oito dias subsequentes à data do seu preenchimento efectivo e constante do título (prazo de apresentação a pagamento), em conformidade com a previsão do art. 32.º da LUCh.

o número de assinaturas necessárias para sacar cheques) e, naturalmente, os deveres resultantes da relação contratual estabelecida.

– O cheque *propriamente dito*, uma vez que, em princípio, não há cheque que não envolva convenção[1517], dado que o sacado (na relação cartular de cheque) é especial: é um banco. Por isso, e diversamente do que acontece na letra, o sacado não é fruto de uma relação ocasional; permanece e encontra-se devidamente individualizado e localizado; não desaparece facilmente, nem se exime a pagar se dispuser de fundos para o efeito; em suma, tem responsabilidade.

O chamado cheque avulso, a que podem recorrer os que se encontram inibidos de usar cheques – como forma de sacar fundos próprios ou efectuar pagamentos –, embora apresente as características dos demais cheques, uma vez colocado em circulação, é criado *ad hoc* com (necessária) intervenção do próprio sacado. Nessa circunstância, não existe uma convenção de cheque tal como a configurámos, mas uma autorização pontual necessária para o sacador usar o cheque. Trata-se da excepção que confirma a regra de que o cheque carece de convenção para poder ser utilizado e emitido.

•

**III.** Mas o cheque tem uma vida curta, sendo essencial tutelar a respectiva aparência enquanto não é apresentado a pagamento. Esta tutela da aparência encontra-se limitada a oito dias, para os cheques sacados e apresentados a pagamento no território nacional. Neste curto prazo tutela-se o meio de pagamento. E protege-se o cheque de múltiplos modos, nomeadamente rejeitando-se a respectiva revogação que, decorrido esse prazo, é possível, e dependerá essencialmente da convenção que tenha sido celebrada.

Ora, à primeira vista, resulta incompreensível tanta tutela para tão pouco tempo de vida. O cheque beneficia da mesma tutela da aparência

---

[1517] Sem prejuízo de o cheque poder ser sacado, mesmo que a convenção não subsista.

Se admitirmos a hipótese de um cheque avulso ser sacado, mesmo sem ter sido anteriormente facultado ao cliente o uso regular de cheques, devemos considerar que o banco celebra com o seu cliente um acordo *ad hoc* que esgota os respectivos efeitos no único cheque emitido.

que a letra de câmbio, mas dura apenas oito dias, precisamente por ser um meio de pagamento; é criado para ser dinheiro. Por isso, é mais significativo do que a letra como ordem ao pagamento no vencimento. E não assenta apenas na confiança, como a letra, mas na qualidade do sacado.

**IV.** Entretanto, se procurarmos conjugar a convenção de cheque com o título que lhe está subjacente – e que se traduz num direito sem obrigação correspondente por não haver lugar a aceite (mormente do sacado) –, faz sentido a inoponibilidade das excepções de carácter pessoal no domínio da circulação cambiária, assim como a tutela penal de que o cheque (ainda) desfruta. O enquadramento legal e o regime jurídico que é aplicável a este título são efeitos das suas principais características – já analisadas (cfr., *supra*, n.º 6) –, nomeadamente da literalidade, abstracção e autonomia. Como iremos ver, há uma manifesta predominância da aparência, eventualmente em desatenção de situações activas concretas (*v.g.*, desapossamento), que podem ser prejudicadas para protecção da confiança inerente à normal circulação do título.

Eventuais vicissitudes relacionadas com o pagamento do cheque, dentro do prazo legal disponível para o efeito, são causadoras de responsabilidade penal do sacador ou de um endossante, caso não ocorra a regularização superveniente da vicissitude verificada, assim como no domínio das relações imediatas as excepções pessoais são oponíveis, constituindo justa causa de não aceitação do cheque como forma de pagamento.


### 25.4. O primado da aparência

**I.** No cruzamento dos interesses inerentes à subscrição do cheque, nomeadamente ao respectivo saque, e ao contrato que lhe está subjacente, há que reconhecer a prevalência dos efeitos decorrentes do regime jurídico estabelecido pela Lei Uniforme. É na tutela por esta estabelecida para disciplinar a circulação cambiária que vamos encontrar os critérios adequados para solucionar as questões práticas suscitadas quotidianamente, e que envolvem a articulação do regime legal do cheque e do regime contratual aplicável à convenção de cheque.

O cheque é válido pela aparência que, como diz JACOBI[1618], é criadora do título. E é essa característica que deve ser objecto da tutela da confiança dos terceiros que se dispõem a recebê-lo como forma de pagamento.

As soluções para as diversas questões que se suscitam relativamente a este instrumento de pagamento não são meros corolários de determinações legais de carácter pontual e isolado, mas decorrem da necessidade de tutela da circulação cambiária, que justifica igualmente que o cheque seja válido, mesmo quando não existe convenção. Esta, embora naturalmente prevaleça no plano das relações entre banco e cliente, que corresponde afinal ao domínio das relações imediatas, cede no confronto com as regras que têm por finalidade tutelar a circulação do cheque e, consequentemente, os interesses de terceiros envolvidos.

Para estes é fundamental a aparência do título, com base na qual formam a sua vontade e que, por essa razão, tem de desfrutar de especial protecção. A regulação da convenção de cheque tem de se subordinar às normas que regulam a circulação cambiária, sempre que se justificar a aplicação destas. Por isso, não se afigura excessivo concluir que os efeitos legais da subscrição cambiária (em relação a terceiros) se sobrepõem às cláusulas que disciplinam a convenção de cheque e que, em concreto, poderiam prever a derrogação das regras imperativas estabelecidas pela Lei Uniforme.

Assim, a aparência resultante do título explica que a tutela da respectiva circulação prevaleça sobre o conteúdo da convenção de cheque, afastando todas as regras desta que devam ceder perante princípios e regras de ordem pública e sempre que os interesses da generalidade dos agentes careçam da protecção que a Lei Uniforme (do Cheque) lhes dispensa. Não poderá, pois, o sacado escudar-se em instruções expressamente transmitidas pelo sacador, seu cliente, para não honrar o pagamento de um cheque ou invocar a relevância da sua relação contratual para justificar a recusa de pagamento.

## 25.5. Critérios de solução e aplicação prática

**I.** A resposta às diversas questões que abordámos ao longo desta dissertação passa, assim, pela compreensão sistemática da Lei Uniforme, em especial das regras da tutela cambiária na circulação do cheque.

---

[1618] *Wechsel– und Scheckrecht*, Walter de Gruyter, Berlin, **1955**, pp. 41-44.

788        *Cheque e Convenção de Cheque*

Os critérios a que chegámos são válidos e aplicáveis a outras situações que envolvem o cheque, ainda que a Lei Uniforme não disponha de solução concreta para esses casos.

Importa recordar que a Lei Uniforme não regulou o relacionamento entre o banqueiro e o cliente e, em especial, os problemas que o mesmo coloca, porque também não o tinha de fazer especificamente, dado que os mesmos não constituem matéria cambiária, mas respeitam a relações subjacentes.

**II.** As partes da convenção de cheque podem definir a relação contratual como entenderem. Mas na relação com terceiros, o cheque (ou o respectivo regime jurídico), como meio de pagamento, tem de predominar sobre a convenção, e produzir os seus efeitos de acordo com o respectivo regime legal, ainda que a convenção não exista (cfr. art. 3.º *in fine* LUCh).

O cheque é, assim, válido e apto a fundamentar a transmissão do direito que titula, independentemente da convenção, cuja falta ou cessação não pode prejudicar a sua validade, visto que a existência, ou inexistência, da relação contratual não pode ser reflectida na sua aparência. A tutela da confiança que terceiros depositam nessa aparência, bem como o facto de o cheque ser um instrumento de pagamento, justificam que os seus beneficiários disponham de uma especial protecção legal, ainda que por curto período.

Então é legítimo perguntar: *por que é que o cheque precisa de convenção?*

– O cheque pressupõe, em princípio, a convenção, porque é esta que legitima o cliente a poder dispor dos módulos que, preenchidos, vão permitir gerar a tal aparência, merecedora de tutela. Daí que a sua atribuição e o seu uso regular devam estar dependentes de um relacionamento contratual definido. Este, naturalmente, prevalece nas relações entre as partes, em que não há interesses públicos a tutelar, diversamente do que sucede com o cheque quando entra em circulação, isto é, quando sai do domínio da relação imediata do sacador com o sacado.

**III.** O cheque não pode ser revogado antes de oito dias decorridos sobre o saque (cfr. art. 32.º, I), porque é um título de crédito e instrumento de pagamento que como tal deve ser respeitado. E isso acontece mesmo

*Tutela cambiária e qualificação da convenção de cheque* 789

que a convenção disponha em contrário. Ainda que o banco se comprometa expressamente, quando celebra a convenção, a acatar sempre as instruções do cliente, tal cláusula contratual cede perante a norma da Lei Uniforme estabelecida no artigo 32.º. O critério subjacente à irrevogabilidade do cheque no decurso do prazo para apresentação a pagamento é o da tutela do mercado, baseada na aparência do cheque. Só razões excepcionais podem afastar este regime.

**IV.** Um outro efeito da tutela pública do cheque é o que se traduz na tutela penal de que o cheque beneficia se for sacado sem provisão (cfr. art. 11.º do RJCh).

Como vimos, o sacador incorre, nesse caso, numa sanção penal, porque o cheque é um meio de pagamento; e tal sanção constitui tutela dos terceiros adquirentes de boa fé, cujos interesses são indirectamente protegidos pela ameaça da aplicação da sanção quando o cheque não dispõe de provisão.

**V.** No que toca à falsificação, a Lei Uniforme é omissa, como observámos, e o critério extrai-se precisamente dessa omissão.

O cheque falsificado é válido, como efeito da tutela da aparência. Para essa conclusão apontam diversas regras da tutela cambiária na circulação do cheque, cuja aplicação se estende e abrange o cheque falso ou falsificado no seu conteúdo, por forma que o banqueiro pague bem, mesmo quando paga um cheque falsificado, desde que ignore o desapossamento.

Apurámos que as disposições legais em causa são os artigos 10.º, 13.º, 21.º, 51.º e 35.º da Lei Uniforme, respectivamente quanto à independência recíproca das assinaturas, ao preenchimento abusivo, ao desapossamento, à alteração de texto e ao pagamento do cheque.

Agora importa recordar que, nos termos da Lei Uniforme, o banco pode pagar um cheque sem provisão, mas não é obrigado a fazê-lo; e se o cheque tiver provisão, o banco deve pagá-lo, pelo menos no decurso do prazo de apresentação a pagamento. Contudo, no sistema da Lei Uniforme, o banco não pode obrigar-se previamente a pagar o cheque, por ser um profissional[1619]. Nesse sentido aponta inequivocamente o artigo 4.º, que proíbe o aceite deste instrumento.

---

[1619] O que significa que, verificando-se a existência de provisão, o banco nunca deixará de honrar o cheque. Isto é, trata-se de um sujeito cambiário que não terá hesitações quanto à vontade de pagar, embora possa ter relativamente à regularidade do título.

No que se refere às disposições legais citadas, prestemos atenção especial ao **artigo 35.º** que impõe ao sacado (instituição de crédito) que procede ao pagamento de um cheque *endossável* a obrigação de verificar apenas «*a regularidade da sucessão dos endossos*», dispensando-o da comprovação da autenticidade da assinatura dos endossantes. Nestes termos, esta norma não regula o pagamento do cheque ao sacador ou ao tomador, porque nesse caso não estamos perante um cheque endossável, e constitui a evidência de que há uma tutela cambiária na circulação do cheque que se estende e abrange o cheque falso ou falsificado no seu conteúdo, de forma que o banqueiro *paga bem*, e é obrigado a fazê-lo, quando paga um cheque falsificado (ignorando a vicissitude).

A eventual responsabilidade pelo pagamento indevido de um cheque falsificado coloca-se, assim, num plano extracambiário, entre o banqueiro e o cliente, devendo ser resolvida no plano da respectiva convenção de cheque.

Mas o banqueiro não pode invocar, perante terceiros, argumentos para legitimar o não pagamento. O banqueiro que não paga a terceiro de boa fé, (mesmo) sabendo que houve desapossamento (por exemplo, de que o saque não foi feito pelo sacador), incorre em responsabilidade perante o beneficiário do cheque. Esta conclusão pressupõe, contudo, que tenha havido circulação (endossos).

•

**VI.** No que respeita às regras existentes na Lei Uniforme e que constituem o corolário da tutela da circulação cambiária, permitindo distingui-la do plano das relações imediatas, importa sublinhar que:

A) O **artigo 32.º** inviabiliza a revogação do cheque antes de decorrido o prazo da sua apresentação a pagamento. Dada a sua natureza jurídica, de meio de pagamento, o cheque deverá prevalecer sobre o contrato que lhe dá vida, impedindo pela sua relevância que os interesses pessoais do banco e do sacado se sobreponham aos que resultam da tutela da sua circulação como meio de pagamento. O incumprimento injustificado da pretensão do beneficiário do cheque, alicerçada nas regras imperativas da Lei Uniforme, será geradora de responsabilidade civil extracontratual do sacado perante o portador do cheque, apesar de e por ele não ser obrigado de regresso.

B) O **artigo 10.º** dispõe sobre a independência recíproca das assinaturas constantes do cheque, estabelecendo a autonomia dos diversos

*Tutela cambiária e qualificação da convenção de cheque*

direitos consubstanciados no título, e reconhecendo a validade e subsistência das obrigações cambiárias, ainda que as mesmas coexistam com assinaturas falsas. A razão de ser é a de que a eventual falsificação de uma assinatura, não detectada pela aparência, não prejudica o valor e eficácia das demais assinaturas, não obstante as mesmas poderem ter pressuposto a constituição de uma obrigação que, afinal, não se verifica relativamente ao pretenso signatário e sujeito cambiário.

C) O **artigo 13.º** refere-se ao preenchimento abusivo do cheque em branco. Nas situações em que tenha sido sacado com alguma das menções essenciais por preencher, o cheque em branco pressupõe, concomitantemente com a sua criação, a conclusão de um acordo que estabeleça os termos em que o mesmo deverá ser completado. A admissibilidade do cheque em branco, no que respeita designadamente à sua data de emissão/vencimento ou ao respectivo montante, justifica-se na previsão de que o pacto extracartular celebrado integra os elementos necessários e suficientes ao adequado preenchimento do título. A Lei Uniforme salvaguarda a posição jurídica do terceiro adquirente de boa fé, alicerçada na aparência do cheque, determinando que a inobservância do acordo de preenchimento subscrito pelo sacador e pelo tomador lhe seja inoponível.

D) O **artigo 21.º** dispõe sobre a inoponibilidade do desapossamento de um cheque ao portador legítimo, isto é, determina que o portador de um cheque, relativamente ao qual ocorreu um desapossamento, «*não é obrigado a restituí-lo, a não ser que o tenha adquirido de má fé* (conhecendo a vicissitude), *ou que, adquirindo-o, tenha cometido uma falta grave*». A aquisição de terceiro de boa fé fundada na aparência do título, desconhecendo admissivelmente o desapossamento, confere-lhe legitimação.

E) Finalmente, o **artigo 51.º** estabelece que, verificando-se a «*alteração do texto dum cheque, os signatários posteriores a essa alteração ficam obrigados nos termos do texto alterado*». Isto é, a vinculação dos ulteriores intervenientes far-se-á em conformidade com a aparência do título.

**VII.** A estas normas, que justificam, por si sós, a prevalência da tutela da subscrição cambiária sobre os efeitos específicos da relação

792 *Cheque e Convenção de Cheque*

contratual que está na base da emissão do cheque, acresce a protecção penal específica de que este acto (ainda) desfruta e que se justifica pela natureza de meio de pagamento do cheque.

**VIII.** Em conclusão, o cheque tem tutela de interesse público, como meio de pagamento. E esta tutela reflecte-se nas soluções que o ordenamento jurídico encontra para temperar o seu relacionamento com o contrato que está na base da sua emissão, e que se traduzem, no plano legislativo (e do Direito positivo), na preponderância que a Lei Uniforme (relativa ao Cheque) tem sobre a relação contratual de cheque, afirmando decisiva e irrefutavelmente os efeitos decorrentes da subscrição cambiária sobre os que resultam do contrato.

Diversamente, no estrito âmbito das relações imediatas verifica-se o predomínio da convenção, que se projecta na questão do desapossamento e falsificação pela relevância que assume a eventual inobservância de deveres contratuais, em prejuízo de uma das partes e, quando a nenhuma é imputável culpa, em detrimento daquela que actua profissionalmente: o banco.

## 26. A qualificação negocial da convenção de cheque

### 26.1. A atipicidade da convenção de cheque

**I.** Analisámos o regime jurídico da convenção de cheque e vimos como se explica a tutela da circulação do cheque e a prevalência que a mesma tem sobre o acordo que está na base da sua utilização. Iremos agora qualificar a convenção de cheque – isto é, o acordo entre o banco e o seu cliente referente à movimentação da conta com recurso aos cheques –, procurando estabelecer a respectiva natureza jurídica.

**II.** A convenção de cheque não é objecto de regulamentação legal específica e autónoma, embora seja reconhecida – na *praxis*, em leis, na jurisprudência e na doutrina.

Com efeito, a lei refere-se a esta realidade, como pressuposto para a emissão do cheque (cfr. art. 3.º da LUCh) e, com maior incidência, essencialmente, a propósito da respectiva extinção (cfr. Decreto-Lei

*Tutela cambiária e qualificação da convenção de cheque* 793

n.º 454/91, de 28 de Dezembro), designando-a, de forma explícita, como *"convenção de cheque"*.

Por sua vez, são múltiplos os exemplos na jurisprudência portuguesa, a que aqui nos cingimos, de referência ou menção à convenção de cheque[1620].

No que respeita à doutrina nacional[1621], encontramos na obra de SOFIA GALVÃO[1622], naturalmente influenciada pela tradução literal do vocábulo alemão *"Scheckvertrag"*, uma referência dissonante[1623], não seguida posteriormente.

Por último, a prática negocial, embora não reconduza esta figura a um tipo contratual positivamente regulado, reconhece-a como contrato autónomo, normalmente associado a outros contratos bancários, como a própria abertura de conta – embora esta, como vimos, não implique necessariamente a celebração da convenção – e o depósito.

**III.** Do regime jurídico da convenção de cheque resulta inequivocamente estarmos perante um negócio jurídico de *tipo contratual*.

Não sendo a convenção de cheque objecto de regulamentação específica e autónoma, deve considerar-se que é legalmente atípica[1624], resul-

---

[1620] Nesse sentido, cfr. nota 983 (*supra*, n.º 15.3.1.III).

[1621] Não nos importa aqui analisar a questão da designação do negócio na literatura estrangeira, cujos pressupostos são naturalmente diferentes. Conforme assinala SOFIA GALVÃO, *Contrato de cheque*, Lex, Lisboa, **1992**, nota 51, a p. 29, a designação (da lei) portuguesa parece ter sido claramente inspirada na nomenclatura italiana (*convenzione di assegno*), a que FERRER CORREIA deu natural projecção com o seu parecer de 1977 elaborado com a colaboração de ANTÓNIO CAEIRO, posteriormente plasmado em anotação jurisprudencial [vd. António FERRER CORREIA / ANTÓNIO CAEIRO, «Recusa do pagamento de cheque pelo banco sacado; responsabilidade do Banco face ao portador» (Anotação ao Acórdão do STJ de 20/12/77)», *RDE*, IV-2, **1978**, pp. 447-473]. Sobre esta questão, cfr., *supra*, nota (953) [15.3.1.III].

[1622] *Contrato de cheque*, Lex, Lisboa, **1992**.

[1623] Explicada provavelmente pelo facto de o relatório de mestrado que terá estado na base do seu estudo publicado ter sido apresentado no ano lectivo de 1990/91, ainda antes da publicação do Decreto-Lei n.º 454/91, de 28 de Dezembro, que viria a consagrar a designação de «convenção de cheque».

Importa recordar que, escrevendo a propósito da *revogação do cheque*, FILINTO ELÍSIO [«A revogação do cheque», *O Direito*, ano 100.º, **1968** (pp. 450-505)] se refere indistintamente ao contrato e à convenção de cheque (cfr., por exemplo, pp. 487 e 489).

[1624] Sobre os contratos atípicos (e a atipicidade contratual), cfr. as dissertações de doutoramento de Pedro PAIS DE VASCONCELOS, *Contratos atípicos*, Lisboa, **1994**, cfr., em especial, pp. 54-59, 207-211 e 315-330, e RUI PINTO DUARTE, *Tipicidade e atipicidade dos contratos*, Almedina, Coimbra, **2000**, em especial pp. 34-44, 131-158 e 197-198.

794       *Cheque e Convenção de Cheque*

tando da sua aturada repetição um modelo social, o qual, por ser formado pela prática reiterada das partes, colhe significativo reconhecimento e adesão social.

Assim, sendo este contrato sistematicamente repetido na prática bancária, nele desempenham um relevante papel de regulação os usos bancários[1625] (normativos) consistentes nos actos e condutas do banco e do seu cliente.

**IV.** A falta de regulamentação específica em instrumento próprio e autónomo subscrito pelas partes (banco e cliente), explica-se provavelmente pelo maior conforto que o banco sentirá em remeter a solução de aspectos duvidosos da sua relação contratual para o âmbito dos usos bancários, em vez de se sentir desprotegido pela eventual falta de regulamentação de um ou outro factor que se pudesse vir a revelar essencial no seu relacionamento com o cliente.

Do elenco das cláusulas contratuais que regulam o contrato de abertura de conta bancária podem constar regras directamente aplicáveis à regulação da convenção de cheque, que continua a constituir-se por acordo tácito entre o banqueiro e o seu cliente, formado pela requisição de módulos de cheques e respectiva entrega pelo banco.

No envelope onde coloca os módulos o banco insere impressos onde transcreve regras habitualmente aplicáveis à relação contratual, e que respeitam, essencialmente, aos deveres que o cliente deve observar na sua guarda, manuseamento e preenchimento[1626].

---

[1625] Neste sentido, e com maiores desenvolvimentos relativamente ao regime aplicável aos contratos (legalmente atípicos, mas) socialmente típicos, cfr., os dois últimos autores citados, PAIS DE VASCONCELOS, *Contratos atípicos,* cit., **1994**, pp. 321 e 323-330, e PINTO DUARTE, *Tipicidade e atipicidade dos contratos*, cit., **2000**, pp. 150-158.

[1626] Tais regras induzem à utilização preferencial do cheque cruzado, à verificação de que a conta dispõe de fundos suficientes (para o pagamento do cheque), de que ainda não foi ultrapassada a data que está impressa no módulo como limite da respectiva validade, ao modo adequado de preenchimento do cheque, *sem emendas ou rasuras*, sem transpor a respectiva redacção para os espaços destinados às operações de telecompensação, sem deixar espaços em branco, eliminando com um traço horizontal o espaço não aproveitado, referenciando sempre, no extenso, a moeda envolvida (*v.g.*, euros e, se for o caso, cêntimos), à forma como se deve evitar o endosso, com a inserção da cláusula não à ordem (seguida do nome do beneficiário). Para além das regras sobre utilização e manuseamento de módulos, os impressos que os acompanham aconselham sobre o cumprimento dos deveres contratuais (comunicação imediata ao banco do extravio, furto ou

**V.** A falta de regulamentação legal e contratual deste acordo tem deixado no limbo a solução para as situações de conflito entre a convenção de cheque e a aplicação da Lei Uniforme (relativa ao Cheque), cuja articulação adequada, como vimos, permite construir critérios de solução de diversas questões controversas.

Afirmámos, pois, ao longo deste trabalho que os problemas inerentes ao cheque, designadamente as suas vicissitudes mais habituais, como a revogação e a falsificação, não se podem resolver na estrita óptica deste contrato, mas tendo em consideração a adequada articulação entre a Lei Uniforme, que tutela a circulação cambiária e que considera a particular natureza do instrumento em causa – como valor monetário que é –, e o negócio celebrado entre o banco e o seu cliente, e que terá também de tomar em conta a relevância social e económica do respectivo objecto.

Procedemos, na análise dessa articulação, à construção de um critério – assente na especial natureza do cheque, como meio de pagamento – que nos permite encontrar a resposta adequada para as situações com que vamos deparando.

Qualificar a convenção de cheque, cujos direitos e deveres analisámos com pormenor (cfr., *supra*, n.º 16), não se afigura essencial, sobretudo se tivermos em conta que a preocupação da doutrina tem sido a de reconduzir este negócio aos quadros típicos dos negócios jurídicos civis. No entanto, vamos, pelo menos, fazer o ponto da situação e procurar enfatizar a compreensão a que chegámos.

## 26.2. Qualificação da convenção de cheque; síntese

### 26.2.1. *Enquadramento*

Efectuámos no número precedente (25) a análise da interacção entre a convenção de cheque e a tutela cambiária do cheque.

---

roubo de qualquer módulo, por exemplo), a prática (recomendada) da proibição do endosso e desaconselham a utilização do cheque para efectuar pagamentos à distância.

No passado era habitual os bancos inserirem cláusulas de exoneração da sua responsabilidade (também chamadas cláusulas de irresponsabilidade) que nunca foram aceites pelos tribunais portugueses. Uma corrente significativa da nossa jurisprudência viria mesmo a considerá-las nulas, enquanto alguma jurisprudência admitiu valorá-las a título de inversão do ónus da prova. Estas cláusulas no contexto legal actual são proibidas.

796     *Cheque e Convenção de Cheque*

Vamos agora proceder, sucintamente, à qualificação deste negócio, para verificar como se equaciona a problemática da natureza jurídica do acordo. Não teremos preocupação de exaurir a doutrina que sobre o mesmo já se pronunciou.

Se perspectivarmos a convenção de cheque de forma isolada, chegamos à conclusão de que a sua qualificação não depende dos efeitos que decorrem da ordem jurídica na sua articulação com o cheque, cuja emissão pretende disciplinar. Em qualquer ordem jurídica, é um acordo estabelecido entre o banqueiro e o seu cliente tendente a regular o respectivo relacionamento no que respeita à movimentação de fundos através de cheques.

O facto de os efeitos contratuais, de natureza bilateral, cederem perante as normas imperativas da Lei Uniforme não modifica a substância do acordo, o qual, ainda que com diferente conteúdo – frequentemente delimitado e moldado por maior ou menor número de regras –, é comum às diversas ordens jurídicas. Não obstante, assiste-se, nesta matéria, a uma relevante separação entre as soluções que caracterizam a relação nos ordenamentos de inspiração anglo-saxónica e aquela que predomina nos ordenamentos continentais.

### 26.2.2. *A clivagem entre o Direito continental e os ordenamentos anglo-americanos*

**I.** Mais do que separação, podemos referir existir uma verdadeira clivagem entre as duas maiores famílias do Direito, na procura da qualificação da convenção de cheque.

O Direito continental recorre frequentemente a figuras e estereótipos característicos do Direito Civil. Os autores que se movem neste universo descem ao baú das figuras vetustas e tradicionais e procuram reconduzir a essência da convenção a institutos já conhecidos, ignorando frequentemente o seu enquadramento social e económico e sobretudo desprezando a natureza jurídica do respectivo objecto.

São várias as teorias, sobretudo com origem no domínio do Direito Civil[1627], a que os autores continentais recorrem para procurar apurar a

---

[1627] Neste sentido, MAJADA, *Cheques y talones de cuenta corriente*, cit., **1983**, pp. 101-116.

## Tutela cambiária e qualificação da convenção de cheque

naturaza jurídica do contrato que fundamenta a emissão de cheque e, por isso, são diversos os modos como tais autores perspectivam a convenção de cheque, que, sublinhe-se, não faz sentido confundir, na actualidade, com o instrumento que lhe está na base.

Não obstante, e considerando que, pela convenção, o cliente passa a dispor de cheques, por meio dos quais instrui o banco sacado para proceder a pagamentos, em seu favor ou de terceiro, à custa de fundos que se encontram depositados, observa-se, na busca da qualificação da convenção de cheque, um especial cuidado com a pessoa do beneficiário do cheque e que, para todos os efeitos, é terceiro em relação ao contrato celebrado[1628].

**II.** Reconduzem-se a essas posições as doutrinas que consideram ser a convenção de cheque um mandato em favor do banco ou um contrato a favor de terceiro, numa clara extrapolação da natureza jurídica do cheque.

A qualificação como contrato de mandato tem subjacente a ideia de que o banco, pela convenção de cheque, se vincula perante o seu cliente (contraparte do negócio) a praticar determinados actos (jurídicos), nomeadamente a pagar os cheques que, sendo por este sacados – sobre uma conta devidamente provisionada –, lhe forem apresentados.

Os defensores desta teoria[1629] não são insensíveis ao facto de o contrato envolver aspectos característicos da prestação de serviços[1630] e consideram decisivo o facto de o banco se comprometer a realizar actos jurídicos, como seja o pagamento de cheques[1631], por conta ou no interesse do cliente.

---

[1628] Recusando a autonomia do contrato de cheque, como antecedente inevitável à emissão de qualquer cheque, e preferindo a expressão *"pacto de cheque"*, como «antecedente jurídico de todo o cheque", Joaquin GARRIGUES, «Sobre el concepto del cheque y del contrato de cheque», *RDM*, vol. XVII, 49, **1954** (pp. 7-41), pp. 38-41, em especial p. 40.

[1629] Como são os casos de FILINTO ELÍSIO, «A revogação do cheque», cit., **1968**, pp. 490-497, SOFIA GALVÃO, *Contrato de cheque*, Lex, Lisboa, **1992**, pp. 60-64 – que, aderindo entusiasticamente à qualificação da convenção como contrato de prestação de serviços, rejeita que se possa ir mais longe e qualificar o contrato como um contrato de empreitada (cfr., *ibid*, p. 63) – e de MENEZES CORDEIRO, *Manual de Direito Bancário*, 3ª ed., Almedina, Coimbra, **2006**, embora timidamente (cfr. p. 497).

[1630] Nalguns casos, os autores continentais reconduzem a prestação de serviços a um acto delegatório. Cfr. GRAZIADEI, *La Convenzione d'Assegno*, Morano, Napoli, **1970**, p. 147-149.

[1631] Acto que os autores reconduzem, em geral, à categoria de "operações neutras", por contraposição a operações activas e passivas. Neste sentido, cfr. FILINTO ELÍSIO, «A revogação do cheque», cit., **1968**, p. 490.

Verificado o pressuposto em que assenta este contrato – a prévia disponibilização de uma provisão –, o banco cumpriria o seu dever jurídico principal.

Pelas razões que abaixo retomaremos, consideramos insuficiente e redutor o recurso ao mandato para qualificar a convenção de cheque. Não é o interesse do cliente que é aqui decisivo, mas sim os interesses do tráfico negocial. São eles e a natureza e a relevância do objecto do acordo que desaconselham a qualificação da convenção como um mandato.

**III.** A ideia do contrato a favor de terceiro é a de que o banco (o promitente) se comprometeria, perante o seu o cliente (sua contraparte e promissário), a efectuar o pagamento do cheque (a prestação) ao respectivo beneficiário (o terceiro).

São diversas as objecções que esta teoria suscita[1632].

Não perdendo de vista que está em causa a convenção de cheque, de que são partes o banqueiro e o cliente, por efeito da mesma o terceiro não tem qualquer direito sobre o banco, que apenas se vincula a efectuar pagamentos a quem pontualmente, na qualidade de (último) portador de um cheque, demonstrar que tem direito a receber a quantia nele inscrita. O terceiro não tem aqui qualquer direito por força da convenção, sem prejuízo de o poder ter pela articulação deste com o cheque e a respectiva tutela.

Acresce que o contrato a favor de terceiro não é compatível com a eventual revogação do cheque. No regime do contrato clássico o promissário apenas poderia revogar a promessa enquanto não declarasse aceitá-la.

Finalmente, o contrato a favor de terceiro deixa sem explicação a utilização do cheque para levantamento de fundos pelo próprio sacador, o que não é despiciendo na determinação da natureza jurídica da convenção de cheque.

**IV.** Outras teorias, tomando por referência construções jurídicas específicas que nos são estranhas, como é o caso do Direito francês, em que o saque e a entrega em favor de tomador do cheque opera a transferência da provisão em benefício do adquirente, encaram a convenção de cheque como um acto de autorização de cessão de créditos.

---

[1632] Vd., por todos, Sofia Galvão, *Contrato de cheque*, Lex, Lisboa, **1992**, pp. 59-60.

Esta interpretação revela, a nosso ver, uma confusão total entre o cheque e a convenção de cheque e é incompatível com as prerrogativas que caracterizam a posição jurídica do sacador, pelo que também é de afastar.

Por último, uma outra corrente doutrinária, de manifesta inspiração germânica e que, alguns anos após ter praticamente renunciado a uma configuração geral da relação contratual bancária, retoma o seu fulgor, vê a convenção de cheque como parte de um contrato bancário geral de gestão de negócios, figura jurídica que, no nosso ordenamento jurídico, se apresenta descontextualizada, e que, em especial, não quadra à convenção de cheque, porquanto o banco ao pagar não intervém em negócio alheio – porque é parte do negócio – e só o faz sob as instruções do seu cliente.

**V.** Os ordenamentos anglo-americanos – que não aderiram à convenção de Genebra, embora alguns tenham participado nos respectivos trabalhos (cfr., *supra,* n.º 1.3.1) –, de formação mais recente, e em permanente mutação pela pressão da regulação de uma vida social e económica florescente, revelam menos inibições e colocam no topo das prioridades os interesses das partes da convenção de cheque, que articulam adequadamente com os interesses públicos, em geral, e do mercado, em especial, acentuando a tutela da confiança dispensada ao sistema de pagamentos, sem os constrangimentos características do quadro romanístico rígido[1633] e descurando o debate sobre a natureza jurídica de um contrato que o Direito anglo-americano constrói com base na autonomia privada dos sujeitos envolvidos.

### 26.2.3. *Posição adoptada*

**I.** Nenhuma das perspectivas, sucintamente esboçadas, nos satisfaz, porque nenhuma caracteriza suficientemente a convenção de cheque.

De entre as diversas teorias clássicas enunciadas – e que retomam as teorias que explicam a natureza jurídica do cheque –, temos maior simpatia pela primeira, que reconduz o banco a um mandatário vinculado,

---

[1633] O Directo anglo-americano engloba diversas instituições (*trust, agency*) que não se reconduzem a um quadro típico do Direito romano-germânico e com cuja natureza a doutrina também não se preocupa.

dentro de determinadas condições, a cumprir instruções do mandante (o seu cliente), nomeadamente à custa dos fundos disponíveis para o efeito, procedendo ao pagamento dos cheques sacados sobre a conta deste, que lhe sejam apresentados. Os autores procuram associar, a um contrato de mandato, espécie do género "prestação de serviços", a convenção de cheque[1634], pelas características que esta apresenta.

Mas a figura do mandato – omnipresente nos quadros do Direito Civil para explicar os contratos de prestação de serviços – afigura-se aqui insuficiente e "pobre". Não a rejeitamos pelo facto de ao contrato de mandato serem sistematicamente reconduzidas uma pluralidade de situações jurídicas de natureza controversa, constituindo-o em "porto de abrigo" de figuras menos lineares, mas por ficar aquém da complexidade inerente ao contrato que analisámos.

A convenção não se traduz, nem se dilui, nas instruções que o cliente possa dar ao banco; é muito mais do que isso. O que justifica o seu regime, os direitos e deveres que estabelece, é o facto de o seu objecto – o cheque e o respectivo pagamento – ter, na ordem jurídica, uma relevância fora do comum.

Como é óbvio, o mandato deixa sem explicação as vicissitudes que possam ocorrer e não permite descortinar, para as mesmas, soluções satisfatórias. O cliente não mandata o banco para proceder ao pagamento de um cheque falsificado e, não obstante, essa situação ocorre e pode, dentro de determinados pressupostos, ser lícita[1635], e, por vezes, solicita ao banco que não efectue o pagamento de um determinado cheque, que (o sacado) não pode deixar de honrar sob pena de responsabilidade pelos danos resultantes da falta de pagamento.

**II.** A convenção de cheque é, pois, um negócio, de carácter contratual, que, integrando-se numa relação contratual complexa, a qual abrange também, e em simultâneo, os contratos de abertura de conta bancária e de depósito, projecta os seus efeitos na conta-corrente bancária. É legalmente **atípico**, uma vez que não é regulado na lei, embora esta se lhe refira a propósito de aspectos do respectivo regime (nesse sentido, a obrigatoriedade de rescisão da convenção ou o impedimento da sua

---

[1634] Não se identifica com este contrato, a que a doutrina recorre com muita frequência por estar associado à execução da convenção.

[1635] Tal será o caso do pagamento a portador legítimo, e sem culpa do sacado, de cheque falsificado.

celebração, previstos nos artigos 1.º e seguintes do Decreto-Lei n.º 454/91, de 28 de Dezembro), diversamente do que acontece com o cheque propriamente dito, amplamente disciplinado pela Lei Uniforme, mas também pelo Decreto-Lei n.º 454/91, de 28 de Dezembro, no que se refere ao regime do cheque sem provisão.

A tudo isto acresce o facto de, não revestindo habitualmente forma escrita predeterminada, a convenção ser um negócio jurídico socialmente típico, porque adoptado pela generalidade dos agentes no mercado com uma configuração uniforme e relativamente constante.

Por isso, uma vez celebrada uma (primeira) convenção de cheque com um banco, o cliente tem a percepção do conteúdo do contrato que concluir com qualquer outro banco.

**III.** Contudo, os efeitos deste negócio jurídico atípico, criado no âmbito da autonomia privada das partes – o cliente e o banco –, deparam com limites decorrentes da estruturação característica e da regulamentação específica do instrumento de pagamento cujo uso pretende viabilizar.

Nas regras imperativas que caracterizam a tutela da circulação do cheque residem os limites à autonomia privada na execução da convenção. Destinando-se tais regras a proteger a situação jurídica do terceiro adquirente de boa fé, alicerçada na aparência que emana do cheque, há que reconhecer que os interesses das partes, mesmo quando justificados por uma vicissitude que tenha ocorrido, podem ter de ceder perante a tutela da circulação cambiária inerente a este relevante meio de pagamento. Por isso, a própria natureza jurídica da convenção se subordina aos deveres cambiários das partes, em especial do banco, por maior que seja a sua complexidade.

**IV.** A convenção de cheque é seguramente um contrato. Mas não é enquadrável numa categoria jurídica pré-definida[1636]. Sendo o contrato pelo qual o sacador usa cheques como meio de pagamento, é um negócio

---

[1636] O facto de a convenção de cheque ser um contrato legalmente atípico, apesar do seu reconhecimento legal (cfr. art. 3.º da LUCh), não deve constituir motivo para perturbação, ainda que contribua para dificultar a determinação da sua natureza jurídica.

Em sentido paralelo, embora a propósito do cartão de crédito, Amelia SÁNCHEZ GOMEZ, *El sistema de tarjeta de crédito,* Comares, Granada, **2006**, pp. 62-63, em especial p. 63.

jurídico *sui generis*[1637] – com características próprias que resultam da complexidade das situações jurídicas activas e passivas que o caracterizam e que, no seu conjunto, não encontram correspondência em contratos clássicos de matriz romano-germânica – e autónomo[1638], porque regula o uso adequado de um instrumento de pagamento que se destina a circular com base na confiança dos agentes económicos.

Na realidade, qualquer que seja a qualificação que se atribua a este contrato, a mesma só adquire verdadeiro sentido com a circulação do cheque, enquanto meio de pagamento, visto que este é concebido justamente para facultar ao cliente do banco (o sacador) um meio de efectuar pagamentos personalizados e individualizados, os quais são incompatíveis com restrições que possam resultar da respectiva relação jurídica bilateral.

**V.** Na ligação da convenção com o cheque, importa salientar que, mesmo quando não há provisão, o cheque não é nulo, porque vale como título abstracto que, colocado em circulação, se sobrepõe às relações que possam ter estado na base da sua criação e ulterior transmissão[1639].

Por sua vez, quando a convenção é rescindida – por incumprimento de um dever essencial –, o sacador/cliente fica inibido de sacar cheques[1640].

---

[1637] Não se pode, assim, reconduzir ou enquadrar numa das categorias tradicionais de contratos de prestação de serviços. A sua regulação deverá ser assegurada pelos diplomas e regulamentos que se lhe referem, incluindo a própria Lei Uniforme, ao estabelecer os efeitos jurídicos inerentes à tutela cambiária e que são limitativos do quadro dos direitos e deveres convencionados pelo banqueiro e pelo seu cliente e, subsidiariamente, poderá ser assegurada pelas normas que disciplinam contratos semelhantes, como o contrato de mandato.

Qualificando, igualmente, a convenção de cheque como um negócio jurídico "*sui generis*", MASLING, *Wesen und Inhalt des Scheckvertrages* cfr., em especial pp. 48-50.

[1638] Trata-se de autonomia dogmática, e não funcional. Vimos já que o cheque se destina a movimentar fundos, pelo que a convenção pressupõe a prévia abertura de uma conta que representará a referência para a constituição de um depósito, onde vão ser creditados os meios financeiros a transferir por meio de cheques.

Declarando expressamente essa autonomia, nomeadamente em relação ao contrato de depósito, o **AcSTJ de 19 de Outubro de 1993** (JAIME CARDONA FERREIRA), *CJ/AcSTJ*, ano I, t. III, 1993, pp. 69-72.

[1639] E este aspecto não é explicado pela doutrina tradicional que encara este contrato como *mais um* contrato de prestação de serviços.

[1640] Doravante, só o poderá fazer de forma esporádica (cheque avulso) e muito controlada.

Convenção e cheque existem, assim, paralelamente, embora este seja a causa da existência do contrato celebrado entre o banqueiro e o seu cliente para a disponibilização de fundos junto daquele por meio de cheques.

Em conclusão, poderemos afirmar que a convenção de cheque é o contrato pelo qual o banqueiro concede ao seu cliente a faculdade de efectuar sistematicamente pagamentos a terceiros através de um instrumento que tem o valor e o efeito do dinheiro – o cheque – e que, por essa razão, na sua curta vida é imparável. E são precisamente a natureza – de instrumento de pagamento – do seu objecto e o interesse público que lhe está subjacente que fundamentam, na articulação das duas realidades, a sobreposição da tutela jurídica da subscrição cambiária do cheque sobre o regime jurídico do acordo que está na origem deste instrumento: a convenção de cheque.

# CAPÍTULO X
# Conclusões

## 27. A prevalência da subscrição cambiária sobre a relação contratual de cheque

### 27.1. Articulação do cheque com a convenção de cheque: subordinação do contrato à subscrição cambiária

**I.** Concluído o estudo do cheque, enquanto título de crédito e meio de pagamento, e do contrato celebrado entre o banqueiro e o seu cliente (*convenção de cheque*), pelo qual este, através daquele instrumento, pode movimentar fundos (a *provisão*) disponíveis em conta bancária, e ponderada a interacção no mercado do valor absoluto do cheque – enquanto instrumento essencialmente apto, com tutela específica na sua circulação, a transferir fundos e a efectuar pagamentos – com a relação contratual que pressupõe a sua utilização, é chegado o momento de, em traços necessariamente breves, qualificarmos o peso relativo desses institutos que ocuparam longas páginas na nossa indagação, e concluirmos acerca da sua articulação, sobretudo tendo em conta que, apesar da matriz comum, representada pelo título de crédito, a sua origem e natureza não coincidem.

**II.** Pelo caminho percorrido, em que analiticamente equacionámos as duas realidades, tão próximas onomasticamente e tão distantes na sua estrutura e natureza, pudemos verificar que a relevância do cheque reside na sua circulação e que os efeitos da convenção soçobram perante os interesses do título em que ela se alicerça: é a tutela da circulação cambiária (do

cheque) que justifica as regras imperativas – a Lei Uniforme e o Decreto-
-Lei n.º 454/91, de 31 de Dezembro (RJCh) – que moldam e limitam o
regime jurídico da convenção de cheque, sobrepondo-se à vontade das
partes contratantes, para salvaguarda da tutela da confiança e da aparência,
que deve reger o tráfico negocial no mercado moderno.

**III.** A *convenção* é um contrato socialmente típico e legalmente
atípico, formado no âmbito da complexa relação contratual bancária e
dispensável na abertura de conta e na constituição do depósito bancário,
embora com relevo (jurídico-dogmático) autónomo, sempre que celebrada.

Nesta circunstância, ela passa a regular a essencialidade da relação
entre o banqueiro e o seu cliente, ampliando significativamente as situações jurídicas que caracterizam esse relacionamento, quando baseado em
meros automatismos: o acordo é ainda do domínio da autonomia privada,
que se encontra fortemente cerceada na movimentação das contas por
débito ou *em linha* (*on-line*).

**IV.** A relação intersubjectiva, tendo por efeito e finalidade regular a
utilização da provisão através do cheque, cede – como vimos – aos efeitos absolutos decorrentes da protecção de que este beneficia na sua circulação, fundada na tutela da confiança indispensável à circulação de
bens e prestação de serviços que caracterizam o mercado aberto em que
vivemos.

Equacionámos, em particular, as cedências que o regime jurídico da
convenção, de natureza contratual, tem de fazer aos efeitos do cheque,
como meio de pagamento – sob a forma de título cambiário –, limitando
temporalmente, por um lado, a respectiva revogação e, por outro, reper-
cutindo na esfera jurídica do banqueiro, com base no risco associado à
sua actividade profissional, as vicissitudes que possam resultar do (deficiente) pagamento do cheque sempre que as mesmas não se baseiem na
culpa definida do cliente.

**V.** Do confronto entre o cheque e a convenção do cheque concluímos assim que a subscrição cambiária prevalece sobre a relação contratual que a fundamenta, sobrepondo-se nos efeitos que a esta deverão ser
reconhecidos e subordinando-a à consideração dos interesses público
(geral) e do mercado – inerentes à circulação do cheque enquanto meio
de pagamento – que extravasam do plano meramente contratual e
intersubjectivo em que a convenção de cheque se confina.

## 27.2. Teses

**I.** No caminho que percorremos para chegar à conclusão de que a subscrição cambiária se sobrepõe à relação contratual de cheque, participámos na compreensão de diversos institutos e acompanhámos a construção e elaboração dogmática daqueles que se revelaram mais relevantes para formarmos uma opinião.

Das muitas ideias que fomos aflorando ou desenvolvendo, retivemos as que nos pareceram essenciais à revelação do nosso pensamento e à síntese da nossa reflexão. Algumas resultarão necessariamente na aceitação de afirmações anteriores; outras constituirão o corolário da nossa apreciação e leitura do *estado da arte*, permitindo-nos apresentar uma *ideia-chave* que, embora subjacente a diversas tomadas de posição, designadamente da nossa jurisprudência, nunca havia sido afirmada com a clareza que esperamos ter conseguido imprimir à nossa *mensagem*.

**II.** Aqui chegados, são as seguintes as ideias fundamentais básicas da construção a que procedemos:

1ª – O cheque é um título de crédito que permite a uma pessoa ou entidade proceder ao levantamento de fundos ou efectuar um pagamento a terceiro, à custa de bens que se encontram disponíveis para o efeito numa instituição de crédito de que é cliente, ou seja, é uma ordem escrita sobre um banco para que pague ao emitente ou à pessoa inscrita como (último) beneficiário uma certa importância em dinheiro, com base em fundos para o efeito disponíveis.

2ª – Constitui um meio de pagamento que se destina a substituir o uso de notas e moedas metálicas (numerário) na execução de pagamentos.

3ª – A ordem de pagamento, em que o cheque se consubstancia, pressupõe a existência de um contrato estabelecido entre o banco (sacado) e o cliente (sacador), por força do qual o cliente, sacando cheques, pode proceder a pagamentos, com base numa provisão, isto é, em fundos disponíveis, correspondentes ao crédito que ele tem sobre o banco ou que este lhe concede, qualquer que seja a natureza que revista.

# Cheque e Convenção de Cheque

4ª – Esse acordo – que a instituição de crédito celebra com o cliente/ sacador, pelo qual este, com recurso ao cheque, levanta dinheiro ou efectua pagamentos a terceiro(s) à custa de fundos disponibilizados – designa-se "convenção de cheque".

5ª – A noção de cheque implica, assim, a existência de fundos no banco, à ordem do sacador.

6ª – O cheque é, pois, um título que "incorpora" o direito a uma prestação em dinheiro, a ser satisfeita por um banqueiro.

7ª – O cheque pode configurar diferentes estruturas com efeitos distintos:
   a) Na sua forma simples, é uma ordem de pagamento dada pelo titular da conta (o cliente/sacador) sobre os fundos disponíveis num estabelecimento de crédito (o banco/sacado);
   b) Na sua estrutura complexa, a ordem de pagamento é necessariamente dada em favor de um terceiro. É nesta modalidade que o cheque carece de tutela cambiária.

8ª – A emissão de um cheque traduz-se num acto *unilateral* do sacador, cliente da instituição de crédito, a qual, por efeito de acordo anteriormente celebrado com aquele e com base nos fundos (previamente) disponibilizados, será chamada a satisfazer a importância inscrita no título de crédito.

9ª – O sacado deverá ser obrigatoriamente uma instituição de crédito ou um banqueiro, pois só este capacidade para captar depósitos e disponibilizar fundos para movimentar por cheque.

10ª – O pagamento do cheque é assegurado por uma provisão, que corresponde a todos os meios financeiros que o sacador poderá utilizar com referência a uma conta bancária, neles se incluindo o dinheiro existente em conta e o crédito que lhe for concedido.

11ª – A falta de provisão (por culpa dos titulares da conta) – assim como a falta de convenção – não implica a nulidade do cheque.

12ª – O cheque é válido e eficaz, como título de crédito, ainda que não exista ou não subsista acordo que autorize e legitime o

_Conclusões_ 809

cliente a dispor regularmente de fundos através de cheques. Esta regra permite explicar designadamente que, mesmo na falta de convenção de cheque ou independentemente dela, possam ser sacados cheques avulsos para movimentação de fundos existentes numa instituição de crédito, e que a confiança dos adquirentes de boa fé beneficie de tutela em via de regresso.

13ª – A relação entre o cliente e o banco define-se no momento em que, expressa e tacitamente, chegam a acordo para a prática de uma série de operações que, frequentemente, englobam a convenção de cheque, contrato que permitirá movimentar os depósitos à ordem constituídos no banco e, à custa dos mesmos, realizar pagamentos.

14ª – A convenção de cheque integra-se, assim, numa relação contratual complexa que abrange também os contratos de abertura de conta bancária e de depósito – e que projecta os seus efeitos na conta bancária corrente, na qual o uso do cheque provoca um débito e, consequentemente, uma variação negativa.

15ª – Esta relação é anterior à relação entre sacador e sacado, que pressupõe, para além da celebração da convenção, a prévia disponibilização de módulos.

16ª – Para além da menção dos sujeitos – sacador, sacado e, eventualmente, tomador e portador (beneficiário) –, é elemento essencial do cheque, e requisito da sua validade e eficácia, a data do saque.

17ª – A data (do cheque) constitui referência para a determinação do prazo de apresentação a pagamento, designando-se pós-datado o cheque que é entregue ao primeiro beneficiário que não seja o sacador antes da data nele aposta, e pré-datado ou antedatado aquele que é entregue ao mesmo beneficiário com uma data anterior.

18ª – No entanto, o cheque é um título sempre pagável à vista, ou seja, mediante a simples apresentação e independentemente da data nele aposta, que pode até ser posterior.

19ª – O cheque, pela natureza do seu vencimento, não pode ser objecto de aceite, pelo sacado; nem fazia sentido que tivesse de o ser, pela qualidade especial deste.

20ª – O cheque pode ser visado, isto é, o sacado pode atestar que o sacador (cliente) dispõe de fundos suficientes para o cheque ser pago. Ao visar um cheque, o banco compromete-se a pagá--lo, dentro do prazo legal de apresentação a pagamento.

21ª – O cheque também pode ser objecto de cruzamento e da inserção de uma menção (específica) para ser levado em conta.

22ª – As características que permitem contrapô-lo à letra de câmbio evidenciam a sua natureza como meio de pagamento, e explicam que o cheque só é um título (sujeito ao regime) cambiário por mero acaso e decalque de regime [jurídico (da letra)]; diversamente do que sucede com outros títulos de crédito, o cheque nunca tem uma obrigação correspectiva ao acto de subscrição cambiária que o cria e que está na base da respectiva circulação.

23ª – Como título de crédito abstracto, que é, o cheque reúne as características da autonomia e literalidade que justificam a tutela da sua circulação.

24ª – Pelo facto de ser necessariamente sacado sobre um banco, o cheque é um título bancário, cuja subscrição e circulação, impulsionando a deslocação de meios de pagamento, decorrem de uma ordem de pagamento em numerário (ou por mera inscrição registral, se o cheque for creditado em conta), desempenhando uma função típica do dinheiro, que é a de satisfazer o valor dos bens ou serviços transaccionados ou prestados no mercado.

25ª – No quadro estritamente técnico-jurídico, a subscrição, de índole unilateral e abstracta, que cria o cheque e viabiliza a sua circulação, configura-se como um negócio jurídico cambiário específico (de curto prazo) que, pela sua essência e características próprias, não pode ser explicado pela relação ou relações causais ou subjacentes que estão na sua base. Tal subscrição vai originar um direito literal e autónomo, consubstanciado no título

*Conclusões* 811

de crédito que "corporiza", e que tem as características típicas dos direitos resultantes de documentos análogos, nas quais sobressai, decisivamente, a vinculação da vontade do sacador, sem necessidade da intervenção de outros sujeitos.

26ª – O cheque é título executivo, se não resultar da respectiva literalidade ter sido oportunamente revogado ou já se encontrar prescrito, caso em que o eventual credor deverá recorrer, antes de mais, à acção causal de condenação, para obter título suficiente para executar o devedor.

27ª – Os efeitos da relação contratual existente entre o sacador (executado) e o banco sacado, cuja recusa de pagamento origina a pretensão do beneficiário, são irrelevantes na consideração do cheque como título executivo no plano da lei processual.

28ª – A compreensão do cheque que se pretenda formar no âmbito do Direito Processual Civil (Executivo) não pode, nem deve, perverter o significado que o título recolhe no domínio da sua regulamentação substantiva, nomeadamente na Lei Uniforme que, estabelecendo o quadro e as bases da compreensão e tutela do cheque, fixa o limite dos respectivos efeitos processuais.

29ª – No que respeita à sua natureza, o cheque é um meio de pagamento[1641] – uma forma de receber dinheiro por ordem do sacador – que se destina a substituir o numerário (notas e moedas metálicas) na execução dos pagamentos ou na satisfação de uma obrigação pecuniária.

30ª – Nos meios de pagamento, não obstante o princípio da consensualidade constituir regra, predomina a formalização por escrito.

---

[1641] Como referimos no texto, impõe-se uma precisão de carácter económico. O cheque é *instrumento* e não simples meio de pagamento; já que, diversamente do numerário, não efectua o pagamento, mas permite transferir os meios que o realizam. Por facilidade de comunicação referimo-nos frequentemente ao meio de pagamento.

31ª – O cheque é um meio de pagamento alicerçado no valor da confiança e exprime um crédito monetário imediatamente convertível em dinheiro.

32ª – Para além de instrumento de pagamento, o cheque realiza as funções de:
a) levantamento de fundos;
b) compensação; e
c) garantia de uma obrigação.

33ª – O saque do cheque – ou a sua emissão – (tal como o endosso), sempre que o mesmo se destina a efectuar um pagamento, representa uma *datio pro solvendo*, proporcionando ao tomador e endossatário um direito sem obrigação correspondente.

34ª – O cheque pode ser emitido em qualquer lugar e circunstância, mas a transferência depende do acesso a um terminal electrónico ou da presença do ordenante em instituição de crédito.

35ª – Os cartões de crédito e de débito – pressupondo o acesso a meios electrónicos ou telemáticos – baseiam-se numa lógica distinta da do cheque enquanto meio de pagamento, assegurando ao respectivo beneficiário a garantia do pagamento (operação *on-line*). O cheque, não se encontrando dependente da disponibilidade de tais meios, nunca se encontra isento de risco para o seu beneficiário, sendo o crédito do sacador (e demais subscritores) e a confiança que o mesmo gera elementos essenciais à respectiva aceitação, como meio de pagamento, e à sua circulação no mercado.

36ª – O cheque pode ser utilizado como garantia do cumprimento de um negócio jurídico ou da realização de uma operação e como meio de obtenção de crédito.

37ª – O cheque, como título de crédito de muito curto prazo, está sujeito ao regime cambiário por uma razão fortuita. Considerando a sua finalidade e natureza de meio de pagamento, poderia ter sido juridicamente estruturado como um instrumento claramente diferenciado dos demais títulos cambiários.

## Conclusões

38ª – São partes da relação contratual de cheque o banqueiro (instituição de crédito) e o cliente, constituindo a própria natureza jurídica e especial qualificação do sacado no cheque – necessariamente uma instituição de crédito (*maxime* um banco) – um corolário da diferente estrutura jurídica do cheque.

39ª – O cliente justifica o negócio e a actividade exercida pelo banco e a qualificação como tal de qualquer pessoa ou entidade, para efeitos de tutela da Lei Uniforme relativa ao Cheque, carece da existência de vínculo contratual ou da forte probabilidade de este se vir a constituir, não bastando que ele possa ser identificado pelo banco ou dele ser conhecido.

40ª – A convenção de cheque é instrumental da conta (bancária) que toma por referência – e em função da qual existe –, surgindo na sequência da abertura de conta a que fica adstrita, relativamente à provisão a utilizar, normalmente constituída por depósito à ordem. A sua execução ou funcionamento reflecte-se na conta-corrente do cliente, em que serão processados os débitos relativos aos saques efectuados.

41ª – A relação comercial que cliente e banco estabelecem não está sujeita a um conjunto de normas escritas perfeitamente definido; rege-se pelas normas aplicáveis às operações bancárias, constantes do Código Comercial e de legislação avulsa, pelo Regime Geral das Instituições de Crédito e Sociedades Financeiras, pelas regras emanadas pelo Banco de Portugal, por cláusulas expressa ou tacitamente acordadas entre as partes e pelos usos bancários.

42ª – Os usos bancários, como verdadeiros usos normativos que são – uma vez generalizadamente aceites –, valem como fonte primordial de direito com natureza consuetudinária.

43ª – A convenção de cheque é celebrada *intuitus personae* e, embora possa convencionalmente ser reduzida a escrito, resulta habitualmente de um acordo tácito estabelecido entre as partes[1642],

---

[1642] Tal possibilidade é expressamente prevista pelo artigo 3.º da Lei Uniforme relativa ao Cheque.

com a finalidade de viabilizar a movimentação da conta bancária e, com referência à mesma, efectuar pagamentos por meio de cheques. Tratando-se de um contrato celebrado em consideração da pessoa do cliente, a posição contratual deste na convenção de cheque é intransmissível.

44ª – A convenção de cheque, apesar de frequentemente assumir as características de um negócio rígido, integra as diversas vertentes que a autonomia privada pode revestir e, em acréscimo às limitações que são comuns à generalidade dos negócios jurídicos, resultantes de requisitos de validade substancial aplicáveis, não pode ser celebrada por pessoas que estejam inibidas de usar o cheque.

45ª – No que respeita ao seu conteúdo, a convenção de cheque é um acto complexo que integra situações jurídicas activas e passivas, as quais se traduzem nos diversos direitos e deveres que caracterizam a posição jurídica das partes. A especial relevância das obrigações das partes projecta-se essencialmente nas consequências que resultam da sua eventual preterição. Assumem, a esse propósito, particular significado os deveres de diligência e de informação (cfr., nesse sentido, a questão do desapossamento).

46ª – A subscrição cambiária é independente da convenção, embora esta seja habitualmente instrumental daquela, sem prejuízo de a emissão do cheque conferir expressão prática à convenção, que activa e realiza parcialmente.

47ª – Mas a emissão do cheque, no quadro de uma convenção, pressupõe a existência de provisão.

48ª – O pagamento do cheque pode ocorrer contra a mera apresentação do título no banco sacado ou por depósito em conta do beneficiário, caso em que ocorrerá por mera transferência interna ou por compensação, consoante o depositário e o sacado sejam, ou não, a mesma entidade.

49ª – O banco sacado, quando efectua o pagamento, apenas tem de verificar a regularidade formal da cadeia de endossos, mas não está dispensado de o fazer de forma diligente, sendo responsável pelo pagamento defeituoso.

50ª – Se o banco sacado não pagar sem fundamento, assume, em exclusivo, as consequências do incumprimento se este lhe for imputável, devendo ressarcir os lesados pelo não cumprimento, eventualmente não apenas no plano estritamente cambiário, mas também no plano contratual.

51ª – A tutela penal específica do cheque justifica-se pelo facto de o cheque ser um meio de pagamento. Por isso, quando não se destina a satisfazer imediatamente uma obrigação subjacente à sua emissão, ele não beneficia dessa protecção, não obstante o cheque poder ser detido por terceiro de boa fé.

52ª – Não existindo justa causa, a revogação do cheque não pode processar-se na pendência do prazo para a sua apresentação a pagamento apenas tendo eficácia após o decurso do mesmo, não podendo o sacado nesse prazo recusar o pagamento do cheque, dado ele ser um verdadeiro obrigado cartular, sob pena de responder pelos prejuízos que ocasionar. Decorrido tal prazo, o cheque pode ser pago, desde que não tenha, entretanto, sido revogado.

53ª – A falsificação projecta-se em dois planos distintos:
- Cambiariamente, importa salientar não haver justa causa para o não pagamento do cheque falsificado, desde que a vicissitude, qualquer que seja a sua causa, não resulte da aparência do título; o cheque falsificado não tem tutela cambiária, sem prejuízo de ao terceiro adquirente de boa fé aproveitar o princípio da independência recíproca das assinaturas e do banco sacado beneficiar de protecção no pagamento dos cheques endossáveis.
- Extracambiariamente, há que apurar quem é responsável pelo pagamento indevido do cheque, devendo suportar o seu custo, havendo que concluir pela responsabilidade do banco sacado, nos casos e situações em que não se apure culpa do cliente (sacador), quer o seja por ter culpa, quer a sua responsabilidade se baseie exclusivamente no risco profissional da respectiva actividade.

54ª – O banco sacado assume responsabilidade perante o beneficiário e perante o sacador pelo não pagamento injustificado do cheque, podendo ser accionado por qualquer deles.

55ª – A convenção é um acto de natureza contratual ineficaz perante terceiros e soçobrando no confronto com a pura subscrição cambiária, objecto de uma tutela geral.

56ª – A convenção de cheque cessa os seus efeitos nos termos genericamente aplicáveis aos negócios jurídicos em geral, configurando a lei uma causa específica de extinção do contrato, com o significado de cessação dos respectivos efeitos: a rescisão vinculada.

57ª – A rescisão da convenção de cheque é um acto a que o banco sacado se encontra vinculado sempre que, sendo apresentado a pagamento um cheque sem provisão, a situação não seja regularizada em prazo razoável.

58ª – O banco sacado é responsável:
a) Perante os portadores de cheques sem provisão, se não tiver oportunamente procedido à rescisão da convenção, sempre que a mesma se justificar, devendo pagar os cheques que não teriam sido emitidos se a rescisão tivesse sido declarada; e
b) Perante o seu cliente, se tiver rescindido indevidamente a convenção de cheque.

59ª – Diversamente do que sucede com o cheque – cuja Lei Uniforme não exonera o banco da responsabilidade pelo pagamento (cfr. art. 35.º) –, a tutela da circulação da letra concretiza-se na exoneração da responsabilidade do devedor (sacado) quando paga (*bem*), isto é, quando o faz *sem fraude e sem falta grave* (art. 40.º, III da LULL); caso em que o sacado não pode ser obrigado a repetir o pagamento.

60ª – O cheque beneficia da mesma tutela da aparência que a letra de câmbio, apesar de ser um instrumento de muito curto prazo, precisamente por ser um meio de pagamento assente não apenas

*Conclusões* 817

na confiança, mas na qualidade do sacado. Por isso, na sua tutela – sendo criado para equivaler a dinheiro –, está implícita a protecção do meio de pagamento que ele representa.

61ª – A aparência deve ser objecto da tutela da confiança dos terceiros que se dispõem a receber o cheque como forma de pagamento. É ela que explica que a tutela da circulação do cheque prevaleça sobre o conteúdo da convenção de cheque, afastando todas as regras desta que devam ceder perante princípios e regras de ordem pública e sempre que os interesses da generalidade dos agentes careçam da protecção que a Lei Uniforme (do Cheque) lhes concede.

62ª – Como meio de pagamento, o cheque – na relação com terceiros – tem de predominar sobre a convenção e produzir os seus efeitos de acordo com o respectivo regime legal, ainda que a convenção não exista (cfr. art. 3.º *in fine* LUCh), e goza de tutela pública.

63ª – Essa tutela (de interesse público) reflecte-se na sanção penal específica aplicável ao cheque emitido sem provisão, constituindo tutela do terceiro adquirente de boa fé, e afirma-se nas soluções que resultam do ordenamento jurídico para articular adequadamente o cheque com o contrato que está na base da sua emissão, e que se traduzem, no plano do Direito positivo, na preponderância que a Lei Uniforme (relativa ao Cheque) tem sobre (o regime da) a convenção de cheque, afirmando os efeitos decorrentes da subscrição cambiária em detrimento dos que resultam do contrato.

64ª – A Lei Uniforme compreende diversas regras que, tendo a finalidade de realizar devidamente a tutela da circulação (cambiária) do cheque, justificam a preponderância da subscrição do cheque (sobre o conteúdo da relação contratual que a viabiliza). São elas:
  – O artigo 32.º, que inviabiliza a revogação do cheque antes de decorrido o prazo da sua apresentação a pagamento, impondo que o cheque, dada a sua natureza jurídica, de meio de pagamento, prevaleça sobre o contrato que está na sua base;

Cheque e Convenção de Cheque

– O artigo 10.º, segundo o qual a eventual falsificação de uma assinatura, não detectada pela aparência, não prejudica o valor e eficácia das demais assinaturas constantes do cheque;

– O artigo 13.º, que salvaguarda a posição jurídica do terceiro adquirente de boa fé, alicerçada na aparência do cheque, determinando que eventual inobservância do acordo de preenchimento subscrito pelo sacador e pelo tomador lhe seja inoponível.

– O artigo 21.º, que confere legitimação ao terceiro adquirente de boa fé, isto é, àquele que, desconhecendo admissivelmente o desapossamento que tenha ocorrido, baseia a sua aquisição na aparência do título; e

– O artigo 51.º, que vincula os subscritores de um cheque na exacta medida dos termos que nele se encontravam inscritos.

65ª – A limitação dos deveres do sacado, no que respeita à verificação do conteúdo do cheque, em especial da assinatura do sacador, apenas releva no cheque que circula, pois só o pagamento do cheque endossável é tutelado pela Lei Uniforme (cfr. art. 35.º).

66ª – Do regime jurídico da convenção de cheque resulta inequivocamente estarmos perante um negócio jurídico de *tipo contratual*, que é legalmente atípico, embora configure um modelo social, por ser sistematicamente repetido na prática bancária.

67ª – Na busca da qualificação da convenção de cheque verifica-se uma clara clivagem entre as perspectivas do Direito continental e do Direito anglo-americano; preocupada a primeira em reconduzir este negócio a um instituto de Direito Civil e desinteressada a segunda de apurar a natureza jurídica desse contrato, por a considerar irrelevante no apuramento dos respectivos efeitos jurídicos.

68ª – Na caracterização da convenção de cheque assume especial relevância o seu enquadramento social e económico e a natureza jurídica do seu objecto: o cheque. Estamos perante um negócio que é *sui generis*, por não ser enquadrável numa categoria jurídica pré-definida, e dogmaticamente autónomo: trata-se do contrato pelo qual o banqueiro concede ao seu cliente a faculdade de efectuar sistematicamente pagamentos a terceiros por meio de cheques que, por terem o valor e o efeito do dinheiro, desfrutam de uma tutela que – em atenção ao interesse público inerente à respectiva natureza – se sobrepõe ao regime jurídico da convenção que lhes dá vida.

69ª – Assim, a relação intersubjectiva, tendo por efeito e finalidade regular a utilização da provisão através do cheque, cede aos efeitos absolutos decorrentes da protecção de que este instrumento beneficia na sua circulação, fundada na tutela da confiança indispensável à circulação de bens e prestação de serviços que caracterizam o mercado. Do confronto entre o cheque e a convenção do cheque, concluímos que a subscrição cambiária prevalece sobre a relação contratual que a fundamenta, sobrepondo-se nos efeitos que a esta deverão ser reconhecidos e subordinando-a à consideração dos interesses do mercado e do público em geral – inerentes à circulação do cheque enquanto meio de pagamento – que extravasam o plano meramente contratual e intersubjectivo em que se confina a convenção de cheque.

# BIBLIOGRAFIA

# BIBLIOGRAFIA CITADA

AA.VV. – *Appendice ao Código Commercial Portuguez* (approvado pela Carta de Lei de 28 de Junho de 1888), 3ª ed., Imprensa da Universidade, Coimbra, **1906**.

– *Bankrechts– Handbuch*, vol. I, 2ª ed., org. por Herbert Schimansky, Hermann-Josef Bunte e Hans-Jürgen Lwowski, C. H. Beck, München, **2001**. Cfr. também Schimansky, Herbert.

– Brindle and Cox (edit.) *Law of Bank Payments*, FT Law & Tax, London, **1996** (existe 3ª ed., Sweet & Maxwell, 2004).

– *Comentário Conimbricense do Código Penal, Parte Especial, Tomos I (Artigos 131.º a 201.º) e II (Artigos 202.º a 307.º)*, dir. por Jorge de Figueiredo Dias, Coimbra Editora, **1999**.

– *Contratos bancarios*, Colegios Notariales de España, Madrid, s/d (mas dep. legal de 1996).

– *Derecho cambiario. Estudios sobre la ley cambiaria y del cheque*, dir. de Aurelio Menéndez Menéndez, Civitas, Madrid, **1986**.

– *Derecho Mercantil*, 2.º vol. (IV. Títulos-valores, V. Obligaciones y contratos mercantiles, VI. Derecho concursal mercantil, y VII. Derecho de la navegación), coord. por Guillermo J. Jiménez Sánchez, 11ª ed., Ariel, Barcelona, **2006**. Cfr. também Jiménez Sánchez, Guillermo J. e Díaz Moreno, Alberto.

– *Direito Bancário*. Actas do Congresso Comemorativo do 150.º aniversário do Banco de Portugal, Supl. Da RFDUL, Coimbra Editora, **1997**.

– *Encyclopaedia of Banking Law*, vol. 1, edit. por Sir Peter Cresswell, W.J.L. Blair, G.J.S. Hill, R.J.A. Hooley, P.M. Phillips, P.R. Wood, Butterworths, London, **1982/2000** (cit. Cresswell *et al.*, *Encyclopaedia of Banking Law*, vol. 1, **2000**).

– *Estudos dedicados ao Prof. Doutor Mário Júlio de Almeida Costa*, Universidade Católica Editora, Lisboa, **2002**.

– *Estudos de Direito Bancário*, FDUL / Coimbra Editora, **1999**.

– *Estudos em Homenagem ao Prof. Doutor Inocêncio Galvão Telles* (orgs. pelos Professores Doutores António Menezes Cordeiro, Luís Menezes Leitão e Januário da Costa Gomes), vol. II – Direito Bancário, Almedina, Coimbra, **2002**.

824        *Cheque e Convenção de Cheque*

- *Facilidades de liquidação e economia de meios de pagamento pela Difusão do Cheque*, Relatório apresentado ao Ministério das Finanças pela Comissão presidida pelo Prof. Doutor José Gabriel Pinto Coelho, Imprensa Nacional de Lisboa, **1955.**
- *Lezioni di Diritto Bancario, vol II: Parte speciale. I contratti*, recolha pelo Prof. Paolo Ferro-Luzzi, Giappichelli, Torino, **2006.**
- *Les Moyens de paiement. Des espèces à la monnaie életronique*, GM Consultants Associés, Banque Editeur, s/d (Depósito legal de Dezembro de **1997**). Cfr. também Dragon, Claude e outros.
- *Sigilo Bancário*, Actas do Colóquio Luso-Brasileiro sobre Sigilo Bancário (org. pelo Banco de Portugal e pelo Instituto de Direito Bancário, em 5 de Novembro de 1996), IDB / Cosmos, Lisboa, **1997.**
- *Títulos-valores: la letra de cambio, el pagaré y el cheque*, estudos em homenagem a Miguel Motos Guirao, org. por Torrecillas López, Comares, Granada, **1993.**
- *Tratado de Derecho Mercantil* (dir. por Manuel Olivencia, Carlos Fernández-Nóvoa e Rafael Jiménez de Parga, coord. por Guillermo Jiménez Sánchez), t. XXIV – *El dinero y la representación de las posiciones acreedoras y deudoras en el tráfico mercantil*, por José María De La Cuesta Rute, Marcial Pons, Madrid/Barcelona, **2006.** Vd. também De La Cuesta Rute, José María.
- Trattato *di Diritto Commerciale* (dir. por Gastone Cottino), vol. 7 – *I titoli di credito*, por Mia Callegari, Gastone Cottino, Eva Desagna e Gaspare Spatazza, CEDAM, Padova, **2006** (cit. Cottino, *I titoli di credito*, **2006**). Vd. também Callegari, Mia.
- *Trattato di Diritto Privato* (dir. por Pietro Rescigno), vol. 12 (Obbligazioni e contratti), t. IV, UTET, Torino, 1985 (reimp. 1986) Cfr. também Porzio.
- *Trattato di Diritto Privato* (dir. por Pietro Rescigno), vol. 13 – *Obbligazioni e contratti*, t. V, UTET, Torino, **1985** (reimp. 1986) (cit. Di Amato, *Trattato Rescigno*). Cfr. também Di Amato e Renda.

Abudo, José Ibraimo – *Do Contrato de Depósito Bancário*, Almedina, Coimbra, **2004.**

Acosta Romero, Miguel – *Nuevo derecho bancario. Panorama del sistema financiero mexicano*, 9ª ed., Edit. Porrúa, Mexico, **2003.**

Aguiar, Adelino Lopes – *O dinheiro de plástico. Cartões de crédito e de débito. Novos meios de pagamento*, Rei dos Livros, Lisboa, s/d, mas depósito legal de **1990.**

Aiyar, S. Krishnamurthi – *Law relating to The Negotiable Instruments Act*, 9ª ed. (rev. por S.K. Sarvaria), Universal, Delhi, **2005.**

Alarcão, Rui de – *Direito das Obrigações*, Lições policopiadas, Coimbra, **1983-1984.**

# Bibliografia citada

ALBERTI – vd. MONTOYA ALBERTI, Hernando.

ALBUQUERQUE, Paulo PINTO DE – *Comentário do Código de Processo Penal* à luz da Constituição da República e da Convenção Europeia dos Direitos do Homem, Universidade Católica Editora, Lisboa, **2007**.

ALCES, Peter A. / Marion W. BENFIELD, JR. – *Cases, problems and materials on Payment Systems*, West Publishing Co., St. Paul, Minn., **1993**.

ALMEIDA, António PEREIRA DE – *Direito Comercial*, 3.º vol., *Títulos de Crédito* [Lições (ao ano lectivo de 1986/86) policopiadas] AAFDL, Lisboa, **1988**.

ALMEIDA, Carlos FERREIRA DE – *Texto e enunciado na teoria do negócio jurídico*, 2 vols., Almedina, Coimbra, **1992**.

– *Desmaterialização dos títulos de crédito: valores mobiliários escriturais*, sep. da RB, n.º 26 (pp. 23-39), **1993**.

– *Registo dos valores mobiliários*, sep. de AA.VV., *Direito dos Valores Mobiliários,* vol. VI, Coimbra Editora, **2006** (pp. 51-138) [também publicado nos *Estudos em Memória do Prof. Doutor António Marques dos Santos*, vol. I, Almedina, Coimbra, 2005 (pp. 873-960)].

– *Contratos I – Conceito. Fontes. Formação*, 3ª ed., Almedina, Coimbra, **2006**.

– *Contratos II – Conteúdo. Contratos de troca*, Almedina, Coimbra, **2007**.

ALMEIDA, JOSÉ Carlos de Carvalho MOITINHO DE – «Algumas considerações sobre o crime de emissão de cheque sem provisão», *Jurídica*, ano XV, n.º 110, **1970** (pp. 70-94).

ALMEIDA, L. P. MOITINHO DE – *Responsabilidade civil dos bancos pelo pagamento de cheques falsificados* – Nulidade da cláusula inserta nas requisições de livros de cheques exonerando o Banco da responsabilidade. Peças de um processo, Coimbra Editora, **1982**.

AMARAL, Diogo FREITAS DO – *Manual de Introdução ao Direito*, Almedina, Coimbra, **2004**.

ANASTÁCIO, CATARINA Martins da Silva GENTIL – *A transferência bancária*, Almedina, Coimbra, **2004**.

ANDERSON, Ronald Λ. / Ivan FOX / David P. TWOMEY – *Business law*, South-Western, Cincinnati/West Chicago/Dallas/ Livermore, **1987**.

ANDRADE, MANUEL A. Domingues DE – *Teoria Geral das Obrigações*, 3ª ed. (com a colab. de Rui de Alarcão), Almedina, Coimbra, **1966.**

– *Teoria Geral da Relação Jurídica*, vol. II – Facto jurídico, em especial negócio jurídico, Coimbra, **1960** (6ª reimp., Almedina, 1983).

ANDRADE, MANUEL DA COSTA – «Anotação ao artigos 195.º», AA.VV., *Comentário Conimbricense do Código Penal, Parte Especial,* Tomo I *(Artigos 131.º a 201.º)*, dir. por Jorge de Figueiredo Dias, Coimbra Editora, **1999** (pp. 771-802).

– *DAR*, I Série, de 7 de Junho de 1991, pp. 2957 e segs..

826       *Cheque e Convenção de Cheque*

ANDRADE, Maria Paula GOUVEIA – *Da autorização para movimentação de contas de depósito à ordem* (Um problema de responsabilidade civil do comitente), Elcla, Porto, **1991** (pp. 9-40).

ANGELONI, Vittorio – *Lo sconto*. Studio di Diritto Bancario, Francesco Vallardi, Milano, **1919**.

ANGULO RODRÍGUEZ, LUIS – «El cheque y su vigente configuración legal», AA.VV., *Títulos-valores: la letra de cambio, el pagaré y el cheque*, estudos em homenagem a Miguel Motos Guirao, org. por Torrecillas López, Comares, Granada, **1993** (pp. 179-223).

ANTHERO, ADRIANO – *Comentário ao Código Commercial Portuguez*, 2ª ed., volume II, Companhia Portuguesa Editora, Porto, **s/d** (mas posterior a 1928 e anterior à Lei Uniforme: 1931).

ANTUNES, Manuel FERREIRA – *Regime Jurídico do cheque sem provisão. Regime jurídico-penal anotado e comentado*, Petrony, Lisboa, s/d (mas depósito legal de **2005**).

ARORA, Anu – *Electronic Banking & The Law*, IBC Financial, London, **1988**.
 – *Cases and Materials in Banking Law*, Longman, London, **1993**.

ASCARELLI, Tullio – «Concetto e categorie dei titoli di credito», *RivDirComm*, **1932**, I (pp. 237 e segs., 385 e segs., 509 e segs. e 641 e segs.).
 – *Appunti di Diritto Commerciale*, vol.2, *Obblighi giuridici commerciali. Titoli di credito. Cambiale – Assegni*, S.E.F.I., Roma, 1932.
 – *Teoria Geral dos Títulos de Crédito* (trad. de Nicolau Nazo), Saraiva, São Paulo, **1943**.          ●
 – «Pagamento di assegni falsi e diligenza del traente», *BBTC*, anno XVII, II, **1954** (pp. 170-177).

ASCENSÃO, José de OLIVEIRA – *O Direito. Introdução e Teoria Geral*, 13ª ed., Almedina, Coimbra, **2005**.
 – *Direito Comercial*, vol. I, *Institutos Gerais* (Lições Policopiadas), Lisboa, **1998/99**.
 – *Direito Comercial*, vol. III, *Títulos de Crédito* (Lições Policopiadas), Lisboa, **1992**.
 – «Valor mobiliário e título de crédito», AA.VV., *Direito dos Valores Mobiliários*, Lex, Lisboa, **1997** (pp. 27-55) [publ. também, com o mesmo título, na *ROA*, ano 56, III, 1996 (pp. 837-875), existe sep.].
 – *Direito Civil. Teoria Geral*, vol. II – Acções e Factos Jurídicos, Coimbra Editora, 2ª ed., **2003**.
 – *Direito Civil. Teoria Geral*, vol. III – Relações e Situações Jurídicas, Coimbra Editora, **2002**.
 – «Insolvência: efeitos sobre os negócios em curso», AA.VV., *Novo Direito da Insolvência, Themis – RFDUNL* (Edição Especial), **2005**, pp. 105-130 (publ. tb na revista *DJ*, vol. XIX, T. II, **2005**, pp. 233-261).

*Bibliografia citada* 827

– «O novíssimo conceito de valor mobiliário», AA.VV, *Direito dos Valores Mobiliários,* vol. VI, Coimbra Editora, Coimbra, **2006** (pp. 139-162).

ASQUINI, Alberto – *Corso di Diritto Commerciale. Titoli di Credito*, CEDAM, Padova, **1966** (reimp. actual.da edição de 1951).

ATHAYDE, AUGUSTO DE – *Curso de Direito Bancário*, vol. I (com a colab. de Augusto Albuquerque de Athayde e Duarte de Athayde), Coimbra Editora, **1999**.

— / LUÍS BRANCO – *Direito Bancário*, vol. I, Lisboa, **1990**.

AVANCINI, Peter / M.Gert IRO / Helmut KOZIOL – *Osterreichisches Bankvertragsrecht*, Manzsche, Wien, **1987**.

ÁVILA (Lima), LOBO D' – *Do cheque*, Livraria Profissional, Lisboa, s/d (mas publicado no segundo decénio do século XX, posteriormente à Conferência da Haia).

BAILEY, Henry J. – «New 1990 Uniform Commercial Code: article 3, negotiable instruments», *Willamette Law Review*, vol. 29, n.º 3, **1993** (pp. 409-565).

— / Richard B. HAGEDORN – *Brady on Bank Checks. The Law of Bank Checks*, vol. I, 5ª ed. rev., Warren Gorham Lamont, A.S.Pratt & Sons Group, Boston, 1997 (actual. até **2006**).

BAIRRADAS, Grumecindo DINIS – *A protecção penal do cheque. Regime actual*, Almedina, Coimbra, **1998**).

– *O cheque sem provisão. Regime jurídico civil e penal*, Almedina, Coimbra, **2003**[1643].

BAKER, Donald I. / Roland E. BRANDEL / James H. PANNABECKER – *The law of electronic fund transfer systems: legal and strategic planning*, 2 vols., 4ª ed., A.S. Pratt & Sons, Arlington, **1999** (actual. **2006**). Cfr. também *The law of electronic fund transfer systems*, 2ª ed. (apenas por BAKER e BRANDEL) Warren, Gorham & Lamont, Boston/New York, **1988** (1994 Cumulative Supplement N.º 1 prep. por James Stanislaw). A 1ª ed. foi publicada por Norman PENNEY e Donald I. BAKER, sob o título *The Law of Electronic Fund Transfer Systems*, Warren, Gorham & Lamont, Boston/New York, 1980 (com Supl. de 1987, por Donald I. BAKER e Roland E. BRANDEL, com a colab. de Daniel E. FELD).

BALDÓ DEL CASTAÑO, Vicente – vd. CALAVIA MOLINERO, José Manuel.

BAPTISTA, CRISTINA Paula CASAL – *As Fundações no Direito Português*, Almedina, Coimbra, **2006.**

BARATA, Carlos LACERDA – «Contrato de Depósito Bancário», AA.VV., *Estudos em Homenagem ao Prof. Doutor Inocêncio Galvão Telles*, vol. II – Direito Bancário, Almedina, Coimbra, **2002** (pp. 7-66).

---

[1643] Substituiu, com amplo desenvolvimento, o livro *A protecção penal do cheque. Regime actual*, Almedina, Coimbra, 1998, que enunciamos autonomamente por ter sido consultado e ser citado no texto.

828        *Cheque e Convenção de Cheque*

BARUTEL MANAUT, Carles – *Las tarjetas de pago y crédito*, Bosch, Barcelona, **1997**.

BATLLE SALES, Georgina – *Pago del cheque falso: responsabilidad del banco*, Tecnos, Madrid, **1991**.

BAUMBACH, Adolf / Wolfgang HEFERMEHL – *Wechselgestez und Scheckgesetz* (Beck'sche Kurzkommentar, Band 26), 22ª ed., C.H.Beck, München, **2000** (cit.: BAUMBACH/HEFERMEHL, *WechselG und ScheckG*, 22ª ed. cit., **2000**).

    – vd. também AA.VV.

BAUMBACH, Adolf / Klaus HOPT – *HGB* (Beck'sche Kurzkommentar, Band __), 30ª ed., C.H.Beck, München, **2000**.

BAXTER, Ian F.G. – *The Law of Banking*, 4ª ed., Carswell, Toronto, **1992**.

BEARD, D. Benjamin – «Effectuating the customer's right to stop payment of a check: the forgotten section 4-401», *Wayne Law Review*, **1991**, vol.37, n.º 4, pp. 1815-1847.

BEIRÃO, Francisco António VEIGA – «Relatorio que precedeu a proposta de lei para a approvação do código commercial portuguez, apresentada à câmara dos deputados pelo ministro dos negócios ecclesiasticos e de justiça na sessão de 17 de Maio de 1867», *in* AA.VV., *Appendice ao Código Commercial Portuguez* (approvado pela Carta de Lei de 28 de Junho de 1888), 3ª ed., Imprensa da Universidade, Coimbra, **1906**.

BEN-OLIEL, Ricardo – «New banking business law in Israel – Critical notes», *Israel Law Review*, vol. 17, **1982** (pp. 334-370). •

BEZERRA, MIGUEL – vd. VARELA, João de Matos ANTUNES

BOIX SERRANO, Rafael – *Curso de Derecho Bancario*, EDERSA, Madrid, 1986.

BONFANTI, Mario Alberto / Jose Alberto GARRONE – *El cheque* (De los Titulos de Crédito, t. III), Abeledo-Perrot, Buenos Aires, **1971** (existe edição de 1995)

BONNEAU, Thierry – *Droit bancaire*, 6ª ed., Montchrestien, Paris, **2005**.

BORGES, J. MARQUES – *Cheques, Traveller's Cheques e Cartões de Crédito*, Rei dos Livros, Lisboa, **s/d** (mas posterior a 1980).

    – *Alterações ao Código Penal, Código de Processo Penal, Lei Uniforme sobre Cheques e Legislação Complementar*, Rei dos Livros, Lisboa, **1981**.

BORGES, João EUNÁPIO – *Títulos de Crédito*, 2ª ed., Forense, Rio de Janeiro, **1971** (7ª reimp., 1977).

BORGES, José FERREIRA – «Carta enviada a Sua Majestade Imperial o Senhor D. Pedro, Duque de Bragança (Londres, 8 de Junho de 1833)», como apresentação do projecto de Código Commercial Portuguez (1833), e que o antecede na publicação da Typographia Commercial Portuense, Porto, **1836**.

    – *Diccionario Jurídico-Commercial*, Lisboa, **1839**.

BOUTERON, Jacques – *Le statut international du chèque. Des origines de l'unification aux Conventions de Genéve (1880-1931)*, Dalloz, Paris, **1934**.

BRADGATE, Robert – *Commercial Law*, 2ª ed., Butterworths, London/Dublin/ Edinburgh, **1995** (existe 4ª ed., Oxford University Press, 2006).

BRANCO, LUÍS – «Conta corrente bancária. Da sua estrutura, natureza e regime jurídico», *RB*, n.º 39, **1996** (pp. 35-85) (existe separata).

BRAVO, ADOLFO – «A responsabilidade do banqueiro pelo pagamento de cheques falsos, na doutrina e na jurisprudência», *RT*, ano 62.º , **1944,** pp. 306-310.

BRINDLE, Michael / Raymond COX – *Law of Bank Payments*, edit. por BRINDLE e COX, FT Law & Tax, London, **1996** (existe 3ª ed., Sweet & Maxwell, 2004).

– Vd. também AA.VV., BRINDLE and COX (edit.) *Law of Bank Payments*, FT Law & Tax, London, **1996** (existe 3ª ed., Sweet & Maxwell, 2004), e SMITH, Marcus

BROSETA PONT, Manuel / Fernando MARTÍNEZ SANZ – *Manual de Derecho Mercantil*, vol. II, 13ª ed., Tecnos, Madrid, **2006**.

BROX, Hans – *Handelsrecht und Wertpapierrechte*, 14ª ed., C.H. Beck, München, **1999**.

BRUNNER, Heinrich – *Die Wertpapiere* (Endemann's Handbuch des deutschen Handels–, See und Wechselrechts, vol. II), Leipzig, **1885.**

BULGARELLI, Waldirio – *Títulos de crédito*, 18ª ed., Atlas, São Paulo, **2001**.

BÜLOW, Peter – (Heidelberger Kommentar zum) *Wechselgesetz/Scheckgesetz und zu den Allgemeine Geschäftsbedingungen*, 4ª ed., C. F. Müller, Heidelberg, **2004** (cit. BÜLOW, *WechselG/ScheckG und AGB*, 4ª ed. cit., **2004**).

BUSSANI, MAURO / VERNON Valentine PALMER – «The notion of puré economic loss and its setting», AA.VV., *Pure Economic Loss in Europe*, The Trento Project, Cambridge University Press, **2003** (pp. 3-16).

BYLER, Ezra U. / James C. BAKER – «SWIFT: A fast method to facilitate International Financial Transactions», *JWT*, vol. 17, **1983** (pp. 458-465).

BYLES, John Barnard – *Byles on Bills of Exchange: The Law of Bills of Exchange, Promissory Notes, Bank Notes and Cheques*, 26ª cd. por Frank R. RYDER e Antonio BUENO (com a colab. de Richard HEDLEY e Mark PHILLIPS), Sweet & Maxwell, London, **1988** (existe 27ª ed., por ELLIOTT, ODGERS e PHILLIPS, 2001) (cit. BYLES *on Bills of Exchange*, **1988**).

CABRAL, RITA AMARAL – «A teoria da aparência e a relação jurídica cambiária», ROA, ano 44, vol. III, **1984** (pp. 627-654) (existe sep.).

– *A eficácia externa da obrigação e o n.º 2 do art. 406.º do Código Civil*, Livraria Cruz, Braga, **s/d** (mas posterior a 1980).

CABRILLAC, Henri – *Le Chèque et le virement*, 5ª ed. por Michel CABRILLAC, Litec, Paris, **1980** [existe trad. espanhola porAntonio Reverte da 4ª ed. francesa (rev. por Michel Cabrillac), Réus, 1969].

830      *Cheque e Convenção de Cheque*

– «Chèque», Enciclopedia Jurídica Dalloz, 2ª edição, Paris, **1983**.

CAEIRO, ANTÓNIO / Manuel Couceiro NOGUEIRA SERENS – «Responsabilidade do Banco apresentante (ou cobrador) e do Banco sacado pelo pagamento de cheques com endosso falsificado», *RDE*, IX, **1983** (pp. 53-120).

– Cfr. também CORREIA, António FERRER.

CALAVIA MOLINERO, José Manuel / Vicente BALDÓ DEL CASTAÑO – *El cheque*, Praxis, Barcelona, **1987**.

CALDAS, Júlio de CASTRO – «Sigilo bancário: problemas actuais», AA.VV., *Sigilo Bancário*, Actas do Colóquio Luso-Brasileiro sobre Sigilo Bancário, IDB/Cosmos, Lisboa, **1997** (pp. 33-45).

CALLEGARI, Mia – «I titoli di credito e i processi di dematerializzazione», in AA.VV, *Trattato di Diritto Commerciale* (dir. por Gastone COTTINO), vol. 7 – *I titoli di credito*, CEDAM, Padova, **2006** *(pp. 107-191).

CAMANHO, PAULA Ponces – *Do contrato de depósito bancário* (Natureza Jurídica e Alguns Problemas de Regime) Almedina, Coimbra, **1998** (existe reimp. De 2005, com actual. Bibliográfica e de Jurisprudência).

– «Contrato de depósito bancário. Descoberto em conta. Direito do banco que paga o cheque não provisonado. Conta solidária», AA.VV., *Estudos em Homenagem ao Prof. Doutor Inocêncio Galvão Telles* (orgs. pelos Professores Doutores António Menezes Cordeiro, Luís Menezes Leitão e Januário da Costa Gomes), vol. II – Direito Bancário, Almedina, Coimbra, **2002** (pp. 103-130) (existe sep.).

CAMPOBASSO, Gian Franco – *Diritto Commerciale, 3. Contratti, Titoli di Credito. Procedure concorsuali*, 3ª ed., UTET, Torino, **2001**.

CAMPOS, ANTÓNIO – «Notas e Comentários» «Direito bancário. Notas de doutrina e de jurisprudência» (anot. ao AcSTJ de 10 de Maio de 1989), *RB* n.º 14, 1990, pp. 106-112.

– «Notas e Comentários» (anot. ao Ac.TribConstitucional n.º 371/91), *RB* n.º 20, **1991**, pp. 159-164.

CAMPOS, Diogo José Paredes LEITE DE – *A subsidiariedade da obrigação de restituir o enriquecimento*, Almedina, Coimbra, **1974**.

– *Contrato a favor de terceiro*, Almedina, Coimbra, **1980**.

– «Anatocismo – regras e usos particulares do comércio», *ROA*, ano 48, t. I, **1988** (pp. 37-62).

– «Sigilo Bancário», AA.VV., *Sigilo Bancário*, Actas do Colóquio Luso--Brasileiro sobre Sigilo Bancário, IDB/Cosmos, Lisboa, **1997** (pp. 11-17).

CANARIS, Claus-Wilhelm – *Handelsrecht*, 23ª ed., C. H. Beck, München, **2000**.

– *Bankvertragsrecht*, 1. Teil, 3ª ed., Walter de Gruyter, Berlin/New York, **1988** (cfr. também AA.VV., *Staub Grobkommentar*).

– Vd. também HUECK, Alfred.

CANAS, VITALINO – *O Crime de Branqueamento: Regime de Prevenção e de Repressão*, Almedina, Coimbra, **2004**.

*Bibliografia citada* 831

Canotilho, J. J. Gomes / Vital Moreira – *Constituição da República Portuguesa Anotada*, vol. I (Artigos 1.º a 107.º ), 4ª ed., Coimbra Editora, **2007**.

Cardoso, Eurico Lopes – vd. Lopes-Cardoso, Eurico.

Carlón Sánchez, Luis – «El cheque», *in* AA.VV., *Derecho cambiario. Estudios sobre la ley cambiaria y del cheque*, Madrid, **1986** (pp. 773-839).

Carlos, Adelino da Palma – *Código de Processo Civil Anotado*, vol. I, (Livros I e II. Arts. 1.º a 137.º ), Procural, Lisboa, **1942**.

– «Pode o banqueiro recusar, dentro do prazo da apresentação, o pagamento de cheque revogado pelo sacador?» (Relatório apresentado ao Instituto da Conferência da Ordem dos Advogados), *ROA*, ano 6.º (n.ᵒˢ 1 e 2), **1946** (pp. 439-452).

Carneiro, José Marques de Sá – *Da Letra de Câmbio na Legislação Portuguesa*, Tipografia Sequeira, Porto, **1919**.

Carrubba, Paul A. – *UCC Revised Articles 3 & 4*. The Banker's Guide to Checks, Drafts and other Negotiable Instruments, Bankers Publishing Company / Probus Publishing Company, Chicago, Illionois/Cambridge, England, **1993**.

Carter, J. W. – «A customer's duty towards his banker», *LQR*, vol.98, n.º 1, **1982** (pp. 19-21).

Carvalho, Américo Taipa de – *Crime de Emissão de Cheque sem Provisão*, Coimbra Editora, Coimbra, **1998**.

Carvalho, Orlando de – «Negócio Jurídico Indirecto (Teoria Geral)», *in Escritos – Páginas de Direito I*, Almedina, Coimbra, **1998** (pp. 31-164).

– *Critério e estrutura do estabelecimento comercial*, Atlântida Editora, Coimbra, **1967**.

Carvalho, Pedro Pitta e Cunha Nunes de – «O silêncio como declaração de vontade», *Lusíada*, Série de Direito, n.º 1, Março 1991 (pp. 115-130).

– *Omissão e Dever de Agir em Direito Civil*. Contributo para uma Teoria Geral da Responsabilidade Civil por Omissão, Almedina, Coimbra, **1999**.

Castro, Carlos Osório de – *Valores mobiliários: conceito e espécies*, 2ª ed., UCP Editora, Porto, **1998**.

Castro, Gonçalo Andrade e – *O Crédito Documentário Irrevogável*. Alguns problemas de estrutura, natureza e regime, UCP Editora, Porto, **1999**.

Causse, Hervé – *Les titres négociables* (Essai sur le contrat négociable), Litec, Paris, **1993**.

Chalmers – vd. Guest.

Chaput, Yves / Marie-Danielle Schödermeier – *Effets de commerce, chèques et instruments de paiement*, 2ª ed., PUF, Paris, **1998**.

Chorafas, Dimitris N. – *Electronic Funds Transfer*, Butterworths, London, **1988**.

Chorão, Luís Bigotte – *A comercialística portuguesa e o ensino universitário do direito comercial no século XIX,* Cosmos, Lisboa, **1998**.

CHORÃO, Mário BIGOTTE – *Introdução ao Direito*, vol. I – *O Conceito de Direito*, Almedina, Coimbra, **1989**.

CHORLEY, LORD[1644] – «Liberal trends in Present-Day Commercial Law», *MLR*, vol. III, **1940** (pp. 272-294).

– *The Law of Contract in relation to the Law of Banking*, Gilbart Lectures on Banking, King's College, London, **1964**.

CLARK, Barkley / BARBARA Brewer CLARK – *The law of bank deposits, collections and credit cards*, 2 vols., 6ª ed., revista e actualizada, A.S. Pratt & Sons / Thomson Finantial, Arlington, **2005** (actual. **2006**). (Introdução A, 1.3.4, 9.2.6, 21.3.4) [Foi consultada e é também citada a 3ª ed., da autoria exclusiva de Barkley CLARK, Warren, Gorham & Lamont, Boston / New York, **1990** (Supl. Cumulativo, n.º 2, 1994).

CLAUSSEN, Carsten Peter – *Bank und Börsenrecht*, 3ª ed., C.H. Beck, München, **2003**.

COELHO, José Gabriel PINTO – «Teoria Jurídica da Letra», *BFDUC*, ano IV, **1917-18** (pp. 481-491).

– *Lições de Direito Comercial*, 1.º vol., 3ª ed., ed. autor, Lisboa, **1957**.

– *Lições de Direito Comercial*, 2.º vol., *As Letras*, 1ª Parte, Fasc. I[1645], 2ª ed., ed. autor, Lisboa, **1955**, Fasc. II[1646], 2ª ed., Lisboa, **1964**, Fasc. III[1647], 2ª Parte, 2ª ed., Lisboa, **1954**, Fasc. IV, 2ª Parte, 2ª ed., Lisboa, **1955**[1648], Fasc. V[1649], 2ª Parte, 3ª ed., Lisboa, **1965**.

– *Lições de Direito Comercial* (Supl.), vol. II, *As Letras*, 2ª Parte, *Pagamento por intervenção. Direito de regresso. Protesto. Prescrição*, 2ª ed., ed. autor, Lisboa, **1962**.

– *Operações de Banco*. I. Depósito bancário. II. Abertura de Crédito, 2ª ed., Petrony, Lisboa, **1962** (anteriormente publ. como sep. da *RLJ*, ano 81.º, n.ºˢ 2875 a 2892, Coimbra Editora, 1949, e anos 82.º-83.º , n.ºˢ 2912 a 2926, Coimbra Editora, 1950).

COELHO, NUNO Miguel Pereira RIBEIRO – «Crime de emissão de cheque sem provisão – Sucessão de leis no tempo», *CJ*, ano XVII, t. III, **1992** (pp. 85-92).

---

[1644] No primeiro dos seus estudos referenciados escreve na qualidade de professor e editor geral da *Modern Law Review*, juntando ao seu apelido (Chorley) as demais iniciais (R.S.T.).

[1645] Sobre o conceito e o regime jurídico da letra segundo a Lei Uniforme (aspectos gerais).

[1646] Sobre o regime jurídico da letra segundo a Lei Uniforme (aspectos gerais e "saque").

[1647] Sobre o regime jurídico da letra segundo a Lei Uniforme ("aceite").

[1648] Trata-se de uma reimpressão da 1ª edição, de 1945. Versa sobre o "endosso".

[1649] Sobre o regime jurídico da letra segundo a Lei Uniforme ("aval").

## Bibliografia citada

COLAGROSSO, Enrico / Giacomo MOLLE – *Diritto Bancario*, 2ª ed., Casa Editrice Stamperia Nazionale, Roma, **1960**.
  – Vd. também MOLLE.

CONDE BOTAS, Isidro – *El «cheque» y el «traveller cheque»*, Porto y Cia, Santiago de Compostela, **1955**.

CORDEIRO, António MENEZES – *Direito das Obrigações*, vol. II (Polic.), AAFDL, Lisboa, **1980** (existe reimp. de 1986 e posteriores).
  – «A violação positiva do contrato (Anot. ao AcSTJ de 31/1/80)», *ROA*, ano 41, I, **1981** (pp. 128-152) (publ. também in *Estudos de Direito Civil*, vol. I, Almedina, Coimbra, 1987, pp. 115-142).
  – *Da boa fé no Direito Civil*, vols. I e II, Almedina, Coimbra, **1984.**
  – *Da pós-eficácia das obrigações*, sep. dos Estudos em Honra do Prof. Doutor Cavaleiro de Ferreira, Lisboa, **1984** (publ. também in *Estudos de Direito Civil*, vol. I, Almedina, Coimbra, 1987, pp. 143-197).
  – «Concessão de crédito e responsabilidade bancária», *in Banca, Bolsa e Crédito* – Estudos de Direito Comercial e de Direito da Economia, I, Almedina, Coimbra, **1990**, pp. 9-61 (publ. também no *BMJ* n.º 357, 1987, pp. 5-66).
  – *Direito Bancário. Relatório,* Lisboa, **1996.**
  – «O "contrato bancário geral", AA.VV., *Estudos de Direito Bancário*, FDUL / Coimbra Editora, **1999** (pp. 11-19).
  – «Depósito Bancário e Compensação», AA.VV., *Estudos em Homenagem ao Prof. Doutor Inocêncio Galvão Telles*, vol. II – Direito Bancário, Almedina, Coimbra, **2002** (pp. 89-102) (tb publ na *CJ/AcSTJ*, ano X, t. 1, **2002**, pp. 5-10).
  – *Da Compensação no Direito Civil e no Direito Bancário*, Almedina, Coimbra, **2003.**
  – *Tratado de Direito Civil Português*, I – *Parte Geral*, Tomo I, 3ª ed., Almedina, Coimbra, **2005**.
  – *Tratado de Direito Civil Português*, I – *Parte Geral*, Tomo III, 2ª ed., Almedina, Coimbra, **2007**.
  – *Tratado de Direito Civil Português*, I – *Parte Geral*, Tomo IV, Almedina, Coimbra, **2005.**
  – *Manual de Direito Bancário*, 3ª ed., Almedina, Coimbra, **2006** (foram também consultadas as 1ª e 2ª edições, de 1998 e 2001).

CORREIA, António FERRER – «A responsabilidade do terceiro que coopera com o devedor na violação de um pacto de preferência», *RLJ*, ano 98.º, **1965-66,** pp. 355-360 e 369-374.
  – «Reivindicação do estabelecimento comercial como unidade jurídica», *in Estudos Jurídicos II*, Coimbra, **1969** (pp. 255-276).
  – *Lições de Direito Comercial*, vol. I (Polic.), Coimbra, **1973**, vol. III – *Letra de câmbio* (com a colab. de Paulo M. Sendim, J. M. Sampaio Cabral, António A. Caeiro e M. Ângela Coelho) (Polic.), Coimbra, **1975**.

834     *Cheque e Convenção de Cheque*

— / Almeno de Sá – «Emissão de cheque, cessão de créditos e compensação» (Anotação aos Acordãos do STJ de 10 de Maio de 1989 e de 3 de Outubro de 1989), *RDE*, ano XV, **1989**, pp. 259-325. (Foi também publicado na *CJ*, ano XV, 1990, t.1, pp. 39-56, sob o título «Cessão de créditos. Emissão de cheque. Compensação», parecer proferido pelos mesmos autores e que terá dado origem à anotação publicada na *RDE*).

— / António Caeiro – «Recusa do pagamento de cheque pelo Banco sacado; responsabilidade do Banco face ao portador», *RDE*, IV-2, **1978** (pp. 447--473).

Correia, Luís Brito – *Direito Bancário* (Sumários: 1ª parte), Policopiado, UCP, Lisboa, **1996/97**.

Correia, Miguel J. A. Pupo – *Direito Comercial. Direito da Empresa*, 10ª ed. (com a colab. de António José Tomás e Octávio Castelo Paulo), Ediforum, Lisboa, **2007**.

Costa, A. M. Almeida – «Anotação ao artigos 217.º», AA.VV., *Comentário Conimbricense do Código Penal, Parte Especial*, Tomo II *(Artigos 202.º a 307.º )*, dir. por Jorge de Figueiredo Dias, Coimbra Editora, **1999** (pp. 274-310).

– «Falsificação de moeda, título de crédito e valor selado. Nótula antes do art. 262.º» (e arts. 262.º a 267.º), AA.VV., *Comentário Conimbricense do Código Penal*, dirigido por Jorge de Figueiredo Dias, t. II, Coimbra Editora, **1999** (pp. 737-815).

Costa, Mário Júlio de Almeida – *Direito das Obrigações*, 10ª ed., Almedina, Coimbra, **2006**.

Cottino, Gastone – *Diritto Commerciale*, vol. 2, t. 1, Padova, Cedam, **1992**.

– Vd. também AA.VV., *Trattato di Diritto Commerciale* (dir. por Gastone Cottino), vol. 7 – *I titoli di credito*, CEDAM, Padova, **2006**.

Cowen, Denis V. / Leonard Gering – *The law of negotiable instruments in South Africa*, vol.1 (General Principles), 5ª ed., Juta, Cape Town /Wetton/ / Johannesburg, **1985**.

Cox, Raymond – vd. AA.VV., Brindle and Cox (edit.) *Law of Bank Payments*, FT Law & Tax, London, **1996** (existe 3ª ed., Sweet & Maxwell, 2004), Brindle, Michael, e Smith, Marcus.

Cranston, Ross – *Principles of banking law*, 2ª ed., Oxford University Press, Oxford, **2002** (existe reimp. posterior).

Crawford, Bradley – «Credit transfers of funds in Canada: the current law», *CBLJ*, vol.3, **1978-79** (pp. 119-145).

– *Crawford and Falconbridge Banking and Bills of Exchange*, vols. 1 e 2, 8ª ed., Canada Law Book, Toronto, **1986**.

Cresswell, Peter – vd. AA.VV.

Cristas, Maria de Assunção Oliveira – *Transmissão contratual do direito de crédito. Do carácter real do direito de crédito*, Almedina, Coimbra, **2005**.

CRONE-SCHMOCKER, Brigitte Von Der – *Das Checkinkasso und die Checktruncation* (diss.), Schultess, Zürich, **1986**.

CUNHA, PAULO – *Da garantia nas obrigações*, Apontamentos das aulas de Direito Civil do 5.º ano da FDUL, coligidos por E. Pamplona Côrte-Real, vol. Único, T. I e II, Lisboa, **1938/39**.

– *Introdução ao Estudo do Direito*, vol. I (Lições dactilografadas coligidas por Maurício Canelas), Lisboa, **1945/46**.

CUNHA, Paulo OLAVO – «Cheque – DIR.», *Enciclopédia Verbo,* Edição Século XXI, Verbo, Lisboa/ São Paulo, vol. 6, **1998** (col. 964).

– «Comércio – DIR», *Enciclopédia Verbo*, Edição Século XXI, Verbo, Lisboa/São Paulo, vol. 7, **1998** (cols. 551-552).

– «O cheque enquanto título de crédito: evolução e perspectivas», *in* AA.VV., *Estudos de Direito Bancário*, FDUL / Coimbra Editora, **1999** (pp. 243-260) (existe sep.).

– *Direito das Sociedades Comerciais*, 3ª ed., Almedina, Coimbra, **2007.**

– «O novo regime da redução do capital social e o artigo 35.º do Código das Sociedades Comerciais», AA.VV., *Prof. Inocêncio Galvão Telles: 90 anos. Homenagem da Faculdade de Direito de Lisboa*, Almedina, Coimbra, **2007** (pp. 1023-1078).

– Vd. tb FERNANDES, Luís A. CARVALHO.

CUNHA, Paulo de PITTA E – *A moeda e a política monetária nos domínios interno e internacional.* Esquema de um curso de Economia Monetária, sep. da RFDL, vol. XXIII, Lisboa, **1970.**

– *Economia Política* (Sumários desenvolvidos polic.), Lisboa, **1973**.

– «O processo de desmaterialização da moeda», AA.VV., *Estudos de Direito Bancário*, FDUL / Coimbra Editora, **1999** (pp. 209-211) [republicado com o mesmo título, mas com correcções, na *ROA*, ano 67, **2007** (pp. 547-549)].

– «O Euro», RFDUL, vol. XVI, n.º 2, Coimbra Editora, **2000** (pp. 599-610).

– *Direito Europeu.* Instituições e políticas da União, Almedina, Coimbra, **2006**.

– «A integração curopcia no mundo globalizado», *ROA*, ano 67, t. I, **2007** (pp. 37-49).

DAMRAU, Jürgen – «Probleme der Scheckkarte», *BB*, **1969** (pp. 199-206).

DAVIS, BRIAN J. – «The future of cashier's checks under revised article 3 of the Uniform Commercial Code», *Wake Forest Law Review*, vol. 27, n.º 3, **1992**, pp. 613-656.

DE LA CUESTA RUTE, José María – *El dinero y la representación de las posiciones acreedoras y deudoras en el tráfico mercantil*, Tratado de Derecho Mercantil dir. por Manuel OLIVENCIA, Carlos FERNÁNDEZ-NÓVOA e Rafael JIMÉNEZ DE PARGA, coord. por Guillermo JIMÉNEZ SÁNCHEZ, t. XXIV, Marcial Pons, Madrid/Barcelona, **2006**.

836      *Cheque e Convenção de Cheque*

DE MARCHI, Georgio – «Carte di credito e carte bancarie», *BBTC*, ano XXXIII, I, **1970** (pp. 321-354).

    – vd. também MICHELI, Gian Antonio.

DE ROOVER, Raymond – «New interpretations of the History of Banking», *JWT*, vol.II, n.º 1, **1954** (pp. 38-76).

DE SEMO, Giorgio – *Trattato di Diritto Cambiario*, 3ª ed., CEDAM, Padova, **1963**.

DEIDER, Gereon – *Mibbrauch von Scheckkarte und Kreditkarte durch den berechtigten Karteninhaber*, diss. (polic.), ed. autor, Berlin, **1989**.

DEL DUCA, Louis F. / Egon GUTTMAN / Alphonse M. SQUILLANTE – *Problems and materials On Negotiable Instruments Under the Uniform Commercial Code and the United Nations Convention on International Bills of Exchange and International Promissory Notes*, Anderson Publishing Co., Cincinnati, Ohio, **1993**.

DELGADO, ABEL – *Cheques sem provisão (Dec. Lei N.º 14/84 de 11 de Janeiro)*, 2ª ed. (actualizada com a colab. de Filomena Delgado), Petrony, Lisboa, **1989**.

    – *Lei uniforme sobre letras e livranças anotada*, 5ª ed., Petrony, Lisboa, **1984**.

    – *Lei uniforme sobre cheques anotada*, 5ª ed. (actualizada com a colab. de Filomena Delgado), Petrony, Lisboa, **1990**.

DEVÈZE, Jean / Philippe PÉTEL – *Droit commercial. Instruments de paiement et de crédit*, Montechrestien, Paris, **1992**.      ●

DI AMATO, Astolfo – «I titoli di credito», in AA.VV, *Trattato di Diritto Privato* (dir. por Pietro RESCIGNO), vol. 13 – *Obbligazioni e contratti*, t. V, UTET, Torino, **1985** (reimp. 1986) (pp. 435-494) (cit. DI AMATO, *Trattato Rescigno*, **1985**). Cfr. também DI AMATO. Cfr. também AA.VV..

DIAS, GABRIELA FIGUEIREDO – «Desconto bancário e responsabilidade do descontário pelo extravio do título de desconto», *RB*, n.º 57, **2004** (pp. 31-54).

DIAS, Jorge de FIGUEIREDO – «Crime de emissão de cheque sem provisão (Sucessão de leis penais no tempo; Dec-Lei 454/91. Parecer)», *CJ*, ano XVII, t. III, **1992** (pp. 65-72).

    – *Direito Penal. Parte Geral, Tomo I* – Questões fundamentais. A doutrina geral do crime, 2ª ed., Coimbra Editora, **2007**.

DIAS, José GONÇALVES – *Da letra e da livrança* segundo a Lei Uniforme e o Código Comercial, vol. I, Minerva, Famalicão, **1939**.

DÍAZ MORENO, Alberto – «Diez años de aplicación judicial de la disciplina del cheque contenida en la ley cambiaria», AA.VV., *Diez años de Ley Cambiaria y del Cheque*, coord. De J.J. Navarro Chinchilla, Dyinson, Madrid, **1997** (pp. 285-331).

– «El cheque», in AA.VV., *Derecho Mercantil*, 2.º vol., coord. por Guillermo J. Jiménez Sánchez, 11ª ed., Ariel, Barcelona, **2006** (pp. 137-150). Cfr. também Jiménez Sánchez, Guillermo J.

Didier, Paul – *Droit commercial, t. 3. La monnaie, Les valeurs mobilières, Les effets de commerce*, PUF, Paris, **1999.**

Disegni, Giulio – *Cambiali e assegni. Strumenti di credito e mezzi di pagamento*, G. Giappichelli, Torino, **2005.**

Dolan, John F. – *Fundametals of Commercial Activity*. A Lawyer's Guide, Little, Brown and Company, Boston/Toronto/London, **1991** (Supl. **1994**).
– *Uniform Commercial Code*. Terms and Transactions in Commercial Law, Little, Brown and Company, Boston/ Toronto/London, **1991**.

Dolmetta, Aldo Angelo – *La carta di credito*, Quaderni di BBTC, Giuffrè, Milano, **1982**.

Donadi, Massimo – «Problemi giuridici del transferimento elettronico dei fondi», in *Contratto e Impresa, 2*, quarto anno, Cedam, Padova, **1988** (pp. 559-571).

Dragon, Claude / Didier Geiben / Daniel Kaplan / Gilbert Nallard – *Les Moyens de paiement. Des espèces à la monnaie életronique*, GM Consultants Associés, Banque Editeur, s/d (Depósito legal de Dezembro de **1997**). Cfr. também AA.VV..

Drury, Tony / Charles W. Ferrier – *Credit cards*, Butterworths, London, **1984**.

Drygala, Tim – vd. Meyer-Cording, Ulrich.

Duarte, António Pinto – «Notas sobre o conceito e regime jurídico das empresas públicas estaduais», AA.VV., *Estudos sobre o Novo Regime do Sector Empresarial do Estado*, org. por Paz Ferreira, Almedina, Coimbra, **2000** (61-88).

Duarte, Rui Pinto – *Tipicidade e atipicidade dos contratos*, Almedina, Coimbra, **2000** (existe ed. autor, menos desenvolvida, Lisboa, 1990).
– «Efeitos da declaração de insolvência quanto à pessoa do devedor», AA.VV., *Novo Direito da Insolvência, Themis – RFDUNL* (Edição Especial), **2005** (pp. 131-150).
– vd. Ribeiro, José António Pinto.

Dunfee, Thomas W. / Frank F. Gibson / John D. Blackburn / Douglas Whitman / F. William McCarty / Bartley A. Brennan – *Modern Business Law*, 2ª ed., Random House, New York, **1984**, reimp. 1989 (cit. Dunfee *et al.*).

Dupichot, Jacques / Didier Guevel – *Les effets de commerce. Lettre de change, billet à ordre, chéque ...*, *Traité de Droit Commercial* de Michel de Juglart e Benjamin Ippolito, 3ª ed., Montchrestien, Paris, **1996**.
– vd. tb Juglart / Ippolito.

Eizaguirre, José María de – *Derecho de los Títulos Valores*, Thomson/Civitas, Madrid, **2003**.

838 *Cheque e Convenção de Cheque*

ELÍSIO, FILINTO – «A revogação do cheque», *O Direito*, ano 100.º, **1968** (pp. 450-505).

ELLINGER, E. P. / Eva LOMNICKA / Richard J. A. HOOLEY – *Ellinger's modern Banking Law*, 4ª ed., Oxford University Press, Oxford, **2006** (cit. ELLINGER *al.*, *Ellinger's modern Banking Law*, 4ª ed. cit., **2006**) (publ. inicialmente apenas por ELLINGER, *Modern banking law*, Clarendon Press, Oxford, 1987).

EPIFÂNIO, Maria do ROSÁRIO – *Os efeitos substantivos da falência*, Publicações Universidade Católica, Porto, **2000**.
  – «Efeitos da Declaração de Insolvência sobre o Insolvente no novo Código da Insolvência e da Recuperação de Empresas», *DJ*, vol. XIX, T. II, **2005** (pp. 191-203).

ESCUTI, Ignacio A. – *Títulos de crédito. Letra de cambio, pagaré y cheque*, 8ª ed., Astrea, Buenos Aires, **2005**.

EWALD, Bernd / Wolf-Georg SCHÄRF – *Einführung in das Wertpapierrecht und in das neue Börsegesetz*, WUV-Universitäts Verlag, Wien, **1990**.

FARIA, Jorge Leite Areias RIBEIRO DE – *Direito das Obrigações*, vols. I e II (Apontamentos policopiados das lições proferidas na Universidade Católica – Porto), Almedina, Coimbra, **1990**.

FARNSWORTH, E. Allan – *Cases and materials on Negotiable Instruments*, 4ª ed., The Foundation Press, Westbury, New York, **1993**. [É também co-autor do livro *Cases and Materials on Commercial Law*, juntamente com John O. HONNOLD / Steven L. HARRIS / Charles W. MOONEY, JR. / Curtis R. REITZ, cuja 5ª ed., The Foundation Press, Westbury, New York, data também de 1993).

FERNANDES, José MARQUES – *Tudo o que deve saber sobre Cartões Bancários*, Estar, Lisboa, s/d (mas depósito legal de **1998**).

FERNANDES, Luís A. CARVALHO – «Documento», *Polis*, 2.º vol., 2ª ed., Verbo, Lisboa/São Paulo, **1998** (cols. 609-617).
  – *Teoria Geral do Direito Civil*, vol. I – Introdução. Pressupostos da relação jurídica, 4ª ed., Universidade Católica Editora, Lisboa, **2007**.
  – *Teoria Geral do Direito Civil*, vol. II – Fontes, conteúdo e garantia da relação jurídica, 4ª ed., Universidade Católica Editora, Lisboa, **2007.**

— / JOÃO LABAREDA – *Código da Insolvência e da Recuperação de Empresas Anotado*, vols, I e II, Quid Juris, Lisboa, **2005.**

— / Paulo OLAVO CUNHA – «Assunção de dívida alheia. Capacidade de gozo das sociedades anónimas. Qualificação de negócio jurídico», *ROA*, ano 57, II, **1997** (pp. 693-719).

FERREIRA, AMADEU – *Valores mobiliários escriturais. Um novo modo de representação e circulação de direitos*, Almedina, Coimbra, **1997**.

FERREIRA, ANTÓNIO PEDRO de Azevedo – *Direito Bancário*, Quid Juris, Lisboa, **2005**.

– *A Relação Negocial Bancária*. Conceito e estrutura, Quid Juris, Lisboa, **2005**.

FERREIRA, Eduardo PAZ – *Direito da Economia*, AAFDL, Lisboa **2001**.

– «Aspectos Gerais do Novo Regime do Sector Empresarial do Estado», AA.VV., *Estudos sobre o Novo Regime do Sector Empresarial do Estado*, org. por PAZ FERREIRA, Almedina, Coimbra, **2000** (pp. 9-24).

FERREIRA, Fernando AMÂNCIO – *Curso de Processo de Execução*, 10ª ed., Almedina, Coimbra, **2007**.

FERREIRA, Manuel CAVALEIRO DE – *Lições de Direito Penal. Parte Geral, I* – A Lei Penal e a Teoria do Crime no Código Penal de 1982, 4ª ed., Verbo, Lisboa/São Paulo, **1992**.

— / Miguel PEDROSA MACHADO, «Dolo – DIR. 2. Direito Penal», *Enciclopédia Verbo*, Edição Século XXI, Verbo, Lisboa/ São Paulo, vol. 9, **1999** (cols. 798-800).

FERREIRA, Vasco TABORDA – *Do conceito de causa dos actos jurídicos*, ed. autor, Lisboa, **1946**.

FERREIRA, WALDEMAR – «A responsabilidade pelo pagamento dos cheques falsos», *RFDUL*, vol. XVII, **1964** (pp. 57-78).

FERRERI, Silvia – «Assegno in diritto uniforme», *in* AA.VV., *Digesto delle Discipline Privatistiche. Sezione Commerciale*, I, 4ª ed., UTET, Torino, **1987** (pp. 318-330).

FERRI, Giuseppe – «L'assegno bancario come atto di utilizzazione della provvista, *BBTC*, ano XXIII, Parte Prima, **1960** (pp. 1-13).

– *Manuale di Diritto Commerciale*, 12ª ed. (por G. Angelici e G. B. Ferri), UTET, Torino, **2006**. (A última edição do autor foi a 7ª ed., UTET, Torino, 1988).

FERRO-LUZZI, Paolo – «Lo sconto bancario (tra moneta futura e moneta presente)», AA.VV., *Lezioni di Diritto Bancario, vol II: Parte speciale. I contratti*, recolha pelo Prof. Paolo FERRO-LUZZI, Giappichelli, Torino, **2006** (pp. 79-99).

FIGUEIREDO, MÁRIO DE – *Caracteres gerais dos Títulos de Crédito e seu fundamento jurídico*, França Amado Ed., Coimbra, **1919**.

FIORENTINO, Adriano – «Note sull'assegno bancario», *RTDPC*, ano II, **1948** (pp. 350-361).

– «Sul diritto del portatore di assegno bancario verso il trattario», *BBTC*, 1950 (anno XIII), I, pp. 332-340.

– *Titoli di credito* (Comentario del Codice Civile a cura de Scialoja e Branca, Libro quarto: Obbligazioni art. 1992-2027), 2ª ed., Zanichelli, Il Foro Italiano, Bologna/Roma, **1974**.

FOX, D.W. – «The Banker-Customer Relationship: Maintaining the Legal Status Quo», *Solicitors Journal*, vol. 130, n.º 35, **1986**, pp. 638-641.

840      *Cheque e Convenção de Cheque*

Fox, Karla Harbin – «Another Step Towards the Cashless Society? The 1978 Federal Electronic Fund Transfer Act», *American Business Law Journal*, vol. 18, n.º 2, **1980,** pp. 209-224.

Frada, Manuel A. Carneiro da – *Contrato e deveres de protecção,* sep. do vol. XXXVIII do Supl. ao BFDUC, Coimbra, **1994.**

    – *Uma "Terceira Via" no Direito da responsabilidade Civil?,* Almedina, Coimbra, **1997.**

    – «Vinho novo em odres velhos? A responsabilidade civil das "operadoras de *Internet"* e a doutrina comum da imputação de danos», *ROA,* ano 59, II, **1999,** pp. 665-692.

    – *Teoria de confiança e responsabilidade civil,* Almedina, Coimbra, **2004.**

    – «A responsabilidade pela confiança nos 35 anos do Código Civil – Balanço e Perspectivas», AA.VV., *Comemorações dos 35 anos do Código Civil e dos 25 Anos da Reforma de 1977,* Vol. III – Direito das Obrigações, Coimbra Editora, **2007** (pp. 285-307).

Franco, A. L. Sousa – Cheque – econ.», AA.VV., *Enciclopédia Verbo,* Edição Século XXI, Verbo, Lisboa/São Paulo, vol. 6, **1998** (col. 965).

Freitas, José Lebre de – *A confissão no direito probatório (Um estudo de Direito Positivo),* Coimbra Editora, **1991.**

    – *A acção executiva (depois da reforma),* 4ª ed., Coimbra Editora, Coimbra, **2004.**

—— / João Redinha e Rui Pinto – *Código de Processo Civil Anotado,* volume 1.º (Arts. 1.º a 380.º ), Coimbra Editora, Coimbra, **1999.**

Fuchs, Hans-Ulrich – *Zur Lehre vom allgemeinen Bankvertrag,* Peter Lang, Franffurt am Main/ Bern, **1982.**

Furtado, Jorge Pinto – *Títulos de Crédito. Letra. Livrança. Cheque,* Almedina, Coimbra, **2000.**

Galvão, Sofia de Sequeira – *Contrato de cheque,* Lex, Lisboa, **1992** (publ. também, com diferenças irrelevantes e sob outra designação, «Contributo para o estudo do contrato de cheque», na *ROA,* ano 52, 1992, pp. 45-121).

    – vd. Sousa, Marcelo Rebelo de.

Gálvez Domínguez, Eduardo – *Régimen jurídico del servicio bancário de cajas de seguridad,* Comares, Granada, **1997.**

Gamdji, Mohamadou – *La sécurité d chèque,* L´Harmattan, Paris, **1998.**

Gapper, John – «Smart money riding on a plastic card», *Financial Times,* Weekend, December 11/12, **1993.**

Garcia-Pita y Lastres, José Luis – *El contrato bancario de descuento,* Centro de Documentación Bancaria y Bursátil, Madrid, **1990.**

    – «Depósitos bancarios y protección del depositante», AA.VV., *Contratos bancarios,* Colegios Notariales de España, Madrid, s/d (mas dep. legal de 1996) (pp. 119-266).

Bibliografia citada 841

GARRIGUES, Joaquin – «Sobre el concepto del cheque y del contrato de cheque», *RDM*, Vol. XVII, Num. 49, **1954** (pp. 7-41).
– «La operacion bancária y el contrato bancário», *RDM*, vol. XXIV, 65, **1957** (pp. 249-278).
– *Contratos Bancários*, ed. autor, Madrid, **1958** (existe edição de 1975, revista por Mol de Miguel).
– *Curso de Derecho Mercantil, t. I*, 7ª ed. (rev. com a colab. de Alberto Bercoviz), ed. autor, Madrid, **1976**.
– *Curso de Derecho Mercantil, t. II*, 8ª ed. (rev. com a colab. de Fernando Sanchez Callero), ed. autor, Madrid, **1983**.
GAVALDA, Christian / Jean STOUFFLET – *Instruments de paiement et de crédit. Effets de commerce, Chèque, Carte de paiement, Transfert de fonds,* 6ª ed. (por Jean Stoufflet), Litec, Paris, **2006** [anteriormente publicado sob o nome *Droit commercial / 2.Chèques et effets de commerce*, 2ª ed., PUF, Paris, 1984, e *Droit du Crédit*, t. II, *Chèques, Effets de commerce, Cartes de crédit et de paiement*, 2ª ed., Litec, Paris, 1991 (com adenda de actualização de 1992)] (cit. GAVALDA/STOUFFLET, *Instruments de paiement et de crédit* cit., **2006**).
– *Droit Bancaire. Institutions – Comptes – Opérations – Services*, 5ª ed., Litec, Paris, **2002** (existe 6ª ed., de 2005).
GERALDES, António Santos ABRANTES – «Títulos executivos», *Themis* (Revista da Faculdade de Direito da UNL), ano IV, n.º 7 (*A reforma da acção executiva*), **2003** (pp. 35-66).
GERING, Leonard – *Handbook on the law of negotiable instruments*, 2ª ed., Juta & Co., Cape Town/ Wetton / Johannesburg, **1998**.
GETE-ALONSO Y CALERA, Maria del Carmen – *Las tarjetas de crédito*. Relaciones contractuales y conflictividad, Marcial Pons, Madrid, **1997**.
GEVA, Benjamin – «Reflections on the need to revise the Bills of Exchange Act – some Doctrinal Aspects», *CBJL*, vol. 6, **1981-82** (pp. 269-331).
– *Bank collections and payment transactions. A comparative legal analysis*, Oxford University Press, Oxford, **2001**.
GIANNATASIO, Carlo – «Incidenza del rischio per pagamento di assegno con firma falsa del traente», *BBTC*, anno XXI, II, **1958** (pp. 209-213).
GIANNANTONIO, Etore – *Transferimenti elettronici dei fondi e autonomia privata*, Giuffrè, Milano, **1986**.
GIBB, Alistair – «The Earliest Printed Cheques», *The Royal Bank of Scotland Review*, 153, March **1987** (pp. 53-57).
GILBART, James William – *A Practical Treatise on Banking*, 4ª ed., **1836**, *apud* LORD CHORLEY, *The Law of Contract in relation to the Law of Banking*, Gilbart Lectures on Banking, King's College, London, 1964.
GILLETTE, Clayton P. / Alan SCHWARTZ / Robert E. SCOTT – *Payment Systems and Credit Instruments*, Foundation Press, Westbury, New York, **1996**.

842        *Cheque e Convenção de Cheque*

GILISSEN, John – *Introdução histórica ao Direito* (trad. de «Introduction historique au Droit», Bruyant, Bruxelles, 1979, por A. M. Hespanha e L. M. Macaísta Malheiros), Fundação Calouste Gulbenkian, Lisboa, **1986**.

GIORGIANNI, Francesco / Carlo-Maria TARDIVO – *Diritto Bancario. Banche, Contratti e Titoli Bancari*, Giuffrè, **2006**.

GOMES, Fernando J. CORREIA – *A responsabilidade civil dos bancos pelo pagamento de cheques falsos ou falsificados*, Vislis, Lisboa, **2004**.

GOMES, JÚLIO Manuel Vieira – *Conceito de enriquecimento, o enriquecimento forçado e os vários paradigmas do enriquecimento sem causa*, Universidade Católica Portuguesa, Porto, **1998**.

GOMES, Manuel JANUÁRIO DA COSTA – *Em tema de revogação do mandato civil*, Almedina, Coimbra, **1989**.

    – *Contrato de mandato*, AAFDL, Lisboa, **1990**.

GOMES, NOEL – *Segredo Bancário e Direito Fiscal*, Almedina, Coimbra, **2006**.

GOMES, ORLANDO – *Contratos*, 7ª ed., Forense, Rio de Janeiro, **1979**.

GÓMEZ LEO, Osvaldo R. – *Cheques. Comentario de las leyes 24.452 y 24.760*, 2ª ed., Depalma, Buenos Aires, **1997**.

GONÇALVES, Luiz da CUNHA – *Comentário ao Código Comercial Português*, vol. II, Ed. José Bastos, Lisboa, **1916**.

GONÇALVES, MANUEL – «Responsabilidade civil resultante do pagamento de cheques falsificados», *RMP*, ano 10.º , n.º 39, Lisboa, **1989** (pp. 63-71).

GONÇALVES, PEDRO – *Regime Jurídico das Empresas Municipais*, Almedina, Coimbra, **2007**.       ●

GOODE, Roy M. – «Electronic Funds Transfer as an immediate payment system», in *Electronic Banking: the legal implications*, edit. por R. M. GOODE, The Institute of Bankers, Centre for Commercial Law Studies, London, **1985** (pp. 15-44).

    – *Commercial Law*, 2ª ed., Penguin, London, **1995** (existe 3ª ed., Lexis-Nexis Butterworths, 2004).

    – vd. também AA.VV.

GRAZIADEI, Gianfranco – «Convenzione d'assegno e conto corrente bancario», *BBTC*, anno XXXII, I, **1969**, pp. 149-177.

    – *La Convenzione d'Assegno*, Morano, Napoli, **1970**.

GRAZIANO, Sue Ganske – «Computerized stop payment orders under the U.C.C.: reasonable care or customer beware?», *CLJ*, vol. 90, n.º 9, **1985** (pp. 550-552).

GREENWALD, Douglas *al – The McGraw-Hill Dictionary of Modern Economics*, 2ª ed., McGraw-Hill Book Company, New York, **1973**.

GRUA, François – *Contrats Bancaires*, T.1, *Contrats de services*, Economica, Paris, **1990**.

    – *Les contrats de base de la pratique bancaire*, Litec, Paris, **2000**.

GUEDES, Agostinho CARDOSO – «A responsabilidade do banco por informações à luz do art. 485.º do Código Civil», *RDE*, XIV, **1988** (pp. 135-165).

GUEST, A. G. – *Chalmers and Guest on Bills of Exchange, Cheques and Promissory Notes*, 14ª ed., Sweet & Maxwell, London, **1991** (cit. CHALMERS and GUEST *on Bills of Exchange*, 14ª ed., cit., **1991**) (existe 16ª ed., 2005).

GUGGENHEIM, Daniel – *Les contrats de la pratique bancaire suisse*, 4ª ed., Georg Éditeur, Genève, **2000** (existe edição em língua alemã – *Die Verträge der schweizerischen Bankpraxis* – a 3ª ed., Schultess, Zürich, 1986).

GUIMARÃES, Maria RAQUEL – *As transferências electrónicas de fundos e os cartões de débito*. Alguns problemas jurídicos relacionados com asoperações de levantamento de numerário e de pagamento por meios electrónicos, Almedina, Coimbra, **1999**.

– «Algumas considerações sobre o Aviso n.º 11/2001 do Banco de Portugal, de 20 de Novembro, relativo aos cartões de crédito e de débito», *RFDUP*, ano I, **2004** (pp. 247-276).

HABICHT, Ruth Erika – *Der Checkvertrag und das Checkrecht* (Diss.), Zürich, Keller, Winterthur, **1956**.

HAMEL, Joseph / Gaston LAGARDE / Alfred JAUFFRET, *Droit Commercial*, t. 1, 1.º vol., 2ª ed. por Alfred Jauffret, Dalloz, Paris, **1980**.

HAPGOOD, Mark – *Paget's Law of Banking*, 13ª ed., LexisNexis / Butterworths, London/Edinburgh, **2007** (cit. PAGET's *Law of Banking*).

HARRELL, Alvin C. / Fred. H. MILLER – «The New UCC Articles 3 and 4: Impact on Banking Operations», *Consumer Finance Law Quarterly Report*, vol. 47 (n.º 3), **1993** (pp. 283-308).

– Vd. também MILLER.

HAWKLAND, William D. – *Commercial paper and Banking*, The Foundation Press, Westbury, New York, **1995**.

HEFERMEHL, Hendrik – *Allgemeine Geschäftsbedingungen der Banken (AGB-Banken)*. Funktion und wirtschaftliche Bedeutung für das Bankgeschäft, FritzKnapp, Frankfurt am Main, **1984**.

HEFERMEHL, Wolfgang – vd. BAUMBACH, Adolf.

HEINRICH, Gregor C. – *International initiatives towards harmonization in the field of funds transfers, payments, payment systems, and securities settlements*. Annotated Bibliography, *http://www.bis.org/forum/amresearch.htm*, Basel, Dezembro **2001** (parcialment actual. em Novembro **2006**).

HENRIQUES, Paulo Alberto VIDEIRA – *A desvinculação unilateral ad nutum nos contratos civis de sociedade e de mandato*, Coimbra Editora, **2001**.

HOLDEN, J. Milnes – «Relationship of Banker and Customer», *MLR*, vol.17, 1954, pp.467-471.

– *The History of Negotiable Instruments in English Law*, Athlone Press, London, **1955**.

844         *Cheque e Convenção de Cheque*

– *The Law and Practice of Banking*: vol.1. *Banker and Customer*, 5ª ed., Pitman, London, **1991**.

HOLZHAMMER, Richard – *Oesterreichisches Handelsrecht I – Allgemeines Handelsrecht und Wertpapierrecht*, 2ª ed., Springer, Wien/New York, **1982**.

HÖRSTER, Heinrich Ewald – «Sobre a formação do contrato segundo os arts. 217.º e 218.º , 224.º a 226.º e 228.º a 235.º do Código Civil», *RDE*, ano IX, n.ºˢ 1-2, **1983** (pp. 121-157).

– *A Parte Geral do Código Civil português. Teoria Geral do Direito Civil*, Almedina, Coimbra, **1992**.

HUECK, Alfred / Claus-Wilhelm CANARIS – *Recht der Wertpapiere*, 12ª ed., Franz Vahlen, München, **1986** [existe trad. espanhola, por Jesus Alfaro (*Derecho de los títulos-valor*, Ariel, Barcelona, 1988)].

IMMENGA, Ulrich – *El Mercado y el Derecho. Estudios de Derecho de la Competencia*, ed. e trad. de José Miguel Embid Irujo, Carmen Estevam de Quesada, Maria Lourdes Ferrando Villalba, Francisco González Castilla, Tirant Lo Blanch, Valência, **2001.**

JACOBI, Ernst – *Recht der Wertpapiere*, in AA.VV., *Ehrenbergs Handbuch* (Handbuch des gesamten Handelsrecht), vol. 4, Leipzig, **1917**.

– *Wechsel– und Scheckrecht* unter Berücksichtigung des ausländischen Rechts, (ed. póstuma), Walter de Gruyter, Berlin, **1955** (cit. JACOBI, *Wechsel– und Scheckrecht*, **1955**).

JÄGGI, Peter/ Jean Nicolas DRUEY/ Christoph VON GREYERZ – *Wertpapierrecht*, Helbing und Lichtenhahn, Basel/ Frankfurt am Main, **1985.**

JAMES, Jennifer – *Richardson's Guide to Negotiable Instruments*, 8ª ed., Butterworths, London, Dublin & Edinburgh, **1991**.

JEANTIN, Michel / Paul LE CANNU / Thierry GRANIER – *Droit commercial. Instruments de paiement et de crédit. Titrisation,* 7ª ed., Dalloz, Paris, **2005** (cit. JEANTIN/LE CANNU/GRANIER, *Droit commercial. Instruments de paiement et de crédit* cit., **2005**) [anteriormente apenas por Michel JEANTIN, incluindo a matéria da insolvência (P. ex., *Droit commercial. Instruments de paiement et de crédit. Entreprises en difficulté*, 3ª ed., Dalloz, Paris, 1992)].

JIMÉNEZ SÁNCHEZ, Guillermo J. – *Derecho Mercantil*, 2.º vol. (IV. Títulos-valores, V. Obligaciones y contratos mercantiles, VI. Derecho concursal mercantil, y VII. Derecho de la navegación), coord. por Guillermo J. JIMÉNEZ SÁNCHEZ, 11ª ed., Ariel, Barcelona, **2006**. Cfr. também AA.VV. e DÍAZ MORENO, Alberto.

– «La nueva regulación de los títulos Valores (Cinco años de vigência de la Ley Cambiaria)», AA.VV., *Perspectivas Actuales del Derecho Mercantil*, coord. por Fernando Sánchez Calero, Aranzadi, Pamplona, **1995** (pp. 39-75).

*Bibliografia citada* 845

JOOST, Detlev – «Die Verteilung des Risikos von Scheckfälschungen», *ZHR*, 153 Band, **1989** (pp. 237-269).

JORDAN, Robert L. / William D. WARREN – «Introduction to Symposium: Revised Articles 3 & 4 and New Article 4A», *AlaLRev*, vol.42, **1991** (pp. 373-403). – vd. WARREN, William D..

JORGE, Fernando PESSOA – *O mandato sem representação*, Ática, Lisboa, **1961** (existe reimp., Almedina, Coimbra, **2001**)[1650].

JUGLART, Michel de/ Benjamin IPPOLITO – *Traité de Droit Commercial*, T. 2 – *Les effets de commerce. Lettre de change, billet à ordre, chéque ...*, 3ª ed. por Jacques Dupichot e Didier Guével, Montchrestien, Paris, **1996** [anteriormente publ. sob a designação *Droit commercial*, 1.º vol., 2ª parte, *Effets deCommerce et Chèque*, 2ª ed., Montchrestien, Paris, 1977 (com adenda e actualização até Nov. 1981)].

– *Traité de Droit Commercial*, T. 7, *Banques et Bourses*, 3ª ed. por Lucien M. MARTIN, Montchrestien, Paris, **1991** (anteriormente publ. sob a designação *Droit commercial*, 4.º vol., *Banques et Bourses*, 2ª ed., Montchrestien, Paris, 1979).

KASSIS, Antoine – *Théorie générale des usages du commerce*, L.G.D.J., Paris, **1984**.

KILGUS, Sabine – *Haftung für Untershriftenfälschung im Bankverkehr und die Zulässigkeit ihrer Wegbedingung durch AGB*, Schultess, Zurich, **1988.**

KUHLENBECK, Ludwig – *Der Check. Seine wirtschafliche und juristische Natur*, C. L. Hirschfeld, Leipzig, **1890.**

KÜMPEL, Siegfried –•*Bank– und Kapitalmarktrecht*, 3ª ed., Dr. Otto Schmidt, Köln, **2004.**

KUNTZE – *Die Lehre von den Inhaberpapieren*, Leipzig, **1857,** *apud* PAULO SENDIN, *Letra de câmbio,* vol. I, **1980**.

LA LUMIA, Isidoro – *Corso di Diritto Commerciale*, Giuffrè, Milano, **1950**.

LAIDLAW, Andrew / Graham ROBERTS – *Law relating to Banking Services*, Bankers Books, London, **1990**.

LASKY, Harold – «The cashless society – reality or myth», *Law Institute Journal* (Victoria), vol.58, n.º 10, **1984** (pp. 1206-1207).

LAWRENCE, Lary – *An Introduction to Payment Systems*, Aspen Law & Business, New York, **1997**.

LEITÃO, Luís Manuel Teles de MENEZES – *O enriquecimento sem causa no Direito Civil*, Cadernos de Ciência e Técnica Fiscal (176), Centro de Estudos Fiscais, Lisboa, **1996.**

– «Informação bancária e responsabilidade», AA.VV., *Estudos em Homenagem ao Prof. Doutor Inocêncio Galvão Telles*, vol. II – Direito Bancário, Almedina, Coimbra, **2002** (pp. 225-244).

---

[1650] As citações são referidas à reimpressão (2001).

846  *Cheque e Convenção de Cheque*

– *Cessão de créditos*, Almedina, Coimbra, **2005**.
– *Garantias das Obrigações*, Almedina, Coimbra, **2005**.
– *Direito das Obrigações*, vol. I – Introdução. Da constituição das obrigações, 6ª ed., Almedina, Coimbra, **2007**, vol. II – Transmissão e Extinção das Obrigações. Não cumprimento e garantias de crédito, 5ª ed., Almedina, Coimbra, **2007**, vol. III – Contratos em especial, 4ª ed., Almedina, Coimbra, **2006**.

LEWIS, Arthur – *Banking Law and Practice*, Tudor, Wirral, **1998**.

L'HEUREUX, Nicole – *Le droit bancaire*, Ed. Revue de Droit Université de Sherbrooke, Sherbrooke, **1988**.

LIBCHABER, Rémy – *Recherches sur la monnaie en droit privé*, LGDJ, Paris, **1992**.

LIMA, PIRES DE /ANTUNES VARELA – *Código Civil Anotado*, vol. I, 4ª ed. (com a colab. de M. Henrique Mesquita), Coimbra Editora, Coimbra, **1987**.

LINGL, H. F. – «Risk allocation in International Interbank Electronic Fund Transfers: CHIPS & SWIFT», *HILJ*, vol.22, No. 1, **1981** (pp. 621-660).

LÖBER, Burckhardt / Witold PEUSTER – *Aktuelles spanisches Handels– und Wirtschaftsrecht*, Carl Heymanns, Frankfurt/Köln/Berlin/Bonn/München, **1991**.

LOPES, J. M. GAMEIRO – *Introdução ao Direito Bancário* (Cadernos de Direito Bancário – I), Vislis, Lisboa, **2000**.

LOPES-CARDOSO, Eurico – *Manual da Acção Executiva*, 3ª ed. (cit. reimp. 1987, IN-CM), Lisboa, **1964** (existe reimp. da Almedina de 1992).

LUÍS, ALBERTO – *Direito Bancário. Temas críticos e legislação conexa*, Almedina, Coimbra, **1985**.

MACAULAY, Wallace D. – *The liability of a banker on a cheque*, Tese L.L.M. (dactilografada), London, **1953**.

MACEDO, Manuel VILAR DE – *As Associações no Direito Civil*, Coimbra Editora, **2007**.

MACHADO, J. BAPTISTA – *Introdução ao Direito e ao Discurso Legitimador*, Almedina, Coimbra, **1983**.

MACHADO, Miguel PEDROSA – «Sigilo bancário e Direito Penal – Dois tópicos: caracterização de tipos legais de crimes e significado da extensão às contra-ordenações», AA.VV., *Sigilo Bancário*, Actas do Colóquio Luso-Brasileiro sobre Sigilo Bancário, IDB/Cosmos, Lisboa, **1997** (pp. 71-100).

– vd. também FERREIRA, Manuel CAVALEIRO DE

MADRAZO LEAL, Juan – *El depósito bancário a la vista*, Civitas, Madrid., **2001**.

MAIMERI, Fabrizio – «Servizi bancari: la cassa continua versamenti e la carta assegni, *BBTC*, anno LIV, I, **1991** (pp. 67-88).

MAIRATA LAVIÑA, Jaime/ Jorge GUZMÁN COSP – *Operaciones bancarias y su tratamiento legal*, 2ª ed., Hispano Europa, Barcelona, **1990**.

Bibliografia citada     847

MAJADA, Arturo – *Cheques y talones de cuenta corriente (en sus aspectos bancario, mercantil y penal)*, Bosch, Barcelona, **1983**.

MALAFAIA, JOAQUIM – «O segredo bancário como limite à investigação criminal», *ROA*, ano 59, I, **1999** (pp. 413-445).

MALAGUTI, Maria Chiara – *The payments system in the European Union Law and Practice*, Sweet & Maxwell, London, **1997**.

MANN, Ronald J. – *Payment systems and other financial transactions: cases, materials and problems*, Aspen Law & Business, Gaithersburg / New York, **1999**, e também a 3ª ed., Aspen Publishers, Gaithersburg / New York, **2006**.

MARCELINO, AMÉRICO – «O cheque pós-datado e outros menos comuns», *RMP*, n.º 37, **1989** (pp. 75-86).

MARINA GARCIA-TUÑON, ANGEL – *La responsabilidade por el pago de cheque falso ou falsificado*, Lex Nova, Vallodolid, **1993**.

MARQUES, J. P. REMÉDIO – *Curso de Processo Executivo Comum à Face do Código Revisto*, Almedina, Coimbra, **2000**.

MARQUES, José DIAS – *Prescrição extintiva*, Coimbra Editor, **1953**.
   – *Noções elementares de Direito Civil*, 7ª ed. (com a colab. de Paulo de Almeida), do autor, Lisboa, **1992**.

MARTINEZ, Pedro ROMANO – *Da cessação do contrato*, 2ª ed., Almedina, Coimbra, **2006**.

— / Pedro FUZETA DA PONTE – *Garantias de cumprimento*, 5ª ed., Almedina, Coimbra, **2006**.

MARTORANO, Federico – *Titoli di credito, titoli non dematerializzatti*, 4ª ed., *Trattado diDiritto Civile e Commerciale* dir. por Antonio Cicu, Francesco Messineo e Luigi Mengoni, actual. por Piero Schlesinger, Giuffrè, Milano, **2002** [Constitui o desenvolvimento da obra anteriormente publ. com autonomia sob a designação *Titoli di credito* (3ª ed., Giuffrè, Milano, 1997)].

MASLING, Heinrich – *Wesen und Inhalt des Scheckvertrages* (Inaugural-Dissertation zur Erlangung der juristischen Doktorwürde der Rechts– u. Staatswissenschaftlichen Fakultät an der Westfälischen Wilhelmus-Universität zu Münster i. W.), Münster, **1919**.

MATEO HERNÁNDEZ, Jose Luis – *El dinero electrónico en internet. Aspectos técnicos y jurídicos*, Comares, Granada, **2005**.

MATEU DE ROS, Rafael – «La contratación bancaria telefónica», AA.VV., *Contratos bancarios*, Colegios Notariales de España, Madrid, s/d (mas dep. legal de 1996) (pp. 25-58).

MATIAS, Armindo SARAIVA – *Direito Bancário*, Coimbra Editora, **1998**.
   – «Regime sancionatório em Direito Bancário», *ROA*, ano 62, II, **2002** (pp. 605-619).

MEGRAH, Maurice – *The Banker's Customer*, 2ª ed., Butterworth, London, **1938**.

848         *Cheque e Convenção de Cheque*

MEIER-HAYOZ, Arthur / Hans Caspar VON DER CRONE – *Wertpapierrecht*, Stämpfli, Bern, **1985**.

MENDES, EVARISTO – «O actual sistema de tutela da fé pública do cheque», *DJ*, vol. XIII, t. 1, **1999** (pp. 199-254).

– «Crime. Crime de emissão de cheque sem provisão. Inconstitucionalidade», *RDES*, ano XXXX (XIII da 2ª Série), n.ᵒˢ 2 e 3, **1999** (pp. 157-263) (existe sep.).

– «Aval e fiança gerais», *DJ*, vol, XIV, t.1, **2000** (pp. 149-169) (existe sep.).

– vd. também SENDIN, PAULO

MENDES, João de CASTRO – *Introdução ao Estudo do Direito*, ed. póstuma (org. por Victor Manuel Pereira de Castro, Danúbio, Lisboa, **1984**.

MEYER-CORDING, Ulrich / Tim DRYGALA – *Wertpapierrecht,* 3ª ed., Luchterhand, Neuwied/Kriftel/Berlin, **1995** (2ª ed. apenas por MEYER-CORDING, Alfred Metzner, Frankfurt, 1990).

MICHELI, Gian Antonio / Georgio DE MARCHI – «Assegno bancario» – Diritto Privato», in AA.VV., *Enciclopedia del Diritto*, vol. III, Giuffrè, Milano, **1959** (pp. 299-348) (cit. MICHELI/DE MARCHI, «Assegno bancario», *EncD*, **1959**).

– «Assegno circolare», in AA.VV., *Enciclopedia del Diritto*, vol. III, Giuffrè, Milano, **1959** (pp. 352-367) (cit. MICHELI/DE MARCHI, «Assegno circolare», *EncD*, **1959**).

MILLER, Fred H. /Alvin C. HARRELL – *The Law of Modern Payment Systems*, 6ª ed., Thomson / West, St. Paul, Minn., **2003**.

MIRANDA, JORGE – «Emissão de cheques sem provisão – Obrigatoriedade de pagamento pelo sacado – Inconstitucionalidade da Lei n.º 30/91, de 20 de Julho», *RB* n.º 20, **1991** (pp. 73-85).

MIRANDA, PONTES DE – *Tratado de Direito Privado*, Parte especial, t.XXXVII (Direito das Obrigações: Negócios jurídicos unilaterais. Direito cambiariforme. Cheque. Direito extracambiariforme. Direito internacional cambiário e cambiariforme), 3ª ed. (reimp.), Ed. Borsoi, Rio de Janeiro, **1972**.

MITCHELL, DAVID – «The check is in the data pipeline?», *Chicago DailyLaw Bulletin*, February 13, **2006**, p. 3.

MITCHELL, L.M. – *Le Chèque dans les Pays Anglo-Saxons*, Rousseau & Co, Ed., Paris, **1927**.

MOLLE, Giacomo – *I titoli di credito bancari*, Giuffrè, Milano, **1972**.

– *I contrati bancari* (Trattato di Diritto Civile e Commerciale Cicu-Messineo, vol. XXXV, t. 1), 4ª ed., Giuffrè, Milano, **1981**.

— / Luigi DESIDERIO, *Manuale di Diritto Bancario*, 7ª ed., Giuffrè, Milano, **2005**. Inicialmente da autoria exclusiva de MOLLE e a partir da 3ª ed. (1987) com actualização e ampliação de DESIDERIO.

– vd. também COLAGROSSO/MOLLE.

MONCADA, LUÍS S. CABRAL DE – *Direito Económico*, 5ª ed., Coimbra Editora, **2007**.

MONIZ, HELENA Isabel Gonçalves – *Crime de falsificação de documentos. Da falsificação intelectual e da falsidade em documento*, Almedina, Coimbra, **1993**.

– «Dos crimes de falsificação», AA.VV., *Comentário Conimbricense do Código Penal, Parte Especial*, Tomo II *(Artigos 202.º a 307.º )*, dir. por Jorge de Figueiredo Dias, Coimbra Editora, **1999** (pp. 662-736).

MONTEIRO, António PINTO – *Sumários de Introdução ao Estudo do Direito* (de harmonia com as lições proferidas pelo Prof. Doutor Castanheira Neves), Polic., Universidade de Coimbra, **1978**.

MONTEIRO, Fernando CONDE – «Concurso entre o Crime de Falsificação e o de Emissão de Cheque sem Cobertura (Anotação)», *SI*, t. XLVII (n.ᵒˢ 271/ /273), **1998** (pp.97-108).

MONTEIRO, Jorge Ferreira SINDE – *Responsabilidade por conselhos, recomendações ou informações*, Almedina, Coimbra, **1989**.

MONTEIRO, LUÍS MIGUEL – «A operação de levantamento automático de numerário», *ROA*, ano 52, I, **1992** (pp. 123-168).

MONTOYA ALBERTI, Hernando – «Sanción penal del cheque», *Revista de Derecho y Ciências Políticas*, vols. 35 (pp. 233-302) e 36, n.º 2 (pp. 331-390), Lima, **1971/1972**.

MOREIRA, GUILHERME Alves – *Instituições de Direito Civil português*, vol. II – Das Obrigações, França Amado, Coimbra, **1911** [existe 2ª ed. (póstuma por Domingos Luisello Alves Moreira), Coimbra Editora, Coimbra, 1925].

MORGAN, Richard J. • *Guide to Australian Cheque Law*, CCH Australian Ltd, Sydney, **1987**.

MOSSA, Lorenzo – *Trattato della Cambiale*, 3ª ed., Padova, CEDAM.

MOTOS GUIRAO, Miguel – vd. AA.VV., *Títulos-valores: la letra de cambio, el pagaré y el cheque*, estudos em homenagem a Miguel Motos Guirao, org. por Torrecillas López, Comares, Granada, **1993**, e ANGULO RODRÍGUEZ, LUIS.

MOXICA ROMÁN, José – *La Cuenta Corriente Bancaria. Análisis de Doctrina y Jurisprudencia. Formularios*, Aranzadi, Pamplona, **1997**.

– *Lei Cambiaria y del Cheque. Análisis de Doctrina y Jurisprudência*, 5ª ed., Pamplona, Aranzadi, **1997**.

MUCKE, Jörg – *Die Haftung der Bank für zwischengeschaltete Banken* im Überweisungsverkehr und bei weiteren Bankgeschäften, C.H. Beck, München, **2004**.

MUÑOZ MARTÍN, Noemí – «La irrevocabilidad del cheque», AA.VV., *Estudios Jurídicos en Homenaje al Profesor Aurelio Menéndez*, t. I – Introducción y títulos-valor, Cívitas, Madrid, **1996** (pp. 1293-1320).

NAMORADO, RUI – *Introdução ao Direito Cooperativo. Para uma expressão jurídica da cooperatividade*, Almedina, Coimbra, **2000**.

850          *Cheque e Convenção de Cheque*

NETO, Francisco AMARAL – «O sigilo bancário no Direito brasileiro», AA.VV., *Sigilo Bancário*, Actas do Colóquio Luso-Brasileiro sobre Sigilo Bancário, IDB/Cosmos, Lisboa, **1997** (pp. 61-70).

NETO, José Ferraz de FREITAS – «Algumas considerações sobre o novo regime penal do cheque (Súmula extraída de várias decisões processuais)», *CJ*, ano XVII, t. III, **1992** (pp. 81-83).

NICKLES, Steve H. / John H. MATHESON/ Edward S. ADAMS – *Modern Commercial Paper: the new law of negotiable instruments (and related commercial paper)*, West Publishing Co, St. Paul, Minn., **1994**.

     – Vd. também EPSTEIN e SPEIDEL.

NORA, SAMPAIO E – vd. VARELA, João de Matos ANTUNES.

NUNES, Fernando CONCEIÇÃO – *Direito Bancário*, vol. I (Lições Polic.), AAFDL, Lisboa, **1994.**

     – «Os deveres de segredo profissional no Regime Geral das Instituições de Crédito e Sociedades Financeiras», *RB*, 29 (Janeiro/Março), **1994** (pp. 39-63).

     – «Recepção de Depósitos e/ou Outros Fundos Reembolsáveis», AA.VV, *Direito Bancário*. Actas do Congresso Comemorativo do 150.º aniversário do Banco de Portugal, Supl. da RFDUL, Coimbra Editora, **1997** (pp. 43-65).

     – «O porta-moedas electrónico», *in* AA.VV., *Estudos de Direito Bancário*, FDUL / Coimbra Editora, **1999** (pp. 213-240).

     – «Depósito e Conta», AA.VV., *Estudos em Homenagem ao Prof. Doutor Inocêncio Galvão Telles*, vol. II – Direito Bancário, Almedina, Coimbra, **2002** (pp. 67-88).

OLAVO, CARLOS – «O Contrato de Desconto Bancário», AA.VV., *Estudos em Homenagem ao Prof. Doutor Inocêncio Galvão Telles*, vol. II – Direito Bancário, Almedina, Coimbra, **2002** (pp. 427-485).

OLAVO, FERNANDO – *Abertura de crédito documentário*, ed. autor, Lisboa, **1952**.

     – *Desconto Bancário*, ed. autor, Lisboa, **1955**.

     – *Direito Comercial*, vol. II, 2ª parte, fasc. I – *Títulos de Crédito em Geral*, 2ª ed., Coimbra Editora, **1978** (existe reimp. de 1983) (tb cit. apenas *Títulos de Crédito em Geral*, 2ª ed., **1978**).

OTERO, PAULO – *Lições de Introdução ao Estudo do Direito*, I vol., 2.º tomo, ed. autor, Lisboa, **1999**.

PAGET, Sir John / Mark HAPGOOD – *Paget's Law of Banking*, 13ª ed. por Mark HAPGOOD, LexisNexis / Butterworths, London/Edinburgh, **2007** (cit. PAGET's *Law of Banking*, **2007**).

PALMER, VERNON Valentine – vd. BUSSANI, MAURO

PARTHASARATHY, M. S. – *Cheques in Law and Practice*, Tripathi, Bombay, **1969**.

PATRÍCIO, José SIMÕES – *Direito do crédito. Introdução*, Lex, Lisboa, **1994**.

     – *A operação bancária de depósito*, Elcla Ed., Porto, **1994**.

# Bibliografia citada

– «Serviços mínimos bancários», AA.VV., *Direito dos Valores Mobiliários*, Instituto dos Valores Mobiliários, Coimbra Editora, **2003** (pp. 219-248).

– *Direito Bancário Privado*, Quid Juris, Lisboa, **2004**.

PAÚL, Jorge PATRÍCIO – «O sigilo bancário. Sua extensão e limites no Direito português», *RB*, n.º 12, 1989, pp. 71-96.

PAÚL, Jorge PATRÍCIO – «O sigilo bancário e a sua relevância fiscal», *ROA,* ano 62, II, **2002** (pp. 573-603).

PELLIZZI, Giovanni Luigi – «Rapporti fra portatore e trattario dell'assegno bancario», *FP*, 1948 (vol. III), cols. 499-506.

– *L'assegno bancario*, vol. 1, CEDAM, Padova, 1964.

– Vd. também AA.VV., *I titoli di credito*.

— / Giulio PARTESOTTI – *Commentario breve alla legislazione sulla cambiale e sugli assegni* (Breviaria Juris a cura di G. Cian e A. Trabucchi), 3ª ed. (com a colab. de Diego Manente, Sabina Patrignani, Gianni Solinas e Alberto Urbani), CEDAM, Padova, **2004**. Cfr. Leis e Códigos Anotados.

PENNEY, Norman – vd. BAKER, Donald I.

PERCEROU, J. / J. BOUTERON – *La nouvelle Législation française et internationale de la Lettre de Change, du Billet a Ordre et du Chèque*, II – *Chèque*, Sirey, Paris, **1951**.

PEREIRA, Carlos FREDERICO GONÇALVES, «Cartões de crédito», *ROA*, ano 52, II, **1992** (pp. 355-416).

PÉREZ-SERRABONA GONZÁLEZ, José Luis/ Luis Miguel FERNÁDEZ FERNÁNDEZ – *La tarjeta de crédito*, Comares, Granada, **1993**.

PÉROCHON, Françoise / Régine BONHOMME – *Entreprises en difficulté – Instruments de crédit et de paiement*, 7ª ed., L.G.D.J., Paris, **2006**.

PIEDELIÈVRE, Stéphane – *Instruments de crédit et de paiement*, 4ª ed. Dalloz, Paris, **2005**.

– *Droit bancaire*, PUF, Paris, **2003**.

PIERI, Silvio – *L'assegno*, Utet, Torino, **1988** (existe 2ª ed., de 1998).

PIMMER, Herbert – *Wechselgesetz und Scheckgesetz*, 9ª ed., Manzsche, Wien, **1992**.

PINA, Carlos COSTA – *Créditos Documentários*. As regras e Usos Uniformes da Câmara de Comércio Internacional e a Prática Bancária, Coimbra Editora, **2000**.

– *Instituições e Mercados Financeiros*, Almedina, Coimbra, **2005**.

PINA VARA, Rafael de – *Teoria y Práctica del cheque*, 2ª ed., Editorial Porrúa, Mexico, **1974**.

PINTO, António Augusto TOLDA – «Regime jurídico do cheque sem provisão», *SI*, T. XLVI, **1997** (pp. 265-314).

– *Cheques sem provisão. Sua relevância penal. Regime jurídico anotado*, Coimbra Editora, **1998**.

852         *Cheque e Convenção de Cheque*

PINTO, Carlos Alberto da MOTA – *Cessão da posição contratual*, Atlântida, Coimbra, **1970**.
– *Teoria Geral do Direito Civil*, 4ª ed. (por António Pinto Monteiro e Paulo Mota Pinto), Coimbra Editora, **2005**.

PINTO, PAULO MOTA – *Declaração tácita e comportamento concludente no negócio jurídico*, Almedina, Coimbra, **1995**.

PIRES, JOSÉ MARIA – *Direito Bancário*, 2.º vol., *As operações bancárias*, Rei dos Livros, Lisboa, s/d (mas depósito legal de **1995**).
– *O dever de segredo na actividade bancária*, Rei dos Livros, Lisboa, **1998**.
– *O cheque*, Rei dos Livros, Lisboa, **1999**.
– *Elucidário de Direito Bancário*. As Instituições Bancárias. A actividade Bancária, Coimbra Editora, **2002**.

PONTE, Pedro FUZETA DA – *Da problemática da responsabilidade civil dos bancos decorrente do pagamento de cheques com assinaturas falsificadas*, sep. da *RB*, n.º 31, **1994** (pp. 65-81).
– Cfr. também MARTINEZ, Pedro ROMANO.

PORZIO, Mário – «Il conto corrente bancário, il deposito e la concessione di credito», AA.VV, *Trattato di Diritto Privato* (dir. por Pietro RESCIGNO), vol. 12 – *Obbligazioni e contratti*, t. IV, UTET, Torino, **1985** (pp. 857-940). Cfr. também AA.VV.

POWELL, T. Ellis – *The evolution of the money market (1385-1915)*, The Financial News, London, **1915**.

PROENÇA, José Carlos BRANDÃO – *A resolução do contrato no direito civil. Do enquadramento e do regime*, Coimbra Editora, **1996** (publ. inicialmente, sob o mesmo título, Universidade de Coimbra, 1982**)**.

PUTMAN, Emmanuel – *Droit des affaires,* Tomo 4. *Moyens de paiement et de crédit*, PUF, Paris, **1995**.

RAJANAYAGAM, M. J. L. – *The Law of Negotiable Instruments in Australia*, 2ª ed. (por Brian Conrick), Butterworths, Sydney/Adelaide/Brisbane/Canberra/Hobart/Melbourne/Perth, **1989**.

RAMALHO, Rosário PALMA – *Sobre a dissolução das sociedades anónimas*, AAFDL, Lisboa, **1989**.

RAMOS Herranz, Isabel – *El pago del cheque. Diligencia y responsabilidad del banco*, Tecnos, Madrid, **2000**.

RAMOS, Maria CÉLIA – «O sigilo bancário em Portugal – Origens, evolução e fundamentos», AA.VV., *Sigilo Bancário*, Actas do Colóquio Luso-Brasileiro sobre Sigilo Bancário, IDB/Cosmos, Lisboa, **1997** (pp. 115-137).

RAPOSO, AMÁVEL – «Alguns aspectos jurídicos dos pagamentos através das caixas automáticas: responsabilidade civil e prova», *BMJ* n.º 377, **1988** (pp. 5-31).

REGO, Carlos Francisco de Oliveira LOPES DO – *Comentários ao Código de Processo Civil*, vol. I, 2ª ed., Almedina, Coimbra, **2004**.

REIS, José ALBERTO DOS – *Dos títulos ao portador*, França Amado, Coimbra, **1899**.
– *Código de Processo Civil Anotado*, vol. I, 3ª ed., Coimbra Editora, Coimbra, **1948**.

RENDA, Benedetto – «I titoli di credito bancari», AA.VV, *Trattato di Diritto Privato* (dir. por Pietro RESCIGNO), vol. 13 – *Obbligazioni e contratti*, t. V, UTET, Torino, **1985** (reimp. 1986) (pp. 629-856). Cfr. também AA.VV..

RESTIFFE, PAULO Sérgio / Paulo RESTIFFE NETO – *Lei do cheque*, 4ª ed., Ed. Revista dos Tribunais, São Paulo, **2000**.

RESTUCCIA, Giuseppe – *La carta di credito nell'ordinamento giuridico italiano e comunitario*, Giuffrè, Milano, **1999** (constitui uma nova edição da obra *La carta di credito come nuovo mezzo di pagamento*, Giuffrè, Milano, **1988**).

REUTHER, Kurt – *Der Scheckvertrag* (Inaugural-Dissertation zur Erlangung der Doktorwürde bei der Juristischen Fakultät der Universität Leipzig), Böttcher und Neumerkel, Crimmitschau, **1913**.

RIBEIRO, Joaquim de SOUSA – *O problema do contrato*. As cláusulas contratuais gerais e o princípio da liberdade contratual, Almedina, Coimbra, **1999**.

RIBEIRO, José António PINTO / RUI PINTO DUARTE – *Dos Agrupamentos Complementares de Empresas*, CadCTF (118), Lisboa, **1980**.

RICHARDI, Reinhard – *Wertpapierrrecht*, C.F.Müller, Heidelberg, **1987**.

RICHARDSON – vd. JAMES, Jennifer.

RIPERT, Georges / René ROBLOT – *Traité de Droit Commercial, t. 2*, 14ª ed. (por Philippe Delebecque e Michel Germain), LGDJ, Paris, **1994** (existe 16ª ed., 2000). •

RIVES-LANGE, Jean Louis / Monique CONTAMINE-RAYNAUD – *Droit bancaire*, 6ª ed., Dalloz, Paris, **1995**.

RIVOIRE, JEAN – *História da banca*, trad. do original (*Histoire de la banque*) por Maria A. Garcez Marques, RésEditora, Porto, **s/d**.

RIZZARDO, ARNALDO – *Contratos de Crédito Bancário*, 5ª ed., Revista dos Tribunais, São Paulo, **2000**.

ROBERTSON, Patricia – vd. SMITH, Marcus e BRINDLE and COX (edit.) *Law of Bank Payments*, FT Law & Tax, London, **1996** (existe 3ª ed., Sweet & Maxwell, 2004).

ROCHA, MARIA VITÓRIA – «A imputação objectiva na responsabilidade contratual», *RDE*, ano XV, **1989** (pp. 31-103).

RODRIGUES, José Manuel Vieira CONDE – *A letra em branco*, AAFDL, Lisboa, **1989**.

RODRIGUES, Nuno MADEIRA – *Das Letras: Aval e Protesto*, 2ª ed., Almedina, Coimbra, **2005**.

RODRIGUEZ, Joaquin RODRIGUEZ – *Curso de Derecho Mercantil*, 19ª ed., ts. I e II, Ed. Porrua, Mexico, **1988**.

ROGERS, James Steven – *The Early History of the Law of Bills and Notes. A study of the origins of Anglo-american Commercial Law*, Cambridge University Press, Cambridge, **1995**.

ROQUE, SEBASTIÃO José – *Títulos de crédito*, Ícone Ed., São Paulo, **1997**.

ROOVER, Raymond DE –. vd. DE ROOVER, Raymond.

ROSA, Antonio PAVONE LA – «Gli usi bancari», *BBTC*, anno XL, **1977** (pp. 1-30).

ROTH, Günter H. – *Grundrib des österreichischen Wertpapierrechts*, Manzsche, Wien, **1988**.

ROUTIER, Richard – *La responsabilité du banquier*, L.G.D.J., Paris, **1997**.

— *Obligations et responsabilités du banquier*, Dalloz, Paris, **2005**.

RUBIN, Edward L. – «Efficiency, Equity and the Proposed Revision of Articles 3 and 4», *AlaLRev*, vol. 42 (n.º 2), **1991** (pp. 551-593).

— / Robert COOTER – *The Payment System. Cases, materials and Issues*, 2ª ed., West Publishing Co., St. Paul, Minn., **1994**.

RUBIO, Jesus – *Derecho Cambiario*, ed. autor, Madrid, **1973**.

RUSSEL, F. A. A. – *The law relating to Banker and Customer in Australia*, 3ª ed., The Law Book Co. of Australasia, Sydney/Melbourne/Brisbane, **1935**.

RUSSEL, Mark – *Introduction to New Zeland Banking Law*, 2ª ed., Law Book Co., Sydney, **1991**.

RYN, Jean VAN / Jacques HEENEN – *Principes de Droit Commercial*, t. 3, 2ª ed., Bruylant, Bruxelles, **1981**; t. 4, 2ª ed., 1988.

SÁ, Fernando Augusto CUNHA DE – «Modos de extinção das obrigações», in AA.VV., *Estudos em Homenagem a Professor Doutor Inocêncio Galvão Teles*, vol. I, Almedina, Coimbra, **2002** (pp. 171-262).

SAMPAIO, J.M. GONÇALVES – *A prova por documentos particulares, na doutrina, na lei e na jurisprudência*, 2ª ed., Almedina, Coimbra, **2004**.

SANCHES, José Luís SALDANHA – «A situação actual do sigilo bancário: A singularidade do regime português», AA.VV., *Estudos de Direito Bancário*, FDUL / Coimbra Editora, **1999** (pp. 361-373).

SÁNCHEZ GOMEZ, Amelia – *El sistema de tarjeta de crédito,* Comares, Granada, **2006**.

SÁNCHEZ CALERO, Fernando – «Condiciones generales en los contratos bancários», AA.VV., *Contratos bancarios*, Colegios Notariales de España, Madrid, s/ d (mas dep. legal de 1996) (pp. 307-333).

— / Juan SÁNCHEZ CALERO GUILARTE – *Instituciones de Derecho Mercantil II*, 29ª ed., Thomson / Aranzadi, Navarra, **2006**.

SANTIAGO, RODRIGO – «Sobre o segredo bancário – uma perspectiva jurídico--criminal e processual penal», *RB*, 42, (Abril – Junho) **1997** (pp. 23-76).

SANTOS, António FURTADO DOS – «O Cheque – Sua difusão e protecção penal», *BMJ* 54, **1956** (pp. 335-347).

SANTOS, Filipe CASSIANO DOS – «Dissolução e liquidação administrativa de sociedades», AA.VV., *Reformas do Código das Sociedades*, IDET, Colóquios n.º 3, Almedina, Coimbra, **2007** (pp. 139-162).

SANTOS, Rita COELHO – *O tratamento jurídico-penal da transferência de fundos monetários através da manipulação ilícita dos sistemas informáticos*, BFDUC, Coimbra Editora, Coimbra, **2005**.

SCHIMANSKY, Herbert / Hermann-Josef BUNTE / Hans-Jürgen LWOWSKI – *Bankrechts--Handbuch*, vol. I, 2ª ed., org. por Herbert SCHIMANSKY, Hermann-Josef BUNTE e Hans-Jürgen LWOWSKI, C. H. Beck, München, **2001** (cit.: SCHIMANSKY *et al., Bankrechts-Handbuch*, I, 2ª ed. cit., **2001**). Cfr. também AA.VV.

SCHMIDT, KARSTEN – *Handelsrecht*, 5ª ed., Carl Heymanns, Köln/Berlin/Bonn/ München, **1999**.

SCHÖNE, Heinz W. – *Die Rechte des Scheckinhabers gegen den Bezogenen nach französischen und deutschem Recht und ihre Bedeutung für die Zahlungsmittelfunktion des Schecks* (Dactil.), Mainz, **1975**.

SCHWINTOWSKI, Hans-Peter / Frank A. SCHÄFER – *Bankrecht. Commercial Banking – Investment Banking*, 2ª ed., Carl Heymanns, Köln/Berlin/Bonn/München, **2004** (SCHWINTOWSKI/SCHÄFER, *Bankrecht*, 2ª ed. cit., **2004**).

SEALY, Len S. / Richard J. A. HOOLEY – *Commercial Law. Text, Cases and Materials*, 3ª ed., LexisNexis Butterworths, Cambridge, **2003**.

SEBBANESCO, Nicolas – «El cheque postal como medida de pago», *Anales de Economía*, vol. XVI, **1956** (pp. 323-333).

SECRETO, Antonio / Aldo CARRATO – *L'assegno*, 3ª ed., Giuffrè, Milano, **2007** (cit.: SECRETO/CARRATO, *L'assegno*, 3ª ed. cit., **2007**).

SEDATIS, Lutz – *Einführung in das Wertpapierrecht*, Walter de Gruyter, Berlin/ New York, **1988**.

SEGORBE, BEATRIZ – «A transferência bancária, a moeda escritural e a figura da delegação», *RB*, 52, Julho/Dezembro **2001** (pp. 79-125).

SEMO, Giorgio DE – vd. DE SEMO, Giorgio.

SENDIN, PAULO Melero – *Letra de câmbio. LU de Genebra, I – Circulação cambiária*, Almedina, Coimbra, **1980** (cit.: PAULO SENDIN, *Letra de câmbio*, vol. I, **1980**).

– *Letra de câmbio. LU de Genebra, II – Obrigações e garantias cambiárias*, Almedina, Coimbra, **1982** (cit.: PAULO SENDIN, *Letra de câmbio*, vol. II, **1982**).

— / EVARISTO MENDES – *A natureza do aval e a questão da necessidade ou não de protesto para accionar o avalista do aceitante*, Almedina, Coimbra, **1991.**

– *Colectânea de Legislação Comercial*, Tomo VI – *Letras e Livranças, Cheque, Extracto de Factura e Crédito Documentário*, 2ª ed., Almedina, Coimbra, **2001.**

SERENS, Manuel Couceiro NOGUEIRA – «Natureza jurídica e função do cheque», *RB*, n.º 18, **1991** (pp. 99-131).

– Vd. também CAEIRO, ANTÓNIO

SERRA, Adriano Paes da Silva VAZ – «Dação em função do cumprimento e dação em cumprimento», *BMJ* 39, **1953** (pp. 25-57).

– «Títulos de Crédito», *BMJ* 60 (pp. 3-353) e 61 (pp. 5-354), **1956**.

856 *Cheque e Convenção de Cheque*

– «Responsabilidade do devedor pelos factos dos auxiliares dos representantes legais ou dos substitutos», *BMJ* 72, **1958** (pp. 259-303).

SERRA, CATARINA – «As novas tendências do Direito Português da Insolvência – Comentário ao regime dos efeitos da insolvência sobre o devedor no projecto de Código da Insolvência», AA.VV., *Estudos em comemoração do 10.º aniversário da licenciatura em direito da Universidade do Minho*, org. por António Cândido de Oliveira, Coimbra, Almedina, **2004** (pp. 203-228).

– *O novo regime português da insolvência. Uma introdução*, Almedina, Coimbra, **2004**.

SHARROCK, Robert / Michael KIDD – *Understanding Cheque Law*, Juta, Cape Town/Wetton/ Johannesburg, **1993**.

SHAVEL, Michael J. – «Cash equivalents and the stop payment order», *Ohio Northern University Law Review*, vol. XVI (n.º 4), **1989**, pp. 691-716.

SIDOU, J.M. OTHON – *Do Cheque*, 3ª ed., Forense, Rio de Janeiro, **1986.**

SILVA, Ana PAULA COSTA E – *A Reforma da Acção Executiva*, Coimbra Editora, Coimbra, **2003**.

SILVA, GERMANO MARQUES DA – «Do regime penal do cheque sem provisão», *DJ*, vol. V, **1991** (pp. 173-197) (existe sep.).

– «Regime penal do cheque sem provisão: anotação dos artigos 11.º , 12.º e 13.º do Decreto-Lei n.º 454/91, de 28 de Dezembro», *Crimes de emissão de cheque sem provisão* (Quatro estudos), Universidade Católica Editora, Lisboa, **1995** (pp. 37-76).

– *Crimes de Emissão de Cheque sem Provisão* (Quatro Estudos), Universidade Católica Editora, Lisboa, **1995**.

– *Regime Jurídico-Penal dos Cheques sem Provisão*, Principia, Lisboa, **1997**.

– *Direito Penal Português, Parte Geral,* II – *Teoria do crime*, 2ª ed., Verbo, Lisboa, **2005**.

– «Segredo bancário: da tutela penal na legislação portuguesa», *DJ*, XII, T. 2, **1998** (pp. 31-58).

– «O novo regime legal do cheque sem provisão», AA.VV., *Novo regime penal do cheque sem provisão*, Instituto de Direito Bancário, Lisboa, **1999** (pp. 61-77).

– «Proibição de pagamento do cheque (Da necessária articulação da Lei Uniforme relativa ao Cheque, do Regime Jurídico do Cheque sem Provisão e do Regulamento do Sistema de Compensação Interbancária», AA.VV., *Estudos em Homenagem ao Prof. Raul Ventura*, vol. II, FDUL, Coimbra Editora, **2003** (pp. 81-101).

— / ISABEL C. Mota MARQUES DA SILVA – «Sobre a admissibilidade de empresas privadas de centralização de informações sobre riscos de crédito (no âmbito das instituições de crédito e sociedades financeiras», *RB*, 44 (Outubro / Dezembro) **1997** (pp. 21-50).

SILVA, João CALVÃO DA – *Responsabilidade Civil do Produtor*, Almedina, Coimbra, **1990**.
  – *Direito Bancário*, Almedina, Coimbra, **2001**.
  – «Mandato de crédito e carta de conforto», *in* AA.VV., *Estudos em Homenagem ao Prof. Doutor Inocêncio Galvão Telles*, vol. II – Direito Bancário, Almedina, Coimbra, **2002** (pp. 245-264).
  – *Banca, Bolsa e Seguros*. Direito Europeu e Português, Tomo I – Parte Geral, 2 ed., Almedina, Coimbra, **2007**.
SILVA, Nuno José ESPINOSA GOMES DA – «Recusa de aceitação de cheques», *CJ*, t. IV, **1986** (pp. 41-46).
SIMÓN, Julio A. – *Tarjetas de credito*, Abeledo-Perrot, Buenos Aires, s/d. (reimp. em **1990**).
SMART, P.E. – *Chorley & Smart Leading Cases in the Law of Banking*, 6ª ed., Sweet & Maxwell, London, **1990** (cit. CHORLEY & SMART, *Leading cases*).
  – Cfr. também CHORLEY.
SMITH, Marcus / Patricia ROBERTSON – «Plastic money» in BRINDLE and COX (edit.) *Law of Bank Payments*, FT Law & Tax, London, **1996** (existe 3ª ed., Sweet & Maxwell, 2004).
  – vd. também AA.VV. e BRINDLE, Michael.
SOARES, QUIRINO – «Contratos bancários», *SI*, t. LII, n.º 295, **2003** (pp. 109-128).
SOLMON, Lewis C. – *Economics*, 2ª ed., Addison-Wesley, Reading, **1976**.
SOTO FERNÁNDEZ, Carlos – vd. SOTO VÁSQUEZ, Rodolfo.
SOTO VÁSQUEZ, Rodolfo / Carlos SOTO FERNÁNDEZ – *El cheque y el pagaré*, Comares, Granada, **1997**.
SOUSA, Marcelo REBELO DE / SOFIA GALVÃO – *Introdução ao Estudo do Direito*, 5ªed., Lex, Lisboa, **2000**.
SOUSA, Miguel TEIXEIRA DE – *Acção Executiva Singular*, Lex, Lisboa, **1998**.
  – *A reforma da acção executiva*, Lex, Lisboa, **2004**.
SOUSA, Rabindranath CAPELO DE – *Teoria Geral do Direito Civil*, vol. I, Coimbra Editora, **2003**.
  – «O Segredo Bancário (Em especial, face às alterações fiscais da Lei n.º 30-G/2000,de 29 de Dezembro)», *in* AA.VV., *Estudos em Homenagem ao Prof. Doutor Inocêncio Galvão Telles*, vol. II – Direito Bancário, Almedina, Coimbra, **2002** (pp. 157-223).
SOUZA, MARNOCO E – *Das letras, livranças e cheques*, vol. II, França Amado, Coimbra, **1906**.
SPADA, Paolo – «Carte di credito: "Terza generazione" dei mezzi di pagamento», *RivDirCiv*, anno XXII, I, **1976** (pp. 483-510) (e também *in* AA.VV., *Le Operazioni Bancarie*, t. II, pp.897-934).
SPATAZZA, Gaspare – «L'assegno», *in* AA.VV, *Trattato di Diritto Commerciale* (dir. por Gastone COTTINO), vol. 7 – *I titoli di credito*, CEDAM, Padova, **2006** (pp. 533-696) (cit.: SPATAZZA, «L'assegno», cit., **2006**).

SPEIDEL, Richard E. / Robert S. SUMMERS / James J. WHITE – *Commercial Law. Teaching materials*, 4ª ed., West Publishing Co., St. Paul, Minn., **1987**.

STOBBE – *Handbuch des deutschen Privatrechts*, vol. III, 3ª ed., Berlin, **1898**, apud PAULO SENDIN, *Letra de câmbio,* vol. II, **1982**.

STONE, Bradford – *Uniform Commercial Code in a Nutshell*, 6ª ed., Thomson / West, St. Paul, Minn., **2005**.

TABAC, William Louis – «Countermanded checks and fair dealing under the Uniform Commercial Code», *Annual Review of Banking Law*, vol. 10, **1991** (pp. 251-270).

TELLES, Inocêncio GALVÃO – *Manual dos Contratos em Geral*, 3ª ed., Lisboa, **1965**, 4ª ed., Coimbra Editora, **2002**.

– *Direito das Obrigações*, 7ª ed., Coimbra Editora, **1997**.

– *Introdução ao Estudo do Direito*, vols. 1, 11ª ed. (reimp./red. ultimada em Maio de 1999), e 2, 10ª ed. (reimp./red. ultimada em Nov. 1999), Coimbra Editora, Coimbra, **2001** (reimp.).

TENCATI, Adolfo – *Il pagamento attraverso assegni e carte di credito*, 2ª ed., CEDAM, Padova, **2006** (cit.: TENCATI, *Il pagamento attraverso assegni*, 2ª ed. cit., **2006**).

TRASSL, Josef – *Die Grundsatze von Treu und Glauben im Scheckrecht* (Inaugural-Dissertation der juristischen Fakultät der Kgl. Ludwig-Maximilians Universität in München zur Erlangung der Doktorwürde), München, **1912**.

TURNER, Paul S. – *Analysis of the Check Clearing for ❡he 21st Century Act ("Check 21")*, Lexis/Nexis, **2004**.

TYREE, Alan L. – *New Zealand Banking Law*, Butterworths, Wellington, **1987**.

– *Australian Law of Cheques and Payment Orders*, Butterworths, Sydney, **1988**.

– *Banking Law in Australia*, Butterworths, Sydney, **1990** (existe 3ª ed. Butterworths, Sydney, **1998**).

ULMER, Eugen – *Das Recht der Wertpapiere*, B. Kohlhammer, Stuttgart/Berlin, **1938**.

– «Akkreditiv und Anweisung», *AcP*, 126. Band, 1926, pp. 129-173 e 257-312.

URÍA, Rodrigo / Aurélio MENÉNDEZ – *Curso de Derecho Mercantil, II*, Civitas, Madrid, **2001** (Obra colectiva).

VALERY, Jules – (Traité théorique et pratique) *Des cheques en droit français*, LGDJ, Paris, **1936**.

VALPUESTA Gastaminza, E.M. / C. LLORENTE Gómez de Segura / G. A. SÁNCHEZ Lerma – *Práctica cambiaria*. Jurisprudencia sistematizada y referencia bibliográfica sobre Letra de cambio, Cheque y Pagaré, Bosch, Barcelona, **2000**.

VARELA, João de Matos ANTUNES – *Das Obrigações em Geral*, vol. I, 10ª ed., Almedina, Coimbra, **2000** (vol. II, 7ª ed., **1997**).

– «Depósito bancário. (Depósito a prazo em regime de solidariedade – Levantamento antecipado por um contitular)», *RB*, n.º 21, **1992**, pp. 41-75.

— / MIGUEL BEZERRA e SAMPAIO E NORA – *Manual de Processo Civil*, 2ª ed., Coimbra Editora, Coimbra, **1985** (existe reimp. de 2004).

VASCONCELOS, JOANA – «Cartões de crédito», *RDES*, XXXIV (VII, 2ª Série), n.º 4, **1992** (pp. 305-347), e XXXV (VIII, 2ª Série), n.º s 1-2-3-4, **1993** (pp.71-182) (existem separatas).

– «O contrato de emissão de cartão de crédito», AA.VV., *Estudos dedicados ao Prof. Doutor Mário Júlio de Almeida Costa*, Universidade Católica Editora, Lisboa, **2002** (pp. 723-752) (existe sep).

– «Emissão de cartões de crédito», AA.V., *Estudos do Direito do Consumo*, Almedina, Coimbra, **2002** (pp. 165-183) (existe sep.).

– «Sobre a repartição entre titular e emitente do risco de utilização abusiva do cartão de crédito no Direito português», AA.VV., *Estudos em Homenagem ao Prof. Doutor Inocêncio Galvão Telles*, vol. II – Direito Bancário, Almedina, Coimbra, **2002** (pp. 487-517) (existe sep.).

VASCONCELOS, PAULO Alves de Sousa de – *O Contrato de Consórcio* no âmbito dos contratos de cooperação entre empresas, Coimbra Editora, Col. Stvdia Ivridica, n.º 36, **1999**.

VASCONCELOS, Pedro PAIS DE – «A declaração cambiária como negócio jurídico unilateral e a teoria da emissão», *SI*, t. XXXV, **1986** (pp. 316-332).

– *Direito Comercial. Títulos de Crédito* [Lições (ao ano lectivo de 1988/89) Policopiadas], AAFDL, **1990** (existem diversas reimpressões).

– *Contratos atípicos,* Lisboa, **1994** (ed. pública: Almedina, Coimbra, **1995**).

– «Garantias extracambiárias do cheque e negócios unilaterais: o cheque visado e o eurocheque», AA.VV., *Estudos de Direito Bancário*, FDUL / Coimbra Editora, **1999** (pp. 277-300).

– «Mandato bancário», AA.VV., *Estudos em Homenagem ao Prof. Doutor Inocêncio Galvão Telles*, vol. II – Direito Bancário, Almedina, Coimbra, **2002.** (pp. 131-155).

– *Teoria Geral do Direito Civil*, 4ª ed., Almedina, Coimbra, **2007**.

VÁSQUEZ BONOME, Antonino – *Tratado de Derecho Cambiario. Letra, Pagaré e Cheque*, 3ª ed., Dykinson, Madrid, **1996** (reimp. 1997).

– *Todo sobre la Letra, el Pagaré y el Cheque*, Difusión Jurídica, Madrid, **2005**.

VÁZQUEZ PENA, Manuel José – *La transferencia bancaria de crédito*, Marcial Pons, Madrid/Barcelona, **1998**.

VASSEUR, Michel / Xavier MARIN – *Banques et opèrations de banque*, t. II, *Le chèque*, Sirey, Paris, **1969** (cit.: VASSEUR/MARIN, *Le chèque*, cit., **1969**).

# 860 — Cheque e Convenção de Cheque

VEIGA, Vasco SOARES DA – *Direito Bancário*, 2ª ed., Almedina, Coimbra, **1997**.

VELOZO, JOSÉ ANTÓNIO – «"Electronic Banking": Uma introdução ao EFTS», *SI*, t. XXXVI, **1987** (pp. 77-155).

– «Regulamentação dos sistemas de pagamentos: aspectos gerais», *RB*, 36, Outubro/Dezembro **1995** (pp. 83-125).

– «A desinstitucionalização dos pagamentos cashless nas redes electrónicas e os seus efeitos de deslocação e redistribuição do risco: algumas notas para uma análise de regulamentação», AA.VV., *Estudos em homenagem ao Professor Doutor Manuel Gomes da Silva*, coord. Ruy de Albuquerque e Martim de Albuquerque, Faculdade de Direito da Universidade de Lisboa, **2001** (pp. 1189-1286).

VENTURA, RAÚL – *Dissolução e Liquidação de Sociedades* (Comentário ao Código das Sociedades Comerciais), Almedina, Coimbra, **1987.**

VERDUN, Vincene – «Postdated Checks: An Old Problem With a New Solution in the Revised U.C.C.», *UALR Law Journal*, vol. XIV, No. 1, **1991** (pp. 37-81).

VERGARI, James V. / Virginia V. SHUE – *Checks, Payments and Electronic Banking*, Practising Law Institute, New York City, **1986.**

VICENTE, Dário MOURA – *Da arbitragem comercial internacional.* Direito aplicável ao mérito da causa, Coimbra Editora, **1990.**

VICENT CHULIÁ, Francisco – *Compendio crítico de Derecho Mercantil*, t. II – Contratos. Títulos valores. Derecho concursal, 3ª ed., Bosch, Barcelona, **1990.** •

– *Introducción al Derecho Mercantil*, 19ª ed., Tirant lo Blanch, Valencia, **2006** (em especial pp. 1063-1099).

VICENTE Y GELLA, Augustin – *Los titulos de credito en la doctrina y en el derecho positivo*, Institución Fernando el Católico, Zaragoza, **1986** (reimp.).

VILLAR PALASI, J. / MUÑOZ CAMPOS, J – «Ensayo sobre la naturaleza jurídica del cheque», *RDM*, **1951** (pp. 7 e segs.).

VILLEGAS, Carlos Gilberto – *La cuenta corriente bancaria y el cheque*, 2ª ed., Depalma, Buenos Aires, **1988.**

VIVANTE, Cesare – *Instituições de Directo Commercial,* trad. de J. Alves de Sá da 10ª edição original (1909), Livraria Clássica Editora, Lisboa, **1910** [A tradução seria reeditada em 1918 e em 1928, originando, na 3ª edição, uma paginação diferente)].

– *Trattato di Diritto Commerciale*, vol. III – Le cose (Merci e titoli di credito compresa la cambiale), 5ª ed., Vallardi, Milano, **1924.**

WARREN, William D. / Steven D. WALT – *Commercial Law*, 6ª ed., Foundation Press / Thomson West, New York, **2004** [anteriormente (e até à 5ª ed., 2000) publ. por Robert L. JORDAN e William D. WARREN].

– Vd. JORDAN, Robert L

# Bibliografia citada

WEAVER, G. A. / C. R. CRAIGIE – *The Law relating to Banker and Customer in Australia*, vols. 1 e 2, 2ª ed., Law Book Co., North Ryde/ Melbourne/ Brisbane/Perth, **1990**.

WEBER, Beatrix – *Recht des Zahlungsverkehrs*, 4ª ed., Erich Schmidt, Berlin, **2004**.

WEERASOORIA, W. S. – *Banking law and the financial system in Australia*, 3ª ed., Butterworths, Sydney/Adelaide/Brisbane/Canberra/Holbart/Melbourne/ Perth, **1993**.

WERTHER, Martin – *Der Scheckvertrag* (Inaugural-Dissertation zur Erlangung der Doktorwürde welche mit genehmigung der hohen juristischen Fakultät der vereinigten Friedrichs-Universität Halle-Wittenberg), Druck von Herm. Köhler, Halle, **1909**.

WHALEY, Douglas J. – *Problems and Materials on Commercial Law*, 7ª ed., Aspen Publishers, New York, **2003**.

WHITE, James J. / Robert S. SUMMERS – *Uniform Commercial Code: Payment Systems*, 4ª ed., West Group, St. Paul, Minn., **1995**.

WILLIS, Nigel – *Banking in South African Law*, Juta, Cape Town/Wetton/ Johannesburgh, **1981**.

WILLWATER, Jürgen K. – *Postscheck und Scheckgesetz*, (dactilografada), Köln, **1978**.

WRIGHTSMAN, Dwayne – *An introduction to monetary theory and policy*, Free Press, New York, **1971**.

ZÖLLNER, Wolfgang – *Wertpapierrecht*, 14ª ed., C. H. Beck, München, **1987**.

ZURIMENDI ISLA, Aitor – *Los fundamentos civiles del derecho cambiario*, Comares, Granda, **2004**.


## DOCUMENTAÇÃO E REVISTAS[1651]

BANCO DE PORTUGAL – «Cheques. Regras Gerais», *CadBdP* n.º 3, Lisboa, **2002**.
– «Cheques. Restrições ao seu uso», *CadBdP*, n.º 4, s/d (tb publ. em http://www.bportugal.pt.

DIÁRIO DA ASSEMBLEIA DA REPÚBLICA, I Série, de 7 de Junho de 1991.

ECONOMIST, THE – «The end of the cash era», vol. 382, number 8516, February 17th **2007** (p. 11).
– «A cashcall», vol. 382, number 8516, February17th **2007** (pp. 67-70).

LOBO, Fernando GAMA – *Legislação sobre o cheque*, Quid Juris?, Lisboa, **2003**.

SENDIN, PAULO Melero / EVARISTO MENDES – *Colectânea de Legislação Comercial*, Tomo VI – *Letras e Livranças, Cheque, Extracto de Factura e Crédito Documentário*, 2ª ed., Almedina, Coimbra, **2001**.

---

[1651] Indicam-se artigos de revistas não assinados e cuja autoria, consequentemente, deve ser imputada à Publicação.

862        *Cheque e Convenção de Cheque*

## RECOLHAS DE JURISPRUDÊNCIA[1652]

The Institute of Bankers – *Legal Decisions affecting Bankers*, vol. III (1911-
-1924), edit. e anot. por Sir John R. Paget, **1924** (reimp. Professional
Books Ltd, Oxon, 1986)
– *Legal Decisions affecting Bankers*, vol. 7 (1955-1961), edit. e anot. por
Maurice Megrah, **1962** (reimp. Professional Books Ltd, Oxon, 1986).

●

---

[1652] Para além das diversas recolhas nacionais.

# ÍNDICES

# ÍNDICE ANALÍTICO[1653]

## A

| | |
|---|---|
| **Abertura de conta** | – **14.1**, (848), **14.2** |
| **Abertura de crédito** | – **14.1**.VIII, (859), **14.3.3**.I, (884), **17.2.5**.I |
| – documentário | – vd. Crédito documentário |
| **Aceite** | |
| – Conceito | – (1317) |
| – Proibição (de) | – **2**, **4.3** |
| **Acordo de preenchimento** | – vd. Preenchimento e Cheque em branco |
| **Actividade bancária** | – **12.1.1** |
| **Adesão** (contratual) | – vd. Convenção de cheque / Formação |
| **Agrupamento Complementar de Empresas** | – **13.2.2.2**, (819) |
| **Agrupamento Europeu de Interesse Económico** | – **13.2.2.2**, (820) |
| **Aparência** | – **18.1**.IV, **22.2.1**.II, **25.4** |
| **Associações** | – **13.2.3**, (833) |
| **ATMs** (*Automatic Teller Machine*) | – **1.5**, **9.2.3**, vd. tb Caixa Automática |
| **Autonomia privada** | |
| – (na) Convenção de cheque | – **16.1.1** |
| – (nos) Negócios jurídicos bancários | – **15.2**, (916) |
| **Aval do cheque** | – vd. Cheque |
| **Avalista** | – **2.6.1**.X |
| **Avisos do Banco de Portugal** | – **1.4.8** |

---

[1653] As matérias reportam-se aos números em que se sistematiza este trabalho e, quando referenciadas entre parêntesis, às respectivas notas.

# B

| | |
|---|---|
| **Banco** (s) | – **16.4**, vd. tb Banqueiro e Sacado |
| – Enquadramento normativo | – **12.1.2** |
| – (e) Negócio bancário | – **12.1** |
| **Banqueiro (O)** | – **2.6.2**.I, **9.1**.II, **12.2**, **21.6.4.2** |
| – Qualificação legal | – **12.2.1** |
| – Significado actual | – **12.2.1** |
| – Virtual | – **12.2.2** |
| – vd. tb Banco(s) e Sacado | |
| *Bills of Exchange Act* (inglês, 1882) | – **1.2**.III, (91), **1.3.2**.II, III e VII |
| **Boa Fé** | – vd. Portador (adquirente de) |
| *Bonus pater familiae* | – **21.6.3**.II |
| **Branqueamento de capitais** | – **14.2.2**.I, vd. tb Banco(s) e Sacado |

# C

•

| | |
|---|---|
| **Câmara de compensação** | – vd. Compensação |
| **Caixa automática** (ATM) | – (682), (683), (684); vd tb ATMs |
| **Carta-cheque** | – **1.6**.IV |
| **Cartão** | |
| – (de) Crédito | – **9.2.6** |
| – (de) Débito | – **9.2.7** |
| – Eurocheque | – **9.2.8**.I e IV |
| – (de) Garantia | – **5.2.4**.III, **9.2.8**.II, III e IV |
| *Cashless Society* | – Introdução, **1.6** |
| **Cessão de crédito(s)** | – **7.2.3** |
| **Cessão ordinária de créditos** | – **3.2** |
| *Checkless Society* | – vd. *Cashless Society* |

**Cheque(s)**[1654]
- Alteração do texto — **21.7**.V
- Antedatado — **2.6.3, 9.3.1,** (765)
- Aval (do) — **2.6.1**.XI, **3.2**.I, **3.3**, **4.4**.II
- Avulso(s) — **2.1**.II, **2.8**.I, **9.1**.IV, **17.2.4**.II, **23.2**.II, **24.6.2**.I, **25.3**.II, (1617)
- Bancário — **5.3**
- **(em) branco** — **2.6.3, 3.1**.II e III, **9.1**.VI, **9.3.1**.IV, (1180), **19.4**.IV, **21.1.2.3**.I, **21.9.1**.II
  - – – Acordo de preenchimento — **2.6.3**.II, **9.3.1**.IV e V, **21.7**.III
  - – – Completação — **21.9.2.1**
  - – – Preenchimento abusivo — **21.1.2.3**.I, **21.7**.III
  - – – Brinde — vd. Cheque-presente
- "de caixa" — **5.3.2**.II
- Certificado — **5.2.4**
- Circular — **5.3.2**.I e II
- Cláusula "não à ordem" — vd. Cláusula não à ordem / Endosso proibido
- **Cobrança** (do) — **17.2.3**.III, **18.2.1**.III e IV, **18.2.5**
  - – – cfr. com a Convenção de cheque — **18.2.5.2**
- Compensação — **9.1**.V, **9.2.3**.IV, **18.2.1**.III
- Conceito — **2.1, 7.3**.II
- Cruzado — **5.4, 21.2.3**.II e III
- **Data**
  - – – (do) — **2.6.3, 19.5**.II, **20.2**
  - – – em branco — **3.1**.II, **19.4**.IV
  - – – sem data — **2.6.3**.II
- (de) Débito — **9.2.7**
- "para depositar em conta" — **4.5**.III; **4.6, 5.4**.I e VII, **16.4.4.3**
- **Desapossamento (do)** — **21.1**
  - – – Caracterização — **20.6.2**.III e IV, **21.1.1**
  - – – Físico — **21.1.2.1, 21.1.2.2**

---

[1654] Referem-se ao cheque todas as operações não referenciadas neste índice.

| | |
|---|---|
| – – Jurídico | – **21.1.2.1**, **21.1.2.3**, **21.7**.IV |
| – "Desconto (do)" | – **18.2.4.2** |
| – Dia útil e "não útil" | – **2.6.3**.IV, **20.2**.II |
| – (como) Documento quirógrafo | – **8.5** |
| – Emissão (do) | – **3.1**, **17.1** |
| – (com) estatuto particular | – **5.6** |
| – Falsificação (do) | – vd. Falsificação (do cheque), **1.4.4**.III, **16.3.2.3**.III, **21** |
| – falsificado / falso | – **21.2.1** |
| – Fontes legislativas | – **1.2** |
| – Formalismo | – **2.2**, **2.3**.II |
| – **Funções** | – **9** |
| – – Acessórias | – **9.3** |
| – – Compensação | – **9.1**.V |
| – – Garantia | – **9.1**.VI, **9.3.1**, **19.4**.III |
| – – Levantamento de fundos | – **9.1**.IV |
| – – (como) meio de obtenção de crédito | – **9.3.2** |
| – – Meio de pagamento | – **9.1** |
| – (de) Garantia | – **2.6.1**.IV, **9.3.1**, **19.4**.III, (1616) |
| – Garantia (do) | – **9.2.3** |
| – Garantido | – **5.2.4**.III |
| – (Panorâmica) Histórica | – **1** |
| – Imposto do selo | – (1212) |
| – Independência (recíproca) das assinaturas | – **21.7**.III |
| – **Inibição de uso do cheque** | – **24.4**.I, **24.6.1** |
| – – Cessação antecipada | – **24.4**.I, **24.6.1** |
| – – Fim (da) | – **24.7.4** |
| – – Termo (da) | – **24.7** |
| – **Interdição do uso** (de) | – **24.4** |
| – – Reabilitação (judicial) | – **24.4**.III |
| – Legitimação e aparência | – **2.9** |
| – (confronto com a) Letra | – **4** |
| – "(para) Levar em conta" | – vd. Cheque "para depositar em conta" |
| – (como) Meio de pagamento | – **7.3**.III, **9.1.** |
| – **Módulos** (de) | – **16.3.2.2**.II, **24.2.2**.II |
| – – Disponibilização | – **23.4**.II, **24.2.3**.VI e VII |
| – – Guarda | – **16.3.2.2**.II |

Índice Analítico      869

– – Preenchimento — **16.3.2.2**.III, vd. tb Emissão (de cheque)

– – Requisição — **17.3**.I

– Não pagamento (do) — vd. Não pagamento do cheque

– **Natureza jurídica (do)**

– – Posição adoptada — **7.3**

– – Teorias — **7.2**

– Nominativo — **5.1**

– Norma Técnica (do) — **1.4.8, 16.3.3.2**.III

– Normalizado / Normalização — **1.4.8**.III, **2.2**.II e III, (1020)

– Obrigatoriedade de aceitação (do) — **1.4.5**.I

– Pagamento (do) — vd. Pagamento

– "de pagamento diferido" — **5.5**

– (ao) Portador — **5.1, 5.2.2**

– **Pós-datado**

– – Conceito — **2.6.3, 3.1**.III, **9.3.1**, (765), **19.3**.VIII, **19.4**.V

– – "Desconto" (de) — **18.2.4.2**.I

– – Descriminalização — **2.6.3**.VIII, **19.4**

– – Plano jurídico-cambiário — **2.6.3**.VIII, **3.1**.III, **9.3**

– Postal — **5.3.2**.III

– Pré-datado — **2.6.3, 3.1**.III, **9.3.1**, (765)

– Prejuízo patrimonial — **19.3**.IV e V

– Prescrição — **8.5.6**.III, **20.2**.I

– Prescrito — **8.4.5**

– – Presente — **5.6.2**.III

– Protesto (do) — **2.6.3**.IX, **2.7**.I, (326),

– Recusa de pagamento (do) — vd. Pagamento

– Reforço (do) — **9.2.3**.I

– Regime jurídico (do) — Cap. II (**2, 3, 4** e **5**)

– Regime jurídico-penal (do) — vd. Regime jurídico-penal do cheque

– Regresso (do) — **2.6.1**.XII, **2.6.3**.IX, **2.7**.I, **2.8, 3.2**.II, **3.3**.I, **4.1**.III, **8.1**.IV, **20.4.4**.I

– Relação contratual (de) — vd. Convenção de cheque

– Requisitos (do) — **2.2, 2.3**

| | |
|---|---|
| – Revogação (do) | – vd. Revogação (do cheque) |
| – Revogado | – **8.4.2** |
| – Saque (do) | – vd. Cheque / Emissão e saque |
| | – vd. tb Saque |
| – (no) Século XXI | – **1.3.6, 1.6** |
| – **sem autonomia** | – **5.7** |
| – – documentários | – **5.7.1** |
| – – cheque sem provisão | – vd. Cheque sem provisão |
| – **sem provisão** | – **5.7.2,** |
| – – Apresentação a pagamento | – **24.1.1** |
| – – Crime de emissão de cheque | – **19.3**, vd. tb Crime de emissão de cheque sem provisão |
| – – Descriminalização do cheque pós-datado | – **19.4** |
| – – Enquadramento jurídico-normativo | – **19.2** |
| – – Juros moratórios | – **24.1.2**.IV e V |
| – – Regularização | – **24.1.1**.III, **24.1.2** |
| – (em) sentido impróprio | – **5.6.2** |
| – Sujeitos (do) | – **2.6** |
| – "(de) tesouraria" | – **5.3.2**.II |
| – (como) Título de Crédito | – vd. **6** e Título de Crédito |
| – (enquanto) **Título Executivo** | – **8** |
| – – apresentado a pagamento antes do prazo | – **8.3** |
| – – apresentado a pagamento dentro do prazo legal | – **8.2** |
| – – apresentado a pagamento fora de prazo | – **8.4** |
| – – como documento quirógrafo | – **8.5** |
| – Transmissão (do) | – vd. Endosso |
| – *Traveller cheque* | – vd. Cheque de viagem |
| – Truncagem (do) | – **9.2.3**.II, III e IV, **16.4.3.2**.II |
| – Turístico | – vd. Cheque de viagem |
| – Uniformização de regime jurídico | – **1.3** |
| – **Validade** (do cheque) | |
| – – sem convenção | – **2.8, 20.4.5**.III |
| – Vencimento (do) | – **20.2**.I |
| – (de) Viagem | – **5.6.1** |

|  |  |
|---|---|
| – Vicissitudes (do) | – **18.1**.II |
| – **Visado** | – **1.4.4**.III, **4.4**, **5.2**, **8.6** |
| – – Endosso (de) | – **5.2.2** |
| – – Natureza jurídica | – **5.2.3** |
| – – Pagamento (de) | – **16.4.2.1**.V |
| – – (ao) Portador | – **5.2.2** |
| – – Saque (de) | – **5.2.1** |

|  |  |
|---|---|
| **Cláusula "não à ordem"** | – **3.2**.IV, **9.3.1**.VII |
| **Cláusula "salvo boa cobrança"** | – (943), **15.2**.VII, (952), **17.2.1**.IV, **18.2.4.2**.II |
| **Cláusulas contratuais gerais** | – **14.2.2**.II,  **16.1.2**.II, (146) vd. tb Condições gerais dos bancos |

|  |  |
|---|---|
| **Cliente(s)** | – **4.5**.II, **5.4**, **13**, **16.3**; vd. tb Sacador |
| – Bancário | – **13.3**.III |
| – Caracterização (do) | – **13.3**, (834), (836) |
| – Direito inglês | – (836) |
| – Dissolução | – **21.9.1**.II |
| – Morte (do) | – **17.3**.III, **23.2.1** |
| – Natureza (do) | – **13.1** |
| – **Tipos** (de)  • | |
| – – Empresas | – **13.2.2** |
| – – Empresários individuais | – **13.2.2**.1 |
| – – Outras entidades | – **13.2.3** |
| – – Particulares | – **13.2.1** |
| – – Pessoas singulares (não comerciantes) | – **13.2.1** |
| – – Sociedades comerciais | – **13.2.2.3** |

|  |  |
|---|---|
| **Cobrança** | – vd. Cheque |
| **Código Ferreira Borges (1833)** | – **1.2**.I, **1.4.1**, (932) |
| **Código Comercial** (1888 / red. originária) | – **1.4.2** |
| **Código Comercial Portuguez de 1833** | – **1.4.1**, (932) |
| *Collection* | – **18.2.1**.IV; vd. tb Cheque / Cobrança |
| **Comerciante** | – **13.2.1.2**, (812) |

|  |  |
|---|---|
| **Compensação** | |
| – **Câmara(s) (de)** | – **9.2.3**.V, **18.2.5.1** |
| – – Automatizada | – (705), **9.2.3**.V |

## 872 — Cheque e Convenção de Cheque

- (de) Contas — **17.2.3**.II
- Sistemas (de) — (707)
- vd. tb Cheque

**Concessão de crédito** (implícita) — vd. Descoberto
**Condições gerais dos bancos** (*AGBBanken*) — **14.1**.IX
**Confiança** (Tutela da) — **18.1**.IV

**Conta(s)**
- Abertura (de) — vd. Abertura de conta
- **Condições de movimentação** — (279)
- – – Alteração — **19.3**.XIII
- Corrente — vd. Conta-corrente
- Depósito (em) — (768); vd. Depósito
- Encerramento — **19.3**.XIII
- Levar (em) — vd. Levar em conta
- Movimentação (de) — **13.2.2.3**
- Unidade (de) — vd. Unidade de conta

**Conta-corrente** (bancária) — **14.1**, (848), **14.4, 17.2.5**.I
**Conta forçada** — vd. Serviços (bancá-rios) mínimos
**Conta de provisão** (ou especial) — **4.4**.I e V, **5.2.1, 5.2.3**.I, **17.2.2**.I

**Contas (bancárias)**
- Modalidades — **14.2.4**

**Contrato bancário geral** — (848), **14.1**.IX, (863)
**Contrato com eficácia de protecção para terceiros** — **24.2.1**.III
**Contrato a favor de terceiro** — **7.2.2**

**Convenção de cheque**
- **Activação (da)** — **17**
- – – Emissão do cheque e subscrição cambiária — **17.1**
- – – Provisão — vd. Provisão
- Atipicidade (da) — **26.1**
- Caracterização (da) — **15.3**
- Conceito — **10.3, 15.3.1**
- Conteúdo — **16.2**; vd. tb Deveres e Direitos
- Contrato *intuitus personae* — **17.3**.III

*Índice Analítico* 873

- **Deveres**
  - – (do) Banco — **16.4.2**, **16.4.3**, **16.4.4**, **16.4.5**
  - – (do) Cliente — **16.3.2**
  - – vd. tb Dever(es) do banco e Dever(es) do cliente
- **Dever(es) do banco**
  - – (de) Aceitação da revogação — **16.4.4.2**
  - – Acessórios — **16.4.3**
  - – (de) Competência técnica — **16.4.3.3**
  - – (de) Diligência — **16.4.4.1**
  - – (de) Esclarecimento — **16.4.4.4**
  - – (de) Fiscalização — **16.4.3.2**
  - – (de) Informação — **16.4.3.1**
  - – Laterais — **16.4.4**
  - – (de) Não pagamento em dinheiro de cheques para levar em conta — **16.4.4.3**
  - – (de) Pagamento em caso de falta de cobertura — **16.4.2.2**
  - – (de) Pagamento obrigatório — **16.4.2**.1
  - – Principal — **16.4.2**
  - – (de) Rescisão (da convenção de cheque) — **16.1.3**.II, **16.4.5**;vd. tb Rescisão (**24**)
  - – (de) Sigilo — **16.4.4.5**
- **Dever(es) do cliente**
  - – (de) Diligência — **16.3.2.2**
  - – (de) Informação — **16.3.2.3**
  - – (de) Saldo — **16.3.2.1**
- **Direitos**
  - – (do) Banco — **16.4.1**
  - – (do) Cliente — **16.3.1**
  - – vd. tb Direitos do banco e Direitos do cliente
- **Direito(s) do banco**
  - – (a) Cobrar juros por cheques sem provisão que sejam pagos — **16.4.1.3**
  - – (a) Cobrar pelos serviços — **16.4.1.2**
  - – (de) Lançamento em conta — **16.4.1.1**
- **Direito(s) do cliente**
  - – (de) Emitir cheques — **16.3.1.1**
  - – (a) Obter o pagamento do cheque — **16.3.1.2**
- **Extinção (da)** — **23**

874　　　*Cheque e Convenção de Cheque*

| | |
|---|---|
| – – (por) Caducidade | – **23.4** |
| – – (por) Denúncia | – **23.3.3** |
| – – (por) Dissolução e liquidação de entidade empresarial | – **23.2.2** |
| – – (por) Insolvência | – **23.2.3** |
| – – (por) Morte | – **23.2.1** |
| – – por mútuo acordo | – **23.3.2** |
| – – (por) rescisão | – **24**; vd. Rescisão |
| – Finalidade | – **15.5** |
| – Forma | – **15.4, 16.1.4** |
| – **Formação do negócio** | – **16.1** |
| – – Adesão | – **16.1.2** |
| – – Autonomia privada | – **16.1.1** |
| – – Deveres de informação | – **16.1.5** |
| – – Limitações legais à celebração (de) | – **16.1.3** |
| – História | – **1.5, 2.3.4** |
| – **Ineficácia perante terceiros (de boa fé)** | |
| – – Efeitos da convenção | – **22.2.1** |
| – – Irrelevância do conhecimento eventual | – **22.2.2** |
| – Intransmissibilidade da posição do cliente (na) | – **17.3** |
| – Ligação a outros contratos | – **14.5** |
| – Proibição (legal) de | – **16.1.3**.II |
| – Qualificação (da) | – **26.2** |
| – Referência legal (da) | – **15.3.2** |
| – Regime jurídico (da) | – Cap. VI (**15, 16** e **17**) |
| – Relação contratual de cheque | – **5.2.3** |
| – Relevo da circulação cambiária | – **25.2** |
| – Rescisão (da) | – vd. Rescisão da convenção de cheque |
| – **Situações jurídicas** | |
| – – Activas | – **16.3.1, 16.4.1** |
| – – Passivas | – **16.3.2, 16.4.2, 16.4.3, 16.4.4, 16.4.5** |
| – – vd. tb Direitos e Deveres | |
| – Subordinação ao cheque | – **27.1** |
| – Terceiros (à) | – **22.2.2**.II |
| **Convenção executiva** | – **6.3.1**.III, **17.1**.IV |
| **Convenção de Genebra** (Cheque, 1931) | – **1.3.1**.IV, **1.3.3** |
| **Cooperativas** | – **13.2.2.2**, (817) |

| | |
|---|---|
| **Crédito** | – (31) |
| **Crédito documentário** | |
| – Abertura (de) | – (859) |
| – Operações | – (922), (929), (942) |
| **Crime de emissão de cheque sem provisão** | – vd. tb Cheque / sem provisão |
| – **Elementos** | |
| – – específicos | – **19.3**.IV |
| – – genéricos | – **19.3**.III |
| – Interdição do uso do cheque | – **24.1.2**.VII, **24.4** |
| – Prejuízo patrimonial | – **19.3**.IV e V |
| – Tipificação | – **19.3**.II, IX e X |
| – Tipo legal | – **19.3**.II, **24.1.2**.VI |
| – – bem protegido | – **19.3**.XI |
| – Tribunal competente | – **19.3**.XVII |
| **Cruzamento** | – **4.5, 5.4**.II, vd. tb Cheque cruzado |
| – Especial | – **4.5**.II, **5.4**.III, **13.3**.II |
| – Geral | – **4.5**.II, **13.3**.II |
| – Pré-impresso • | – **5.4**.IV |
| **Cumprimento** | |
| – Defeituoso pelo banco | – **18.3.2** |
| – Defeituoso (e incumprimento) determinado(s) pelo cliente | – **18.3.3** |
| – Não cumprimento (exclusivamente) imputável ao banco por | – **18.3.1** |
| – – falta de provisão | – **19** |
| – – instrução do sacador | – **18.3.1**.I |
| – Vicissitudes (no) | – **18.3** |

## D

| | |
|---|---|
| **Data** | |
| – do cheque | – vd. Cheque |
| – do saque | – **2.6.3** |

## 876      *Cheque e Convenção de Cheque*

*Datio pro soluto* (ou dação em cumprimento)     – **7.2.3**.III, **9.1**.XIV

*Datio pro solvendo* (ou dação em função do cumprimento)     – **6.3.5**, **7.1**.II, **7.2.3**.III, **9.1**.XIV, **8.5.2**

**Declaração tácita**     – **15.2**.X

**Decreto nº 13.004, de 12 de Janeiro de 1927**     – **1.4.3**, **1.4.7**, **19.1**, **19.3.2**, **20.6.2**.II e V

**Decreto-Lei nº 454/91, de 28 de Dezembro**     – vd. Regime Jurídico do Cheque (sem Provisão)

**Decreto-Lei nº 316/97, de 19 de Novembro**     – **19.4**.I
    – Preâmbulo     – **19.4**.IV

**Delegação** (de pagamento)     – **7.2.4**

**Depósito**     – **14.1**, **14.3**, **17.2.5**.I
    – em Conta     – (768)
    – Irregular     – **21.6.2**.I, **21.6.3**.VII

**Desapossamento do cheque**     – vd. Cheque

**Descoberto**
    – Concessão de crédito (implícita)     – (1120), (1121), **20.6.1**.I, **24.1.1**.I
    – (em) Conta [ou Conta (a)]     – (846), **16.4.1.3**.II, (1027), **24.3.3**.III e IV
    – Pagamento (a)     – **17.2.2**.I, **21.3.4**, **24.1.1**.I
    – (e) Provisão     – **17.2.1**.III
    – Regularização     – **24.2.1**.II, **24.2.3**.I
    – Saque (a)     – **14.2.4**.II, (896), **19.3**.X, **24.1.1**.I, **24.2.2**.II, **24.3.3**.V
    – vd. *overdraft*

**Desconto**
    – (do) cheque     – **18.2.4.2**
    – Operação (de)     – **14.1**, (842), **18.2.4.1**
**Desmaterialização**     – **6.1**.II (454), (456)
**Deveres**     – vd. Convenção de cheque

**Dia útil**     – **2.6.3**.IV, (303), (304), **20.2**.III

# Índice Analítico

**Dinheiro**
– 9.1.VII, (645) e VIII; vd. Numerário

– Electrónico
– 1.6

**Direito alemão** (Alemanha)
– 1.3.4.III, (413), (415), (848), 14.1.IX, (862), (970), 20.4.2.1.II, 21.3.3.II

**Direito argentino** (Argentina)
– 1.3.4.VIII, 5.5.II, 21.3.2.3

**Direito australiano** (Austrália)
– 1.3.2.IV

**Direito austríaco** (Áustria)
– 1.3.4.III, (412), (415)

**Direito Bancário**
– (24), (27)

**Direito belga** (Bélgica)
– 1.3.4.VI

**Direito brasileiro** (Brasil)
– 1.3.4.VIII

**Direito canadense** (Canadá)
– 1.3.2.III

**Direito espanhol** (Espanha)
– 1.3.4.IV, (848), (1230), 20.4.2.1.III, 21.3.2.2

**Direito francês** (França)
– 1.3.4.V, 5.2.4, 5.3.2.III, (848) 15.2.XIII, 17.2.2.II, 17.2.3.I, (1230), 20.4.2.1.IV, 22.1.2.2

•

**Direito inglês** (Reino Unido)
– (91), 1.3.2.II, (707), (765), (814) (836), (848), (1230), 20.4.2.2.I, 21.3.4.II e III, 26.2.2.2.V

**Direito italiano** (Itália)
– 1.3.4.VII, 5.3.2.I e II, (413), (848), 20.4.2.1.V, 21.3.3.III

**Direito neo-zelandês** (Nova-Zelândia)
– 1.3.2.IV

**Direito norte-americano** (EUA)
– 1.3.2.V, (398), (653), (677), (680), (688), (695), 9.2.3.I, (765), 16.4.2.1.III, (1230), 20.4.2.2.II, 21.1.2.4.III, 21.3.4.IV, 26.2.2.2.V

**Direito suíço** (Suíça)
– 1.3.4.II, 21.3.2.1

**Direito sul-africano** (África do Sul)
– 1.3.2.VI

**Direito Uniforme**
– 1.3.3, 16.4.2.1.III e IV

878  *Cheque e Convenção de Cheque*

| | |
|---|---|
| **Direitos** | – vd. Convenção de cheque |
| **Dissolução (e liquidação)** | – **23.2.2** |
| **Documento** | – (32) |

## E

| | |
|---|---|
| **Efeito externo das obrigações** (doutrina do) | – **24.2.1.**II, (1549), (1550) |
| **EFT(S)** | – **1.6, 9.2.2** |
| **EIRL** | – **13.2.2.1**, (814), (816) |
| **Emissão** | – vd. Cheque |
| **Empresários individuais** | – vd. Empresas individuais |
| **Empresas** | |
| – colectivas | – **13.2.2.2** |
| – individuais | – **13.2.2.1** |
| – **públicas** | – **13.2.2.2**, (818) |
| **Endossante** | – **2.6.1.**XI |
| **Endossatário** | – **2.6.1.**V, (285), **3.2.**II |
| **Endosso** | – **3.2, 11.**IV |
| – (em) Branco | – **3.2.**V |
| – de cheque | |
| – – sem provisão | – **19.3.**XIV |
| – – visado | – **5.2.2** |
| – (para) cobrança | – **3.2.**III, **18.2.1.**IV |
| – (para) desconto | – **18.2.4.2.**I |
| – falsificado | – **21.2.3** |
| – nulo | – **2.6.1.**VI |
| – (por) procuração | – vd. Endosso para cobrança |
| – proibido | – **3.2.**IV |
| – translativo | – **3.2.**II |
| **Enriquecimento sem causa** | – **5.6.2.**III, **8.4.5.**VIII, **9.1.**XI |
| **Eurocheque** | – vd. Cartão |
| **Extinção** (da convenção de cheque) | – vd. Convenção de cheque |

*Índice Analítico* 879

# F

| | |
|---|---|
| **Factoring** (Sociedade de) | – **1.4.4.**III, **16.3.2.3.**III, **18.2.4.2** |
| | |
| **Falsificação** (do cheque) | – **21** |
| – **Caracterização** | – **21.2** |
| – – Cheque falso e falsificado | – vd. Cheque |
| – – Endosso falsificado | – vd. Endosso |
| – – Saque irregular | – vd. Saque |
| – Casos paradigmáticos (de) | – **21.4** |
| – Desapossamento (do cheque) | – vd. Cheque |
| – Lei Uniforme e projecção legal | – **21.2.4, 21.5.2** |
| – Ordenamentos jurídicos estrangeiros | – **21.3** |
| – Projecção legal | – **21.5.2** |
| – Relevância | – **21.5** |
| – **Responsabilidade (pela)** | – **21.6** |
| – – (por) culpa | – **21.6.3** |
| – – Enquadramento (da questão) | – **21.6.1** |
| – – (baseada no) risco profissional | – **21.6.4** |
| – (e) Tutela cambiária | – **21.7**; vd. Tutela cambiária |
| | |
| **Falta grave** | – **18.2.2.**II, **21.7.**VIII |
| **Fraude** | – **18.2.2.**II, **21.7.**VIII |
| **Fundações** | – **13.2.3** |

# I

| | |
|---|---|
| **Incapacidade** | |
| – (negocial) | – **21.8.1** |
| – Superveniente | – **21.9.3** |
| | |
| **Incumprimento** (do sacado) | – **18.3.3** |
| | |
| **Insolvência** | – **21.9.2, 23.2.3** |
| – vd. Convenção de cheque / Extinção | |
| | |
| **Instruções do Banco de Portugal** | – **1.4.8** |
| **Interdição do uso do cheque** | – vd. Cheque |

880                    *Cheque e Convenção de Cheque*

## L

Lei Uniforme (relativa ao Cheque) — **1.4.4, 21.7.1.**
Legislação pós-revolucionária — **1.4.5**
Legitimação — (463), vd. tb Título de crédito

Letra de câmbio — **4**, (634)
Levar em conta (Menção para) — **4.5.**III, **4.6**; vd. Cheque para depositar em conta

Lista negra — vd. Lista dos Utilizadores de Risco

Lista dos Utilizadores de Risco (LUR) — **16.1.3.**I, **24.6.3**
Literalidade — vd. Título de crédito
Livrança — (635)
Livro de cheques — Vd. Cheque / Módulos

## M

Mandato — **7.2.1**
Manifestação tácita — **15.2.X**
Meios de pagamento — **9.2.1**
Menção "para levar em conta" — vd. Cheque para depositar em conta

  — cheque sem provisão — **24.1.1.**II

Menores — **16.1.3.**I,
Módulos de cheque — vd. Cheque
Morte
  — do cliente — **23.2.1**, vd. tb Cliente

## N

Não pagamento do cheque
  — (por) Falsificação — **21**, vd. Falsificação
  — **(por) Falta ou inadequação da ordem** — **21.8**
    — — Incapacidade negocial ou capacidade Insuficiente — **21.8.1**
    — — Representação sem poderes — **21.8.2**
    — — Vícios da vontade — **21.8.3**
  — (por) Incapacidade superveniente — **21.9.3**

| | |
|---|---|
| – (por) Insolvência | – **21.9.2** |
| – Justa causa (de) | – **20.6.2.**II e III, **21.2.2.**II, **22.1.1.**III |
| – (por) Morte e dissolução do sacador | – **21.9.1** |
| – **Responsabilidade do banco (sacado)** | – **22.1** |
| – – Efeitos decorrentes da relação contratual estabelecida com o sacador | – **22.1.1** |
| – – perante o portador | – **22.1.2** |

**Natureza jurídica**

| | |
|---|---|
| – (do) Cheque | – vd. Cheque |
| – (da) Convenção de cheque | – vd. Convenção de cheque |

| | |
|---|---|
| **Negligência** | – **18.2.3, 18.3.2.**I |
| **Negócio cartular** | – **6.3.2, 6.3.3** |
| **Negócio subjacente** (ou causal) | – **6.3.1** |
| **Negócio jurídico complexo** | – **7.2.5** |
| **NFC** (*Nearfield communication*) | – **1.6.**I |
| **Norma Técnica do Cheque** | – vd. Cheque |
| **Normas Técnicas** | – **1.4.8** |
| **Novação** (da relação subjacente) | – **6.3.5, 8.5.2, 9.1.**XIII |
| **Numerário** • | – **9.1.**VII, (651); vd. tb Dinheiro |

## O

**Operações**

| | |
|---|---|
| – de crédito | – (855) |
| – de prestação de serviços | – (855) |
| **Ordem pública** (regra de) | – **21.3.2.2.**IV, **21.6.3.**V, **22.2.1.**II |
| *Overdraft* | – (846) |

## P

**Pagamento**

| | |
|---|---|
| | – **vd.** Meio(s) de |
| – (do cheque) | – vd. Pagamento do cheque |

| | |
|---|---|
| – electrónico | – **9.2.2.2**.IV, (684) |
| – (através de) POS | – **9.2.2**.IV |
| | |
| **Pagamento do cheque** | – **3.5, 18, 21.7**.V, VI, VII e VIII |
| – Após o decurso do prazo de apresentação (a) | – **20.3** |
| – **Apresentação (a)** | – **8.2, 8.3, 8.4, 24.1.1** |
| – – Antes do prazo | – **8.3** |
| – – Dentro do prazo (legal) | – **8.2** |
| – – Fora de prazo | – **8.4** |
| – – Prazo (de) | – **2.6.3**.I, V e VI, **4.2, 8.2, 20.2** |
| – adequado | – **18.2.2** |
| – (a) Descoberto | – vd. Descoberto |
| – Dever (de) | – vd. Convenção de cheque / Deveres do banco |
| – Direito (a obter o) | – **16.3.1.2** |
| – Falta de apresentação pontual (a) | – **19.3**.VII |
| – Falta ou inadequação da ordem (de) | – **21, 21.8**, vd. Falta de pagamento do cheque |
| – Formas (de) | – **18.2.1** |
| – indevido | – **18.2.3** |
| – Lugar (do) | – **2.9, 9.2.3**.III |
| – Não _ | – vd. Não pagamento do cheque |
| – Obrigação (de) | – **4.1**.III |
| – Obrigatoriedade de _ pelo sacado | – **24.2.2** |
| – Oposição (ao) | – (1232) |
| – cuja ordem havia sido revogada | – **20.5** |
| – Parcial | – **17.2.3**.II |
| – (a) Pessoa diferente da indicada no cheque | – **18.3.2** |
| – **Recusa** (de pagamento do cheque) | – **20.6** |
| – – fundamentada | – **20.6.2** |
| – – injustificada | – **20.6.3** |
| | |
| **Particulares** | – **13.2.1.1**.I e III |
| *Payment* | – **18.2.1**.IV; vd. tb Pagamento |
| **Pessoas singulares** | – **13.2.1.1**.II |
| **Porta-moedas electrónico** | – **1.6**.I, **9.2.5**, (716) |

*Índice Analítico* 883

**Portador**
- adquirente de boa fé — **3.1.II, 21.1.2.3**

**POS** (*point of sale transactions*) — **1.6, 9.2.2.IV, (685)**

**Preenchimento**
- Abusivo — vd. Cheque em branco
- Acordo (de) — vd. Cheque

**Prejuízo** — vd. Dano
**Prejuízo patrimonial** — vd. Cheque
**Prescrição** — vd. Cheque

**Provisão**
- Cheque sem _ — **19**; vd. Cheque
- Conceito — **17.2.1**
- Disponibilidade — **17.2.3.III**
- Espécies (de) — **17.2.1**
- Falta (de) — **2.1.II, 2.8, 17.2.3.II, 17.2.5.II**
- Insuficiência — **17.2.3.II**
- Preexistência, suficiência e disponibilidade (da) — **17.2.3**
- (como) pressuposto do cheque e da (subsistência da) convenção — **17.2.4**
- Propriedade — **17.2.2**
- Relação (de) — **17.2.5**
- Relevância negativa — **17.2.4.III**

## R

**Regime Geral das Instituições de Crédito** — **12.1.2, 14.3.1.II**

**Regime jurídico**
- (do) Cheque — Cap. II; vd. tb Cheque
  - — sem provisão — vd. Regime jurídico do cheque sem provisão
- (da) Convenção do cheque — Cap. VI; vd. tb Convenção de cheque

## 884 · *Cheque e Convenção de Cheque*

**Regime jurídico do cheque sem provisão** — **1.4.6, 19.3.2**; vd. tb Cheque sem provisão e Crime de emissão de cheque sem provisão

– Irrelevância das alterações em termos jurídico-
-substantivos — **19.5**

**Regras e Usos Uniformes Relativos aos
Créditos Documentários (RUU)** — (929)
**Regresso** (do cheque) — vd. Cheque

**Relações cartulares**
– imediatas — **6.3.4, 6.3.5, 25.1**
– mediatas — **6.3.4, 25.1**

**Representação**
– sem poderes — **21.8.2**

**Rescisão** (da convenção de cheque)
– Causas — **24.1.3, 24.3.1**
– **Conta movimentável por mais de um sujeito** — **24.3.2.II, 24.3.3.**
 – – Contas de entidades colectivas — **24.3.3.II**
 – – Contas colectivas (de pessoas singulares) — **24.3.2.II, 24.3.3.III**
– **Dever (de)**
 – – Incumprimento — **24.2**; vd. Obrigatorie-
dade (de)
– **Efeitos (da)** — **24.6**
 – – Consequências no plano da movimentação
de contas bancárias — **24.6.2**
 – – Inclusão na *lista negra* (LUR) — **24.6.3**
 – – Indemnização por danos sofridos — **24.6.3**
 – – Inibição do uso de cheque — **24.6.1**
 – – Secundários — **24.6.3**

– Enquadramento — **23.3.1.V, 24.1.1.III**
– **Incumprimento da obrigação de** rescisão — **24.2**
 – – Âmbito da responsabilidade do banqueiro — **24.2.1 e 24.2.3**
 – – Contra-ordenação — **24.2.4**
 – – Obrigatoriedade de pagamento — **24.2.2**

– Indevida — **24.5**
– (e) Interdição do uso de cheque — vd. Cheque

| | |
|---|---|
| – Não | – **24.2.1.**IV |
| – Obrigatoriedade (de) | – **24.1.3** |
| – **Processo** (de) | – **24.3** |
| – – Comunicação e actos acessórios | – **24.3.2** |
| – – Dever de comunicação ao BdP | – **24.3.4** |
| – – Obrigações do cliente | – **24.3.5** |
| – – Relacionamento posterior das partes | – **24.3.3** |
| – **Verificação da falta de provisão e actos** | |
| **subsequentes** | – **24.1** |
| – – Apresentação do cheque a pagamento | – **24.1.1** |
| – – Notificação da vicissitude | – **24.1.2** |
| – – Obrigatoriedade de rescisão | – **24.1.3** |
| – – Regularização da situação | – **24.1.2** |

| | |
|---|---|
| **Reservas à LUCh** | – **4.4.**IV |
| **Resolução** | – **20.1.**II |

| | |
|---|---|
| **Responsabilidade** | |
| – Acção contra o sacado | – **22.1.3**; vd. Sacado / Acção |
| – **(do) Banco** (sacado) pelo | |
| – – não pagamento | – **22.1**; vd. Não pagamento |
| – – pagamento indevido | – **24.2.3** |
| – vd. tb Falsificação | |

| | |
|---|---|
| **Restrição do uso de cheque** | |
| – **Termo (da)** | – **24.7** |
| – – Antecipação (do) | – **24.7.3** |
| – – Celebração de nova convenção | – **24.7.5** |
| – – Fim da inibição (de uso de cheque) | – **24.7.4** |
| Reposição da convenção | – **24.7.2** |
| – – Rescisão indevida | – **24.7.2** |

| | |
|---|---|
| **Revogação** (do cheque) | – **1.3.2, 3.4, 16.4.4.2, 20** |
| – Aceitação da | – **16.4.4.2** |
| – Antes de decorrido o prazo de apresentação | |
| a pagamento | – **20.4** |
| – – com justa causa | – **19.3.**XII |
| – Caracterização | – **20.1.**II |
| – Depois de decorrido o prazo de apresentação | |
| a pagamento | – **20.3** |

## 886 Cheque e Convenção de Cheque

| | |
|---|---|
| – Forma (de) | – **20.1.**II |
| – Ordenamentos jurídicos estrangeiros | – **20.4.2** |
| – Solução proposta | – **20.4.5** |
| **Revogação do mandato** | – **20.1.**II |

## S

| | |
|---|---|
| **Sacado** | – **2.6.1, 2.6.2, 4.1, 16.4,** (1517) |
| – vd. tb Banco e Banqueiro | |
| – **A acção** (contra o) | – **22.1.3** |
| – – Movida pelo sacador | – **22.1.3.2** |
| – – Proposta por outros intervenientes no cheque (endossantes) e pelo portador | – **22.1.3.3** |
| **Sacador** | – **2.6.1, 16.3**; vd. tb Cliente |
| – Assinatura | – **9.2.3.**IV |
| – Morte | – **2.9.1.**I |
| **Saque** | – vd. tb Emissão |
| – (do) cheque | – **13.2.3.**II |
| – Data (do) | – **2.6.3** |
| – (a) Descoberto | – vd. Descoberto |
| – Irregular | – **21.2.2** |
| – Lugar (do) | – **2.6.3.**I e X |
| **Segredo bancário** | – (836), **16.4.4.5** |
| **Serviços** (bancários) **mínimos** | – **13.2.1.1**, (810), **14.2.3, 25.3.3.**IV |
| **SICOI** | – **1.4.8.**I, (230), (304), **5.2.1**, (384), **9.2.3.**V, **18.2.1.**III e IV, (1201A), (1452)**, 24.3.3**, (1665) |
| **Silêncio** | – **15.2.**IX, (960), (963), (964) |
| *Smart cards* | – **1.6** |
| **Sociedades Comerciais** | – **13.2.2.3** |
| **Subscrição cambiária** | – **17.1.**II |

## T

**Terceiros**
- (à) convenção de cheque — vd. Convenção de cheque

**Teses** — **27.2**
**Titularidade** — (463)

**Título de crédito** — **6**
- **Características**
  - – Abstracção — **6.2.2**.III
  - – Autonomia — **6.2.2**
  - – Literalidade — **6.2.3**
- Conceito — **6.1**
- Extinção — **6.4.2**
- **Pretensas características**
  - – Legitimação — **6.2.4**.II
  - – Incorporação — **6.2.4**.I
  - – Transmissibilidade — **6.2.4**.III
- Reforma — **6.4.3**
- Relações imediatas e mediatas — **6.3.4**, (1609)
- Relações entre os negócios cartular e causal — **6.3.5**
- Terminologia — (28)

**Título executivo** — **8**, (518), (519), (520), vd. Cheque

**Tomador** — **2.6.1**.V

**Transferência(s)** — **1.6**.V, **9.2.2**
- cfr. com o Cheque — **9.2.4**
- Electrónica(s) de Fundos — **9.2.2**, (680)
- Pré-autorizadas — (686)
- Simples — **9.2.2**
- (por) Telecomunicações — (687), (688)

**Transmissão** — vd. Endosso
**Truncagem** — **9.2.3**.II, **18.2.1**; vd. tb Cheque

**Tutela**
- **Cambiária** — **25**

## 888 Cheque e Convenção de Cheque

| | |
|---|---|
| – – Critérios de solução | – **25.5** |
| – – (e) Falsificação | – **21.7** |
| – – Justificação | – **18.1.**IV, (1136) |
| – – (da) Letra de câmbio | – **25.1** |
| – – Prevalência sobre a convenção | – **25.3** |
| – – Primado da aparência | – **25.4** |
| – – Relevo da circulação cambiária | – **25.2** |
| – **(da) circulação cambiária** | |
| – – Letra | – **25.1.**I e II, **27.1.**II |
| – **(da) Lei Uniforme** | – **25.2.**II |
| – **penal** (do cheque) | – **19**; vd. Cheque |

### U

| | |
|---|---|
| **Unidade de conta** (processual) | – (1207) |
| **Uniform Commercial Code** (1990, EUA) | – **1.3.2.**V |
| **Usos** | – (926) |
| – bancários | – **14.3.1.**II, **15.1**, **15.2**, (920), (924), **16.1.2.**I |
| – sociais | – (919) |

### V

| | |
|---|---|
| **Valores mobiliários escriturais** | – (456), vd. Desmaterialização |
| **Vencimento** | – **4.2** |
| **Vícios da vontade** | – **21.8.3** |
| **Vicissitudes** | |
| – (do) cheque | – vd. Cheque |
| – (no cumprimento | – **18.3** |
| **Vinculação** (de sociedades comerciais) | – **13.2.2.3.**II e III |
| **Visado** | – vd. Cheque |
| **Visto** (Instituto do) | – **4.4, 5.2, 8.6.**II, **15.2.**VI; vd. Cheque visado (**5.2**) |

# ÍNDICE DE AUTORES[1655]

AA.VV. – Introdução A) e C), 1.1, 1.3.4, 1.3.5, 1.4.2, 1.4.4, 4.1, 5.2.2, 5.3.2, 6.1, 6.2.1, 6.2.2, 6.3.1, 9.1, 9.2.2, 9.2.5, 9.2.6, 10.1, 14.1, 14.3.1, 14.3.3, 15.3.1, 16.1.2, 16.4.4.5, 20.4.3.1, 21.2.1, 21.3.4, 21.5.2.

Abudo, Ibraimo – 14.3.1, 15.2.

Acosta Romero – 1.1.

Adams – 9.2.6, 14.1.

Aguiar, Lopes – 1.6, 9.1, 9.2.6, 9.2.7.

Aiyar – 1.3.2.

Alarcão, Rui de – 16.4.2.

Alberti – vd. Montoya Alberti.

Albuquerque, Pinto de – 16.4.3.1, 16.4.4.5.

Alces – 9.2.3.

Almeida, Pereira de – 2.6.1, 3.3., 5.1, 6.2.1, 9.3.1.

Almeida, Ferreira de – 4.4, 6.1, 6.2.2, 6.3.2, 7.2.2, 9.2.4, 14.1, 14.3.3, 15.2, 18.2.4.1, 18.2.4.2.

Almeida, José Moitinho de – 19.3.

Almeida, L. P. Moitinho de – 21.6.2, 21.6.3, 21.6.4.

Amaral, Freitas do – 8.2.

Amato – vd. Di Amato.

Anastácio, Catarina Gentil – 9.2.2.

Anderson – 5.2.1.

Andrade, Manuel de – 8.5.2, 15.2.

---

[1655] Remete-se para o número da sistematização do texto onde o autor é citado, isolada ou conjuntamente com outro(s) autor(es), ou no qual consta(m) a(s) nota(s) de rodapé em que é feita a citação. Não estão referenciados nesta listagem os juízes relatores de decisões judiciais (citadas), que constam do Índice de Jurisprudência.

890     *Cheque e Convenção de Cheque*

ANDRADE, MANUEL DA COSTA – 16.4.4.5, 19.3.

ANDRADE, GOUVEIA – 14.2.4.

ANGELONI – 18.2.4.1.

ANGULO RODRÍGUEZ, LUIS – 1.1, 1.3.4.

ANTHERO, ADRIANO – 1.4.2.

ANTUNES, FERREIRA – 8.4.5, 19.2, 19.4.

ARORA – 13.3.

ASCARELLI – 5.3.2, 6.1, 21.3.3.

ASCENSÃO, OLIVEIRA – INTRODUÇÃO A), 1.3.6, 2.6.1, 3.3, 5.1, 6.1, 6.2.1, 6.2.4, 9.1, 9.3.1, 15.2, 20.4.3.2, 23.1, 23.2.3, 23.3.2, 23.3.3, 23.4.

ASQUINI – 6.1, 15.3.1.

ATHAYDE, AUGUSTO DE – 15.2, 16.4.4.5.

AVANCINI – 15.3.1.

ÁVILA, LOBO D' – 1.1, 1.3.1, 20.4.3.1, 21.2.1, 21.6.2.


BAILEY – 1.3.2, 20.1, 20.4.2, 21.2.1

BAIRRADAS, DINIS – 1.4.7, 2.6.3, 19.1, 19.2, 19.3, 24.1.2.

BAKER, D. – 1.3.6

BAKER, JAMES – 9.2.2.

BALDÓ DEL CASTAÑO – 1.1, 1.3.4, 14.5.1, 15.3.1, 20.1, 20.4.2.1, 20.6.3, 21.3.2.2., 21.5, 22.1.2.1.

BAPTISTA, CRISTINA CASAL – 13.2.3.

BARATA, LACERDA – 14. 3.1, 14.3.2.

BARUTEL MANAUT – 9.2.5, 9.2.6.

BATLLE SALES – 21.3.2.2.

BAUMBACH – 1.2, 1.3.4, 4.1, 4.3, 15.2, 15.3.1, 20.4.2.1, 21.3.3.

BAXTER – 1.3.2.

BEARD – 20.4.2.2.

BEIRÃO, VEIGA – 1.4.2.

BEN-OLIEL – 1.3.6.

BENFIELD, JR. – 9.2.3.

BEZERRA, MIGUEL – 6.1, 8.1, 8.4.2, 8.4.5.

BLACKBURN – 9.2.2.

BOIX SERRANO – 16.4.2.1.

BONFANTI – 1.2, 5.6.1.

BONHOMME – 1.1, 1.3.4, 5.6.2, 9.1, 17.2.4.

BONNEAU – 1.3.4, 15.2, 16.4.4.5.

BONOME – vd. VÁSQUEZ BONOME.

BORGES, MARQUES – 1.3.6, 2.4, 5.2.1, 5.6.1.

BORGES, EUNÁPIO – 1.2.

BORGES, FERREIRA – 1.4.1.

BOTAS – vd. CONDE BOTAS.

BOUTERON – 1.3.1, 1.3.3, 20.4.5, 21.2.1, 21.7.

BRADGATE – 13.3.

BRANCO, LUÍS – 14.1, 15.2.

BRANDEL – 1.3.5.

BRAVO, ADOLFO – 21.6.2, 21.6.4.

BRENNAN – 9.2.2.

BRINDLE – 9.2.5 20.4.2.2, 21.1.2.4.

BROSETA PONT – 1.3.4, 14.4.

BROX – 4.1, 6.2.4, 15.3.1.

BRUNNER – 6.1, 6.2.1.

BUENO – 21.3.4.

BULGARELLI – 1.3.4. ●

BÜLOW – 1.3, 4.1, 4.3, 5.3.2, 5.4, 15.3.1, 16.1.2.

BUNTE – 4.1, 5.3.2, 9.2.2, 9.2.5, 15.3.1, 16.1.2.

BUSSANI, MAURO – 21.6.4.

BYLER – 9.2.2.

BYLES – 21.3.4.

CABRAL, RITA AMARAL – 6.3.3, 24.2.1.

CABRILLAC – 2.6.1, 5.2.4, 7.2.3.

CAEIRO, ANTÓNIO – 1.3.1, 1.5, 2.3.4, 3.1, 8.5.4, 13.3, 16.4.4.5, 20.3, 20.4.3.1, 20.4.3.2, 20.4.3.3, 20.4.4, 20.4.5, 21.2.3, 21.2.4, 21.6.3, 21.7, 26.1.

CALAVIA MOLINERO – 1.1, 1.3.4, 14.5.1, 15.3.1, 20.1, 20.4.2.1, 20.6.3, 21.3.2.2., 21.5, 22.1.2.1.

CALDAS, CASTRO – 16.4.4.5.

CALERO – vd. SÁNCHEZ CALERO.

CALLEGARI – 6.1.

CAMANHO, PAULA – INTRODUÇÃO A), 14.3.1, 14.3.2, 14.3.3, 15.2, 16.4.1.3.

CAMPOBASSO – 4.4, 5.3.2, 9.2.8.

CAMPOS – vd. MUÑOZ CAMPOS.

CAMPOS, ANTÓNIO – 19.3.

CAMPOS, LEITE DE – 7.2.2, 8.4.5, 15.2, 16.4.4.5.

CANARIS – 4.3, 4.7, 5.3.2, 6.1, 6.3.3, 9.2.8, 14.1, 15.2, 16.2, 16.4.3.1, 16.4.4.5, 17.2.1, 20.4.2.1, 20.4.3.1, 21.3.3.

CANAS, VITALINO – 16.4.4.4, 16.4.4.5.

CANNU – vd. LE CANNU.

CANOTILHO, GOMES – 16.4.4.5.

CARDOSO, LOPES – vd. LOPES-CARDOSO.

CARLÓN SÁNCHEZ – 14.5.1, 20.4.2.1, 21.3.2.2.

CARLOS, PALMA – 8.5.4, 20.4.3.1, 20.4.3.2, 20.4.5.

CARNEIRO, SÁ – 8.4.5, 9.1.1.

CARRATO – 1.3.4, 4.1, 5.3.2, 15.3.1.

CARRUBBA – 21.3.4.

CARTER – 16.3.2.2.

CARVALHO, TAIPA DE – 19.2, 19.3.

CARVALHO, ORLANDO DE – 6.3.2, 12.2.1.

CARVALHO, NUNES DE – 15.2.

CASTAÑO – vd. BALDÓ DEL.

CASTRO, OSÓRIO DE – 5.1, 6.1.

CASTRO, ANDRADE E – 15.2.

CAUSSE – 7.3.

CHALMERS – 20.1, 20.4.2.2.

CHAPUT – 2.6.1, 17.2.3.

CHORAFAS – 9.2.5.

CHORÃO, LUÍS BIGOTTE – 1.4.1, 1.4.2.

CHORÃO, M. BIGOTTE – 1.3.6.

CHORLEY, LORD – 14.1, 16.4.2, 16.4.4.5.

CHULIÁ – vd. VICENT CHULIÁ.

CLARK, BARBARA – INTRODUÇÃO A), 1.3.4, 9.2.6, 21.3.4.

CLARK – INTRODUÇÃO A), 1.3.4, 9.2.6, 21.3.4.

# Índice de Autores

CLAUSSEN – 5.3.2, 9.2.2, 15.2, 15.3.1, 16.1.2, 16.4.4.5, 20.4.3.

COELHO, PINTO – 1.4.4, 2.6.1, 3.3.4.1, 4.3, 6.3.3, 8.5.2, 8.5.4, 8.5.6, 9.3.1, 12.2.1, 13.1.1, 14.1, 14.3.3.

COELHO, NUNO RIBEIRO – 19.3.

COLAGROSSO – 21.3.3.

CONDE BOTAS – 1.1, 1.2, 1.3.4, 5.6.1.

CONTAMINE-RAYNAUD – 9.2.6, 15.2, 16.4.4.4, 16.4.4.5.

COOTER – 1.3.2, 21.3.4.

CORDEIRO, MENEZES – INTRODUÇÃO A), 2.6.1, 8.5.2, 8.5.3, 8.5.4, 9.1, 9.2.5, 10.3, 13.2.1.1, 13.2.3, 14.1, 14.2.2, 14.2.4, 14.3.1, 14.3.3, 14.4, 15.1, 15.2, 15.3.1, 16.1.1, 16.1.2, 16.2, 16.4.2, 16.4.3.1, 16.4.4.5, 20.4.3.2, 21.6.4, 23.4, 24.2.1, 24.2.2, 26.2.1

CORREIA, FERRER – 1.5, 2.6.1, 3.3, 4.3, 5.1, 6.1, 6.2.1, 8.5.4, 9.1, 9.3.1, 12.2.1, 15.3.1, 20.3, 20.4.3.1, 20.4.3.2, 20.4.3.3, 20.4.4, 20.4.5, 21.6.2, 24.2.1, 26.1.

CORREIA, BRITO – 1.1, 15.2.

CORREIA, PUPO – 5.2.2, 5.3.2.

COSP – vd. GUZMÃN COSP.

COSTA, A. M. ALMEIDA – 19.3, 21.5.2.

COSTA, M. J. ALMEIDA – 7.2.2, 7.2.3, 8.5.2, 9.1, 16.4.2, 21.6.4.

COTTINO – 6.1.

COWEN – 1.3.2, 1.3.5, 5.6.1, 21.3.4.

COX – 9.2.5, 20.4.2.2, 21.1.2.4.

CRAIGIE – 1.3.2.

CRANSTON – 1.4.1, 1.5, 13.3, 16.4.4.5.

CRAWFORD – 1.3, 9.2.4

CRESSWELL 21.3.4.

CRISTAS, ASSUNÇÃO – 6.2.4, 7.2.3.

CRONE, VON DER – 1.3.4, 21.3.2.1.

CRONE-SCHMOCKER, VON DER – 15.3.1.

CUESTA RUTE, DE LA – vd. DE LA CUESTA RUTE.

CUNHA, PAULO – 3.3, 15.2.

CUNHA, OLAVO – 2.1, 2.6.1, 2.6.3, 9.1, 9.3.1, 10.3, 12.2.2, 13.2.1.2, 13.2.2.1, 13.2.2.3, 15.2, 15.3.1, 16.1.1, 20.4.3.1, 23.2.2.

CUNHA, PITTA E – INTRODUÇÃO B), 1.4.8, 1.6, 9.1.

DAMRAU – 9.2.3, 9.2.8.

DAVIS, BRIAN – 5.3.1.

DE LA CUESTA RUTE – 6.2.2, 9.1.

DE MARCHI – 1.1, 5.3.2, 9.2.8, 20.4.3.3.

DE ROOVER – 1.1.

DE SEMO – 1.1, 2.1.

DEIDER – 9.2.3.

DEL DUCA – 9.2.5.

DELGADO, ABEL – 1.3.3, 1.3.4, 1.4.5, 3.3, 4.1.

DESIDERIO – 1.3.4, 9.4.4.5.

DEVÈZE – 5.2.

DI AMATO – 6.2.1, 6.3.1.

DIAS, GABRIELA FIGUEIREDO – 18.2.4.1

DIAS, J. FIGUEIREDO – 1.4.7, 2.6.3, 19.2, 19.3.

DIAS, GONÇALVES – 1.1, 1.3, 8.5.2, 9.1.

DÍAZ MORENO – 1.1, 20.4.2.1, 21.3.2.2.

DIDIER – 5.6.1, 5.6.2.

DISEGNI – 4.1, 5.3.2, 6.2, 15.3.1.

DOLAN – 1.3.5, 9.2.2, 9.2.3, 9.2.6.

DOLMETTA – 9.2.6, 9.2.8.

DONADI – 9.2.3.

DRAGON – 9.1, 9.2.2, 9.2.5.

DRUEY – 15.3.1, 21.3.2.1.

DRURY – 9.2.6.

DRYGALA – 1.1, 4.7, 15.3.1.

DUARTE, ANTÓNIO PINTO – 13.2.22.

DUARTE, RUI PINTO – 13.2.2.2, 23.2.3, 26.1.

DUCA – vd. DEL DUCA.

DUNFEE – 9.2.2.

DUPICHOT – 5.2.4, 5.3.1, 5.6.1, 5.6.2, 17.2.3, 17.2.3, 17.2.4.

EIZAGUIRRE – INTRODUÇÃO A, 1.3.4, 21.3.2.2.

ELÍSIO, FILINTO – 1.5, 15.3.1, 20.4.3.1, 20.6.2, 26.1, 26.2.2.

ELLINGER – 1.3.2, 9.2.2., 9.2.3, 9.2.5, 14.1, 16.4.4.5.

# Índice de Autores

EPIFÂNIO, ROSÁRIO – 23.2.3.

ESCUTI – 1.3.4.

EWALD – 1.3.4, 5.4.

FARIA, RIBEIRO DE – 7.2.2, 7.2.3, 8.5.2, 16.4.2.

FARNSWORTH – 9.2.2.

FERNÁDEZ FERNÁNDEZ – 9.2.5, 9.2.6.

FERNANDES, MARQUES – 9.2.2.

FERNANDES, CARVALHO – 2.6.1, 6.1, 13.2.3, 15.2, 23.2.3.

FERNÁNDEZ – vd. FERNÁDEZ FERNÁNDEZ.
        vd. SOTO FERNÁNDEZ.

FERREIRA, AMADEU – 6.1.

FERREIRA, ANTÓNIO PEDRO – INTRODUÇÃO A), 9.1, 12.1.1, 13.2.1.1, 13.3, 14.1, 15.2, 16.1.1, 16.1.2, 16.4.4.5, 23.3.3.

FERREIRA, PAZ – 13.2.2.2.

FERREIRA, AMÂNCIO – 8.5.2, 8.5.4.

FERREIRA, CAVALEIRO DE – 19.3.

FERREIRA, TABORDA – INTRODUÇÃO A), 6.2.2.

FERREIRA, WALDEMAR – 21.6.3.

FERRERI – 1.3.5.

FERRI – 20.4.2.1, 21.3.3.

FERRIER – 9.2.6.

FERRO-LUZZI – 21.2.1.

FIGUEIREDO, MÁRIO DE – INTRODUÇÃO A), 5.1, 8.5.1, 8.5.2, 21.2.1.

FIORENTINO – 6.3.2, 20.4.2.1.

FOX, D. W. – 16.3.2.3.

FOX, IVAN – 5.2.1.

FOX, KARLA – 1.3.5.

FRADA, CARNEIRO DA – 14.1, 16.2, 16.4.2, 21.6, 21.6.4, 24.2.1.

FRANCO, SOUSA – 5.6.1.

FREITAS, LEBRE DE – 8.1, 8.4.5, 8.5.3, 8.5.4.

FUCHS – 14.1.

FURTADO, PINTO – INTRODUÇÃO A), 1.4.4, 3.3, 4.1, 5.2.3, 6.1, 8.5.5, 8.5.6, 10.3, 20.4.4, 23.3.3, 24.1.3.

GALVÃO, SOFIA – 1.3.6, 1.5, 10.3, 15.2, 15.3.1, 16.1.2, 16.2, 20.4.31, 21.8.2, 26.1, 26.2.2.

GÁLVEZ DOMÍNGUEZ – 12.1.1, 14.1.

GAMDJI – 5.2.4, 5.3.1.

GAPPER – 1.4.

GARCIA-PITA Y LASTRES – 14.1, 14.3.1, 14.5.1, 18.2.4.1.

GARCIA-TUÑON – vd. MARINA GARCIA-TUÑON, ANGEL.

GARRIGUES – INTRODUÇÃO A), 1.1, 5.6.1, 12.1.1, 14.1, 14.4, 15.1, 15.2, 20.4.2.1, 21.2.3, 21.6.2, 21.6.3, 26.2.1.

GARRONE – 1.2, 5.6.1.

GAVALDA – INTRODUÇÃO B), 1.3.4, 3.3, 4.1, 5.2, 5.3.1, 5.3.3, 7.3, 9.2.5, 9.2.6, 14.1, 15.2, 16.4.4.5.

GEIBEN – 9.1, 9.2.2, 9.2.5.

GELLA – vd. VICENTE Y GELLA.

GERALDES, ABRANTES – 8.5.4, 8.5.5.

GERING – 1.3.2, 1.3.5, 5.6.1, 21.3.4.

GETE-ALONSO Y CALERA – 9.2.5, 9.2.6, 9.2.7.

GEVA – 1.1, 1.3.2, 1.3.4.

GIANNATASIO – 21.3.3.

GIANNANTONIO – 9.2.2.

GIBB – 1.1.

GIBSON – 9.2.2.

GILBART – INTRODUÇÃO B), 12.1.1.

GILLETTE – 9.1, 9.2.2, 20.4.2.2.

GILISSEN – 1.1.

GIORGIANNI – 14.1, 15.3.1. 16.4.4.5.

GOMES, CORREIA – 21.6.2, 21.6.3.

GOMES, JÚLIO – 8.4.5.

GOMES, JANUÁRIO DA COSTA – 7.2, 20.1.

GOMES, NOEL – 16.4.4.5.

GOMES, ORLANDO – 14.3.3.

GOMEZ – vd. SÁNCHEZ GOMEZ.

GÓMEZ LEO – 1.3.4, 5.5, 5.6.1.

GONÇALVES, CUNHA – 1.1, 1.4.1, 15.2, 20.4.3.1.

GONÇALVES, MANUEL – 21.6.2, 21.6.3.

GONÇALVES, PEDRO – 13.2.2.2.

GONZÁLEZ – vd. PÉREZ-SERRABONA GONZÁLEZ.

GOODE – 9.2.2, 20.4.2.2, 21.3.4.

GRANIER – 1.1, 1.3.4, 5.2, 5.6.1, 5.6.2, 7.2.1, 9.2.5, 17.2.1, 17.2.3.

GRAZIADEI – 1.5, 15.3.1, 21.3.3, 26.2.1.

GRAZIANO – 20.4.2.2.

GREENWALD – 9.1.

GREYERZ, VON – 15.3.1, 21.3.2.1.

GRUA – 14.1, 15.2, 15.3.1, 16.4.4.5.

GUEDES, CARDOSO – 16.4.3.1.

GUEST – 20.1, 20.4.2.2.

GUEVEL – 5.2.4, 5.3.1, 5.6.1, 5.6.2, 17.2.3, 17.2.4.

GUGGENHEIM – 16.4.4.5, 21.3.2.1.

GUILARTE – vd. SÁNCHEZ CALERO GUILARTE.

GUIMARÃES, RAQUEL – 9.2.2, 9.2.3, 9.2.5, 9.2.6, 9.2.7.

GUTTMAN – 9.2.5.

GUZMÃN COSP – 9.1.


HABICHT – 1.1, 15.3.1.

HAGEDORN – 1.3, 20.4.2.2.

HAMEL – 15.2.

HAPGOOD – 1.3.2, 1.3.5, 9.2.2, 9.2.3, 9.3.1, 13.3, 14.1, 16.4.4.5.

HARRELL – 1.3.2.V, 9.1, 9.2.2, 9.2.3, 20.1, 21.3.4.

HAWKLAND – 20.4.2.2.

HEDLEY – 21.3.4.

HEENEN – 1.3.4.

HEFERMEHL, H. – 14.1.

HEFERMEHL, W. – 1.3.1, 1.3.4. 4.1, 4.3, 15.3.1, 20.4.2.1, 20.4.3.1, 21.3.3.

HEINRICH – 1.3.5, 9.2.2.

HERNÁNDEZ – vd. MATEO HERNÁNDEZ.

HERRANZ – vd. RAMOS HERRANZ.

HENRIQUES, VIDEIRA – 10.2.1, 20.1.

HEUREUX – vd. L' HEUREUX

HILL – 21.3.4.

HOLDEN – INTRODUÇÃO B), 1.1, 16. 4.4.5.

HOLZHAMMER – 1.3.4, 5.4.
HOOLEY – 1.3.2, 9.2.2, 9.2.3, 9.2.5, 14.1, 16.4.4.5, 21.3.4.
HOPT – 15.2.
HÖRSTER – 15.2.
HUECK – 4.3, 4.7, 5.3.2, 6.1, 6.3.3, 9.2.8, 20.4.2.1, 21.3.3.

IMMENGA – INTRODUÇÃO A).
IPPOLITO – 5.2, 5.2.4, 5.3.1, 5.6.1, 5.6.2, 14.1, 15.2, 17.2.3, 17.2.4.
IRO – 15.3.1.
ISLA – vd. ZURIMENDI ISLA.

JACOBI – 1.1, 1.2, 4.1, 5.4, 6.3.3, 14.5.1, 21.3.3, 25.4.
JÄGGI – 15.3.1, 21.3.2.1.
JAMES – 1.3.2, 2.6.1.
JAUFFRET – 15.2.
JEANTIN – 1.1, 1.3.4, 5.2, 5.6.1, 5.6.2, 7.2.1, 9.2.5, 17.2.1, 17.2.3.
JIMÉNEZ SANCHEZ – 1.1, 1.3.3, 1.3.4.
JOOST – 21.3.3
JORDAN – 1.3.2.V, 21.3.4.
JORGE, PESSOA – 7.2.1.
JUGLART – 5.2, 5.2.4, 5.3.1, 5.6.1, 5.6.2, 14.1, 15.2, 17.2.3, 17.2.4

KAPLAN – 9.1, 9.2.2, 9.2.5.
KASSIS – 15.2.
KIDD – 1.3.4.
KILGUS – 21.3.2.1.
KOZIOL – 15.3.1.
KUHLENBECK – 1.1.
KÜMPEL – 6.1, 9.2.2, 9.2.5, 15.2, 15.3.1, 16.1.2.
KUNTZE – 6.3.3.

LA LUMIA – 6.1.
LA ROSA, PAVONE – 15.2.
LABAREDA, JOÃO – 23.2.3.
LAGARDE – 15.2.

# Índice de Autores

LAIDLAW – 13.3, 20.4.2.2.

LASKY – INTRODUÇÃO B).

LASTRES – vd. GARCIA-PITA Y LASTRES.

LAVIÑA – vd. MAIRATA LAVIÑA.

LAWRENCE – 1.3.2, 9.2.2.

LE CANNU – 1.1, 1.3.4, 5.2, 5.6.1, 5.6.2, 7.2.1, 9.2.5, 17.2.1, 17.2.3.

LEAL – vd. MADRAZO LEAL.

LEITÃO, MENEZES – 3.3, 7.2.1, 7.2.2, 7.2.3, 8.4.5, 8.5.2, 9.1, 16.4.3.1.

LEO – vd. GÓMEZ LEO.

LERMA – vd. SÁNCHEZ LERMA.

LEWIS – 13.3, 21.3.4.

L' HEUREUX – 1.6.

LIBCHABER – 1.6, 9.1.

LIMA, PIRES DE – 8.5.4, 15.2.

LINGL – 9.2.2.

LLORENTE GÓMEZ DE SEGURA – 21.3.2.2.

LÖBER – 20.4.2.1.

LOMNICKA – 1.3.2, 9.2.2., 9.2.3, 9.2.5, 14.1, 16.4.4.5.

LOPES, GAMEIRO – 15.2.

LOPES-CARDOSO – 8.1, 8.5.6.

LWOWSKI – 4.1, 5.3.2, 9.2.2, 9.2.5, 15.3.1, 16.1.2.

LUÍS, ALBERTO – 1.4.5, 4.1, 4.4, 16.4.4.5.

LUMIA, LA – vd. LA LUMIA

MACAULAY – 13.3.

MACEDO, VILAR DE – 13.2.3.

MACHADO, BAPTISTA – 15.2.

MACHADO, PEDROSA – 16.4.4.5, 19.3.

MADRAZO LEAL – 14.1.

MAIMERI – 9.2.8.

MAIRATA LAVIÑA – 9.1.

MAJADA – 1.1, 1.3.3, 1.3.4, 1.3.5, 5.3.2, 5.6.1, 7.1, 7.2.1, 26.2.1.3.

MALAFAIA, JOAQUIM – 16.4.4.5.

MALAGUTI – 9.1.1.

MANAUT – vd. BARUTEL MANAUT.

MANN – 1.6, 9.2.2, 20.4.2.2.

MARCELINO, AMÉRICO – 9.3.1.

MARCHI, DE – vd. DE MARCHI

MARIN – 5.2, 5.3.2, 5.6.1, 10.1, 21.3.3.

MARINA GARCIA-TUÑON, ANGEL – 21.3.2.2, 21.6.3.

MARQUES, REMÉDIO – 8.2, 8.7.

MARQUES, DIAS – 8.4.5, 20.1.

MARTÍN – vd. MUÑOZ MARTÍN.

MARTIN (L.) – 14.1, 15.2.

MARTINEZ, ROMANO – 3.3, 4.4, 7.2.1, 9.3.1, 15.2, 23.1, 23.2.2., 23.3.2, 23.3.3, 23.4.

MARTÍNEZ SANZ – 1.3.4, 14.4.

MARTORANO – 6.2.3, 6.2.4.

MASLING – 1.5.

MATEO HERNÁNDEZ – 1.3.5, 9.2.2.

MATEU DE ROS – 9.2.2.

MATHESON – 14.1.

MATIAS, SARAIVA – 9.2, 15.2, 14.2.4, 16.4.4.5.

McCARTY – 9.2.2.

MEGRAH – 13.3.

MEIER-HAYOZ – 1.3.4, 21.3.2.1.

MEYER, HERBERT – 6.3.3.

MENDES, EVARISTO – 1.4.3, 1.4.4, 3.3., 19.2, 19.3.

MENDES, CASTRO – 15.2.

MENÉNDEZ MENÉNDEZ – 1.2, 6.1, 14.5.1.

MEYER-CORDING – 1.1, 4.7, 15.3.1.

MICHELI – 1.1, 5.3.2, 20.4.3.3.

MILLER – 1.3.2, 9.1, 9.2.2, 9.2.3, 20.1, 21.3.4.

MIRANDA, JORGE – 19.3.

MIRANDA, PONTES DE – 1.1.

MITCHELL, DAVID – 1.6.

MITCHELL, L. M. – 1.1.

MOLINERO – vd. CALAVIA MOLINERO.

MOLLE – 1.3.4, 9.2.8, 14.1, 16.4.4.5, 21.3.3.

Moncada, Luís Cabral de – 13.2.2.2.

Moniz, Helena – 6.1, 21.5.2.

Monteiro, Pinto – 15.2.

Monteiro, Conde – 19.4.

Monteiro, Sinde – 16.2, 16.4.3.1, 21.6.4, 24.2.1.

Monteiro, Luís Miguel – 9.2.2, 9.2.3, 9.2.5.

Montoya Alberti – 1.1, 1.3.

Moreira, Guilherme – 5.1.

Moreira, Vital – 16.4.4.5.

Moreno – vd. Díaz Moreno.

Morgan – 1.3.2.

Mossa – 6.3.3.

Moxica Román – 14.1, 21.3.2.2.

Mucke – 9.2.2.

Muñoz Campos – 7.2.5.

Muñoz Martín – 20.6.2.


Nallard – 9.1, 9.2.2, 9.2.5.

Namorado, Rui – 13.2.2.2.

Neto, Amaral – 16.4.4.5.

Neto, Freitas – 19.3.

Neto, Restiffe – 1.3.4.

Nickles – 14.1.

Nora, Sampaio e – 6.1, 8.1, 8.4.2, 8.4.5.

Nunes, Conceição – 14.1, 14.3.1, 14.3.3, 14.4, 15.2, 16.4.4.5.


Olavo, Carlos – 18.2.4.1, 18.2.4.2.

Olavo, Fernando – 2.6.1, 5.1, 6.1, 6.2.1, 6.4.3, 9.1, 14.1, 15.2, 18.2.4.1, 18.2.4.2.

Otero, Paulo – 23.3.2.


Paget – 1.3.2, 1.3.5, 9.2.2, 9.2.3, 9.3.1, 13.3, 14.1, 16.4.4.5.

Palasi – vd. Villar Palasi.

Palmer, Vernon – 21.6.4.

Pannabecker –1.3.5.

Partesotti – 1.3.4, 4.1, 5.3.2.

PARTHASARATHY – INTRODUÇÃO B).

PATRÍCIO, SIMÕES – INTRODUÇÃO A), 13.2.1, 14.1, 14.3.1, 15.2, 15.3.1, 17.2.1.

PAÚL, PATRÍCIO – 16.4.4.5.

PELLIZZI – 1.3.4, 4.1, 5.3.2, 20.4.2.1.

PENA – vd. VÁZQUEZ PENA.

PENNEY – 1.3.5.

PERCEROU – 21.2.1.

PEREIRA, FREDERICO GONÇALVES – 9.2.5, 9.2.6, 9.2.8.

PÉREZ-SERRABONA GONZÁLEZ – 9.2.5, 9.2.6.

PÉROCHON – 1.1, 1.3.4, 5.6.2, 9.1, 17.2.4.

PÉTEL – 5.2.

PEUSTER – 20.4.2.1.

PIEDELIÈVRE – 1.3.4, 1.6, 5.2, 5.3.2, 9.2.6, 16.4.4.5, 17.2.3.

PIERI – 15.3.1.

PIMMER – 1.3.4, 15.3.1.

PINA, COSTA – 12.1.2, 15.2.

PINA VARA – 1.3.4.

PINTO, TOLDA – 19.2, 19.4.

PINTO, C. A. MOTA – 7.2.3, 15.2, 16.4.2, 16.4.4.3, 24.2.1.

PINTO, PAULO MOTA – 15.2.

PINTO, RUI – 8.1.

PIRES, JOSÉ MARIA – 1.1, 1.3.1. 1.3.3, 1.4.4, 3.6, 4.1, 4.4, 5.4, 13.2.1.1, 14.1., 14.2.4, 14.3.3, 14.4, 15.2, 15.3.1, 16.4.4.5, 20.4.3.1, 20.4.3.2, 20.6.2, 21.6.2, 21.6.3.

PONT – vd. BROSETA PONT.

PONTE, FUZETA DA – 3.3, 4.1, 5.2.1, 9.3.1, 15.2, 21.2.1, 21.6.2.

PORZIO – 14.1.

POWELL – 1.1.

PROENÇA, BRANDÃO – 18.3.1, 23.3.3, 23.4.

PUTMAN – 5.6.2.

RAJANAYAGAM – 1.3.2.

RAMALHO, PALMA – 23.2.2.

RAMOS HERRANZ – 20.1, 20.4.2.1, 20.6.2, 21.3.2.2.

RAMOS, CÉLIA – 16.4.4.5.

RAPOSO, AMÁVEL – 1.6.

REDINHA, JOÃO – 8.1.

REGO, LOPES DO – 8.5.4.

REIS, ALBERTO DOS – 1.1, 1.4.2, 6.1, 8.5.4.

RENDA – 1.2, 20.4.2.1.

RESTIFFE, PAULO – 1.3.4.

RESTUCCIA – 9.2.6.

REUTHER – 1.1, 1.4.

RIBEIRO, SOUSA – 16.1.1.

RIBEIRO, PINTO – 13.2.2.2.

RICHARDI – 5.3.2.

RICHARDSON – vd. JAMES.

RIPERT – 6.1, 20.4.2.1.

RIVES-LANGE – 9.2.6, 15.2, 16.4.4.4, 16.4.4.5.

RIVOIRE, JEAN – 1.1.

RIZZARDO, ARNALDO – 14.4.

ROBERTS – 13.3, 20.4.2.2.

ROBERTSON – 9.2.5.

ROBLOT – 6.1, 20.4.2.1.

ROCHA, MARIA VITÓRIA – 21.6.4.

RODRIGUES, CONDE – 9.3.1.

RODRIGUES, MADEIRA – 3.3.

RODRÍGUEZ – vd. ANGULO RODRÍGUEZ, LUIS.

RODRIGUEZ, RODRIGUEZ – 1.3.4.

ROGERS  1.1.

ROMÁN – vd. MOXICA ROMÁN.

ROMERO – vd. ACOSTA ROMERO.

ROQUE, SEBASTIÃO – 1.3.4.

ROOVER, DE – vd. DE ROOVER.

ROS – vd. MATEU DE ROS.

ROSA, PAVONE LA – vd. LA ROSA, PAVONE

ROTH – 5.4, 5.6.1, 15.3.1.

ROUTIER – 16.4.4.5.

RUBIN – 1.3.2, 21.3.4.

RUBIO – 6.2.

RUSSEL, F. A. A. – 21.5.1.

RUSSEL, M. – 1.3.2.

RYDER – 21.3.4.

RYN, VAN – 1.3.4.

SÁ, ALMENO DE – 1.3.4, 8.5.4, 15.3.1, 26.1.

SÁ, CUNHA DE – 23.1,

SALES – vd. BATLLE SALES.

SAMPAIO, GONÇALVES – 8.1, 8.5.1.

SANCHES, SALDANHA – 16.4.4.5.

SÁNCHEZ – vd. CARLÓN SÁNCHEZ.
        vd. JIMÉNEZ SANCHEZ.

SÁNCHEZ GOMEZ – 9.2.5, 9.2.6, 9.2.8, 26.2.3.

SÁNCHEZ CALERO – 7.2.3, 14.1, 14.4, 19.3, 21.3.2.2.

SÁNCHEZ CALERO GUILARTE – 7.2.3, 14.1, 14.4, 19.3, 21.3.2.2.

SÁNCHEZ LERMA – 21.3.2.2.

SANTIAGO, RODRIGO – 16.4.4.5.

SANTOS, FURTADO DOS – 21.6.2.

SANTOS, CASSIANO DOS – 23.2.2.

SANTOS, RITA COELHO – 1.3.5.

SANZ – vd. MARTÍNEZ SANZ.

SCHÄFER – 4.1, 5.3.2, 9.2.2, 9.2.5, 15.3.1, 16.1.2.

SCHÄRF – 1.3.4, 5.4.

SCHIMANSKY – 4.1, 5.3.2, 9.2.2, 9.2.5, 15.3.1, 16.1.2.

SCHMIDT, KARSTEN – 15.2.

SCHÖDERMEIER – 2.6.1, 17.2.3.

SCHÖNE – 1.1.

SCHWARTZ – 9.1, 9.2.2, 20.4.2.2.

SCHWINTOWSKI – 4.1, 5.3.2, 9.2.2, 9.2.5, 15.3.1, 16.1.2.

SCOTT – 9.1, 9.2.2, 20.4.2.2.

SEALY – 9.2.5.

SEBBANESCO – 5.3.2.

SECRETO – 1.3.4, 4.1, 5.3.2, 15.3.1.

SEDATIS – 17.3.1.

SEGORBE, BEATRIZ – 7.2.4, 9.2.2.

SEGURA – vd. LLORENTE GÓMEZ DE SEGURA.

SEMO, DE – vd. DE SEMO.

SENDIN, PAULO – 1.3.3, 1.4.4, 1.5, 2.6.1, 3.3, 4.3, 6.1, 6.2.1, 6.3.3, 9.1, 9.3.1, 20.4.4.

SERENS, NOGUEIRA – 1.3.1, 13.3, 20.3, 20.4.3.1, 21.2.3, 21.2.4, 21.6.3, 21.7.

SERRA, VAZ – INTRODUÇÃO A), 2.6.1, 5.1, 8.5.2, 9.1, 21.6.3.

SERRA, CATARINA – 23.2.3.

SHARROCK – 1.3.4.

SHAVEL – 5.6.1.

SHUE – INTRODUÇÃO B).

SIDOU, OTHON – 1.1, 1.3.4, 5.3.1, 15.3.1.

SILVA, PAULA COSTA E – 8.1.

SILVA, GERMANO MARQUES DA – 1.4.3, 1.4.5, 8.2, 16.4.4.4, 16.4.4.5, 19.2, 19.3, 19.4, 20.4.3.1, 20.4.3.2, 20.4.4, 20.4.5, 24.1.2.

SILVA, ISABEL MARQUES DA – 16.4.4.5.

SILVA, CALVÃO DA – INTRODUÇÃO A), 9.2.2, 12.2.2, 13.2.1.1, 14.1, 14.2.4, 14.3.3, 15.2, 16.1.2, 16.4.4.5, 21.6.4, 23.3.3.

SILVA, ESPINOSA GOMES DA – 9.1, 1.4.5, 2.6.1, 8.5.2, 9.1.

SIMÓN – 9.2.5, 9.2.6.

SMART – 16.4.4.5.

SMITH – 9.2.5.

SOARES, QUIRINO – 14.2.1, 14.5.1, 20.4.3.

SOLMON – 9.1.

SOTO FERNÁNDEZ – 1.1, 20.1, 20.4.2.1.

SOTO VÁSQUEZ – 1.1, 20.1, 20.4.2.1.

SOUSA, REBELO DE – 1.3.6, 15.2.

SOUSA, TEIXEIRA DE – 8.1.

SOUSA, CAPELO DE – 1.1, 15.2, 16.4.4.5.

SOUZA, MARNOCO E – 1.1, 20.4.3.1.

SPADA – 9.2.5, 9.2.8.

SPATAZZA – 4.1, 5.3.2, 5.6.1.

SPEIDEL – 9.2.2, 9.2.3.

SQUILLANTE – 9.2.5.

STOBBE – 6.3.3.

STONE – 17.1.

STOUFFLET – INTRODUÇÃO B), 1.3.4, 3.3, 4.1, 5.2, 5.3.1, 5.3.3, 7.3, 9.2.5, 9.2.6, 14.1, 15.2, 16.4.4.5.

SUMMERS – 9.2.2, 9.2.3.

TABAC – 16.4.2.1, 21.3.4.

TARDIVO – 14.1, 15.3.1. 16.4.4.5.

TELLES, GALVÃO – 1.3.6, 7.2.3, 15.2, 16.4.2, 20.1, 23.1, 23.3.2, 23.3.3, 23.4, 24.1.3.

TENCATI – 1.6, 4.1, 5.3.2, 9.2.6, 15.3.1

TRASSL – 1.5.

TURNER – 1.6, 9.2.3.

TWOMEY – 5.2.1.

TYREE – INTRODUÇÃO B), 1.3.2.

ULMER – 20.3.

URÍA – 1.2, 6.1.

VALERY – 15.3.1.

VALPUESTA GASTAMINZA – 21.3.2.2.

VAN RYN – vd. RYN, VAN.

VARELA, ANTUNES – 6.1, 7.2.2, 8.1, 8.4.2, 8.4.5, 8.5.4, 14.3.1, 15.2, 16.4.2, 21.6.4, 24.2.1.

VASCONCELOS, JOANA – 9.2.5, 9.2.6, 9.2.9.

VASCONCELOS, PAULO – 13.2.2.2.

VASCONCELOS, PAIS DE – 2.6.1, 3.3, 4.4, 5.1, 5.2.1, 5.2.3, 6.2.1, 6.3.3, 9.1.1, 9.3.1, 13.2.3, 15.2, 20.1, 20.4.4.4, 23.1, 23.3.2, 23.3.3, 23.4, 26.1.

VÁSQUEZ – vd. SOTO VÁSQUEZ.

VÁSQUEZ BONOME – INTRODUÇÃO A), 1.6, 14.5.1, 15.3.1, 18.2.1, 20.4.2.1, 21, 21.3.2.2, 21.6.4.

VÁZQUEZ PENA – 9.2.2.

VASSEUR – 5.2, 5.3.2, 5.6.1, 10.1, 21.3.3.

VEIGA, SOARES DA – 15.2, 16.4.4.5.

VELOZO, JOSÉ ANTÓNIO – 1.3.2, 1.6, 9.2.2, 9.2.3, 24.2.2.

VENTURA, RAÚL – 23.2.2.

VERDUN – 9.3.1, 16.4.2.1.

VERGARI – INTRODUÇÃO B).

VICENTE, MOURA – 15.2.

VICENT CHULIÁ – 1.3.3, 1.3.4, 20.6.2.

VICENTE Y GELLA – 15.3.1.

VILLAR PALASI – 7.2.5.

VILLEGAS – 1.3.4, 14.1, 21.3.2.

VIVANTE – 6.2.1, 6.4.2.1, 21.3.3.

VON DER CRONE – vd. CRONE, VON DER.

VON DER CRONE-SCHMOCKER – vd. CRONE-SCHMOCKER, VON DER

VON GREYERZ – vd. GREYERZ, VON

WALT – 20.4.2.2, 21.3.4.

WARREN – 1.3.2, 20.4.2.2, 21.3.4.

WEAVER – 1.3.2.

WEBER – 4.1, 9.2.2, 9.2.6, 15.3.1.

WEERASOORIA – 1.3.2.

WERTHER – 1.3.4.

WHALEY – 1.6, 21.3.4.

WHITE – 9.2.2, 9.2.3.

WHITMAN – 9.2.2.

WILLIS – 1.3.4.

WILLWATER – 5.3.2.

WOOD – 21.3.4.

WRIGHTSMAN – 9.1

ZÖLLNER – 5.3.2, 14.5.1, 20.4.2.1, 21.3.3.

ZURIMENDI ISLA – 6.2.2.

•

# ÍNDICE DE DISPOSIÇÕES LEGAIS[1656]

**Anexo II à Convenção de Genebra** – vd. LUCh

### Avisos do Banco de Portugal

| | |
|---|---|
| Aviso n.º 1/95, de 17 Fev.[1657] | – (924) |
| Aviso n.º 1741-C/98, 4 Fev. | – **1.4.8.**I e V, **2.3.**I, **19.3.**XII, (1519), (1521), **24.1.2.**V, **24.1.3.**I e IV, **24.3.3.**I, III, IV e V, **24.5.**I, **24.6.2.**II, **24.7.3.**I e II, **24.7.4**, **24.7.5.**I e II |
| Aviso n.º 11/2001, 6 Nov. | – **9.2.6.**II, **9.2.7.5** |
| Aviso n.º 11/2005, 13 Jul.[1658] | – **14.1.**V, (850), **14.2.2.**I, (980) |
| Aviso n.º 9/2006, de 10 Nov. | – **15.2.**XII |
| Aviso n.º 3/2007, de 12 Fev. | – **4.4.**III, (676), (849), (1128) |

### Código Civil (1966)

| | |
|---|---|
| Art. 3.º, n.º 1 | – (909), **15.2.**I e IV |
| Art. 70.º | – **16.4.4.5.**VIII |

---

[1656] A seguir a cada disposição legal indicam-se os números em **negrito** e as notas (entre *parêntesis*) em que a mesma é citada.

Neste índice – que foi organizado aquando da preparação da discussão da dissertação e que, por isso, não constava da versão original – são unicamente objecto de sistematização os **diplomas e normas nacionais** (ainda) **vigentes**, pelo que se mencionam exclusivamente as disposições legais na redacção actual (ou que não tenham sofrido modificação relevante), tendo sido recenseadas apenas as que, ao longo do texto e nas notas, são referenciadas expressa e individualmente. Por essa razão, certos preceitos são desdobrados nos seus diversos números. Consequentemente, não se referem diplomas ou preceitos citados que respeitem a ordenamentos jurídicos estrangeiros ou que, sendo portugueses, estivessem ou tenham entretanto sido revogados, nem disposições de anteprojectos e projectos de lei.

[1657] Red. Aviso 9/2006, 10 Nov..

[1658] Red. Aviso 2/2007, 8 Fev..

| | |
|---|---|
| Art. 80.º | – **16.4.4.5.**II e VIII |
| Art. 127.º, n.º 1 | – **2.6.1.**III, **16.1.3.**I, (1006), (1007), **21.8.1.**I |
| Art. 158.º, n.º 2 | – (833) |
| Art. 162.º | – (833) |
| Art. 163.º, n.º 1 | – (833) |
| Art. 164.º, n.º 1 | – (833) |
| Art. 167.º, n.º 2 | – (833) |
| Art. 185.º | – (833) |
| Art. 187.º, n.º 2 | – (833) |
| Art. 188.º | – (833) |
| Art. 218.º | – **15.2.** IX |
| Art. 219.º | – **15.2.**II, **15.4.**II |
| Art. 279.º | – **20.2.**III |
| Art. 294.º | – (778) |
| Art. 303.º | – **8.4.5.**IV |
| Art. 323.º | – **8.2.**II |
| Art. 326.º, n.º 1 | – **8.2.**II |
| Art. 327.º, n.º 1 | – **8.2.**II |
| Art. 367.º | – **6.4.3.**I |
| Art. 406.º, n.º 2 | – **22.2.1.**III, **24.2.1.**III, (1550) |
| Art. 440.º | – **7.2.2.**I |
| Art. 444.º, n.ºs 1e 2 | – **7.2.2.**I |
| Art. 458.º | – **8.4.5.**II, **8.5.4.**II, (610),**8.5.6.**III e IV |
| Art. 474.º | – **8.4.5.**VIII |
| Art. 482.º | – **8.4.5.**VIII |
| Art. 483.º | – **16.2.**II, **16.4.4.5.**VIII, **16.4.5** |
| n.º 1 | – (1162), **24.2.2.**I |
| n.º 2 | – **21.6.4.**IV, **24.2.2.**I, (1558) |
| Art. 484.º | – **24.6.3.**II |
| Art. 485.º | – **16.2.**II |
| Art. 487.º, n.º 2 | – **21.6.3.**II |
| Art. 494.º | – **24.6.3.**II e III |
| Art. 496.º, n.º 1 | – **24.5.**IV, **24.6.3.**II |
| n.º 3 | – **24.6.3.**III |
| Art. 498.º, n.º 1 | – **24.2.2.**IV |
| Art. 559.º | – (1522) |
| n.º 1 | – **24.1.2.**IV[1659] |
| Art. 560.º, n.º 3 | – **15.2.**VIII |

---

[1659] Cfr. também Port. n.º 291/2003, de 8 de Abril.

# Índice de Disposições Legais

| | |
|---|---|
| Art. 563.º | – **21.6.3**.I |
| Art. 570.º, n.º 1 | – **21.6.3**.IV |
| n.º 2 | – **21.6.3**.VI |
| Art. 582.º | – **7.2.3**.II |
| Art. 583.º, n.º 1 | – **7.2.3**.III |
| Art. 585.º | – **7.2.3**.II |
| Art. 790.º | – **21.6.4**.V |
| Art. 799.º, n.º 1 | – **21.2.4**.II, **21.6.2**.I, **21.6.3**.VI, **21.6.4**.I |
| n.º 2 | – **21.6.3**.II |
| Art. 840.º | – **6.3.5** |
| Art. 859.º | – **6.3.5** |
| Art. 1170.º | – **7.2.1**.III, **20.1**.II |
| n.º 1 | – **24.1.3**.II |
| Art. 1180.º | – (833) |
| Art. 1181.º | – (833) |
| Art. 1182.º | – (833) |
| Art. 1185.º | – **14.3.2**.I |

## Código Comercial (1888)

| | |
|---|---|
| Art. 13.º, n.º 2 | – (812) |
| Art. 102.º, §§ 3.º e 4.º | – (1521) |
| Art. 230.º | – (812) |
| Art. 344.º | – **14.4**.II |
| Art. 345.º | – **14.4**.II |
| Art. 346.º | |
| n.º 3 | – **14.4**.II |
| n.º 4 | – **14.4**.II |
| § único | – (893) |
| Art. 407.º | – **14.3.1**.II, **15.2**.IV |
| Art. 483.º | – **3.2**.I, **9.1**.XI |
| Art. 484.º | – **6.4.3**.I e III, **9.1**.XI |

## Código Cooperativo (1996)

| | |
|---|---|
| Arts. 2.º, 7.º, n.º 3, 39.º, n.º 1, *alínea b)*, 56.º e 94.º | – (817) |

## Código da Insolvência e Recuperação da Empresa (2004)

| | |
|---|---|
| Art. 81.º | – **21.9.2** |
| n.º 1 | – **14.2.2.**IV, **22.2.2.**II |
| n.º 4 | – **21.9.2, 23.2.3.**II |
| n.º 6 | – **21.9.2** |
| Art. 82.º, n.º 1 | – (1506) |
| Art. 116.º | – **23.2.3.**II |
| Art. 223.º | – **23.2.3.**II e III |
| Art. 224.º, n.º 1 | – **23.2.3.**II |
| Art. 226.º, n.º 3 | – **23.2.3.**III |
| n.º 7 | – **23.2.3.**III |
| Art. 233.º, n.º 1, *alínea a)* | – **21.9.2** |

## Código Penal (1982)

| | |
|---|---|
| Art. 13.º | – **19.3.**III |
| Art. 14.º | – **19.3.**III |
| Art. 17.º | – **19.3.**III |
| Art. 195.º | – **16.4.4.5.**V |
| Art. 256.º | – **21.2.1.**VI, **21.5.2.**I |
| Art. 360.º, n.º 2 | – **16.4.4.5.**V |

## Código de Processo Penal (1987)

| | |
|---|---|
| Art. 135.º | – **16.4.4.5.**IV |
| n.º 1 | – **16.4.4.5.**IV |
| n.º 2 | – **16.4.4.5.**V |
| n.º 3 | – **16.4.4.5.**IV e V |
| n.º 4 | – **16.4.4.5.**V |

## Código de Processo Civil (1961)[1660]

| | |
|---|---|
| Art. 45.º, n.º 1 | – **8.1.**I, **8.2.**I |

---

[1660] Reforma da acção executiva de 2003 (DL n.º 38/2003, de 8 de Março), que entrou em vigor em 15 de Setembro desse ano. A reforma de 2008 (aprovada pelo DL n.º 226/2008, de 20 de Novembro), posterior à conclusão da dissertação e cuja entrada em

# Índice de Disposições Legais

Art. 46.º, n.º 1, *alínea c)* — **8.1, 8.2.I, 8.4.5.II, 8.5.3.1.I** e IV, **8.5.6.I,** (610)

Art. 519.º, n.ºs 3, *alínea c)*, e 4 — **16.4.4.5.VII**

Art. 861.º — **14.3.1.II**

Art. 861.º-A, n.ºs 3 e 5 — **16.4.4.5.VII**[1661]

Art. 1069.º — **6.4.3.II**

Art. 1072.º — **6.4.3.II**

Art. 1073.º — **6.4.3.II**

## Código das Sociedades Comerciais (1986)

Art. 9.º, n.º 1, *alínea h)* — **9.1.VIII**

Art. 28.º, n.º 1 — **9.1.VIII**

Art. 141.º, n.º 1, *alínea e)* — **23.2.3.I**

Art. 146.º, n.º 2 — **21.9.1.II, 23.2.2.II**

    n.º 3 — **21.9.1.II**

Art. 151.º, n.º 1 — **23.2.2.III**

Art. 260.º, n.º 2 — (824)

    n.º 4 — (827)

Art. 299.º, n.º 2 — **5.1.II**

Art. 409.º, n.º 4 — (827), (832)

•

## Constituição da República Portuguesa (1976)

Art. 26.º, n.º 1 — **16.4.4.5.II**

---

vigor ocorreu, na quase totalidade das suas disposições, em 31 de Março de 2009 (cfr. arts. 23.º) – visando essencialmente mecanismos de carácter processual relativos ao agente da execução e à introdução de arbitragem no processo executivo – não alterou substancialmente as disposições legais que são objecto de análise no texto (cfr. n.º 8), embora introduza uma ligeira modificação na *alínea c)* do n.º 1 do art. 46.º, aditando-lhe a expressão «*de acordo com as cláusulas dele constantes*», por referência «*às obrigações pecuniárias, cujo montante seja determinado ou determinável por simples cálculo aritmético (de acordo com as cláusulas dele constantes)*».

[1661] Alterado pelo artigo 1.º do DL n.º 226/2008, de 20 de Novembro, que procedeu a mini-reforma da Acção Executiva, e cuja nova redacção é aplicável aos processos iniciados a partir de 31 de Março de 2009 (*inclusive*) (cfr. arts. 22.º, n.º 1 e 23.º do DL 226/2008).

O n.º 3 foi desdobrado em dois números (3 e 4), com uma ligeira modificação de redacção, e o n.º 5 passou a ser o n.º 6.

914       *Cheque e Convenção de Cheque*

**Decreto n.º 13004**, de 12 Jan. 1927, art. 14.º, § único – **1.4.3.**IV e VIII, **1.4.4.**I,
                                                 **1.4.7.**I, **1.4.9**, **18.3.1.**II, **19.3.**XII,
                                                 **20.6.2.**II, V e VI, **21.8.3**

**Decreto-Lei n.º 430/73**, de 25 Ago.   – (819)
**Decreto-Lei n.º 248/86**, de 25 Ago.   – (814)
**Decreto-Lei n.º 454/91**, de 28 Dez.   – vd. **Regime Jurídico do Cheque
                                                 sem Provisão**
**Decreto-Lei n.º 166/95**, de 15 Jul.   – **9.2.6.**II
**Decreto-Lei n.º 558/99**, de 17 Dez.   – (818)
**Decreto-Lei n.º 27-C/2000**, de 10 Mai. – **14.2.3**, **23.3.3.**IV
**Decreto-Lei n.º 41/2000**, de 17 Mar.   – **9.2.2.**II
**Decreto-Lei n.º 95/2006**, de 29 Mai.   – **12.2.2.**II
**Decreto-Lei n.º 18/2007**, de 22 Jan.   – **9.2.2.**II, (849), **14.3.1.**II, (1128),
                                                 **20.2.**III


**Directiva 97/5/CE** do Parlamento
         Europeu e do Conselho,
         de 27 de Janeiro de 1997   – **9.2.2.**II, (671)


**Instruções do Banco de Portugal**

•

Instr. n.º 1/98, de 16 Fev.   – **1.4.8.**I e VI, **24.1.2.**II, **24.1.3.**IV, **24.3.1**,
                                           **24.3.2.**I, (1571), (1572), e II, **24.3.3.**IV,
                                           **24.3.4.**II, (1577), **24.6.1.**II, **24.7.3.**I, **24.7.5.**I
Instr. n.º 25/2003, de 15 Out.   – vd. **SICOI**
Instr. n.º 26/2003, de 15 Out.   – **1.4.8.**I e IV
Instr. n.º 1/2004, de 16 Fev.   – **24.6.1.**II, **24.6.3.**IV


**Lei n.º 4/73, de 9 de Junho**
        (ACE)              – (819)
**Lei n.º 51/96, de 7 de Setembro**
        (CCoop)        – (817); vd. tb Código Cooperativo
**Lei n.º 67/98, de 26 de Outubro**
        (Protecção de Dados Pessoais) – (1065)
**Lei n.º 11/2004, de 27 de Março** (Branqueamento de capitais)[1662]

---

[1662] A Lei n.º 11/2004, de 27 de Março, foi substituída pela Lei n.º 25/2008, de 5
de Junho, que transpôs para a ordem jurídica interna duas Directivas Europeias (do

## Lei Uniforme relativa ao Cheque (LUCh)

| | |
|---|---|
| Geral | – **1.4.9** |
| Art. 1.º | – **21.1.1.I, 21.2.1.IV** |
| n.º 2 | – **2.1.I, 2.5.I, 3.1.I, 16.1.3.I, 16.4.2.1.I** |
| n.º 3 | – **2.6.2.I** |
| n.º 4 | – **2.7.I, 9.2.3.III** |
| n.º 5 | – **2.6.3.I** e III, **8.4.5.I** |
| n.º 6 | – **21.2.1.III** |
| Art. 2.º, I | – **2.6.2.I, 21.2.1.III** |
| II | – **2.7.1.II, 9.2.3.III** |
| III | – **2.7.1.II, 9.2.3.III** |
| IV | – **2.6.3.X** |
| Art. 3.º | – **Introdução A.V, 2.1, 2.3.I, 2.6.2.I, 2.8.II, 4.1.I, 4.3.I, 4.7.I, 9.1.III, 12.1.2.III, 12.2.1.I, 15.3.1.I, 15.3.2, 16.4.2.1.I, 17.2.1.I, 17.2.4.II, 18.1.I, 20.4.3.1.II, 20.4.4.I, 20.4.5.III, 25.5.II, 26.1.II,** (1636), **27.2** |
| Art. 4.º | – **3.3.II, 4.4.IV, 9.1.I, 20.4.4.I** e IV, **20.4.5.II** |
| Art. 5.º, I | – **5.1.III** |
| III | – **4.7.I** |
| Art. 6.º | – **3.1.I** |
| III | – **12.2.1.I** |
| Art. 7.º | – **4.7.I** |
| Art. 10.º | – **2.6.3.VII, 3.3.IV, 6.3.3.III, 21.1.1.III, 21.1.2.4.II, 21.2.1.III** e IV, **21.2.4.I, 21.6.1.II, 21.7.2.II** e III, **21.8.1, 21.8.2, 21.9.3, 25.5.VI, 27.2** |
| Art. 11.º | – **13.2.2.3.III** e IV, **21.8.2, 21.9.3** |
| Art. 12.º | – **21.2.1.III** |
| Art. 13.º | – **2.6.3.II, 3.2.V, 9.3.1.V, 19.5.II, 21.1.2.3.I, 21.7.III, 25.5.VI, 27.2** |
| Art. 14.º, I | – **3.2.I** |
| II | – **3.2.I, 3.2.IV, 5.2.2.II** |

---

Parlamento Europeu e do Conselho, e da Comissão, respectivamente) e estabeleceu o novo regime legal de prevenção e repressão do branqueamento de capitais, alargando os deveres das diversas entidades financeiras e não financeiras sujeitas à respectiva aplicação (cfr. arts. 6.º e segs., em especial, arts. 7.º, 9.º, 13.º 18.º e 19.º).

Sobre as referências ao branqueamento de capitais, embora na redacção do diploma revogado em 2008, cfr. o Índice Analítico.

| | |
|---|---|
| Art. 16.º, II | – **3.2.I, 3.2.**V |
| Art. 17.º | – **3.2.**V |
| Art. 18.º, II | – **3.2.**IV |
| Art. 19.º | – **21.7.**IV |
| Art. 21.º | – **3.2.I, 6.2.2.II, 6.3.3.III, 21.1.2.2.I, 21.7.**IV, (1613), **25.5.**VI, **27.2** |
| Art. 22.º | – **2.6.1.**XII, **6.2.2.I, 6.3.3.**IV, **8.5.3.II, 9.3.1.**VI, **19.3.**V, **19.5.**II, (1609), (1589) |
| Art. 23.º | – **3.2.**III |
| I | – **3.2.**III |
| Art. 24.º, I | – **3.2.**II |
| Art. 25.º, II | – **3.3.II, 4.4.**II |
| Art. 26.º, IV | – **2.6.1.**XI, **3.3.**III |
| Art. 27.º, I | – **3.3.**III |
| Art. 27.º, II | – **3.3.III, 3.3.**IV |
| Art. 28.º | – **4.2.I, 8.3.II, 9.3.1.II, 16.4.2.1.I, 19.5.**II |
| I | – **4.3.I, 8.3.I, 20.2.**I |
| II | – **4.2.I, 8.3.II, 20.2.**I |
| Art. 29.º | – **4.1.III, 5.2.2.**II, (623), **20.2.**II e V, **24.1.1.**IV |
| Art. 29.º I | – **2.6.3.I, 8.2.I, 19.3.VI, 20.2.II, 20.4.1.I, 20.6.3.**II |
| II | – (1234), **20.2.**IV |
| III. | – (1234) |
| IV | – **2.6.3.V, 20.2.**II |
| Art. 32.º | – **5.2.1.II, 16.4.2.1.II, 20.3.**V, VI e VII, **20.4.3.1.I, 20.4.3.3.I, 20.4.4.**I e V, **20.4.5.**I e II, **20.6.2.**II, (1595), **25.5.**III e VI, **27.2** |
| I | – **7.2.1.**III, (540), (543), **8.7.**I e III, **20.3.**III, V, VI e VII, **20.4.4.I, 20.4.5.II, 20.6.3.II, 25.5.**III |
| II | – (543), **8.4.2, 20.3.**II, III e VI, **20.4.3.2.**III, **20.4.5.III, 20.5.III, 22.1.2.II, 25.3.**I |
| Art. 33.º | – **21.9.1, 21.9.3** |
| Art. 34.º, II | – **3.5** |
| III | – **17.2.3.**II |
| Art. 35.º | – **5.2.2.**III, **16.4.2.1.**I e IV, **18.2.2.**I e II, **18.2.3, 18.3.1.II, 21.1.2.1.II, 21.2.3.I, 21.5.1.II, 21.6.1.II, 21.6.3.I, 21.7.**V, VI, VII e VIII, **22.2.2.III, 25.5.V, 27.2** |
| Art. 37.º, I | – **4.5.I, 5.4.**III e IV |
| IV | – **4.5.II, 5.4.**II |
| V | – **4.5.II, 5.4.**II |

*Índice de Disposições Legais* 917

| | |
|---|---|
| Art. 38.º | – **13.3.**II e IV |
| I | – **5.4.**II, **13.3.**II |
| II | – **4.5.**III, **5.4.**II, **13.3.**II |
| III | – **5.4.**II, (834) |
| IV | – **5.4.**III |
| V | – **5.4.**II, **21.2.3.**III |
| Art. 39.º | – **16.2.**I |
| I | – **4.6.**I, |
| II | – **4.6.**I, **5.4.**VI, |
| III | – **4.6.**II, **5.4.**VI, |
| IV | – **4.6.**III, **5.4.**VI, |
| Art. 40.º | – **2.6.1.**XI, **2.6.3.**IX, **3.3.**III, **4.1.**II e III, (516), |
| | **8.2.**I, **8.3.**II, **8.5.6.**II, (623), **16.3.1.2**, (1161), |
| | **20.4.3.1.**II, **20.4.4.**I e IV, **20.6.3.**IV, **22.1.3.1**, |
| | **22.1.3.2**, **22.1.3.3** |
| 1.º | – (615) |
| 2.º | – **4.7.**I, **8.5.6.**II, (789) |
| 3.º | – (615), (789) |
| Art. 41.º | – **3.2.**II, (615) |
| I | – (789) |
| Art. 43.º, I | – (615) |
| Art. 44.º | – **4.1.**III |
| Art. 45.º, 3.º | – **3.5** |
| Art. 46.º | – **4.1.**III |
| Art. 49.º | – **4.7.**I |
| Art. 51.º | – **21.7.**V, **25.5.**VI, **27.2** |
| Art. 52.º | – **8.2.**I, |
| I | – **6.4.2.**II, **8.2.**II, **8.4.5.**I, (556), **8.7.**I, **20.2.**I, |
| | **23.4.**II |
| II | – **20.2.**I |
| Art. 54.º | – **2.3.**I, **4.7.**I, **12.2.1.**I, **20.4.3.1.**II |
| Art. 55.º, I | – **2.6.3.**VI, **20.2.**III |
| II | – **20.2.**III |
| Art. 56.º | – **2.6.3.**VI, **20.2.**III |

**Anexo II** (à Convenção)

| | |
|---|---|
| Art. 6.º | – **4.4.**IV |
| Art. 9.º | – **5.3.1.**IV |
| Art. 14.º | |
| I | – **20.2.**II |
| II | – (1234) |

918    *Cheque e Convenção de Cheque*

| | |
|---|---|
| Art. 16.º | – (113) **20.3.IV, VI e VIII, 20.4.4.I, 20.4.5.II** |
|  *alínea a)* | – **20.3.IV, V, VI, e VII, 20.4.4.I** |
|  *alínea b)* | – **20.3.IV e VII** |
| Art. 29.º | – **2.6.2.I** |

## Lei Uniforme relativa às Letras e Livranças (LULL)

| | |
|---|---|
| Art. 1.º, n.º 5 | – **9.2.3.III** |
| Art. 2.º, III | – **9.2.3.III** |
| Art. 3.º | – **4.7.I** |
| Art. 5.º | – **4.7.I** |
| Art. 7.º | – **6.3.3.III, 21.2.4.I, 21.5.2.I** |
| Art. 10.º | – **9.3.1.V, 25.1.II** |
| Art. 16.º, II | – **6.2.2.II, 6.3.3.III, 25.1.III** |
| Art. 17.º | – **6.2.2.I, 6.3.3.IV, 25.1**, (1609) |
| Art. 26.º, II | – **20.4.4.I** |
| Art. 28.º, I | – **20.4.4.I** |
|    II | – **20.4.4.I** |
| Art. 31.º, IV | – **3.3.III, 20.4.4.I** |
| Art. 33.º I | – **3.1.II** |
| Art. 34.º | – **3.1.II** |
| Art. 40.º III | – **1.4.3.IV, 16.4.2.1.IV, 18.2.2.II, 21.7.VI, 22.2.2.III, 25.1.IV, 27.2** |
| Art. 44.º | – **4.7.I** |
| Art. 47.º, I | – **20.4.4.I** |
| Art. 53.º, I | – **6.4.2.II** |
| Art. 55.º | – **4.7.I** |
| Art. 64.º, I | – **4.7.I** |
| Art. 75.º | – (635) |
| Art. 78.º | – (635) |

## Regime Geral das Instituições de Crédito e Sociedades Financeiras (RGIC)[1663]

| | |
|---|---|
| Art. 1.º, n.º 1 | – **12.1.2.I** |

---

[1663] As disposições citadas não foram objecto de modificação por nenhuma das duas alterações do RGIC ocorridas desde a data da conclusão do texto deste livro (com excepção

## Índice de Disposições Legais

| | |
|---|---|
| Art. 2.º, n.º 1 | – **12.1.2.**I |
| Art. 3.º | – **12.1.1.**III, **12.1.2.**I, (1517) |
| Art. 4.º, n.º 1 | – **12.1.2.**II |
| *alínea a)* | – **5.3.2.**III, **12.1.1.**III |
| *alínea r)* | – **12.1.2.**II |
| n.º 2 | – **12.1.2.**II |
| Art. 5.º | – **12.1.2.**I |
| Art. 6.º | – **12.1.2.**I |
| Art. 8.º, n.º 1 | – **5.3.2.**III, **12.1.1.1.**III e IV, **12.1.2.**II |
| Art. 14.º, n.º 1, *alínea d)* | – **5.1.**II |
| Art. 78.º | – **16.4.4.5.**V |
| Art. 78.º, n.º 1 | – **16.4.4.5.**II |
| Art. 78.º, n.º 2 | – **16.4.4.5.**II |
| Art. 79.º, n.º 1 | – **16.4.4.5.**III e V |
| Art. 79.º, n.º 2 | – **16.4.4.5.**V |
| Art. 79.º, n.º 2, *als. d) e e)* | – **16.4.4.4.**III, **16.4.4.5.**III |
| Art. 84.º | – **16.4.4.5.**V e VIII |
| Art. 87.º, n.º 3 | – **15.2.**XIV |
| Art. 155.º, n.º 3 | – **14.3.1.**II |
| Art. 199.º-A, n.º 4 | – **12.1.2.**II |
| Art. 199.º-B | – **12.1.2.**II |
| Art. 210.º, *alínea i)* | – **16.4.4.5.**VIII |

•

### Regime Jurídico do Cheque sem Provisão[1664] (RJCh)
(Decreto-Lei n.º 454/91, de 28 de Dezembro)

| | |
|---|---|
| Geral | – **1.4.6**, **1.4.7.**IV, **19** |
| Relatório | – (778) |
| Art. 1.º, n.º 1 | – **16.1.3.**II, **16.4.4.4.**V, **16.4.5.**I, **24.1.1.**III, **24.1.3.**I, **24.2.1.**II, **24.3.1** |
| n.º 2 | – **16.1.3.**II, **16.4.4.4.**IV, **16.4.5.**I, **24.1.1.**III, **24.1.3.**I, **24.2.1.**II, **24.3.1** |
| n.º 3 | – **24.3.2.**II, **24.3.3.**III |
| n.º 4 | – **24.1.2.**II, **24.3.2.**I |
| n.º 5 | – (1581) |

---

da apresentação elaborada já em 2009) até à revisão das 1ªs provas no mês de Maio de 2009 (introduzidas pelo DL 126/2008, de 21 de Julho, e pelo DL 211-A/2008, de 11 de Novembro).

[1664] Também conhecido por Regime Jurídico-Penal do Cheque.

| | |
|---|---|
| n.º 6 | – **24.1.3**.III, **24.7.5**.I e II |
| n.º 7 | – **24.7.1**.II, **24.7.3**.II, **24.7.5**.I |
| Art. 1.º-A | – **16.4.5**.I, **19.3**.IX, **24.1.2**.I, **24.2.1**.II, **24.3.1** |
| n.º 1 | – **24.1.1**.II |
| n.º 2 | – **24.1.2**.II |
| n.º 3 | – **24.1.2**.IV, (1531), e V |
| Art. 2.º | – **16.4.4.5**.VI, **24.1.2**.VI, **24.3.2**.II |
| *alínea a)* | – **16.4.4.4**.V, **24.2.1**.II, **24.3.4**.II e III |
| *alínea b)* | – **24.3.4**.IV |
| *alínea d)* | – (1579) |
| *alínea e)* | – (1560), (1579) |
| Art. 3.º | – **16.4.4.4**.V e VI, **24.3.1**, **24.4**.I |
| n.º 1 | – **8.2**.II, **16.1.3**.I, **24.6.1**.I |
| n.º 2 | – **16.1.3**.II, **16.4.4.5**.I, **24.3.1**, **24.6.1**.I, **24.7.5**.II |
| n.º 3 | – **24.6.1**.I |
| n.º 4 | – **24.6.3**.IV |
| n.º 5 | – **24.6.3**.IV |
| n.º 6 | – **24.6.3**.IV, **24.7.4**, **24.7.5**.II |
| Art. 4.º | – **16.1.3**.II, **24.5**.I, **24.7.3**.I, **24.7.5**.II |
| Art. 5.º | – **24.1.2**.I, **24.5**.I |
| n.º 1 | – **24.3.2**.I |
| Art. 6.º | – **17.2.4**.II, **24.6.2**.I |
| n.º 1 | – **24.6.2**.I e II, (1597) |
| n.º 2 | – **20.4.3.2**.III, **24.6.2**.III |
| Art. 8.º | – **9.1**.II, **20.4.3**.III, **21.2.2**.II |
| n.º 1 | – (633), **16.4.2.2**, (1106), **19.3**.IX |
| Art. 9.º, n.º 1 | – **24.2.1**.III, **24.2.2**.I, **24.2.3**.I, (1579) |
| *alínea a)* | – **24.2.2**.I |
| *alínea b)* | – **24.2.2**.I |
| *alínea c)* | – **24.2.2**.I, **24.2.2**.II |
| *alínea d)* | – **24.2.2**.I |
| n.º 2 | – **24.2.2**.III |
| Art. 10.º | – **24.2.3**.IX |
| Art. 11.º | – **19.3**.II, (1179), **24.1.2**.VI, **24.3.4**.I e IV, **24.4**.I, **25.5**.IV |
| n.º 1 | – **8.5.6**.III, **19.3**.I, V, VI e XVIII |
| *alínea a)* | – **19.3**.IX e XIV |
| *alínea b)* | – **18.1**.IV, **19.3**.X, XI e XIV |
| *alínea c)* | – **19.3**.XIV, **22.2.2**.III |
| n.º 2 | – **19.3**.XVI e XVIII |

| | |
|---|---|
| n.º 3 | – **2.6.3.**VIII, **8.2.**II, (539), **9.3.1.**II, (779), **19.3.**VI e VIII, **19.4.**I, III, IV e V, **19.5.**II |
| n.º 5 | – **19.3.**IX |
| n.º 6 | – **19.3.**IX |
| Art. 11.º-A | – **19.3.**V e XV, **19.5.**I |
| n.º 1 | – **19.3.** XV, **19.4.**III |
| n.º 2 | – **8.5.6.**III, **19.3.**XV |
| Art. 12.º | – **24.6.1.**IV |
| n.º 1, *alínea a)* | – **24.1.2.**VI, **24.4.**I e II |
| n.º 2 | – **24.1.2.**VI, **24.4.**I e II, **24.6.1.**IV |
| n.ºs 5, 6 e 7 | – **24.4.**II |
| n.º 8 | – **24.4.**III |
| n.º 9 | – (1584) |
| Art. 13.º | – **19.3.**XVII |
| Art. 13.º-A | – **16.2.**I, **16.4.3.1.**IV |
| n.º 1 | – **16.4.4.4.**IV e VI |
| n.º 2 | – **16.4.3.1.**IV, **16.4.4.4.**IV |
| Art. 14.º | – **24.1.3.**III |
| n.º 1, *als. a)* e *b)* | – **24.2.4** |
| n.º 2, *alínea b)* | – (1526) |
| Art. 16.º | – **19.2.**II |

•

**Regulamento** (CEE) n.º 2137/85, do Conselho, de 25 de Julho de 1985
  (AEIE)          – (820)


**SICOI** (Regulamento do Sistema de Compensação Interbancária)[1665] – **1.4.8.**I, (304), **5.2.1.**II, **5.2.2.**III, (638), **9.2.3.**IV e V, **18.2.1.**III, (1128), (1132), (1133), (1135), (1160), (1184), **19.3.**XII, (1201A), **20.2.**III, (1452), (1576)

---

[1665] Aprovado pela Instrução n.º 25/2003, de 15 Out. (red. da Instr. n.º 4/2007, de 15 Mar.), a redacção objecto de referência no texto. Foi integralmente substituída em **2 de Março de 2009** pela Instrução do BdP n.º 3/2009, de 16 Fev., que aprovou o novo Regulamento do Sistema de Compensação Interbancária.

# ÍNDICE DE JURISPRUDÊNCIA[1666]

## I – JURISPRUDÊNCIA PORTUGUESA

### A) TRIBUNAL CONSTITUCIONAL

AcTribConstitucional n.º **371/91** (ANTÓNIO VITORINO). *DR* II Série, de 10 de Dezembro de 1991, pp. 12601 e segs., e *RB* n.º 20, pp. 89-157 (*Emissão de cheque sem provisão / Inconstitucionalidade*) ............................ **19.3**

**AcTribConstitucional n.º 278/95, de 31 de Maio de 1995** (Proc. n.º 510/91) (FERNANDO ALVES CORREIA), DR II Série n.º 173, de 28 de Julho de 1995 (*Sigilo bancário*) ........................................................................ **16.4.4.5**

**AcTribConstitucional de 22 de Maio de 1996** (Proc. n.º 94-0179) (TAVARES DA COSTA), *www.dgsi.pt* (*Usos bancários / Não inconstitucionalidade da expressã● "respectivos estatutos" constante do art. 407.º do CCom*) .................................................................................................... **15.2**

### B) SUPREMO TRIBUNAL DE JUSTIÇA: Assentos e Acórdãos de Uniformização de Jurisprudência[1667]

**Assento de 8 de Maio de 1928**[1668] (MOTA PREGO), *DG,* II Série, de 24 de Maio de 1928 (e tb na *RLJ*, ano 61.º, pp. 203-205, *RT*, ano 46.º, 1928, pp. 245-247) (*Letras / Novação da relação subjacente*) ................ **8.2, 8.5.6**

---

[1666] Menciona-se a jurisprudência portuguesa citada, indicando o relator da decisão e a matéria sobre a qual a mesma versa, em qualificação subjectiva – resultante da análise feita ao teor da sentença ou do acórdão referenciado –, que não corresponde necessariamente aos sumários e índices disponíveis.

As referências à jurisprudência estrangeira são meramente pontuais.

Indica-se em negrito os números (da sistematização) do texto onde são citadas as decisões enunciadas.

[1667] Reproduzem-se os assentos que não são (integralmente) transcritos no texto.

[1668] Enuncia-se nesta lista, não obstante ser discutível a sua qualificação.

924     *Cheque e Convenção de Cheque*

**Assento de 8 de Maio de 1936** (E. Santos), *DG,* I Série, de 22 de Maio de 1936 (e tb na *RLJ*, ano 69.º, pp. 13-16, *RT*, ano 54.º, 1936, pp. 153-155) (*Letras / Prescrição cambiária e prescrição causal*) ...................... **8.5.2, 9.1.**XIII

**Assento de 5 de Dezembro de 1973** (Daniel Ferreira)[1669], *BMJ* 232, pp. 31-36 (*Falta de requisito / indicação do lugar do saque*) .............. **1.4.7, 19.5**

**Assento de 20 de Novembro de 1980** (Augusto de Azevedo Ferreira) (publ com o n.º **1/81** no *DR*, I Série, 13 Abril 1981) (*Cheque sem provisão como crime de perigo*)[1670] ....................................................................... **1.4.7, 19.3**

**Assento de 16 de Novembro de 1988** (Vasco Lacerda Tinoco)[1671], publ. no *DR*, n.º 278, II Série, de 14 de Dezembro de 1988[1672] (*Tribunal territorialmente competente para conhecer do crime de emissão do cheque sem provisão*) ................................................................................. **1.4.7, 19.3**

**Assento de 2 de Dezembro de 1992** (Pinto Bastos), *BMJ* 422, 1992, pp. 15-19 (publ. tb com o n.º **1/93** no *DR*, I Série-A, n.º 7, de 9 de Janeiro de 1993) (*Cheque com data em branco*) ........................................ **2.6.3, 19.3, 19.4**

**Assento de 27 de Janeiro de 1993**[1673] (António de Sousa Guedes) (publ. com o n.º **6/93** no *DR*, I Série-A, n.º 82, de 7 de Abril de 1993) (*O crime de emissão de cheque sem provisão, previsto e punido pelo DL 454/91, não é um novo tipo de crime*) .......................................................... **1.4.7, 19.3**

**Assento de 14 de Maio de 1996** (Figueiredo de Sousa), *BMJ* 457, 1996, pp. 59-63 (*Cheque sem data / Validade como título executivo / Acordo de Preenchimento*) ................................................................................ **2.6.3**

●

---

[1669] «*Vale como cheque, para o efeito dos artigos 23.º e 24.º do Decreto n.º 13004, de 12 de Janeiro de 1927, o título a que falta indicação do lugar onde é passado*».

[1670] «*O crime de emissão do cheque sem cobertura é um crime de perigo, para cuja consumação basta a consciência da ilicitude da conduta e da falta de provisão para a ordem de pagamento dada*».
Este assento encontra-se transcrito na íntegra em Abel Delgado, *Cheques sem provisão (Dec. Lei N.º 14/84, de 11 de Janeiro)*, 2ª ed., Petrony, Lisboa, **1989**, pp. 49-59

[1671] «*Nos termos do artigo 9.º do Decreto-Lei n.º 14/84, o tribunal competente para conhecer do crime de emissão do cheque sem provisão é o da comarca onde se situa o estabelecimento de crédito em que o cheque foi inicialmente entregue para eventual pagamento, e não a do estabelecimento bancário sacado ou da Câmara de compensação*».

[1672] Publicado também integralmente em Abel Delgado, *Cheques sem provisão*, 2ª ed. cit, **1989**, pp. 67-71.

[1673] «*O artigo 11.º, n.º 1, alínea a), do Decreto-Lei n.º 454/91, de 28 de Dezembro, não criou um novo tipo legal de crime de emissão de cheque sem provisão, nem teve o efeito de despenalizar as condutas anteriormente previstas e puníveis pelo artigo 24.º do Decreto 13 004, de 12 de Janeiro de 1927, apenas operando essa despenalização quanto aos cheques de valor superior a cinco mil escudos e quanto aos cheques de valor superior a esse montante em que não se prove que causaram prejuízo patrimonial*».

# Índice de Jurisprudência

**Assento de 8 de Maio de 1997** (Augusto de Azevedo Ferreira), *BMJ* 467, 1997, pp. 73-81 (publ. tb. com o n.º **13/97** no *DR*, I Série, 18 de Junho de 1997) (*Cheque sem provisão como crime de dano e de perigo*)[1674] .......... **19.3**

**Assento de 4 de Fevereiro de 1999** (Hugo Afonso dos Santos Lopes) (publ com o n.º **4/99** no *DR*, I Série, 30 de Março de 1999, pp. 1761-1763) (*Cheque sem provisão como crime de dano e de perigo*) ............................... **19.3**

**Acórdão de Uniformização de Jurisprudência de 30 de Novembro de 2006** (João Luís Marques Bernardo) (publ. com o n.º **1/2007** no *DR*, I Série, n.º 32, 14 Fev. 2007) (*Conceito de "prejuízo patrimonial"*) **1.4.7, 19.3**[1675]

**Acórdão de Uniformização de Jurisprudência de 13 de Fevereiro de 2008** (Maia Costa) / Proc. n.º 07P894, *www.dgsi.pt* (*Revogação do cheque*) ................................................................................. **Actualização**

**Acórdão de Uniformização de Jurisprudência de 28 de Fevereiro de 2008**[1676] (Paulo Armínio de Oliveira e Sá) (publ. com o n.º **4/2008** no *DR*, I Série n.º 67, de 4 de Abril de 2008, pp. 2058-2081[1677]) (*Revogação do cheque*) ................................................................................. **Actualização**

**Acórdão de Uniformização de Jurisprudência de 25 de Setembro de 2008** (Rodrigues da Costa) / Proc. n.º 07P3394, *www.dgsi.pt* (*Crime de cheque sem provisão*) ........................................................ **Actualização**

•

---

[1674] «*A declaração "devolvido por conta cancelada", aposta no verso do cheque pela entidade bancária, equivale, para efeitos penais, à verificação da recusa de pagamento por falta de provisão, pelo que deve haver-se por preenchida esta condição objectiva de punibilidade do crime de emissão de cheque sem provisão, previsto e punível pelo artigo 1.º, alínea a) do Decreto-Lei n.º 454/91, de 28 de Dezembro*».

[1675] «*Integra o conceito de "prejuízo patrimonial" a que se reporta o n.º 1 do artigo 1.º do Decreto-Lei n.º 454/91, de 28 de Dezembro, o não recebimento, para si ou para terceiro, pelo portador do cheque, aquando da sua apresentação a pagamento, do montante devido, correspondente à obrigação subjacente relativamente à qual o cheque constituía meio de pagamento*».~

[1676] Sobre este Acórdão de Uniformização de Jurisprudência, cfr. a nossa anotação «A revogabilidade do cheque no prazo de apresentação a pagamento: escrever direito por linhas tortas», *Cadernos de Direito Privado*, n.º 25, (Janeiro/Março) **2009**, pp. 3-23, em especial pp. 17-23.

[1677] Esta decisão tirada com vários votos de vencido, com motivos diferentes, viria a ser também publicada na íntegra na *CJ/AcSTJ* (n.º 206), ano XVI, t. 1, **2008**, pp. 11-31, e resumida nos *Cadernos de Direito Privado*, n.º 25, (Janeiro/Março) **2009**, pp. 3-16. Encontra-se também disponível na Base de Dados do Ministério da Justiça (*www.dgsi.pt*).

926 *Cheque e Convenção de Cheque*

## C) SUPREMO TRIBUNAL DE JUSTIÇA / TRIBUNAL PLENO

**AcSTJ de 2 de Março de 1971** (JOSÉ ANTÓNIO FERNANDES), *BMJ* 205, pp. 190-194 (*Inexistência de oposição de acórdãos / Cheque Falsificado*)...... **21.6.2**

## D) SUPREMO TRIBUNAL DE JUSTIÇA: ACÓRDÃOS

**AcSTJ de 22 de Outubro de 1943** (MIGUEL CRESPO), *Boletim Oficial*, ano III, n.º 15, 1943, pp. 409-411 (*Revogação do cheque no prazo de apresentação a pagamento / Inexistência de direito de acção do portador sobre o sacado*) ................................................. **1.3.4, 20.4.3.1, 20.4.3.2, 20.6.2**

**AcSTJ de 10 de Março de 1944** (MIRANDA MONTEIRO), *Boletim Oficial*, ano IV, n.º 22, 1944, pp. 194-196 (*Cheque em branco*) .............................. **2.6.3**

**AcSTJ de 6 de Março de 1951** (JAIME DE ALMEIDA RIBEIRO), *BMJ* 24, 1951, pp. 277-282 (*Prescrição cambiária e subsistência da letra como título executivo*) ................................................................................ **8.5.6**

**AcSTJ de 6 de Novembro de 1957** (JÚLIO M. DE LEMOS), *BMJ* 71, 1957 (*Emissão de cheque sem cobertura*)................................................................ **1.4.7**

**AcSTJ de 22 de Março de 1960** (S. FIGUEIRINHAS), *BMJ* 95, 1960, pp. 290-293 (*Prescrição cambiária e subsistência da letra como título executivo*) **8.5.6**

**AcSTJ de 16 de Junho de 1964** (JOSÉ MENESES), *RLJ*, ano 98.º, 1965-66, pp. 19-32 (*Pacto de preferência / Eficácia externa das obrigações*) ........... **24.2.1**

**AcSTJ de 7 Junho de 1967** (FERNANDO BERNARDES DE MIRANDA), *BMJ* 168, 1967, pp. 262-267 (*Emissão de cheque sem cobertura / Competência territorial*) ................................................................................ **1.4.7**

**AcSTJ de 19 de Março de 1968** (ALBUQUERQUE ROCHA), *RT*, ano 87.º, n.º 1838, 1969, pp. 56-60 (*Falsidade da assinatura do sacador*)............... **21.6.2**

**AcSTJ de 16 de Maio de 1969** (TORRES PAULO), *BMJ* 187, 1969, pp. 145-156 (e tb na *RT*, ano 87.º, 1969, pp. 219-227) (*Cheque Falsificado / Cláusula de exoneração de responsabilidade*) ........................ **21.2.3, 21.6.2, 21.6.3**

**AcSTJ de 21 Março de 1973** (JACINTO FERNANDES RODRIGUES BASTOS), *BMJ* 225, 1973, pp. 165-170 (*Emissão de cheque sem cobertura*)................... **1.4.7**

**AcSTJ de 13 de Fevereiro de 1974** (MANUEL ARELO FERREIRA MANSO), *BMJ* 234, 1974, pp. 167-171 (*Emissão de cheque sem cobertura*).......... **1.4.7, 19.5**

**AcSTJ de 18 de Março de 1975** (JOSÉ ANTÓNIO FERNANDES), *BMJ* 245, 1975 (pp. 505-508) (*Cheque falsificado / Responsabilidade do sacador*) ................................................................................ **21.6.3**

**AcSTJ de 5 de Março de 1976** (JOÃO MOURA), *BMJ* 255, pp. 168-170 (*Cheque como título executivo*)................................................................ **8.5.2**

**Acórdão do STJ de 20 de Dezembro de 1977** (HERNÂNI DE LENCASTRE), *BMJ* 272,

1978, pp. 217-226 (transcrito também na *RDE*, ano IV, n.º 2, 1978, pp. 447-456) (*Revogação do cheque*)[1678] .................................................. **20.4.3.1**

**AcSTJ 3 de Maio de 1978** (ARTUR MOREIRA DA FONSECA), *BMJ* 277, 1978, pp. 136-139 (*Emissão de cheque sem cobertura / Competência territorial*) ................................................................................................ **1.4.7**

**AcSTJ de 25 de Outubro de 1979** (JOÃO MOURA), *BMJ* 290, pp. 429-433 (*Cheque falsificado / Cláusula de exoneração de responsabilidade / Ordem pública*) ................................................................................ **21.6.3**

**AcSTJ de 22 de Maio de 1980** (ALBERTO ALVES PINTO), *BMJ* 297, 1980, pp. 368--375 (*Cheque falsificado / Cláusula de exoneração de responsabilidade em convenção de cheque / Culpa do banco*) ................................ **21.6.3**

**AcSTJ de 26 de Junho de 1980** (JACINTO RODRIGUES BASTOS), *BMJ* 298, 1980, pp. 354-357 (*Depósito bancário salvo "boa cobrança"/ usos bancários*) **15.2**

**AcSTJ de 27 de Maio de 1981** (JOSÉ LUÍS PEREIRA), *BMJ* 307, 1981, pp. 127-132 (*Emissão de cheque sem cobertura / Verificação da falta de provisão fora de prazo*) ............................................................................... **1.4.7**

**AcSTJ 16 Jun. 1981** (JOAQUIM FIGUEIREDO), *BMJ* 308, 1981, pp. 255-259 (*Cheque falsificado / Responsabilidade pelo pagamento / Princípios da responsabilidade civil*) ................................................................................ **21.6.3**

**de 17 de Dezembro de 1981** (ANTÓNIO FURTADO DOS SANTOS), L. P. MOITINHO DE ALMEIDA, *Responsabilidade civil dos bancos pelo pagamento de cheques falsificados* – Nulidade da cláusula inserta nas requisições de livros de cheques exonerando o Banco da responsabilidade. Peças de um processo, Coimbra Editora, **1982**, pp. 174-176 (*Cheque falsificado*) ........... **21.6.4**

**AcSTJ de 14 de Junho de 1983** (MAGALHÃES BAIÃO), *BMJ* 328, pp. 599--602 (*Cheque como título executivo / apresentação a pagamento no prazo*) ....................................................................................... **1.4.4, 8.2**

**AcSTJ de 8 de Maio de 1984** (MOREIRA DA SILVA), *BMJ* 337, 1984, pp. 377-385 (*Depósito bancário salvo "boa cobrança"/ usos bancários*) **15.2, 18.2.1**

**AcSTJ de 28 de Maio de 1986** (GAMA VIEIRA) / Proc. n.º 38330, *BMJ* 357, 1986, pp. 246-253 (*Cheque de viagem / Falsificação*) ............................. **5.6.1**

**AcSTJ de 19 de Novembro de 1986** (ALMEIDA SIMÕES) / Proc. n.º 38222, *BMJ* 361, 1986, pp. 269-277 (*Punição de cheque pós-datado apresentado imediatamente a pagamento*) ................................................................ **1.4.7**

**AcSTJ de 20 de Abril de 1988** (MANSO PRETO) / Proc. n.º 39438, *BMJ* 376, 1988, pp. 543-545 (*Cheque sem provisão / Competência Territorial*) ...... **1.4.7**

**AcSTJ de 1 de Junho de 1988** (ALMEIDA SIMÕES) / Proc. n.º 39525, *BMJ* 378, 1988, pp. 214-219 (*Cheque sem indicação de data e sem acordo para ulterior aposição*) ....................................................................... **2.6.3, 19.3**

---

[1678] Cfr. anot. de FERRER CORREIA/ ANTÓNIO CAEIRO, *RDE*, **1978**, pp. 457-473.

928      *Cheque e Convenção de Cheque*

**AcSTJ de 1 de Junho de 1988** (Barbosa de Almeida) / Proc. n.º 39559, *BMJ* 378, 1988, pp. 226-230 (*Cheque pós-datado sem provisão apresentado a pagamento antes da "data de emissão"*) .................................................... **1.4.7**

**AcSTJ de 5 de Abril de 1989** (José Alfredo Manso Preto), *BMJ* 386, 1989, pp. 203-207, e *CJ*, ano XIV, t. II, **1989**, pp. 8-10 (*Restrição ao uso de cheque*) ........................................................................... **1.4.5**

**AcSTJ de 10 de Maio de 1989** (José Menéres Pimentel), *BMJ* 387, 1989, pp. 598- -608; *RDE*, ano XV, 1989, pp. 259-272 (*Não obrigatoriedade legal de pagamento pelo sacado ao tomador*)[1679] ............. **1.4.4, 20.4.3.1, 204.3.3**

**AcSTJ de 4 de Outubro de 1989** (Villa-Nova) / Proc. n.º 40155, *BMJ* 390, 1989, pp. 110-112 (*Cheque pós-datado sem provisão apresentado a pagamento antes da "data de emissão"*) ............................................................. **1.4.7**

**AcSTJ de 29 de Novembro de 1989** (Barbosa de Almeida), *BMJ* 391, 1989, pp. 277-279 (*Crime de falsificação / Falso Extravio*) .........................

**AcSTJ de 21 de Março de 1990** (Lopes de Melo), *BMJ* 395, 1990, pp. 309-311 (*Cheque pós-datado sem provisão apresentado a pagamento antes da "data de emissão"*) ............................................................. **1.4.7**

**AcSTJ de 25 de Outubro de 1990** (Marques Cordeiro), *BMJ* 400, 1990, pp. 583-590 (*Abertura de conta e conta-corrente*) ............................... **14.1**

**AcSTJ de 29 de Novembro de 1990** (Moreira Mateus) / Proc. n.º 079188, *www.dgsi.pt* (*Cheque como dação "pro solvendo"*) ....................... **8.5.2**

**AcSTJ de 24 de Janeiro de 1991** (António Simões Ventura), *BMJ* 403, 1991, pp. 441-448 (*Visto e aceite do cheque*) ........................................ **4.4**

**AcSTJ de 6 de Fevereiro de 1991** (Manuel da Rosa Ferreira Dias), *CJ*, ano XVI, t. I., 1991, pp. 17-21 (publ. tb *BMJ* 404, 1991, pp. 157-168) (*Cheque sem data / Falsificação*) ........................................ **1.4.4, 2.6.3, 19.3**

**AcSTJ de 14 de Novembro de 1991** (Roger Bennet Lopes), *BMJ* 411, 1991, pp. 527-543 (*Dever de informação do banco vs. Dever geral de segredo bancário*) ............................................................ **16.4.4.5**

**AcSTJ de 16 de Abril de 1992** (Sá Pereira) / Proc. n.º 000009, *www.dgsi.pt* (*Cheque sem provisão / Crime contra o património*) ..................... **1.4.7**

**AcSTJ de 7 de Maio de 1992** (Fernando Lopes de Melo), *CJ*, ano XVII, t. III, 1992, pp. 8-12 (tb em *BMJ* 417, pp. 283-296) (*RJCh / Subsistência do crime de emissão de cheque sem provisão, desde que exista prejuízo patrimonial*) ..................................................................... **1.4.7**

**AcSTJ de 3 de Fevereiro de 1993** (Ferreira Dias), *BMJ* 424, 1993, pp. 351-359 (*RJCh / Subsistência do crime de emissão de cheque sem provisão*)... **1.4.7**

**AcSTJ de 19 de Outubro de 1993** (Jaime Cardona Ferreira), *CJ/AcSTJ*, ano I, t. III, 1993, pp. 69-72 (*Subscrição de cheque e convenção de cheque*) ............................. **1.4.4, 10.3, 15.3.1, 17.1, 20.4.3.1, 26.2.3**

---

[1679] Cfr. anot. de Ferrer Correia / Almeno de Sá, *RDE*, XV, **1989**, pp. 280-325.

## Índice de Jurisprudência

**AcSTJ de 10 de Novembro de 1993** (Augusto Folque Gouveia), *CJ/AcSTJ*, ano I, t. III, 1993, pp. 130-132 (*Cheque Falsificado / Responsabilidade pelo pagamento com base em culpa*) ............................................. **21.6.3, 21.7**

**AcSTJ de 12 de Janeiro de 1994** (Mário Noronha), Rec. n.º 83749, *CJ/AcSTJ*, ano II, t. I, 1994, pp. 36-37 (*Cheque / Indemnização cível / Relações imediatas*) ...................................................................................... **6.3.4**

**AcSTJ de 12 de Janeiro de 1994** (Faria de Sousa) / Proc. n.º 83947, *BMJ* 433, 1994, pp. 547-553 (*Desconto bancário / Extravio do título*) ..... **18.2.4.1**

**AcSTJ de 5 de Maio de 1994** (Mário Araújo Ribeiro), *BMJ* 437, 1994, pp. 525-530 (*Cheque sem data / Validade como título executivo / Acordo de Preenchimento*) ................................................................................ **2.6.3**

**AcSTJ de 5 de Julho de 1995** (Silva Reis), *CJ/AcSTJ*, ano III, t. II, 1995, pp. 257- -260 (*Crimes de furto e de falsificação de cheque*) ................... **21.1.2.2**

**AcSTJ de 3 de Outubro de 1995** (Herculano Lima), *BMJ* 450, 1995, pp. 416- -423 (*Cheque falsificado / Responsabilidade pelo pagamento*) .... **21.6.2**

**AcSTJ de 31 de Outubro de 1995** (Cardona Ferreira), *CJ/AcSTJ*, ano III, t. III, 1995, pp. 88-90 (*Arrolamento de conta bancária / Sigilo bancário*) **14.1**

**AcSTJ de 21 de Maio de 1996** (Miguel Montenegro), *BMJ* 457, 1996, pp. 343- -349 (publ. tb na *CJ/AcSTJ*, ano IV, t. II, 1996, pp. 82-83) (*Cheque falsi- ficado / Responsabilidade do depositário*) ..................................... **21.6.2**

**AcSTJ de 8 de Abril de 1997,** Proc. n.º 96A707 (Machado Soares), *www.dgsi.pt* (*Cheque sem data*) ................................................................................ **2.6.3**

**AcSTJ de 22 Abril de 1997** (Lopes Pinto), *CJAcSTJ*, ano V, t. II, 1997, pp. 60-64 (*Assunção de dívida como negócio consensual*) .............................. **15.2**

**AcSTJ de 15 de Maio de 1997** (Costa Pereira), *CJ/AcSTJ*, ano V, t. II, 1997, pp. 211-214 (*Crimes de falsificação de cheque e de burla*) ........... **21.1.2.2**

**AcSTJ de 20 de Janeiro de 1998** (Fisher Sá Nogueira), *RDES*, ano XXXX (XIII da 2ª Série), n.ᵒˢ 2 e 3, 1999, pp. 157-163[1680] (*Crime de emissão de cheque sem provisão. Inconstitucionalidade*) ........................................... **1.4.6**

**AcSTJ de 27 de Janeiro de 1998** (Hugo Lopes), *CJ/AcSTJ*, ano VI, t. I, 1998, pp. 181-185 (*Crimes de falsificação de cheque e de burla*) ...... **21.1.2.2**

**AcSTJ de 3 de Março de 1998** (Nascimento Costa), *BMJ* 475, 1998, pp. 710-715 (*Cheque falsificado / Responsabilidade objectiva do banco*) ..................................................................... **21.1.2.1, 21.6.4**

**AcSTJ de 15 de Novembro de 1998** (Carlindo Costa), *BMJ* 481, 1998, pp. 140- -143 (*Cheque sacado em data diferente da data de emissão / Descrimi- nalização*) ......................................................................................... **2.6.3**

---

[1680] Cfr. tb. Evaristo Mendes, «Cheque. Crime de emissão de cheque sem provisão. Inconstitucionalidade», *RDES*, ano XXXX (XIII da 2ª Série), n.ᵒˢ 2 e 3, 1999, pp. 157-263.

930         *Cheque e Convenção de Cheque*

**AcSTJ de 19 de Janeiro de 1999** (Flores Ribeiro), *CJ//AcSTJ*, ano VII, t. I, 1999, pp. 189-190; *BMJ* 483, 1999, pp.64-67 (*Subtracção de impressos de cheques*) .................................................................................................. **1.4.8**

**AcSTJ de 2 de Março de 1999** (Ferreira Ramos), *BMJ* 485, 1999, pp. 117-120 (publ. tb na *CJ/AcSTJ*, ano VII, t. I, 1999, pp. 133-135) (*Cheque falsificado / Responsabilidade assente na culpa*) ........................................... **21.6.2**

**AcSTJ de 4 de Maio de 1999** (Garcia Marques), *CJ//AcSTJ*, ano VII, t. II, 1999, pp.82-83 [*Cheque como título executivo / conceito (de) / apresentação a pagamento no prazo*] ...... .................................... **8.1, 8.2, 8.5.6**

**AcSTJ de 11 de Maio de 1999** (Lemos Triunfante), *CJ//AcSTJ*, ano VII, t. II, 1999, pp. 88-92 (*Cheque como título executivo*) ............................... **8.2, 8.5.4**

**AcSTJ de 7 de Julho de 1999** (Martins da Costa), *CJ//AcSTJ*, ano VII, t. III, 1999, pp. 21-22 (e também no *BMJ*, 489, pp. 366-369, com texto completo) (*Entrega de módulos de cheque depois da inibição*) ........ **24.2.2, 24.2.3**

**AcSTJ de 3 de Fevereiro de 2000** (Miranda Gusmão) / Proc. n.º 99B1123, *www.dgsi.pt* (*Descoberto em conta*) ................................................. **16.4.1.3**

**AcSTJ de 29 de Fevereiro de 2000** (Silva Paixão), *CJ//AcSTJ*, ano VIII, t. I, 2000, pp. 124-126 (*Cheque como título executivo / apresentação a pagamento no prazo legal*) ....................................... **8.2, 8.4.1, 8.4.5, 8.5.6**

**AcSTJ de 14 de Junho de 2000** (Armando Leandro), *CJ//AcSTJ*, ano VIII, t. II, 2000, pp. 213-218 (*Crime de falsificação de cheque*) ............ ... **21.1.2.2**

**AcSTJ de 3 de Outubro de 2000** (Santos Martins), *CJ//AcSTJ*, ano VIII, t. III, 2000, pp. 100-101 (*Cheque de garantia / Completação*) .... **2.6.3, 9.3.1**

**AcSTJ de 9 de Novembro de 2000** (Ferreira de Almeida), *CJ//AcSTJ*, ano VIII, t. III, 2000, pp. 108-113 (*Falsificação de cheques / Responsabilidade do banco pelo pagamento / Conteúdo da convenção de cheque*) ... **15.3.1,** .................................................................................... **16.2, 16.3.2.3**

**AcSTJ de 18 de Janeiro de 2001** (Sousa Dinis), *CJ//AcSTJ*, ano IX, t. I, 2001, pp. 71-73 (*Cheque como título executivo*) .................................... **8.5.5**

**AcSTJ de 30 de Janeiro de 2001** (Garcia Marques), *CJ//AcSTJ*, ano IX, t. I, 2001, pp. 85-87 (*Cheque como título executivo*) ............................. **8.5.5**

**AcSTJ de 8 de Fevereiro de 2001** (Silva Salazar), *CJ//AcSTJ*, ano IX, t. I, 2001, pp. 107-110 (*Fornecimento de módulos de cheque após saque de cheque sem cobertura*) ...................................... **24.1.2, 24.2.1, 24.2.2**

**AcSTJ de 21 de Fevereiro de 2001** (Leonardo Dias), *CJ//AcSTJ*, ano IX, t. I, 2001, pp. 233-234 (*Crime de emissão de cheque sem provisão / Tribunal competente*) .................................................................................... **1.4.7**

**AcSTJ de 27 de Março de 2001** (Silva Paixão), *CJ//AcSTJ*, ano IX, t. I, 2001, pp. 183-184 (*Vinculação de Sociedade Anónima / Cheque*) ............ **13.2.2.2**

**AcSTJ de 10 de Maio de 2001** (Pereira Madeira) (*CJ//AcSTJ,* ano IX, t. II. 2001, pp. 193-198) (*Crime de emissão de cheque sem provisão / Despenalização de cheque pós-datado*) ......................................................... **2.6.3**

## Índice de Jurisprudência

**AcSTJ de 19 de Junho de 2001** (Garcia Marques) / Proc. n.º 01A1330, *www.dgsi.pt* (*Opção do sacado perante revogação do cheque no decurso do prazo de apresentação*)............................................................ **20.4.3.3**

**AcSTJ de 5 de Julho de 2001** (Reis Figueira) / Proc. n.º 1461/01, *CJ/AcSTJ*, ano IX, t. II, 2001, pp. 146-149 (*Revogabilidade do cheque no decurso do prazo de apresentação / Responsabilidade extracontratual do banco*).......................................................................................... **20.4.3.1**

**AcSTJ de 5 de Julho de 2001** (Pais de Sousa) / Proc. 1469/01, *CJ/AcSTJ*, ano IX, t. II, 2001, pp. 149-151 (*Cheque visado / Falsificação*) .... **4.4, 5.2.3**

**AcSTJ de 27 de Setembro de 2001** (Quirino Soares), *CJ/AcSTJ*, ano IX, t. III, 2001, pp. 53-56 (*Cheque visado / Falsificação*) ..................... **5.2, 15.2**

**AcSTJ de 16 de Outubro de 2001** (Ribeiro Coelho), *CJ/AcSTJ*, ano IX, t. III, 2001, pp. 89-90 (*Cheque como título executivo*) ................... **8.2, 8.5.6**

**AcSTJ de 29 de Janeiro de 2002** (Azevedo Ramos), *CJ/AcSTJ*, ano X, 2002, t. I, pp. 64-67 (*Cheque como título executivo*) ................................... **8.5.4**

**AcSTJ de 21 de Maio de 2002** (Faria Antunes) / Proc. n.º 02A298, *www.dgsi.pt* (*Cheque / Relação jurídica subjacente*) ......................................... **2.6.3**

**AcSTJ de 16 de Outubro de 2002** (Reis Figueira) / Proc. n.º 01A2215, *www.dgsi.pt* (*Rescisão da convenção de cheque*) . **23.3.3, 24.1.2, 24.1.3,** ...................................................................................... **24.3.3, 24.5**

**AcSTJ de 17 de Outubro de 2002** (Duarte Soares) / Proc. n.º 02B2286, *www.dgsi.pt* (*Cheque falsificado / Concorrência de culpas*)......... **21.6.3**

**AcSTJ de 11 de Dezembro de 2002** (Pinto Monteiro) / Proc. 02A2402, *CJ/AcSTJ*, ano X, 2002, t. III, pp. 110-113 (publ. tb. – em versão integral, mas sem identificar as partes – em *www.dgsi.pt* (*Rescisão indevida da convenção de cheque / Danos morais*) .....................................**24.5, 24.6.3**

**AcSTJ de 4 de Fevereiro de 2003** (Armando Lourenço), *CJ/AcSTJ*, ano XI, t. I, 2003, pp. 78-79 (*Arquivamento do processo crime de cheque sem provisão / Prazo de prescrição*). ......................................................... **8.2**

**AcSTJ de 6 de Fevereiro de 2003** (Pereira Madeira) / Proc. n.º 03P159, *www.dgsi.pt* (*Sigilo bancário/Escusa e Procedimento de dispensa*) **16.4.4.5**

**AcSTJ de 3 de Abril de 2003** (Azevedo Ramos) / Proc. n.º 03A684, *www.dgsi.pt* (*Rescisão indevida da convenção de cheque / Danos morais*).. **24.1.3,** ...................................................................................... **24.3.4, 24.6.3**

**AcSTJ de 4 de Junho de 2003** (Henriques Gaspar) / Proc. n.º 03P1528, *www.dgsi.pt* (*Burla / Prejuízo patrimonial*)...................................... **19.3**

**AcSTJ de 20 de Novembro de 2003** (Salvador da Costa), *CJ/AcSTJ*, ano XI, t. III, 2003, pp. 154-157 (*Cheque revogado como título executivo / apresentação a pagamento no prazo*)................... . **8.2, 8.3, 8.4.2, 20.1, 20.3.4.3**

**AcSTJ de 11 de Dezembro de 2003** (Duarte Soares) / Proc. n.º 0B3B582, *www.dgsi.pt* [*Cheque pós-datado / Despenalização*] ..................... **2.6.3**

932      *Cheque e Convenção de Cheque*

**AcSTJ de 26 de Fevereiro de 2004** (Pereira Madeira) / Proc. n.º 049254, *www.dgsi.pt* (*Crime de falsificação de cheque*) ......................... **21.1.2.2**

**AcSTJ de 9 de Março de 2004** (Araújo Barros), *www.dgsi.pt* (*Cheque como título executivo*) ............................................................ **8.5.3**

**AcSTJ de 20 de Maio de 2004** (Luís Fonseca) / Proc. n.º 04B1457, *www.dgsi.pt*, (*Cheque como título executivo/ Reconhecimento de dívida*) **8.5.4, 8.5.5**

**AcSTJ de 22 de Junho de 2004** (Lopes Pinto) / Proc. n.º 04A2081, *www.dgsi.pt*, [*Rescisão (indevida) da convenção de cheque / Obrigação de indemnizar*] ....................................................................... **24.5, 24.6.3**

**AcSTJ de 16 de Dezembro de 2004** (Neves Ribeiro), *CJ/AcSTJ*, ano XII, t. III, 2004, pp. 153-155 (*Cheque como título executivo*) ......................... **8.5.4**

**AcSTJ de 3 de Fevereiro de 2005** (Fereira de Almeida) / Proc. n.º 04B4382, *www.dgsi.pt* (*Cheque / Revogação / Justa causa*) ..................... **20.4.3.3**

**AcSTJ de 24 de Fevereiro de 2005** (Neves Ribeiro) / Proc. n.º 04B4656, *www.dgsi.pt.* (*Inobservância do dever de rescisão da convenção*) **24.2.2**

**AcSTJ de 15 de Março de 2005** (Azevedo Ramos) / Proc. n.º 05A380, *www.dgsi.pt.* (*Cheque / Apresentação a pagamento / Revogação*) **20.3.2.2**

**AcSTJ de 31 de Maio de 2005** (Moitinho de Almeida), *www.dgsi.pt.* (*Cheque como título executivo*) ......................................................... **8.5.4**

**AcSTJ de 4 de Janeiro de 2006** (Oliveira Mendes), *CJ/AcSTJ*, ano XIV, t. I, 2006, pp. 157-160 (*Crime de falsificação de cheque*) .............. **21.1.2.2**

**AcSTJ de 21 de Fevereiro de 2006** (Urbano Dias) / Proc. n.º 05A4092, *www.dgsi.pt.* (*Contrato de cheque*) ..................................... **15.3.1**

**AcSTJ de 4 de Abril de 2006** (João Moreira Camilo), *CJ/AcSTJ*, ano XIV, t. II, 2006, pp. 27-29 (*Cheque como título executivo*) ................. **8.5.5., 8.56**

**AcSTJ de 28 de Junho de 2006** (Sousa Fonte) / Proc. n.º 06P2178, *www.dgsi.pt* (*Sigilo bancário / Tutela constitucional e derrogação*) ............ **16.4.4.5**

**AcSTJ de 13 de Julho de 2006** (Santos Carvalho) / Proc. n.º 06P2690, *www.dgsi.pt* [*Cheque pós-datado / Despenalização*] ..................... **2.6.3**

**AcSTJ de 12 de Setembro de 2006** (Azevedo Ramos) / Proc. n.º 06A2100, *www.dgsi.pt* [*Cheque como título executivo / conceito (de) / apresentado a pagamento antes do prazo*] ............................................................. **8.1**

**AcSTJ de 19 de Dezembro de 2006** (Oliveira Barros) / Proc. n.º 06B3791, *www.dgsi.pt* (*Cheque como título executivo /Prescrição / Documento particular*) .............................................................................. **8.5.4**

**AcSTJ de 12 de Abril de 2007** (Simas Santos) / Proc. n.º 07P1232, *www.dgsi.pt* (*Sigilo bancário/Escusa e Procedimento de dispensa*) ............... **16.4.4.5**

**AcSTJ de 10 de Maio de 2007** (João Bernardo) / Proc. n.º 07B939, *www.dgsi.pt.* (*Revogação por coação moral*) .......................................... **Actualização**

**AcSTJ de 17 de Maio de 2007** (Oliveira Rocha) / Proc. n.º 07B1295, *www.dgsi.pt* (*Cláusulas contratuais gerais/Cartão de débito*) ...... **16.1.2**

# Índice de Jurisprudência 933

**AcSTJ de 13 de Setembro de 2007** (PEREIRA DA SILVA) / Proc. n.º 07B1942, *www.dgsi.pt* (*Sociedade Comercial / Dissolução / Personalidade Jurídica*) ...................................................................................... **23.2.2**
**AcSTJ de 18 de Outubro de 2007** (SALVADOR DA COSTA) / Proc. n.º 07B3616, *www.dgsi.pt* (*Cheque prescrito / Título executivo*) ........................ **8.5.6**
**AcSTJ de 25 de Outubro de 2007** (PIRES DA ROSA) / Proc. n.º 07B2964, *www.dgsi.pt* (*Convenção de cheque / Rescisão*) ........................... **15.3.1**
**AcSTJ de 25 de Outubro de 2007** (SANTOS BERNARDINO) / Proc. n.º 07B2543, *www.dgsi.pt* (*Cheque / Convenção de cheque / Rescisão*) ......... **15.3.1,** ................................................................................ **16.4.3.3, 24.5**
**AcSTJ de 15 de Janeiro de 2008** (FONSECA RAMOS), *CJ//AcSTJ* (n.º 206), ano XVI, t. 1, pp. 42-45 (*Revogação de cheque*) .............................. **Actualização**
**Ac STJ de 10 de Abril de 2008** (BETTENCOURT DE FARIA) / Proc. n.º 08B347, *www.dgsi.pt* (*Falsificação de cheque*) ................................ **Actualização**
**AcSTJ de 19 de Junho de 2008** (SANTOS BERNARDINO) / Proc. n.º 08B1054, *www.dgsi.pt* (*Cheque como título executivo*) ..................... **Actualização**
**AcSTJ de 3 de Julho de 2008** (SERRA BAPTISTA) / Proc. n.º 08B956, *www.dgsi.pt* (*Falsificação de cheque*) ...................................................... **Actualização**
**AcSTJ de 3 de Julho de 2008** (OLIVEIRA ROCHA), *CJAcSTJ* (n.º 208), ano XVI, t. II, **2008**, pp. 155-158 (*Falsificação de cheque*) ............. **Actualização**
**AcSTJ de 18 de Novembro de 2008** (SANTOS BERNARDINO) / Proc. n.º 08B2429, www.dgsi.pt (*Depósito de cheque "salvo boa cobrança"*) **Actualização**
**AcSTJ de 11 de Dezembro de 2008** (PIRES DA ROSA) / Proc. n.º 08B1452, *www.dgsi.pt*) (*Cheque como título executivo*) ................... **Actualização**
**AcSTJ de 18 de Dezembro de 2008** (SANTOS BERNARDINO) / Proc. n.º 08B2688, www.dgsi.pt (*Falsificação de cheque*) ............................... **Actualização**
**AcSTJ de 15 de Janeiro de 2009** (BETTENCOURT DE FARIA) / Proc. n.º 08B3339, *www.dgsi.pt* (*Indemnização por falta de devolução de cheques não pagos*) ................................................................................ **Actualização**

## E) TRIBUNAL DA RELAÇÃO

**AcRelLisboa de 24 de Julho de 1968** (MIGUEL CAEIRO), *BMJ 179*, 1968, pp. 205-228 (*Cheque Falsificado / Cláusula de exoneração de responsabilidade*) ................................................................................ **21.6.2**
**AcRelLisboa de 7 de Janeiro de 1974** (MOREIRA DA SILVA), *BMJ* 265, pp. 274-275 (*Prescrição cambiária e subsistência da letra como título executivo*) ................................................................................ **8.5.6**
**AcRelLisboa de 5 de Janeiro de 1979** (SEQUEIRA DE CARVALHO), *BMJ* 285, Março 1979, p. 363 (*Emissão de cheque sem cobertura / Competência territorial*) ................................................................................ **1.4.7**

934  Cheque e Convenção de Cheque

**AcRelLisboa de 29 de Maio de 1979** (Francisco Duarte Cunha), L. P. Moitinho de Almeida, *Responsabilidade civil dos bancos pelo pagamento de cheques falsificados*, cit., **1982**, pp. 121-136 (*Cheque falsificado / Cláusula de exoneração de responsabilidade em convenção de cheque*) .......... **21.6**
**AcRelLisboa de 9 de Janeiro de 1981** (João Alcides de Almeida), *CJ*, ano VI, t. 1, 1981, pp. 199-201[1681] (*Cheque Falsificado*) ................ **21.6.3, 21.6.4**
**AcRelPorto de 21 de Dezembro de 1989** (Lopes Furtado), *CJ*, ano XIV, 1989, t. V, pp. 213-217 (*Pagamento de cheque revogado após o prazo de apresentação*) ....................................................................................... **20.3**
**AcRelPorto de 5 de Abril de 1990** (Sampaio da Nóvoa), *CJ*, ano XV, t. II, 1990, pp. 227-229 (referido tb no *BMJ* 396, pp. 436-437) (*Revogabilidade do cheque no decurso do prazo de apresentação a pagamento*) .. **20.4.3.1, 20.4.3.2**
**AcRelPorto de 24 de Abril de 1990** (Mário Ribeiro), *CJ*, ano XV, t. II, 1990, pp. 238-241 (*Irrevogabilidade do cheque antes de decorrido o prazo de apresentação a pagamento*) ........................................ **20.4.3.2**
**AcRelCoimbra de 20 de Junho de 1990** (Pereira Guedes), *BMJ* 398, 1990, p. 594 (*Crime de burla / Emissão de cheque*) ............................ **21.2.2**
**AcRelÉvora de 13 de Dezembro de 1990** (Sampaio da Silva), *CJ*, 1990, ano XV, t. V, pp. 265-268 (*Cheque falsificado / Irresponsabilidade do banco*) ................................................................**21.6.3, 21.6.4**
**AcRelCoimbra de 29 de Outubro de 1991** (António da Costa Marques), *CJ*, XVI, t, IV, 1991, pp. 122-124 (*Usos bancários / Depósito*) .................... **9.1.2**
**AcRelLisboa de 2 de Junho de 1992** (Humberto Carlos Amado Gomes) / Rec. n.º 2276 (5ª Secção), *BMJ* 418, 1992, p. 842 (*Crime de emissão de cheque sem provisão / Despenalização*) ......................................... **1.4.7**
**AcRelLisboa de 2 de Junho de 1992** (João António de Almeida Vaz Tomé) / Rec. n.º 2415 (5ª Secção), *BMJ* 418, 1992, pp. 842-843 (*Crime de emissão de cheque sem provisão / Despenalização*) ......................................... **1.4.7**
**AcRelPorto de 3 de Junho de 1992** (Pereira Madeira), *CJ* ano XVII, t. III, 1992, pp. 320-323 (com Sumário tb no *BMJ* 418, pp. 857-858) (*Crime de emissão de cheque sem provisão / Despenalização*) ............................. **1.4.7**
**AcRelLisboa de 17 de Junho de 1992** (Manuel Leonardo Dias), *CJ* ano XVII, t. III, 1992, pp. 244-254 (*Crime de emissão de cheque sem provisão / Despenalização*) ................................................................. **1.4.7**
**AcRelLisboa de 24 de Junho de 1992** (Agostinho Henriques Eiras) / Rec. n.º 27796 (3ª Secção), *BMJ* 418, 1992, p. 843 (*RJCh / Subsistência do crime de emissão de cheque sem provisão, desde que exista prejuízo patrimonial*) ....................................................................................... **1.4.7**

---

[1681] Transcrito na íntegra por L. P. Moitinho de Almeida, *Responsabilidade civil dos bancos pelo pagamento de cheques falsificados*, cit., **1982**, pp. 155-166.

**AcRelÉvora de 14 de Julho de 1992** (LOPES CARDOSO) / Rec. n.º 21/92, *BMJ* 419, 1992, p. 842 (*RJCh / Subsistência do crime de emissão de cheque sem provisão, desde que exista prejuízo patrimonial*) ............................ **1.4.7**

**AcRelÉvora de 14 de Julho de 1992** (MANUEL OSÓRIO) / Rec. n.º 78/92, *BMJ* 419, 1992, pp. 842-843 (*RJCh / Subsistência do crime de emissão de cheque sem provisão, desde que exista prejuízo patrimonial*).................... **1.4.7**

**AcRelCoimbra de 15 de Julho de 1992** (ALMEIDA RIBEIRO) / Proc. n.º 351/92, *BMJ* 419, 1992, p. 829 (*RJCh / Subsistência do crime de emissão de cheque sem provisão, desde que exista prejuízo patrimonial*) ....... **1.4.7**

**AcRelLisboa de 23 de Setembro de 1992** (DIONÍSIO MANUEL DINIS ALVES) / Rec. n.º 27926 (3ª Secção), *BMJ* 419, 1992, p. 799 (*RJCh / Subsistência do crime de emissão de cheque sem provisão, desde que exista prejuízo patrimonial*) .................................................................. **1.4.7**

**AcRelLisboa de 23 de Setembro de 1992** (ANTÓNIO LUÍS GIL ANTUNES GRANCHO) / Rec. n.º 28011 (3ª Secção), *BMJ* 419, 1992, pp. 799-800 (*Crime de emissão de cheque sem provisão / Despenalização*)...................... **1.4.7**

**AcRelLisboa de 30 de Setembro de 1992** (AGOSTINHO HENRIQUES EIRAS) / Rec. n.º 27922 (3ª Secção), *BMJ* 419, 1992, p. 800 (*RJCh / Subsistência do crime de emissão de cheque sem provisão, desde que exista prejuízo patrimonial*) .................................................................. **1.4.7**

**AcRelÉvora de 20 de Outubro de 1992** (POLÍBIO FLOR) / Rec. n.º 324/92, *BMJ* 420, 1992, p. 660 (*RJCh / Subsistência do crime de emissão de cheque sem provisão, •desde que exista prejuízo patrimonial*).................... **1.4.7**

**AcRelLisboa de 3 de Novembro de 1992** (CELESTINO AUGUSTO NOGUEIRA) / Rec. n.º 3364 (5ª Secção), *BMJ* 421, 1992, p. 483 (*Crime de emissão de cheque sem provisão / Despenalização*)...................... **1.4.7**

**AcRelLisboa de 4 de Novembro de 1992** (JOSÉ FERNANDES NUNES RICARDO) / Rec. n.º 29008 (3ª Secção), *BMJ* 421, 1992, p. 484 (*RJCh / Subsistência do crime de emissão de cheque sem provisão*) .................................... **1.4.7**

**AcRelÉvora de 17 de Novembro de 1992** (LOPES CARDOSO) / Rec. n.º 748/92, *BMJ* 421, 1992, p. 523 (*RJCh / Subsistência do crime de emissão de cheque sem provisão, desde que exista prejuízo patrimonial*) ....... **1.4.7**

**AcRelLisboa de 18 de Novembro de 1992** (DIONÍSIO MANUEL DINIS ALVES) / Rec. n.º 28735 (3ª Secção), *BMJ* 421, 1992, pp. 483-484 (*RJCh / Subsistência do crime de emissão de cheque sem provisão, desde que exista prejuízo patrimonial, ainda que implícito*)...................... **1.4.7**

**AcRelLisboa de 17 de Dezembro de 1992** (DAMIÃO PEREIRA), *CJ*, ano XVII, t. V, 1992, pp. 150-153 (*Revogação de cheque / Extravio*)...... **1.4.4, 20.4.3.1**

**AcRelCoimbra de 16 de Fevereiro de 1993** (BARATA FIGUEIRA), *CJ*, ano XVIII, t. I, 1993, pp. 51-54 (*Revogabilidade do cheque no decurso do prazo de apresentação a pagamento*) .......................................... **20.4.3.1**

936      *Cheque e Convenção de Cheque*

**AcRelCoimbra de 25 de Fevereiro de 1993** (JOSÉ COUTO MENDONÇA), *CJ* ano XVIII, t. I, 1993, pp. 73-75 (*Cheque sem provisão / Cheque pós-datado e cheque de garantia*) ................................................................. **2.6.3, 19.5**

**AcRelPorto de 6 de Janeiro de 1994** (NORBERTO BRANDÃO), *CJ* ano XIX, t. I, 1994, pp. 200-201 (*Cheque e enriquecimento sem causa*) ............. **8.4.5**

**AcRelCoimbra de 4 de Maio de 1994** (JOSÉ MARQUES DE ALMEIDA SANTOS), *CJ* ano XIX, t. III, 1994, p. 44 (*Cheque com data inexistente no calendário*) ........ **2.6.3**

**AcRelLisboa de 14 de Dezembro de 1994** (NUNES RICARDO), *CJ* ano XIX, t. V, 1994, pp. 174-177 (*Cooperativa / Responsabilidade civil e cheque sem provisão*) ................................................................. **13.2.2.2**

**AcRelCoimbra de 22 de Fevereiro de 1995** (HUGO AFONSO DOS SANTOS LOPES), *CJ* ano XX, t. I, 1995, pp. 63-64 (*Cheque sem provisão / Prejuízo patrimonial*) ................................................................. **2.6.3**

**AcRelÉvora de 23 de Maio de 1995** (POLÍBIO FLOR), *CJ*, ano XX, t. III, 1995, pp. 303-304 (*Sigilo bancário/ Quebra*) ................................. **16.4.4.5**

**AcRelCoimbra de 24 de Maio de 1995** (JOSÉ COUTO MENDONÇA), *CJ*, ano XX, t. III, 1995, pp. 66-67 (*Cheque de garantia / cheque sem provisão*) .. **9.3.1**

**AcRelCoimbra de 28 de Junho de 1995** (JOSÉ AUGUSTO MAIO MACÁRIO), *CJ*, 1995, ano XX, III, pp. 73-74 (*Crime de burla / Emissão de cheque*) ..... **21.2.2**

**AcRelCoimbra de 16 de Maio de 1996** (JOSÉ ANTÓNIO HENRIQUES SANTOS CABRAL), *CJ*, XXI, t, III, 1996, pp. 44-46 (*Cheque em branco / Sem data*) ..... **2.6.3,** ................................................................................ **19.3**

**AcRelPorto de 7 de Outubro de 1996** (LÁZARO FARIA), *CJ*, ano XXI, 1996, t. IV, pp. 216-218 (*Responsabilidade resultante do dever de rescisão da convenção*) ................................................................. **24.1.2**

**AcRelCoimbra de 28 de Novembro de 1996** (SANTOS CABRAL), *CJ*, XXI, t, V, 1996, pp. 56-60 (*Cheque sem data e de garantia*) ............... **2.6.3, 9.3.1**

**AcRelLisboa de 28 de Janeiro de 1997** (SIMÕES RIBEIRO), *CJ*, vol. XXII, 1997, t. I, pp. 154-156 (*Sigilo bancário/ Quebra*) ............................. **16.4.4.5**

**AcRelLisboa de 9 de Outubro de 1997** (PONCE DE LEÃO), *CJ*, vol. XXII, 1997, t. IV, pp. 106-111 (*Cláusulas contratuais gerais e cartões de débito*) ................................................................. **16.1.2**

**AcRelLisboa de 18 de Dezembro de 1997** (MARCOS RODRIGUES), *CJ*, vol. XXII, 1997, t. V, pp. 129-130 (*Cheque como título executivo*) ................. **8.4.5**

**AcRelPorto de 16 de Fevereiro de 1998** (GONÇALVES FERREIRA), *CJ*, ano XXIII, 1998, t. I, pp. 214-217 (*Transmissão singular de dívidas, na modalidade de assunção cumulativa, como negócio consensual*) ...................... **15.2**

**AcRelLisboa de 3 de Março de 1998** (SIMÕES RIBEIRO), *CJ*, ano XXIII, 1998, t. II, pp. 142-144 (*Cheque sacado com data em branco*) .............. **2.6.3**

**AcRelCoimbra de 17 de Junho de 1998** (JOÃO TRINDADE), *CJ*, ano XXIII, 1998, t. III, pp. 57-60 (*Crime de emissão de cheque sem provisão / Cheque sacado em data diferente da data de emissão / Descriminalização*) .. **2.6.3**

**AcRelCoimbra de 3 de Dezembro de 1998** (SERRA LEITÃO), *CJ*, ano XXIII, 1998, t. V, pp. 33-34 *(Cheque prescrito / Título executivo)* ..................... **8.5.5**

**AcRelLisboa de 25 de Fevereiro de 1999** (PAIXÃO PIRES) (*CJ*, ano XXIV, t. I, pp. 126-129) *(Rescisão da convenção de cheque)* ........................ **24.2.3**

**AcRelCoimbra de 9 de Março de 1999** (SILVA FREITAS), *CJ*, ano XXIV, 1999, t. II, pp. 19-21 *(Cheque como título executivo)* .................. **2.6.3, 8.5.4, 8.7**

**AcRelCoimbra de 16 de Março de 1999** (NUNO CAMEIRA), *CJ*, ano XXIV, 1999, t. II, pp. 21-24 *(Depósito "salvo boa cobrança" / Dever de diligência do banco)* ................................................................................ **14.5.2, 16.2**

**AcRelPorto de 20 de Maio de 1999** (GONÇALO SILVANO), *CJ*, ano XXIV, t. III, 1999, pp. 196-197 *(Vinculação da sociedade / Cheque)* ................... **13.2.2.3**

**AcRelLisboa de 2 de Dezembro de 1999** (SILVA SALAZAR) (*CJ*, ano XXIV, t. V, 1999, pp. 114-115) *(Endosso para cobrança)* .................................... **3.2**

**AcRelLisboa de 15 de Março de 2000** (MARCOLINO DE JESUS), *CJ*, ano XXV, t. II, 2000, pp. 90-92 *(Inclusão indevida de cliente na LUR / Danos morais)* ................................................................................. **24.6.3**

**AcRelLisboa de 21 de Março de 2000** (JORGE SANTOS), *CJ*, ano XXV, t. II, 2000, pp. 103-108 *(Revogação do cheque / Rescisão da convenção)* .... **2.6.3,** ..................................... **20.4.3.1, 24.1.3, 24.5, 24.6.1, 24.6.3**

**AcRelCoimbra de 27 de Junho de 2000** (GARCIA CALEJO), *CJ*, ano XXV, t. III, 2000, pp. 37-39 *(Cheque como título executivo)* ......... **8.4.5, 8.5.4, 8.5.6**

**AcRelLisboa de 3 de Outubro de 2000** (SANTOS MARTINS), *CJ*, ano XXV, 2000, t. IV, pp. 100-101 *(Cheque de garantia / Cheque como título executivo)* ................................................................................ **8.7, 9.3.1**

**AcRelPorto de 21 de Novembro de 2000** (LEMOS JORGE) / Proc. n.º 0021235, *www.dgsi.pt (Cheque visado / falsificação)* ........................... **4.4, 5.2.1**

**AcRelCoimbra de 28 de Novembro de 2000** (GARCIA CALEJO), *CJ*, ano XXV, t. V, 2000, pp. 24-28 *(Revogabilidade do cheque no decurso do prazo de apresentação a pagamento)* ........................................................ **20.4.3.1**

**AcRelLisboa de 30 de Novembro de 2000** (GONÇALVES RODRIGUES), *CJ*, ano XXV, t. V, 2000, pp. 111-113 *(Cheque visado / Recusa de pagamento)* .... **4.4**

**AcRelPorto de 11 de Janeiro de 2001** (MOREIRA ALVES) / Proc. n.º 0031448, *www.dgsi.pt (Cheque visado / falsificação)* ............................. **4.4, 15.2**

**AcRelPorto de 25 de Janeiro de 2001** (SALEIRO DE ABREU), *CJ*, ano XXVI, t. I, 2001, pp. 192-193 *(Cheque / Título executivo)* ....................... **8.5.6**

**AcRelCoimbra de 6 de Fevereiro de 2001** (GARCIA CALEJO), *CJ*, ano XXVI, t. I, 2001, pp. 28-30 *(Cheque / Título executivo)* ............................. **8.5.5**

**AcRelÉvora de 8 de Março de 2001** (OLIVEIRA PIRES), *CJ*, ano XXVI, t. I, 2001, pp. 249-250 *(Cheque como título executivo)* ............................ **8.5.6**

**AcRelCoimbra de 3 de Abril de 2001** (ARAÚJO FERREIRA), *CJ*, ano XXVI, t. II, 2001, pp. 34-35 *(Vinculação da sociedade por gerente / Cheque / Valor da assinatura)* .......................................................................... **13.2.2.3**

938     *Cheque e Convenção de Cheque*

**AcRelLisboa de 26 de Abril de 2001** (Urbano Dias), *CJ*, ano XXVI, t. II, 2001, pp. 119-120 (*Vinculação da sociedade por gerente / Livrança / Aval*) ............................................................ **13.2.2.3**

**AcRelLisboa de 28 de Junho de 2001** (Proença Fouto), *CJ*, ano XXVI, t. III, 2001, pp. 126-127 (*Responsabilidade bancária / Extravio de cheque entregue para cobrança*) ......... .................................... **9.1, 15.2**

**AcRelPorto de 18 de Setembro de 2001** (Lemos Jorge), *CJ*, ano XXVI, t. IV, 2001, pp. 189-194 (*Cheque cruzado / Extravio*) ......... **1.4.4, 2.6.3, 5.4, 9.1, 15.2**

**AcRelPorto de 9 de Outubro de 2001** (Lemos Jorge), *CJ*, ano XXVI, t. IV, 2001, pp. 204-208 (*Erro do banco depositário a creditar um cheque / Depósito pendente de sob boa cobrança*) ...................................... **18.2.1**

**AcRelLisboa de 11 de Outubro de 2001** (Fernanda Isabel Pereira), *CJ*, ano XXVI, t. IV, 2001, pp. 120-121 (*Cheque como título executivo*) ..... **8.5.4**

**AcRelLisboa de 7 de Novembro de 2001** (Carlos Sousa), *CJ*, ano XXVI, t. V, 2001, pp. 129-130 (*Cheque pós-datado / Descriminalização*) ........ **2.6.3**

**AcRelCoimbra de 16 de Abril de 2002** (Hélder Roque), *CJ*, ano XXVII, 2002, t. III, pp. 11-14 [*Cheque como título executivo / conceito (de) / apresentação a pagamento no prazo legal*] ............................ **8.1, 8.2, 20.4.3.2**

**AcRelLisboa de 20 de Junho de 2002** (Rosa Maria Ribeiro Coelho), *CJ*, ano XXVII, 2002, t. III, pp. 103-105 (*Cheque como título executivo*) ... **8.5.4**

**AcRelLisboa de 27 de Junho de 2002** (Américo Marcelino), *CJ*, ano XXVII, t. III, 2002, pp. 121-123 (*Cheque como título executivo*) ............... **8.5.5**

**AcRelÉvora de 4 de Julho de 2002** (Pereira Baptista), *CJ*, ano XXVII, t. IV, 2002, pp. 229-231 (*Pagamento indevido do cheque / Responsabilidade do banco*) ................................................................ **18.2.2, 18.2.3**

**AcRelGuimarães de 3 de Julho de 2002** (Rosa Tching) / (Proc. n.º 429/02-1), *CJ*, ano XXVII, t. IV, 2002, pp. 265-267, e tb *www.dgsi.pt* (*Cheque visado como título executivo*) ................................................ **4.4, 8.6**

**AcRelPorto de 8 de Outubro de 2002** (Mário Cruz) / Proc. n.º 0220839, *www.dgsi.pt* (*Usos bancários / Compensação de créditos*) .............. **15.2**

**AcRelLisboa de 21 de Novembro de 2002** (Ilídio Sacarrão Martins), *www.dgsi.pt* (*Cheque como título executivo*) ................................... **8.5.6**

**AcRelLisboa de 30 de Janeiro de 2003** (Salazar Casanova), *CJ*, ano XXVIII, t. I, 2003, pp. 97-99 (*Responsabilidade do banco / Extravio de cheque / Enriquecimento sem causa*) ........................................ **9.1, 18.2.1**

**AcRelGuimarães de 24 de Fevereiro de 2003** (Heitor Gonçalves), *CJ*, ano XXVIII, t. I, 2003, pp. 298-300 (*Crime de emissão de cheque sem provisão / Falta de notificação do sacador / Responsabilidade do banco sacado*) ........................................................ **24.1.2, 24.2.4, 24.4**

**AcRelLisboa de 3 de Junho de 2003** (Pimentel Marcos), *CJ*, ano XXVIII, t. III, 2003, pp. 101-105 (*Usos bancários / Extravio do cheque e responsabilidade do banco*) .......................................................... **9.1, 15.2**

**AcRelLisboa de 24 de Setembro de 2003** (Cotrim Mendes), *CJ*, ano XXVIII, t. 4, 2003, pp. 130-131 (*Dispensa do sigilo bancário / Competência para a decisão*) .................................................................................... **8.4.5**

**AcRelLisboa de 30 de Setembro de 2003** (Santos Martins), *www.dgsi.pt* (*Cheque como título executivo*) .............................................................. **8.5.6**

**AcRelGuimarães de 12 de Janeiro de 2004** (Miguel Garcia), *CJ*, ano XXIX, t. I, 2004, pp. 295-296 (*Crime de emissão de cheque sem provisão / Falta de notificação do sacador / Responsabilidade do banco sacado*) ........................................................................................... **24.1.2, 24.2.4**

**AcRelÉvora de 12 de Fevereiro de 2004** (Maria Laura Leonardo) / Proc. n.º 2750/03-3, *www.dgsi.pt* (*Cheque revogado como título executivo*) ............................................................................................ **8.4.2, 20.4.3.2**

**AcRelLisboa de 17 de Fevereiro de 2004** (Maria Rosário Morgado) / Proc. n.º 299/2004-7, *www.dgsi.pt* (*Cheque como título executivo / apresentação a pagamento no prazo legal*) .......................................................... **8.2, 8.5.4**

**AcRelPorto de 19 de Fevereiro de 2004** (João Bernardo) / Proc. n.º 0430270, *www.dgsi.pt* (*Revogação de cheque / Responsabilidade civil do sacado*) ................................................................................................. **20.4.3.2**

**AcRelLisboa de 26 de Fevereiro de 2004** (Salazar Casanova), *www.dgsi.pt* (*Cheque como título executivo*) ...................................................... **8.5.6**

**AcRelLisboa de 2 de Março de 2004** (Pimentel Marcos) / Proc. n.º 2969/2002-7, *www.dgsi.pt* (tb. em *CJ* ano XXIX, t. II, 2004, pp. 65-69) (*Cheque cruzado / Endosso falsificado / Responsabilidade do banco*) .............. **4.5, 18.1,** .................................................................................... **18.2.1, 21.2.3**

**AcRelCoimbra de 16 de Março de 2004** (Cardoso Albuquerque), *CJ* ano XXIX, t. II, 2004, pp. 18-20 (*Cheque revogado como título executivo*) ..... **8.3,** .............................................................................. **8.4.2, 8.5.3**

**AcRelLisboa de 22 de Abril de 2004** (Fernanda Isabel Pereira) / Rec. n.º 4342/ /03-6, *CJ*, ano XXIX, t. II, 2004, pp. 103-106 (*Violação do dever de rescisão da convenção de cheque*) .................................... **24.1.2, 24.2.2**

**AcRelÉvora de 22 de Abril de 2004** (Maria Laura Leonardo) / Proc. n.º 70/04-3, *www.dgsi.pt* (*Cheque prescrito não é título executivo*) ................. **8.5.4**

**AcRelGuimarães de 28 de Junho de 2004** (Francisco Marcolino), *CJ* ano XXIX, t. III, 2004, pp. 298-300 (*Crime de falsificação / Preenchimento de cheque assinado*) ........................................................................... **21.1.2.2**

**AcRelGuimarães de 7 de Julho de 2004** (Teresa Albuquerque) / Proc. n.º 1216/ /04-2, *www.dgsi.pt* (*Cheque como título executivo*) ........................ **8.5.4**

**AcRelLisboa de 8 de Julho de 2004** (Salazar Casanova) / Proc. n.º 4062/ /2004-8, *www.dgsi.pt* (*Cheque cruzado / Endosso falsificado / Responsabilidade do banco*) ....................................................................... **21.2.3**

**AcRelÉvora de 28 de Novembro de 2004** (Gaito das Neves), *www.dgsi.pt* (*Cheque como título executivo*) ........................................................ **8.5.6**

940  *Cheque e Convenção de Cheque*

**AcRelCoimbra de 25 de Janeiro de 2005** (ANTÓNIO PIÇARRA) / Proc. n.º 3790/04, *www.dgsi.pt* (*Cheque como título executivo / extinção de acção cambiária*) .............. **8.4.4, 8.5.4, 9.1**

**AcRelCoimbra de 27 de Janeiro de 2005** (SALVADOR DA COSTA) / Proc. n.º 04B4700, *www.dgsi.pt* (*Sigilo bancário / Dever de oposição do sigilo pelos bancos / Compatibilização com o princípio da cooperação*) **16.4.4.5**

**AcRelLisboa de 3 de Fevereiro de 2005** (OLINDO GERALDES) / Proc. n.º 278/ /2005-6, *www.dgsi.pt* (*Endosso para cobrança / Rescisão da convenção de cheque*) ........ **3.2, 24.1.1, 24.5**

**AcRelLisboa de 7 de Abril de 2005** (FRANCISCO CARAMELO) *CJ*, ano XXX, 2005, t. II, p. 138 (*Cheque sem provisão / Falta de notificação*) ......... **24.1.2**

**AcRelLisboa de 28 de Abril de 2005** (URBANO DIAS), *CJ*, ano XXX, t. II, 2005, pp. 114-121 (*Emissão de cheque / Provisão / Cheque falsificado*) .. **10.3,** ............... **16.2, 16.4.3.1, 16.4.3.2, 21.1.2.1**

**AcRelGuimarães de 9 de Novembro de 2005** (ESPINHEIRA BALTAR) / Proc. n.º 1502/05-2, *www.dgsi.pt* (*Cheque como título executivo*) .... **8.4.3, 8.5.4**

**AcRelPorto de 22 de Novembro de 2005** (CÂNDIDO LEMOS), *CJ*, ano XXX, 2005, t. V, pp. 199-201 (*Cheque como título executivo*) ........................... **8.5.4**

**AcRelCoimbra de 21 de Fevereiro de 2006** (COELHO DE MATOS) / Proc. n.º 3197/ 05, *www.dgsi.pt* (*Cheque em branco / Tutela*) .**14.1, 17.3, 20.1, 20.4.3.1**

**AcRelLisboa de 23 de Fevereiro de 2006** (FÁTIMA GALANTE), *CJ*, ano XXXI, t. I, 2006, pp. 115-117 (*Cheque como título executivo*) ................... **8.5.6**

**AcRelPorto de 16 de Março de 2006** (GONÇALO SILVANO), *CJ* ano XXXI, t. II, 2006, pp. 165-168 (*Revogação de cheque / Responsabilidade do banco pela recusa de pagamento do cheque no decurso do prazo de apresentação a pagamento*) ........ **20.4.3.2**

**AcRelPorto de 21 de Março de 2006** (CÂNDIDO LEMOS), *CJ* ano XXXI, t. II, 2006, pp. 168-170 (*Cheque revogado como título executivo*) ................. **8.4.2**

**AcRelCoimbra de 21 de Março de 2006** (FREITAS NETO) / Proc. n.º 100/06, *www.dgsi.pt* (*Cheque como dação "pro solvendo"*) ....................... **8.5.2**

**AcRelLisboa de 3 de Outubro de 2006** (JOSÉ ADRIANO) / Proc. n.º 5029/2006-5, *www.dgsi.pt* (*Dispensa do sigilo bancário / Competência para a decisão*) ................ **16.4.4.5**

**AcRelGuimarães de 19 de Outubro de 2006** (ANTÓNIO RIBEIRO), *CJ* ano XXXI, t. IV, 2006, pp. 273-274 (*Cheque como título executivo / Alegação da relação subjacente no requerimento*) ..................... **8.5.4**

**AcRelPorto de 25 de Outubro de 2006** (JOAQUIM GOMES) / Proc. n.º 0615590, *www.dgsi.pt* (*Dispensa do sigilo bancário / Competência para a decisão*) ........ **16.4.4.5**

**AcRelCoimbra de 5 de Fevereiro de 2007** (GABRIEL CATARINO) / Proc. n.º 118/ 07.9YRCBR, *www.dgsi.pt* (*Sigilo bancário / Recusa de prestação de informações*) .............. **16.4.4.5**

**AcRelLisboa de 6 de Fevereiro de 2007** (VIEIRA LAMIM), *CJ*, ano XXXII, t. I, 2007, pp. 136-138 (*Dispensa do sigilo bancário / Competência para a decisão*) ................................................................................. **16.4.4.5**

**AcRelGuimarães de 15 de Fevereiro de 2007** (CARVALHO MARTINS) / Proc. n.º 66/ /07-2, *www.dgsi.pt* (*Sigilo bancário / Escusa / Intervenção do tribunal superior*) ................................................................................. **16.4.4.5**

**AcRelGuimarães de 19 de Fevereiro de 2007** (NAZARÉ SARAIVA), *CJ*, ano XXXII, t. I, 2007, pp. 290-291 (*Dispensa do sigilo bancário / Competência para a decisão*)................................................................................. **16.4.4.5**

**AcRelPorto de 6 de Março de 2007** (HENRIQUE ARAÚJO), *CJ*, ano XXXII, t. II, 2007, pp. 155-157 (*Cheque prescrito / Título executivo*) ............... **8.5.4**

**AcRelPorto de 18 de Abril de 2007** (JOSÉ PIEDADE) / Proc. n.º 0643894, *www.dgsi.pt* (*Cheque sem provisão / cheque post-datado*) ............. **2.6.3**

**AcRelÉvora de 19 de Abril de 2007** (FERNANDO BENTO), *CJ*, ano XXXII, t. II, 2007, pp. 244-247 (*Prazo para regularização de cheque sem provisão / Impossibilidade de rescisão de convenção de cheque por falta de regularização de cheque apresentado fora de prazo*) ............. **24.1.1, 24.1.2,** ................................................................................. **24.3.1, 24.5**

**AcRelPorto de 24 de Abril de 2007** (ALZIRO CARDOSO) / Proc. n.º 0721514, *www.dgsi.pt* (*Sigilo bancário / Penhora*) ................................. **16.4.4.5**

**AcRelLisboa de 15 de Maio de 2007** (FOLQUE DE MAGALHÃES) / Proc. n.º 8629/ /2006-1, *www.dgsi.pt* (*Quebra do sigilo bancário / Princípio da prevalência do interesse preponderante*) ................................. **16.4.4.5**

**AcRelCoimbra de 29 de Maio de 2007** (TELES PEREIRA) / Proc. n.º 659/ /05.2TBALB-A.C1, *www.dgsi.pt* (publ. também na CJ, ano XXXII, t. III, 2007, pp. 22-24) (*Cheque como título executivo / Alegação da relação subjacente no requerimento*) ................................................. **8.5.4**

**AcRelCoimbra de 12 de Junho de 2007** (NUNES RIBEIRO) / Proc. n.º 22/ /06.8TBSVV-A.C1, *www.dgsi.pt* (*Cheque como título executivo / Reconhecimento unilateral de dívida*)................................................. **8.5.5**

**AcRelCoimbra de 26 de Junho de 2007** (ISAÍAS PÁDUA) / Proc. n.º 2432/ /05.9TBPMS.C1, *www.dgsi.pt,* (*Cheque não apresentado a pagamento / Título executivo*) ................................................. **8.5.3, 8.5.4**

**AcRelPorto de 18 de Junho de 2007** (EMÍDIO COSTA) / Proc. n.º 0722280, *www.dgsi.pt* (*Irrevogabilidade do cheque no prazo de apresentação a pagamento*)................................................................................. **20.3.2**

**AcRelPorto de 4 de Outubro de 2007** (JOSÉ FERRAZ) / Proc. n.º 0734254, *www.dgsi.pt* (*Revogação de cheque / Título executivo*) ....... **8.4.2, 20.6.2**

**AcRelLisboa de 8 de Novembro de 2007** (EZAGUY MARTINS), *CJ* (n.º 202), ano XXXII, t. V, **2007**, pp. 78-82 (*Falsificação de cheque*) ..... **Actualização**

**AcRelGuimarães de 19 de Novembro de 2007** (FILIPE MELO) / Proc. n.º 2069/ 06-1, *www.dgsi.pt* (*Sigilo bancário*)............................................. **16.4.4.5**

942      *Cheque e Convenção de Cheque*

**AcRelCoimbra de 19 de Dezembro de 2007** (Isaías Pádua) / Proc. n.º 5975/
/04.8TBLRA.C1, *www.dgsi.pt* (*Contrato de cheque bancário*) **15.3.1, 16.2**

**AcRelLisboa de 8 de Janeiro de 2008** (Roque Nogueira), *CJ* (n.º 204), ano
XXXIII, t. 1, **2008**, pp. 69-73 (*Falsificação de cheque*).... **Actualização**

**AcRelPorto de 22 de Janeiro de 2008** (Cândido Lemos) / Proc. n.º 0727079,
*www.dgsi.pt* (*Falsificação de cheque*)............................... **Actualização**

**AcRelGuimarães de 24 de Janeiro de 2008** (Augusto Carvalho) / Proc. n.º 2321/
/07-1, *www.dgsi.pt* (*Falsificação de cheque*)..................... **Actualização**

**AcRelPorto de 30 de Janeiro de 2008** (Joaquim Gomes) / Proc. n.º 0613895,
*www.dgsi.pt* (*Crime de falsificação de endosso*).............. **Actualização**

**AcRelPorto de 7 de Fevereiro de 2008** (Teles de Menezes) / Proc. n.º 0737037,
*www.dgsi.pt* (*Falsificação do cheque*) .............................. **Actualização**

**AcRelLisboa de 19 de Fevereiro de 2008** (Rui Vouga) / Proc. n.º 6283/2007-1,
*www.dgsi.pt* (*Cheque como título executivo*) ................... **Actualização**

**AcRelPorto de 28 de Fevereiro de 2008** (Nuno Ataíde das Neves) / Proc.
n.º 0736748, *www.dgsi.pt* (*Desconto do cheque*) .............. **Actualização**

**AcRelPorto de 27 de Março de 2008** (Mário Fernandes) / Proc. n.º 0831069,
*www.dgsi.pt* (*Revogação do cheque durante o prazo da sua apresentação
a pagamento*) ..................................................................... **Actualização**

**AcRelLisboa de 5 de Junho de 2008** (António Valente) / Proc. n.º 3811/2008-8,
*www.dgsi.pt* (*Cheque como título executivo*)..................... **Actualização**

**AcRelPorto de 6 de Outubro de 2008** (Pinto Ferreira) / Proc. n.º 0854727,
*www.dgsi.pt* (*Cheque como título executivo*).................... **Actualização**

**AcRelPorto de 7 de Outubro de 2008** (Mário Serrano) / Proc. n.º 0825397,
*www.dgsi.pt* (*Cheque como título executivo*)..................... **Actualização**

**AcRelCoimbra de 28 de Outubro de 2008** (Isaías Pádua) / Proc. n.º 39/
/06.2TBSCG-A.C1, *www.dgsi.pt* (*Cheque como título executivo*)
.................................................................................................. **Actualização**

**AcRelPorto de 29 de Outubro de 2008** (Maria do Carmo Silva Dias) / Proc.
n.º 0814711, *www.dgsi.pt* (*Crime de falsificação de endosso*)
.................................................................................................. **Actualização**

**AcRelGuimarães de 15 de Dezembro de 2008 de 2008** (Isabel Rocha) / Proc.
n.º 1691/08-1, *www.dgsi.pt* (*Falsificação de cheque*)........ **Actualização**

**AcRelCoimbra de 17 de Dezembro de 2008** (Alberto Mira) / Proc. n.º 224/
/04.IGASPS.C1, *www.dgsi.pt* (*Crime de falsificação de endosso*)
.................................................................................................. **Actualização**

## F) PRIMEIRA INSTÂNCIA

**Sent. 7ª vara cível de Lisboa de 3 de Janeiro de 1936** (JERÓNIMO RODRIGUES DE SOUSA), *RT*, ano 62.º,1944, pp. 314-317 (*Cheque falsificado / Objectivação do risco*) .............................................................................. **21.6.2, 21.6.4**
**Sent. 6ª vara cível de Lisboa de 7 de Junho de 1978**[1682] (JAIME OCTÁVIO CARDONA FERREIRA), *CJ*, ano IV, 1979, pp. 703-707 (*Pagamento de cheque falsificado*) .................................................................................... **21.6.2**
**SentJuiz Círculo Ponta Delgada de 20 de Julho de 2001** (MOREIRA DAS NEVES) (*CJ*, ano XXVI, t. IV, 2001, pp. 299-303) (*Rescisão indevida da convenção de cheque*) ...................................................................................... **24.5**

## II – PARECERES

### MINISTÉRIO PÚBLICO / PROCURADORIA-GERAL DA REPÚBLICA

**Parecer do MP** (MÁRIO DE BRITO) / Proc. n.º 62900, *BMJ* 205, 1971, pp. 94-104 (*Cheque falsificado / Responsabilidade de acordo com os princípios gerais da responsabilidade civil*) ...................................................... **21.6.2**
**Parecer da PGR de 5 de Abril de 1984** (ANTÓNIO Agostinho CAEIRO) / Proc. n.º 138/83, DR II Série, n.º 84, de 11/04/1995 (*Segredo bancário*). **16.4.5**
**Parecer da PGR** (Conselho Consultivo) **de 7 de Março de 1991** (n.º 39/88) (EDUARDO DE MELO LUCAS COELHO) (*Revogação o cheque*) ............. **20.4.3.3**
**Parecer do MP** (ANTÓNIO ALBERTO PEREIRA DA COSTA) / Proc. n.º 86559, *BMJ* 457, 1996, pp. 59-63 (*Cheque sem data / Validade como título executivo / Acordo de preenchimento*) .................................................................. **2.6.3**

## III – JURISPRUDÊNCIA ESTRANGEIRA

### A) ALEMÃ – Landgericht (Tribunal de 1ª instância)

**LG Düsseldorf** (*BB* 1969, p. 1063) ................................................................ **5.4**

---

[1682] Por lapso referenciada como sendo de 24 de Janeiro de 1978.

## B) BRASILEIRA

**Acórdão de 4 de Agosto de 1971** (OSWALDO TRIGUEIRO), publ. *in* PAULO RESTIFFE / RESTIFFE NETO, *Lei do cheque*, 4ª ed., cit., **2000**, pp. 35-41 (*Declara aplicável a Lei Uniforme no Brasil*) ................................................................ **1.3.4**

## C) FRANCESA

**Cour de cassation 6 de Junho de 2001** ................................................. **5.2.2**
**Cass. req. 18 de Junho de 1946** .............................................................. **17.2.2**

## D) ESPANHOLA

*Sentencia da ATValência de 17 de Abril de 1985*, publicada no *BCA*, n. 43, 1985 ....................................................................................................... **21.3.2.2**
*Sentencia da ATZaragoza de 22 de Julho de 1985*, publ. na *RGD*, 1986, p. 1705 ..................................................................................................... **21.3.2.2**
*Sentencia* da *ATMadrid de 6 de Novembro de 1986,*publ. na *RGJ*, 1987, p. 1043 ..................................................................................................... **21.3.2.2**

## E) INGLESA •

*Bank Polski v. K. J. Mulder & Co* (MACKINNON, L. J.) [1942], K.B. 497 (C.A.), p. 500, 1 All ER 396 .............................................................................. **1.3.2**
*Curtice v. London City and Midland Bank Ltd* [1908] 1 K.B. 293 ........ **20.1**
*Foley v. Hill* (Lord Cottenham, L.C.) [1848] ...............................**14.1, 21.3.4**
*Greenwood v Martins Bank Ltd* (1933) (LORD TOMLIN) / **House of Lords**, AC 51, referido em PAGET's *Law of Banking*, **2007**, pp. 490-491 e em D.W. FOX, «The Banker-Customer Relationship: Maintaining the Legal Status QUO», *Solicitors Journal*, vol. 130, n.º 35, **1986** (pp. 638-641), p. 639 . **16.3.2.3**
*Joachimson v. Swiss Bank Corporation* (1921) (LORD ATKIN) / **Court of Appeal**, THE INSTITUTE OF BANKERS, *Legal Decisions affecting Bankers*, vol. III (1911--1924), edit. e anot. por Sir John R. PAGET, **1924** (reimp. Professional Books Ltd, Oxon, 1986), pp. 233-237 ...................................................... **14.1**
*London Joint Stock Bank Ltd v. Macmillan and Arthur* (1918) / **House of Lords**, AC 777, referenciado em D.W. FOX, «The Banker-Customer Relationtionship: Maintaining the Legal Status Quo», *Solicitors Journal*, vol. 130, n.º 35, **1986** (pp. 638-641), pp. 638-640................................................ **16.3.2.2**
*National Westminster Bank Ltd v. Barclays Bank International Ltd* (KERR J), [1974] *All 3 ER* 834 ............................................................................... **21.3.4**

# Índice de Jurisprudência

*Tai Hing Cotton Mill Ltd v. Liu Chong Hing Bank Ltd* (1986) (LORD SCARMAN) / **Privy Council (London)**, *All ER*, vol. 2, **1985**, pp. 947-960, com resumo na *LQR*, vol. 101, 1985, pp. 465-471, e em PAGET's *Law of Banking*, **2007**, p. 207. referido em D.W. FOX, «The Banker-Customer Relationship: Maintaining the Legal Status Quo», *Solicitors Journal*, vol. 130, n.º 35, **1986** (pp. 638-641) ........................................................................ **(16.3.2.3)**

*Wealden Woodlands (Kent) Ltd v. National Westminster Bank Ltd* (1983) (MCNEILL J), 133 NLJ 719, referido em D.W. FOX, «The Banker-Customer Relationship: Maintaining the Legal Status Quo», *Solicitors Journal*, vol. 130, n.º 35, **1986** (pp. 638-641) ....... **16.3.2.3**

*Woods v. Martins Bank Ltd. and another* (1958) (J. SALMON) / **Leeds Assizes**, THE INSTITUTE OF BANKERS, *Legal Decisions affecting Bankers*, vol. 7 (1955--1961), edit. e anot. por Maurice MEGRAH, **1962** (reimp. Professional Books Ltd, Oxon, 1986), pp. 192-208 ............................................................ **14.1**

•

# ÍNDICE

Nota Prévia ........................................................................... IX
Apresentação ......................................................................... XV
Actualização ......................................................................... XXIII
Sumário ................................................................................ XXXV
Abreviaturas ......................................................................... XXXIX
Modo de Citação e Indicações Úteis...................................... XLVII

## INTRODUÇÃO
### Objecto e delimitação da investigação

A) Referências dogmáticas e noções preliminares............................. 1
B) Relevância e actualidade do tema ................................................. 9
C) Sistematização ............................................................................. 13

## PARTE I
## O CHEQUE

### CAPÍTULO I
### Perspectiva histórica

**1. Panorâmica histórica: dos primórdios à actualidade** .................. 19
  1.1. Os primeiros banqueiros e o recurso ao cheque ....................... 19
  1.2. Fontes legislativas ..................................................................... 26
  1.3. A uniformização do regime jurídico do cheque ....................... 28
    1.3.1. Dos primórdios à Convenção de Genebra ....................... 28
    1.3.2. Os ordenamentos jurídicos anglo-americanos................. 31
    1.3.3. A Convenção de Genebra: a Lei Uniforme do Cheque ... 38
    1.3.4. Os países continentais: regimes jurídicos mais relevantes.. 40

948       *Cheque e Convenção de Cheque*

1.3.5. Tentativas de internacionalização do cheque ................ 47
1.3.6. O cheque no século XXI ................................... 48
1.4. Evolução do regime legal do cheque no ordenamento jurídico
português ......................................................... 49
     1.4.1. A regulamentação do cheque em Portugal: o Código de
     Comércio de 1833 ............................................ 50
     1.4.2. O Código Comercial de 1888 ........................... 53
     1.4.3. O Decreto n.º 13004,de 12 de Janeiro de 1927 ............. 55
     1.4.4. A Lei Uniforme do Cheque ............................... 63
     1.4.5. A legislação pós-revolucionária ......................... 66
     1.4.6. O regime jurídico-penal do cheque: o Decreto-Lei n.º 454/
     /91, de 28 de Dezembro .................................... 68
     1.4.7. A vigência (parcial) do Decreto n.º 13004, de 12 de Ja-
     neiro de 1927 ............................................... 68
     1.4.8. Avisos e Instruções do Banco de Portugal. As normas
     técnicas .................................................... 73
     1.4.9. O regime legal vigente ................................. 77
1.5. Referência histórica à convenção de cheque ..................... 78
1.6. O cheque no mundo actual; crítica da *checkless society* ........ 82

## CAPÍTULO II
### Regime jurídico do cheque  •

**2. Caracterização do cheque** ...................................... 91
2.1. Conceito ..................................................... 91
2.2. Formalismo .................................................. 93
2.3. Requisitos do cheque; generalidades ........................... 94
2.4. *Idem*; inserção da palavra "cheque"; *remissão* .............. 95
2.5. *Idem*; ordem de pagamento sobre quantia certa ............... 95
2.6. *Idem*; sujeitos ............................................. 96
     2.6.1. Sujeitos; generalidades ............................... 96
     2.6.2. *Idem*; identificação do sacado ....................... 105
     2.6.3. *Idem*; data e lugar do saque ......................... 106
2.7. Requisitos do cheque; lugar do pagamento ...................... 115
2.8. Validade do cheque independentemente da convenção ........... 116
2.9. Legitimação e aparência ...................................... 118

**3. Operações sobre o cheque** ..................................... 119
3.1. Emissão ..................................................... 119
3.2. Transmissão ................................................. 122
3.3. Aval ........................................................ 125

| | |
|---|---|
| 3.4. Revogação do cheque; *remissão* | 129 |
| 3.5. Pagamento; *remissão* | 129 |
| 3.6. Outras operações; *remissão* | 130 |

**4. Aspectos específicos em face da letra de câmbio** ... 130
  4.1. Qualidade do sacado ... 130
  4.2. Vencimento e prazo de apresentação a pagamento ... 134
  4.3. Proibição de aceite ... 135
  4.4. Visto ... 137
  4.5. Cruzamento ... 145
  4.6. Menção "para levar em conta" ... 147
  4.7. Diferenças menores e fundamento da distinção entre o cheque e a letra de câmbio ... 148

**5. Modalidades e espécies de cheque** ... 152
  5.1. C*heque nominativo* e cheque ao portador ... 152
  5.2. Cheque visado e cheque certificado ... 154
    5.2.1. Caracterização ... 154
    5.2.2. Cheque visado ao portador e endosso do cheque visado ... 156
    5.2.3. Natureza jurídica ... 157
    5.2.4. Cheque certificado e cheque garantido ... 162
  5.3. Cheque bancário e instrumentos análogos ... 165
    5.3.1. Cheque bancário ... 165
    5.3.2. Cheque circular (*"assegno circolare"*) e cheque postal ... 167
  5.4. Cheque cruzado e cheque para depositar em conta ... 171
  5.5. Cheque de pagamento diferido ... 175
  5.6. Cheques com estatuto particular e realidades afins ... 176
    5.6.1. Cheque de viagem ... 176
    5.6.2. Cheques em sentido impróprio ... 181
  5.7. Cheques sem autonomia ... 184
    5.7.1. Cheques documentários ... 184
    5.7.2. Cheques sem provisão; *remissão* ... 185

### CAPÍTULO III
### Compreensão jurídica do cheque

**6. O cheque como título de crédito** ... 187
  6.1. Conceito de título de crédito ... 187
  6.2. Características dos títulos de crédito (em geral) ... 195
    6.2.1. Generalidades ... 195
    6.2.2. Autonomia e abstracção ... 196

| | |
|---|---|
| 6.2.3. Literalidade | 200 |
| 6.2.4. Pretensas características: incorporação, legitimação e transmissibilidade | 201 |
| 6.3. A relação entre o negócio cartular e o negócio subjacente | 203 |
| 6.3.1. O negócio subjacente | 203 |
| 6.3.2. Natureza jurídica do negócio cartular | 205 |
| 6.3.3. Formação da obrigação cartular | 205 |
| 6.3.4. As relações cartulares imediatas e mediatas | 208 |
| 6.3.5. Relação existente entre o negócio cartular e o negócio causal; *remissão* | 208 |
| 6.4. A recuperação do valor do título de crédito em caso de extinção ou deterioração do documento | 209 |
| 6.4.1. Enquadramento da questão | 209 |
| 6.4.2. Extinção do título de crédito | 210 |
| 6.4.3. Reforma dos títulos de crédito | 211 |
| 6.4.4. Inaplicabilidade (prática) do instituto da reforma ao cheque | 212 |
| **7. Natureza jurídica do cheque** | 213 |
| 7.1. Enquadramento da questão | 213 |
| 7.2. Teorias sobre a natureza jurídica do acto de subscrição cambiária do cheque | 216 |
| 7.2.1. Mandato | 216 |
| 7.2.2. Contrato a favor de terceiro | 218 |
| 7.2.3. Cessão de crédito | 219 |
| 7.2.4. Delegação (de pagamento) | 221 |
| 7.2.5. Negócio jurídico complexo | 222 |
| 7.3. Posição adoptada | 223 |
| **8. Título de crédito *versus* título executivo** | 226 |
| 8.1. Enunciado da questão à luz da actual redacção do Código de Processo Civil | 226 |
| 8.2. Cheque apresentado a pagamento dentro do prazo legal | 230 |
| 8.3. Cheque apresentado a pagamento antes do prazo | 235 |
| 8.4. Cheque apresentado a pagamento fora de prazo | 237 |
| 8.4.1. As diversas hipóteses | 237 |
| 8.4.2. Cheque revogado | 238 |
| 8.4.3. Falta de menção de apresentação a pagamento | 239 |
| 8.4.4. Indicação de falta de pagamento: regime-regra | 240 |
| 8.4.5. Cheque prescrito | 241 |
| 8.5. O cheque como documento quirógrafo | 249 |
| 8.5.1. Enunciado da questão | 249 |

| | |
|---|---|
| 8.5.2. A novação da relação subjacente ..................................... | 250 |
| 8.5.3. Enquadramento da questão no Direito vigente .............. | 253 |
| 8.5.4. Doutrina que defende poder ser o cheque como simples quirógrafo título executivo .............................................. | 257 |
| 8.5.5. Tese que propugna ser sempre título executivo o cheque (simples) quirógrafo .......................................... | 263 |
| 8.5.6. Posição adoptada: a prescrição desqualifica o cheque como título executivo ...................................... | 266 |
| 8.6. O cheque visado como título executivo .................................... | 273 |
| 8.7. Conclusão: o cheque é título executivo enquanto for título de crédito válido e eficaz ............................................. | 274 |

## CAPÍTULO IV
### Dimensão prática do cheque

| | |
|---|---|
| **9. Funções do cheque** ................................................................ | 277 |
| 9.1. Relevo social e económico do cheque como meio de pagamento | 277 |
| 9.2. Confronto com outros meios de pagamento: as transferências e os cartões ................................................... | 291 |
| 9.2.1. Quadro dos meios de pagamento ................................... | 291 |
| 9.2.2. Transferências (simples) e transferência electrónica de fund●s ........................................................ | 292 |
| 9.2.3. Intervenção de meios electrónicos no pagamento com cheque e na cobrança do respectivo valor ......................... | 302 |
| 9.2.4. Confronto das transferências com o cheque ................... | 310 |
| 9.2.5. Cartões de pagamento ...................................... | 312 |
| 9.2.6. Cartão de crédito ............................................. | 317 |
| 9.2.7. Cartão de débito ............................................. | 323 |
| 9.2.8. Os cartões falhados: eurocheque e cartão de garantia.... | 325 |
| 9.2.9. O enquadramento contratual dos meios de pagamento com recurso a cartões; breve confronto com a convenção de cheque ..................................................... | 329 |
| 9.3. Funções acessórias do cheque ................................................ | 331 |
| 9.3.1. Cheque como garantia de uma obrigação ..................... | 331 |
| 9.3.2. Cheque como meio de obtenção de crédito................... | 341 |
| 9.3.3. Problemas conexos ...................................... | 342 |
| **10. Relevância do cheque** ........................................................ | 343 |
| 10.1. A importância do cheque na vida económica ..................... | 343 |
| 10.2. Efeitos e relevância jurídica ............................................. | 343 |

952        *Cheque e Convenção de Cheque*

10.3. Cheque e convenção de cheque: uma mesma realidade ou
realidades diferentes ............................................................. 344

# PARTE II
# A CONVENÇÃO DE CHEQUE

**Subordinação da relação contratual à subscrição cambiária**

**11. Problematização e indicação de sequência** ............................... 349

## CAPÍTULO V
**Relação entre o banqueiro e o seu cliente**

**12. O banqueiro** ...................................................................... 353
12.1. Bancos e negócio bancário ...................................................... 354
12.1.1. A actividade bancária ................................................... 354
12.1.2. Enquadramento normativo dos bancos ..................... 356
12.2. O banqueiro ...................................................................... 359
12.2.1. Qualificação legal e significado actual ................... 359
12.2.2. O banqueiro virtual ..............................................● ............... 360

**13. O cliente** ............................................................................ 361
13.1. Natureza e tipo de cliente ..................................................... 361
13.2. Tipos de clientes; particulares e empresas, em especial ....... 363
13.2.1. Particulares; pessoas singulares não comerciantes .... 363
13.2.1.1. Caracterização e enquadramento contratual
(bancário) ..................................................... 363
13.2.1.2. O cliente individual e a movimentação de
conta através de cheque ............................ 365
13.2.2. Empresas ................................................................. 366
13.2.2.1. Empresários individuais ............................ 366
13.2.2.2. Empresas colectivas ................................... 368
13.2.2.3. A movimentação de contas por sociedades
comerciais ..................................................... 372
13.2.3. Outras entidades ...................................................... 377
13.3. Caracterização do cliente ...................................................... 378

## Índice 953

**14. Âmbito e natureza da relação entre o banqueiro e o seu cliente .** 383
   14.1. Relacionamento geral – contratos inicial, base e permanente:
      abertura de conta, depósito e conta corrente bancária ........ 383
   14.2. Abertura de conta .............. 396
      14.2.1. Caracterização e motivação ....................... 396
      14.2.2. Regime jurídico ............. 397
      14.2.3. Abertura de conta forçada; serviços bancários mínimos 400
      14.2.4. Modalidades de contas bancárias .......................... 401
   14.3. Depósito ...................... 402
      14.3.1. Enquadramento ................ 402
      14.3.2. Conceito ................. 404
      14.3.3. Depósito de fundos e conta bancária .................. 407
   14.4. A conta-corrente bancária .................... 409
   14.5. A convenção de cheque como contrato sequencial ............ 413
      14.5.1. Surgimento e forma da convenção de cheque; *remissão* 413
      14.5.2. Situação jurídica complexa; direitos e deveres das
          partes envolvidas; *remissão* ...................... 414
      14.5.3. Abertura de conta, depósito, convenção de cheque
          e conta corrente: interpenetração contratual ............ 415

### CAPÍTULO VI
### • Estrutura da convenção de cheque

**15. O acordo estabelecido entre o banqueiro e o cliente sobre o
uso do cheque** .......................... 417
   15.1. A regulação da relação comercial entre o banco e o cliente. 417
   15.2. Liberdade de forma e usos nos negócios bancários ............ 419
   15.3. Caracterização da convenção de cheque ............................ 441
      15.3.1. Conceito de convenção de cheque .......................... 441
      15.3.2. Referência legal; o artigo 3.º da Lei Uniforme rela-
          tiva ao Cheque ........................ 446
   15.4. Forma .......................... 447
   15.5. Finalidade ...................... 448

**16. A convenção de cheque: constituição e conteúdo** ...................... 449
   16.1. Formação do negócio ..................... 449
      16.1.1. A autonomia privada como princípio regulador do
          negócio jurídico ..................... 449
      16.1.2. Adesão ................. 451
      16.1.3. Limitações legais à celebração de convenção de
          cheque ....................... 453

|  |  |
|---|---|
| 16.1.4. Forma; *remissão* | 455 |
| 16.1.5. Deveres de informação associados; *remissão* | 455 |
| 16.2. O conteúdo do negócio jurídico; generalidades; *remissão* | 456 |
| 16.3. O cliente | 459 |
|   16.3.1. Situações jurídicas activas | 459 |
|     16.3.1.1. Direito de emitir cheques | 459 |
|     16.3.1.2. Direito a obter o pagamento do cheque | 460 |
|   16.3.2. Deveres específicos | 461 |
|     16.3.2.1. Dever de saldo | 461 |
|     16.3.2.2. Dever de diligência | 463 |
|     16.3.2.3. Dever de informação | 465 |
| 16.4. Situações jurídicas do banco no âmbito da convenção | 468 |
|   16.4.1. Direitos | 469 |
|     16.4.1.1. Direito de lançamento em conta | 469 |
|     16.4.1.2. Direito a cobrar pelos serviços | 469 |
|     16.4.1.3. Direito a cobrar juros por cheques sem provisão que sejam pagos | 470 |
|   16.4.2. Dever principal do banco | 471 |
|     16.4.2.1. Dever de pagamento obrigatório | 473 |
|     16.4.2.2. Dever de pagamento em caso de falta de cobertura | 476 |
|   16.4.3. Deveres acessórios do banco | 476 |
|     16.4.3.1. Dever de informação | 477 |
|     16.4.3.2. Dever de fiscalização | 481 |
|     16.4.3.3. Dever de competência técnica | 482 |
|   16.4.4. Deveres laterais | 483 |
|     16.4.4.1. Dever de diligência (acrescida) na celebração da convenção | 483 |
|     16.4.4.2. Aceitação da revogação | 485 |
|     16.4.4.3. Não pagamento em dinheiro de cheques para levar em conta | 486 |
|     16.4.4.4. Deveres de esclarecimento relativos à execução das obrigações contratuais | 487 |
|     16.4.4.5. Dever de sigilo. O segredo bancário | 493 |
|   16.4.5. Dever legal de rescisão da convenção de cheque; *remissão* | 504 |
| **17. Activação da convenção de cheque** | 505 |
| 17.1. Emissão do cheque e subscrição cambiária | 506 |
| 17.2. A provisão | 509 |
|   17.2.1. Conceito e espécies | 509 |
|   17.2.2. Propriedade | 512 |

*Índice* 955

17.2.3. Preexistência, suficiência e disponibilidade da provisão ...... 514

17.2.4. A provisão como pressuposto da emissão de cheque e (da subsistência) da convenção de cheque ........... 515

17.2.5. A relação de provisão ...... 518

17.3. A intransmissibilidade da posição do cliente na convenção de cheque ...... 519

## CAPÍTULO VII
**Pagamento, vicissitudes e efeitos do cheque e da convenção de cheque**

**18. Pagamento e vicissitudes no cumprimento** ...... 523

18.1. Razão de ordem ...... 523

18.2. Pagamento e cobrança do cheque ...... 527

18.2.1. Formas de pagamento do cheque ...... 527

18.2.2 Pagamento adequado ...... 531

18.2.3. Pagamento indevido (por negligência grosseira) ...... 533

18.2.4. A operação de desconto ...... 535

18.2.4.1. Caracterização ...... 535

18.2.4.2. O impropriamente chamado "desconto do cheque" ...... 538

18.2.5. A cobrança do cheque ...... 539

18.2.5.1. Natureza contratual da operação ...... 539

18.2.5.2. Confronto com a convenção de cheque ..... 540

18.3. Vicissitudes no cumprimento ...... 541

18.3.1. Não cumprimento (exclusivamente) imputável ao banco ...... 541

18.3.2. Cumprimento defeituoso pelo banco: pagamento a pessoa diferente da indicada no cheque ...... 544

18.3.3. Incumprimento e cumprimento defeituoso determinados pelo cliente ...... 545

**19. Falta de provisão e tutela penal do cheque** ...... 546

19.1. Razão de ser ...... 546

19.2. Enquadramento jurídico-normativo do cheque sem provisão: o Decreto-Lei n.º 454/91, de 28 de Dezembro ...... 547

19.3. Crime de emissão de cheque sem provisão ...... 549

19.4. Descriminalização do cheque pós-datado ...... 570

19.5. Irrelevância no plano jurídico-comercial das alterações introduzidas ao regime jurídico-penal do cheque sem provisão ... 575

19.6. Falta de provisão e cessação da convenção de cheque; *remissão* ...... 577

## 956 · Cheque e Convenção de Cheque

**20. A revogação da ordem consubstanciada no cheque** ...... 577
20.1. Enunciado da questão ...... 577
20.2. Prazo de apresentação do cheque a pagamento ...... 582
20.3. Revogabilidade decorrido o prazo de apresentação do cheque a pagamento ...... 588
20.4. Inadmissibilidade de revogação antes do decurso do prazo de apresentação a pagamento ...... 594
   20.4.1. Enunciado da questão ...... 594
   20.4.2. A resolução da questão da revogação noutros ordenamentos jurídicos ...... 595
     20.4.2.1. Países que adoptaram a Lei Uniforme ...... 595
     20.4.2.2. Ordenamentos anglo-americanos ...... 598
   20.4.3. O Direito português; interpretações e soluções doutrinárias e jurisprudenciais ...... 600
     20.4.3.1. A prevalência da relação contratual entre o banco e o cliente ...... 600
     20.4.3.2. A irrevogabilidade do cheque no decurso do prazo de apresentação a pagamento ..... 606
     20.4.3.3. A opção do sacado de pagamento ou não pagamento do cheque revogado no decurso do respectivo prazo legal de apresentação ... 610
   20.4.4. Crítica ...... 612
   20.4.5. Solução proposta ...... 616
20.5. Pagamento de cheque, cuja ordem havia sido revogada ...... 620
20.6. Recusa de pagamento, mesmo quando a conta sacada disponha de provisão suficiente ...... 621
   20.6.1. Enunciado da questão ...... 621
   20.6.2. Recusa fundamentada ...... 621
   20.6.3. Recusa injustificada ...... 625

**21. Falsificação do cheque** ...... 627
21.1. O desapossamento do cheque ...... 628
   21.1.1. Caracterização ...... 628
   21.1.2. Desapossamento físico e jurídico ...... 631
     21.1.2.1. Distinção e relevância da vicissitude ...... 631
     21.1.2.2. Desapossamento físico; *remissão* ...... 632
     21.1.2.3. Desapossamento jurídico: diferentes situações ...... 634
     21.1.2.4. Enunciado e relevância da questão da falsificação do cheque ...... 635
21.2. Caracterização da vicissitude ...... 637
   21.2.1. Cheque falso e falsificado ...... 637

## Índice 957

21.2.2. Saque irregular ............................................................ 641
21.2.3. Endosso falsificado ...................................................... 643
21.2.4. A (falta de) tutela (directa) da Lei Uniforme ........... 646
21.3. Ordenamentos jurídicos estrangeiros ..................................... 648
    21.3.1. Ponto da situação ...................................................... 648
    21.3.2. Regimes de tutela específica: Suiça, Espanha e Argentina ....................................................................... 648
        21.3.2.1. Suiça .......................................................... 648
        21.3.2.2. Espanha ...................................................... 650
        21.3.2.3. Argentina .................................................... 653
    21.3.3. Outros ordenamentos continentais ........................... 656
    21.3.4. Direito inglês e Direito norte-americano ................. 659
21.4. Casos paradigmáticos de falsificação ..................................... 662
21.5. Relevância e efeitos da vicissitude ........................................ 665
    21.5.1. A relevância da falsificação ...................................... 665
    21.5.2. Projecção legal da falsificação ................................. 666
21.6. Responsabilidade pela falsificação e repartição do risco; o risco profissional do empresário ............................................. 667
    21.6.1. Enquadramento da questão ........................................ 667
    21.6.2. Orientações jurisprudenciais e doutrinais ................. 669
    21.6.3. Responsabilidade por culpa ...................................... 673
    21.6.4. A responsabilidade baseada no risco profissional do banqueiro, na ausência de culpa ............................. 680
21.7. Falsificação e tutela cambiária; solução proposta ................. 689
21.8. Outros casos de falta ou inadequação da ordem (eficaz) de pagamento do cheque ............................................................ 695
    21.8.1. Incapacidade negocial ou capacidade insuficiente ... 696
    21.8.2. Representação sem poderes ....................................... 697
    21.8.3. Vícios da vontade ...................................................... 697
21.9. Outras vicissitudes ............................................................... 698
    21.9.1. Morte e dissolução do sacador .................................. 698
    21.9.2. Insolvência ................................................................. 699
    21.9.3. Incapacidade superveniente ...................................... 700

**22. Responsabilidade do banco e eficácia da convenção perante terceiros** ...................................................................................... 701
22.1. Responsabilidade do banco sacado pelo não pagamento do cheque ..................................................................................... 701
    22.1.1. Os efeitos decorrentes da relação contratual estabelecida com o sacador ............................................... 701
    22.1.2. Responsabilidade perante o portador ........................ 704
        22.1.2.1. No âmbito da Lei Uniforme ....................... 704

958 *Cheque e Convenção de Cheque*

22.1.2.2. A cessão ao portador do cheque do crédito que o sacador tem sobre o banco .............. 705
22.1.3. A acção contra o sacado ........................................... 706
 22.1.3.1. Razão de ser ............................................... 706
 22.1.3.2. Acção movida pelo sacador ...................... 706
 22.1.3.3. Acção proposta por outros intervenientes no cheque (endossantes) e pelo próprio portador; acerca da sua admissibilidade ......... 706
22.2. (In)Eficácia da convenção perante terceiros (de boa fé) ....... 707
 22.2.1. Efeitos da convenção ................................................. 707
 22.2.2. Os terceiros e a irrelevância do seu eventual conhecimento da convenção ............................................. 708

## CAPÍTULO VIII
### Termo da convenção de cheque

**23. Extinção da convenção** ................................................................. 711
23.1. Razão de ser ......................................................................... 711
23.2. Morte ou dissolução do cliente ............................................. 712
 23.2.1. Morte ............................................................................ 712
 23.2.2. Dissolução e liquidação de entidade empresarial ..... 714
 23.2.3. Insolvência ................................................................. 715
23.3. Acto dirigido à cessação da convenção; a rescisão (*remissão*) 717
 23.3.1. Enquadramento ............................................................. 717
 23.3.2. Extinção por mútuo acordo ...................................... 717
 23.3.3. Cessação unilateral; denúncia .................................. 719
23.4. Caducidade da convenção ................................................... 722

**24. Rescisão da convenção de cheque** ............................................ 723
24.1. Verificação da falta de provisão e actos subsequentes ........ 723
 24.1.1. Apresentação do cheque a pagamento ..................... 723
 24.1.2. Notificação da vicissitude e regularização da situação 726
 24.1.3. Obrigatoriedade de rescisão .................................... 732
24.2. Incumprimento da obrigação de rescisão ............................. 736
 24.2.1. A responsabilidade do banco pela falta de rescisão 736
 24.2.2. Obrigatoriedade de pagamento (do cheque)............. 741
 24.2.3. Âmbito da responsabilidade do banqueiro: indemnização por prejuízos causados ou (simples) pagamento do cheque? ....................................................... 746
 24.2.4. Contra-ordenação ....................................................... 750
24.3. O processo de rescisão......................................................... 750

| | |
|---|---|
| 24.3.1. Causas | 751 |
| 24.3.2. Comunicação e actos acessórios | 752 |
| 24.3.3. Rescisão da convenção extensível a co-titulares da conta | 753 |
| 24.3.4. Dever de comunicação ao Banco de Portugal | 757 |
| 24.3.5. Obrigações do cliente e seu relacionamento posterior com o banco | 759 |
| 24.4. A interdição do uso de cheque | 760 |
| 24.5. Rescisão indevida | 761 |
| 24.6. Efeitos da rescisão da convenção de cheque | 765 |
| 24.6.1. Inibição do uso de cheque | 766 |
| 24.6.2. Consequências no plano da movimentação de contas bancárias | 768 |
| 24.6.3. Efeitos secundários: indemnização por danos sofridos e inclusão na *lista negra* | 769 |
| 24.7. Termo da restrição do uso de cheque | 773 |
| 24.7.1. O problema | 773 |
| 24.7.2. Rescisão indevida e reposição da convenção | 774 |
| 24.7.3. Antecipação do termo da inibição | 775 |
| 24.7.4. Fim da inibição (de uso de cheque) | 776 |
| 24.7.5. Celebração de nova convenção (de cheque) | 776 |

## • CAPÍTULO IX
### Tutela cambiária e qualificação da convenção de cheque

| | |
|---|---|
| **25. Tutela cambiária e convenção de cheque** | 779 |
| 25.1. A tutela jurídica da letra de câmbio | 779 |
| 25.2. Relevo da circulação cambiária nos efeitos da convenção de cheque | 782 |
| 25.3. A prevalência da tutela da circulação do cheque | 784 |
| 25.4. O primado da aparência | 786 |
| 25.5. Critérios de solução e aplicação prática | 787 |
| | |
| **26. A qualificação negocial da convenção de cheque** | 792 |
| 26.1. A atipicidade da convenção de cheque | 792 |
| 26.2. Qualificação da convenção de cheque; síntese | 795 |
| 26.2.1. Enquadramento | 795 |
| 26.2.2. A clivagem entre o Direito continental e os ordenamentos anglo-americanos | 796 |
| 26.2.3. Posição adoptada | 799 |

# CAPÍTULO X
## Conclusões

**27. A prevalência da subscrição cambiária sobre a relação contratual de cheque** ............................................................ 805

27.1. Articulação do cheque com a convenção de cheque: subordinação do contrato à subscrição cambiária ........................ 805

27.2. Teses ................................................................................ 807

**Bibliografia** ............................................................................ 821

**Índices** .................................................................................... 863

  – **Analítico** ........................................................................ 865

  – **(de) Autores** .................................................................. 889

  – **(de) Disposições legais** ................................................ 909

  – **(de) Jurisprudência** ...................................................... 923

  – **Geral** .............................................................................. 947